Versicherungsrecht in Wissenschaft und Praxis

Festschrift für Theo Langheid
zum 70. Geburtstag

VERSICHERUNGSRECHT IN WISSENSCHAFT UND PRAXIS

FESTSCHRIFT FÜR

THEO LANGHEID

ZUM 70. GEBURTSTAG

Herausgegeben von

Joachim Grote

Roland Rixecker

Manfred Wandt

2022

C.H.BECK

www.beck.de

ISBN 978 3 406 78624 2

Wilhelmstraße 9, 80801 München
Druck: Beltz Grafische Betriebe GmbH
Am Fliegerhorst 8, 99947 Bad Langensalza

Satz: Jung Crossmedia Publishing GmbH
Gewerbestraße 17, 35633 Lahnau

CO_2 neutral
chbeck.de/nachhaltig

Gedruckt auf säurefreiem, alterungsbeständigen Papier
(hergestellt aus chlorfrei gebleichtem Zellstoff)

VORWORT

Theo Langheid feiert am 24. Juni 2022 seinen 70. Geburtstag. Es ist uns Herausgebern und allen Mitstreitern eine große Freude, ihn aus diesem Anlass mit einer Festschrift zu ehren.

Diese Festschrift ist eine Gabe von Freunden und Wegbegleitern. Allen, die zu ihr beigetragen haben, sei herzlich gedankt. Besonderer Dank gebührt dem Verleger *Dr. Hans Dieter Beck* für die großzügige Übernahme der Drucklegung sowie der Lektoratsreferentin Frau *Hildgund Kulhanek* für die umsichtige und sorgfältige redaktionelle Betreuung.

Im Namen aller Mitstreiter wünschen wir dem Jubilar von Herzen alles Gute, Gesundheit und weiterhin freudige Schaffenskraft. Ad multos annos!

Die Herausgeber

Joachim Grote *Roland Rixecker* *Manfred Wandt*

ZUM GELEIT

Theo Langheid hat das Versicherungsrecht durch sein anwaltliches und wissenschaftliches Wirken über vier Jahrzehnte mitgeprägt. In dem Beck'schen Werk „Rechtswissenschaft und Rechtsliteratur im 20. Jahrhundert" (2007) wird er als der „brillante und bekannteste deutsche Versicherungsanwalt" und zugleich als renommierter Herausgeber und Autor wissenschaftlicher Werke und Beiträge gewürdigt. Beides mit Fug und Recht.

Wir Herausgeber kennen ihn seit Jahrzehnten aus seinem Berufsleben. Über den „jungen Langheid" wissen wir nur aus Quellen. Die frühen Entwicklungsschritte sind gleichwohl ohne weiteres einleuchtend, kennt man seine ergebnisorientierte Ungeduld. So überrascht nicht, dass er schon mit 26 Jahren als Rechtsanwalt in Köln zugelassen wurde (1978), auch wenn er in einem Handelsblatt-Portrait offenbarte: „Eigentlich wollte ich Sport studieren." Ungesagt bleibt, was ihn abgehalten hat. Das Portrait macht aber deutlich, dass er die notwendigen Charaktereigenschaften für sportlichen Erfolg hatte. Er zog es aber vor, die Freude am Wettkampf, die Bereitschaft zu gründlicher Vorbereitung und Anstrengung, die Ausdauer und gebotene Fairness als Anwalt auszuleben. „*Auch* als Anwalt auszuleben", muss man korrekterweise sagen. Denn er spielte lange Zeit Hockey in der 1. Liga und auch Tennis, beides mit Leidenschaft und Siegeswillen, was manchen Arztbesuch nach sich zog. Heute führt der Weg vom Schreibtisch eher zu Entspannung und Naturgenuss, vor allem zum Golfen und kontemplativen Fliegenfischen, am liebsten am oberbayerischen Landdomizil.

Seine Zeit als angestellter Junganwalt war erwartbar kurz. Nach wenigen Jahren führte ihn die Parteivertretung in einer Versicherungssache mit *Peter Bach* zusammen. Die Begegnung hinterließ wechselseitig den Eindruck streitbarer, wortgewandter und argumentationsstarker Interessenvertreter. Die Folgen sind bekannt: Beide schlossen sich 1984 zu einer auf das Versicherungsrecht spezialisierten Sozietät zusammen, aus der – ab 1990 zusammen mit dem weiteren Namenspartner *Reinhard Dallmayr* – BLD als eine der führenden deutschen Kanzleien für das Versicherungsrecht hervorging. Die Geschicke dieser – schon früh auch international ausgerichteten – Kanzlei hat *Theo Langheid* bis zu seinem Ausscheiden im Jahr 2020 entscheidend mitgeprägt.

Die Karriere als Anwalt war zu Beginn allerdings noch infrage gestellt. Denn auch die Wissenschaft lockte. Grundlage hierfür war seine glänzende Dissertation zur Rechtsstellung des britischen Parlaments mit dem Titel „Souveränität und Verfassungsstaat – The Souvereignty of Parliament" (1984). Diese Arbeit fand Eingang in die „Einführung in die Staatslehre" seines akademischen Lehrers *Martin Kriele,* übrigens mit dem bezeichnenden Zusatz „sehr klärend", und sie führte zu dem ehren- und vertrauensvollen Angebot, sich zu habilitieren.

Peter Bach berichtet, wie mühsam es anfangs war, *Theo Langheid* von der Verlockung einer Hochschullaufbahn abzubringen. Dass er widerstand, mag an der anwaltlichen Gründungseuphorie und daran gelegen haben, dass er zeitgleich die damals exklusive Anwaltszulassung zum Oberlandesgericht Köln erhielt. Die zu jener Zeit fein geregelte, besondere Umgangs- und Auftrittskultur beim Oberlandesgericht sagte ihm zu. Sie entsprach seiner Vorliebe für britische Umgangsformen und seiner Vorstellung von *gentleman behaviour.*

Die Vorliebe für (fast) alles, was mit England zu tun hat, und für Politik und Geschichte im Allgemeinen hat er sich bewahrt. Gespräche hierüber bringen seine Augen zum Leuchten, besonders wenn es um die Erinnerung an eine studentische Theatergruppe und seine Rolle in *Shakespeares* Hamlet geht oder um sein nachdrückliches Werben für das Werk des englischen Literaten *Anthony Powell,* für dessen Verbreitung in Deutschland er eigens eine Literatur-Gesellschaft gegründet hat.

Ausdrucksstarke Rhetorik und schauspielerisches Talent sind dem Anwalt *Theo Langheid* gut bekommen. Sie verbinden sich bei ihm mit freudiger Leidenschaft und dem Hang zu systematischer Klärung – ein weiterer Charakterzug, der verständlich macht, dass und wie er parallel zu seiner erfolgreichen Anwaltstätigkeit ein beeindruckendes wissenschaftliches Oeuvre zum Versicherungsrecht schaffen konnte. In dessen Zentrum stehen die Kommentare zum VVG, der Münchener Kommentar, auch „*Langheid/Wandt*“ genannt, und der „*Langheid/Rixecker*“, vormals „*Römer/Langheid*“. Er ist Mitherausgeber beider Werke und zugleich Kommentator sehr umfangreicher Gesetzesabschnitte. Hinzu kommt eine Fülle von Aufsätzen, Urteilsanmerkungen und Rezensionen, die sich über die gesamte Breite des Versicherungsrechts spannen. In der NJW hat er über fast zwei Jahrzehnte die jährliche Rechtsprechungsübersicht zum Versicherungsrecht verfasst, meist zusammen mit seinem Anwaltspartner *Christoph Müller-Frank.*

Wissenschaft und Praxis gehören für *Theo Langheid* eng zusammen. Sein wissenschaftlicher Scharfsinn und seine praktische Erfahrung ermöglichen es ihm, wissenschaftlich fundiert und zugleich praxisgerecht zur Fortentwicklung des Versicherungsrechts beizutragen. Seit Beginn seiner Anwaltstätigkeit hielt er Vorträge, wirkte an Praktikerseminaren mit und nahm Lehraufträge wahr, vor allem an der Universität zu Köln, der Goethe-Universität Frankfurt am Main und seit einigen Jahren an der Universität Salzburg, die ihn im Jahr 2020 ob seiner nachhaltigen und herausragenden Verdienste um das Versicherungsrecht zum Honorarprofessor ernannt hat.

Wissenschaftliches Interesse gepaart mit tatendurstigem Organisationsgeschick bestimmten und bestimmen noch immer auch seine Tätigkeit als Schriftleiter – über die Zeit von mehreren Zeitschriften zum Versicherungsrecht, darunter die *r+s* und die frühere *NVersZ,* seit langem die *VersR* mit dem von ihm verantworteten Experten-Blog.

Es versteht sich, dass *Theo Langheid* mit seinem Erfahrungsschatz auch gefragter Ratgeber in praxisbezogenen und wissenschaftlichen Institutionen war und ist. So wirkt er insbesondere im Ausschuss des Deutschen Vereins für Versicherungswissenschaft, ist Mitglied im Vorstand der „AIDA Reinsurance and Insurance Arbitration Society – ARIAS“ und ist Präsident des europäischen Dachverbandes „ARIAS

Europe". Ein glanzvoller Höhepunkt praxisorientierter und zugleich wissenschaftlicher Beratung folgte aus seiner ehrenvollen Berufung in die Kommission zur Reform des Versicherungsvertragsrechts durch das Bundesministerium der Justiz (2000–2004).

Mögen ihm Freude und Schaffenskraft noch lange erhalten bleiben.

Für die Herausgeber *Manfred Wandt*

INHALTSVERZEICHNIS

KAREN BARTEL

Dauerschleife ESA-Review? – Über die Grundlagen der Europäischen Aufsichtsbehörden im Finanzsektor und deren andauernde Überprüfung

Theo Langheid hat sich immer wieder auch zu aufsichtsrechtlichen Fragestellungen zu Wort gemeldet. So etwa erst jüngst wieder sehr pointiert unter dem Titel „Kafkaesk – Solvency II, der Green Deal und die UN Sustainable Development Goals“[1] zur Regulierung im Zusammenhang mit dem Klimawandel. Eine zentrale Rolle für die von Theo Langheid zurecht kritisierte Fülle an Regelungen und ihre Komplexität spielen die Europäischen Aufsichtsbehörden. Der nachfolgende Beitrag setzt hieran an, in dem er auf ihre Rechtsgrundlagen und deren fortlaufende Überprüfung eingeht. Der Nachfolgende Beitrag gibt dabei ausschließlich die persönliche Meinung der Verfasserin wieder.

I. *Einführung*

Die Europäischen Aufsichtsbehörden (European Supervisory Authorties – ESAs) sind das Herzstück des europäischen Finanzsystems. Die ESAs bestehen aus der Europäischen Aufsichtsbehörde für das Versicherungswesen und die betriebliche Altersversorgung (EIOPA), der Europäischen Bankenaufsichtsbehörde (EBA) sowie der Europäischen Wertpapier- und Marktaufsichtsbehörde (ESMA). Die ESAs spielen auch in der täglichen Arbeit der Unternehmen eine immer bedeutendere Rolle, auch wenn sie keine direkten Aufsichtsbefugnisse über die Unternehmen haben bzw. nur in ganz besonderen Situationen direkt auf die Unternehmen durchgreifen können.[2] Diese Rechtsgrundlagen befinden sich in einem dauerhaften Überprüfungs- und Änderungsprozess. Gefühlt gibt es eine Dauerschleife der sog. ESA-Reviews. Diese Dauerschleife lässt einen unweigerlich an den berühmten Hollywood-Film aus dem Jahr 1993 „Und täglich grüßt das Murmeltier“ mit Bill Murray denken. Neben den Rechtsgrundlagen der ESAs soll diese „Dauerschleife“ nachfolgend in den Fokus genommen werden, wobei dies naturgemäß nur eine Momentaufnahme sein kann. Im Mittelpunkt soll dabei EIOPA stehen.

[1] VersR BLOG, August 2021 abrufbar unter www.versr.de/versr-blog/.
[2] Vgl. zu den Ausnahmen, Bartel in Düsseldorfer Vorträge zum Versicherungsrecht 2019, 117 (122ff.).

II. Rechtsgrundlagen und Aufgaben

1. Rechtsgrundlagen

Die drei europäischen Aufsichtsbehörden haben am 1.1.2011 ihre Arbeit aufgenommen. Rechtsgrundlagen sind drei Verordnungen vom 24.11.2010[3] (nachfolgend gemeinsam ESA-VO). Diese Gründungssatzungen in Form von Verordnungen sind weitgehend identisch aufgebaut. Die Verordnungen schaffen europäische Behörden mit gleichen Aufgaben und weitestgehend gleichen Befugnissen, die ein paralleles Vorgehen in allen Finanzsektoren ermöglichen. Hieran hat auch der ESA-Review 2019 im Kern nichts geändert, auch wenn sich die Befugnisse im Detail immer mehr unterscheiden → III. So hat etwa nur EIOPA Befugnisse im Bereich der Internen Modelle oder die EBA besondere Zuständigkeiten im Bereich der Geldwäscheprävention.

2. Aufgaben

Aufgabe der ESAs soll es sein, die kohärente Anwendung der Finanzregeln sowie eine einheitliche Aufsichtspraxis in den Mitgliedstaaten zu koordinieren. Die laufende operative Aufsicht über die Finanzinstitute soll im Normalfall weiterhin durch die Aufsichtsbehörden in den jeweiligen Mitgliedstaaten wahrgenommen werden. Dies ist angesichts des engeren Kontakts zum jeweiligen Markt und den beaufsichtigten Unternehmen auch sinnvoll. Eine Ausnahme in Bezug auf die direkte Aufsicht besteht im Bankenbereich, dh die Aufsicht über bedeutende Banken, für die die EZB zuständig ist. Hierauf soll an dieser Stelle allerdings nicht näher eingegangen werden.

Wichtig zum Verständnis der immer wieder aufflackernden Diskussion um die ESAs und ihren Aufbau sowie Funktion ist, dass es sowohl in ihrem Entstehungsprozess als auch danach immer wieder Forderungen nach einer „echten“ europäischen Aufsichtsbehörde gegeben hat, die anstelle der nationalen Behörden die Aufsicht jedenfalls über einen ausgewählten Kreis von Unternehmen (systemisch relevante bzw. grenzüberschreitend tätige Unternehmen) übernimmt. Diese Idee konnte sich zwar im Gründungsprozess nach der Finanzkrise nicht durchsetzen, kommt jedoch immer wieder auf. So hat das Europäische Parlament etwas die Idee einer Versicherungsunion bereits 2014 erneut aufgegriffen. Auch der erste Evaluierungsbericht der Kommission zu den ESAs aus dem Jahr 2014 enthält Passagen, die in diese Richtung deuten.[4] Vor diesem Hintergrund sind auch die ursprünglichen

[3] Verordnung (EU) Nr. 1093/2010 des Europäischen Parlamentes und des Rates vom 24. November 2010 zur Einrichtung einer Europäischen Bankaufsichtsbehörde (EBA-Verordnung); Verordnung (EU) Nr. 1094/2010 des Europäischen Parlamentes und des Rates vom 24. November 2010 zur Einrichtung einer Europäischen Aufsichtsbehörde für das Versicherungswesen und die betriebliche Altersvorsorge (EIOPA-Verordnung); Verordnung (EU) Nr. 1095/2010 des Europäischen Parlamentes und des Rates vom 24. November 2010 zur Einrichtung einer Europäischen Wertpapier- und Marktaufsichtsbehörde (ESMA-Verordnung).

[4] Bericht der Kommission an das Europäische Parlament und den Rat über die Tätigkeit der Europäischen Aufsichtsbehörden (ESA) und das Europäische System der Finanzaufsicht (ESFS) SWD(2014) 261 final, S. 5.

Überlegungen der EU-Kommission im ESA-Review 2019 sowie im Rahmen der Kapitalmarktunion zu sehen → III. und IV.

a) Rechtssetzungsfunktion

Die ESAs haben eine Rechtssetzungsfunktion, dh sie sollen einen Beitrag zur Festlegung qualitativ hochwertiger gemeinsamer Regulierungs- und Aufsichtsstandards und -praktiken leisten.

aa) Technische Regulierungs- und Durchführungsstandards

Die ESAs sind eng in das Rechtsetzungsverfahren der EU-Kommission nach Art. 290 und Art. 291 Abs. 2 AEUV eingebunden. Soweit der Basisrechtsakt auf Level 1 wie die Solvency II-Richtlinie[5] eine entsprechende Entwurfsfassung für Level-2-Maßnahmen durch EIOPA[6] vorsieht, steht der EU-Kommission abweichend von Art. 290f. AEUV grds. kein Initiativrecht mehr zu.[7]

Geregelt sind diese Kompetenzen in der ESA-VO: Gem. Art. 10 ESA-VO können die ESAs Entwürfe für technischen Regulierungsstandards erstellen. Gleiches gilt gem. Art. 15 ESA-VO für technische Durchführungsstandards. Die technischen Regulierungsstandards werden als delegierte Rechtsakte gem. Art. 290 AEUV erlassen, die technischen Durchführungsstandards sind Durchführungsrechtsakte gem. Art. 291 Abs. 2 AEUV.

Die ESAs sind aber nur für die Entwürfe zuständig, in Kraft gesetzt werden die technischen Regulierungs- und die Durchführungsstandards durch die EU-Kommission. Der EU-Kommission steht grundsätzlich nur in einem begrenztem Umfang eine Abänderungsmöglichkeit zu: Sie kann die Entwürfe nur dann lediglich teilweise oder mit Änderungen annehmen, wenn dies aus Gründen des Unionsinteresses erforderlich ist. Diese Kompetenz sollte allerdings weit ausgelegt werden. Die EU-Kommission macht hiervon auch durchaus Gebrauch.[8]

bb) Leitlinien und Empfehlungen sowie Stellungnahmen

Nach Art. 16 Abs. 1 ESA-VO können die ESAs Leitlinien und Empfehlungen an die zuständigen Behörden und Finanzinstitute richten, um innerhalb des europäischen Systems der Finanzaufsicht (ESFS) kohärente, effiziente und wirksame Aufsichtspraktiken zu schaffen und eine gemeinsame, einheitliche und kohärente Anwendung des Unionsrechts sicherzustellen. Die Voraussetzungen müssen kumulativ vorliegen. Von ihrer Leitlinienbefugnis hat EIOPA sowohl im Rahmen von Solvency II als auch im kollektiven Verbraucherschutz in den vergangenen Jahren regen Gebrauch gemacht.[9]

---

[5] RL 2009/138/EG v. 25.11.2009.

[6] Rechtsgrundlage Art. 10 bzw. Art. 15 ESA-VO.

[7] Ausnahme: Art. 10 Abs. 3, Art. 15 Abs. 3 ESA-VO, dh im Falle der Untätigkeit der ESAs.

[8] Beispiel ist der Bereich des pan-europäischen Rentenproduktes (Pan-European Personal Pension Product, PEPP), dort die VO (EU) 895/2012 im Hinblick auf die Produktintervention. Die EU-Kommission ist in der endgültigen Fassung teilweise erheblich von den EIOPA Entwürfen abgewichen.

[9] Die vielzähligen Leitlinien sind veröffentlicht unter www.eiopa.europa.eu unter dem Menüpunkt „document-library/guidelines“. Allein das im August 2014 konsultierte erste EIOPA-Leit-

Die Leitlinien und Empfehlungen sind – anders als die Standards auf Level 2 – für die Aufsichtsbehörden und die Unternehmen rechtlich unverbindlich. Allerdings besteht ein hoher faktischer Umsetzdruck. Dieser folgt zum einen daraus, dass gem. Art. 16 Abs. 3 ESA-VO sowohl die zuständigen nationalen Behörden also auch die Finanzinstitute alle „erforderlichen Anstrengungen" unternehmen müssen, um den Leitlinien nachzukommen.[10] Zum anderen ergibt sich dieser aus dem sog. Comply-or-Explain-Mechanismus: Richten sich die Leitlinien und Empfehlungen an die nationalen Behörden müssen diese innerhalb von zwei Monaten nach Herausgabe der Leitlinie erklären, ob sie der Leitlinie folgen wollen. Abweichungen müssen sie gegenüber EIOPA bzw. einer der beiden anderen ESAs begründen.[11]

Der Comply-or-Explain-Mechanismus gilt nicht für Stellungnahmen, die die ESAs ebenfalls zur Herstellung von Konvergenz herausgeben können. Aber auch diesbzgl. kann erheblicher faktischer Druck ausgeübt werden. Ein Beispiel hierfür ist das EIOPA Statement im Rahmen der Corona-Pandemie, in dem Versicherer und Rückversicherer vor dem Hintergrund der Corona-Krise u. a. aufgefordert wurden, Dividendenzahlungen und Anteilsrückkäufe kurzfristig auszusetzen.[12] Eine Rechtsgrundlage für einen solche Erwartungshaltung, die unabhängig von der wirtschaftliche Situation jedes einzelnen Unternehmens formuliert wurde, bestand nicht. Die BaFin hat als Reaktion daher hierauf auch u. a. zutreffend mitgeteilt, dass aus ihrer Sicht bei der Dividendenpolitik die individuelle Situation der Versicherer zu berücksichtigen ist, insbesondere deren Risikotragfähigkeit.

Weiterhin veröffentlichen die ESAs vielfältige Q&As. Bis zum ESA-Review 2019 ist dies ohne Rechtsgrundlage in der ESA-VO erfolgt → III. 3.

Diese ausufernde Leitlinienpraxis aller drei ESAs hat in den letzten Jahren für viel Kritik gesorgt. Im ESA-Review 2019 ist in gewissen Umfang auf diese Kritik reagiert worden → III.

b) Weitere Aufgaben

Zu den weiteren Aufgaben der ESAs gehört gem. Art. 8 ESA-VO u. a.:

- die Erarbeitung eines Aufsichtshandbuchs zur Beaufsichtigung von Finanzinstituten;
- die Durchführung von Peer-Reviews (vergleichende Analysen der nationalen Behörden);
- die Überwachung und Bewertung der Marktentwicklung und
- die Durchführung von Marktanalysen.

---

linienpaket zur Solvency II-Richtlinie enthält ca. 500 Leitlinien und 1.300 ergänzende Erläuterungstexte.

[10] Art. 16 Abs. 3 ESA-VO.

[11] Art. 16 Abs. 3 S. 3 ESA-VO. Die Abweichungsentscheidung kann durch EIOPA veröffentlicht werden und damit eine „Prangerwirkung" entfalten.

[12] EIOPA statement on dividends distribution and variable remuneration policies in the context of COVID-19" v. 2. 4. 2020, auf www.eiopa.eu unter dem Menüpunkt „Covid-19 measures" veröffentlicht.

Zudem wird den ESAs eine Führungsrolle im Bereich des Verbraucherschutzes zugeschrieben, Art. 9 ESA-VO.

III. ESA-Review 2019

1. Rechtsgrundlagen

Zwischenzeitlich hat es bereits eine erste grundlegende Überprüfung dieses Rechtsrahmes gegeben (sog. ESA-Review 2019). Rechtsgrundlage ist Art. 81 ESA-VO. Gem. Art. 81 ESA-VO hat die EU-Kommission bis zum 2.1.2014 und danach alle drei Jahre einen allgemeinen Bericht über die Erfahrungen aus den Tätigkeiten der jeweiligen Behörde und über die in dieser Verordnung festgelegten Verfahren zu veröffentlichen.

2. Vorschlag der EU-Kommission

Die EU-Kommission hat im Rahmen dieses Prozesses im September 2017 einen weitreichenden Reformvorschlag vorgelegt, der auf laute Kritik gestoßen ist.[13] Nach den Überlegungen der EU-Kommission sollte es zwar bei der grundsätzlichen Aufsichtsstruktur der ESAs mit getrennten Behörden für die drei Sektoren bleiben. Dennoch hätten die Vorschläge eine erhebliche Kompetenzausweitung der ESAs zulasten der nationalen Aufsichtsbehörden zur Folge gehabt. So hatte die EU-Kommission eine komplett neue Governance für die ESAs vorgeschlagen, die zu einer erheblichen Schwächung der Beteiligung der nationalen Aufsichtsbörden geführt hätte. Im Ergebnis wären die ESAs zulasten der nationalen Aufsichtsbehörden zu einer Super-Aufsichtsbehörden aufgewertet worden.

3. Kompromiss im Trilog

Der schließlich im Trilogverfahren zwischen EU-Parlament und Rat im März 2019 gefundene politische Kompromiss bleibt weit hinter dem ursprünglichen Vorschlag zurück.[14] Grundlegende Änderungen an der Struktur, den Aufgaben und der Finanzierung von EIOPA und den anderen beiden ESAs[15] hat es nicht gegeben. Es wurde allerdings die Position des Vorsitzenden der drei Behörden dadurch gestärkt, dass diese nun im Rat der Aufseher ein Stimmrecht erhalten haben. Das Aufgabenspektrum der ESAs wurde außerdem auf die Beobachtung und Analyse von Nachhaltigkeitsfaktoren erweitert. Zudem wurde das bestehende Verbraucherschutz-

[13] Der Reformvorschlag ist auf www.ec.europa.eu unter dem Menüpunkt „European system of financial supervision" veröffentlicht. Die EU-Kommission hat 227 Stellungnahmen im Rahmen der Konsultation zu ihren Reformvorschlägen erhalten. Diese sind auf www.ec.europa.eu/info/consultations/public-consultation-operations-european-supervisory-authorities_en veröffentlicht.

[14] VO (EU) 2019/2175. Hierdurch wurden die Gründungsverordnungen der ESAs in großen Teilen gleichlautend geändert.

[15] Vgl. zu den Auswirkungen auf die europäischen Aufsichtsbehörden im Banken- und Kapitalmarktbereich *Achtelik/Mohn* WM 2019, 2339ff.

mandat der ESAs u. a. durch die Einrichtung eines Ausschusses für Verbraucherschutz und Finanzinnovationen mit beratender Funktion für die Gesetzgeber weiter gestärkt. Außerdem wurde der Trend zu risikobasierter Wohlverhaltensaufsicht und präventivem Verbraucherschutz weiter ausgebaut und die Interventionsbefugnisse der ESAs nochmals erweitert.

Positiv ist, dass die vielfältige Kritik in Bezug auf den Umgang der ESAs mit den Level-3-Instrumenten (Leitlinien, Empfehlungen und Q&As) zumindest teilweise aufgegriffen wurde. Insoweit ist u. a. klargestellt worden, dass die ESAs beim Erlass von Leitlinien und Empfehlungen an die Level-1- und Level-2-Rechtsakte gebunden sind, die sie konkretisieren.[16] Auch wurden erstmals konkrete Vorgaben (inkl. Rechtsgrundlage) für den Erlass von Q&As eingeführt.[17] Außerdem ist die Bedeutung der proportionalen bzw. verhältnismäßigen Anwendung aufsichtlicher Vorgaben an einigen Stellen im Verordnungstext unterstrichen worden. Weitere wichtige Änderung ist die Aufwertung der Europäische Bankenaufsichtsbehörde EBA zu einer sektorübergreifenden und übergeordneten Behörde in Sachen Geldwäscheprävention und Verhinderung von Terrorismusfinanzierung → V.

4. *Exkurs Rechtsschutz*

a) Art. 60a ESA-VO

Neu mit dem ESA-Review eingeführt wurde auch die Möglichkeit für natürliche und juristische Personen, einen mit Gründen versehen Rat an die EU-Kommission zu richten, wenn die Ansicht besteht, dass eine der Behörden ihre Befugnisse überschritten hat (Art. 60a ESA-VO). Gelten soll die Vorschrift bei der Überschreitung von Befugnissen im Rahmen des Erlasses von Leitlinien, Empfehlungen und Q&As. Auch diese Neuerung kann als Reaktion auf die Kritik zur überbordenden Rechtssetzungspraxis der ESAs verstanden werden.

Um ein förmliches Rechtsschutzverfahren handelt es sich bei Art. 60a ESA-VO allerdings nicht. Das Verfahren ist also nicht vergleichbar mit einer Beschwerde nach Art. 60 ESA-VO. Die Regelung lässt zudem viele Fragen offen. So ist unklar, wie der Begriff der unmittelbaren und individuellen Betroffenheit auszulegen ist. Es gibt auch keine expliziten Regelungen dazu, wie die EU-Kommission mit einem entsprechenden Rat zu verfahren hat. Geregelt ist lediglich, dass die EU-Kommission in einem solchen Fall die ESAs zu einer Stellungnahme auffordern kann. Dies alles mag der Grund dafür sein, dass bisher kein Fall bekannt geworden ist, in dem von dieser neuen Möglichkeit Gebrauch gemacht worden wäre. Art. 60a löst damit nicht den juristischen Streit um die Frage der Rechtsschutzmöglichkeiten gegen Leitlinien, Empfehlungen und Q&As der ESAs.[18]

---

[16] Art. 16 Abs. 1 UAbs. 2 ESA-VO.
[17] Art. 16b ESA-VO.
[18] Vgl. zum Streitstand im Überblick *Gal* in Prölss/Dreher, VAG, 13. Aufl. 2018, EIOPA-VO Art. 61 Rn. 20ff.

b) EuGH-Urteil vom 15. Juli 2021

Allerdings hat der EuGH aktuell etwas Licht ins Dunkel gebracht. Der EuGH hat am 15.7.2021 in der Rechtssache C-911/19 Fédération bancaire française (FBF) gegen Autorité de contrôle prudentiel et de résolution (ACPR) entschieden.[19] In dem Verfahren hat sich der französische Bankenverband FBF gegen Leitlinien der EBA gewehrt. Konkret ging es um EBA-Leitlinien zur Überwachung und Governance von Bankprodukten im Privatkundengeschäft. Folgende Vorlagefragen wurden an den EuGH gerichtet:

- Können Leitlinien auf europäischer Ebene gerichtlich überprüft werden (Nichtigkeitsklage oder Vorabentscheidungsersuchen)?
- Kann ein Fachverband (französischer Bankenverband) überhaupt hiergegen klagen, auch wenn er nicht unmittelbar und individuell betroffen ist (sondern lediglich seine Mitglieder)?
- Durfte die EBA die konkreten Leitlinien erlassen oder hat die EBA damit ihre Kompetenzen überschritten?

Hinsichtlich der ersten Frage hat der EuGH entschieden, dass Leitlinien auf europäischer Ebene gerichtlich überprüft werden können. Zwar seien die Leitlinien nicht verbindlich und können damit nicht im Wege der Nichtigkeitsklage gemäß Art. 263 AEUV angefochten werden. Das Unionsrecht hindere den EuGH jedoch nicht, auch über die Gültigkeit unverbindlicher Rechtsakte zu urteilen, wenn ihm diese vorab zur Klärung vorgelegt werden. Eine Überprüfung durch den EuGH ist daher im Wege des Vorabentscheidungsverfahrens gemäß Art. 267 AEUV möglich. Außerdem hat der EuGH zur Klärung der zweiten Frage entschieden, dass ein Fachverband gegen Leitlinien klagen kann, sofern das nationale Recht dies vorsieht. Außerdem kommt der EuGH im Rahmen der Beantwortung der dritten Frage zu dem Ergebnis, dass die EBA die streitgegenständlichen Leitlinien erlassen durfte. Der EuGH verweist in diesem Zusammenhang auf die Aufgabe der EBA, zur kohärenten Anwendung der verbindlichen Rechtsakte der Union durch Schaffung einer gemeinsamen Aufsichtskultur beizutragen. Der EuGH stellt dabei an den erforderlichen Bezug zu den Art. 1 Abs. 2 der EBA-Verordnung genannten Rechtsakten der Union keine strengen Anforderungen.

Die Feststellungen zur ersten Frage sind von grundlegender Bedeutung. Damit stellt der EuGH klar, dass Nichtigkeitsklagen gegen Leitlinien nicht erhoben werden können. Gleichzeitig macht er aber auch klar, dass beaufsichtigte Unternehmen durch nicht verbindliche Leitlinien in ihren Rechten verletzt sein können und damit zumindest eine Überprüfung im Wege des Vorabentscheidungsverfahrens nach Art. 267 AEUV möglich ist. Dieser Weg ist zwar ungleich langwieriger als der einer Nichtigkeitsklage, stellt aber zumindest ein Mindestmaß an Rechtsschutzmöglichkeiten sicher. Die EuGH-Entscheidung dürfte insoweit auch eins zu eins auf EIOPA-Leitlinien übertragbar sein.

Auch die Entscheidung zur dritten Frage ist von grundlegender Bedeutung, weil der EuGH zumindest in dem zugrundliegenden Fall der EBA einen weiten Kom-

---

[19] EuGH NZG 2021, 1254.

petenzrahmen für den Erlass von Leitlinien zu billigt, um eine kohärente Anwendung der Rechtsakte in Europa zu gewährleisten. Auch dies dürfte wohl auf EIOPA-Leitlinien grundsätzlich übertragbar sein, wobei es selbstverständlich auf den konkreten Einzelfall ankommen.

Die Zuerkennung einer Klagemöglichkeit für einen Verband (zweite Frage) hat dagegen zumindest für Deutschland keine Auswirkungen. Denn der EuGH erklärt Verbände nur insoweit für klagebefugt, wie dies das nationale Recht vorsieht. Das deutsche Verwaltungsrecht kennt jedoch keine gewillkürte Prozessstandschaft (§ 42 Abs. 2 VwGO). Die Einführung einer solchen gewillkürten Prozesstandschaft steht in Deutschland auch nicht zur Rede und wird auch, soweit ersichtlich, von keiner Institution gefordert.

IV. Aktionsplan zur Weiterentwicklung der Kapitalmarktunion

1. Aktionsplan der EU-Kommission

Am 24.9.2020 hat die EU-Kommission ihren Aktionsplan „Eine Kapitalmarktunion für Menschen und Unternehmen" veröffentlicht.[20] In dem Aktionsplan werden 16 Legislativvorschläge und Maßnahmen für den Zeitraum vom ersten Quartal 2021 bis zum vierten Quartal 2022 angekündigt. Die Weiterentwicklung der Kapitalmarktunion ist ein zentrales Ziel der EU-Kommission. Hierbei geht es ihr darum, Unternehmen den Zugang zu Finanzierungen zu erleichtern, Investitionsbedingungen für Sparer zu verbessern und einen Binnenmarkt zu schaffen.

Ein von der EU-Kommission in diesem Rahmen erwähnter Baustein sind Maßnahmen und Impulse für ein verbessertes einheitliches Regelwerk für die Kapitalmärkte und Fortschritte bei der aufsichtlichen Konvergenz (Maßnahme 16). Dies soll aus Sicht der EU-Kommission insbesondere Maßnahmen für eine stärkere aufsichtsrechtliche Koordinierung bzw. eine direkte Beaufsichtigung durch die ESAs umfassen. Die EU-Kommission hat hierzu angekündigt, an der Entwicklung eines besseren einheitlichen Regelwerks für die Kapitalmärkte zu arbeiten. Dazu will sie prüfen, ob die EU-Vorschriften weiter harmonisiert werden sollten und die Fortschritte bei der Erreichung einer größeren aufsichtlichen Konvergenz überwachen. Für das 4. Quartal 2021 hat sie eine Bilanz des bereits Erreichten sowie eine Prüfung angekündigt, ob Maßnahmen für eine stärkere Koordinierung der Aufsicht oder eine direkte Beaufsichtigung durch die ESAs vorgeschlagen werden sollten. Grundlage für diesen Bericht ist der o. g. Art. 81 ESA-VO.

Mit anderen Worten: Noch nicht einmal 9 Monate nach dem Inkrafttreten des ESA-Reviews, dem eine jahrelange Diskussion über die Aufstellung der europäischen Aufsichtsbehörden vorausgegangen ist, hat die EU-Kommission erneut Überlegungen auf den Tisch gebracht, die bisherige Kompetenzverteilung zugunsten der ESA zu verschieben.

[20] COM(2020) 590 final.

2. *Konsultation zur Aufsichtskonvergenz 2021*

Am 12.3.2021 hat die EU-Kommission eine umfangreiche Konsultation zur Aufsichtskonvergenz gestartet, die bis 21.5.2021 gelaufen ist.[21] Die Befragung wurde explizit auf Ziffer 16 des EU-Aktionsplans zur Weiterentwicklung der Kapitalmarktunion gestützt. Die Ergebnisse der Erhebung sollen zudem in den o.g. Überprüfungsbericht einfließen, den die EU-Kommission gem. 81 ESA-VO bis zum 31.12.2021 vorzulegen hat.

Die Fragen haben überwiegend auf eine Einschätzung zur Rolle der ESAs unter Berücksichtigung der im Zuge des ESA-Reviews 2019 überarbeiteten Gründungssatzungen abgezielt. In einem weiteren Themenblock ging es im Wesentlichen um die Frage, ob die ESAs über die notwendigen Instrumente verfügen, um eine konvergente Aufsicht in der EU sicherzustellen.

Es liegt auf der Hand, dass eine solche Konsultation nur 15 Monate nach in Kraft treten der überarbeiteten ESA-VO zumindest fragwürdig ist. Besonders plastisch wird dies an dem Teil der Fragen, die auf eine Bewertung der durch den ESA-Review gerade erst eingeführten Maßnahmen zielt. So sind etwa die Interventionsbefugnisse von EIOPA im Bereich des Verbraucherschutzes in Art. 9 Abs. 5 EIOPA-VO weiter verstärkt worden. Gleiches gilt für ESMA und EBA. Im Rahmen der Konsultation wurde nach einer Einschätzung der Effektivität dieser Maßnahmen gefragt. Da EIOPA die neuen Maßnahmen noch nicht eingesetzt hat, konnte diese Frage eigentlich nicht valide beantwortet werden. Jedenfalls war der Zeitraum seit Inkrafttreten der überarbeiteten ESA-VO viel zu kurz, um die Effizienz der neuen Maßnahmen im Bereich Verbraucherschutz zu bewerten. Gleiches gilt etwa für die Frage nach der Einschätzung der aufgrund des ESA-Reviews gestärkten Rolle des Vorsitzenden von EIOPA, EBA und ESMA. Diese Beispielsliste ließe sich noch weiter fortführen. Andere Fragen wie etwa zur Finanzierung der ESAs sind im Rahmen des ESA Reviews 2019 ausführlich diskutiert worden, sodass einem unweigerlich der bereits erwähnten Hollywood Film „Und täglich grüßt das Murmeltier“ in den Sinn kommt.

Derzeit ist noch völlig offen, welche Schlüsse die EU-Kommission aus den Ergebnissen der Konsultation ziehen wird.

V. Geldwäschepaket der EU-Kommission 2021

Ein weiteres Beispiel für die Dauerschleife in Bezug auf die Europäischen Aufsichtsbehörden ist der Bereich der Geldwäscheprävention und der Verhinderung von Terrorismusfinanzierung. Im Rahmen des ESA-Reviews 2019 ist die Europäische Bankenaufsichtsbehörde EBA zu einer sektorübergreifenden und übergeordneten Behörde in diesem Bereich aufgewertet worden.[22] Die neuen sektorübergrei-

---

[21] Veröffentlicht auf www.ec.europa.eu/info/consultations/finance-2021-esas-review_en.

[22] S. im Einzelnen Art. 1 Abs. 2 UAbs. 2, Art. 8 Abs. 1 lit. l), Art. 9a und 9b der EBA-Verordnung (EU) Nr. 1093/2010, eingeführt durch Verordnung (EU) 2019/2175 v. 27.12.2019; s. zudem Art. insbes. Art. 45 Abs. 4, 6, 10, Art. 48 Abs. 1a, 10 sowie Art. 50 der EU-Geldwäscherichtlinie 2015/849, insoweit geändert durch Richtlinie (EU) 2019/2177 v. 27.12.2019.

fenden Befugnisse der EBA umfassen u. a. Informationsansprüche und Prüfungsrechte gegenüber den nationalen Aufsichtsbehörden sowie die Erstellung von Standards zur Bekämpfung von Geldwäsche und Terrorismusfinanzierung. Außerdem soll es u. a. unter engen Voraussetzungen einen direkten Durchgriff auf die verpflichteten Unternehmen zur Durchsetzung der europäischen Vorgaben geben.[23] Die EBA macht von ihren neuen Befugnissen rege Gebrauch, insbesondere hat sie allein in diesem Jahr bereits mehrere Stellungnahmen, Leitlinien und technische Regulierungsstandards veröffentlicht oder zur Konsultation gestellt.

Mittlerweile ist aber klar, dass diese Neuregelungen sehr schnell obsolet sein dürften. Die EU-Kommission hat im Juli 2021 ihr Geldwäschepaket veröffentlicht.[24] Dieses sieht als einen zentralen Baustein die Schaffung einer eigenständigen Geldwäscheaufsichtsbehörde auf EU-Ebene vor. Die neue Behörde soll mit deutlich weitreichenderen Befugnissen ausgestattet werden und insbesondere Unternehmen mit hohen Risiken direkt beaufsichtigen.[25] Konsequenterweise sollen die bisherigen Befugnisse der EBA im Bereich der Bekämpfung von Geldwäsche und Terrorismusfinanzierung wieder entfallen.[26]

VI. Solvency II-Review

Die EU-Kommission hat jüngst ihren Vorschlag im Rahmen des sog. Solvency II-Reviews veröffentlicht.[27] Dieser sieht zwar keine Änderungen an der EIOPA-VO vor. Allerdings würden diese Vorschläge zu einer weiteren Kompetenzverlagerung auf EIOPA führen. Dies gilt insbesondere für die von der EU-Kommission vorgeschlagenen Richtlinie zur Sanierung & Abwicklung von Versicherungsunternehmen.[28] Gemäß Art. 7 Abs. 5 und Art. 11 Abs. 1 dieses Entwurfs sollen die präventiven Gruppensanierungs- und Gruppenabwicklungspläne der EIOPA vor-

---

[23] Art. 9b Abs. 3 iVm Art. 17 Verordnung (EU) Nr. 1093/2010.

[24] Das Paket umfasst vier Gesetzgebungsvorschläge, neben einer Verordnung zur Errichtung der EU-Behörde (COM(2021) 421 final) einen Verordnungsvorschlag zur Regelung der geldwäscherechtlichen (Kundensorgfalts-)Pflichten (COM(2021) 420 final), eine Richtlinie über die von den Mitgliedstaaten einzurichtenden Mechanismen zur Verhinderung der Nutzung des Finanzsystems zum Zwecke der Geldwäsche und der Terrorismusfinanzierung (COM(2021) 423 final) sowie eine Neufassung der Geldtransferverordnung im Hinblick auf die Erfassung von Kryptowährungen (COM(2021) 422 final).

[25] Art. 5 Abs. 2 des Vorschlags für eine Verordnung des Europäischen Parlaments und des Rates zur Errichtung der Behörde zur Bekämpfung der Geldwäsche und Terrorismusfinanzierung und zur Änderung der Verordnungen (EU) Nr. 1093/2010, (EU) Nr. 1094/2010 und (EU) Nr. 1095/2010, COM(2021) 421 final.

[26] Art. 89 des Vorschlags für eine Verordnung des Europäischen Parlaments und des Rates zur Errichtung der Behörde zur Bekämpfung der Geldwäsche und Terrorismusfinanzierung und zur Änderung der Verordnungen (EU) Nr. 1093/2010, (EU) Nr. 1094/2010 und (EU) Nr. 1095/2010, COM(2021) 421 final.

[27] Veröffentlicht auf www.ec.europa.eu/info/publications/210922-solvency-2-communication_en.

[28] Veröffentlicht auf www.ec.europa.eu/info/publications/210922-solvency-2-communication_en.

gelegt werden. Gemäß Art. 81 des Vorschlags soll EIOPA eine zentrale Datenbank mit allen Sanktionen und anderen Verwaltungsmaßnahmen einrichten. Ferner sieht Art. 90 Abs. 3 des Vorschlags vor, dass EIOPA einen ständigen Abwicklungsausschuss einrichten sollte, der u. a. die Entwicklung und Koordinierung von Abwicklungsplänen fördert. Außerdem enthält der Vorschlag die Ermächtigung für EIOPA, Vorschläge für zehn technische Standards sowie sechs Leitlinien zu entwickeln. Damit führt der Vorschlag zu einer weiteren Verlagerung von Kompetenzen auf EIOPA.

VII. Fazit

1. Die ESAs und ihre Rechtsgrundlagen befinden sich in einem dauernden Überprüfungsprozess. In welcher Richtung dieser Prozess weitergehen wird, ist derzeit völlig offen.
2. Wie der aktuelle Vorschlag für eine Richtlinie zur Sanierung & Abwicklung zeigt, dürfte es zukünftig unabhängig von einer grundlegenden Änderung der Gründungssatzungen der ESAs wohl immer wieder zur Verlagerung von Kompetenzen auf die europäischen Aufsichtsbehörden kommen. Ob dies einer guten Aufsicht förderlich ist, die einen engen Kontakt zu den jeweiligen (immer noch sehr unterschiedlichen) nationalen Märkte und ein vertieftes Wissen hierüber voraussetzt, darf in Frage gestellt werden.
3. Unabhängig hiervon ist es selbstverständlich richtig, dass die ESA-VO regelmäßig überprüft wird, um Entwicklungen im Finanzmarkt aufzugreifen. Ob dies allerdings mit der aktuellen Geschwindigkeit passieren sollte, ist mehr als fragwürdig. Eine valider Überprüfungsprozess kann jedenfalls dann nicht erfolgen, wenn zwischen einer Überarbeitung der ESA-VO und einer erneuten Konsultation und Überprüfung kaum mehr als ein Jahr liegt. Daher wäre es wünschenswert, wenn dies in Art. 81 ESA-VO zukünftig berücksichtigt würde, dh der Überprüfungszeitraums von 3 Jahren nicht starr mit Vorlage des vorherigen Berichtes beginnen würde.
4. Durch das aktuelle EuGH-Urteil zu den EBA-Leitlinien hat es etwas Licht ins Dunkel der Frage der Rechtsmittel gegen Leitlinien gegeben. Allerdings ist der Weg über Vorlageersuchen ein steiniger und langwieriger Weg. Daher wären auch hier weitere Nachbesserungen in der ESA-VO langfristig wünschenswert.

JÜRGEN BASEDOW

Die obligatorische Haftpflichtversicherung à l'européenne

I. Einleitung

Vor über 20 Jahren begann die Überarbeitung des deutschen Versicherungsvertragsgesetzes. Das VVG von 1908[1] bildete eine Versicherungswirklichkeit ab, die der Jahrtausendwende nicht mehr entsprach. Im Mittelpunkt stand um 1900 die Versicherung als Handelsgeschäft: Versicherer generierten den Großteil ihrer Prämien aus Risiken des Wirtschaftslebens; die Verträge wurden der Idee nach zwischen geschäftlich versierten Kaufleuten abgeschlossen. Für mindestens drei Viertel der Bevölkerung war Versicherungsschutz allerdings nur gegen existentielle Risiken von Belang, und den gewährte ihnen schon die Bismarck'sche Sozialgesetzgebung in Bezug auf Unfall, Alter, Erwerbslosigkeit und Krankheit. Darüber hinaus gab es für sie keinen Anlass, ihr eigenes Vermögen abzusichern. Einen eigenen Hausrat von Wert oder gar Eigentum an Immobilien hatten die Wenigsten, und wer nichts hat, braucht auch nicht dafür Sorge zu tragen, dass er durch einen Fall privater Haftpflicht alles verlieren könnte. Dieser sozio-ökonomische Hintergrund hatte sich zumindest seit dem Zweiten Weltkrieg von Grund auf verändert. Das „Wirtschaftswunder" der 50er und 60er Jahre und die Politik der Vermögensbildung in Arbeitnehmerhand brachten breitere Schichten zu Besitz und schufen damit auch ein verändertes Risikobewusstsein. In der Folge stiegen nicht nur die Prämieneinnahmen der Versicherer gewaltig an, auch der Anteil der Verbraucherversicherungen daran ist stark gewachsen. Die meisten Haushalte verfügen heute über mehrere Policen. Erworben wurden sie von Verbrauchern, auf die das Bild des verständigen und überlegt handelnden Versicherungsnehmers im Allgemeinen nicht zutrifft.

Das Bundesjustizministerium machte sich also daran, das Versicherungsvertragsgesetz dieser neuen Welt anzupassen. Vorschläge sollte eine Sachverständigenkommission unterbreiten, in die nach dem Willen des Ministeriums Vertreter aller beteiligten Interessen berufen wurden. *Theo Langheid* und der Autor dieses Beitrags wurden gleichsam von verschiedenen Enden her nominiert, er wohl auf den Wunsch der Versicherer hin, ich vermutlich auf Vorschlag der Versicherten. Wir haben uns in dieser Kommission manchen Disput geliefert. Ich habe ihn dabei als kenntnisreichen, scharfsinnigen, engagierten und dabei doch immer verbindlichen Gesprächspartner kennen gelernt, dem ich an dieser Stelle meine Wertschätzung bekunden möchte.

[1] Versicherungsvertragsgesetz vom 30.5.1908, Reichsgesetzblatt I, S. 263.

Wie viele andere Gebiete des Privatrechts ist das Versicherungsvertragsrecht zwar im Kern nach wie vor nationales Recht, aber doch in vielfacher Hinsicht durch das Recht der Europäischen Union überlagert. Dies gilt in besonderem Maße für die obligatorische Haftpflichtversicherung, der sich *Theo Langheid* in seiner Kommentierung des VVG eingehend gewidmet hat.[2] Pflichten zum Abschluss von Haftpflichtversicherungen sieht das EU-Recht in großer Zahl vor, siehe dazu → II. Was mit dieser Versicherungspflicht konkret gemeint ist, bleibt freilich vielfach dunkel; die Vorschriften dazu unterscheiden sich oder schweigen ganz, → III. Dies kann zu gravierenden Rechtsschutzdefiziten führen, → IV. Am Ende stehen daher Überlegungen zu einer künftigen Ausgestaltung der europarechtlichen Versicherungspflichten, → V.

Der hier gewählte Begriff der obligatorischen Haftpflichtversicherung unterscheidet sich von dem der Pflichtversicherung in § 113 Abs. 1 VVG. Die dort niedergelegte Legaldefinition der Pflichtversicherung als Unterfall der „Haftpflichtversicherung, zu deren Abschluss eine Verpflichtung durch Rechtsvorschrift besteht", ist freilich zu eng. Es gibt auch obligatorische Versicherungen, die keine Haftpflicht decken. So ist etwa nach § 193 Abs. 3 VVG jede Person mit Wohnsitz im Inland verpflichtet, eine Krankheitskostenversicherung abzuschließen, also eine Versicherung, die auf Übernahme vertraglich zugesagter Entgelte für medizinische Leistungen ausgerichtet ist und nicht wie die Haftpflichtversicherung auf die Freistellung und Abwehr von Schadensersatzansprüchen, die sich aus dem Eintritt einer „Tatsache" ergeben (§ 100 VVG). In dem vorgeschriebenen Umfang ist die Krankheitskostenversicherung Pflichtversicherung in dem Sinne, dass eine Rechtsvorschrift zu ihrem Abschluss verpflichtet. Gesetzliche Versicherungspflichten gibt es auch sonst, so im EU-Recht bzgl. der Aufwendungen für Transport, Lagerung, Verwertung und Beseitigung von Abfällen, also wiederum für vertraglich übernommene Pflichten.[3] Man sollte daher den Begriff der Pflichtversicherung entsprechend allgemeinem Sprachverständnis eher als Oberbegriff für alle Versicherungen verwenden, zu deren Abschluss Rechtsvorschriften verpflichten, gleich ob es sich dabei um Haftpflichtversicherungen oder sonstige Versicherungen handelt. Die korrekte Bezeichnung für die „Pflichtversicherung" des § 113 VVG, wo es ja ausschließlich um Haftpflichtversicherungen geht, ist dann die obligatorische Haftpflichtversicherung.

---

[2] Siehe *Langheid* in Langheid/Rixecker, Versicherungsvertragsgesetz, 6. Aufl. 2019, Anm. zu den §§ 113–124.

[3] Siehe Art. 6 der Verordnung (EG) Nr. 1013/2006 des Europäischen Parlaments und des Rates vom 14.6.2006 über die Verbringung von Abfällen, ABl. 2006 L 190/1; vgl. auch *Perner,* Compulsory Liability Insurance and European Union Law, in Fenyves/Kissling/Perner/Rubin (eds.), Compulsory Liability Insurance from a European Perspective, 2016, 285 – 296 (287f.); Perner rechnet diese Versicherungspflicht fälschlich den obligatorischen Haftpflichtversicherungen zu.

II. Versicherungspflichten im EU-Recht – Einzelfälle und Funktionen

Das Recht der EU verpflichtet in vielfältigen Zusammenhängen zum Abschluss von Haftpflichtversicherungen. Dabei ist hauptsächliches Anliegen nicht die Versicherung als solche, sondern die finanzielle Leistungsfähigkeit haftpflichtiger Personen, die in manchen Situationen auch auf andere Weise als durch den Abschluss einer Haftpflichtversicherung gewährleistet werden kann. Die finanzielle Leistungsfähigkeit des Haftungsschuldners dient ihrerseits ganz verschiedenen Zwecken.

Zahlreiche Versicherungspflichten sind im Hinblick auf die Verwirklichung des Binnenmarkts für Waren und Dienstleistungen geregelt worden. Dabei geht es einerseits darum, Versicherungspflichten des nationalen Rechts ihre den Marktzutritt beschränkende Wirkung zu nehmen. Artikel 23 der Dienstleistungsrichtlinie erkennt zwar das Recht der Mitgliedsstaaten an, von den Dienstleistern aus andern EU-Mitgliedsstaaten den Abschluss einer angemessenen Berufshaftpflichtversicherung zu verlangen. Soweit der Dienstleister aber bereits über eine „gleichwertige" Deckung aus einem anderen Mitgliedsstaat verfügt, in dem er bereits niedergelassen ist, kann der Aufnahmemitgliedsstaat keine zusätzliche Absicherung der Haftpflicht verlangen.[4] Wohlgemerkt handelt es sich bei dieser Regelung nicht um eine Versicherungspflicht des EU-Rechts selbst, sondern um den Vorbehalt zugunsten nationaler Versicherungspflichten.

In Dutzenden von Rechtsakten hat das EU-Recht demgegenüber eigene Versicherungspflichten für bestimmte Dienstleister statuiert. Es handelt sich durchweg um Richtlinien, in neuerer Zeit vermehrt um Verordnungen, also unmittelbar geltende Vorschriften. Sie betreffen die grenzüberschreitende Vermarktung solcher Gerätschaften, für die das Unionsrecht hochgradig differenzierte technische Anforderungen harmonisiert hat. Beispiele sind Aufzüge,[5] Druckgeräte,[6] Spielzeug,[7] Medizinprodukte,[8] Seilbahnen.[9] Dass die technischen Vorschriften eingehalten werden, bedarf der Kontrolle. Sie ist in manchen Mitgliedsstaaten Sache staatlicher Behörden, in anderen können auch private Anbieter, vielfach als Konformitätsbewertungsstellen bezeichnet, die erforderlichen Überprüfungen vornehmen und die Einhaltung der technischen Anforderungen bestätigen; man denke beispielsweise an den *TÜV*, die *Société de Surveillance* oder *DEKRA*. Solche privaten Konfor-

[4] Siehe Art. 23 Abs. 1 und 2 der Richtlinie 2006/123/EG des Europäischen Parlaments und des Rates vom 12.12.2006 über Dienstleistungen im Binnenmarkt, ABl. 2006 L 376/36.

[5] Siehe Art. 24 Abs. 9 der Richtlinie 2014/33/EU des Europäischen Parlaments und des Rates vom 26.2.2014 zur Angleichung der Rechtsvorschriften der Mitgliedsstaaten über Aufzüge und Sicherheitsbauteile für Aufzüge (Neufassung), ABl. 2014 L 96/251.

[6] Siehe Art. 24 Abs. 9 der Richtlinie 2014/68/EU des Europäischen Parlaments und des Rates vom 15.5.2015 zur Harmonisierung der Rechtsvorschriften der Mitgliedsstaaten über die Bereitstellung von Druckgeräten auf dem Markt (Neufassung), ABl. 2014 L 189/164.

[7] Art. 26 Abs. 9 der Richtlinie 2009/48/EG des Europäischen Parlaments und des Rates vom 18.6.2009 über die Sicherheit von Spielzeug, ABl. 2009 L 170/1.

[8] Siehe Anhang XI Nr. 6 in Verbindung mit Art. 16 und Art. 11 der Richtlinie 93/42/EWG des Rates vom 14.6.1993 über Medizinprodukte, ABl. 1993 L 169/1.

[9] Art. 26 Abs. 9 der Verordnung (EU) 2016/424 des Europäischen Parlaments und des Rates vom 9.3.2016 über Seilbahnen und zur Aufhebung der Richtlinie 2000/9/EG, ABl. 2016 L 81/1.

mitätsbewertungsstellen müssen ihre potenzielle Haftung nach den fraglichen Rechtsakten versichern, jedenfalls – so eine wiederkehrende Formulierung – „sofern die Haftpflicht nicht aufgrund der nationalen Rechtsvorschriften vom Staat übernommen wird oder der Mitgliedsstaat selbst unmittelbar für die Konformitätsbewertung verantwortlich ist.“ Es ist bemerkenswert, dass keiner der vielen Rechtsakte dieses Typs eine obligatorische Haftpflichtversicherung für die Hersteller der Geräte vorschreibt, wohl aber für die privaten Stellen, die die technische Unbedenklichkeit der Gerätschaften attestieren. Gewiss können auch leichteste Fehler der technischen Überprüfung gravierende Konsequenzen haben; zumindest einige multinational tätige Großunternehmen dieses Sektors dürften allerdings auch ohne gesetzliche Versicherungspflicht über ein hinreichendes Risikomanagement verfügen. Ob dies dagegen auch bei den vielen mittelständischen Warenproduzenten der Fall ist, die ihre Erzeugnisse in ganz Europa vermarkten, wird man eher bezweifeln können; für sie besteht aber jedenfalls keine Versicherungspflicht des EU-Rechts.

In einer zweiten Funktion weist das EU-Recht der Haftpflichtversicherung die Rolle als Ersatz für Eigenkapital zu. Zu den Anforderungen an Lkw-Unternehmer gehört neben der fachlichen Eignung und der Zuverlässigkeit auch eine angemessene finanzielle Leistungsfähigkeit; die maßgebliche Verordnung setzt dafür einen bestimmten Kapitalbetrag pro Lkw fest.[10] Die finanzielle Leistungsfähigkeit ist offensichtlich eine Grundlage für die Befriedigung aller möglichen Forderungen; es geht nicht nur um die Leistung von Schadensersatz. Gleichwohl kann die zuständige Behörde im Land des Unternehmers eine Bankbürgschaft oder Versicherung einschließlich einer Berufshaftpflichtversicherung unter Umständen als Ausweis der finanziellen Leistungsfähigkeit gelten lassen. Man kann zweifeln, ob eine solche Haftpflichtversicherung obligatorisch ist; jedenfalls kommt ihr eine Funktion zu, die eher dem Zugang zum Gewerbe zuzurechnen ist als der Erfüllung von Schadensersatzansprüchen.

Eine dritte Funktion von europarechtlich begründeten Pflichten zum Abschluss einer Haftpflichtversicherung ist vom nationalen Recht her vertrauter: es geht unmittelbar um die Verwirklichung von Haftungsansprüchen. Auch solche Versicherungspflichten bestehen im EU-Recht in größerer Zahl. Dabei wird die Haftung selbst in manchen Fällen durch nationales Recht bestimmt, in anderen durch das EU-Recht selbst. Die Fälle sind keineswegs kohärent: Manchmal regelt das EU-Recht sowohl die Haftung als auch die Pflicht zum Abschluss einer entsprechenden Haftpflichtversicherung – ein Beispiel ist die Passagierbeförderung auf See.[11] In an-

[10] Siehe Art. 3 und Art. 7 der Verordnung (EG) Nr. 1071/2009 des Europäischen Parlaments und des Rates vom 21.10.2009 zur Festlegung gemeinsamer Regeln für die Zulassung zum Beruf des Kraftverkehrsunternehmers und zur Aufhebung der Richtlinie 96/26/EG des Rates, ABl. 2009 L 300/51.

[11] Siehe die Art. 3 und 4a des Protokolls von 2002 zum Athener Übereinkommen von 1974 über die Beförderung von Reisenden und ihrem Gepäck auf See, abgedruckt im Anhang zum Beschluss (2012/22/EU) des Rates vom 12.12.2011 über den Beitritt der Europäischen Union zum Protokoll von 2002 zum Athener Übereinkommen von 1974 über die Beförderung von Reisenden und ihrem Gepäck auf See, mit Ausnahme der Art. 10 und 11, ABl. 2012 L 8/1; die Vorschriften wurden durch Art. 3 der Verordnung (EG) Nr. 392/2009 des Europäischen Parlaments

deren Fällen richtet sich die Haftung ebenfalls nach EU-Recht, doch findet sich dort keine Versicherungspflicht, die diese Haftung auch im Falle der Insolvenz des Schädigers durchzusetzen hilft – ein Beispiel bildet die Produkthaftung.[12] Es bleibt folglich den Mitgliedsstaaten überlassen, ob sie die Produzenten dazu verpflichten, ihre Haftpflicht zu versichern. Als drittes gibt es Bereiche, in denen die Haftung ausschließlich nationalem Recht unterliegt, das Unionsrecht aber gleichwohl zur Deckung der Haftungsrisiken verpflichtet. Neben den Versicherungspflichten für technische Prüfunternehmen[13] ist hier auch auf die Patientenrechte in der grenzüberschreitenden Gesundheitsversorgung hinzuweisen; nach der maßgeblichen Richtlinie stellt der Mitgliedsstaat der Behandlung sicher, dass in seinem Hoheitsgebiet Systeme der Berufshaftpflichtversicherung oder gleichwertige Regelungen bestehen, die dem Umfang des Risikos angemessen sind.[14] Besonders ausdifferenziert ist in der dritten Gruppe die EU-Regelung der Kraftfahrzeug-Haftpflichtversicherung.[15] Alles in allem ist die Rechtslage in diesem Bereich also geradezu paradox.

Ein vollständiges Bild ergibt sich freilich nur, wenn neben den europarechtlichen auch die nationalen Pflichten zum Abschluss von Haftpflichtversicherungen berücksichtigt werden. Dies steigert die Vielfalt freilich noch exponentiell, und zwar sowohl in quantitativer wie in qualitativer Hinsicht. Während die Anzahl entsprechender Rechtsvorschriften im deutschen Bundesrecht relativ gering ist, wird sie in Italien auf fast 80 geschätzt, auf 120 in Frankreich und sogar auf rund 400 in Spanien.[16] In anderen Quellen werden für Belgien 150 und für Österreich immerhin 100 gesetzliche Versicherungspflichten veranschlagt, während Tschechien nur in etwa 40 Fällen sowie Ungarn und Finnland nur jeweils in 35 Fällen den Abschluss einer Haftpflichtversicherung verlangen.[17] Ein genauer Überblick ist schwer zu gewinnen, weil zu den gesamtstaatlich angeordneten Versicherungspflichten noch viele Rechtsvorschriften regionaler bzw. lokaler Hoheitsträger oder aber von Be-

---

und des Rates vom 23.4.2009 über die Unfallhaftung von Beförderern von Reisenden auf See, ABl. 2009 L 131/24, in das interne Recht der EU übernommen.

[12] Die Richtlinie (85/374/EWG) des Rates vom 25.7.1985 zur Angleichung der Rechts- und Verwaltungsvorschriften der Mitgliedsstaaten über die Haftung für fehlerhafte Produkte, ABl. 1985 L 210/29, schreibt zwar die strikte Haftung des Herstellers vor, regelt aber keine diesbezügliche Versicherungspflicht.

[13] → Fn. 5 – 9.

[14] Siehe Art. 4 Abs. 2 der Richtlinie 2011/24/EU des Europäischen Parlaments und des Rates vom 9.3.2011 über die Ausübung der Patientenrechte in der grenzüberschreitenden Gesundheitsversorgung, ABl. 2011 L 88/45.

[15] Richtlinie 2009/103/EG des Europäischen Parlaments und des Rates vom 16.9.2009 über die Kraftfahrzeug-Haftpflichtversicherung und die Kontrolle der entsprechenden Versicherungspflicht (kodifizierte Fassung), ABl. 209 L 263/11.

[16] So die Angaben von Mitgliedern einer Sachverständigengruppe der Europäischen Kommission, vgl. European Commission – Directorate General for Justice, Final Report of the Commission Expert Group on European Insurance Contract Law, 2014, Rn. 257; der Final Report ist zugänglich auf der Website des Max-Planck-Instituts: www.mpipriv.de/1102853/EICL-finalreport.pdf.

[17] Siehe *Rubin,* Comparative Report, in Fenyves/Kissling/Perner/Rubin (eds.), Compulsory Liability Insurance from a European Perspective, 2016, 385–429 (385f.).

rufskammern hinzukommen, die ebenfalls zur Deckung von Haftpflichtrisiken verpflichten.

Die Vielfalt setzt sich fort in Bezug auf Inhalt und Umfang der Versicherungsdeckung. Beides wird nicht nur durch nationale Regelungen bestimmt, sondern häufig auch noch durch Aufsichtsbehörden, denen Versicherer, die Pflichtversicherungen übernehmen wollen, ihren Geschäftsplan einschließlich der allgemeinen Versicherungsbedingungen vorzulegen haben.[18] Auf die nationalen Regelungen ist hier nicht weiter einzugehen; zu welchen Lücken im Rechtsschutz sie führen können, wird noch weiter unten in Abschnitt IV. gezeigt.

III. Unterschiedliche Regelungsdichte

Wo das Recht der Union zur Deckung der zivilrechtlichen Haftung verpflichtet (oder eine sonstige finanzielle Sicherheit verlangt), werden Umfang und Inhalt oft nur sehr oberflächlich geregelt. Ein breites Spektrum von Lösungen reicht auf der einen Seite von der geradezu einsilbigen Feststellung einer Versicherungspflicht bis hin zu einer ausschmückenden Regelung etlicher Einzelheiten. Je weniger Details in einem EU-Rechtsakt für die obligatorische Haftpflichtversicherung niedergelegt sind, desto weiter ist der Spielraum, der nationalen Vorschriften bleibt. Da sie sich stark unterscheiden, ist der Harmonisierungseffekt in den Fällen der letzteren Art sehr gering.

In den vielen Rechtsakten, die für Unternehmen der technischen Überwachung eine Haftpflichtversicherung vorschreiben, fehlt eine nähere Ausgestaltung der erforderlichen Versicherung vollständig. Man kann von einer „nackten" Versicherungspflicht sprechen. Die „Kleider" soll das nationale Recht liefern, was gelegentlich sogar ausdrücklich in dem EU-Rechtsakt niedergelegt ist.[19]

Ausführlicher geregelt ist die obligatorische Haftpflichtversicherung in einigen anderen Branchen. So müssen die Reeder von Seeschiffen, die die Flagge eines Mitgliedstaates führen oder in einen seiner Häfen einlaufen, über eine Versicherung verfügen, welche die Haftung für sogenannte Seeforderungen abdeckt. Für die Art dieser Forderungen und den Umfang der erforderlichen Deckung wird auf das Londoner Übereinkommen von 1976 über die Beschränkung der Haftung für Seeforderungen in der Fassung von 1996 verwiesen.[20] Ungeregelt sind freilich weitere Fragen, die üblicherweise in den Allgemeinen Versicherungsbedingungen oder im

[18] Siehe für Deutschland *Langheid* in Langheid/Rixecker, Versicherungsvertragsgesetz, 6. Aufl. 2019, § 113 Rn. 4.

[19] Siehe Art. 24 Abs. 2 lit. c der Verordnung (EU) Nr. 910/2014 des Europäischen Parlaments und des Rates vom 23.7.2014 über elektronische Identifizierung und Vertrauensdienste für elektronische Transaktionen im Binnenmarkt und zur Aufhebung der Richtlinie 1999/93/EG, ABl. 2014 L 257/73: „Angemessene Haftpflichtversicherung nach nationalem Recht".

[20] Richtlinie 2009/20/EG des Europäischen Parlaments und des Rates vom 23.4.2009 über die Versicherung von Schiffseigentümern für Seeforderungen, ABl. 2009 L 131/128; siehe Art. 4 Abs. 3 mit Verweis auf die Convention on Limitation of Liability for Maritime Claims, concluded at London on 19 November 1976, 1456 UNTS 221, BGBl. 1986 II 786; das Protokoll von 1996 findet sich in BGBl. 2000 II 790.

nationalen Recht geregelt werden, beispielsweise der genaue zeitliche Rahmen der Deckung oder die Frage, ob und wie lange Versicherungsschutz nach Ausbleiben einer Prämie noch gewährleistet ist. Stärker ins Detail geht die Regelung der Versicherungspflicht von Luftfahrtunternehmen, gleich woher sie kommen. Für sie schreibt die maßgebliche Verordnung nicht nur differenzierte Mindestversicherungssummen vor, sondern erklärt auch noch bestimmte Deckungsausschlüsse wie etwa für Terrorakte oder Entführungen für unzulässig.[21]

Einzelheiten zu dem Umfang und den Bedingungen des erforderlichen Versicherungsschutzes finden sich auch in der Richtlinie über den Versicherungsvertrieb, deren Hauptanliegen dahin geht, für Versicherungsmittler in der Union ähnliche Wettbewerbsbedingungen zu schaffen, so dass sie von der Niederlassungsfreiheit und der Dienstleistungsfreiheit Gebrauch machen können. Zu den Anforderungen der Richtlinie gehört eine Berufshaftpflichtversicherung (oder eine andere, gleichwertige Garantie), die der Vermittler abzuschließen hat, es sei denn, der Versicherer, für den er handelt, stelle bereits eine solche Absicherung für ihn zu Verfügung. Bemerkenswert ist an dieser Regelung, dass die Union ausdrücklich die Deckung „für das gesamte Gebiet der Union" vorschreibt, und außerdem auch noch Mindestversicherungssummen vorsieht.[22] Für die Versicherung der Haftung eines Beförderers von Passagieren zur See legt das EU-Recht im Anschluss an das Athener Übereinkommen eine Reihe von Einzelheiten fest: Die Deckung in Höhe von Mindestversicherungssummen bezieht sich nur auf Ansprüche aus der Haftung für Tod und Verletzung von Passagieren;[23] die Versicherung muss noch drei Monate nach Anzeige ihrer Beendigung an die zuständige Behörde Bestand haben;[24] und Drittgeschädigte können eine Direktklage gegen den Versicherer erheben, bei der viele Einreden, die er gegenüber dem versicherten Beförderer erheben könnte, ausgeschlossen sind.[25]

Die meisten Einzelheiten sind in der Richtlinie über die Kraftfahrzeug-Haftpflichtversicherung geregelt.[26] Danach muss sich die Deckung auf alle Mitgliedsstaaten und auf Unfälle in Transitländern erstrecken, und zwar sowohl auf Personenschäden wie auf Sachschäden.[27] In Art. 9 werden Mindestdeckungssummen vorgeschrieben, die von Zeit zu Zeit angepasst werden. Der Versicherungsschutz erstreckt sich nach Art. 12 auf alle Insassen des versicherten Fahrzeugs mit Ausnahme des Fahrers, aber unter Einschluss der Familienmitglieder. Vertragsklauseln, nach denen die Police ihre Wirkung verliert, wenn unbefugte Personen eine Schä-

---

[21] Siehe Art. 4 und 6 der Verordnung (EG) Nr. 785/2004 des Europäischen Parlaments und des Rates vom 21.4.2004 über Versicherungsanforderungen an Luftfahrtunternehmen und Luftfahrzeugbetreiber, ABl. 2004 L 138/1.

[22] Siehe Art. 10 Abs. 4 der Richtlinie (EU) 2016/97 des Europäischen Parlaments und des Rates vom 20.1.2016 über Versicherungsvertrieb (Neufassung), ABl. 2016 L 26/19.

[23] Siehe Art. 4*bis* Abs. 1 des Athener Übereinkommens im Anhang I zur VO 392/2009, → Fn. 11.

[24] Siehe Art. 4*bis* Abs. 6 des Athener Übereinkommens im Anhang I zur VO 392/2009, → Fn. 11.

[25] Siehe Art. 4*bis* Abs. 10 des Athener Übereinkommens im Anhang I zur VO 392/2009, → Fn. 11.

[26] → Fn. 15.

[27] Siehe Art. 3 Abs. 3 lit. a) und b) sowie Art. 3 Abs. 4 der Richtlinie, → Fn. 15.

digung zu verantworten haben, sind nach Art. 13 unwirksam. Für die Laufzeit des Vertrages ist gemäß Art. 14 eine einzige Prämie zu zahlen, was die administrative Überwachung erleichtert. Und schließlich wird den Geschädigten ein Direktanspruch gegen den Versicherer eingeräumt, der sich – anders als gegenüber dem Versicherungsnehmer – nicht auf einen Selbstbehalt berufen kann.[28] Die vertragsrechtlichen Regelungen der Richtlinie sind eingebettet in ein umfassenderes System von Vorschriften, die zum Teil der Durchsetzung der Versicherungspflicht dienen, die außerdem eine Auffanglösung für die Schadensverursachung durch unversicherte oder unbekannte Fahrzeuge vorsehen und die schließlich das Verfahren der Schadensregulierung betreffen. Ohne vollständig zu sein, vermittelt die Richtlinie doch einen lebendigen Eindruck von den vielen Problemen, die mit einer obligatorischen Haftpflichtversicherung verbunden sind. Die Regelungen sind das Ergebnis von 40 Jahren, während derer die Union auf der Grundlage von Vorarbeiten des Europarats vier Richtlinien erließ, die schließlich 2009 zu einem einzigen Rechtsakt vereinigt wurden. Der Zeitablauf und die vielfach komplizierten Vorschriften der Richtlinie zeigen, dass die Harmonisierung der obligatorischen Haftpflichtversicherung in einer Union von 27 Mitgliedsstaaten alles andere als einfach ist. Die Richtlinie zeigt aber auch, dass der europäische Gesetzgeber über die bloße gesetzliche Verankerung einer Versicherungspflicht hinausgehen muss, wenn er das Entschädigungsproblem mit den Mitteln einer Versicherung lösen will.

IV. Rechtsschutz bei „nackter" Versicherungspflicht

Gesetzliche Versicherungspflichten laufen ins Leere, wenn das Recht nicht zugleich in einigen Eckpunkten den Umfang und die näheren Umstände der Deckung regelt. Dies geschieht in Deutschland in den §§ 100ff., 113ff. VVG; sie greifen auch ein, sobald die Versicherungspflicht nicht auf Bundesrecht beruht, aber die fraglichen Rechtsvorschriften eines Landes oder einer öffentlich-rechtlichen Körperschaft keine Sonderregeln enthalten.[29] Auch in anderen europäischen Ländern gibt es entsprechende Vorschriften.[30] Mit Ausnahme der oben in Abschnitt III aufgeführten Regelungen fehlen dagegen im europäischen Recht entsprechende Bestimmungen. Folglich greift nationales Recht ein, bei EU-Verordnungen in ergänzender Funktion, bei Richtlinien in Gestalt der Umsetzungsvorschriften. Welches nationale Recht zum Zuge kommt, bestimmt sich nach Art. 7 der Rom I-VO.[31] Ist danach das Recht eines Drittstaates, etwa britisches Recht anzuwenden, sind be-

[28] Siehe die Art. 18 und 17 der Richtlinie → Fn. 15.

[29] Siehe den Entwurf eines Gesetzes zur Reform des Versicherungsvertragsrechts, BT-Drs. 16/3945, 87; *Brand* in MüKoVVG, 2. Aufl. 2017, § 113 Rn. 6.

[30] Viele europäische Gesetze finden sich in deutscher, englischer oder französischer Sprache in *Basedow/Fock* (Hrsg.), Europäisches Versicherungsvertragsrecht, Bd. III/Materialien, 2003; manche Hinweise auf nationale Regelungen sind auch enthalten in *Basedow/Birds/Clarke/Cousy/Heiss/Loacker* (eds.), Principles of European Insurance Contract Law (PEICL), 2nd ed. 2016, s. 286–312.

[31] Verordnung (EG) Nr. 593/2008 des Europäischen Parlaments und des Rates vom 17.6.2008 über das auf vertragliche Schuldverhältnisse anzuwendende Recht (Rom I), ABl. 2008 L 177/6.

sondere EU-Bestimmungen u. U. als Eingriffsnormen im Sinne von Art. 9 der Rom I-VO durchzusetzen; die Sondervorschrift des Art. 7 Abs. 4 für obligatorische Versicherungsverträge bezieht sich nur auf Versicherungspflichten, die ein Mitgliedsstaat auferlegt, was bei den hier behandelten obligatorischen Haftpflichtversicherungen des Unionsrechts gerade nicht der Fall ist. Der Grundgedanke des Art. 7 Abs. 4, nämlich die Einbindung des Versicherungsvertrages in das öffentliche Interesse, gilt aber *mutatis mutandis* im Rahmen des *ordre public* auch für Versicherungspflichten des EU-Rechts.

Das Zusammenwirken einer europarechtlich begründeten Versicherungspflicht mit den ihrer Konkretisierung dienenden nationalen Vorschriften kann zu gravierenden Rechtsschutzlücken führen. Dies zeigt ein EuGH-Urteil zur Haftung für fehlerhafte Brustimplantate.[32] Ein französischer Hersteller von Brustimplantaten *(PIP)* vertrieb seine Erzeugnisse über ein niederländisches Handelsunternehmen in ganz Europa. *PIP* verwendete dafür billiges und gesundheitsgefährdendes Industriesilikon; in vielen europäischen Ländern wurden rund 400.000 Frauen geschädigt.[33] Viele von ihnen verlangten Schadensersatz und nahmen *Allianz IARD* in Anspruch, als *PIP* Insolvent wurde. *Allianz IARD* hatte das Haftpflichtrisiko von *PIP* aufgrund einer im französischen Recht verankerten Versicherungspflicht übernommen, dies freilich – im Einklang mit der französischen Regelung – nur für Schäden in Frankreich. Als eine geschädigte Deutsche *Allianz IARD* verklagte, sah der EuGH in der räumlichen Begrenzung der Deckung keine Diskriminierung aus Gründen der Staatsangehörigkeit im Sinne von Art. 18 AEUV. Auch auf die Produkthaftungsrichtlinie konnte die Klägerin ihren Anspruch nicht stützen, weil diese Richtlinie keine Versicherungspflicht des Herstellers vorsieht.[34]

In einem anderen Verfahren stand die Haftung des *TÜV* in Frage, der die Konformität der Brustimplantate mit den anwendbaren technischen Regelungen zertifiziert hatte. Die maßgebliche Richtlinie begründet zwar eine Versicherungspflicht für solche Konformitätsbewertungsstellen, überlässt die Einzelheiten der Deckung aber wiederum dem nationalen Recht.[35] Die endgültige Entscheidung über die Haftung des *TÜV* hängt davon ab, ob das Berufungsgericht, an das der BGH die Sache zurückverwiesen hat, ein fahrlässiges Verhalten des *TÜV Rheinland* feststellen kann.[36]

Am Ende gehen möglicherweise diese und andere Klägerinnen leer aus. Die Europäische Union hat sie zwar in die Lage versetzt, von der Warenverkehrsfreiheit des Binnenmarkts zu profitieren, gewährt ihnen aber möglicherweise keinen an-

---

[32] EuGH 11.6.2020 – C-581/18, ECLI:EU:C:2002:453 – RB ./. TÜV Rheinland und Allianz IARD.

[33] Siehe „EuGH weist Klage zu Brustimplantaten ab", Frankfurter Allgemeine Zeitung (FAZ) vom 11.6.2020.

[34] → Fn. 12.

[35] Siehe Art. 11, 16 und Annex XI Nr. 6 der Richtlinie 93/42/EWG des Rates vom 14.6.1993 über Medizinprodukte, ABl. 1993 L 169/1.

[36] BGH 27.2.2020 – VII ZR 151/18, VersR 2020, 921 Rn. 47ff. In anderen Verfahren gegen TÜV Rheinland hat die Cour d'appel Aix en Provence mit Urteilen vom 11.2.2021 eine Haftung bejaht, vgl. FAZ 12.2.2021, S. 7; siehe auch die Pressemitteilung der Cour d'appel: www.cours-appel.justice.fr/sites/default/files/2021–02/CP-TUV.pdf.

gemessenen Rechtsschutz. Zwar wird man den Europäischen Gerichtshof nicht ernstlich dafür kritisieren können, dass er einen Versicherungsschutz, der für einen einzigen Mitgliedsstaat gewährt wurde, nicht mit den Mitteln des Gleichheitssatzes auf die ganze Union ausgeweitet hat. Das Ergebnis ist aber doch ernüchternd und jedenfalls keine Bestätigung des „hohen Schutzniveaus", auf das die Organe der Europäischen Union bei der Rechtsangleichung gemäß Art. 114 Abs. 3 AEUV verpflichtet sind.

V. Ausblick: EU-Versicherungspflichten der Zukunft

1. Interessenlage

Es ist sinnvoll, vor der rechtspolitischen Erörterung der obligatorischen Haftpflichtversicherung einen Blick auf die Beteiligten Interessen zu werfen. Die Thematik berührt die Interessen der Versicherer, der Versicherungsnehmer/Haftpflichtigen, der geschädigten Dritten, der Mitgliedsstaaten und der Europäischen Union selbst. Die geschädigten Dritten gehen im Allgemeinen davon aus, dass ihre Haftpflichtansprüche auch durchsetzbar sind, dass der Haftpflichtige entweder ausreichendes Vermögen oder aber eine Haftpflichtversicherung hat, auf die sie im Falle der Insolvenz des Haftpflichtigen zurückgreifen können. Wenn der Drittgeschädigte selbst Unternehmer ist, wird er mit dem Insolvenzrisiko des Haftpflichtigen umzugehen wissen; das ist einer von vielen Punkten, den ein Unternehmer bei Vertragsschlüssen zu berücksichtigen hat. Aus der Sicht eines Verbrauchers liegt die Insolvenz des Haftpflichtigen eher fern; dagegen durch eine obligatorische Haftpflichtversicherung zu schützen, kann jedenfalls bei höherem Schadenspotential Aufgabe einer sozialstaatlichen Gesetzgebung sein.

Potentiell haftpflichtige Unternehmen werden häufig aus freien Stücken eine Betriebshaftpflichtversicherung abschließen, um sich gegen Schäden abzusichern, die ihre eigene Insolvenz zur Folge haben können. Doch nicht alle beugen auf diese Weise vor; die Insolvenz wird zunehmend als Instrument des Schutzes vor den eigenen Gläubigern verstanden und je nach eigener Kapitaldecke und gesellschaftsrechtlicher Konstruktion auch bewusst in Kauf genommen. Damit solche betriebswirtschaftlichen Optionen nicht zu Lasten geschädigter Verbraucher genutzt werden, sind obligatorische Haftpflichtversicherungen erforderlich. Dabei geht das Interesse der potenziell Haftpflichtigen dahin, die entsprechenden Kosten gering zu halten.

Die Interessenlage der Versicherer ist ambivalent. Auf der einen Seite bedeuten Versicherungspflichten zusätzliches Geschäft; sie generieren zusätzliche Prämien und stellen den Kontakt zu weiteren Kunden her, der auch für die Vermarktung anderer Versicherungsprodukte genutzt werden kann. Auf der anderen Seite engen Versicherungspflichten auch die Handlungsoptionen der Versicherer *de facto* ein: Die Ablehnung einzelner Risiken fällt schwerer, und alle müssen damit rechnen, dass abgelehnte Risiken letztlich über eine hoheitliche Zuweisung doch übernommen werden müssen.

Wenn staatliche Instanzen Versicherungspflichten erlassen, verfolgen sie zum einen Aufgaben eines sozialpolitischen Schutzes, zum anderen geht es ihnen darum, dass ungedeckte Schäden nicht letztlich zur Belastung für öffentliche Sozialkassen werden. Diese Interessen sind freilich wie alles staatliche Handeln territorial begrenzt. Von sich aus wird ein Mitgliedsstaat der Europäischen Union nicht verlangen, dass auch Geschädigte in anderen Mitgliedsstaaten geschützt werden. Stattdessen rücken dann eher die Exportinteressen der eigenen Wirtschaft in den Vordergrund; kein Mitgliedsstaat wird den eigenen Unternehmen Lasten in Form zusätzlicher Versicherungsprämien aufbürden, soweit der Nutzen daraus nicht der eigenen Bevölkerung zugutekommt.

Was schließlich die Europäische Union selbst betrifft, so ist ihre Tätigkeit gemäß Art. 114 AEUV auf zwei Ziele ausgerichtet: zum einen auf die Verwirklichung des Binnenmarkts und dabei zum anderen auf die Wahrung eines hohen Verbraucherschutzniveaus. Verwirklichung des Binnenmarkts bedeutet Durchsetzung der Verkehrsfreiheiten, siehe Art. 26 AEUV. Die Mitgliedsstaaten haben es freilich nach der Rechtsprechung des Gerichtshofs in der Hand, Hemmnisse für den Binnenhandel der Union in einem nicht harmonisierten Bereich aus Gründen des Verbraucherschutzes zu errichten.[37] Vor diesem Hintergrund stellt sich für den Gesetzgeber der Union die Frage, ob ein konkretes Regelungsdefizit, das sich im Zusammenhang mit einer obligatorischen Haftpflichtversicherung ergibt, hingenommen werden kann; wenn der Unionsgesetzgeber dies hinnimmt, bedeutet dies, dass ein Aufnahme-Mitgliedsstaat aus diesem Grund berechtigt sein könnte, Verkehrsfreiheiten einzuschränken.

2. *Schlussfolgerungen für die obligatorische Haftpflichtversicherung*

a) *Europaweite Deckung*

Vor diesem Hintergrund lässt sich der Inhalt und Umfang einer europarechtlichen obligatorischen Haftpflichtversicherung etwas näher bestimmten. Das Wichtigste spezifisch EU-rechtliche Erfordernis ist die europaweite Deckung. Sie ist wie bemerkt bereits in den Regelungen zur Kfz-Haftpflichtversicherung und zum Versicherungsvertrieb vorgeschrieben.[38] Gleiches gilt in der Sache im Luftverkehr und bei der Beförderung von Passagieren zur See. Wenn es bezüglich der Haftpflichtversicherung von Luftfahrtunternehmen heißt, sie müsse „hinsichtlich ihrer luftverkehrsspezifischen Haftung in Bezug auf Fluggäste, Reisegepäck, Güter und Dritte" bestehen[39] und wenn die Erwägungsgründe der betreffenden Verordnung dann noch auf das Übereinkommen von Montreal hinweisen, das Teil des Unionsrechts ist,[40] so ist die Begrenzung des Versicherungsschutzes auf einen einzelnen Mitgliedsstaat damit ausgeschlossen. Ebenso verhält es sich mit der Haftpflichtversicherung für die Seepassage, die nach Art. 4*bis* Abs. 1 des Athener Übereinkommens die

[37] EuGH 20.2.1979 – 120/78, ECLI:EU:C:1979:42 Rn. 8 – Rewe-Zentral-AG ./. Bundesmonopolverwaltung für Brandwein, „Cassis de Dijon".

[38] Siehe oben im Text bei → Fn. 11 und 21.

[39] Siehe Art. 4 Abs. 1 der VO 785/2004, → Fn. 21.

[40] Siehe Erwägungsgrund 5 und 6 der VO 785/2004, → Fn. 21.

„Haftung nach diesem Übereinkommen in Bezug auf Tod und Körperverletzung von Reisenden abzudecken" hat. Der erforderliche Umfang der Deckung richtet sich also nach dem Anwendungsbereich des Übereinkommens, der durch die Verordnung 392/2009 auch auf innerstaatliche Beförderungen ausgeweitet wurde;[41] auch hier ist eine nationale Beschränkung der Deckung ausgeschlossen.

Wie schon dargelegt, legen zahlreiche andere Rechtsakte der Union lediglich eine „nackte" Pflicht zur Deckung von Haftpflichtrisiken fest, so vor allem im Bereich der technischen Überwachung.[42] Es ist anzunehmen, dass Mitgliedsstaaten diesem Punkt in ihren Umsetzungsbestimmungen keine große Aufmerksamkeit widmen und die Unternehmen ihrer Versicherungspflicht mit Policen nachkommen dürfen, die lediglich eine nationale Deckung vorsehen. Ob sie damit der Versicherungspflicht nach der maßgeblichen Richtlinie genügen, ist freilich im Hinblick auf den Effektivitätsgrundsatz fraglich. Dieser Grundsatz begegnet im EU-Recht in verschiedenen Spielarten; in seiner ältesten und schwächsten Form betrifft er allein die Auslegung von EU-Recht im Sinne des *effet utile.*[43] Bei der Auslegung von EU-Recht führt der Effektivitätsgrundsatz im Allgemeinen zu einer weiten Auslegung im Lichte des Zwecks einer europarechtlichen Vorschrift. Soweit nun EU-Vorschriften eine Haftpflichtversicherung von technischen Überwachungsunternehmen vorschreiben, geht es offensichtlich darum, in den Aufnahmemitgliedsstaaten, in die die fraglichen technischen Geräte exportiert werden, den Widerstand dagegen auszuräumen, dass im Herkunftsland eine technische Überprüfung durch private Unternehmen stattfand. Dies verlangt zwingend danach, dass die obligatorische Haftpflichtversicherung der betreffenden Konformitätsbewertungsstelle nicht nur die Risiken abdeckt, die in ihrem Sitzland auftreten, sondern auch solche Risiken, die sich in anderen Mitgliedsstaaten der EU verwirklichen. Die europaweite Deckung lässt sich insofern schon de lege lata durchsetzen.

b) Mindestdeckungssummen

Ein zweites sinnstiftendes Element einer jeden obligatorischen Haftpflichtversicherung ist eine Mindestdeckungssumme, die nur vom Gesetzgeber festgelegt werden kann. Ihre Höhe hängt einerseits vom Schadenspotential des einzelnen Bereichs ab, andererseits auch vom Preisniveau des jeweiligen Mitgliedsstaates. Die Erfahrungen mit der Richtlinie zur Kfz-Haftpflichtversicherung legen eine Mindestharmonisierung nahe. Die Union wird die Mitgliedsstaaten lediglich dazu verpflichten können, in ihren nationalen Vorschriften Mindestdeckungssummen festzulegen und sie gegenüber der Kommission durch entsprechende Schadensstatistiken zu erläutern, so dass die Mindestdeckungssummen in nachfolgenden Rechtsakten der Union allmählich einem Niveau der Gleichwertigkeit angenähert werden können.

---

[41] Siehe oben bei → Fn. 11.

[42] Siehe oben im Text bei → Fn. 5 – 9.

[43] Siehe etwa schon EuGH 6.10.1970 – 9/70, ECLI:EU:C:1970:78 Rn. 5 – Grad ./. Finanzamt Traunstein; EuGH 23.3.1982 – 53/81, ECLI:EU:C:1982:105 Rn. 15 – Levin ./. Staatssecretaris van Justitie; *Lenaerts/Van Nuffel,* European Union Law, 2011, Rn. 7-045, S. 151; *Streinz,* Der „effet utile" in der Rechtsprechung des Gerichtshofs der Europäischen Gemeinschaften, FS Ulrich Everling, 1995, Bd. 2, 1491–1510.

c) Direktanspruch

Von zentraler Bedeutung für den effektiven Schutz der geschädigten Dritten ist des Weiteren der Direktanspruch des Geschädigten gegen den Haftpflichtversicherer. Wo er greift, wird das sogenannte Trennungsprinzip der Haftpflichtversicherung weitgehend durchbrochen; Haftungsverhältnis und Deckungsverhältnis werden in demselben Verfahren zwischen dem Drittgeschädigten und dem Haftpflichtversicherer verhandelt, was den Widerstand der Versicherer gegen die Direktklage erklärt. Während solche Direktklagen in manchen nationalen Rechten eine generelle Begleiterscheinung der Haftpflichtversicherung sind, sind andere nationale Rechte sehr viel zurückhaltender. Jedenfalls ist die Direktklage aber bei obligatorischen Haftpflichtversicherungen unabweisbar, steht doch hier der Schutz des Drittgeschädigten eindeutig im Vordergrund. Im EU-Recht ist sie bislang für die Kfz-Haftpflichtversicherung und für die Haftpflichtversicherung in der Seepassage vorgesehen.[44]

Wo das Recht einen Direktanspruch gewährt, stellen sich sogleich Folgefragen: Kann ein Selbstbehalt, den Versicherer und Versicherungsnehmer vereinbart haben, auch dem Drittgeschädigten entgegengehalten werden? Hat eine Zahlung des Versicherers an den Versicherungsnehmer auch eine befreiende Wirkung gegenüber dem Dritten? Wann beginnt und wie lange läuft die Verjährung des Direktanspruchs? Welche sonstigen Einreden aus dem Versicherungsvertrag kann der Versicherer gegenüber dem Dritten geltend machen? In der Theorie entstehen aus dem Dreipersonenverhältnis zwischen Versicherer, Versicherungsnehmer und Dritten zahlreiche Rechtsfragen von erheblicher Komplexität, die auch in dem einen oder anderen Fall praktisch werden. Die mangelnde Harmonisierung dieser Regeln auf europäischer Ebene dürfte aber zum gegenwärtigen Zeitpunkt nicht als so gravierend wahrgenommen werden, dass ein Mitgliedsstaat deshalb die Freiverkehrsrechte beschränkt.

d) Ende des Versicherungsschutzes

Von größerer Bedeutung sind freilich die Auswirkungen einer Beendigung des Versicherungsverhältnisses auf die Deckung, gleich ob sie vom Versicherungsnehmer oder vom Dritten auf dem Wege der Direktklage beansprucht wird. Praktisch wird dies vor allem bedeutsam, wenn der Versicherungsnehmer in wirtschaftliche Schwierigkeiten gerät, die Prämie nicht mehr bezahlt und der Versicherungsvertrag deshalb vom Versicherer gekündigt wird. Soweit der Bestand der obligatorischen Haftpflichtversicherung wie im Falle der technischen Überwachung oder der Kfz-Haftpflichtversicherung einer Behörde nachzuweisen ist, liegt die Lösung darin, dass der Versicherer diese Behörde im Falle der Beendigung der Versicherung zu informieren hat und sie daraus die Schlussfolgerungen ziehen kann, die in den maßgeblichen Rechtsvorschriften vorgesehen sind. Wo eine kontinuierliche *Ex-Ante*-Beaufsichtigung besteht, wäre daran zu denken, die Unternehmen dazu zu verpflichten, auf ihrer Website über den Versicherungsschutz zu informieren, den sie

---

[44] → Fn. 25 und → Fn. 28.

gemäß einer gesetzlichen Versicherungspflicht erworben haben; der jeweilige Versicherer sollte dann verpflichtet sein, die Behörde vom Ende des Versicherungsschutzes zu informieren, die in dem jeweiligen Mitgliedsstaat die *Ex-Post*-Aufsicht in Händen hält. So oder so müsste der Versicherer noch für eine begrenzte Zeit nach Benachrichtigung der Behörde Deckung gewähren.

e) *Akteure aus Drittstaaten*

Besonders schwierige Rechtsfragen ergeben sich, wenn der Adressat der Versicherungspflicht, also das potentiell haftpflichtige Unternehmen, seinen Sitz außerhalb der Europäischen Union hat. Hier bereitet nicht nur die Durchsetzung der Versicherungspflicht Probleme; oft lässt sich auch die Bonität des drittstaatlichen Versicherers nicht klar abschätzen. Im Bereich des Seeverkehrs[45] und des Luftverkehrs[46] haben es die Dienststellen der EU regelmäßig auch mit Reedereien und Fluggesellschaften aus Drittstaaten zu tun, die ihren Versicherungsschutz außerhalb der Union erworben haben. Die Probleme sind hier deutlich und bereits diskutiert worden. Die beiden maßgeblichen Verordnungen haben einen weiten Anwendungsbereich und gelten für den gesamten eingehenden und ausgehenden Verkehr, die Verordnung zur Luftversicherung auch für den Überflugverkehr.[47] Die Transportunternehmen, auch die aus Drittstaaten, haben die erforderliche Versicherungsdeckung jeweils durch ein Versicherungszertifikat nachzuweisen. Der eigentliche Hebel für die Durchsetzung der Versicherungspflicht liegt dann in der Genehmigung des Zugangs zu Häfen und Flughäfen innerhalb der EU, also in einer territorialen Verknüpfung.[48]

Mit der Digitalisierung weiter Lebensbereiche wird die Problematik der effektiven Durchsetzung von Versicherungspflichten auch gegenüber drittstaatlichen Unternehmen an Bedeutung gewinnen. Die Vorüberlegungen, die von EU-Instanzen zur Frage der Entschädigung in diesem Bereich angestellt werden, betreffen regelmäßig nicht nur die Kanalisierung und Verschuldensunabhängigkeit der Haftung, sondern auch die Einführung einer obligatorischen Haftpflichtversicherung.[49] Soweit digitale Akteure wie etwa die großen US-amerikanischen Anbieter von

[45] Siehe oben im Text bei → Fn. 11.

[46] Siehe oben im Text bei → Fn. 21.

[47] Siehe für die Seepassage Art. 2 VO 392/2009, → Fn. 11 und für die Luftversicherung Art. 2 Abs. 1 der VO 785/2004, → Fn. 21.

[48] Siehe für den Luftverkehr Art. 8 Abs. 6 und 7 der VO 785/2004, → Fn. 21; welche Sanktionen eine Verletzung der Versicherungspflicht im Seeverkehr hat, bleibt nationalem Recht überlassen.

[49] So schon die Resolution des Europäischen Parlaments vom 16.2.2017, Dokument P8_TA (2017)0051, Rn. 57; ähnlich auch die Schlussfolgerungen einer Expertengruppe der Europäischen Kommission, siehe Liability for Artificial Intelligence and other Emerging Digital Technologies, Report from the Expert Group on Liability and New Technologies – New Technologies Formation, European Union 2019, p. 61 f.; das Dokument ist zugänglich auf der Website der Europäischen Kommission: https://ec.europa.eu/newsroom/dae/document.cfm?doc_id=63199; siehe als drittes den Bericht der Kommission an das Europäische Parlament, den Rat und den Europäischen Wirtschafts- und Sozialausschuss – Bericht über die Auswirkungen künstlicher Intelligenz, des Internets der Dinge und der Robotik im Hinblick auf Sicherheit und Haftung, COM (2020) 64 Final vom 19.2.2020, S. 20.

Clouddiensten in Drittstaaten ansässig sind, wird es schwerfallen, eine Versicherungspflicht ihnen gegenüber durchzusetzen. Es empfiehlt sich deshalb, die Haftung auf Unternehmen mit Sitz in der EU zu kanalisieren und diese Unternehmen zum Abschluss von Haftpflichtversicherungen zu verpflichten.

VI. Fazit

Die obligatorische Haftpflichtversicherung gewinnt im EU-Recht zunehmend an Bedeutung. In dem Maße, wie die Union sich der zivilrechtlichen Haftung zuwendet, und sei es auch als zusätzliche Sanktion für die Verletzung von Verhaltensregeln, statuiert sie Pflichten zur Deckung von Haftpflichtrisiken. Soweit die potenziell Geschädigten Verbraucher sind, ist es im Interesse eines „hohen Verbraucherschutzniveaus" im Sinne des § 114 AEUV sinnvoll und geboten, über die obligatorische Haftpflichtversicherung wenigstens eine partielle Entschädigung sicherzustellen. Im kommerziellen Bereich kann es dagegen den Unternehmen überlassen bleiben, ob sie als potenzielle Schädiger eine freiwillige Haftpflichtversicherung abschließen und ob sie als potenziell Geschädigte ihre Risiken auf andere Weise decken. Der Fall der Brustimplantate hat gezeigt, dass die scharfe Haftung nach der Produkthaftungsrichtlinie nichts wert ist, wenn der Hersteller insolvent wird und keine hinreichende Haftpflichtversicherung zur Verfügung steht. Der Fall hat auch verdeutlicht, dass die Union jenseits der bloßen Versicherungspflicht auch einige Einzelheiten regeln sollte: den europaweiten Deckungsumfang, Mindestdeckungssummen, die Direktklage und eine Informationspflicht des Versicherers bei Beendigung des Versicherungsschutzes. Die rechtspolitischen Pläne zur Bewältigung von Digitalisierungsschäden sollten diese Überlegungen beherzigen.

JAN BOETIUS

Der dynamische Krankheitsbegriff in der (privaten) Krankenversicherung

I. Systematische Zusammenhänge

Der Begriff der Krankheit im Sinne der privaten Krankenversicherung ist mit mehreren Rechtsinstituten des Versicherungsvertragsrechts verknüpft. Diese Rechtsinstitute sind der Versicherungsfall und die anzeigepflichtigen gefahrerheblichen Umstände.

1. Versicherungsfall

In den Versicherungszweigen der Schaden-, Unfall- und Krankenversicherung durchläuft die versicherte Gefahr bis zu ihrer Konkretisierung im Schadenfall mehrere zeitliche Phasen:[1]

- Phase 1: Verursachung des Schadenereignisses, dh Beginn der Kausalkette, die zu einem Ereignis führt, das einen Schaden auslöst.
- Phase 2: Eintritt des Schadenereignisses.
- Phase 3: Entstehung des Schadens als Folge des Schadenereignisses.

Die Begriffe Versicherungsfall, Schadenereignis und Schaden sind nicht identisch. Gleichwohl werden sie häufig synonym gebraucht, was zu Unklarheit und falschen Schlussfolgerungen führen kann.

Der Begriff des Versicherungsfalls ergibt sich aus dem Versicherungsvertragsrecht. Versicherungsfall ist der Sachverhalt, der die Leistungspflicht des Versicherers begründet.[2] Welche Phase der Gefahrverwirklichung als Versicherungsfall anzusehen ist, ergibt sich aus dem einzelnen Versicherungsvertrag in Verbindung mit den jeweiligen AVB. Je nach Versicherungszweig können die einzelnen Phasen zeitlich fast zusammenfallen oder weit auseinander liegen. Wenn sie zeitlich auseinander fallen, kann es sich um einen „gedehnten Versicherungsfall" oder um einen „verzögerten Versicherungsfall" handeln:

[1] Ausführlich *J. Boetius* in Boetius/Boetius/Kölschbach, Handbuch der versicherungstechnischen Rückstellungen, 2. Aufl. 2021, § 17 Rn. 3ff.

[2] *Armbrüster* in Prölss/Martin, VVG, 31. Aufl. 2021, § 1 Rn. 166; *Looschelders* in Langheid/Wandt, VVG, 2. Aufl. 2016, § 1 Rn. 31. Ähnlich *Rixecker* in Langheid/Rixecker, VVG, 6. Aufl. 2019, § 1 Rn. 6.

- Ein *gedehnter Versicherungsfall* liegt vor, wenn tatbestandsmäßiger Beginn und Vollendung des Versicherungsfalls zeitlich auseinanderfallen. Was insoweit als Beginn des Versicherungsfalls anzusehen ist, bestimmt sich nach dem Inhalt des Versicherungsvertrags und der AVB. Typische Beispiele für gedehnte Versicherungsfälle finden sich in der Vermögensschaden-Haftpflichtversicherung, in der Produkthaftpflichtversicherung, in der Architektenhaftpflichtversicherung, in der Rechtsschutzversicherung und in der Krankenversicherung.[3]
- Ein *verzögerter Versicherungsfall* liegt vor, wenn das ursächliche Schadenereignis und der Beginn des Versicherungsfalls zeitlich auseinanderfallen. Der verzögerte Beginn des Versicherungsfalls wird insbesondere dann vereinbart, wenn der Zeitpunkt für den Beginn des kausalen Schadenereignisses typischerweise nicht objektiv und zweifelsfrei festgestellt bzw. nachgewiesen werden kann. Typische Beispiele für verzögerte Versicherungsfälle finden sich in der Umwelthaftpflichtversicherung, in Haftpflichtversicherungen mit claims-made-Deckung und in der Krankenversicherung.[4]

Versicherungsfall in der Krankenversicherung ist nicht schon die Krankheit oder Unfallfolge, sondern erst das Erbringen einer medizinisch notwendigen Leistung *wegen* einer Krankheit oder Unfallfolge.[5] Der Versicherungsfall beginnt noch nicht mit der Verursachung oder dem Entstehen der Krankheit, dem Auftreten der ersten Krankheitssymptome oder dem Erkennen der Krankheit durch den Versicherten, sondern erst mit dem während der Vertragsdauer einsetzenden tatsächlichen Beginn der medizinisch notwendigen Heilbehandlung bzw. diagnostischen Untersuchung. Schadenereignis (Krankheit) und Versicherungsfall (medizinische Leistung) sind somit nicht identisch.[6] Insoweit liegt ein *verzögerter* Versicherungsfall vor. Anschließend wird dieser (verzögert begonnene) Versicherungsfall ein *gedehnter* Versicherungsfall, weil er erst endet, wenn keine Behandlungsbedürftigkeit mehr besteht.

Versicherungstechnische und praktische Gründe sind dafür maßgebend, dass als Versicherungsfall nicht schon die Krankheit angesehen wird, sondern erst die medizinischen Leistungen, die wegen der – tatsächlichen oder vermuteten – Krankheit erbracht werden. *Ob* ein Versicherungsfall vorliegt, muss an Hand objektiver Anhaltspunkte feststellbar sein, weil davon die Leistungspflicht des Versicherers abhängt. Der Zeitpunkt des Entstehens der Krankheit kann aber wegen unterschiedlichster Latenzzeiten der Krankheitsbilder[7] und in der Regel unbekannter Dispositionen des Erkrankten objektiv häufig nicht sicher festgestellt werden. Dagegen ist die medizinische Leistungserbringung ein objektiv feststellbares Datum. Dabei ist unerheblich, ob die vom medizinischen Leistungserbringer gestellte Diagnose zutreffend und vollständig gewesen ist und ob die darauf fußende eigentliche

[3] Vgl. *J. Boetius* in Boetius/Boetius/Kölschbach, Handbuch der versicherungstechnischen Rückstellungen, 2. Aufl. 2021, § 17 Rn. 12ff.
[4] Vgl. *J. Boetius* in Boetius/Boetius/Kölschbach, Handbuch der versicherungstechnischen Rückstellungen, 2. Aufl. 2021, § 17 Rn. 18ff.
[5] BGHZ 133, 208 = VersR 1996, 1224 (1225).
[6] *Boetius,* Private Krankenversicherung, 2010, VVG § 192 Rn. 31.
[7] Zu außergewöhnlich langen Latenzzeiten vgl. *J. Boetius* in Boetius/Boetius/Kölschbach, Handbuch der versicherungstechnischen Rückstellungen, 2. Aufl. 2021, § 17 Rn. 184ff.

Heilmaßnahme begonnen worden ist. Unerheblich ist auch, ob bei der diagnostischen Untersuchung eine behandlungsbedürftige Krankheit überhaupt festgestellt werden konnte; auch wenn diagnostische Untersuchungen nur aufgrund des bloßen *Verdachts* einer Erkrankung (Verdachtsdiagnose) mit dem Ziel durchgeführt werden, das Vorliegen einer Krankheit auszuschließen, handelt es sich um Untersuchungen zur Erkennung des Leidens.

2. *Gefahrerhebliche Umstände*

Wissen und Nichtwissen des einzelnen um eine Krankheit haben essentielle Bedeutung im Krankenversicherungsverhältnis. Die versicherungsmäßige Risikoübernahme verlangt im Zeitpunkt des Vertragsabschlusses Informationssymmetrie beider Vertragspartner; denn der Risikobegriff setzt Unsicherheit voraus, ob und wann eine abstrakte Gefahr sich konkret verwirklicht. Wenn der Versicherungsnehmer diese Unsicherheit nicht hat und seinen Wissensvorsprung gegenüber dem Versicherer nicht offenbart, fehlt die gemeinsame Geschäftsgrundlage für die Risikoübernahme. Die Vorschriften der §§ 19ff. VVG verfolgen den Zweck, zwischen den Parteien Ausgewogenheit bei der Abschätzung der Gefahrenlage herzustellen. Der Versicherungsnehmer soll gegen den Willen des Versicherers bei Vertragsabschluss keinen Wissensvorsprung bezüglich der risikorelevanten Gefahrenumstände haben. Folgerichtig ist ein sekundärer Risikoausschluss von Vorerkrankungen, die dem Versicherungsnehmer *nicht bekannt* sind, unwirksam.[8]

Die anzeigepflichtigen gefahrerheblichen Umstände im Sinne von § 19 VVG sind mit den Merkmalen des Versicherungsfallbegriffs insoweit verknüpft, als wegen einer Erkrankung erbrachte medizinische Leistungen ein gefahrerheblicher Umstand und anzuzeigen sind. Darin erschöpft sich aber nicht die Anzeigepflicht. Anzeigepflichtig sind auch solche Erkrankungen, die noch nicht behandelt oder diagnostiziert, aber vom Versicherungsnehmer als solche erkannt worden sind; dann kann von Bedeutung sein, wann die Erkrankung begonnen hat und vom Versicherungsnehmer erkannt worden ist. In allen Fällen kann es sich um gegenwärtige Erkrankungen oder um zurückliegende abgeschlossene Erkrankungen (Vorerkrankung) handeln.

a) Begriff

Anzeigepflichtig sind nicht nur Vorerkrankungen und Erkrankungen, sondern allgemein alle gefahrerheblichen Umstände. Der Versicherungsnehmer muss nach § 19 Abs. 1 S. 1 VVG ihm bekannte gefahrerhebliche Umstände anzeigen, wenn das Versicherungsunternehmen nach ihnen gefragt hat. Das schließt auch solche Umstände ein, die dem Versicherungsnehmer durch einen bereits vorgenommenen – diagnostischen oder prädiktiven – Gentest bekannt geworden sind.[9] Ein Umstand ist gefahrerheblich, wenn er geeignet ist, auf den Entschluss des Versicherers

---

[8] BGH VersR 1994, 549 (551).

[9] Vgl. *Neuhaus* ZfS 2013, 64 (66); *Taupitz,* Genetische Diagnostik und Versicherungsrecht, 2000 (Frankfurter Vorträge zum Versicherungswesen Heft 32), S. 44.

zum beantragten Vertragsabschluss einen Einfluss ausüben zu können. Die Gefahrerheblichkeit bestimmt sich nicht nach objektiven Kriterien, sondern nach den Risikoprüfungsgrundsätzen des Versicherers.[10] Unerheblich ist, wenn der Versicherungsnehmer den Begriff der Gefahrerheblichkeit verkannt hat.[11]

Wenn die Gefahrerheblichkeit offenkundig ist („auf der Hand liegt“[12]), braucht das Versicherungsunternehmen seine Risikoprüfungsgrundsätze nicht im Einzelnen darzulegen. Die Gefahrerheblichkeit liegt nicht auf der Hand, „wenn es sich um eine Gesundheitsstörung handelt, die offenkundig als leicht einzuordnen, nicht wiederholt aufgetreten ist und deshalb von vornherein keinen Anhalt dafür bietet“, für die Risikoeinschätzung des Versicherers bedeutsam zu sein.[13]

Der Begriff der Gefahrerheblichkeit erklärt sich aus dem versicherungstechnischen Begriff der Gefahr. Gefahr im versicherungstechnischen Sinn ist die aus Sicht der Vertragspartner zu beurteilende *Wahrscheinlichkeit* für Eintritt und Höhe eines künftigen Versicherungsfalls. Hat der Versicherungsfall bei Abschluss des Versicherungsvertrags bereits begonnen, ist er nicht mehr wahrscheinlich, sondern sicher und daher vom Versicherungsschutz ausgeschlossen (§ 2 Abs. 2 S. 2 VVG).

Was gefahrerheblich ist, hängt maßgeblich von der beantragten Versicherungsart ab. Der Erheblichkeitsmaßstab ist in der Krankenversicherung deutlich strenger als zB in der Lebensversicherung.[14] In der Lebensversicherung kommt es nur auf Umstände (insbesondere Krankheiten) an, die sich auf das Mortalitätsrisiko auswirken können. In der Krankenversicherung kommt es dagegen außer auf das Mortalitätsrisiko vor allem auf das Morbiditätsrisiko an, das auch geringfügige Beschwerden umfassen kann.[15]

Der Begriff der Gefahrerheblichkeit geht in der Krankenversicherung weiter als der engere Begriff der Krankheit, der gesundheitlichen Störung oder der gesundheitlichen Beschwerden. Weil es um die *Wahrscheinlichkeit* künftiger Versicherungsfälle geht, umfasst der Begriff der Gefahrerheblichkeit auch *Vorstadien,* die auf das Entstehen einer künftigen Erkrankung oder gesundheitlichen Beeinträchtigung hinweisen können.[16] Damit sind zB auch Stadien gemeint, die nach § 3 Nr. 7 Buchst. b, c, d GenDG Gegenstand diagnostischer Gentests sein können. Das Vorstadium einer (künftigen) Erkrankung kann auch mit dem Bestehen einer gesundheitlichen Störung zusammenfallen. Das wird bei bestimmten vererblichen Krankheiten deutlich wie etwa Chorea Huntington (→ I. 2. b)). Beispielsweise ist im Fall von Chorea Huntington das Vorhandensein des Erbmerkmals bereits die bestehende gesundheitliche Störung. Hinzukommt, dass genetisch bedingte Krankheiten – selbst wenn sie erst spät ausbrechen wie zB Chorea Huntington – auch „juvenile Erscheinungsformen“ haben können,[17] die den Charakter qualifizierter

---

[10] OLG Frankfurt/Main VersR 2002, 559.
[11] OLG Stuttgart VersR 1979, 859.
[12] BGH VersR 2000, 1486 unter 1 b bb.
[13] BGH VersR 2000, 1486 unter 1 b bb.
[14] *Brömmelmeyer* in Boetius/Rogler/Schäfer, Rechtshandbuch PKV, 2020, § 21 Rn. 71.
[15] Dazu *Brömmelmeyer* in Boetius/Rogler/Schäfer, Rechtshandbuch PKV, 2020, § 21 Rn. 69 ff.
[16] Im Ergebnis ebenso *Neuhaus* ZfS 2013, 64 (67).
[17] *Kreß* ZRP 2011, 68.

Vorstadien besitzen. Mit Recht wird darauf hingewiesen, dass es keinen hinreichenden Grund für eine unterschiedliche Behandlung darstellt, ob eine genetische Analyse – zB im Hinblick auf Chorea Huntington – unmittelbar *vor* oder unmittelbar *nach* Auftreten der ersten Symptome durchgeführt wird.[18]

Das Stadium und damit der Grad der Wahrscheinlichkeit werden durch Unsicherheiten geprägt. Daher genügt es, dass das Vorstadium auf eine künftig *mögliche,* konkrete Gesundheitsstörung hinweist. Wenn sie schon *sicher* ist, ist der Bereich der Wahrscheinlichkeit bereits verlassen und hat die den Versicherungsfall auslösende Gefahrverwirklichung begonnen. Gefahrerheblich ist ein Umstand nicht erst dann, wenn der Eintritt des Versicherungsfalls mit überwiegender Wahrscheinlichkeit zu erwarten ist.[19] Für die Gefahrerheblichkeit im Sinne von § 19 Abs. 1 S. 1 VVG gelten nicht die wesentlich engeren Voraussetzungen, die das Beamtenrecht an die Wahrscheinlichkeitsprognose für den vorzeitigen Eintritt der Dienstunfähigkeit eines Beamten aufstellt, indem eine überwiegende Wahrscheinlichkeit verlangt wird.[20] Weil die Gefahrerheblichkeit durch die versicherungstechnische Risikorelevanz bestimmt wird, genügen deutlich niedrigere Wahrscheinlichkeitsgrade, die von den Risikoprüfungsgrundsätzen des Versicherers abhängen. Der in der Krankenversicherung für die Prämienkalkulation geltende Mindestsicherheitszuschlag von 5% (§ 7 KVAV) bildet keinen geeigneten Maßstab für den notwendigen Wahrscheinlichkeitsgrad, weil er das *kollektive* versicherungstechnische Risiko vermindern soll,[21] während es bei der Erkrankungsprognose um das *individuelle* Risiko geht. Daher können auch Wahrscheinlichkeitsgrade unter 5% zu einer Gefahrerheblichkeit führen.[22]

Im Schrifttum werden teilweise die anzeigepflichtigen Umstände im Sinne von § 18 Abs. 2 GenDG faktisch auf *manifestierte Erkrankungen* beschränkt.[23] Damit wird die Reichweite der Anzeigepflicht von § 19 Abs. 1 S. 1 VVG verkannt, die sich allgemein auf *alle gefahrerheblichen Umstände* erstreckt; denn für den Begriff der Gefahrerheblichkeit ist der Einfluss auf die Wahrscheinlichkeit eines künftigen Versicherungsfalls entscheidend.

Der Begriff der *Krankheitsveranlagung* ist medizinisch ungenau und gibt eine eher volkstümliche Anschauung über das Bestehen genetischer Krankheitsursachen wieder. Gleichwohl wird der Ausdruck auch im juristischen Schrifttum bemüht.[24] Der Begriff ist jedenfalls für sich allein ungeeignet, einen bestimmten Umstand als gefahrerheblich oder als nicht gefahrerheblich zu qualifizieren.

---

[18] *Taupitz,* Genetische Diagnostik und Versicherungsrecht, 2000 (Frankfurter Vorträge zum Versicherungswesen Heft 32), S. 28.

[19] *Neuhaus* ZfS 2013, 64 (68) verlangt „hohe Wahrscheinlichkeit“. Die *DFG-Senatskommission für Grundsatzfragen der Genforschung* postuliert „überwiegende Wahrscheinlichkeit“, ohne das Merkmal „überwiegend“ zu begründen: *DFG-Senatskommission für Grundsatzfragen der Genforschung,* Prädiktive genetische Diagnostik, Stellungnahme (Mitteilung Nr. 4), 2003, Abschn. 5.6.3.

[20] BVerwG NVwZ 2014, 300 Rn. 21.

[21] *Boetius* in Langheid/Wandt, VVG, 2. Aufl. 2017, § 203 Rn. 146, 290ff.

[22] AA *Neuhaus* ZfS 2013, 64 (68): Wahrscheinlichkeit von mindestens 10% erforderlich.

[23] *Hahn* in Kern, GenDG, 2012, § 18 Rn. 53f.; *Kröger* MedR 2010, 751 (754); *Lensing* VuR 2009, 411 (413). Ähnlich: *Heyers* MedR 2009, 507 (512). Unklar: *Genenger* NJW 2010, 113 (116); *Präve* VersR 2009, 857 (861).

[24] Vgl. *Hahn* in Kern, GenDG, 2012, § 18 Rn. 54.

Wenn bei dem Versicherten Verdachtsdiagnosen gestellt worden sind, die sich durch weiterführende Untersuchungen – auch genetischer Art – nicht bestätigt haben, muss der Versicherte dies nicht anzeigen; denn dann besteht keine Gefahrerheblichkeit. Wenn die Verdachtsdiagnose allerdings durch einen diagnostischen Gentest bestätigt worden ist, besteht die Anzeigepflicht;[25] das Recht auf Nichtwissen (→ I. 2. b)) ist insoweit nicht berührt.[26]

b) Gentests

Die Anzeigepflicht gilt für alle Vorerkrankungen, Erkrankungen und gesundheitlichen Beschwerden unabhängig von der Diagnosemethode und schließt daher diagnostische Gentests ein.[27] Weil dem Versicherungsnehmer bzw. Versicherten die anzeigepflichtigen Tatbestände bekannt sind, ist sein Recht auf Nichtwissen nicht berührt.[28] Die Anzeigepflicht gewährleistet die notwendige Informationssymmetrie (→ I. 2.). Die Anzeigepflicht gilt daher auch, wenn der Gentest eine bestimmte genetische Veranlagung als Ursache einer gesundheitlichen Störung offenbart.[29]

Probleme bereitet die Abgrenzung zwischen diagnostischen und prädiktiven Gentests in der Begriffswelt des GenDG (§ 3 GenDG):[30]

- Der diagnostische Gentest im Sinne von § 3 Nr. 7 Buchst. a, b GenDG dient der Abklärung einer bereits bestehenden Erkrankung oder gesundheitlichen Störung bzw. der Abklärung, ob genetische Eigenschaften zusammen mit anderen Faktoren eine Erkrankung oder gesundheitliche Störung auslösen können.
- Der prädiktive Gentest im Sinne von § 3 Nr. 8 GenDG dient der Abklärung einer erst künftig auftretenden Erkrankung oder gesundheitlichen Störung (§ 3 Nr. 8 Buchst. a GenDG) bzw. einer bloßen Anlageträgerschaft für Erkrankungen bei Nachkommen (§ 3 Nr. 8 Buchst. b GenDG).

Das GenDG definiert jedoch nicht den Begriff der Erkrankung bzw. gesundheitlichen Störung sowie wann eine Erkrankung bzw. gesundheitliche Störung (bereits) *besteht* (§ 3 Nr. 7 Buchst. a GenDG), *ausgelöst* wird (§ 3 Nr. 7 Buchst. b GenDG) oder (künftig) *auftritt* (§ 3 Nr. 8 Buchst. a GenDG).

Bei eindeutig genetisch bedingten, insbesondere vererblichen Krankheiten versagt die Unterscheidung zwischen diagnostischem und prädiktivem Gentest. Das wird deutlich am Beispiel von Chorea Huntington, einer vererbten neurodegenerativen Erkrankung mit ersten Krankheitssymptomen meist zwischen dem 30. und

---

[25] Anders offenbar *Hahn* in Kern, GenDG, 2012, § 18 Rn. 53.

[26] *Knappmann* in Beckmann/Matusche-Beckmann, Versicherungsrechts-Handbuch, 3. Aufl. 2015, § 14 Rn. 36.

[27] OLG Saarbrücken VersR 2012, 557 (558). Ebenso: *Hahn* in Kern, GenDG, 2012, § 18 Rn. 44; *Hahn* ZVersWiss 2013, 519 (526); *Genenger* NJW 2010, 113 (116); *Looschelders* VersR 2011, 697 (700); *Neuhaus* r+s 2009, 309 (316); *Neuhaus* ZfS 2013, 64 (66). Ebenso für die frühere Freiwillige Selbstverpflichtungserklärung der Versicherungswirtschaft (VersR 2002, 35): OLG Hamm VersR 2008, 773 (774).

[28] Begr. zu § 18 Abs. 2 RegE GenDG, BT-Drs. 16/10532, 36.

[29] *Hahn* in Kern, GenDG, 2012, § 18 Rn. 44; *Kröger* MedR 2010, 751 (754); *Looschelders* VersR 2011, 697 (700); *Präve* VersR 2009, 857 (861).

[30] Vgl. *Vossenkuhl,* Der Schutz genetischer Daten, 2013 (Schriftenreihe Medizinrecht), S. 121 ff.

40. Lebensjahr, die immer einen schweren Verlauf nimmt und zum Tode führt. Alle Träger dieses Erbmerkmals erkranken früher oder später; man spricht von vollständiger „Penetranz". Schon weit vor dem Auftreten jeglicher Symptome kann eindeutig festgestellt werden, ob eine Person den zu Chorea Huntington führenden Gendefekt hat oder nicht, dh ob sie niemals oder aber mit Sicherheit die Erkrankung bekommen wird (→ III. 1.). Ähnliches gilt für die Familiäre Adenomatöse Polyposis (FAP), deren Anlageträger ein Erkrankungsrisiko von nahezu 100% haben.[31] In einem solchen Fall gesetzmäßig und mit Sicherheit auftretender Krankheit kann als „Auftreten" der Krankheit nicht erst das Erscheinen der ersten Krankheits*symptome* bezeichnet werden. Vielmehr besteht die gesundheitliche Störung bereits in dem Vorhandensein des Erbmerkmals. Damit verschwimmen die Grenzen zwischen dem diagnostischen Gentest nach § 3 Nr. 7 Buchst. a GenDG und dem prädiktiven Gentest nach § 3 Nr. 8 Buchst. a GenDG. Weitere Beispiele finden sich bei den über 6.000 verschiedenen, teilweise schwerwiegenden „Seltenen Erkrankungen", die ganz überwiegend genetische Ursachen haben und von denen ca. 5% der deutschen Bevölkerung betroffen sind.

Eine Krankheit tritt *mit Sicherheit* auf, wenn die Wahrscheinlichkeit hierfür bei 100% liegt. Damit entsteht zwangsläufig die Frage, welcher Wahrscheinlichkeitsgrad zu fordern ist, um „verschwimmende Grenzen" zwischen diagnostischen und prädiktiven Gentests anzunehmen. Versicherungsrechtlich ist diese Frage im Zusammenhang mit dem Begriff der Gefahrerheblichkeit zu beantworten, die durch Wahrscheinlichkeiten determiniert wird (→ I. 2. a)). Damit ist gleichzeitig der Kern der Abgrenzungsproblematik angesprochen: Ein prädiktiver Gentest hat mit seiner Zukunftsorientierung den Charakter einer voraussagenden Diagnostik und sagt etwas über die Wahrscheinlichkeit des künftigen Auftretens von Erkrankungen aus;[32] er diagnostiziert also „noch vor Sichtbarwerdung erster Erkrankungssymptome".[33] Zutreffend spricht man vom „genetischen Risiko", das aussagt, wie hoch die Wahrscheinlichkeit für den künftigen Eintritt einer Krankheit ist.[34] Wenn gesagt wird, die „prädiktive Diagnostik" versuche, vor Auftreten der ersten Krankheitssymptome eine Diagnose zu treffen,[35] so signalisiert bereits diese aus „prädiktiv" und „diagnostisch" gebildete Doppelbegrifflichkeit die „verschwimmenden Grenzen".

Dass das Vorhandensein des Erbmerkmals bereits als gesundheitliche Störung einzuordnen ist, unterstellt das GenDG selbst, wenn es als Ziel eines prädiktiven Gentests auch die Abklärung einer bloßen Anlageträgerschaft für Erkrankungen

---

[31] *DFG-Senatskommission für Grundsatzfragen der Genforschung,* Prädiktive genetische Diagnostik, Stellungnahme (Mitteilung Nr. 4), 2003, Abschn. 4.3.4.

[32] *Schroeder,* Das Recht auf Nichtwissen im Kontext prädiktiver Gendiagnostik, 2015, S. 42; *Vossenkuhl,* Der Schutz genetischer Daten, 2013 (Schriftenreihe Medizinrecht), S. 123.

[33] Vgl. *Schroeder,* Das Recht auf Nichtwissen im Kontext prädiktiver Gendiagnostik, 2015, S. 181.

[34] *Fündling,* Recht auf Wissen vs. Recht auf Nichtwissen, 2000 (Versicherungswissenschaft Hannover, Hannoveraner Reihe Band 10), S. 41.

[35] *Fündling,* Recht auf Wissen vs. Recht auf Nichtwissen, 2000 (Versicherungswissenschaft Hannover, Hannoveraner Reihe Band 10, S. 64; *DFG-Senatskommission für Grundsatzfragen der Genforschung,* Prädiktive genetische Diagnostik, Stellungnahme (Mitteilung Nr. 4), 2003, Abschn. 4.3.

bei Nachkommen zulässt (§ 3 Nr. 8 Buchst. b GenDG). In einem solchen Fall manifestiert sich die Erkrankung nicht beim Träger der genetischen Information, sondern unter Umständen erst in der nächsten Generation.[36]

Nach dem gegenwärtigen Stand der Wissenschaft können prädiktive Gentests – von vererblichen Krankheiten abgesehen – in der Regel keine definitive Aussage über eine bereits entstandene oder im Entstehen begriffene konkrete Erkrankung liefern. Sie können nur Dispositionen für künftige Erkrankungsmöglichkeiten und -wahrscheinlichkeiten feststellen. Aufgrund prädiktiver Gentests gewonnene Erkenntnisse sind daher im Sinne von § 19 Abs. 1 VVG normalerweise nicht gefahrerheblich, so dass sie der Anzeigepflicht nach § 18 Abs. 2 GenDG nicht unterliegen.

Von den prädiktiven Gentests (im engeren Sinn) zu unterscheiden sind diagnostische Gentests mit prädiktiven Elementen. Hierzu zählen die Gentests im Sinne von § 3 Nr. 7 Buchst. b GenDG. Diese können als diagnostische Gentests eingeordnet werden, weil mit den festgestellten genetischen Eigenschaften nur „geringe prädiktive Werte verbunden sind".[37]

Wenn es allerdings aufgrund der Entwicklung der Humangenomforschung in Zukunft möglich werden sollte, mit Hilfe prädiktiver Gentests das Entstehen auch nicht vererblicher Krankheiten und damit ihren künftigen Ausbruch auch in zeitlicher Hinsicht mit fachlich abgesicherten Wahrscheinlichkeiten festzustellen, gewinnt eine solche Feststellung die Qualität eines gefahrerheblichen Umstands im Sinne von § 19 Abs. 1 VVG, der nach § 18 Abs. 2 GenDG anzuzeigen ist; denn die Art der Feststellung ist ohne Bedeutung und prädiktive Gentests sind nach § 18 Abs. 2 GenDG nicht per se ausgeschlossen. Wenn die Zeitspanne zwischen prädiktiver Feststellung und Ausbruch der Krankheit nur wenige Jahre beträgt und dies auch prognostiziert ist, rückt der prädiktive Gentest in die Nähe des diagnostischen Gentests. Dann ist auch die Wahrscheinlichkeit gering, dass andere Umstände (zB Tod aus anderen Ursachen) in überholender Kausalität eine relevante intervenierende Bedeutung erlangen.

Wenn ein Gentest Risikofaktoren, Prädispositionen oder Überempfindlichkeiten aufzeigt, die zusammen mit der Einwirkung bestimmter äußerer Faktoren Erkrankungen oder gesundheitliche Störungen auslösen können (§ 3 Nr. 7 Buchst. b GenDG), handelt es sich um ein manifestes *Vorstadium* einer künftig möglichen, konkreten Gesundheitsstörung:

– *Risikofaktor* ist jede Exposition, die mit einer Erhöhung des Erkrankungsrisikos einhergeht.[38] So sind zB im Bereich der Herz-Kreislauf-Erkrankungen Hypertonie (Bluthochdruck), Hypercholesterolämie (Cholesterinerhöhung), Diabetes mellitus oder Übergewicht typische Risikofaktoren für Schlaganfall oder Herzinfarkt. Selbst wenn jeder einzelne dieser Risikofaktoren für sich allein noch nicht die Schwelle der Behandlungsbedürftigkeit überschritten hat (zB das Übergewicht noch nicht in Adipositas übergegangen ist), kann er zusammen mit anderen Faktoren eine konkrete Gesundheitsstörung auslösen. Er ist daher mani-

[36] *Schillhorn/Heidemann*, Gendiagnostikgesetz, 2. Aufl. 2017, § 3 Rn. 50.
[37] Begr. zu § 3 Nr. 7 Buchst. b RegE GenDG, BT-Drs. 16/10532, 22.
[38] *Pschyrembel,* Klinisches Wörterbuch, 264. Aufl. 2013, S. 1825 „Risikofaktor".

festes Vorstadium und damit gefahrerheblich. Risikofaktoren sind typische Symptome eines anomalen Körperzustands, der zu Störungen körperlicher Funktionen führen kann.

- *Prädispositionen* sind Zustände, die das Entstehen einer Krankheit begünstigen.[39] Damit erhöhen sie die Wahrscheinlichkeit des Eintritts einer künftig möglichen, konkreten Gesundheitsstörung. Sie sind folglich in Bezug auf das Erkrankungsrisiko gefahrerheblich.
- *Überempfindlichkeiten* treten vor allem im Zusammenhang mit allergischen Erkrankungen oder Störungen des Autoimmunsystems auf. Bei (angeborenen oder erworbenen) Allergien ändert sich die Reaktionsfähigkeit des Immunsystems gegenüber bestimmten körperfremden Substanzen, die eigentlich unschädlich sind, aber im konkreten Einzelfall die Eigenschaft eines Allergens haben, das eine bestimmte allergische Immunantwort hervorruft.[40] Die Überempfindlichkeit ist damit selbst manifestes Vorstadium einer künftig möglichen, konkreten Gesundheitsstörung und somit gefahrerheblich.

Der diagnostische Gentest nach § 3 Nr. 7 Buchst. b GenDG hat nur geringe prädiktive Aussagekraft. Seine Hauptbedeutung liegt in der Feststellung manifester Vorstadien künftig möglicher, konkreter Gesundheitsstörungen und damit in der Feststellung von Umständen, die die Wahrscheinlichkeit des Eintretens künftiger Versicherungsfälle erhöhen. Der diagnostische Gentest nach § 3 Nr. 7 Buchst. b GenDG hat daher einen unmittelbaren Bezug zur Gefahrerheblichkeit.

Wenn ein Gentest feststellen soll, ob „genetische Eigenschaften vorliegen, die die Wirkungen eines Arzneimittels beeinflussen können" (§ 3 Nr. 7 Buchst. c GenDG), geht es um spezifische Wechselwirkungen zwischen Arzneimitteln und Organismus. Ziel ist die Optimierung der Arzneimitteltherapie.[41] Wenn im Zuge eines solchen Gentests festgestellt wird, dass aufgrund genetischer Eigenschaften eine konkrete Arzneimittelunverträglichkeit besteht oder bei Einnahme eines bestimmten Arzneimittels unerwünschte Nebenwirkungen auftreten, erhöht dies die Wahrscheinlichkeit, dass als Folge der Unverträglichkeit künftig zusätzliche Erkrankungen auftreten oder die mit dem Arzneimittel therapierte Krankheit einen schwereren Verlauf nimmt. Diese Umstände sind daher für die Übernahme des Krankenversicherungsrisikos gefahrerheblich.

Wenn ein Gentest feststellen soll, ob „genetische Eigenschaften vorliegen, die den Eintritt einer möglichen Erkrankung oder gesundheitlichen Störung ganz oder teilweise verhindern können" (§ 3 Nr. 7 Buchst. d GenDG), handelt es sich der Sache nach um einen negativen prädiktiven Gentest, den das GenDG als diagnostischen Gentest behandelt. Festgestellt werden genetisch bedingte Resistenzen, die das Auftreten bestimmter Erkrankungen verhindern. Die für die Gefahrerheblichkeit maßgebende Wahrscheinlichkeit einer künftigen Erkrankung wird dadurch reduziert oder sogar ausgeschlossen.

---

[39] *Pschyrembel,* Klinisches Wörterbuch, 264. Aufl. 2013, S. 1691 „Prädisposition".
[40] *Pschyrembel,* Klinisches Wörterbuch, 264. Aufl. 2013, S. 56 „Allergie".
[41] Begr. zu § 3 Nr. 7 Buchst. c RegE GenDG, BT-Drs. 16/10532, 22.

c) Gesundheitsfragen

Im Zentrum stehen in der Krankenversicherung die Gesundheitsfragen, die sich in der Regel auf bestimmte Zeiträume vor Antragstellung beziehen. Das Versicherungsunternehmen darf allerdings auch zeitlich unbegrenzte Gesundheitsfragen stellen.[42] Die Anzeigepflicht wird verletzt, wenn der Versicherungsnehmer gefahrerhebliche Umstände, nach denen das Versicherungsunternehmen gefragt hat, nicht, nicht vollständig oder unrichtig anzeigt. Die Anzeige ist unrichtig, wenn die Erklärung des Versicherungsnehmers mit der Wirklichkeit nicht übereinstimmt.[43]

Wenn das Versicherungsunternehmen nach *Beschwerden* fragt, müssen grundsätzlich auch solche geringfügiger Art angegeben werden.[44] Unerheblich ist, ob der Versicherungsnehmer sich einer Krankheit bewusst war.

Üblicherweise fragt das Versicherungsunternehmen auch in der Krankenversicherung nach anderweitig bestehenden oder früheren Krankenversicherungen *(Vorversicherungen)*. Anderweitige Krankenversicherungen sind gefahrerheblich, weil sie das subjektive Risiko des Versicherungsnehmers zu beurteilen helfen.[45]

Wenn der Versicherungsnehmer bei Antragstellung ersichtlich unvollständige oder unklare Angaben macht, trifft das Versicherungsunternehmen nach ständiger Rspr. eine Nachfrageobliegenheit: Es muss beim Versicherungsnehmer nachfragen, um im Hinblick auf eine ordnungsgemäße Risikoprüfung Klarheit über die Risikosituation zu schaffen.[46]

Einzelfälle:

- Wenn das Versicherungsunternehmen nicht ausdrücklich nach *Alkoholmissbrauch* fragt, muss der Versicherungsnehmer ihn nicht ohne weiteres als „Krankheit, Beschwerde oder Störung“ angeben.[47]
- Eine mit Psychopharmaka behandelte *Depression* ist gefahrerheblich.[48]
- Ärztliche Behandlungen wegen *Eisenmangels* sind gefahrerheblich.[49]
- Die nach einer *Geschlechtsumwandlung* erforderliche Medikation zur Aufrechterhaltung eines weiblichen Hormonstatus ist ein gefahrerheblicher Umstand.[50]
- *Hexenschuss* (Lumbalgie) ist ein gefahrerheblicher Umstand.[51]
- Ein unerfüllter Kinderwunsch *(Kinderlosigkeit)* ist gefahrerheblich, wenn er Anlass für Behandlungen des Versicherungsnehmers war und nicht ausgeschlossen ist, dass die Kinderlosigkeit durch die Konstitution des Versicherungsnehmers mit bedingt ist.[52]

---

[42] OLG Saarbrücken VersR 2007, 193.
[43] BGH VersR 1968, 293.
[44] OLG Köln r+s 1990, 65 (Hals- und Lendenwirbelsäule).
[45] OLG Hamm r+s 1992, 361; OLG Saarbrücken VersR 1987, 98.
[46] Unter anderem BGH VersR 2008, 668 Rn. 10.
[47] OLG Saarbrücken VersR 2007, 193.
[48] KG r+s 2000, 122.
[49] OLG Hamm VersR 2008, 773.
[50] OLG Frankfurt/Main VersR 2002, 559.
[51] OLG Hamburg VersR 1988, 396.
[52] OLG Karlsruhe VersR 2004, 186.

- Bei *Lebererkrankungen* ist die Diagnose „leichte Fettleber“ und „schlechte Leberwerte“ ein gefahrerheblicher Umstand.[53]
- Die ärztliche Behandlung wegen *psychischer Belastungszustände* ist gefahrerheblich.[54]
- Die Gefahrerheblichkeit eines Kuraufenthalts wegen eines *psychovegetativen Erschöpfungszustands* liegt „auf der Hand“.[55]

II. Der tradierte Krankheitsbegriff

1. Grundsatz

Es gibt keine einheitliche Definition des Phänomens „Krankheit“. Dabei ist schon zwischen verschiedenen Sichtweisen zu unterscheiden, nämlich unter anderem derjenigen der Medizin, des Rechts oder der Sozialwissenschaft. Auch diese Untergliederung ist zu grob, weil es beispielsweise allein auf dem Gebiet des Rechts zwischen dem Sozialversicherungsrecht, dem Arbeitsrecht, dem zum Verwaltungsrecht gehörenden Beihilferecht und dem Recht der privaten Krankenversicherung zu unterscheiden gilt.

Was als „Krankheit“ anzusehen ist, unterliegt darüber hinaus weiteren Abhängigkeiten. Dazu gehören etwa die jeweiligen Anschauungen der unterschiedlichen Kulturen, die im Zeitablauf sich ändernden Anschauungen innerhalb derselben Kultur oder die im Zeitablauf sich ändernden Erkenntnisse der medizinischen Wissenschaft.

Die Weltgesundheitsorganisation (World Health Organization – WHO) hatte im Jahr 1946 für den Gegenbegriff der Gesundheit die Formel geprägt:

> *„Die Gesundheit ist ein Zustand des vollständigen körperlichen, geistigen und sozialen Wohlergehens und nicht nur das Fehlen von Krankheit oder Gebrechen.“*

Daraus kann nicht im Umkehrschluss der Begriff der Krankheit definiert werden;[56] denn deren Fehlen soll nicht ausreichen, Gesundheit anzunehmen. Nach der WHO-Formel bilden Gesundheit und Krankheit daher kein stringentes Gegensatzpaar.

Im Zentrum der anzeigepflichtigen (in der Regel pathologischen) Zustände – Vorerkrankungen, Erkrankungen, gesundheitliche Beschwerden (→ I. 2. c)) – steht der Krankheitsbegriff. Eine gesetzliche Definition von „Krankheit“ gibt es im deutschen Recht nicht, weil sie die medizinische Entwicklung nicht abbilden könnte.[57] Auch gesellschaftliche Anschauungen zu dem, was als „Krankheitswert“ angesehen wird, können sich ändern. Die Gesetzesmaterialien zum GRG beziehen sich zwar auf einen Krankheitsbegriff „nach herrschender Rechtsprechung und Praxis“, ver-

---

[53] OLG Düsseldorf r+s 2003, 205.

[54] OLG Stuttgart r+s 2004, 294.

[55] BGH VersR 2009, 529 Rn. 9.

[56] Im Ergebnis ähnlich BSG NZS 2015, 662 Rn. 20.

[57] Vgl. BVerwGE 160, 71 Rn. 9 = NVwZ 2018, 173; *Huster,* Die Bedeutung des Krankheitsbegriffs für das Krankenversicherungsrecht, in Beck, Krankheit und Recht, 2017 (Schriftenreihe Medizinrecht), S. 41 (42).

zichten aber auf eine gesetzliche Definition, „weil sein Inhalt ständigen Änderungen unterliegt".[58] Tatsächlich würde eine gesetzliche Definition zu einem unveränderlichen und damit statischen Krankheitsbegriff führen, der die Entwicklungen der Medizin und der damit häufig einhergehenden gesellschaftlichen Anschauungen nicht abbilden könnte. Daher akzeptiert die Rechtsprechung teilweise eine dynamische Anpassung des Krankheitsbegriffs (→ III. 1.).[59] Auf das Fehlen einer gesetzlichen Definition ist zurückzuführen, dass der Krankheitsbegriff als funktionsspezifischer rechtlicher Zweckbegriff verstanden wird, der darauf abstellt, welche Aufgabe er im jeweiligen Rechtsgebiet erfüllen soll.[60]

Bei objektiver Betrachtungsweise ist wesentlicher Bestandteil des Krankheitsbegriffs auch der Zeitpunkt, an dem die Krankheit beginnt und endet. Während der Zeitpunkt des *Krankheitsbeginns* weitgehend unsicher ist, ist das *Krankheitsende* zeitlich weitgehend feststellbar: Krankheit endet mit dem Ende der Behandlungsbedürftigkeit, spätestens mit dem Tod.

Der objektive Zeitpunkt des Krankheitsbeginns ist weitgehend unsicher, weil häufig die Ursachen für das Entstehen von Krankheiten nicht vollständig bekannt sind. Damit unterliegt der Krankheitsbegriff selbst einem dynamischen Entwicklungsprozess, weil mit der Weiterentwicklung der medizinischen Möglichkeiten, insbesondere der Diagnosetechniken der feststellbare Zeitpunkt des Entstehens einer Krankheit ständig vorverlegt werden kann. Das betrifft vor allem Krankheiten mit langen Latenzzeiten. Unter Latenzzeit versteht man die symptomfreie Phase zwischen dem Einwirken der krankheitserregenden Ursache auf den Organismus (objektiver Krankheitsbeginn) und dem Auftreten erkennbarer Symptome (subjektiver Krankheitsbeginn).

Für den subjektiven Beginn einer Krankheit wird üblicherweise darauf abgestellt, ob sich Symptome einer Krankheit manifestiert haben.[61] Symptome sind Anzeichen eines Merkmals, das auf eine Erkrankung hinweist. Manifestation ist in der Medizin ein Begriff, der das Sichtbarwerden bestimmter Krankheitssymptome beschreibt, womit eine vorher klinisch nicht wahrnehmbare Krankheit als solche erkannt werden kann.

Weil Krankheiten selten monokausal, sondern überwiegend erst durch das Zusammentreffen oder Zusammenwirken mehrerer – großenteils voneinander unabhängiger – Ursachen entstehen, kann der objektive Krankheitsbeginn in der Regel nicht schon mit dem Entstehen einer dieser mehreren Ursachen gleichgesetzt werden; denn das Hinzutreten der weiteren für die Entstehung der Krankheit notwendigen Ursachen kann nicht als determiniert angenommen werden. Es geht hier insbesondere um die Wechselwirkungen zwischen genetischen Eigenschaften,

---

[58] Begr. zu Art. 1 (§ 27 SGB V) Gesetzentwurf GRG, BT-Drs. 11/2237, 170.

[59] BSG NZS 2015, 662 Rn. 19; BVerwGE 160, 71 Rn. 9 = NVwZ 2018, 173. Vgl. *Hauck* NJW 2016, 2695 (2696); *Huster,* Die Bedeutung des Krankheitsbegriffs für das Krankenversicherungsrecht, in Beck, Krankheit und Recht, 2017 (Schriftenreihe Medizinrecht), S. 41 (42).

[60] BVerwGE 160, 71, Rn. 10 = NVwZ 2018, 173; *Huster,* Die Bedeutung des Krankheitsbegriffs für das Krankenversicherungsrecht, in Beck, Krankheit und Recht, 2017 (Schriftenreihe Medizinrecht), S. 41 (49f.).

[61] Vgl. *Kröger* MedR 2010, 751 (754).

Lebensgewohnheiten und Umwelteinflüssen.[62] Damit muss – von Ausnahmen im Falle vererblicher Krankheiten abgesehen (→ I. 2. b)) – zunächst davon ausgegangen werden, dass der Krankheitsbeginn im Rechtssinn regelmäßig vom Zeitpunkt der Symptom-Manifestation abhängt. Das führt allerdings zu einem *statischen* Krankheitsbegriff, der im Hinblick auf die permanenten Entwicklungen der Medizin nicht als der endgültige Begriff verstanden werden kann und Raum für eine Dynamisierung lassen muss (→ III.).

2. *Rechtsprechung*

Krankheit im Sinne des versicherungsvertragsrechtlichen Krankenversicherungsrechts (VVG) wird als objektiv nach ärztlichem Urteil bestehender anomaler, regelwidriger Körper- oder Geisteszustand definiert, der eine nicht ganz unerhebliche Störung körperlicher oder geistiger Funktionen mit sich bringt.[63] Maßgebend sind nicht die subjektiven Vorstellungen des Versicherten, sondern der aufgrund objektiver Kriterien erhobene ärztliche Befund.[64] Abweichungen vom Normalzustand gewinnen Krankheitswert erst dann, wenn sie über ein reines Missempfinden hinaus zu Beschwerden oder Behinderungen im Sinne einer nicht ganz unerheblichen Funktionsstörung führen.[65] Keine Krankheit in diesem Sinn liegt vor, wenn es sich um natürliche Körperzustände handelt. Dazu zählen unter anderem die (komplikationslose) Schwangerschaft und Entbindung, die nur über den Weg der „sonstigen vereinbarten Leistung" (§ 192 Abs. 1 VVG) in den Versicherungsschutz einbezogen wird.

Krankheit im Sinne des sozialversicherungsrechtlichen Krankenversicherungsrechts (SGB V) wird als regelwidriger, vom Leitbild des gesunden Menschen abweichender Körper- oder Geisteszustand verstanden, der ärztlicher Heilbehandlung bedarf bzw. den Betroffenen arbeitsunfähig macht.[66] Zusätzlich wird gefordert, dass der Versicherte in seinen Körperfunktionen beeinträchtigt wird oder die anatomische Abweichung entstellend wirkt. Diese zusätzliche Anforderung verfolgt den Zweck, körperliche Unregelmäßigkeiten ohne Krankheitswert vom Versicherungsschutz auszuschließen.[67]

Der Krankheitsbegriff im Sinne des verwaltungsrechtlichen Beihilferechts folgt grundsätzlich dem sozialversicherungsrechtlichen Krankheitsbegriff, wie er vom BSG entwickelt worden ist.[68] Das BVerwG fasst dies in die Kurzformel: „Jemand ist krank, wenn er in seiner Körper- oder Geistesfunktion beeinträchtigt ist."[69]

---

[62] *Katzenmeier* MedR 2019, 259 (259).

[63] BGHZ 99, 228 = VersR 1987, 278 (279); BGHZ 164, 122 unter II 1 = VersR 2005, 1673. Vgl. ferner: *Kalis* in Langheid/Wandt, VVG, 2. Aufl. 2017, § 192 Rn. 21; *Kalis* in Bach/Moser, Private Krankenversicherung, 5. Aufl. 2015, MB/KK § 1 Rn. 45; *Spickhoff*, Der Krankheitsbegriff im (Privat-)Versicherungsrecht, in Beck, Krankheit und Recht, 2017 (Schriftenreihe Medizinrecht), S. 215 (217).

[64] BGHZ 99, 228 = VersR 1987, 278 (279).

[65] OLG Karlsruhe VersR 1991, 912.

[66] BSG NZS 2015, 662 Rn. 19 mwN.

[67] BSG NZS 2015, 662 Rn. 19 mwN.

[68] BVerwGE 160, 71 Rn. 8 = NVwZ 2018, 173; BVerwGE 148, 106 Rn. 11 = NVwZ-RR 2014, 240.

[69] BVerwGE 148, 106 Rn. 11 = NVwZ-RR 2014, 240.

3. *Begriffliche Systematik*

Für die Begriffsbildung muss zwischen dem Kernbereich des Begriffs („Begriffskern") und seinem Randbereich („Begriffsränder") unterschieden werden:

- Zum *Begriffskern* zählen diejenigen Tatbestandsmerkmale, die für den Krankheitsbegriff konstitutiv sind, dh die zwingend und unverzichtbar erfüllt sein müssen.
- Zu den *Begriffsrändern* zählen Tatbestandsmerkmale, die dispositiv sind, dh die je nach Anwendungsbereich optional und in unterschiedlicher Weise ergänzend hinzutreten können.

Mit dieser begrifflichen Systematik erklären sich auch die teilweise voneinander abweichenden Begriffsbildungen in den einzelnen Anwendungsgebieten.

Der *Begriffskern* muss zunächst vom medizinischen Verständnis ausgehen, weil (Human-) Medizin diejenige Wissenschaft ist, deren primäres Objekt die Krankheit (sc. des Menschen) ist. Die Medizin umschreibt Krankheit als „Störung der Lebensvorgänge in Organen oder im gesamten Organismus mit der Folge von subjektiv empfundenen bzw. objektiv feststellbaren körperlichen, geistigen oder seelischen Veränderungen".[70] Dieser Begriffskern findet sich im Wesentlichen auch in den Umschreibungen wieder, die für VVG, SGB V und Beihilferecht verwandt werden (→ II. 2.) und folgende Teilmerkmale enthalten:

- Ein regelwidriger Körper- oder Geisteszustand im Sinne von VVG und SGB V liegt vor, wenn Lebensvorgänge in Organen oder im gesamten Organismus gestört sind.
- Störung körperlicher oder geistiger Funktionen im Sinne des VVG bzw. Beeinträchtigung der Körperfunktionen im Sinne des SGB V entsprechen als Folge der gestörten Lebensvorgänge den objektiv feststellbaren körperlichen, geistigen oder seelischen Veränderungen.

Dabei ist nicht zu verkennen, dass das Merkmal der Störung einen Sachverhalt beschreibt, der nicht ausschließlich durch objektive Daten bestimmt wird, sondern auch von Wertungen beeinflusst wird. Deutlich wird das beispielsweise bei der Frage, ob altersbedingte oder alterstypische Zustände eine den Krankheitsbegriff relativierende Rolle spielen dürfen. Das ist zu verneinen,[71] und zwar im Wesentlichen aus zwei Gründen:

- Wenn der Krankheitsbegriff altersabhängig relativiert würde, würde den solchermaßen „gesunden" Alten die Behandlung verweigert, obwohl diese Behandlung ihre alterstypische Störung der Körper- oder Geistesfunktion beseitigen oder lindern würde. Das ist unethisch.
- Ein altersabhängig relativierter Krankheitsbegriff ist nicht operabel, weil es in Bezug auf die jeweiligen Störungen der Körper- und Geistesfunktionen keine objektiv feststellbaren Maßgrößen für den in Betracht zu ziehenden „richtigen Altersabschlag" gibt. Dafür sind die individuellen Lebensbiographien auch zu

[70] *Pschyrembel*, Klinisches Wörterbuch, 264. Aufl. 2013, „Krankheit".
[71] Ebenso *Marlow/Gramse* r+s 2017, 518 (520).

unterschiedlich. Außerdem müssten diese „Abschläge“ der medizinischen Entwicklung und der steigenden Lebenserwartung folgend permanent angepasst werden.

Alle übrigen Merkmale, die für VVG oder SGB V dem Krankheitsbegriff beigelegt werden, gehören zu den *dispositiven Begriffsrändern*. Das betrifft insbesondere

- Umschreibungen, die Bagatell-„Erkrankungen“ vom Versicherungsschutz ausschließen sollen, zB: „nicht ganz unerhebliche Störung“ bzw. „über ein reines Missempfinden hinaus“ oder „körperliche Unregelmäßigkeiten ohne Krankheitswert“ (→ II. 2.);
- zusätzliche Voraussetzungen des Versicherungsschutzes, zB Behandlungsbedürftigkeit bzw. Arbeitsunfähigkeit (→ II. 2.).

Diese Zweiteilung des Krankheitsbegriffs in Kernbereich (Begriffskern) und Randbereich (Begriffsränder) ermöglicht es auch, die Diskussionen um bestimmte Grenzfälle in die systematisch richtigen Bahnen zu lenken. Das gilt beispielsweise für das ganze Diskussionsfeld der künstlichen Befruchtung. Das im Schrifttum geäußerte Unbehagen über die systematisch zutreffende Zuordnung zum Krankheitsbegriff[72] wird weitgehend gegenstandslos, wenn man Fälle dieser Art dem dispositiven Randbereich des Krankheitsbegriffs zuordnet, der letztlich durch politische Wertungsentscheidungen geprägt wird.

Krankheit ist eine zeitraumbezogene Erscheinung, die für eine bestimmte Zeitdauer besteht. Damit hat Krankheit mindestens einen Beginn. Bei Akuterkrankungen hat Krankheit in der Regel auch ein zeitliches Ende, bei chronischen Erkrankungen endet sie häufig erst mit dem Lebensende. Notwendiger Bestandteil des Krankheitsbegriffs ist daher auch der Zeitpunkt des Krankheitsbeginns (→ II. 1.), der in bestimmten Fällen asymptomatische Vorstadien eines künftigen Krankheitsausbruchs einschließen kann (→ I. 2. a).

III. Dynamischer Krankheitsbegriff

1. Medizinische Entwicklung

Die bisherige versicherungsrechtliche Anschauung ging weitgehend von einem statischen Krankheitsbegriff aus (→ II. 1.). Allerdings soll der Krankheitsbegriff nach den Vorstellungen von Gesetzgebung und Rspr. auch nicht vollkommen unveränderlich sein, sondern durchaus den vorwiegend medizinischen Entwicklungen angepasst werden können (→ II. 1.). Daher erweist es sich aufgrund der medizintechnischen Entwicklungen inzwischen als notwendig, den Krankheitsbegriff zu dynamisieren. Die Stichworte für die notwendige Dynamisierung lauten „Big Data“ und „Systemmedizin“.[73]

---

[72] Vgl. unter anderem *Huster* NJW 2009, 1713ff.
[73] *Katzenmeier* MedR 2019, 259 (259, 261).

Der Ansatzpunkt hierfür wird bei Betrachtung bestimmter vererblicher Krankheiten wie zB Chorea Huntington deutlich (→ I. 2. b)). Das Vorhandensein des für diese Erkrankung verantwortlichen Erbmerkmals ist bereits eine bestehende gesundheitliche Störung (→ I. 2. a)). Wenn nur ein Elternteil das Erbmerkmal für Chorea Huntington trägt, werden die Nachkommen mit einer Wahrscheinlichkeit von mindestens 50% ebenfalls betroffen; die Wahrscheinlichkeit steigt auf 100%, wenn der erkrankte Elternteil zwei mutierte Allele, also ein homozygotes Erbgut besitzt. Wenn beide Elternteile erkrankt sind und jeweils nur ein mutiertes Allel, also ein heterozygotes Erbgut besitzen, beträgt die Wahrscheinlichkeit für eine Erkrankung der Nachkommen 75%.

Wenn vererbliche Krankheiten konkret feststellbare Eintrittswahrscheinlichkeiten aufweisen, beginnt die gesundheitliche Störung und damit die Krankheit letztlich bereits mit der Geburt.[74] Die Erkrankungswahrscheinlichkeit definiert den Krankheitsbeginn. Diese Sichtweise ist nicht grundlegend neu. Das BVerwG hat – im Fall einer familiär vorbelasteten Person mit BRCA2-Genmutation – für den beihilferechtlichen Krankheitsbegriff diesen Schritt bereits vollzogen und auf die Notwendigkeit einer dynamischen Betrachtungsweise hingewiesen.[75] Das BVerwG hat sich dabei maßgeblich auf die Rspr. des BSG gestützt, die in bestimmten Fällen das Erkrankungs*risiko* und den Krankheits*verdacht* als Krankheit im Sinne des SGB V qualifiziert hat,[76] weil der Krankheitsbegriff des SGB V konkretisierungsbedürftig und flexibel sei.[77] So hat das BSG es als bestehende Krankheit angesehen, wenn der Versicherte an dem Gendefekt CADASIL leidet, das zu neurologischen Ausbrüchen und gehäuften Schlaganfällen im mittleren Lebensalter bis zur Demenz führen kann.[78] Ob die bloße Trägerschaft eines vererblichen Gendefekts eine bedingungsgemäße Krankheit ist, hat der BGH bisher offen gelassen.[79]

Der dynamische Krankheitsbegriff hat Konsequenzen für die Leistungspflicht des Krankenversicherers, die entsprechend früher einsetzt. Wenn beispielsweise im Fall von Chorea Huntington eine Therapiemöglichkeit entwickelt würde, die den Krankheitsausbruch verhindern oder verzögern kann, wäre die Behandlungsbedürftigkeit evident. Ebenso wären die Kosten für einen prädiktiven Gentest zu erstatten, wenn der Versicherte mit entsprechend vorbelasteten Eltern mit einer Vererbung des Gendefekts rechnen muss. Es handelt sich um eine Verdachtsdiagnose, die der Gentest bestätigen oder widerlegen soll (→ I. 2. b)).

---

[74] Ähnlich *Schöffski,* Gendiagnostik: Versicherung und Gesundheitswesen, 2000 (Versicherungswissenschaft Hannover, Hannoveraner Reihe Band 10), S. 106.

[75] BVerwGE 160, 71 = NVwZ 2018, 173 Rn. 9ff.

[76] Vgl. dazu *Hauck* NJW 2016, 2695ff.; *Huster,* Die Bedeutung des Krankheitsbegriffs für das Krankenversicherungsrecht, in Beck, Krankheit und Recht, 2017 (Schriftenreihe Medizinrecht), S. 41 (47ff.).

[77] *Hauck* NJW 2016, 2695 (2700).

[78] BSGE 117, 212 Rn. 15 = MedR 2017, 156.

[79] BGH VersR 2020, 966 Rn. 13.

2. *Einheitlicher Begriffskern*

a) *Grundsatz*

Der versicherungsrechtliche Krankheitsbegriff im Sinne der §§ 192ff. VVG kann in seinem Kernbereich – dem Begriffskern (→ II. 3.) – keinen grundsätzlich anderen Inhalt haben als derjenige im Sinne des Beihilferechts und des SGB V. Zwar leiten sich aus dem Leistungsumfang der GKV grundsätzlich keine Konsequenzen für den Leistungsumfang in der substitutiven Krankenversicherung ab und hat das SGB V keinen Leitbildcharakter für das Leistungsversprechen der PKV.[80] Bei der Bestimmung des Begriffskerns von „Krankheit" geht es jedoch nicht darum, dass einem Rechtsgebiet Leitbildfunktion für andere Rechtsgebiete zukommt, sondern es geht um das grundsätzliche Verständnis des Begriffs „Krankheit" in seinem essentiellen Kernbereich, das in übereinstimmender Weise alle diejenigen Rechtsgebiete erfasst und ausformt, die eine Sicherungsfunktion für das Krankheitsrisiko erfüllen.

Dass für den Kernbereich des Krankheitsbegriffs ein Gleichklang von VVG, SGB V und Beihilferecht notwendig ist, ergibt sich aus verschiedenen Funktionsprinzipien:

- Die substitutive Krankenversicherung soll den im gesetzlichen Sozialversicherungssystem vorgesehenen Kranken- oder Pflegeversicherungsschutz ganz oder teilweise ersetzen (§ 195 Abs. 1 S. 1 VVG, § 146 Abs. 1 VAG). Diese *Ersetzungsfunktion* bildet die Grundlage, um im Kernbereich des Krankheitsbegriffs von einem Gleichklang zu sprechen.
- Die Beihilfe ist für die Beihilfeberechtigten der Hauptträger des Krankheitsrisikos. Die Beihilfeversicherung der PKV soll diesen Schutz auf 100% der Krankheitskosten ergänzen. Dabei soll der Krankenversicherungsschutz sich an den Ergänzungsbedarf anpassen, der durch den jeweiligen Beihilfebemessungssatz definiert wird (§ 199 Abs. 1, 2 VVG). Auch diese – gleichsam „automatische" – *Ergänzungsfunktion* erfordert im Verhältnis zwischen Beihilferecht und Krankenversicherungsvertragsrecht einen Gleichklang im Kernbereich des Krankheitsbegriffs. Das strahlt auch auf das Verhältnis zum SGB V aus, an dem sich das Beihilferecht orientiert (→ III. 1.).

Für den gesamten Bereich der substitutiven Krankenversicherung ist mit der Gesundheitsreform des GKV-WSG ein neues Funktionsprinzip hinzugetreten, nämlich das Prinzip der *Vollfunktionalität* der PKV. Dieses Prinzip wirkt sich gleichfalls auf den Kernbereich des Krankheitsbegriffs aus (→ III. 2. b)).

b) *Vollfunktionalität*

Die PKV ist seit Einführung der gesetzlichen Pflegeversicherung einem kontinuierlichen Wandel unterworfen, der sich als eine materiell weitreichende Funktionserweiterung darstellt. Die Einführung der allgemeinen Versicherungspflicht auch in der PKV mit einem brancheneinheitlichen Basistarif haben die PKV als zweite Säule der Krankenversorgung neben der GKV endgültig etabliert. Daher

---

[80] Unter anderem BGH r+s 2017, 488 Rn. 19f.; VersR 2015, 1119 Rn. 22.

war es für das BVerfG logisch, die PKV auf den Grundsatz der Vollfunktionalität zu verpflichten.[81] Dieser Grundsatz soll sicherstellen, dass die Versicherten „ausreichenden Versicherungsschutz" finden,[82] „in gleicher Weise wie die öffentlich-rechtliche Versicherung umfassend, rechtssicher und dauerhaft" abgesichert werden[83] und „eine Absicherung ohne Inanspruchnahme des staatlichen Fürsorgesystems" erhalten.[84] Dass die mit Vollfunktionalität ausgestattete PKV zunehmend sozialrechtliche Elemente aufnimmt, folgt aus der Logik eines dualen Krankenversicherungssystems und der Sozialbindung der substitutiven Krankenversicherung.[85] Diese Entwicklung dürfte noch nicht abgeschlossen sein. Die Einführung des Notlagentarifs (§ 193 Abs. 6 – 10 VVG, § 153 VAG), durch den die Notversorgung des Versicherungsnehmers im Falle seines Zahlungsverzugs sichergestellt werden soll, macht das deutlich.[86] Vollfunktionalität bedeutet noch nicht Konvergenz von GKV und PKV. Die Grenze zu einer Konvergenz wird erst dann überschritten, wenn die jeweils konstitutiven Systemunterschiede von GKV und PKV beseitigt werden. Diese konstitutiven Systemunterschiede bestehen ausschließlich im jeweiligen Finanzierungs- und Kalkulationsverfahren.[87]

Auch ohne formelle Gesetzesänderungen dürfte sich das geltende Versicherungsvertragsrecht vor diesem Hintergrund weiter entwickeln, wenn aus dem Grundsatz der Vollfunktionalität die Zweckerweiterung gesetzlicher Vorschiften und damit konkrete rechtliche Konsequenzen abgeleitet werden. Eine solche Zweckerweiterung deutet sich auch im Leistungsrecht an, soweit das Verfassungsrecht Leistungsänderungen der GKV erzwingt wie zB bei dem verfassungsunmittelbaren Anspruch auf Krankenversorgung in Fällen lebensbedrohlicher oder regelmäßig tödlicher Erkrankungen, wenn der reguläre Leistungskatalog der GKV keine Behandlungsmöglichkeiten vorsieht.[88] Soweit ähnliche Leistungseinschränkungen auch für den privaten Krankenversicherungsschutz oder für das Beihilferecht festgestellt würden, müssten solche Einschränkungen gleichfalls auf das GKV-Niveau geführt werden.

Folgerichtig ist es als ein Gebot der Vollfunktionalität anzusehen, den Krankheitsbegriff in seinem Kernbereich im Verhältnis zwischen VVG, SGB V und Beihilferecht inhaltlich zu harmonisieren.

---

[81] Ausführlich *Boetius* in Boetius/Rogler/Schäfer, Rechtshandbuch PKV, 2020, § 8 Rn. 12ff.
[82] BVerfGE 123, 186 Rn. 187 = VersR 2009, 957.
[83] BVerfGE 123, 186 Rn. 190 = VersR 2009, 957.
[84] BVerfGE 123, 186 Rn. 194 = VersR 2009, 957.
[85] *v. Koppenfels-Spies* in Boetius/Rogler/Schäfer, Rechtshandbuch PKV, 2020, § 10 Rn. 1ff.
[86] Ausführlich *Boetius* in Langheid/Wandt, VVG, 2. Aufl. 2017, Vor § 192 Rn. 1231ff.
[87] *Boetius* in Langheid/Wandt, VVG, 2. Aufl. 2017, Vor § 192 Rn. 27ff.
[88] BVerfG NJW 2017, 2096 Rn. 22f.; MedR 2016, 970 Rn. 12; BVerfGE 115, 25 Rn. 64 = NJW 2006, 891.

3. Rechtliche Konsequenzen

Der dynamische Krankheitsbegriff hat Konsequenzen für die Leistungspflicht des Krankenversicherers, die entsprechend früher einsetzt, wie zB im Fall von Chorea Huntington deutlich wird:

- Wenn eine Therapiemöglichkeit entwickelt würde, die den Krankheitsausbruch von Chorea Huntington verhindern oder verzögern kann, wäre die Behandlungsbedürftigkeit evident.
- Das Gleiche gilt, wenn zwar eine solche Therapie als allgemein anerkannte und medizinischem Standard entsprechende Behandlung noch nicht zur Verfügung steht, aber Behandlungsmethoden entwickelt werden, die eine nicht ganz entfernt liegende Aussicht auf Heilung oder auf anderen positiven Krankheitsverlauf erwarten lassen. In diesem Fall würde das Verfassungsrecht eine Kostenübernahme erzwingen.[89] Das BVerfG ordnet die Mindestversorgung dem Kernbereich der Leistungspflicht zu.[90]
- Ebenso wären die Kosten für einen prädiktiven Gentest zu erstatten, wenn der Versicherte mit entsprechend vorbelasteten Eltern mit einer Vererbung des Gendefekts rechnen muss. Es handelt sich um eine Verdachtsdiagnose, die der Gentest bestätigen oder widerlegen soll.

[89] BVerfG NJW 2017, 2096 Rn. 22f.; MedR 2016, 970 Rn. 12; BVerfGE 115, 25 Rn. 64 = NJW 2006, 891.

[90] BVerfGE 115, 25 Rn. 65 = NJW 2006, 891.

JENDRIK BÖHMER

Ausgewählte Probleme bei Exzedenten(haftpflicht)versicherungsverträgen

Vorbemerkung

Der Jubilar hätte im Juni 2020 einen seiner letzten Gerichtstermine als Rechtsanwalt für die Kanzlei BLD Bach Langheid Dallmayr u. a. zusammen mit dem Verfasser wahrnehmen sollen. Vor dem Landgericht Köln wäre über eine Klage eines Erstversicherers gegen einen der Exzedentenversicherer seines Rückversicherungsprogramms verhandelt worden. Versicherungsprogramme mit verschiedenen Layern haben den Jubilar in seiner anwaltlichen Tätigkeit unter anderem im Bereich der Haftpflicht-/D&O-Versicherung häufig beschäftigt. Seine Aufsätze mit *Grote* zur DIC-/DIL-Deckung sind daneben Beispiele für die wissenschaftliche Behandlung von internationalen Versicherungsprogrammen durch den Jubilar. Auch in seinen Kommentierungen der §§ 77ff. VVG und §§ 100ff. VVG im Langheid/Rixecker geht der Jubilar auf diesen Themenkomplex ein. Gerade diese Verbindung von anwaltlicher Praxis und wissenschaftlicher Aufarbeitung haben das berufliche Wirken des Jubilars geprägt. Hiervon zeugen seine mannigfaltigen Veröffentlichungen zum Versicherungsrecht und seine beispiellose anwaltliche Tätigkeit (einschließlich der Mitgliedschaft in der VVG-Reformkommission) in diesem Bereich. Der Verfasser hofft daher, dass dieser Beitrag zu ausgewählten (Praxis-)Problemen bei Exzendenten(haftpflicht)versicherungsverträgen das Interesse des Jubilars findet.

I. Einleitung

Große (Industrie-)Risiken allokiert die Versicherungswirtschaft häufig auf verschiedene Versicherer und Versicherungsverträge. Neben einer vertikalen Risikoverteilung im Rahmen der Mitversicherung nutzt die Versicherungswirtschaft hierbei auch eine horizontale Verteilung über sog. *layer.*[1] Exzedentenversicherungsverträge greifen dabei als (eigenständige) Anschlussdeckungen für den Fall, dass die Deckungssumme des Grundversicherungsvertrags *(primary)* überschritten wird. Die als Exzedentenversicherungsverträge ausgestalteten sog. *(excess-)layer* decken die über die Deckungssumme des zugrundeliegenden Grundvertrags hin-

[1] *Knöfel* VersR 2018, 513; *v. Rintelen* in Späte/Schimikowski, Haftpflichtversicherung, 2. Aufl. 2015, AHB Ziff. 1 Rn. 5; s. hierzu ausführlich: *Thürmann* FS 100 Jahre Hamburger Seminar für Versicherungswissenschaft, 2016, 505; *Eley* VersR 2021, 1461.

ausgehenden berechtigte Schadensersatzansprüche und Kosten, bis zur Erschöpfung der im jeweiligen *layer* vereinbarten Deckungssumme.[2]

Diese Konstellation zieht verschiedene Rechtsprobleme sowohl im Verhältnis zwischen Versicherungsnehmer und (Exzedenten-)Versicherer als auch im Verhältnis zwischen Grund- und Exzedentenversicherer nach sich, die in diesem Beitrag (auszugsweise) beleuchtet werden.

II. Die Rechtsbeziehung zwischen Versicherungsnehmer und Exzedentenversicherer

Der Exzedentenversicherungsvertrag ist ein selbstständiger Versicherungsvertrag zwischen dem Versicherungsnehmer der Grundversicherung und einem Versicherer, der ergänzend Versicherungsschutz bietet, sobald die Leistungspflicht des Grundversicherers erschöpft ist.[3] Der Exzedentenversicherer zeichnet also das Risiko, das über die Leistungspflichten des Grundversicherers hinausgeht und ohne Anschlussdeckung beim Versicherungsnehmer selbst verbleiben würde.[4]

Eine gesetzliche Regelung hierfür enthält das VVG nicht. Grund- und Exzedentenversicherungsvertrag versichern dasselbe Interesse gegen dieselbe Gefahr, lediglich ab unterschiedlichen Fälligkeitszeitpunkten, so dass es sich dabei um einen Unterfall der Nebenversicherung handelt.[5] Infolgedessen treffen den Versicherungsnehmer die in § 77 Abs. 1 VVG vorgesehenen Mitteilungspflichten im Hinblick auf das Bestehen und den Umfang von Grund- und Exzendetendeckungen gegenüber den beteiligten Versicherern.[6]

1. Attachment Point

Die Voraussetzungen für die Eintrittspflicht des Exzedenten hängen maßgeblich von den vertraglichen Vereinbarungen ab. Der Vertrag spezifiziert die tatbestandlichen Voraussetzungen für die Eintrittsverpflichtung u. a. über einen sog. *attachment point*. Bei der Bestimmung des *attachment points* ist der den Versicherern regelmäßig bekannte Umstand zu berücksichtigen, dass es sich bei dem Exzedentenvertrag um einen Bestandteil eines Versicherungsprogramms handelt, sodass die *layer* regelmäßig „nahtlos" aneinander anschließen, ohne dass Überschneidungen bestehen sollen. Dies wird dem Wesen als Anschlussdeckung am ehesten gerecht.

Der *attachment point* kann daran anknüpfen, dass die jeweils vereinbarte Versicherungssumme der Grundversicherung (Summendifferenzdeckung) überschritten

---

[2] *v. Rintelen* in Späte/Schimikowski, Haftpflichtversicherung, 2. Aufl. 2015, AHB Ziff. 1 Rn. 5; *Gräfe* in Veith/Gräfe/Gebert, Der Versicherungsprozess, 4. Aufl. 2020, § 19 Rn. 365 f.

[3] OGH VersR 2014, 901 (903); *v. Rintelen* in Späte/Schimikowski, Haftpflichtversicherung, 2. Aufl. 2015, AHB Ziff. 1 Rn. 5; *Knöfel* VersR 2018, 513; *Freise* VersR 2019, 1259 (1271).

[4] Vgl. OGH VersR 2014, 901 (903); *Knöfel* VersR 2018, 513.

[5] *Schaloske* FS v. Fürstenwerth, 2020, 315 (317); iE ebenso; *Knöfel* ZIP 2018, 1814 (1815); aA *Thürmann* FS 100 Jahre Hamburger Seminar für Versicherungswissenschaft, 2016, 505 (508 f.).

[6] *Schaloske* FS v. Fürstenwerth, 2020, 315 (317); allgemein zur Mitteilungspflichten bei Nebenversicherungen: *Langheid* in Langheid/Rixecker, VVG, 6. Aufl. 2019, § 77 Rn. 3.

wird oder (zusätzlich) daran, dass die Gesamtheit des Deckungsumfangs während einer Versicherungsperiode (Summenausschöpfungsdeckung) geleistet wird.[7] Bei der Summenausschöpfungsdeckung tritt der Exzedentenversicherer dann regelmäßig im Rahmen eines sog. *step-* oder *drop-downs* an die Stelle des Grundversicherers und gewährt auf der Grundlage einer eigenständigen Beurteilung von Deckung und – im Falle der Haftpflichtversicherung: Haftung – Versicherungsschutz.[8]

a) Aufgeschobene Fälligkeit

Charakteristisch für die Einstandspflicht des Exzedentenversicherers ist vor allem die *aufgeschobene Fälligkeit* des gegen ihn gerichteten Deckungsanspruchs. Der haftpflichtversicherungsvertragliche Deckungsanspruch gegen den Grundversicherer wird nach der Rechtsprechung des BGH mit der Inanspruchnahme fällig.[9] Der Deckungsanspruch gegen den Exzedentenversicherer wird demgegenüber nicht schon durch jede Inanspruchnahme fällig, die über den *attachment point* hinausgeht und nach dem Vortrag des Anspruchstellers einen Anspruch begründet, der zu einer Leistungspflicht des Exzedentenversicherers führen würde. Der Exzedentenversicherer ist vielmehr – auch hinsichtlich der Rechtsverfolgungskosten – erst dann eintrittspflichtig, wenn die Deckungssumme des Grundversicherers ausgeschöpft ist.[10]

Das OLG München ist in einer der wenigen Entscheidungen zu Exzedentenhaftpflichtversicherungsverträgen nach deutschem Recht davon ausgegangen, dass der Exzedentenversicherer erst eintrittspflichtig ist, wenn die Deckungssumme des Grundversicherers ausgeschöpft ist. Diese Voraussetzung der „Ausschöpfung der Deckungssumme“ darf nicht zu eng verstanden werden. Andernfalls würde das Problem bestehen, dass bei einer Deckungsablehnung durch den Grundversicherer die tatbestandlichen Voraussetzungen für eine Leistungspflicht des Exzedenten von vorne herein ausgeschlossen sein könnten bzw. erst nach einem etwaigen Unterliegen des Grundversicherers in einem Deckungsprozess und anschließender Regulierung der gesamten Deckungssumme gegeben wären.[11] Eine den Deckungsanspruch gegen den Exzedentenversicherer auslösende Ausschöpfung des Grundversicherungsvertrages kann deswegen nicht nur durch eine Auszahlung des Grundversicherers bedingt sein, sondern auch dadurch, dass der Versicherungsnehmer diese Summe selbst trägt.

Eine solche Eigentragung in Höhe der Deckungssumme des Grundversicherungsvertrags bleibt aber Fälligkeitsvoraussetzung für den Deckungsanspruch gegen den Exzedentenversicherer. Keineswegs ist es daher so, dass schon die bloße Deckungsablehnung des Grundversicherers dazu führen würde, dass der Exzedentenversicherer sich ebenfalls zur Deckung erklären müsste. Denn der BGH hat zwar in

---

[7] *Henning,* Grundlagen der Exzedentenversicherung, 2020, S. 68ff.; *Koch* VersR 2021, 879 (880); *Schaloske* PHi 5/2012, 166 (170); *Eley* VersR 2021, 1461 (1463).

[8] *Schaloske* PHi 5/2012, 166 (170).

[9] BGH VersR 1960, 554; *Harsdorf-Gebhardt* in Späte/Schimikowski, Haftpflichtversicherung, 2. Aufl. 2015, AHB Ziff. 5 Rn. 7.

[10] OLG München VersR 2020, 543.

[11] LG Darmstadt BeckRS 2021, 529 Rn. 28ff.

seinem Urteil vom 7.2.2007 angenommen, dass der Haftpflichtversicherer verpflichtet sei, sich rechtzeitig unmissverständlich gegenüber dem Versicherungsnehmer zu erklären, ob er den bedingungsgemäß geschuldeten Rechtsschutz gewährt, gegebenenfalls unter dem Vorbehalt, später je nach dem Ausgang des Haftpflichtprozesses Leistungsfreiheit geltend zu machen.[12] Von dieser Konstellation unterscheidet sich aber der Deckungsanspruch gegen den Exzedentenversicherer dadurch, dass die Fälligkeit des Deckungsanspruchs eben aufgeschoben ist. Im Falle der Deckungsablehnung des Grundversicherers kann dann angezeigt sein, dass sich der Exzedentenversicherer gleichsam zur Deckung erklärt. Dies gilt namentlich in der Konstellation, dass der Grundversicherer die Deckung wegen eines Risikoausschlusses abgelehnt hat, der in gleicher Weise im Exzedentenversicherungsvertrag vereinbart ist. Eine Verpflichtung, eine solche Deckungserklärung abzugeben besteht indes erst, wenn der Versicherungsnehmer eine Eigentragung in Höhe der Deckungssumme des Grundversicherungsvertrags nachweist.

In einer anderen Sache hat das OLG Düsseldorf[13] die Frage offen gelassen, ob auch ein Vergleich zwischen Geschädigten, Versicherten und Grundversicherer ausreicht, eine Ausschöpfung der Deckungssumme anzunehmen, wenn in diesem Vergleich der Geschädigte nach Zahlung eines (unterhalb der Deckungssumme liegenden) Betrags gegenüber den Versicherten, dem Grundversicherer sowie auch den Exzedentenversicherer auf genau definierte Forderungspositionen bis zur Höhe der Deckungssumme verzichtet und sie für abgegolten erklärt. Das ist sicherlich nicht verallgemeinerungsfähig, weil diese Frage in der D&O-Versicherung – dort sind Geschädigte und Versicherungsnehmerin häufig identisch – anders zu beurteilen sein dürfte als in AHB-basierten Deckungen. Es drängt sich zumindest nicht auf, dass man bei einem solchen Vergleich eine Eigentragung des Versicherungsnehmers in Höhe der Deckungssumme des Grundversicherungsvertrags bejahen kann, wenn das Delta zwischen Vergleichszahlung und Deckungssumme von einem nicht am Versicherungsvertrag beteiligten Dritten getragen wird.

b) Dogmatische Einordnung

Zu klären ist, wie die Abrede eines *attachment points* dogmatisch einzuordnen ist. Hierzu vertritt *Henning,* dass Exzedentenversicherungsverträge (letztlich durch die Regelung zum *attachment point*) einen Selbstbehalt in Form einer Abzugsfranchise beinhalten.[14] *Schaloske* geht davon aus, dass die Erschöpfung der Deckungsstrecke aus dem Grundversicherungsvertrag als Selbstbeteiligung des Versicherungsnehmers verstanden werden kann.[15]

Sofern man von einer Einordnung als Selbstbeteiligung nach Verständnis der AHB ausgeht, würde diese Einordnung dazu führen, dass der Exzedent schon unterhalb des *attachment points* zur Anspruchsabwehr verpflichtet wäre, weil eine Selbstbeteiligung gemeinhin nur im Rahmen der Freistellungsverpflichtung an-

---

[12] BGH VersR 2007, 1116 Rn. 17.
[13] OLG Düsseldorf r+s 2020, 271(273).
[14] *Henning,* Grundlagen der Exzedentenversicherung, 2020, S. 67.
[15] *Schaloske* PHi 5/2012, 166 (171).

wendbar ist. Eine solche Verpflichtung des Exzedentenversicherers hat das OLG München jüngst in einem Rechtsstreit, in dem sich Grund- und Exzedentenversicherer über die Tragung von Rechtsverteidigungskosten auseinandergesetzt haben, abgelehnt.[16] Der 25. Zivilsenat des OLG München nahm richtigerweise an, dass ein Exzedentenversicherer – auch hinsichtlich der Rechtsverfolgungskosten – erst dann eintrittspflichtig sei, wenn die Deckungssumme des Grundversicherers ausgeschöpft ist.

Überzeugender erscheint deswegen eine – u. a. von *Thürmann* vertretene – dogmatische Einordnung des *attachment points* als sog. *self-insured retention,* die sich dadurch von der Selbstbeteiligung unterscheidet, dass es sich hierbei um vom Versicherungsnehmer eigenständig zu tragende Risiken handelt.[17] Die *self-insured retention* gibt einen Betrag vor, den der Versicherungsnehmer selbst zu zahlen bzw. zu tragen hat, bevor der Versicherer überhaupt eintrittspflichtig ist, und zwar auch hinsichtlich der Abwehr unberechtigter Ansprüche. Betrachtet man allein die Parteien des Exzedentenversicherungsvertrags handelt es sich bei den Risiken bis zur Erreichung des *attachment points* um vom Versicherungsnehmer selbst zu tragende Risiken, weil diese nicht vom Versicherer des Exzedentenversicherungsvertrags übernommen werden. Aus Sicht des Exzedentenversicherers ist diese *self-insured retention* aber über den Grundversicherungsvertrag gedeckt.

Eine Miteinbeziehung des Exzedenten in die Anspruchsabwehr zu einem Zeitpunkt, zu dem der Grundversicherer noch leistungspflichtig ist, die durch die Einordnung als Selbstbeteiligung ausgelöst würde, wird bei dieser dogmatischen Einordnung vermieden. Diese abgestufte Eintrittspflicht entspricht zudem regelmäßig dem Parteiwillen, weil so verhindert wird, dass dieselben Risiken durch mehrere Versicherer gedeckt werden, die hierfür jeweils eine Gegenleistung in Form der Prämien vereinnahmen. Vor allem umgeht man so den potentiellen Konflikt, der daraus erwachsen könnte, dass Grund- und Exzedentenhaftpflichtversicherer hinsichtlich der gleichen Haftungsrisiken zu unterschiedlichen haftungsrechtlichen Bewertungen gelangen.

Die Vereinbarung eines *attachment points* beinhaltet folglich mehr als eine vertragliche Fälligkeitsabrede, sondern ist auch als eigenständige Risikobeschreibung – und damit als funktional risikobegrenzend – zu verstehen, was nicht zuletzt anhand der im Vergleich zum *primary* regelhaft günstigeren Prämien (trotz längerer Deckungsstrecke) nachzuvollziehen ist.[18] Durch die Regelung zum *attachment point* konkretisieren die Vertragsparteien das vom Versicherer übernommene Risiko und machen deutlich, dass nur ein bestimmter Ausschnitt (nach Ausschöpfung der Grundversicherung) vom Exzedentenversicherer übernommen wird. Die Klausel stellt daher eine primäre Risikoabgrenzung dar.[19]

Aus dieser Einordnung des *attachment points* als primäre Risikoabgrenzung, die *Henning* ausdrücklich teilt, folgt zugleich, dass die Einordnung als Selbstbetei-

[16] OLG München VersR 2020, 543.

[17] *Thürmann* FS 100 Jahre Hamburger Seminar für Versicherungswissenschaft, 2016, 505 (509).

[18] *Thürmann* FS 100 Jahre Hamburger Seminar für Versicherungswissenschaft, 2016, 505 (512); *Eley* VersR 2021, 1461 (1464).

[19] *Henning,* Grundlagen der Exzedentenversicherung, 2020, S. 75.

ligung in Form einer Abzugsfranchise nicht überzeugen kann. Es findet vorliegend gerade kein *Abzug* von grundsätzlich versicherten Leistungen statt, sondern führt die Einordnung als primäre Risikobeschreibung dazu, dass die Leistungsverpflichtung des Exzedentenversicherers erst beginnt, sobald der *attachment point* erreicht ist.[20]

c) Zwischenergebnis

Zusammenfassend lässt sich festhalten, dass der *attachment point* das vom Exzedentenversicherer übernommene Risiko auf primärer Ebene spezifiziert. Hieraus folgt zugleich, dass der Exzedentenhaftpflichtversicherungsvertrag eine im Vergleich zum Grundversicherungsvertrag aufgeschobene Fälligkeit aufweist, weil zunächst die Eigentragung des Versicherungsnehmers des Exzedentenversicherungsvertrags von diesem nachzuweisen ist. Ob die Risiken der Eigentragung über andere Versicherungsverträge, namentlich den Grundversicherungsvertrag, abgesichert werden oder wie bei einer *self-insured retention* beim Versicherungsnehmer selbst verbleiben, ist für den Exzedentenversicherungsvertrag demgegenüber unerheblich und führt nicht zu einer Veränderung der Leistungsverpflichtungen des Exzedentenversicherers.

2. *Following Form*

Der Deckungsumfang des Exzedentenversicherungsvertrag soll – vom *attachment point* abgesehen – häufig dem Deckungsumfang des Grundversicherungsvertrags entsprechen, um eine lückenlose Anschlussdeckung zu bieten.[21] Dies wird üblicherweise durch Bezugnahmeklauseln erreicht, die vorsehen, dass die im Grundversicherungsvertrag vereinbarten Versicherungsbedingungen Bestandteil des Exzedentenversicherungsvertrags sind (sog. *following form*). In der Praxis ergibt sich hieraus die Notwendigkeit, die Vertragsbedingungen des Exzedentenvertrages möglichst präzise hinsichtlich Zeitpunkt und Fassung des in Bezug genommenen Grundversicherungsvertrages zu formulieren, um Problemen, die sich aus Inkongruenz beider Vertragswerke ergeben könnten, präventiv zu begegnen.

Im Hinblick auf die AGB-rechtliche Wirksamkeit ist die Frage danach aufzuwerfen, wer die *following form* als Verwender in den Vertrag einbringt und zu wessen Lasten eine Inhaltskontrolle iSd § 307 BGB der *following form*-Abrede aber auch der hierdurch einbezogenen Bedingungen des Grundversicherungsvertrags vorgenommen werden muss.

Verwender von AGB ist nach der Rechtsprechung des BGH derjenige, auf dessen Veranlassung die Einbeziehung der vorformulierten Bedingungen in den Vertrag zurückgeht.[22] Wenn ein Exzedentenversicherer eine entsprechende Bezugnahmeklausel standardmäßig nutzt, dann stellt er diese Bezugnahmeklausel iSv

---

[20] AA *Eley* VersR 2021, 1461 (1470f.): Attachment Point ist Teil der objektiven Leistungsbeschreibung.

[21] *Eley* VersR 2021, 1461 (1463).

[22] BGH VersR 2011, 1173 (1175); 2009, 1477; ebenso: OLG Koblenz BeckRS 2013, 8637; *Hösker* VersR 2011, 29 (35); *Langheid/Müller-Frank* NJW 2010, 344.

§ 305 BGB, weil dem Versicherungsnehmer dann die Einbeziehung dieser konkreten Klausel regelmäßig abverlangt wird, sofern nicht ausnahmsweise eine Individualvereinbarung vorliegt.

Fraglich ist aber, ob die Verwendung der Bezugnahmeklausel durch den Exzedentenversicherer auch dazu führt, dass dieser auch der Verwender sämtlicher über die Bezugsnahmeklausel inkorporierten Bedingungen des Grundversicherungsvertrags wäre. Sofern Grund- und Exzendentenversicherer personenidentisch sind, sind die Bedingungen des Grundversicherers natürlich auch die Bedingungen des Exzedentenversicherers.

Weitaus komplexer ist die Einordnung, wenn es sich bei Grund- und Exzedentenversicherer – wie es häufig der Fall ist – um unterschiedliche Versicherungsunternehmen handelt. In der Literatur wird vertreten, dass der Exzedentenversicherer immer dann als Verwender klassifiziert werden sollte, wenn die einbezogenen Vertragsbedingungen nicht seitens des Versicherungsnehmers, respektive des Versicherungsmaklers gestellt wurden. Der Exzedentenversicherer soll sich die Einbeziehung durch den Grundversicherer zurechnen lassen müssen.[23] Daneben wird von anderen Literaturstimmen danach differenziert, ob es sich um Standardbedingungen (zB die AHB) oder spezifische Unternehmensbedingungen eines Versicherers handelt, bei denen der Exzendentenversicherer auch bei einer Einbeziehung über eine *follow form*-Abrede Verwender sein soll.[24]

Diesen Ansätzen kann man entgegengehalten, dass es bei der Bestimmung der Verwendereigenschaft nicht ausschließlich um die Formulierung der Vertragsinhalte geht. Nach der Rechtsprechung des BGH ist unerheblich, wer die Bedingungen entworfen hat.[25] Vielmehr ist entscheidend, dass eine Zuordnung danach vorgenommen wird, wer die fraglichen Inhalte, im Sinne eines sprichwörtlichen „Stellens", in das Vertragswerk eingeführt und hierdurch dem Vertragspartner Bedingungen einseitig auferlegt hat.[26]

Der maßgebliche Impuls für die Einbeziehung der Bedingungen des Grundversicherungsvertrags erfolgt beim Abschluss des Exzedentenversicherungsvertrags regelmäßig durch den Versicherungsnehmer, der gerade daran interessiert ist, dass die Deckungsumfänge der Grund- und Exzedentenversicherungsverträge sich entsprechen. Demgegenüber hat der Versicherungsnehmer kein Interesse daran, dass der Exzedentenversicherer eigene Bedingungen und einen vom Deckungskonzept des Grundversicherungsvertrags abweichenden Inhalt einbringt, denn damit wären unterschiedliche Deckungsentscheidungen vorprogrammiert. Er wäre dem Risiko ausgesetzt, keinen deckungsgleichen Anschlussversicherungsschutz zu erhalten.

Soweit *Knöfel* und *Schaloske* annehmen, dass der Exzedentenversicherer sich das Stellen des Grundversicherers zurechnen lassen müsse, lassen sie eine tragfähige Be-

---

[23] So ausdrücklich: *Schaloske* FS v. Fürstenwerth, 2020, 315 (320); *Schaloske* PHi 5/2012 166 (169); iE ebenso: *Knöfel* VersR 2018, 513 (515f.); *Knöfel* ZIP 2018, 1814 (1820); *Eley* VersR 2021, 1461 (1466).

[24] *Thürmann* FS 100 Jahre Hamburger Seminar für Versicherungswissenschaft, 2016, 505 (511f.).

[25] BGH NJW 2016, 1230 (1231); 1994, 2825 (2826).

[26] BGH NJW 2016, 1230 (1231); NJW-RR 2014, 1133 (1134); NJW 2010, 1131 Rn. 11.

gründung vermissen.[27] Allein der Umstand, dass es sich sowohl bei Grund- als auch beim Exzedentenversicherer um Versicherungsunternehmen handelt, kann freilich nicht ausreichen, weil sonst die Frage, ob nicht auch die Marktgegenseite Allgemeine Versicherungsbedingungen iSv § 305 BGB gestellt hat, obsolet wäre. Hiergegen spricht zudem, dass Versicherungsunternehmen gerade unternehmensindividuell Allgemeine Versicherungsbedingungen entwickelt haben und Kenntnis von den Bedingungen der Mitbewerber häufig nur über die Versicherungsnehmer und Versicherungsmakler erlangen. Deswegen erscheint es konsequenter, den Versicherungsnehmer als Verwender der über die *following-form*-Abrede einbezogenen Bedingungen des Grundversicherungsvertrags anzusehen. Denn es ist eben der Versicherungsnehmer als Partei des Grundversicherungsvertrags, der zumindest Einfluss auf den Inhalt dieses Vertrags nehmen kann, während dem Exzedentenversicherer eine solche Einflussnahme überhaupt nicht möglich ist.

Soweit erwogen wird, eine Ausnahme für Standardbedingungen der Versicherer anzunehmen, handelt es sich bei „Standardbedingungen" um kein hinreichend präzises Abgrenzungskriterium. Es würde sich dann in jedem Einzelfall die Frage stellen, was „Standard" ist und was nicht. Im Industrieversicherungsgeschäft, in dem regelmäßig Großrisiken gezeichnet werden, ist auch ein vorauseilender Gehorsam im Hinblick auf bestimmte, besonders „übliche" Klauseln häufig abzulehnen, weil es den Versicherungsnehmern und den Industrieversicherungsmaklern unbenommen ist, die eigene Verhandlungsposition auszunutzen und von den Musterbedingungen des GDV abweichende Formulierungen vorzuschlagen, wie es häufig genug geschieht. Die AGB-Kontrolle findet ihre (verfassungsrechtliche) Rechtfertigung indes im legitimen Zweck, dass ein Gegengewicht zur faktischen einseitigen Bestimmungsmacht des Verwenders gegeben sein soll.[28]

Eine Übernahme von Musterversicherungsbedingungen durch den Versicherungsnehmer im vorauseilenden Gehorsam liegt vielmehr allenfalls dann vor, wenn der Versicherungsnehmer, sei es aus eigener Erfahrung, aufgrund der Erfahrung seines Versicherungsmaklers oder aufgrund der allgemeinen Marktkenntnis mit einem gewissen Maß an Sicherheit davon ausgehen darf, dass der Versicherer nur diese Bedingungen akzeptieren wird.[29] Wenn die Industriekunden und Versicherungsmakler aber Musterbedingungen der Versicherungswirtschaft nutzen, weil beispielsweise auch die Versicherungsnehmer und Versicherungsmakler den Vorteil sehen, dass Rechtsprechung und/oder Literatur den Regelungsgehalt bestimmter Musterbedingungen schon näher konkretisiert haben, kann dies nicht dazu führen, dass der Versicherer so behandelt wird, als ob er unter Ausnutzung einer eigenen Gestaltungsmacht diese Bedingungen gestellt hat. Folgerichtig hat der BGH daher im Zusammenhang mit Musterverträgen für den Gebrauchtwagenkauf das Interesse der Parteien an der Benutzung eines rechtlich einwandfreien Vertragsmusters als Umstand anerkannt, der gegen ein einseitiges Stellen von Vertragsbedingungen

[27] *Knöfel* VersR 2018, 513 (515f.); *Knöfel* ZIP 2018, 1814 (1820); *Schaloske* FS v. Fürstenwerth, 2020, 315 (320); *Schaloske* PHi 5/2012, 166 (169).

[28] BVerfG VersR 2005, 1127 (1131); *Armbrüster* in Prölss/Martin, VVG, 31. Aufl. 2021, Einleitung Rn. 22.

[29] So schon zutreffend: *Thiel* r+s 2011, 1 (5).

sprechen kann.[30] Der Gedanke kann ebenso für die Verwendung gegenüber Versicherungsbedingungen im Großkunden-/Industriegeschäft fruchtbar gemacht werden – erst recht, wenn diese Versicherungsnehmer auch noch von einem (Industrie-)Versicherungsmakler betreut werden.

Es sprechen daher die besseren Argumente gegen die Auffassung, dass der Exzedentenversicherer Verwender der im Grundversicherungsvertrag vereinbarten Bedingungen ist. Stattdessen streitet vor allem das Interesse des Versicherungsnehmers an einem deckungsgleichen Versicherungsschutz im Grund- und Exzedentenversicherungsvertrag dafür, dass der Versicherungsnehmer dem Exzendentenversicherer die Bedingungen des Grundversicherungsbedingungen vorgibt und deswegen Verwender dieser Bedingungen ist.

3. Probleme bei der Schadenabwicklung durch Überschreiten der Deckungssumme

In der praktischen Anwendung stellt sich sodann die Frage, ob und wie die Schadenregulierung erfolgt, wenn der Deckungsumfang des Grundversicherungsvertrags oder sogar des gesamten Versicherungsprogrammes überschritten wird oder dies zumindest droht. Es ist dann zu klären, wann, wie und durch wen ein Verteilungsverfahren nach § 109 VVG durchzuführen ist.

Die Vorgabe des § 109 VVG kann vertraglich nämlich von den Parteien auch nicht abbedungen werden. Selbst bei den hier regelmäßig in Rede stehenden Großrisiken ist eine Abbedingung nicht möglich, weil § 109 VVG gerade nicht dem Schutz des Versicherungsnehmers, sondern dem Schutz des Dritten dient.[31] Da dieser am Versicherungsvertrag nicht beteiligt ist, kann – hierauf weist der Jubilar in seiner Kommentierung im Langheid/Rixecker zutreffend hin – nicht zu seinen Lasten von § 109 VVG abgewichen werden.[32]

§ 109 VVG bewirkt, dass nicht nach dem Prioritätsprinzip derjenige allein und ausschließlich befriedigt wird, der den Deckungsanspruch des Schädigers als erster pfändet und sich überweisen lässt, sondern es wird die Gefahr, dass die Deckungssumme nicht zur Befriedigung aller Anspruchsteller ausreicht, auf alle Anspruchsteller gleichmäßig verteilt.[33]

a) Überschreiten der Deckungssumme des Gesamtprogramms

Wenn die Deckungsstrecke des gesamten Versicherungsprogramms nicht ausreicht, um die Ansprüche der unterschiedlichen Geschädigten zu befriedigen, haben die Versicherer – dies ergibt sich eindeutig aus § 109 VVG – ein Verteilungsverfahren durchzuführen. Wenn das „Ob" des Verteilungsverfahrens in dieser

---

[30] BGH NJW 2010, 1131 (1133).

[31] Hier zeigt sich das Problem, dass das VVG keine besonderen Regelungen für industrielle Risiken vorsieht. Hierbei handelt es sich um eines der (größten) Versäumnisse der VVG-Reform.

[32] *Langheid* in Langheid/Rixecker, VVG, 6. Aufl. 2019, § 109 Rn. 17; ebenso: *Koch* in Bruck/Möller, VVG, 9. Aufl. 2013, § 109 Rn. 37; *Littbarski* in MüKoVVG, 2. Aufl. 2017, § 109 Rn. 10; *Lücke* in Prölss/Martin, VVG, 31. Aufl. 2021, § 109 Rn. 22; *Schulze Schwienhorst* in Looschelders/Pohlmann, VVG, 3. Aufl. 2016, § 109 Rn. 14.

[33] *Langheid* in Langheid/Rixecker, VVG, 6. Aufl. 2019, § 109, Rn. 1 f.; *Schimikowski* in Rüffer/Halbach/Schimikowski, VVG, 4. Aufl. 2020, § 109 Rn. 1.

Konstellation feststeht, dann stellt sich die komplexere Frage des „Wie" der Durchführung eines Verteilungsverfahrens.

Da es sich bei Grund- und Exzedentenversicherungsvertrag um eigenständige Verträge handelt, liegt es nahe, dass auch für jeden Vertrag gesondert ein Verteilungsverfahren durchzuführen ist.[34] Die Alternative hierzu wäre, dass Grund- und Exzedentenversicherer gemeinsam ein einheitliches Verteilungsverfahren für die gesamte Deckungsstrecke vollziehen. Dies könnte aber dazu führen, dass mögliche Deckungsunterschiede unberücksichtigt blieben, und vor allem würde dem Exzedentenversicherer das Recht genommen, eine eigene Bewertung von Haftung und Deckung vorzunehmen.[35] Zudem soll sich keiner der Versicherer dem Risiko der unrichtigen Verteilung dadurch entziehen können, dass er dem anderen Versicherer die Deckungssumme gleichsam zur Verfügung stellt. Dies spricht dafür, dass sowohl Grund- wie auch Exzedentenversicherer ein eigenes Verteilungsverfahren durchzuführen haben.

b) Überschreiten der Deckungssumme des Primarys und (mögliche) Auskömmlichkeit des Gesamtprogramms

Konsequent zu Ende gedacht, würde dies bedeuten, dass der Grundversicherer immer dann, wenn seine Deckungssumme nicht ausreichend ist, ein Verteilungsverfahren durchführen müsste. Bei alleiniger Überschreitung der Grundversicherungsdeckung, aber Auskömmlichkeit des Gesamtprogramms scheint dies den Parteiinteressen zu widersprechen. Deswegen vertritt *Knöfel* die Auffassung, dass der Abschluss eines Exzedentenversicherungsvertrags auch die Anwendung eines Kürzungs- und Verteilungsverfahren vermeiden soll, sodass er es als kontraproduktiv ansieht, wenn „unterhalb" der Exzedentendeckungen Verteilungsverfahren stattfinden.[36] Es stellt sich nur die Frage, ob es für diese Sichtweise eine dogmatische Grundlage gibt.

Man könnte zunächst überlegen, dass durch den Abschluss eines Exzedentenvertrages § 109 VVG konkludent abgegolten wird, solange das Gesamtprogramm auskömmlich ist. Dieser Ansatz greift aber nicht durch, weil § 109 VVG – wie gesagt – als drittschützende Regelung nicht zur Disposition der Parteien des Versicherungsprogramms steht. Zudem würde das Problem bestehen, wie man die Fälle löst, in denen zunächst (fälschlicherweise) von einer Auskömmlichkeit des Programms ausgegangen worden war.

Ein anderer Ansatz könnte sein, dass mit Abschluss des Exzedentenvertrags zumindest konkludent eine Freistellung zu Gunsten des Grundversicherers, bei tatbestandlichem Eintreten des § 109 VVG, vereinbart wurde.[37] So wäre ein Verteilungsverfahren nach § 109 VVG erst dann durchzuführen, wenn die Gesamtheit der

---

[34] Ebenso: *Finkel/Seitz* in Seitz/Finkel/Klimke, D&O-Versicherung, 2016, AVB-AVG Ziff. 4 Rn. 58; *Koch* VersR 2021, 879, 880; *Koch* FS Thümmel, 2020, 421 (425).; *Schaloske* FS v. Fürstenwerth, 2020, 315 (318).

[35] Vgl. auch *Finkel/Seitz* in Seitz/Finkel/Klimke, D&O-Versicherung, 2016, AVB-AVG Ziff. 4 Rn. 58.

[36] *Knöfel* ZIP 2018, 1814 (1822f).

[37] *Koch* FS Thümmel, 2020, 421 (425).

Deckung aus dem Versicherungsprogramm überschritten wäre, weil der Grundversicherer im Übrigen einen Ausgleich für die nach dem Prioritätsprinzip ausgezahlten und damit nicht nach § 109 VVG verteilten Leistungen über den Freistellungsanspruch erlangen würde.

Die Lösung über einen Freistellungsanspruch zugunsten des Grundversicherers würde aber dazu führen, dass ihn nicht mehr das ihm nach § 109 VVG zugewiesene Risiko einer unrichtigen Verteilung der Deckungssumme träfe. Dieses Risiko würde vielmehr allein der Exzedentenversicherer tragen. Dies wird deutlich, wenn man überlegt, wie die Fälle so lösen wären, in denen zunächst von einer Auskömmlichkeit des Programms ausgegangen worden war, diese Überlegung sich aber später als unzutreffend herausstellt: Es wäre mit den Vorgaben des § 109 VVG unvereinbar, wenn der Grundversicherer nach dem Prioritätsprinzip die Deckungssumme auf die Geschädigten verteilen könnte, während der Exzedentenversicherer ein Verteilungsverfahren durchführen müsste und somit das Risiko der falschen Verteilung tragen würde.

Wenngleich es dem Sinn und Zweck einer Exzedentendeckung zu widersprechen scheint und daher kontraproduktiv sein könnte, erscheint es dogmatisch überzeugender, wenn man den Grundversicherer bereits als verpflichtet ansieht, ein Verteilungsverfahren durchzuführen, sobald das Risiko besteht, dass die Deckungssumme des Grundversicherungsvertrags nicht ausreichend ist. Gerade bei einer durchaus solventen Versicherungsnehmerin (beispielsweise im Industrieversicherungsgeschäft) könnte eine praktikable Lösung darin bestehen, dass der Grundversicherer über eine Rückforderung der nach dem Prioritätsprinzip geleisteten Zahlungen davor geschützt wird, Leistungen über die Deckungssumme hinaus zu erbringen, sofern er sich eine solche Rückforderung bei der Regulierung vorbehalten hat.[38] Sofern aber der Grundversicherer das Insolvenzrisiko der Versicherungsnehmerin insoweit nicht tragen will, wird er bereits frühzeitig ein Verteilungsverfahren initiieren müssen.

4. *Verjährung und Anzeigeobliegenheit*

Auf den Exzedentenversicherungsvertrag findet die Regelverjährung gem. §§ 195, 199 Abs. 1 BGB Anwendung, sodass die regelmäßige Verjährungsdauer von drei Jahren ab dem Ende des Jahres, in dem der Anspruch entstanden ist, zu laufen beginnt. Zumindest solange die Grundversicherungsdeckung noch nicht verbraucht ist, folgt aus dem Verständnis des *attachment points* als Fälligkeitsabrede und primäre Risikoabgrenzung, dass die Verjährung erst in dem Jahr zu laufen beginnt, in dem die Deckung des Grundversicherungsvertrags zu erodieren droht.

Den Versicherungsnehmer drohen aber dennoch Rechtsnachteile, wenn er den Exzedentenversicherer nicht rechtzeitig über Inanspruchnahmen informiert, die in den Deckungsumfang fallen könnten. Den Versicherungsnehmer trifft insoweit

---

[38] Einen Rückgriffsanspruch bejaht *Koch* in Bruck/Möller, VVG, 9. Aufl. 2013, § 109 Rn. 26 („§ 812 Abs. 1. S.1 Alt. 1 BGB"); *Langheid* in Langheid/Rixecker, VVG, 6. Aufl. 2019, § 109 Rn. 12; *Lücke* in Prölss/Martin, VVG, 31. Aufl. 2021, § 109 Rn. 10, nimmt einen Anspruch gegen den Begünstigten an.

eine Anzeigeobliegenheit gegenüber den Exzedentenversicherer.[39] Grundsätzlich folgt diese Obliegenheit schon aus § 104 VVG. Es bietet sich aber an, dass die Parteien im Exzedentenversicherungsvertrag hiervon abweichende Regelung vorsehen, wonach nur bestimmte Inanspruchnahmen angezeigt werden müssen, z. B. solche, die nach dem Vortrag des Anspruchsteller eine Einstandsverpflichtung befürchten lassen, die über die Deckung des Grundversicherers hinausgehen. Denn nur über eine entsprechende Anzeigeobliegenheit ist sichergestellt, dass der Exzedentenversicherer in zeitlicher Nähe zum Versicherungsfall in die Schadenbearbeitung eintreten und die Möglichkeit einer eigenen Einstandspflicht nicht erst nach mehreren Jahren prüfen kann. Meldet der Versicherungsnehmer eine über die Deckungssumme des Grundversicherungsvertrags hinausgehende Inanspruchnahme (über einen längeren Zeitraum und v. a., wenn Renewal-Verhandlungen bevorstehen oder laufen) dem Exzedentenversicherer wider besseres Wissen nicht, dann ist dem Versicherungsnehmer eine vorsätzliche Obliegenheitsverletzung vorzuwerfen.

III. Verhältnis zwischen Grund- und Exzedentenversicherer

Neben dem Verhältnis von Versicherungsnehmer und Exzedentenversicherer birgt auch das Verhältnis zwischen Grund- und Exzedentenversicherer Konfliktpotential. Das Verhältnis zwischen Grund- und Exzedentenversicherer könnten die Beteiligten grundsätzlich dezidiert regeln. Problematisch ist aber, dass beide über separate Versicherungsverträge mit dem Versicherungsnehmer verbunden sind und nur über die Mitteilungspflichten des Versicherungsnehmers voneinander erfahren.

1. Keine Programmführung

Anders als bei der (offenen) Mitversicherung ist deswegen die Vereinbarung einer Programmführung zwischen den jeweiligen Layern (*primary* und *excess-layer*) unüblich.[40] Dem Exzedentenversicherer verbleibt also regelmäßig das Recht, die Voraussetzungen seiner Eintrittsverpflichtungen eigenständig zu bewerten und beispielswiese auch eine vom Grundversicherer abweichende haftungsrechtliche Beurteilung vorzunehmen.[41] Der Exzedentenversicherer ist nicht bloßer Kapazitätsgeber, sodass der Versicherungsnehmer – unabhängig von der oben erwähnten Anzeigeobliegenheit – gut beraten ist, den Exzedentenversicherer frühzeitig in die Abwicklung großvolumiger Schadenfälle einzubinden.

Dennoch wird in der Literatur die Möglichkeit besprochen, ob zwischen Exzedentenversicherer und *primary* eine schuldrechtliche Sonderbeziehung entsteht, die

---

[39] Zu den unterschiedlichen Anknüpfungen bei Anzeigeobliegenheit und Verjährungsbeginn: BGH NJW-RR 2004, 1261 (1262).

[40] So auch *Koch* VersR 2021, 879 (880); *Schaloske* PHi 5/2012, 166 (168), der auch zutreffend darauf hinweist, dass dies anders sein kann, wenn der führende Versicherer des Grundversicherungsvertrags auch die (weiteren) Exzedentenversicherungsverträge führt. *Eley* VersR 2021, 1461 (1465).

[41] *Koch* VersR 2021, 879 (880); *Schaloske* PHi 5/2012, 166 (168).

gegenseitige Schutz- und Rücksichtnahmepflichten begründet.[42] Da es in aller Regel an einer Abrede zwischen Grundversicherer und den nachfolgenden Layern mangelt, können sich entsprechende Schutz und Rücksichtnahmepflichten nur aus (einer ergänzenden Vertragsauslegung) der vertraglichen Verbindung der jeweiligen Partei mit dem Versicherungsnehmer ergeben.

Die Verbundenheit der Parteien durch eine GbR ist insofern abzulehnen, weil in die Vereinbarung eines Exzedentenversicherungsvertrages nicht die Bereitschaft hineingelesen werden kann, hierdurch auch gegenüber dem Grundversicherer Verpflichtungen zu übernehmen, die das Vertragsprogramm überschreiten, allzumal schon sehr fraglich ist, ob die Parteien einen gemeinsamen Zweck verfolgen.[43] Weiterhin ist die Annahme eines Schuldverhältnisses sui generis iSd § 241 Abs. 2 BGB mit Verweis auf eine fehlende Einigung gleichermaßen abzulehnen.[44] Auch die Annahme eines Schuldverhältnisses mit Schutzwirkung für Dritte ist in Anbetracht der mangelnden Schutzbedürftigkeit des Exzedentenversicherers und der meist unerkennbaren Leistungsnähe aus Sicht des Grundversicherers nicht überzeugend.[45]

Sofern aber ausnahmsweise vereinbart ist, dass der Exzedentenversicherer den Entscheidungen des Grundversicherers folgen muss, bestehen sehr wohl Rücksichtnahmepflichten und Mitteilungspflichten. Der Exzedentenversicherer trägt dann die Risiken in einer mit einem Rückversicherer vergleichbaren Art und Weise. Deswegen finden auch die im Rückversicherungsrecht anerkannten Grundsätze zur Folgepflicht entsprechende Anwendung.[46] Entscheidend ist, dass die zu überlassenden Informationen den folgepflichtigen Versicherer nicht in die Lage versetzen müssen, den Versicherungsfall eigenständig zu überprüfen. Vielmehr soll nur eine Überprüfung der (ordnungsgemäßen) Geschäftsführung des Versicherers sichergestellt sein.[47]

2. *Verteilung der Abwehrkosten*

Ein in der Praxis immer wieder virulentes Thema ist die Verteilung der Abwehrkosten zwischen Grund- und Exzedentenversicherer. Zu dieser Frage liegt mit der Entscheidung des OLG München[48] eine der wenigen gerichtlichen Entscheidung zum Recht der Exzedentenhaftpflichtversicherung vor. Eine Pflicht des Exzedentenversicherers zur Beteiligung an Rechtsverteidigungskosten bestehe nach Ansicht des Senats dann nicht, wenn gerichtlich geltend gemachte Ansprüche zwar der Höhe nach die Deckungssumme des Grundversicherungsvertrags übersteigen, die Ansprüche aber unbegründet sind. Vielmehr habe der Grundversicherer in einem

---

42 *Henning,* Grundlagen der Exzedentenversicherung, 2020, 95 ff.; *Knöfel* ZIP 2018, 1814 (1818); *Koch* FS Thümmel, 2020, 421 (429 ff.).

43 Vgl. *Dreher/Lange* VersR 2005, 717 (721) zur Interessenlage bei der Mitversicherung; *Schaloske* PHi 5/2012, 166 (168).

44 *Henning,* Grundlagen der Exzedentenversicherung, 2020, 101.

45 *Henning,* Grundlagen der Exzedentenversicherung, 2020, 103 f.

46 Hierzu umfassend: *Bork,* Tension of Reinsurance: die Folgepflicht des Rückversicherers im Licht des Regulierungsermessens des Erstversicherers, 2020, 317 ff.

47 *Bork,* Tension of Reinsurance: die Folgepflicht des Rückversicherers im Licht des Regulierungsermessens des Erstversicherers, 2020, 318.

48 OLG München VersR 2020, 543 mit Anm. *Alexander/Böhmer* VersR 2020, 545.

solchen Fall die Rechtsverteidigungskosten allein zu tragen, zumindest solange die Deckungssumme nicht vollständig ausgeschöpft ist.

a) Kein Gesamtschuldverhältnis

Der Senat lehnt gesamtschuldnerische Innenausgleichsansprüche nach § 426 Abs. 1 BGB oder § 426 Abs. 2 BGB ab, weil Grund- und Exzedentenversicherer hinsichtlich der Rechtsverteidigungskosten keine Gesamtschuldner seien. Das OLG München geht in der Entscheidung nicht auf die Frage ein, ob § 426 BGB überhaupt anwendbar ist. Man könnte nämlich überlegen, ob nicht die spezialgesetzliche Regelung des § 78 VVG insoweit vorrangig ist. Wenn das VVG Regelungen vorsieht, die auch Gegenstand von allgemeinen zivilrechtlichen Regelungen sind, ist der Rückgriff auf das allgemeine Zivilrecht regelmäßig versperrt. Es stellt sich dann die vom OLG München nicht thematisierte Frage, ob der Regelung in § 78 VVG im Sinne eines *argumentum e contrario* zu entnehmen ist, dass nur in den Fällen des § 78 VVG eine gesamtschuldnerische Haftung zweier Versicherer gegeben ist. *Armbrüster* wiederum geht – ohne nähere Begründung – davon aus, dass ein Rückgriff auf die §§ 421 ff. BGB möglich ist.[49]

Unabhängig davon liegt ein Gesamtschuldverhältnis mangels Gleichstufigkeit der Leistungsverpflichtungen nicht vor. An einer solchen Gleichstufigkeit fehlt es nach der Rechtsprechung des BGH nämlich insbesondere dann, wenn sich aus der rechtlichen Ausgestaltung der Verpflichtungen ergibt, dass der Leistungszweck dieser Verpflichtung gegenüber der anderen Verpflichtung sich als vorläufig und/oder subsidiär, also nachrangig darstellt.[50] Eine solche Nachrangigkeit ist zwischen Grund- und Exzedentenversicherer gerade gegeben, was sich bereits aus dem Umstand ergibt, dass es sich um bei der Exzedentenversicherung um eine Anschlussdeckung handelt, die voraussetzt, dass der Grundversicherer nicht mehr leistungspflichtig ist.

b) Keine Geschäftsführung ohne Auftrag

Einen Anspruch aus einer Geschäftsführung ohne Auftrag lehnt das OLG München richtigerweise ebenfalls ab.[51] Schon das Vorliegen eines fremden Geschäftes ist zweifelhaft. Nach der Rechtsprechung BGH liegt ein solches zwar bei einem sog. „auch-fremden" Geschäft vor, bei dem der Geschäftsführer parallel eigenen Pflichten nachkommt. Doch wird ein „auch-fremdes" Geschäft abgelehnt, wenn die Geschäftsführung auf Verpflichtungen des Geschäftsführers beruht, die aus einem wirksam geschlossenen Vertrag erwachsen, der entsprechende Verpflichtungen und das Entgelt umfassend regelt.[52] In Anbetracht des Umstandes, dass der Grundversicherer aufgrund der von ihm vereinnahmten Prämie zur Abwehr unberechtigter Ansprüche, und damit auch zur Beauftragung eines Rechtsanwalts und entspre-

[49] *Armbrüster* in Beckmann/Matusche-Beckmann, Versicherungsrechts-Handbuch, 3. Aufl. 2015, § 6 Rn. 79.
[50] BGH NJW 2007, 1208 (1210).
[51] OLG München VersR 2020, 543 (544).
[52] BGH NVwZ-RR 2012, 707; NJW-RR 2004, 81.

chender Kostenübernahme verpflichtet ist, ist ein auch-fremdes Geschäft abzulehnen. Denn der Grundversicherungsvertrag regelt die Verpflichtungen des Geschäftsführers, vorliegend des Grundversicherers, abschließend und umfassend.

Gleichermaßen ist auch die Annahme eines Fremdgeschäftsführungswillen nicht gegeben, weil sich der Grundversicherer wegen der ihn selbst treffenden Abwehrverpflichtung zur Beauftragung eines Anwalts entschließt – häufig sogar in Unkenntnis einer vom Versicherungsnehmer abgeschlossenen Anschlussdeckung.

c) Umfang der Abwehrverpflichtung des Exzendentenversicherers

Der gesetzliche Regelfall sieht demnach vor, dass der Grundversicherer die Kosten der Anspruchsabwehr zunächst vollständig übernimmt und der Exzedentenversicherer erst zur Haftungsfreistellung und Anspruchsabwehr verpflichtet ist, wenn die Deckungssumme der Grundversicherung vollständig ausgeschöpft ist.[53] Hierbei trifft den Grundversicherer die Pflicht, die Kosten der Anspruchsabwehr unabhängig von ihrer Höhe zu tragen, soweit eine Anrechnung auf die Deckungssumme nach § 101 Abs. 2 S. 1 VVG – vorbehaltlich abweichender vertraglicher Vereinbarungen – nicht vorgesehen ist.[54] Es ist indes herrschende Meinung, dass der Haftpflichtversicherer im Rahmen von § 101 VVG sich nur anteilig an den Kosten der Abwehrdeckung beteiligen muss, wenn sich die Ansprüche als begründet erweisen, aber die Deckungssumme (teilweise) überschreiten. In einer solchen Konstellation ist nach herrschender Meinung eine verhältnismäßige Aufteilung der Kosten vorzunehmen.[55] Sofern die über die Deckungssumme des Grundversicherers hinausgehenden Ansprüche in die Deckung des Exzedentenversicherers fallen, ist dieser zur anteiligen Übernahme der Kosten verpflichtet.[56]

3. Zinsen

Fraglich erscheint darüber hinaus, ob der Exzedentenversicherer sich an den im Rahmen des Haftpflichtanspruchs angefallenen Zinsen zu beteiligen hat. Grundsätzlich hat der Versicherer gemäß § 101 Abs. 2 S. 2 VVG selbst dann die Zinskosten zu tragen, wenn hierdurch die Deckungssumme überschritten wird.[57]

Der Haftpflichtversicherer hat aber gemäß § 101 Abs. 2 S. 2 VVG nur solche Zinsen zu übernehmen, die der Versicherungsnehmer infolge einer vom Versicherer veranlassten Verzögerung der Befriedigung des Dritten diesem schuldet. Die vom Grundversicherer veranlasste Verzögerung der Befriedigung bezieht sich nur auf

---

[53] OLG München VersR 2020, 543 mit Verweis auf OGH VersR 2014, 901 [903].

[54] OGH VersR 2014, 901 [903]; vgl. *Harsdorf-Gebhardt* in Späte/Schimikowski, Haftpflichtversicherung, 2. Aufl. 2015, AHB Nr. 6 Rn. 44; *Lücke* in Prölss/Martin, VVG, 31. Aufl. 2021, § 101 Rn. 19, 21; *Littbarski* in MüKoVVG, 2. Aufl. 2017, § 101 Rn. 86; *Eley* VersR 2021, 1461 (1466).

[55] OLG Köln VersR 2009, 391 (393); *Langheid* in Langheid/Rixecker, VVG, 6. Aufl. 2019, § 77 Rn. 12; *Koch* VersR 2021, 881 f.; *Lücke* in Prölss/Martin, VVG, 31. Aufl. 2021, § 101 Rn. 22; *Schimikowski* in Rüffer/Halbach/Schimikowski, VVG, 4. Aufl. 2020, § 101 Rn. 5. Dies entspricht auch der Regelung in Ziff. 6.6 AHB.

[56] OLG München VersR 2020, 543 mit Anm. *Alexander/Böhmer* VersR 2020, 545 (546); so auch: *Koch* VersR 2021, 879 (881 f.).

[57] BGH VersR 1992, 1257.

die Zinsen, die maximal aus einer Verzinsung der Deckungssumme folgen. Im Übrigen fehlt es an der nach § 101 Abs. 2 S. 2 VVG erforderlichen Kausalität zwischen einer (verzögerten) Leistung des Versicherers und dem Zinsanfall. Die über die Deckungssumme hinausgehenden Ansprüche stellen letztlich – aus Sicht des Grundversicherers – nicht versicherte Ansprüche dar und damit die Realisierung eines Risikos, das er nicht getragen hat. Im Hinblick auf Ansprüche, die die Deckungssumme überschreiten, wäre es dem Versicherungsnehmer – spätestens nach Wegfall des Anerkenntnis- und Befriedigungsverbots – unbenommen, eine Befriedigung selbst herbeizuführen. *Koch* geht sogar davon aus, dass sich ein Grundversicherer schadensersatzpflichtig macht, wenn er ohne Zustimmung des Exzedentenversicherers oder des Versicherungsnehmers einen über die Deckungssumme des Grundversicherungsvertrags hinausgehenden Anspruch anerkennt.[58] Anders als bei den Kosten folgt deswegen bereits aus dem Gesetz, dass nur eine anteilige Übernahme der Zinsen durch den Haftpflichtversicherer erfolgt.

Sofern der Exzedentenversicherer in die Entscheidung über die Abwehr der Schadensersatzansprüche eingebunden war, sind die Zinsen, die auf den Betrag auf die Deckungsstrecke des Exzedentenversicherers entfallen, vom Exzedentenversicherer zu übernehmen. Soweit den Versicherungsnehmer eine Schadensersatzverpflichtung trifft, die über die Deckungssumme des Gesamtprogramms hinausgeht, hat er die Zinsen für die oberhalb der Deckungssumme liegenden Ansprüche selbst zu tragen, weil es insoweit an einer Risikoübernahme durch einen Haftpflichtversicherer fehlt.

Beispiel: Die Deckungssumme der Grundversicherung beläuft sich auf 10 Mio. EUR, hieran schließt eine Exzedentenversicherung mit weiteren 20 Mio. EUR (20m xs. 10m EUR) an. Die Versicherungsnehmerin wird verurteilt, 40 Mio. EUR zzgl. Zinsen zu zahlen.

Der Grundversicherer ist in dieser Konstellation verpflichtet, 10 Mio. EUR zzgl. Zinsen aus 10 Mio. EUR zu zahlen, der Exzedentenversicherer 20 Mio. EUR zzgl. Zinsen aus 20 Mio. EUR. Die weiteren 10 Mio. EUR trägt der Versicherungsnehmer zzgl. Zinsen selbst.

IV. Zusammenfassung der Thesen

Der *attachment point* legt das vom Exzedentenversicherer übernommene Risiko auf primärer Ebene fest. Hieraus folgt, dass der Exzedentenhaftpflichtversicherungsvertrag eine aufgeschobene Fälligkeit aufweist, weil zunächst die Eigentragung des Versicherungsnehmers des Exzedentenversicherungsvertrags von diesem nachzuweisen ist.

Die über eine *following form*-Abrede einbezogenen Bedingungen des Grundversicherungsvertrags werden vom Versicherungsnehmer und nicht vom Exzedentenversicherer gestellt, weil allein der Versicherungsnehmer als Partei des Grundversicherungsvertrags Einfluss auf den Inhalt dieses Vertrags nehmen kann. Zudem hat der Versicherungsnehmer ein vitales Interesse daran, dass der Deckungsumfang der beiden Verträge identisch ist, sodass er die Bedingungen des Grundversicherungsvertrags nicht zur Disposition des Exzedentenversicherers stellt.

[58] *Koch* VersR 2021, 879 (884).

Grund- und Exzedentenversicherer sind verpflichtet, eigene Verteilungsverfahren durchzuführen, wenn eine Ausschöpfung der Deckungssumme droht. Der Grundversicherer kann sich nicht darauf berufen, dass der über seine Deckungssumme hinausgehende Schaden vom Exzedentenversicherer getragen wird, sondern muss stets ein Verteilungsverfahren durchführen und ggf. zu viel gezahlte Beträge zurückfordern, sodass der Grundversicherer darauf achten sollte, Rückforderungsvorbehalte aufzunehmen, sofern eine Ausschöpfung des Grundversicherungsvertrags droht.

Eine Grundlage für eine Kostenerstattung zwischen Grund- und Exzedentenversicherer besteht dann nicht, wenn der Grundversicherer allein seinen Verpflichtungen aus dem Grundversicherungsvertrag nachgekommen ist. Erst wenn der Grundversicherer die Deckungssumme ausgekehrt hat und nur anteilig Kosten und Zinsen auf diese Deckungssumme zu tragen hat, kommen Ansprüche des Grundversicherers auf Rückforderung in Betracht, die sich zunächst gegen den Versicherungsnehmer richten, dem aber wiederum einen Anspruch gegen den Exzedentenversicherer zusteht, sofern die Deckungssumme des Exzedentenversicherers nicht ebenfalls erodiert ist. Kosten und Zinsen für Forderungen, die über die Deckungssumme des Gesamtprogramms hinausgehen, hat der Versicherungsnehmer für die oberhalb der Deckungssumme liegenden Ansprüche indes selbst zu tragen, weil es insoweit an einer Risikoübernahme durch einen Haftpflichtversicherer fehlt.

OLIVER BRAND

Grenzfälle der Gefahrerhöhung

I. *Einführung*

Die Gefahrerhöhung stellt anerkanntermaßen eine der wichtigsten gesetzlichen Obliegenheiten des Versicherungsnehmers im Versicherungsvertragsrecht dar. Sie sichert das Kernprinzip der Privatversicherung ab: Die Äquivalenz von dem Risiko, das der Versicherungsnehmer in die Risikogemeinschaft einbringt, und der Prämie, die er dafür zahlt. Versicherer und Versicherungsnehmer legen ihrem Vertragsabschluss eine bestimmte Erwartung bzgl. des Eintritts des versicherten Risikos zugrunde. Ändern sich die tatsächlichen Grundlagen dieser Erwartung unvorhergesehen dauerhaft zum Nachteil des Versicherers oder nimmt der Versicherungsnehmer gar solche Veränderungen selbst vor, stehen dem Versicherer Lösungs- und Leistungskürzungsrechte zu, §§ 24, 26 VVG. In den Worten des IV. Zivilsenats des BGH geht es bei den Bestimmungen über die Gefahrerhöhung darum, dass der Versicherer nicht gezwungen sein soll, „sich an einem Versicherungsvertrag festhalten zu lassen, obwohl sich die Risikolage so geändert hat, daß nach den Erkenntnissen der Versicherungsmathematik und den Grundsätzen der Versicherungstechnik die Erhebung einer höheren Prämie geboten gewesen wäre“.[1]

Die Gefahrerhöhung war bereits im VVG von 1908 verankert, ist im Rahmen der Neukodifikation von 2008 freilich deutlich umgestaltet worden und weicht auch von der Rechtslage in anderen Versicherungsrechtsordnungen ab (vgl. nur Art. 4: 201f. PEICL). Dadurch stellt sich automatisch die Grundfrage der Wissenschaft: „Ob das wohl so richtig ist?“ *Theo Langheid* hat – teils über Jahrzehnte hinweg – mit vielfach kreativen, neuen Denkansätzen diese Frage bis in die jüngste Vergangenheit hinein[2] verfolgt und damit einen wichtigen Beitrag dazu geliefert, die Grenzen der Gefahrerhöhung abzustecken. Dieser Beitrag möchte nach einer kurzen Rückbesinnung auf die Grundsätze der Gefahrerhöhung (nachfolgend → II.) vier Grenzfragen mit aktuellem Bezug aufgreifen: Die Frage, ob eine subjektive Gefahrerhöhung durch Unterlassen begangen werden kann (nachfolgend → III.), ob in einer Verhaltensänderung des Versicherungsnehmers in Versicherungsverträgen mit Telematikkomponente eine Gefahrerhöhung liegen kann (nachfolgend → IV.), welche Schlussfolgerungen aus einem gesetzlichen Ausschluss der Regeln über die Gefahrerhöhung zu ziehen sind (nachfolgend → V.) und ob es „Quantensprünge“

---

[1] BGHZ 79, 156 = BGH VersR 1981, 245.
[2] Siehe nur *Langheid* VersR 2021, 1040f.

mitversicherter Gefahren geben kann, die den Tatbestand der Gefahrerhöhung auslösen (nachfolgend → VI.).

II. Grundlagen der Gefahrerhöhung

Die gesetzlichen Regeln über die Gefahrerhöhung finden sich in den §§ 23 bis 27 VVG. Sie sollen hier nur insoweit skizziert werden, als dies für die Diskussion der anschließend aufgeworfenen Grenzfragen von Belang ist. Der Sache nach handelt es sich um spezialgesetzliche Ausprägungen des Gedankens der Störung der Geschäftsgrundlage, der bürgerlich-rechtlich in § 313 BGB niedergelegt ist.[3] Der gesetzlichen Rahmen der Gefahrerhöhung ist dabei ein fester. Er kann vertraglich nicht zum Nachteil des Versicherungsnehmers verändert werden (§ 32 S. 1 VVG). Was freilich unter dem Kernbegriff der „Gefahrerhöhung" zu verstehen ist, hat in Deutschland – trotz vorliegender Definitionsentwürfe[4] – weder der Gesetzgeber von 1908 noch der Reformgesetzgeber von 2008 definiert. Andere Rechtsordnungen, etwa die schweizerische in Art. 28 Abs. 2 schwVVG, enthalten insoweit klarere Vorgaben. Nach dem von der Rechtsprechung geprägten hiesigen Normverständnis ist die Gefahrerhöhung eine Änderung der bei Vertragsabschluss vorhandenen gefahrerheblichen Umstände, welche dazu führt, dass der *mögliche Schaden sich vergrößert* oder der *Eintritt des Versicherungsfalls* wahrscheinlicher wird und der Versicherer den Vertrag unter diesen Umständen entweder überhaupt nicht oder jedenfalls nicht zu der vereinbarten Prämie abgeschlossen hätte.[5]

Im Zusammenhang mit einer solchen Gefahrerhöhung treffen den Versicherungsnehmer drei Obliegenheiten: (1) Er darf eine Gefahrerhöhung weder selbst vornehmen, noch Dritten eine solche Vornahme gestatten (sog. „subjektive Gefahrerhöhung" nach § 23 Abs. 1 VVG), (2) er muss eine Gefahrerhöhung, die er vorgenommen, aber nicht als solche erkannt hat, dem Versicherer unverzüglich (§ 121 BGB) nach Eintritt Erkenntnis anzeigen (sog. „unbewusste subjektive Gefahrerhöhung" nach § 23 Abs. 2 VVG) und (3) Gefahrerhöhungen, die unabhängig von seinem Willen eintreten, dem Versicherer ebenfalls unverzüglich anzeigen (sog. „objektive Gefahrerhöhung" nach § 23 Abs. 2 VVG).[6] Letzteres betrifft Gefahrerhöhungen durch Dritte ebenso wie solche, die durch Naturgewalten oder Witterungseinflüsse eintreten. §§ 24 bis 26 VVG knüpfen an diese drei Obliegenheiten jeweils andere Rechtsfolgen, wobei die Vornahme einer subjektiven Gefahrerhöhung nach § 23 Abs. 1 VVG, was Deckungsschutz und Vertragsschicksal anbelangt, strenger geahndet wird als Verletzungen der Obliegenheiten nach § 23 Abs. 2, 3 VVG.

---

[3] BGHZ 7, 311, 318 („Sonderfall"); *Loacker* in Schwintowski/Brömmelmeyer, VVG, 3. Aufl. 2017, § 23 Rn. 4.

[4] Dazu *O. Hagen* in Ehrenberg, Handbuch des gesamten Handelsrechts, Band 8.1, 1922, § 200, S. 427; *O. Hagen*, Jherings Jahrbücher für die Dogmatik des Bürgerlichen Rechts 47 (1904), 219ff.

[5] *Armbrüster*, Privatversicherungsrecht, 2. Aufl. 2019, Rn. 1256ff.

[6] Zu dieser Untergliederung auch *Wandt*, Versicherungsrecht, 6. Aufl. 2016, Rn. 837.

Tritt in Folge einer Gefahrerhöhung der Versicherungsfall ein, konkurrieren die §§ 23ff. VVG mit den Regeln über die Herbeiführung des Versicherungsfalls (§§ 81, 103 VVG). Das deutsche Recht löst diesen Normkonflikt durch eine parallele Anwendbarkeit beider Sanktionssysteme.[7] Das scheint schon deswegen eine pragmatische Lösung, weil sich seit 2008 die Rechtsfolgen im Falle der groben Fahrlässigkeit decken. Dadurch droht eine Prävalenz der Gefahrerhöhung gegenüber der Herbeiführung des Versicherungsfalls im Bereich grob fahrlässigen Verhaltens des Versicherungsnehmers, weil die Beweislastverteilung für den Versicherer bei der Gefahrerhöhung (§ 26 Abs. 1 S. 2 Hs. 2, Abs. 3 Nr. 1 VVG) günstiger ist als nach § 81 Abs. 2 VVG. Zudem löst die Gefahrerhöhung schon bei leichter Fahrlässigkeit des Versicherungsnehmers Rechtsfolgen aus, nämlich die Möglichkeit einer Kündigung durch den Versicherer. Das hat Bedeutung für die Auslegung der Regeln der Gefahrerhöhung. Diese müssen so (zurückhaltend) ausgelegt werden, dass das Recht der Herbeiführung des Versicherungsfalls eine eigenständige Bedeutung behält.[8] Man könnte insoweit von einem „Abstandsgebot" für die Regeln der Gefahrerhöhung sprechen. Diesem Gebot trägt die Rechtspraxis u. a. dadurch Rechnung, dass sie eine Gefahrerhöhung nur dann annimmt, wenn die zu beobachtende Gefahränderung von gewisser Dauer ist, damit nicht jede Herbeiführung eines Versicherungsfalls zwangsläufig auch als Gefahrerhöhung anzusehen ist.[9] Die einmalige Trunkenheit am Steuer etwa, die zu einem Verkehrsunfall führt, ist nach dieser Maßgabe (jedenfalls bei einem BAK-Wert von mehr als 1,1‰) eine grob fahrlässige Herbeiführung des Versicherungsfalls in der Kaskoversicherung, aber keine Gefahrerhöhung.

III. Subjektive Gefahrerhöhung durch Unterlassen

Das Abstandsgebot zur Herbeiführung des Versicherungsfalls spielt gleich eine zentrale Rolle für die erste Grenzfrage im Zusammenhang mit der Gefahrerhöhung. Diese beschäftigt sich damit, ob den Versicherungsnehmer bei Eintritt einer Gefahrerhöhung von außen, also unabhängig von seinem Willen, über die Anzeigeobliegenheit nach § 23 Abs. 3 VVG hinaus auch eine Obliegenheit aus § 23 Abs. 1 VVG treffen kann, die damit durch Unterlassen verletzt werden kann. Lehrbuchbeispiele dazu lauten, wie folgt: In unmittelbarer Nachbarschaft zu einem feuerversicherten Haus wird bauordnungs- und nachbarschaftsrechtswidrig ein Betrieb errichtet, in dem brandgefährliche Materialien lagern. Der Versicherungsnehmer versäumt es aber, trotz Kenntnis der Rechtslage mögliche rechtliche Schritte dagegen zu ergreifen.[10] Oder: Der Versicherungsnehmer realisiert, dass er den

[7] OLG Köln r+s 1989, 160; VersR 2007, 204; *Matusche-Beckmann* in Bruck/Möller, VVG, 9. Aufl. 2009, § 23 Rn. 68; *Looschelders* in Looschelders/Pohlmann, VVG, 3. Aufl. 2016, § 23 Rn. 7; *Armbrüster* in Prölss/Martin, VVG, 31. Aufl. 2021, § 23 Rn. 119; *Loacker* in Schwintowski/Brömmelmeyer, VVG, 3. Aufl. 2017, § 23 Rn. 31f.

[8] *Looschelders* in Looschelders/Pohlmann, VVG, 3. Aufl. 2016, § 23 Rn. 7.

[9] *Langheid* in Langheid/Rixecker, VVG, 6. Aufl. 2019, § 23 Rn. 53.

[10] Fall nach *Wandt,* Versicherungsrecht, 6. Aufl. 2016, Rn. 839.

Schlüssel zu seinem versicherten Geschäftshaus verloren hat, unterlässt es aber, das Schloss auszuwechseln.[11] Der 4. Zivilsenat des BGH lehnt in ständiger Rechtsprechung seit Beginn der 1980er Jahre in diesen und ähnlich gelagerten Fällen eine subjektive Gefahrerhöhung durch Unterlassen ab.[12] Das begründet der Senat damit, dass § 23 Abs. 3 VVG dem Versicherungsnehmer letztlich nur eine gesetzliche Anzeigeobliegenheit auferlege, nicht aber auch eine gesetzliche Obliegenheit, die Gefahrerhöhung wieder zu beseitigen. Wolle der Versicherer den Versicherungsnehmer auch dazu verpflichten, bleibe es ihm unbenommen, parallel eine vertragliche Obliegenheit zu begründen, die auf Beseitigung von Gefahränderungen gerichtet sei. Diese Auffassung wird im Schrifttum weitgehend geteilt.[13]

Gegen diesen klaren, aber eben auch kategorischen Ansatz hat sich *Theo Langheid* seit den frühen 1990ern Jahren wiederholt ausgesprochen. Angelehnt an die teils abweichende Rechtsprechung des IV. Zivilsenats und der Obergerichte zur Kfz-Haftpflichtversicherung[14] und an kritische Stellungnahmen von *Martin*[15] hat er sich beharrlich dafür eingesetzt, das Unterlassen als Vornahmemodalität des § 23 Abs. 1 VVG zu etablieren.

Langheids Argumentation hat dabei zwei Ansatzpunkte. Der erste geht dahin, dass aus einer zunächst objektiven eine subjektive Gefahrerhöhung iSd § 23 Abs. 1 VVG durch Unterlassen werden könne, wenn der Versicherungsnehmer den gefahrerhöhenden Zustand kennt und er ausreichend Zeit und Gelegenheit hatte, diesen Zustand durch geeignete und wirtschaftlich zumutbare Maßnahmen zu beseitigen oder zu kompensieren. Gedacht ist dabei an die oben beschriebenen Lehrbuchfälle, aber auch an Konstellationen wie den spektakulären Raub einer 100-kg-Goldmünze aus dem Bode-Museum in Berlin im Jahre 2017, der dadurch möglich wurde, dass die versicherte Museumsbetreiberin einen Defekt an einer Fenstersicherung zwar bemerkt, aber nicht beseitigt und den Versicherer zudem auch nicht über den Defekt in Kenntnis gesetzt hatte. In der Urteilsbegründung des Kammergerichts, das in der Sache letztlich mit der Rechtsprechung des IV. Zivilsenats des BGH lediglich die Verletzung einer objektiven Anzeigeobliegenheit annimmt, findet sich immerhin der Satz, die „Gefahrerhöhung (sei) mithin durch das Unterlassen einer zeitnahen Reparatur des Fensters … entstanden“, der in die Richtung von *Langheids* Ansatz weist.[16]

Der zweite Argumentationsstrang ist von dem ersten losgelöst und betrachtet die Rechtsprechung zur Kfz-Haftpflichtversicherung. Dort nehme die Rechtsprechung an, dass das Unterlassen einer Reparatur eines nicht verkehrssicheren Fahr-

[11] OLG Hamm VersR 1988, 49 und VersR 1992, 1217.

[12] BGHZ 79, 156 = BGH VersR 1981, 245; VersR 1987, 653 und 921; dem folgend etwa OLG Köln r+s 2000, 207 f.

[13] Etwa *Karczewski* in HK-VVG, 4. Aufl. 2020, § 23 Rn. 25; *Looschelders* in Looschelders/Pohlmann, VVG, 3. Aufl. 2016, § 23 Rn. 25; *Reusch* in MüKoVVG, 2. Aufl. 2016, § 23 Rn. 62ff.

[14] BGH VersR 1990, 80; OLG Düsseldorf r+s 1989, 311 und VersR 2004, 1408; OLG Karlsruhe VersR 2014, 326; OLG Köln VersR 2007, 204.

[15] *Martin,* Sachversicherung, 2. Aufl. 1986, N III Rn. 4 und 8ff.; *Martin* Anm. zu KG VersR 1985, 1179; *Martin* VersR 1988, 209 ff.; zuvor auch schon in diesem Sinne *Ehrenzweig,* Deutsches Versicherungsvertragsrecht, 1952, S. 117.

[16] KG VersR 2021, 1031, 1037.

zeugs und die anschließende Benutzung dieses Fahrzeugs eine „vorgenommene" Gefahrerhöhung iSd § 23 Abs. 1 VVG darstelle. Wenn dies richtig und in der Benutzung eines nicht verkehrssicheren Fahrzeugs ein positives Tun (nach dem vorangehenden Unterlassen der Reparatur) zu sehen sei, leuchte es schlicht nicht ein, warum nicht auch die Weiterbenutzung des versicherten Gegenstandes trotz des durch eine Unterlassung gefahrerhöhten Zustands (defekte Sicherung/zerstörte Schließanlage) ein positives Tun darstelle.[17] Diese Gegenüberstellung ist schlüssig und weist in der Tat auf eine befremdliche Uneinheitlichkeit der Rechtsprechung hin.[18] Streng genommen geht es bei dieser Argumentationslinie indes nicht mehr darum, das Unterlassen der Gefahrbeseitigung als Tatbestandsalternative der subjektiven Gefahrerhöhung zu etablieren, sondern die Weiterbenutzung trotz Gefahränderung als positives Tun und damit als „Vornahme" iSd § 23 Abs. 1 VVG umzuqualifizieren.

Diese zweite Argumentationslinie soll daher an dieser Stelle nicht weiter untersucht werden, da sie zur eigentlichen Frage, ob ein Unterlassen Vornahme iSd § 23 Abs. 1 VVG sein kann, nichts beiträgt, sondern lediglich ermüdenden semantischen Übungen Vorschub leistet, weil die Frage, ob eine bestimmte Handlung als Tun oder Unterlassen zu qualifizieren ist, teils schlicht eine Frage der sprachlichen Wendung ist. Die fundamentale Ablehnung des Unterlassens als Form der subjektiven Gefahrerhöhung durch die Rechtsprechung begegnet schon wegen der Neukodifikation des VVG von 2008 Bedenken. Sie ist nämlich zum VVG 1908 begründet und nach 2008 von der Rechtsprechung nie selbstkritisch hinterfragt worden. Dafür hätte es aber durchaus Grund gegeben. Nach heutigem Recht wenig überzeugend ist nämlich der auch im Schrifttum zum VVG 1908 erhobene Einwand, dass durch die Anerkennung des Unterlassens als Vornahme iSd § 23 Abs. 1 VVG die Grenzen zwischen der objektiven und der subjektiven Gefahrerhöhung verwischt würden.[19] Insbesondere, so dieser Begründungsansatz, werde der Verantwortungsbereich des Versicherungsnehmers dadurch erweitert. Schon wenn er sich leicht fahrlässig in der Eignung bestimmter Maßnahmen zur Gefahrbeseitigung oder bzgl. deren Zumutbarkeit verschätze, verlöre er den Versicherungsschutz. Das sei mit der Differenzierung zwischen gewollter und ungewollter Gefahrerhöhung nicht vereinbar. Diese Argumentation traf auf das Recht der Gefahrerhöhung im VVG 1908 durchaus zu (vgl. §§ 24, 25 VVG 1908), findet in § 26 VVG 2008 aber keine Stütze mehr: Danach wird der Versicherer auch bei einer Subsumption des Verhaltens des Versicherungsnehmers unter § 23 Abs. 1 VVG erst dann (teilweise) von der Leistung frei, wenn letzterem der Vorwurf grob fahrlässigen Verhaltens gemacht werden kann.

Auch vom Wortlaut des § 23 Abs. 1 VVG her ist der Ausschluss des Unterlassens nicht zwingend. Insoweit argumentiert wird, die Vorschrift könne nur auf Fälle positiven Tuns angewendet werden, weil dort von der „Vornahme" einer Gefahrerhöhung die Rede sei, so ist dies unangemessen begriffsjurisprudentiell. Richtig

---

[17] So etwa *Langheid* in Langheid/Rixecker, VVG, 6. Aufl. 2019, § 23 Rn. 32.
[18] Kritisch zu dieser Uneinheitlichkeit auch *Reusch* in MüKoVVG, 2. Aufl. 2016, § 23 Rn. 64.
[19] So *Harrer* in Berliner Kommentar zum VVG, 1999, § 23 Rn. 11.

ist, dass an den anderen beiden Stellen, an denen das VVG 2008 den Begriff der Vornahme verwendet (§§ 3 Abs. 4 S. 2: Vornahme von Handlungen gegenüber dem Versicherer, 151 VVG: Vornahme einer Untersuchung), jeweils vornehmlich positives Tun gemeint ist. Das wird man auch über § 23 Abs. 1 VVG sagen können. Damit folgt das VVG aber einer Regelungstechnik, die auch im Haftungsrecht verbreitet ist, nämlich an ein positives Tun als Regelungsmuster anzuknüpfen, dem aber das Unterlassen unter gewissen Voraussetzungen gleichzustellen.

Diese Voraussetzungen ergeben sich vor allem aus dem Telos der betreffenden Norm. Die Gefahrerhöhung dient anerkanntermaßen nicht nur der Prämienoptimierung, sondern auch dazu, einer Manipulation des versicherten Risikos durch den Versicherungsnehmer zu Lasten der Versichertengemeinschaft vorzubeugen.[20] Aus dieser Zweckrichtung folgerte *Otto Hagen* bereits in den 1920er Jahren, dass Gefahrerhöhungen, die ohne Zutun des Versicherungsnehmers entstanden sind, deren ihm mögliche Beseitigung er aber unterlassen habe, eigentlich den subjektiven Gefahrerhöhungen nach dem heutigen § 23 Abs. 1 VVG gleichzustellen seien. Später hat es im Schrifttum in diesem Sinne plastisch geheißen, das Recht der Gefahrerhöhung erlaube es dem Versicherungsnehmer nicht, sein Verhalten bei Eintreten einer objektiven Gefahrerhöhung in „planmäßige Schlamperei" abgleiten zu lassen.[21] Dennoch wollte *Hagen* dieser Wertung „wegen des Wortlautes" des heutigen § 23 Abs. 3 VVG nicht zum Durchbruch verhelfen.[22] Dazu ist zu bemerken, dass *Hagen* zwar vom Wortlaut des Tatbestands der objektiven Gefahrerhöhung spricht, in Wirklichkeit aber die Systematik des Rechts der Gefahrerhöhung meint.

Auch im jüngeren Schrifttum wird im *Hagen'schen* Sinne gegen eine Anerkennung des Unterlassens als Form der subjektiven Gefahrerhöhung eingewandt, das Gesetz gehe systematisch davon aus, dass den Versicherungsunternehmer entweder eine Unterlassensobliegenheit nach § 23 Abs. 1 VVG oder eine Anzeigeobliegenheit nach § 23 Abs. 2, 3 VVG treffe.[23] Das ist dem Grunde nach auch richtig. Die Systematik ist dabei freilich nur auf *zeitgleich* bestehende Obliegenheiten angelegt. Insoweit kann den Versicherungsnehmer bei objektiver Gefahrerhöhung in der Tat nicht zeitgleich eine Anzeige- und eine Unterlassensobliegenheit treffen. Das würde den Anwendungsbereich der Gefahrerhöhung unangemessen zu seinen Lasten verschieben. In diesem Sinne sind Vorstöße zur Anerkennung des Unterlassens als Vornahme nach § 23 Abs. 1 VVG aber auch gar nicht zu verstehen. Sie gehen davon aus, dass bei objektiver Gefahrerhöhung zunächst eine Anzeigeobliegenheit nach § 23 Abs. 3 VVG entsteht, die sich bei Untätigbleiben des Versicherungsnehmers durch Zeitverlauf in eine Obliegenheit nach § 23 Abs. 1 VVG umwandelt. Einer solchen Möglichkeit steht die Systematik der §§ 23 ff. VVG dann nicht entgegen, wenn mit dem Aufleben der Obliegenheit nach § 23 Abs. 1 VVG zeitgleich

[20] *Armbrüster* in Prölss/Martin, VVG, 31. Aufl. 2021, § 23 Rn. 3; *Loacker* in Schwintowski/Brömmelmeyer, VVG, 3. Aufl. 2017, § 23 Rn. 1; *Reinhardt,* Die Gefahrerhöhung im deutschen Privatrecht, 2015, S. 6; *G. Winter* FS Möller, 1972, 537, 541; *Ph. Koch* VersR 2020, 1413, 1418.

[21] Dazu bereits *Hoegen,* Neuere Rechtsprechung zum Versicherungsvertragsrecht, 5. Aufl. 1988, S. 39 f.

[22] *O. Hagen* in Ehrenberg, Handbuch des gesamten Handelsrechts, Bd. 8.1, 1922, § 203, S. 436.

[23] Etwa *Looschelders* in Looschelders/Pohlmann, VVG, 3. Aufl. 2016, § 23 Rn. 25.

die Obliegenheit nach § 23 Abs. 3 VVG erlischt. Der Versicherer kann dann für etwaige Rechtsfolgen nur noch an das nach § 23 Abs. 1 VVG relevante Verhalten anknüpfen, nicht mehr an die unterlassene Anzeige.

Auf Grundlage einer solchen Konstruktion scheint das Unterlassen abstrakt tatbestandsmäßig nach § 23 Abs. 1 VVG sein zu können.[24] Voraussetzung dafür ist aber, (1) dass ein solches Umschlagen im Falle einer objektiven Gefahrerhöhung nach der Art des konkreten Versicherungsverhältnisses überhaupt tunlich ist und (2), dass der Zeitverlauf, der erforderlich ist, um eine Umwandlung der Obliegenheit zu bewirken, nicht zu knapp bemessen wird. Denn es besteht Einigkeit, dass die Handhabung des Rechts der Gefahrerhöhung nicht dazu führen darf, dass den Versicherungsnehmer eine generelle Schadensverhütungspflicht trifft.[25]

Bei der Beantwortung beider Fragen mag das unter II. angesprochene, hier sogenannte „Abstandsgebot" zur Herbeiführung des Versicherungsfalls durch Unterlassen helfen. Stimmen im Schrifttum, die einer Subsumtion des Unterlassens unter § 23 Abs. 1 VVG kritisch gegenüberstehen, begründen dies häufig auch damit, dass der Versicherer in einem solchen Fall durch die Regeln über die Herbeiführung des Versicherungsfalls hinreichend geschützt sei, da diese den Fall des Unterlassens unstreitig erfasse.[26] Das wird man – trotz der für den Versicherer ungünstigeren Beweislast bei §§ 81, 103 VVG im Vergleich zu den Regeln über die Gefahrerhöhung – dem Grunde nach auch annehmen können, zumal der Versicherer, wie angesprochen, die Möglichkeit hat, seine Interessen durch ergänzende vertragliche Sicherungsobliegenheiten zu schützen. Das Abstandsgebot steht also grundsätzlich einem Umschlagen von einer Anzeige- in eine Handlungsobliegenheit entgegen. Das bedeutet aber nicht, dass die kategorische Ablehnung des Unterlassens als Form der subjektiven Gefahrerhöhung durch die Rechtsprechung zutreffend ist. Die Wertungen des Abstandsgebots erscheinen nämlich in zwei Konstellationen verfehlt.

Das ist zum einen dann der Fall, wenn der Versicherer von der Möglichkeit, sich durch vertragliche Obliegenheiten abzusichern, Gebrauch gemacht und den Versicherungsnehmer zum Unterhalt von Sicherungseinrichtungen (etwa einer Alarmanlage) verpflichtet hat.[27] Daraus folgt für ihn eine Erhaltungsverpflichtung, die nicht nur nach § 28 VVG, sondern zusätzlich nach § 23 Abs. 1 VVG bewehrt sein muss. Zum anderen wird man auch dann Raum für das Aufleben einer Obliegenheit nach § 23 Abs. 1 VVG finden müssen, wenn der Versicherungsnehmer sich in flagranter Weise nicht um eine eingetretene objektive Gefahrerhöhung kümmert. Der angesprochene Fall des Bode-Museums mag als Beispiel dafür dienen: Ein planvolles Weiterbetreiben trotz Kenntnis der mangelhaften Fenstersicherung läuft

[24] Dafür auch *Loacker* in Schwintowski/Brömmelmeyer, VVG, 3. Aufl. 2017, § 23 Rn. 99; *J. Prölss* FS 50 Jahre BGH, Bd. II, 2000, 551, 596.

[25] *Karczewski* in HK-VVG, 4. Aufl. 2020, § 23 Rn. 26; *Armbrüster* in Prölss/Martin, VVG, 31. Aufl. 2021, § 23 Rn. 105.

[26] *Looschelders* in Looschelders/Pohlmann, VVG, 3. Aufl. 2016, § 23 Rn. 25; *Karczewski* in HK-VVG, 4. Aufl. 2020, § 23 Rn. 25.

[27] *Loacker* in Schwintowski/Brömmelmeyer, VVG, 3. Aufl. 2017, § 23 Rn. 99; zustimmend wohl auch *Armbrüster* in Prölss/Martin, VVG, 31. Aufl. 2021, § 23 Rn. 103; angedeutet ferner auch in BGH VersR 1994, 45, 47 und LG Köln VersR 1988, 902.

angesichts der ausgestellten Werte auf jene „planmäßige Schlamperei“ hinaus, die nach Treu und Glauben bereits die Rechtsfolgen der §§ 24 Abs. 1, 26 Abs. 1 VVG als passend erscheinen lässt und nicht bloß diejenigen des § 81 VVG. Letzterer besagt schließlich nichts zum Schicksal des Vertrages, sondern bloß zum Anspruch auf die Versicherungsleistung. Eine „planmäßige Schlamperei“ des Versicherungsnehmers wird man dabei nicht bereits dann annehmen können, wenn die berechtigten Erwartungen an das Verhalten einer unversicherten Person[28] enttäuscht werden oder objektiv der Aufwand nicht betrieben wird, den der Versicherungsnehmer auf sich nehmen müsste, um der Leistungsfreiheit nach § 81 VVG zu entgehen.[29] In beiden Fällen erscheint § 81 VVG noch als die angemessene Sanktion. Eine Obliegenheit nach § 23 Abs. 1 VVG kann nur aufleben, wenn der Wille, den fraglichen Aufwand nicht zu treiben, sich nach außen deutlich manifestiert hat. Eine solche Manifestation des Willens war im Fall des Bode-Museums in der (Wieder-)Inbetriebnahme der übrigen Sicherheitsvorkehrungen unter bewusster Aussparung der defekten Fenstersicherung. Diese machte die Schlamperei „planmäßig“. Prüft man zusätzlich diese Manifestation, kann man gegen das Entstehen einer subjektiven Gefahrerhöhung nicht länger einwenden, dass dem Versicherungsnehmer durch einen Versicherungsvertrag gerade bestimmte Gefahren und auch ihre Änderung abgenommen werden sollen.[30] Das trifft nämlich nur auf die ursprünglich eingetretene objektive Gefahrerhöhung zu, nicht aber auf das anschließende nachlässige Verhalten des Versicherungsnehmers. In Summe wird man daher auch flagrant nachlässigen Unterlassen unter § 23 Abs. 1 VVG subsumieren können.

Selbst dann muss aber der Zeitpunkt, in dem die Anzeige- in eine Handlungsobliegenheit umschlägt, fixiert werden. Wenn *Langheid* vorschlägt, dass bereits nach einer Frist von drei Werktagen nach Kenntnis des objektiv gefahrerhöhenden Umstands bei Weiterbenutzung einer versicherten Sache durch den Versicherungsnehmer die objektive Gefahrerhöhung in eine subjektive umschlagen soll,[31] so ist dies deutlich zu streng, da bei einer so kurzen Frist eine Entwertung des Versicherungsschutzes für den Versicherungsnehmer droht. Näher läge es, sich an dem Begriff der Unverzüglichkeit zu orientieren, den das Gesetz auch für die ursprüngliche Anzeigeobliegenheit nach § 23 Abs. 3 VVG vorsieht. In Anlehnung an § 121 BGB käme dem Versicherungsnehmer eine nach den Umständen des Einzelfalles zu bemessende Prüfungs- und Überlegungsfrist zu, innerhalb derer er sich überlegen kann, welche Maßnahmen er zu ergreifen gedenkt, um der erkannten objektiven Gefahrerhöhung zu begegnen. Die zu § 121 BGB entwickelte Obergrenze von 14 Tagen[32] (nach Erlangung der Kenntnis) wäre ebenfalls zu übertragen. Das wäre in Summe ein hinreichend flexibler Ansatz, um das Reaktionsspektrum auf unterschiedliche Gefahren in unterschiedlichen Sparten von Versicherungsverträgen angemessen abzubilden und den Versicherungsnehmer nicht zu überfordern.

[28] So *Wandt,* Versicherungsrecht, 6. Aufl. 2016, Rn. 872; *Prölss* ZVersWiss 2001, 471, 496.
[29] So *Armbrüster* in Prölss/Martin, VVG, 31. Aufl. 2021, § 23 Rn. 106.
[30] So aber *Karczewski* in HK-VVG, 4. Aufl. 2020, § 23 Rn. 25 Fn. 66.
[31] *Langheid* in Langheid/Rixecker, VVG, 6. Aufl. 2019, § 23 Rn. 33.
[32] OLG Hamm NJW-RR 1990, 523; *Ellenberger* in Palandt, BGB, 80. Aufl. 2021, § 121 Rn. 3.

IV. Verhaltensänderung in „Telematiktarifen" als Gefahrerhöhung

Verwandt mit der Problematik des Unterlassens als subjektive Gefahrerhöhung ist die Frage, ob Verhaltensänderungen des Versicherungsnehmers in sog. „Telematiktarifen" eine Gefahrerhöhung iSd § 23 Abs. 1 VVG darstellen können. Unter Telematiktarifen sind mit den Verbraucherschutzministern der Länder „Versicherungsverträge und gegebenenfalls damit verknüpfte Verträge," zu verstehen, „bei denen ein bestimmtes risikorelevantes Verhalten zumindest teilweise (digital) erfasst und bei entsprechendem Wohlverhalten belohnt wird."[33] Mit Bezug auf solche Tarife ist im Schrifttum zunächst überlegt worden, ob die negative Änderung von Verhaltensweisens des Versicherungsnehmers, die mithilfe der digitalen Telematiktechnologie gemessen wird, also in der Kfz-Versicherung etwa eine riskantere Fahrweise im Vergleich zum vorangegangenen Tarifierungszeitraum[34] oder auch die Abschaltung oder Nichtnutzung von Telematikeinrichtung,[35] als Vornahme einer Gefahrerhöhung zu qualifizieren sind. Mit einer riskanteren Fahrweise als aktives Tun des Versicherungsnehmers, heißt es, erhöhe sich die Grundgefahr des Eintritts des Versicherungsfalls. Rechtsfolgen aus der vom Versicherungsnehmer vorgenommenen Gefahrerhöhung könne der Versicherer allerdings nicht herleiten, da diese nach der Natur des Vertrags als mitversichert iSd § 27 VVG anzusehen sei. Daraus ergibt sich das Problem, dass der Versicherer eigentlich niemals eine höhere Prämie wegen schlechterer Fahrweise verlangen kann, weil darin eine nach § 32 VVG unzulässige Abweichung von § 27 Alt. 2 VVG liegen müsste.[36] Teilweise wird versucht, dieses Ergebnis, das das Funktionsweise von Telematiktarifen zuwiderläuft, im Wege der Wertung zu korrigieren: Der Versicherungsnehmer werde dadurch, dass er den Nachteil einer ggf. höheren Prämie durch besseres Fahrverhalten wieder ausgleichen könne, in der Gesamtschau nicht benachteiligt, so dass Telematikabreden im Ergebnis keinen Verstoß gegen § 32 VVG darstellten.[37] Eine weitere Gruppe im Schrifttum versucht, dieses Ergebnis innerhalb des Gedankens einer mitversicherten Gefahr nach § 27 Alt. 2 VVG herbeizuführen.[38]

Nach diesen Lösungsansätzen bleibt zumindest unsicher, ob in Telematiktarifen im Ergebnis die Rechtsfolgen einer Gefahrerhöhung zur Anwendung kommen, obwohl auf der Hand liegt, dass diese nicht passen, da den versicherten Personen eine Veränderung ihres Verhaltens nicht verboten ist, wie dies §§ 24 Abs. 1, 25 Abs. 1 VVG aufbauend auf § 23 Abs. 1 VVG voraussetzen. Man mag sich daher durchaus mit *Petra Pohlmann* und einer im Vordringen befindlichen Auffassung im Schrifttum fragen, ob überhaupt eine Gefahrerhöhung

---

[33] Dazu *Brand* VersR 2019, 725 f.

[34] *Schumann,* Pay as you drive, 2017, S. 112 ff.; *Klimke* r+s 2015, 217, 220; *Lüttringhaus,* MPI für internationales und ausländisches Privatrecht, Research Paper Series No. 17/18, 8 f.; offen gelassen von *Armbrüster/Greis* ZfV 2015, 457.

[35] *Klimke* r+s 2015, 217, 223.

[36] So Rudko*wski* ZVersWiss 2017, 453, 455 ff.

[37] *Lüttringhaus* FS Basedow, 2018, 55, 63; *Schumann,* Pay as you drive, 2017, S. 112 ff.

[38] *Klimke* r+s 2015, 2, 17, 220; *Armbrüster* in Prölss/Martin, VVG, 31. Aufl. 2021, § 23 Rn. 4.

vorliegt.[39] Der Definition nach müssen sich bei einer Gefahrerhöhung iSd § 23 VVG gefahrerhebliche Umstände nach Abgabe der Vertragserklärung negativ verändern. Auf den ersten Blick scheinen die Fahrweise versicherter Personen, oder auch der Ausrüstungsstand eines Hauses mit Smart-Home-Technologie gefahrerheblich zu sein. Was gefahrerheblich ist, richtet sich nach dem Inhalt des Versicherungsvertrags. In der Kfz-Haftpflicht- und Kaskoversicherung sind aber nicht bestimmte Fahrweisen versichert, sondern der einzelne Versicherungsnehmer mit dem gesamten Spektrum seines fahrerischen Verhaltens.[40] Diese Gefahren legt der Versicherer seiner Kalkulation zugrunde. Daher verändern sich mit der Art und Weise, in der der Versicherungsnehmer sein Auto steuert, die gefahrerheblichen Umstände nicht. Zudem hat der Versicherer bei einem Telematiktarif ein ihm bekanntes Spektrum an Gefahren zu einer flexiblen Prämie gedeckt und dabei eine positive wie eine negative Entwicklung der Fahrweise von vornherein einkalkuliert. Es kann daher nicht davon die Rede sein, wie es für eine Gefahrerhöhung iSd § 23 VVG erforderlich wäre, dass der Versicherer den Vertrag nicht (so) geschlossen hätte, wenn er die Veränderung des Risikos gekannt hätte. Das zeigt auch ein Vergleich mit herkömmlichen Tarifen. Dort liegt auch keine Gefahrerhöhung vor, wenn Bonusmerkmale wie der Garagenstellplatz eines Kfz in der Kfz-Versicherung wegfallen.[41] Auch dann berechnet der Versicherer den Beitrag ab dem Tag der Änderung neu (s. zB AKB 2015 Nr. K.2.1, K.2.2) ohne dass dies am Maßstab der Gefahrerhöhung gemessen würde. Die §§ 23ff. VVG passen ihrem Schutzzweck nach nicht auf solche Fälle, weil sich der Versicherer nicht einer Gefahr gegenübersieht, die er bei Vertragsabschluss nicht einkalkuliert hat. Das kann bei Telematiktarifen allenfalls auf das mutwillige Abschalten der Telematik durch den Versicherungsnehmer,[42] nicht aber auf eine bloße Änderung des Fahrverhaltens zutreffen.

V. Fernwirkung des Ausschlusses der Gefahrerhöhung

Diese Beobachtung leitet zu einem abermals verwandten Grenzfall der Gefahrerhöhung über, der Frage, ob sich aus dem Ausschluss der Regeln über die Gefahrerhöhung, wie er sich in der privaten Krankenversicherung in § 194 Abs. 1 S. 2 VVG findet, weitergehende Vorgaben für die Produktgestaltung an den Versicherer ergeben, die es ihm verbieten würden, gewünschtes, gesundheitsförderndes Verhalten des Versicherungsnehmers während der Vertragslaufzeit mit tarifmäßigen

[39] *Pohlmann* in Schmidt-Kessel/Grimm, Telematiktarife & Co – Versichertendaten als Prämienersatz, 2018, S. 73, 89ff.; *Brand* in Bruck/Möller, VVG, 9. Aufl. 2020, § 194 Rn. 27; *Brand* VersR 2019, 725, 734, *Ph. Koch,* VersR 2020, 1413, 1418.

[40] *Pohlmann* in Schmidt-Kessel/Grimm, Telematiktarife & Co – Versichertendaten als Prämienersatz, 2018, S. 73, 89.

[41] *Schirmer/Marlow* VersR 1997, 782, 783; näher *Pohlmann* in Schmidt-Kessel/Grimm, Telematiktarife & Co – Versichertendaten als Prämienersatz, 2018, S. 73, 91f.

[42] Dazu und zu Beweisschwierigkeiten des Versicherers in diesem Fall *Ph. Koch* VersR 2020, 1413, 1418.

Prämiennachlässen oder Bonfikationen aus RfB-Mitteln zu belohnen. Diese Frage hat an Brisanz gewonnen, weil der Bundesgesetzgeber zwischenzeitlich mit den §§ 33a, 65a SGB V den Trägern der gesetzlichen Krankenversicherung unter Inkaufnahme von Systembrüchen[43] die Förderung gesundheitsbewussten Verhaltens der Versicherten durch die Gewähr finanzieller Vorteile gestattet hat.[44]

Dass das Recht der privaten Krankenversicherung traditionell auf die Absicherung des Äquivalenzprinzips durch die Gefahrerhöhung verzichtet, liegt nicht etwa daran, dass das versicherte Risiko in dieser Sparte altersabhängig wäre.[45] Die Alterung und die damit verbundene erhöhte Gefahr des Eintritts und des Ausmaßes von Krankheiten sowie der allmähliche körperliche und geistige Verfall sind naturgesetzliche, unabwendbare und vom Versicherungsnehmer nur in ganz engen Grenzen steuerbare Tatsachen. Eine solche Intensivierung der Gefahrenlage ist in dem vom Versicherer übernommenen Risiko von vornherein inbegriffen und gehört damit gar nicht in den Zusammenhang der Gefahrerhöhung.[46]

Dem Ausschluss der Vorschriften über die Gefahrerhöhung liegt stattdessen ein Motivbündel zugrunde.[47] Ausgangspunkt der Überlegungen des Gesetzgebers ist die Definition des Versicherungsfalls in der privaten Krankenversicherung.[48] Der Beginn eines Krankheitsgeschehens kann vielfach nicht ermittelt und der Krankheitsverlauf nur selten prognostiziert werden. Daher entfällt regelmäßig auch die Möglichkeit, nachzuweisen, dass und wodurch sich das Krankheitsrisiko im konkreten Fall ursächlich erhöht hat.[49] Daher ließe sich im Einzelfall der Nachweis einer Gefahrerhöhung für den Versicherer gar nicht führen. Die §§ 23ff. VVG würden in solchen Fällen in seinen Händen von Brot zu Steinen petrifizieren. Es erscheint daher folgerichtig, die Vorschriften über die Gefahrerhöhung für den Bereich der privaten Krankenversicherung gleich vollständig auszuschließen. Um den Interessenausgleich zwischen den Parteien im Fall einer Gefahränderung, die stattfindet, aber nicht nachweisbar ist, zu wahren, hat der Gesetzgeber dem Versicherer zum Ausgleich für den fehlenden Schutz des Äquivalenzprinzips durch die Vorschriften über die Gefahrerhöhung in der privaten Krankenversicherung § 203 VVG an die Hand gegeben, der dem Versicherer unter den dort niedergelegten Voraussetzungen ein Recht zur (kollektiven) Prämienanpassung einräumt.[50]

---

[43] *Wenner* in Eichenhofer/v. Koppenfels-Spieß/Wenner, SGB V, 3. Aufl. 2018, § 65a Rn. 1.

[44] Dazu BT-Drs. 18/4282, 41; *Brand* in Bruck/Möller, VVG, 9. Aufl. 2020, Einleitung Vor § 192 Rn. 68ff.

[45] So aber BGH VersR 1983, 848; *Rogler* in HK-VVG, 2009, § 194 Rn. 18; anders jetzt 4. Aufl. 2020, Rn. 3; wohl auch *Hohlfeld* in Berliner Kommentar zum VVG, 1999, § 178a Rn. 6; *Brömmelmeyer* in Schwintowski/Brömmelmeyer, VVG, 3. Aufl. 2017, § 194 Rn. 3.

[46] RG 7.10.1941, JPRV 1941, 137, 139; BGH VersR 1983, 850; *Wriede* in Bruck/Möller, VVG, 8. Aufl. 1990, Band VI/2 Anm. F 40; *Boetius,* PKV, 2010, § 194 Rn. 51; *Staab* in Staudinger/Halm/Wendt, VVG, 2. Aufl. 2017, § 194 Rn. 12; *Rogler* in HK-VVG, 4. Aufl. 2020, § 194 Rn. 3; *Kalis* in MüKoVVG, 2. Aufl. 2017, § 194 Rn. 2; *Reinhardt,* Die Gefahrerhöhung im deutschen Privatversicherungsrecht, 2015, S. 207; *Brand* VersR 2011, 1337, 1338.

[47] *Brand* in Bruck/Möller, VVG, 9. Aufl. 2020, § 194 Rn. 22.

[48] *Boetius,* PKV, 2010, § 194 Rn. 52.

[49] *Brand* in Bruck/Möller, VVG, 9. Aufl. 2020, § 194 Rn. 22; *Boetius,* PKV, 2010, § 194 Rn. 52.

[50] *Brand* in Bruck/Möller, VVG, 9. Aufl. 2020, § 194 Rn. 23.

Im Zusammenhang mit der Förderung gesundheitsbewussten Verhaltens ist im Schrifttum indes ein weiterer Zweck in den Blickpunkt gerückt worden, der mit dem Ausschluss der Regeln über die Gefahrerhöhung in § 194 Abs. 1 S. 2 VVG verbunden sein soll: (ggf. im Wege analoger Anwendung) zu verhindern, dass der Versicherungsvertrag mit seinen festgelegten Konditionen durch den persönlichen, möglicherweise unter medizinischen Aspekten riskanten Lebensstil der versicherten Personen infrage gestellt wird.[51] Die individuelle Lebensführung der versicherten Personen soll mit anderen Worten bis zur Grenze der vorsätzlichen Herbeiführung von Krankheit oder Unfall nach § 201 VVG keinen Einfluss auf ihre Prämie haben. Daraus soll weitergehend folgen, dass der private Krankenversicherer – anders als der gesetzliche – gesundheitsbewusstes Verhalten nicht fördern dürfte, weil dies dem Leitbild eines in seiner Lebensgestaltung freien Versicherungsnehmers widerspreche.[52]

Diese weitreichende Forderung, die letztlich der Komplementarität von PKV und GKV zuwiderläuft, ist kritisch zu hinterfragen. Die Antwort auf die Frage, woher genau das Leitbild eines in seiner Lebensgestaltung vollkommen freien Versicherungsnehmers stammen soll, bleiben Vertreter der genannten Ansicht nämlich schuldig. Der Gesetzgeber selbst hat ausdrücklich niemals gesagt, der Ausschluss des § 194 Abs. 1 S. 2 VVG diene der Schonung der Lebensführung des Versicherungsnehmers. Dies lässt sich allenfalls aus der Diskussion im Schrifttum vor Inkrafttreten des heutigen § 194 Abs. 1 S. 2 VVG schlussfolgern.[53] Diese Diskussion zeigt aber, dass Risikofaktoren, die der Versicherungsnehmer beeinflussen kann, wie etwa die Lebensgewohnheiten oder beruflichen Gesundheitsrisiken, keineswegs im Rahmen eines Versicherungsverhältnisses der privaten Krankenversicherung unbeachtlich sein müssen.[54] Es ging dem Gesetzgeber vielmehr in einem engeren Sinne darum, zu verhindern, dass die allgemeine Lebensführung des Versicherungsnehmers zu typischen Rechtsfolgen der Gefahrerhöhung führt, nämlich nachträglichen Prämienänderungen zu Lasten des Versicherungsnehmers, einem Kündigungsrecht des Versicherers oder dessen Leistungsfreiheit.[55] Diese Rechtsfolgen soll ein Verhalten des Versicherungsnehmers oder eine Änderung dieses Verhaltens nicht zeitigen können. Andere Rechtsfolgen, wie etwa die Veränderung einer Beteiligung an RfB-Mitteln im Rahmen der Überschussbeteiligung, oder nicht-versicherungsrechtliche Rechtsfolgen, die sich nicht auf den Bestand des Versicherungsvertrages oder die Leistungspflicht des Versicherers auswirken, will § 194 Abs. 1 S. 2 nicht verhindern.[56] Daher steht die Vorschrift auch einer Förderung gesundheitsbewussten

---

[51] *Reinhard* in Looschelders/Pohlmann, VVG, 3. Aufl. 2016, § 194 Rn. 11; *Rudkowski* ZVersWiss 2017, 453, 459; *Rudkowski* VersR 2020, 1016, 1018f.; *Pohlmann* in Schmidt-Kessel/Grimm, Telematiktarife & Co – Versichertendaten als Prämienersatz, 2018, S. 73, 98; tendenziell auch *Brand* VersR 2011, 1337, 1338.

[52] *Rudkowski* ZVersWiss 2017, 453, 459; *Rudkowski* VersR 2020, 1016, 1018f.; ähnlich *Pohlmann* in Schmidt-Kessel/Grimm, Telematiktarife & Co – Versichertendaten als Prämienersatz, 2018, S. 73, 98f.; aA aber *Brand* VersR 2019, 725, 731; *Looschelders* ZVersWiss 2015, 481, 498.

[53] *Pohlmann* in Schmidt-Kessel/Grimm, Telematiktarife & Co – Versichertendaten als Prämienersatz, 2018, S. 73, 97f.; *Brand* VersR 2019, 725, 731 und schon *Brand* VersR 2011, 1337, 1338.

[54] So aber *Reinhard* in Looschelders/Pohlmann, VVG, 3. Aufl. 2016, § 194 Rn. 11.

[55] Siehe beispielhaft und im Überblick *Wriede* in Bruck/Möller, VVG, 8. Aufl. 1990, Bd. VI, Anm. F 39ff.

[56] *Brand* in Bruck/Möller, VVG, 9. Aufl. 2020, § 194 Rn. 28.

Verhaltens, etwa durch eine vermehrte Überschussbeteiligung, nicht im Wege. Die Lebensführung des Versicherungsnehmers ist hinreichend dadurch geschont, dass an spätere, nachteilige Änderungen seines Verhaltens, etwa durch Aufgabe eines zuvor ausgeübten Sports, nicht die typischen Rechtsfolgen einer Gefahrerhöhung geknüpft werden können.

VI. „Quantensprünge" und mitversicherte Gefahrerhöhungen

Als letzte Grenzfrage der Gefahrerhöhung in diesem Beitrag soll die *Langheid'sche* „Quantensprung-Hypothese" in den Blickpunkt rücken. Diese ist 2002 im Zusammenhang mit den Anschlägen vom 11. September 2001 auf das World Trade Center in New York entwickelt worden. Sie besagt, dass eine an sich mitversicherten Risikoerhöhung nach Art eines „Quantensprungs" eine solche Intensität annehmen kann, dass sie zur Annahme einer nicht (mit-)versicherten Gefahrerhöhung führen muss, weil sie gegenüber dem bislang Bekannten eine gänzlich neue Gefahrenlage schafft.[57] *Langheid* nahm an, dass dies auf die Terroranschläge in New York im Vergleich zu den zuvor verübten Anschlägen zutreffe. Er hat diese Ansicht 2020 auch auf das Auftreten von COVID-19 in Bezug auf Ausfallversicherungen erstreckt[58] und dafür auch Gefolgschaft gefunden.[59] Das gibt Anlass, die „Quantensprung"-Hypothese erneut auf den Prüfstand zu stellen.

Ansatzpunkt der Überlegungen ist § 27 Alt. 2 VVG. Danach können neben den unerheblichen Gefahrerhöhungen nach Alt. 1 auch solche Gefahrerhöhungen die Rechtsfolgen der §§ 24, 26 VVG nicht auslösen, die „nach den Umständen" als mitversichert anzusehen sind (sog. Qualitative Unerheblichkeit). Es liegt dementsprechend nach dem klaren Wortlaut der Norm eine Gefahrerhöhung vor,[60] der Versicherer kann aber keine Rechte daraus herleiten. Das kann auch für empfindliche Veränderungen des versicherten Risikos gelten.[61] Voraussetzung dafür ist, dass es nach dem Zweck des Vertrages, den berechtigten Erwartungen der Parteien daran und den Besonderheiten des betroffenen Versicherungszweigs untunlich erscheint, die Rechtsfolgen der §§ 24, 26 VVG zu eröffnen.[62] Im Nachgang des Anschlags auf das World Trade Center in New York am 11. September 2001 nahmen das LG München I[63] und – *obiter* – das OLG Köln[64] an, dass dieser Anschlag mit

---

[57] *Langheid* in Langheid/Rixecker, VVG, 6. Aufl. 2019, § 23 Rn. 10.

[58] www.versr.de/blog-langheid-ein-immergruen-des-versicherungsrechts-die-gefahrerhoehung/ (zuletzt abgerufen am 20.10.2021).

[59] *Günther/Piontek* r+s 2020, 242, 246; *Seitz/Thiel* in Langheid, COVID-19, 2020, S. 110ff.

[60] AA diesbezüglich *Langheid* in Langheid/Rixecker, VVG, 6. Aufl. 2019, § 27 Rn. 1; *Matusche-Beckmann* in Bruck/Möller, VVG, 9. Aufl. 2009, § 27 Rn. 3; wie hier *Looschelders* in Looschelders/Pohlmann, VVG, 3. Aufl. 2016, § 27 Rn. 4; wohl auch *Karczewski* in HK-VVG, 4. Aufl. 2020, § 27 Rn. 1.

[61] So schon *O. Hagen* in Ehrenberg, Handbuch des gesamten Handelsrechts, Bd. 8.1, 1922, § 200, S. 429.

[62] *Reusch* in MüKoVVG, 2. Aufl. 2017, § 27 Rn. 10.

[63] LG München I NVersZ 2002, 454; *Beckmann* ZIP 2002, 1125; siehe auch *Reusch* in MüKoVVG, 2. Aufl. 2017, § 23 Rn. 254.

[64] OLG Köln 10.10.2006 – U 209/05 Rn. 43ff.

Blick auf die Ausfallversicherung eines Veranstalters von Großsportereignissen die Voraussetzungen eines mitversicherten Ereignisses iSd § 27 Alt. 2 VVG erfüllten. Es handele sich nicht um eine unerwartbare und damit nicht mitversicherte Bedrohung großer Sportereignisse, da keine wesentlich neue Gefährdungssituation vorliege. Islamistisch motivierte Feindseligkeit sei schon lange vor Vertragsschluss propagiert und praktiziert worden (Man denke an den Anschlag auf die *USS Cole* im Jahre 2000 und den ersten Anschlagsversuch auf das World Trade Center von 1993). *Langheid* entgegnete, die Anschläge vom 11. September 2001 in ihrer bis dahin unbekannten Ausführungsqualität und ihrem zuvor unvorstellbaren Schadenspotential stellten einen „Quantensprung des Terrorismus" dar, der zum Zeitpunkt des Vertragsabschlusses weder vorhersehbar noch kalkulierbar gewesen sei. Ob solche „Erschütterungen der Sozialexistenz" aber zivilrechtlich einem der Vertragspartner jenseits des § 313 BGB die Befugnis verleihen, sich von Verpflichtungen zu lösen, wird im Schrifttum bezweifelt.[65]

Konkret auf die Gefahrerhöhung gewendet finden die Zweifel Nahrung in zwei Quellen. Zum einen ist das Vorliegen eines nicht mitversicherten „Quantensprungs" für den insoweit – trotz des missverständlichen Wortlauts des § 27 VVG – beweisbelasteten[66] Versicherer nicht leicht. Regelmäßig wird der Nachweis mangelnder Vorhersehbarkeit und Kalkulierbarkeit an Erkenntnissen auf dem Markt scheitern, die sich der Versicherer leicht beschaffen kann, und an alternativen Möglichkeiten, seine Interessen vertraglich zu schützen. Das lässt sich beispielhaft für Ausfallversicherungen im Zusammenhang mit der COVID-19-Pandemie zeigen.

Die Spanische Grippe (1918 bis 1920), die Schweinegrippe (2009/2010) oder MERS (2012) machen deutlich, dass die Gefahr von SARS-Epidemien und -Pandemien kein vollständig neues Risiko darstellen. Das SARS-Pandemierisiko selbst ist in den vergangenen Jahren Gegenstand von Studien wissenschaftlicher Institute auf nationaler und internationaler Ebene, aber auch von Erst- und Rückversicherern gewesen.[67] Pandemierisiken als solche finden – einschließlich der Spanischen Grippe von vor über 100 Jahren – noch immer Eingang in die Risikokalkulation von Versicherern, insb. von Krankenversicherern. Zudem werden Epidemien und Pandemien in der Versicherungswirtschaft seit geraumer Zeit auch im Zusammenhang mit dem Ausfall von Sportveranstaltungen betrachtet. So wurde wegen der Ausbreitung der Vogelgrippe H5N 1 eine Absage der Fußball-WM 2006 diskutiert, die SARS-Pandemie führte zur Verlegung der Frauen-Fußball-WM 2003 von China in die USA.[68] Soweit Versicherer das Seuchenrisiko in einer Ausfallversicherung nicht übernehmen wollen, können sie sich überdies wirksam durch Risikoausschlüsse dagegen schützen und haben dies auch im Vorfeld der

[65] *Rixecker* in Schmidt, COVID-19, 2. Aufl. 2020, § 11 Rn. 38.

[66] *Looschelders* in Looschelders/Pohlmann, VVG, 3. Aufl. 2016, § 27 Rn. 9; *Armbrüster* in Prölss/Martin, 31. Aufl. 2021, § 27 Rn. 7.

[67] Etwa Robert-Koch-Institut, Pandemie durch Virus Modi-SARS, 2012, BT-Drs. 17/12051, 5 und 55 ff.; *World Bank,* Pandemic Risk, 2013; SwissRe, Pandemics in a changing climate, 2016.

[68] FIFA-Finanzbericht 2003 v. 20./21.5.2004, http://de.fifa.com/mm/document/affederation/administration/01/71/44/39//113.748-finanzbericht2003.pdf, S. 8 (zuletzt abgerufen am 20.10.2021); *Jedlicka* GRUR 2014, 842, 845; *Lüttringhaus/Genz* r+s 2020, 258, 261.

COVID-19-Pandemie verbreitet getan – teilweise unter ausdrücklicher Bezugnahme von „SARS *and its sequalae*". Eines zusätzlichen Schutzes durch die Rechtsfolgen der §§ 24, 26 VVG bedarf es daher überhaupt nicht, zumal dem Versicherer, auch wenn er keinen Risikoausschluss vereinbart hat, immer noch der Schutz des § 81 VVG verbleibt. Das spricht in Summe dagegen, die COVID-19-Pandemie als Umstand „unbekannter Qualität mit zuvor unvorstellbarem Schadenspotential" zu begreifen, und legt nahe, sie als mitversicherte Gefahrerhöhung anzusehen.[69]

Die Schwierigkeit, den „Quantensprung" nachzuweisen, spricht freilich nicht abstrakt dagegen, einen solchen anzuerkennen. Die Mechanik der §§ 23ff. VVG lässt aber zweifeln, ob es tatsächlich den *Langheid'schen* „Quantensprung" mit der Folge geben kann, dass es dem Versicherer möglich ist, sich auf die Rechtsfolgen einer Gefahrerhöhung zu berufen. Bei den betrachteten Fällen der Anschläge auf das World Trade Center und der COVID-19-Pandemie handelt es sich nämlich jeweils um (mitversicherte) objektive Gefahrerhöhungen iSd § 23 Abs. 3 VVG,[70] da sich die Wahrscheinlichkeit, dass ein Versicherungsfall eintritt, unabhängig vom Willen des Versicherungsnehmers erhöht. Solche Umstände muss der Versicherungsnehmer dem Versicherer nur unverzüglich anzeigen. Insoweit ist aber zu beachten, dass eine Nichtanzeige nach § 23 Abs. 3 VVG folgenlos bleibt, wenn der Versicherer anderweitig zumutbar von der nicht angezeigten Gefahr Kenntnis erlangt hat.[71] Davon ist sowohl bei den medial weltweit rasch und umfassend behandelten Anschlägen vom 11. September 2001 als auch bei COVID-19 und den daraus resultierenden behördlichen Maßnahmen aufgrund ihrer weltweit ähnlichen Struktur und ihres weitgehend gleichen Umfangs auszugehen.[72] Das ist zudem keine Besonderheit der COVID-19-Situation, sondern wird bei objektiven Gefahrerhöhungen, die als „Quantensprung" zu verstehen sind, typischerweise der Fall sein. Schon daher ist davon auszugehen, dass das Recht der Gefahrerhöhung in diesen Konstellationen nicht zur Konfliktlösung beitragen kann.

VII. Schluss

Auch wenn am Ende dieser Betrachtungen der *Langheid'sche* „Quantensprung" ausgeblieben ist und dem Unterlassen als Begehungsform der subjektiven Gefahrerhöhung nicht so viel Raum zukommen kann, wie *Langheid* ihn seit Jahren zu erkämpfen versucht, wird dies dem Jubilar gewiss nicht die Freude an der weiteren Auseinandersetzung mit dem „Immergrün" der Gefahrerhöhung nehmen und dem Verfasser nicht die Freude an der Diskussion mit ihm.

---

[69] So auch *Rixecker* in Schmidt, COVID-19, 2. Aufl. 2020, § 11 Rn. 39; sowie tendenziell *Lüttringhaus/Genz* r+s 2020, 258, 260f.

[70] *Brand* in Fischinger/Orth, COVID-19 und Sport, 2021, Teil 6 Rn. 65; *Lüttringhaus/Genz* r+s 2020, 258, 259.

[71] OLG Hamburg VersR 1982, 1161; *Armbrüster* in Prölss/Martin, VVG, 31. Aufl. 2021, § 32 Rn. 6.

[72] Dafür auch *Rixecker* in Schmidt, COVID-19, 2. Aufl. 2020, § 11 Rn. 42; *Werber* VersR 2020, 661, 666.

CHRISTOPH BRÖMMELMEYER

Robo Advisor im Versicherungsvertrieb – ausgewählte Rechtsfragen algorithmenbasierter Beratung

A robot may not injure a human being or, through inaction, allow a human being to come to harm.
Isaac Asimov, Runaround, 1942

I. Einleitung

Ein Beitrag zum Thema *Robo Advisor* im Versicherungsvertrieb kann nur mit der Feststellung beginnen, dass schon der Begriff missverständlich ist: Ein Roboter ist nach *Loh* eine elektro-mechanische Maschine, die über einen *eigenständigen Körper* und über mindestens einen *Prozessor* verfügt, *Sensoren* hat, die Informationen über die Welt sammeln, sowie über *Effektoren oder Aktoren* verfügt, die Signale in mechanische Abläufe überführen.[1] Ein Roboter muss *autonom* sein bzw. zu sein scheinen und er muss in seine Umgebung hineinwirken bzw. physisch auf sie *Einfluss* nehmen können.[2] Darum geht es beim Thema *Robo Advisor* im Versicherungsvertrieb (noch) nicht. Bevor ein (humanoider) Roboter bei *Theo Langheid* vor der Tür steht, um ihm in einem persönlichen Beratungsgespräch eine Lebens-, Kranken- oder Unfallversicherung anzutragen, werden sicher noch Jahre vergehen – wenn es überhaupt dazu kommt. Dementsprechend verstehe ich unter *Robo Advice* vorläufig nur den Einsatz algorithmenbasierter[3] und automatisierter Beratungsstrecken im virtuellen Versicherungsvertrieb.

Bei der Definition der Beratung könnte man an die gesetzliche Regelung der Informations- und Beratungspflichten in §§ 6f. VVG anknüpfen. Informationen iS von § 7 Abs. 1–3 VVG iVm der VVG-InfoV beschränken sich auf die (unkommentierte) Mitteilung von Tatsachen, während eine Beratung iS von § 6 Abs. 1 VVG die Bewertung der Informationen umfasst und eine individuelle Produktempfehlung beinhaltet.[4] Dieses Begriffsverständnis deckt sich mit der Richtlinie über Versiche-

---

[1] *Loh,* Roboterethik, 2019, S. 16f. Hervorhebungen bei *Loh.*

[2] *Loh,* Roboterethik, 2019, S. 16f.

[3] Unter Algorithmen versteht die BaFin „Handlungsvorschriften, die in der Regel in ein Computerprogramm integriert sind und ein (Optimierungs-)Problem oder eine Klasse von Problemen lösen"; siehe: *BaFin,* Big Data und künstliche Intelligenz (BDKI), 2021, S. 3.

[4] *Brömmelmeyer* in Beckmann/Matusche-Beckmann, Versicherungsrechts-Handbuch, 3. Aufl. 2015, § 42 Rn. 66; ähnlich: *Armbrüster* in MüKoVVG, 2. Aufl. 2016, Vor §§ 6, 7 Rn. 3 (konkrete Handlungsempfehlung); *Rübben,* Die Pflichten von Internetportalen beim Vertrieb von Versicherungsprodukten im Lichte der Europäischen Gesetzgebung, 2018, S. 17.

rungsvertrieb (IDD),[5] die unter Beratung die „Abgabe einer persönlichen Empfehlung an einen Kunden" versteht (s. nur: Art. 2 Nr. 15 IDD). Ein *Robo Advisor* ist also ein Algorithmus, der dem Kunden im Rahmen einer automatisierten Beratungsstrecke ein konkretes, angeblich oder tatsächlich für ihn geeignetes oder sogar maßgeschneidertes, auf seine Person abgestimmtes Versicherungsprodukt empfiehlt. Das entspricht *grosso modo* der Definition im Kapitalmarktrecht: Dort versteht man unter *Robo Advice* die digitalisierte und automatisierte oder sogar autonome Vermögensberatung und -verwaltung durch ein Computerprogramm.[6] Um eine Anlageberatung handelt es sich, sofern der Kunde davon ausgeht oder ausgehen darf, dass die Anlageempfehlung auf einer Prüfung seiner persönlichen Umstände basiert und die empfohlenen Kapitalanlagen speziell auf seine Bedürfnisse abgestimmt sind.[7]

Die Empfehlung des *Robo Advisor* kann, muss aber nicht auf künstlicher Intelligenz beruhen. Die BaFin versteht unter künstlicher Intelligenz die Kombination von großen Datenmengen, Rechen-Ressourcen und maschinellem Lernen.[8] Beim maschinellen Lernen wird Computern auf der Basis spezieller Algorithmen die Fähigkeit verliehen, aus Daten und Erfahrungen zu lernen.[9] Im Unterschied zu regelbasierten Verfahren erfolgt dieses Lernen ohne dass der Programmierer bzw. die Programmiererin vorgibt, welche Ergebnisse aus bestimmten Datenkonstellationen wie abzuleiten sind.[10] Bisher greifen *Robo Advisor* im virtuellen Versicherungsvertrieb (soweit erkennbar) allenfalls ansatzweise auf künstliche Intelligenz zurück: Komplexe selbstlernende Systeme, die die Beratung auf der Basis neuronaler Netze[11] ständig optimieren *(Deep Learning)* fehlen bisher; auch kooperative künstliche Intelligenz[12] spielt noch keine Rolle.[13] Hinter *Robo Advice* verbergen sich stattdessen oft einfachere Programme, die einen von den Entwicklern vorgegebenen, regelbasierten Entscheidungsbaum abbilden; sie nutzen bestimmte Werkzeuge text-, bild- und tonbasierter virtueller Kommunikation (*mouse-over, pop-up*-Fenster, Erklärungsvideos usw.) und führen den Kunden durch einen vorher festgelegten, mehrstufigen Entscheidungsprozess (sog. Beratungsstrecke). Es geht also um eine automatisierte, nicht aber um eine autonome Beratungssoftware, die den Kunden Schritt für Schritt zu dem Produkt führt, das ihm – im Idealfall – am besten entspricht. Kommen *Chatbots* zum Einsatz, liegt uU zwar im Hinblick auf Spracherkennung und Sprache künstliche Intelligenz vor *(natural language processing);*[14] es

---

[5] Richtlinie (EU) 2016/97 des Europäischen Parlaments und des Rates v. 20.1.2016 über Versicherungsvertrieb (Neufassung), ABl. EU Nr. L 26 v. 2.2.2016, S. 19 (Insurance Distribution Directive [IDD]).

[6] *Wagner/Luyken,* Haftung für Robo Advice, FS Windbichler, 2021, 155 mwN.

[7] *Wagner/Luyken,* Haftung für Robo Advice, FS Windbichler, 2021, 158f. mwN.

[8] *BaFin,* BDKI, S. 3; ausführlicher zum KI-Begriff: *Konertz/Schönhof,* Das technische Phänomen „Künstliche Intelligenz" im allgemeinen Zivilrecht, 2020, passim.

[9] *BaFin,* BDKI, S. 3.

[10] Ähnlich: *BaFin,* BDKI, S. 3.

[11] Dazu: *Mikolajick,* Neuromorph, Frankfurter Allgemeine Zeitung v. 11.10.2021 (Nr. 236), S. 18.

[12] Dazu: *Graepel,* Jetzt wird die Künstliche Intelligenz vom Rivalen zum Mitstreiter, Frankfurter Allgemeine Zeitung v. 23.8.2021 (Nr. 194), S. 18.

[13] *Linardatos* in Linardatos, Rechtshandbuch Robo Advice, 2020, § 1 Rn. 36 und Rn. 46.

[14] Dazu auch: *Linardatos* in Linardatos, Rechtshandbuch Robo Advice, 2020, § 1 Rn. 46.

bleibt aber (bis auf weiteres) dabei, dass die eigentlichen Beratungsinhalte (nur) standardisiert und automatisiert sind. Daraus folgt, dass sich bestimmte Fragen wie die Frage, ob und inwieweit ein Versicherer für (angebliche) Beratungsfehler *autonomer* KI-Systeme[15] haftet, deren Empfehlungen auf *Data Mining* und *Deep Learning* beruhen und uU gar nicht im Einzelnen nachvollziehbar sind, vorläufig noch nicht stellen.

Bleibt der Hinweis, dass Beratungsstrecken in der Praxis auch und vor allem dem Produktabsatz dienen.[16] Textbausteine wie bspw. „Persönliche Top Tarife finden“[17] sollen erkennbar den Verkauf fördern (Marketing) und nicht die Beratung optimieren. Das Spannungsverhältnis zwischen dem berechtigten Vertriebsinteresse der Versicherer bzw. Versicherungsvermittler und ihrer Pflicht zu einer Beratung im bestmöglichen Interesse des Kunden (§§ 1a Abs. 1, 59 Abs. 1 S. 2 VVG) schlägt sich also auch in der Konfiguration virtueller Beratungsstrecken nieder.

II. Rechtliche Rahmenbedingungen

Die rechtlichen Rahmenbedingungen für den Einsatz eines *Robo Advisor* richten sich u. a. danach, wer die Beratungsstrecke in welchem geschäftlichen Umfeld betreibt; sie sind statusabhängig (s. nur § 60 Abs. 1 VVG),[18] hängen also auch davon ab, ob es um Direktvertrieb oder um Versicherungsvermittlung geht. Der Einfachheit halber gehe ich hier von einem Versicherer aus, der einen *Robo Advisor* im Direktvertrieb über das Internet einsetzt.

1. Zulässigkeit

Die Frage, ob ein Versicherer *Robo Advisor* einsetzen darf, um seine anlassbezogene Beratungspflicht gem. § 6 Abs. 1 VVG zu erfüllen, ist im Grunde geklärt. Die Richtlinie über Versicherungsvertrieb spricht dafür, weil Art. 2 Abs. 1 Nr. 1 den *online*-Vertrieb über die *Website* eines Vergleichsportals ausdrücklich in den Begriff des Versicherungsvertriebs einbezieht[19] und weil Art. 23 Abs. 2 auch die Erteilung von Auskünften via *Website* ermöglicht.[20] Das ist Indiz dafür, dass die IDD auch algorithmenbasierte Beratungsstrecken als Bausteine des *online*-Vertriebs nicht ausschließt. Dementsprechend geht auch die von EIOPA eingesetzte *Expert Group on Digital Ethics in Insurance* wie selbstverständlich von der Existenz der *Robo Advisor* aus und verlangt lediglich ein faires und transparentes Design.[21] Nach Art. 20

[15] Dazu zuletzt: *Linke* RDi 2021, 400, 401.

[16] Dazu auch: *Linardatos* in Linardatos, Rechtshandbuch Robo Advice, 2020, § 1 Rn. 46 mit dem Hinweis auf den werbenden Charakter von *Robo Advice* im Versicherungssektor.

[17] https://moneymeets.com/

[18] *Waldkirch* in Linardatos, Rechtshandbuch Robo Advice, 2020, § 19 Rn. 21.

[19] Siehe auch: Erwägungsgrund 12.

[20] Siehe auch: Erwägungsgrund 50.

[21] *EIOPA,* Artificial Intelligence Governance Principles: Towards Ethical and Trustworthy Artificial Intelligence in the European Insurance Sector, A report from EIOPA's Consultative Expert Group on Digital Ethics in Insurance, 2021, S. 28, 45, passim.

Abs. 1 und Art. 2 Nr. 15 IDD[22] setzt eine Beratung allerdings eine *persönliche* Empfehlung voraus.[23] Daraus könnte man ableiten, dass eine Beratung nur „durch eine Person erfolgen" kann, „die eine individuelle Bewertung einer Kundensituation auf der Basis eigener Einstellungen, Werte und Erfahrung vornimmt".[24] Das träfe jedoch *nicht* zu: Persönliche Empfehlung ist nicht iS von „Empfehlung durch eine (natürliche) Person" gemeint, sondern i. S. von „auf eine bestimmte (natürliche oder juristische) Person bezogen".[25] Das ergibt sich aus den Erwägungsgründen u. a. in englischer, französischer und spanischer Fassung: *Waldkirch* hat bereits darauf hingewiesen, dass die IDD von *„personalized recommendation"* spreche[26] und damit klar zum Ausdruck bringe, dass es auf die Personalisierung der Empfehlung und nicht auf die Person des Empfehlenden ankomme.[27] Damit steht fest, dass Art. 20 Abs. 1 und Art. 2 Nr. 15 IDD einer algorithmenbasierten Beratung nicht entgegenstehen: Der Kunde hat kein Recht auf eine Beratung durch eine Person,[28] sondern auf eine Beratung, die auf seine Person abgestimmt ist.

Rechtspolitisch gesehen könnte man eine algorithmenbasierte Beratung verbieten, wenn sie den Kunden – im Vergleich zu der Beratung durch einen Menschen – unvermeidlich benachteiligte. Davon kann jedoch keine Rede sein. Bei algorithmenbasierten Empfehlungen steht und fällt die Beratungsqualität mit dem verwendeten Code: Eine qualitativ hochwertige Beratungssoftware, bspw. ein lernfähiger *Chatbot,* könnte einem menschlichen Berater auf Dauer sogar überlegen sein: Er könnte ausführlich, einheitlich, neutral und sachlich beraten – ohne dass individuelle (Provisions-)Interessen oder andere Interessenkonflikte das Beratungsergebnis beeinflussten. Er könnte eine automatische Dokumentation des Beratungsgesprächs gewährleisten, so dass später keine Beweisprobleme entstehen. Er könnte so auch auf Dauer die Prüfung der Plausibilität der Beratung ermöglichen. Er könnte die Prozess- und damit auch die Produktkosten für den Kunden senken – und eine Beratung bei Produkten mit geringem Prämienaufkommen überhaupt erst wirtschaftlich möglich machen.[29] Und er könnte die Beratungsqualität uU spürbar erhöhen, weil er die Bedürfnisse des Kunden aufgrund von *Data Mining* im *IoT*-Umfeld und in sozialen Medien (*Facebook* & Co.) sogar besser kennt als der Kunde selbst.[30]

---

[22] In Art. 20 Abs. 1 IDD heißt es: „Erfolgt vor Abschluss eines spezifischen Vertrags eine Beratung, richtet der Versicherungsvertreiber eine persönliche Empfehlung an den Kunden, in der erläutert wird, warum ein bestimmtes Produkt den Wünschen und Bedürfnissen des Kunden am besten entspricht."

[23] Ebenso: Erwägungsgrund 45.

[24] Siehe *Beenken* r+s 2017, 617, 619.

[25] *Waldkirch* in Linardatos, Rechtshandbuch Robo Advice, 2020. Das sieht wohl auch *Beenken* (r+s 2017, 617, 619) so, der jedoch davon ausgeht, dass ein Angebot nach Rechenregeln keine individuelle Beratung sein kann.

[26] Erwägungsgrund 45; im Französischen: *„recommandation personnalisée";* im Spanischen: „recomendación personalizada".

[27] *Waldkirch* in Linardatos, Rechtshandbuch Robo Advice, 2020, § 19 Rn. 11.

[28] *Waldkirch* in Linardatos, Rechtshandbuch Robo Advice, 2020, § 19 Rn. 12.

[29] *EIOPA,* European Commission's Digital Finance Strategy consultation – EIOPA draft response, 22.6.2020, Q2, S. 3.

[30] Dazu: *Ebers* in Ebers/Navas, Algorithms and Law, 2020, S. 37, 71, im Hinblick auf „Behavioural Microtargeting".

2. Kontrolle

Der BaFin hat im Rahmen der Rechtsaufsicht gem. § 294 Abs. 2 VAG „auf die Einhaltung der Gesetze" (Satz 2), dh u. a. auch auf die Einhaltung der §§ 1a, 6 VVG zu achten. Bei der Kontrolle von *Robo Advice* kommt ihr eine Schlüsselrolle zu, weil der Einsatz von Algorithmen die Beratung so vereinheitlicht, dass ein (hypothetischer) Fehler nicht nur einen Einzelfall, sondern das Kollektiv betrifft und so – wie *Schäfers* und *Waldkirch* bereits herausgearbeitet haben[31] – die BaFin auf den Plan ruft, die gerade für die kollektiven Belange der Versicherten (§ 294 Abs. 2 S. 2 VAG)[32] und den kollektiven Verbraucherschutz (§ 4 Abs. 1a FinDAG) zuständig ist.[33]

Die BaFin ist allerdings nicht befugt, den Einsatz algorithmenbasierter Beratungsstrecken generell an eine vorherige Erlaubnis zu binden. *Schäfers* hat mit Recht darauf hingewiesen, dass auch § 298 Abs. 1 VAG keine Rechtsgrundlage für eine solche hoheitliche Präventivkontrolle beinhaltet.[34] Dort heißt es zwar, dass die Aufsichtsbehörde u. a. gegenüber Erstversicherungsunternehmen „alle Maßnahmen ergreifen kann, die geeignet und erforderlich sind, um Missstände zu vermeiden oder zu beseitigen" (Satz 1), so dass die BaFin im Rahmen der Rechts- und Finanzaufsicht grundsätzlich auch präventiv agieren kann. Präventive Maßnahmen kommen jedoch nur bei einer konkreten Gefahr in Betracht:[35] Die BaFin kann nur eingreifen, wenn die Beeinträchtigung der Belange der Versicherten oder der Stabilität des Finanzsystems (s. §§ 298 Abs. 1 S. 2, 294 Abs. 2 VAG) hinreichend wahrscheinlich ist. Dafür reicht die Nutzung eines Beratungsalgorithmus als solche nicht aus. Die BaFin selbst betont ebenfalls, dass sie algorithmenbasierte Entscheidungsprozesse nicht generell billige, sondern nur risikoorientiert und anlassbezogen prüfe und ggf. beanstande.[36] Das heißt aber nicht, dass die BaFin nur nachträglich reagiert: sie verlangt u. a., dass IT-Systeme „vor ihrer Übernahme in den produktiven Betrieb [generell] zu testen und [intern] ... abzunehmen sind".[37] Das gilt auch für den Einsatz eines *Robo Advisor*. Davon abgesehen kann die BaFin jederzeit Auskunft über die Funktionsweise eines als *Robo Advisor* eingesetzten Algorithmus verlangen (s. § 305 Abs. 1 Nr. 1 VAG) – und intervenieren, wenn sie bei der Prüfung auf irrationale Empfehlungsmuster und potentielle Beratungsfehler stößt.[38] Die BaFin hat außerdem eine Reihe von Prinzipien im Sinne „vorläufige[r] Überlegungen zu

---

[31] *Schäfers* in Linardatos, Rechtshandbuch Robo Advice, 2020, § 20 Rn. 62; *Waldkirch* in Linardatos, Rechtshandbuch Robo Advice, 2020, § 19 Rn. 20.

[32] Dazu: BVerwG VersR 2021, 1215, Rn. 19ff.

[33] Dazu: *Brand* in Brand/Baroch Castellvi, VAG, 2018, § 294 Rn. 10; s. auch: *Bähr* in Kaulbach/Bähr/Pohlmann, VAG, 6. Aufl. 2019, § 294 Rn. 23.

[34] *Schäfers*, Robo Advice im Versicherungsvertrieb – Aufsichtsrechtliche Fragen, Vortrag vor dem Fachkreis Versicherungsrecht des DVfVW am 29. 9. 2021, Folie 5, noch nicht veröffentlicht.

[35] *Brand* in Brand/Baroch Castellvi (Hrsg.), VAG, 2018, § 298 Rn. 15; ebenso: *Bähr* in Kaulbach/Bähr/Pohlmann, VAG, 6. Aufl. 2019, § 298 Rn. 8.

[36] *BaFin*, BDKI, S.5.

[37] *BaFin*, Versicherungsaufsichtliche Anforderungen an die IT (VAIT), Rundschreiben 10/2018 (VA) in der Fassung vom 20. 3. 2019, Rn. 43.

[38] *Schäfers* in Linardatos, Rechtshandbuch Robo Advice, 2020, § 20 Rn. 24 und 46 (zur Einordnung maschineller Beratung als Geschäftsangelegenheit iS von § 305 Abs. 1 Nr. 1 VAG).

aufsichtsrechtlichen Mindestanforderungen" identifiziert,[39] die ein beaufsichtigtes Unternehmen bei der Entwicklung und Anwendung von Algorithmen zu beachten haben soll. Dazu gehört u. a. die Festlegung, dass die Geschäftsleitung „für die unternehmensweiten Strategien ... zum Einsatz von algorithmenbasierten Entscheidungsprozessen" verantwortlich ist, entsprechende Berichtslinien und -formate einrichten und ein adäquates Risikomanagement etablieren muss.[40] Ein *Bias,* dh eine systematische Verzerrung von Ergebnissen, ist zu vermeiden, gesetzlich untersagte Differenzierungen sind auszuschließen.[41] Das gilt unabhängig davon, ob der Versicherer den Beratungsprozess lediglich automatisiert oder ob er ihn einem autonomen KI-System überlässt; so oder so ist bspw. sicherzustellen, dass Entscheidungsoptionen und Produktempfehlungen nicht mit einer Diskriminierung einhergehen – so, wie sie der EuGH u. a. bei geschlechtsabhängigen Tarifen in der Krankenversicherung angenommen hat.[42]

Denkbar ist, dass ein Versicherer die algorithmenbasierte Beratungsstrecke nicht selbst entwickelt und betreibt, sondern einen Dritten wie bspw. ein *InsurTech* mit Entwicklung und Betrieb beauftragt. Darin läge aufsichtsrechtlich gesehen ein Fall der Ausgliederung iS von § 7 Nr. 2 VAG, dh eine Vereinbarung zwischen dem Versicherungsunternehmen und dem *InsurTech,* auf Grund derer das *InsurTech* als Dienstleister eine Dienstleistung erbringt, die – wie der virtuelle Direktvertrieb – ansonsten (als versicherungstypische Tätigkeit)[43] vom Versicherungsunternehmen selbst erbracht werden würde.[44] Ein Versicherungsunternehmen, das Versicherungstätigkeiten ausgliedert, bleibt für die Erfüllung aller aufsichtsrechtlichen Vorschriften und Anforderungen verantwortlich (§ 32 Abs. 1 VAG); es muss vorab eine Risikoanalyse durchführen[45] und die Absicht, den *online*-Vertrieb von Versicherungen auszugliedern, unter Vorlage des Vertragsentwurfs unverzüglich anzeigen (§ 47 Nr. 8 VAG).

3. *Zuverlässigkeit?*

Nach § 48 Abs. 2 S. 1 VAG müssen Versicherungsunternehmen u. a. sicherstellen, dass „ihre unmittelbar oder maßgeblich am Versicherungsvertrieb beteiligten Angestellten zuverlässig" sind. *Diekmann* hat mit Blick auf die Parallelvorschrift in § 87 Abs. 1 S. 1 WpHG[46] vorgeschlagen, dieses Kriterium auch auf *Robo Advisor* anzu-

[39] *BaFin,* BDKI, S. 5.

[40] *BaFin,* BDKI, S. 6f.

[41] *BaFin,* BDKI, S. 6f.

[42] EuGH Urt. v. 1.3.2011 – C-236/09, VersR 2011, 377 – Test Achats.

[43] Siehe: *BaFin,* Rundschreiben R 2/2017 (VA), Aufsichtsrechtliche Mindestanforderungen an die Geschäftsorganisation von Versicherungsunternehmen (MaGo), Rn. 238; vertiefend: *Bierschenk* in Krimphove/Kruse, MaGo, 2018, Kap. 13.1, Rn. 6ff.

[44] Ebenso wie hier: *Schäfers* in Linardatos, Rechtshandbuch Robo Advice, 2020, § 20 Rn. 38. Zu den Parallelfragen bei der Auslagerung von *Robo Advice* im Bank- und Kapitalmarktrecht: *Seip/Schlösser-Rost* in Linardatos, Rechtshandbuch Robo Advice, 2020, § 18 Rn. 29ff.

[45] *BaFin,* VAIT, Rn. 65.

[46] In § 87 Abs. 1 S. 1 WPHG heißt es: „Ein Wertpapierdienstleistungsunternehmen darf einen Mitarbeiter nur dann mit der Anlageberatung betrauen, wenn dieser sachkundig ist und über die für die Tätigkeit erforderliche Zuverlässigkeit verfügt."

wenden.[47] Der *Robo Advisor* solle als Mitarbeiter in der Anlageberatung (siehe § 2 Abs. 8 S. 1 Nr. 10 WpHG) behandelt werden,[48] so dass er eben auch zuverlässig sein müsse.[49] Dem ist jedoch nicht zu folgen. Ein Programm kann nicht zuverlässig, d. h. charakterlich geeignet oder ungeeignet sein;[50] schon aufgrund des Rückschlusses von der Begehung bestimmter Straftaten auf die Unzuverlässigkeit des Täters[51] verbietet sich – auch im Bank- und Kapitalmarktrecht (s. § 6 WpHG-MaAnzV)[52] – eine Anwendung auf Algorithmen. *Diekmann* will dieses Problem entschärfen, in dem er den Roboter (etymologisch) als „Maschinenmensch" und „Fronarbeiter" und damit als möglichen Mitarbeiter qualifiziert[53] und die charakterliche Eignung i. S. konsequenten Handelns im bestmöglichen Interesse des Kunden versteht (s. §§ 63 Abs. 1 WpHG, 1a Abs. 1 VVG).[54] Der auf Mitarbeiter als natürliche Rechts*subjekte* zugeschnittene Begriff der Zuverlässigkeit ist jedoch nicht auf einen Algorithmus als Rechts*objekt* anwendbar.[55] Davon abgesehen ist Regelungsadressat des § 1a Abs. 1 VVG der Versicherer: Er ist für den Betrieb der algorithmenbasierten Beratungsstrecke verantwortlich und muss sicherstellen, dass sie sich am bestmöglichen Interesse des Versicherungsnehmers orientiert. Eine Einschreibung über § 48 Abs. 2 VAG analog und das Kriterium der Zuverlässigkeit des Algorithmus käme nur in Betracht, wenn eine Regelungslücke, d. h. eine planwidrige Unvollständigkeit des Gesetzes *(Elze)* vorliegen sollte. Das ist aber nicht der Fall: Die BaFin kann gem. §§ 294 Abs. 2 S. 2, 298 Abs. 1 VAG gegen Beratungsstrecken einschreiten, die das bestmögliche Interesse des Kunden vernachlässigen, ohne dass dafür ein Verstoß gegen § 48 Abs. 2 VAG vorliegen müsste.[56] Hinzukommt, dass § 48 Abs. 2 VAG ohne weiteres auf die Mitarbeiter anwendbar ist, die operativ für den Betrieb des *Robo Advisors* zuständig sind – sie sind im Sinne von Satz 1 „maßgeblich am Versicherungsvertrieb beteiligt" und können unproblematisch (iS persönlicher Eignung) zuverlässig oder unzuverlässig sein.

---

[47] *Diekmann* in Linardatos, Rechtshandbuch Robo Advice, 2020, § 8 Rn. 45.

[48] *Diekmann* in Linardatos, Rechtshandbuch Robo Advice, 2020, § 8 Rn. 29 ff.

[49] *Diekmann* in Linardatos, Rechtshandbuch Robo Advice, 2020, § 8 Rn. 29 ff.

[50] Zur Zuverlässigkeit iS charakterlicher Eignung: *Möllers* in Hirte/Möllers, Kölner Kommentar zum WpHG, 2. Aufl. 2014, § 34d Rn. 42.

[51] Dazu *Bähr* in Kaulbach/Bähr/Pohlmann, VAG, 6. Aufl. 2019, § 48 Rn. 10; *Boslak* in Brand/Baroch Castellvi, VAG, 2018, § 48 Rn. 36 f.

[52] Dort heißt es auszugsweise: „Die erforderliche Zuverlässigkeit nach § 87 Abs. 1 Satz 1 … WpHG hat in der Regel nicht, wer in den letzten fünf Jahren vor Beginn der Tätigkeit wegen eines Verbrechens oder wegen Diebstahls, Unterschlagung, Erpressung, Betruges, Untreue, [usw.] … rechtskräftig verurteilt worden ist."

[53] *Diekmann* in Linardatos, Rechtshandbuch Robo Advice, 2020, § 8 Rn. 25 f.

[54] *Diekmann* in Linardatos, Rechtshandbuch Robo Advice, 2020, § 8 Rn. 15, 17, 31.

[55] Ob der Gesetzgeber autonome Maschinen mittel- oder langfristig als „artifizielle Rechtssubjekte" in Form einer e-Person oder einer Blockchain-basierten synthetischen Organisation anerkennt (siehe *Linardatos,* Autonome und vernetzte Aktanten im Zivilrecht, 2021, S. 581 f.) bzw. anerkennen sollte, steht in den Sternen.

[56] Dafür aber: *Diekmann* in Linardatos, Rechtshandbuch Robo Advice, 2020, § 8 Rn. 37, der offenbar davon ausgeht, dass die BaFin den Einsatz eines nicht auf das bestmögliche Interesse des Kunden programmierten Algorithmus nur untersagen könnte, wenn man § 87 Abs. 1 WpHG analog anwendet und den Algorithmus für unzuverlässig hält.

4. *Transparenz*

Interaktive Beratungsstrecken werfen insb. beim Einsatz von *Chatbots* die Frage auf, ob der Versicherer verpflichtet ist, potentielle Kunden darüber aufzuklären, dass sie nicht mit einem menschlichen Berater, sondern mit einem Programm kommunizieren. *Waldkirch* lehnt eine Aufklärungspflicht aus Treu und Glauben (§ 242 BGB) ab, weil eine (rechtmäßige) maschinelle Beratung die Interessen des Versicherungsnehmers nicht gefährde und weil der Einsatz eines Algorithmus keinen Einfluss auf seine Entscheidung habe.[57] Dem ist jedoch nicht zu folgen: Bei Inanspruchnahme einer Beratung verlässt sich der Beratene grundsätzlich auf die Integrität, Professionalität und Loyalität des Beraters; er investiert Vertrauen, er verlässt sich ggf. auf ein gewisses Maß an Empathie, und er wird der Empfehlung nur folgen, wenn er den Berater für seriös hält. Daher muss der Kunde schon aufgrund der in Art. 2 Abs. 1 GG gewährleisteten Privatautonomie[58] das Recht haben, selbstbestimmt darüber zu entscheiden, ob er sich einem Programm anvertrauen und ggf. sogar eine „emotionale Beziehung" *(Lauterjung)* zu einem *Chatbot* aufbauen will oder nicht;[59] von diesem Recht kann er nur Gebrauch machen, wenn er eindeutig, klar und verständlich informiert wird. Die Pflicht des Versicherers, über die nichtmenschliche Identität des Beraters aufzuklären, lässt sich im Lichte der mittelbaren Drittwirkung der Grundrechte[60] also ohne weiteres aus § 242 BGB (Treu und Glauben) ableiten.

Parallel dazu könnte man auch an die Integritätspflicht aus § 1a Abs. 1 S. 1 VVG anknüpfen: Der Versicherer hat – u.a. bei einer Beratung (§ 1a Abs. 1 S. 2 Nr. 1 VVG) – stets ehrlich, redlich und professionell im bestmöglichem Interesse der Versicherungsnehmer zu handeln.[61] Ehrlichkeit und Redlichkeit bedeuten, dass der Versicherer eine Beratungsstrecke nicht so aufsetzen darf, dass es zu absehbaren Missverständnissen kommt: *Chatbots* imitieren menschliche Kommunikation *(Natural Language Processing I Generation)*[62], um ein möglichst flüssiges, gewissermaßen natürliches Gespräch mit dem Kunden führen zu können. Der *Turing-Test* misst die Leistungsfähigkeit solcher Programme sogar daran, ob ein menschliches Gegenüber erkennt, dass er oder sie sich mit einem Computer unterhält – oder nicht.[63] Der Kunde soll also den Eindruck gewinnen, er tausche sich mit einem realen (menschlichen) Gesprächspartner aus. Dieses (mögliche) Missverständnis

[57] *Waldkirch* in Linardatos, Rechtshandbuch Robo Advice, 2020, § 19 Rn. 18.

[58] BVerfG 2005.

[59] Siehe: *Lauterjung* in Buchkremer/Heupel/Koch, Künstliche Intelligenz in Wirtschaft & Gesellschaft, 2020, S. 267. Ebenso wie hier: *Schwarz* in Linardatos, Rechtshandbuch Robo Advice, 2020, § 7 Rn. 64 und 65.

[60] Dazu: BVerfG NJW 2020, 300; s. auch: *Grüneberg* in Palandt, BGB, 80. Aufl. 2021, § 242 Rn. 8.

[61] Dazu ausführlich: *Brömmelmeyer* VersR 2021, 805.

[62] Dazu: *Buchkremer* in Buchkremer/Heupel/Koch, Künstliche Intelligenz in Wirtschaft & Gesellschaft, 2020, S. 30f.

[63] *Turing,* Computing Machinery and Intelligence, MIND, Vol. LIX, 1950, S. 433ff. Dazu u.a.: *Epstein,* The Quest for the Thinking Computer, in Epstein/Roberts/Beber, Parsing the Turing Test, 2009, S. 3; *Rotermund,* Künstliche Intelligenz aus staatlicher Perspektive – Rechtliche Herausforderungen und Chancen, 2021, S. 22f.

muss der Versicherer zu Beginn des Beratungsgesprächs gezielt ausräumen und darauf hinweisen, dass dem nicht so ist. Denkbar wäre bspw. ein *Caveat* iS von: „Bitte beachten Sie, dass Sie sich hier mit einem *Chatbot,* d. h. mit einem Computerprogramm unterhalten, das die Empfehlung am Ende dieses Beratungsgesprächs rechnerisch ermittelt.

Ergänzend ist darauf hinzuweisen, dass sich eine Informationspflicht auch aus dem Datenschutzrecht ergibt (siehe Art. 13 Abs. 2f) DSGVO) und dass sie den Empfehlungen der ESMA entspricht, die sich in ihren Leitlinien bereits zum Thema *Robo Advice* bei Finanzdienstleistungen geäußert hat:[64] Um mögliche Lücken im Verständnis der Kunden bzgl. der durch *Robo Advice* erbrachten Dienstleistungen zu schließen, sollten die Firmen den Kunden „eine sehr klare Erläuterung" zukommen lassen, „in welchem Maße und Umfang menschliche Mitarbeiter einbezogen sind und ob und ggf. wie der Kunde Betreuung durch einen menschlichen Mitarbeiter erhalten kann".[65] Parallel dazu hat EIOPA vor kurzem den Bericht über *Artificial Intelligence Governance Principles* veröffentlicht, [66] in dem die *Expert Group on Digital Ethics* dafür wirbt, dass der Versicherer die Verbraucher beim Einsatz eines *Chatbots* darüber informiert, (1.) dass sie mit einem KI-System interagieren und (2.) ob und inwieweit sie alternativ auch eine Beratung durch einen Menschen in Anspruch nehmen könnten.[67]

III. Beratungspflicht

Eine generelle Beratungspflicht besteht auch beim algorithmenbasierten und automatisierten *online*-Vertrieb von Versicherungen nicht; es bleibt vielmehr bei der anlassbezogenen Beratungspflicht[68] gem. § 6 Abs. 1 VVG und der Möglichkeit des Beratungsverzichts durch gesonderte Erklärung in Textform gem. § 6 Abs. 3 VVG. Der Internetvertrieb kann also auch als *execution-only* konfiguriert werden. Dabei ist jedoch zu berücksichtigten, dass ein interaktiver Dialog, der den (potentiellen) Kunden über Fragen und Antworten zu einem bestimmten Produkt führt, unabhängig von der Frage des Beratungsanlasses im Regelfall eine Beratung beinhaltet: Der *Robo Advisor* generiert Informationen – sei es durch den Dialog (s. oben), sei es durch *Data Mining* –, er wertet diese Informationen aus und empfiehlt dem Kunden auf dieser Basis ein bestimmtes Produkt. Daraus folgt im Lichte der st. BGH-Rspr., dass in der Bereitstellung und der Inanspruchnahme der interaktiven Beratungsstrecke zugleich der (konkludente) Abschluss eines Beratungsvertrags liegt:[69]

---

[64] *ESMA,* Leitlinien zu einigen Aspekten der MiFID II-Anforderungen an die Eignung, 06/11/2018, ESMA35-43-1163 DE, Rn. 20. Dazu vertiefend: *Lins* BKR 2020, 181, 184.

[65] *ESMA* (Fn. 64).

[66] *EIOPA,* Artificial Intelligence Governance Principles: Towards Ethical and Trustworthy Artificial Intelligence in the European Insurance Sector, A report from EIOPA's Consultative Expert Group on Digital Ethics in Insurance, 2021.

[67] *EIOPA* (Fn. 66), S. 8, 40, 45.

[68] Dazu exemplarisch: *Schwintowski* in Bruck/Möller, VVG, 10. Aufl. 2021, § 6 Rn. 18.

[69] Dazu allgemein: *Sprau* in Palandt, BGB, 80. Aufl. 2021, § 675 Rn. 36; spezifisch im Hinblick auf *Robo Advisor: Rosenkranz* in Linardatos, Rechtshandbuch Robo Advice, 2020, § 2 Rn. 67f.

Der Betreiber des *Robo Advisors* verfügt über besondere Sachkunde und verfolgt ein eigenes wirtschaftliches Interesse;[70] er weiß, dass die Risikoabsicherung für den (potentiellen) Kunden von erheblicher Bedeutung ist und dass der Kunde auf der Basis der Empfehlung eine wichtige Entscheidung über seine individuelle Risikovorsorge trifft.[71] Für mögliche Mängel der Beratungsstrecke ist der Versicherer also auch dann verantwortlich, wenn an sich kein Beratungsanlass bestand; mangels Beratungsanlasses haftet er ggf. zwar nicht gem. § 6 Abs. 5 VVG auf Schadensersatz – dafür aber gem. § 280 Abs. 1 BGB iVm dem konkludenten Beratungsvertrag. Daran ändert auch ein ggf. am Ende der Beratungsstrecke eingefügter Beratungsverzicht nichts; er wäre widersprüchlich und aus diesem Grunde unwirksam *(protestatio facto contraria noch valet)*[72].

IV. Beratungsinhalte und -maßstäbe

Im Hinblick auf die Beratungsinhalte und -maßstäbe bedarf es einer offenen Diskussion über skalierbare Beratungsstandards im *online*-Vertrieb, die sich bspw. an einer Finanzanalyse nach DIN-Normen (DIN 77230) orientieren könnten. Im Kern sollte es genau wie bei einer Beratung *offline* darum gehen, dass (1.) der Kunde auf der Basis einer individuellen, an seinem Erwartungsnutzen ausgerichteten Empfehlung eine informierte Entscheidung treffen kann, und dass (2.) der Versicherer dem Kunden das am besten geeignete Produkt mit dem besten Preis-/Leistungsverhältnis empfiehlt.[73]

1. Beratungsbedarf

Der Beratungsbedarf könnte erheblich zunehmen, wenn der algorithmenbasierte Internetvertrieb tatsächlich dazu führen sollte, dass die als Kombi-Produkt angebotene Jedermann-Versicherung auf individualisierte und dynamisierte Deckungskonzepte umgestellt wird *(Schwintowski)*:[74] Stellt der (potentielle) Kunde den Deckungsschutz über eine Basisabsicherung hinaus nach dem Baukastenprinzip selbst zusammen, muss er eine Reihe von Entscheidungen treffen; er muss nämlich darüber entscheiden, welche konkreten (Teil-)Risiken er zusätzlich absichern will. Dabei ist der Kunde im Regelfall auf Unterstützung angewiesen; steht bspw. eine Kfz-Reparaturkostenversicherung für einen gebrauchten *Peugeot* 308 im Raum, so ist die isolierte Frage, ob dem Kunden der Einschluss der Bremsanlage sehr wichtig, wichtig, weniger wichtig oder unwichtig ist, eher sinnlos, weil der Kunde ohne vertiefte Informationen über die Kosten des Einschlusses, die Kosten, die eine Reparatur der Bremsanlage im Durchschnitt verursacht, und die Eintrittswahrschein-

[70] Vgl. BGHZ 100, 117; BGH, NJW-RR 1992, 1011.
[71] Vgl. BGH NJW 1989, 2882; BGH ZIP 1999, 275.
[72] Ebenso wie hier: *Rosenkranz* in Linardatos, Rechtshandbuch Robo Advice, 2020, § 2 Rn. 89.
[73] Zum Erwartungsnutzen als Entscheidungsmaßstab: *Thaler*, Misbehaving – Was uns die Verhaltensökonomik über unsere Entscheidungen verrät, 2018, S. 47 ff., 52.
[74] *Schwintowski*, Das Konzept des internetbasierten Vertriebs für Jedermann-Versicherungen, in: Fuhrer/Kieser/Weber (Hrsg.), Mehrspuriger Schadenausgleich, 2022, S. 720.

lichkeit eines Schadens an den Bremsen gar nicht seriös entscheiden kann. In einem persönlichen Beratungsgespräch könnte er sich u. U. auf die praktischen Erfahrungen seines Beraters verlassen, während eine automatisierte Beratungsstrecke diese Möglichkeit substituieren könnte und müsste; so wäre bspw. vorstellbar, dass der Kunde durch ein *mouse-over* erfährt, dass der Einschluss der Bremsanlage zwar Mehrkosten in Höhe eines bestimmten Betrags nach sich zieht, dass die Bremsscheiben jedoch bei dem zu versichernden Peugeot 308 erfahrungsgemäß zu den größten Schwachstellen gehören.[75]

2. *Beratung mithilfe von Nudges*

Die *Expert Group on Digital Ethics* (s. oben) erwartet von Versicherungsunternehmen, die KI-Systeme einsetzen, das Entscheidungsverhalten der Verbraucher auf dem Boden der *Behavioural Economics* mithilfe sog. *Nudges* zu unterstützen.[76] Die *Behavioural Economics* gehen von der beschränkte Rationalität des Menschen aus,[77] der aufgrund sog. *biases* oft voreingenommen und daher anfällig für fehlerhafte Entscheidungen ist.[78] Der Mensch neigt u. a. dazu, die Häufigkeit bestimmter Ereignisse danach zu beurteilen, wie greifbar sie im Gedächtnis abgespeichert sind *(availability heuristics)*:[79] nach einer Naturkatastrophe steigt das Interesse an Elementarschadensversicherungen stark an; je mehr die Erinnerung an die Naturkatastrophe verblasst, desto stärker ebbt auch die Nachfrage nach einem entsprechenden Deckungsschutz wieder ab.[80] *Robo Advisor* sollen dem mithilfe von *Nudges* entgegenwirken. Unter *Nudging* versteht man eine Wahlarchitektur, die das Entscheidungsverhalten in absehbarer Form beeinflusst, ohne Entscheidungsmöglichkeiten auszuschießen oder ökonomische Anreize (spürbar) zu verändern.[81] Der Verbraucher soll „sanft" zu der „richtigen" Entscheidung gedrängt werden. Denkbar wäre bspw., dass ein *Robo Advisor,* der von dem (potentiellen) Kunden erfährt, wo sich das zu versichernde Gebäude befindet, aus den verfügbaren Daten über die lokale Flutgefahr ein hohes Risiko ermittelt und den entsprechenden Deckungsschutz als Voreinstellung *(Default)* wählt, so dass der Kunde den Hochwasserschutz nicht eigens zu wählen braucht, sondern eigens abwählen und sich bewusst gegen eine entsprechende Deckung entscheiden müsste. Die *Expert Group* erwartet aller-

---

[75] https://www.autobild.de/bilder/fiat-opel-oder-peugeot-schwachstellen-18434817.html#bild10.

[76] *EIOPA* (Fn. 66), S. 28.

[77] Paradigmatisch: *Jolls/Sunstein/Thaler,* Stanford Law Review 50 (1998), 1471, 1508ff.; vgl. auch: *Englerth* in Towfigh/Petersen, Ökonomische Methoden im Recht, 2. Aufl. 2017, S. 165, 173ff.

[78] Dazu: *Kahneman/Tversky,* Thinking, Fast and Slow, 2011, passim. Plastischer Überblick u. a. bei *Purnhagen/Reisch* ZEuP 2016, 629, 637f.

[79] *Tversky/Kahneman* in Kahneman/Slovic/Tversky, Judgment under uncertainty: Heuristics and biases, 1982, 11–14; *Thaler,* Misbehaving, 2018, S. 43f.; *Purnhagen/Reisch* ZEuP 2016, 629, 637f.

[80] *Kahneman/Tversky,* An Analysis of Decision under Risk, Econometrica 1979, 269; siehe auch: www.spiegel.de/wirtschaft/ahrtal-ueberflutung-hausbesitzer-suchen-nach-versicherungen-a-6ef323db-afd7-4171-834d-97b02d48616f zu der gestiegenen Nachfrage nach Elementarschadensversicherungen infolge des Hochwassers im Ahrtal.

[81] *Thaler/Sunstein,* Nudge. Improving decisions about health, wealth and happiness, 2008, S. 6.

dings Transparenz.[82] Tatsächlich geht es nicht darum, die Entscheidungen des Kunden versteckt zu manipulieren; es geht darum, eine sinnvolle Entscheidung (Hochwasserschutz ja oder nein) vorzuschlagen und ggf. zu begründen; auch hier wäre ein *mouse-over* („Warum Hochwasserschutz?“) denkbar, das dem Kunden mit dem Hinweis auf die objektive – anstelle der subjektiv gefühlten – Eintrittswahrscheinlichkeit eines Hochwasserschadens erklärt, warum er für das konkrete Gebäude einen entsprechenden Deckungsschutz wählen sollte – oder eben nicht.

3. Einheitliche Beratungsmaßstäbe?

Waldkirch hat sich unter Berufung auf das „erklärte Ziel der IDD, ... ein einheitliches Schutzniveau auf sämtlichen Vertriebskanälen zu erreichen“ (s. Erwägungsgrund 6), gegen einen vertriebswegspezifischen Umfang der Beratungspflichten ausgesprochen: Die Beratung im Fernabsatz und insb. *online* müsse sowohl in ihrer Intensität als auch in ihrer Qualität der analogen Beratung entsprechen; es gebe keinen *online*-Rabatt.[83] Dem ist grundsätzlich auch zu folgen. Klarzustellen ist aber, dass die IDD die Vertriebskanäle status- und nicht medienbezogen versteht – der Kunde soll unabhängig davon geschützt werden, ob er ein Versicherungsprodukt „direkt von einem Versicherungsunternehmen oder indirekt über einen Vermittler“ erwirbt[84] –, und dass die Richtlinie dieses Versprechen nicht einlöst, weil schon die Beratungsgrundlage statusabhängig variiert (s. nur Art. 20 Abs. 3 IDD). Im Hinblick auf die Beratungsintensität ist zudem zu berücksichtigen, dass bestimmte, im analogen Versicherungsvertrieb relevante Faktoren, beim *Robo Advisor* keine bzw. nur eine untergeordnete Rolle spielen: § 6 Abs. 1 VVG verpflichtet den Versicherer, den Versicherungsnehmer „auch unter Berücksichtigung eines angemessenen Verhältnisses zwischen Beratungsaufwand und der [...] zu zahlenden Prämien“ zu beraten. Dieser Faktor ist bei der Beratung durch einen *Robo Advisor* auch nach Meinung *Waldkirchs*[85] irrelevant, weil die Kosten der Beratung im konkreten Einzelfall zu vernachlässigen sind: Die Arbeitskosten und Auslagen, die *Armbrüster* im Rahmen von § 6 Abs. 1 VVG als Beratungsaufwand berücksichtigen will,[86] fallen gar nicht an, können die gebotene Beratungsintensität also auch nicht relativieren.

Davon abgesehen spricht viel dafür, dass analoge und algorithmenbasierte Beratung langfristig nicht über denselben Leisten geschlagen werden können. Steigt die Leistungsfähigkeit am Markt verfügbarer *Robo Advisor,* so steigen auch die berechtigten Erwartungen an die Dienstleistung: Kann der Algorithmus umfangreiche Datenbestände sofort und mühelos auswerten, um in einer Beratungssituation ein konkretes Risikoprofil zu ermitteln, so könnte das von einer professionellen Beratung im bestmöglichen Interesse des Kunden (§ 1a Abs. 1 VVG) auch zu erwarten sein. Diese Überlegung zeigt, dass es künftig nicht mehr darum gehen könnte, analoge Beratungsmaßstäbe im Fernabsatz zu relativieren, um den *online*

[82] *EIOPA* (Fn. 66), S. 28.
[83] *Waldkirch* in Linardatos, Rechtshandbuch Robo Advice, 2020, § 19 Rn. 25, u. a. unter Berufung auf *Armbrüster* r+s 2017, 57, 60.
[84] Erwägungsgrund 8.
[85] *Waldkirch* in Linardatos, Rechtshandbuch Robo Advice, 2020, § 19 Rn. 37.
[86] *Armbrüster* in MüKoVVG, 2. Aufl. 2016, § 6 Rn. 149.

Vertrieb von Versicherungen möglich zu machen,[87] sondern darum, übermenschliche Beratungsstandards festzulegen, die der Leistungsfähigkeit eines *state-of-the-art* konfigurierten *Robo Advisor* entsprechen.[88] Bei der Beurteilung einer Beratung wären die unterschiedlichen Stärken und Schwächen von menschlicher Beratung einerseits und *Robo Advice* andererseits also zu berücksichtigen. Das anwendbare Rechtsregime bliebe zwar dasselbe, so dass beide Beratungsmodelle u. a. sicherstellen müssten, dass die in § 6a Abs. 1 Nr. 2 bis 4 VVG geregelten Modalitäten der Auskunftserteilung – auf Papier (Nr. 1) oder elektronisch (Abs. 2) – erfüllt werden. Denkbar wäre aber, die unbestimmten Rechtsbegriffe, die sich auf die Beratungsqualität beziehen – bspw. die Professionalität der Beratung (§ 1a Abs. 1 S. 1 iVm S. 2 Nr. 1 VVG) – medienspezifisch zu konkretisieren.

V. Ergebnisse und Perspektiven

Unter *Robo Advisor* ist eine algorithmenbasierte und automatisierte Beratungsstrecke im virtuellen Versicherungsvertrieb zu verstehen, die dem individuellen Kunden ein bestimmtes, rechnerisch ermitteltes und (angeblich oder tatsächlich) geeignetes Produkt empfiehlt. Die Empfehlung kann, muss aber nicht auf künstlicher Intelligenz beruhen. Der Einsatz von *Robo Advice* ist rechtlich zulässig. Eine hoheitliche Präventivkontrolle des Algorithmus findet nicht statt. Die BaFin verlangt allerdings, dass IT-Systeme „vor ihrer Übernahme in den produktiven Betrieb [generell] zu testen und [intern] … abzunehmen sind“. Die BaFin kann zudem jederzeit Auskunft über den Algorithmus verlangen (§ 305 Abs. 1 VAG) und einschreiten, wenn sie (vor-)programmierte Beratungsfehler entdeckt (§§ 294, 298 VVG). Ein Algorithmus kann nicht im gewerberechtlichen Sinne zuverlässig sein, so dass § 48 Abs. 1 VAG nicht (auch nicht analog) auf *Robo Advisor* anwendbar ist.

Der Versicherer ist gem. § 242 BGB bzw. § 1a Abs. 1 VVG verpflichtet, Kunden ggf. darüber aufzuklären, dass sie nicht mit einem menschlichen Berater, sondern mit einem Programm kommunizieren. Der Kunde muss schon aufgrund der in Art. 2 Abs. 1 GG gewährleisteten Privatautonomie das Recht haben, selbstbestimmt darüber zu entscheiden, ob er sich einem *Robo Advisor* anvertrauen will oder nicht. In der Bereitstellung und der Inanspruchnahme eines *Robo Advisor* liegt im Regelfall zugleich der (konkludente) Abschluss eines Beratungsvertrags. Die Beratung selbst kann mithilfe sog. *Nudges* am bestmöglichen Interesse des Kunden (§ 1a Abs. 1 VVG) ausgerichtet werden. Erforderlich ist aber Transparenz, bspw. in Form von *mouse-over*-Erklärungen dafür, dass das Programm bestimmte *Default*-Einstellungen im präsumtiven Interesse des Kunden gewählt hat.

---

[87] Nachweise zum Thema „online-Rabatt“ bei *Waldkirch* in Linardatos, Rechtshandbuch Robo Advice, 2020, § 19 Rn. 26; s. auch die Diskussion über § 6 Abs. 6 VVG aF, der bis vor kurzem einen Dispens bzgl. der Beratungspflichten im Fernabsatz enthielt.

[88] Ebenso: *Baker/Dellaert,* Regulating Robo Advice Across the Financial Service Industry, Iowa Law Review 103 (2018), 713, 717, der „a superhuman standard *someday*“ für möglich, die Diskussion darüber aber zu Recht für verfrüht hält.

Langfristig wirft *Robo Advice* auf der Basis adaptiver künstlicher Intelligenz eine Fülle noch ungeklärter Rechtsfragen auf – im Hinblick auf Datenschutz und Datensicherheit, im Hinblick auf die (aufsichtsrechtliche) Kontrolle autonomer, im Einzelnen (rechnerisch) gar nicht mehr nachvollziehbarer Empfehlungen, und im Hinblick auf die mögliche Haftung für Beratungsfehler. Ich bezweifle allerdings, dass die Beantwortung dieser Fragen zur Anerkennung der Algorithmen als ePersonen, dh als „artifizielle Rechtssubjekte" *(Linardatos)*[89] führt – und würde mich freuen, auch diese Frage gemeinsam mit *Theo Langheid* gelegentlich zu vertiefen.

[89] *Linardatos,* Autonome und vernetzte Aktanten im Zivilrecht, 2021, S. 581 f.

KARSTEN CREDE

Mobilität und Versicherung – Zwei Seiten einer Medaille

Das Auto und die Versicherung sind schon seit langer Zeit eng miteinander verbunden. Erste Haftplicht-, Unfall- und Karambolage-Versicherungen gehen bereits auf das Jahr 1900 zurück. Mit der Verabschiedung des „Gesetzes über den Verkehr mit Kraftfahrzeugen" vom 3. Mai 1909 wurde bereits vor über 100 Jahren die Gefährdungshaftung des Fahrzeughalters eingeführt. Ab 1939 war der Abschluss einer Kfz-Haftpflichtversicherung dann sogar verpflichtend.[1] Diese Gesetzgebung sowie die stetig wachsende Beliebtheit des Automobils führten dazu, dass die Kfz-Versicherung heute zu den wichtigsten Einzelsparten gehört. Die gebuchten Bruttobeiträge[2] in der Kfz-Versicherung betrugen im Jahr 2020 fast 29 Mrd. Euro bei knapp 67 Mio. zugelassenen Fahrzeugen. Der Kfz-Versicherungsmarkt in Deutschland ist dabei stark fragmentiert, fast 100 Versicherer teilen diesen unter sich auf. Da es zudem kaum Möglichkeiten gibt, sich über das Produkt zu differenzieren, können Versicherer fast ausschließlich über eine aggressive Preispolitik Marktanteile erobern und wachsen. Bewegung und Innovation suchte man daher lange vergeblich. Nun erlebt das Auto den größten Wandel seiner Geschichte und zwingt damit auch den Versicherungsmarkt, sich an diesen anzupassen. So geht es unter den Versicherern jetzt darum, als erster die richtigen Antworten auf elektrische Antriebe, autonome Funktionen und vernetzte Fahrzeuge zu liefern. Der Auftrag heißt Veränderung und das Rennen ist im vollen Gange.

I. Technologische Entwicklungen und neue Formate in der Automobil- und Mobilitätswelt

Das Auto verändert sich – mit weitreichenden Konsequenzen für die angeschlossene Industrie und die zuliefernden Branchen. Das Auto der Zukunft – oder konkreter: das Auto in 10 Jahren – fährt rein elektrisch mit Reichweiten nahe der 1.000 km, ist in der Lage, bestimmte Strecken voll-autonom und eigenverantwortlich zu bewältigen und ist zudem hochgradig vernetzt und digitalisiert. Hinzu kommt, dass klassische private Besitz- und Nutzungsmuster, bei dem wenige Personen ein einziges Fahrzeug in etwa eine Stunde pro Tag nutzen, an Bedeutung verlieren werden. Auch wenn Stand heute, im Jahr 2021, der private Fahrzeugbestand in Deutschland immer noch steigt, so haben sich bereits mehrere Formate etabliert,

---

[1] PflVG vom 7. 11. 1939, RGBl. 1939 I.
[2] Ohne Versicherungssteuer.

die eine umfassendere Definition des Begriffs „Mobilität", die weit über die Nutzung eines privaten Pkw hinausgeht, rechtfertigen. Für eine systematische Erfassung der Veränderungen bietet sich folgende Klassifizierung an: Technologie – Software & Connectivity – Sales – Mobilität.

Technologie – der technologische Fortschritt umfasst vor allem die Bereiche Elektromobilität und das (hoch-)assistierte bzw. autonome Fahren.

Gut zehn Jahre ist es nun her, dass die ersten moderneren und ambitionierteren Elektrofahrzeuge auf den Markt kamen. Getrieben war und ist diese Entwicklung vor allem durch politische Vorgaben zur Reduzierung von Treibhausgasen. So wurde von der EU im Jahr 2015 ein verbindlicher CO2-Grenzwert von 130g/km festgelegt, 2020 wurde dieser auf 95g/km verschärft und 2021 erfolgten weitere Forcierungen.[3] Auch wenn der Verbrennungsmotor noch Entwicklungspotenzial besitzt, so wird kein Autobauer der Welt diese Vorgaben ohne ein seriöses Angebot von Elektrofahrzeugen einhalten können.

Rein technisch unterscheiden sich Elektrofahrzeuge von Verbrennern primär durch den Antriebsstrang. Hochvolt-Batterie, Elektromotor und Ladevorrichtung ersetzen Bauteile wie Verbrennungsmotor, Getriebe und Abgasanlage. Insgesamt sind Elektrofahrzeuge in ihrer Konstruktion weniger komplex und nicht so wartungsintensiv wie Fahrzeuge mit traditionellem Antrieb. Was sich auf den ersten Blick gut anhört, hat jedoch umfassende Folgen für Kostenstrukturen und Wertschöpfung. So sprach zum Beispiel der VW Vorstandsvorsitzende Herbert Diess zuletzt von der Streichung von 30.000 Stellen, um wettbewerbsfähig zu bleiben.

Bei der Wertschöpfung ist es vor allem die Batterie, die eine Neuordnung der Strukturen erforderlich macht. Sie macht bis zu 40% der Wertschöpfung aus. Um hier partizipieren zu können, müssen die OEM Milliardenbeträge investieren, um den Rückstand auf die asiatischen Player wett zu machen. Die geringeren Wartungsintensitäten belasten zusätzlich das traditionell sehr profitable Aftersales-Geschäft.

In den vergangenen zehn Jahren hat sich die Elektromobilität immens weiterentwickelt, sowohl aus technologischer Sicht als auch mit Blick auf die strategischen Ansätze der OEM und den ordnungspolitischen bzw. rechtlichen Rahmen. So haben steigende Reichweiten, von anfangs zum Teil unter 100 Kilometern auf heute im Mittel zwischen 300–400 Kilometern, Schnellladelösungen, eine größere Produktauswahl sowie natürlich auch – primär durch die Förderung von bis zu 10.000 Euro bedingte – niedrigere Anschaffungskosten dazu beigetragen, dass der Anteil der Fahrzeuge mit elektrifiziertem Antriebsstrang, also reine Stromer und Plug-In Hybride, an den Neuzulassungen heute bei knapp 30%[4] liegt. In absoluten Zahlen waren dies im September 2021 in Deutschland 33.655 Elektrofahrzeuge und 22.842 Plug-In Hybride.

Begleitend zu der technischen Umsetzung wurde ein rechtlicher und ordnungspolitischer Rahmen geschaffen, der den Betrieb von Elektrofahrzeugen regelt und fördert. Dieser Rahmen besteht aus einer Vielzahl von Strategieprogrammen, insbesondere auf EU- und Bundesebene, sowie diversen Richtlinien, Verordnungen,

[3] CO2-Flottengrenzwerte-Verordnung – 2019/631/EU.
[4] KBA-Statistik September 2021.

Gesetzen und Satzungen auf EU-, Bundes-, Landes- und Kommunalebene. Eine detaillierte Übersicht über die Gesetzeskarte Elektromobilität kann beim Bundesministerium für Verkehr und digitale Infrastruktur eingesehen werden. Einige Länder haben den Rahmen schon so weit gestaltet, dass dieser sogar ein Zulassungsverbot von Verbrennerfahrzeugen vorsieht. Norwegen wird als erstes Land ab 2025 keine Fahrzeuge mit Verbrennungsmotor mehr zulassen, Großbritannien und Schweden folgen 2030, Frankreich dann 2040. Auch wenn in Deutschland eine vergleichbare Ankündigung noch fehlt, so haben mehrere OEM den Verbrennerausstieg schon in Eigenregie beschlossen. VW wird ab 2035 in der EU nur noch Elektrofahrzeuge verkaufen, Ford und Volvo bereits ab 2030, Daimler ab 2039 und Audi ab 2033.

Nach der Reduzierung der Anschaffungskosten und der Erhöhung der Reichweite verbleibt als letztes großes Hemmnis, das einer noch höheren Marktdurchdringung von Elektrofahrzeugen im Wege steht, die noch unzureichend ausgebaute Ladeinfrastruktur. So muss zum einen die Zahl der öffentlichen Ladestation deutlich erhöht werden und zum anderen die Errichtung privater Ladeinfrastruktur, in der Regel der Anschluss einer Wallbox, erleichtert werden. Letzteres ist gerade deshalb von Bedeutung, weil ca. 80% der Ladevorgänge im privaten Kontext stattfinden. Hier wurde erst kürzlich das Wohnungseigentumsgesetz (WEG) entsprechend angepasst. Zuvor mussten in Wohnungseigentumsgemeinschaften sämtliche Eigentümer dem Aufbau einer Wallbox zustimmen.

Ebenfalls spannend wird sein, ob und wie sich der Gebrauchtwagenmarkt für Elektrofahrzeuge in den kommenden Jahren entwickelt. Die Hochvolt-Batterie unterliegt einem natürlichen und nutzungsabhängigen Alterungsprozess. Ermöglicht sie zu Beginn ihres Lebenszyklus Reichweiten von beispielsweise 500 Kilometern, so können dies sechs Jahre später durchaus nur noch 300 – 400 Kilometer sein. Die Hersteller garantieren hierbei meistens, dass die Kapazität der Batterie in den ersten acht Jahren oder nach 160.000 Kilometern nicht mehr als 30% einbüßt. Für den Gebrauchtwagenmarkt sind diese Grenzwerte im Allgemeinen nicht mehr ausreichend, so dass hier ergänzende Lösungen benötigt werden, die u. a. von Versicherungen geliefert werden könnten.

In Bezug auf das autonome Fahren ist der Entwicklungsprozess ebenso im vollen Gange. Jedoch ist der Weg hierbei deutlich länger und komplexer. Der Weg zum autonomen Fahren ist als evolutionärer Prozess zu verstehen, der in mehrere Zwischenphasen untergliedert ist. So spricht man in der Regel von sechs verschiedenen Stufen oder Leveln auf dem Weg zum voll-autonomen Fahren. Die in der Literatur weitgehend einheitlich verwendete Klassifizierung der einzelnen Phasen geht auf die Norm SAE J3016 aus dem Jahr 2014 der SAE International zurück. Je nach Autor und Quelle kann es bei der Beschriftung der einzelnen Stufen gewisse Abweichungen geben, inhaltlich sind sie jedoch stets kongruent. Determiniert sind die einzelnen Level durch immer intelligenter werdende Assistenzsysteme, die ab Level 3 dann so ausgereift sind, dass sie bestimmte Teilstrecken bereits eigenständig bewältigen können. Der Fahrer darf sich auf dieser Stufe bereits vom Verkehrsgeschehen abwenden, muss jedoch in der Lage sein, innerhalb eines bestimmten Zeitraums wieder die Kontrolle zu übernehmen. Ab Level 4 erfolgt dann ein voll-autonomer

Betrieb, ohne dass der Fahrer in Bereitschaft bleiben muss. Das letzte Level 5 kommt dann vollständig ohne Fahrer aus.

Zum aktuellen Zeitpunkt (2021) erfolgt der Übergang von Stufe 2 zu Stufe 3. Die rechtlichen Voraussetzungen in der Bundesrepublik Deutschland bestehen dafür seit Januar 2021, als die von der UNECE im Juni 2020 beschlossene Richtlinie für die Zulassung sogenannter Automated Lane Keeping Systems in Kraft getreten ist. Diese erlaubt eine Autopilotfunktion bis 60 km/h auf Autobahnen. Als erstes Fahrzeug, das eine solche Funktion sicher beherrscht, wird Ende des Jahres 2021 die neue Mercedes Benz S-Klasse auf den Markt kommen. Die weitere zeitliche Einordnung der Level 3, 4 und 5 hängt primär vom technologischen Fortschritt der nächsten Jahre sowie auch von der weiteren Entwicklung der rechtlichen Rahmenbedingungen ab.

Die technologische Herausforderung im Kontext von automatisierten Fahrfunktionen liegt darin, das Fahrzeug für die Wahrnehmung seiner Umwelt zu befähigen. Maßgeblich ist dabei die Aufnahme von Signalen und Informationen. Zieht man den Vergleich zur menschlichen Sinneswahrnehmung, so braucht das Fahrzeug „Augen und Ohren". Augen können dabei Systeme wie Kameras, Radar, LiDAR oder Ultraschallsensoren sein. Ohren wiederum können durch Kommunikationsmodule dargestellt werden, die Informationen von anderen Fahrzeugen oder der Verkehrsinfrastruktur aufnehmen. Schlussendlich benötigt das Fahrzeug noch ein „Gehirn", das diese Vielzahl von Informationen filtern und verarbeiten kann und die richtigen Rückschlüsse zieht bzw. Entscheidungen trifft, wie zB Ausweichen, Beschleunigen oder Bremsen. Da die Informationen, die ein einzelnes System generieren kann, in der Regel nicht ausreichen, um eine komplexe autonome Fahrfunktion ausführen zu können, werden in modernen Fahrzeugen mehrere solcher Systeme verbaut. Die „Fusion" dieser Daten, bspw. das Zusammenführen von Daten aus Radar- und Kamerasystem, gehört zu den schwierigsten Aufgaben.

Die steigende Penetration immer intelligenter und leistungsfähiger werdender Assistenzsysteme hat einen nachhaltigen Einfluss auf das Verkehrsgeschehen. Die Vision an dieser Stelle ist ein *zero accidents scenario.* Ob dieses Ziel tatsächlich erreicht werden kann, wenn der Faktor Mensch mit all seinen Schwächen aus der Gleichung entfernt wird, ist schwierig einzuschätzen. Eine drastische Reduzierung von Unfällen, schweren Verletzungen und Verkehrstoten kann hingegen schon eher prophezeit werden. Möchte man die aktuelle Situation bewerten, also den Einfluss, den die heutigen Assistenzsysteme vom Level 2 (+) auf das Unfallgeschehen haben, ist eine fundierte Einschätzung sehr schwierig. So geht man in der Tat jetzt schon von einer niedrigeren Schadenfrequenz aus, die allerdings von höheren Schadendurchschnittskosten unmittelbar wieder egalisiert wird. War eine Stoßstange früher mehr oder weniger lediglich ein Stück Blech, so ist diese heutzutage, ausgestattet mit einer Vielzahl von Sensoren und Technik, deutlich kostenintensiver. Eine Studie des MIT hat zudem ergeben, dass Fahrer bei aktiviertem Autopilot unaufmerksamer werden. Untersucht wurden mehrere Tesla-Fahrer, die die Autopilotfunktion ihres Fahrzeuges verwendet haben. Die Autopilotfunktion von Tesla sieht nicht vor, dass sich der Fahrer vom Verkehrsgeschehen abwenden darf und ist somit noch Level 2 zuzuordnen.

In Bezug auf das autonome Fahren spielt der Rechtsrahmen eine besondere Rolle. Oftmals wird hierbei die USA als das gelobte Land für das autonome Fahren angepriesen und dass man in Deutschland den Anschluss verpasst hat. Tatsächlich ist es so, dass hier zwei Extreme aufeinandertreffen. In den USA ist es das „lack of laws", das es möglich macht, schnelle und unkomplizierte Sondergenehmigungen für etwaige Testangebote oder Pilotprojekte zu erteilen. Deutlich komplizierter wird es jedoch, wenn diese Anwendungen dann später in einen Regelbetrieb überführt werden sollen. Anders verhält es sich in Deutschland. Bis 2016 galt hier Art. 8 des Wiener Übereinkommens aus dem Jahr 1968, der besagte, dass „ein Führer dauernd sein Fahrzeug beherrschen oder seine Tiere führen können muss".[5] Allein die Tatsache, dass in diesem Artikel explizit Pferdekutschen eingeschlossen werden, macht deutlich, dass hier eine zeitgemäße Überarbeitung dringend erforderlich war.

So waren für Deutschland insbesondere zwei Neuerungen relevant. Zum einem die zuvor beschriebene auf EU-Ebene beschlossene Änderung der Richtlinie für die Zulassung sogenannter Automated Lane Keeping Systems, die die Einführung erster Level-3-Funktionen ermöglicht, und zum anderen das nationale Gesetz zum autonomen Fahren[6], das am 27.7.2021 in Kraft trat und den Betrieb von Level-4-Fahrzeugen regelt. Es sieht eine Art „Doppelzulassung" vor, eine für das Fahrzeug und eine für den Betriebsbereich. Ein uneingeschränkter Einsatz im Straßenverkehr ist demnach noch nicht möglich. Ebenso besteht weiterhin, nach dem Prinzip der gefährdungsunabhängigen Halterhaftung, die Pflicht zum Abschluss einer Kfz-Haftpflichtversicherung für den Fahrzeughalter.

Software & Connectivity – moderne Fahrzeuge werden immer mehr zu Computern auf Rädern. Die Digitalisierung des Autos begann schon in den 80er Jahren, u. a. mit der Einführung von Systemen wie dem Anti-Blockier-System (ABS). Heute besitzen Fahrzeuge bis zu 80 Steuergeräte für nahezu sämtliche Bauteile, vom Motor über die Reifendrucksensoren bis hin zu den Fensterhebern. Sogenannte Bussysteme fassen verschiedene Steuergeräte zusammen und treffen sich in zentralen Gateways, um die Kommunikation zwischen den einzelnen Steuergeräten zu ermöglichen. Um den neuen Anforderungen gerecht zu werden, also immer größer werdende Datenmengen „in car" schnell und zuverlässig verarbeiten zu können, ist eine hoch effiziente Bordnetzarchitektur notwendig. In ihrer jetzigen Form ist sie jedoch zu heterogen und dezentral. Mittelfristiges Ziel ist es somit, diese Strukturen zu zentralisieren und mit einem – oder ein paar wenigen – einheitlichen Betriebssystem zu versehen.

Der „Kampf um das Betriebssystem" ist dabei von elementarer Natur. Die Software wird in Zukunft nicht nur eines der wesentlichsten Unterscheidungsmerkmale von Fahrzeugen sein, sie wird ebenso wie die Hochvolt-Batterie einen großen Teil der Wertschöpfung ausmachen. Gegner der etablierten Autobauer wie VW, BMW und Daimler, die allesamt an eigenen Lösungen arbeiten, sind hier vor allem die Tech-Riesen aus den USA und China, also Google, Apple und Baidu.

---

[5] Art. 8 V Wiener Übereinkommen.

[6] Gesetz zur Änderung des Straßenverkehrsgesetzes und des Pflichtversicherungsgesetzes – Gesetz zum autonomen Fahren.

Die Bedeutung der Softwarekomponente wird zudem daran deutlich, dass derjenige, der das Betriebssystem stellt, auch das digitale Aftersales-Geschäft orchestriert. Angesichts der Tatsache, dass wartungsärmere Elektrofahrzeuge ein Loch in das traditionelle Aftersales-Geschäft reißen, müssen die OEM ganz genau überlegen, ob sie die entsprechenden Softwarekomponenten selbst beisteuern oder ob sie sich den „Feind" ins Haus holen. Das Aftersales-Geschäft der Zukunft besteht nicht mehr aus Ölwechseln und Zündkerzentausch, es sind vielmehr neue Assistenzfunktionen, Infotainmentangebote oder andere digitale On-Demand-Services, die „over-the-air" an das Fahrzeug gesendet werden.

Diese Entwicklungen sind auch aus Versicherungssicht hoch relevant. Mit der Digitalisierung des Fahrzeugs wurde dieses zum Beispiel auch ein potenzielles Ziel von Cyberkriminellen. Eine Faustregel besagt, dass alles was eine IP-Adresse hat, auch gehackt werden kann. Was in der Theorie alles möglich ist, haben u. a. die IT-Experten Charlie Miller und Chris Valasek gezeigt, als sie im Jahr 2015, aus der Ferne und ohne jemals im Fahrzeug gewesen zu sein, die Kontrolle über einen auf dem Highway fahrenden Jeep Cherokee übernahmen. Das Experiment wurde zusammen mit dem Journalisten Andy Greenberg durchgeführt und u. a. bei Youtube veröffentlicht. Ein weiteres denkbares Szenario sind Angriffe mit Ransomware, bei dem ein Fahrzeug von einem Hacker stillgelegt wird und erst wieder gegen die Zahlung eines Lösegelds nutzbar ist. Streitbar ist, ob die aktuelle Entwicklung hinsichtlich der Zentralisierung der Bordnetzarchitektur der Sicherheit dient oder eher den Kriminellen in die Karten spielt. However, Cyberschutz wird ein fester Bestandteil der Kfz-Police der Zukunft sein.

Neben der Entwicklung dieser neuen Deckungsbausteine liegt die eigentliche Herausforderung der Versicherungen darin, sich in die digitalen Prozesse des Fahrzeugs zu integrieren. Ein intelligentes Auto braucht eine intelligente Versicherung. Die Vision ist, dass ein Algorithmus oder eine Software, die fest im „Gehirn" des Fahrzeugs verankert ist, individuellen Versicherungsbedarf erkennt, „in-car" das Risiko kalkuliert, ein entsprechendes Angebot unterbreitet und den Abschluss ermöglicht. Dazu wird u. a. nötig sein, dass dieser Versicherungsalgorithmus auch Zugriff auf die Daten hat, die im Fahrzeug erzeugt werden. Zusätzlich zu der technischen Umsetzung sind es vor allem Aspekte des Datenschutzes, die hier die größte Herausforderung darstellen.

Sales – wie wird das Auto der Zukunft verkauft? In der Vergangenheit, und zum Teil auch noch heute, konnte man von einem Monopol des Autohauses sprechen. Dieses wird nun nach und nach aufgelockert und um einen weiteren Kanal, dem Online-Vertrieb, ergänzt. Vorab, den Händler oder das Autohaus des Vertrauens wird es auch in Zukunft noch weiterhin geben. Zu groß ist das Misstrauen in ein Produkt, das mehrere zehntausend Euro kostet sowie der Wunsch nach einer Probefahrt, ausführlicher Beratung und das Verlangen, den bestmöglichen Deal von Angesicht zu Angesicht auszuhandeln. Allerdings muss sich auch das Autohaus weiterentwickeln, raus aus dem Gewerbegebiet hin zu einer modernen Verkaufseinheit mit Fokus auf Costumer Journey und User Experience.

Der Online-Vertrieb wird heute zumeist noch als hybrides Modell umgesetzt. Der Kunde kann sich bei sogenannten Online-Vermittlern ein Fahrzeug aussuchen und wird dann an einen passenden Händler verwiesen. Der nächste Schritt wird sein, dass die vollständige Transaktion online abgewickelt wird, d. h. Fahrzeugauswahl, Konfiguration und Bezahlung, ggf. auch mit Abschluss einer Finanzierung. Einen solchen Prozess komplett online zu durchlaufen wäre für etwa 40% der Neuwagenkäufer denkbar.[7]

Die Anbieterlandschaft dieser Online-Plattformen wird sich analog zur traditionellen Händlerwelt darstellen, in der es auch spezielle Markenhändler und freie Händler gibt. Übersetzt heißt dies, dass es zum einen Direktvertriebsmodelle der OEM geben wird, und zum anderen Angebote freier Plattformen mit mehreren Marken. Letztere werden insbesondere den Gebrauchtwagenhandel bestimmen. Der heutige Gebrauchtwagenhandel ist nahezu schon vollständig in großen Online-Plattformen zusammengefasst. Die fehlende Transaktionsfähigkeit wird aktuell von der ersten ergänzt. Hinzu kommen auch neue Marktteilnehmer bzw. Online-Gebrauchtwagen-Plattformen, die ihr Geschäftsmodell von Anfang an auf den Vertrieb ausgelegt haben.

Da der Point of Sale des Fahrzeuges häufig auch der Point of Sale der Kfz-Versicherung ist, müssen Versicherungen sich hier mit bewegen. Konnte früher der gesamte Verkehr durch eigene Vertreter im Autohaus oder die Autoverkäufer selbst abgefangen werden, bedeutet eine Verschiebung gen Online-Vertrieb, dass auch Versicherungen ihre Abschlusstrecke digitalisieren und in die jeweiligen Prozesse der kooperierenden Online-Plattform integrieren müssen.

Mobility – die Nutzungsformen eines Pkw haben sich seit der Jahrtausendwende vervielfältigt. Wurden Fahrzeuge früher primär gekauft, so zählen heutzutage auch Leasing, Dienstwagennutzung, Abo-Modelle, Mietwagen, Carsharing, Ridehailing, etc. zu bewährten Mobilitätsformaten. Diese auf den ersten Blick etwas wild wirkende Aufzählung lässt sich jedoch relativ gut auf ein paar wesentliche Kernaspekte reduzieren.

Fahrzeuge sind immer häufiger Teil einer Flotte. Dies ist insbesondere bei Mobilitätsangeboten wie Carsharing oder Abo-Modellen, aber auch beim Leasing der Fall. Während Carsharing den Schwung des ersten Hypes nicht in ein tragfähiges Geschäftsmodell überführen konnte, sind es aktuell die Abo-Angebote, im Grunde nichts anderes als flexible Kurzzeitmieten oder das private Äquivalent zum gewerblichen Full-Service-Leasing, die ein starkes Wachstum aufzeigen und als vielversprechendste neue Nutzungsform gelten. Parallel zu dieser Entwicklung bedingt die immer stärker werdende Marktdurchdringung von Elektrofahrzeugen einen Anstieg der Leasingquote. Die Hochvolt-Batterie, die einen großen Anteil des Fahrzeugwerts ausmacht, wird vom Kunden immer noch als großes Risiko wahrgenommen. Im Leasing kann dieses Risiko auf den Leasinggeber abgewälzt werden.

Trotz der nicht unerheblichen Innovationskraft und -geschwindigkeit in dieser Branche ist die große Mobilitätsrevolution noch ausgeblieben. Staus sind nicht weniger geworden, der Fahrzeugbestand wächst, Parkplätze sind nach wie vor rar und die Auslastung der Fahrzeuge ist immer noch gering. Der „Game-Changer"

---

[7] DAT-Report 2021.

wird hier das autonome Fahren sein, denn erst dann können Mobilitätsangebote, die einen wirklichen Anreiz schaffen das eigene Fahrzeug abzuschaffen, seriös und wirtschaftlich tragfähig umgesetzt werden. Zielbild sind hier die Robotaxis. Kleine elektrisch angetriebene Fahrzeuge, die autonom oder ferngesteuert auf Knopfdruck zum gewünschten Treffpunkt kommen, den Kunden einsammeln, zum Zielort transportieren und sich dann umgehend auf den Weg zum nächsten Kunden machen. Dieses Modell, als Kombination aus traditionellem Taxigeschäft, dem etwas innovativeren Ridehailing und Carsharing, wird all diese Konzepte obsolet machen.

Der Weg in die Welt der Robotaxis ist jedoch noch weit, sowohl aus technologischer als auch aus rechtlicher Sicht. Auch wenn es für Versicherungen zwingend ratsam ist, sich schon heute mit den Herausforderungen und Risiken dieser Robotaxi-Modelle auseinanderzusetzen, so müssen auch Lösungen für die aktuelle Mobilitätswelt erarbeitet werden. Die erste wichtige Schlussfolgerung an dieser Stelle ist, dass das B2B und B2B2C Geschäft an Bedeutung gewinnt. Man rückt ein Stück weiter weg vom Endkunden. Versicherungspartner sind nun die OEM selbst, Flottenbetreiber oder auch Anbieter von Carsharing oder Abo-Modellen. Vorteile können hier vor allem Versicherer mit hoher Daten-Expertise generieren. Prämien für Flotten werden zumeist noch ausschließlich auf Basis des Gesamtschadenbedarfs der Flotte berechnet, was u. a. zur Folge hat, dass an jeden Endkunden, unabhängig von seinem individuellen Risiko, der gleiche Betrag weiter belastet wird. Schafft ein Versicherer die Möglichkeit eines differenzierteren, daten-getrieben Pricings, so ist dies ein echter USP, der beim Endkunden für mehr Gerechtigkeit sorgt und ebenso der traditionellen Negativselektion, die klassische Stückprämienmodelle mit sich bringen, entgegenwirkt.

II. Welche Rolle können Versicherer im Ökosystem Mobilität spielen?

Ob früher alles besser war, lässt sich nur sehr subjektiv beantworten. Klarer dürfte die Zustimmung ausfallen, wenn man sagt, dass früher alles einfacher war. Es gab die Autobauer, die Zulieferer, schlichte Nutzungsmuster und der Charakter einer Kfz-Versicherung bestand in der Absicherung eines gut zu kalkulierenden Risikos. In der Regel werden privat genutzte Autos von ein bis zwei Personen gefahren, stehen 23 Stunden am Tag ungenutzt auf dem Parkplatz und verfügen nur über geringe Softwarefunktionen, die nichts mit dem direkten Betrieb des Fahrzeugs zu tun haben. Ein bis zweimal im Jahr steht ein Werkstattbesuch an. Das Durchschnittsalter der Fahrzeuge liegt in Deutschland bei knapp 10 Jahren und die allermeisten Unfälle beruhen auf menschlichem Versagen.

Die neue Welt ist deutlich komplexer, in der sich auch die Versicherung neu orientieren muss. Es geht nicht mehr ausschließlich um das Fahrzeug, es geht um Mobilität. Versicherung, egal ob für das Auto, Haus oder irgendetwas anderes, hat seit jeher das Problem, dass sie nicht sexy ist. Insbesondere die Kfz-Versicherung, die halt einfach da ist, weil sie da sein muss. Jetzt, im Zuge dieser disruptiven Entwicklungen im Automotive- und Mobility-Umfeld, hat die Versicherung die Chance, ihre Rolle im Ökosystem Mobilität neu zu definieren. Je disruptiver die Entwicklungen sind, desto größer sind auch die Risiken und Unsicherheiten.

Die neue Rolle der Versicherung muss die des Enablers sein, sie muss ermöglichen, indem sie Unsicherheiten nimmt und Risiken minimiert. Dafür muss sie konkrete Produkte entwickeln, die die jeweiligen Konfliktfelder adressieren. Verliert der Kunde die Angst vor einer schwächer werdenden Batterie, so forciert dies den Absatz von Elektrofahrzeugen. Gelingt eine adäquate Risikobewertung von autonomen Fahrzeugen, ermöglicht dies einen regulären Betrieb. Lässt sich durch die Integration von On-Demand-Versicherung in das Fahrzeug ein echter Mehrwert für den Nutzer darstellen, so hat der Hersteller ein weiteres Verkaufsargument.

1. Konkrete Produktansätze: Versicherungslösungen im Kontext der Elektromobilität

Der größte Unsicherheitsfaktor bei Elektrofahrzeugen ist die Batterie. Da die Herstellergarantien in den meisten Fällen ab der Zweit- oder Drittnutzung nicht mehr greifen, obliegt es hier der Versicherung entsprechende Anschlussgarantien zu entwickeln. Die Schwierigkeit ist hierbei, den genauen State of Health (SoH) der Batterie zu erheben und den weiteren Alterungsprozess zu prognostizieren. Hierfür braucht es ein tiefgreifendes Technologie-Verständnis, das Versicherungsunternehmen in ihrer traditionellen Aufstellung nicht *inhouse* haben. Batterieanschlussgarantien oder Zertifikate werden wesentlich zu einem stabilen Gebrauchtwagenmarkt für Elektrofahrzeuge beitragen. Einem ersten statischen Ansatz, bei dem bspw. zum Zeitpunkt des Verkaufs der SoH erhoben wird und die weitere Alterung dann auf Basis von historischen Daten gemittelt wird, kann später ein voll digitales und integriertes Produkt folgen. Ein in das Betriebssystem des Fahrzeugs integrierter Algorithmus kennt den SoH der Batterie zu jedem Zeitpunkt und berechnet den weiteren Verlauf nicht nur auf Basis historischer Daten, sondern auch unter Berücksichtigung der Fahr- und Nutzungsweise. Das Angebot zur Garantieverlängerung wird in-car kalkuliert, angeboten und abgeschlossen. Eine weitere Stufe kann noch sein, dass der Algorithmus die Garantie an bestimmte Bedingungen knüpft, wie zum Beispiel Höchstgeschwindigkeiten, Beschleunigungen oder Ladegeschwindigkeiten. Um diese Restriktionen entsprechend durchsetzen zu können, ist eine noch tiefere Vernetzung mit dem Fahrzeug notwendig.

Batteriegarantien betreffen nicht nur den Endkunden bzw. den Gebrauchtwagenmarkt. Die anfänglichen Garantien von zumeist immerhin acht Jahren oder 160.000 Kilometern nehmen die Hersteller in ihre Bilanzen. Mit steigenden Absatzzahlen folgt dann auch, dass sich die Risikoposition in der Bilanz immer weiter aufbläht. Spezielle Rückversicherungslösungen können hier für eine Bilanzentlastung der Hersteller sorgen und Kapital, das sonst für Rückstellungen gebunden wäre, freisetzen.

Wichtig ist jedoch auch, das Basisprodukt, also die klassische Kfz-Versicherung nicht aus den Augen zu verlieren. Grundsätzlich müssen Elektrofahrzeuge genauso versichert werden wie Fahrzeuge mit Verbrennungsmotor, allerdings gibt es einige zusätzlichen Risiken. Dieses wurde weitestgehend vom Markt erkannt und umgesetzt. So sind in den meisten Policen zum Beispiel Überspannungsschäden beim Laden, das Abschleppen zur nächsten Ladestation bei leerem Akku und eine Allgefahrendeckung für Batterie mit abgesichert.

Interessant ist auch die Frage, ob sich das Schadenmuster von Elektrofahrzeugen von denen von Verbrennern unterscheidet. Tatsächlich lassen sich hier zumindest erste Tendenzen erkennen. Elektrofahrzeuge scheinen eine geringere Schadenfrequenz als vergleichbare Verbrennermodelle aufzuweisen. Jedoch wird dieser positive Effekt durch höhere Schadenkosten wieder neutralisiert.

2. *Risikobewertung von autonomen Fahrzeugen*

Autonome Fahrzeuge müssen, wie zuvor beschrieben, analog zu normalen Fahrzeugen versichert werden. Das heißt, ein Versicherer muss für diese Fahrzeuge eine Risikobewertung vornehmen und eine entsprechende Prämie bestimmen. In der traditionellen Welt der Kfz-Versicherung werden dabei in der Regel zwei Faktoren berücksichtigt, zum einem der Mensch und zum andern das Fahrzeug. Beim Faktor ‚Mensch' gehen vor allem Merkmale wie Alter, jährliche Fahrleistung, schadenfreie Jahre und Wohnort in das Risikomodell ein. Beim Faktor ‚Fahrzeug' ist es vor allem die Typklasse, die die Prämie determiniert.

Verschwindet nun der Faktor „Mensch" bei autonomen Fahrzeugen der Level 4 und 5 aus der Gleichung, so muss die Risikobewertung neu justiert werden. Statt dem Mensch müssen nun die Güte von Sensoren und Algorithmen bewertet werden. Zentrale Fragen sind zum Beispiel, wie gut das Fahrzeug bestimmte Hindernisse erkennt, wie hoch die Rechenleistung ist, aber auch, ob es in der Lage, sich einen eigenständig einen sicheren Unterschlupf zu suchen, wenn der Wetterbericht Hagelschauer voraussagt. Neben der Fokussierung auf Sensorik und Software spielen auch externe Störungen, beispielsweise bei einem Netzbetreiber, eine wichtige Rolle. In diesem Beispiel wäre die Kommunikation zwischen Fahrzeugen und Infrastruktur und somit auch der Betrieb nachhaltig beeinträchtigt.

Um diese Herausforderung anzugehen, ist, analog zur Hochvolt-Batterie, ein immenses Technologie-Knowhow sowie eine proaktive Integration in den Entwicklungsprozess der Hersteller notwendig. Agiert die Versicherungsindustrie hier zu passiv, läuft sie Gefahr, von anderen Playern verdrängt zu werden. In Zeiten, in denen Ökosystem-Ansätze sich immer größerer Beliebtheit erfreuen und Unternehmen aller Branchen versuchen, immer holistischere Geschäftsmodelle zu etablieren, die zum Teil weit über die Grenzen des bisherigen Kerngeschäfts hinausgehen, ist es durchaus vorstellbar, dass bspw. die Hersteller selbst künftig als Versicherungsgeber auftreten. Im Rahmen der Entwicklung der autonomen Funktionen haben diese riesige Datenmengen generiert und ausgewertet und sind so, zumindest theoretisch, auch in der Lage, entsprechende Risikomodelle aufzustellen. Folglich könnten sie neue Wertschöpfungspotenziale realisieren, indem sie den Versicherungsbaustein als Teil eines größeren Mobilitätsbündels mit anbieten.

Ein aktuelles Beispiel findet sich heute schon auf dem Markt. So traut sich Tesla zu, auf Basis der ihnen zur Verfügung stehenden Daten eigene Versicherungslösungen anzubieten. Den traditionellen Versicherungsunternehmen blieben Rückversicherungslösungen oder die Übernahme und Regulierung von Schadenprozessen, insbesondere im Hinblick auf schwere (und oft langwierige) Personenschäden. Umso wichtiger ist es für Versicherer, sich heute weit vorne in diesem Prozess zu integrieren, um die eigene Wertschöpfung nicht aus der Hand zu geben.

3. Digitale „in car"-Angebote

Sowohl für die Bereitstellung von Anschlussgarantien für die Hochvolt-Batterie als auch für die Risikobewertung autonomer Fahrzeuge ist die Integration der Versicherung in die Fahrzeugsoftware eine elementare Voraussetzung. Wie bereits zuvor beschrieben geht das „digitale Potenzial" weit über diese beiden Beispiele hinaus. Im Fokus stehen hierbei vor allem sogenannte On-Demand-Versicherungen, also Schutz, der spontan und/oder lediglich temporär benötigt wird. Klassische Beispiele sind Reiseschutzversicherungen oder auch die Absicherung weiterer nicht in der Police inkludierter Fahrer.

In einer ersten Stufe können solche Versicherungen statisch im digitalen Store des Fahrzeuges hinterlegt werden. Bei Bedarf navigiert sich der Kunde durch das Menü, wählt die gewünschte Versicherung aus, zu der ein fester Preis hinterlegt ist, und schließt diese ab. Etwas weiter in die Zukunft gedacht, erkennt das Auto selbst den Versicherungsbedarf des Kunden. Aus einer neuen Sitzeinstellung folgt ein möglicher Bedarf für einen Drittfahrerschutz, aus einem ausländischen Reiseziel im Navigationssystem die potenzielle Notwendigkeit einer Reisegepäckversicherung.

III. Geschäftsmodellansätze der Zukunft

Bei der Ausrichtung ihrer zukünftigen Geschäftsmodelle in Bezug auf die Mobilitätswelt ist das Aufgreifen der hier dargestellten Trends und Änderungen im Grunde das Pflichtprogramm für die Versicherer. Die Zukunft, so komplex sie sein mag, bietet aber echte Gelegenheiten, sich aus der heutzutage sehr homogenen Masse der Kfz-Versicherer abzuheben. Dabei ist allen voran Kreativität gefragt. Kreativität, das alte Geschäftsmodell zu erweitern und dabei gegebenenfalls auch Grenzen zu überschreiten und in neue Bereiche vorzudringen. Ein wichtiges Werkzeug können dabei Beteiligungen sein. Im Idealfall lassen sich so mehrere Fliegen mit einer Klappe schlagen. Ist bspw. ein Versicherer an einer Online-Fahrzeug-Plattform beteiligt, so dürfte klar sein, wessen Versicherungsprodukte auf dieser Plattform angeboten werden.

Zudem werden die Versicherer profitieren, die es schaffen ihr eigenes Geschäftsmodell eng mit denen der Hersteller zu verknüpfen. Die Gründung von Joint Ventures schafft Verbindlichkeiten, von denen beide Seiten profitieren können. Gerade vor dem Hintergrund, dass der Flottensektor stark wachsen wird und die OEM nicht selten – in ihrer neuen Rolle als Mobilitätsanbieter – diese Flotten auch selbst betreiben werden, ist ein näheres Zusammenrücken nahezu unausweichlich.

Den Kooperationsgedanken aufgreifend: Man wird in Zukunft auch häufiger integrierte und gebündelte Produkte sehen. Das heißt dann zum Beispiel, dass die

Versicherungsrate schon in der Finanzierungs- oder Leasingrate enthalten ist, die Anschlussgarantie und Kfz-Versicherung gebündelt sind oder dass man über seine E-Bike-Versicherung Vergünstigungen bei seiner Krankenversicherung erhalten kann. Dieses Zusammenführen von Produkten folgt auch dem Gedanken des Ökosystems, in dem – im Zielbild – ein Kunde alles über eine Plattform steuern kann.

Einer der prägendsten Faktoren zukünftiger Geschäftsmodelle wird jedoch sein, dass sie einen immens hohen Digitalisierungsgrad entlang der gesamten Wertschöpfungskette haben und eine hohe Daten-Expertise erfordern. Die Vision von Produkten, die im Fahrzeug unter Verwendung von Echtzeitdaten generiert werden und dann dem Kunden im Fahrzeug angeboten bzw. abgeschlossen werden, wurde bereits angesprochen. Ebenso wird sich auch der Schadenprozess einer digitalen Transformation unterziehen. Mit ein paar wenigen Fotos, perspektivisch vielleicht sogar ganz ohne Fotos, berechnet eine künstliche Intelligenz den Schadenbedarf, regelt den Werkstattermin und organisiert den Ersatzwagen.

Nicht unerwähnt im Kontext der Kfz-Versicherung der Zukunft soll das Thema „Telematik" sein. Telematik-Tarife berechnen auf Basis von Fahrdaten wie Beschleunigung, Bremsmanövern und Ablenkungen einen Risiko-Score, der als zusätzliches Tarifierungsmerkmal verwendet wird. Da diese Modelle bis dato nur eine positive Veränderung der Risikoprämie vorsehen – risikoreiche Fahrer werden demnach nicht bestraft – kann es nur dann funktionieren, wenn die Prämisse stimmt, dass durch die Nutzung eines Telematik-Tarifs der Schadenbedarf sinkt. Ob Telematik nun die Zukunft der Kfz-Versicherung ist, ist demnach umstritten. Unumstritten ist jedoch, dass Risikomodelle intelligenter werden. Sofern die technischen Voraussetzungen geschaffen werden, können granularere Modelle für fairere Prämien und bessere Schadenquoten sorgen, sowohl im B2C als auch im B2B und B2B2C-Bereich.

REINHARD DALLMAYR

Mehrparteien- und Mehrvertrag-Schiedsverfahren in (Rück-)Versicherungsstreitigkeiten

I. Ausgangslage

Im Gegensatz zu Rückversicherungsverträgen finden sich Schiedsvereinbarungen in Erstversicherungsverträgen noch relativ selten. Da aber vor allem Dienstverträge mit Vorstandsmitgliedern ebenso wie Unternehmenskaufverträge so gut wie immer Schiedsvereinbarungen enthalten, sind solche Vereinbarungen immer häufiger auch in damit zusammenhängenden D&O – und Warranty and Indemnity – Versicherungsverträgen enthalten.

Wegen der in diesen Vertragstypen meist sehr hohen Versicherungssummen, die die Kapazitäten einzelner Versicherer überschreiten, ist die Deckung regelmäßig über mehrere Exzedentenverträge (sogenannte „Layer") vertikal verteilt. Da die Exzedentenverträge standardmäßig den wichtigsten Regelungen der Grundversicherungsverträge folgen, enthalten sie fast immer entweder eine entsprechende, meist gleichlautende eigene Schiedsklausel oder eine Bezugnahme auf die Schiedsklausel des Grundvertrags.

Die Gestaltung dieser „Versicherungstürme" (neudeutsch: Tower) folgt zwar keinen festen Regeln. Im Normalfall wird jedoch häufig innerhalb eines Layers eine horizontale offene Mitversicherung vorliegen, wobei einer der Versicherer, regelmäßig derjenige mit der höchsten Deckungssumme, als führender Versicherer bezeichnet wird, und eine sogenannte Führungsklausel zu seinen Gunsten besteht. Darin kann vereinbart sein, dass im Fall einer Auseinandersetzung mit dem Versicherungsnehmer nur der führende Versicherer in Anspruch genommen werden kann und die beteiligten Versicherer Entscheidungen gegen den Führenden als verbindlich anerkennen. Dies muss aber nicht so sein; es kommen auch Konstellationen vor, wonach eine offene Mitversicherung ohne Führung einer der Versicherer vereinbart ist.

Kommt es nun zum Streit zwischen Versicherungsnehmer und Versicherern mit der Folge, dass ersterer seine Ansprüche im Wege des Schiedsverfahrens durchsetzen möchte, stellt sich die Frage, wie er die Rechtsverfolgung strukturieren muss. Kann er alle Versicherer in einer einzigen Schiedsklage in Anspruch nehmen, also ein Mehrparteienschiedsverfahren und, wenn die Exzedentenverträge als unabhängig vom Grundvertrag und unter Umständen auch als unabhängig voneinander innerhalb eines Layers angesehen werden müssen, ein Mehrvertragsverfahren initiieren?[1]

[1] Streitverkündung und -beitritt (sog. Non-signatory issues und Joinder) sowie Consolidation (Verbindung von anhängigen Schiedsverfahren) sind nicht Gegenstand dieses Beitrags; vgl. zu die-

Oder muss der Versicherungsnehmer alle Versicherer einzeln oder zumindest die jeweiligen Layer beziehungsweise deren führende Versicherer getrennt verklagen? Gerade bei Versicherungsdeckungen mit sehr hohen Summen kann diese Problematik vor allem für den Versicherungsnehmer von großer Relevanz sein, da nicht selten vier, fünf oder noch mehr Layer für eine Deckung existieren, an der wiederum eine Vielzahl von Versicherern[2] beteiligt sein kann.

Die Antwort auf diese Fragen hängt von einer ganzen Reihe von Faktoren ab: In erster Linie natürlich von der Ausgestaltung der einzelnen Versicherungsverträge. Allerdings dürfte es bislang eher keine Deckung geben, in der ausdrücklich in allen Einzelverträgen geregelt ist, dass sämtliche Versicherer (oder zumindest die führenden) in einer gemeinsamen Schiedsklage verklagt werden können.

Zu klären sind also zum einen das Verhältnis der Versicherer untereinander innerhalb eines Layers, zum anderen das Verhältnis der verschiedenen Layer zueinander und schließlich die Konsequenzen für das entsprechende Schiedsverfahren.[3]

II. Verhältnis der Versicherer untereinander

1. Innerhalb eines Layers

Wie bereits erwähnt, sind die einzelnen Layer horizontal regelmäßig als offene Mitversicherung ausgestaltet. Diese ist in einer Police mit identischen Versicherungsbedingungen, die die Beteiligung der teilnehmenden Versicherer ausweist, dokumentiert.

Nach herrschender Meinung[4] handelt es sich hierbei im Außenverhältnis um rechtlich selbständige Verträge zwischen Versicherungsnehmer und den einzelnen Versicherern, obwohl diese einheitlich gestaltet und formal in einem einzigen Mitversicherungsvertrag zusammengefasst sind. Aufgrund der rechtlichen Selbständigkeit müssen die Versicherer entsprechend ihrer prozentualen Anteile an der Deckung nur anteilig leisten. Es handelt sich also nicht um gesamtschuldnerische Verträge im Sinne von § 421 BGB.[5]

Im Innenverhältnis nimmt die herrschende Meinung zwischen den Versicherern innerhalb eines Layers regelmäßig wechselseitige Treue- und Informationspflichten an[6] und mit überzeugender Begründung eine Gesellschaft bürgerlichen Rechts.[7]

---

sen Konstellationen zB *Born,* International Arbitration, 2. Aufl. 2014, S. 1406; *Waincymer,* Procedure and Evidence in International Arbitration, 2012, S. 495f.

[2] So ist dem Unterfertigten zB eine Deckung mit mehr als 60 Versicherern und 10 Layern bekannt.

[3] Vorliegend des deutschen Rechts.

[4] Vgl. zB BGH VersR 1954, 249; OLG Hamburg VersR 2008, 1249; *Schaloske* VersR 2007, 606 (607f.); *Armbrüster* in Prölss/Martin, VVG, 31. Aufl. 2021, Vorb. § 77 Rn. 4.

[5] Vgl. OLG Hamm VersR 1984, 149; *Langheid* in Langheid/Rixecker, VVG, 5. Aufl. 2016, § 77 Rn. 8; *Armbrüster* in Prölss/Martin, VVG, 31. Aufl. 2021, Vorb. § 77 Rn. 5.

[6] *Schnepp* in Bruck/Möller, VVG, 9. Aufl. 2012, Anh. § 216, Rn. 64; *Langheid* in Langheid/Rixecker, VVG, 5. Aufl. 2016, § 77 Rn. 7, *Schaloske* VersR 2007, 606 (611f.).

[7] *Schaloske,* Das Recht der so genannten offenen Mitversicherung, 2007, S. 132, *Schaloske* VersR 2007, 606 (610ff); *Armbrüster* in Prölss/Martin, VVG, 31. Aufl. 2021, Vorb. § 77 Rn. 7; aM OLG Hamburg VersR 2008, 1249 (1250), *Dreher/Lange* VersR 2005, 717 (721ff.).

Eine Ausnahme von der Annahme einer BGB-Gesellschaft innerhalb eines Layers kann dann bestehen, wenn alle oder ein Teil der Versicherer dieses Layers getrennte Versicherungsverträge geschlossen haben, die in getrennten Policen dokumentiert sind und auch keine Führungsklausel zu Gunsten eines der Versicherer enthalten.

Insoweit dürfte es sich um eine Nebenversicherung, nicht um eine Mitversicherung, handeln, jedenfalls wenn die Versicherer nicht einverständlich zusammenwirken.[8] Eine Nebenversicherung liegt vor, wenn der Versicherungsnehmer mit mindestens zwei Versicherern getrennte Verträge für dasselbe Interesse und über dasselbe Risiko abgeschlossen hat, wobei der Gesamtbetrag der Versicherungssummen innerhalb der Grenze des Versicherungswertes liegt. Bei den einzelnen Versicherern ist also nur der bei den übrigen nicht gedeckte Teil des Versicherungswerts versichert.[9]

2. *Verhältnis der Layer zueinander*

Eine Nebenversicherung ist so gut wie immer für das Verhältnis der verschiedenen Layer zueinander anzunehmen. Denn von einem einverständlichen Zusammenwirken der Versicherer im eigentlichen Sinn wird man hier nicht sprechen können.

Dies beginnt bereits beim Vertragsschluss. Die Exzedentenversicherer, also die Versicherer der einzelnen oberen Layer, unternehmen zwar eigene Underwriting-Bemühungen, verlassen sich aber in der Praxis zu einem nennenswerten Teil dabei auf die Tätigkeit des führenden Grundversicherers. Dies gilt zumindest, wenn dieser den Ruf hat, dabei gründlich vorzugehen. In diesen Fällen werden die Exzedentenversicherer mehr Gewicht auf ihre Kapazität und die Vereinbarung spezieller Regelungen, zB Ausschlüsse, basierend auf ihren eigenen Erfahrungen, legen.

Auch die erzielbare Prämie spaltet das Interesse der beteiligten Versicherer. Je höher die Positionierung eines Layers im Tower ist, desto geringer ist die prozentuale Prämie, die die Versicherer dieses Layers erhalten. Dies ist in der Annahme begründet, dass ein Schaden der Höhe nach auf die höheren Layer mit abnehmender Wahrscheinlichkeit durchschlägt. Meist wird auch eine Ausschöpfungsklausel vereinbart, wonach ein Exzedentenlayer erst tangiert wird, deren Versicherer also erst eintreten müssen, wenn die darunter liegenden Layer vollständig bezahlt haben, das heißt deren Deckungssummen durch Zahlung ausgeschöpft sind.

In der Praxis werden die Details der Deckungen der einzelnen Layer zwischen Versicherungsnehmer, bzw. dessen Makler, und den Versicherern getrennt verhandelt. Die Exzedentenversicherer kennen zwar den wesentlichen Inhalt der Verträge der darunter liegenden Layer, aber regelmäßig nicht den Inhalt dieser Vertragsverhandlungen und die mit diesen vereinbarten Prämiensätze. Dadurch kann es zu unterschiedlichen Konstellationen bezüglich der Wirksamkeit der Verträge oder Rücktritts- und Anfechtungsszenarien kommen.

---

[8] Was Voraussetzung für eine Nebenversicherung ist, vgl. *Armbrüster* in Prölss/Martin, VVG, 31. Aufl. 2021, § 77 Rn. 1, 4.

[9] *Langheid* in Langheid/Rixecker, VVG, 5. Aufl. 2016, § 77 Rn. 3.

Eine Führungsklausel, die den oder die Versicherer des Grundlayers berechtigt, für die Exzedentenlayer tätig zu werden oder gar einen Schaden zu regulieren, kommt in der Praxis so gut wie nicht vor. Allenfalls ist der Grundversicherer berechtigt, Schadenanzeigen mit Wirkung gegenüber den Versicherern der anderen Layer entgegenzunehmen. Selbst dies ist nicht die Regel. Üblicherweise führt er jedoch – alleine – die ersten Regulierungsverhandlungen und Schadenaufklärungsmaßnahmen durch und gibt im Rahmen seines Limits Abwehrkostendeckung. Inwieweit die Exzedentenversicherer sich in die Regulierungsarbeit involvieren, hängt meist von der Schadenshöhe, die geltend gemacht wird, ab. Bei großen Schäden, die die Deckungssummen der Exzedentenversicherer betreffen können, ist dies aber die Regel, wenngleich nicht unbedingt als konzertierte Maßnahme. Dann sind auch gelegentliche Markttreffen (neudeutsch: „Market Meetings") üblich, in denen der Grundversicherer über die Entwicklungen informiert, und die Versicherer ihre Meinungen austauschen. Zeichnen sich außer-(schieds-)gerichtliche Vergleichsmöglichkeiten ab, werden auch solche besprochen, wobei erfahrungsgemäß einheitliche Angebote an den Versicherungsnehmer nur unter Mühen und selten zustande kommen. Dies hängt regelmäßig damit zusammen, dass die unteren Layer trotz den Ausschöpfungsklauseln eine Regulierungsbeteiligung der darüber liegenden Layer in möglichst großer prozentualer Höhe erwarten, die wiederum die geforderte Beteiligung an der Regulierung als überhöht bezeichnen und auf die Ausschöpfungsklauseln verweisen.[10]

Ein einverständliches Zusammenwirken wird in der Praxis somit nur zur Vermeidung einer streitigen Auseinandersetzung stattfinden, soweit dabei die individuellen Interessen gewahrt werden. Kommt es zu einem Schiedsverfahren, ist jeder Versicherer sich selbst der nächste. Die Versicherer der verschiedenen Layer verfolgen individuelle Interessen in der Schadenregulierung und bei einem etwaigen Vergleich, es sei denn, es liegen eindeutige Gründe für eine vollständige Leistungsablehnung oder einen Totalschaden, der alle Layer gleichermaßen betrifft, vor. Die höheren Layer erwarten, dass vor allem der Grundlayer die Hauptarbeit in der Schadenaufklärung, und in Haftpflichtversicherungsverträgen auch die anfallenden Abwehrkosten, übernimmt. Gleichwohl werden die Exzedentenversicherer die Ergebnisse des Grundlayers kritisch überprüfen und gegebenenfalls andere Schlussfolgerungen als dieser ziehen.

Nicht selten sind die verschiedenen Layer (wie auch Versicherer innerhalb eines Layers) verschiedener Meinung und wollen entweder eigenständig regulieren oder einen Anspruch ablehnen. In einer streitigen Auseinandersetzung werden sich die unteren Layer, deren Deckungssummen vom möglichen Anspruch überstiegen werden, mehr auf den Anspruchsgrund und weniger auf die Schadenhöhe konzentrieren. Die darüber liegenden Exzedentenversicherer werden dagegen den Schwerpunkt ihrer Aufklärungsbemühungen auf die Schadenhöhe legen, zumindest wenn sie mit der Abwehr des Anspruchsgrunds durch den Grundversicherer einverstanden sind, aber dabei auch eigene zusätzliche Überlegungen anstellen. Spätestens aber bei der Beteiligung der einzelnen Layer an Vergleichsverhandlungen

[10] Das sogenannte „shaving of the limits" ist insbesondere bei den meist bei großen Deckungen beteiligten Versicherern des Londoner Markts höchst unpopulär.

ist es fast immer mit der Harmonie zwischen den Versicherern vorbei. In der Praxis kommt es auch häufig zum Streit, ob eine Ausschöpfung vorliegt, wenn sich die darunter liegenden Layer verglichen haben.

III. Folgen für Schiedsverfahren

Wenn der Grundversicherer bzw. die Grundversicherer eine Schiedsklausel mit dem Versicherungsnehmer für den Fall einer streitigen Auseinandersetzung vereinbaren, finden sich Schiedsvereinbarungen regelmäßig auch in den Exzedentenverträgen. Dies geschieht entweder durch eigene ausformulierte Schiedsklauseln oder gelegentlich durch eine lediglich pauschale Bezugnahme, mit der die Regelungen des Grundvertrags auch für den Exzedentenvertrag übernommen werden. Dann ist im Einzelfall zu prüfen ist, ob diese „back-to-back"-Vereinbarung auch für die Schiedsvereinbarung gelten soll, vgl. § 1031 Abs. 3 ZPO.

Bei expliziten Schiedsklauseln in den Exzedentenverträgen kommt es nicht selten vor, dass diese nicht oder zumindest nicht vollständig mit der Schiedsklausel des Grundlayers übereinstimmen, entweder wegen sprachlichen Abweichungen, unter Umständen aber auch wegen materiell-rechtlichen Divergenzen (zB hinsichtlich der zuständigen Schiedsinstitution, des Schiedsorts, der Schiedssprache oder der verlangten Qualifikation der Schiedsrichter).

Erfahrungsgemäß enthalten in der Praxis die Schiedsvereinbarungen von Versicherungstürmen keine explizite Abrede dahin, dass alle Versicherer in einem einzigen Schiedsverfahren verklagt werden können. Kommt es nun zum Streit zwischen Versicherungsnehmer und Versicherern, stellt sich die Frage, ob ersterer bei Fehlen einer solchen expliziten Regelung trotzdem die Versicherer aller Layer gemeinsam in einer einzelnen Schiedsklage verklagen kann, was für ihn auf den ersten Blick natürlich naheliegender und vermeintlich effektiver erscheinen mag. Häufig wird er zu diesem Zweck argumentieren, der Vorstellung unterlegen zu sein, eine zusammenhängende Versicherungsdeckung, wenngleich mit verschiedenen Versicherern, abgeschlossen zu haben, auch wenn die Deckung getrennt verhandelt worden war und getrennte Policen ausgestellt wurden. Da es sich bei Versicherungsnehmern solcher gestaffelter Verträge mit hoher Gesamtversicherungssumme um kaufmännisch erfahrene Unternehmen handelt, die üblicherweise eigene Versicherungsabteilungen oder Maklerfirmen mit dem Einkauf der Deckung beauftragen, ist eine solche Annahme allerdings nicht unbedingt naheliegend.

IV. Vereinbarung der Schiedsabrede

1. Gesetzliche Regelung

Eine Schiedsvereinbarung im Sinne von § 1029 ZPO wirkt prinzipiell zunächst nur zwischen deren Parteien. Sie kann allerdings auch für und gegen Dritte wirken, welche an die Vereinbarung gebunden sind, wie etwa Gesellschafter einer OHG oder KG, die die Schiedsvereinbarung getroffen hatte, für Gesellschaftsansprüche,[11] oder gegen Rechtsnachfolger einer der Parteien.[12] Der Gesetzgeber hatte bei Neufassung der ZPO zum 1.1.1998 bewusst davon abgesehen, eine Regelung zum Mehrparteienschiedsverfahren einzuführen,[13] obwohl und nachdem der BGH die Frage der Schiedsfähigkeit von Gesellschafterbeschlüssen dem Gesetzgeber überlassen und eine richterliche Rechtsfortbildung abgelehnt hatte.[14]

Bei Mehrfachbeteiligung ist einerseits zwar anerkannt, dass die Regeln über Streitgenossenschaft, §§ 59–63 ZPO, und Drittbeteiligung, §§ 64–67 ZPO, in analoger Anwendung gelten. Dabei ist allerdings maßgeblich, dass ein Dritter nicht einfach dazu verpflichtet ist, sich an einem Schiedsverfahren zu beteiligen, wie dies bei staatlichen Gerichten der Fall sein kann. Vielmehr ist notwendig, dass der Dritte sich vertraglich „unterwirft", was durch eine entsprechende Schiedsvereinbarung erfolgen muss. Ein Mehrpersonenschiedsverfahren ist daher das Ergebnis einer Mehrpersonenschiedsvereinbarung.[15]

Eine derartige „Unterwerfung", das heißt die Zulässigkeit eines Mehrparteienschiedsverfahren, kann durch ausdrückliche Vereinbarung, konkludente Einigung, ergänzende Vertragsauslegung oder Konsolidierung (Verfahrensverbindung mit Zustimmung der betroffenen Parteien) erfolgen.[16]

Dabei ist anzumerken, dass es sich, wenn auf einer Seite mehrere Parteien stehen, um eine Streitgenossenschaft handelt, die im Prinzip, unabhängig von den Voraussetzungen der §§ 59f ZPO, für zulässig gehalten wird, soweit die Schiedsabrede alle Beteiligten erfasst. Sind allerdings die Schiedsabreden in unterschiedlichen Verträgen vereinbart und besteht kein Einverständnis der Parteien über die Streitgenossenschaft, kann diese nicht ohne Weiteres zugelassen werden.[17]

Auch Mehrvertragsverfahren ohne ausdrückliche Vereinbarung sind nur unter den zuvor für Mehrparteienverfahren genannten Umständen zulässig.[18] Doppelte Hürden sind also zu überwinden, wenn ein Schiedskläger ein Mehrparteien- und gleichzeitig ein Mehrvertragsschiedsverfahren durchführen will, wie dies bei einer Schiedsklage gegen einen Versicherungsturm der Fall wäre.

[11] Vgl. *Seiler* in Thomas/Putzo, ZPO, 42. Aufl. 2021, § 1029 Rn. 14, und zwar uU auch nach deren Ausscheiden, BGH NJW-RR 2002, 1462.

[12] BGH NJW-RR 2002, 1462.

[13] Erläuterung zur Regierungsbegründung zu § 1030 Abs. 1 S. 1 ZPO, BT-Drs. 13/5274, 35.

[14] BGHZ 132, 278 (Schiedsfähigkeit I).

[15] Vgl. *Münch* in MüKoZPO, 5. Aufl. 2017, § 1029 Rn. 56; auf die Diskussion zu „piercing the corporate veil" soll hier nicht eingegangen werden, siehe hierzu zB *Jürschik,* Die Ausdehnung einer Schiedsvereinbarung auf konzernzugehörige Unternehmen, 2011.

[16] *Münch* in MüKoZPO, 5. Aufl. 2017, § 1029 Rn. 59.

[17] *Voit* in Musielak/Voit, ZPO, 18. Aufl. 2021, § 1042 Rn. 10; *Schlosser* in Stein/Jonas, ZPO, 23. Aufl. 2014, § 1042 Rn. 51; *Berger* RIW 1993, 702 (705).

[18] Allerdings werden gemeinsame Verfahren über verschiedene Verträge zwischen zwei identischen Parteien für zulässig erachtet, wenn die Verträge eng miteinander verbunden sind und den gleichen Ursprung haben; vgl. *Born,* International Commercial Arbitration, 2. Aufl. 2014, S. 1371f. und Fn. 276 zu Nachweisen aus der deutschen Rechtsprechung.

2. *Institutionelle Regeln*

a) Die 2018 DIS – Schiedsgerichtsordnung[19] übernimmt die für Ad hoc-Verfahren anerkannten Grundlagen. So wird in deren Artikel 18.1 für Mehrparteienverfahren geregelt, dass Ansprüche zwischen mehr als zwei Parteien in einem einzigen Schiedsverfahren behandelt werden können, wenn die Schiedsvereinbarung für sämtliche Parteien vorsieht, dass ihre Ansprüche in einem einzigen Schiedsverfahren behandelt werden können, oder wenn die Parteien dies in sonstiger Weise vereinbart haben. Auch für Mehrvertragsverfahren regelt Artikel 17.1 in entsprechender Weise, dass die Ansprüche in einem einzigen Verfahren verhandelt werden können, wenn dies von den Parteien vereinbart wurde. Nach Artikel 17.2 ist für den Fall, dass die Ansprüche auf Grundlage von mehr als einer Schiedsvereinbarung in einem einzigen Verfahren geltend gemacht werden, Voraussetzung, dass die Schiedsvereinbarungen miteinander vereinbar sein müssen.

In all diesen Fällen soll bei Streit zwischen den Parteien das Schiedsgericht über die Zulässigkeit der „Multiverfahren" entscheiden. Auf welche Rechtsgrundsätze das Schiedsgericht seine Entscheidung stützen soll, sagt die Schiedsgerichtsordnung allerdings nicht. Insoweit werden also die oben erwähnten allgemeinen Grundsätze anwendbar sein.

Zusammengefasst lässt die 2018 DIS-Schiedsgerichtsordnung Mehrparteien- und Mehrvertragsverfahren nur zu, wenn dies zwischen den Parteien vereinbart wurde, und bei Vorliegen von mehreren Schiedsklauseln diese miteinander vereinbar sind.

b) § 6 Nr. 1 der Schiedsordnung von ARIAS Deutschland e.V.[20],[21] verweist für den Fall, dass mehrere Parteien an einem Schiedsverfahren teilnehmen, auf die Vorschriften der §§ 59ff. ZPO, die analog gelten sollen. Eine ausdrückliche Regelung zu einem Mehrvertragsverfahren enthält diese Schiedsordnung nicht. Allerdings erlaubt ihr § 6 Nr. 2 dem Versicherer in einem Schiedsverfahren, in dem gegenüber Versicherungsnehmer und einer versicherten Person gemäß §§ 43ff. VVG einheitlich entschieden werden soll, dem Verfahren als Partei oder als streitgenössischer Nebenintervenient (§ 69 ZPO) beizutreten. Dies dürfte letztlich nur für Haftpflichtversicherungsverhältnisse, zB D&O Verträge, relevant sein. Eine weitergehende Regelung für Mehrparteienverfahren enthält die Schiedsordnung nicht.

V. Die Rechtsprechung zu Mehrparteien-Verfahren

Soweit ersichtlich, lässt die Rechtsprechung unter bestimmten Voraussetzungen Mehrparteien-Schiedsverfahren zu. Entscheidungen zu Mehrparteien- und gleichzeitig Mehrvertragsschiedsverfahren scheinen bisher nicht ergangen zu sein.

---

[19] Abrufbar unter: www.disarb.org/fileadmin/user_upload/Werkzeuge_und_Tools/2018_DIS-Schiedsgerichtsordnung.pdf.

[20] Abrufbar unter: www.arias-deutschland.de/betaetigungsfelder/d-and-o/schiedsordnung.html.

[21] Deren Wirksamkeit in Bezug auf die Beteiligung Dritter von *Borris* r+s 2020, 319, 321, in Zweifel gezogen wird.

Der BGH hat in der Entscheidung Schiedsfähigkeit II, die sich mit der Anfechtung von Gesellschafterbeschlüssen im Rahmen eines Schiedsverfahrens befasst, klargestellt, dass Voraussetzung für die Erstreckung des Schiedsverfahrens auf Dritte ist, dass alle Dritten (dort Gesellschafter), auf die sich die Wirkung des Schiedsspruches beziehen soll, der Schiedsvereinbarung zugestimmt und die Möglichkeit hatten, sich am Schiedsverfahren zu beteiligen und am Verfahren zur Auswahl und Bestellung der Schiedsrichter mitzuwirken.[22]

Das KG nahm bei einem multilateralen Vertrag mit einer Standardschiedsklausel die stillschweigende Vereinbarung eines Mehrparteienschiedsverfahrens an, wenn die Parteien voraussehen konnten und mussten, dass Streitigkeiten aufgrund der Vertragsbeziehungen nicht angemessen in bilateralen Schiedsverfahren entschieden werden können.[23] Dem Streit lag ein Sozietätsvertrag zwischen Anwälten zugrunde, die geltend gemacht hatten, bei gemeinsamer Bestellung eines Schiedsrichters des elementaren Rechts der Benennung eines selbst ausgewählten Schiedsrichters beraubt zu sein.

Mit dem gleichen Ergebnis entschied das OLG Frankfurt[24] einen Streit ebenfalls zwischen Anwälten einer Sozietät mit der Begründung, dass die Sozien keine Gruppe seien, die sich aus einer Vielzahl unabhängiger natürlicher oder juristischer Personen mit gegenläufigen wirtschaftlichen Interessen zusammensetze, sondern eine GbR mit eigener Rechtsfähigkeit. Daher sei schon fraglich, ob ein derartiger Streit überhaupt ein Mehrparteienverfahren darstelle. Denn auf der Seite mit mehreren Anwälten handle es sich um eine Personenmehrheit in ihrer gesamthänderischen Verbundenheit einer rechtlich verselbständigten Personengesellschaft. In jedem Fall liege kein Interessenkonflikt vor, da keine widerstreitenden Interessen auf dieser Parteiseite festzustellen seien. Wie auch später das KG ging das OLG Frankfurt am Main unabhängig von den vorangestellten Überlegungen von einer stillschweigenden Vereinbarung eines Mehrparteienschiedsverfahrens aus, da die Parteien voraussehen konnten und mussten, dass Streitigkeiten aufgrund der Vertragsbeziehungen nicht angemessen in bilateralen Schiedsverfahren entschieden werden können.

Die Rechtsprechung lässt sich also dahin zusammenfassen, dass Mehrparteien-Schiedsverfahren zulässig sind, wenn die Beteiligten einer Parteiseite

- Parteien eines einzigen multilateralen Vertrages (zB eines Gesellschaftsvertrages) sind und der Schiedsvereinbarung zugestimmt haben;
- sich am Schiedsverfahren beteiligen konnten;
- an der Auswahl der Schiedsrichter mitwirken konnten;

und die Ansprüche der oder gegen die Beteiligten einer Parteiseite nur einheitlich beurteilt werden können.

Nach der älteren OLG-Rechtsprechung waren noch folgende zwei Voraussetzungen erforderlich:

- die wirtschaftlichen Interessen der Schiedsbeklagten durften sich nicht widersprechen; und

[22] BGH SchiedsVZ 2009, 233.
[23] KG NJW 2008, 2719.
[24] OLG Frankfurt a. M. SchiedsVZ 2006, 219.

– die Auseinandersetzung konnte im zweiseitigen Verfahren nicht angemessen gelöst werden, was für die Parteien voraussehbar war.

Aufgrund der Spezifika komplexer vertikaler Versicherungsdeckungen werden jedenfalls einige der von der Rechtsprechung geforderten Tatbestandsmerkmale für die Zulässigkeit von Multi-Schiedsverfahren fehlen:

Wie eingangs dargestellt, liegt bei den Verträgen der Layer eines Versicherungsturms nicht ein einzelner multilateraler Versicherungsvertrag zwischen gesellschaftsrechtlich verbundenen Versicherern vor, sondern jedenfalls pro Layer jeweils ein eigenständiges bilaterales Vertragsverhältnis mit dem Versicherungsnehmer, das regelmäßig auch individuell verhandelt wurde. Diese einzelnen Vertragsverhältnisse unterliegen eigenen Schicksalen, sind beispielsweise getrennt anfechtbar, eröffnen möglicherweise eigene Rücktrittsrechte und sind evtl. hinsichtlich der Anspruchshöhe verschieden zu beurteilen, um nur einige Beispiele zu nennen.

Auch die wirtschaftlichen Interessen und Positionen der jeweiligen Versicherer können divergieren. Der Versicherer eines Layers mag an der Vertragsbeziehung zu dem Versicherungsnehmer auch für die Zukunft interessiert sein, andere Versicherer nicht. Höhere Layer könnten der Ansicht sein, dass der Grundversicherer bei Abschluss des Vertrags schlecht verhandelt oder anderweitige Fehler begangen hatte. Die Beurteilung der Deckung wie auch der Schadenshöhe kann auseinanderlaufen. Eine Zusammenarbeit der Versicherer der verschiedenen Layer mag sogar kartellrechtliche Probleme mit sich bringen.[25] In jedem Fall muss jeder Versicherer seine vertragliche und rechtliche Situation für sich alleine analysieren und wird sich nicht ohne eigene Prüfung einfach der Beurteilung der darunterliegenden Layer anschließen. Insoweit gewinnt auch der Umstand, dass Schiedsverfahren regelmäßig der Vertraulichkeit unterliegen, an Bedeutung, da diese in einem gemeinsamen Schiedsverfahren, zB im Hinblick auf Geschäftsgeheimnisse, nicht gewahrt werden kann.

VI. Die Lösungsansätze in der Literatur

In der Literatur wird bei Fehlen einer expliziten Vereinbarung die Möglichkeit eines Multiverfahrens aufgrund stillschweigender Vereinbarung, einer ergänzenden Vertragsauslegung oder von Treu und Glauben für zulässig gehalten.

1. Konkludente Willenserklärung

Eine stillschweigende Willenserklärung kann durch schlüssiges Verhalten oder bloßes Schweigen abgegeben werden.

Im ersten Fall findet das Gewollte nicht in einer Erklärung Ausdruck, sondern der Erklärende nimmt Handlungen vor, die mittelbar einen Schluss auf einen bestimmten Rechtsfolgewillen zulassen.[26] Als Beispiele[27] werden unter anderem

[25] Vgl. *Schaloske,* Das Recht der so genannten offenen Mitversicherung, 2007, S. 433ff.
[26] Vgl. *Ellenberger* in Palandt, BGB, 80. Aufl. 2021, Vorb. § 116 Rn. 6 mwN.
[27] Vgl. die Nachweise bei *Ellenberger* in Palandt, BGB, 80. Aufl. 2021, Vorb. § 116 Rn. 6.

genannt: Die Inanspruchnahme einer entgeltlich angebotenen Leistung, die Fortsetzung eines an sich beendeten Vertrags oder die Zustimmung zu einem Rechtsgeschäft durch Handlungen, die einen Bestätigungswillen erkennen lassen.[28]

Im zweiten Fall kann Schweigen in bestimmten (seltenen) Situationen Erklärungswirkung haben. So kann als Erklärungshandlung gelten, wenn der anwesende Veräußerer seiner vom Notar vorgelesenen Auflassungserklärung nicht widerspricht. Dies gilt auch, wenn der Schweigende verpflichtet gewesen wäre, seinen Willen zum Ausdruck zu bringen, wie es zB in einigen Rechtsvorschriften, etwa §§ 108 Abs. 2, 177 Abs. 2 S. 2, 415 Abs. 2 S. 2 BGB, normiert ist.[29]

a) Zustimmung zum Multiverfahren durch Stillschweigen

Die Meinungen in der Literatur, unter welchen Umständen eine solche konkludente Zustimmung zu einem Multi-Verfahren möglich ist und wann sie vorliegt, gehen auseinander. So wird vertreten, dass sich die Parteien mit einem Mehrparteienschiedsverfahren konkludent einverstanden erklärt haben, wenn sie bei Abschluss der Schiedsklauseln mit der Möglichkeit der Streitgenossenschaft ernsthaft rechnen mussten. Letztlich liegt dem also das Argument zugrunde, durch Schweigen das Einverständnis erklärt zu haben. Dies sei jedenfalls anzunehmen, wenn die Verträge, in denen das Schiedsverfahren vereinbart ist, aufeinander Bezug nehmen, nicht dagegen bei nur gleichlautenden Verträgen.[30] Ersteres soll zumindest dann gelten, wenn die Parteien voraussehen konnten, dass sich die Auseinandersetzung durch eine Aneinanderreihung bilateraler Schiedsverfahren nicht lösen lässt und sofern der wesentliche Inhalt der jeweiligen Schiedsabreden dadurch nicht verändert wird.[31] Andererseits ist anerkannt, dass weder in der ZPO noch beispielsweise in der DIS-Schiedsgerichtsordnung eine Indikation vorhanden ist, dass eine Schiedsvereinbarung auf Dritte, die nicht an dem Vertrag beteiligt sind, ausgedehnt werden kann.[32]

In dem Fehlen einer expliziten Vereinbarung in den Versicherungsverträgen, dass ein Mehrparteien- und Mehrvertragsschiedsverfahren durchgeführt werden kann, dürfte aber ein schlüssiges Verhalten der betroffenen Versicherer, mit einem solchen Verfahren gleichwohl – jedenfalls unter den zuvor vertretenen teilweisen Einschränkungen (zB Voraussehbarkeit) – einverstanden zu sein, nicht ohne Hinzutreten weiterer Umstände angenommen werden können. Eine Bestätigungshandlung, die ein Einverständnis mit einem Mehrparteien- und – Mehrvertragsverfahren indi-

[28] So *Ellenberger* in Palandt, BGB, 80. Aufl. 2021, § 133 Rn. 6b.

[29] *Ellenberger* in Palandt, BGB, 80. Aufl. 2021, Vorb. § 116 Rn. 7 ff.

[30] *Voit* in Musielak/Voit, ZPO, 18. Aufl. 2021, Rn. 10; *Schlosser* in Stein/Jonas, ZPO. 23. Aufl. 2014, § 1034 Rn. 39; *Killias* in Torggler et al., Handbuch der Schiedsgerichtsbarkeit, 2. Aufl. 2017, Rn. 1051, nimmt dagegen offensichtlich uneingeschränkt an, dass bei Vorliegen (weitgehend) identischer Schiedsklauseln in den verschiedenen Verträgen ein implizierter Parteiwillen zur Konsolidierung bzw. Einbeziehung von Dritten vorliege.

[31] *Franz/Keune* VersR 2013, 121 (6); *Schlosser,* Das Recht der internationalen privaten Schiedsgerichtsbarkeit, 2. Aufl. 1989, Rn. 561; *Labes,* Schiedsgerichtsbarkeit in Rückversicherungsverträgen, 1996, S. 32f.

[32] *Bredow/Mulder,* Arbitration in Germany: The Model Law in Practice, 2. Aufl. 2015, Kap. 3 Rn. 1 ff.

ziert, ist im Fehlen einer solchen Erklärung jedenfalls kaum zu sehen. Auch eine Pflicht, einem solchen Verfahren zu widersprechen, da anderenfalls mit ihm Einverständnis bestünde, dürfte nicht zu begründen sein. Insoweit greift zunächst die Grundregel ein, dass Schweigen in der Regel das Gegenteil einer Willenserklärung ist.[33] Vielmehr dürften die Versicherer der Exzedentenlayer, wenn sie sich überhaupt Gedanken zu einem gemeinsamen Schiedsverfahren machen, einem solchen nicht uneingeschränkt positiv gegenüberstehen. Gerade die Versicherer der höheren Layer werden hoffen, dass ein Schaden nicht auf ihre Beteiligung durchschlägt. Ferner dürften sie ein Interesse daran haben, dass sie abwarten können, wie die Verfahren gegen die darunterliegenden Layer ausgehen. Denn dann müssen sie keine eigenen Verfahrenskosten und personellen Ressourcen einsetzen, sondern können sich anschließend gegebenenfalls ohne streitiges Verfahren einigen, oder hoffen, dass der Versicherungsnehmer die weitere Rechtsverfolgung aufgibt. Selbst wenn sie sich konkret Gedanken über ein gemeinsames Verfahren gemacht haben, dürfte daraus nicht die Verpflichtung resultieren, einem solchen in der eigenen Schiedsklausel zu widersprechen, um dem Mehrparteienverfahren zu entgehen.

Daran dürfte auch die Verbindung der einzelnen Layer untereinander – Deckung desselben Risikos – nichts ändern. Denn es verbleiben individuelle Unterschiede wie zB im Rahmen des eigenen Underwritings, die Vereinbarung von Klauseln, zB speziellen Ausschlüssen, die andere Versicherer nicht verlangen, Aushandeln individueller Prämien, eigenständige Schadensregulierung, und das schon dargestellte eigenständige Interesse jedes Versicherers. Vorausschauend wird den Versicherern auch eine Einschätzung nicht möglich sein, ob sich eine streitige Auseinandersetzung nur durch ein gemeinsames Verfahren lösen lassen wird (was so oder so meist nicht zutreffen sein dürfte, warum auch?), oder auch durch aufeinander folgende bilaterale. Auch die Wahl des Schiedsrichters kann für die beklagten Versicherer von grundsätzlicher Bedeutung, eine Einigung hierüber mit den anderen Versicherern daher nicht wünschenswert sein. Denn die spezifischen Kenntnisse des benötigten Schiedsrichters können für die verschiedenen Layer unterschiedlich sein. Der Grundlayer zieht wegen der anstehenden Rechtsfragen vielleicht einen Gesellschaftsrechtler vor, der Versicherer eines hohen Exzedentenlayer dagegen einen Versicherungsvertragsrechtler oder einen Spezialisten in der Schadensberechnung.

Es fällt daher schwer, ohne Hinzutreten weiterer Umstände in der bloßen Vereinbarung einer Schiedsklausel im eigenen Exzedentenversicherungsvertrag, die ein Multiverfahren nicht ausdrücklich zulässt, eine Bestätigung des Einverständnisses eines Versicherers mit einem solchen Mehrparteien- und Mehrvertragsverfahren zu sehen. Auch eine Pflicht des Exzedentenversicherers, ausdrücklich einem solchen „Multiverfahren" im Versicherungsvertrag quasi prophylaktisch zu widersprechen, da anderenfalls das Schweigen als Zustimmung zu werten wäre, dürfte eher fernliegend sein.

Hierbei ist auch zu bedenken, dass, wie erwähnt, derartige Versicherungsverträge in der Regel durch große Maklerfirmen oder firmeneigene Vermittler mit weitreichenden Erfahrungen platziert werden. Wenn diese die Frage mit den Parteien

[33] *Ellenberger* in Palandt, BGB, 80. Aufl. 2021, Vorb. § 116 Rn. 7.

nicht besprechen oder keine ausdrückliche Regelung treffen, spricht auch insoweit mehr dagegen als dafür, dass ein Multiverfahren vereinbart werden soll.

b) (Weitgehend) übereinstimmende Schiedsklausel

Wie erwähnt, sollen nach einer Literaturmeinung übereinstimmende Schiedsklauseln in den verschiedenen Verträgen der Exzedenten für die Zulässigkeit eines einheitlichen Schiedsverfahrens streiten. Dieses Argument hat auf den ersten Blick gewissen Charme, täuscht aber darüber hinweg, dass die meisten Schiedsvereinbarungen, sei es für Ad hoc- oder die naheliegenden institutionellen Verfahren (DIS und ARIAS), möglicherweise sprachlich etwas voneinander abweichen, inhaltlich aber identisch sein dürften (drei Schiedsrichter, Verfahrenssprache). Denn sowohl Gesetz, § 1034 Abs. 1 S. 2 ZPO, wie auch die institutionellen Schiedsordnungen gehen im Regelfall von drei Schiedsrichtern aus, von denen jede Partei einen, und die beiden von den Parteien benannten Schiedsrichter den Obmann nominieren. Allenfalls bei der Qualifikation der Schiedsrichter, beim Schiedsort, der Schiedssprache oder der Wahl der Schiedsordnung selbst sind Unterschiede näherliegend. Etwaige sprachliche Unterschiede in den Schiedsklauseln könnten also gerade auch dafür sprechen, dass kein Einverständnis mit einem derartigen Multiverfahren besteht, auch wenn die Schiedsklauseln inhaltlich übereinstimmen.

Da die Schiedsklauseln aber meist von den Maklern des Versicherungsnehmers vorgeschlagen werden dürften, werden auch insoweit weitgehend übereinstimmende Schiedsklauseln vorliegen, woraus man kaum ein konkludentes Einverständnis mit einem Multi-Verfahren herleiten können wird.[34]

c) Zulässigkeit wegen Verfahrensökonomie und Einheitlichkeit der Entscheidungen?

Manche Autoren[35] argumentieren, dass ein gemeinsames Schiedsverfahren der Verfahrensökonomie und einheitlichen Entscheidungen diene und daher auch ohne ausdrückliche Vereinbarung zulässig sei. Dabei unterstellen sie offenkundig, dass die Parteien ebendies wünschen.

aa) Mehrparteien- und Mehrvertrags-Schiedsverfahren erscheinen auf den ersten Blick in der Tat insofern effizienter, als der Streit zwischen einem Versicherungsnehmer und einer Vielzahl von Versicherern in einem einzigen Verfahren erledigt würde. Dies ist, jedenfalls für den Schiedskläger, potentiell zeit- und möglicherweise auch kostensparend, muss er doch nicht – nacheinander – Schiedsklagen gegen die verschiedenen Layer erheben, deren Entscheidungen für die Folge-Layer nicht einmal bindend sind. Auch wird durch ein einziges gemeinsames Verfahren vermieden, dass zu – überwiegend – identischen Rechtsfragen divergierende Entscheidungen ergehen. Daher wird ins Feld geführt, dass die Effizienz eines „Multi"-Verfahrens ein Argument sein kann, eine konkludente Zustimmung der

[34] Zumal der Makler gerade auf ein gemeinsames Schiedsverfahren hätte drängen und ein solches in den jeweiligen Klauseln einführen können (argumentum e contrario).

[35] *Berger* SchiedsVZ 2009, 289, 292; *Born,* International Commercial Arbitration, 2. Aufl. 2014, S. 143f.

Parteien zu einem solchen Verfahren anzunehmen.[36] Andere Autoren führen zum gleichen Thema dagegen ins Feld, dass die Parteien möglicherweise aufgrund taktischer Überlegungen absichtlich keine Abrede getroffen haben, die ein Mehrparteien- und -Vertragsverfahren erlauben würde.[37]

Gegen die Effizienzbegründung sprechen allerdings andere gewichtige Umstände: Zunächst kann sie nicht den Parteiwillen quasi als Rechtsgrundsatz aushebeln. Wenn überhaupt, kann sie allenfalls im Rahmen der ergänzenden Vertragsauslegung Berücksichtigung finden, wenn dafür konkrete Anhaltspunkte bestehen.

Dagegen spricht aber vor allem, dass die Schiedsbeklagten sich auf einen gemeinsamen, von ihnen bestellten Schiedsrichter einigen müssten, um eine Fremdbestellung zu verhindern. Da Schiedsverfahren gerade auch die Möglichkeit und den Vorteil der Auswahl eines Schiedsrichters bieten, ist dies nicht nur eine Einschränkung der Rechte der Schiedsbeklagten, sondern führt möglicherweise zu Streit zwischen ihnen.[38] Bei Versicherungstürmen mit mehreren Layern und vielen Versicherern wird es häufig schwierig sein, dass sich diese auf einen Schiedsrichter einigen. Die Fremdbestimmung des Schiedsrichters durch das Gericht oder Schiedsorganisation wird nicht im Interesse des jeweiligen Versicherers liegen.

Die Schiedsrichter müssten sich mit einer Fülle von unterschiedlichen Parteivorträgen und Beweisangeboten der einzelnen Versicherer auseinandersetzen. Denn, wie erwähnt, unterliegen die Verträge der einzelnen Layer verschiedenen Wirksamkeitsbeurteilungen. Die Schadenhöhe kann die Layer unterschiedlich betreffen; die prozentuale Beteiligung bei einem Vergleich kann erfahrungsgemäß zu erheblichen Meinungsverschiedenheiten zwischen den Versicherern der diversen Layer führen. Zudem beauftragen die einzelnen Layer schon wegen Vermeidung möglicher Interessenkonflikte jeweils verschiedene Anwaltskanzleien, die bestrebt sind, individuell vorzutragen. Schriftsätze in Schiedsverfahren mit komplexen Sachverhalten und hohen Summen tendieren dazu, extrem lang und Beweisangebote vielfältig zu sein. Da das Schiedsgericht alle diese Einwendungen und relevante Beweisangebote berücksichtigen muss, wird es also erhebliche Mehrarbeit gegenüber einem Zweiparteienverfahren haben, wodurch sich die Kosten erhöhen und die Verfahrensdauer in die Länge ziehen wird (so zB auch durch zeitlich gestaffelten Vortrag auf Beklagtenseite).

Summa summarum ist es daher höchst fraglich, ob ein derartiges Vielparteienverfahren wirklich nennenswert effizienter ist als getrennte Schiedsverfahren.

Last-but-not-least ist die Prozessökonomie per se kein dogmatisches Argument, das gesetzliche System, dass alle Beteiligten mit einem gemeinsamen Schiedsverfahren einverstanden sein müssen, zu umgehen. Eine konkludente Zustimmung aller Parteien aufgrund vermeintlicher Prozessökonomie wird sich daher im Regelfall nur sehr schwer begründen lassen. So führen bereits Bredow und Mulder aus, dass

[36] *Waincymer,* The Process of an Arbitration, 2012, Chapter 11, S. 507.

[37] *Hainotiau,* Complex Arbitrations, 2006, S. 104.

[38] Für diesen Fall sehen § 1035 Abs. 3 – 5 ZPO sowie die meisten institutionellen Schiedsordnungen, so zB Art. 12.1 DIS-Schiedsgerichtsordnung, eine Bestellung durch ein Gericht oder die Schiedsorganisation vor.

übergeordnete Effizienzüberlegungen kein maßgebliches Auslegungskriterium für ein Mehrparteien- und -vertragsverfahren darstellen.[39]

bb) Für die Zulässigkeit von Multiverfahren wird, wie erwähnt, auch ins Feld geführt, dass Aspekte des Rechtsfriedens und der Vermeidung von divergierenden Entscheidungen maßgeblich seien.[40] Zu Recht wird dagegen eingewandt, dass es einen derartigen Ordre-public-Grundsatz nicht gibt, und dass gerade im Schiedsverfahren der Grundsatz der Parteiautonomie Vorrang haben muss.[41]

cc) Ein Aspekt, der für ein einheitliches Verfahren aus praktischen Erwägungen sprechen könnte, ohne jedoch eine konkludente Zustimmung der Parteien zu ersetzen, sind mögliche Probleme, ausreichend qualifizierte Schiedsrichter für die Folgeverfahren zu finden. Viele Schiedsklauseln, ausgehend von solchen in Rückversicherungsverträgen,[42] verlangen von den Schiedsrichtern eine bestimmte Qualifikation, Erfahrung im Versicherungsrecht oder in der Versicherungsbranche.[43] Da zusätzlich auch Erfahrungen als Schiedsrichter, möglichst noch eine juristische Ausbildung, bei der Auswahl für nötig erachtet werden dürften, und jedenfalls in Rückversicherungsverträgen traditionell aktive oder im Ruhestand befindliche Direktoren von (Rück-)Versicherungsgesellschaften[44] verlangt werden, ist die Zahl potentiell geeigneter Schiedsrichter begrenzt. Aktive Direktoren von Konkurrenzunternehmen werden schon deshalb von Versicherern in der Regel vermieden, um gegenüber anderen Unternehmen keine Interna bekannt werden zu lassen. Hinzukommt, dass eine in einem vorangegangenen Schiedsverfahren unterlegene Partei gegen die Bestellung eines Schiedsrichters, der bereits in diesem Vorverfahren tätig war, meist Einwendungen wegen angeblicher Voreingenommenheit erheben wird. Während die obergerichtliche Rechtsprechung[45] in einem derartigen Fall der Vorbefasstheit keine Besorgnis der Befangenheit und damit keinen Ablehnungsgrund sieht, scheint zB die DIS eine Bestellung eines solchen Schiedsrichters abzulehnen. Bei aufeinander folgenden Schiedsverfahren eines Versicherungsturms kann also die Gefahr aufkommen, dass die späteren Schiedsparteien Probleme haben, geeignete Schiedsrichter zu finden. Ob dies aber ausreicht, eine konkludente Zustimmung der betroffenen Versicherer zu einem Multiverfahren zu fingieren, ist fraglich. Denn an ein solches Problem werden sie bei Vereinbarung des Schiedsverfahrens nicht gedacht haben, und ihre oben erwähnten Interessen, die gegen ein Multiverfahren sprechen, auf jeden Fall schwerer gewichten.

---

[39] *Bredow/Mulders,* Arbitration in Germany, The Model Law in Practice, 2. Aufl. 2015, Kap. 3 Rn. 1ff.; ebenso *Mazza/Menz* SchiedsVZ, Beilage zu Heft 1/2018, 39 (42).

[40] So jedenfalls für Streitverkündungen *Bartels* BB 2001, Beilage 7, S. 21.

[41] *Elsing* SchiedsVZ 2004, 88; aM *Bartels* BB 2001, Beilage 7, S. 21. Auch staatliche Gerichte sind jedenfalls auf horizontaler Ebene nicht an Entscheidungen anderer Spruchkörper gebunden.

[42] S. *Busse/Labes* in Lüer/Schwepcke, Rückversicherungsrecht, 2013, S. 798.

[43] So beispielsweise die ARIAS Schiedsklausel, → Fn. 20.

[44] Vgl. Muster-(Proportionaler)Rückversicherungsvertrag in *Gerathewohl,* Rückversicherung Band II, 1976, S. 865.

[45] OLG Frankfurt am Main 17.12.2014 – 16 SchH 12/14; HansOLG Hamburg 11.3.2003 – 6 SchH 03/02; OLG Köln VersR 1996/1125.

2. Ergänzende Vertragsauslegung?

Näher als eine konkludente Zustimmung läge daher eine ergänzende Vertragsauslegung, deren sedes materiae § 157 BGB ist. Danach sind Verträge so auszulegen, wie Treu und Glauben mit Rücksicht auf die Verkehrssitte es erfordern. Die ergänzende Vertragsauslegung hat den Zweck, Lücken der rechtsgeschäftlichen Regelungen eines Vertrages zu schließen.[46] Unter einer Regelungslücke in diesem Zusammenhang wird eine „planwidrige Unvollständigkeit" verstanden.[47] Eine solche Unvollständigkeit liegt dann vor, wenn im Vertrag eine Regelung fehlt, die erforderlich ist, „den ihm zugrundeliegenden Regelungsplan zu verwirklichen", und wenn ohne die Ergänzung eine interessengerechte Lösung nicht zu erzielen wäre.[48] Auch wenn eine derartige Regelungslücke mehrere Ursachen haben kann, sind die häufigsten Fälle, dass die Parteien die Regelungsbedürftigkeit eines bestimmten Punktes nicht bedacht haben,[49] dass sie eine bestimmte Regelung nicht für notwendig gehalten[50] oder sich im Laufe der Vertragsabwicklung relevante Verhältnisse nachträglich geändert haben.[51] Eine Lücke liegt im Gegensatz dazu nicht vor, wenn vereinbarte Regelungen nach den Vorstellungen der Parteien abschließend sein sollten.[52]

Ob die Vereinbarung eines Mehrparteien- und Mehrvertragsschiedsverfahrens von den Parteien nicht gewollt oder gewollt war, aber schlicht übersehen wurde, ist zunächst eine Sachverhaltsfrage. Die Schiedsklagepartei mag die nicht kommunizierte Vorstellung gehabt haben, ggf. alle Versicherer gemeinsam verklagen zu können. Die Versicherer dagegen hatten hierzu möglicherweise entweder keine Überlegungen angestellt oder sind davon ausgegangen seien, dass eine gemeinsame streitige Inanspruchnahme nicht stattfinden soll, da sie hierauf von der Schiedsklägerin bzw. deren Versicherungsmakler nicht angesprochen wurden. Gerade wegen der meist vereinbarten Erschöpfungsklausel werden die Exzedentenversicherer damit gerechnet haben, nicht gleichzeitig mit den darunter liegenden Layern verklagt zu werden. Auch werden sie wegen der gegenüber den unteren Layern prozentual niedrigeren Prämie darauf vertraut haben, dass der relevante Sachverhalt, der für alle Versicherer identisch ist (zB Ursache und Eintritt des Versicherungsfalles), in dem Verfahren gegen den Grundlayer aufgeklärt wird, die spezifischen Umstände ihrer eigenen Verträge (beispielsweise Fragen der vorvertraglichen Anzeigepflicht oder der Schadenhöhe) dagegen in den späteren einzelnen Verfahren.

Es spricht daher mehr dagegen als dafür, dass eine unbewusste Regelungslücke vorliegt, wenn keine ausdrückliche Vereinbarung, wonach alle Versicherer gemeinsam verklagt werden konnen, getroffen wurde.

---

[46] St. Rspr., vgl. zB BGH NJW-RR 2005, 687.

[47] Vgl. im Einzelnen die Nachweise bei *Ellenberger* in Palandt, BGB, 80. Aufl. 2021, § 157 Rn. 3.

[48] BGH NJW 2007, 2987.

[49] BGH NJW-RR 1991, 177.

[50] BGH NJW 2002, 1260.

[51] BGH NJW-RR 2005, 687.

[52] BGH NJW 1985, 1835; OLG Hamm NJW-RR 2004, 298.

3. Zustimmungsverpflichtung aufgrund von Treu und Glauben

Wenn ein Versicherungsfall, der alle Versicherer betrifft, ein zusammengehöriges Versicherungsprogramm und identische Schiedsklauseln vorliegen, sollen die Versicherer nach Treu und Glauben verpflichtet sein können, nach § 242 BGB einem gemeinsamen Schiedsverfahren zuzustimmen.[53]

Selbst wenn man zwischen den Versicherern der verschiedenen Layer eine für die Anwendbarkeit des § 242 BGB notwendige rechtliche Sonderverbindung annehmen wollte, kann diese Ansicht im Rahmen der notwendigen Interessenabwägung[54] nicht begründen, warum das Interesse des Versicherungsnehmers an einem gemeinsamen Schiedsverfahren die Individualinteressen der Versicherer, die gegen ein solches sprechen können, überwiegen soll.

VII. Zusammenfassung

Streitige schiedsgerichtliche Auseinandersetzungen gegen die Versicherer eines Versicherungsturms können zu der Frage der Zulässigkeit eines Mehrparteienverfahrens und gleichzeitig auch eines Mehrvertragsverfahrens führen. Während eine einzige Schiedsklage gegen die Versicherer einer (horizontalen) „offenen" Mitversicherung, die in einer Police dokumentiert ist, ohne weiteres möglich sein dürfte,[55] erscheint dies bei einer Schiedsklage gegen die Versicherer unterschiedlicher Layer problematisch, wenn in den Schiedsklauseln derartige Multiverfahren nicht ausdrücklich zugelassen sind oder die Versicherer nicht nachträglich einem solchen Verfahren zustimmen. Häufig, wenn nicht meist, wird ohne Vorliegen konkreter weiterer Umstände eine konkludente Zustimmung der Versicherer zu einem derartigen Verfahren fehlen, und könnte allenfalls im Wege der ergänzenden Vertragsauslegung angenommen werden. Aber auch danach wird sich die Zulässigkeit nur in den wenigsten Fällen begründen lassen. Eine Verpflichtung, aufgrund von Treu und Glauben, einem Multiverfahren zuzustimmen, dürfte zu verneinen sein.

Will man daher nicht auf die Bereitschaft der Versicherer vertrauen, einem Multiverfahren nachträglich freiwillig zuzustimmen, sollte das Einverständnis hierfür bereits in den Schiedsklauseln ausdrücklich vereinbart werden. Die den Versicherungsnehmer betreuenden Vermittler haben insoweit die Möglichkeit, die Zustimmung der Versicherer zu erfragen und Klarheit zu schaffen.[56] Allerdings dürfte eine allen Layern und der konkreten Vertragssituation gerecht werdende Schiedsklausel im Einzelfall nur schwer zu formulieren sein, da hierbei sensible individuelle Interessen (etwa Bestellung eines gemeinsamen Schiedsrichters, Vertraulichkeit, Zusam-

---

[53] *Katschthaler/Topsch* in Höra, Münchener Anwaltshandbuch Versicherungsrecht, 4. Aufl. 2017, Rn. 143.

[54] Vgl. *Grüneberg* in Palandt, BGB, 80. Aufl. 2021, § 242 Rn. 7.

[55] Auf die Auswirkung einer Prozessführungsklausel soll hier nicht eingegangen werden.

[56] Insoweit wird von *Katschthaler/Topsch* in Höra, Münchener Anwaltshandbuch Versicherungsrecht, 4. Aufl. 2017, Rn. 143, ein Rahmenvertrag angeregt, dem die einzelnen Versicherungsverhältnisse unterstellt werden. Ob dies aber an der generellen Interessenproblematik etwas ändern würde, steht dahin.

menarbeit der Versicherer, spezifische Einwendungen wegen teils unterschiedlicher Vertragsinhalte, Ausschöpfungsregeln) moderiert werden müssten. In einer Reihe von Konstellationen, gerade bei vielen Layern mit vielen Versicherern und hohen Deckungssummen, wird ein Multiverfahren eher kontraproduktiv sein. Ein solches Verfahren kann aber auch unpraktikabel sein, wenn die Versicherer Ablehnungsgründe geltend machen, die auf andere Layer nicht zutreffen (etwa Anfechtung, Einwendungen zur Schadenhöhe). Auch sollte nicht von vorneherein infrage gestellt werden, dass eine Parteiseite aus wirtschaftlicher Vernunft bereit sein könnte, einen überzeugend begründeten Schiedsspruch gegen den Grundlayer als für sich verbindlich anzuerkennen.

MEINRAD DREHER

PKV-Öffnungsaktionen für Beamte im Lichte des Kartellrechts

I. Einleitung

Mehrfach in den vergangenen Jahren haben Versicherungsunternehmen, die in der Privaten Krankenversicherung (PKV) tätig sind, sogenannte Öffnungsaktionen betrieben, um vor allem Beamten und ihren Angehörigen, die freiwillig in der Gesetzlichen Krankenversicherung (GKV) versichert sind, den Weg in die PKV, die die von der staatlichen Beihilfe nicht gedeckten Kosten erfasst, zu erleichtern. Derartige Aktionen, bei denen zahlreiche Versicherungsunternehmen gemeinsam und unter Einbeziehung des PKV-Verbands handeln, sind in Bezug auf das Selbständigkeitspostulat und den Geheimwettbewerb als tragende Grundsätze des deutschen sowie des europäischen Kartellrechts nicht selbstverständlich. Vor dem Hintergrund geht es im Folgenden zunächst um eine kurze Darstellung des rechtstatsächlichen Geschehens (→ II.). Sodann ist das koordinierte Handeln anhand der einzelnen tatbestandlichen Voraussetzungen des Kartellverbots zu würdigen. Dabei geht es insbesondere um die Fragen der Wettbewerbsbeschränkung und der Freistellung (→ III.).

Mit dem Beitrag hofft der Verfasser zugleich auf das Interesse des Jubilars, der zwar das Kartellrecht allgemein und das Versicherungskartellrecht speziell nicht zu seinen Schwerpunkten zählt, aber auf der Grundlage einer sehr breitflächigen, jahrzehntelangen praktischen und wissenschaftlichen Befassung mit dem Privatversicherungsrecht allen sonstigen Rechtsfragen mit Versicherungsbezug – immer wieder auch im Dialog mit dem Verfasser dieses Beitrags – ebenfalls mit großer Aufgeschlossenheit und intellektueller Neugier begegnet ist.

II. Die PKV-Öffnungsaktion von 2020/2021 als Beispiel

Wie schon zuvor haben Unternehmen der PKV und der PKV-Verband eine Sonderöffnungsaktion der PKV für Beamte als GKV-Mitglieder zuletzt in der Zeit vom 1.10.2020 bis zum 31.3.2021 durchgeführt. Im Einzelnen ging es dabei um den nachfolgend zusammengefassten Sachverhalt.[1]

---

[1] Vgl. näher PKV-Verband der Privaten Krankenversicherung, PKV startet Sonder-Öffnungsaktion für Beamte, Pressemeldung vom 25.6.2020 (im Folgenden abgekürzt zitiert als PKV-Pressemeldung); PKV-Verband der Privaten Krankenversicherung, Erleichterte Aufnahme in die Private Krankenversicherung für Beamte und deren Angehörige – Öffnungsaktionen der Privaten Krankenversicherung, Stand: Juli 2020 (www.pkv.de, 16 Seiten, zuletzt am 6.10.2021 abgerufen,

Zentral für jede und damit auch für die beispielhaft angeführte Öffnungsaktion ist die Aufnahme von Beamten in die PKV zu Bedingungen, die von den sonst geltenden Bedingungen abweichen, weil sie weniger streng sind. Die PKV-Öffnungsaktion begründete der Vorsitzende des Vorstands des PKV-Verbands wie folgt: „In einem Zeitfenster vom 01.10.2020 bis 31.03.2021 können die teilnahmeberechtigten Beamten zu erleichterten Bedingungen in eine beihilfekonforme PKV aufgenommen werden. Keiner wird aus Risikogründen abgelehnt. Es gibt keine Leistungsausschlüsse. Und sollten wegen bereits bestehender Vorerkrankungen erhöhte gesundheitliche Risiken vorliegen, werden erforderliche Zuschläge auf maximal 30% des Beitrags begrenzt.“[2] Dementsprechend begründet er die Abweichung der Aufnahmebedingungen zu den sonst geltenden Bedingungen mit folgenden Worten: „Um diesen Beamten auch nachträglich noch Wahlfreiheit zu geben, in die PKV zu wechseln, haben wir uns für den Start einer Sonder-Öffnungsaktion entschieden. Davon profitieren insbesondere Beamtinnen und Beamte, bei denen Vorerkrankungen bestehen, die nach dem Äquivalenzprinzip der PKV üblicherweise hohe Risikozuschläge erfordern oder einen Versicherungsschutz sogar ganz ausschließen können.“[3]

Details zu der PKV-Öffnungsaktion enthält die PKV-Broschüre. Dabei geht es zunächst um die grundsätzlichen Teilnahmevoraussetzungen und die Teilnahmeberechtigten. Zu Letzteren gehören außer Beamten auf Widerruf und Beamtenanfängern auch „freiwillig gesetzlich versicherte Beamte, die bereits am 31.12.2004“ beihilfeberechtigte Beamte auf Probe, auf Zeit oder auf Lebenszeit bzw. Richter oder Versorgungsempfänger waren, sowie erstmals bei der Beihilfe berücksichtigungsfähige Angehörige.[4] Im Rahmen der Sonderöffnungsaktion gilt allerdings die Voraussetzung einer Verbeamtung vor dem 1.1.2005 für freiwillig in der GKV versicherte Beamte nicht.[5]

Sodann geht es in der PKV-Broschüre vor allem um „die erleichterten Bedingungen“.[6] Sie beziehen sich unter anderem darauf, dass Antragsteller nicht abgelehnt, Leistungsausschlüsse nicht vorgenommen und Risikozuschläge „auf maximal 30% des tariflichen Beitrages begrenzt“ werden. Weiter finden Regelungen der MB/KK bzw. unternehmensindividuelle AVB zum Ausschluss von Leistungen für Versicherungsfälle, die vor Beginn des Versicherungsvertrags eingetreten sind, „keine Anwendung“. Schließlich wird auch kein Risikozuschlag in der privaten Pflegepflichtversicherung erhoben.

Ferner nennt die PKV-Broschüre „teilnehmende Versicherungsunternehmen“.[7] Dabei handelt es sich um „private Krankenversicherungsunternehmen, die sich

---

im Folgenden abgekürzt zitiert als PKV-Broschüre); vgl. auch die Berichte o. V., Druck auf das Beamtengeschäft – Öffnungsaktion als Signal der PKV, ZfV 2020, 411 und *Lier,* Private Krankenversicherer mit Sonder-Öffnungsaktion für Beamte, www.versicherungsjournal.de vom 25.6.2020.

[2] PKV-Pressemeldung vom 25.6.2020.

[3] PKV-Pressemeldung vom 25.6.2020; ähnlich PKV-Broschüre, S. 1.

[4] Vgl. PKV-Broschüre, S. 3ff.

[5] PKV-Broschüre, S. 8.

[6] PKV-Broschüre, S. 9ff.

[7] PKV-Broschüre, S. 11ff.

ganz oder teilweise an den Öffnungsaktionen für Beamte beteiligen". Dies sind insgesamt 16 PKV-Unternehmen. Da der PKV-Verband 42 ordentliche Mitglieder hat, von denen 36 die Krankheitsvollversicherung anbieten,[8] nahmen also an der letzten Öffnungsaktion fast 50% der verbandsangehörigen, einschlägig tätigen Versicherungsunternehmen teil.

III. PKV-Öffnung als koordiniertes unternehmerisches Handeln und Kartellrecht

1. Unternehmen und Verbände als Adressaten des Kartellrechts

Nach § 1 GWB, der nahezu wortgleich zu Art. 101 Abs. 1 AEV ist, richtet sich das Kartellverbot an Unternehmen und Unternehmensvereinigungen. Die an der PKV-Öffnungsaktion beteiligten Versicherungsunternehmen und der PKV-Verband sind daher grundsätzlich ohne weiteres Normadressaten des Kartellverbots.

2. Vereinbarung oder Beschluss

Während es bei den Versicherungsunternehmen, die an einer PKV-Öffnungsaktion beteiligt sind, im Sinne von § 1 GWB grundsätzlich um eine Vereinbarung geht, gilt für den PKV-Verband das Tatbestandsmerkmal des Beschlusses. Da der unternehmens- und verbandsinterne Entstehungsprozess sowie die Rechtsnatur der Koordinierungshandlung für die Öffnungsaktion nicht publik sind, kann jedenfalls von einer über den PKV-Verband gesteuerten Vereinbarung der beteiligten Versicherungsunternehmen ausgegangen werden. Je nach den konkreten Umständen könnte aber auch ein Verbandsbeschluss – ohne Bindungswirkung für die nichtbeteiligten Versicherungsunternehmen – vorliegen. Für die materiell-rechtliche und nicht rechtsfolgenbezogene Beurteilung des Vorgangs, um die es vorliegend ausschließlich geht, kann die Frage im Ergebnis unbeantwortet bleiben.

3. Markt

Eine Marktabgrenzung ist für § 1 GWB zwar nicht in jedem Fall zwingend.[9] Jedoch setzt jede horizontale Verhaltenskoordinierung, wie sie bei einer PKV-Öffnungsaktion in Frage steht, ein tatsächliches oder potentielles Wettbewerbsverhältnis voraus. Der sachlich relevante Markt[10] ist nach dem Bedarfsmarktkonzept grundsätzlich aus der Sicht der Marktgegenseite zu bestimmen. Dies sind im vorliegenden Zusammenhang die beamteten Nachfrager nach beihilfeergänzenden privaten Krankenvollversicherungsverträgen. Die PKV-Broschüre verweist daher

---

[8] Vgl. www.pkv.de, Stand 6.10.2021.

[9] Vgl. *Dreher/Kulka,* Wettbewerbs- und Kartellrecht, 11. Aufl. 2021, Rn. 780f. und speziell zur Marktabgrenzung im Versicherungskartellrecht *Dreher/Hoffmann/Kling,* Kartell- und Wettbewerbsrecht der Versicherungsunternehmen, 2. Aufl. 2015, § 5.

[10] Die Frage des zeitlich relevanten Markts, d. h. die Dauer der Öffnungsaktion, spielt in dem vorliegenden Zusammenhang ebenso wenig eine Rolle wie der räumlich relevante Markt.

unter der Rubrik „Gegenstand der Öffnungsaktion" zutreffend darauf, dass es um „die sogenannte beihilfekonforme Restkostenversicherung" geht.[11]

4. *Zwischenstaatlichkeit*

Über die Frage, ob auf ein horizontal koordiniertes Verhalten ausschließlich deutsches oder sowohl deutsches als auch – mit Vorrang – europäisches Kartellrecht anwendbar ist, entscheidet die Zwischenstaatlichkeit des Sachverhalts.[12] Zwar erfüllen nach der Rechtsprechung des EuGH Sachverhalte, in denen – wie im vorliegenden Zusammenhang – ein EU-Mitgliedstaat insgesamt betroffen ist, die Zwischenstaatlichkeitsklausel von Art. 101 Abs. 1 AEUV.[13] Allerdings geht es in dieser Rechtsprechung um die marktabschottende Wirkung eines Verhaltens. Vor dem Hintergrund, dass von einer PKV-Öffnungsaktion ausschließlich Beamte inländischer Körperschaften betroffen und ausschließlich PKV-Versicherungsunternehmen mit Sitz in Deutschland beteiligt sind, könnte die Zwischenstaatlichkeit der Verhaltenskoordinierung fraglich sein. Zwar ist es möglich, dass im Gegenzug auch aktive Beamte sowie Versorgungsempfänger mit Aufenthalt im EU-Ausland und ebenfalls dort ansässige Angehörige – unabhängig vom Wohnsitz und Aufenthalt der teilnahmeberechtigten Beamten – betroffen sind. Vorliegend kann die Frage, ob die Zwischenstaatlichkeitsklausel mit der Folge eines Vorrangs des europäischen Kartellrechts erfüllt ist, aber im Ergebnis offenbleiben. Denn die bei paralleler Anwendbarkeit nach Art. 3 VO 1/2003 und – deklaratorisch – § 22 GWB potenziell bestehenden Normkonflikte oder unterschiedlichen Auslegungen wortgleicher Tatbestandsmerkmale durch den EuGH und den BGH[14] spielen im vorliegenden Zusammenhang keine Rolle. Daher erfolgt bei den weiteren Ausführungen eine Bezugnahme allein auf § 1 GWB.

5. *Wettbewerbsbeschränkung*

Bei dem Tatbestandsmerkmal der Wettbewerbsbeschränkung in § 1 GWB geht es darum, ob die Wettbewerbsbedingungen aufgrund des Verhaltens der beteiligten Unternehmen nicht den normalen Bedingungen des Marktes entsprechen.[15] Um die Frage zu beantworten, bedarf es daher jenseits weniger Hardcore-Kartelle, die immer eine Wettbewerbsbeschränkung zum Gegenstand haben, einer wertenden Betrachtung der Umstände des Einzelfalls. Der Tatbestand ist zu bejahen, wenn die konkrete Handlung in dem Sinne eine wettbewerbsbeschränkende Funktion hat, dass sie die Handlungsfreiheit der Beteiligten oder Dritter über die bloße Ausübung der Vertragsfreiheit auf der Grundlage des Wettbewerbs als offener Prozess hinaus beeinträchtigt.[16]

---

[11] PKV-Broschüre, S. 9.
[12] Vgl. ausf. *Dreher/Kulka,* Wettbewerbs- und Kartellrecht, 11. Aufl. 2021, Rn. 844ff., 879ff.
[13] Vgl. zB EuGH 23.11.2006 – C-238/05 Tz. 37, WuW/E EU-R 1235 – Asnef-Equifax.
[14] Vgl. *Dreher/Kulka,* Wettbewerbs- und Kartellrecht, 11. Aufl. 2021, Rn. 729ff., 847ff. m. z. N.
[15] Ständige Rechtsprechung, vgl. zB schon EuGH 28.5.1998 – C-7/95 P Tz. 87, WuW/E EU-R 75 – Deere.
[16] Vgl. näher *Dreher/Kulka,* Wettbewerbs- und Kartellrecht, 11. Aufl. 2021, Rn. 919f.

Legt man diesen Maßstab an eine PKV-Öffnungsaktion an, zeigt sich deutlich ein wettbewerbliches Gefährdungspotenzial. Die teilnehmenden PKV-Versicherungsunternehmen vereinbaren einheitliche Kriterien für die Aufnahme von Beamten und anderen Personen in die PKV sowie Einzelheiten der mit ihnen abzuschließenden Versicherungsverträge.[17] Im Einzelnen geht es zunächst um den Vertragsschluss mit antragstellenden Beamten als solchen. Die Vereinbarung der Versicherungsunternehmen, Antragsteller, die die Bedingungen im Übrigen erfüllen, nicht abzulehnen, beseitigt die Vertragsfreiheit. Sie führt zu einem Kontrahierungszwang für alle beteiligten PKV-Versicherungsunternehmen. In gleicher Weise betroffen ist sodann aber auch der Bedingungswettbewerb. Ohne eine Öffnungsaktion besteht bezüglich der Annahme von Anträgen auf Abschluss eines Versicherungsvertrags und dem Inhalt der Verträge entsprechend den kartellrechtlichen Grundsätzen des Selbständigkeitspostulats bzw. des Geheimwettbewerbs zwischen Versicherungsunternehmen Wettbewerb. Sie versuchen jeweils ausschließlich auf individueller Basis, d.h. unternehmensindividuell festgelegter Bedingungen, Beamte für die PKV-Vollversicherung in Ergänzung der staatlichen Beihilfe zu gewinnen. Die Aufnahme von Versicherungsnehmern und Versicherten im Rahmen einer Öffnungsaktion bedeutet dagegen unter anderem, dass es Leistungsausschlüsse nicht gibt. Darin liegt ein Verzicht der beteiligten Versicherungsunternehmen auf einen sonst wesentlichen risikobezogenen Wettbewerbsparameter im Bedingungswettbewerb. Schließlich geht es bei einer Öffnungsaktion aber auch um den Preiswettbewerb. Zwar gibt es keine direkte Abstimmung zwischen den Versicherungsunternehmen über Preise, d.h. Versicherungsprämien. Allerdings werden die Risikozuschläge unabhängig von der Risikolage für jeden Antragsteller, der die Bedingungen im Übrigen erfüllt, „auf maximal 30% des tariflichen Beitrages begrenzt".[18] Damit liegt im Sinne des Kartellrechts eine Höchstpreisbindung im Horizontalverhältnis vor. Auch wenn eine solche Bindung aus Nachfragersicht günstig sein sollte, ändert dies nichts an dem dafür grundsätzlich geltenden kartellrechtlichen Verbot.[19] Denn ein potenzieller Nutzen für die Verbraucher ist unter Umständen im Rahmen der Freistellungsprüfung nach §2 GWB – bzw. Art. 101 Abs. 3 AEUV – zu berücksichtigen, nicht aber im Rahmen des Verbotstatbestands.

Nur knapp die Hälfte der Versicherungsunternehmen, die PKV-Verbandsmitglieder sind und die die fraglichen Versicherungsleistungen anbieten, nahm an der letzten Öffnungsaktion teil.[20] Die anderen Versicherungsunternehmen haben sich ihrer Handlungsfreiheit also bewusst nicht begeben. Schon das belegt den wettbewerblich erheblichen Charakter der Vereinbarung über die Öffnungsaktion. Hinzu kommt, dass es Personen aus dem teilnahmeberechtigten Personenkreis gibt, bei denen das einschlägige PKV-Versicherungsunternehmen nicht an der Öff-

---

[17] Vgl. → II.

[18] → II.

[19] Vgl. dazu statt vieler nur *Zimmer* in Immenga/Mestmäcker (Hrsg.), Wettbewerbsrecht, Bd. 2, 6. Aufl. 2020, § 1 Rn. 86f.

[20] Vgl. → II.; dem entspricht, dass sich auch bei der „PKV-Öffnungsaktion für Beamtenanfänger" – vgl. die Unterlagen auf der Website des PKV-Verbands (www.pkv.de, zuletzt angesehen 6.10.2021) – nur 18 PKV-Unternehmen ganz oder teilweise beteiligen.

nungsaktion teilnimmt. Betroffen sind Angehörige von beihilfeberechtigten Versicherungsnehmern. Für sie gilt folgende Regelung: „Nimmt der Versicherer des Beihilfeberechtigten nicht an den Öffnungsaktionen teil, kann der Angehörige sich bei jedem beteiligten Unternehmen versichern.“[21] Mit anderen Worten binden sich auch in diesem Fall die beteiligten PKV-Versicherungsunternehmen, jeden betreffenden Antragsteller zu versichern und nehmen den oder verkleinern gleichzeitig für die nicht gebundenen Versicherungsunternehmen die Chance, diesen Personenkreis im wettbewerblichen Annahme- und Bedingungsverfahren für sich als Versicherungsnehmer zu gewinnen.

Schließlich kann der Vergewisserung über die wettbewerbsbeschränkende Funktion eines gemeinsamen Vorgehens der beteiligten Versicherungsunternehmen auch ein hypothetisches Szenario dienen. Zu fragen ist dabei nach der kartellrechtlichen Zulässigkeit eines Informationsaustauschs zwischen den betreffenden Unternehmen, wenn sie keine Öffnungsaktion vornehmen. Dabei geht es um ein Informationsverfahren über die Annahmepolitik – d. h. das Ob der Aufnahme von Antragstellern –, über die Bedingungen für die Aufnahme solcher Personen – d. h. Leistungsausschlüsse – und über Höchstprämien für die Versicherungsverträge. Ein solcher selbständiger Informationsaustausch zwischen Wettbewerbern würde folglich wesentliche Wettbewerbsparameter betreffen. Darin liegt regelmäßig ein abgestimmtes Verhalten im Sinne des Kartellverbots.[22]

Im Hinblick darauf, dass die preisbezogenen Elemente der Öffnungsaktionen nicht eine direkte Preisabsprache darstellen, erfüllt die fragliche Handlung das Tatbestandsmerkmal einer bezweckten, d. h. schon ihrer Natur nach schädlichen Wettbewerbsbeschränkung nicht. Vielmehr geht es um eine bewirkte Wettbewerbsbeschränkung. Dafür fordert die Rechtsprechung eine „vertiefte Prüfung des wirtschaftlichen und rechtlichen Gesamtzusammenhangs“.[23] Dies bedeutet insbesondere eine Gegenüberstellung des sogenannten kontrafaktischen Szenarios und führt zurück zu den bereits zuvor erörterten wettbewerblichen Folgen einer Öffnungsaktion.

Schließlich ist noch dem ungeschriebenen Tatbestandsmerkmal der Spürbarkeit einer Wettbewerbsbeschränkung nachzugehen. Die deutsche und die europäische Kartellbehörde sehen bei horizontalen Wettbewerbsbeschränkungen die Spürbarkeit grundsätzlich als gegeben an, wenn der gemeinsame Marktanteil der Beteiligten auf dem relevanten Markt 10% übersteigt. Dieses Kriterium dürfte bei einer Teilnahme nahezu der Hälfte aller PKV-Versicherungsunternehmen, die üblicherweise im Wettbewerb jenseits solcher Öffnungsaktionen stehen, grundsätzlich erfüllt sein. Dies gilt trotz der auf sechs Monate begrenzten Öffnungsaktion schon im Hinblick auf deren Wiederholung und parallele gleichartige Öffnungsaktionen betreffend andere teilnahmeberechtigte Personen.[24]

---

[21] PKV-Broschüre, S. 6.

[22] Vgl. die umfangreichen Nachweise bei *Dreher/Kulka,* Wettbewerbs- und Kartellrecht, 11. Aufl. 2021, Rn. 899, 903; *Dreher* in Krieger/Schneider (Hrsg.), Handbuch Managerhaftung, 3. Aufl. 2017, § 35: Kartellrecht Rn. 35.34 ff.

[23] Vgl. zB EuGH 26.11.2015 – C-345/14 Tz. 29, NZKart 2016, 70 – Mietvertragsklausel.

[24] Vgl. dazu → Fn. 20.

6. Freistellung

Von besonderem Interesse ist – sofern man das Vorliegen einer Wettbewerbsbeschränkung vorbehaltlich vor allem von außen nicht erkennbarer Gegebenheiten unterstellt – die Frage der Freistellbarkeit eines koordinierten Horizontalverhaltens nach § 2 GWB, der die Parallele zum Art. 101 Abs. 3 AEUV bildet. Seit dem Auslaufen der kartellrechtlichen GVO Versicherungswirtschaft am 31.3.2017[25] gilt für versicherungsbezogene Sachverhalte das allgemeine Kartellrecht, auch wenn europäisches Kartellrecht parallel anwendbar ist. Mithin geht es um die Frage einer Einzelfreistellung von dem Kartellverbot. Voraussetzung für eine solche Freistellung sind zwei positive und zwei negative Kriterien, die kumulativ erfüllt sein müssen.

Zunächst fordert das Gesetz einen „Beitrag zur Verbesserung der Warenerzeugung oder -verteilung" bzw. die „Förderung des technischen oder wirtschaftlichen Fortschritts". Dies wird so ausgelegt, dass eine Handlung zu Effizienzgewinnen führen muss. Sie können qualitativer oder quantitativer Natur sein. Da derartige Gewinne „Ziel" der Maßnahme sein müssen, kann eine Wettbewerbsbeschränkung lediglich notwendiges Mittel oder Begleiterscheinung der entsprechenden Zielverfolgung sein. Ziel der PKV-Öffnungsaktion war es, den betroffenen, in der GKV freiwillig versicherten „Beamten auch nachträglich noch Wahlfreiheit zu geben, in die PKV zu wechseln", und „ein Signal (scil.: zu) setzen, dass Beamte und beihilfekonforme PKV zusammengehören."[26] In der Gesamtschau liegen kartellrechtlich relevante Effizienzgewinne im vorliegenden Zusammenhang daher nicht auf der Hand: Grundsätzlich geht es bei solchen Gewinnen um spürbare Kosten-Einsparungen oder vertriebs- bzw. produktbezogene Vorteile sonstiger Art, die kausal mit der Handlung verbunden sind. Zwar macht eine Öffnungsaktion die Versicherungsprodukte für den angesprochenen Personenkreis möglicherweise faktisch erst zugänglich und betrifft daher das Tatbestandsmerkmal der Produktverteilung. Bereits die Nichtteilnahme der Hälfte der Wettbewerbsunternehmen an der Öffnungsaktion zeigt allerdings, dass diese entweder schon keine Effizienzgewinne darin sehen oder sie individuell verfolgen, also die geforderte Verhaltenskausalität fehlen dürfte. Soweit es bei einer Öffnungsaktion um die Leistungsfähigkeit und den Leistungswillen der PKV geht, handelt es sich rechtlich nicht um konkrete Effizienzgewinne für die Marktgegenseite. Solche Erwägungen betreffen vielmehr Reputations- und Systemfragen im Verhältnis von PKV und GKV allgemein.[27]

Wenn sich dennoch Effizienzgewinne einer Öffnungsaktion postulieren lassen und diese die rechtlichen Anforderungen erfüllen, müssen die Effizienzgewinne

---

[25] Vgl. dazu und zu den kartellrechtlichen Folgen *Dreher/Burkhart,* Rechtliche Nachwirkungen einer ausgelaufenen kartellrechtlichen Gruppenfreistellungsverordnung (GVO) – Methodische und materielle Grundlagen sowie eine Exemplifikation anhand der früheren GVO Versicherungswirtschaft, ZWeR 2018, 317 ff.; *Dreher/Hoffmann* in MüKoVVG, 3. Aufl. 2022, Nr. 160: Versicherungskartellrecht (im Druck); *Dreher,* Die kartellrechtliche Beurteilung von Mitversicherungsgemeinschaften, FS Wiedemann, 2020, 71 ff.; *Dreher,* Verdeckte Mitversicherung und Kartellrecht, FS von Fürstenwerth, 2020, 67 ff.

[26] PKV-Pressemeldung vom 25.6.2020; ähnlich PKV-Broschüre, S. 1.

[27] Vgl. auch die sehr politisch geprägten Zitate des PKV-Vorstandsvorsitzenden in den Berichten zur PKV-Pressekonferenz von o. V., ZfV 2020, 411 und von *Lier,* Private Krankenversicherer mit Sonder-Öffnungsaktion für Beamte, www.versicherungsjournal.de vom 25.6.2020.

nach § 2 GWB weiter „unter angemessener Beteiligung der Verbraucher an dem entstehenden Gewinn“ eintreten. Effizienzvorteile sind nämlich nur erheblich, wenn sie auch bei der Marktgegenseite ankommen. Maßstab ist dabei nicht der einzelne Verbraucher. Entscheidend ist vielmehr, dass die Vorteile der Gesamtheit der Marktgegenseite zugutekommen.[28] Vor dem Hintergrund ist denkbar, dass Annahme- und Leistungsgarantie sowie Höchstpreise die Marktgegenseite angemessen beteiligen. Anders als bei den meisten sonstigen Verträgen sind Versicherungsverträge aber wirtschaftlich verbunden. Denn sie gehören je nach Leistungen einzelnen „Tarifen“ an. Der Beitrag der Versicherungsnehmer in einem Tarif bestimmt sich gemäß einer vor allem mathematischen Beitragskalkulation nach dem Äquivalenzprinzip und nach risikobezogenen sowie betriebswirtschaftlichen Kategorien. Wie bereits angeführt,[29] geht es bei den PKV-Öffnungsaktionen aber auch um die Versicherung von Beamten, „bei denen Vorerkrankungen bestehen, die nach dem Äquivalenzprinzip der PKV üblicherweise hohe Risikozuschläge erfordern oder einen Versicherungsschutz sogar ganz ausschließen können.“ Eine Öffnungsaktion setzt mithin das Äquivalenzprinzip, d. h. die risikogerechte Tarifierung, insoweit außer Kraft. Dies dürfte die anderen Versicherungsnehmer des betreffenden Tarifs, die die höheren, nämlich nicht risikogerecht bepreisten Risiken wirtschaftlich quersubventionieren, nachteilig betreffen.[30] Aus dieser Sicht ist eine angemessene Beteiligung der Marktgegenseite insgesamt an unterstellten Effizienzgewinnen einer Öffnungsaktion kaum zu bejahen.

Ein drittes Kriterium für die Freistellbarkeit einer Verhaltenskoordinierung vom Kartellverbot bildet die Unerlässlichkeit der Wettbewerbsbeschränkung. Dabei ist zu fragen, ob es, um – vorliegend nur unterstellte – Effizienzgewinne zu erzielen, nicht weniger wettbewerbsbeschränkende Handlungsmöglichkeiten gäbe. Schon die Tatsache, dass sich nur die Hälfte der PKV-Versicherungsunternehmen, die Vollversicherungen anbieten, an der Aktion beteiligt haben, spricht dafür, dass Zweifel an der Verbesserung des Wettbewerbs durch eine solche Aktion bestehen. Im Übrigen wäre ein individuelles Vorgehen von Versicherungsunternehmen grundsätzlich ebenfalls möglich, wenn diese eine solche Öffnung aus unternehmerischen Gründen und in rechtlich zulässigem Umfang wünschen sollten. Die Tatsache, dass einzelne Nachfrager bei einer kartellrechtlichen Unzulässigkeit der horizontalen Verhaltenskoordinierung in Form von Öffnungsaktionen unter Umständen eingeschränkter, teurer oder überhaupt nicht Versicherungsschutz erhalten können, spielt rechtlich

---

[28] Vgl. EU-Kommission, Leitlinien zu Art. 81 Abs. 3 EG Tz. 82; EuGH 23.11.2006 – C-238/05 Tz. 70, WuW/E EU-R 1235 – Asnef-Equifax.

[29] → II.

[30] Dies führt auch zu den versicherungsaufsichtsrechtlichen Fragen der Zulässigkeit einer Abweichung in der substitutiven Krankenversicherung von dem Grundsatz der risikogerechten Tarifierung nach § 146 Abs. 1 Nr. 1 VAG und von dem Grundsatz der Gleichbehandlung nach § 146 Abs. 2 VAG, vgl. dazu jeweils *Präve* in Prölss/Dreher, Versicherungsaufsichtsgesetz, 13. Aufl. 2018, § 146 Rn. 12f. und 25ff. sowie *Brand* in Brand/Baroch Castellvi (Hrsg.), Versicherungsaufsichtsgesetz, 2018, § 146 Rn. 23f und 39ff. Gleiches gilt für die versicherungsvertragsrechtliche Frage nach § 203 Abs. 1 S. 2 VVG im Hinblick auf dessen Zweck, das Äquivalenzprinzip und den Gleichbehandlungsgrundsatz zu betonen, vgl. dazu *Boetius* in MüKoVVG, 2. Aufl. 2017, § 203 Rn. 637ff.

schon deshalb keine Rolle, weil dies vor allem das von der Unerlässlichkeit strikt zu trennende Kriterium der angemessenen Verbraucherbeteiligung betrifft.

Das vierte und letzte Kriterium für eine Freistellung vom Kartellverbot liegt schließlich darin, dass das Vorgehen nicht die Möglichkeit eröffnet, „für einen wesentlichen Teil der betroffenen Waren den Wettbewerb auszuschalten". Mit anderen Worten soll eine Verhaltenskoordinierung nicht den Restwettbewerb für die betreffenden Waren – dazu gehören alle Produkte und damit auch das Rechtsprodukt Versicherung – ausschließen. Dass der Restwettbewerb beseitigt wird, davon ist trotz der Beteiligung fast der Hälfte der Marktteilnehmer an einer PKV-Öffnungsaktion im Hinblick auf den Umfang der weiter individuell handelnden PKV-Versicherungsunternehmen und auf den begrenzten zeitlichen Umfang einer solchen Öffnungsaktion nicht auszugehen.

IV. Zusammenfassung

Die Öffnungsaktionen der PKV für Beamte stellen aus kartellrechtlicher Sicht horizontale Verhaltenskoordinierungen dar. Der Sache nach geht es dabei um einen zeitlich begrenzten, erleichterten Zugang zur substitutiven Krankenversicherung in Form von Ergänzungstarifen in der Krankenvollversicherung zu Beihilfeansprüchen vor allem von Beamten, die freiwillig in der GKV versichert sind, und deren Angehörigen. Die an Öffnungsaktionen beteiligten PKV-Versicherungsunternehmen verpflichten sich zu Erleichterungen für Antragsteller beim Abschluss von Versicherungsverträgen in Form des Annahmezwangs, des Verbots von Leistungsausschlüssen und der Begrenzung von Risikozuschlägen auf maximal 30% des tariflichen Beitrags. Diese Erleichterungen bedeuten Einschränkungen des Äquivalenzprinzips und des Gleichbehandlungsgrundsatzes. Damit kommen Öffnungsaktionen in das Blickfeld des Versicherungsaufsichts-, des Versicherungsvertrags- und des Kartellrechts. Die vorliegend allein fragliche Anwendbarkeit des Kartellverbots auf die Vereinbarung von PKV-Versicherungsunternehmen – gegebenenfalls auch auf entsprechende Verbandsbeschlüsse – führt auf der Grundlage der allgemein zugänglichen Informationen zu den Einzelheiten der PKV-Öffnungsaktionen und damit auch vorbehaltlich nicht öffentlich zugänglicher, kartellrechtsrelevanter weiterer Umstände zu dem Ergebnis, dass ein Verstoß gegen § 1 GWB bzw. – bei auf Anhieb nicht erkennbaren, ausreichenden zwischenstaatlichen Effekten – Art. 101 Abs. 1 AEUV nahe- und eine Freistellung nach § 2 GWB bzw. – unter der Prämisse zwischenstaatlicher Effekte – Art. 101 Abs. 3 AEUV fernliegt.

INA EBERT

Altersdiskriminierung – ein Rückblick auf 15 Jahre AGG

I. Einführung

Nicht nur Menschen feiern Geburtstage, auch Gesetze. So auch das Allgemeine Gleichbehandlungsgesetz (AGG), das 2021 15 Jahre alt wurde. Es ist damit den Kinderschuhen entwachsen. Zeit also für eine Bestandsaufnahme. Anders als meist in der Diskussion um das AGG soll dabei weder die Benachteiligung wegen des Geschlechts noch die wegen einer Behinderung im Vordergrund stehen. Für beide Teilaspekte des AGG gab es schon vor diesem Normen, die vor Diskriminierung schützen sollten und eine Entschädigungspflicht bei Diskriminierung begründeten[1]. Das AGG hat insofern daher nur bestehendes Recht weiterentwickelt und keine von Grund auf neuen Gedanken in das deutsche Zivilrecht eingeführt. Im Mittelpunkt soll vielmehr die Altersdiskriminierung stehen. Nicht nur, weil dies am ehesten zum Anlass dieser (jeder?) Festschrift passt. Sondern weil Alter das einzige Diskriminierungsmerkmal ist, das für alle Menschen das ganze Leben lang relevant ist: Es gibt keine Altersgruppe, die nicht für irgendwas zu jung oder zu alt ist.

II. Gesetzliche Grundlagen

Die EU-Richtlinie „zur Festlegung eines allgemeinen Rahmens für die Verwirklichung der Gleichbehandlung in Beschäftigung und Beruf" vom 27.11.2000[2] war eine von vier EU-Richtlinien[3], die Diskriminierungen im Arbeitsleben und bei Massengeschäften entgegenwirken sollten. Als einzige dieser Richtlinien befasste sie sich auch, beschränkt auf das Arbeitsleben, mit Fragen der Altersdiskriminierung. Erklärtes Ziel war dabei die „Förderung der Vielfalt im Bereich der Beschäftigung"[4]. Ungleichbehandlungen wegen des Alters sollten nur noch unter sehr begrenzten Bedingungen zulässig sein, „sofern sie objektiv und angemessen sind und im Rahmen des nationalen Rechts durch ein legitimes Ziel, worunter insbesondere rechtmäßige Ziele aus den Bereichen Beschäftigungspolitik, Arbeitsmarkt und be-

---

[1] §§ 611a, 611b BGB aF; § 81 SGB IX aF.

[2] Richtlinie 2000/78/EG, ABl. L 303/16.

[3] Neben der Antirassismus-Richtlinie 2000/43/EG vom 29.6.2000 und den Richtlinien zur Gleichbehandlung von Männern und Frauen 2002/73/EG und 2004/113/EG vom 23.9.2002 bzw. 13.12.2004.

[4] (25) der Richtlinie 200/78/EG.

rufliche Bildung zu verstehen sind, gerechtfertigt sind und die Mittel zur Erreichung dieses Ziels angemessen und erforderlich sind"[5].

Der deutsche Gesetzgeber setzte diese Vorgaben durch das AGG vom 14.8.2006[6] (zu) spät um,[7] ging dafür aber inhaltlich über die Mindestanforderungen der EU-Richtlinie hinaus. Insbesondere wurde das Verbot einer Altersdiskriminierung nicht nur für das Arbeitsleben, sondern auch für Massengeschäfte im allgemeinen Zivilrecht eingeführt. Einen derart weiten Anwendungsbereich hatten die EU-Richtlinien nur für die Diskriminierungsverbote auf Grund von Geschlecht, Rasse oder ethnischer Herkunft vorgesehen. Der deutsche Gesetzgeber hielt eine solche Erweiterung der Diskriminierung jedoch für erforderlich, „weil ansonsten wesentliche Bereiche des rechtlichen Lebens aus dem Benachteiligungsschutz ausgeklammert blieben"[8]. Mit dem AGG vereinbar ist eine unterschiedliche Behandlung nach dem Alter im Arbeitsleben danach nur noch, wenn eine „wesentliche und entscheidende berufliche Anforderung" dies erfordert (§ 8 I AGG) oder wenn es sich um ein angemessenes und erforderliches Mittel zur Erreichung eines legitimen Ziels handelt (§ 10 AGG). Bei dem AGG unterfallenden Massengeschäften im sonstigen Zivilrecht kann eine Ungleichbehandlung gerechtfertigt sein, wenn für diese ein sachlicher Grund vorliegt. Hierfür sieht das Gesetz als Regelbeispiele insbesondere die Vermeidung von Gefahren, die Verhütung von Schäden, den Schutz der Intimsphäre sowie die Gewährung von Vorteilen vor, bei denen „ein Interesse an der Durchsetzung der Gleichbehandlung fehlt" (§ 20 I AGG).

III. Praktische Fälle

1. Altersdiskriminierung im Arbeitsleben

a) Bewerbungsverfahren

Mögliche Anhaltspunkte für eine altersbedingte Diskriminierung können in allen Phasen des Arbeitslebens auftreten. Dies beginnt mit dem Bewerbungsverfahren. Hier hatten sich die Gerichte insbesondere mit festen Altershöchstgrenzen für Bewerber und mit Stellenausschreibungen zu befassen, die nur an bestimmte Altersgruppen gerichtet wurden. Im Hinblick auf Höchstgrenzen für den Zugang zu einem Beruf billigt die Richtlinie 200/78/EG dem nationalen Gesetzgeber nach Auslegung des EuGH einen weiten Ermessensspielraum zu. Voraussetzung für die Zulässigkeit einer solchen Höchstgrenze ist jedoch, dass damit ein legitimes Ziel verfolgt wird und die Altershöchstgrenze eine erforderliche und angemessene Maßnahme für die Erreichung dieses Ziels ist. Zudem muss die Höchstgrenze auf einer Abwägung der Interessen Älterer an einer Teilnahme am Arbeitsleben mit

---

[5] Art. 6 Abs. 1 der Richtlinie 2000/78/EG.

[6] BGBl. 2006 I 1897.

[7] Laut Art. 18 Abs. 1 der Richtlinie 2000/78/EG hätte die Umsetzung bis 2.12.2003 erfolgen müssen.

[8] BT-Drs. 16/1780 vom 8.6.2006, S. 2.

den Interessen anderer Betroffener beruhen.[9] Nicht zu beanstanden ist daher etwa eine Höchstgrenze für den Zugang zu einem Beruf, wenn dadurch eine bestimmte Mindestverweildauer in dem Beruf gewährleistet werden soll[10] oder wenn der Beruf eine besondere körperliche Leistungsfähigkeit erfordert.[11] Unzulässig dagegen eine Höchstgrenze, die gemessen an diesem Ziel unnötig niedrig angesetzt ist.[12]

Wesentlich weniger Gestaltungsraum besteht, wenn es nicht um allgemeine Vorgaben des Gesetzgebers zur Verfolgung beschäftigungspolitischer Ziele geht, sondern um Stellenausschreibungen einzelner Arbeitgeber. Hier war es in Zeiten vor dem AGG durchaus üblich, gezielt „junge Bewerber" oder Bewerber einer bestimmten Altersgruppe („Bewerber bis 35 Jahre") anzusprechen. Solchen Ausschreibungen hat das AGG alsbald ein Ende gesetzt. Besondere Bedeutung kommt hierbei der Beweislastumkehr des § 22 AGG zu, die jedenfalls dann, wenn in diesen Fällen ein älterer Bewerber abgelehnt und ein jüngerer Bewerber eingestellt wurde, nahezu unausweichlich zur Annahme einer altersbedingten Diskriminierung und damit zu einem Entschädigungsanspruch des älteren Bewerbers nach § 15 AGG führt.[13] Weniger eindeutig ist dagegen die (Un-)Rechtmäßigkeit einer Ausschreibung, in der nicht ein junger Bewerber, sondern ein Mitarbeiter für ein „junges Team"[14] oder ein „junges und dynamisches Unternehmen"[15] gesucht wird oder wenn sich die Stellenausschreibung an „Young Professionals" richtet.[16]

b) Arbeitsbedingungen und betriebliche Altersversorgung

Während eines bestehenden Arbeitsverhältnisses sind sowohl unzulässige Benachteiligungen älterer wie auch jüngerer Arbeitnehmer denkbar. Jüngere wurden dabei bis zum AGG vor allem – und weit verbreitet – benachteiligt, indem ihr Gehalt nicht an ihrer Berufserfahrung oder an der Betriebszugehörigkeit,[17] sondern allein an ihrem Lebensalter anknüpfte. Eine solche Kopplung bewerteten die Gerichte durchweg als unzulässig, da das Lebensalter allein nichts über die Erfahrung oder Qualifikation des Arbeitnehmers besagt.[18] Bei anderen Unterscheidungen ist die Rechtslage weniger eindeutig. So kann die Gewährung zusätzlicher Urlaubstage an ältere Arbeitnehmer zulässig sein, insbesondere bei körperlich belastender Tätig-

---

[9] EuGH 15.11.2016 – C-258/15 (Höchstgrenze für Polizeibeamte von 35 Jahre, bezogen auf spanisches Recht); EuGH NJW 2021, 2183 (Höchstgrenze für Notarbewerber von 50 Jahren).
[10] Vgl. § 10 S. 3 Nr. 3 AGG; BGH DNotZ 2020, 71 (Höchstgrenze für Notarbewerber von 60 Jahren).
[11] EuGH 15.11.2016 – C-258/15 (Höchstgrenze für Polizeibeamte von 35 Jahre, bezogen auf spanisches Recht).
[12] EuGH NJW 2021, 2183 (Höchstgrenze für Notarbewerber von 50 Jahren).
[13] Vgl. dazu BAG NZA 2010, 1412.
[14] BAG BB 2017, 506.
[15] BAG NJW 2018, 1497.
[16] LAG Nürnberg 27.11.2015 – 3 Sa 99/15.
[17] Zur idR gegebenen Unbedenklichkeit solcher Regelungen: EuGH NJW 2007, 47; NZA 2011, 1100; NZA 2012, 742.
[18] EuGH NZA 2011, 1100; BAG NZA 2010, 961; BAGE 140, 1; BAG NZA 2017, 1116; BVerwGE 150, 255. Wohl zulässig dagegen, Jugendliche vom Mindestlohn auszunehmen (§ 22 II MiLoG): Erman/*Riesenhuber,* BGB, 16. Aufl. 2020, AGG § 10 Rn. 11.

keit.[19] Allerdings nur, wenn es sich dabei um rentennahe Arbeitnehmer handelt, denen die Gerichte ein besonderes Erholungsbedürfnis zubilligen.[20]

Ebenfalls unklar war zunächst, wann Regelungen zur betrieblichen Altersversorgung als altersdiskriminierend einzustufen sind. Zwar regelt ein Regelbeispiel des AGG ausdrücklich, dass Altersgrenzen und Alterskriterien im Rahmen solcher Systeme zulässig sein können (§ 10 S. 3 Nr. 4 AGG). Auch bejahte die Rechtsprechung schon früh und trotz der Verweisung auf das Betriebsrentengesetz in § 2 II 2 AGG die Anwendbarkeit des AGG auf die betriebliche Altersversorgung, sofern das Betriebsrentengesetz keine vorrangigen Sonderregelungen enthält.[21] Jedoch fehlte es zunächst an einer ausdrücklichen Klarstellung zum Verhältnis der Hinterbliebenenversorgung zum AGG. Praktische Bedeutung erlangte dies vor allem bei der Beurteilung von sogenannten Späteheklauseln. Diese führen zum Ausschluss eines Anspruchs auf Hinterbliebenenversorgung, wenn der eheschließende Arbeitnehmer zum Zeitpunkt der Eheschließung ein bestimmtes Alter überschritten hat (meist 60 oder 65 Jahre) oder wenn der Altersunterschied zwischen den Ehepartnern besonders groß (zB größer als 25 Jahre) ist. Hier lehnte die deutsche Rechtsprechung anfangs die Anwendbarkeit des Rechtfertigungsgrundes in § 10 S. 3 Nr. 4 AGG ab und ging daher von einer Unzulässigkeit solcher Klauseln aus.[22] Dies änderte sich erst nach einer klarstellenden Entscheidung des EuGH.[23] Unter ausdrücklicher Aufgabe seiner älteren Rechtsprechung bewertet das BAG seitdem Späteheklauseln als durch § 10 S. 3 Nr. 4 AGG gedeckt, jedenfalls soweit – wie meist – der Umfang der Hinterbliebenenversorgung an den Umfang der Alters-/Invalidenrentenansprüche anknüpft. Die Ungleichbehandlung von Spätehen sei in diesen Fällen durch das legitime Ziel, die finanziellen Belastungen des Unternehmens zu begrenzen und kalkulierbar zu machen, gerechtfertigt.[24]

c) Kündigungen

Um Kündigungen an den Vorgaben des AGG messen und damit auf eine Altersdiskriminierung hin überprüfen zu können, musste zunächst der den Anwendungsbereich des AGG regelnde § 2 AGG überwunden werden. Dessen Absatz 4 besagt: „Für Kündigungen gelten ausschließlich die Bestimmungen zum allgemeinen und besonderen Kündigungsschutz." Dem vermeintlich klaren Wortlaut nach galten die Diskriminierungsverbote des AGG also bei der Beurteilung von Kündigungen nicht. Damit wäre die Norm richtlinienwidrig und somit unanwendbar gewesen.[25] Dies wollte das BAG vermeiden. Man solle nicht ein Gesetz „ohne Not" in einem

---

[19] BAGE 149, 315 (gerechtfertigt: 2 zusätzliche Urlaubstage für Arbeitnehmer ab 58 Jahren).

[20] Nicht zulässig ist daher die generelle Gewährung zusätzlicher Urlaubstage für Arbeitnehmer ab 50 Jahren: BAG NZA 2017, 267 und 339; NZA 2019, 634; unzulässig auch Urlaubsstaffelung ab 30. oder 40. Lebensjahr: BAG NZA 2012, 803.

[21] StRspr seit BAGE 125, 133; vgl. BAGE 152, 165; 161, 56.

[22] So noch 2015 BAGE 152, 164.

[23] EuGH C-443/15 = NZA 2017, 233.

[24] BAGE 161, 56; bestätigt durch BAG NZA 2019, 537.

[25] Vgl. zu den verschiedenen Begründungen hierfür: Erman/*Armbrüster*, BGB, 16. Aufl. 2020, AGG § 2 Rn. 33ff. Zur Erstreckung der Diskriminierungsrichtlinien auf Entlassungen bereits EuGH NZA 2006, 839.

Sinne verstehen, der „nicht als ‚Sinn', sondern nur als der deutlichste Fall von ‚Un-Sinn' bezeichnet werden könnte".[26] Das ist sicher richtig, eine richtlinienkonforme Auslegung war aber in diesem Fall alles andere als einfach. Die Begründung des BAG kann daher auch nicht ganz überzeugen. So hinkt etwa die Parallele zu den übrigen Verweisungen auf andere Gesetze in § 2 AGG schon allein, weil sich anders als im Absatz 4 in keiner dieser Verweisungen das Wort „ausschließlich" findet.[27] Im Ergebnis ist § 2 IV AGG laut BAG jedenfalls dahin auszulegen, dass die Diskriminierungsverbote im Rahmen der Prüfung der Sozialwidrigkeit von Kündigungen berücksichtigt werden müssen und lediglich für den Weg, auf dem dies geschieht, „ausschließlich die Bestimmungen zum allgemeinen und besonderen Kündigungsschutz" maßgeblich sind.[28]

Mit diesem Kunstgriff wurde es möglich, Kündigungen auf unzulässige Diskriminierungen im Sinne des AGG hin zu überprüfen. Im Vordergrund stand dabei die Frage, ob in der üblichen Berücksichtigung des Lebensalters als eines der Auswahlkriterien bei der Vergabe von Sozialpunkten oder bei der Berechnung der Abfindungshöhe eine unzulässige Benachteiligung (meist jüngerer) Arbeitnehmer zu sehen war. Dies wurde von der Rechtsprechung verneint. Das legitime Ziel dieser Vorgehensweise sei es vielmehr, den schlechteren Chancen älterer Arbeitnehmer auf dem Arbeitsmarkt Rechnung zu tragen.[29] Die Bildung von Altersgruppen könne zudem dem ebenso legitimen Ziel dienen, eine Überalterung der Belegschaft zu vermeiden.[30]

d) Ruhestandsregelungen

Zu den umstrittensten und praktisch wichtigsten Fragen nach Inkrafttreten des AGG gehörte dessen Vereinbarkeit mit den in Deutschland üblichen festen Altersgrenzen, deren Erreichen die automatische Beendigung des Arbeitsverhältnisses vorsieht. Klar war dabei lediglich von Anfang an, dass es sich hierbei um eine Ungleichbehandlung älterer Arbeitnehmer auf Grund des Alters handelt,[31] die für diese materielle (Differenz Arbeitseinkommen/Altersbezüge) und immaterielle (Wegfall der Selbstverwirklichung durch weitere Ausübung ihrer bisherigen Berufstätigkeit) Nachteile hat.[32] Heftiger Streit herrschte dagegen zunächst darüber, ob und unter welchen Voraussetzungen solche festen Altersgrenzen als gerechtfertigt anzusehen sind. Maßstab hierfür ist zum einen § 8 I AGG (wesentliche und entscheidende berufliche Anforderung), zum anderen § 10 S. 3 Nr. 5 AGG (Beendigung zum Zeitpunkt der Rentenberechtigung).

---

[26] BAG NZA 2009, 72.

[27] Vgl. v. a. die Verweisungen auf das Sozialgesetzbuch und das Betriebsrentengesetz in § 2 II AGG.

[28] BAG NZA 2009, 72. Weitere Nachweise bei: HK-BGB/*Ebert,* 11. Aufl. 2021, AGG § 2 Rn. 3.

[29] BAG NZA 2009, 72.

[30] BAGE 128, 238; zu den Grenzen solcher Maßnahmen vgl. BAGE 129, 181.

[31] Vgl. statt aller BAGE 140, 248 mwN.

[32] Erman/*Riesenhuber,* BGB, 16. Aufl. 2020, § 10 Rn. 25 mwN.

Besondere berufliche Anforderungen (§ 8 I AGG) kommen zur Rechtfertigung fester Altersgrenzen im Wesentlichen bei Berufen in Betracht, deren Ausübung ungewöhnlich hohe Anforderungen an die körperliche Leistungsfähigkeit stellt (zB SEK-Polizisten[33], Berufstänzer[34], Piloten[35]). Selbst in diesen Fällen bedarf es allerdings jeweils einer Verhältnismäßigkeitsprüfung. Diese dürfte häufig scheitern oder jedenfalls nur eine recht hohe Altersgrenze rechtfertigen,[36] weil das legitime Ziel auch durch mildere Mittel, etwa regelmäßige Leistungstests, erreicht werden kann.[37]

Für die große Mehrheit der Arbeitnehmer[38] richtet sich die Zulässigkeit einer festen Altersgrenze für den Wechsel in den Ruhestand damit allein nach § 10 S. 3 AGG, der als Regelbeispiel Nr. 5 für eine mögliche Rechtfertigung der altersbedingten Ungleichbehandlung das Erreichen der Rentenberechtigung vorsieht. Die Strenge, mit der der EuGH über die Richtlinienkonformität der vor diesem Hintergrund getroffenen arbeitsvertraglichen Vereinbarungen wacht, ist, vorsichtig gesagt, nicht immer von Konsequenz geprägt.[39] Nach 15 Jahren Rechtsprechung hierzu lässt sich die Rechtslage aber grob so zusammenfassen: Feste Altersgrenzen für das Ende eines Arbeitsverhältnisses können gerechtfertigt sein.[40] Voraussetzung dafür ist, dass mit dieser Altersgrenze ein legitimes Ziel verfolgt wird, für dessen Erreichen die Altersgrenze ein adäquates, verhältnismäßiges Mittel darstellt. Die Anforderungen an dieses Ziel sind niedrig. Akzeptiert wird als Begründung eine breite Bandbreite von arbeitsmarkt- oder sozialpolitischen Zielen, von der Eindämmung der Arbeitslosigkeit, über die Gewährleistung einer sinnvollen Altersstruktur, bis zur Erleichterung der beruflichen Aufstiegschancen jüngerer Arbeitnehmer.[41] Wichtig ist vor allem, dass ein konkretes Ziel erkennbar ist.[42] Zudem führt die Verhältnismäßigkeitsprüfung dazu, dass die feste Altersgrenze nicht unterhalb des nationalen gesetzlichen Rentenalters (in Deutschland also je nach Geburtsjahr des Arbeitnehmers bei 65–67 Jahren) liegen darf.[43]

2. *Altersdiskriminierung bei Massengeschäften*

Auch außerhalb des Arbeitslebens zeigen die Anwendungsfälle des AGG, dass man nie zu alt und nie zu jung ist, um sich wegen seines Alters diskriminiert zu fühlen. Es zeigt sich allerdings auch, dass die Rechtsprechung hier sehr viel zurückhal-

[33] Altersgrenze von 42 Jahren zulässig: BVerwG 20.2.2012 – 2 B 136.11.

[34] EuGH NJW 2018, 1808 (auf der Grundlage italienischen Rechts).

[35] EuGH NZA 2017, 897 (Altersgrenze von 65 Jahren ist zulässig); EuGH NZA 2019, 1555 (Altersgrenze von 60 Jahren zulässig, wenn Art der Tätigkeit besonders hohe Anforderungen zum Schutz der nationalen Sicherheit rechtfertigt, Entscheidung basiert auf italienischem Recht).

[36] ZB Altersgrenze von 70 Jahren für Vermessungsingenieure: VGH Baden-Württemberg 26.2.2019 – 9 S 2567/17.

[37] BAGE 140, 248 (Altersgrenze für Piloten von 60 Jahren unzulässig, da zB Anwesenheit eines jüngeren weiteren Piloten an Bord ausreicht).

[38] Zu denen insofern auch Fremdgeschäftsführer einer GmbH gehören: BGHZ 221, 325.

[39] Näher dazu Erman/*Riesenhuber*, BGB, 16. Aufl. 2020, § 10 Rn. 6.

[40] EuGH NJW 2010, 3767; NZA 2017, 897; BAGE 140, 248.

[41] Nachweise bei EuGH NJW 2010, 3767; BAGE 140, 248; Erman/*Riesenhuber*, BGB, 16. Aufl. 2020, § 10 Rn. 3ff.

[42] BGHZ 221, 325.

[43] EuGH NJW 2011, 3209; BAGE 140, 248.

tender bei der Annahme einer Diskriminierung ist als im Bereich des Arbeitslebens. Dafür nur drei Beispiele.

a) Online-shoppen mit Ratenzahlung

In höherem Alter wird es bekanntlich unabhängig von der eigenen Solvenz schwierig, an ein Darlehen zu kommen. Dies hat vielfältige Gründe, von denen die womöglich unklare Rechtslage nach dem zunehmend wahrscheinlicher werdenden Ableben des Darlehensnehmers während der Laufzeit des Darlehens nur einer ist. Unproblematisch ist das für Betroffene sicher oft nicht, je nach Fallkonstellation und Solvenz des Darlehensinteressenten auch in der Sache nicht immer überzeugend. Mit dem AGG hat dies jedoch nichts zu tun, handelt es sich bei Darlehen, insbesondere ab einer gewissen Höhe und Laufzeit, doch alles andere als um Massengeschäfte, die „typischerweise ohne Ansehen der Person" zustande kommen (vgl. § 19 I AGG).

Schon eher an eine Anwendbarkeit des AGG könnte man hingegen bei Ratenzahlungskäufen denken, die von einem Teleshopping- oder Onlinehändler als eine von mehreren Bezahlungsmöglichkeiten angeboten werden. Mit einem solchen Fall mussten sich 2016/17 die Münchener Gerichte befassen.[44] Eine 84-jährige Frau hatte bei einem Onlinehändler Schmuck bestellt und wollte diesen in Raten bezahlen. Der Händler lehnte dies ab, da die Käuferin eine intern festgelegte Altershöchstgrenze überschritten habe und bot lediglich die Zahlungsvarianten Rechnung, Bankeinzug, Nachnahme und Kreditkarte an. Die 84-Jährige fühlte sich wegen ihres Alters diskriminiert und verlangte unter Berufung auf das AGG ein „Schmerzensgeld" von 3.000 EUR. Ihr sei die gleichberechtigte Teilhabe am Rechtsverkehr auf eine „zutiefst persönlichkeitsverletzende und menschenverachtende Art und Weise genommen worden". Es fehle an einem sachlichen Grund für eine Differenzierung, da die Gefahr des Ablebens auch bei jungen Menschen bestehe. Das Vorgehen des Händlers sei zudem unverhältnismäßig, da weniger einschneidende Maßnahmen, wie etwa die Begrenzung der Teilzahlungsfristen, zu seinem Schutz jedenfalls ausgereicht hätten.[45] Man kann nun in der Tat geteilter Auffassung darüber sein, ob es sich hier überhaupt um ein Massengeschäft im Sinne des AGG handelt. Einerseits liegt das bei dem Vertrieb von Waren durch ein Onlinekaufhaus nahe, andererseits zeigt schon die Existenz der internen Altersgrenze, dass die Option Ratenzahlung eben nicht jedem Käufer ohne Ansehen der Person angeboten wurde. Im konkreten Fall hat das Amtsgericht die Anwendbarkeit des AGG bejaht und lediglich eine unzulässige Diskriminierung verneint. Das Landgericht lehnte bereits die Anwendbarkeit des AGG ab, bestätigte darüber hinaus aber die Einschätzung des Amtsgerichts, wonach die erfolgte Ungleichbehandlung jedenfalls nach § 20 AGG gerechtfertigt sei. Hauptargument der Gerichte war dabei die erhöhte Gefahr eines Ablebens der Käuferin vor einer vollständigen Bezahlung der Ware. Die in diesem Fall bestehende Notwendigkeit, den oder die Er-

[44] AG München 13.4.2016 – 171 C 28560/15, die Berufung hiergegen wurde vom LG München I mit Urteil v. 16.2.2017 zurückgewiesen (31 S 7910/16).
[45] AG München 13.4.2016 – 171 C 28560/15.

ben zu ermitteln und über diese die restlichen Raten beizutreiben, würde für den Verkäufer einen unter Umständen nicht unerheblichen Verwaltungsmehraufwand bedeuten. Diesen vermeiden zu wollen sei ein legitimes Ziel, die Ablehnung der Ratenzahlungsoption für die 84-jährige Klägerin ein erforderliches und angemessenes Mittel zur Erreichung dieses Ziels.

b) Adults only

Ähnlich zurückhaltend waren die Gerichte bei der Beurteilung einer vermeintlichen Diskriminierung am andern Ende der Altersskala:[46] Die Betreiberin eines Wellness- und Tagungshotels richtete ihr Angebot gezielt nur an Personen, die das 16. Lebensjahr vollendet haben („Adults only-Hotel"). Folgerichtig lehnte sie 2016 die Anfrage einer Familie mit fünf Kindern unter 16 Jahren mit Hinweis auf die Altersbeschränkung ab und bot lediglich ihre Hilfe bei der Suche nach einer anderweitigen Unterbringung an. Daraufhin klagten die fünf Kinder wegen Altersdiskriminierung auf eine angemessene Entschädigung (hilfsweise auf 500 EUR pro Kind) aus § 21 AGG. Der Fall erregte in den Medien einiges Aufsehen (Kinderfeindliches Deutschland!, Diskriminierung von Familien![47]). Im Gegensatz dazu hielten die Gerichte, vom Amtsgericht Fürstenwalde über das Landgericht Frankfurt/Oder bis zum 8. Senat des BGH, die ungleiche Behandlung der Kinder auf Grund ihres Alters für gerechtfertigt im Sinne von § 20 I AGG, da für die vorgenommene Differenzierung ein sachlicher Grund vorlag. Es sei ein legitimes Ziel der Beklagten, ihre wirtschaftlichen Interessen zu verfolgen, indem sie sich am Markt als Wellness- und Tagungshotel für Erwachsene positioniert. Die Entscheidung, deshalb Personen unter 16 Jahren nicht beherbergen zu wollen, sei von ihrer verfassungsrechtlich geschützten (Art. 12 I GG) unternehmerischen Handlungsfreiheit gedeckt. Zwar schränke das AGG die unternehmerische Handlungsfreiheit ein. Da auf beiden Seiten verfassungsrechtlich geschützte Positionen betroffen seien, müsse jedoch eine Interessenabwägung im Einzelfall erfolgen. Der Ausschluss von Personen unter 16 Jahren diene dem legitimen Ziel einer Spezialisierung auf Tagungs- und Wellnessgäste, da das erhöhte Ruhebedürfnis der von der Beklagten ausgewählten Zielgruppe mit dem von Kindern zu erwartenden Verhalten „nicht uneingeschränkt in Einklang" zu bringen sei. Ebenso sei die Maßnahme der Beklagten erforderlich, denn es sei nicht ersichtlich, wie sonst Ruhestörungen effektiv vermieden werden sollten. Auch die Angemessenheit der Beherbergungsverweigerung wurde bejaht, da die Kläger nicht hätten begründen können, warum sie ein Interesse an der Unterbringung ausgerechnet im Hotel der Beklagten gehabt hätten. Die Unterbringung in einem anderen Hotel der Region wäre vielmehr problemlos möglich gewesen. Alle Instanzen wiesen daher die Klage ab.[48]

---

[46] BGH 27.5.2020 – VIII ZR 401/18 = MDR 2020, 1059.

[47] Vgl. etwa die Zusammenstellung der Kritik in: FAZ 22.8.2020, „CDU Sozialflügel fordert Verbot von Erwachsenenhotels", www.faz.net/aktuell/politik/inland/wegen-diskriminierung-cdu-sozialfluegel-fordert-verbot-von-erwachsenenhotels-16916170.html.

[48] AG Fürstenwalde 26.10.2017 – 12 C 7/17; LG Frankfurt/Oder 28.6.2018 – 15 S 165/17; BGH 27.5.2020 – VIII ZR 401/18 = MDR 2020, 1059.

c) Trau keinem über 30

Noch einen Schritt weiter ging der 7. Senat des BGH 2021 bei der Beurteilung eines Open-Air-Events, der sich gezielt nur an 18- bis 28-Jährige richtete: Wenn deshalb optisch nicht in diese Kategorie fallenden Personen der Einlass verwehrt werde, wie den 36 bis 46 Jahre alten Klägern, scheitere deren Entschädigungsanspruch bereits an § 19 AGG. Denn hier würde wegen der Auswahl einer bestimmten Zielgruppe gerade kein Massengeschäft im Sinne von § 19 I AGG vorliegen, da der Einlass nicht jedem ohne Ansehen der Person gewährt werde. Auf eine Rechtfertigung der Differenzierung nach § 20 AGG käme es daher nicht an.[49] Im konkreten Fall war das im Ergebnis sicher vertretbar. Es drängt sich aber die Frage auf, ob dieser Maßstab auch gelten soll, wenn bei einer Veranstaltung zum Beispiel Personen bestimmter Religion oder sexueller Identität abgewiesen werden, weil sie nicht in die Zielgruppe der Veranstalter passen.[50] Die auf eine Interessenabwägung im Rahmen von § 20 AGG abstellende Entscheidung des 8. Senats[51] scheint in solchen Fällen jedenfalls eher geeignet, Ergebnisse zu erzielen, die der Intention des AGG-Gesetzgebers entsprechen.[52]

IV. Fazit

Wie also haben sich die Vorschriften zum Schutz vor Altersdiskriminierung im AGG in den ersten 15 Jahren bewährt? In der Praxis zeigten sich, wie auch in anderen Teilen des AGG, verschiedene Mängel und Widersprüche zu den Richtlinienvorgaben. Diese mussten von der Rechtsprechung überwunden werden, zum Teil gegen den ausdrücklichen Gesetzeswortlaut. Teils mit, teils ohne Anrufung des EuGH. Dabei erwiesen sich die Gerichte im Arbeitsrecht meist als zurückhaltend bei der Sanktionierung von Altersdifferenzierungen, solange diese für alle Arbeitnehmer gleichermaßen galten (Beispiel Regelaltersgrenze für den Wechsel in den Ruhestand), hingegen als deutlich strenger, wenn einzelne Gruppen oder Arbeitnehmer einzelner Arbeitgeber gegenüber anderen schlechter gestellt wurden. Die von der Rechtsprechung zu Fragen der Altersdiskriminierung erzielten Ergebnisse stießen meist auf mehr Akzeptanz aller Beteiligter als die Rechtsprechung zu anderen Bereichen des Diskriminierungsschutzes. Das ist nicht selbstverständlich, wenn man bedenkt, welchen großen Einfluss bis zum AGG das Lebensalter auf die Arbeitssituation vieler Arbeitnehmer hatte (man denke nur an Bezahlung, Stellenausschreibungen und Ruhestandsbeginn). Außerhalb des Arbeitsrechts sind die von der Rechtsprechung entwickelten Hürden für die Rechtfertigung einer Altersdifferenzierung so niedrig, dass dieser Bereich des Diskriminierungsschutzes bislang nahezu bedeutungslos geblieben ist. In Anbetracht der hier wegen der fehlenden Richtlinienrelevanz ausgeschlossenen Kontrolle durch den EuGH dürfte sich daran so schnell auch nichts ändern.

---

[49] BGH 5.5.2021 – VII ZR 78/20 = NJW 2021, 2514 ff.

[50] Im Hinblick auf Diskriminierungen wegen der Rasse oder ethnischen Herkunft erweitert § 19 II AGG den Anwendungsbereich des Diskriminierungsschutzes.

[51] BGH 27.5.2020 – VIII ZR 401/18 = MDR 2020, 1059.

[52] Ebenso *Grünberger* Anm. zu BGH VII ZR 78/20, NJW 2021, 2517 f.

THOMAS FAUSTEN

Der fragwürdige Nutzen von Subsidiaritätsklauseln in Versicherungsverträgen

I. Einleitung

Das Verfassen eines Beitrages für eine Festschrift ist unzweifelhaft eine Ehre, gleichzeitig aber auch eine besondere Herausforderung, da es der Findung eines geeigneten und hinreichend interessanten Themas bedarf. Dieses sollte idealiter auch Bezüge zur Hauptperson des Geschehens aufweisen. Bei Betrachtung der Vita des Jubilars fällt auf, dass dieser nicht nur der Juristerei verbunden ist, sondern unter anderem auch den Künsten und der englischen Literatur. Vor diesem Hintergrund erwog der Verfasser, das Verhältnis von Willam Shakespeare zum Recht einer näheren Betrachtung zu unterziehen. So beklagt Shakespeare in seinem Drama *Hamlet* etwa die Schwerfälligkeit des Rechts.[1] An diesem durchaus bedauernswerten Zustand hat sich weder in England noch hierzulande in den vergangenen vierhundert Jahren etwas grundlegend geändert. Ein sicherlich geeigneter Untersuchungsgegenstand also. Jedoch ist in diesem Kontext bereits ein Werk erschienen.[2] So entschloss sich der Verfasser alternativ zu einem Thema, welches dem Bereich des Versicherungsrechts zuzuordnen ist. In diesem der Allgemeinheit wenig bekannten, aber sehr spannenden und interessanten rechtlichen Umfeld verbinden den Jubilar und den Verfasser zahlreiche gemeinsam abgewickelte Fälle, Seminarveranstaltungen und ein Literaturprojekt.

Der Anstoß zu diesem Aufsatz ergab sich aus der rechtlichen Praxis, in der sich der Verfasser regelmäßig mit den Unzulänglichkeiten von Subsidiaritätsklausel zu befassen hat. Inflationär verwendet, führen solche Klauseln nicht zu einer Erhöhung der Rechtssicherheit sondern zu einer Schwerfälligkeit der Regulierung von berechtigten Ansprüchen aus dem Versicherungsvertrag. Die Abhandlung beschreibt die Unwägbarkeiten und Risiken bei der Verwendung von Subsidiaritätsklauseln.

---

[1] In dem Monolog in Akt 3, Szene 1, lässt Shakespeare seinen Protagonisten *Hamlet* nicht nur die berühmten einleitenden Worte *„To be, or not to be, that is the question"* sprechen, sondern ihn ein paar Zeilen weiter über den Zustand des englischen Rechts klagen: *„the law's delay"*.

[2] *Pieroth,* Recht und britische Literatur, 2019.

II. Subsidiaritätsklauseln

1. Problembeschreibung

Subsidiaritätsklauseln sind häufig anzutreffende Regelungen, sowohl in Individualversicherungsverträgen als auch in Allgemeinen Versicherungsbedingungen (AVB). Sie zielen darauf ab, für den Versicherer eine nachrangige Eintrittsplicht in Hinblick auf ein Schadenereignis zu begründen, sofern das versicherte Risiko ganz oder teilweise auch bei einem anderen Versicherer versichert ist. Damit bewegen sich Subsidiaritätsklauseln im rechtlichen Umfeld der Norm des § 78 VVG (Mehrfach- oder Doppelversicherung). Während die genannte Vorschrift jedoch im Kern darauf abzielt, im Bereich der Schadenversicherung auf Seiten des Versicherungsnehmers eine Bereicherung zu verhindern,[3] sind Subsidiaritätsklauseln darauf ausgerichtet, eine Leistungspflicht des sich darauf berufenden Versicherers zu reduzieren oder nicht zur Entstehung gelangen zu lassen. Damit dienen Subsidiaritätsklauseln typischerweise den Interessen des Versicherers. Aus Sicht des Versicherungsnehmers sind solche Regelungen daher eher kritisch zu betrachten.

Entgegen der Intention, durch Anordnung einer Subsidiarität die Haftung auf einen einzigen Versicherer zu projizieren, führen Subsidiaritätsklauseln nicht selten zu der Situation, dass sich beide bzw. mehrere beteiligte Versicherer auf eine jeweilig ausbedungene Regelung berufen. Subsidiaritätsklauseln generieren daher (1) für die Parteien mögliche vertragliche Unsicherheiten und stellen folglich (2) eine potentielle Quelle für rechtliche Auseinandersetzungen im Leistungsfall dar. Dies ist jedenfalls das Bild, was sich in der versicherungsrechtlichen Praxis dartut. In Rechtsprechung und Literatur werden in Bezug auf die Lösung von auftretenden Problemen verschiedene Denkansätze verfolgt. Dabei wird im Bereich der Haftpflichtversicherung dem Grundsatz der Spezialität des versicherten Risikos zu wenig Rechnung getragen.

2. Gesetzliche Rahmenbedingungen von Subsidiaritätsklauseln

Wie bereits angerissen, entspringt die Vorschrift des § 78 VVG originär dem Gedanken, dass ein Versicherungsnehmer bei Versicherungsfällen, die dem Bereich der Schadenversicherung zuzuordnen sind, den ihm entstandenen Schaden ersetzt bekommt, indes keine Bereicherung erfahren soll. Dieses Prinzip findet seine Ausprägung in der genannten Norm, welche für den Fall der Mehrfachversicherung in Absatz 1 eine gesamtschuldnerische Haftung der beteiligten Versicherer anordnet und insofern die bürgerlich-rechtliche Vorschrift des § 421 BGB spiegelt.[4] § 78 Abs. 1 VVG beschreibt zwei alternative Grundszenarien. Für die Erfüllung von Alt. 1 ist notwendig, dass die Versicherungssummen von mehreren Versicherungsverträgen zusammen genommen den Versicherungswert übersteigen. Der Versicherungswert ist der Wert des – jeweils mehrfach – versicherten Interesses. Eine Mehr-

---

[3] *Halbach* in MüKoVVG, 2. Aufl. 2016, § 78 Rn. 1; *Langheid* in Langheid/Rixecker, VVG, 6. Aufl. 2019, § 78 Rn. 1; Motive zum VVG vom 30.5.1908, S. 129.

[4] *Grüneberg* in Palandt, BGB, 80. Aufl. 2021, § 421 Rn. 2.

fachversicherung nach Alt. 2 liegt vor, wenn die Summe der Entschädigungen, die von jedem Versicherer ohne Bestehen der anderen Versicherung zu zahlen wäre, einen bei einem Ereignis entstanden Gesamtschaden übersteigen. Bei letzterer Konstellation kommt es folglich auf das Verhältnis zwischen Gesamtschaden und die von mehreren Versicherern insgesamt zu erlangende Entschädigung an, weswegen Alt. 2 vor allem in der Haftpflichtversicherung zur Anwendung gelangt.[5] Für beide in § 78 Abs. 1 genannte Sachverhaltsalternativen besteht die gemeinsame Grundvoraussetzung, dass das mit den einzelnen Verträgen übernommene versicherungstechnische Risiko identisch sein muss. Dies setzt eine Identität des versicherten Interesses und der versicherten Gefahr voraus, was durch Vergleich der jeweiligen Versicherungsbedingungen zu ermitteln ist.[6] Bei Betrachtung des übernommenen Risikos sind auch Teilidentitäten möglich und für die Annahme einer Mehrfachversicherung ausreichend, indes nur in dem sich überschneidenden Bereich.[7]

Zu einer Mehrfachversicherung in Form der beschriebenen Szenarien kann es aus mannigfaltigen Gründen kommen. Zum einen kann eine solche beabsichtigt sein, so zB, wenn der Versicherungsnehmer – aus welchen Gründen auch immer – ein Risiko vorsorglich auch bei einem anderen Versicherer eindeckt.[8] Zumeist kommt es aber zu unbeabsichtigten Mehrfachversicherungen, weil sich Deckungsbereiche von Verträgen oder AVB in Hinblick auf das versicherte Risiko überschneiden. Das ist regelmäßig etwa bei D&O- und Rechtsschutz-Versicherungspolicen in Bezug auf zB die Position „Abwehrkostendeckung" der Fall,[9] oder in der Technischen Versicherung bei der Montage- und der Bauleistungsversicherung.[10]

Wegen der in § 78 Abs. 1 VVG im *Außenverhältnis* angeordneten Gesamtschuldnereigenschaft kann der Versicherungsnehmer bei Vorliegen einer Mehrfachversicherung von jedem Versicherer die vertragsgemäß geschuldete Leistung einfordern. Dies führt im *Innenverhältnis* zwischen den beteiligten Versicherern zu dem in Abs. 2 S. 1 der Norm eingeräumten gegenseitigen Rückgriffsrecht (Ausgleichsanspruch). Nach diesem haben die Versicherer im Innenverhältnis quotal diejenigen Anteile der Gesamtentschädigung zu übernehmen, die dem Verhältnis der Entschädigungsleistungen entspricht, die sie vertragsgemäß dem Versicherungsnehmer im

---

[5] *Langheid* in Langheid/Rixecker, VVG, 6. Aufl. 2019, § 78 Rn. 8.

[6] *Langheid* in Langheid/Rixecker, VVG, 6. Aufl. 2019, § 78 Rn. 4; *Halbach* in MüKoVVG, 2. Aufl. 2016, § 78 Rn. 7.

[7] *Halbach* in MüKoVVG, 2. Aufl. 2016, § 78 Rn. 7; *Schnepp* in Bruck/Möller, VVG, 9. Aufl. 2009, § 87 Rn. 18; BGH NJW-RR 1988, 727.

[8] So etwa, wenn bei Auslandsreisen zusätzlich zu einer bestehenden gesetzlichen oder privaten Krankenversicherung vorsorglich eine spezielle Reisekrankenversicherung abgeschlossen wird, oder der Versicherungsnehmer ein im Ausland belegenes Risiko aufgrund lokaler gesetzlicher Vorgaben dort in Deckung geben muss (Compliance), den Versicherer im Falle eines Schadens jedoch für unzuverlässig erachtet.

[9] Ausführlich zu Abgrenzungsproblemen im Bereich der Sparte Financial Lines *Ihlas* in MüKoVVG, 2. Aufl. 2017, Nr. 320 [D&O] Rn. 560ff.; zu Abgrenzungsproblemen in der Haftpflichtversicherung allgemein *Wandt,* Versicherungsrecht, 6. Aufl. 2016, Rn. 1024.

[10] Dazu *Segger* VersR 2006, 38f.; ferner *Segger/Degen* r+s 2012, 422f.

Versicherungsfall ohne Berücksichtigung der anderen Versicherung schulden würden. Soweit ist die Lage für alle am Vertrag beteiligte Parteien noch recht übersichtlich und entspricht den allgemeinen Erwartungen.

Die Crux bei Mehrfachversicherungen liegt jedoch in der *Abdingbarkeit* des in §78 Abs. 2 VVG eingeräumten Rückgriffrechts (Ausgleichsanpruch).[11] Zwar erweist sich eine Vereinbarung zwischen Versicherer und Versicherungsnehmer dahingehend, dass der Ausgleichsanspruch des anderen Versicherers aus Abs. 2 S. 1 ausgeschlossen ist, als unzulässiger Vertrag zu Lasten Dritter.[12] Ein mehr oder minder identischer rechtlicher Effekt lässt sich hingegen über die Vereinbarung von Subsidiaritätsklauseln erzielen, die in ihrer Verwendung grundsätzlich zulässig sind,[13] wobei jedoch ein gewisser Wertungswiderspruch zu der Aussage im Satz zuvor unübersehbar ist. Danach haftet ein Versicherer nur dann, wenn und soweit nicht ein anderer Versicherer für einen Schaden einzutreten hat (Subsidiarität). Bei gegebener subsidiärer Haftung gelangt §78 Abs. 2 nicht zur Anwendung.[14] Anders gewendet: der im Innenverhältnis bestehende gesetzliche Ausgleichsanspruch des leistenden Versicherers gegenüber dem anderen beteiligten Versicherer wird beschränkt bzw. geht verloren. Im Kern verhindern Subsidiaritätsabreden damit einen Innenausgleich.[15] Auch bleibt ein Forderungsübergang nach §86 Abs. 1 außer Betracht. Dieser Automatismus führt vor Augen, dass es durchaus im Interesse eines jeden Versicherers liegt, über Subsidiaritätsklauseln eine nachrangige Haftung zu erreichen, die schlussendlich für diesen keine oder jedenfalls eine nur geringere Schadenbelastung bedeutet. Folglich finden Subsidiaritätsklauseln ubiquitäre Verwendung, vermögen sie doch im Einzelfall – sofern wirksam vereinbart – einen positiven Einfluss auf die Schadenquote zu bewirken.

3. *Inhärenter Unwägbarkeitsfaktor*

Wegen der beschriebenen breiten Verwendung von Subsidiaritätsklauseln im Markt ist – wie bereits vorgetragen – nicht selten zu beobachten, dass der vom Versicherungsnehmer auf Leistung in Anspruch genommene Versicherer auf den oder die anderen beteiligten Versicherer verweist. Es kommt folglich zu einer Kollision von Subsidiaritätsklauseln wegen der Verwendung durch beide bzw. mehrere an einem Risiko bzw. Schadenfall beteiligte Versicherer. Die rechtlichen Auswirkungen sind nicht immer voraussehbar; höchstrichterlich wurde in Deutschland bislang nur über die Rechtsfolgen von kollidierenden so genannten *einfachen Subsidiaritätsklauseln* entschieden. Auf das diesbezügliche Urteil des BGH vom 19. Februar

[11] §78 Abs. 1 und 2 sind gemäß §87 VVG nicht zwingend.

[12] *Armbrüster* in Prölss/Martin, VVG, 31. Aufl. 2021, §78 Rn. 28; OLG München Urt. v. 3.7.2012 – 25 U 995/12. So auch bereits die Motive zum VVG, 1908, S. 131.

[13] BGH Urt. v. 21.4.2004 – IV ZR 113/03, VersR 2004, 994; BGH VersR 2014, 450. Bereits die Motive zum VVG 1908 führen diesbzgl. aus: „Insbesondere ist die Vereinbarung zulässig, daß bei einer Doppelversicherung nur der erste Versicherer haftet […].“; diese Aussage bezieht sich freilich nur auf die einfache bzw. eingeschränkte Subsidiaritätsabrede mit verknüpftem temporalen Element; vgl. Motive zum VVG 1908, S. 131.

[14] BGH VersR 2006, 1536; 2008, 994; 2010, 247; *Langheid/Müller-Frank* NJW 2011, 355; *Halbach* in MüKoVVG, 2. Aufl. 2016, §78 Rn. 17.

[15] In diesem Sinne auch *Fajen* VersR 2013, 973.

2014 – IV ZR 389/12[16] wird sogleich noch näher eingegangen. Gebräuchlich sind aber auch so genannte *qualifizierende Subsidiaritätsabreden* oder Mischformen daraus und andere Arten.[17]

Nicht übersehen werden darf in diesem Kontext, dass auch ausländischem Recht unterliegende Versicherungsverträge regelmäßig mit Subsidiaritätsklauseln ausgestattet sind; ein Umstand, der auch in § 78 Abs. 2 S. 2 VVG Berücksichtigung findet und der bei internationalen Programmen der besonderen Beachtung bedarf.[18] Die Frage, nach welchem Sachrecht sich die Rechtsfolgen der Kollision zweier Subsidiaritätsklauseln im Verhältnis Versicherer/Versicherungsnehmer beurteilen, ist anhand der Vorschriften des Internationalen Privatrechts (IPR) vorzunehmen.[19] Davon strikt zu trennen ist die Frage der Rechtsfolgen kollidierender Klauseln hinsichtlich eines Innenausgleichs der beteiligten Versicherer. Da dieser Themenbereich eine eigene, hohe Komplexität aufweist, wir an dieser Stelle auf eine Befassung damit verzichtet.[20]

Die versicherungstechnische Wirkung des Zusammentreffens von Subsidiaritätsklauseln wird in Abreden zumeist nicht geregelt, so dass es in solchen Fällen der ergänzenden Vertragsauslegung bedarf.[21] Wie grundsätzlich bei der Verwendung von Klauseln in Versicherungsverträgen, ist die Auslegung aus der Sicht eines durchschnittlichen Versicherungsnehmers ohne versicherungsrechtliche Spezialkenntnisse vorzunehmen. Es kommt folglich *nicht* auf die Sichtweisen oder Intentionen der Subsidiaritätsklauseln verwendenden Versicherer an;[22] dieser Umstand birgt für diese Unwägbarkeiten.

Wie sich eine bestimmte Subsidiaritätsklausel im konkreten Leistungsfall auswirkt, ist im Voraus nicht gewiss und daher aleatorisch. Schließlich wird ein Versicherer in den meisten Fällen keine Kenntnis darüber haben, ob und wenn ja welche Subsidiaritätsklausel der andere am Risiko beteiligte Versicherer verwendet. So erscheint es sachgerecht, diesen Klauseln aus *versicherungstechnischer Sicht* als Merkmal eine originäre Imponderabilität zuzuschreiben. Diese Einschätzung setzt sich auf der Ebene der *rechtlichen Inhaltskontrolle* fort: Subsidiaritätsklauseln tendieren wegen der ihnen eigenen Abstraktheit und Komplexität dazu, eine hohe Interpretationsbedürftigkeit bzw. ein Potential für Unklarheiten aufzuweisen. Diese Eigenschaften

---

[16] BGH VersR 2014, 450.

[17] Instruktiv diesbzgl. *Armbrust,* Subsidiaritätsabreden in Versicherungsverträgen, Diss. 1991, S. 34ff.; *Fajen* VersR 2013, 973f. und *Segger* VersR 2006, 38f.

[18] Eine im englischen Markt häufig verwendete und nach deutschem Rechtsverständnis als eingeschränkte bzw. einfache Subsidiaritätsklausel zu wertende Abrede lautet: „*OTHER INSURANCE OR INDEMNIFICATION. Unless otherwise required by law, this Policy shall always apply in excess of any other valid and collectable insurance or indemnification available to the insured.*“

[19] Siehe insoweit die Verordnung (EG) Nr. 593/2008 über das auf vertragliche Schuldverhältnisse anzuwendende Recht (Rom I-VO).

[20] Ein instruktiver Überblick über europäisches Versicherungsvertragsrecht findet sich etwa bei *Heiss* in Basedow/Hopt/Zimmermann, Handwörterbuch des Europäischen Privatrechts, 2009, S. 1658ff.; *Heiss* VersR 2006, 185ff.

[21] *Armbrüster* in Prölss/Martin, VVG, 31. Aufl. 2021, § 78 Rn. 33; *Segger/Degen* r+s 2012, 422.

[22] Mit diesbzgl. eingehender Begründung BGH Urt. v. 19.2.2014 – IV ZR 389/12, VersR 2014, 450; *Armbrüster* in Prölss/Martin, VVG, 31. Aufl. 2021, § 78 Rn. 33; *Langheid* in Langheid/Rixecker, VVG, 6. Aufl. 2019, § 78 Rn. 24.

führen zu den beschriebenen rechtlichen Unsicherheiten bezüglich deren Funktionalität und Wirksamkeit.

III. Formen von Subsidiaritätsklauseln

1. Einfache („eingeschränkte") Subsidiaritätsklauseln

Als einfache Subsidiaritätsklauseln, die auch als „eingeschränkte" Abreden bezeichnet werden, gelten solche, die darauf abstellen, dass eine anderweitig bestehende Versicherung Versicherungsschutz gewährt, diese also konkret leistungspflichtig ist. Häufig finden sich dazu folgende Formulierungen.

„Entschädigung wird nur geleistet, soweit Entschädigung nicht aus einem anderen Versicherungsvertrag beansprucht werden kann."

oder

„Soweit im Versicherungsfall eine Entschädigung aus anderen Versicherungsverträgen beansprucht werden kann, gehen diese Leistungspflichten vor."

Gemäß BGH halten einfache Subsidiaritätsklauseln einer Inhaltskontrolle nach §§ 305 ff. BGB grundsätzlich stand, da sie dem Versicherungsnehmer die Sicherheit bieten, dass in jedem Falle ein Versicherer für einen eingetretenen Schaden aufkommen wird und insofern weder eine Gefährdung des Vertragszwecks (§ 307 Abs. 2 Nr. 2 BGB) noch eine unangemessene Benachteiligung (§ 307 Abs. 1) angenommen werden kann.[23] Die vertragliche Sicherheit, die der BGH bei dieser Form der Subsidiaritätsabrede hervorhebt, ist in der Praxis jedoch nicht immer gegeben, wie unter → IV. 4. näher dargelegt.

2. Doppelte Subsidiaritätsklauseln

Die sogenannte doppelte Subsidiaritätsklausel knüpft technisch an die der einfachen Subsidiarität an, versieht die Abrede jedoch mit dem Zusatz, dass Subsidiarität auch dann besteht, wenn der andere Versicherungsvertrag ebenfalls über eine Subsidiaritätsklausel verfügt. Daraus ergibt sich etwa folgende Textierung:

„Soweit im Versicherungsfall eine Entschädigung aus anderen Versicherungsverträgen beansprucht werden kann, gehen diese Leistungspflichten vor. Eine Eintrittspflicht besteht auch dann nicht, wenn für das Risiko aus einem anderen Versicherungsvertrag nachrangige Eintrittspflicht vereinbart ist."

Auch diese Form der Subsidiaritätsabrede ist lt. Urteilen des LG München I, welches solche Klauseln dem Typus der sogenannten einfachen Subsidiarität zuordnet, grundsätzlich zulässig.[24] Dies aber nur dann, wenn die Auslegung des Zusatzes

---

[23] BGH VersR 2004, 994; dazu auch *Fajen* VersR 2013, 973, 974.

[24] LG München I Urt. v. 20.11.2008 – 31 S 9377/08 und Urt. v. 8.2.2012 – 3 O 1560/11; ausführlich dazu *Fajen* VersR 2013, 973, 974.

ergibt, dass dieser als Bekräftigung von Satz 1 zu verstehen ist; anderenfalls könne eine unwirksame Vereinbarung zu Lasten Dritter vorliegen, wie das OLG München im Rahmen des weiteren Rechtsstreits zu bedenken gab.[25]

3. Qualifizierte („uneingeschränkte") Subsidiaritätsklauseln

Während einfache Subsidiaritätsklauseln darauf abstellen, dass eine anderweitig bestehende Versicherung auch tatsächlich Versicherungsschutz gewährt, diese also Leistungen auskehrt, verlangt eine qualifizierte Subsidiaritätsklausel lediglich das Bestehen einer anderweitigen Versicherung für dasselbe Risiko. Solche Abreden kommen in unterschiedlichen Ausprägungen vor. Teilweise beschränken sich Klauseln auf bestimmte Sachen oder Gefahren, die durch einen anderen Versicherungsvertrag versichert sind;[26] manchmal aber auch auf das versicherte Risiko insgesamt. In letzterem Fall lautet eine Formulierung etwa wie folgt:

„Subsidiarität. […] Der Versicherungsschutz umfasst alle während der Dauer des Versicherungsvertrages eintretenden Versicherungsfälle. Dies gilt nicht für Versicherungsfälle, für die aus einem anderen Versicherungsvertrag Versicherungsschutz besteht."

oder

„Versicherungsschutz besteht subsidiär zu anderweitigem Versicherungsschutz: Anderweitige Leistungsverpflichtungen gehen vor, wenn für dieselbe Gefahr auch noch bei einem anderen Versicherer Versicherungsschutz besteht."

4. Mischformen und Varianten

Neben den drei aufgezeigte Grundformen sind – wie bereits erwähnt – zahlreiche Mischformen und Varianten zu beobachten, so zB Klauseln über die Vorrangigkeit von Lokalpolicen oder von zeitlich vorangehenden Versicherungsverträgen, oder solche, die den Versicherungsnehmer verpflichten, einen Schaden zunächst unter einem anderweitig bestehenden Versicherungsvertrag geltend zu machen.[27] Gelegentlich enthalten Versicherungsverträge oder AVB auch überhaupt keine Regelung zur Subsidiarität.

---

[25] OLG München Urt. v. 3.7.2012 – 25 U 995/12; vorgehend dazu LG München I 8.2.2012 – 3 O 1560/11.

[26] So etwa § 6 Nr. 4 lit. f VHB 2010: *„Nicht zum Hausrat gehören […] Sachen im Privatbesitz, die durch einen gesonderten Versicherungsvertrag versichert sind […]."* oder Ziffer 5.1 SVS/RVS: *„Ausgeschlossen vom Versicherungsschutz sind […] die durch eine Gütertransport-, Wareneinheits- oder Ausstellungsversicherung gedeckten Gefahren […]."*

[27] So zB Ziff. 6 AVB-AVG „Anderweitige Versicherungen" (D&O Muster-AVB GDV 05.2013).

IV. Regeln im Falle des Zusammentreffens von Subsidiaritätsklauseln und AGB-rechtliche Aspekte

Verwenden zwei oder mehrere an einem Risiko beteiligte Versicherer Subsidiaritätsklauseln, kommt es zu einer Kollision der Abreden, die einer Lösung zugeführt werden müssen. Hierzu haben sich in Rechtsprechung und Literatur Regeln herausgebildet, die sich im Aufriss wie folgt darstellen.

1. Aufeinandertreffen einer einfachen Subsidiaritätsabrede mit einem Vertrag ohne Regelung zur Subsidiarität

In dieser Konstellation kommt es – wie von dem die Subsidiaritätsklausel verwendenden Versicherer intendiert – zur vorrangigen Eintrittspflicht des Versicherungsvertrages ohne Subsidiaritätsabrede. Für einen Innenausgleich nach § 78 Abs. 2 S. 1 VVG bleibt dann kein Raum, so dass abweichend von der gesetzlichen Regelung im Ergebnis den anderen Versicherer die alleinige Primärhaftung trifft.[28] Dieses Ergebnis ist wenig überraschend und liegt klar auf der Hand.

2. Aufeinandertreffen einfacher Subsidiaritätsabreden einschließlich der Variante der doppelten Subsidiarität

Zur Rekapitulation: Einfache bzw. „eingeschränkte" Subsidiaritätsklauseln setzen voraus, dass die anderweitig bestehende Versicherung im konkreten Fall Deckung gewährt, also leistungspflichtig ist. Die hier kollidierenden Klauseln stellen jeweils aufeinander ab, so dass sie wechselbezüglich sind bzw. sich kreuzen. Der BGH entschied für diese Konstellation im Fall von zwei streitenden Reiseversicherern, dass die verwendeten und im Wege der Auslegung als gleichwertig eingeordneten, eingeschränkten Subsidiaritätsabreden sich im Verhältnis zum Versicherungsnehmer gegenseitig aufheben. Es könne nicht angehen, diesen durch eine solche vertragliche Konstellation schutzlos zu stellen. Der Versicherungsnehmer würde die Klauseln auch nicht so verstehen müssen, dass er im Ergebnis gar keinen Versicherungsschutz erhalte.[29] Im konkreten Fall bewirkt der Effekt des gegenseitigen Aufhebens der Abreden, dass wiederum die gesetzliche Regelung des § 78 Abs. 2 VVG greift und im Innenverhältnis ein Ausgleich zwischen den Versicherern zu erfolgen hat, der intentional ja gerade von beiden Parteien abbedungen sein sollte. Dieser für die involvierten Versicherer allerdings missliche Ausgang der Angelegen-

---

[28] Siehe zu dieser Konstellation etwa BGH Urt. v. 21.4.2004 – IV ZR 113/03, VersR 2004, 994 und BGH Urt. v. 23.11.1988 – IVa ZR 143/87, VersR 1989, 250.

[29] BGH Urt. v. 19.2.2014 – IV ZR 389/12, VersR 2014, 450. In den von dem klagenden Versicherer verwendeten AVB lautete die Klausel: *„Soweit im Versicherungsfall eine Entschädigung aus anderen Versicherungsverträgen beansprucht werden kann, gehen diese Leistungsverpflichtungen vor. Dies gilt auch dann, wenn in einem dieser Versicherungsverträge ebenfalls eine nachrangige Haftung vereinbart ist."* Die AVB des beklagten Unternehmens formulierten: *„Leistungsverpflichtungen aus anderen Versicherungsverträgen gehen der Eintrittspflicht … [des Versicherers] vor. Dies gilt insbesondere für die gesetzlichen Leistungen der Sozialversicherungsträger"* bzw. *„Leistungsverpflichtungen aus anderen Versicherungsverträgen sowie der Sozialversicherungsträger gehen der Eintrittspflicht … [des Versicherers] vor."*

heit liegt im Bereich des geschäftlichen Risikos, verdeutlicht jedoch die Unvorhersehbarkeit eines bei Klauselverwendung erzielten Ergebnisses.

Das oben Gesagte gilt nach BGH auch, wenn eine doppelte Subsidiaritätsabrede mit einer einfachen Subsidiaritätsabrede kollidiert.[30] Ein schutzwürdiges Interesse des Versicherers an einer über die Abrede erzielten so weitgehenden Leistungseinschränkung würde der Versicherungsnehmer angesichts der von ihm geleisteten Prämie und der Zulässigkeit des Abschlusses einer weiteren Versicherung für dasselbe Risiko nicht erkennen können. Die Frage, ob es sich bei dem zum Erreichen der doppelten Subsidiarität verwendeten Zusatz *„Dies gilt auch dann, wenn in einem dieser Versicherungsverträge ebenfalls eine nachrangige Haftung vereinbart ist."* um eine unzulässige vertragliche Vereinbarung zu Lasten Dritter handelt, ließ der BGH offen; bejahend diesbezüglich aber OLG München in der Vorinstanz.[31]

3. *Kollidierende qualifizierte Klauseln*

Treffen zwei qualifizierte bzw. uneingeschränkte Subsidiaritätsklauseln aufeinander, also solche, die jeweils lediglich das Bestehen eines anderweitigen Versicherungsvertrages zur Voraussetzung eigener Nachrangigkeit erheben, haftet nach überwiegender in der Literatur vertretenen Meinung *keiner* der beiden beteiligten Versicherer.[32] Begründet wird diese Interpretation mit dem Prinzip der Vertragsautonomie und der Gleichheit der sich gegenüberstehenden Verträge. Gleichwohl erkennen Vertreter dieser Ansicht, dass eine solche Auslegung möglicherweise ein für den Versicherungsnehmer überraschendes Ergebnis iSv § 305c Abs. 1 BGB darstellt.[33] Der Hinweis auf eine sich ggf. aus § 6 Abs. 5 VVG herleitende Haftung[34] ist in einer solchen Konstellation für den Versicherungsnehmer nicht wirklich hilfreich, da es sich lediglich um einen Sekundäranspruch handelt, wobei allerdings – ähnlich § 280 Abs. 1 S. 2 BGB – ein Verschulden des Versicherers gesetzlich vermutet wird.

Zu dem Szenario zweier kollidierender qualifizierter Subsidiaritätsabreden ist – soweit ersichtlich – bislang noch keine Rechtsprechung ergangen. Das kann als Indiz dafür gewertet werden, dass kein AVB-Verwender geneigt ist, sich mit diesem Streitstoff auf das glatte Parkett eines Gerichtssaales zu begeben. Vor dem Hintergrund des zu kollidierenden einfachen Subsidiaritätsklauseln ergangenen Urteils des BGH aus dem Jahr 2014[35] muss indes zweifelhaft erscheinen, ob die restriktive Literaturansicht von der Rechtsprechung bestätigt werden würde;[36] denn auch hier stehen sich zwei gleichwertige, wechselbezügliche Klauseln gegenüber.

---

30 BGH Urt. v. 19.2.2014 – IV ZR 389/12, VersR 2014, 450.

31 OLG München Urt. v. 3.7.2012 – 25 U 995/12.

32 *Armbrüster* in Prölss/Martin, VVG, 31. Aufl. 2021, § 78 Rn. 35; *Schnepp* in Bruck/Möller, VVG, 9. Aufl. 2009, § 78 Rn. 185; *Armbrust,* Subsidiaritätsabreden in Versicherungsverträgen, Diss. 1991, S. 174f.; *Kohleick,* Die Doppelversicherung im deutschen Versicherungsvertragsrecht, Diss. 1999, S. 174f.; aA *Vollmar* VersR 1987, 735, 739; *Fajen* VersR 2013, 973, 975; mit deutlicher Kritik insb. *Segger/Degen* r+s 2012, 422.

33 So *Armbrüster* in Prölss/Martin, VVG, 31. Aufl. 2021, § 78 Rn. 35.

34 *Armbrüster* in Prölss/Martin, VVG, 31. Aufl. 2021, § 78 Rn. 35.

35 BGH Urt. v. 19.2.2014 – IV ZR 389/12, VersR 2014, 450.

36 In diesem Sinne auch *Fajen* VersR 2013, 973, 975 und *Segger/Degen* r+s 2012, 422.

Letztlich stünde der Versicherungsnehmer ohne Versicherungsschutz da.[37] Pointiert formuliert: Bei gegebener Mehrfachversicherung und konsequenter Verwendung von qualifizierten Subsidiaritätsabreden durch alle Marktteilnehmer könnte die Schadenquote auf null reduziert werden. Das überzeugt nicht. Im Gegenteil: bei Aufeinandertreffen von kollidierenden qualifizierten Klauseln muss es – analog zu dem Urteil BGH IV ZR 389/12[38] – dem mutmaßlichen Willen der Beteiligten entsprechen, den Versicherungsnehmer jedenfalls nicht schutzlos stellen zu wollen.

Neben dem bereits angeführten AGB-rechtlichen Aspekt spricht für diese Sichtweise auch der synallagmatisch ausgestaltete § 1 VVG, der als vertragstypische Pflicht eine Leistung des Versicherers im Falle der Verwirklichung des versicherten Risikos vorsieht, wenn vorausgehend als Gegenleistung die vereinbarte Prämie gezahlt wurde. Auch an den Wertungen des § 242 BGB gemessen, ist bei dieser Konstellation kein anderes Ergebnis ermittelbar. Denn zum einen enthält jeder Vertrag die implizite Verpflichtung, den Vertragszweck nicht zu beeinträchtigen oder zu gefährden.[39] Zum anderen wird aber gerade das Versicherungsverhältnis in besonderem Maße vom Grundsatz von Treu und Glauben beherrscht.[40] Daher dürften gegen die Sichtweise der hM ebenso aufsichtsrechtliche Aspekte sprechen (siehe § 294 Abs. 2 S. 1 [Wahrung der Belange der Versicherten] und die Befugnisnorm des § 298 Abs. 1 VAG).

Im Ergebnis ist es – entgegen der wohl überwiegend in der Literatur vertretenen Meinung – so, dass kollidierende qualifizierte Subsidiaritätsklauseln sich gegenseitig aufheben, mit der Folge, dass die gesetzliche Regelung des § 78 Abs. 1 VVG zur Anwendung gelangt, also ein Innenausgleich der Versicherer nach den Regeln der Mehrfachversicherung zu erfolgen hat. Aber unabhängig davon, welcher Meinung man sich anschließt, eines bleibt stets im Raum: die für die Parteien bei diesem Kollisionsszenario bestehende vertragliche Ungewissheit.

4. *Kollision einer einfachen mit einer qualifizierten Subsidiaritätsabrede*

Beim Zusammentreffen einer einfachen und einer qualifizierten Subsidiaritätsklausel gilt im Wege der Vertragsauslegung nach überwiegender Ansicht in der Literatur, dass die qualifizierte Klausel ohne Rücksicht auf die zeitliche Reihenfolge der Vertragsschlüsse den *Vorrang* hat. Dies hat zur Folge, dass ausschließlich der einfach subsidiär haftende Versicherer zur Leistung verpflichtet ist.[41] Zur Visualisierung:

---

[37] So trefflich *Armbrüster* in Prölss/Martin, VVG, 31. Aufl. 2021, § 78 Rn. 35.

[38] BGH Urt. v. 19.2.2014 – IV ZR 389/12, VersR 2014, 450.

[39] So zB BGHZ 93, 39; BGH NJW 1978, 260; 1983, 998; eine Gefährdung des Vertragszwecks bei dieser Interpretation der Kollision von qualifizierten Subsidiaritätsabreden sieht auch *Fajen* VersR 2013, 973, 975.

[40] StRspr, siehe etwa RGZ 146, 221; BGHZ 40, 387; BGH VersR 1989, 842; 1991, 1129.

[41] *Armbrüster* in Prölss/Martin, VVG, 31. Aufl. 2021, § 78 Rn. 34, *Halbach* in MüKoVVG, 2. Aufl. 2016, § 78 Rn. 22; *Schnepp* in Bruck/Möller, VVG, 9. Aufl. 2009, § 78 Rn. 22; *Armbrust,* Subsidiaritätsabreden in Versicherungsverträgen, Diss. 1991, S. 168 f.; *Kohleick,* Die Doppelversicherung im deutschen Versicherungsvertragsrecht, Diss. 1999, S. 171, und *Vogel* ZVersWiss 1973, 523.

Versicherer A – Verwendung einer einfachen bzw. „eingeschränkten" Subsidiaritätsklauseln (Intention: Subsidiäre Haftung nur, wenn der andere Versicherer konkret leistungspflichtig ist [Formulierungsbeispiel]):

„Entschädigung wird nur geleistet, soweit Entschädigung nicht aus einem anderen Versicherungsvertrag beansprucht werden kann."

Versicherer B – Verwendung einer qualifizierten bzw. „uneingeschränkten" Subsidiaritätsklausel (Intention: Subsidiäre Haftung bereits dann, wenn eine anderweitige Versicherung für dasselbe Risiko besteht, unabhängig von einer Leistungsverpflichtung [Formulierungsbeispiel]):

„Versicherungsschutz besteht subsidiär zu anderweitigem Versicherungsschutz: Anderweitige Leistungsverpflichtungen gehen vor, wenn für dieselbe Gefahr auch noch bei einem anderen Versicherer Versicherungsschutz besteht."

Da die qualifizierte Abrede Vorrang genießt, ist im Beispiel ausschließlich Versicherer A zur Leistung verpflichtet. Über diese Konstellation wurde in der Rechtsprechung – soweit ersichtlich – ebenso noch nicht verbindlich befunden. Die Interpretation hat beträchtliche praktische Konsequenzen, denn auch bei dieser Konstellation der Subsidiarität kann es unter Umständen dazu kommen, dass der Versicherungsnehmer im konkreten Fall keinen Versicherungsschutz erhält. So etwa, wenn der vorrangig eintrittspflichtige Versicherer (im Beispiel A) auf Grund einer vorsätzlichen Anzeigepflichtverletzung oder Gefahrerhöhung (§ 19 Abs. 2; § 26 Abs. 1 S. 1 VVG) oder wegen Prämienzahlungsverzuges (§ 37 VVG) leistungsfrei ist und der andere Versicherer sich allein auf das abstrakte Bestehen des weiteren Versicherungsvertrages beruft. Es muss daher wiederum fraglich erscheinen, ob dieses Ergebnis in der Praxis einer gerichtlichen Prüfung standhalten würde. Folglich entspringt auch aus dieser Kombination von Subsidiaritätsklauseln sowohl für die beteiligten Versicherer wie auch den Versicherungsnehmer eine latente vertragliche Unsicherheit.

Schließlich ist Folgendes zu bedenken: unterstellt, die Sichtweise der hM ist wiederum die Richtige, wäre einem Versicherer aus anwaltlicher Sicht anzuraten, in Verträgen stets eine qualifizierte Subsidiaritätsklausel zu verwenden und darauf zu hoffen, dass der andere an dem versicherten Risiko beteiligte Versicherer entweder keine oder lediglich eine sog. einfache Abrede wählt. Würden alle Marktteilnehmer so agieren, käme es ständig zur Kollision von qualifizierten Abreden mit der oben unter → IV. 3. skizzierten Rechtsfolge, dass nach hM keiner der beiden Versicherer haftet. Ein gewiss unbefriedigendes Ergebnis, welches aus den bereits genannten Erwägungen unzweifelhaft nicht dem Sinn des § 78 VVG entsprechen kann und auch aufsichtsrechtlich bedenklich erschiene.

V. Aleatorische Ergebnisse bei der Anwendung von Subsidiaritätsklauseln und Kritik

Die intentionale Ausrichtung von Subsidiaritätsklauseln ist dahingehend, bei Vorliegen von zwei oder mehr für ein bestimmtes Risiko bestehenden Versicherungsverträgen die Leistungsverpflichtung auf einen primär haftenden Versicherer zu verlagern, ohne diesem reziprok den bei Doppel- oder Mehrfachversicherungen an sich bestehenden gesetzlichen Ausgleichsanspruch nach § 78 Abs. 2 S. 1 VVG einzuräumen.

Entsprechende Klausel haben – wie aufgezeigt – unterschiedliche Inhalte und Wirkungsweisen. Die verbreitete Verwendung solcher Abreden im Markt führt zwangsläufig zu Kollisionssituationen. Als vertraglich sicher *(contract certainty)* vor dem Hintergrund einer gefestigten Rechtsprechung lassen sich nur die folgenden beiden Konstellationen anführen: (1) das Aufeinandertreffen einer einfachen Subsidiaritätsabrede mit einem Vertrag ohne Regelung zur Subsidiarität, und (2) das Aufeinandertreffen zweier einfacher Subsidiaritätsabreden, einschließlich der Variante der doppelten Subsidiarität. In allen anderen Varianten führen Subsidiaritätsklauseln dazu, dass der primär haftende Versicherer in Ermangelung bindender Rechtsprechung und einem diffusen Meinungsbild in der Literatur jedenfalls nicht eindeutig bestimmt und bestimmbar ist. Daraus resultieren für alle Vertragsparteien erhebliche Unwägbarkeiten, die der Funktion des Versicherungsvertrages entgegenlaufen. Kommt es zu der Situation, dass die an einem Risiko beteiligten Versicherer sich gegenseitig die Eintrittspflicht für einen Leistungsfall zuweisen, ist dies für den Versicherungsnehmer freilich unbefriedigend; denn es bleibt unklar, ob er etwas bekommt, und wenn ja, wieviel, und von welchem Versicherer.

Vor diesem faktischen Hintergrund ist eine ergänzende, interessengerechte Vertragsauslegung von Subsidiaritätsklauseln nach den §§ 305 ff. BGB von eminenter Bedeutung.[42] Parallel dazu sind ggf. die Auslegungsgrundsätze der §§ 133, 157 BGB heranzuziehen, da Subsidiaritätsklauseln zwar unzweifelhaft AVB darstellen, jedoch primär im Innenverhältnis der beteiligten Versicherern wirken; diese Interpretation erscheint daher sachgerecht.[43] In diesem Kontext wird die Verbindung des Versicherungsvertrages zum versicherten Risiko zu wenig akzentuiert, insbesondere im Bereich der Sparte Haftpflicht.

Schließt etwa der Versicherungsnehmer eine D&O-Versicherung ab und wird die versicherte Person aus § 93 AktG in Anspruch genommen, sollte sich für den D&O-Versicherer der Versuch als unzulässig erweisen, den Schaden (insbesondere die Freistellungsleistung) über eine Subsidiaritätsklausel auf eine parallel bestehende Berufshaftpflichtversicherung oder eine sonstige Vermögensschaden-Haftpflichtversicherung verlagern zu wollen. Dagegen spricht insbesondere der die Haft-

[42] Im Rahmen der Vertragsauslegung das Interesse des Versicherungsnehmers betonend etwa BGH VersR 2012, 1149; 2014, 450 und OLG München Urt. v. 3.7.2012 – 25 U 995/12.

[43] In diesem Zusammenhang erkennt der Verfasser durchaus, dass der Wille beider Parteien intentional auf das Gleiche ausgerichtet ist, nämlich eine Verlagerung der Haftung aus dem Versicherungsvertrag.

pflichtversicherung prägende Grundsatz der *Spezialität des versicherten Risikos.*[44] Dieser lässt sich dahingehend umreißen, dass der Schutzbereich eines Versicherungsvertrages im Wesentlichen durch die Beschreibung des versicherten Risikos bzw. der versicherten Gefahr bestimmt und begrenzt wird.[45] Damit stellt der Grundsatz – wie auch § 78 Abs. 1 VVG in Bezug auf die Mehrfachversicherung – auf identisches ab, nämlich das versicherte Risiko. Der BGH interpretiert die Maxime der Spezialität des versicherten Risikos in der Praxis dahingehend, dass es bei der Haftpflichtversicherung genüge, wenn der Versicherungsnehmer unter Beweis stelle, dass er aus dem im Versicherungsvertrag unter Versicherungsschutz gestellten Rechtsverhältnis haftpflichtig geworden ist. Unerheblich sei, ob sich eine Haftpflicht auch noch aus einem anderen Rechtsverhältnis herleiten lasse.[46] Bei analoger Anwendung dieser Formel dürfte in dem angeführten Beispielsfall also selbst das Vorliegen einer Subsidiaritätsklausel in den AVB des D&O-Versicherers nichts daran ändern, dass dieser für das gemeldete Schadenereignis primär eintrittspflichtig ist.[47] Im Grundsatz muss – unabhängig von Subsidiaritätsklauseln – Folgendes Geltung beanspruchen: je näher die Police das versicherte Risiko beschreibt, desto grösser ist die haftungsrechtliche Verknüpfung. Anders gewendet: Ergibt sich aus der Gesamtheit der haftungsrechtlich relevanten Umstände, dass eine Police eine offensichtlich engere Verbindung zum versicherten Risiko hat als eine andere, auf die verwiesen werden soll, ist eine Verweisung unzulässig. Subsidiaritätsklauseln dürfen nicht dazu dienen, als Vehikel zum gegenseitigen Zuschieben von Leistungsverpflichtungen aus dem Vertragsverhältnis benutzt zu werden!

VI. Schlussbetrachtung

Im Bereich der Schadenversicherung dient § 78 VVG der Regelung der Mehrfach- bzw. Doppelversicherung. Für diesen Fall ordnet das VVG eine Gesamtschuld der beteiligten Versicherer an, gefolgt von einem gesamtschuldnerischen Ausgleich zwischen den Versicherern im Innenverhältnis.

Subsidiaritätsklauseln zielen in allen Ausprägungen auf die Verlagerung der Eintrittspflicht des Versicherers auf den konkurrierenden Versicherer ab, unter gleichzeitiger Ausklammerung des in § 78 Abs. 2 S. 1 VVG angeordneten Rückgriffrechts. Folgt man der Ansicht des BGH, verhindern zumindest als *einfach* bzw. *eingeschränkt* typisierte Subsidiaritätsklauseln, dass es überhaupt zu einer echten Doppelversicherung kommt.[48] Dies unterstellt, wirken sie zweifach: zum einen

---

[44] BGH Urt. v. 21.2.1957 – II ZR 175/55, VersR 1957, 212; OLG Hamburg VersR 1965, 276; *Lücke* in Prölss/Martin, VVG, 31. Aufl. 2021, Vorbem. §§ 100–112 Rn. 1; *Wandt,* Versicherungsrecht, 6. Aufl. 2016, Rn. 1024; *Späte/Schimikowski,* Haftpflichtversicherung, 2. Aufl. 2015, Einl. II Rn. 63 mwN.

[45] BGH VersR 1957, 212; *Koch* in Bruck/Möller, VVG, 9. Aufl. 2013, § 100 Rn. 30; die Begriffe „versichertes Risiko“ und „versicherte Gefahr“ werden synonym verwendet.

[46] BGH VersR 1957, 212, 213.

[47] Zum diffusen Meinungsbild bzgl. Subsidiaritätsklauseln in D&O-Policen bzw. im Bereich Financial Lines instruktiv *Ihlas* in MüKoVVG, 2. Aufl. 2017, Nr. 320 [D&O] Rn. 562.

[48] BGH VersR 1989, 250; 2004, 994; aA zu Recht *Langheid* BGH-Report 2004, 1156, 1157.

kommt es zu einer Verlagerung der Haftung aus dem Versicherungsvertrag; zum anderen aber kommt dem Versicherungsnehmer ein potentieller Gesamtschuldner abhanden. Letzterer Befund widerspricht nicht zuletzt den Wertungen sowohl des § 421 BGB wie auch dem diesem im Wesensgehalt nachgebildeten § 78 VVG. Schließlich weisen Subsidiaritätsklauseln eine relative Nähe zu einem im Rahmen der Privatautonomie unzulässigen Vertragstyp auf.[49]

Damit gehen Subsidiaritätsklauseln über den eigentlichen Normzweck des § 78 VVG weit hinaus. Obschon die Klauseln nur im Innenverhältnis der involvierten Versicherer wirken, ist der Versicherungsnehmer die direkt von deren Entscheidungen betroffene Vertragspartei. Wegen dieser Disparität ist es angemessen, solche Klauseln – wie andere AVB auch – in Bezug auf die Inhaltskontrolle aus der Sicht des Versicherungsnehmers zu bewerten. Bei einer Auslegung von Subsidiaritätsklauseln sind die risikotechnischen Interessen des Versicherungsnehmers zwingend zu berücksichtigen. Ergänzend dazu gelangen die Auslegungsgrundsätze der §§ 133, 157 BGB zur Anwendung. Im Bereich der Haftpflichtversicherung bedarf der Grundsatz der Spezialität des versicherten Risikos vermehrter Beachtung.

Wegen ubiquitärer Verwendung von Subsidiaritätsklauseln kommt es in der Praxis regelmäßig und zwangsläufig zu Kollisionen entsprechender vertraglicher Regelungen. Deren rechtliche Wirkung ist in Ermangelung ausführlicher höchstrichterlicher Judikatur und in Anbetracht umfangreicher, im Ergebnis nicht homogener Literatur nur für wenige Konstellationen als rechtssicher zu betrachten. Entsprechend ungenau sind die meisten Subsidiaritätsklauseln in der Bestimmung ihrer versicherungstechnischen Funktionalität. Sie laufen damit konträr zu einem in der Schadenversicherung anzustrebenden hohen Maß an Vertragssicherheit und stellen eine Quelle für rechtliche Auseinandersetzungen im Leistungsfall dar. Der Nutzen von Subsidiaritätsklauseln darf daher zu Recht bezweifelt werden!

---

[49] Vertrag zu Lasten Dritter; näher dazu etwa *Grüneberg* in Palandt, BGB, 80. Aufl. 2021, Einf. § 828 Rn. 10 mwN; siehe auch OLG München Urt. v. 3.7.2012 – 25 U 995/12.

BASTIAN FINKEL/BJÖRN SEITZ

Die Entwicklung der Unternehmens-Compliance in Deutschland

I. Einleitung

Compliance als inhaltliches Thema seiner Fälle hat auch den Jubilar in seinem Berufsleben begleitet. In die Zeit seiner Anwaltschaft fiel die Einführung des ersten D&O-Versicherungsproduktes in Deutschland im Jahr 1997[1], die vielbeachtete Entscheidung des BGH zu „ARAG-Garmenbeck" im selben Jahr und hieran anschließend die ersten großen „Compliance-Fälle", die den D&O-Versicherungsmarkt beschäftigt haben. An einigen hiervon hat der Jubilar als anwaltlicher Berater aktiv mitgearbeitet und dadurch auch den Umgang des D&O-Marktes mit dem Thema Compliance stark beeinflusst.

Im Anschluss an die beiden für die D&O-Versicherung prägenden Ereignisse im Jahre 1997 dauerte es noch ein paar weitere Jahre, bis das Thema Compliance endgültig in Deutschland angekommen war. Bis zum 31.8.2002 waren zum Beispiel Schmiergeldzahlungen an ausländische Geschäftspartner nicht strafbar und konnten als Betriebsausgaben steuerlich geltend gemacht werden. Die daran anschließenden Rechtsänderungen ab dem 1.9.2002 kamen nicht rechtzeitig bei vielen international tätigen deutschen Großkonzernen an, was den ein oder anderen D&O-Schadenfall auslöste, an deren Aufarbeitung wiederum der Jubilar oftmals mitwirken konnte.

Der Begriff „Compliance" ist die betriebswirtschaftliche und rechtswissenschaftliche Umschreibung für die „Regelkonformität" oder „Regeltreue" von Unternehmen. Mithin die Verpflichtung der Unternehmensleitung zur Einhaltung der jeweils geltenden gesetzlichen Vorschriften.[2] Aus diesem Grund wird auch teilweise von einer „Pflicht zur Legalitätskontrolle" gesprochen.[3]

Mit fortschreitender Entwicklung der Compliance-Strukturen und der Corporate Governance in Unternehmen (sog. Compliance Management[4]) geht die Verpflichtung der Unternehmensleitung jedoch über die bloße Kontrolle weit hinaus. Unter Compliance werden nämlich auch die organisatorischen Maßnahmen verstanden, die erforderlich sind, um in einem Unternehmen für die Einhaltung der Gesetze zu sorgen. Moderne Compliance Management Systeme umfassen sämt-

---

[1] *Plück/Lattwein,* Haftungsrisiken für Manager, 2000, S. 196.

[2] *Hauschka/Moosmayer/Lösler,* Corporate Compliance, 3. Aufl. 2016, § 1 Rn. 1 ff.; vgl. Ziff. 4.1.3 DCGK; *Straube/Rasche,* Arbeitsrechtliche Korruptionsbekämpfung, 1. Aufl. 2017, C. Rn. 19.

[3] *Unmuth,* Die Entwicklung der Corporate Compliance in Recht und Praxis, AG 2017, 249; vgl. auch: *Erdmann/Diehl/Schradin* in BeckOK VAG, 14. Ed. 1.9.2020, § 29 Rn. 7 ff.

[4] Mitunter werden die Begriffe „Compliance" und „Corporate Governance" synonym verwendet. Es ist aber wohl treffender, das Compliance Management als einen Teilbereich der Corporate Governance, ebenso wie etwa eine Qualitätssicherung, zu verstehen.

liche Bereiche, betreffen alle Mitarbeiter und verpflichten nicht nur zur Einhaltung von bestehenden Gesetzen, sondern stellen wiederum eigene Regelwerke auf. Compliance beschäftigt sich demnach mit der organisatorischen Umsetzung im Hinblick auf ein möglichst regelkonformes Verhalten. Positive Effekte eines Compliance-Systems sind die Verminderung von Haftungsrisiken für die Gesellschaft und die Geschäftsleitung und die Sicherung und Förderung der Reputation eines Unternehmens gegenüber insbesondere Geschäftspartnern, Kreditgebern und Investoren.

Das Bestehen einer Pflicht zu einer angemessenen Compliance-Organisation ist mittlerweile weitestgehend anerkannt. Für nicht regulierte Unternehmen besteht diesbezüglich keine gesetzliche Grundlage. Meist wird aber an die Leitungspflicht gemäß § 76 Abs. 1 AktG, die Sorgfaltspflicht gemäß § 93 Abs. 1 AktG oder § 91 Abs. 2 AktG angeknüpft, die den Gesamtvorstand dazu verpflichtet, ein Überwachungssystem zur Früherkennung bestandsgefährdender Entwicklungen einzurichten. Teilweise wird auch auf die §§ 9, 30, 130 OWiG verwiesen.

Im Bereich der Finanzwirtschaft ist die Einrichtung von Compliance-Systemen in speziellen Rechtsgrundlagen normiert. § 29 VAG enthält eine ausdrückliche Anordnung zur Einrichtung einer Compliance-Funktion zwecks Einhaltung der gesetzlichen und verwaltungsbehördlichen Anforderungen im Versicherungsgeschäft.[5] Gemäß § 25a Abs. 1 S. 1 KWG muss ein Institut *„über eine ordnungsgemäße Geschäftsorganisation verfügen, die die Einhaltung der vom Institut zu beachtenden gesetzlichen Bestimmungen und der betriebswirtschaftlichen Notwendigkeiten gewährleistet";* nähere Einzelheiten hierzu werden in den sog. MaRisk („Mindestanforderungen an das Risikomanagement" der Bundesanstalt für Finanzdienstleistungsaufsicht, BaFin) festgelegt. Ähnliches gilt für Wertpapierdienstleistungsunternehmen und Kapitalverwaltungsgesellschaften. Grundlage für diese nationalen Regelungen sind zumeist europäische Richtlinien (Solvency II, MIFID II etc).

Dieser Beitrag soll einen historischen Überblick geben über die wesentlichen Entwicklungen zum Thema Compliance vor allem im ersten Jahrzehnt dieses Jahrtausends und damit einen wesentlichen Teil der Berufstätigkeit des Jubilars zu diesem Thema rechtlich abbilden.

II. Erste Entwicklung von Compliance-Vorgaben in Deutschland

Compliance ähnliche Regelungen gab es in der deutschen Rechtordnung schon lange, bevor der Begriff „Compliance" Eingang in das deutsche Recht fand.[6] Eine der ersten Entscheidungen zu Informationssystemen innerhalb einer Gesellschaft und einer damit korrespondierenden Haftung der Unternehmensleitung stammt

[5] Näheres herzu in *Böhmer,* Das Gebot der angemessenen Trennung von Zuständigkeiten und Funktionen im Governance-System von Versicherungsunternehmen, 2015, S. 118 ff.; *Schaaf,* Risikomanagement und Compliance im Versicherungsunternehmen – Aufsichtsrechtlichen Anforderungen und Organverantwortung, 2010, S. 127 ff. (zu § 64a VAG aF).

[6] Vgl. § 130 OWiG. Auch § 76 Abs. 1 AktG befindet sich im Aktiengesetz unverändert seit 1966.

vom Reichsgericht aus dem Jahr 1911.[7] Kern der Diskussion um Compliance ist weniger die Frage, ob sich Unternehmen überhaupt regelkonform verhalten müssen, sondern vielmehr die konkreten Anforderungen an ein rechtssicheres Compliance-System.

1. Entstehung in den USA

Der Begriff „Compliance" stammt ursprünglich aus dem anglo-amerikanischen Raum und leitet sich vom englischen Ausdruck „to comply with" ab, was mit „etwas befolgen", „sich nach etwas richten" oder „einhalten" übersetzt werden kann.

Wegweisend für die Entwicklung von Compliance war eine Entscheidung des US Supreme Court im Jahre 1909.[8] In dieser wurde erstmals die strafrechtliche Verantwortlichkeit von Kapitalgesellschaften in den USA ausgeurteilt. Diese hafteten demnach für die durch das schuldhafte Verhalten ihrer Angestellten verursachten Schäden, wenn dies zum beabsichtigten Nutzen der Kapitalgesellschaft geschah. Neben dieser Organisationshaftung sah im Anschluss der Securities Exchange Act of 1934 zusätzlich eine persönliche Haftung für natürliche Personen vor, soweit diese durch die Verletzung ihrer Kontrollfunktion solche Organisationsmängel zu vertreten haben. Um dieser persönlichen Haftung zu entgehen, begannen US-amerikanische Unternehmen damit, sog. „Corporate Compliance Codes" einzuführen.[9] Dies war ein im Wege der Selbstverpflichtung verordneter Verhaltenskodex, welcher konkrete Vorgaben für ein rechtskonformes Handeln enthielt. Die verantwortlichen Organe gingen davon aus, dass sie so einer persönlichen Haftung entgehen könnten.[10] Ferner setzten US-Unternehmen vermehrt auf Prävention, nachdem in den 1960er Jahren hohe – teils existenzbedrohende – Kartellstrafen verhängt wurden. Daraus entwickelten Rechtswissenschaftler die ersten Compliance-Ansätze. Spätestens in den 1980er Jahren hatte der Compliance-Gedanke die Finanzwelt erreicht und im Jahr 1991 führte die US Sentencing Commission mit den „Organizational Sentencing Guidelines" Leitfäden zur Schaffung effektiver Compliance-Programme ein.[11]

---

[7] RG Urt. v. 14.12.1911 – VI 75/11, RGZ 78, 107–111.

[8] U.S. Supreme Court, New York Central & Hudson River Railroad Co. vs. United States, 212 U.S. 481 (1909), 495 ff.

[9] *Zenke/Schäfer/Brocke,* Risikomanagement, Organisation, Compliance für Unternehmer, 2015, Kap. 4 Rn. 26.

[10] *Zenke/Schäfer/Brocke,* Risikomanagement, Organisation, Compliance für Unternehmer, 2015, Kap. 4 Rn. 26.

[11] Die United States Sentencing Commission ist eine unabhängige Behörde, die für die Festlegung von Grundsätzen für die Strafbemessung an Bundesgerichten zuständig ist. Die Guidelines von 1991 fokussieren sich damit nicht alleine auf Compliance-Systeme, sondern regeln primär Voraussetzungen, unter denen Unternehmen in Haftungsfällen aus Strafzumessungsgesichtspunkten profitieren können.

2. *Ankunft in Deutschland*

Noch im selben Jahr wurde das Thema Compliance erstmals in der deutschen Literatur von *Hopt* aufgegriffen.[12] Eine erste inhaltliche Auseinandersetzung auch aus rechtlicher Sicht stellt der Aufsatz von *Eisele* aus dem Jahr 1993 dar.[13] Darin schlug er der Finanzbranche die Aufstellung von Richtlinien, die Information und Aufklärung von Mitarbeitern, ein entsprechendes Monitoring sowie Sanktionen zur Durchsetzung vor. Mit dem Geldwäschegesetz von 1993 gab es schließlich die erste gesetzliche Regelung, die den Compliance-Gedanken aufgriff. Anfang der 1990er Jahre wurde dann ebenfalls damit begonnen, im deutschen Finanzwesen eine Compliance-Funktion einzurichten.[14]

3. *ARAG-Garmenbeck*

Mit dem bereits in der Einleitung erwähnten ARAG/Garmenbeck-Urteil[15] aus dem Jahr 1997 entschied der BGH, dass es Aufgabe des Aufsichtsrates einer Aktiengesellschaft sei, die Tätigkeit des Vorstands zu überwachen und zu kontrollieren. Ferner sei dieser verpflichtet, etwaige Schadensersatzansprüche der Aktiengesellschaft gegen den Vorstand zu prüfen. Komme der Aufsichtsrat zu dem Ergebnis, dass Schadensersatzansprüche bestehen, sei er verpflichtet, diese Ansprüche grundsätzlich auch zu verfolgen.

Dies war ein Novum – bis dato wurden interne Querelen unter Ausschluss der Öffentlichkeit und so unauffällig wie möglich ausgetragen. Die Pflicht des Aufsichtsrats, notfalls auch eine gerichtliche Auseinandersetzung zu führen, war damit nun nicht mehr vereinbar. Das bedeutete folglich auch, dass eine etwaige Compliance-Pflicht nicht mehr ausschließlich beim Vorstand liegen konnte, sondern über die Kontroll- und Überwachungspflichten auch auf den Aufsichtsrat abfärbt.

4. *Kontroll- und Transparenzgesetz*

Die erste größere gesetzgeberische Handlung auf dem sich herausbildenden Gebiet der Compliance stellt das Gesetz zur Kontrolle und Transparenz im Unternehmensbereich (KonTraG) dar. Im Mai 1998 in Kraft getreten, führte es unter anderem § 91 Abs. 2 neu in das Aktiengesetz ein:

„Der Vorstand hat geeignete Maßnahmen zu treffen, insbesondere ein Überwachungssystem einzurichten, damit den Fortbestand der Gesellschaft gefährdende Entwicklungen früh erkannt werden."

Die Pflicht zur Einrichtung eines Überwachungssystems zeigt die ersten Schritte des Gesetzgebers zur Regelung von Compliance Management Systemen. Der Wortlaut könnte bereits als Rechtsgrundlage für eine allgemeine Compliance-Pflicht interpretiert werden. Hiergegen spricht jedoch, dass die Gefährdung des

---

[12] *Hopt* FS Heinsius, 1991, 289, 318ff.

[13] *Eisele,* Insiderrecht und Compliance, WM 1993, 1021.

[14] *Eisele/Faust* in Schimansky/Bunte/Lwowski, Bankrechts-Handbuch. 5. Aufl. 2017, § 109 Rn. 2.

[15] BGH Urt. v. 21.4.1997 – II ZR 175/95.

Fortbestands der Gesellschaft zu spezifisch ist.[16] In der Gesetzesbegründung stellte der Gesetzgeber zudem klar, dass es sich bei dem neuen § 91 Abs. 2 AktG um eine *„Hervorhebung der allgemeinen Leitungsaufgabe des Vorstands gemäß § 76 AktG, zu der auch die Organisation gehört"*, handele.[17] Interessant für die weitere Entwicklung der Compliance-Anforderungen war der Hinweis in der Gesetzesbegründung, dass *„die konkrete Ausformung der Pflicht […] von der Größe, Branche, Struktur, dem Kapitalmarktzugang usw. des jeweiligen Unternehmens abhängig"* sei.[18] Die Auffassung, dass Compliance-Pflichten nicht pauschal gelten können, sondern abhängig vom konkreten Unternehmen zu beurteilen sind, hält sich bis heute und ist wesentlicher Bestandteil fast aller Beiträge zu diesem Thema (sog. „Relativität der Compliance-Pflicht"[19]).

5. Deutscher Corporate Governance Kodex

Im Jahr 2000 wurde schließlich die Regierungskommission „Corporate Governance – Unternehmensführung – Unternehmenskontrolle – Modernisierung des Aktienrechts" eingesetzt. Sie hatte den Auftrag, mögliche Defizite im deutschen System der Unternehmensführung und -kontrolle sowie der Anpassung der Corporate Governance an die wirtschaftlichen und technologischen Veränderungen zu untersuchen.[20] In ihrem Abschlussbericht sprach sich die Regierungskommission für einen deutschen Corporate Governance-Kodex aus.[21] Eine entsprechende Regierungskommission wurde 2001 vom Justizministerium eingesetzt, was zur ersten Veröffentlichung des Deutschen Corporate Governance Kodex (nachfolgend: DCGK) im August 2002 geführt hat.

Seitdem wird der DCGK jährlich überprüft und wurde seitdem mehrfach angepasst. Welche Rechtsqualität den Regelungen zuzuschreiben ist, ist streitig. Jedenfalls hat der DCGK keine Gesetzesqualität und enthält primär Empfehlungen.[22] Gleichwohl wird ihm aber in der Wirtschaft ein nicht zu unterschätzender Stellenwert zugemessen und auch die Rechtswissenschaft greift insbesondere im Bereich der Corporate Compliance häufig auf einzelne Regelungen des DCGK zurück.

6. Die Enron-/WorldCom-Skandale und der Sarbanes-Oxley Act

Nicht nur in Deutschland wurden die Regularien zur rechtmäßigen Unternehmensführung, Vorstandhaftungen und Compliance vorangetrieben. Im Juli 2001 verabschiedete der US-Kongress den Sarbanes-Oxley Act, kurz SOX.[23] Hintergrund waren die Unternehmensskandale des Energiekonzerns Enron und der Tele-

---

[16] Vgl. *Unmuth* AG 2017, 149, 252 mwN.

[17] BT-Drs. 13/9712, 15.

[18] BT-Drs. 13/9712, 15.

[19] Der Begriff ist wohl geprägt von Prof. Dr. Gregor Bachmann, Mitherausgeber des Standardwerks zum Corporate Governance Kodex.

[20] BT Drs. 14/7515, 3 (Bericht der Regierungskommission „Corporate Governance").

[21] BT Drs. 14/7515, 28.

[22] Vgl. Erläuterung auf der Webseite zum DCGK: https://dcgk.de/de/; LG München I Urt. v. 22.11.2007 – 5 HK O 10614/07; *W. Goette* in MüKoAktG, 4. Aufl. 2018, § 161 Rn. 22; *Koch* in Hüffer/Koch, Aktiengesetz, 15. Aufl. 2021, § 161 Rn. 3.

[23] Abrufbar unter: www.congress.gov/bill/107th-congress/house-bill/3763/text.

fongesellschaft WorldCom Anfang der 2000er. Beide Insolvenzverfahren waren lange Zeit Thema in der Öffentlichkeit und hatten für einige der verantwortlichen CEOs erhebliche Haftstrafen zur Folge. Mit dem SOX sollte ein stärkerer Anlegerschutz durch eine bessere unternehmensinterne Kontrolle, die Einrichtung und Ausgestaltung neuer Kontrollinstanzen und härtere Sanktionen gewährleistet werden. Die Anforderungen an ein internes Kontrollsystem gaben dem Compliance-Gedanken einen neuen Bedeutungsschub. Internationale Relevanz erlangte das US-Bundesgesetz dadurch, dass es für alle Unternehmen Geltung hat, deren Wertpapiere an US-Börsen gehandelt oder öffentlich angeboten werden. Ausnahmen für ausländische Unternehmen waren nicht vorgesehen.

7. *Erste Diskussionen im deutschen Schrifttum*

Vergleicht man das heutige Schrifttum zur Compliance mit den Anfängen der frühen 2000er Jahre, so kann man ohne schlechtes Gewissen von „Kinderschuhen" sprechen. Ausgangspunkt war – soweit erkennbar – das Kartellrecht. Nachdem nämlich auch im europäischen Raum immer häufiger Bußgelder aufgrund von Kartellverstößen verhängt wurden,[24] begann ab ca. 2002 eine vertiefte Compliance-Diskussion im rechtswissenschaftlichen Schrifttum.

Lampert stellte 2002[25] in einem Aufsatz zum gestiegenen Unternehmensrisiko Compliance-Programme als Reaktionsmöglichkeit vor. Unternehmen müssten sicherstellen, dass sich ihre Mitarbeiter *„der Risiken bewusst sind und die Grenzen zwischen rechtskonformem und unrechtmäßigem Verhalten [...] kennen"*. Erforderlich sei es daher, Strukturen zu schaffen, *„die bei der Unternehmensleitung und den Mitarbeitern ein Bewusstsein bewirken, wonach eine Geschäftstätigkeit im Rahmen der Gesetze [...] richtig ist und der Unternehmenskultur entspricht"*.[26] Als Inhalte eines Compliance-Programms schlug *Lampert* ein Bekenntnis zu rechtskonformem Verhalten sowie ein Mitarbeiter-Handbuch mit allen wesentlichen Regelungen zu Themen wie der elektronischen Kommunikation, der korrekten Aufbewahrung von Dokumenten und Richtlinien zum Verhalten bei Durchsuchungen vor. Die Einhaltung des Compliance-Programms müsse von der Unternehmensleitung regelmäßig kontrolliert und durch entsprechende Schulungen auch für die Zukunft gewährleistet werden.

[24] Vgl. *Lampert,* Gestiegenes Unternehmensrisiko Kartellrecht – Risikoreduzierung durch Competition-Compliance-Programme, BB 2002, 2237f.; Bsp.: EU-Kommission verhängt am 21.11.2001 ein Bußgeld iHv 855,22 Mio. EUR gegen acht Unternehmen aufgrund von Kartellabsprachen bei Vitamin-Produkten (http://europa.eu/rapid/press-release_IP-01-1625_en.htm); EU-Kommission verhängt am 5.12.2001 ein Bußgeld iHv 448.000 EUR gegen drei Luxemburgische Brauereien (http://europa.eu/rapid/press-release_IP-01-1740_en.htm); EU-Kommission verhängt am 20.12.2001 ein Bußgeld iHv 313,7 Mio. EUR gegen zehn Papierhersteller (http://europa.eu/rapid/press-release_IP-01-1892_en.htm). Das Bundeskartellamt verhängt am 5.8.2002 ein Bußgeld iHv 110.000 EUR gegen einen Babymöbelhersteller (https://www.bundeskartellamt.de/SharedDocs/Meldung/DE/Pressemitteilungen/2002/05_08_2002_ PAIDI.html).

[25] *Lampert* BB 2002, 2237.

[26] *Lampert* BB 2002, 2237, 2239.

Fleischer[27] gab zu bedenken, dass die im deutschen Schrifttum vorherrschende Auslegung des § 91 Abs. 2 AktG zu eng sei.[28] Die Begrenzung allein auf konkrete bestandsgefährdende Entwicklungen würde den Vorstand lediglich zur Identifizierung akuter Risikolagen verpflichten. Die Betriebswirtschaftslehre würde hingegen aus der Vorschrift teilweise sogar eine Pflicht zur Einführung eines ganzheitlichen Risikomanagements ableiten. Aktienrechtlich sah *Fleischer* Anhaltspunkte für eine Compliance in der Unternehmenssorgfalt nach § 93 Abs. 1 AktG. So gehöre es zur Überwachungssorgfalt der Vorstandsmitglieder, Gefahren von vornherein durch geeignete und zumutbare Schutzvorkehrungen entgegenzuwirken.[29]

Schneider ging 2003[30] noch weiter und beschrieb Compliance als umfassende Aufgabe für alle Unternehmen. So gebe es zwar je nach Branche besondere Anforderungen an Unternehmen sowie Spezialgesetze. Die Grundproblematiken seien jedoch immer dieselben, weshalb jedes Unternehmen zur Einrichtung einer Compliance-Organisation verpflichtet sei.

Dem schloss sich 2005[31] *Bürkle* im Wesentlichen an. Um seine gesetzlich normierten Pflichten in der Praxis wahrzunehmen, käme der Vorstand einer AG um die Einrichtung eines Compliance-Systems nicht herum: Bezüglich der Frage, ob ein Compliance-System eingerichtet werde, bestünde kein Ermessensspielraum; *„die zwingend gebotene Beachtung rechtlicher Vorgaben führt […] zu einer Verdichtung des Ermessens hin zu einer Handlungspflicht des Vorstands“*.[32]

Gegner einer generellen Pflicht zur Einrichtung von Compliance-Systemen war *Hauschka*[33], der 2004 eine Reihe von Aufsätzen zum Thema veröffentlichte und heute als Pionier der deutschen Compliance gilt.[34] Dabei betonte er ausdrücklich die Notwendigkeit einer Compliance-Organisation, um den Überblick über die *„überbordende Normenflut“* zu behalten und der Entstehung eines Unternehmensstrafrechts zu begegnen.[35] In Anbetracht der hohen Bußgelder von EU-Kommission und Bundeskartellamt seien Compliance-Programme jedenfalls im Kartellrecht zur Reduzierung des Haftungsrisikos *„hervorragend geeignet“*.[36] Von kleineren Unternehmen könne die Einführung eines zeit- und kostenintensiven Com-

---

[27] *Fleischer,* Vorstandsverantwortlichkeit und Fehlverhalten von Unternehmensangehörigen – Von der Einzelüberwachung zur Errichtung einer Compliance-Organisation, AG 2003, 291.

[28] *Fleischer* AG 2003, 291, 298.

[29] *Fleischer* AG 2003, 291, 299.

[30] *Schneider,* Compliance als Aufgabe der Unternehmensleitung, ZIP 2003, 645.

[31] *Bürkle,* Corporate Compliance – Pflicht oder Kür für den Vorstand der AG?, BB 2005, 565.

[32] *Bürkle* BB 2005, 565, 569.

[33] Christoph E. Hauschka gibt mehrere Standardwerke zum Thema Compliance heraus und ist Schriftleiter sowie Mitherausgeber der CCZ.

[34] *Hauschka,* Compliance am Beispiel der Korruptionsbekämpfung – Eine Erwiderung aus der Praxis auf Uwe H. Schneiders Vorschläge, ZIP 2004, 877; *Hauschka,* Corporate Compliance – Unternehmensorganisatorische Ansätze zur Erfüllung der Pflichten von Vorständen und Geschäftsführern, AG 2004, 461; *Hauschka,* Der Compliance-Beauftragte im Kartellrecht – Absicherungsstrategien für mittelständische Unternehmen und deren Organe, BB 2004, 1178.

[35] Vgl. *Hauschka* BB 2004, 1178, 1179.

[36] *Hauschka* BB 2004, 1178, 1182.

pliance-Programmes dagegen nicht verlangt werden. *Hauschka* empfahl die Einführung eines Compliance- bzw. Kartell-Beauftragten als Alternative.[37]

In einem umfangreichen weiteren Aufsatz befasste er sich mit allen in Betracht kommenden grundlegenden und rechtskreisspezifischen Compliance-Pflichten und bewertete typische Risikobereiche.[38] Auffällig ist seine strikte Orientierung an dem, was seiner Ansicht nach der Unternehmensleitung überhaupt zumutbar sein kann. In vielen Bereichen kam er zu dem Ergebnis, dass eine Delegation von Compliance-Aufgaben erforderlich sei und daher auch zulässig sein müsse, um deren Einhaltung angemessen gewährleisten zu können. Auch eine Arbeitsteilung innerhalb der Unternehmensleitung erachtete *Hauschka* als angebracht. Besonderes Augenmerk legte er auf die Dokumentation aller ergriffenen Maßnahmen, um in einem etwaigen Haftpflichtprozess Beweis führen zu können.[39] Im Ergebnis arbeitete *Hauschka* zwar eine Reihe von Pflichten und Aufgaben heraus, die Teil eines Compliance-Systems sein könnten. Sein Fokus lag jedoch – abseits von grundlegenden Verpflichtungen der Unternehmensleitung – stets auf dem Einzelfall, gesteigerten Risikobereichen und einer Abwägung von Handlungspflicht und unternehmerischem Ermessen.

Mit *Hauschka* und *Schneider* existierten in der ersten Hälfte der 2000er zwei unterschiedliche Blickwinkel auf das Thema Compliance, die auch von den nachfolgenden wissenschaftlichen Beiträgen als solche wahrgenommen wurden. Im Kern waren sich *Hauschka* und *Fleischer* einig, dass die Unternehmensleitung eine irgendwie geartete Compliance-Pflicht treffe, und wenn es nur zur Reduzierung eines etwaigen Haftungsrisikos sei. Fraglich waren nur die konkrete Ausgestaltung, die rechtlichen Anforderungen und die praktische Umsetzung einer Corporate Compliance.

8. *Weitere Gesetzgebung zu Compliance*

Nicht nur die Rechtswissenschaft griff Mitte der 2000er das Thema Compliance auf. Auch der deutsche Gesetzgeber erließ eine Reihe von neuen Vorschriften und Gesetzen. Mit den §§ 25a KWG, 12 WpDVerOV und 64a VAG[40] wurden 2005 eine Reihe neuer Compliance-Regelungen für Kreditinstitute und Versicherungsunternehmen erlassen. Im November 2005 wurde schließlich die Business Judgement Rule in § 93 Abs. 1 S. 2 AktG im Rahmen des Gesetzes zur Unternehmensintegrität und Modernisierung des Anfechtungsrechts (UMAG) eingeführt. Ausweislich der Gesetzesbegründung orientierte sich der Gesetzgeber bei der Einführung der Business Judgement Rule an vergleichbaren Regelungen des anglo-amerikanischen Rechtskreises sowie dem ARAG/Garmenbeck-Urteil des BGH.[41]

---

[37] *Hauschka* BB 2004, 1178, 1182.
[38] *Hauschka* AG 2004, 461.
[39] *Hauschka* AG 2004, 461, 464f.
[40] Vgl. heute § 29 VAG nF.
[41] BT-Drs. 15/5092, 11.

Die Korruptionsaffäre bei Siemens im Jahr 2006 machte Compliance schließlich auch zum Thema in der breiten Öffentlichkeit. Im Juni 2007 fand der Compliance-Begriff erstmals Eingang in den DCGK. Nunmehr sah der DCGK das Thema Compliance als Aufgabe des Vorstands an (Ziff. 3.4 DCGK). Allerdings wurde dafür weniger eine neue Aufgabe geschaffen, als vielmehr die bereits im DCGK befindliche Regelung zur *„Einhaltung der gesetzlichen Bestimmungen“* um den Zusatz *„und der unternehmensinternen Richtlinien“* ergänzt und schlicht *„Compliance“* genannt (Ziff. 4.1.3 DCGK). Darüber hinaus wurde der Zuständigkeitsbereich des vom Aufsichtsrat einzurichtenden Audit Committee um die Compliance ergänzt (Ziff. 5.3.2 DCGK).

Ende 2007 wurde in Deutschland schließlich die Richtlinie 2006/43/EG[42] mit dem Berufsaufsichtsreformgesetz (BARefG) in nationales Recht umgesetzt. Die in Anlehnung an den US-amerikanischen SOX auch EuroSOX genannte Richtlinie hatte die Verbesserung von Qualität und Transparenz von Unternehmensabschlussprüfungen und damit einen gesteigerten Schutz der Investoren zum Ziel. Zudem wurden Grundlagen geschaffen, um die Zusammenarbeit mit Aufsichtsbehörden in Drittländern zu verstärken.

III. Weiterentwicklung von Compliance-Vorgaben in Deutschland

Bis Mitte der 2000er Jahre wurde der Compliance-Bereich primär durch Wirtschaftsskandale und darauffolgende Reaktionen von Unternehmen und Gesetzgeber geprägt. Abseits des generellen Bewusstseins, dass es einer irgendwie gearteten präventiven Kontrolle bedürfe, gab es weder einheitliche gesetzliche Regelungen noch übergreifende verbindliche Richtlinien. Die zahlreichen Spezialgesetze aus Rechtsgebieten wie dem Kartell-, Bank und Wertpapierrecht wurden zwar teilweise als fragmentarische Grundlage für Compliance-Überlegungen herangezogen. Allerdings bestand weitestgehend Einigkeit darüber, dass sich daraus keine Allgemeingültigkeit ergeben könne.

Entsprechend oberflächlich blieb auch zunächst der Diskurs im rechtswissenschaftlichen Schrifttum. Neben den bereits benannten Akteuren, publizierten nur wenige Juristen zu dem Thema. Das und die Tatsache, dass auch nur wenige Gerichte Gelegenheit bekamen, sich zur Compliance zu äußern, kann als Grund dafür angesehen werden, dass die Praxis an der Rechtswissenschaft vorbeizog.[43]

So ergriffen insbesondere die großen deutschen Konzerne aus Angst vor Sanktionen und Skandalen eigenmächtig die Initiative und richteten interne Compliance-Organisationen ein. In Ermangelung verlässlicher rechtlicher Vorgaben, schufen viele Unternehmen Compliance-Systeme nach eigener Vorstellung. Eine

[42] Richtlinie 2006/43/EG des Europäischen Parlaments und des Rates vom 17. Mai 2006 über Abschlussprüfungen von Jahresabschlüssen und konsolidierten Abschlüssen, zur Änderung der Richtlinien 78/660/EWG und 83/349/EWG des Rates und zur Aufhebung der Richtlinie 84/253/EWG des Rates.

[43] Vgl. hierzu auch *Unmuth* AG 2017, 249, 256f.

Umfrage[44] im Auftrag des Handelsblatts aus dem Jahr 2008 unter 600 deutschen Top-Managern offenbarte, dass rund zwei Drittel am Aufbau von Compliance-Organisationen arbeiteten. Als Grund wurden die hohen Kartellstrafen genannt. Thyssen-Krupp etwa gab an, weltweit 430 Mitarbeiter in Fragen rechtlich einwandfreier Unternehmensführung zu beschäftigen – kurz zuvor wurde der Industriekonzern von der EU-Kommission zu einer Kartellstrafe in Höhe von 480 Mio. EUR verurteilt.[45]

Damit hatten sich zahlreiche große Unternehmen die Frage, ob sie zur Einrichtung von Compliance Management Systemen zur Vermeidung von Sanktionen verpflichtet seien, selbst beantwortet. Art und Weise der Umsetzung, praktische Ausgestaltung und einzelne Pflichten waren jedoch nach wie vor ungeklärt. Aufgrund der erheblich gestiegenen Beauftragung von Juristen mit der Entwicklung individueller Compliance-Systeme, kam jedoch erneut Bewegung in die Rechtswissenschaft.

1. Erweiterung der literarischen Diskussion

Im Jahr 2008 fand das Thema Compliance erstmals auch Eingang in die einschlägigen Kommentarwerke.[46] Verortet wurde Compliance im Bereich des Aktienrechts als Aufgabe des Vorstands entweder bei § 76 AktG[47] oder bei den §§ 91 ff. AktG.[48] Neben dem Aufkommen in der Kommentarliteratur zeichnete sich ab 2008 aber auch das erste Mal eine Art Struktur in der Aufsatzliteratur ab. Aktuelle Geschehnisse wurden umgehend aufgegriffen und eingeordnet, relevante Gerichtsurteile besprochen und das Compliance-Recht als Ganzes stetig vorangetrieben.

Der Münchener Kommentar zum Aktienrecht gehörte in seiner damals dritten Auflage zu den ersten Kommentaren, die sich mit der Compliance-Thematik im Aktienrecht auseinandersetzte.[49] Die Kommentierung erfolgte durch *Spindler.* Allerdings fiel die erstmalige Erwähnung der Compliance in dieser Auflage sehr knapp aus. In vier kurzen Randnummern zu § 91 Abs. 2 AktG ging der Autor auf Art und Umfang eines Compliance Management Systems sowie die Frage nach einer Pflicht zur Einrichtung ein. Eine solche lehnte *Spindler* ab: *„Eine Rechtspflicht etwa für alle Unternehmen, gleich welcher Größe, Branche etc., ein umfassendes Compliance-System einzurichten kann nicht angenommen werden.“*[50]

Als Begründung führte er zum einen die generelle Verpflichtung zum gesetzeskonformen Handeln und zum anderen den Ermessensspielraum des Vorstands ge-

---

[44] Vgl. www.handelsblatt.com/unternehmen/management/compliance-beratung-affaeren-kosten-konzerne-milliarden/2962660.html.

[45] EU-Kommission, IP/07/209 (http://europa.eu/rapid/press-release_IP-07-209_de.htm); 2011 reduzierte das EU-Gericht die Strafe auf 320 Mio. EUR.

[46] Das von Hauschka herausgegebene Standardwerk Corporate Compliance erschien erstmalig bereits im Jahr 2007.

[47] Vgl. auch neueste Auflage: *Koch* in Hüffer/Koch, 15. Aufl. 2021, AktG § 76.

[48] Grigoleit; Kölner Kommentar; Münchener Kommentar; Spindler/Stilz.

[49] *Spindler* in MüKoAktG, 3. Aufl. 2008, § 91 Rn. 35 ff.

[50] *Spindler* in MüKoAktG, 3. Aufl. 2008, § 91 Rn. 36.

mäß § 93 Abs. 1 S. 2 AktG (Business Judgement Rule) an. Dabei bezog sich *Spindler* ausdrücklich auf die oben bereits angeführten Aufsätze von *Hauschka*[51] und *Bürkle*[52] und widersprach *Schneider*[53].

Spindler griff zudem die Änderung des DCGK im Jahr 2007 auf, wonach in Ziff. 4.1.3 DCGK nunmehr eine Pflicht des Vorstands zur Einhaltung unternehmensinterner Richtlinien geregelt war. Eine Pflicht zur Einrichtung einer Compliance-Organisation sah er hierin nicht.

Mit der im Jahr 2010 erschienene 2. Auflage von Spindler/Stilz zum Aktiengesetz erfolgte in einem von vier Unterkapiteln zu § 91 AktG eine ausführliche Auseinandersetzung mit der Compliance-Pflicht, deren Inhalt, den Auswirkungen auf Konzerne sowie den Rechtsfolgen von Pflichtverletzungen. Die Kommentierung erfolgte durch *Fleischer,* der bereits während der ersten „Compliance-Welle" im Schrifttum als Befürworter einer strengeren Handhabung von Compliance-Regeln zu erkennen war.[54]

Fleischer hob hervor, dass den Vorstandsmitgliedern durch die Business Judgment Rule ein weiter Gestaltungsspielraum zugutekomme. Daher stehe die Pflicht, Compliance-Vorkehrungen zu treffen, auch unter dem doppelten Vorbehalt der Erforderlichkeit und Zumutbarkeit. Allerdings könne das unternehmerische Organisationsermessen im Einzelfall *„durch Branchenstandards, Vorkommnisse im Unternehmen selbst oder in Unternehmen derselben Branche"* eingeschränkt werden.[55] Auch aus diesem Grund sei es erforderlich, die aktuellen Entwicklungen regelmäßig zu kontrollieren und die eigenen Maßnahmen fortzuentwickeln.

Verstöße und Verdachtsfälle würden die unverzügliche Ergreifung aller erforderlichen Maßnahmen zur Begrenzung des Schadensrisikos erfordern, wozu die Berichterstattung und Sachverhaltsaufklärung gehören. Die Verantwortlichkeit verortete *Fleischer* beim Gesamtvorstand. Vollständige Pflichtendelegationen seien unzulässig. Möglich seien aber die Einrichtung einer gestuften Compliance-Organisation und die Zuweisung dieser Aufgabe an ein bestimmtes Vorstandsmitglied. Dieses Mitglied könne durch einen Compliance-Beauftragten entlastet werden, wobei allerdings immer eine Pflicht des Vorstands zur *„Oberaufsicht"* verbleibe.[56]

Mit diesen Ausführungen stellte *Fleischer* die wohl erste wirklich konkrete Einordnung der Compliance-Thematik vor, die sich nicht bloß auf ungefähre Einschätzungen beschränkte, sondern sich inhaltlich festlegte und explizite Handlungsempfehlungen gab. Ein Meilenstein in der Entwicklung zum Thema.

Mit der Corporate Compliance Zeitschrift (CCZ) erschien 2008 auch das erste regelmäßige Schriftwerk, das sich ausschließlich mit den Entwicklungen im Compliance-Recht beschäftigte. Seitdem werden in sechs Heften pro Jahr die wichtigsten Entwicklungen aufgearbeitet und rechtlich bewertet.

[51] *Hauschka* AG 2004, 461.
[52] *Bürkle* BB 2005, 565.
[53] *Schneider* ZIP 2003, 645.
[54] *Fleischer* AG 2003, 291.
[55] *Fleischer* in Spindler/Stilz, 2. Aufl. 2010, § 91 Rn. 53.
[56] *Fleischer* in Spindler/Stilz, 2. Aufl. 2010, § 91 Rn. 58.

Die anschließende Aufsatzliteratur im Aktienrecht wurde maßgeblich von der Ankündigung des Instituts der Wirtschaftsprüfer zur Verlautbarung eines neuen Prüfungsstandards dominiert. Der IDW PS 980 sollte die Prüfung von Compliance Management Systemen zum Gegenstand haben und wurde folglich entsprechend diskutiert.[57]

2. *Erste Rechtsprechung*

Im Jahr 2009 nahm zum ersten Mal der Bundesgerichtshof die Gelegenheit wahr, sich zum Thema Compliance zu äußern, wodurch der „Compliance Officer" in den Mittelpunkt der rechtlichen Diskussion rückte.

So nahm der 5. Strafsenat ein Betrugsverfahren wegen der Abrechnung erhöhter Straßenreinigungsentgelte zum Anlass, in einem obiter dictum zur Institution des „Compliance Officers" Stellung zu nehmen.[58] Bereits vereinzelt in der rechtswissenschaftlichen Literatur angesprochen, hatte sich diese Position zunächst in der Praxis herausgebildet. Der Compliance Officer oder auch Compliance-Beauftragte übernimmt in einem Unternehmen die Verantwortung für Compliance.[59] Die Unternehmensleitung delegiert damit ihre Compliance-Verantwortung auf einen Beauftragten, was mit zunehmender Größe eines Konzerns sinnvoll erscheinen dürfte. Aber auch hier galt, dass es keine allgemeinverbindlichen Regelungen oder Richtlinien gab, die eine Ausgestaltung der Position des Compliance Officers bzw. die Folgen der Delegation konkretisierten. Das Standardwerk zum Compliance Officer von *Bürkle* und *Hauschka* erschien beispielsweise erst 2015.

Aus diesem Grund sorgte es für einige Aufregung, als der Bundesgerichtshof ohne erkennbaren Grund und (siehe oben) im Rahmen seines obiter dictum auf eine mögliche Unterlassungsstrafbarkeit des Compliance Officers hinwies: *„Derartige Beauftragte wird regelmäßig strafrechtlich eine Garantenpflicht im Sinne des § 13 Abs. 1 StGB treffen, solche im Zusammenhang mit der Tätigkeit des Unternehmens stehende Straftaten von Unternehmensangehörigen zu verhindern. Dies ist die notwendige Kehrseite ihrer gegenüber der Unternehmensleitung übernommenen Pflicht, Rechtsverstöße und insbesondere Straftaten zu unterbinden."*

Interessanterweise bezog sich der Bundesgerichtshof mit seiner Schlussfolgerung explizit auf einen Aufsatz von *Kraft* und *Winkler* in der CCZ vom Jahresanfang.[60] In diesem Aufsatz beschäftigten sich die Autoren zunächst mit der Stellung des Compliance Officers im Unternehmen: *„Seine Zuständigkeit erstreckt sich im Wesentlichen*

---

[57] Vgl. *Görtz,* Der neue Compliance-Prüfungsstandard (EPS 980) Inhalte und Aussagen, CCZ 2010, 127; *Eisolt,* Prüfung von Compliance-Management-Systemen: erste Überlegungen zu IDW EPS 980, BB 2010, 1843; *Rieder/Jerg,* Anforderungen an die Überprüfung von Compliance-Programmen – Zugleich kritische Anmerkungen zum Entwurf eines IDW Prüfungsstandards: Grundsätze ordnungsmäßiger Prüfung von Compliance-Management-Systemen (IDW EPS 980), CCZ 2010, 201.

[58] BGH Urt. v. 17.07.2009 – 5 StR 394/08.

[59] Vgl. *Bürkle/Hauschka,* Der Compliance Officer, 2015; *Moosmayer,* Compliance, 3. Aufl. 2015, D. I. 2.

[60] *Kraft/Winkler,* Zur Garantenstellung des Compliance Officers – Unterlassungsstrafbarkeit durch Organisationsmangel?, CCZ 2009, 29.

auf die Einführung, Dokumentation und ständige Weiterentwicklung des Compliance-Systems. In diesem Zusammenhang hat der CO die Geschäftsleitung in allen Compliance-relevanten Fragen zu unterstützen und zu beraten."[61]

Darüber hinaus müsse er über Compliance-relevante Vorkommnisse berichten, die Einhaltung der unternehmensinternen Vorgaben überwachen und erhebliche Verstöße melden. Eine in Betracht kommende Strafbarkeit des Compliance Officers schlossen die Autoren nicht aus, sahen sie jedoch als weit weniger praxisrelevant an, als das obiter dictum des BGH vermuten lässt. So sei eine Kausalität zwischen der pflichtwidrigen Unterlassung von Maßnahmen und dem strafrechtlich missbilligten Erfolg praktisch nur schwer nachzuweisen, weshalb es im Regelfall bei einem fahrlässigen Delikt bleiben würde.[62] Das Risiko einer Strafbarkeit schätzten *Kraft* und *Winkler* selbst daher als *„gering"* ein.[63] Dennoch gaben sie einige praktische Empfehlungen, wie dieses Risiko noch weiter zu minimieren sei: klare Regelung der Kompetenzen, eindeutige Definition der Regelungsbereiche und Vermeidung von Universalzuständigkeiten.[64]

Nach Veröffentlichung des Urteils des Bundesgerichtshofs nahm sich *Held*[65] des Themas an und überlegte, ob die Haftung des Compliance Officers durch eine Einbeziehung in den Schutzbereichs einer D&O-Versicherung reduziert werden könne. Zwar hielt er eine solche Einbeziehung für unproblematisch, sah jedoch nur einen begrenzten Nutzen, da D&O-Versicherungen mit der Abwehr zivilrechtlicher Schadensersatzansprüche einen anderen Schutzzweck verfolgen würden. Lediglich hinsichtlich der delegierten *„typischen D&O-Haftungsrisiken"* sei eine Einbeziehung sinnvoll.[66]

Das obiter dictum des Bundesgerichtshofs war allerdings nicht die einzige relevante gerichtliche Entscheidung im Jahr 2009. Im August desselben Jahres stellte das Oberlandesgericht Jena[67] eine zur fristlosen Kündigung berechtigende Pflichtverletzung des Geschäftsführers einer GmbH fest, weil dieser kein Kontrollsystem zur Unterbindung von Scheinrechnungen eingerichtet hatte. Dabei würde es weder darauf ankommen, ob es erkennbare Anhaltspunkte für die Scheinrechnungen gegeben habe, noch dass sich die Vorfälle in einer Tochtergesellschaft zugetragen hätten. Ein Kontrollsystem sei erforderlich, um überhaupt die Möglichkeit zu haben, derartiges Fehlverhalten aufzudecken. Darüber hinaus erklärte das Gericht, dass bei mehreren Geschäftsführern eine wechselseitige Überwachungspflicht bestünde, die keiner der Geschäftsführer vollständig von sich weisen könne.

---

[61] *Kraft/Winkler* CCZ 2009, 29, 31.
[62] *Kraft/Winkler* CCZ 2009, 29, 32f.
[63] *Kraft/Winkler* CCZ 2009, 29, 33.
[64] *Kraft/Winkler* CCZ 2009, 29, 33.
[65] *Held,* Die Garantenpflicht des Compliance Officers und die D&O-Versicherung als „Allheilmittel", CCZ 2009, 231.
[66] *Held* CCZ 2009, 231, 232f.
[67] OLG Jena Urt. v. 12.08.2009 – 7 U 244/07.

IV. Abschluss einer Dekade: UK Bribery Act und die Siemens/Neubürger-Entscheidung des LG München I

Auch wenn diese beiden Ereignisse vom Datum her ins zweite Jahrzehnt dieses Jahrhunderts fallen, kann man sie doch als inhaltlichen Anschluss der Entwicklungen der ersten zehn Jahre begreifen. Sie schließen sich logisch an und haben beide ihren Ursprung in den Entwicklungen der ersten Dekade.

1. UK Bribery Act

Im Vereinigten Königreich trat am 1.7.2011 der „UK Bribery Act" (UKBA) in Kraft.[68] Das noch heute geltende Antikorruptionsgesetz hat weltweiten Anwendungsbereich und sieht nicht nur Sanktionen für Unternehmen, sondern auch für natürliche Personen[69] vor. Dabei ist es unbeachtlich, ob die unter Strafe stehende Tat innerhalb des Vereinigten Königreichs begangen wurde. Anknüpfungspunkt ist neben einem nach britischem Recht inkorporierten Unternehmen auch der bloße Handel mit britischen Unternehmen.[70] Für international und europaweit agierende Unternehmen war der UKBA damit ein weiteres Gesetz, dass es bei der internen Unternehmensorganisation zu beachten galt.

Allerdings sah das Gesetz vor, dass der Justizminister Richtlinien veröffentlichte, deren Einhaltung eine Sanktionierung verhinderte.[71] Diese wurden von der britischen Regierung zusammen mit dem UKBA veröffentlicht und enthalten sechs Prinzipien bzw. Leitlinien, die stark an die Grundzüge eines Compliance Management Systems erinnern: angemessene Verfahrensstrukturen und Prozessabläufe, Verantwortlichkeit und Verpflichtung der Führungsebene, Gefährdungsbeurteilung, Due Diligence, Kommunikationstraining, Überwachung und Kontrolle.

Bereits nach Verabschiedung des UKBA im April 2010 warnten *Pörnbacher* und *Mark*[72] vor dem weiten Anwendungsbereich sowie den unmittelbaren Auswirkungen auch auf deutsche Unternehmen. Anhand der sechs Prinzipien empfahlen sie den betroffenen deutschen Unternehmen eine Überprüfung und gegebenenfalls Aktualisierung der Compliance-Systeme bis zum Inkrafttreten des UKBA 2011.[73]

---

[68] Abrufbar unter: http://www.legislation.gov.uk/ukpga/2010/23/contents; eine Einschätzung des Gesetzes (allerdings aus dem Jahr 2016) ist hier abrufbar: https://wirtschaftsrecht-news.de/2016/12/deutsche-unternehmen-im-fadenkreuz-des-uk-bribery-act-2010/; u. a. die Entwicklungen und Diskussionen rund um den UK Bribery Act verhalfen auch dem deutlich älteren Foreign Corruption Practice Act der Amerikaner aus 1977 zu einem zweiten Frühling (vgl. zum Hintergrund: https://www.justice.gov/criminal-fraud/foreign-corrupt-practices-act).

[69] Meint solche Personen, die für das jeweilige Unternehmen handeln, vgl. Section 8 UKBA, abrufbar unter: http://www.legislation.gov.uk/ukpga/2010/23/crossheading/failure-of-commercial-organisations-to-prevent-bribery.

[70] Section 7.5 UKBA, abrufbar unter: http://www.legislation.gov.uk/ukpga/2010/23/crossheading/failure-of-commercial-organisations-to-prevent-bribery.

[71] Section 9 UKBA, abrufbar unter: http://www.legislation.gov.uk/ukpga/2010/23/crossheading/failure-of-commercial-organisations-to-prevent-bribery.

[72] *Pörnbacher/Mark,* Auswirkungen des UK Bribery Act 2010 auf deutsche Unternehmen, NZG 2010, 1372.

[73] *Pörnbacher/Mark* NZG 2010, 1372.

Dem pflichteten *Deister* und *Geier*[74] bei, die für die Verabschiedung unternehmensinterner, weltweit gültiger Verhaltenskodizes plädierten. Sie vermuteten, dass viele deutsche Unternehmen von der Anwendbarkeit ausländischen Rechts überrascht sein würden und verwiesen auf die Aufregung um den SOX in der Vergangenheit.[75] In einem weiteren Aufsatz zusammen mit *Rew,*[76] analysieren *Deister* und *Geier* den UKBA im Detail und bezeichnen ihn als *„wesentlichen Meilenstein in der Korruptionsbekämpfung"*.[77] Gleichzeitig stellten sie fest, dass die verabschiedete Version des UKBA im Vergleich zum Entwurf leicht abgemildert sei und darüber einzelne Verfehlungen nicht einer Strafverfolgung ausgesetzt sein würden. Unternehmen sollten sich aber nicht zurücklehnen, sondern ihre Compliance-Systeme unter Berücksichtigung der sechs Leitlinien überprüfen.[78]

2. *Siemens/Neubürger-Urteil*

Einen Abschluss fand die Korruptionsaffäre rund um „schwarze Kassen" im Siemens Konzern aus dem Jahr 2006 wohl erst im Jahr 2013 mit dem so genannten „Siemens/Neubürger-Urteil" des Landgerichts München I[79]. Gegenstand des Verfahrens war die Rolle des ehemaligen Finanzvorstands der Siemens AG, Heinz-Joachim Neubürger. Im Nachgang zum Korruptionsskandal hatte Siemens gegen elf Vorstandsmitglieder – u. a. Neubürger – Schadensersatzansprüche wegen der Verletzung von Organisations- und Aufsichtspflichtverletzungen erhoben. Während Siemens mit den meisten der in Anspruch genommenen Personen einen Vergleich schloss, gipfelte der Streit mit dem ehemaligen CFO in einer gerichtlichen Auseinandersetzung vor dem Landgericht München I. Im Dezember 2013 gab das Gericht der Klage von Siemens auf Zahlung von 15 Mio. EUR vollumfänglich statt.[80]

Die Verurteilung erfolgte auf Grundlage von § 93 Abs. 2 S. 1 AktG, nach dem Vorstandsmitglieder, die ihre Pflicht verletzen, der Gesellschaft zum Ersatz des daraus entstehenden Schadens verpflichtet sind. Bei Herrn Neubürger sah das Gericht die Pflichtverletzung darin, keine auf Schadensprävention und Risikokontrolle angelegte Compliance-Organisation eingerichtet zu haben:

„Entscheidend für den Umfang im Einzelnen sind dabei Art, Größe und Organisation des Unternehmens, die zu beachtenden Vorschriften, die geografische Präsenz wie auch die Verdachtsfälle aus der Vergangenheit."

---

[74] *Deister/Geier,* Der UK Bribery Act 2010 und seine Auswirkungen auf deutsche Unternehmen, CCZ 2011, 12.

[75] *Deister/Geier* CCZ 2011, 12, 18.

[76] *Deister/Geier/Rew,* Business as usual? – Die Leitlinien zum UK Bribery Act 2010 sind veröffentlicht, CCZ 2011, 81.

[77] *Deister/Geier/Rew* CCZ 2011, 88.

[78] *Deister/Geier/Rew* CCZ 2011, 88f.; weitere Aufsätze zum Thema: *Ehling/Kappel,* Wie viel Strafe ist genug? – Deutsche Unternehmen zwischen UK Bribery Act, FCPA und StGB, BB 2011, 2115; *Walther/Zimmer,* Haftung deutscher Unternehmen nach dem UK Bribery Act, RiW 2011, 199; *Daniel/Rubner,* UK Bribery Act und amtliche Auslegungshilfe, NJW-Spezial 2011, 335.

[79] LG München I Urt. v. 10.12.2013 – 5 HK O 1387/10.

[80] Siemens und Neubürger verglichen sich 2014 auf eine Zahlung in Höhe von 2,5 Mio. EUR.

Das Landgericht München I scheint die Pflicht zur Etablierung eines ordnungsgemäßen Compliance-Systems aus § 76 Abs. 1 AktG herzuleiten;[81] dies wird jedoch nicht weiter diskutiert.

Bei Siemens gab es zwar ein Compliance-System, dieses soll aber – nach Ansicht des Gerichts – unzureichend gewesen sein. Trotz wiederkehrender Hinweise auf schwarze Kassen und die Ineffektivität des Compliance-Systems habe auch Herr Neubürger keine Änderung vorgenommen. Als Mitglied des Gesamtvorstands sei er für die Einrichtung des Compliance-Systems ebenso wie für die Einholung von Informationen über die bekannt gewordenen Vorfälle (mit)verantwortlich gewesen. Das Gericht akzeptierte den Verweis von Herrn Neubürger auf die Zuständigkeit der nachgeordneten Bereichsvorstände[82] und auf seine Kollegen nicht:

„Gerade das wiederholte Auftreten von Gesetzesverstößen oder zumindest gravierender Verdachtsmomente im Zusammenhang mit Korruptionsfällen im Ausland zeigt, dass das bisherige System nicht ausreicht. Dann aber ist es Aufgabe jedes einzelnen Vorstandsmitglieds und damit auch des Beklagten, im Rahmen seiner Überwachungspflicht darauf hinzuwirken, dass innerhalb des Vorstands ein funktionierendes Compliance-System beschlossen wird.“

Besonderes Augenmerk verdient die Feststellung der Kausalität, die im Schrifttum bislang als schwer beweisbar und daher wenig risikobehaftet bewertet wurde.[83] Das Gericht argumentierte sehr ausführlich, sah aber bei der im Rahmen eines Unterlassungsvorwurfs zu prüfenden hypothetischen Kausalität bei Weitem nicht so große Beweisschwierigkeiten, wie vom Schrifttum wohl erwartet:

„Bei Errichtung einer funktionierenden Aufsicht als zu fordernder Maßnahme muss davon ausgegangen werden, dass effektive Kontrollen im Sinne eines effektiven Compliance-Systems geeignet sind, Rechtsverletzungen der dann entsprechend überwachten Mitarbeiter zu verhindern.“

Zum einen wurden die infolge der durch das unzureichende Compliance-System nicht verhinderten Rechtsverstöße verursachten Kosten[84] als erforderlich erachtet. Zum anderen wurden Zahlungen, für die kein wirksamer Rechtsgrund ersichtlich war, als kausaler Schaden eingestuft. Ein Vorstandsmitglied hätte nachweisen müssen, *„dass der Schaden auch bei rechtmäßigem Alternativverhalten eingetreten wäre“*. Beim Nachweis des Zusammenhangs zwischen Schaden und Pflichtverletzung käme der klagenden Gesellschaft die Beweiserleichterung des § 287 ZPO zugute.[85]

---

[81] Landgericht München I: *„Diese Pflicht resultiert unmittelbar jedenfalls auch aus § 76 AktG und stellt sicherlich keine aus dem anglo-amerikanischen Rechtskreis stammende Neuerung dar.“*

[82] Landgericht München I: *„Der so genannte ‚Bereichsvorstand‘ ist nämlich gerade nicht Vorstand i. S. d. §§ 76ff. AktG, weshalb eine Delegation dieser zentralen Aufgabe des aktienrechtlichen Organs ‚Vorstand‘ auf unterhalb dieser Ebene angesiedelte Mitarbeiter eine Pflichtverletzung darstellt.“*

[83] Vgl. etwa: *Kraft/Winkler* CCZ 2009, 29, 32f.; *Schäfer/Baumann* NJW 2011, 3601, 3603ff.

[84] Ca. 12,8 Mio. EUR, die an eine US-amerikanische Rechtsanwaltskanzlei zur Verteidigung gegen die Börsenaufsicht SEC gezahlt wurden.

[85] Mit entsprechenden Nachweisen (insbesondere vorgelegte Rechnungen der beauftragten Kanzlei, „*die vor allem auch auf die mutmaßliche Verletzung von Anti-Korruptionsgesetzen Bezug genommen* haben“) habe Siemens hinreichende Anhaltspunkte für eine Zuordnung des entstandenen Schadens zu der Pflichtverletzung des Beklagten geliefert.

Besondere Beachtung verdient die rückwirkende Anwendung der Compliance durch das Gericht: *„Dabei kann sich der Bekl. auch nicht darauf berufen, der Begriff der ‚Compliance' sei im fraglichen Zeitraum noch nicht etabliert gewesen."*

Bis zu diesem Zeitpunkt schien die Frage nach einer potentiellen Rückwirkung kein Thema gewesen zu sein, was daran liegen mag, dass es sich beim Compliance-Recht weniger um förmliche Gesetze als vielmehr um Richtlinien, Leitfäden und Empfehlungen handelte.

In seiner Untersuchung der Entwicklung der Compliance schreibt *Unmuth*[86] bereits in der Einleitung, dass Verschärfungen der Compliance-Pflichten keine Rückwirkung hätten:

„Bei der retrospektivischen Bewertung einer Compliance-Maßnahme müssen die Anforderungen zugrunde gelegt werden, die zum zu beurteilenden Zeitpunkt an die Rechtmäßigkeit des Handelns gestellt wurden (ex-ante-Perspektive). Denn selbst der ordentlichste und gewissenhafteste Geschäftsleiter kann eine Pflicht nicht erfüllen, wenn sie zum konkreten Zeitpunkt weder im Gesetz stand noch von der Rechtsprechung oder dem Schrifttum verlangt wurde."[87]

Das erscheint nachvollziehbar und wird auch dem Landgericht München I bekannt gewesen sein, denn die Verwerfung des entsprechenden Verteidigungs-Vorbringens begründete das Gericht sehr ausführlich und wählte für die Rückwirkung einen anderen Anknüpfungspunkt. Das Gericht stützte die durch den Vorstand verletzte Pflicht darauf, dass er habe sicherstellen müssen, wie die Organisation innerhalb eines Unternehmens zu erfolgen habe, um zwingende gesetzliche Vorgaben einzuhalten. Diese Pflicht stelle allerdings keine *„aus dem anglo-amerikanischen Rechtskreis stammende Neuerung dar"*, sondern resultiere *„unmittelbar jedenfalls auch aus § 76 AktG"*. Compliance sei nur ein neuer Begriff für einen alten Grundgedanken.

Die Reaktionen des Schrifttums auf das Urteil waren erwartungsgemäß zahlreich und weit überwiegend zustimmend. Spätestens seit diesem Urteil wurde die Einrichtung eines funktionierenden Compliance-Systems als Pflicht eines jeden Vorstandsmitglieds angesehen.[88] Unklarheiten empfand *Bürkle* noch hinsichtlich des Ermessenspielraums des Vorstands, der nach seiner Auffassung zu knapp behandelt worden war.[89] *Grützner* sah durch das Urteil eine größere praktische Relevanz des § 130 OWiG

Auch *Fleischer*[90] verfasste im Folgejahr eine ausführliche Stellungnahme zu dem Urteil des Landgerichts München I. In dieser kam er insbesondere zu dem Ergebnis, dass die rückwirkende Anwendung der Compliance-Anforderungen durch das Gericht zutreffend sei. Die Verteidigung bezüglich einer „fehlenden Erkennbar-

---

[86] *Unmuth* AG 2017, 249.

[87] *Unmuth* AG 2017, 249, 250.

[88] *Flick* GWR 2014, 151; *Acker* IBR 2014, 309; *Hahn* EWiR 2014, 175; *Siepelt* BOARD 2014, 107; *Meyer* DB 2014, 1063; *Merkt* DB 2014, 2331; *Merkt* ZIP 2014, 1705; *Rathgeber* NZWiSt 2014, 192; kritisch: *Hein* BOARD 2014, 178; *Oppenheim* DStR 2014, 1063; *Linderhaus* P&R 2014, 97; *Bachmann* ZIP 2014, 579.

[89] *Bürkle,* Compliance als Aufgabe des Vorstands der AG – Die Sicht des LG München, CCZ 2015, 52; vgl. auch *Oppenheim* DStR 2014, 1063; *Benecke/Henneberger* KH 2014, 850; *Bachmann* ZIP 2014, 579.

[90] *Fleischer,* Aktienrechtliche Compliance-Pflichten im Praxistest: Das Siemens/Neubürger-Urteil des LG München I, NZG 2014, 321.

keit“ gehe fehl. Abgesehen von den schon immer existierenden allgemeinen Vorstandspflichten sei auch das Thema Compliance bereits seit 2003 im Schrifttum diskutiert worden.[91] Darüber hinaus sei das weite Organisationsermessen des Vorstands durch das Urteil des Landgerichts München I gewahrt worden. Das Gericht habe erkannt, dass Compliance-Anforderungen im Einzelfall zu beurteilen seien und habe hinreichend begründet, warum in dem zu entscheidenden Fall ein strenger Sorgfaltsmaßstab anzuwenden sei.[92] Um dies zu unterstreichen, arbeitete er die drei Hauptvorwürfe des Gerichts an die Vorstandsmitglieder der Siemens AG heraus: Untätigkeit trotz Kenntnis bzw. der Möglichkeit einer Kenntnisnahme, Unwille hinsichtlich der Sachverhaltsaufklärung und unzureichende Maßnahmen zur Kontrolle der geschäftlichen Vorgänge.

Auch warf *Fleischer* einen kurzen Blick auf den IDW PS 980. Dieser enthalte *„viele wertvolle Gestaltungshinweise“*, vermöge aber auch bei positivem Prüfungsurteil keine Enthaftungswirkung herbeizuführen.[93] Schließlich beschäftigte sich *Fleischer* noch mit der Kausalität, die im Schrifttum häufig als „schwer nachweisbar“ bewertet werde. Das Landgericht München I sei nicht auf die Stimmen im Schrifttum eingegangen und habe der klagenden Gesellschaft eine Beweiserleichterung nach Maßgabe des § 287 ZPO an die Hand gegeben. *Fleischer* sah in diesem Punkt noch Klärungsbedarf, vertrat aber mit Blick auf die Beurteilung von Organisations- und Aufsichtspflichtverletzungen in anderen Rechtsbereichen eine Absenkung des Kausalitätsnachweises im Vergleich zu den strengen Anforderungen im Schrifttum.[94]

Zu einer Berufungs- oder gar Revisionsentscheidung kam es in der Sache nicht mehr, weshalb man aus heutiger Sicht die Ausführungen des LG München I letztlich als einen Diskussionsbeitrag in der Entwicklung begreifen muss; wenn auch als einen, der für viel Aufsehen gesorgt hat.

V. Fazit

Compliance als eigenständiges Thema im Recht hat sich in der ersten Dekade merklich entwickelt und unterliegt einer ständigen Evolution.

Anfang der 2000er Jahre begann die rechtliche Auseinandersetzung in Deutschland. Etwa seit 2008 bildete sich Compliance als eigenes Rechtsgebiet heraus. Dabei sind es weniger die rechtlichen Grundlagen und Konzepte die sich verändert haben, als vielmehr der praktische Umgang und die öffentliche Wahrnehmung. Seit den 2010er Jahre bemühen sich Recht und Praxis um eine immer tiefergehende Konkretisierung der Teilbereiche der Compliance. Die fundamentale Frage, ob es überhaupt eine Compliance-Pflicht gibt, ist dabei ins Hintertreffen geraten. Einerseits hoffte man auf eine Klärung der Frage durch Gerichte oder Gesetzgeber. Anderseits entwickelte sich das Thema Compliance in der Praxis längst zu einem Selbstläufer. Davon abgesehen ist *Fleischer* in der aktuellen Auflage des

[91] *Fleischer* NZG 2014, 321, 323.
[92] *Fleischer* NZG 2014, 321, 324.
[93] *Fleischer* NZG 2014, 321, 325.
[94] *Fleischer* NZG 2014, 321, 328.

Spindler/Stilz beizupflichten, der eine zunehmende Annäherung der Gegner und Befürworter einer Compliance-Pflicht beschreibt. Die einen plädieren für eine Compliance-Organisation, die anderen fordern die angemessene Berücksichtigung des Vorstandsermessens. Am Ende sind sich beide Seiten einig, dass es einer Entscheidung im Einzelfall bedarf, die neben dem Organisationsermessen auch eine Reihe weiterer Faktoren zu berücksichtigen hat. Aus praktischer Sicht ergibt es wenig Sinn, zwischen beiden Ansichten zu unterscheiden: Entweder richtet ein Unternehmen ein Compliance Management System ein oder es setzt sich der Gefahr einer Sanktionierung aus. Für Unternehmen geht es weniger um die Frage des „ob" als vielmehr um die Frage des „wie". Auf Letzteres gibt jedenfalls die Rechtswissenschaft keine zufriedenstellende Antwort. In diese Lücke sind über die Jahre Betriebswirtschaftler, Beratungsfirmen und Verbände gestoßen, die Unternehmen beim Aufbau eines funktionierenden Compliance Management Systems beraten.

Auch wenn die Grundpfeiler der „Systeme" mittlerweile stehen dürften, sorgen insbesondere Gesetz- und Verordnungsgeber in aller Welt für ein immer vielschichtigeres und komplexeres Normensystem, das so manches Compliance- und Risikomanagementsystem täglich neu fordert.

JÖRG FREIHERR FRANK VON FÜRSTENWERTH

„So wenig kon(n)te ich gleichwolen dem dringenden Verlangen widerstehen“ – Ein Blick auf den Karriereweg eines bürgerlichen, gelehrten Juristen im 18. Jahrhundert

Ein Wort vorweg

Oft sind es erste Begegnungen, die im Gedächtnis haften bleiben, denkt man an einen Menschen, mit dem man schon seit langem im freundlichen, respektvollen beruflichen Kontakt steht. Theo Langheid griff kürzlich – einen Festschriftbeitrag einleitend – eine solche Begegnung auf. Es ging um eine unserer ersten Begegnungen, in der er freundlich, aber bestimmt Aufklärung einforderte, wie man denn mit dem Namen des Verfassers dieses Beitrages umzugehen habe. Offensichtlich hatte ihn seine Frage und meine Antwort weiter umgetrieben. Der Kreis soll sich durch diesen Beitrag zu seinem Festtag schließen. Das Corpus Delicti ist dabei Joh. Daniel Marianus Fran(c)k[1], der geradezu idealtypisch für den Berufsweg gelehrter Juristen im 18. Jahrhundert steht. Dieser Joh. Daniel Marianus Frank lehnte 1774 die Berufung – Aufschwörung –[2] zum Assessor des Reichskammergerichts (nachfolgend RKG) ab. Eigentlich ungehörig. Doch es machte in der Karrierewelt der Juristen im Alten Reich[3] Sinn. Der Titel des Beitrags ist dem Schreiben Franks vom 17.7.1774 an den Pronotar des RKG entnommen.[4] Von Joh. Daniel Marianus Frank und der Rolle des Reichskammergerichts im Karriereweg bürgerlicher, gelehrter Juristen im Alten Reich ist hier die Rede.

I. Die Assessoren des Reichskammergerichts

Die Assessoren des Reichskammergerichts

„gehörten zu den Spitzenbeamten in der Ämterhierarchie des Alten Reichs. (...). Ein Jurist, der ein RKG-Assessorat anstrebte griff also hoch“

---

[1] Die Schreibweise mit „k“ statt „ck“ setzt sich in der zweiten Hälfte des 18. Jahrhunderts durch und wird hier durchgehend verwendet.

[2] Tl.1 Tit. LVII S.151 („von deß keiserlichen cammerrichters und der beisitzer eydt“) der Reichskammergerichtsordnung von 1555 (RKGO 1555) schreibt eine Eidesablegung zur Aufnahme als Reichskammergerichtsassessor vor (sog. „Aufschwörung“). Die RKGO wird nachfolgend zitiert nach *A. Laufs,* Die Reichskammergerichtsordnung von 1555, 1976.

[3] Der Begriff „Altes Reich“ steht für das Heilige Römische Reich Deutscher Nation (Sacrum Imperium Romanum Nationis Germanicae).

[4] Es ist in vollem Wortlaut in → Fn. 91 wiedergegeben.

stellt Sigrid Jahns, eine der profilierten Forscherinnen über das richterliche Personal des Reichskammergerichts,[5] 1988 kurz und knapp fest.[6] „Die Juristen des Reichskammergerichts bildeten einen eigenständigen, durchaus selbstbewußten Teil unter den Justizjuristen in Deutschland" und das RKG-Assessorat sei das „Endziel für eine gehobene Juristenkarriere" resümiert der Rechtshistoriker Bernhard Diestelkamp.[7] Und in unserem heutigen Sprachgebrauch ein wenig schwülstig urteilt der preußische Justizminister und vormalige Reichskammergerichtsassessor Karl-Christoph Albert Heinrich v. Kamptz (1769–1849) in den von Joseph Anton v. Vahlkampf herausgegebenen „Reichskammergerichtlichen Miscellen":

„Kein Tribunal hat wohl von seinem Anfange an bis zu seiner Auflößung so allgemein vorzügliche Männer unter seinen Mitgliedern gezählt, als das Reichskammergericht, welches in allen Perioden seiner Existenz das Aggregat redlicher, thätiger und fähiger Rechtsgelehrten, die Auswahl trefflicher bisheriger Territorialdiener und die Pflanzschule ausgezeichneter Minister war."[8]

Sigrid Jahns hält die Lobrede Kamptz für „im Großen und Ganzen doch zutreffend".[9] Der Frankfurter Rechtshistoriker Heinz Durchhardt bezeichnet die RKG Assessoren als eine „Funktionselite des Alten Reichs".[10] Bengt Christian Fuchs auf der anderen Seite bringt in seiner Göttinger Dissertation den Kern der Kritik vor allem der älteren Literatur an der Arbeit des RKG zusammenfassend auf den Punkt: langwierige, teure und oft urteilslose Verfahren, unpräzise Zuständigkeitsabgrenzungen, Personal- und Geldmangel, ineffiziente Exekutionsmöglichkeiten, Korruption.[11] Der Münsteraner Rechtshistoriker Peter Oestmann kommt bei der Bewertung des RKG zu einem „zweischneidigen Befund",[12] hält dabei in der Gesamtbewertung aber fest:

„Das Reichskammergericht war ein von den übrigen Reichsgewalten getrenntes und weitgehend unabhängiges Justizorgan. Es war besetzt mit großenteils hoch qualifizierten Assessoren und pflegte eine Form von Gerichtsverfahren, das in der frühen Neuzeit große Prägekraft

---

[5] Grundlegend: *Jahns,* Das Reichskammergericht und seine Richter – Verfassung und Sozialstruktur eines höchsten Gerichts im Alten Reich, Teil I (Darstellung) 2011, Teil II.1 (Biographien Band 1) 2003, Teil II.2 (Biographien Band 2) 2003.

[6] *Jahns,* Der Aufstieg in die juristische Funktionselite des Alten Reichs, in Schulze, Ständische Gesellschaft und soziale Mobilität, 1988, S. 353–397 (354).

[7] *Diestelkamp,* Das Reichskammergericht im Rechtsleben des Heiligen Römischen Reiches Deutscher Nation, Eigendruck Schriftenreihe der Gesellschaft für Reichskammergerichtsforschung 1985, S. 12.

[8] Band 2, Heft 5, 1806, S. 466–486 (470).

[9] *Jahns,* Die Assessoren des Reichskammergerichts in Wetzlar, Eigendruck Schriftenreihe der Gesellschaft für Reichskammergerichtsforschung 1986, S. 11.

[10] *Durchhardt,* Nicht-Karrieren. Über das Scheitern von Reichskammergerichtskandidaturen und-Präsentationen, Eigendruck Schriftenreihe der Gesellschaft für Reichskammergerichtsforschung 1989, S. 5.

[11] *Fuchs,* Die Sollicitatur am Reichskammergericht, Diss. Göttingen, 2002, S. 1, 2.

[12] … und führt (*Oestmann,* Wege zur Rechtsgeschichte: Gerichtsbarkeit und Verfahren, 2015, S. 166) kritisch als Punkte, die das Bild verdunkeln, auf: „Finanzierungsprobleme, politische Schwäche, geringe Entscheidungsfreude, fehlende Schärfe in den Vollstreckungen, einige Bestechungsskandale."

für die Territorien des Reichs entfaltete (...) Die Verrechtlichung sozialer Konflikte war mit der Reichsreform gelungen.“[13]

Wenn all dem aber so ist: Was kann einen bürgerlichen, gelehrten Juristen in der zweiten Hälfte des 18. Jahrhunderts bewegen, dem ehrenvollen und begehrten Ruf zum Assessor des Reichskammergerichts nicht zu folgen?

II. Das Reichskammergericht im 18. Jahrhundert

Der Reichstag von Worms im Jahre 1495 war ein wichtiges Datum für seit langem überfällige Reformen im Alten Reich.[14] Das Königliche Kammergericht des 15. Jahrhunderts wurde reformiert. Die Reichsstände wurden in die Gerichtsorganisation stärker eingebunden und das RKG vom Sitz des Kaiserhofes gelöst.[15] Allen Untertanen wurde das Recht eröffnet, ihren Landesherren in sog. Untertanenprozessen vor das höchste Gericht des Reiches zu zwingen. Der Erlass der Kammergerichtsordnung von 1495[16] im Wormser Reichabschied gilt daher als das Gründungsdatum „Unser und des Hailigen Reichs Camergericht“,[17] für das sich der Namen Kammergericht oder später Reichskammergericht eingebürgert hat. Seit 1690 hatte das RKG seinen Sitz in Wetzlar und behielt diesen Standort bis zu seiner Auflösung am 6. 8. 1806 bei.

Das RKG hatte von 1495 bis 1806 im Kern durchgehend drei Zuständigkeiten. Erstinstanzlich war es für Klagen wegen Bruch des Landfriedens, Streitigkeiten zwischen reichsunmittelbaren Ständen und für Klagen von Untertanen gegen (reichsunmittelbare) Obrigkeiten zuständig. Hinzu kamen weitere erstinstanzliche Zuständigkeiten etwa für Klagen wegen „Rechtsverweigerung“ durch partikulare Gewalten, wegen „Rechtsverzögerung“ durch Untergerichte und für Nichtigkeitsbeschwerden gegen Urteile territorialer und städtischer Gerichte im Fall „grober Rechtsverletzungen“. Von der Anzahl der Verfahren am bedeutendsten war die Zuständigkeit des RKG als Appellationsinstanz für die Anfechtung von Urteilen territorialer und reichsstädtischer Obergerichte in Zivilsachen. Der Kameralprozess mit seiner besonderen Bedeutung der Schriftlichkeit soll hier nicht nachgezeichnet werden,[18] wenngleich insbesondere Inhalt und Ablauf der öffentlichen „Audien-

---

[13] *Oestmann* S. 166.

[14] Nachfolgend ist nur vom Reichskammergericht die Rede. Der Reichshofrat (nachfolgend RHR) am Sitz des Kaisers hatte zwar auch Funktionen eines obersten Reichsgerichts, war aber zugleich auch ein oberstes kaiserliches Beratungsorgan.

[15] Der Titel des Werks von Jost Hausmann über die Städte und Stätten des Reichskammergerichts (1995) bringt diesen wichtigen Aspekt auf den Punkt: „Fern vom Kaiser“.

[16] Abgedruckt bei *Buschmann,* Kaiser und Reich. Klassische Texte und Dokumente zur Verfassungsgeschichte des Hl. Römischen Reichs Deutscher Nation, 1984, S. 172–187.

[17] Weiter: „mit zeytigem Rat ewer der Churfürsten, Fürsten und gemainer Besambnung uff Unser und des Hailigen Reichs Tag hie zu Worms aufgerichtet und zu halten fürgenommen und geordnet in Form und Maß, als hernach volgt“). Präambel vor § 1 RKGO vom 7. 8. 1495; zitiert nach *Buschmann* S. 174.

[18] Siehe hierzu etwa bei *Oestmann* S. 170–175; *Oestmann,* Entscheidungsfindung und Entscheidungsdarstellung am Reichskammergericht, in Amend-Traut u. a. (Hrsg.), Urteil, Richter, Spruch-

zen", eine Art „Gerichtstag", aus Sicht eines Anwalts wie dem Jubilar eine Delikatesse sein dürfte. Für den Zweck dieses Beitrages muss allerdings der Blick auf das Kameralkollegium den Vorrang haben.

1. Das Kameralkollegium

Das Kameralkollegium unterschied noch ganz in mittelalterlicher Tradition[19] zwischen Richter und „Urteilern", den „personis dirigentibus" und den „personis lites decidentibus".[20] Die dirigierenden Mitglieder des Kameralkollegiums waren der Kammerrichter und später zwei Präsidenten. Ihnen oblag allein – wie es Rudolf Smend in seinem grundlegenden Werk über das Reichskammergericht formulierte[21] – die „Geschäftsleitung und (die) Repräsentation" nach außen. Die Urteilsfindung kam dagegen ausschließlich den „Urteilern", den sog. „Beisitzern" oder – wie es sich dann einbürgerte – den Assessoren[22] zu. Sie waren – anders als dies unserer heutigen Begrifflichkeit entspricht – die eigentlichen Richter. Die Funktion des Gerichtsvorsitzes und die Rechtsfindung im engeren Sinne waren getrennt.

Der Kammerrichter (Singular) repräsentierte den Kaiser als dem nach mittelalterlichem Verständnis Träger der Gerichtsgewalt. Er wurde ausschließlich und ohne Mitwirkung der Reichsstände vom Kaiser benannt. Der Kammerrichter musste keinerlei juristische Qualifikationen aufweisen. Im Range nach dem Kammerrichter folgen seit dem 18. Jahrhundert zwei Präsidenten als weitere dirigierende Mitglieder des RKG. Der Bedarf zur Erweiterung der „dirigierenden" Personen ergab sich allein schon aus einer bis dahin fehlenden formalen Vertretungsfunktion des Kammerrichters und einem geregelten Vorsitz der beiden Senate. Als Senatsvorsitzende und damit als Inhaber eines Direktorialamtes hatten die Präsidenten in den Senaten kein Stimmrecht. Sie mussten – wie der Kammerrichter – daher auch nicht über gründliche juristische Vorkenntnisse verfügen oder gar eine juristische Vorkarriere aufweisen. Wichtig war hingegen in der Vertretungsfunktion des Kammerrichters die Standesherkunft als Graf oder Freiherr, die jeweils richtige Konfession und die Befähigung zu Direktorialgeschäften.

Die Assessoren wurden in einem über die Jahrhunderte immer wieder angepassten System der „Präsentation" von den präsentationsberechtigten Reichskreisen (den „Präsentanten")[23] vorgeschlagen („präsentiert"). Das Reichskammergericht unterzog die „Präsentierten" einem Prüfungsverfahren, in dem die persönliche und fachliche Eignung der Kandidaten überprüft wurde. Das Plenum hatte nach Absolvierung der Examina die Aufnahme oder die Ablehnung des Präsentierten

körper. Entscheidungsfindung und Entscheidungsmechanismen in der Europäischen Rechtskultur. Quellen und Forschungen zur höchsten Gerichtsbarkeit im Alten Reich, Bd. 75, 2021, S. 371–386 (374).

[19] *Smend,* Das Reichskammergericht, Erster Teil: Geschichte und Verfassung, 1911, S. 244.

[20] *Tafinger,* Institutiones Iurisprudentiae Cameralis, Sectio I. et II., 1775/1776, S. 244, 259; nach *Jahns* Bd. 1, S. 104.

[21] *Smend* S. 244.

[22] Lat. „assessores"; siehe *Baumann* „Beisitzer" in Cordes u. a., Handwörterbuch zur deutschen Rechtsgeschichte, 2004 ff., Bd. I Sp. 512–513.

[23] Tl. 1 Tit. II §§ 1–7 RKGO 1550, *Laufs* S. 73–75.

festzustellen. Im Falle einer positiven Entscheidung wurde der Kandidat sodann zur „Aufschwörung" – zur Aufnahme – einberufen. Im anderen Fall wurde die Präsentation vom Plenum zurückgewiesen.

In der zweiten Hälfte des 18. Jahrhunderts waren 20 Präsentationsberechtigungen vorgesehen. Hierzu konnten die vorschlagsberechtigten Reichsstände,[24] wohl abgewogen zwischen den Konfessionen, zu einer oder zwei Assessoraten Kandidaten präsentieren. Dabei hatten die Reichsstände gegenüber dem Kaiser die Mehrheit der Präsentationsbefugnisse. Die RKGO regelte detailliert die persönlichen und fachlichen Zugangsanforderungen an das Assessorat: Die Kandidaten mussten ein mehrjähriges[25] Studium absolviert und danach Erfahrungen in der gerichtlichen Praxis gesammelt und sich im Referieren und Entscheiden rechtshängiger Sachen qualifiziert haben.[26] Die durch das Studium und die berufliche Erfahrung gewonnene Qualifikation wurde vom RKG in zwei Examina überprüft.[27] Wenngleich die Zugangsvoraussetzungen Studium und praktische Erfahrungen für alle Assessoren galten, differenzierte die RKGO 1555 (Tl.1 Tit III § 2: „der rechten gelehrt") indem sie zusätzlich verlangte, dass der Kandidat entweder (Tl.1 Tit. III § 2) „auß der ritterschaft"[28] kommen oder aber einen juristischen Doktor- oder Lizentiatengrad (Tl.1 Tit III § 2: „der rechten gelehrt und gewürdigt") nachweisen musste. Somit wurde für das oberste Gericht des Reiches der durch einen Lizentiaten- oder Doktorgrad ausgewiesene Gelehrte dem Adligen gleichgestellt".[29] Dies führte zu einer starken Professionalisierung der Rechtsprechung. Bis zum Ende des Alten Reichs blieb für einen nicht (alt-)adligen Interessenten an einem RKG Assessorat der Erwerb des Doktor- oder Lizentiatengrades

---

[24] Die vierzehn katholischen und dreizehn evangelischen Präsentationen teilten sich wie folgt auf: Der Kaiser aus seiner Funktion und für den österreichischen Kreis (2 kath.), Kurmainz (1 kath.), Kurtrier (1 kath.), Kurköln (1 kath.), Kurböhmen (1 kath.), Kurpfalz (1 kath.), Kursachsen (1 ev.; 1 weitere ev. alternierend mit Kurbrandenburg und Kurbraunschweig), Kurbrandenburg (1 ev.), Kurbraunschweig (1 ev.), Burgundischer Kreis (1 kath.), Fränkischer Kreis (1 kath., 1 ev.), Bayerischer Kreis (2 kath.), Schwäbischer Kreis (1 kath., 1 ev.), Oberrheinischer Kreis (1 kath.,1 ev.),Niederrheinischer-Westfälischer Kreis 1 kath., 1 ev.), Obersächsischer Kreis (2 ev.; dazu alternierend mit die Niedersächsischen Kreis und den ev. Stände der vier gemischten Kreise 1 weitere ev. Präsentation), Niedersächsischer Kreis (2 ev.); siehe das Präsentationsschema 1781/82 bei *Mader,* Die letzten „Priester der Gerechtigkeit". Die Auseinandersetzung der letzten Generation von Richtern des Reichskammergerichts mit der Auflösung des Heiligen Römischen Reichs Deutscher Nation, Diss. München 2005, S. 54.

[25] „(...) wenigsten fünf jar lang im rechten studiert, auch in gerichtlichen hendlen advociert und practiciert haben", RKGO 1555 Tl. 1. Tit. III § 2, Laufs S. 76.

[26] Tl. 1 Tit. III § 2 RKGO 1555, *Laufs* S. 76.

[27] Zur Proberelation, dem General- und dem Spezialexamen siehe *Sailer,* Richterliches Selbstverständnis und juristische Ordnungsvorstellungen in der policeyrechtlichen Judikatur des Reichskammergerichts, in Diestelkamp, Das Reichskammergericht am Ende des Alten Reichs und sein Fortwirken im 19. Jahrhundert. 2002, S. 1-41 (7).

[28] Sie mussten „ritterbürtig" bzw. „altadlig" sein, d. h. sie müssen mindestens vier adlige Ahnen väterlicherseits und mütterlicherseits aufweisen können.

[29] So nach *Press,* Das Reichkammergericht in der deutschen Geschichte, Eigendruck Schriftenreihe der Gesellschaft für Reichskammergerichtsforschung 1987, S. 15; zum Aspekt Professionalisierung: *Stolleis,* Professionalisierung der Akteure, in Decock (Hrsg.), Konfliktlösung in der Frühen Neuzeit, Handbuch zur Geschichte der Konfliktlösung in Europa, Bd. 3, 2021, S. 65–72 (67, 68).

die zwingende Eingangsvoraussetzung, wollte er den beruflichen Aufstieg beim RKG anstreben.

2. *Die Anwälte: Advokaten und Prokuratoren*

Die RKGO unterscheidet als Parteivertreter (Anwälte) Advokaten und Prokuratoren.[30] Der Advokat ist der von der Partei ausgewählte Rechtsbeistand, dessen Aufgabe die Rechtsberatung und die Abfassung der Schriftsätze ist, die aber zur Einreichung bei Gericht der Unterschrift des Prokurators bedürfen. Der Auftritt vor Gericht ist dem Advokaten versagt. Der Prokurator vertritt die Partei vor Gericht und nimmt alle damit zusammenhängenden Prozesshandlungen vor. Nur er ist vor dem RKG postulationsfähig. Den aufgeschwörten Prokuratoren war es nicht verwehrt, in den ihnen übertragenen Mandaten zugleich als Advokat tätig zu sein. Im 18. Jahrhundert gab es beim RKG etwa 40 Prokuatoren und 10 – 20 Advokaten.[31] Advokaten und Prokuratoren bedurften einer Zulassung durch das RKG. Voraussetzung für die Ablegung eines Examens, das der Zulassung vorausging, war ein juristisches Studium, der Nachweis eines Doktor- oder Lizentiatengrades sowie eine zweijährige praktische Tätigkeit in Kammergerichtssachen. Im Laufe der Zeit entwickelte sich die Tätigkeit als Advokat de facto als Eingangsamt zur Tätigkeit als Prokurator.

3. *Praktikanten (Auskultatoren)*

Über weitere an dem Kameralverfahren beteiligte Personen wie dem Fiskal als dem Wahrnehmer des Reichsinteresses, dem Kanzleipersonal, den Boten oder anderen Personen, die sich außerhalb des formalen Verfahrens um eine Prozessbeschleunigung und den Erlass einer Entscheidung bemühen (sollicitierten[32]), wäre zu berichten.

Wichtig an dieser Stelle sind aber unter dem Aspekt juristischer Karrieren im Alten Reich vor allem die Praktika beim RKG (ebenso wie beim RHR in Wien und seltener beim Regensburger Reichstag), die dem Erwerb praktischer Fähigkeiten im jus camerale und im jus publicum des Alten Reichs[33] dienten. Die Praktika waren ein wesentlicher Baustein einer Juristenlaufbahn im Alten Reich. Zu diesem in der Regel dreimonatigem, aber nicht selten auch einjährigem Aufenthalt fanden sich in Wetzlar jährlich etwa 20 Praktikanten nach Zulassung durch den Kammerrichter ein. Die Praktikanten waren nach ihrer Zulassung und Immatrikulation beim RKG Kameralpersonen auf Zeit mit den dazugehörigen Kameralprivilegien.[34] Sie leisteten einen Eid auf ihre Verschwiegenheit,[35] erhielten

---

[30] Siehe bei *Smend* S. 343f. Grundlegend: *Baumann,* Advokaten und Prokuratoren, Anwälte am Reichskammergericht (1690–1806), 2006.

[31] *Smend* S. 350.

[32] Siehe *Pütter,* Von der Sollicitatur am kayserlichen und Reichs= Cammergerichte. 1768, § 1 S. 1; *Fuchs,* Die Sollicitatur am Reichskammergericht, 2002; *Baumann* Advokaten und Prokuratoren S. 40, 46.

[33] *Burgdorf,* Die reichsrechtliche Peregrinatio academica im 18. Jahrhundert, in Baumann u. a., Reichspersonal. Funktionsträger für Kaiser und Reich, 2003, S. 21–57 (22).

[34] *Smend* S. 370.

[35] „juramentum silentii" oder durch ein Handgelöbnis.

aber keine Bezüge. Auch wenn es keinen festen Lehr- oder Ausbildungsplan gab, so bürgerte sich doch ein System von Vorlesungen („collegia practica") und Übungen („collegia elaboratoria") ein.[36] Es entwickelte sich eine breite Ausbildungsliteratur. Der Praktikant war einem Assessor, in aller Regel aber einem Prokurator oder Advokaten zugewiesen, der ihn an seiner Arbeit beteiligte. Gerade die Prokuratoren und die Advokaten nahmen eine hervorragende Rolle in der Ausbildung der Praktikanten ein.[37] Die Praktika waren zugleich eine gute Gelegenheit, Netzwerke zu bilden. Viele Prokuratoren und auch Advokaten beherbergten Praktikanten,[38] was nicht nur der beschränkten Wohnsituation in Wetzlar geschuldet war.

III. Die Präsentation des Joh. Daniel Marianus Frank

Am 28.7.1766, wenige Wochen nach dem Konvent des Schwäbischen Reichskreises am 30.6.1766 in Ulm, richtete der Konstanzer Fürstbischof Kardinal Franz Konrad Kasimir Ignaz v. Rodt im Namen der katholischen Stände des Schwäbischen Kreises ein Schreiben an den amtierenden Kammerrichter Franz Joseph Spaur v. Pflaum und Valeur in Wetzlar. Inhalt des Schreibens war die Präsentation des Geheimen Rats des Fürsten von Hohenzollern-Hechingen Joh. Daniel Marianus Frank zum Assessorat des Reichskammergerichts.[39] Der aus rund hundert geistlichen und weltlichen Territorien bestehende Schwäbische Reichskreis war einer von zehn Reichskreisen im Alten Reich. Der Schwäbische Reichskreis umfasste das „Gebiet zwischen Rhein (Vaduz im Südosten bis Philippsburg im Nordwesten), Lech und Wörnitz, im Norden durch eine etwa von Philippsburg über Sickingen und Bad Wimpfen bis nach Dinkelsbühl verlaufende Linie begrenzt".[40] Der Schwäbische Reichskreis stellte aber anders als sein Name vermuten lässt duchaus kein in sich geschlossenes schwäbisches Territorium dar. Rund ein Drittel Schwabens, die „vorderösterreichischen Lande"(„Vorderösterreich"), gehörte zum Erzhaus Österreich.[41] So hatten die Fürsten von Hohenzollern-Sigmaringen von 1535 bis 1806 einen Großteil Ihres Fürstentums, nämlich die Grafschaften Sigmaringen und Veringen, als österreichisches Lehen. Sie waren also auch ein Teil Österreichs. Eine insgesamt komplizierte Struktur.

---

[36] Eine detaillierte Schilderung des Lebens der Praktikanten findet sich bei *Bergsträsser,* Briefe über das Studium eines Praktikanten an dem Reichskammergerichte zu Wetzlar, 1788.

[37] Siehe bei *Stein,* Advokaten und Prokuratoren am Reichskammergericht in Wetzlar (1693–1806) als Rechtslehrer und Schriftsteller, Diss. Würzburg 2001, S. 6f.

[38] *Baumann* Advokaten und Prokuratoren S. 53.

[39] Bundesarchiv AR/1/IV/35 fol. 441v+r.

[40] *Sauer,* Napoleons Adler über Württemberg, Baden und Hohenzollern, 1987, S. 18.

[41] Neben zerstreuten Gebieten in Oberschwaben und im Allgäu vor allem der Sundgau und der Breisgau mit Freiburg als Sitz der vorderösterreichischen Regierung (Stand 1790).

1. Herkunft und Ausbildung

Wer war nun dieser Joh. Daniel Marianus Frank, den die katholischen schwäbischen Stände zum Assessorat des RKG präsentierten? Joh. Daniel Marianus Frank[42] wurde am 25.8.1723 im kurmainzischen Klingenberg am Main geboren. Er war der älteste Sohn von elf Geschwistern aus der Ehe des kurmainzischen Hofkammerrates und Zollverwalters zu Klingenberg am Main Joh. Martin Franck (1697–1765) und dessen Frau Johanna Felicitas Bach (1699–1740). Johanna Felicitas war die älteste Tochter des kurmainzischen Amtskellers zu Klingenberg am Main Joh. Daniel Bach und der Maria Eva Gassenfeydt, Tochter des Kammer- und Verwaltungsrats in Heidelberg Joh. Adam Gassenfeydt.

Die „scholis inferioribus" und das Gymnasium absolvierte Frank fünf Jahre im Kolleg der Jesuiten in Aschaffenburg. Sodann studierte er zunächst ein Jahr Philosophie und ein weiteres Jahr Jura an der Adolphs-Universität in Fulda, dann zwei Jahre Jura an der Ruprecht-Karls-Universität Heidelberg, ein Jahr an der Julius-Maximilians-Universität Würzburg und ein weiteres Jahr an der Philipps-Universität Marburg. Er schloss seine Studien – wie im 18. Jahrhundert nicht unüblich – mit Zeugnissen, Testaten und Empfehlungen, aber ohne formalen Grad ab. Nach Abschluss seines Studiums der Rechtswissenschaften immatrikulierte sich Frank 1747 als Praktikant beim RKG, wo er sich – wie im späteren Generalexamen[43] aufgeführt – den „collegia practica" und den „collegia elaboratoria" unterzog. Dem Praktikum beim RKG in Wetzlar schloss sich 1748 ein Praktikum beim RHR in Wien an. Der Stage beim RHR folgten praktische Einweisungen bei dem Gesandten Fuldas beim Reich Johann Adam von Bach, einem Onkel des Joh. Daniel Marianus Frank.

2. Hohenzollern-Hechingen und Hohenzollern-Sigmaringen

Am 16.5.1749 wurde Joh. Daniel Marianus Frank zum Fürstlich Löwenstein-Wertheimischen Rat ernannt und wechselte am 21.6.1751 als Hofrat des Fürsten von Hohenzollern-Hechingen in die Residenzstadt Hechingen. Die Fürsten von Hohenzollern-Hechingen und Hohenzollern-Sigmaringen genossen trotz ihres geringen territorialen Besitzes als die nach Württemberg und Baden ranghöchsten Fürsten im Schwäbischen Reichskreis[44] im Reich hohes Ansehen. Hohenzollern-Hechingen litt aber schon lange unter einer erdrückenden Schuldenlast, die vor allem durch überzogene Aufwendungen des Hofes für die fürstliche Repräsentation verursacht wurde. Die Kosten der Hofhaltung standen in einem völlig unausgewogenen Verhältnis zum Vermögen des Hauses, den wirtschaftlichen Erträgen und der Wirtschaftskraft des Fürstentums. Im Inneren war die Lage instabil. Sie wurde von einem von 1584[45] bis 1848 andauernden Konflikt zwischen den Fürsten und den

[42] Biographie bei *Jahns* Teil II Bd. 2 S. 1066–1073.

[43] Bundesarchiv AR/1/IV 59 fol. 50v–51r.

[44] *Kallenberg,* Die Fürstentümer Hohenzollern am Ausgang des Alten Reichs. Ein Beitrag zur politischen und sozialen Formation des deutschen Südwestens, Diss. Tübingen 1961 (maschinenschriftlich), S. 366.

[45] Nach wie vor grundlegend: *Press,* Von den Bauernrevolten des 16. zur konstitutionellen Verfassung des 19. Jahrhunderts. Die Untertanenkonflikte in Hohenzollern-Hechingen und ihre

bäuerlichen Untertanen über Frondienste, insbesondere die Jagdfronen, also einer Form der Leibeigenschaft, Abgaben und die Freie Pirsch[46] geprägt. Klagen der Untertanen beschäftigten fortlaufend das RKG und den RHR. Ziel der Klagen der Untertanen und der Gemeinden gegen den Landesherrn war in erster Linie die Einschränkung der Fronen und die Senkung der zu leistenden Abgaben. Die Kenntnisse Franks im Kameralrecht waren daher eine der Qualifikationen, die ihn empfahlen.

Am 12.7.1759 heiratete Joh. Daniel Marianus Frank Maria-Josepha,[47] Tochter des Geheimen Rats und Hofkanzlers der Fürsten von Hohenzollern-Hechingen und Hohenzollern-Sigmaringen Johann-Baptist Staader Edler v. Adelsheim und der Elisabeth Dolle. Sie hatten fünf Kinder.[48] 1763 wird Joh. Daniel Marianus Frank von Joseph Friedrich Ernst Fürst von Hohenzollern-Sigmaringen als Kanzler nach Sigmaringen berufen. Er lehnt diese Berufung ab[49] und erhält von seinem Landesherrn das „Geheim-Rats-Decret" in Hechingen.[50] 1771 wird Frank Gesandter des Fürsten von Hohenzollern-Hechingen beim Schwäbischen Kreis.

3. Doktor- oder Lizentiatengrad versus altadlige Herkunft

Frank hält sich in diesen Jahren wegen des laufenden Untertanenprozesses gegen den Fürsten von Hohenzollern-Hechingen oft in Wetzlar auf. Dort hat er regelmäßigen Kontakt zu dem Reichskammergerichtsassessor Johann Heinrich Harpprecht,[51] der als evangelischer Präsentatus des schwäbischen Reichskreises dem RKG von 1745 bis 1783 angehörte. Harpprecht war zuvor von 1726 bis 1733 Hofrat der beiden fürstlichen Häuser Hohenzollern und in dieser Funktion mit dem langwierigen Hechinger Untertanenkonflikt befasst. Zu dieser Zeit eröffnet sich für Frank die Perspektive einer Karriere als Assessor des Reichskammergerichts. Dazu aber fehlte es ihm noch – da nicht altadlig – an dem Doktor- oder Lizentiatengrad. Seit spätestens der Mitte des 17. Jahrhunderts, jedenfalls durchgängig im

---

Lösungen, in Weber, Politische Ordnungen und soziale Kräfte im Alten Reich, 1980, S. 85–112 (90f.).

[46] „Freie Pürsch/Pirsch": Gebiet der freien Jagdausübung außerhalb des Jagdrechts des Fürsten/Adels; siehe bei *Schuler,* Die Einforstung und der Kampf um die „freie Pürsch" im Fürstentum Hohenzollern-Hechingen, Zeitschrift für Jagdwissenschaft 42 (1996), 293–307.

[47] 28.10.1740 – 14.7.1767.

[48] Joh. Christoph (7.6.1764–7.9.1764); Maria Theresa (13.8.1760–19.5.1837), sie heiratet am 6.2.1782 Albert Joseph v. Ittner, hohenzollerisch-hechingischer Hofrat und Archivar, sodann Kanzler des Großpriorates Deutschland des Malteser-Ordens bis zur Säkularisierung, später Großherzoglich badischer Gesandter; Franz Anton (29.10.1761–14.11.1840); Maria Josepha (21.11.1762–6.10.1816), heiratet am 27.1.1783 Franz Conrad v. Heppenstein, Fürstbischöflich konstanzischer Hof- und Regierungsrat; Anna Maria Walburga (14.7.1766–14.6.1839), heiratet am 7.12.1801 Franz v. Gerber, Syndikus in Rottenburg und späterer Königlich württembergischer Regierungsrat.

[49] Joh. Daniel Marianus Franck, eigenhändiger Lebenslauf Blatt 1 (unveröffentlicht).

[50] Anders als von *Jahns* Teil II Band 2, S. 1070, angenommen, sieht Frank in seinem eigenhändigen Lebenslauf hier keine Vorbereitung auf das RKG Assessorat, sondern, die „Gegenleistung" für den Verzicht auf das Angebot des Fürsten von Hohenzollern-Sigmaringen, zumal die Ernennung zum Geheimrat laut Frank bereits 1763 und nicht erst 1766 erfolgt ist.

[51] Von Kaiser Franz I. am 27.1.1764 als Johann Heinrich Freiherr v. Harpprecht in den Reichsfreiherrnstand erhoben.

18. Jahrhundert, war der Studienabschluss mit einem Doktor- oder Lizentiatengrad als Zugangsvoraussetzung zu den landesherrlichen Zentralbehörden wie auch zum Reichshofrat nicht mehr erforderlich.[52] Dies führte in der Praxis zu einer gewissen Wertminderung der juristischen Grade.[53] Die auf den gesellschaftlichen Aufstieg gerichtete Perspektive gelehrter Juristen bürgerlicher Herkunft richtete sich fortan mehr auf die Erlangung eines Adelsbriefes, denn auf die Erlangung eines juristischen Grades.[54] Der Adelstitel versprach ein höheres Sozialprestige. Für den Zugang zum RKG war diese Entwicklung allerdings unbeachtlich, denn dort galten weiterhin die unveränderten Regeln der RKGO von 1555 und 1613, die den Adel des zu Präsentierten und aller seiner vier Großeltern voraussetzte. Der im 16. Jahrhundert noch eher seltene Briefadel erfüllte diese Voraussetzungen nicht, so dass der Erwerb eines Doktor- oder Lizentiatengrades für nicht altadlige Bewerber zu einem Assessorat des RKG zwingend war. Dabei sollte es beim RKG auch bis zum Ende des Alten Reichs bleiben.

Für Frank eröffnete sich der Kontakt zu dem Vetter des Johann Heinrich Harpprecht, dem Tübinger Professor der Rechte Dr. iur. Christoph Friedrich Harpprecht (22.9.1700 – 4.7.1774). Er wird Promotor[55] der 1766 in Tübingen im Druck erschienen Dissertation Franks „Oberservationes juris Cameralis".[56] Wiewohl der Erwerb des juristischen Lizentiatengrades für seine bisherige Laufbahn bis zum Geheimen Rat völlig ohne Bedeutung war, eröffneten sich nun neue Perspektiven. Unterstützt durch seinen Landesherrn betrieb Frank erfolgreich gegen mehrere Mitbewerber, die allerdings nicht in Diensten eines Standes des schwäbischen Kreises standen, seine Präsentation.[57] Die berufliche Rekrutierung aus dem Schwäbischen Kreis und seine Erfahrungen mit dem Kameralverfahren brachten dann auch den Ausschlag zu seinen Gunsten.[58] Bereits wenige Tage nach Eingang der Präsentation wurde er am 3.8.1766 zum Generalexamen und am 4.8.1766 zum Spezialexamen zugelassen.[59] Anfang 1767 reiste er als Präsentatus nach Wetzlar und fertigte am 7.1.1767 die erforderliche Proberelation an.

---

[52] Siehe bei *Jahns* Teil 1 S. 585.

[53] Siehe bei *Jahns* Teil 1 S. 586.

[54] Siehe ausführlich bei *Jahns,* a. a. O. „Funktionselite", S. 376–377.

[55] Bundesarchiv Plenarprotokolle „Materia praesentationis" AR 1 IV/41–75, fol. 51.

[56] Observationes Jvris Cameralis. Qvas Consentiente Illvstris Jctorvm Ordine In Alma Eberhardina Post Exantlata Examina Pro Obtinendis Svmmis In Jvre Honoribvs D. Avgvst MDCCLXVI. Ervditorvm Examini Submittit Jo. Daniel Marianvs Franck Sereniss. Principis Hohenzollerano-Hechingensis Consiliarvs Intimvs, Tvbingae 1766.

[57] Schreiben Frank an den Konstanzer Fürstbischof Kardinal Franz Konrad v. Rodt aus dem Mai 1776, Generallandesarchiv Karlsruhe Abt. 83,58 ohne Seitenangabe.

[58] Siehe Schreiben des Konstanzer Fürstbischofs Kardinal Franz Konrad v. Rodt vom 1.6.1766 an den RKG Präsidenten Johann Maria Rudolph Waldbott v. Bassenheim, Generallandesarchiv Karlsruhe Abt.83/84 ohne Seitenangabe; dort auch zu den weiteren Bewerbern; ebenso: Hauptstaatsarchiv Stuttgart A 202 Bü 1669.

[59] Bundesarchiv AR 1 IV 56, fol. 50v–51v; Generalexamen fol. 50v–51r.

4. *Sollicitatur beim Reichskammergericht*

Von Januar 1768 bis zum abschließenden Urteil im dem laufenden Untertanenprozess gegen seine Landesherren vom 13.2.1768[60] (der sog. Finalsentenz) hielt sich Frank praktisch ununterbrochen in Wetzlar auf.[61] Das Verfahren ging nicht voran. Eine baldige Entscheidung war nicht zu erwarten. Franks Aufgabe war es, gemeinsam mit dem beauftragten Prokurator zu „sollicitieren“,[62] also auf eine baldige Entscheidung zu drängen und für die Position des Fürsten von Hohenzollern-Hechingen zu werben. Bedingt durch den hohen Geschäftsanfall des RKG und wegen Personalmangels wurden in vielen Fällen de facto nur die Verfahren zur Entscheidung gebracht, bei denen das Interesse an einer Entscheidung und die Dringlichkeit am überzeugendsten und mit der größten Unterstützung vorgetragen werden konnte. Ein Vorgang, der sich auf die Phase nach dem Abschluss des schriftlichen Verfahrens und der Audienz konzentrierte. Die Sollicitatur richtete sich vor allem an den Kammerrichter und die Präsidenten, denn in ihren Händen lag es, die Arbeitsabläufe im RKG zu steuern, insbesondere die Akten zur Bearbeitung an die bearbeitenden Assessoren zu verteilen. Auch die bearbeitenden Assessoren waren de facto Adressaten der Sollicitatur, wenngleich dem eigentlich die Schweigepflicht der Assessoren entgegenstand. Dennoch, wie Fuchs feststellt, war die Sollicitatur bei den Assessoren nicht nur in der Praxis verbreitet, sondern auch von den RKG Angehörigen und in der zeitgenössischen Literatur anerkannt.[63] Die Sollicitatur war spätestens seit der Überarbeitung der RKGO in der Fassung des „Jüngsten Reichsabschieds 1654 (JRA 1654)“ beim RKG möglich und nötig. § 152 JRA 1654 bestimmte, dass nur sollicitierte Verfahren bearbeitet und zu einer Entscheidung gebracht werden sollten[64]. Nach unserer heutigen Terminologie also eine Art Sachurteilsvoraussetzung. Der Sinn der Vorschrift war, dem Gericht arbeitsaufwändige Relationen und Senatsberatungen in Verfahren zu ersparen, an denen die Parteien kein Interesse mehr hatten.[65]

Die regelmäßigen Berichte Franks aus Wetzlar an den Fürsten von Hohenzollern-Hechingen werden im Staatsarchiv Sigmaringen verwahrt.[66] Sie zeigen anschaulich die damals üblichen Verfahrensweisen, die Befassung des Gerichts mit einem anhängigen Verfahren zu beschleunigen. So berichtet Frank in seinem Bericht vom 7.1.1768,[67] dass nicht nur die Gesandtschaften des Markgrafen von Baden-Durlach, des Königs von Preußen und des Kurfürsten von Köln als Unterstützer gewonnen werden konnten, und mit den Gesandtschaften des Fürstbischofs von Konstanz und des Markgrafen von Brandenburg-Bayreuth der Kontakt bereits her-

[60] Die der fürstlichen Regierung von Hohenzollern-Hechingen zugestellte Ausfertigung des Urteils befindet sich im Staatsarchiv Sigmaringen Ho 1 T 7, 1088.

[61] Zur Endphase des Untertanenprozesses: *Gilgert,* Aus patriotischem Eifer der Gemeinde für das allgemeine Beste – Herrschaft und Widerstand, Gemeinde und Staat im deutschen Südwesten im ausgehenden 18. Jahrhundert, 2017, S. 122–145.

[62] Zur Notwendigkeit der Solilcitatur vor allem *Fuchs* S. 28–34.

[63] So *Fuchs* S. 145, 146 mit Nachweisen.

[64] Abgedruckt in *Buschmann* S. 519/520.

[65] *Fuchs* S. 225.

[66] Staatsarchiv Sigmaringen Ho 1 T 7, 1088.

[67] Staatsarchiv Sigmaringen Ho 1 T 7, 1088.

gestellt worden sei, sondern auch, dass die Neujahrsgrüße aus Hechingen, Fasanen und Kirschwasser, eingetroffen und an die Fürsprecher verteilt worden seien. Zwei Wochen später, am 21.1.1768, berichtet er über ein Rechtsgespräch mit einem Referenten (bearbeitenden Assessor):

„Er erkenne zwar wohl, daß es sehr schädlich seye, Unterthanen Gewehr in die Hände zu geben, allein es seye auf der anderen Seithe auch hart, diese Leute auf künftige Zeiten für alezeit dem Wildschaden bloßzusetzen."[68]

Freilich sollicitierten nicht nur die Bevöllmächtigten des verklagten Landesherrn, sondern auch die klagenden Untertanen selbst vor Ort und natürlich der von ihnen beauftragte Prokurator (Aufschwörung 1.7.1762) und Advokat (Aufschwörung 21.3.1755) Fidel Carl Amand Goll.

5. *Das Urteil im Untertanenprozeß*

Das RKG wies die Klage der Untertanen durch das Urteil vom 13.2.1768[69] anders als noch in einem vorangegangenen Verfahren, das mit einem Urteil vom 20.12.1731 abschloss, als unbegründet ab. Das RKG verpflichtete jedoch den Fürsten von Hohenzollern-Hechingen, den Wildbestand effektiv zu regulieren, um den Wildschaden klein zu halten. Weiterhin wurde der Fürst verpflichtet, den geschädigten Untertanen den Wildschaden zu ersetzen. Am 8. März 1768 wurde das Urteil durch einen kaiserlichen Kammergerichtsboten in Hechingen öffentlich verlesen und in den Gemeinden öffentlich ausgehängt. Im Verfahren vor dem RKG vertrat der Prokurator Dr. Johann Albert von Ruland[70] die Interessen des Fürsten von Hohenzollern-Hechingen.[71] Ruland war bis zu seinem Tod zugleich Agent Preußens, aber auch der churfürstlichen Sitze in Köln und Mainz und galt als einer der bedeutendsten Prokuratoren[72] in Wetzlar. Ruland schrieb am 22.3.1768, wenige Wochen nach dem formalen Abschuss des Verfahrens an den Fürsten von Hohenzollern-Hechingen:

„Allein wie viele hundert Partheyen seufzen vergeblich nach dem Ausgang ihrer gerechten Sachen. Die Königlich Preußische Recommendation und die so kluge als eyfrige Sollicitatur des H(ochlö)b(lichen) Geheimen Rath Franck beförderten die Sache zu einer Zeit, wo man anfanget zu besorgen, daß durch den Dissensum der Höchst- und Hohen Reichs-Ständen wohl gar ein Iustitium Camerale erfolgen dörftte."[73]

---

[68] Staatsarchiv Sigmaringen Ho 1 T 7, 1088.

[69] Die der fürstlichen Regierung zugestellte Ausfertigung des Urteils befindet sich im Staatsarchiv Sigmaringen Ho 1 T 7, 1088.

[70] 1712 – 24.6.1775; Aufschwörung zum Advokaten 17.7.1739; Aufschwörung zum Prokurator 4.7.1746; Daten nach *Stein* Advokaten und Prokuratoren S. 240.

[71] *Baumann* Advokaten und Prokuratoren S. 27 (dort Fn. 98) 143, 144 zu Ruland: „Ruland stammte aus Essen. Er hatte in Duisburg, Köln und Marburg studiert und in Gießen promoviert. Als Praktikant war er sechs Jahre in der Kanzlei des Prokurators Johann Goy tätig gewesen.1746 wurde er als Prokurator aufgeschworen."

[72] *Baumann* Advokaten und Prokuratoren S. 33.

[73] Bericht Rulands an den Fürsten von Hohenzollern-Hechingen am 22.3.1768, Staatsarchiv Sigmaringen Ho 1 T 7, 1088; zitiert nach *Gilgert* S. 123.

Der Fürst von Hohenzollern-Hechingen, der durch die Unruhen sein Fürstentum in Gefahr sah, war über das Urteil überaus erleichtert.[74] Das Ende der Unruhen bedeutete das Urteil jedoch in keiner Weise. Eine Befriedung des Untertanenkonflikts sollte noch bis zum Landesvergleich 1795 auf sich warten lassen.

6. Das Plenum des Reichskammergerichts beschließt die Aufnahme als Assessor

Im Juni 1768 hielt sich Frank – seit dem 14.7.1767 Witwer – erneut in Wetzlar auf, um sich am 1.7.1768 dem mündlichen „examen speciale" zu unterziehen.[75] Die Relation wie auch seine juristische Qualifikation wurden nicht nur vom Zensor der Arbeit,[76] dem RKG Assessor Hans Christoph von Leipziger,[77] sondern allgemein vom Kameralkollegium lobend hervorgehoben.[78] Auf der Grundlage eines Beschlusses des Kameralkollegiums vom 4.7.1772[79] wurde am gleichen Tag die Rezeptibilitätserklärung – die Erklärung, dass der Präsentatus Joh. Daniel Marianus Frank nach abgelegter Proberelation und bestandenen Spezial- und Generalexamen angenommen ist – verfasst und Frank sowie dem Konstanzer Fürstbischof Kardinal Franz Konrad Kasimir Ignaz v. Rodt als Vertreter des Schwäbischen Reichskreises zugestellt. Das Präsentationsverfahren vor dem RKG nahm damit seit der Präsentation und der Zulassung zu den Examina bereits sechs Jahre in Anspruch. Eine in der zweiten Hälfte des 18. Jahrhunderts durchaus übliche Zeitspanne. Die Einberufung zum Kammergericht – die Aufschwörung – setzte allerdings rein praktisch weiterhin voraus, dass eine Stelle auch tatsächlich besetzt werden konnte, insbesondere die Finanzierung gesichert war. Sigrid Jahns berichtet, dass bis 1782 von den 25 Assessoraten wegen mangelnder Finanzierung immer nur ein Teil besetzt werden konnte.[80] Bis zu Franks Einberufung an das RKG, der Vokation vom 19.4.1774,[81] sollten aber noch zwei weitere Jahre vergehen.[82]

IV. Die Einberufung und der Verzicht auf die Aufschwörung

Joh. Daniel Marianus Frank ist nun 51 Jahre alt und bereits 23 Jahre als Hofrat und seit 1763 als Geheimer Rat und Gesandter beim Schwäbischen Kreis in den Diensten der Fürsten von Hohenzollern-Hechingen und Hohenzollern-Sigmaringen, als ihm die Aufforderung zur Aufschwörung vom 19.4.1774, die Berufung als Reichskammergerichtsassessor, durch einen Boten zugestellt wird.

---

[74] *Gilgert* (S. 124) weist auf die Vielzahl der Dankschreiben des Fürsten hin, die im Staatsarchiv Sigmaringen (Ho 1 T 7, 1088) in ihrer Entwurfsfassung verwahrt werden.

[75] Joh. Daniel Marianus Frank, eigenhändiger Lebenslauf Blatt 1 (unveröffentlicht).

[76] Bundesarchiv AR 1 IV 57, fol. 22 – 23r (1722).

[77] RKG Assessor von 1760–1791.

[78] *Jahns* Teil II Bd. 2 S. 1072; Bundesarchiv AR 1 IV 57, fol. 22, 22r u. 23.

[79] Bundesarchiv AR 1 IV 57, fol. 22 -23r/1774.

[80] *Jahns,* Die Personalverfassung des RKG unter Anpassungsdruck, in Diestelkamp, Das Reichskammergericht in der Deutschen Geschichte, 1990, S. 59-109 (87).

[81] Bundesarchiv AR 1 IV 58 fol. 18r-19v/1774.

[82] *Smend* S. 305, berichtet von Wartezeiten von bis zu 15 Jahren in der ersten Hälfte des 18. Jahrhunderts.

Anders als bei seiner Präsentation acht Jahre zuvor hatte er zwischenzeitlich wesentliche Karriereschritte vollzogen. Er zählte zu den am besten vernetzten Beamten im deutschen Südwesten, genoss das vollste Vertrauen der Fürsten von Hohenzollern-Hechingen und Hohenzollern-Sigmaringen[83] sowie den Respekt der Bevölkerung[84] in den hohenzollerischen Fürstentümern. Der spätere Professor für Zeitgeschichte an der TU Darmstadt und Kenner der Geschichte Hohenzollerns Fritz Kallenberg beschreibt Frank in seiner Dissertation[85] als „überlegte[n] Jurist[en]", als einen Mann „voller Gewandtheit (...) dessen Gesichtskreis weit über den Bereich der beiden Fürstentümer hinausreichte", dessen Korrespondenz einen „liebenswürdigen, leicht formulierenden Briefschreiber" erkennen lässt „mit trockenem Humor und kaum zu erschütternder Ruhe (...), energisch und beherrscht".

1. *Entscheidung gegen das Assessorat des Reichskammergerichts*

Doch nun galt es eine schwere Entscheidung zu treffen: Der Verbleib in hohenzollerischen Diensten oder der ursprünglich angestrebte Wechsel an das Reichskammergericht? Das brachte auch seinen Landesfürsten Josef Friedrich von Hohenzollern-Hechingen, der im 24. Regierungsjahr ein in sich nicht stabiles Fürstentum regierte, gerade erst die Hofhaltung für einige Jahre nach Frankreich verlegt hatte und eine prunkvolle Hofhaltung und ausgiebige Jagdgesellschaften der Regierungsarbeit vorzog, in Bedrängnis. Wiewohl er die Präsentation des Schwäbischen Kreises unterstützt hatte, drängte er Joh. Daniel Marianus Frank auf den Verzicht des Assessorats. Auch für Joh. Daniel Marianus Frank hatte sich in den zurückliegenden Jahren die Perspektive geändert. War er doch seit 1767 Witwer und hatte zwangsläufig die Versorgung der Familie vor Augen. Auch hatte Frank in all den Jahren gerade auch die Schattenseiten des Wechsels zum RKG nach Wetzlar erlebt. Ein Wechsel bedeute unausweichlich den Verlust der bestehenden sozialen Beziehungsgeflechte. Die Fürsten von Hohenzollern wollten ihn in ihren Diensten behalten. Er war also in einer guten Verhandlungssituation. Frank erhielt Zusagen für sich und die Zukunft seines Sohnes Franz Anton, der noch das Gymnasium in Stuttgart besuchte, insbesondere für dessen Zukunft in hohenzollerischen Diensten.

Mit Dekret vom 25.5.1774[86] bestellte Fürst Josef Friedrich Wilhelm von Hohenzollern-Hechingen Joh. Daniel Marianus Frank „mit vermehrten Bezügen"[87] zum Kanzler des Fürstentums. Zeitgleich berief ihn Fürst Karl Friedrich

[83] *Kallenberg* S. 125: „Sein Wort galt in Sigmaringen alles"; *Kallenberg* S. 26: „er (Anmerkung: Joseph Wilhelm von Hohenzollern-Hechingen) nahm an den Regierungsgeschäften wenig Anteil."

[84] Was insbesondere in der Befriedung der über drei Jahrhunderte andauernden Hechinger „Untertanenkonflikte" zum Ausdruck kommt. *Kallenberg* S. 125: „Seine Gewandtheit, verbunden mit Urteilskraft und Überzeugungsvermögen trug schließlich auch dazu bei, daß die jahrhundertealte Kluft zwischen Herrschaft und Untertanen geschlossen wurde. Der Stadtvergleich von 1795 wie auch der Landesvergleich von 1798 sind mit sein Werk."

[85] *Kallenberg* S. 125.

[86] Eigenhändiger Lebenslauf S. 1.

[87] Eigenhändiger Lebenslauf S. 1.

von Hohenzollern-Sigmaringen zum ersten Geheimen Rat und Gesandten beim Schwäbischen Kreis,[88] so dass Johann Daniel Marianus Frank sodann beide Fürstentümer als Gesandter vertrat. 1780 berief ihn der Fürst von Hohenzollern-Sigmaringen auch zum Kanzler des Fürstentums Hohenzollern-Sigmaringen. Sigrid Jahns spricht zu Recht von einer „Kompensation für seinen Verzicht auf Antritt des RKG Assessorats".[89]

Am 17.7.1774[90] erklärte Joh. Daniel Marianus Franck schließlich seinen Verzicht auf das RKG Assessorat.[91] Sigrid Jahns, die in ihrem Forschungsvorhaben über das richterliche Personal des RKG den Lebenslauf von 128 RKG Assessoren und Präsentierten der Jahre 1740 bis 1806 analysiert hat, bewertet die Resignation von Frank: „Die bemerkenswerte, vier Generationen hindurchgewahrte Kontinuität in den Karriereverläufen der schwäb. Beamtenfamilie Frank war letztlich eine Folge der Tatsache, daß der 1774 zu Aufschwörung einberufene RKG-Präsentatus Johann Daniel Marianus Frank sein RKG-Assessorat zugunsten seines Verbleibs in Diensten der Fürstentümer Hohenzollern resigniert hatte. Dadurch blieben dieser Familie Verwerfungen im beruflich-sozialen Umfeld erspart, der viele Assessorenfamilien als Folge des Wechsels nach Wetzlar verkraften mussten."[92]

2. *Der Untergang des Alten Reichs und der Aufstieg der hohenzollerischen Fürstentümer*

1792 beginnt der erste Koalitionskrieg (1792–1797). Die Sonderfrieden Frankreichs mit Preußen (1795), Baden (1796) und Württemberg (1797) schaffen die Grundlage für die Besetzung der linksrheinischen Gebiete. 1796 marschierte die

---

[88] Siehe „Fran(c)k, Johann Daniel Marianus, Lic. Jur." Oberschwäbische Biographien, Oberschwaben-Portal, abgerufen unter http://www.oberschwaben-portal.de/oberschwaebische-biographien-beitraege/articles/260.html.

[89] *Jahns* Teil II Bd. 2 S. 1068.

[90] Bundesarchiv AR 1 IV 59 fol. 49 u. 49r.

[91] Das Schreiben hat folgenden Wortlaut: „So fest ich entschlossen were, nach Endigung der diesjährigen Kreyßversammlung und bevorstehender Freyburger conferenz die (...) Assessoratstelle anzutretten, wozu ein Höchstpreißliches Kayserliches Reichs-Cammergericht (...) mich ohnlängst berufen zu lassen, die höchste Gnade für mich hatte; so wenig kon(n)te ich gleichwolen dem dringenden Verlangen widerstehen, welches sowohl meine Gnädigste Herrschaft, als auch des Herrn Fürsten zu Hohenzollern Sigmaringen geäusseret haben, mich noch fernerhin in denen Diensten des fürstlichen Haußes Hohenzollern beyzubehalten. Zu dessen Erwürkung wurde mir (...) die hiesige Cantzlerstelle, zu Sigmaringen aber die erste Geheimen Rathsstelle mit einem zureichenden Gehalt aufgetragen, auch mit Einwilligung hoher Agnaten sowohl für mich auf meine Lebenstage als in Zukunft für meinen Sohn solche Zusagen und Versicherungen ausgestellet, deren Ausschlagung bey zumaliger Rücksicht auf die während meiner drey- und zwanzigjährigen hiesiger Dienstzeit mir bereits zugegangenen vielen Gnaden mich dem Vorwurf einer nicht geringen Undanckbarkeit ausgesezet haben würde. Durch diese und mehrere andere Gründe, worunter meine von Zeit der schon in anno 1766 erhaltenen Praesentation angewachsene Jahre nicht der geringste were, sehe ich mich endlich bewogen, zu fernerweiten Fortsezung der Fürstlich Hohenzollerischen Diensten mich zu entschliessen, und hievon mit heutiger Post meinen höchst und hohen Praesentanten die unterthänigste Eröffnung zu machen. (...)."

[92] *Jahns* Teil II Bd. 2 S.1069.

Armée du Rhin unter General Jean-Charles Pichegru in Südwestdeutschland ein. Am Friedenskongress von Rastatt 1797/1798 nahm bereits Franks ältester Sohn und späterer Nachfolger – Franz Anton Frank- teil. Die Schaffung einer Reichsfriedensordnung misslingt. Joh. Daniel Marianus Frank war sich über den bevorstehenden Zerfall der alten Ordnung sehr bewusst. So wie dies auch sein enger Vertrauter und Schwiegersohn[93] Joh. Albrecht v. Ittner am 21.12.1797 in den letzten Zeilen seines Berichts von den Verhandlungen in Rastatt an ihn schrieb:[94]

„Frühe oder spath werden dennoch die mindermächtigen aufgefressen, denn hier heisst es: hodie mihi,cras tibi. Ich jedenfalls verspreche mir nicht viel Gutes."

Am 23.2.1800 verstarb Joh. Daniel Marianus Frank. Das Alte Reich befand sich in seiner letzten Lebensphase.

Am 12.7.1806 wurde unter dem Protektorat Napoleons in Paris der Rheinbund gegründet,[95] dem zunächst[96] sechzehn süd- und westdeutsche Fürsten angehörten. Ihrer Verpflichtung aus Art. 1 und 2 der Rheinbundakte[97] folgend sagten sich die Mitglieder des Rheinbundes am 1.8.1806 vom Heiligen Römischen Reich Deutscher Nation los.[98] Am 6.8.1806 legte Kaiser Franz II. getrieben durch eine erneute Kriegsdrohung Napoleons[99] die Reichskrone nieder, sagte sich und seine Staaten vom Reich los und erklärte die Reichsverfassung als gegenstandlos. Zugleich entband Franz II. unter anderen die Mitglieder der höchsten Reichsgerichte von ihren Pflichten.[100] Die Fürstentümer Hohenzollern-Hechingen und Hohenzollern-Sigmaringen entgehen der Mediatisierung und treten dem Rheinbund bei. Im deutschen Südwesten überlebten nur vier Länder Dank Napoleons Gnaden, kluger Diplomatie und verwandtschaftliche Bänder die große Umwälzung in der Ordnung Europas: das König-

[93] Franks Tochter Maria Theresia (13.8.1760-19.5.1837) heiratete am 6.2.1782 Albert Joseph v. Ittner (2.3.1754–9.3.8125), Fstl. hohenz.-hech. Hofrat und Archivar, späterer Kanzler des Malteser Ordens in Heitersheim, Ghzgl. Bad. Gesandter bei der Schweizer Eidgenossenschaft, Curator der Universität Freiburg.

[94] Staatsarchiv Sigmaringen Ho 1 T 7 Nr. 548 fol.7r; „hodie mihi, cras tibi": „heute mir, morgen dir".

[95] Rheinbunds-Akte vom 12.7.1806 abgedruckt in *E. Huber,* Dokumente zur Deutschen Verfassungsgeschichte. Bd. 1 Deutsche Verfassungsdokumente 1803–1850, 1978, S. 28–34.

[96] Durch Akzessionsverträge traten bis zum 15.11.1807 dreiundzwanzig weitere Mitglieder bei.

[97] Rheinbundakte ist die Bezeichnung für den am 12.7.1806 in Paris geschlossenen Vertrag.

[98] „Indem sie sich durch gegenwärtige Erklärung von ihrer bisherigen Verbindung mit dem deutschen Rechtskörper lossagen ..." Austrittserklärung der Rheinbundstaaten vom 1.8.1806, abgegeben gegenüber den Reichstags-Bevollmächtigten der übrigen Reichsstände, abgedruckt bei *E. Huber* S. 35 (36).

[99] Siehe bei *Burgdorf,* Ein Weltbild verliert seine Welt. Der Untergang des Alten Reichs und die Generation 1806, 2009, S. 124f.

[100] „Wir erklären demnach durch Gegenwärtiges, daß Wir das Band, welches Uns bis jetzt an den Staatskörper des deutschen Reichs gebunden hat, als gelöst ansehen, daß Wir das reichsoberhauptliche Amt und Würde durch die Vereinigung der conföderirten Stände als erloschen und Uns dadurch von allen übernommenen Pflichten gegen das deutsche Reich losgezählt betrachten und die von wegen desselben bis jetzt getragene Kaiserkrone und geführte kaiserliche Regierung, wie hiermit geschieht, niederlegen. Wir entbinden zugleich Churfürsten (...), insbesondere auch die Mitglieder der höchsten Reichsgerichte (..) von ihren Pflichten, womit sie an Uns, als das gesetzliche Oberhaupt des Reiches, durch die Constitution gebunden waren." Auszug aus der Erklärung von Franz II. vom 6.8.1806, zitiert nach *E. Huber* S. 37, 38.

reich Württemberg, das Großherzogtum Baden und – eigentlich eine „Kuriosität“[101] – die beiden Fürstentümer Hohenzollern.[102] Das RKG war aufgelöst und seine Angehörigen gingen einer für viele unsicheren Zukunft entgegen[103] während die Fürstentümer Hohenzollern souverän wurden.

Am 20.8.1806, fünf Wochen nach Erlangung der Souveränität, erhebt Fürst Hermann Otto, nunmehr souveräner Fürst von Hohenzollern-Hechingen, Franz Anton Frank mit dem Prädikat „von Fürstenwerth“ in den Adels- und Freiherrnstand.[104] Dabei nimmt er im Freiherrnbrief ausdrücklich Bezug auf die Verdienste des Vaters des Franz Anton, Joh. Daniel Marianus Frank.[105] Die letztendliche Entscheidung gegen die reichsgerichtliche Kariere unter dem Aspekt der Sicherung der familiären Zukunft ist damit aufgegangen.

Franz Anton und seine Kinder standen noch bis zum Übergang der Fürstentümer der schwäbischen Fürsten von Hohenzollern an deren preußische Verwandten[106] in fürstlich hohenzollerischen Diensten. Wie Franz Anton nannten sich seine Kinder und Enkel weiterhin v. Frank. Das königlich preußische Heroldsamt machte dem dann ein Ende und bestand 1898[107] auf der Führung des vollen Namens.

Und damit schließt sich der Kreis. Die eingangs skizzierte Frage des Jubilars sollte nun zufriedenstellend beantwortet sein. Erst einhundert Jahre nach der Präsentation des Joh. Daniel Marianus Frank hat einer seiner Nachfahren die Berufung an ein oberstes Gericht angenommen. Wilhelm von Frank wurde am 20.10.1876 zum Oberverwaltungsgerichtsrat und ständigen Mitglied des königlich preußischen Oberverwaltungsgerichts berufen. Aber das ist eine andere Geschichte.

---

[101] Wie es *Casimir Bumiller* treffend kommentiert, in Der „Sonderfall Hohenzollern“. Die hohenzollerischen Fürstentümer – Säkularisation und Mediatisierung, in Rudolf, Alte Klöster. Neue Herren. Die Säkularisation im deutschen Südwesten 1803. Aufsätze zweiter Teil: Die Mediatisierung. Auswirkung von Säkularisation und Mediatisierung, 2003, S. 893–906 (893).

[102] Die verwandtschaftlichen Beziehungen zum preußischen Königshaus, das freundschaftliche Verhältnis der Sigmaringer Fürstin Amalia Zephyrine zu Kaiserin Josephine und zu Talleyrand sowie die geplante Ehe des Erbprinzen Karl von Hohenzollern-Sigmaringen mit einer Nichte des Schwagers von Napoleon und späteren Herzog von Kleve und Berg, Joachim Murat, dürften dabei maßgeblichen Einfluss gehabt habe (sie fand am 3.2.1808 statt). Siehe *Sauer* S. 142.

[103] Zum Schicksal der Angehörigen des RKG siehe *Mader,* Die letzten „Priester der Gerechtigkeit“. Die Auseinandersetzung der letzten Generation von Richtern des Reichskammergerichts mit der Auflösung des Heiligen Römischen Reichs Deutscher Nation, Diss. München 2005, S. 195f.

[104] Staatsarchiv Sigmaringen Ho 1 T 7 Nr. 831 fol. 3 und 3r.

[105] „nebstdem auch in Erwägung gezogen, daß bereits schon dessen seeliger Vater Johann Daniel von Frank beinahe ein halbes Jahrhundert lag Unserem fürstlichen Hause (…) sodann auch Uns selbst, als unser Geheimerath und Kanzler, bis an sein Lebensende treue, redliche und ersprießliche Dienste geleistet, daß ebenmäßig in noch früheren Zeiten auch seiner Mutter, einer geborenen von Staader von Adelsheim (…) ansehnliche Stellen (…) bekleidet haben.“ Staatsarchiv Sigmaringen Ho 1 T 7 Nr. 831 fol. 3 und 3r.

[106] Gesetz über die Vereinigung der Fürstentümer Hohenzollern-Hechingen und -Sigmaringen mit dem preußischen Staatsgebiet vom 12.3.1850, Gesetzessammlung für die Königlichen Preußischen Staaten 1850 Nr. 22, S. 289f.; Vertrag zwischen dem König von Preußen und den Fürsten von Hohenzollern vom 7.12.1849, Staatsarchiv Sigmaringen HS 1-80 T 1–6 R 53, 1403.

[107] Schreiben vom 1.8.1898, Geheimes Staatsarchiv I. HA Rep. 176 Heroldsamt Nr. 2540.

JENS GAL

Der wohlinformierte *buta ember* – Fehlentwicklungen im Verbraucherschutzrecht

Verhandlungsungleichgewichte sind schlimm, aber Informationsasymmetrien sind schlimmer. Bei ersteren ist eine Partei gezwungen, ungünstige Bedingungen der anderen Partei zu akzeptieren – hier kann der Staat jedoch durch (halb-)zwingende Normen zur Hilfe eilen –, bei letzteren versteht jedoch eine Partei gar nicht recht, welche Verpflichtungen sie eingeht und welche Ansprüche ihr gewährt werden. Wie helfen? Bildung? Öffentliche Aufklärung? Transparente, verständliche Gesetzestexte? Quatsch! Das alles würde den Staat Mühe und Geld kosten. Und so muss solche Aufklärung *nolens volens* die verständigere Partei zu ihrem eigenen Nachteil besorgen.

I. *Vox legum auctoris, vox obscura*

Solcherlei Aufklärungs- und Informationspflichten wären freilich vielfach entbehrlich, wären die entsprechenden unterliegenden Gesetze verständlicher formuliert. Das verständliche Recht: Traum, Utopie und beständige Forderung! Bereits im 17. Jahrhunderts brachte es Hermann Conring, der „Begründer" der deutschen Rechtsgeschichte,[1] auf den Punkt, dass Gesetze in einer Sprache verfasst sein müssen, die „knapp, klar und vaterländisch ist. Das ist dann auch denen verständlich, die nach den Gesetzen zu leben verpflichtet sind. […] Nichts ist nämlich ungerechter, als wenn man nach einem Gesetz leben soll, das man nicht versteht".[2] Es entbehrt nicht einer gewissen Ironie, dass Conring diese Forderung selbstverständlich nicht auf Deutsch, sondern in einer unvaterländischen Sprache, *scilicet* Latein, stellt.

Und so war die Forderung zwar viel gehört, aber wenig folgenreich. Folglich konnte Hegel noch zweihundert Jahre später resümieren: „Die Gesetze so hoch aufhängen, wie Dionysius der Tyrann that, daß sie kein Bürger lesen konnte, –

[1] Siehe zu diesem etwa *Döhring,* Lemma „Conring, Hermann", NDB 3 (1957), S. 342–343; und insb. *Jori,* Hermann Conring (1606–1681) – Der Begründer der deutschen Rechtsgeschichte, 2006.

[2] „[…] scribendae leges fuerint brevi, plano & patrio. Hic enim demum perspicuus est illis qui legibus vivere obstricti sunt. […] Iniquius enim nihil est quam siquis secundum legem vivere debet, quam non intelligit": *Hermann Conring,* De origine iuris Germanici (ursprünglich 1643), Kap. XXXV zitiert nach der Ausgabe Helmstedt 1720, S. 238. Der letzte Satz findet sich dort nicht und ist entnommen einer Fußnote zum Wort „patrio" in *Göbel* (Hrsg.), Conring Opera, Bd. 6, Braunschweig 1730, S. 187. Die Übersetzung orientiert sich an *Stolleis* (Hrsg.), Hermann Conring – Der Ursprung des deutschen Rechts, 1994, S. 48.

oder aber sie in den weitläuftigen Apparat von gelehrten Büchern, Sammlungen, von Dezisionen abweichender Urtheile und Meynungen, – Gewohnheiten u. s. f. und noch dazu in einer fremden Sprache vergraben, so daß die Kenntniß des geltenden Rechts nur denen zugänglich ist, die sich gelehrt darauf legen, – ist ein und dasselbe Unrecht."[3]

Zu diesem Zeitpunkt war man freilich in zahlreichen Regionen (und wenigstens für manche Rechtsgebiete) dazu übergegangen, zumindest die (illusioniert allumfassenden) Gesetze in der Landessprache abzufassen. Und wenigstens der Alte Fritz und der kleine, große Korse dürften sich dem Glauben hingegeben haben, dass ihre Gesetze verständlich,[4] wenn nicht gar allgemeinverständlich waren. Man nehme einen beliebigen Artikel des ALR oder des C. civ. und mache die Probe aufs Exempel: Es darf bezweifelt werden, dass ein durchschnittlicher Bürger, ohne sich gelehrig auf den jeweiligen Kodex zu legen, tatsächlich begreift, was hier genau, wie geregelt wird. Dies dürfte nicht nur auf veränderte heutige Sprachkonventionen zurückzuführen sein, sondern *mutatis mutandis* schon zum Erlasszeitpunkt gegolten haben. Die Verfasser dieser Gesetze hatten also mit Jhering zwar wie Philosophen gedacht, aber doch nicht ganz wie Bauern gesprochen.[5] Das Problem aller Nomotheten war stets der verwandte – der Neologismus sei entschuldigt – *top-to-bottom*-Ansatz, nämlich eine Gesetzgebung, die erstellt vom Herrscher oder dessen Satrapen von oben nach unten gereicht wird. Hierbei wird das eigene Textverständnis sublimiert zur Verständlichkeit für den Bürger, ohne dass die Verfasser dezidierte Kenntnisse von dessen textlicher Auffassungsgabe haben; woher auch: die wenigsten dürften in regem geistigem Austausch mit Krethi und Plethi gestanden haben.

Um tatsächliche, und nicht nur prätendierte Verständlichkeit herzustellen, bedarf es mithin eines Sicherungsmechanismus. Einen solchen ersann vorgeblich weiland Maria Theresia.[6] Diese soll dekretiert haben, dass alle Entwürfe behördlicher Anordnungen vor Erlass einem *buta ember* vorgelegt werden müssen.[7] Dieser dumme *(buta)* Mensch *(ember)* sollte trotz der despektierlichen Begrifflichkeit nicht etwa der nächsthergelaufene magyarische Schwachkopf sein, sondern ein durchschnittlich intelligenter Mensch, der jedoch nur über eine Grundschulausbildung und über keine Rechts- und Verwaltungskenntnisse verfügte, also der einfache kleine Mann von der Straße. Dieser Sepp (oder ungarisch eben János) hatte nunmehr nach der Verlesung des geplanten „Gesetzes" dessen Inhalt wiederzugeben, wobei, wenn

[3] *Georg Wilhelm Friedrich Hegel,* Grundlinien der Philosophie des Rechts, Berlin 1821 (*recte* 1820), § 215 (S. 213).

[4] Siehe pointiert zur Verständlichkeit des C.civ. und des BGH etwa *Lasserre-Kiesow,* Die Theorie der drei Fiktionen – Die Diskussion um die Verständlichkeit des Code civil und des BGB, in Lerch (Hrsg.), Die Sprache des Rechts, Bd. 1, 2004, S. 213–223.

[5] Genauer: „Der Gesetzgeber soll denken wie ein Philosoph, aber reden wie ein Bauer"; zitiert nach *Herschel,* Rechtssicherheit und Rechtsklarheit, JZ 1967, 727–737 (736).

[6] Hierbei sei einleitend angemerkt, dass sich dieser soi-disant Buta-Ember-Erlass eben nur auf behördliche Anordnungen beziehen soll. In der Gesetzgebung im engeren Sinne verfolgte Maria Theresia im Codex Theresianus gerade offenkundig kein Konzept der Allgemeinverständlichkeit, sondern zielte auf einen fachsprachlich normierten, schlicht imperativen Gesetzestext ab; so bspw. *Lerch,* Gesetz als Gemeingut aller – Der Traum vom verständlichen Gesetz, in Lerch (Hrsg.), Die Sprache des Rechts, Bd. 1, 2004, S. 225–237 (227 f.).

[7] Vgl. bspw. *[Dieter Simon],* Buta ember, RJ 1987, 328.

dies misslang, der Entwurf überarbeitet werden musste. Die Behauptung von der Existenz eines solchen Buta-Ember-Erlasses ist zwar offenkundig eher *buta dolog,* aber *se non è vero, è ben trovato.*[8] Erstaunlich ist hierbei vor allem, dass uns dieses Rechtsinstitut durch Fritz Schönherr überliefert wurde,[9] hätte man eine solche bahnbrechende Trouvaille doch eher von einem ausgemachten Kenner der Materie wie Friedrich Gottlob Nagelmann[10] erwartet.

In jedem Fall war diesem Institut des aufgeklärten Absolutismus kein bleibender Erfolg beschieden. So herrscht zwar an dummen Menschen auch heute kein Mangel, an verständlichen Gesetzen aber immer noch. Mag es also etwa so sein, dass der Gegenstand der Regulierung – zumindest mit steigender Abstraktheit des Gegenstandes – fachlich zu anspruchsvoll ist, um jedem Simpel verständlich gemacht werden zu können, und sei es mit noch so einfachen Worten? Ein Gesetzestext kann nur das eine oder das andere: entweder exakt und trennscharf regeln oder einfühlsam und allgemeinverständlich belehren.[11] Im Hinblick auf die Funktion von Gesetzen wird man sich schweren Herzens wohl eher für ersteres entscheiden.

Letztlich sind Normen selbst dort, wo sie allgemeinverständlich formuliert sind, kaum je allgemeinverständlich. Man nehme etwa § 90 BGB, der in scheinbar vollständiger Klarheit formuliert: „Sachen im Sinne des Gesetzes sind nur körperliche Gegenstände." Dass das alles so einfach nicht ist – so etwa, dass kaum dreißig Paragraphen später in § 119 Abs. 2 BGB dann doch wieder ein anderer Sachenbegriff herrscht, oder dass zu klären ist, wie mit Gegenständen in flüssigem oder gasförmigem Aggregatzustand zu verfahren ist, wie Elektrizität und Fernwärme zu behandeln sind, ob vom Körper abgetrennte menschliche Gliedmaßen oder Implantate (nach dem Tod) Sachen sind usw. –, erkennt letztlich nur der juristisch-geschulte Leser. Die verständliche Formulierung des § 90 BGB bewirkt also beim Laien letztlich nur dort Klarheit, wo sich die Definition sowieso mit dem allgemeinen Sprachgebrauch deckt und es ihrer nicht bedurft hätte.

Und so bleibt die Erkenntnis, dass wohl Windscheid nicht so weit von der Wahrheit entfernt lag, als er angeblich in seiner Vorlesung behauptete: „Gesetzesbücher werden nicht für Laien gemacht, sondern für den Richter. Der Wert eines Gesetzbuchs liegt darin, dass es für den Richter verständlich ist. Der Laie braucht es nicht zu verstehen."[12] Hier gilt es die Textsortenspezifizität eines Gesetzes zu be-

---

[8] Schönherr dürfte es postum freuen, dass seine Erfindung teilweise für bare Münze genommen wird; siehe etwa *Smejkalová,* Communication of Law and Access to Courts, COFOLA 2011: The Conference Proceedings, dort bei Fn. 23.

[9] *Fritz Schönherr,* Recht und Sprache, ein altes Thema, aber aktueller denn je, JBl. 1982, 9–10 und 245–248 – *Barfuß* (Hrsg.), Fritz Schönherr: Sprache und Recht – Aufsätze und Vorträge, 1985, S. 79–86.

[10] Vgl. zur Person Nagelmanns *Umbach u. a.* (Hrsg.), Das wahre Verfassungsrecht: Zwischen Lust und Leistung – Gedächtnisschrift für F. G. Nagelmann, 1984, 513ff. Solange der Nachlass Nagelmanns aber immer noch nicht abschließend gesichtet ist, mögen sich auch hinsichtlich der Entdeckung des *buta ember* noch Überraschungen ergeben.

[11] Siehe zum Belehrungsdilemma exemplarisch an den europäischen Erwägungsgründen bereits *Gal,* Ta pathetika prooimia tes Europes – Zu Sinn und Unsinn der Erwägungsgründe, myops 37 (2019), 4–19.

[12] Bernhard Windscheid zitiert nach *L. Günter,* Recht und Sprache – Ein Beitrag zum Thema vom Juristendeutsch, 1898, S. 157 (dort Fn. 224).

achten:[13] So wird man zwar eine Hundeanleinverordnung zumindest eher so allgemeinverständlich fassen können (wobei auch dies Grenzen hat) wie etwa eine Montageanleitung für ein IKEA-Regal; so wie jedoch umgekehrt die Bauanleitung für ein Atomkraftwerk nicht laienverständlich sein kann, gilt dies auch für ein komplexeres Gesetz. Letzteres erfordert, um brauchbar zu sein, nicht Allgemeinverständlichkeit, sondern Genauigkeit in der Sprache. Ausgespart seien hier alle weiteren linguistischen Überlegungen zur Auslegung von gesetzlichen Normen[14] oder Meinungsverschiedenheit über die konkrete Bedeutung der Bindung des Richters an das Gesetz.[15] Festgehalten sei nur, dass es einem deutschen Gesetzgeber, der zumindest in den meisten Fällen wohl versucht haben dürfte, seine Gesetze in verständlicher Sprache zu verfassen, noch nicht gelungen ist, einen mehrere Paragraphen umfassenden Normtext zu erlassen, für den sich nicht doch wenigstens zwei Juristen gefunden hätten, die eine unterschiedliche Auslegung propagierten. Entgegen landläufiger Annahme ist dies nicht immer der reinen Boshaftigkeit des Juristen,[16] sondern vielfach einer dogmatischen Auseinandersetzung mit der Sache geschuldet. Wenn also schon keine allgemeine Juristenverständlichkeit erzeugt werden kann, wie dann erst eine echte Allgemeinverständlichkeit?

II. Mediation der Verständlichkeit

So bleiben verständliche Gesetze also für alle Zeiten ein Traum, und zwar letztlich ein Albtraum. Eine Gesellschaft, die nur allgemeinverständliche Gesetze hervorbrächte, würde eben nur unterkomplexe Normen erlassen. Für alle anderen Bereiche würde mithin entweder behördliche und richterliche Willkür herrschen oder aber ein Regelungsverzicht impliziert werden, was letztlich zur Anwendung der (zumindest dem englischkundigen Leser) allgemeinverständlichen Rechtsparömie *„might makes right"* führen würde. Statt unter einem solchen eingängigen und allgemeinverständlichen Recht des Stärkeren leben zu müssen, dürfte der Großteil der Rechtsunterworfenen (zumindest die schwächeren, die die absolute Mehrheit

---

[13] Dies betont etwa auch *Nussbaumer,* Gesetze verständlich machen – Gesetze verständlich „verkaufen", in Bock/Fix/Lange (Hrsg.), „Leichte Sprache" im Spiegel theoretischer und angewandter Forschung, 2017, S. 351–372 (354) in seinem lesenswerten Beitrag zur schweizerischen verwaltungsinternen Redaktionskommission (VIRK).

[14] Exemplarisch zum Wandel hinsichtlich der Behandlung der Grenzen einer „objektiven" Auslegung etwa *Rüthers,* Die unbegrenzte Auslegung, 7. Aufl. 2012, S. 485ff.

[15] Den Extrempol gegenüber einer als unbedingt postulierten und letztlich doch nur gedachten Gesetzesbindung bildet hier Luhmann, der durchaus richtig ausführt, dass der Richter von Fall zu Fall im Einzelfall entscheidet, und wie er „das Recht herstellen [...] wird, weiß er erst im Augenblick seiner Entscheidung"; *Niklas Luhmann,* Das Recht der Gesellschaft, 1993, S. 367; Kontinuität und Gleichförmigkeit wird dann letztlich durch Selbstreferenzialität der Judikative erzeugt, das heißt insbesondere durch Präjudizien; vgl. etwa *Grasnik,* Gesetzesbindung oder: Eine anfänglich objektive Unmöglichkeit, myops 15 (2012), 67–74 (72f.).

[16] Wie sie sich etwa in der geflügelt gewordenen Breviloquenz „Juristen – böse Christen" (siehe etwa *Stolleis,* Juristenbeschimpfung, oder: Juristen – böse Christen, in Stammen u.a. (Hrsg.), Politik – Bildung – Religion: Hans Maier zum 65. Geburtstag, 1996, S. 163–170) ablesen lässt.

bilden,) es bevorzugen, unter der Herrschaft von Gesetzen zu leben, die sie nicht vollständig begreift.

Dies umso mehr, als eben diese Mehrheit, die meisten Juristen miteingeschlossen, unter der Herrschaft von Naturgesetzen lebt, die sie nicht versteht. Für die Biologie, Physik und Chemie finden sich jedoch keine Forderungen, dass doch bitte die Gesetze allgemeinverständlicher formuliert werden mögen. Ohne ein Studium der jeweiligen Disziplin ist man eben auf die populärwissenschaftliche Vermittlung verwiesen, die einen kleinen Einblick, aber eben nicht ein echtes Verständnis gewährt, weil Allegorien, Metaphern und Beispiele nur Krücken der Erkenntnis sind. Dies muss letztlich auch für das Recht gelten.

Der Einwand, dass es hierbei nicht um naturgegebene, sondern um menschengemachte Gesetze geht, kann nicht vollauf verfangen. Die Forderung nach gesteigerter Verständlichkeit ist insoweit richtig, als Gesetze nicht komplizierter und unverständlicher gestaltet werden sollten, als ihr Regelungsgegenstand dies gebietet und zumindest der Kern von Ge- und Verbot (um in strafrechtlichen Kategorien zu sprechen) eingängig sein sollte. Aber wie weit lassen sich selbst vermeintlich eingängige Rechtsphänomene simplifizieren, ohne ein sinnvolles Regelungskonzept zu nivellieren? So versteht die Öffentlichkeit – so zumindest legen allgegenwärtige Presseberichte und öffentliche Diskussionen nahe[17] – nicht den Unterschied zwischen Mord, Totschlag, fahrlässiger Tötung und Körperverletzung mit Todesfolge. Verstanden wird aus der Laiensphäre im Schwerpunkt nur das unterliegende alttestamentarische „Du sollst nicht töten". Bei gehörigem Nachdenken und begleitender Erläuterung wird man jedoch den meisten Menschen begreiflich machen können, dass die durchaus diffizile Abgrenzung dieser Tatbestände (und die eventuelle Straffreiheit einer Tötung) einem unbedingtem Leben unter dem Dekalog vorzuziehen ist, da selbst der rammdösigste Hardliner wohl spätestens dann auf eine differenzierende Betrachtung dringen wird, wenn er selbst mit seinem Kfz ein Kind, das unversehens hinter einem parkenden Auto versteckt auf die Straße springt, überfährt.

Sind schon die „Naturgesetze" menschlichen Zusammenlebens kaum auf eine eingängige Formel zu bringen, muss dies für komplexe rechtliche Sachverhalte umso mehr gelten. Kein Gesetz wird allgemeinverständlich erklären können, was ein Swap-Geschäft, ein Versicherungsvertrag, ein Zinseszins oder auch nur eine Gesellschaft bürgerlichen Rechts ist. Hierzu bedarf es allzeit der kundigen Vermittlung, sei es durch den Rechtsberater, den juristisch-geschulten Experten in den Medien, die Exekutive oder, wenn das Kind schon in den Brunnen gefallen ist und es zumindest für die Parteien nur noch um Aufklärung für die Zukunft geht, die Judikative. Dies mag man alles als bedauerlich empfinden, da doch das Gesetz für den Menschen da ist. Andererseits sollen auch Maschinen und Technik allgemein für den Menschen da sein, und zumindest der Autor dieser Zeilen begreift kein Programm, das nicht in Basic, Turbo Pascal oder C++ programmiert wurde, dh gegenwärtig keines, was ihn nicht davon abhält, diese zu verwenden im Glauben daran, dass sie ihm dienen.

[17] Vgl. kritisch hierzu etwa *Th. Fischer,* Augsburger Weihnachtsmarkt: Ein merkwürdiges Verbrechen vom 11.12.2019, abrufbar unter www.spiegel.de/panorama/totschlag-in-augsburg-ein-merkwuerdiges-verbrechen-a-1300794.html.

Aber gerade der letzte Vergleich, nämlich der mit der Verwendung von Programmen, die vorgeben einem zu Diensten zu sein, aber letztlich einem anderen Herrn zu Untertan sind – sei es durch Weitergabe von Nutzerdaten, Steuerung von Meinungen, Publizierung von Werbungen, Ermöglichung von Anschlussgeschäften oder allgemein heruntergebrochen: Monetarisierung der eigenen Nutzung –, zeigt doch auf, dass manchmal die unverständigere Partei der Informierung und Aufklärung bedarf. Eine solche Aufklärung kann fürwahr nicht abstrakt durch die staatlichen Gewalten erfolgen, da es hier nicht ausschließlich um abstrakte Rechtspositionen geht, sondern um das konkrete Rechtsverhältnis. Hier spricht in der Tat zunächst alles dafür, dass die Aufklärung durch die verhandlungsstärkere Partei zu erfolgen hat, da diese sich Rechte einrichten will, die die andere Partei nicht vollauf erfasst.

Ohne hier klären zu wollen, ob gerade diese Einräumung von Datennutzungsrechten bei manchen Verträgen nicht im Einzelfall zu den *essentialia negotii* gehört,[18] sodass eine Aufklärung der Gegenpartei schon im eigenen Interesse erfolgen muss, um eine Nichtigkeit oder Anfechtungsmöglichkeit zu vermeiden, ist festzustellen, dass die Aufklärungs- und Informationspflichten gegenwärtig kaum auf solche Evidenzfälle beschränkt sind. Vielmehr sind solche Informationspflichten heute allgegenwärtiger Kern nahezu aller Verbrauchergeschäfte, und – dies weiß der mit der Festschrift Beschenkte wohl besser als jeder – gerade im Versicherungsrecht auch im Verhältnis zu Verbrauchern im aller weitesten Sinne (dh letztlich des Nachfragers), nämlich dort zum Versicherungsnehmer außerhalb einer Großrisikoversicherung. Unablässig schüttet der deutsche Gesetzgeber sein Füllhorn – hier nicht als *keras Amaltheias,* sondern als *keras Europes* – über den Verbrauchern aus und der kundigeren Partei wird die Rolle des legislatorischen Erklärbären der Gesellschaft zugewiesen.

III. Quod licet Iovi, non licet bovi

Wenn also dem Gesetzgeber Intransparenz erlaubt ist, so gilt dies nicht (in gleichem Maße) für die verständigere Partei. Die europäische Cornucopia des Verbraucherschutzes gebietet de rigueur, dass die kundigere Partei stets erläutern, erklären, aufklären, informieren und verständlich machen muss.

Informationspflichten existieren zunächst für (nahezu) alle Verbraucherverträge (außer solche, die Geschäfte des täglichen Lebens zum Gegenstand haben und bei Vertragsschluss sofort erfüllt werden) nach § 312a Abs. 2 S. 1 BGB iVm Art. 246

[18] Das Problem liegt hier darin, dass der Vertragspartner des Verbrauchers sich die Nutzung des „Programms" vielfach durch Einräumung der Datennutzungsrechte „entgelten" lässt; vgl. hierzu bspw. *Schmidt-Kessel/Grimm,* Unentgeltlich oder entgeltlich? – Der vertragliche Austausch von digitalen Inhalten gegen personenbezogene Daten, ZfPW 2017, 84–108. Im Hinblick auf die strengen Anforderungen der DS-GVO wird diesem Problem praktisch die Spitze genommen, jedoch nicht für jeden Fall, etwa wenn die Erläuterung der Datennutzungsrechte nicht ausreichend transparent erfolgt oder aber der Verbraucher seine Willenserklärung wegen Irrtums anficht, was im Hinblick auf die vielfach (wohl bewusst irreführende) „Button"-Anordnung durchaus oft möglich sein könnte.

Abs. 1 EGBGB und daneben mit besonderen Beratungs- und Informationspflichten für eine Vielzahl von Vertragstypen und Abschlusskonstellationen. Gerade beim Vertrieb von Versicherungen haben die Beratungs-, Aufklärungs- und Informationspflichten ein kaum noch überschaubares Ausmaß angenommen. Hier kommt es zum einen teilweise zu einer „Dopplung" der Beratungspflichten, nämlich der des Versicherers und der des Versicherungsvermittlers, und es greifen zum anderen, betrachtet man nur den Versicherer, neben der Beratungs- und Auskunftserteilungspflicht des § 6 VVG und der Dokumentationspflicht des § 6a VVG, der Informationspflicht des § 7 VVG iVm der VVG-InfoV, die Sonderinformationspflichten bei Querverkäufen nach § 7a VVG, geänderte Beratungs- (§ 7c VVG) und Informationspflichten beim Vertrieb von Versicherungsanlageprodukten nach § 7b VVG iVm der PRIIP-VO sowie Sonderberatungs- und -informationspflichten der Gruppenspitze gegenüber den Versicherten im Rahmen bestimmter Gruppenversicherungsverträge nach § 7d VVG. Das gesamte Dokumentations- und Informationsmaterial verbunden mit den AVB, Besonderen Bedingungen, Klauseln, Geschriebenen Bedingungen, der Police, Belehrungen und eventuell nochmaligen Belehrungen etc. wird hierbei nahezu immer, wenn es in Papierform überreicht wird,[19] ein von der Lektüre abschreckendes Ausmaß annehmen.

Man mag insofern allzeit bezweifeln, dass die Pflichtinformationen den Verbraucher tatsächlich informieren und belehren, selbst wenn sie ordnungsgemäß erteilt werden.[20] Der Verbraucher dürfte heute unweigerlich, wenn es beispielsweise und insbesondere um die Bewertung eines fristverlängerten Widerrufrechts geht, vorrangig nicht in das überreichte Informationsmaterial schauen (das bestenfalls ungelesen abgeheftet wurde), sondern über eine Suchmaschine im Internet nach mediierten Belehrungen suchen. Das Informationsmaterial wirkt also spätestens heutzutage nicht mehr über seinen Informationsgehalt, sondern nur noch über seine etwaigen Fehler bzw. über die Rechtsfolgen, die an einen solchen Informationsfehler geknüpft werden, verbraucherschützend. Es geht im Schwerpunkt, trotz aller immer gleichbleibenden Bekundungen, also nicht um den Schutz und die Erzeugung des aufgeklärten Verbrauchers – i. e. die Aufklärung des Verbrauchers, sodass dieser eine wohlinformierte Entscheidung treffen kann –, da dieser solche Belehrungen eben nicht zur Kenntnis nimmt und es auch unerheblich ist, ob er seine Entscheidung auf Grundlage der Information getroffen hat. Das eigentliche und nur schamhaft dissimulierte Ziel ist der Schutz des Verbrauchers *tout court.*

Entsprechend geht es zumindest hinsichtlich der Widerruffristen letztlich nur darum, ob die Verbraucherinformationen den rechtlichen Standard korrekt wiedergegeben haben.[21] Hierdurch wird das Risiko der gesetzlichen Intransparenz einsei-

[19] Wird es digital überreicht, wird der typische Verbraucher, entsprechend der mittlerweile herrschenden Sozialisierung (Häkchen setzen und fertig), dieses fast unweigerlich ohnehin nicht zur Kenntnis nehmen.

[20] Das dem europäischen Verbraucherschutzrecht unterliegende Informationsmodell ist mithin eine Chimäre; ähnlich etwa *Möllers/Kernchen,* Information Overload am Kapitalmarkt – Plädoyer zur Einführung eines Kurzfinanzberichts auf empirischer, psychologischer und rechtsvergleichender Basis, ZGR 2011, 1–26.

[21] Dass die Informationen tatsächlich überhaupt nicht erteilt wurden, dürfte heute eher ein Ausnahmefall sein. Relevant bleibt aber natürlich der Fall, dass dies durch den Verbraucher bestrit-

tig auf die kundigere Partei verlagert. Was der Gesetzgeber nicht verstehen und nicht verständlich ausdrücken muss, das muss der Unternehmer im Rahmen eines Verbrauchervertrages also begreifen und allgemeinverständlich formulieren. Hierbei ist zunächst zu beachten, dass etwa solche AGB – und erweiternd auch Informationspflichten, die auf diese bezogen sind – zunächst am Privileg des § 307 Abs. 3 S. 1 BGB teilnehmen, wenn durch diese nicht von der gesetzlichen Lage abgewichen wird und mithin erst recht, wenn diese die Norm wortgetreu wiedergeben. Allerdings erklärt § 307 Abs. 3 S. 2 iVm § 307 Abs. 1 S. 2 und S. 1 BGB die Transparenzkontrolle dann doch wieder auch für diese Klauseln für anwendbar. Dies erscheint auch durchaus richtig, da dem Unternehmer die Möglichkeit genommen werden sollte, die gesetzliche Lage dergestalt zu verklausulieren, dass dem Verbraucher seine Rechtsposition nicht mehr verständlich ist. Wie aber ist zu verfahren, wenn die Intransparenz gerade daher rührt, dass der übernommene Gesetzeswortlaut unverständlich ist? Wenn es hier auch keine allgemein postulierte Pflicht gibt, dass der Unternehmer gesetzlicher Trübheit zur Transparenz verhelfen muss,[22] und es eigentlich auch keine Pflicht zur Rechtserläuterung gibt, so stellt sich dies in der Praxis doch oftmals anders dar,[23] und vom Unternehmer wird eben doch erwartet, dass er selbst bei unveränderten Regeln möglichst konkretisierend eingreift, um dem Verbraucher verständlich zu machen, was abstrakt unverständlich erscheint, und wo Verständnis eben eine gewisse Anstrengung und Arbeit voraussetzt.

Dereinst wurden die Gesetze für die Wachen und nicht die Schlafenden geschrieben – *vigilantibus iura, non dormientibus sunt scripta*[24] –, heute wird der Schlafende nicht nur geschützt, sondern ferner aufgefordert getrost weiterzuschlafen. Der Staat behandelt den Verbraucher so, wie er sich den Bürger wünscht, als wenig dozilen Ignoramus, der gleichbleibend darauf vertraut, dass der Staat schon alles zum Besten wenden werde. *„Stulte, stude"*,[25] ruft niemand niemandem mehr zu.

IV. Dumm, dümmer, deutscher Verbraucher

Ist schon die Hypertrophie der Informationspflichten, durch die offenkundig niemand informiert wird, bedenklich, so gilt dies umso mehr für die Ausgestaltung der Referenzperson. Damit die Informationen transparent, verständlich, folglich hinreichend sind, müssen sie eben dazu geeignet sein, den Verbraucher angemessen zu informieren. Bei Ausfüllung des Verbraucherbegriffs gilt richtig keine subjektive,

---

ten wird, da für die Erteilung der Informationen der Unternehmer nach § 312k Abs. 2 BGB beweisbelastet ist; siehe (vertiefend) etwa *Wendehorst* in MüKoBGB, 8. Aufl. 2019, § 312k Rn. 16.

[22] Vielmehr wird grds. behauptet, dass vom AGB-Verwender nicht mehr als vom Gesetzgeber verlangt werden dürfe; so etwa BGH NJW-RR 1990, 888; NJW 1993, 1061.

[23] Siehe *Coester* in Staudinger, BGB, 18. Aufl. 2019, § 307 Rn. 198f.

[24] Das Fragment in Dig. 42.8.24 (Scaevola) lautet genauer: „ius civile vigilantibus scriptum est"; siehe zur Kariere dieses Rechtssatzes *Willems, Ius civile vigilantibus scriptum est.* Ein römischrechtlicher „Grundsatz" als „Grundlage des modernen Rechts"?, Revue International des droits de l'Antiquité 2013, 341–368.

[25] Nach *Seneca,* Apocolocyntosis (divi Claudii) [Die Verkürbissung des göttlichen Claudius], Kap. 8,3.

sondern eine rein objektive Auslegung, das heißt es kommt auf den durchschnittlichen, verständigen Verbraucher an.[26] Die deutsche Jurisprudenz versteht diesen grundsätzlich als eine Person mit normalen Sprach-, Logik-, Fach- und Rechenverständnissen.[27] Vergleichbares gilt auch für den durchschnittlichen Versicherungsnehmer, der eine Person ohne versicherungsrechtliche Spezialkenntnisse ist, der die Informationen (oder AVB) aufmerksam liest und verständig würdigt, wobei er die Interessen der beteiligten Kreise und den erkennbaren Sinnzusammenhang würdigt.[28] Das deutsche Verbraucherleitbild, dessen es fraglos an vielen Stellschrauben des Rechts bedarf, stimmt insofern von der Grundausrichtung nahezu vollständig mit der Ausrichtung des EuGH überein.[29]

Entscheidend ist mithin jedoch, welche Kenntnisse und Verständnisfähigkeiten für diesen durchschnittlichen Verbraucher (oder durchschnittlichen Versicherungsnehmer) durch den Richter vorausgesetzt werden. Hier schließt sich der Kreis zum Buta-Ember-Erlass Maria Theresias. Der deutsche Jurist hält den durchschnittlichen Verbraucher – wobei er sich selbst (und mutmaßlich auch jede andere Person, die es zumindest zur Hochschulreife gebracht hat, obgleich sich auch unter diese der ein oder andere *idiot savant* mischen mag) wohl bei der arithmetischen Bestimmung aus der Gleichung komplett herausnimmt – augenscheinlich für einen hilfsbedürftigen Trottel, der nicht nur nicht versteht, sondern bereits nicht verstehen kann. Da dieser Tor zwar nicht unter § 104 BGB und § 1896 BGB fällt, und die Rechtsprechung die Annahme einer relativen Geschäftsunfähigkeit[30] zumindest allgemein ablehnt, muss die Betreuung eben durch den Gesetzgeber besorgt werden, der sich hierzu der kundigeren Partei als Verrichtungsgehilfe bedient. Diese muss mithin nicht nur erklären, sondern muss zur Meidung von Widerrufsrechten etc. so erklären (und vor allem so informieren), dass nicht nur ihr konkretes Gegenüber, also im Einzelfall etwa ein Bundesrichter, dies versteht, sondern eben jeder minderbemittelte Einfaltspinsel. Und so kann auch der verständigste Verbraucher allzeit darauf vertrauen, dass sich in Deutschland schon ein entsprechendes *Boiotion ous*[31] finden las-

---

[26] Im Rahmen der Verbraucherschutzrichtlinien geht der EuGH zur Bestimmung des Aufmerksamkeits- und Verständnisgrades des Durchschnittsverbrauchers von einer Person des Verkehrskreises aus, die normal informiert und angmessen aufmerksam und verständig ist, wobei der Aufmerksamkeitsgrad je nach nachgefragter Ware oder Dienstleistung auch wieder unterschiedlich hoch sein kann; so st. Rspr. seit EuGH Urt. v. 16.9.2004 – C-329/02 P (Sat 1 SatellitenFernsehen GmbH ./. HABM), ECLI:EU:C:2004:532.

[27] Vgl. *Th. Pfeiffer,* Was kann ein Verbraucher? Zur Relevanz von Informationsverarbeitungskapazitäten im AGB-Recht und darüber hinaus, NJW 2011, 1 (7).

[28] BGHZ 123, 83; 211, 51; BGH VersR 2012, 48; VersR 2020, 549.

[29] → Fn. 26.

[30] Siehe hierzu BayObLG NJW 1989, 1678; *Mansel* in Jauernig, BGB, 18. Aufl. 2021, § 104 Rn. 7; vertieft *Spickhoff* in MüKoBGB, 9. Aufl. 2021, § 104 Rn. 55 ff.

[31] Wie das bötische Ohr (Βοιώτιον οὖς) bzw. der Boioter allgemein zu dieser Ehre kam, als Sinnbild der Dummheit und Unkultiviertheit herhalten zu dürfen, erklärt sich recht leicht aus der Geographie: Böotien grenzte unmittelbar an Attika und mithin Athen an, und noch lieber als auf den *barbaros* blickte man dort eben auf den Nachbarn herab, so wie etwa heute der Frankfurter oder der Düsseldorfer seine Herablassung am liebsten über den Offenbacher respektive Kölner ausschüttet und umgekehrt; zu anderen pejorativen Verwendungen der Boioter siehe etwa *Erasmus von Rotterdam,* Basel 1532, S. 290, 373, 374, 577. In Rom kam diese Ehre übrigens den Batavern (bspw. das latinisierte „batavische Ohr") zu und mithin einem in Gallien siedelnden germani-

sen wird, das die erteilten Informationen so nicht hinreichend versteht und im Reflex auch ihn als nicht hinreichend informiert erscheinen lässt. Mithin tendiert der deutsche Verbraucherschutz dazu, nicht auf den verständigen durchschnittlichen Verbraucher, sondern aus Schutzgesichtspunkten auf Otto Normalverbraucher abzustellen, wobei dieser Otto gerade im jugendsprachlichen Sinne ein vollkommener Otto ist.[32]

Hier unterscheidet sich das deutsche Recht teilweise erheblich von dem anderer europäischen Staaten, obgleich alle im Schwerpunkt dieselben Richtlinien umsetzen. Zwar musste die deutsche Judikatur auf Grund des europäischen Drucks sein Verbraucherleitbild zumindest in der Definition verändern, die sich mit Möllering durchaus richtig so zusammenfassen ließ, dass es hier um eine unterprivilegierte, pathologisch unbedarfte Person, gar ein „bedauernswertes Wesen am unteren Rande des Intelligenzspektrums" ging.[33] Jedoch ist auch bei Aufgabe einer Definition, die diese Unbedarftheit bereits in sich trug, es der Judikatur unbenommen, die zu erwartende Aufmerksamkeit und Deutungsdilligenz entsprechend zu überformen, sodass der durchschnittliche Verbraucher wieder so unterbelichtet erscheint, wie er immer gedacht wurde und aus Schutzgesichtspunkten auch heute noch gedacht werden soll. So mögen in ganz Europa dieselben Richtliniennormen (in Form ihrer Transformation) greifen, die aber kaum die gleichen sind. Klauseln, Belehrungen oder Informationen, die ein Verbraucher in Barcelona, Budapest und Bukarest versteht und mithin verstehen muss, können in Berlin dem Verbraucher mithin schleierhaft bleiben

Aus allem Gesagten ergibt sich, dass der deutsche Verbraucher aus rechtlicher Sicht dumm ist, nein, dümmer, oder gar im europäischen Vergleich am dümmsten. Zum Glück verfügt das gänzlich verblödete deutsche Volk über eine so überaus intelligente geistige Oberschicht, die beständig dafür sorgt, dass Deutschland wirtschaftlich über seine im Durchschnitt scheinbar so weitaus klügeren Nachbarn reüssiert. Übertroffen in allgemeiner Dummheit und herrschaftlicher Klugheit wird Deutschland wohl nur von den Vereinigten Staaten, aber kaum so weit wie die vielfach ridiküle Berichterstattung über die unsinnigsten Verbraucherinformationspflichten glauben machen will. *Aliena nobis, nostra plus aliis placent;*[34] nur dass das Unsere den anderen halt nicht besser gefällt und uns das dortige Fremde eben auch nicht.

---

schen Volksstamm, der sich von den Chatten abgespaltet hatte. Der unverständige Deutsche hat also Tradition.

[32] Zur Erklärung: Anders als etwa im Berlinerischen („Dit is aba 'n Otto"; wohl abgeleitet von der Wertschätzung für den Frankfurter (a. d. O.) Schumacher Otto Bellmann, vgl. *Hans Meyer,* Der richtige Berliner in Wörtern und Redensarten, 6. Aufl. 1904, S. 90), wo dies positive Wertschätzung gegenüber einem Gegenstand oder einer Person zum Ausdruck bringt, wurde der Ausdruck in den letzten Jahren von Jugendlichen und jungen Erwachsenen verstärkt als Injurie verwendet, ähnlich wie etwa Horst oder Kevin; vgl. hierzu *Krause,* Wie Namen zu Schimpfwörtern werden [Interview mit Gabriele Rodriguez]; abrufbar unter www.jetzt.de/interview/wie-namen-zu-schimpfwoertern-werden-594291.

[33] *Möllering,* Das Recht des unlauteren Wettbewerbs in Europa – Eine neue Dimension, WRP 1990, 1–13 (10).

[34] *Publilius Syrus,* Sententiæ, A Nr. 28, zitiert nach der Fassung *Erasmus von Rotterdam,* Publii Syri Mimi, Similesque Sententiae, Leipzig 1809, S. 6.

V. Fazit

Alles Vorgesagte soll nicht dahingehend verstanden werden, dass hier eine nachtwächterstaatliche Rückkehr zum BGB 1900 und zu einer krypto-bürgerfeindlichen absoluten Vertragsautonomie propagiert werden würde. Der Verbraucher bedarf des Schutzes. In einer globalisierten und digitalisierten Welt vielleicht sogar mehr als je zuvor. In dieser gehen dem Verbraucher seine klassischen außergerichtlichen Verteidigungsmittel ab, nämlich beim Vertragspartner persönlich vorstellig zu werden, auf den Tisch zu schlagen und notfalls für einen kleinen Eklat in den Geschäftsräumen zu sorgen oder aber den Vertragspartner in dessen Geschäftsbezirk bei potentiellen Kunden in „Verruf" zu bringen. Online-Bewertungen sind hier nur ein unzureichender Ausgleich, zumal diese zwar eine größere Reichweite haben, aber ihnen heute immer der Verdacht anhaftet, dass es sich hier um eine gekaufte negative Bewertung eines Konkurrenzunternehmens handeln könnte.

Unredlich erscheint jedoch zumindest teilweise der gegenwärtige rechtliche Ansatz, über Informations- und Belehrungspflichten und daran gestellte überbordende Anforderungen Abhilfe zu schaffen. Obgleich gegen Generalklauseln nichts Grundsätzliches einzuwenden ist, bewirkt dieser Ansatz letztlich nur, dass der Rechtsprechung für reine Billigkeitsentscheidungen die Tür geöffnet wird. Auch hierüber ließe sich diskutieren, allerdings sollte dieses Konzept dann auch transparent verankert werden.

Die eigentliche Infamie des gegenwärtigen Regelungsansatzes liegt darin, dass dem Verbraucher letztlich die Satisfaktionsfähigkeit abgesprochen wird, er also, da er dermaßen deppert ist, nicht ernst genommen werden kann und *per se* unter die Ägide des Nomotheten gestellt werden muss.

Wollte man hingegen einen aufrichtigen Verbraucherschutz betreiben, wäre dies mit nur geringen Anpassungen möglich. Hierzu müssten zum einen die Informationspflichten auf das erforderliche Minimum zurückgefahren werden, wobei hier meistens sowieso ein hinreichender Schutz über das AGB-Recht besteht. Ferner sollten alle noch bestehenden ewigen Widerrufsrechte abgeschafft werden. In den meisten Fällen wirkt ein solches nicht zeitlich begrenztes Widerrufsrecht überbordend verbraucherschützend. Wenn Verbraucher noch Jahre, oder gar Jahrzehnte, nach dem Vertragsschluss ein Widerrufsrecht wegen einer Fehlinformation ausüben, so tun sie dies meistens nicht als schwache schützenswerte Partei, sondern aus stark ökonomisch motivierten Überlegungen, die zu erkennen geben, dass die Fehlinformation gerade nicht Motiv, sondern nur Hebel der Lösung vom zwischenzeitig nicht mehr als opportun empfunden Vertrages ist.[35] Etwaig verbleiben-

[35] Das beste Beispiel ist hier wohl der Widerruf eines Lebensversicherungsvertrages. Ein Widerruf wird hier stets nur dann möglich sein, wenn eine Information oder insbesondere die Widerrufsbelehrung fehlerhaft erteilt wurde. Widerruft nunmehr der Verbraucher Jahre nach dem Abschluss des Vertrages diesen, so wird er dies jedoch nur in den seltensten Fällen deshalb tun, weil er bei Wissen über die fehlerhafte Information den Vertrag bereits nicht abgeschlossen hätte oder bei richtiger Widerrufsbelehrung den Vertrag bereits innerhalb der eigentlichen Frist widerrufen hätte. Vielmehr erfolgt der Widerruf hier, da der Versicherungsnehmer bewusst abwägt, ob sich der Versicherungsvertrag in einer Weise entwickelt hat, die für ihn vorteilhaft ist, oder er davon ausgeht, dass die zurückabzuwickelnden Prämien nunmehr besser investiert werden können.

den Ungerechtigkeiten kann man problemlos mittels des allgemeinen (Schuld-) Rechts korrigieren (wo es dann jedoch vielfach – und durchaus angemessen – auf das tatsächliche Verständnis des „Verbrauchers" ankommen wird). Erweiternd wird man erwarten müssen, dass der Gesetzgeber, wo nicht bereits standarisierte Informationsblätter etabliert wurden, die Statuierung solcher zumindest pflichtgemäß erwägt, und außerhalb dieser Bereiche die Rechtsprechung zumindest keine allzu unternehmerfeindliche Auslegung an den Tag legt, wenn die Mängel der Informationen gerade unmittelbar auf gesetzliche Unzulänglichkeiten zurückzuführen sind.

Insgesamt stellt sich hier, zumindest wenn man die Pflicht des Gesetzgebers zum Erlass von „verständlichen Gesetzen" ernst nimmt, die Frage nach einer Staatshaftung, die je nach der judikativen Auslegung entweder dem Unternehmer oder dem Verbraucher eröffnet sein könnte.[36] Davon abgesehen ließe sich überlegen, ob nicht der Individualverbraucherschutz noch stärker mit dem Kollektivverbraucherschutz verknüpft wird. So wäre es etwa denkbar, dass dem Verbraucher (bzw. dem Versicherungsnehmer) nur noch die Dokumentation der konkreten Beratung und ein Produktinformationsblatt, möglichst in Form eines gesetzlich vereinheitlichten Produktinformationsblattes, übergeben wird, während die weitergehenden Informationen nur noch etwa bei der Aufsichtsbehörde eingereicht und per Link im Produktinformationsblatt zugängig gemacht werden. Soweit sich die Pflichtverletzung des Versicherers dann nicht gerade auf den konkreten Versicherungsnehmer bezieht, weil dieser ob seines Deckungsbedürfnisses fehlerhaft beraten wurde oder dieser die Dokumentationsmaterialien und das Produktinformationsblatt nicht erhalten hat, so könnten anknüpfende Rechte davon abhängig gemacht werden, dass die BaFin unter Berücksichtigung allgemeiner Kriterien das eingereichte Informationsmaterial (oder das Produktinformationsblatt) für unzureichend erachtet. Denkbar wäre es natürlich auch, diese Aufgabe auf den Ombudsmann zu übertragen. Der Vorteil eines solchen Vorgehens würde darin liegen, dass die Entscheidung eben nicht mehr einzelfallbezogen – mit der Gefahr einer Witwen-und-Waisen-Rechtsprechung – erfolgte, sondern verstärkt hinterfragt werden würde, ob individuelle Verbraucherrechte in überschießender Weise auf Kosten des Kollektivs gingen. Gerade im Rahmen der Versicherung zeigt sich dieses Problem besonders eindringlich. Hier geht die Besserstellung eines individuellen Versicherungsnehmers zumindest bei manchen Versicherungsprodukten eben nicht nur auf Kosten des Versicherers oder seiner Aktionäre, sondern auch auf Kosten der verbleibenden Versicherungsnehmer des Tarifs. Dies gilt es auch generell zu bedenken: der individuelle Schutz will letztlich auch bezahlt sein; solche Kosten erscheinen jedoch nur dann als gerecht, wenn der Einzelne gerade als schutzbedürftig erscheint. Am wichtigsten

[36] Hier sei mithin das Desiderat formuliert, dass zukünftig untersucht werden sollte, ob sich die Bundesrepublik dadurch haftbar machen kann, dass sie bestimmte Normkomplexe derart intransparent formuliert, dass entweder dem Verbraucher ein bestimmter Anspruch verwehrt wird, weil die Instanzen dies auf Grund der Wortgleichheit dem Unternehmer nicht negativ entgegen halten, oder aber umgekehrt der Unternehmer trotz der Wortgleichheit wegen Intransparenz einen Rechtsverlust erleidet; im Hinblick auf die gegenwärtige sehr restriktive Haltung der Judikative zur Staatshaftung für legislatives Unrecht, insbesondere in Bezug auf den Drittbezug (vgl. *Papier/Shirvani* in Maunz/Dürig, GG, 94. EL 2021, Art. 34 Rn. 195 ff.), erscheint ein solcher Anspruch jedoch wenig erfolgversprechend.

jedoch erscheint, endlich anzuerkennen, dass der besondere Wert des Verbraucherinformationsmaterials oftmals gerade nicht in der unmittelbaren Information des Verbrauchers liegt, sondern in der Information von anderen Marktakteuren, wie Verbraucherschutzorganisationen, Wirtschaftsjournalisten, Anlageberatern etc. Genauso wie ein börsenrechtliches Verkaufsprospekt seine informatorische Zielsetzung vor allem darüber erfüllt, dass es von Spezialisten gesichtet wird, die darauf fußend eine Anlageempfehlung aussprechen oder nicht, wird auch etwa der Deckungssuchende mit dem Informationsmaterial vielfach nichts anfangen können, da ihm die Vergleichsparameter fehlen. Auch hier kann ein solcher Vergleich und damit eine Information über Außenstehende erfolgen. Wenn es also wirklich um den aufgeklärten Verbraucher gehen soll, ist es wesentlich wichtiger, dass das Informationsmaterial für standardisierte Produkte, wie Versicherungen im Massengeschäft, öffentlich zugänglich sind, und so mediiert werden können, als dass es dem einzelnen Nachfrager übergeben wird.

Nicht statthaft erscheint es unter diesen Gesichtspunkten, einen verstandsunbegabten Bürger zu imaginieren und diesen zum Durchschnittsverbraucher zu dekretieren, um dann die weitaus verständigere Mehrheit in den Genuss dieses tumben Maßstabs kommen zu lassen. So bleiben Verbraucherschutzvorschriften allzeit *kalos kai agathos* und bleiben doch stets hinter der Erreichung der Kalokagathia zurück. Schön und gut.[37]

[37] Da es in diesem Beitrag gerade auch um Transparenz geht, soll nicht verschwiegen werden, dass es Ausgangspunkt und Ziel war, den juristischen Beitrag mit den meisten (noch druckbaren) Synonymen für Dummkopf zu publizieren, aber möglichst so, dass dies erst bei der letzten Fußnote auffällt. Ob dies gelungen ist, liegt einerseits am Lektorat und mag anderseits durch eine empirische Studie anderer falsi- oder verifiziert werden. Es verbleibt die Hoffnung, dass die Leserinnen und Leser, und gerade auch der mit dieser Festschrift Beschenkte, trotz dieser Sottise nicht an der Ersthaftigkeit in der Sache zweifeln.

WERNER GÖRG

Deutschland – ein Start-up-Land?

– Limitieren spezifisch nationale Regelungen die Gründung von Unternehmen in Deutschland? –

I. Einleitung

Weltweit erlebt die jeweils nationale und auch die global agierende Wirtschaft eine Gründungswelle von neu in den Markt eintretenden Unternehmen bisher nicht gekannten Ausmaßes. Prominentestes deutsches Beispiel ist sicher die Biontech AG, der es in Rekordzeit gelungen ist, mit einer völlig neuen Technologie einen COVID-19-Impfstoff herzustellen, zu erproben und zur Marktreife zu führen. Nicht minder spektakulär ist der in den USA gegründete Bezahldienstleister Snipe, dessen Unternehmenswert anlässlich der letzten Kapitalerhöhungsrunde mit 95 Mrd. S-Dollar taxiert wurde. Snipe ist damit das wertvollste, nicht börsennotierte Start-up-Unternehmen.[1] Der mittlerweile börsennotierte Fahrdienstvermittler Uber erreicht mittlerweile einen Wert von 68 Mrd. EUR und ist damit der teuerste börsennotierte Start-up der Welt.[2]

Geradezu bescheiden ist demgegenüber der wertvollste Start-up Europas. Das schwedische Unternehmen Spotify kommt immerhin auf eine aktuelle Bewertung von 8,5 Mrd. EUR.

Im Gegensatz zur EU und besonders zu Deutschland hat sich Israel zur Start-up-Nation schlechthin entwickelt. So hat Israel 2018 4,3% des gesamten BIP für Forschung und Entwicklung sowie der Förderung von Start-ups aufgewendet und hat damit eine der weltweiten höchsten Etats für dieses Investitionsfeld (lt. WIPO (Weltorganisation für geistiges Eigentum) liegt Israel damit unter den zehn führenden Nationen.[3]

Deutschland hat als Start-up-Land keinen guten Ruf. Besonders eindrucksvoll weist Großinvestor Dietmar Hopp darauf hin, dass die legislatorischen Rahmenbedingungen in Deutschland für ausländische Investoren geradezu abschreckend wirken.[4]

---

[1] Business Insider 3.4.2021.

[2] Ingenieur.de, 13.4.2021.

[3] israelnetz.com, 25.7.2019; Economic, Environmental and Social Statistics – Expenditure on RD OECD Factbook 2015/2016.

[4] *Dietmar Hopp,* FAZ-Interview v. 18.3.2019.

Der zahlenmäßige Befund bestätigt dies. Im zweiten Halbjahr 2020 wurden europaweit 3.075 Finanzierungsrunden von Start-up-Unternehmen mit einem Volumen von 21.198 Mrd. EUR vollzogen. Während in Deutschland 2020 743 Kapitalerhöhungsmaßnahmen durchgeführt wurden, verzeichnet etwa Großbritannien mit 2.113 der Liquiditätsbeschaffung dienenden Kapitalerhöhung etwa dreimal so viele. Dies ist umso bemerkenswerter, als das deutsche BIP mit 3.861 Mrd. US-Dollar um 36,5% über dem britischen BIP von 2.929 Mrd. US-Dollar liegt.[5] Unter den sieben größten europäischen Finanzierungsrunden im Jahr 2020 findet sich kein deutsches Unternehmen. Die im Juli 2020 akquirierte Finanzierungssumme von 255 Mio. EUR für die deutsche „Auto 1 Group" ist die größte in Deutschland erfolgreich durchgeführte Finanzierungsrunde. Sie nimmt sich im Verhältnis zu den größten europäischen und erst recht zu den US-amerikanischen Kapitalmaßnahmen geradezu bescheiden aus.[6]

Die deutschen Versicherungsunternehmen verfügen auf Buchwertbasis zum 31.12.2019 über einen Kapitalanlagebestand von 1.750 Mrd. EUR.[7] Sie sind damit neben dem Bankensektor der mit Abstand größte Kapitalanleger Deutschlands. Gleichwohl treten Versicherungsunternehmen als Initiatoren oder Co-Investoren bei Start-up-Finanzierungen kaum in Erscheinung. Auf Initiative des Bundesgesundheitsministers haben sich die privaten Krankenversicherungsunternehmen zwischenzeitlich zu einem Fonds, speziell zur Finanzierung von Start-ups im Gesundheitswesen zusammengefunden. Dieser Fonds soll in der Endausbaustufe eine Dimension von 100 Mio. EUR Investitionsvolumen besitzen.[8] Dies indessen ändert das Gesamtbild einer extremen Zurückhaltung deutscher Versicherungsunternehmen kaum.

Vor diesem Hintergrund soll untersucht werden, ob und konkret welche der legislatorischen Rahmenbedingungen für die Gründung und die Fortentwicklung von Start-up-Unternehmen hinderlich sind. Des Weiteren sind die Gründe für die deutliche Zurückhaltung der deutschen Versicherungsindustrie bei der Investition in Start-ups zu erforschen.

II. Die steuerlichen Rahmenbedingungen zur dauerhaften angemessenen Kapitalausstattung von Start-up-Unternehmen

So unterschiedlich die Gesellschaftszwecke der einzelnen Start-up-Unternehmen auch sein mögen, so ähnlich ist doch häufig ihre finanzwirtschaftliche Entstehungsgeschichte. Ein oder mehrere Initiator/en verabreden sich, getragen von einer gemeinsamen Vision, zu einer Unternehmensgründung, die die kollektiv kreierte Geschäftsidee zur Marktreife und zum Markterfolg führen soll. Im Zuge dieser Unternehmensgründung werden die Gesellschaftsrechte nach einer konsensual fest-

[5] Siehe *statista,* Internationale Länderdaten, Europa, 2020.

[6] Vgl. hierzu *Ernst & Young,* Start-up-Barometer Europa 2020.

[7] *GDV,* Zahlen und Fakten 2019.

[8] *Sieger,* Digitales Gesundheitswesen; Investitionen in Gesundheits-Start-ups; Das Rennen ist eröffnet.

gelegten Beteiligungsquote verteilt, die gesellschaftsrechtlich versprochene Einlageleistung wird erbracht und die Aufbauarbeit beginnt. Entweder unerwarteterweise oder bereits bei Gründung geplant, ergibt sich bereits relativ schnell ein nicht unerheblicher Liquiditätsbedarf. Dieser stellt sich meist selbst dann ein, wenn die Initiatoren sich zu einem „Bootstrapping"-Verfahren verabredet haben, das Unternehmen also möglichst ressourcenschonend durch ein „Low-Budget-Model" errichtet werden soll.

Das neugegründete Unternehmen verfügt – von seltenen Ausnahmefällen abgesehen – über kein Kreditrating. Eine Darlehensfinanzierung des weiteren Aufbaus kommt demzufolge – von Ausnahmefällen abgesehen – nicht in Betracht. Ein weiterer Liquiditätseinschuss durch die bisherigen Gesellschafter entspricht dem gesetzlichen Leitbild, da den Altgesellschaftern das Bezugsrecht zum Erwerb der neuen via Kapitalerhöhung geschaffenen Gesellschaftsrechte zusteht. Diese Form der die Beteiligungsquote wahrenden Kapitalerhöhung kann zwar in Betracht kommen, setzt indessen eine finanzielle Leistungsfähigkeit der Gründungsgesellschafter voraus. Vor diesem Hintergrund wird der erforderliche Liquiditätsbedarf in aller Regel durch eine oder mehrere Kapitalerhöhungsrunden sichergestellt, wobei die jeweils Einzahlenden neu hinzutretende Gesellschafter sind. Je nachdem, wie kapital-/liquiditätsintensiv der Aufbau des intendierten Geschäftsbetriebes ist, verwässern die Beteiligungsquoten der Initiatoren immer weiter und sinken häufig unter 50%.

Bei diesen Kapitalerhöhungen sind mehrere zum Teil nur in Deutschland existente Besonderheiten zu berücksichtigen. Diese zu beachten ist allerdings für den Fortbestand des soeben gegründeten Start-Ups von existenzieller Bedeutung.

Der Liquiditätsverzehr des Start-Ups vor Kapitalerhöhung generiert kongruent einen steuerbilanziellen Verlust. Sollte sich die Aufbauphase des Unternehmens über mehrere Jahre erstrecken, dann baut das Unternehmen bei fast allen Neugründungen einen steuerlichen Verlustvortrag auf. In der davon abweichenden handelsrechtlichen Bilanzierung ist § 274 Abs. 1 HGB zu berücksichtigen. Das verlustgeprägte negative Bild der Steuerbilanz hellt sich in der Handelsbilanz deutlich auf, weil der steuerliche Verlustvortrag in der Handelsbilanz als latente Steuerposition aktiviert werden darf. Mit dieser Aktivierung erhöht sich deckungsgleich die Eigenkapitalziffer. Dies jedoch nur, wenn die folgenden beiden Voraussetzungen dauerhaft und kumulativ erfüllt sind, nämlich

- der Verlustvortrag für das Unternehmen erhalten bleibt und
- der Verlustvortrag voraussichtlich durch Verrechnung mit erwirtschafteten Gewinnen genutzt werden kann.

Das handelsbilanzielle Bild des Start-up-Unternehmens einerseits und dessen ertragsteuerliche Situation andererseits sind also eng miteinander verknüpft.

Zumindest die erste Voraussetzung zu erfüllen, ist im Zuge von Kapitalerhöhungen zur Aufnahme neuer Gesellschaften in Deutschland gesetzlich dann ausgeschlossen, wenn die ursprüngliche Beteiligungsquote der Initiatoren sukzessive unter 50% absinkt. So heißt es in § 8c KStG „werden innerhalb von fünf Jahren … mehr als 50% … der Beteiligungsrechte … übertragen, so sind … nicht genutzte Verluste vollständig nicht mehr abziehbar."

Ausgehend von diesem eindeutigen gesetzlichen Befund verliert das Start-up-Unternehmen dann den vollständigen Verlustvortrag, wenn die ursprünglichen Initiatoren noch zu weniger als 50% beteiligt sind. Folge dieser veränderten steuerlichen Position ist, dass das Unternehmen den ersten erzielten Ertrag bereits vollständig versteuern.

Mit dem Untergang des steuerlichen Verlustvortrages verschlechtert sich allerdings auch das bisherige Gesamtbild der Handelsbilanz deutlich. Der bisher als „aktive latente Steuer" als Vermögensposition ausgewiesene Verlustvortrag muss außerplanmäßig vollständig abgeschrieben werden. Dieser abschreibungsbedingte Verlust mindert das – möglicherweise ohnehin etwas spärliche – Eigenkapital.

Neben diesen bilanziellen Konsequenzen ist auch die Liquiditätslage des neugegründeten Unternehmens betroffen. Sobald nämlich dieses Unternehmen den ersten Gewinn erzielt, muss dieser vollständig versteuert werden. Die Möglichkeit, diesen und in Folgeperioden entstehenden Gewinn mit den erlittenen Verlusten aus der Vergangenheit zu verrechnen (Verlustvortrag), besteht nicht mehr.

Diesen legislatorischen Kollateralschaden hat dann – zeitversetzt – auch der Gesetzgeber erkannt und versucht, mit der Regelung des § 8d KStG – „Fortführungsbedingter Verlustvortrag" – zu helfen. Die in dieser Vorschrift und den dazu ergangenen Arbeitsanweisungen der Finanzverwaltung aufgebauten Hürden sind indessen so hoch, dass diese Vorschrift nur in Ausnahmefällen zur Anwendung gelangen kann.

Darüber hinaus sind die alten, aber auch die im Zuge einer Kapitalerhöhung neu hinzutretenden Gesellschafter gut beraten, die schenkungssteuerlichen Konsequenzen einer sogenannten disquotalen Einlage zu beachten. Danach liegt eine Schenkung vor, wenn im Zuge von Kapitalerhöhungen zur Aufnahme neuer Gesellschafter die bisherigen Gesellschafter eine Werterhöhung ihrer Anteile erfahren. Weitgehend unklar bleibt dabei allerdings, wie in concreto die Kapitalerhöhungsbedingungen bemessen sein müssen, um diesen – überraschenden – schenkungssteuerlichen Tatbestand zu vermeiden. Fest steht nur, dass die gesetzlichen Regelungen zur Unternehmensbewertung (§§ 198 – 201 BewG) unpassend sind, und die im Standard 2 des HFA[9] festgelegten Grundsätze der ordnungsgemäßen Unternehmensbewertung erhebliche – von der Finanzverwaltung möglicherweise nicht akzeptierte – Ermessensspielräume eröffnet. Für den Unternehmensbewertungsstandard S1 gilt Entsprechendes.[10]

III. § 8c KStG

Zum Verständnis von § 8c KStG und der hierin geregelten Verlustabzugsbeschränkung bei Anteilseignerwechsel ist dessen Entstehungsgeschichte vom Steuerreformgesetz 1990 bis zu seiner – zunächst nur – partiellen Verwerfung durch das Bundesverfassungsgericht wichtig.

---

[9] Wpg 1983, 468ff.
[10] Wpg 2000, 825ff.

Mit dem ursprünglichen § 8 Abs. 4 KStG sollten Gestaltungsmissbräuche durch einen sog. Mantelkauf eingedämmt werden. Als Mantelkauf bezeichnete man solche Transaktionen, bei denen Körperschaften mit nur geringem eigenen Vermögen, aber zT erheblichen steuerlichen Verlustvorträgen erworben wurden. Nach Erwerb sollten sodann die Verlustvorträge der Zielgesellschaft mit den eigenen Erträgen des Erwerbers verrechnet werden.[11] Mit § 8 Abs. 4 KStG sollte diese als missbräuchlich empfundene Gestaltung verhindert werden. Danach war eine Verlustnutzung durch den Erwerber ausgeschlossen, wenn kumulativ

- mehr als 75% der Gesellschaftsanteile übertragen werden
- bedeutendes neues Betriebsvermögen zugeführt wird
- der eingestellte Geschäftsbetrieb mit dem neuen Betriebsvermögen wieder aufgenommen wird.

Einen praktischen Anwendungsbereich iS einer effektiven Missbrauchs-Verhinderung hatte diese Vorschrift kaum. Wenn der Geschäftsbetrieb der Zielgesellschaft auch nur in sehr geringem Umfang bestehen geblieben war, kam die Vorschrift nicht zur Anwendung.[12]

Die sodann beschlossene gesetzliche Verschärfung sollte den steuerlichen Missbrauch von Mantelkäufen endgültig beenden. Der Verlustvortrag ging bereits bei einer > 50%igen Übertragung von Gesellschaftsrechten vollständig verloren. Bei einem Übergang von Gesellschaftsrechten zwischen 25 und 50% kam es zu einem quotalen Untergang des Verlustvortrages. Außerdem war eine Einstellung des früheren verlustbehafteten Geschäftsbetriebes und dessen spätere Wiederaufnahme nicht mehr erforderlich. Steuerliche Verlustvorträge gingen nach der Neuregelung auch bei Fortführung eines – noch – laufenden Geschäftsbetriebes unter.[13]

Auch dieser erneute legislatorische Versuch zeigte kaum Erfolg. Die Neuregelung war auslegungsbedürftig, streitanfällig und besaß insbesondere die Schwäche, dass nur unmittelbare Anteilsübertragungen erfasst waren.[14]

Der Gesetzgeber unternahm im Unternehmenssteuerreformgesetz 2008 einen weiteren Versuch, die als missbräuchlich empfundene Verlustnutzung zu unterbinden. Der neu geschaffene § 8c KStG stellte mit dem Ziel einer Vereinfachung der Rechtsanwendung nur noch auf die Anteilsübertragung als verlustvortragsvernichtendes Kriterium ab. Bei einer Anteilsübertragung von 25 bis 50% der Gesellschaftsrechte innerhalb von fünf Jahren ging der Verlustvortrag quotal verloren. Bei einer Übertragung von Gesellschaftsrechten von mehr als 50% sollte der steuerliche Verlustvortrag vollständig untergehen. Die „Übertragung" von Gesellschaftsrechten setzt voraus, dass diese Gesellschaftsrechte bereits existieren. Kapitalerhöhungen, bei denen die Gesellschaftsrechte erst geschaffen werden, wären danach

---

[11] *Ernst,* Einordnung ausgewählter Verlustnutzungsregelungen in die Steuersystematik, 2011, S. 34.

[12] *Langhuth,* Neuausrichtung der körperschaftsteuerlichen Verlustverrechnung durch § 8d KStG?, 2019 (Masterarbeit), 2.1.2.

[13] Langhuth, Neuausrichtung der körperschaftsteuerlichen Verlustverrechnung durch § 8d KStG?, 2019 (Masterarbeit), 2.1.2.

[14] *Altunbey,* Die Verlustnutzungsbeschränkung bei Kapitalgesellschaften, 2019 (Bachelorarbeit), 2.1.1.2.

vom § 8c Abs. 1 S. 1 KStG nicht erfasst. Um diese Lücke zu schließen, hat der Gesetzgeber in § 8c Abs. 1 S. 3 KStG Kapitalerhöhungen ausdrücklich in den Anwendungsbereich der Regelung mit einbezogen.[15]

In der Folgezeit versuchte der Gesetzgeber mehrfach, die deutlich überschießende Wirkung dieser Norm partiell abzufedern.

Mit der Sanierungsklausel (§ 8c Abs. 1a KStG) wurde eine Verlust-(vortrags-) nutzung erlaubt, wenn der Erwerb der Gesellschaftsrechte erkennbar der Sanierung und nicht lediglich der Verlustnutzung diente. Diese Regelung wäre sicher auch für Start-up-Unternehmen eine zielführende Bestimmung gewesen. Sie wurde indessen von der Europäischen Kommission als verbotene staatliche Beihilfe qualifiziert. Ihre Anwendbarkeit wurde daher ausgesetzt.[16]

Mit der Konzernklausel des neuen § 8c Abs. 1 S. 5 KStG wurde sichergestellt, dass rein interne Strukturveränderungen, insbesondere also Verschmelzungen, keinen Untergang des steuerlichen Verlustvortrages bewirken. Diese Regelung wurde im StÄndG 2015[17] nochmals erweitert. Praktische Relevanz hat diese Bestimmung für Start-up-Unternehmen mangels Konzernzugehörigkeit – in aller Regel – nicht.

Mit der sodann eingeführten „Stille-Reserven-Klausel" des § 8c Abs. 1 S. 6–8 sollten betriebs- und finanzwirtschaftlich evident unsinnige Ergebnisse vermieden werden. Diese treten namentlich dann ein, wenn in den übertragenen Betriebsvermögen stille Reserven ruhen, die höher sind als der existente steuerliche Verlustvortrag. Das steuerliche Ergebnis eines Untergangs des Verlustvortrages ist betriebswirtschaftlich deshalb wenig sinnvoll, weil bei Existenz von stillen Reserven diese vor Anteilsübertragung realisiert und die hieraus resultierenden Gewinne mit dem Verlustvortrag verrechnet werden können. Auch diese Regelung musste schon ein Jahr später modifiziert werden. Auch diese Ergänzung von § 8c hat für Start-up-Unternehmen keinen praktischen Anwendungsbereich. Es fehlt in aller Regel an Stillen Reserven.

Trotz Einführung einer Sanierungsklausel, einer Konzernklausel und einer Stille-Reserven-Klausel konnte nicht verhindert werden, dass in der Praxis eine Vielzahl von betriebswirtschaftlich real entstandenen Verlusten im Zuge von Kapitalerhöhungen verloren gingen, ohne dass dies erforderlich oder gar gerechtfertigt erschien. Dieser Befund gilt auch und gerade für Start-up-Unternehmen. Als Folge geht bei diesen Unternehmen im Zuge von Kapitalerhöhungen der aufgelaufene Verlustvortrag – jedenfalls nach § 8c KStG – verloren.

Im März 2017 hat das Bundesverfassungsgericht § 8c KStG partiell für mit dem Gleichheitssatz unvereinbar und damit für verfassungswidrig erklärt.[18] Danach ist es mit der Verfassung unvereinbar, wenn der Verlustvortrag quotal untergeht, sobald innerhalb von fünf Jahren zwischen 25 und 50% der Anteile an einen oder mehrere Erwerber übertragen werden (Variante 1). Auf Vorlagebeschluss vom

---

[15] Vgl. hierzu *Frotscher/Drüen,* KStG, 159. EL 2021, § 8c Rn. 94.

[16] *Eick,* Die Verlustabzugsbeschränkung bei Körperschaften, 2018 (Masterarbeit), 2.2.3.1; Beschluss der EU-Kommission vom 26.1.2011; 2011/527/EU.

[17] BGBl. 2014 I 2417.

[18] BVerfG Beschl. v. 29.3.2017 – 2 BvL 6/11, BGBl. 2017 I 1289.

29.8.2017[19] hat das Finanzgericht Hamburg dem Bundesverfassungsgericht die Frage zur Entscheidung vorgelegt, ob auch die noch verbliebene Variante 2 von § 8c KStG (vollständiger Untergang des Verlustvortrages, wenn mehr als 50% der Gesellschaftsrechte innerhalb von fünf Jahren übertragen werden) verfassungswidrig ist.

Als Zwischenergebnis lässt sich festhalten, dass die verschiedenen gesetzgeberischen Versuche zur Regelung des Verlustabzuges bei Anteilseignerwechsel überwiegend gescheitert sind. Für Start-up-Unternehmen mit Sitz in Deutschland ist die hieraus resultierende Rechtsunsicherheit nur schwer erträglich. Dasselbe gilt für die potentiell via Kapitalerhöhung neu hinzutretenden in- und ausländischen Investoren. Die zur Fortentwicklung des Start-up-Unternehmens zwingend erforderlichen Kapitalerhöhungen führen zu einer Erweiterung des Gesellschafterkreises und damit zu einem steuerlich massiv sanktionierten Anteilseignerwechsel.

IV. § 8 dKStG

Nach dieser Vorschrift geht der Verlustvortrag des Start-up-Unternehmens – entgegen § 8c KStG – u. a. dann nicht unter, wenn nach Kapitalerhöhungen

- ausschließlich derselbe Geschäftsbetrieb unterhalten und
- kein weiterer Geschäftsbetrieb aufgenommen wird.

Zur Anwendung dieser Privilegierung kommt es also entscheidend darauf an, dass der vor Anteilsübertragung bereits existente Geschäftsbetrieb nach Gesellschafterwechsel erhalten bleibt. Die gesetzliche Definition des „einheitlichen Geschäftsbetriebs" vor und nach Gesellschafterwechsel ist dabei so eng gefasst (§ 8d Abs. 1 S. 3,4 KStG), dass eine unternehmerische Fortentwicklung des betroffenen Unternehmens nahezu immer zu einem Untergang des Verlustvortrages führen würde. Die gerade Start-up-Unternehmen kennzeichnende dynamische Fortentwicklung ist also – jedenfalls nach dem Gesetzeswortlaut – nahezu immerzu steuerschädlich.

Immerhin hat die Finanzverwaltung versucht, zumindest in kleinem Umfang eine steuerlich unschädliche unternehmerische Fortentwicklung des ursprünglichen Geschäftsbetriebes zu gestatten.[20] Danach ist die „zusätzlich ausgeübte Betätigung" (BMF-Schreiben aaO Tz. 24) dann steuerunschädlich, wenn sie weniger als 3% der Gesamtnettoumsatzerlöse ausmacht.[21]

Die praktische Relevanz sei an folgendem – lebensnahen – Beispiel illustriert. Ein neugegründetes Biotechnologie-Unternehmen befasst sich mit der Entwicklung eines Impfstoffs gegen die afrikanische Schweinepest. Im Zuge dessen fällt den Initiatoren auf, dass der Transport des unmittelbar vor Marktreife stehenden

[19] 2 K 245/17 vgl. *Schnitger,* Verfassungswidrigkeit der Verlustabzugsbeschränkung – eine schier unendliche Geschichte, 16.8.2018, abrufbar unter www.pwc.de/de/steuerberatung/verfassungs widrigkeit-der-verlustabzugsbeschraenkung.html.

[20] BMF-Schreiben v. 18.3.2021.

[21] BMF-Schreiben v. 18.3.2021, Tz. 24.

Impfstoffs besondere Glasflaschen erforderlich macht. Da solche Impfstoffbehältnisse coronabedingt am Markt nicht verfügbar sind, stellt das Unternehmen diese Flaschen selbst her. Hierbei werden Überkapazitäten verkauft. Der überraschende Umsatzbeitrag dieser nicht zum Kerngeschäft gehörenden Aktivität liegt bei 5%.

Es liegt eine sinnvolle, erfolgversprechende unternehmerische Maßnahme vor, die steuerlich eine schädliche „Wertschöpfungskorrektur" darstellt.[22]

Aber selbst wenn es – soweit ersichtlich, ist dies eher theoretischer Natur – gelingen sollte, den steuerlichen Verlustvortrag zu retten, ergeben sich weitere steuerliche Hindernisse. Diese sind insbesondere für mittelgroße und große Start-up-Unternehmen liquiditätsmäßig von hoher Bedeutung. § 8 Abs. 1 S. 1 KStG verweist auf § 10d EStG. Nach dessen Abs. 2 können wirksam festgestellte Verluste/Verlustvorträge nur bis zur Höhe von 1 Mio. EUR, darüber hinaus bis zu 60% des 1 Mio. EUR überschreitenden Betrages mit Gewinnen der Folgejahre verrechnet werden. Solange der entstandene Verlustvortrag noch nicht verbraucht ist, bleibt der Verlustvortrag zur Verrechnung in der Zukunft bestehen. Er ist allerdings bzgl. eventueller Gesellschafterwechsel stark von den oben beschriebenen Regelungen §§ 8c, 8d KStG gefährdet.

Im Ergebnis hilft die Vorschrift des § 8d KStG Start-up-Unternehmen praktisch nicht. Es bleibt bei dem Befund, dass der für die Fortentwicklung des Unternehmens so wichtige steuerliche Verlustvortrag in aller Regel nach § 8c KStG verloren geht.

Immerhin besteht mit dem im Kapitalmarkt nur eingeschränkt verwendeten Instrument der Wandelanleihe eine praktikable Möglichkeit, die negativen Folgewirkungen von §§ 8c und 8d KStG zu verhindern. Die Wandelanleihe oder Wandelschuldverschreibung gewährt dem Gläubiger das Recht, den Rückzahlungsanspruch in Gesellschaftsanteile umzutauschen (§ 221 Abs. 1 S. 1 AktG). Bis zur Wandlung ist die schuldrechtliche Anleihe iSd § 793 BGB als Verbindlichkeit zu passivieren (§ 266 Abs. 3 C. 1. HGB). In einem „Davon-Vermerk" ist auszuweisen, dass ein bestimmter Anleihebetrag konvertibel ist.[23] Aufgrund des Maßgeblichkeitsgrundsatzes[24] gilt die Passivierungsverpflichtung auch für die Steuerbilanz. Folgerichtig wird die mit der Wandelschuldverschreibung intendierte Begründung einer Gesellschafterstellung erst dann vollzogen, wenn der Gläubiger sein Recht auf Wandlung ausübt. Bei entsprechender zeitlicher Streckung kann es mit diesem Finanzierungsinstrumentarium daher gelingen, den von §§ 8c, 8d KStG sanktionierten Gesellschafterwechsel so lange in die Zukunft zu verlagern, bis der originär entstandene Verlustvortrag aufgebraucht ist.

Auch vor diesem Hintergrund ist es wohl zu erklären, dass sich Wandelanleihen bei Kapitalerhöhungsrunden von Start-up-Unternehmen ganz besonderer Beliebtheit erfreuen.[25] So kommt speziell bei besonders kapitalintensiven Bio-Tech-Unternehmen die Wandelschuldverschreibung/Wandelanleihe in zunehmendem

---

[22] BMF-Schreiben v. 18.3.2021, Tz. 19.
[23] *Habersack* in MüKoAktG, 5. Aufl. 2021, § 221 Rn. 336.
[24] Grundlegend: *Scheffler*, Das Maßgeblichkeitsprinzip nach BilMoG, JFSt 2011, 474.
[25] *Ernst & Young*, Deutscher Geotechnologie-Report 2021, S. 54.

Maße zum Einsatz.[26] Ein uneingeschränkt einsatzfähiges Finanzierungsinstrumentarium stellt die Wandelschuldverschreibung indessen nicht dar. Der in dem Start-up-Unternehmen gewünschte bilanzielle Effekt einer signifikanten Eigenkapitalverstärkung wird nicht erzielt. Stattdessen erhöht sich die – für eventuelle Kreditaufnahmen schädliche – Summe an Verbindlichkeiten. Außerdem erlangt der Einzahlende nicht die gewünschte Gesellschafterstellung. Nur eine solche gesicherte Gesellschafterposition ermöglicht die gesellschaftsrechtlich fundierte Einflussnahme auf die zukünftige Fortentwicklung des Unternehmens.

V. § 7 Abs. 8 S. 1 ErbStG

Kapitalmaßnahmen zur dauerhaften Liquiditätsversorgung des neu gegründeten Unternehmens sind ein Charakteristikum nahezu jedes Start-ups. Vor dem Hintergrund der Notwendigkeit solcher Liquiditätszuflüsse sind schnell vollziehbare, gesellschaftsrechtlich sichere und steuerrechtlich unbelastete Kapitalmaßnahmen zwingend erforderlich. Deren Realisierbarkeit ist wertbildendes Merkmal eines Gründungs- und gründerfreundlichen rechtlichen Umfelds.

Um die mit § 7 Abs. 8 S. 1 ErbStG und die hieraus für Start-ups besonders relevanten Hürden zu verstehen, ist auch bei dieser Vorschrift – wie bei §§ 8c, 8d KStG – ein Blick in die Entstehungsgeschichte erforderlich. Ausgangspunkt ist die Rechtsprechung des BFH[27] zur erbschaftsteuerlichen Sachbehandlung mittelbarer Bereicherungen. Ein Vater (Minderheitsbeteiligter) leistet allein in die gemeinsam mit seinem Sohn (Mehrheitsbeteiligter) besessene GmbH eine Einlage. Die mittelbare – beträchtliche – Wertsteigerung der Beteiligung des Sohnes stellt nach Auffassung des Gerichts keine erbschaftsteuerpflichtige Schenkung dar.

Im Anschluss an diese Entscheidung galt es, dieses „Steuersparmodell"[28] gesetzlich zu unterbinden. Der Wortlaut des sodann beschlossenen Gesetzes, § 7 Abs. 8 S. 1 ErbStG hat folgenden Wortlaut:

> *„Als Schenkung gilt auch die Werterhöhung von Anteilen an einer Kapitalgesellschaft, die eine … natürliche Person … durch die Leistung einer anderen Person an die Gesellschaft erlangt."*

Ausweislich des Wortlautes der Vorschrift ist das durch die Rechtsprechung des BFH geschaffene Steuerschlupfloch sicher in weiten Teilen beschlossen. Allerdings löst die Sanierungsmaßnahme eines Gesellschafters zur Rettung einer gemeinsam mit mehreren Gesellschaftern besessenes Unternehmen nunmehr auch Erbschaftsteuer aus. Schon im Gesetzgebungsverfahren wurde deutlich, dass der Gesetzgeber diese klar überschießende Wirkung nicht wollte. Erbschaftsteuerlich/schenkungssteuerlich erfasst werden sollten nur reine evidente Missbrauchsfälle.[29] Statt aller-

---

[26] *Ernst & Young,* Deutscher Geotechnologie-Report 2021, S. 54, 55.
[27] BFH 9.12.2009, BStBl. II 2010, 566.
[28] BT-Drs. 17/6263.
[29] BT-Drs. 17/7525.

dings den klar verfehlten Wortlaut der Vorschrift zu korrigieren, wurde im Anschluss an das Gesetzgebungsverfahren versucht, die evidenten Rechtsmängel des soeben beschlossenen Gesetzes „außergesetzlich" zu beheben.[30]

Auch hier zeigen sich deutliche Parallelen zu § 8c und 8d KStG, dessen Tragweite sich letztlich ausschließlich aus den hierzu ergangenen Verwaltungsanweisungen ergibt. Außerdem lässt sich sowohl bei § 8d KStG, als auch bei § 7 Abs. 8 S. 1 ErbStG feststellen, dass der Steuergesetzgeber den Versuch aufgegeben hat, steuerbelastende Tatbestände selbst in der an sich gebotenen Präzision bzw. Bestimmtheit zu regeln. Die für die Praxis relevante „Rechtsanwendung" kann nur durch Beachtung der jeweiligen Verwaltungsanweisungen gestaltungssicher erfolgen.

In den zu § 7 Abs. 8 S. 1 ErbStG ergangenen Verwaltungsanweisungen[31] überrascht zunächst die Aussage, dass die ansonsten im ErbStG geregelten Vergünstigungen für die Übertragung von Unternehmensvermögen (§§ 13a–13c ErbStG) bei Kapitalmaßnahmen wie in § 7 Abs. 8 S. 1 ErbStG beschrieben, nicht gelten. Es liege – so wird begründet – keine Anteilsübertragung vor. Dies ist deshalb überraschend, weil bei § 8c und § 8d KStG eine – dort steuerschädliche – Anteilsübertragung auch im Wege der Kapitalerhöhung erfolgen kann.[32] Nur der Vollständigkeit halber sei erwähnt, dass es einen Hinweis im Gesetzeswortlaut des § 7 Abs. 8 S. 1 ErbStG für diese Betrachtung der Finanzverwaltung nicht gibt.

Sodann erhebt sich die Frage, wann eine Kapitalmaßnahme für einen anderen Gesellschafter werterhöhend und damit schenkungssteuerpflichtig ist. Exemplarisch und einleuchtend findet die Norm in folgendem Fall (Beispiel 1) Anwendung: Vater (V) und Sohn (S) sind an der x-GmbH zu je 50% beteiligt. Leistet V 1000 in die GmbH, zB die Kapitalrücklage, so erhöht sich der Wert der Beteiligung des S um 500. Die Vorschrift greift aber auch in folgendem, für Start-up-Unternehmen höchst relevanten Fall (Beispiel 2): Die Initiatoren A und B sind an dem Start-up-Unternehmen zu jeweils 50% beteiligt. Die der Kapitalerhöhungsrunde zugrunde gelegte Unternehmensbewertung betrug 1000; der festgestellte Kapitalbedarf beträgt ebenfalls 1000. Die „Altgesellschafter" sind indessen nicht bereit, auf „nur" 50% der Gesellschaftsanteile zurückzufahren. Der neu hinzutretende Gesellschafter X möchte die Initiatoren unbedingt in der Mehrheitsrolle belassen, um so deren Engagement auf Dauer zu sichern. Der neu hinzutretende Gesellschafter leistet zur Fortentwicklung der Gesellschaft eine Einlage von 1000 und erhält hierfür 25% der Gesellschaftsrechte. Die disquotale Einlage des X hat zur Werterhöhung auch der Anteile von A und B um jeweils 250 geführt.

Die Frage, ob überhaupt eine disquotale Kapitalmaßnahme vorliegt, wird ausschließlich danach bestimmt, mit welchem Unternehmenswert – vor Kapitalmaßnahmen – die zukünftige Beteiligung des neu hinzutretenden Gesellschafters bemessen wird. Im Ausgangsfall lag der Unternehmenswert bei 1000, so dass die Einlage des X zu einer Beteiligungsquote von 50% hätte führen müssen. Hätte der Unternehmenswert in Beispiel 2 3000 betragen, wäre der Unternehmenswert von

---

[30] *von Freeden* HB-Blog 9.1.2012.

[31] BStBl. I 2018, 632ff.

[32] Vgl. hierzu von *Oertzen/Loose,* ErbStG, 2. Aufl. 2020, § 7 Rn. 576.

ursprünglich 3000 qua Einlage auf 4000 gestiegen; hieran wäre X – quotal richtig – mit 25% beteiligt.

Der Unternehmensbewertung kommt für die Anwendung von § 7 Abs. 8 S. 1 ErbStG damit entscheidende Bedeutung zu.

Grundsätzlich werden bei der Unternehmensbewertung der Verkehrswert des nicht betriebsnotwendigen Vermögens und der diskontierte zukünftige Ertragswert addiert. Dieser Bewertungsansatz ist bereits in den Publikationen des Hauptfachausschusses der Wirtschaftsprüfer[33] und auch in Standard I des Instituts der Wirtschaftsprüfer[34] enthalten. Hierbei wird der Kapitalisierungszinssatz um den unternehmensspezifischen Beta-Faktor modifiziert.[35] Der für das Bewertungsergebnis überaus wichtige Beta-Faktor wird nur zum Teil anhand unternehmensspezifischer Daten bestimmt. Das wesentliche Bestimmungselement für den Beta-Faktor ist darüber hinaus eine Referenzgruppe vergleichbarer Unternehmen.[36] Diese Vorgehensweise ist von der Rechtsprechung mittlerweile voll umfänglich akzeptiert.[37]

Bereits dieser gedankliche Ansatz zeigt auch, warum die Unternehmensbewertung bei Start-ups ausgesprochen schwierig ist. Bei einem solchen Unternehmen wird es im Normalfall „nicht betriebsnotwendiges Vermögen" kaum geben. Wenn überhaupt, wird es sich hierbei um selbst geschaffene immaterielle Vermögensgegenstände handeln, die sich häufig einer objektiven Bewertung weitgehend entziehen.

Aber auch die zweite bewertungsrelevante Komponente, die abdiskontierten zukünftigen Ertragsströme, lassen sich nur aus einer den Regelungen des § 90 Abs. 1 Nr. 1 AktG entsprechenden Unternehmensplanung ableiten. Ob diese zukünftigen Wachstums- und Ertragsplanungen plausibel oder realistisch sind, kann auch aus der Unternehmensentwicklung der Vergangenheit abgeleitet werden. Sollten diese fixen Zahlen der Vergangenheit nicht existieren, dann bleibt die Unternehmensplanung im praktischen Ergebnis die Zusammenfassung von Hoffnungswerten.

Schließlich ist die Existenz von markterprobten, in einer Vergleichsgruppe von Unternehmen wiederzufindenden Beta-Faktoren geschäftsfeldbedingt ausgeschlossen. Mit der Neugründung eines Start-up-Unternehmens verfolgen die Initiatoren häufig die Entwicklung einer Geschäftsidee, die schlicht neu ist. Die Existenz von einzelnen bei einer Gruppe von Unternehmen mit vergleichbarem Geschäftszweck existieren würde, ist daher idR begriffsnotwendig ausgeschlossen.[38]

Da die etablierten Verfahren zur Unternehmensbewertung bei Start-up-Unternehmen kaum zu einem festen Wert führen, wird in neuerer Zeit versucht, diesem Problem mit einem scoringbasierten Bewertungsverfahren zu begegnen.[39] Hierbei

---

[33] HFA 2/83, Wpg 1983, 468 ff.

[34] Wpg 2000, 825 ff.

[35] *Gleißner,* Gründe für zu niedrige Wertansätze in Wertgutachten bei Squeeze Out, AG-Report 2006/R 256–260.

[36] *Förder,* Grundsätze ordnungsgemäßer Unternehmensbewertung für die Ermittlung des Beta-Faktors unter besonderer Berücksichtigung nicht börsennotierter Unternehmen, 2006, S. 47.

[37] OLG Düsseldorf AG 2006, 329–333.

[38] *Noever/Schaumann/Schölzel/Warm,* Unternehmensbewertung von Start-ups, DB 2020, 2081 (2082).

[39] *Noever/Schaumann/Schölzel/Warm,* Unternehmensbewertung von Start-ups, DB 2020, 2081 (2082).

werden umfeldspezifische Kriterien und start-up-spezifische Kriterien jeweils mit einer prozentualen Gewichtung versehen. Sodann nimmt der potenzielle Investor eine Scoring-Einteilung pro bewertungsrelevantem Cluster von 1-10 vor. Die Addition der jedem Kriterium rechnerisch zugeordneten Wert ergibt sodann einen finalen Scor. Dieser kann in eine monetäre Bewertung des Start-ups übersetzt werden, wenn der Investor über eine ausreichend große Anzahl an Vergleichsdatensätzen verfügt.

Diese Vorgehensweise findet ihren Ursprung in der als Monte-Carlo-Simulation bekannten Methode zur Aggregation des unternehmerischen Gesamtrisikos.[40] Hierbei wird für jede Einzelkategorie an Risiken eine Wahrscheinlichkeitsverteilung geschätzt, um sodann das aggregierte unternehmerische Gesamtrisiko inklusive Wechselwirkungen zu ermitteln.[41] Da sowohl die Anzahl der (vollständig erfassten?) Risiken, als auch deren Eintrittswahrscheinlichkeit letztlich geschätzt werden, bleibt auch das Ergebnis dieser Risikoaggregation subjektiv stark beeinflussbar und damit angreifbar. Dies gilt für eine scoringbasierte Unternehmensbewertung in gleicher Weise. Sie kann den Beteiligten bei der Unternehmenswertermittlung allenfalls eine gewisse Wert-Bandbreite und damit eine Entscheidungshilfe sein. Eine Bewertungsmethode, die den an Kapitalmaßnahmen bei Start-ups Beteiligten das Problem einer eventuellen Disproportionalität nimmt, stellt sie jedenfalls nicht dar.

Im Ergebnis lässt sich festhalten, dass es ein gerichtsfestes etabliertes Verfahren zur Unternehmensbewertung nicht gibt und auch nicht geben kann. Anders gewendet ist die Unternehmensbewertung als Grundlage von Kapitalmaßnahmen bei Start-ups nichts anderes als ein Verhandlungsergebnis. Dies verwundert bei der Ungewissheit zukünftiger Entwicklungen nicht, ist kaufmännisch verständlich und gut nachvollziehbar. Dies führt indessen für alle an der Kapitalmaßnahme Beteiligten zu einer erheblichen schenkungssteuerlichen Unsicherheit.

Dieses Verhandlungsergebnis indessen muss zwingend von der Finanzverwaltung akzeptiert werden, um eine erbschaftsteuerpflichtige disquotale Kapitalmaßnahme zu vermeiden. Das damit einhergehende erbschaftsteuerliche Risiko ist deshalb besonders hoch, weil die Finanzverwaltung oft erst Jahre später die ursprünglich konsensual festgelegte Unternehmensbewertung überprüft. Zu diesem späteren Prüfungszeitpunkt existiert die ursprüngliche hohe Prognoseunsicherheit nicht mehr. Denn zum Zeitpunkt der späteren Prüfung seitens der Finanzverwaltung liegen die real erreichten Umsatz- und Gewinnzahlen vor. Diese allerdings weichen häufig von den ursprünglich der Unternehmensbewertung zugrunde gelegten Zahlen erheblich ab.

Immerhin empfiehlt die Finanzverwaltung den Gesellschaftern Zusatzvereinbarungen zu treffen, um die Folgen der gesetzlichen Regelung des § 7 Abs. 8 S. 1 ErbStG zu vermeiden.[42] Namentlich soll die durch diquotale Einlage zusätzlich ge-

[40] *Romeike,* Risikoadjustierte Unternehmensplanung, Risk, Compliance + Audit 06/2010, S. 13–19.

[41] *Duscher/Meyer/Spitzner,* Volatilität kalkulieren und steuern im Sinne eines wertorientierten Investitionscontrollings, ZfCM, Sonderheft 2, Juli 2012, S. 46–51.

[42] Erbschaftsteuerrichtlinien 7.5 Abs. 11, S. 8-14.

bildete Kapitalrücklage dem einlegenden Gesellschafter für Zwecke der Ausschüttung und für Zwecke der Liquidation individuell zugerechnet werden. Rechtstechnisch soll dies in der Weise erfolgen, dass die dem einzahlenden Gesellschafter individuell zugerechnete Rücklage ausschließlich an diesen Gesellschafter und zwar in voller Höhe zurückgezahlt wird, sobald die Gesellschaft entsprechende Gewinne erzielt.

Fraglich bleibt indessen, ob diese von der Finanzverwaltung empfohlene Gestaltungsvariante gesellschaftsrechtlich zulässig ist. Außerdem bedarf es der Untersuchung, ob die ab Gewinnerzielung vorgesehene Rückzahlung der Kapitalrücklage an den ehemals einlegenden Gesellschafter steuerrechtlich möglich ist.

Die Zulässigkeit einer beteiligungsabweichenden, einem Gesellschafter individuell zugeordneten Rücklage wurde erstmalig von Priester erwogen.[43] Die Literatur[44] ist dem zwar gefolgt, eine Entscheidung eines Zivilgerichtes, die diese dem Recht der Kapitalgesellschaft widersprechende Gestaltungsvariante billigen würde, existiert indessen – soweit ersichtlich – nicht.[45] Bedenken gegen die gesellschaftsrechtliche Zulässigkeit einer solchen Vorgehensweise ergeben sich aus dem gesetzlichen Leitbild von Kapitalgesellschaften. Dieses nämlich ist geprägt von einer grundsätzlichen Trennung von Gesellschafterebene einerseits und Gesellschaftsebene andererseits. Danach ist die Kapitalgesellschaft eben nicht das Bündel, die Zusammenfassung von individuellen Gesellschafterrechten und Vermögenspositionen. Sie ist vielmehr – im Gegenteil – vollkommen eigenständig; eigenständig auch gegenüber den Gesellschaftern. Die Möglichkeit einer Durchbrechung dieses Trennungsprinzips müsste, wenn nicht im AktG, dann doch zumindest im GmbHG angelegt sein. Dies indessen ist an keiner Stelle der Fall. Darüber hinaus ist zu berücksichtigen, dass die gesellschaftsrechtlichen Rechtsentwicklungen mittlerweile die strikte Trennung zwischen Gesellschafterebene und Gesellschaftsebene zunehmend betont. Dies gilt mittlerweile sogar bei Personengesellschaften.[46] So heißt es in der Gesetzesbegründung zu § 705 Abs. 2 BGB (nF) schon für die Gesellschaft bürgerlichen Rechts „dass Trägerin der dem Gesellschaftsvermögen zugehörigen Rechte und Pflichten die Gesellschaft selbst ist, nicht mehr die Gesellschafter … (a. a. O. S. 70)". Vor diesem Hintergrund scheint gerade erst recht bei Kapitalgesellschaften eine Rückkehr zu bilanzbündeltheoretischen Ansätzen, die eine individuelle, Gesellschafter bezogene Zuordnung von Kapitalrücklagen gestatten würde, eher unwahrscheinlich. Die zur Vermeidung einer erbschaftsteuerpflichtigen disproportionalen Einlage von der Finanzverwaltung empfohlene gesellschafterbezogene Kapitalrücklage ist daher gesellschaftsrechtlich zumindest zweifelhaft. Immerhin gelingt es den Gesellschaftern, die dieses gesellschaftsrechtliche Risiko eingehen wollen, gravierende erbschaftssteuerliche Konsequenzen zu vermeiden.

Aber selbst wenn die Beteiligten sich über diese noch ungeklärte Rechtslage hinwegsetzen sollten, müssen sie zur Kenntnis nehmen, dass die geltenden Körper-

---

[43] *Priester* GS Knobbe Keuk 1997, 293 ff.

[44] *Schulze-Osterloh* BB 2018 424, 428.

[45] *Ott* DStR 2021, 897 (899).

[46] *BMJ,* Mauracher, Entwurf für ein Gesetz zur Modernisierung des Personengesellschaftsrechts, S. 70.

schaftssteuerlichen Regelungen eine individuelle und steuerneutrale Rückzahlung der ehemals gewährten Einlage nicht gestatten. Zum Verständnis dieser in § 27 KStG normierten Konsequenz muss zunächst festgestellt werden, dass die Einzahlung in die Kapitalrücklage handelsrechtlich nach § 272 Abs. 2 Nr. 4 HGB zu beurteilen ist. Steuerlich wird durch die Einlage eine Erhöhung des „Einlagekontos" nach § 27 KStG ausgelöst. Bei der späteren Rückzahlung der personengebundenen Kapitalrücklage ist zwingend § 27 Abs. 1 S. 3 KStG zu beachten. Danach gilt zunächst der erzielte Gewinn als ausgeschüttet. Erst danach wird die (Rest-)Ausschüttung aus dem Einlagekonto finanziert.

Ein Direktzugriff des ehemals einlegenden Gesellschafters auf die von ihm gebildete Kapitalrücklage ist damit ausgeschlossen.[47] Soweit die Gesellschaft vor Kapitalrückzahlung einen Gewinn erwirtschaftet hat, führt die Rückzahlung der handelsrechtlich gebildeten Kapitalrücklage steuerlich beim Zahlungsempfänger zu einer steuerpflichtigen Dividende. Die an sich von allen Beteiligten gewünschte steuerneutrale Einlagenrückgewähr[48] findet nicht statt. Die gesetzlich zwingend vorgeschriebene „Verwendungsreihenfolge" des § 27 KStG führt zu einer Umqualifizierung der gewollt steuerneutralen Kapitalrückgewähr in eine steuerpflichtige Dividende. Der ehemals 1000 einlegende Gesellschafter erhält bei Rückzahlung seiner Einlage also nur 750 (ohne Berücksichtigung Solidaritätszuschlag/Kirchensteuer) zurück.

In drei Ausnahmefällen haben Literatur und Finanzverwaltung besondere Fallkonstellationen entwickelt, in denen die gesetzlich zwingend vorgeschriebene Verwendungsreihenfolge des § 27 Abs. 1 S. 3 KStG – praeter legem – durchbrochen werden kann.[49] Der Fall der Rückgewähr einer gesellschafterbezogenen Einlage zählt nicht dazu.

Zusammenfassend lässt sich festhalten, dass die von der Finanzverwaltung selbst empfohlene Strategie zur Vermeidung der Rechtsfolgen § 7 Abs. 8 S. 1 ErbStG gesellschaftsrechtlich zweifelhaft ist und ertragssteuerrechtlich nicht den gewünschten Erfolg herbeiführt.

All diese Unsicherheiten und damit einhergehenden enormen steuerlichen Risiken lassen sich – so könnte man meinen – durch das vorherige Einholen einer „verbindlichen Zusage" beseitigen. Nach § 89 Abs. 2 S. 1 AO können „... die Finanzämter ... auf Antrag verbindliche Auskünfte über die steuerliche Beurteilung von ... noch nicht verwirklichten Sachverhalten erteilen ..." Aber auch diese Regelung hilft kaum, die vom Gesetzgeber selbst geschaffene Unsicherheit zugunsten der beitritts-/sanierungswilligen Gesellschafter zu beseitigen. Nach § 20 Abs. 1 S. 1 ErbStG sind nicht nur der die Einlage leistende, sondern auch alle übrigen Gesellschafter potentielle Steuerschuldner der Erbschaftsteuer. Die erforderliche Rechtssicherheit lässt sich nur herbeiführen, wenn alle Beteiligten – bei ihren jeweiligen Wohnsitzfinanzämtern – die Erteilung von verbindlichen Zusagen beantragen. Sie

[47] Vgl. hierzu *Ott* DStR 2021, 897.

[48] § 20 Abs. 1 Nr. 1 S. 3 EStG.

[49] Vgl. hierzu *Dötsch* in Dötsch/Pung/Möhlenbrock, Die Körperschaftssteuer, 103. EL 2021, § 27 Rn. 58, 230 ff.

tun dies in der Hoffnung, dass die Vielzahl der sodann erteilten verbindlichen Zusagen zeitgerecht eingehen und zu demselben Ergebnis gelangen.[50]

VI. Solvency II – Rahmenbedingungen für Investitionen in Start-ups

Deutsche Versicherungsunternehmen unterliegen seit dem 1.1.2016 dem europäischen Regelwerk zur Aufnahme und Ausübung der Versicherungs- und der Rückversicherungstätigkeit (Solvency II). In der Richtlinie 2009/138/EG des Europäischen Parlaments und des Rates vom 25. November 2009, ergänzt durch weitere Richtlinien, wird das prinzipienbasierte Regelwerk definiert. Grundsätzlich legt es das Prinzip der Anlagefreiheit in dem Sinne fest, als es eine nicht durch quantitative Vorgaben begrenzte Investition in beliebige Kapitalanlageformen ermöglicht:[51] „Der neue risikobasierte Ansatz schließt das Konzept der quantitativen Anlagebeschränkungen und die Kriterien für die Zulässigkeit von Vermögenswerten grundsätzlich nicht ein." Damit ist zunächst formal auch für eine Start-up-Finanzierung durch die deutschen Versicherer keine Begrenzung gegeben. De facto handelt es sich allerdings bei Solvency II um ein risikobasiertes Regelwerk, das die 1-jährige Überlebensfähigkeit eines Versicherungsunternehmens mit einer Sicherheit von 99,5%, die einem 200-Jahres-Ereignis entspricht, sichern soll.[52] Um die Zulassung zum Geschäftsbetrieb (aufrecht) zu erhalten, sind Versicherungsunternehmen verpflichtet, die im Unternehmen vorhandenen Eigenmittel mit den in Solvency II festgelegten Solvenzkapitalbedarfen abzugleichen und zu überdecken, um dadurch sicher zu stellen, dass zu jeder Zeit die eingegangenen Risiken durch die vorhandenen Eigenmittel bedeckt sind.[53]

Für die Eigenmittel gilt, dass sie sich zu einem großen Teil aus der Differenz aus dem Marktwert der Assets und dem Marktwert der Liabilities ergeben.[54] Damit schlägt sich jede Veränderung von Marktwerten direkt in den Eigenmitteln nieder. Folgerichtig bildet das Regelwerk Marktwertrisiken von Kapitalanlagen in Form von Marktwertveränderungen auf 1-Jahressicht im Solvenzkapitalbedarf ab. Für nicht börsennotierte Investments wird daraus resultierend ein Solvenzkapitalbedarf von 49% +/- 10%-Punkte symmetrische Anpassung, die zur Abmilderung von starken Marktbewegungen dienen soll, des Marktwertes festgelegt.[55] Hergeleitet werden die 49% Marktwertschwankung aus empirischen Index-Zeitreihen verschiedener nicht börsennotierter und außerhalb der OECD börsennotierter Kapitalanlagen wie Private Equities, Commodities, Hedge Funds und Emerging Markets.[56] Bis zu 59% des aktuellen Marktwertes des Investments müssen folglich bei

[50] Vgl. hierzu *von Freeden* HB-Blog 9.1.2012.

[51] Richtlinie 2009/138/EG, Erwägungsgrund (67).

[52] Richtlinie 2009/138/EG, Artikel 101, (3).

[53] Richtlinie 2009/138/EG, Artikel 18 d), Bedeckung der Mindestkapitalanforderung und Artikel 18e), Nachweis Bedeckung der Solvenzkapitalanforderung.

[54] Richtlinie 2009/138/EG, Artikel 88, Basiseigenmittel.

[55] Delegierte Verordnung (EU) 2015/35 der Kommission, konsolidierte Fassung, Artikel 169, (2), c).

[56] CEIOPS, Solvency II Calibration Paper, 3.1.2 Other Equities.

Start-up-Investitionen als Solvenzkapitalbedarf zur Abfederung von außergewöhnlichen Marktbewegungen vorgehalten werden. Durch die Aggregationsregeln zur Berechnung des gesamten Solvenzkapitalsbedarfs wird dieser Ausgangswert zT erheblich gemindert. So wird das Risikokapital der unterschiedlichen Risikokategorien der Kapitalanlage (Zinsrisiko, Aktienrisiko, Immobilienrisiko, Spreadrisiko, Konzentrationsrisiko, Wechselkursrisiko) nicht einfach aufsummiert, sondern über lineare Korrelationseffekte mit im Regelwerk vorgegebenen Korrelationen diversifiziert.[57] Und das aus dieser Berechnung resultierende Marktrisiko wird in einem weiteren Schritt mit den versicherungstechnischen Risiken ebenfalls über vorgegebene lineare Korrelationen aggregiert.[58] Letztlich reduziert sich also in der aggregierten Betrachtung, in Abhängigkeit der Höhe anderer vom Unternehmen eingegangener Risiken, die Kapitalbelastung gegenüber den 49% +/- 10%-Punkten damit deutlich. Allerdings bleibt in einer mit anderen Kapitalanlagen vergleichenden Sicht die hohe Risikokapitalanforderung bestehen. Denn im Vergleich starten Immobilien bei 25%[59] und Unternehmensanleihen guter Bonität mit Bonitätseinstufung 3, dies entspricht einem S&P BBB Rating, mit einer Laufzeit von fünf Jahren mit 7,5% Solvenzkapitalanforderung[60]. Ein Investment in ein börsennotiertes Unternehmen, kann mit 39% +/- 10%-Punkten Risikokapitalunterlegung getätigt werden.[61] Im Portfoliokontext kann somit ein Investment zur Start-up-Finanzierung nur durch gegenüber anderen Kapitalanlagen höheren Ertragserwartungen gerechtfertigt werden. Zudem muss ein Versicherungsunternehmen ein entsprechendes Solvenzkapitalbudget im Sinne von Solvency II für solche Investments zur Verfügung haben bzw. es an anderer Stelle schaffen, wenn das Gesamtbudget bereits genutzt wird.

Zusammenfassend kann also festgestellt werden, dass das Solvency II Regelwerk Start-up-Finanzierungen zwar nicht explizit ausschließt oder begrenzt, durch die relativ zu anderen Kapitalanlagen hohen Solvenzkapitalanforderungen jedoch deutlich hemmt.

VII. Ergebnis

Deutschland ist ein Hochsteuerland. Dies gilt für Ertragssteuern und Substanzsteuern in gleicher Weise. Beim Versuch, Steuervermeidungsgestaltungen zu unterbinden, haben Gesetzgeber und Finanzverwaltung ein Regelwerk geschaffen, das für Start-up-Unternehmen unattraktiv ist. Diese mangelnde Attraktivität resultiert aus einem steuerlichen Kontext, der unverständlich, hochkomplex, kompliziert und unerwartet ist. Die Anwendung der einschlägigen Gesetze und der dazu ergangenen Verwaltungserlasse generiert keine Rechtssicherheit. Dies lässt inländische

[57] Delegierte Verordnung (EU) 2015/35 der Kommission, konsolidierte Fassung, Artikel 164, 3.
[58] Richtlinie 2009/138/EG, Anhang IV, 1.
[59] Delegierte Verordnung (EU) 2015/35 der Kommission, konsolidierte Fassung, Artikel 174.
[60] Delegierte Verordnung (EU) 2015/35 der Kommission, konsolidierte Fassung, Artikel 176, 3.).
[61] Delegierte Verordnung (EU) 2015/35 der Kommission, konsolidierte Fassung, Artikel 169, (1), c).

und ausländische Investoren nach alternativen Gründungsstandorten Ausschau halten.

Der eingangs zitierte Dietmar Hopp beschreibt die steuerlichen Rahmenbedingungen für solche Unternehmen zutreffend.

Die Versicherungsindustrie tritt Solvency II bedingt als Investor bei Start-up-Unternehmen kaum in Erscheinung. Dieser Befund ist volkswirtschaftlich bedauerlich, weil deren langfristiger Anlagehorizont für Start-up-Unternehmen wünschenswert wäre.

Beim Gesetzgeber scheint sich zunehmend die Erkenntnis durchzusetzen, dass Deutschland eine große Unternehmenssteuerreform benötigt. Im Zuge dessen könnte es überlegenswert sein, für neugegründete Unternehmen – zeitlich begrenzt – ein steuerliches Sonderrecht zu schaffen. Hierbei empfiehlt es sich, die steuerliche Sachbehandlung von Verlusten/Verlustvorträgen gründerfreundlich zu modifizieren. Gleichzeitig sollten für diese Neugründungen die schenkungssteuerlichen Risiken disproportionaler Kapitalmaßnahmen außer Vollzug gesetzt werden. Dem fiskalisch verständlichen Wunsch nach einer Vermeidung missbräuchlicher Gestaltungen müsste Rechnung getragen werden. Dies könnte in der Weise erfolgen, dass das soeben beschriebene steuerliche Sonderrecht nur auf „aktive" Gesellschaften – und eben nicht Kapitalsammelbecken – Anwendung findet. Ein Rückgriff auf die Aktivitätsregelung des § 8 AStG könnte sich empfehlen. Ganz unrealistisch scheint ein solcher Vorschlag nicht zu sein. Im FoStoG (Fonds-Standortgesetz) soll es zukünftig Neuregelungen zu Mitarbeiterbeteiligungen geben. Hierbei ist eine Besteuerung vorgesehen, die den mit der Beteiligung eingeräumten „geldwerten Vorteil" bei Arbeitnehmern nicht schon im Zeitpunkt der Übertragung erfasst, sondern – aufgeschoben – erst bis zu 12 Jahre später. Mit seinem begrenzten Anwendungsbereich auf KMU (unter 50 Mio. EUR Jahresumsatz; weniger als 250 Mitarbeiter) zielt dieses Gesetz klar auf die Verbesserung der Rahmenbedingungen für Start-up-Unternehmen.[62] Wenn auch noch eine ganze Reihe von Nachbesserungen in diesem ersten Versuch erforderlich sein werden[63], zeigt dies doch, dass dem Gesetzgeber die Notwendigkeit einer auch steuerlichen Förderung der Start-up-Szene in Deutschland mittlerweile bewusst geworden ist.

In ähnlicher Weise könnte – auf Basis einer Modifizierung der europäischen Rechtssetzung von Solvency II – Versicherungsunternehmen stärker motiviert werden, in Start-up-Unternehmen zu investieren. Um den mit Solvency II normierten Ansatz einer risikobasierten Eigenmittelausstattung nicht zu konterkarieren, sollte diese Ausnahme nicht allen Versicherungsunternehmen zugänglich sein. Denkbar wäre etwa, dass eine Halbierung der Solvenzanforderungen nur bei solchen Versicherungsunternehmen Anwendung findet, die über eine Eigenmittelausstattung von > 200% der Mindestsolvenzanforderungen verfügen. Außerdem könnte diese besondere Sachbehandlung auf 2% der Kapitalanlagen eines Versicherungsunternehmens limitiert werden. Eine zeitliche Begrenzung dieser Solvency II-Entlas-

[62] *Harz/Rösch/Neutzner/Thoß,* Die Förderung von Mitarbeiterkapitalbeteiligungen durch das FoStoG, DB 2021, 1297 ff.

[63] Ausschussempfehlung vom 12.5.2021, BR-Drs. 354/1/21, 3.

tung – etwa in Parallele zu dem steuerrechtlichen Vorschlag – sollte nicht vorgesehen werden. Dies würde den tendenziell langfristigen und für Start-up-Unternehmen wünschenswerten Anlagehorizont von Versicherungsunternehmen konterkarieren.

JOACHIM GROTE/SABINE WINKENS

Die Kindernachversicherung gemäß § 198 VVG – eine in die Jahre gekommene, reformbedürftige Vorschrift

I. Einführung

Die Kindernachversicherung gemäß § 198 VVG ist ein fester und wichtiger Bestandteil der privaten Krankenversicherung. Eingeführt wurde eine Norm zur Kindernachversicherung erstmals mit der Vorgängernorm in § 178d VVG aF mit der Kodifizierung der privaten Krankenversicherung in das VVG im Jahre 1994. Die Regelung in § 178d VVG aF war aber nicht von Grund auf neu, sondern übernahm – lediglich erweitert um den Tatbestand der Adoption – eine seit langem bestehende vertragliche Praxis der privaten Krankenversicherung, nämlich den Anspruch auf Kindernachversicherung nach § 2 Abs. 2 MB/KK 76.[1] Bei der 2008 in Kraft getretenen VVG-Reform sah die Reformkommission, zu der der Jubilar Langheid zählte, keinen wesentlichen Reformbedarf und fügte mit § 198 VVG die Vorgängervorschrift unverändert ein, erweiterte sie aber um einen neuen Abs. 4. Dadurch wurde klargestellt, dass die Vorschriften zur Kindernachversicherung „für die Auslands- und die Reisekrankenversicherung nicht (gelten), soweit für das Neugeborene oder für das Adoptivkind anderweitiger privater oder gesetzlicher Krankenversicherungsschutz im Inland oder Ausland besteht."

Hintergrund der Regelung zur Kindernachversicherung ist, Versicherungsschutz für Kinder auf dem für ein Elternteil vereinbarten Niveau sicherzustellen, selbst wenn auf Grund von vorhandenen Erkrankungen auf dem Markt Versicherungsschutz weder mit Risikozuschlägen noch überhaupt zu erlangen wäre. Damit wollte der Gesetzgeber – wie schon zuvor der Bedingungsgeber – zweierlei erreichen:

Zum einen sollte die private Krankenversicherung auch mit Blick auf die Krankenversicherung von Kindern nicht hinter der gesetzlichen Krankenversicherung zurückstehen, bei der die Kinder entsprechenden Versicherungsschutz wie ein Elternteil über die Familienversicherung gemäß § 10 SGB V kraft Gesetzes erhalten. Mit dieser Regelung macht der Gesetzgeber also eine Ausnahme von den Grundsätzen des privaten Versicherungsvertragsrechts, wonach einerseits nur ungewisse Risiken versicherbar sind (vgl. § 2 Abs. 2 VVG zur Rückwärtsversicherung[2]) und es einem Versicherer andererseits erlaubt ist, ihm angetragene Risiken nach einer ent-

---

[1] Begr. RegE 3. DurchfG/EWG zum VAG, BT-Drs. 12/6959, 105.

[2] Siehe dazu generell: *Muschner* in MüKoVVG, 2. Aufl. 2016, § 2 Rn. 32; *Armbrüster* in Prölss/Martin, VVG, 31. Aufl. 2021, § 2 Rn. 1; BGH 16.6.1982 – IV a ZR 270/80, NJW 1982, 2776, unter III. 1.

sprechenden Risikoprüfung abzulehnen (Grundsatz der Vertragsfreiheit, zu der auch die Abschlussfreiheit zählt[3]).

Zum anderen sollte auch für den Fall Vorsorge getroffen werden, dass für ein neugeborenes Kind der Zugang zur gesetzlichen Krankenversicherung nicht offen steht, weil zB beide Elternteile privaten Krankenversicherungsschutz unterhalten.[4] Denn spätestens mit Einführung der generellen Krankenversicherungspflicht – entweder in der gesetzlichen oder in der privaten Krankenversicherung – gemäß § 5 SGB V oder § 193 Abs. 3 VVG im Jahr 2007[5] – sollte erreicht werden, dass jeder in Deutschland krankenversichert ist. Auch diese Regelung in § 193 Abs. 3 VVG führte mit dem dort geregelten Kontrahierungszwang zulasten der privaten Krankenversicherer zu einer weiteren Ausnahme von der vorgenannten Vertragsabschlussfreiheit.

Wirklich große Streitpunkte zeigte diese Norm in den ersten beiden Jahrzehnten seit ihrer Schaffung nicht, so dass die Kommentierungen zu § 198 VVG – selbst in den Großkommentaren – vergleichsweise knapp ausfallen. Der BGH hatte dementsprechend in dieser Zeit daher auch nur einmal Gelegenheit, sich zu dieser Norm zu äußern. In seiner Entscheidung vom 27.9.2000[6] ging es um die in § 178d Abs. 2 S. 1 VVG vorgenommene Gleichstellung der Adoption. Der BGH entschied, dass die im Gesetz vorgenommene Gleichstellung der Adoption eines minderjährigen Kindes mit der Geburt eines Kindes es in Verbindung mit § 178o VVG verbiete, Versicherungsfälle, die im Zeitpunkt der Adoption bereits eingetreten sind, auch für die Zukunft von der Leistungspflicht auszuschließen. Damit bekräftigte der BGH die Ausnahme von dem Grundsatz, dass nur ungewisse Risiken versicherbar sind.[7] Festgestellt hat der BGH in diesem Zusammenhang auch, dass die Pflegetagegeldversicherung eine Krankenversicherung im Sinne von § 178d VVG ist.[8]

Sowohl der medizinische Fortschritt als auch das Abstammungsrecht haben in jüngerer Vergangenheit aufgezeigt, dass die Vorschrift in die Jahre gekommen und reformbedürftig ist. Dadurch im Zusammenhang mit § 198 VVG ausgelöste Streitpunkte treten in der Praxis mit zunehmender Häufigkeit auf. Aufgrund dieses außerjuristischen Sachverhaltes rücken Fragen in den Mittelpunkt, die so zur Zeit der Aufnahme von § 178d VVG aF ins VVG im Jahre 1994 nicht bedacht wurden und auch nicht bedacht werden konnten. Sie konnten dementsprechend auch gar nicht geregelt werden.

[3] *Looschelders* in MüKoVVG, 2. Aufl. 2016, § 1 Rn. 111; s. zu den Beschränkungen der Vertragsfreiheit und Abschlussfreiheit in der Krankenversicherung, zB im Basistarif, *Boetius* in MüKoVVG, 2. Aufl. 2017, Vor 192 Rn. 818ff., 1040ff.

[4] *Hütt* in MüKoVVG, 2. Aufl. 2017, § 198 Rn. 1; VVG-Kommission, Abschlussbericht, VersR-Schriften 25, S. 173; Begr. RegE 3. DurchfG/EWG zum VAG, BT-Drs. 12/6959, 105.

[5] *Kalis* in MüKoVVG, 2. Aufl. 2017, § 193 Rn. 3 und 18.

[6] VersR 2000, 1533.

[7] BGH VersR 2000, 1533 Rn. 18 – 22, juris.

[8] BGH VersR 2000, 1533 Rn. 16, juris.

II. Pränataldiagnostik

Die heutige Pränataldiagnostik ermöglicht es, Elternteile bereits wenige Wochen nach Kenntnis von einer Schwangerschaft über verschiedene Erkrankungsrisiken des ungeborenen Kindes zu informieren. Dadurch sollen etwaige Diskussionen um Schwangerschaftsabbrüche auf eine möglichst gute Datengrundlage gestützt werden können. Die so vorhandene Kenntnis von Erkrankungsrisiken müssen Elternteile bei der Kindernachversicherung nicht nur nicht anzeigen, sie dürften auch vom Versicherer, selbst wenn er danach fragen würde und die Fragen wahrheitsgemäß beantwortet werden würden[9], nicht im Rahmen der Kindernachversicherung berücksichtigt werden. Denn § 198 VVG enthält in Abs. 3 insoweit nur die folgende Möglichkeit für den Versicherer, die gemäß § 208 VVG halbzwingend ist:

„Als Voraussetzung für die Versicherung des Neugeborenen oder des Adoptivkindes kann eine Mindestversicherungsdauer des Elternteils vereinbart werden. Diese darf drei Monate nicht übersteigen."

Im Übrigen gilt nach § 198 Abs. 1 S. 1 VVG, dass dann, wenn am Tag der Geburt für mindestens einen Elternteil eine private Krankenversicherung besteht, der Versicherer verpflichtet ist, dessen neugeborenes Kind ab Vollendung der Geburt ohne Risikozuschläge und Wartezeiten zu versichern, wenn die Anmeldung zur Versicherung spätestens zwei Monate nach dem Tag der Geburt rückwirkend erfolgt.

Die Versicherungsbedingungen können somit den Anspruch auf Gewährung von Versicherungsschutz für Neugeborene und Adoptivkinder zwar an eine Mindestversicherungsdauer des privat krankenversicherten Elternteils von höchstens drei Monaten knüpfen, wovon in § 2 Abs. 2 MB/KK 2009 auch Gebrauch gemacht wird. Damit soll das Risiko von kurzzeitigen Zweckabschlüssen eines Elternteils reduziert werden. Diese Regelung dient also der Reduzierung des subjektiven Risikos aus Sicht des Krankenversicherers. Die Gesetzesregelung versteht sich dabei so, dass die Elternversicherung am Tag der Geburt mindestens drei Monate bestanden haben muss. „Tag der Geburt" ist der tatsächliche Geburtstag und nicht der Termin der errechneten Geburt.[10] Wegen des halbzwingenden Charakters dieser Norm dürfen aber weitere Reduzierungen des subjektiven Risikos, zB durch Vereinbarung von Risikoausschlüssen oder -zuschlägen nach entsprechender Erfüllung von vorvertraglichen Anzeigepflichten oder gar Ablehnungen der Kindernachversicherung selbst durch den Krankenversicherer nicht erfolgen.

Da die in den AVB vorgesehene Mindestversicherungsdauer des versicherten Elternteils kraft Gesetzes auf höchstens drei Monate vor dem Tag der Geburt begrenzt ist, die heutige Pränataldiagnostik aber den Eltern Kenntnis von risikoerhöhenden Umständen auch bereits außerhalb dieses Drei-Monats-Zeitraums vermit-

[9] Mit Blick auf die Rechtsprechung des BGH zum Fragerecht des Versicherers bei bestehendem Kontrahierungszwang im Basistarif (VersR 2016, 780) ist ein solches Fragerecht hier auch anzunehmen. Denn für spätere Tarifwechsel des nachversicherten Kindes ist der Gesundheitszustand bei Beginn des Versicherungsverhältnisses von Bedeutung. Höchstrichterliche Rechtsprechung dazu fehlt gleichwohl, so dass hier bereits *erster Reformbedarf* besteht.

[10] OLG Köln 19.2.1997 – 5 U 153/96, VersR 1998, 352.

telt, kann der gesetzgeberische Schutzzweck zugunsten der Versicherer nicht mehr mit § 198 Abs. 3 VVG erreicht werden. Das eröffnet den Eltern Gestaltungsmöglichkeiten im Sinne von kurzfristigen Zweckabschlüssen, zB durch einen Tarifwechsel in einen höherwertigen Tarif oder durch Abschluss von Pflegezusatztarifen, die das Gesetz gerade nicht eröffnen wollte.

Es stellt sich daher für den jeweiligen Versicherer die Frage, ob und ggf. wie er derartigen Gestaltungsmöglichkeiten der Eltern als Versicherungsnehmer bei der Kindernachversicherung entgegenwirken kann oder ob wegen des halbzwingenden Charakters von § 198 Abs. 3 VVG nur der Gesetzgeber durch eine Reform der Norm Abhilfe schaffen kann. Denn ansonsten würden solche Gestaltungen zulasten des gesamten Krankenversichertenkollektivs des jeweiligen Krankenversicherers gehen, was vom Sinn und Zweck des Gesetzes nicht mehr gedeckt wäre.

1. Dass die Kindernachversicherung gemäß § 198 VVG nicht durch AVB vollständig ausgeschlossen werden kann, versteht sich dabei von selbst. Gemäß § 208 VVG ist § 198 VVG halbzwingend, es kann also davon nur zugunsten des Versicherungsnehmers abgewichen werden.

Das gilt auch und gerade für die bereits angesprochenen Pflegezusatztarife. Durch die in der Einleitung schon erwähnte Entscheidung des BGH vom 27. 9. 2000 ist – zumindest zur Pflegetagegeldversicherung und auf der Grundlage des damaligen § 178 d VVG aF – entschieden, dass es sich um eine Krankenversicherung im Sinne von § 198 VVG handelt, selbst wenn es sich um einen ergänzenden Pflegeschutz außerhalb der substitutiven Krankenversicherung handelt. Über den eingangs geschilderten Zweck, Kindern, die sonst aufgrund bei Geburt schon vorhandenen Erkrankungen keinen Versicherungsschutz erhalten würden, Krankenversicherungsschutz zu gewährleisten, hinaus gilt § 198 VVG nach einhelliger Ansicht[11] daher auch für nicht substitutive und nur ergänzende Krankenversicherungen.

2. Dieser Problematik kann im Ergebnis – wie bereits ausgeführt – auch nicht mit entsprechenden Antragsfragen zu Krankheitsrisiken eines bei Antragstellung noch ungeborenen Kindes des die Versicherung nehmenden Elternteils – auch wenn diese nach hiesiger Auffassung mit Blick auf spätere Tarifwechsel zulässig wären – entgegengewirkt werden.

Aber auch eine Antragsfrage allein zu bekannten Schwangerschaften des die Versicherung nehmenden Elternteils brächte keine Abhilfe. Eine solche Antragsfrage verstieße nach hiesiger Auffassung zwar nicht gegen das AGG. Denn auch wenn Kosten im Zusammenhang mit Schwangerschaft und Mutterschaft nach § 20 Abs. 2 AGG auf keinen Fall zu unterschiedlichen Prämien oder Leistungen führen dürfen, handelt es sich bei dieser Vorschrift „nur" um ein sozialpolitisch motiviertes absolutes Benachteiligungsverbot, dh eine Rechtfertigung ist auch bei Vorlage entsprechender Statistiken nicht möglich. Im Zusammenhang mit einer Schwangerschaft stehen die Kosten dann, wenn die Schwangerschaft zumindest mitursächlich für ihre Entstehung gewesen ist. Das OLG Hamm hat zB entschieden, dass ein Rücktritt bzw. eine Kündigung wegen des Verschweigens von Schwangerschafts-

[11] S. zB *Hütt* in MüKoVVG, 2. Aufl. 2017, § 198 Rn. 8 oder *Voit* in Prölss/Martin, VVG, 31. Aufl. 2021, § 198 Rn. 2.

diabetes, Präklampsie und Schwangerschaftshochdruck eine Benachteiligung gemäß § 19 Abs. 1 AGG darstellte.[12] Krankheiten, die mit Schwangerschaft und Mutterschaft einhergehen, sind also nicht gemäß § 19 Abs. 1 S. 1 VVG erheblich und können daher im Falle des Verschweigens weder zu Rücktritt noch zu Kündigung berechtigen. Bei einer Frage nach einer potentiellen Mutter- oder Vaterschaft steht jedoch nicht die Benachteiligung wegen Schwangerschaft oder Mutterschaft im Vordergrund. Es geht gerade nicht um die Kosten der Schwangerschaft und Mutterschaft, sondern um die eventuellen künftigen krankheitsbedingten Kosten des ungeborenen Kindes.

Derartige Fragen zielen allerdings darauf ab, bei wahrheitsgemäßer Beantwortung den gestellten Antrag abzulehnen, um eine Kindernachversicherung in dem beantragten Tarif von vorneherein zu vermeiden. Das könnte aber gerade mit dem halbzwingenden Normzweck von § 198 VVG kollidieren, wonach im Interesse der Gesundheitsabsicherung Ungeborener eine Ausnahme vom Prinzip der Prämienäquivalenz angeordnet und eine Kindernachversicherung zu dem für das Elternteil geltenden Tarif ab einer Mindestversicherungsdauer von maximal drei Monaten gewährleistet werden sollte. Rechtsprechung dazu fehlt allerdings und das Gesetz ist hier auch nicht eindeutig, so dass ein Reformbedarf an dieser Stelle erneut unübersehbar ist.

3. Eine weitere denkbare Vorgehensweise könnte darin liegen, dieses Problem über die Versicherungsfähigkeit zu lösen. Der Umfang des Versicherungsschutzes, auf dessen Gewährung gemäß § 198 VVG ein Anspruch besteht, richtet sich nach dem Versicherungsschutz der Eltern. Das setzt denklogisch voraus, dass das Kind auch die tarifliche Versicherungsfähigkeit in dem beantragten Tarif besitzt.

In dem Bereich der privaten Pflegeergänzungstarife besteht kein gesetzlicher Kontrahierungszwang. Die Tarife können daher eine Versicherungsfähigkeit frei definieren, sofern dies im Einklang mit dem AGG steht, namentlich die Differenzierung nach dem Alter auf anerkannten Prinzipien risikoadäquater Kalkulation beruht, insbesondere auf einer versicherungsmathematisch ermittelten Risikobewertung unter Heranziehung statistischer Erhebungen, § 20 Abs. 2 S. 2 AGG. Denkbar wären mithin Pflegeergänzungstarife für alle Altersklassen mit niedrigeren Leistungen als sog. Einsteigertarife. Höherwertige Tarife könnten dagegen nur ab einem bestimmten Mindestalter (zB 18 Jahren) angeboten werden. Dies stimmt überein mit dem allgemeinen Pflegerisiko, welches mit steigendem Alter ebenfalls ansteigt.

Diese Vorgehensweise könnte zwar auch als gegen § 208 VVG verstoßende Umgehung von § 198 VVG eingeordnet werden. Der Schutzzweck des § 198 VVG würde damit allerdings nicht gezielt unterlaufen. Das neugeborene Kind wäre ab Vollendung der Geburt einerseits über die Pflegepflichtversicherung seines Elternteils abgesichert und hätte andererseits die Möglichkeit, gemäß § 198 VVG in den privaten Pflegeergänzungstarif seiner Eltern zu kommen, dessen Voraussetzungen es erfüllt. So könnte der Drei-Monats-Zeitraum des § 198 Abs. 3 VVG jedenfalls für bestimmte Krankenversicherungsprodukte irrelevant werden.

[12] OLG Hamm 12.1.2011 – I 20 U 102/10, VersR 2011, 514.

4. Abschließend ist festzuhalten, dass der Drei-Monats-Zeitraum des § 198 Abs. 3 VVG und das damit verfolgte gesetzgeberische Ziel, das subjektive Risiko für den von einer Kindernachversicherung betroffenen Krankenversicherer und dessen Versichertenkollektiv zu begrenzen, dank des medizinischen Fortschritts im Bereich der Pränataldiagnostik nicht mehr erreicht wird. Reaktionsmöglichkeiten des Versicherers bestehen zwar im Ansatz, allerdings nicht im hinreichenden Umfang und erst recht nicht auf höchstrichterlich abgesicherten Grundlagen. Daher sollte dem unübersehbaren Reformbedarf des § 198 Abs. 3 VVG dadurch Rechnung getragen werden, dass der Mindestversicherungszeitraum auf neun Monate ausgedehnt wird und dass zugleich Gesundheitsfragen zum neu geborenen und nachversicherten Kind für möglich erklärt werden, um den Gesundheitszustand des Kindes für spätere Tarifwechsel festhalten zu können.

III. Leihmutterschaft

Ein weiteres aktuelles Problem, das seine Ursache nicht nur im medizinischen Fortschritt, sondern auch im Abstammungsrecht hat, ist die Frage, ob ein Anspruch auf Kindernachversicherung auch dann besteht, wenn das Kind durch Einschaltung einer sog. Leihmutter geboren wurde.

1. In Deutschland ist Leihmutterschaft bekanntlich verboten. Nach § 1 Abs. 1 Nr. 7 ESchG ist es strafbar, bei einer Frau, welche bereit ist, ihr Kind nach der Geburt Dritten auf Dauer zu überlassen (Ersatzmutter), eine künstliche Befruchtung durchzuführen oder auf sie einen menschlichen Embryo zu übertragen. Nach § 13c AdVermiG ist die Ersatzmuttervermittlung untersagt und nach § 14b Abs. 1 und 2 AdVermiG macht sich strafbar, wer eine Ersatzmuttervermittlung betreibt oder für die Ersatzmuttervermittlung einen Vermögensvorteil erhält oder sich versprechen lässt. Eine Leihmutterschaft ist mithin in Deutschland nicht möglich, da sich die behandelnden Ärzte strafbar machen.

Innerhalb der Europäischen Union ist die Rechtslage aber schon durchaus unterschiedlich, was natürlich erst recht für Staaten außerhalb der Europäischen Union gilt. Zu den Ländern, in denen bezahlte Leihmutterschaft mit Vermittlung über eine Agentur erlaubt ist, gehören zB die USA (nicht in allen Staaten, aber zB in Kalifornien, Arkansas oder Illinois), Indien oder die Ukraine. Die dort vorhandenen Möglichkeiten werden immer mehr in Anspruch genommen, so dass die Leihmutterschaft als Verfahren der Reproduktionsmedizin – aber auch zB in gleichgeschlechtlichen Partnerschaften – in zunehmendem Maße Verbreitung findet.[13] Das gilt auch für Deutsche, so dass zB das Auswärtige Amt extra auf seiner Internetseite unter den Reise- und Sicherheitswarnungen für Indien darauf hinweist, dass Indien nun keine Visa mehr an Ausländer erteilt, die allein zur Durchführung einer Leihmutterschaft einreisen wollen.[14]

[13] Österreichische Ärztezeitung Nr. 10/25.5.2015, Leihmutterschaft – Die Kinder fremder Mütter.

[14] S. www.auswaertiges-amt.de unter Reise- und Sicherheitshinweise Indien.

Leihmutterschaft ist also in einzelnen Staaten möglich. Sie führt allerdings trotz allen medizinischen Fortschritts oftmals zu Frühgeburten mit erheblichen Krankheitsrisiken für das neugeborene Kind. Das hat spezielle Leihmutterschaftsversicherungsprodukte in den betreffenden Staaten hervorgerufen. Einzelne dieser Leihmutterschaftsversicherer haben sodann die Kindernachversicherung in Deutschland entdeckt, um über die Personen, die kraft Abstammungsrechts zu Elternteilen werden, einen Teil der versicherten Kosten oder auch nur die nicht über die Leihmutterschaftsversicherung abgedeckten Kosten bei „ihrem" Krankenversicherer in Deutschland mithilfe der Kindernachversicherung ersetzt zu erhalten. Da das internationale Abstammungsrecht aber nicht weltweit kollisionsfrei geregelt ist, stehen vor solchen versicherungsvertragsrechtlichen Streitigkeiten zunächst für die Personen, die die Leihmutterschaft beauftragt haben, Auseinandersetzungen mit den Standesämtern in Deutschland an, um für das im Wege der Leihmutterschaft geborene Kind die Eintragung ins eigene Familienstammbuch als Kind zu erhalten und so Elternteil zu werden. Dieser Prozess wirft dann die weitere Frage auf, ob Elternteil im Sinne des Abstammungsrechts auch Elternteil im Sinne von § 198 VVG ist. Die privat krankenversicherte Person, die die Leihmutterschaft in Auftrag gegeben hat und das Neugeborene nachversichern möchte, muss aber schon vorher reagieren, wenn sie die oben bereits angesprochene Zwei-Monats-Frist des § 198 Abs. 1 S. 1 VVG zur Anmeldung des nachzuversichernden Kindes bei ihrem Krankenversicherer nicht verstreichen lassen möchte. Sie weiß bei der Anmeldung zur Kindernachversicherung also oftmals noch nicht, ob sie überhaupt Elternteil im Sinne des Abstammungsrechts wird.

2. Es stellt sich daher in den Fällen, in denen ein Krankenversicherer eine Anmeldung zur Kindernachversicherung erhält und – durch ausdrückliche Mitteilung oder sonstige Begleitumstände – Kenntnis davon erlangt, dass eine Leihmutter eingebunden war, die Frage, ob bzw. wann genau in diesen Konstellationen ein Anspruch des Versicherungsnehmers auf Einbeziehung des Neugeborenen in den Versicherungsschutz des Vertrages besteht.

Voraussetzung des Anspruchs auf Kindernachversicherung ist nach § 198 Abs. 1 S. 1 VVG, dass es sich um ein neugeborenes Kind des anmeldenden Versicherungsnehmers als Elternteil bzw. der versicherten Person als Elternteil handelt. Wann dies der Fall ist, ist im VVG nicht besonders geregelt. In der entsprechenden Kommentierung wird dieses Problem in der Regel gar nicht – schon gar nicht mit dem Stichwort „Leihmutterschaft" – angesprochen. Die Norm ist daher auszulegen.[15]

Als Elternteil und damit als potentielles Auslegungsergebnis kommen in Leihmutterschaftsfällen mehrere Personen in Betracht: entweder die genetischen Eltern – also die Eizellenspenderin als genetische Mutter und der Samenspender als genetischer Vater (einer von beiden ist oftmals Auftraggeber der Leihmutterschaft) – oder die Leihmutter als Gebärende oder der Ehe- oder Lebenspartner der genetischen Mutter bzw. des genetischen Vaters (falls er nicht zugleich genetisch mit dem Kind verwandt ist) als ggf. nach dem Abstammungsrecht zugeordnetes Elternteil.

[15] Entsprechend den allgemeinen Auslegungsregeln, s. zB *Larenz/Canaris,* Methodenlehre der Rechtswissenschaft, 3. Aufl. 1995, Kap. 4, S. 133ff.

a) Der Wortlaut des § 198 Abs. 1 S. 1 VVG („Elternteil") deutet zunächst darauf hin, dass es auf eine genetische Abstammung ankommt. Denn im allgemeinen Sprachgebrauch bedeutet das Wort „Elternteil" zB nach dem Duden „Teil eines Elternpaares" und unter „Elternpaar" wird oftmals nach Duden „Vater und Mutter" verstanden. Dafür spricht auch, dass in § 198 Abs. 1 S. 1 VVG auf die Geburt abgestellt wird

Sicher ist das indes nicht, da „Elternpaar" auch die Erziehungsberechtigten sein können und das nicht zwingend die genetischen Eltern sein müssen. Ferner muss die Gebärende – das zeigt gerade der Fall der Leihmutter, die ja typischerweise eine fremde Eizelle austrägt – nicht zwingend die genetische Mutter sein.

Der Wortlaut führt also zu keinem klaren Ergebnis.

b) In systematischer Hinsicht spricht die Regelung in § 198 Abs. 2 VVG ebenfalls für eine nach dem Wortlaut mögliche Auslegung, dass es auf die genetischen Eltern ankommt. Denn danach wird eine Adoption einer Geburt gleichgestellt.[16] Daraus kann man den Rückschluss ziehen, dass Fälle einer nicht genetischen Elternschaft der Gleichstellung durch das Gesetz bedürfen.

Auch die Berücksichtigung der Regelungen im Recht der gesetzlichen Krankenversicherung legt diesen Schluss nahe. Danach ist es nämlich im Grundsatz so, dass gemäß § 10 Abs. 1 SGB V die „Kinder" von Mitgliedern der gesetzlichen Krankenversicherung im Rahmen der oben bereits angesprochenen Familienversicherung automatisch mitversichert sind. Zu den familienversicherten Kindern gehören jedenfalls die „leiblichen Kinder" des Stammversicherten iSv §§ 1591 ff. BGB bzw. die im ersten Grad vom Mitglied abstammenden Personen, § 1589 S. 1 und 3 BGB.[17]

Ausdrücklich werden gemäß § 10 Abs. 4 SGB V auch die dort genannten Personengruppen unter den dort näher angegebenen Voraussetzungen leiblichen Kindern gleichgestellt. „Stiefkinder und Enkel" der Stammversicherten werden gleichgestellt, wenn der Stammversicherte sie überwiegend unterhält. Stiefkinder sind dabei die leiblichen Kinder des Ehegatten oder – aufgrund der Gleichstellung in § 10 Abs. 4 Satz 3 SGB V – des Lebenspartners des Stammversicherten, sofern sie nicht ihrerseits leibliche Kinder des Stammversicherten sind. Gleichgestellt werden auch Adoptivkinder, wobei die Zuordnung zu dem adoptionswilligen Stammversicherten nach § 10 Abs. 4 S. 2 SGB V nicht erst mit der bestandskräftigen Entscheidung über die Adoption erfolgt, sondern schon dann, wenn das Kind mit dem Ziel der Annahme als Kind in die Obhut des Stammversicherten aufgenommen wird und die leiblichen Eltern die Einwilligung zur Adoption erteilt haben.[18] Gleichgestellt werden aber auch Pflegekinder im Sinne des § 56 Abs. 2 Nr. 2 SGB I, so dass es auch nicht zwingend auf eine genetische Abstammung ankommt.

---

[16] *Hütt* in MüKoVVG, 2. Aufl. 2017, § 198 Rn. 18 und *Hütt* in Bach/Moser, Private Krankenversicherung, 5. Aufl. 2015, § 2 MB/KK Rn. 52.

[17] *Nebendahl* in Spickhoff, Medizinrecht, 3. Aufl. 2018, § 10 Rn. 7; *Just* in Becker/Kingreen, SGB V, 7. Aufl. 2020, § 10 Rn. 32; *Moritz-Ritter* in Hänlein/Schuler, SGB V, 5. Aufl. 2016, § 10 Rn. 8.

[18] S. dazu auch *Nebendahl* in Spickhoff, Medizinrecht, 3. Aufl. 2018, § 10 Rn. 10.

Der Fall eines im Wege der Leihmutterschaft geborenen Kindes und seiner Familienversicherung über § 10 SGB V wäre also auch im Rahmen der gesetzlichen Krankenversicherung problematisch. Die zitierte Kommentarliteratur zu § 10 SGB V behandelt den Fall der Leihmutterschaft aber ebenfalls nicht und es scheint dazu auch – soweit ersichtlich – keine sozialgerichtlichen Entscheidungen zu geben. Nachdem aber im Grundsatz die leiblichen Kinder familienversichert sind und die anderen Personengruppen nur aufgrund gesetzlicher Gleichstellung, kann man hier annehmen, dass es auf eine genetische Abstammung oder eine gesetzliche Gleichstellung ankommt.

Ein Blick in das Familienrecht und das dort geregelte Abstammungsrecht hilft hier auch nicht weiter. Angesichts des Umstandes, dass die Leihmutterschaft in Deutschland nicht erlaubt ist, existieren explizite Regelungen dazu im Familienrecht nicht. Nach den allgemeinen Regelungen zur Abstammung, namentlich der §§ 1591 (Mutter) und 1592 (Vater) BGB, ist eine genetische Abstammung insoweit jedenfalls nicht zwingend. Denn „Mutter eines Kindes" ist danach „die Frau, die es geboren hat", was genetische Abstammung – wie die Leihmutterschaft zeigt – eben nicht erfordert.[19] „Vater eines Kindes" kann man ebenfalls auch ohne genetische Abstammung sein – zB durch Abgabe eines entsprechenden Anerkenntnisses werden (§ 1592 Nr. 2 BGB).

Entsprechendes gilt für die gesetzlichen Regelungen zur Unterhaltspflicht (§§ 1601 ff. BGB) oder zur Elterlichen Sorge (§§ 1626 ff. BGB).

Auch im Erb- und übrigen Sozialrecht gibt es schließlich zwar die Vorstellung, dass sich der Begriff „Eltern" oder „Elternteil" nur auf die „leiblichen und die Adoptiveltern", nicht aber auf Stiefeltern(teile) oder Lebenspartner erstreckt.[20] Jedoch wird dann wieder für den Vater eine Ausnahme gemacht, da Vater auch der mit der Mutter eines Kindes – was genetische Abstammung zwar nahe legt, aber eben nicht zwingend verlangt – nicht verheiratete Mann sein kann, der die Vaterschaft anerkannt hat (§ 1592 Nr. 2 BGB) und damit auch nicht zwingend genetisch verwandt sein muss.

c) Die historische Auslegung bringt ebenfalls keine weiteren Erkenntnisse. Erstmals ist die Kindernachversicherung – wie bereits in der Einleitung erwähnt – in den MB/KK 76 vertraglich geregelt worden, bevor die Regelung 1994 in § 178d VVG aF in das Gesetz übernommen und 2008 um die Regelung zur Adoption erweitert wurde.[21] Was sich der Bedingungsgeber aber 1976 bei der Regelung gedacht hat und ob der Gesetzgeber eine solche Motivation übernehmen wollte oder über die Erweiterung um die Adoption noch weitere Änderungen plante, ist unbekannt. Der Kreis der Kindernachversicherungsberechtigten wird vielmehr in den amtlichen Begründungen des Gesetzgebers nicht näher definiert.

---

[19] So ausdrücklich im Beschluss des OLG Nürnberg 4.8.2021 – 11 UF 655/20, juris Rn. 34 ff., 36 mwN, wonach der „Wunschmutter" ein Umgangsrecht mit dem Kind nach § 1684 BGB nicht gewährt wurde, u. a. mit der Begründung, dass die Leihmutter „Mutter" im Sinne von 1591 BGB ist.

[20] Siehe zB *Müller-Engels* in BeckOK BGB, 59. Ed. 1.8.2021, § 2303 Rn. 13; *Homann/Schoch* in Bieritz-Harder/Conradis/Thie, SGB XII, 12. Aufl. 2020, § 107 Rn. 11.

[21] *Hütt* in MüKoVVG, 2. Aufl. 2017, § 198 Rn. 3 ff.

d) Entsprechendes gilt schließlich auch für eine teleologische Auslegung. Denn vom Sinn und Zweck her ist § 198 VVG nur zu entnehmen, dass derjenige, der für ein Kind – sei es als Elternteil (was immer damit gemeint ist) oder aufgrund einer Adoption – verantwortlich ist und der privat krankenversichert ist, die Möglichkeit haben soll, wie in der gesetzlichen Krankenversicherung sein Kind zu gleichen Konditionen versichern zu können[22].

Mit Blick auf den oben ausgeführten Umstand, dass § 198 VVG wesentliche Grundsätze des privaten Krankenversicherungsvertragsrechts als Ausnahmevorschrift durchbricht, ist zum Schutz des Versichertenkollektivs des jeweiligen Krankenversicherers vor in der Regel hohen Krankheitskosten des in der Regel frühgeborenen Leihmutterkindes die Norm eng auszulegen. Das spricht für eine genetische Abstammung bei der Auslegung des Begriffs Elternteils. Denn so ist der Kreis der Anspruchsberechtigten – wie in den Adoptionsfällen – klar abgrenzbar.

e) Vor diesem Hintergrund führt eine Auslegung des § 198 Abs. 1 S. 1 VVG zwar nicht zu einem eindeutigen und zweifelsfreien Ergebnis. Allerdings sprechen die besseren Gründe dafür, hier auf eine genetische Abstammung abzustellen.

So scheint dies auch *Boetius*[23] zu sehen, der von dem Neugeborenen als „leiblichem Kind" derjenigen Person spricht, zu dessen Versicherungsvertrag das Kind nachversichert werden soll. Das Problem der Leihmutterschaft behandelt er allerdings wiederum nicht explizit.

3. Ein Fingerzeig in diese Richtung ist auch der Entscheidung des BGH vom 10.12.2014[24] zu entnehmen. Durchaus gab und gibt es nämlich Entscheidungen, die sich mit der Leihmutterproblematik befassen, allerdings nicht im Kontext des VVG, sondern – neben der o. g. Entscheidung im Rahmen des Umgangsrechts nach BGB[25] – im Zusammenhang mit dem PStG[26] oder dem PaßG.[27]

Ansatzpunkt für Streitigkeiten im Rahmen des PStG ist meist ein nachträglicher Antrag auf Eintragung der Geburt in das Geburtenregister gem. § 36 Abs. 1 PStG. Streitpunkt ist dabei in der Regel, ob gemäß §§ 108, 109 FamFG die Entscheidung eines ausländischen Gerichts anerkannt wird, das im Fall der Leihmutterschaft die rechtliche Elternschaft zu dem Kind oftmals den die Leihmutterschaft in Auftrag gebenden Wunscheltern zuweist, oder ob die Entscheidung einen Verstoß gegen den ordre public enthält. Nach § 109 Abs. 1 Nr. 4 FamFG ist die Anerkennung einer ausländischen Entscheidung ausgeschlossen, wenn diese zu einem Ergebnis führt, das mit wesentlichen Grundsätzen des deutschen Rechts offensichtlich un-

---

[22] *Rogler* in Rüffer/Halbach/Schimikowski, VVG, 4. Aufl. 2020, § 198 Rn. 1; BT-Drs. 12/6959, 105 zu § 178d aF.

[23] *Boetius,* Private Krankenversicherung, 2010, § 198 Rn. 19 – 23.

[24] BGH 10.12.2014 – XII ZB 463/13, NJW 2015, 479; fortgeführt BGH 5.9.2018 – XII ZB 224/17, NJW-RR 2018, 1473; nachfolgend zB KG Berlin 4.7.2017 – 1 W 153/16, juris; OLG Hamm 17.12.2019 – I-15 W 324/19, juris; AG Köln 5.7.2019 – 378 III 41/19, juris; KG Berlin Beschl. v. 17.3.2020 – 1 W 298 + 300/19, FamRZ 2020, 1495; OVG Münster 15.1.2021 – 19 A 1987/18, NJW 2021, 1895.

[25] OLG Nürnberg 4.8.2021 – 11 UF 655/20, juris.

[26] S. zB AG Konstanz 23.4.15 – UR III 4/14 (2), juris; OLG Stuttgart 7.2.12 – 8 W 46/12, FamRZ 2012, 1740, juris; KG Berlin 1.8.2013 – 1 W 413/12, StAZ 2013, 348, juris; AG Neuss FamRZ 2014, 738; AG Friedberg FamRZ 2013, 1994.

[27] VG Berlin 5.9.12 – 23 L 283.12, StAZ 2012, 382.

vereinbar ist, insbesondere wenn die Anerkennung mit den Grundrechten unvereinbar ist (ordre-public-Verstoß). Für die Frage der Anerkennung einer ausländischen Entscheidung ist nicht auf den nationalen (kollisionsrechtlichen) ordre public nach Art. 6 EGBGB abzustellen, den die deutschen Gerichte bei Anwendung ausländischen Rechts zu beachten haben, sondern auf den großzügigeren anerkennungsrechtlichen ordre public international.[28] Mit diesem ist ein ausländisches Urteil nicht schon dann unvereinbar, wenn der deutsche Richter – hätte er den Prozess entschieden – aufgrund zwingenden deutschen Rechts zu einem andern Ergebnis gekommen wäre. Maßgeblich ist vielmehr, ob das Ergebnis der Anwendung ausländischen Rechts im konkreten Fall zu den Grundgedanken der deutschen Regelungen und den in ihnen enthaltenen Gerechtigkeitsvorstellungen in so starkem Widerspruch steht, dass es nach deutscher Vorstellung untragbar erscheint.[29]

Im Kontext genau dieser Vorschriften hatte der BGH am 10.12.2014[30] zu entscheiden. Gegenstand dieses Verfahrens war die Nachbeurkundung der Geburt des dort betroffenen Kindes, das aufgrund einer Leihmutterschaft für ein gleichgeschlechtliches männliches Paar in Kalifornien geboren wurde. Unstreitig wurde das Kind mit Spermien des dortigen Beteiligten zu 1. gezeugt, dieser war also der genetische Vater, der Beteiligte zu 2. dagegen naturgemäß nicht. Beide Beteiligten waren eingetragene Lebenspartner mit deutscher Staatsangehörigkeit. Der genetische Vater hatte zudem bereits vor der Geburt mit Zustimmung der Leihmutter die Vaterschaft vor dem deutschen Generalkonsulat in San Francisco anerkannt. Von Interesse ist auch noch, dass die Leihmutter bei Geburt des Kindes nicht verheiratet und mit dem Kind nicht genetisch verwandt war. Nach einem Urteil des Superior Court of the State of California sollten die gleichgeschlechtlichen Lebenspartner die Eltern sein, nicht aber die Leihmutter.

Der BGH hat – entgegen den Vorinstanzen[31] und einer Ansicht des VG Berlin in einer Entscheidung vom 5.9.2012[32] – die Entscheidung des Superior Court mangels Anerkennungshindernissen für anerkennungsfähig erklärt. Einen Verstoß gegen den ordre public, den die Vorinstanzen darin sahen, dass eine Elternschaft aufgrund eines Leihmutterschaftsvertrags nach deutschem Recht nicht begründet werden könne, sah der BGH nicht. Hinsichtlich des Lebenspartners als dem genetischen Vater des Kindes, der auch die Vaterschaft anerkannt habe, komme das deutsche Recht zu keinem anderen Ergebnis[33], wobei der BGH an dieser Stelle berücksichtigte, dass die Leihmutter nicht verheiratet war. Anderenfalls wäre die Anerkennung wegen § 1594 Abs. 2 BGB nicht möglich gewesen.

---

[28] BGHZ 138, 331, 334; BGHZ 118, 312, 328; BGHZ 98, 70, 73f.

[29] BGHZ 138, 331, 334; BGHZ 123, 268, 270; BGHZ 118, 312, 330; BGHZ 182, 204; BGHZ 182, 188; BGHZ 189, 87.

[30] → Fn. 24.

[31] KG Berlin 1.8.2013 – 1 W 413/12, StAZ 2013, 348, auch juris und AG Schöneberg 25.10.2012 – 70 III 70/12, juris.

[32] VG Berlin 23 L 283.12, juris im Zusammenhang mit der Versagung eines Reisepasses nach Leihmutterschaft in der Ukraine.

[33] BGH 10.12.2014 – XII ZB 463/13, juris, Rn. 30 und 31.

Hinsichtlich des weiteren Lebenspartners bewertete der BGH die Entscheidung des Superior Court angesichts des Umstands, dass die Leihmutter mit dem Kind genetisch nicht verwandt, andererseits ein Wunschelternteil im Unterschied zur Leihmutter mit dem Kind genetisch verwandt war, dahin, dass das Ergebnis der Anwendung ausländischen Rechts zu den Grundgedanken der deutschen Regelungen und den in ihnen enthaltenen Gerechtigkeitsvorstellungen jedenfalls nicht in so starkem Widerspruch steht, dass es nach deutschen Vorstellungen untragbar erscheine.[34] Der Aspekt der genetischen Abstammung war für den BGH dabei in zweifacher Hinsicht relevant, wenn er in Rn. 53 ausführt:

„Ob eine andere Beurteilung angebracht ist, wenn kein Wunschelternteil mit dem Kind genetisch verwandt oder die Leihmutter auch genetische Mutter ist, bedarf im vorliegenden Fall keiner Entscheidung. Denn der Beteiligte zu 1 ist nach den Feststellungen des Beschwerdegerichts genetischer Vater des Kindes, während es zwischen der Leihmutter und dem betroffenen Kind an einer genetischen Verbindung fehlt."

Positiv formulierte dies der BGH in Rn. 62:

„Wenn das ausländische Recht (..) zu dem Ergebnis gelangt, dass einer die Rahmenbedingungen zum Schutz der Leihmutter erfüllenden Leihmutterschaftsvereinbarung rechtliche Anerkennung zukommt, und im Hinblick auf das Kindeswohl der sozialen Elternschaft als bewusst und lebenslang übernommenen Elternverantwortung den Vorrang einräumt, ist der ordre public jedenfalls in der vorliegenden Fallkonstellation, das ein Wunschelternteil auch genetischer Elternteil des Kindes und die Leihmutter mit dem Kind nicht genetisch verwandt ist, nicht verletzt."

4. In den Fällen der Leihmutterschaft war also auch für den BGH das genetische Element entscheidend. Übertragen auf die eingangs aufgeworfene Fragestellung im Zusammenhang mit § 198 VVG ist dabei jedoch zu beachten, dass der BGH hier im Rahmen von §§ 108, 109 FamFG und § 36 Abs. 1 S. 1 PStG zu entscheiden hatte, wo es gerade um die Eintragung als Eltern geht. Der BGH hat also das „Paarelement" berücksichtigt.

Das ist im Rahmen von § 198 VVG anders. Dort kommt es nur auf die Zuordnung zu dem „versicherten Elternteil" an, in dessen Versicherungsschutz das Kind einbezogen werden soll. Ausdrücklich ist dort nicht von „Eltern" die Rede, sondern von „Elternteil". Diese Zuordnung zu einem Elternteil setzt sich auch inhaltlich fort. Die Nachversicherung richtet sich nämlich inhaltlich auch nach der maßgebenden Elternversicherung. Gemäß § 198 Abs. 1 S. 2 VVG besteht die Verpflichtung des Versicherers zur Nachversicherung nur insoweit, als der beantragte Versicherungsschutz des Neugeborenen nicht höher und nicht umfassender als der des versicherten Elternteils ist. Soweit ein höherer oder umfassenderer Versicherungsschutz für das Kind beantragt wird, entfällt der Kontrahierungszwang des Krankenversicherers.[35]

[34] BGH 10.12.2014 – XII ZB 463/13, juris, Rn. 32ff., 34.

[35] *Boetius,* Private Krankenversicherung, 2010, Rn. 18; *Voit* in Prölss/Martin, VVG, 31. Aufl. 2021, § 198 Rn. 6.

Ist die Zuordnung zu einem Elternteil aber Voraussetzung der Kindernachversicherung und ist in den Fällen der Leihmutterschaft das genetische Element relevant, kann dies im Zusammenhang mit § 198 VVG nichts anderes bedeuten, als dass in diesem Fall eine genetische Verbindung zu dem zuzuordnenden Elternteil bestehen muss.

Das alles kann vom Krankenversicherer im Übrigen auch bei Anmeldung des Kindes geprüft werden, selbst wenn der beantragende Elternteil in diesem Fall bereits eine Eintragung in das Geburtenregister erwirkt haben sollte. Ist die Eintragung der Geburt erfolgt, hat sie zwar grundsätzlich gegenüber Dritten – das wäre auch der betroffene Krankenversicherer – die Beweiskraft des § 54 PStG. Die Geburt und die darüber gemachten „näheren Angaben" werden gemäß § 54 Abs. 1 PStG bewiesen. Nach § 54 Abs. 3 PStG ist aber grundsätzlich der Nachweis der Unrichtigkeit der beurkundeten Tatsachen zulässig.

Dem hat sich das OLG Celle[36] in einem von den beiden Verfassern betreuten Rechtsstreit im Ergebnis angeschlossen. Der dort zu beurteilende Sachverhalt ähnelte dem in der vorbesprochenen Entscheidung des BGH mit der Ausnahme, dass es dem dortigen Kläger (Teil eines gleichgeschlechtlichen männliches Paares, welches keine Lebenspartnerschaft nach dem LPartG unterhielt) um die Kindernachversicherung der aufgrund einer Leihmutterschaft in Kalifornien geborenen Zwillinge gemäß § 198 VVG ging. Von Interesse war insoweit, dass der Kläger nur von einem der Kinder genetischer Vater war. Genetischer Vater des anderen Kindes war sein Lebensgefährte. Der Kläger war unstreitig weitaus mehr als drei Monate bei der dortigen Beklagten krankenversichert, als er den Nachversicherungsantrag für die Zwillinge stellte. Auch die Frist von zwei Monaten gemäß § 198 Abs. 1 VVG war gewahrt. Entscheidungserheblich war daher die Frage, ob der Kläger „Elternteil" beider Kinder im Sinne von § 198 VVG ist. Die Vorinstanz hatte diese Frage noch hinsichtlich beider Kinder bejaht, wobei sie den Begriff des „Elternteils" unabhängig von der biologischen Abstammung allein im Rechtssinne bewertete und ohne nähere Begründung unter Zugrundelegung der vorbesprochenen Entscheidung des BGH das auch in diesem Fall existierende US-amerikanische Urteil, wonach der Kläger Vater beider Kinder war, zugrunde legte. Diese Auffassung teilte das OLG Celle nicht. Für den Begriff des Elternteiles im Sinne von § 198 VVG bzw. der vereinbarten AVB käme es als Auslegungsmaßstab nicht auf die *„sich ausschließlich an Kindeswohlerwägungen orientierende Rechtsprechung des BGH zur personenstandsrechtlichen Anerkennungsfähigkeit von Entscheidungen ausländischer Gerichte unter dem Gesichtspunkt der Vereinbarkeit mit dem ordre public international an"*.[37] Im Einklang mit der höchstrichterlichen Rechtsprechung seien die AVB vielmehr so auszulegen, wie ein durchschnittlicher Versicherungsnehmer sie bei verständiger Würdigung, aufmerksamer Durchsicht und Berücksichtigung des erkennbaren Sinnzusammenhangs verstehe. Dem durchschnittlichen Versicherungsnehmer sei die vorbesprochene Entscheidung des BGH aber in der Regel nicht bekannt, so das OLG Celle weiter.[38]

---

[36] VersR 2019, 1482 – rk. nach Zurückweisung einer Nichtzulassungsbeschwerde durch den BGH mit Beschluss vom 18.3.2020 (IV ZR 56/19).

[37] OLG Celle VersR 2019, 1482, 1484.

[38] OLG Celle VersR 2019, 1482, 1484.

Daher hat es im Folgenden dann auf das deutsche Abstammungsrecht abgestellt[39], wobei es hinsichtlich des genetisch vom Kläger abstammenden Kindes eine Elternschaft des Klägers im Sinne von § 198 VVG bejahte, hinsichtlich des anderen Kindes verneinte. Es hob dabei hervor, dass namentlich eine Anerkennung der Entscheidung des US-amerikanischen Gerichts hier – anders als im Fall des BGH – nicht in Betracht käme, da einerseits nicht unstrittig sei, dass die Leihmutter nicht zugleich auch die genetische Mutter der Kinder ist sowie andererseits der Kläger und sein Lebensgefährte keine eingetragenen Lebenspartner seien.[40]

Obwohl mit dieser Entscheidung bereits wichtige Weichenstellungen vorgenommen worden sind, sind mit ihr noch nicht alle Rechtsfragen zur Leihmutterschaft im Verhältnis zur Kindernachversicherung geklärt. Daher verbleibt auch insoweit Reformbedarf. Der Gesetzgeber sollte also klarstellen, wer Elternteil im Sinne des § 198 VVG ist und insoweit vor allem auf die genetische Abstammung abstellen. Damit könnte auch ein Gleichklang zum Recht der gesetzlichen Krankenversicherung hergestellt werden, wenn dort auch klargestellt werden würde, dass es insoweit auf die genetische Abstammung ankommt. Nur so kann für alle Beteiligten Klarheit zugunsten des Kindes geschaffen werden und eine medizinisch mögliche weitere (zum Teil mit Blick auf das Abstammungsrecht ggf. auch uferlose) Ausdehnung der Kindernachversicherung auf besonders kostenpflichtige Leistungsfälle verhindert werden.

Geregelt werden müssten dann noch die Fälle, in denen die genetischen Elternteile nicht ermittelt werden können oder die Eltern weder in der gesetzlichen oder der privaten Krankenversicherung versichert sind (warum auch immer). Fälle anonym geborener Kinder sind nämlich bereits Gegenstand sozialgerichtlicher Rechtsstreitigkeiten gewesen. So hat das SG Hannover jüngst mit Urteil vom 28.5.2021[41] die Auffassung vertreten, dass für ein anonym geborenes Kind kein Anspruch auf Versicherungsschutz in der gesetzlichen Krankenversicherung bestehe und dass hier nur „ein sog. anderweitiger Anspruch auf Absicherung im Krankheitsfall nach dem 8. Buch Sozialgesetzbuch gegen den Jugendhilfeträger" bestehe. Das steht jedoch im Widerspruch zum gesetzgeberischen Ziel, dass jeder in Deutschland entweder gesetzlich oder privat krankenversicherungspflichtig und damit auch berechtigt ist – das muss auch für ein anonym geborenes Kind gelten, wenn es in Deutschland lebt. Daher ist für anonym geborene Kinder ebenso wie für in Deutschland lebende Kinder, deren genetische Eltern weder gesetzlich noch privat in Deutschland krankenversichert sind, eine Auffangvorschrift zu schaffen, wonach diese Kinder einen gesetzlichen Anspruch auf Krankenversicherung haben, der im Zweifel in der gesetzlichen Krankenversicherung besteht.

[39] OLG Celle VersR 2019, 1482, 1484.

[40] S. OLG Celle VersR 2019, 1482, 1486 mit Verweis auf BGH 10.12.2014 – XII ZB 463/13 Rn. 43.

[41] SG Hannover S 11 KR 889/17 – n.rk.

IV. Fazit

Jede gesetzliche Vorschrift ist ausgehend von ihrem Regelungszweck regelmäßig daraufhin zu überprüfen, ob sie angesichts veränderter außerjuristischer Sachverhalte noch ihren Regelungszweck erfüllt. Das ist bei § 198 VVG – wie gezeigt – nicht mehr vollständig der Fall. Daher bedarf diese in die Jahre gekommene Vorschrift einer Reform – zum einen bezüglich der Definition des Elternteils im Sinne von § 198 Abs. 1 S. 1 VVG und zum anderen bezüglich der Drei-Monats-Mindestversicherungsdauer nach § 198 Abs. 3 VVG.

Der Jubilar ist zwar auch „in die Jahre gekommen", aber anders als § 198 VVG nicht reformbedürftig. Vielmehr besteht die begründete Erwartung, dass er diesen Beitrag zum Anlass nimmt, sich dem Thema anzunehmen. Denn nicht nur als geschätzter Herausgeber von gleich zwei Kommentaren zum VVG hat seine Stimme erhebliches Gewicht. Die Weiterentwicklung des Versicherungsvertragsrechts war ihm zudem schon immer eine Herzensangelegenheit.

MICHAEL GRUBER

Die AGB-Kontrolle Allgemeiner Versicherungsbedingungen durch den OGH

I. *Abschlusskontrolle*

Gemäß § 864a ABGB werden Bestimmungen ungewöhnlichen Inhaltes in allgemeinen Geschäftsbedingungen oder Vertragsformblättern, die ein Vertragsteil verwendet hat, nicht Vertragsbestandteil, wenn sie dem anderen Teil nachteilig sind und er mit ihnen auch nach den Umständen, vor allem nach dem äußeren Erscheinungsbild der Urkunde, nicht zu rechnen brauchte; es sei denn, der eine Vertragsteil hat den anderen besonders darauf hingewiesen. Diese Geltungskontrolle geht der Inhaltskontrolle gemäß § 879 ABGB vor.[1]

Eine von § 864a ABGB erfasste Klausel wird nicht Vertragsinhalt, der Rest der AGB und des Vertrages bleiben gültig.[2] Im Schrifttum wird sowohl die relative[3] als auch die absolute Nichtigkeit[4] der Klausel vertreten. Nach der Rechtsprechung gilt Folgendes: Ist eine Klausel nach den unstrittigen Tatumständen bedenklich, so hat das Gericht ihre Vereinbarkeit mit § 864a auch ohne ausdrücklich darauf gerichtete Einwendung zu überprüfen.[5] Ist eine solche offenkundige Bedenklichkeit nicht gegeben, so trifft denjenigen, der sich auf § 864a beruft, für die Nachteiligkeit und Ungewöhnlichkeit der Klausel die Behauptungs- und Beweislast.[6]

Objektiv ungewöhnlich ist eine Klausel, die von den Erwartungen des Vertragspartners deutlich abweicht, mit der er also nach den Umständen vernünftigerweise nicht zu rechnen braucht. Der Klausel muss ein *„Überrumpelungseffekt"* innewohnen.[7] Die Ungewöhnlichkeit ist objektiv zu verstehen und hat sich an der Verkehrsüblichkeit beim betreffenden Geschäftstyp zu orientieren.[8] Insbesondere dann, wenn nur ein beschränkter Adressatenkreis angesprochen wird, kommt es auf die Branchenüblichkeit und den Erwartungshorizont der angesprochenen Kreise an.[9] Ein Abstellen auf die subjektiven Erwartungen gerade für den

---

[1] OGH RIS-Justiz RS0037089 (abrufbar unter https://ris.bka.gv.at/Jus/).

[2] Ständige Rechtsprechung, etwa OGH 3 Ob 512/89; 7 Ob 93/06m.

[3] *Welser* JBl 1979, 450; *Krejci* ÖJZ 1981, 155.

[4] *Rummel* in Rummel/Lukas, ABGB, 4. Aufl. 2014, § 864a Rn. 29.

[5] Ständige Rechtsprechung, etwa OGH 1 Ob 576/87 SZ 60/52; 1 Ob 558/89 SZ 62/99; 7 Ob 156/06a; wN bei *Graf* in Kletečka/Schauer, ABGB-ON, Version 1.08, § 864a Rn. 47.

[6] Ständige Rechtsprechung, etwa OGH 8 Ob 31/05z; wN bei *Graf* in Kletečka/Schauer, ABGB-ON, Version 1.08, § 864a Rn. 47.

[7] OGH RIS-Justiz RS0014646.

[8] OGH RIS-Justiz RS0014627.

[9] OGH RIS-Justiz RS0014646.

anderen Teil ist ausgeschlossen.[10] Erfasst sind alle dem Kunden nachteiligen Klauseln, eine gröbliche Benachteiligung wie in § 879 Abs. 3 ABGB wird nicht vorausgesetzt.[11]

Auffällig ist, dass der OGH die Ungewöhnlichkeit selten bejaht. Neben dem schon älteren „leading case", der Kofferraumklausel-Entscheidung,[12] können in jüngerer Zeit vor allem Entscheidungen zur Ungewöhnlichkeit von Präklusivfristen vermerkt werden.[13]

Jüngst hatte der OGH zwei „Altersklauseln" in den AUVB zu beurteilen:[14] Nach der einen Klausel reduzierten sich die Versicherungssummen ab dem Ende des Versicherungsjahres, in dem der Versicherte das 70. Lebensjahr vollendet hatte. Zwar hatte der OGH in 7 Ob 288/08s die Reduktion der Versicherungssumme bei gleichbleibenden gegenüber einer Jugend- oder Erwachsenenunfallversicherung wesentlich niedrigeren Prämien, wenn ein Kind 15 Jahre alt wird, als zulässig erachtet. Dies gelte aber nicht für den Erwachsenenunfallversicherungsvertrag. Hier müsse der Versicherungsnehmer nicht damit rechnen, dass er ab einem bestimmten Alter eine zwingende Reduktion der vereinbarten Versicherungssumme erfolgt. Diese Klausel sei nachteilig. Das Einziehen einer willkürlichen Altersgrenze, die die Reduktion der Versicherungssumme bewirkt, sei objektiv überraschend, daher die Klausel nach § 864a unwirksam.

Nach der anderen Klausel trat anstelle der Kapitalleistung eine Rente, wenn der Versicherte am Unfalltag das 75. Lebensjahr bereits vollendet hatte. Auch diese Klausel ist nach Ansicht des OGH nachteilig und objektiv ungewöhnlich: Sie weicht von den Erwartungen des durchschnittlichen Unfallversicherungsnehmers schon insoweit erheblich ab, als üblicherweise die vom Invaliditätsgrad abhängige Auszahlung eines Kapitalbetrags erwartet wird. Der Versicherungsnehmer rechnet daher nicht damit, dass von dieser konkret vereinbarten Kapitalleistung in den AVB allein aufgrund des Erreichens einer bestimmten Altersgrenze abgegangen wir. Der Versicherungsnehmer, der jahre- oder jahrzehntelang Prämien einbezahlt hat, erhält nun nicht die erwartete Kapitalleistung, sondern bloß eine Rente bis zu Eintritt des Todes, wodurch von dem vereinbarten Leistungsumfang überraschend abgewichen wird.

Viel öfter verneint der OGH die Anwendbarkeit des § 864a ABGB, wie einige Beispiele aus der jüngeren Rechtsprechung zeigen: So war eine Bestimmung über die Kündigung im Schadensfall in Rechtsschutzversicherungs-Bedingungen nicht objektiv ungewöhnlich.[15] Die Bestimmung war nicht im Text „versteckt". Ein durchschnittlich sorgfältiger Leser konnte das (paritätisch ausgestaltete) Kündigungsrecht im einleitenden Hauptpunkt „Gemeinsame Bestimmungen" und damit dort finden, wo es zu vermuten war. Die Klausel fand sich unter der Überschrift

[10] OGH RIS-Justiz RS0014627.
[11] OGH RIS-Justiz RS0123234.
[12] OGH 7 Ob 11/84.
[13] Etwa OGH 7 Ob 31/20i = ZVers 2020, 284; 7 Ob 206/19y; 7 Ob 22/10a; 7 Ob 201/12b (ARB); 7 Ob 47/19s; 7 Ob 250/01t (AUVB).
[14] OGH 7 Ob 156/20x = ZVers 2021, 83.
[15] OGH 7 Ob 84/16b.

„Kündigung im Schadenfall“ an systematisch richtiger Stelle. Ein „Überrumpelungseffekt“ war daher zu verneinen.

Einen solchen Überrumpelungs- oder Übertölpelungseffekt verneinte der OGH auch für folgende Klausel in den ABUB:[16] Dort werden unter der Überschrift „Was ist ein Personenschaden?“ über die unmittelbar durch Krankheit oder Unfall verursachte Arbeitsunfähigkeit hinaus medizinisch notwendige Nachbehandlung bis zu 24 Monate nach einem Unfall als Personenschaden definiert. Diese Klausel nimmt damit in zeitlicher Hinsicht eine primäre Beschränkung dahin vor, dass mehr als 24 Monate nach einem Unfall stattfindende (Nach-)Behandlungen keinen Versicherungsschutz genießen. Ebenfalls definiert wird in den ABUB der Begriff der Heilbehandlung und was keine Heilbehandlung ist, und zwar Rehabilitationsmaßnahmen, wenn sie nicht im unmittelbaren Anschluss an eine Heilbehandlung erfolgen. Nach Ansicht des OGH sind Risikoausschlussklauseln in AVB für einen Versicherungsnehmer an sich nicht objektiv ungewöhnlich. Im konkreten Fall von 7 Ob 131/17s war die Klausel auch nicht versteckt. Sie gehörte zu jenem Teil der AVB, in dem nach der Überschrift „Allgemeine Begriffe“ bestimmte Erläuterungen gegeben werden sollen.

Die „Rennstreckenklausel“ ist in der Unfallversicherung nicht ungewöhnlich:[17] In den AUVB sind Unfälle aus der Beteiligung an motorsportlichen Wettbewerben von der Versicherung ausgeschlossen. Zahlreiche Unfallversicherungsbedingungen würden – so der OGH – besonders gefahrengeneigte Tätigkeiten vom Versicherungsschutz ausschließen. Ein Versicherungsnehmer müsse daher damit rechnen, dass die Unfallversicherung Unfälle aus besonders gefährlichen Hobbies nicht umfasst. Ein Risikoausschluss für wettbewerbsmäßigen Motorsport entspreche den Musterbedingungen. Der Versicherungsnehmer könne aber auch nicht von einem Ausschluss für ohne unmittelbare Wettbewerbsabsicht betriebenen Motorsport auf einer Wettbewerbsstrecke überrascht sein, würden bei solchen Fahrten doch üblicherweise – wie bei einem Wettbewerb selbst – sehr hohe Geschwindigkeiten eingehalten und die Grenzen des Fahrkönnens und/oder des Fahrzeugs ausgelotet. Der Ausschluss sei daher nicht objektiv ungewöhnlich.

Ähnlich argumentiert der OGH für die „Bandscheibenklausel“ in der Unfallversicherung:[18] Jedem Versicherungsnehmer müsse das Wissen zugemutet werden, dass gewisse Begrenzungsnormen einem Unfallversicherungsvertrag zugrunde liegen. Der durchschnittliche Versicherungsnehmer müsse daher grundsätzlich mit Risikoausschlüssen und -einschränkungen rechnen. Bandscheibenschädigungen als Gesundheitsschädigungen sind grundsätzlich dem Krankheitsbereich und damit der Krankenversicherung zuzurechnen. Sie entstehen auch ohne äußere Einwirkung aufgrund schicksalhafter oder anlagebedingter Abnützungserscheinungen oder degenerativer Vorgänge im Körper. Daher schließen zahlreiche Unfallversicherungsbedingungen wie auch die Musterbedingungen bestimmte Bandscheibenschäden vom Versicherungsschutz aus. Dass der Unfallversicherer gegenüber degenerativen

[16] OGH 7 Ob 131/17s.
[17] OGH 7 Ob 132/15k.
[18] OGH 7Ob 86/17y.

Veränderungen Abgrenzungen des Deckungsschutzes vornehme, sei für den durchschnittlichen Versicherungsnehmer nicht unerwartet.

Serienschadenklauseln wie etwa in der Vermögenschadenhaftpflichtversicherung sind grundsätzlich nicht ungewöhnlich.[19] Noch weniger ungewöhnlich ist es, dass eine Bestimmung bei einem Dauerverstoß vorschreibt, dass die Versicherungssumme nur einmal ausbezahlt wird.[20]

II. *Inhaltskontrolle*

Nach § 879 Abs. 3 ABGB ist eine in Allgemeinen Geschäftsbedingungen oder Vertragsformblättern enthaltene Vertragsbestimmung, die nicht eine der beiderseitigen Hauptleistungen festlegt, jedenfalls nichtig, wenn sie unter Berücksichtigung aller Umstände des Falles einen Teil gröblich benachteiligt. Ein Verstoß gegen § 879 Abs. 3 ABGB führt zur relativen Nichtigkeit der Klausel, bei Verbraucherverträgen dagegen wegen Art. 6 der Klausel-Richtlinie zur absoluten Nichtigkeit.[21]

Im Versicherungsvertragsrecht stellt sich die Frage, ob eine AVB-Klausel die *Hauptleistung* festlegt. Diesfalls ist § 879 Abs. 3 ABGB nicht anwendbar. Nach herrschender Meinung im Schrifttum ist die Risikoumschreibung in AVB zur Gänze kontrollfähig, dies trifft nicht nur auf die Risikoausschlüsse zu.[22] Diese Auffassung vertritt auch der OGH:[23] § 879 Abs. 3 ABGB gehe von einem sehr engen Begriff der Hauptleistung aus. Für Versicherungsverträge gebe es den Kernbereich der Leistungsumschreibung, der kontrollfrei sei. Kontrollfrei sei in AVB jedenfalls die Festlegung der Versicherungsart und die Prämienhöhe. Im Übrigen sei die Leistungsbeschreibung der AVB der Inhaltskontrolle zugänglich, ohne dass es darauf ankäme, ob es sich um die Stufe der primären Umschreibung der Versichertengefahr oder um Risikoausschlüsse handle. So unterliegt etwa eine Serienschadenklausel der Inhaltskontrolle,[24] ebenso die claims-made-Klausel in der D&O-Versicherung.[25]

Wie nach allgemeinem Zivilrecht bestimmt sich die gröbliche Benachteiligung einer AVB-Klausel in erster Linie nach dem *dispositiven Recht* als Leitbild eines ausgewogenen und gerechten Interessenausgleichs.[26] So stellt etwa § 56 VersVG den Maßstab zur Beurteilung einer Klausel zur Unterversicherung dar.[27] In einem anderen Fall zur Klausel in den AHVB über die Kostentragung des SV-Verbands bildet die Kostenersatzregelung der ZPO den Beurteilungsmaßstab.[28]

---

[19] OGH 7 Ob 70/14s = SZ 2014/65.
[20] OGH 7 Ob 70/14s = SZ 2014/65.
[21] *Graf* in Kletečka/Schauer, ABGB-ON, Version 1.08, § 879 Rn. 297.
[22] *Fenyves* in Fenyves/Schauer, VersVG, 4. Akt. 2019, Vor § 1 Rn. 65 mN zur Diskussion.
[23] OGH RIS-Justiz RS0128209.
[24] OGH 7 Ob 79/14s.
[25] OGH 7 Ob 182/17s.
[26] Etwa OGH 7 Ob 86/17y; RIS-Justiz RS0014676.
[27] OGH 7 Ob 227/12a.
[28] OGH 7 Ob 113/14i.

Aus dem dispositiven Recht ergibt sich auch der Kontrollmaßstab für die Risikoumschreibung. Ein Abweichen vom dispositiven Recht wird uU schon dann eine gröbliche Benachteiligung des Vertragspartners iSd § 879 Abs. 3 ABGB sein können, wenn sich für die Abweichung keine sachliche Rechtfertigung ergibt. Sie ist jedenfalls anzunehmen, wenn die dem Vertragspartner zugedachte Rechtsposition im auffallenden Missverhältnis zur vergleichbaren Rechtsposition des anderen steht, wenn also keine sachlich berechtigte Abweichung von der für den Durchschnittsfall getroffenen Norm des nachgiebigen Rechts vorliegt.[29]

Fenyves[30] weist aber zutreffend darauf hin, dass es nur einige wenige Versicherungssparten gebe, für die das VersVG das versicherte Risiko in dispositiver Form festlege. Beispiele wären die Feuerversicherung, Transportversicherung, Haftpflichtversicherung, Rechtsschutzversicherung, Krankenversicherung. Zur „Rennstreckenklausel" in den AUVB führt der OGH daher zu Recht aus, es gebe keine einschlägige dispositive Regelung, an der man sich orientieren könne.[31] Es bedarf also eines anderen Kontrollmaßstabes, die Beurteilung hat nach den Vertragszweck zu erfolgen.[32] Aus diesem Vertragszweck ergeben sich die *berechtigten Deckungserwartungen des Versicherungsnehmers.* Diese stellen daher nach stRspr den Kontrollmaßstab für die Risikoumschreibung (soweit kontrollfähig) dar.[33] Eine gröbliche Benachteiligung iSd § 879 Abs. 3 ABGB liegt demnach nicht nur dann vor, wenn der Vertragszweck geradezu vereitelt oder ausgehöhlt wird, sondern bereits dann, wenn die zu prüfende Klausel eine wesentliche Einschränkung gegenüber dem Standard bringt, den der Versicherungsnehmer von einer Versicherung dieser Art erwarten kann.[34]

Beispiele: Die Krankenzusatzversicherung ergänzt die gesetzliche Sozialversicherung um zusätzliche Leistungen. Eine Deckungserwartung dahingehend, dass eine Krankenzusatzversicherung auch alle Kosten einer notwendigen Heilbehandlung im Ausland übernimmt, besteht bei einer besonders hervorgehoben nur für Österreich geltenden Zusatzversicherung nicht.[35] Die Klausel in den AUVB, wonach Herzinfarkt oder Schlaganfall als Unfallfolge vom Versicherungsschutz ausgeschlossen sind, verstößt gegen § 879 Abs. 3 ABGB.[36]

So werden etwa in den AVB der Krankenversicherer Leistungen für stationäre Heilbehandlungen im Ausland von einer vorherigen schriftlichen Zusage des Versicherers abhängig gemacht. In 7 Ob 179/05g prüft der OGH, ob diese Klausel gröblich benachteiligend iSd § 879 Abs. 3 ABGB ist: Da es keine Bestimmungen darüber gebe, welchen Umfang eine Krankenhaustagegeldversicherung zu haben hat, weiche die AVB-Klausel jedenfalls nicht vom dispositiven Recht ab. Ebenso würden darüber auch allgemeingebräuchliche Standards fehlen, an denen sich die

---

[29] Ständige Rechtsprechung, etwa 7 Ob 70/14s; RIS-Justiz RS0016914.
[30] *Fenyves* in Fenyves/Schauer, VersVG, 4. Akt. 2019, Vor § 1 Rn. 69.
[31] OGH 7 Ob 132/15k.
[32] *Fenyves* in Fenyves/Schauer, VersVG, 4. Akt. 2019, Vor § 1 Rn. 69.
[33] RIS-Justiz RS0128209.
[34] OGH RIS-Justiz RS0218209 (T2).
[35] OGH 7 Ob 111/18a.
[36] 7 Ob 113/19x = ZVers 2020, 42; 7 Ob 73/12i.

Deckungserwartung des Versicherungsnehmers orientieren dürfte. Insgesamt bejaht der OGH unter Berücksichtigung aller Umstände die sachliche Rechtfertigung der genannten Risikobegrenzung:[37] Es könne nicht bezweifelt werden, dass das Risiko des Versicherers für den Aufenthalt des Versicherungsnehmers in ausländischen Privatkrankenanstalten weit weniger kalkulierbar sei, als ein Aufenthalt in einer österreichischen oder in einer öffentlichen Krankenanstalt außerhalb Österreichs. Informationen über letztere seien für den Versicherer in der Regel leichter zugänglich, er könne daher weit eher beurteilen, wie dort gearbeitet werde, welche Behandlungen durchgeführt und welche Patienten aufgenommen würden. Es liege daher nahe und könne nicht als gröbliche Benachteiligung angesehen werden, wenn sich der Versicherer, um nachträgliche, schwierige Erörterungen auszuschließen, ob gerade die konkrete private ausländische Krankenanstalt ausschließlich nach dem allgemein anerkannten Stand der medizinischen Wissenschaft arbeitet, Rehabilitationsmaßnahmen oder Kurbehandlungen durchführe, Rekonvaleszente oder Pflegefälle aufnehme etc, seine Leistungen von einer vorherigen Zusage abhängig mache.

Nach einer anderen Entscheidung[38] kann der Versicherungsnehmer bei einer Haushaltsversicherung nicht erwarten, dass damit schlechthin jedes Risiko abgedeckt sei. Klauseln über Sublimits bei Naturereignissen (zB Überschwemmungen) sind daher nicht gröblich benachteiligend.

In anderen Entscheidungen stellt der OGH eine *umfassende Interessenabwägung* an. So geht es in OGH 7 Ob 168/14b um eine Klausel in der Krankenversicherung, nach welcher Krankenhaus-Tagegeld für Aufenthalte in bestimmten Krankenhäusern ab der 5. Behandlungswoche nur insoweit erbracht werden, als der Versicherer dies vorher schriftlich zusagt. Noch in 7 Ob 179/05g hatte der OGH die Nichtigkeit einer vergleichbaren Klausel verneint. In 7 Ob 168/14b erachtet der 7. Senat die Klausel als gröblich benachteiligend. Seine Begründung zeigt deutlich und methodisch zutreffend den Zusammenhang zwischen dem Leitbild des dispositiven Rechts und einer bei Fehlen desselben gleichwohl notwendigen Interessenabwägung: Bei einer in einem beweglichen System vorzunehmenden Beurteilung, ob eine Klausel gröblich benachteiligend sei, habe sich der Rechtsanwender am dispositiven Recht als Leitbild eines ausgewogenen und gerechten Interessenausgleichs zu orientieren.[39] Nach stRspr können Abweichungen vom dispositiven Recht uU schon dann eine gröbliche Benachteiligung sein, wenn sich dafür keine sachliche Rechtfertigung ins Treffen führen lässt, jedenfalls aber dann, wenn die dem Vertragspartner zugedachte Rechtsposition in einem auffallenden Missverhältnis zur Rechtsposition des anderen steht.[40] Die Beurteilung, ob die Abweichung von der für den Durchschnittsfall getroffenen Norm sachlich gerechtfertigt ist, erfordert damit eine umfassende, die Umstände des Einzelfalls berücksichtigende Interessenabwägung, bezogen auf den Zeitpunkt des Vertragsabschlusses.[41] Die gröbliche Be-

[37] So schon OGH 7 Ob 231/04b.
[38] OGH 7 Ob 1/05f.
[39] Ständige Rechtsprechung OGH RIS-Justiz RS0014676.
[40] OGH RIS-Justiz RS0016914.
[41] Etwa OGH 7 Ob 189/19y; 7 Ob 154/13t; RIS-Justiz RS0016913.

nachteiligung des Versicherungsnehmers durch die konkrete Klausel in der Krankenversicherung begründet der OGH wie folgt: Selbst wenn man davon ausgehe, dass das Risiko des Versicherers für den Aufenthalt des Versicherungsnehmers in Anstalten für Nerven- und/oder Geisteskranke weniger kalkulierbar sei als ein Aufenthalt in einer Krankenanstalt zur Behandlung physischer Krankheiten oder Unfallfolgen und dass die medizinische Indikation derartiger stationärer Heilbehandlungen nachträglich mitunter schwer überprüfbar sein könne, so sei die Bestimmung, die Leistungen von der vorherigen nicht näher determinierten Zusage des Versicherers abhängig mache, doch gröblich benachteiligend nach § 879 Abs. 3 ABGB. Dadurch dass die Zustimmung an keine Voraussetzungen gebunden sei und damit letztlich in der Willkür des Versicherers liege, wird dem Versicherungsnehmer die Möglichkeit genommen, gegen die Versagung der Zustimmung vorzugehen, womit die Rechtsposition des Versicherungsnehmers im auffallenden und sachlich nicht zu rechtfertigenden Missverhältnis zur Rechtsposition des Versicherers stehe.[42]

Die Klausel in den ARB, wonach Versicherungsansprüche erst abgetreten oder verpfändet werden können, wenn sie dem Grunde und der Höhe nach endgültig festgestellt sind, ist nicht gröblich benachteiligend iSd § 879 Abs. 3 ABGB.[43] Denn das Abtretungsverbot dient dem Interesse des Versicherers. Es soll dadurch insbesondere verhindert werden, dass dem Versicherungsnehmer ein einem vom Zessionar gegen den Versicherer angestrengten Prozess die Stellung eines Zeugen zukommt.[44] Umgekehrt sieht der OGH kein berechtigtes Interesse des Versicherers an zwingenden Wertanpassungsklauseln in der Rechtschutzversicherung.[45]

Gröblich benachteiligend sind auch imparitätische Kündigungsrechte im Schadensfall,[46] wenn die Kündigungsklausel in den AVB keine objektivierbaren Kriterien festlegt, die Kündigung in das freie Ermessen des Versicherers gestellt wird und diese Bedingung dem Versicherer die Möglichkeit einräumt, Prämien während eines beliebig langen Zeitraums zu lukrieren und beim ersten Schadensfall den Versicherungsfall zu kündigen.[47] Auch wenn das Kündigungsrecht im Schadensfall für Versicherer und Versicherungsnehmer formal paritätisch ausgestaltet ist, kann die Kündigungsklausel gröblich benachteiligend sein, wenn sie dem Versicherer ein uneingeschränktes, nicht weitere determiniertes Kündigungsrecht im Schadensfall, auch im Bagatellfall, einräumt.[48] Ebenso ist eine Klausel, wonach der Rechtschutzversicherer bei überdurchschnittlicher Inanspruchnahme den Vertrag kündigen kann, gröblich benachteiligend.[49]

---

[42] OGH 7 Ob 168/14b.

[43] Ständige Rechtsprechung, etwa 7 Ob 68/21g; 7 Ob 85/07m = SZ 2007/69; RIS-Justiz RS0032693.

[44] RIS-Justiz RS0032693.

[45] OGH 7 Ob 242/18s; 7 Ob 168/17g; 7 Ob 62/15s. Die gegenteiligen Auffassungen von *Kath* RdW 2015, 469 und *Fenyves,* Prämienanpassungsklauseln, 2016, 43ff., überzeugen den OGH nicht (7 Ob 242/18s [sub 2.5.5.3.m).

[46] Siehe OGH RIS-Justiz RS0127809.

[47] OGH 7 Ob 84/16b; 7 Ob 201/12b.

[48] OGH 7 Ob 156/20x (AUVB); 7 Ob 84/16b (ARB).

[49] OGH 7 Ob 156/20x.

Klauseln über die Dauerrabattrückforderung müssen streng degressiv ausgestaltet sein, um nicht gröblich benachteiligend zu sein.[50]

Einer Kontrolle des „iustum pretium" nähert sich der OGH in seinen Entscheidungen zur Tariferhöhung an: Im Falle einer Tariferhöhung kürzt der Versicherer seine Leistung in jedem zukünftigen Versicherungsfall, was in keinem Zusammenhang mit der vereinbarten Versicherungssumme steht, die dann gleichbleibt. Damit wird das im Versicherungsvertrag vereinbarte Äquivalenzverhältnis einseitig und ohne gerechtfertigten Grund zugunsten des Versicherers verändert, denn er muss nun nicht mehr nur begrenzt durch die Versicherungssumme Leistungen erbringen, sondern kann diese noch entsprechend den Tarifänderungen kürzen. Dem Versicherer bleibt es ja unbenommen, seinen Vertragspartner auf das Inflationsrisiko und die Gefahr einer Unterversicherung aufmerksam zu machen und eine entsprechende Anpassung anzubieten.[51]

III. *Transparenzkontrolle*

Mit der Zunahme von Verbandsklageverfahren gegen Versicherer hat auch die Prüfung, ob AVB-Klauseln dem Transparenzgebot des § 6 Abs. 3 KSchG entsprechen, eine bedeutende Rolle bei der AVB-Kontrolle durch den 7. Senat des OGH bekommen. Nach § 6 Abs. 3 KSchG ist eine in Allgemeinen Geschäftsbedingungen oder Vertragsformblättern enthaltene Vertragsbestimmung unwirksam, wenn sie unklar oder unverständlich abgefasst ist. Die Bestimmung ist nur auf Versicherungsverträge anzuwenden, die ein Verbrauchergeschäft iSd § 1 Abs. 1 KSchG sind.

Paradigmatisch für die inzwischen zahlreichen Entscheidungen des OGH zum Transparenzgebot sei hier eine Entscheidung zum Unterjährigkeitszuschlag in Lebensversicherungsverträgen vorgestellt:[52] Die Klausel lautete: *„Die laufenden Jahresbeiträge können nach Vereinbarung auch in unterjährigen Raten, dann aber mit Zuschlägen, bezahlt werden."* Diese Klausel war aus Sicht des OGH intransparent: Nach dem Wortlaut ergebe sich klar, dass unterjährige Prämien gegen Zuschlag vereinbart werden können. Die Textierung lässt aber nicht erkennen, ob der Versicherungsnehmer wegen einer noch notwendigen Vereinbarung Einfluss auf die Höhe des Zuschlags nehmen kann oder ob er ihn, wie vom Versicherer einseitig in unbekannter Höhe vorgegeben akzeptieren muss. Damit ist der Versicherungsnehmer über seine Rechtsposition im Unklaren, die Klausel daher intransparent.

Diese Begründung für die Intransparenz entspricht im Übrigen auch der sonstigen Rechtsprechung: Der Verbraucher muss demnach in der Lage sein, seine Rechtsposition zu durchschauen. Er muss auch in die Lage versetzt werden, den Inhalt und die Tragweite einer Vertragsklausel zu erfassen (Sinnverständlichkeit). Dazu gehört auch, dass der Verbraucher bis zu einem gewissen Grad die wirtschaftlichen Folgen einer Regelung abschätzen kann.[53]

---

[50] OGH 7 Ob 156/20x; 7 Ob 81/17p.
[51] OGH 7 Ob 156/20x; 7 Ob 62/15s; 7 Ob 242/18s; RIS-Justiz RS0130148.
[52] OGH 7 Ob 5/16k.
[53] Etwa OGH 7 Ob 131/06z; 7 Ob 140/06y; 7 Ob 4/07z.

Beispiele: Verweist der Versicherer in einem Lebensversicherungsvertrag im Zusammenhang mit dem Rückkaufswert auf einen Tarif, so ist diese Klausel nur dann transparent, wenn der betreffende Tarif dem Versicherungsnehmer offengelegt wird.[54] Der Verweis auf einen Tarif kann nur dann transparent sein, wenn die Zusammensetzung der Rechnungsgrundlagen dem Versicherungsnehmer offengelegt wird. Andernfalls wird dem Versicherungsnehmer kein klares Bild seiner vertraglichen Position vermittelt.[55] Salvatorische Klauseln sind intransparent, wenn sich der Versicherungsnehmer zur Abgabe einer für ihn nicht vorhersehbaren Erklärung und Abänderung des Vertrages verpflichten soll.[56] Intransparent ist auch eine Klausel, die eine verhüllte Obliegenheit beinhaltet.[57]

In anderen Entscheidungen des OGH geht es um einseitige Maßnahmen des Versicherers, die nach den inkriminierten AVB-Klauseln nicht weiter inhaltlich determiniert sind. Auffällig ist, dass der OGH darin nicht nur eine gröbliche Benachteiligung iSd § 879 Abs. 3 ABGB sieht. Die Klauseln sind auch intransparent. So etwa die schon erwähnte Zustimmungsklausel in der Krankenversicherung:[58] Richtig sei, dass nach dem Wortlaut der Bestimmung auch für den durchschnittlichen Versicherungsnehmer kein Zweifel bestehen könne, dass Krankenhaus-Tagegeld für eine stationäre Heilbehandlung in Anstalten für Nerven- und/oder Geisteskranke ab der fünften Behandlungswoche nur unter der Voraussetzung zu leisten sei, dass dies vom Versicherer vor Beginn der fünften Behandlungswoche schriftlich zugesagt werde. Die Klausel lege aber keine Kriterien für die Erteilung der Zustimmung fest, womit diese in das freie Ermessen des Versicherers gestellt werde. Da unklar bleibe, von welchen Voraussetzungen der Versicherer, seine Zustimmung doch zu erteilen, abhängig mache, wird dem Versicherungsnehmer die Tragweite der Bestimmung auch insoweit verschleiert, als die Aufrechterhaltung der Äquivalenz von Risiko und Prämie nicht überprüfbar sei. Daher sei die Klausel intransparent.

Eine methodisch vergleichbare (wenngleich weniger ausführliche) Begründung findet sich zu einer Änderungsklausel nach § 178f Abs. 3 VersVG im Zusammenhang mit AVB zu einer Pflegegeldversicherung:[59] Die beanstandeten Klauseln würden es bei kundenfeindlichster Auslegung der Willkür des Versicherers überlassen, welche Leistungsänderungen er anbietet, bestehe doch nicht einmal ein Bezug zu den eingetretenen Änderungen der genannten Faktoren.

Auch der Verweis auf eine gesetzliche Bestimmung in einer Klausel oder die Wiedergabe des Gesetzesrechtes in der Klausel kann intransparent sein.[60] Der bloße Verweis in einer Obliegenheitsklausel auf § 6 Abs. 3 VersVG ist intransparent, weil die Klausel verschleiere, dass die Leistungsfreiheit des Versicherers eben nur nach

---

[54] OGH 7 Ob 131/06z; 7 Ob 140/06y; 7 Ob 173/06a; siehe auch jetzt 7 Ob 186/20h.

[55] OGH 7 Ob 186/20h.

[56] Ständige Rechtsprechung, RIS-Justiz RS0122045.

[57] OGH 7 Ob 201/12b SZ 2013/5.

[58] OGH 7 Ob 168/14b.

[59] OGH 7 Ob 206/15t.

[60] OGH 7 Ob 156/20x: Verweis auf § 11a VersVG; Wiedergabe des § 158k Abs. 2 VersVG ohne den Hinweis, dass unter bestimmten Voraussetzungen auch ein nicht ortsansässiger Rechtsanwalt gewählt werden kann (vgl. OGH 7 Ob 194/09v im Anschluss an EuGH C-199/08 *Endress*).

Maßgabe des § 6 Abs. 3 VersVG eintritt.[61] Lautet die Klausel dagegen „Leistungsfreiheit nach Maßgabe von § 6 VersVG“, so ist sie nicht intransparent.[62]

Intransparent ist auch die Obduktionsklausel in den AUVB für die Unfallversicherung.[63]

---

[61] OGH 7 Ob 216/11g.

[62] OGH 7 Ob 66/12z.

[63] OGH 7 Ob 53/14s; 7 Ob 113/14i.

DIRK HALBACH

Starkregen, Hochwasser und Überschwemmung in der Elementarschadenversicherung – Voraussetzungen der Entschädigung

I. Problemstellung

1. Klimawandel und – in dessen Folge – Häufung von Starkregen mit anschließender Überschwemmung von Grund und Boden sowie Abrutschen von Erdmassen an Steilhängen des Versicherungsgrundstücks rücken – abgesehen von staatlicher Entschädigung – die Elementarschadenversicherung in den Vordergrund. So definiert zB A 5.4 VGB 2016 (Wert 1914 „Gleitender Neuwert Plus“)[1] „Weitere Naturgefahren (Elementargefahren)“ u. a.: Überschwemmung (A 5.4.1), Rückstau (A 5.4.2), Erdrutsch (A 5.4.5). Weitere Regelungen zu Elementarschäden enthalten die §§ 2ff. BEW 2010.[2] In der Hausratversicherung finden sich entsprechende Regelungen der Elementargefahren zB in A 6.4 VHB 2016.[3] In der Teilkaskoversicherung ist versichert die unmittelbare Einwirkung von Sturm, Hagel, Blitzschlag oder Überschwemmung (A. 2.1.3 AKB 2015).[4]

2. Vielfach wird bei zerstörten Grundstücken in der Nähe des über die Ufer getretenen Flusses erwogen, ein Gebäude an anderer Stelle – entfernt vom Flussbett – wieder zu errichten. Solche Überlegungen werden, insbesondere an Ahr und Erft im Hinblick auf das Hochwasser im Juli 2021 und schon früher auch bei dem Elbhochwasser in 2002 angestellt. Das führt zu der Frage, ob und wie im Einzelfall ein Entschädigungsanspruch besteht. Im Übrigen haben solche Wetterphänomene Auswirkung auf die Prämienkalkulation. Teilweise wird über die Einführung einer Elementarschaden-Pflichtversicherung nachgedacht, worüber man streiten kann.

[1] Musterbedingungen des GDV zu VGB 2016 (Wert 1914 „Gleitender Neuwert Plus“, Stand: 15.11.2018).

[2] Besondere Bedingungen für die Versicherung weiterer Elementarschäden (BEW 2010), 1.4.2014, GDV 0420.

[3] Musterbedingungen des GDV zu VHB 2016 (Quadratmetermodell), Stand: 26.5.2017.

[4] Musterbedingungen des GDV zu AKB 2015, Stand: 28.5.2021.

II. Versicherte Naturgefahren im Zusammenhang mit Starkregen und Hochwasser im Einzelnen

1. Überschwemmung

a) Definition

Überschwemmung ist in A 5.4.1 VGB 2016/A 6.4.1 VHB 2016 definiert als Überflutung von Grund und Boden des Versicherungsrundstücks mit erheblichen Mengen von Oberflächenwasser. Das gilt aber nur, wenn eine Ausuferung von oberirdischen stehenden oder fließenden Gewässern, Witterungsniederschläge oder ein Austritt von Grundwasser an die Erdoberfläche als Folge der genannten Voraussetzungen die Überflutung verursacht haben. Eine Überflutung von Grund und Boden ist anzunehmen, wenn sich erhebliche Wassermengen auf der Geländeoberfläche ansammeln.[5] Eine Überschwemmung liegt auch vor, wenn Starkregen so auf einen Berghang niedergeht, dass er weder vollständig versickert noch sonst geordnet auf natürlichem Weg abfließen kann, sondern sturzbachartig den Hang hinunterfließt.[6] Der Begriff der Überschwemmung ist dahingehend zu verstehen, dass die Ansammlung des Niederschlagswasser auf dem fraglichen Grundstück in einem solchen Umfang erfolgt, dass das Wasser nicht auf dem normalen und üblichen Weg versickert oder über die Kanalisation abgeführt wird, sondern sich aufstaut und so das versicherte Gebäude überschwemmt. Dass das Gelände ein Gefälle aufweist und dies die Flussrichtung des bereits gestauten Wassers bestimmt, steht dem entsprechend nicht entgegen, zumal dies einerseits durch physikalische Gesetzmäßigkeiten bestimmt wird, der Versicherungsnehmer andererseits aber auf die topografische Beschaffenheit der Fläche regelmäßig keinen Einfluss hat. Jedenfalls aber entspricht es der allgemeinen Lebenserwartung und dem Verständnis eines durchschnittlichen Versicherungsnehmers, dass Regenwasser sich nicht lediglich an einer Stelle nach oben aufstaut, sondern sich den Bodenverhältnissen entsprechend verteilt bzw. abfließt.[7]

Läuft Regenwasser über eine schräge Abfahrt in eine im Keller gelegene Garage und von dort aus in angrenzende Räume, so handelt es sich nicht um eine Überschwemmung im Sinne der Elementarschadenversicherung.[8] Eine bedingungsgemäße Überschwemmung ist nicht anzunehmen, wenn nur in den Keller des versicherten Gebäudes Wasser eingedrungen ist. Vielmehr muss sich das schadenstiftende Wasser infolge der Ausuferung von oberirdischen Gewässern oder von Witterungsumschlägen auch außerhalb des Gebäudes, nämlich auf dem umgebenden „Grund und Boden“, auf welchem das Gebäude liegt, angesammelt haben.[9]

Es liegt keine „Überflutung des Grund und Bodens des Versicherungsgrundstücks“ im Sinne der Bedingungen für die Versicherung weiterer Elementarschäden

---

[5] BGH VersR 2005, 828; OLG Brandenburg BeckRS 2021, 10766; BeckRS 2021, 3614.
[6] BGH VersR 2006, 966 (Teilkaskoversicherung).
[7] LG München I r+s 2021, 336 (zu BEG 2009).
[8] OLG Oldenburg r+s 2012, 342.
[9] OLG Köln r+s 2013, 339.

vor, wenn Grundwasser niederschlagsbedingt derart angestiegen ist, dass es durch die Bodenplatte des Hauses drückt und hierdurch ein Wasserschaden im Keller verursacht wird. Nach dem Verständnis eines durchschnittlichen Versicherungsnehmers ist eine – in den Bedingungen nicht näher definierte – „Überflutung des Grund und Bodens" (erst) dann anzunehmen, wenn sich erhebliche Wassermengen auf der Geländeoberfläche – also auf dem versicherten Grundstück, aber außerhalb des Gebäudes – ansammeln.[10] Keine Überschwemmung besteht, wenn sich Wassermassen auf Flachdächern, Terrassen oder Balkonen aufgrund mangelnder Entwässerung anstauen.[11] Dies gilt auch, wenn Wasser durch die abgesackte Pflasterung vor einer Außentür in das Gebäude eindringt und bei Starkregen das Niederschlagswasser nicht schnell genug abgeführt werden kann.[12] Eine Überschwemmung setzt immer voraus, dass eine Überflutung von Grund und Boden geschehen ist, die dadurch bedingt ist, dass sich erhebliche Wassermengen auf der Geländefläche ansammeln. Auch wenn ein versicherter Überschwemmungsschaden nicht fordert, dass das gesamte Grundstück überflutet wird, ist jedoch notwendig, dass das Wasser in erheblichem Umfange meist mit schädlichen Wirkungen nicht auf normalen Weg abfließen kann und sich Wassermengen auf der Geländeoberfläche ansammeln. Erforderlich ist die Darlegung, wo und auf welche Weise sich auf der Geländeoberfläche erhebliche Wassermengen angesammelt haben. Es genügt also nicht, dass Wasser ohne eine solche Ansammlung außerhalb des Grundstücks in ein Gebäude hineingeflossen ist. Kommt es infolge eines Erdrutsches eines Hanges hinter dem versicherten Wohnhaus zu einem naturbedingten Abgleiten oder Abstürzen von Gesteins- und Erdmassen, wobei Geröll- und Steinmassen gegen die Hauswand drücken, sind hierdurch bedingte Aufräum- und Abbruchkosten sowie Bewegungs- und Schutzkosten nach § 2 Nr. 4 VGB 2006 versichert.[13]

b) Überschwemmung in der Teilkaskoversicherung

Die Schadensbilder bei dem Hochwasser an der Ahr und Erft im Jahre 2021 sind davon geprägt, dass insbesondere PKW und Wohnwagen von den Fluten weggespült wurden. Später hat man die Fahrzeuge weiter flussabwärts völlig zerstört wiederaufgefunden. Werden Fahrzeuge von den Wassermassen mitgerissen, zerstört oder beschädigt, greift die Teilkakoversicherung ein (A.2.2.1.3 S. 1 AKB 2015). Danach ist versichert die unmittelbare Einwirkung von Sturm, Hagel, Blitzschlag oder Überschwemmung auf das Fahrzeug. Die Aufzählung der Naturgewalten dort ist abschließend, so dass Erdbeben, Erdrutsch, Steinschlag und Lawinen nicht versichert sind.[14] Überschwemmung in diesem Sinne ist dadurch bestimmt, dass Wasser in erheblichem Umfang meist mit schädlichen Wirkungen nicht auf normalem Wege abfließt, sondern auf sonst nicht in Anspruch genommenem Gelände in Erscheinung tritt und dies überflutet. Die Überflutung der Fahrbahn nach Stark-

---

[10] KG VersR 2019, 1496.
[11] OLG Hamm BeckRS 2015, 125529.
[12] OLG Hamm BeckRS 2014, 124020.
[13] OLG Koblenz VersR 2018, 735.
[14] *Halbach* in Rüffer/Halbach/Schimikowski, VVG, 4. Aufl. 2020, AKB 2015 A.2.2 Rn. 32.

regen ist davon erfasst. Überschwemmung ist auch anzunehmen, wenn Starkregen auf einem Berghang in dem Ausmaß niedergeht, dass er weder vollständig versickert oder sonst auf geordnet natürlichem Wege abfließen kann.[15] Bei dem durch Ansaugen von Wasser bedingten sogenannten Wasserschlag des Motors nach Fahren in einer überfluteten Straße, zB im Bereich einer Unterführung, ist darauf abzustellen, ob er unmittelbar durch die Überschwemmung entsteht. Stets ist der Einzelfall zu betrachten. Fährt der Versicherungsnehmer in den Bereich einer Überschwemmung in einer Unterführung hinein, ist diese Voraussetzung in der Regel gegeben, da die letzte und einzige Schadensursache die Einwirkung des nicht ablaufenden Wassers in der Unterführung auf das Fahrzeug ist.[16] Deckung besteht auch, wenn das Fahrzeug unmittelbar durch Überschwemmung beschädigt wird und sich der Umfang des Schadens vergrößert, wenn der Versicherungsnehmer versucht, den Motor zu starten.[17] Die Beweislast für die Entstehung des Schadens durch unmittelbare Einwirkung der Naturgewalten trägt der Versicherungsnehmer.[18] In solchen Wasserschlag-Fällen ist bei Bejahung der Unmittelbarkeit immer auch zu prüfen, ob eine grob fahrlässige Herbeiführung nach § 81 VVG oder die Anwendung von § 82 VVG in Betracht kommt, insbesondere wenn sehenden Auges in den überschwemmten Bereich eingefahren wird.[19]

2. *Rückstau*

Rückstau (A 5.4.2 VGB 2016/A 6.4.2 VHB 2016) liegt vor, wenn Wasser aus den gebäudeeigenen Ableitungsrohren oder damit verbundenen Einrichtungen in das Gebäude eindringt, allerdings nur, wenn eine Ausuferung von oberirdischen (stehenden oder fließenden) Gewässern oder Witterungsniederschläge den Rückstau verursacht haben.[20] Das Niederschlagswasser muss von der Kanalisation nicht mehr abgeführt werden können. Das kann auch durch Oberflächenwasser geschehen, welches sich auf Grundstücken ansammelt.[21] Bei Überlastung der öffentlichen Kanalisation durch Starkregen kann der Kanal des Hauses das Wasser dann nicht mehr fassen und Wasser wird zurückgedrückt und kann austreten. In gewissem Umfang kann das durch eine Rückstauklappe verhindert werden. Nach A 21.1.4 VGB trifft den Versicherungsnehmer die Obliegenheit, bei rückstaugefährdeten Räumen Rückstausicherungen funktionsbereit zu halten und Abflussleitungen auf dem Versicherungsgrundstück freizuhalten.[22] Allerdings liegt kein Rückstau vor,

---

[15] BGH VersR 2006, 966.

[16] KG r+s 2021, 86, sogar Unfall bejahend; OLG Karlsruhe VersR 2020, 616; anders *Stadler* in Stiefel/Maier, Kraftfahrtversicherung: AKB, 19. Aufl. 2017, A. 2 Rn. 236.

[17] OLG Hamm r+s 2017, 7.

[18] *Halbach* in Rüffer/Halbach/Schimikowski, VVG, 4. Aufl. 2020, AKB 2015 A.2.2 Rn. 33.

[19] OLG Frankfurt VersR 2001, 187; OLG Stuttgart VersR 1974, 234; *Halbach* in Rüffer/Halbach/Schimikowski, VVG, 4. Aufl. 2020, AKB 2015 A.2.2 Rn. 33.

[20] KG r+s 2018, 370; OLG Stuttgart r+s 2004, 196; OLG Köln r+s 2007, 285.

[21] LG Dortmund r+s 2017, 78 (Lichtschacht); OLG Hamburg VersR 2014, 1454 (zu § 3b BEW 08).

[22] Dazu *Hoenicke* in Veith/Gräfe/Gebert, Der Versicherungsprozess, 4. Aufl. 2020, § 4 B. Rn. 123, 296.

wenn Niederschlagswasser nicht mehr von der Rohrleitung des Gebäudes aufgenommen werden kann.[23]

3. *Erdsenkung*

Erdsenkung bedeutet eine naturbedingte Absenkung des Erdbodens über naturbedingten Hohlräumen (A 5.4.4 VGB 2016/A 6.4.4 VHB 2016). Der früher geltende Begriff des Erdfalls ist ersetzt worden. Eine Senkung des Bodenuntergrundes durch Austrocknung fällt nicht darunter.[24]

4. *Erdrutsch*

Erdrutsch (A 5.4 VGB 2016/A 6.4 VHB 2016) ist ein naturbedingtes Abrutschen oder Abstürzen von Erd- und Gesteinsmassen.[25] Das kann bei einem Murenabgang der Fall sein; auch bei langsamem Abgleiten des Bodens unter Rissbildung.[26] Solche Erscheinungen sind insbesondere an den Weinbergen an der Ahr aufgetreten. Hier waren ganze Hänge abgerutscht.

5. *Sturmflut*

Sturmflut (A 5.5.1 VGB 2016/A 6.5.1 VHB 2016) bezeichnet ein durch auflandigen Sturm bewirktes, außergewöhnlich hohes Ansteigen des Wassers an Meeresküsten und in Flussmündungen.[27] Gemeint sind Gewässer, die den Gezeiten unterliegen, also keine Binnengewässer. Eine Mitverursachung durch die Ebbe und Flut ist nicht erforderlich.[28] Der Begriff der Sturmflut umfasst nicht die Beteiligung der Gezeiten, sondern ist unabhängig davon. Der in einer Versicherung für Überschwemmungsschäden enthaltene Ausschluss für Schäden durch Sturmflut in § 8 Nr. 4a bb ECB 2010 greift nicht ein, wenn die Schäden nicht unmittelbar durch eine Sturmflut verursacht wurden, sondern lediglich eine mittelbare Auswirkung darstellen.[29]

6. *Ausschlüsse*

Ausgeschlossen sind Schäden durch Eindringen von Regen, Hagel, Schnee oder Schmutz durch nicht ordnungsgemäß geschlossene Fenster, Außentüren oder andere Öffnungen, allerdings nicht, wenn diese Öffnungen durch Sturm oder Hagel entstanden sind und einen Gebäudeschaden darstellen (A 5.5.2 VGB 2016/A 6.5.2 VHB 2016). Das kann auch bei porösem Mauerwerk[30] oder undichter Tür der Fall sein.[31]

---

[23] OLG Hamm VersR 2017, 1200; OLG Bamberg VersR 2016, 1247; KG r+s 2017, 25.
[24] OLG Koblenz r+s 2011, 438; OLG Jena r+s 2010, 67; OLG Düsseldorf VersR 1985, 1035.
[25] OLG Koblenz VersR 2018, 735.
[26] OLG Koblenz VersR 2015, 67; OLG Koblenz VersR 2012, 59.
[27] BGH r+s 2020, 208; *Armbrüster* in Prölss/Martin, VVG, 31. Aufl. 2021, A. § 4 VGB Rn. 18.
[28] Offenlassend BGH r+s 2020, 208; *Armbrüster* in Prölss/Martin, VVG, 31. Aufl. 2021, A. § 4 VGB Rn. 18; teilweise anders *Günther* in MüKoVVG, 2. Aufl. 2017, Nr. 230, Elementarschadenversicherung Rn. 103.
[29] BGH r+s 2020, 208.
[30] OLG Frankfurt r+s 2004. 417.
[31] OLG Saarbrücken r+s 2013, 608.

7. *Grundwasserschäden*

Schließlich sind Schäden durch Grundwasser (A 5.5.3 VGB 2016/A 6.5.3 VHB 2016) ohne Berücksichtigung mitwirkender Ursachen nicht versichert, soweit das Grundwasser nicht infolge von Witterungsniederschlägen oder Ausuferung von oberirdischen Gewässern an die Erdoberfläche gelangt ist. Dies wird in neueren Bedingungswerken klargestellt. Damit sind solche Schäden wieder eingeschlossen.[32] Der Ausschluss wurde als Folge der BGH-Rechtsprechung zum Überschwemmungsbegriff[33] in die Bedingungen aufgenommen.[34]

III. *Umfang der Entschädigung, insbesondere Neuwertentschädigung*

1. *Vertragsgrundlagen.*

Die Musterbedingungen des GDV liegen vielfach den Bedingungswerken zur Elementarschadenversicherung zugrunde. Einzelne Versicherer haben auf dieser Grundlage spezielle Bedingungen entwickelt. So existieren auch Kombinationen von Bausteinen betreffend Wohngebäude-, Haftpflicht- und Hausratversicherungen für den Eigentümer von Gebäuden. Nicht alle Häuser in Deutschland sind in gleicher Weise dem Überschwemmungsrisiko ausgesetzt. Um das Risiko für die jeweilige Region einschätzen zu können, haben die deutschen Versicherer ein Zonierungssystem für Überschwemmung, Rückstau und Starkregen „ZÜRS Geo" entwickelt. Es handelt sich um ein auf geowissenschaftlicher Grundlage basierendes System zur Einstufung von Gebäuderisiken durch die Gefahr der Überschwemmung. Grundlage ist die Eintrittswahrscheinlichkeit von Überschwemmungen bezogen auf einen bestimmten Standort und eine bestimmte Zeit. Mit dem System können darüber hinaus auch Umweltrisiken eingeschätzt werden. Das System hilft den Versicherern bei der Beantwortung der Frage, welches Gebäude in welchem Ausmaß hochwassergefährdet ist. Diese Information hilft bei der Kalkulation des Versicherungsbeitrags der Elementarschadenversicherung. In das System wurden insgesamt über 22 Millionen Adressen eingespeist. Je nachdem wie hoch das Überschwemmungsrisiko ist, wird jede Adresse einer der vier Gefährdungsklassen zugeordnet. Mit ZÜRS Geo kann das Risiko für jeden Standort in Bezug auf Umweltschäden angezeigt werden. Je tiefer ein Gebäude liegt, je länger das Wasser darin steht, desto höher ist der Schaden. Für jedes Gebäude in Deutschland kann diese Gefährdung berechnet werden: In der SGK 1 (geringere Gefährdung) sind alle Gebäude, die auf einer Kuppe oder am oberen Bereich eines Hangs liegen. In der SGK 2 (mittlere Gefährdung) finden sich die Gebäude, die in der Ebene oder im unteren/mittleren Bereich eines Hangs, aber nicht in der Nähe eines Baches liegen. In der SGK 3 (hohe Gefährdung) werden alle Gebäude zusammengefasst, die im Tal oder in der Nähe eines Bachs liegen.

---

[32] *Günther* in MüKoVVG, 2. Aufl. 2017, Nr. 230, Elementarschadenversicherung Rn. 104.
[33] BGH VersR 2005, 828.
[34] *Hoenicke* in Veith/Gräfe/Gebert, Der Versicherungsprozess, 4. Aufl. 2020, § 4 B. Rn. 233.

In der Teilkaskoversicherung gilt A. 2.1.3 AKB 2015 im Hinblick auf die Ereignisse Sturm, Hagel, Blitzschlag und für die Überschwemmung. Letzteres ist besonders für die Fahrzeugschäden in den Hochwassergebieten von Bedeutung.

2. *Vereinbarte Versicherungswerte (VGB 2016)*

Die Entschädigung richtet sich nach den vereinbarten Versicherungswerten. Hierzu sollen insbesondere die VGB 2016[35] (Wert 1914 „Gleitender Neuwert Plus") untersucht werden. In Betracht kommen der Gleitende Neuwert Plus (A 14.1.1), der Gleitende Zeitwert Plus (A 14.1.2) oder der Gemeine Wert (A 14.1.3). In der Praxis wird zum großen Teil der gleitende Neuwert versichert. In der Hausratversicherung gilt für den Versicherungswert A 14.1 VHB 2016 (QM).

3. *Ermittlung der Entschädigung*

In der Gleitenden Neuwertversicherung plus entspricht die Höhe der zu leistenden Entschädigung bei zerstörten Gebäuden den ortsüblichen Wiederherstellungskosten nach A 14.1.1 VGB zum Zeitpunkt des Versicherungsfalls (A 18.1.1 VGB). Eingeschlossen sind Mehrkosten durch öffentlich-rechtliche Wiederherstellungsbeschränkungen nach A 14.1.1.2 VGB sowie Architektenhonorare und sonstige Konstruktions- und Planungskosten. Bei beschädigten Gebäuden oder sonstigen beschädigten Sachen ersetzt der Versicherer die erforderlichen Reparaturkosten zum Zeitpunkt des Versicherungsfalls. Außerdem wird ersetzt eine Wertminderung, die durch Reparatur nicht ausgeglichen wird, höchstens der Versicherungswert zum Zeitpunkt des Versicherungsfalls (A 18.1.1.2 VGB). Bei zerstörten oder abhandengekommenen sonstigen Sachen werden ersetzt der Wiederbeschaffungspreis für Sachen gleicher Art und Güte im neuwertigen Zustand zum Zeitpunkt des Versicherungsfalls (A 18.1.3 VGB). Liegt eine Versicherung zum Gleitenden Zeitwert Plus (A 18.2 VGB) vor, sind bei zerstörten Gebäuden der Neuwert zum Zeitpunkt des Versicherungsfalls abzüglich einer Wertminderung insbesondere durch Alter und Abnutzungsgrad zu ersetzen (A 18.2.1.1 VGB). Bei einer Versicherung des Gebäudes zum gemeinen Wert (A 14.1.3 VGB) werden versicherte Sachen zum erzielbaren Kaufpreis ohne den Grundstücksanteil entschädigt, wenn das Gebäude zum Abbruch bestimmt oder sonst dauerhaft entwertet ist (A 18.3 VGB).

4. *Zerstörte oder beschädigte Gebäude bzw. zerstörte oder abhandengekommene sonstige Sachen*

Die VGB verwenden die Begriffe „zerstört", „beschädigt" oder „abhandengekommen" (A 18.1.1 VGB). Dies Unterscheidung ist gerade bei von Überschwemmung betroffenen Gebäuden oder Sachen von Bedeutung. Im Einzelfall kann die Abgrenzung schwierig sein. Es fragt sich, wann ein Gebäude als zerstört gilt oder nur als beschädigt. Entweder handelt es sich um einen Totalschaden oder um einen Teilschaden. Innerhalb eines Totalschadens ist zu unterscheiden zwischen einem

---

[35] Im Folgenden VGB.

technischen oder einem wirtschaftlichen Totalschaden.[36] Der technische Totalschaden ist davon gekennzeichnet, dass eine Reparatur technisch nicht mehr durchführbar ist. Damit ist mangels Reparaturfähigkeit ein Totalverlust eingetreten. Von einem wirtschaftlichen Totalschaden ist auszugehen, wenn eine Reparatur wirtschaftlich nicht mehr sinnvoll ist. Kann eine Sache nach wirtschaftlichen Grundsätzen noch repariert werden kommt ein Teilschaden in Betracht. Die Einordnung ist gerade bei den Flutschäden von Bedeutung. Eindeutig sind die Fälle, bei denen das gesamte Gebäude von der Flut mitgerissen wurde oder eingestürzt ist. Hier stellt sich insbesondere die Frage, ob ein Wiederaufbau an gleicher Stelle sinnvoll ist. Ist die Standfestigkeit des betroffenen Gebäudes durch Fluteinwirkung beeinträchtigt, wird ein Statiker zur Beurteilung hinzuzuziehen sein. Liegt ein Teilschaden vor, zB ein beschädigtes Gebäude, ist zu prüfen, ob eine Reparatur wirtschaftlich sinnvoll ist. In diesem Fall sind die notwendigen Reparaturkosten zum Schadenseintritt zu ersetzen.

5. *Ortsübliche Wiederherstellungskosten*

Ist das Gebäude zerstört, bestimmt sich die Entschädigung nach den ortsüblichen Wiederherstellungskosten (A 18.1.1.1 VGB) einschließlich Mehrkosten durch öffentlich-rechtliche Wiederherstellungsbeschränkungen sowie Architektenhonorare und sonstige Konstruktions- und Planungskosten. Der ortsübliche Neubauwert umfasst die Kosten, die erforderlich sind, um ein Gebäude in gleicher Art und Güte und Zweckbestimmung im neuwertigen Zustand wiederherzustellen. Ist eine Wiederherstellung nur noch in besserer Art und Güte möglich, so ist die nächst bessere und realisierbare Art und Güte im Sinne von unvermeidlichen Mehrkosten zugrunde zu legen.[37] Bei der Beurteilung der Ortsüblichkeit ist in erster Linie auf die üblichen Preise der Bauhandwerker vor Ort oder der näheren Umgebung abzustellen. Möglicherweise ist eine Auskunft der zuständigen Handwerkskammer einzuholen.

6. *Erforderliche Reparaturkosten*

Bei Beschädigungen des Gebäudes oder sonstigen beschädigten Sachen werden die erforderlichen Reparaturkosten nach näherer Maßgabe ersetzt (A 18.1.1.2 VGB). Die Kosten müssen zur Schadensbeseitigung objektiv notwendig sein. In eng begrenzten Ausnahmefällen, in denen die Kosten der Beseitigung einer Substanzbeeinträchtigung der versicherten Sache völlig unverhältnismäßig sind, so dass kein Gebäudeeigentümer vernünftigerweise eine Schadensbeseitigung vornehmen würde, ist die Erforderlichkeit zu verneinen.[38] Bei einer bloßen optischen Beeinträchtigung (Schönheitsschaden) kann im Einzelfall nur eine Wertminderung berücksichtigt werden.[39] Bei einem Teilschaden bemisst sich der Umfang der zu ent-

---

[36] *Rüffer* in Rüffer/Halbach/Schimikowski, VVG, 4. Aufl. 2020, VGB 2016 A 18 Rn. 2.
[37] BGH VersR 2008, 816 zu § 11 AFB 87.
[38] OLG Hamm VersR 2016, 184; OLG Nürnberg 29.11.2019 – 8 U 3746/19.
[39] OLG Hamm VersR 2016, 725 (zu § 27 Abs. 1 Nr. 1b VHB 2010; LG Düsseldorf VK 2011, 124.

schädigenden Reparaturkosten nach den Geboten der Erforderlichkeit und Zumutbarkeit.[40] Das gilt auch bei Fassaden-, Dachflächenschäden, Wasser- oder Farbflecken im Bodenbelag, Rissen im Mauerwerk und im Putz, Sprünge in Fliesen, Kratzer, Dellen, Schrammen und dergleichen. Als Hilfsüberlegung ist darauf abzustellen, was ein nicht versicherter Gebäudeeigentümer investiert hätte. Die Kosten für die komplette Neuverfliesung eines einheitlich gefliesten Badezimmers können nicht verlangt werden, wenn dies außer Verhältnis zur optischen Beeinträchtigung steht, die verbleibt, wenn zB nur der beschädigte Fußboden neu verfließt wird.[41] Ergibt sich ein überschaubarer Differenzbetrag würde auch ein nicht versicherter vernünftiger Gebäudeeigentümer bei verständiger Würdigung eine komplette Neuverfliesung in Auftrag geben.[42] Was den Umfang der Reparaturkosten im übrigen angeht, so ist auf Lohn- und Materialkosten für die Reparatur ohne Sonderzuschläge abzustellen.[43] Nimmt der Versicherungsnehmer die Reparatur selbst vor, ist zu differenzieren: Zu weitgehend wäre es in der Regel, bei einer Reparatur in Eigenleistung die Herstellungskosten nach den objektiv gerechtfertigten Lohnkosten eines Fachbetriebes zu berechnen.[44] In diesen Kosten sind Unternehmergewinnspannen enthalten, die nicht zu berücksichtigen sind.[45] Anders wäre es, wenn der Versicherungsnehmer selbst einen Fachbetrieb unterhält, der nach dem ortsüblichen Stundensatz abrechnet. Abzugrenzen sind persönliche Tätigkeiten des Versicherungsnehmers, die bis zu einem gewissen Umfang unentgeltlich zu erwarten sind (zB Telefonkosten) und Eigenleistungen für die Reparatur selbst.[46] Richtigerweise wird auf die Anforderungen an die Art und Qualität der Arbeiten abstellen müssen. Bei hoch qualifizierten Arbeiten wird ein höherer Stundenlohn angemessen sein, der notfalls zu schätzen ist. Bei der Auswahl der Bauhandwerker wird in erster Linie darauf abzustellen sein, welchen Handwerker der Versicherungsnehmer beauftragen würde, wenn er nicht versichert wäre.[47]

7. *Mehrwertsteuer*

Die Mehrwertsteuer wird nur ersetzt, wenn und soweit sie tatsächlich angefallen ist. Sie wird nicht ersetzt, wenn der Versicherungsnehmer zum Vorsteuerabzug berechtigt ist (A 18.9 VGB 2016). Gegen die Wirksamkeit der Bestimmung bestehen keine Bedenken.[48] Eine Mehrwertsteuerklausel findet sich in fast allen Bedingungswerken zur Gebäude-, Hausrat- oder Kaskoversicherung (A 18.9 VGB 2016, A 17.2 VHB 2016; § 8 Nr. 8 AFB 2010, A.2.5.4 AKB 2015). Durch die Klausel wird der Versicherungsnehmer nicht unangemessen benachteiligt. Eine Verletzung

[40] OLG Saarbrücken r+s 2011, 477; OLG Saarbrücken r+s 2007, 62.
[41] OLG Köln r+s 2005, 422 (Marmorboden); OLG Düsseldorf VersR 1994, 670.
[42] OLG Düsseldorf VersR 2007, 943.
[43] *Hoenicke* in Veith/Gräfe/Gebert, Der Versicherungsprozess, 4. Aufl. 2020, § 4 B. Rn. 145.
[44] OLG Hamm VersR 2000, 845; anders *Hoenicke* in Veith/Gräfe/Gebert, Der Versicherungsprozess, 4. Aufl. 2020, § 4 B. Rn. 145.
[45] Nicht eindeutig *Hoenicke* in Veith/Gräfe/Gebert, Der Versicherungsprozess, 4. Aufl. 2020, § 4 B. Rn. 145.
[46] *Spielmann* in MüKoVVG, 2. Aufl. 2017, Nr. 200, Sachversicherung Rn. 236f.
[47] *Hoenicke* in Veith/Gräfe/Gebert, Der Versicherungsprozess, 4. Aufl. 2020, § 4 B. Rn. 144.
[48] OLG Celle BeckRS 2021, 5868 zu § 13 Nr. 8a VGB 2012.

des Transparenzgebots ist nicht anzunehmen, wenn der Versicherungsnehmer erkennen kann, dass eine Mehrwertsteuererstattung auf fiktiver Abrechnungsbasis ausgeschlossen ist.[49] Kann der Versicherungsnehmer im Einzelfall nicht deutlich erkennen, dass bei einer Ersatzbeschaffung die Erstattung der dafür gezahlten Mehrwertsteuer ausgeschlossen sein soll, kann Intransparenz vorliegen.[50]

IV. Neuwertanteil und Wiederherstellungsklausel

1. Neuwertanteil

Bei den jüngsten Überschwemmungen infolge von Starkregen und Überflutungen durch über die Ufer tretende Flüsse und Bäche stellt sich vielfach die Frage des Wiederaufbaus von zerstörten Gebäuden, und zwar in welcher Form und an welcher Stelle.

In der gleitenden Neuwertversicherung Plus erwirbt der Versicherungsnehmer den Anspruch auf Zahlung des Teils der Entschädigung, der den Zeitwert nach A 18.2 VGB übersteigt (Neuwertanteil) nur unter folgenden Voraussetzungen: Der Versicherungsnehmer stellt sicher, dass er die Entschädigung verwenden wird, um versicherte Sachen in gleicher Art und Zweckbestimmung an der bisherigen Stelle wiederherzustellen oder wiederzubeschaffen (A 18.6.1 VGB) und die Wiederherstellung oder Wiederbeschaffung ist innerhalb eines Zeitraums von drei Jahren nach Eintritt des Versicherungsfalls sichergestellt (A 18.6.2 VGB). Ist die Wiederherstellung an der bisherigen Stelle rechtlich nicht möglich oder wirtschaftlich nicht zu vertreten, genügt es, das Gebäude an anderer Stelle innerhalb der Bundesrepublik Deutschland zu errichten. Schließlich muss der Versicherungsnehmer den Neuwertanteil zurückzahlen, wenn er verschuldet hat, dass die Sache innerhalb einer angemessenen Frist nicht wiederhergestellt wurde.

2. Strenge Wiederherstellungsklausel

Die sog. strengen Wiederherstellungsklauseln[51] lassen einen Anspruch zunächst nur auf einen Teil entstehen. Den Restanspruch auf die Neuwertspitze oder Neuwertentschädigung erwirbt der Versicherungsnehmer erst, wenn die Wiederherstellung innerhalb der Frist durchgeführt wurde oder sichergestellt ist. Das subjektive Risiko bei Verwendung der Entschädigung für frei bestimmbare Zwecke soll begrenzt werden.[52] Nach Sinn und Zweck der gleitenden Neuwertversicherung kann die Neuwertspanne auch verlangt werden, wenn die tatsächlichen Aufwendungen niedriger sind als der Neuwert. Allein die Erbringung von Eigenleistungen, die die Baukosten reduzieren, rechtfertigt es nicht, die Neuwertentschädigung zu

---

[49] BGH VersR 2010, 208 zu § 13 Abs. 6 AKB 2010; OLG Saarbrücken VersR 2009, 924; OLG Celle VersR 2008, 1204; OLG Hamm r+s 2000, 9; OLG Köln r+s 2006, 102.

[50] BGH VersR 2006, 1066 zu § 13 Abs. 1 S. 2 AKB 1999.

[51] *Langheid* in Langheid/Rixecker, VVG, 6. Aufl. 2019, § 93 Rn. 9; *Halbach* in Rüffer/Halbach/Schimikowski, VVG, 4. Aufl. 2020, § 93 Rn. 3.

[52] BGH VersR 2016, 850; BGH r+s 2011, 433.

versagen, weil der Zweck der strengen Wiederherstellungsklausel, präventiv Missbrauch zu verhindern und die Versicherungsleistung an den Sachwert zu binden, bereits erreicht ist.[53]

V. Besonderheiten der Neuwertversicherung

1. Wiederherstellung

Der Anspruch auf die Neuwertspitze entfällt, wenn der Versicherungsnehmer ein völlig anderes oder völlig anderen Zwecken dienendes Gebäude errichtet. Um die Neuwertspitze zu erlangen ist es zwar nicht erforderlich, dass das wiederhergestellte oder neu erstellt Gebäude mit dem zerstörten Objekt völlig identisch ist Auf technischen, wirtschaftlichen oder sozialen Änderungen beruhende Modernisierungen stehen der Bejahung einer Wiederherstellung in gleich Art und Güte nicht entgegen. Die Regelung enthält kein Modernisierungsverbot. Bei einer nicht unwesentlichen Vergrößerung, ist der Bereich der Modernisierung verlassen.[54] Die Neuwertspitze steht dem Versicherungsnehmer nicht zu, wenn er nicht wiederherstellen will.[55] Im Einzelnen gilt:

2. Identität des Neubaus

Von Wiederherstellung kann nur ausgegangen werden, wenn das neu errichtete Gebäude etwa dieselbe Größe wie das zerstörte aufweist und gleichartigen Zwecken dient.[56] Gerade in den Hochwassergebieten kommt der Regelung besondere Bedeutung zu. Dies wird noch angenommen, wenn anstelle eines zweigeschossigen Wohnhauses ein Bungalow mit Flachdach erstellt wird.[57] Bei dem gebotenen Größenvergleich findet § 2 Abs. 3 WoFlVO keine Anwendung. Abzustellen ist nicht nur auf den Begriff „gewerbliches Gebäude“ oder „Wohngebäude“, sondern es kommt auf die konkrete Ausgestaltung nach Fläche und umbautem Raum an.[58] An einer Wiederherstellung in dem Sinne der Klausel fehlt es, wenn das Gebäude vor dem Schadensfall drei Etagen mit sechs Wohnungen auf 584 qm und nachher 747 qm auf fünf Ebenen aufweist.[59] Eine unterschiedliche Nutzungsart steht der Annahme einer Widerherstellung entgegen. Das ist zB bei Wechsel von hotelartiger Nutzung zu reiner Wohnnutzung der Fall.[60] Gleiches gilt bei Vergrößerung und Erweiterung des Nutzungszwecks, wenn aus einem bisherigen Vereinsheim eine

[53] BGH r+s 2011, 433.

[54] *Langheid* in Langheid/Rixecker, VVG, 6. Aufl. 2019, § 93 Rn. 24; *Staudinger* in MüKoVVG, 2. Aufl. 2016, § 93 Rn. 11; *Halbach* in Rüffer/Halbach/Schimikowski, VVG, 4. Aufl. 2020, § 93 Rn. 4.

[55] BGH VersR 2007, 489; BGH VersR 2001, 326.

[56] BGH VersR 1990, 488; BGH VersR 2006, 1357; OLG Köln r+s 2008, 111; OLG Frankfurt r+s 2006, 112.

[57] OLG Dresden VersR 2018, 1246.

[58] OLG Frankfurt r +s 2006, 112.

[59] OLG Köln r+s 2001, 156.

[60] OLG Köln r+s 2008, 111.

Sporthalle mit Nebenräumen wird[61] oder aus einem landwirtschaftlichen Schuppen mit Giebeldach ein Flachdach mit drei Fertiggaragen.[62] Soweit in einzelnen Klauseln die Bestimmung „Behördliche Wiederherstellungsbeschränkungen bleiben unberücksichtigt" enthalten ist, benachteiligt dies den Versicherungsnehmer unangemessen und ist unwirksam.[63] Der Anspruch auf Neuwertentschädigung besteht grundsätzlich nach dem Sinn und Zweck der Neuwertversicherung auch, wenn die tatsächlichen Aufwendungen niedriger, zB Eigenleistung, sind als der Neuwert.[64] Eine erhebliche Unterversicherung wirkt sich im Rahmen des einheitlichen Vertrages auf den Zeitwertschaden und auf die Neuwertspitze aus.[65]

3. *Neubau an anderer Stelle*

In den vom Hochwasser zerstörten Gebieten wird vielfach problematisch sein, dass ein Neubau eines Gebäudes an der bisherigen Stelle, zB in unmittelbarer Flussnähe, durch behördliche Anordnung nicht möglich oder wirtschaftlich nicht zu vertreten ist. Rechtliche Vorschriften können sowohl von der Gemeinde oder dem Land erlassen werden. Insoweit bestimmt A 18.6.2 S. 2 VGB, dass es in solchen Fällen genügt, dass das Gebäude an anderer Stelle innerhalb der Bundesrepublik Deutschland errichtet wird. Eine solche Klausel im Hinblick auf ein Ersatzobjekt ist nicht zu beanstanden.[66] Sie entspricht dem Sinn und Zweck der Neuwertversicherung. Allerdings genügt der Erwerb einer gebrauchten Immobilie nicht, weil keine Wiederherstellung im Sinne der Klausel vorliegt.[67]

4. *Sicherstellung*

Die Wiederherstellung muss sichergestellt sein. Das Erfordernis beruht auf dem Umstand, dass der Versicherungsnehmer in der Regel nur für den Fall zum Wiederaufbau in der Lage sein wird, wenn die Entschädigung vorliegt. Die Feststellung der Sicherstellung erfordert eine Prognose dahin gehend, dass bei vorausschauend wertender Betrachtungsweise eine bestimmungsgemäße Verwendung hinreichend sicher angenommen werden kann.[68] Die Prognoseentscheidung muss Zweifel an der Durchführung der Wiederherstellung ausräumen. Eine hundertprozentige Sicherheit kann nicht verlangt werden. Für eine Sicherstellung spricht, wenn ernsthaft Vorkehrungen, zB Baubeginn und -fortschritt, getroffen sind, die keine Zweifel aufkommen lassen. In zeitlicher Hinsicht bestehen keine Bedenken, wenn mit dem

---

[61] OLG Köln VersR 2006, 1357.
[62] OLG München r+s 2019, 355.
[63] BGH VersR 2008, 8126 (zu § 11 Nr. 1 AFB 87).
[64] BGH VersR 2011, 1180; OLG Köln r+s 1994, 146; *Langheid* in Langheid/Rixecker, VVG, 6. Aufl. 2019, § 93 Rn. 26.
[65] *Langheid* in Langheid/Rixecker, VVG, 6. Aufl. 2019, § 93 Rn. 20; *Armbrüster* in Prölss/Martin, VVG, 31. Aufl. 2021, § 93 Rn. 8; *Halbach* in Rüffer/Halbach/Schimikowski, VVG, 4. Aufl. 2020, § 93 Rn. 10.
[66] OLG Köln VersR 2018, 1248; *Armbrüster* in Prölss/Martin, VVG, 31. Aufl. 2021, § 93 Rn. 17; *Hoenicke* in Veith/Gräfe/Gebert, Der Versicherungsprozess, 4. Aufl. 2020, § 4 B. Rn. 158.
[67] KG VersR 2015, 1555; *Halbach* in Rüffer/Halbach/Schimikowski, VVG, 4. Aufl. 2020, § 93 Rn. 11.
[68] BGH VersR 2011, 1180; BGH VersR 2004, 512; OLG Köln r+s 2008, 111.

Neubau fristgerecht begonnen wurde. Es reicht aus, dass innerhalb der Frist von 3 Jahren ein Bauvertrag vorliegt, bei dem ein Rückgängigmachung fernliegt.[69] Eine erteilte Baugenehmigung bietet keine ausreichende Sicherheit, weil sie nur zum Bauen berechtigt, aber nicht verpflichtet. Eine Verpflichtung ist zu verlangen.[70] Keine Sicherstellung ist anzunehmen, wenn ein Bauvertrag nicht vorliegt, sondern nur ein Angebot und eine Abwicklung über ein Treuhandkonto erfolgen soll.[71] Entsprechendes gilt bei einem Bauherren, der maßgeblicher Gesellschafter-Geschäftsführer des beauftragten Bauunternehmers ist.[72] Veräußert der Versicherungsnehmer das Objekt nach dem Versicherungsfall, aber vor Sicherstellung entsteht der Anspruch auf die Neuwertspitze nach Eigentumsübergang in der Person des Erwerbers, wenn er wiederherstellt oder sicherstellt.[73]

5. *Fälligkeit und Rückzahlungspflicht*

Die Entschädigung wird fällig, wenn der Versicherer den Anspruch dem Grund und der Höhe abschließend festgestellt hat (A 20.1 VGB 2016). Der Neuwertanteil wird fällig, nachdem der Versicherungsnehmer nachgewiesen hat, dass er die Wiederherstellung oder Wiederbeschaffung sichergestellt hat (A 20.1.2 VGB 2016). Wie auch § 93 S. 2 VVG bestimmt A 20.2 VGB 2016 eine Verpflichtung zur Rückzahlung der nach A 20.1.2 VGB 2016 geleisteten Entschädigung. Voraussetzung ist, dass der Versicherungsnehmer infolge seines Verschuldens nicht innerhalb einer angemessenen Frist wiederhergestellt oder wiederbeschafft hat. Dies gilt auch für Zinsen. Die Angemessenheit der Frist richtet sich nach der Art der versicherten Sache. Für die Wiederherstellung einer Immoblilie wird man einen längeren Zeitraum, etwa von zwei bis zu drei Jahren, als angemessen ansehen, wobei eine unangemessene Frist eine angemessene in Lauf setzt.[74] Für das Verschulden des Versicherungsnehmers reicht einfache Fahrlässigkeit.[75]

6. *Unzulässige Rechtsausübung*

Die vereinbarte Frist zur Sicherstellung muss grundsätzlich eingehalten werden. Ausnahmsweise kann die Berufung des Versicherers auf die Ausschlussfrist rechtsmissbräuchlich sein, wenn der Versicherer durch sein Verhalten den Versicherungsnehmer an der Fristwahrung gehindert hat.[76] So ist die Berufung des Versicherers auf die Ausschlussfrist ausgeschlossen, wenn sich Versicherer über längere Zeit treuwidrig seiner Leistungspflicht entzieht.[77]

---

[69] BGH VersR 2004, 512; OLG Hamm VersR 2016, 116.; OLG Hamm VersR 1984, 175.

[70] OLG Köln r+s 2008, 111.

[71] OLG Celle VersR 2010, 383.

[72] OLG Hamm VersR 2016, 116.

[73] BGH VersR 1992, 1221; OLG Hamm VersR 2016, 116.

[74] *Staudinger* in MüKoVVG, 2. Aufl. 2016, § 93 Rn. 18, *Langheid* in Langheid/Rixecker, VVG, 6. Aufl. 2019, § 93 Rn. 31.

[75] *Langheid* in Langheid/Rixecker, VVG, 6. Aufl. 2019, § 93 Rn. 31.

[76] BGH VersR1979, 173; OLG Köln r+s 2001, 156; OLG Bremen VersR 2002, 1372; OLG Hamm VersR 1993, 1352.

[77] OLG Dresden r+s 2021, 31.

VI. Zusammenfassung und Ausblick

1. Zusammenfassung, Maßnahmen der Schadensprävention

Durch die Situation in den von Flut betroffenen Hochwassergebieten in Deutschland, begleitet von umfangreicher Berichterstattung in den Medien, erhält – neben der Diskussion über künftige Hochwasserschutzmaßnahmen – die Elementarschadenversicherung besondere Bedeutung. Maßgeblich ist in diesem Zusammenhang insbesondere der Versicherungsfall der Überschwemmung und des Rückstaus. Ein weiteres Problem entsteht durch die Frage des Wiederaufbaus eines durch Flut zerstörten Gebäudes an anderer Stelle, einem hochwassergeschützten Standort.

Insbesondere wird man den Gesichtspunkten der individuellen Vorbeugung, Schadensprävention sowie Vermeidung und Beseitigung von Gefahrerhöhungen zukünftig besondere Bedeutung beimessen müssen. Dies kann ua die bauliche Gestaltung von gefährdeten Gebäuden und Grundstücken betreffen (zB keine Unterkellerung im Hochwassergebiet, entsprechende Umbauten, besondere bauliche Vorkehrungen, Herstellen von hochwassergeschützten Räumen, Maßnahmen zum Schutz des Hausrats, Unterhalten von Hochwasser-Meldeanlagen). Insoweit kann es sich empfehlen, in Bedingungswerken konkrete, ergänzende Sicherheitsvorschriften als zusätzliche Obliegenheiten für den Versicherungsnehmer einzuführen, damit gefährdete Objekte überhaupt zu einer akzeptablen Prämie versichert werden können.

2. Pflichtversicherung gegen Naturgefahren

Anders als in verschiedenen europäischen Ländern wie Schweiz, Frankreich oder Spanien besteht in Deutschland keine Vorsorgeversicherung gegen Naturgefahren. Historisch gab es eine landesrechtliche Regelung in Baden-Württemberg in den Jahren 1960 bis 1994.[78] Betroffene in den jetzigen Flutgebieten, zB an Ahr, Erft und Elbe, werden gemäß Aufbauhilfegesetzen mehr oder weniger entschädigt. Dieser Umstand kann im Einzelfall dazu führen, dass die Bereitschaft der Betroffenen sinkt, für künftige Schadenfälle eine, soweit möglich, individuelle Elementarschadenversicherung abzuschließen. All dies wirft die Frage nach einer Pflichtversicherung gegen einzelne Naturgefahren in Deutschland auf. Die Einführung einer Pflichtversicherung von weiteren Elementarschäden wird insbesondere nach Ereignissen wie einem „Jahrhunderthochwasser" diskutiert.[79] Pflichtversicherungen sind dem deutschen Recht nicht fremd. Wegen schwerwiegender Folgen eines nicht versicherten Haftpflichtfalls hat der Gesetzgeber für verschiede Tätigkeiten und Berufe Pflichthaftpflichtversicherungen eingeführt.[80] Von besonderer Bedeutung ist die Pflichthaftpflichtversicherung von Haltern eines Kraftfahrzeugs (§ 1 PflVG, §§ 113ff. VVG). Die Pflichtversicherung im Haftpflichtbereich bewahrt den Versicherungsnehmer vor existenzgefährdenden Schadensersatzforderungen, dient aber

[78] Dazu BVerfG NJW 1966, 667. Im Einzelnen rechtsvergleichend *Roth* NJW 2021, 2999 (3000).
[79] *Günther* in MüKoVVG, 2. Aufl. 2017, Nr. 230, Elementarschadenversicherung Rn. 15.
[80] *Brand* in MüKoVVG, 2. Aufl. 2017, Vor § 113 Rn. 17ff.

zugleich dem Opferschutz. Für die Abdeckung von Naturgefahren wird eine Pflichtversicherung sowie alternativ eine verpflichtende Kopplung von Schadenversicherungen mit Elementarschadendeckung entsprechend ausländischen Regelungen mit Berücksichtigung der Schadensanfälligkeit und Risikobereichen vorgeschlagen.[81] Letztlich kommt dem Gesetzgeber insoweit ein Gestaltungsspielraum zu, wobei verfassungsrechtliche Grundsätze zu Eingriffen in Rechte des Einzelnen und der Versicherungsunternehmen sowie wirtschaftliche und soziale Aspekte zu beachten sind. Die Diskussion ist noch nicht abgeschlossen und wird im Rahmen der drängenden Klimaproblematik weitergehen.

[81] *Roth* NJW 2021, 2999 (3003).

BERND HIRTZ

Anmerkungen zum Anwaltsbild

I.

Der ehrende Blick auf eine so rare Anwaltspersönlichkeit, wie sie *Theo Langheid* verkörpert, lädt zu Überlegungen ein, was diese Anwaltspersönlichkeit ausmacht. Die Menschen, die mit *Theo Langheid* aus Anlass seiner beruflichen, rechtspolitischen und kulturellen Aktivitäten Kontakt haben durften und dürfen, haben ihre je eigene Sichtweise auf die Vorzüge des Jubiliars. So werden Überlegungen angeregt, was in der Gegenwart das Bild des Rechtsanwalts (jeglichen Geschlechts) prägt. Solche Überlegungen stellt dieser Beitrag (thesenartig) an;[1] sie laden zu fruchtbaren Seitenblicken auf *Theo Langheid* ein.

II.

Normen der BRAO und der BORA bestimmen das Anwaltsbild in rechtlicher Hinsicht. Insbesondere §§ 1 bis 3 BRAO enthalten unbestimmte und durchaus unscharfe Begriffe. Nicht nur deshalb wirkt die Veränderung gesellschaftlicher Rahmenbedingungen auf das Berufsbild zurück.[2] Ob diese Normen – wegen inhaltlicher Widersprüchlichkeit und Unbestimmtheit – als praxisfremd und völlig überholt anzusehen sind,[3] ist allerdings durchaus zweifelhaft. Die Bestimmungen sind aktuelles Recht und tragen zur Konturierung des Anwaltsbildes bei Rechtsanwältinnen und Rechtsanwälten, anderen Beteiligten der Rechtspflege und Mandanten bei.

1. Nach § 1 BRAO ist der Rechtsanwalt ein unabhängiges Organ der Rechtspflege. Die Missverständlichkeit des Begriffs „Organ“, die in der Vergangenheit zu Überlegungen geführt hat, den Anwaltsberuf in der Nähe des Staates anzusiedeln,[4] kann den Blick auf die wesentliche Aussage der Norm indessen nicht vernebeln. Rechtsanwältinnen und Rechtsanwälte sind mit anderen Organen der Rechtspflege gerade in der besonderen Ausgestaltung ihrer Aufgaben gleichberechtigt. Sie

[1] Rechtshistorische und anwaltsrechtliche Überlegungen zum Anwaltsbild im Wandel der Zeiten sind nicht Gegenstand dieses Beitrags. Er wirft einen Blick auf aktuelle rechtliche und tatsächliche Rahmenbedingungen für die Anwaltstätigkeit.

[2] *Busse* in Henssler/Prütting, BRAO, 5. Aufl. 2019, Einl Rn. 65 ff.; BVerfGE 87, 287 (320).

[3] *Kleine-Cosack,* BRAO, 8. Aufl. 2020, Vor § 1 Rn. 1.

[4] Vgl. dazu *Kleine-Cosack,* BRAO, 8. Aufl. 2020, § 1 Rn. 22.

agieren, ohne in die staatliche Organisation eingebunden zu sein, mit Richtern und Staatsanwälten auf Augenhöhe.[5]

Die so vorausgesetzte Augenhöhe wird durch das Diktum von der „Unabhängigkeit“ unterstützt. Neben die – wesentliche – Unabhängigkeit vom Staat tritt die schwieriger zu fassende Unabhängigkeit vom Mandanten[6] und die Unabhängigkeit des angestellten Anwalts oder der freien Mitarbeiterin.[7] Die Unabhängigkeit vom Staat ist für den Anwaltsberuf konstitutiv. Die darüber hinausgehende Unabhängigkeit gegenüber Mandanten, Arbeitgeber, Mitgesellschaftern oder dem Management von Anwaltsgesellschaften ist in erster Linie Persönlichkeitssache. Gelebte Unabhängigkeit hat Ausstrahlungswirkung und dient so der Professionalität.

2. Gemäß § 2 BRAO übt die Rechtsanwältin einen freien Beruf aus; ihre Tätigkeit ist kein Gewerbe. Mit Ausnahme hier nicht interessierender steuerrechtlicher Anknüpfungen scheint der Norminhalt wenig greifbar. Hilfestellung bietet die in § 1 Abs. 2 PartGG[8] – durch die Vorschaltung der Wörter „im Allgemeinen“ – stark relativierte Leistungsbeschreibung dessen, was „Freie Berufe“ sind: „Die Freien Berufe haben im Allgemeinen auf der Grundlage besonderer beruflicher Qualifikation oder schöpferischer Begabung die persönliche, eigenverantwortliche und fachlich unabhängige Erbringung von Dienstleistungen höherer Art im Interesse der Auftraggeber und der Allgemeinheit zum Inhalt“. Damit wird der Charakter der Selbständigkeit auch der Anwaltstätigkeit im Sinne persönlicher, eigenverantwortlicher und fachlich unabhängiger Erbringung von Rechtsdienstleistungen gefordert, und zwar auf der Grundlage besonderer beruflicher Qualifikation (oder schöpferischer Begabung). Die bereits in § 1 BRAO erwähnte Unabhängigkeit wird erneut vorausgesetzt. Der Kontext der Norm prägt damit das Anwaltsbild und ermuntert jede Berufsträgerin zu qualifizierter, ja geradezu schöpferischer Tätigkeit in Eigenverantwortung.

Zugleich wird eine ausschließlich wirtschaftlich motivierte Berufsausübung diskreditiert („kein Gewerbe“). Die große BRAO-Reform, die zum 1.8.2022 in Kraft treten wird,[9] ändert an dieser Anknüpfung nichts, auch wenn anwaltlichen Berufsausübungsgesellschaften künftig alle Gesellschaftsformen (unter Einschluss der GmbH & Co. KG) zur Verfügung stehen.

3. Nach § 3 Abs. 1 BRAO ist der Rechtsanwalt der berufene und unabhängige Vertreter in alle Rechtsangelegenheiten. Abermals wird die Unabhängigkeit betont, nunmehr allerdings als Eigenschaft, die als Berater und Vertreter der Mandanten von Bedeutung ist. Damit gerät die Vertretung fremder Interessen, die Kernaufgabe der Rechtsanwältin, in den Fokus. Durch § 1 Abs. 3 BORA wird dies unterstrichen: „Als unabhängiger Berater und Vertreter in allen Rechtsangelegenheiten hat der Rechtsanwalt seine Mandanten vor Rechtsverlusten zu schützen, rechtsgestaltend, konfliktvermeidend und streitschlichtend zu begleiten, vor Fehl-

[5] Ähnlich: *Busse* in Henssler/Prütting, BRAO, 5. Aufl. 2019, § 1 Rn. 30 ff.; *Kleine-Cosack*, BRAO, 8. Aufl. 2020, § 1 Rn. 23; beide unter Hinweis auf die Spruchpraxis des BVerfG.
[6] Vgl. dazu *Busse* in Henssler/Prütting, BRAO, 5. Aufl. 2019, § 1 Rn. 47 ff.
[7] Vgl. dazu *Busse* in Henssler/Prütting, BRAO, 5. Aufl. 2019, § 1 Rn. 52 ff.
[8] Eingeführt durch Gesetz vom 22.7.1998, BGBl. 1998 I 1878.
[9] BGBl. 2021 I Nr. 41, 2363 ff.

entscheidungen durch Gerichte und Behörden zu bewahren und gegen verfassungswidrige Beeinträchtigung und staatliche Machtüberschreitung zu sichern."

Diese Funktionszuweisung trägt, was vielfach übersehen wird, in sich das Erfordernis der Bildung eines anwaltlichen Ethos.[10] Hier soll nicht der Frage nachgegangen werden, ob es möglich oder sinnvoll ist, ethische Grundsätze anwaltlicher Tätigkeit zu verschriftlichen.[11] Für das Anwaltsbild ist zunächst von Bedeutung, dass die professionelle Ausübung des Berufs Ethos voraussetzt.

Dass Ethos zu den Grundvoraussetzungen anwaltlicher Tätigkeit gehört, ergibt sich übrigens schon aus dem Umstand, dass die Anwaltstätigkeit im Sinne von § 1 Abs. 3 BORA Arbeit in, an und mit der Sprache ist.[12] Der Rechtsanwalt ist bei der Wahrnehmung der Interessen seines Mandanten zur Rhetorik verpflichtet. Elemente der Rhetorik sind – seit Aristoteles – Logos, Ethos und Pathos.[13] Grundlage der Rhetorik ist die Darstellung des Glaubhaften und Vertrauenswürdigen. Erfolgreicher anwaltlichem Wortgebrauch (zur Wahrnehmung der Interessen des Mandanten) basiert gerade auch auf Ethos. Die Rechtanwältin als Vertreterin fremder Interessen steht insoweit vor der Aufgabe, einerseits als Berufsträgerin eigenes Ethos zu berücksichtigen und andererseits den Standpunkt der Mandanten als gut oder vertrauenswürdig darzustellen. Das mag zu unlauteren Mitteln verführen (und zwar mit dem besten Willen zur Interessenvertretung); indessen ist der Rechtsanwalt in eigener Person und Funktion an ethische Grundsätze gebunden.[14] Der Rechtsanwalt kann seine Funktion zur Vertretung fremder Interessen auf Dauer nicht erfolgreich ausüben, wenn er die ethischen Grundsätze verlässt.

4. Gemäß § 43 S. 1 BRAO hat der Rechtsanwalt seinen Beruf gewissenhaft auszuüben. Es soll hier nicht (der streitigen) Frage nachgegangen werden, ob § 43 BRAO angesichts der an anderer Stelle konkret ausgeformten Berufspflichten als Sanktionsnorm eine eigenständige Bedeutung hat.[15] Maßgeblich ist für das Anwaltsbild die Verwendung des Wortes „gewissenhaft". Dieser Begriff vereint einen (wenngleich diffusen) Bezug zur inneren Einstellung mit der Verpflichtung zur Professionalität. Damit sind Kompetenz und Integrität angesprochen.[16] Indem § 43 S. 2 BRAO auf die Achtung und das Vertrauen, welche die Stellung des Rechtsanwalts erfordert, verweist, und dies mit dem Begriff „würdig" verbinden, ist jedenfalls ein wesentlicher Bereich des gesetzlich vorgegebenen Anwaltsbildes gezeichnet. Denn Achtung und Vertrauen kommen von außen. Und das Vertrauenswürdige ist mit Ethos verbunden.

---

[10] *Busse* in Henssler/Prütting, BRAO, 5. Aufl. 2019, BORA § 1 Rn. 21; *Henssler* AnwBl. 2008, 721, 728.

[11] Dafür *Henssler* AnwBl. 2008, 721, 726; *Stürner* AnwBl. 2009, 848, 851; *Ignor* NJW 2011, 1537, 1539; dagegen: *Busse* in Henssler/Prütting, BRAO, 5. Aufl. 2019, § 1 Rn. 35; *Hellwig* AnwBl. 2009, 465, 471; *Hellwig* AnwBl. 2015, 462, 465; *Singer* AnwBl. 2009, 393, 305; vgl. zum Streitstand *Busse* in Henssler/Prütting, BRAO, 5. Aufl. 2019, § 1 Rn. 35ff.

[12] *Hirtz* AnwBl. 2003, 464, 466.

[13] Dazu im Einzelnen: *Knape,* Allgemeine Rhetorik, 2000, S. 42ff.

[14] *Hirtz* AnwBl. 2006, 780, 783.

[15] Vgl. zum Streitstand u. a. *Prütting* in Henssler/Prütting, BRAO, 5. Aufl. 2019, § 43 Rn. 19ff.; *Kleine-Cosack,* BRAO, 8. Aufl. 2020, § 43 Rn. 7ff.

[16] *Henssler* in Henssler/Prütting, BRAO, 5. Aufl. 2019, § 43 Rn. 18.

5. Auch die weiteren Grundpflichten des Rechtsanwalts gem. § 43a BRAO, deren Einzelheiten hier nicht erörtert werden sollen, prägen das Anwaltsbild im genannten Sinne.

Die Rechtsanwältin selbst hat ihre Unabhängigkeit zu achten (§ 43a Abs. 1 BRAO).

Verschwiegenheit (§ 43a Abs. 2 BRAO) ist zentrale Anwaltstugend (core value) und verbindet die vorrangig geschützten Individualinteressen des Mandanten mit mindestens einem Reflex in Bezug auf das Gemeinwohl, weil der Schutz des allgemeinen Vertrauens und die Verschwiegenheit der Anwälte Kernelement einer auf rechtsstaatlichen Prinzipien gegründeten Rechtspflege ist.[17]

Weiteres core value ist das Verbot der Vertretung widerstreitender Interessen im Sinne von § 43a Abs. 4 BRAO bzw. § 43a Abs. 4 bis Abs. 6 BRAO in der Fassung der BRAO-Reform. Auch wenn der Umgang mit dem berufsrechtlichen Verbot der Vertretung widerstreitender Interessen in der Praxis insbesondere in Sozietätsfällen erhebliche Unsicherheiten aufweist,[18] die auch durch die BRAO-Reform nur teilweise erledigt werden,[19] ist das Prävarikationsverbot seit langer Zeit Grundelement der anwaltlichen Berufspflichten und damit prägend für das Anwaltsbild. Es schärft die Bindung an die Interessen des eigenen Mandanten und bremst wirtschaftliche Interessen, die sich bei ergänzender anwaltlicher Tätigkeit im Umfeld der Gegenseite realisieren ließen. Professionell und damit durchaus geschäftstüchtig ist also die Rechtsanwältin, die – in Freiheit und Unabhängigkeit – nur die eine Seite bei einer rechtlichen Auseinandersetzung vertritt und berät.

Zu Unrecht eher ein Schattendasein führt das Sachlichkeitsgebot im Sinne von § 43a Abs. 3 BRAO, das zugleich die bewusste Verbreitung von Unwahrheiten und bestimmten herabsetzenden Äußerungen verbietet. Die Bedeutung dieser Regelung für das Anwaltsbild und das dieses Anwaltsbild tragende Anwaltsethos ist indessen erheblich, und zwar vor allem wegen des damit verbundenen Verbots der Lüge.[20] In sprachlicher Hinsicht scheint die Formulierung des Gesetzes, die das Verbot der Lüge als einen Unterfall des Verbotes der Unsachlichkeit ansieht, missglückt zu sein. Denn man kann mit sachlicher Attitüde lügen und in unsachlicher Form die Wahrheit sagen.[21] Sachlichkeit in diesem Sinne ist aber in § 43a Abs. 3 BRAO nicht gemeint. Sachlichkeit bedeutet, dass der Rechtsanwalt im Rahmen seiner Interessenvertretung und als gleichberechtigtes Organ der Rechtspflege Sachlichkeit als das Kennzeichen sachgemäßer professioneller Arbeit schuldet. Die eigene Wahrheitspflicht des Rechtsanwalts, der zugleich die Wahrheitspflichten seines Mandanten zu achten hat, dient dem Interesse der Rechtspflege der Sache „Interessenvertretung". So hat im Zivilprozess die Anwältin praktische Konkordanz herzustellen

[17] Vgl. dazu und zur die Mandanteninteressen in den Vordergrund stellenden Spruchpraxis des BVerfG: *Henssler* in Henssler/Prütting, BRAO, 5. Aufl. 2019, § 43a Rn. 42.

[18] *Hirtz* NJW 2019, 2265 ff.

[19] *Diller* AnwBl.-Online 2021, 238 ff.

[20] *Hirtz* AnwBl. 2006, 780, 781; *Henssler* in Henssler/Prütting, BRAO, 5. Aufl. 2019, § 43a Rn. 137 ff.; anders allerdings *Kleine-Cosack*, BRAO, 8. Aufl. 2020, § 43a Rn. 102, der die Auffassung des Verfassers als unkritisch, undifferenziert und wirklichkeitsfremd bezeichnet.

[21] *Henssler* in Henssler/Prütting, BRAO, 5. Aufl. 2019, § 43a Rn. 137.

zwischen der Achtung der Wahrheitspflicht der Partei, den ihr anvertrauten Interessen der Partei und ihrer eigenen Stellung als Organ der Rechtspflege.[22] Insoweit prägt die der Sache „Interessenvertretung" dienende Sachlichkeit das Anwaltsbild. Sachlichkeit verpflichtet die Anwältin nicht zur Vermeidung von Humor, zur Unterlassung von Überspitzung, zum Weglassen von Ironie, zum Außerachtlassen von rhetorischen Techniken im Bereich des Pathos oder zum Verzicht auf Polemik.

Gemäß § 43a Abs. 6 BRAO ist der Rechtsanwalt verpflichtet, sich fortzubilden. Zu konkreten Vorgaben oder einer Sanktionsbewehrung hat sich der Gesetzgeber bedauerlicherweise bislang (jenseits der Fachanwaltschaften) nicht entschließen können. Die Kenntnis des Rechts und die Methoden seiner Anwendung, dem Logos-Bereich der Rhetorik zugehörig, ist indessen elementarer Bestandteil anwaltlicher Professionalität. In jeder Sache sollte jede Anwältin erfolgreich darum bemüht sein, die Rechtslage besser als alle anderen Beteiligten einschätzen zu können.

6. Werbung ist Kundbarmachung nach außen. Damit prägt das anwaltliche Werberecht zugleich das Anwaltsbild. Aus dem ursprünglichen Werbeverbot ist, wenngleich die Formulierung in § 43b BRAO noch auf etwas anderes hindeuten könnte, infolge verschiedener und konsequenter Entscheidungen des BVerfG anwaltliche Werbefreiheit geworden.[23] Folgerichtig gestattet § 6 BORA der Rechtsanwältin, über ihre Dienstleistung und ihre Person zu informieren, soweit die Angaben sachlich unterrichten und berufsbezogen sind. Anwaltswerbung ist Teil anwaltlicher Rhetorik. Damit entspricht es der Professionalität des Rechtsanwalts, angemessene Mittel einzusetzen. Eine so anwaltstypisch nur durch Lauterkeitsgrenzen eingehegte Werbefreiheit gehört zum Anwaltsberuf.

7. Stiefmütterlich hatte der Gesetzgeber die Möglichkeit von Rechtsanwälten behandelt, sich in Personengesellschaften oder Kapitalgesellschaften zusammenzuschließen. Vorgaben zum Recht der Personengesellschaften fehlen weitgehend, während die AnwaltsGmbH sehr restriktiv geregelt ist (§ 59c ff. BRAO). Künftig (nach der BRAO-Reform) besteht insoweit Organisationsfreiheit; auch eine interprofessionelle Zusammenarbeit wird mit allen Freien Berufen im Sinne des § 1 Abs. 2 PartGG grundsätzlich möglich sein.

Die Gesellschafterstellung eines Rechtsanwalts prägt indessen seit rund 30 Jahren nachhaltig das anwaltliche Berufsbild. Der Normbefehl des § 1 Abs. 2 BRAO, wonach der Rechtsanwalt kein Gewerbe ausübt, darf also nicht dahingehend missverstanden werden, eine gemeinsame in Gesellschaften verfolgte Absicht der Gewinnerzielung wäre unprofessionell. Zu beachten sind indessen die Grundelemente des freien Berufs (vgl. vorstehend II. 2.). In diesem Sinne sind Rechtsanwälte jeglichen Geschlechts durchaus auch unternehmerisch tätig.

---

[22] *Hirtz* AnwBl. 2006, 780, 783.

[23] Vgl. zur Entwicklung: *Prütting* in Henssler/Prütting, BRAO, 5. Aufl. 2019, § 43b Rn. 5ff.; *Kleine-Cosack,* BRAO, 8. Aufl. 2020, Vor § 43b Rn. 6ff.

III.

Der Blick auf die gegenwärtige und künftige Rechtslage fördert folgende Elemente des Anwaltsbildes zu Tage:

1. Die Rechtsanwältin agiert gleichberechtigt mit anderen Organen der Rechtspflege auf Augenhöhe. Sie hat selbst die Verpflichtung, Unabhängigkeit vom Staat, vom Mandanten, von Arbeitgebern und von Mitgesellschaftern soweit wie möglich zu sichern.

2. Rechtsanwälte jeglichen Geschlechts üben einen freien Beruf aus. Das ermuntert zu qualifizierter und schöpferischer Tätigkeit. Eine ausschließlich wirtschaftlich motivierte Berufsausübung bleibt problematisch.

3. Effektive Vertretung fremder Interessen setzt Anwaltsethos voraus.

4. Zur Professionalität des Anwaltsberufs gehört „Gewissenhaftigkeit", also Kompetenz und Integrität.

5. Das Verbot der Vertretung widerstreitender Interessen bleibt core value, sodass es zur Professionalität gehört, nur eine Seite bei einer rechtlichen Auseinandersetzung zu vertreten und zu beraten.

6. Aus dem Sachlichkeitsgebot folgt eine eigene Wahrheitspflicht des Rechtsanwalts. Die Sachlichkeit verhindert, da die Rechtsanwältin einen Freien Beruf ausübt, nicht etwa Humor, Überspitzung, Ironie, Pathos oder Polemik.

7. Vom Rechtsanwalt wird Rechtskenntnis erwartet. Er sollte besser sein als jeder andere Beteiligte.

8. Rechtsanwälte dürfen und sollen – nicht nur als Gesellschafter innerhalb einer Berufsausübungsgesellschaft – Umsatz und Gewinn machen.

IV.

Der Verfasser gibt zu, die vorstehenden Überlegungen immer mit einem Seitenblick auf die Anwaltspersönlichkeit *Theo Langheid* verbunden zu haben. Seine anwaltliche und wissenschaftliche Leistung wird in dieser Festschrift an anderer Stelle gewürdigt. *Theo Langheid* ist geradezu ein Idealtyp des guten Anwaltsbildes.

Er verkörpert sowohl im forensischen als auch im beratenden Bereich anwaltliche Unabhängigkeit. Sein Auftreten macht – mindestens – Augenhöhe mit anderen Beteiligten selbstverständlich. Seine Verwurzelung in der Kultur machte originelle und schöpferische Tätigkeit leichter. Nicht nur damit ist *Theo Langheid* unabhängig geblieben. Logos ist bei ihm nicht nur Juristerei. *Theo Langheid,* der eigentlich Sport studieren wollte, empfand das dann gewählte Jurastudium „als Brotstudium".[24] Schon neben dem Referendariat studierte er Englisch und Geschichte. Bei Martin Kriele lernte er – nach eigenen Worten[25] – den ethischen Wert der Juristerei kennen. Nicht nur dadurch ist die Persönlichkeit *Theo Langheid* in ihren ethischen Zügen geprägt. Zugleich ist die Beherrschung des Rechts, die

[24] Handelsblatt vom 23.4.2007; Beitrag von *Christoph Hardt.*

[25] Zitiert nach *Christoph Hardt,* Handelsblatt vom 23.4.2007.

nicht zuletzt seine Kommentierungen zeigen, selbstverständlich für ihn. Schon früh betrieb er mit seinen Partnern eine überregionale Anwaltsgesellschaft, die sich mehr und mehr auf die Vertretung der einen Seite im Versicherungsrecht fokussierte. Werbewirksame Außendarstellungen waren – in seriöser Professionalität – seine Sache. Gewinnerzielung ist ihm kein fremdes Ziel.

Theo Langheid ist nicht nur als wissenschaftlicher Autor homme de lettres. Er tritt für englische Literatur ein und gründete die Anthony Powell Gesellschaft.[26] Powells Gedanke der Überwindung einzelner Ereignisse durch einen biografischen Gesamtzusammenhang, der sich erst rückblickend erschließt,[27] ist ein ideales Motiv für diese Festschrift zur Würdigung von *Theo Langheid* aus Anlass seines 70. Geburtstages.

[26] Vgl. zu den Einzelheiten anthonypowell.de.

[27] *Feldmann* im Nachwort zu *Anthony Powell,* Eine Frage der Erziehung, Ein Tanz zur Musik der Zeit – Bd. 1 2015/2016, S. 205.

LOTHAR JAEGER

Schmerzensgeld bei kurzer Leidenszeit – Verkürzung der Leidenszeit durch Suizid

I. Einleitung

Ausgangspunkt für Überlegungen zur Höhe des Schmerzensgeldes für die Erben eines Querschnittsgelähmten Mannes, der durch einen Suizid aus dem Leben scheidet, ist eine Entscheidung des OLG Celle[1] aus dem Jahr 2018. Ein 50 Jahre alter Patient, verheiratet und Vater von drei minderjährigen Kindern, erlitt nach einer ärztlichen Behandlung einen septischen Schock, der dazu führte, dass er dauerhaft künstlich beatmet werden musste und weitgehend gelähmt blieb. Nachdem er über Monate einen Sterbewunsch geäußert hatte, wählte er etwas mehr als 1 Jahr nach der Schädigung einen medizinisch begleiteten Freitod.

Eine solche ärztlich assistierte Selbsttötung ist nicht strafbar.[2] Angesichts der gewachsenen Bedeutung der Selbstbestimmung des Einzelnen auch bei Entscheidungen über sein Leben kann in Fällen des freiverantwortlichen Suizids der Arzt, der die Umstände kennt, nicht mit strafrechtlichen Konsequenzen verpflichtet werden, gegen den Willen des Suizidenten zu handeln. Nimmt der Sterbewillige selbst die todbringende Handlung vor und behält er dabei die freie Entscheidung über sein Schicksal, tötet er sich selbst, wenn auch mit fremder Hilfe. Das Handeln des Arztes (Mitbringen der Medikamente und Unterlassen von Rettungsmaßnahmen) kann sich daher als straflose Beihilfe zum eigenverantwortlichen Suizid darstellen.

Das LG Lüneburg,[3] verurteilte den beklagten Arzt 2017 in der ersten Instanz wegen des ihm unterlaufenen Behandlungsfehlers zur Zahlung von Schmerzensgeld in Höhe von 500.000 EUR an die Erben des Patienten. Dabei führte das Landgericht mehrere vergleichbare Entscheidungen an. Das OLG Celle bestätigte die Entscheidung und nahm seinerseits Bezug auf Vergleichsentscheidungen zu Schwerstschäden, ohne zahlreiche einschlägige Entscheidungen anzusprechen.

Der Berufungsangriff des Beklagten gegen die Höhe des Schmerzensgeldes war im Kern darauf gerichtet, die kurze Leidenszeit des Patienten in den Vordergrund zu rücken; dadurch sei trotz der Schwere der Verletzung nur ein relativ niedriges Schmerzensgeld gerechtfertigt. Betrachtet man die Rechtsprechung zum Schmerzensgeld bei tödlichen Verletzungen und bei baldigem Tod nach einem Behandlungsfehler, liegt der zuerkannte Schmerzensgeldbetrag von 500.000 EUR bei einer Überlebenszeit des Geschädigten von etwa einem Jahr ganz erheblich höher, als die

---

[1] OLG Celle 6.6./10.8.2018 – 1 U 71/17; *Jaeger/Luckey*, Schmerzensgeld, 10. Aufl. 2020, E2191.

[2] BGH 3./4.7.2019 – 5 StR 132/18 – und 5 StR 393/18, GesR 2019, 638.

[3] LG Lüneburg 23.8.2017 – 2 O 157/16, unveröffentlicht.

von der Rechtsprechung bis zu diesem Zeitpunkt zuerkannten Schmerzensgeldbeträge. Allerdings trifft die Aussage des OLG Celle, dass die Rechtsprechung (bis August 2018) bei der Bemessung von Schmerzensgeld nach gravierenden Verletzungen inzwischen großzügiger verfährt als früher, nicht zu, weil die für Schwerstschäden zuerkannten Schmerzensgeldbeträge seit 2001,[4] also seit fast zwei Jahrzehnten nominell kaum einmal höher als 500.000 EUR ausgefallen sind. Diese lange Stagnationsphase könnte allerdings durch mehrere seit Ende 2018 ergangene Entscheidungen[5] überwunden sein, die dem jeweiligen Kläger ein Schmerzensgeld in Höhe von 800.000 EUR und 1 Mio. EUR zuerkannt haben.

II. *Schmerzensgeld bei tödlichen Verletzungen und bei baldigem Tod*

Für den Tod und für die Verkürzung des Lebens sieht das Gesetz kein Schmerzensgeld und keine Entschädigung vor.[6] Die Bestimmungen des § 847 BGB aF, bzw. § 253 Abs. 2 BGB nF nennen das Leben als Rechtsgut nicht, sodass der Eintritt des Todes keinen Schmerzensgeldanspruch begründet.[7] Der Gesetzgeber hat in § 847 BGB aF für den Fall der Tötung, der schwersten immateriellen Rechtsgutverletzung, keinen Anspruch des Geschädigten bzw. seiner Erben auf Zahlung von Schmerzensgeld gegen den Schädiger aufgenommen. Eine Gesetzeslücke liegt nicht vor.

Ein Anspruch auf Schmerzensgeld setzt voraus, dass der Verletzte noch eine gewisse Zeit gelebt hat. Es kommt deshalb immer darauf an, ob die Körperverletzung ggü. dem nachfolgenden Tod eine immaterielle Beeinträchtigung darstellt, die nach Billigkeitsgrundsätzen einen Ausgleich in Geld erforderlich macht. Das kann ebenso wie in Fällen, in denen die Verletzung sofort zum Tod führt, selbst bei schwersten Verletzungen dann zu verneinen sein, wenn diese bei durchgehender Empfindungslosigkeit des Geschädigten alsbald den Tod zur Folge haben und dieser nach den konkreten Umständen des Falles, insbesondere wegen der Kürze der Zeit zwischen Verletzung und Tod oder wenn der Sterbevorgangs derart im Vordergrund steht, dass eine immaterielle Beeinträchtigung durch die Körperverletzung als solche nicht fassbar ist und folglich auch die Billigkeit keinen Ausgleich in Geld gebietet.

Es gibt jedoch zahlreiche Entscheidungen zum Schmerzensgeld bei einem alsbald nach einer Schädigung eintretenden Tod. Dabei stellen die Gerichte zunächst fest, dass die schädigende Handlung nicht unmittelbar zum Tod geführt hat, sondern dass der Verletzte noch eine (unterschiedlich lange) Zeit gelebt hat.

---

[4] LG München I 29.3.2001 – 19 O 8647/00, VersR 2001, 1124.

[5] LG Aurich 23.11.2018 – 2 O 165/12, VersR 2019, 887 mAnm *Jaeger;* nachfolgend OLG Oldenburg 18.3.2020 – 5 U 196/18; LG Gießen 6.11.2019 – 5 O 376/18, VersR 2020, 630 mAnm *Jaeger* VersR 2020, 634; LG Limburg 28.6.2021 – 1 O 45/15; OLG Schleswig 28.9.2021 – 7 U 29/16, noch unveröffentlicht.

[6] BGH 12.5.1998 – VI ZR 182/97, VersR 1998, 1034.

[7] OLG Karlsruhe 25.1.2000 – U 5/99 BSch, VersR 2001, 1123f.; OLG München 11.5.2000 – 1 U 1564/00, OLGR 2000, 352.

Die dabei berücksichtigten Zeitspannen reichen von 10 Sekunden bis zu mehreren Jahren.[8]

Ausschlaggebend ist in den Fällen, in denen der Verletzte noch einige Zeit lebt, ob er – für wenige Augenblicke oder über einen längeren Zeitraum – erkannt hat, dass er schwer verletzt ist und sterben wird. Gerade in diesen Fällen muss er für diese Empfindung zusätzlich entschädigt werden, das Schmerzensgeld darf auf keinen Fall gleichsam nur symbolisch sein. Grundsätzlich soll die Dauer der Lebensbeeinträchtigung ein maßgeblicher Faktor für die Bemessung des Schmerzensgeldes sein. Aus diesem Grund ergibt sich zwangsläufig, dass bei kurzer Überlebenszeit, ohne dass der Verletzte dies erkennt oder empfindet, ein geringeres Schmerzensgeld gerechtfertigt sein kann als bei Erreichung der normalerweise zu erwartenden Lebensdauer mit und trotz der Verletzung.

Die Auffassung der Gerichte von der Dauer der Zeitspanne, die der Verletzte noch gelebt haben muss, damit sein Schmerzensgeldanspruch auf die Erben übergehen kann, ist unterschiedlich. Der BGH[9] hat darauf hingewiesen, dass eine Körperverletzung, die gegenüber dem alsbald eintretenden Tod keine abgrenzbare immaterielle Beeinträchtigung darstelle, aus Billigkeitsgesichtspunkten keinen Ausgleich in Geld erforderlich mache. Das könne ebenso wie in Fällen, in denen die Verletzungshandlung sofort zum Tode führt, selbst bei schwersten Verletzungen dann der Fall sein, wenn diese bei durchgehender Empfindungslosigkeit des Geschädigten alsbald den Tod zur Folge hätten und wegen der Kürze der Zeit zwischen Schadensereignis und Tod, sowie nach dem Ablauf des Sterbevorgangs derart im Vordergrund stehe, dass eine immaterielle Beeinträchtigung durch die Körperverletzung als solche nicht fassbar sei. So hat der BGH[10] den Tod einer Frau etwa eine Stunde nach einer bei einem Verkehrsunfall erlittenen schweren Verletzung „eher" dem Sterbevorgang zugerechnet. Die Rechtsprechung hat sich jedoch auf eine Mindestdauer der „Überlebenszeit" von etwa einer Stunde nicht festgelegt. Die Tatsache, dass der Verletzte die Beeinträchtigung nur über eine kürzere Zeitspanne ertragen musste, hat den Schmerzensgeldbetrag in manchen Fällen unter dem Gesichtspunkt des Ausgleichs beeinflusst. Das Schmerzensgeld ist aber nicht deshalb geringer zu bemessen, weil es nicht mehr dem Verletzten zugutekommt, sondern nach dessen Tod seinen Angehörigen und „schlimmstenfalls" den Erben.

Dennoch muss festgestellt werden, dass die Höhe des Schmerzensgeldes sich in etwa doch nach der Dauer der Zeitspanne richtet, die der Verletzte noch gelebt hat. Das mag darauf beruhen, dass bei sehr kurzer Überlebenszeit der Umstand eine Rolle spielen kann, dass es grundsätzlich kein Schmerzensgeld für Tod gibt. Zumindest bei der Entscheidung des OLG Düsseldorf, in der das Gericht die Todesangst von 10 Sekunden mit 10.000 EUR bewertet hat, kann bezweifelt werden, ob der Grundsatz „kein Schmerzensgeld für Tod" wirklich beachtet wurde.

[8] Grundlegend: *Jaeger,* Schmerzensgeldbemessung bei Zerstörung der Persönlichkeit und bei alsbaldigem Tod, MDR 1998, 450ff.

[9] BGH 12.5.1998 – VI ZR 182/97, VersR 1998, 1034.

[10] BGH 12.5.1998 – VI ZR 182/97, VersR 1998, 1034; *Jaeger/Luckey,* Schmerzensgeld, 10. Aufl. 2020, E2172.

Für die Opfer des Absturzes der Germanwings-Maschine dürften solche Zweifel wegen der Dauer der durchlittenen Todesangst kaum aufkommen.

Abweichend von OLG Celle und vom Beschluss des OLG München[11] wird „der baldige Tod" auch als Bemessungskriterium angesehen und ist keineswegs ohne Einfluss auf die Höhe des Schmerzensgeldes geblieben, was in der Begründung einiger Entscheidungen auch ausdrücklich angesprochen wird. Dabei ist natürlich zu berücksichtigen, dass in allen Fällen die Verletzten nach kurzer Zeit gestorben waren, bevor es zu einer Gerichtsentscheidung gekommen war.

Für die Leidensdauer als Bemessungskriterium plädiert auch Huber.[12] Er weist darauf hin, dass bei der Bemessung des Schmerzensgeldes viele Faktoren hervorgehoben würden, eine ausdrückliche Bezugnahme auf die Länge des „qualvollen" Lebens fehle indes. Bei Berücksichtigung allein dieser Dimension müssten Schmerzensgeldbeträge oft deutlich höher ausfallen.[13] Maßgeblich sollte nach Huber die restliche Leidensdauer sein.

1. *Tod nach 10 Sekunden oder wenigen Stunden*

a) Tod durch Flugzeugabsturz

Das OLG Düsseldorf[14] erkannte der Erbin eines Flugschülers ein Schmerzensgeld in Höhe von 10.000 EUR zu. Der Verstorbene habe während einer mindestens 10 Sekunden dauernden Absturzphase durch die damit verbundene Todesangst eine psychische Gesundheitsverletzung erlitten.

Ob das alles auch gilt für die Insassen der Germanwings-Maschine, die in den französischen Alpen vorsätzlich zum Absturz gebracht wurde, erscheint mehr als zweifelhaft. Die Opfer haben mit Sicherheit vor ihrem Tod erkannt, was auf sie zukam und sind in Panik geraten. Todesangst hat minutenlang ihr Denken beherrscht. Wenn man bedenkt, dass die Rechtsprechung auch bisher ein Schmerzensgeld für durchlittene Todesangst bewilligt hat, wird die Frage des Sterbevorgangs neu durchdacht werden müssen.[15]

b) Tod durch Ertrinken

Ähnlich einem Flugzeuginsassen vor dem Absturz der Maschine mag es einem Ertrinkenden ergehen. Dieser durchlebt und erlebt den unmittelbar bevorstehenden Tod durch Ertrinken bis zur Bewusstlosigkeit, unabhängig davon, ob er in letzter Sekunde gerettet und wiederbelebt wird oder ob er verstirbt. Überlebt er, sind seine Qualen unzweifelhaft durch ein Schmerzensgeld zu entschädigen. Stirbt er dagegen, wäre nicht einzusehen, aus welchem Grund die Erben dann leer ausgehen

---

[11] OLG München 4.10.1995 – 224 U 265/95, ZfS 1996, 370.

[12] *Huber,* Fachtagung Personenschaden 2019, S. 197ff. (225).

[13] *Huber,* Fachtagung Personenschaden 2019, S. 197ff. (225); *Huber,* Das Lebensalter des Verletzten – eine Bemessungsdeterminante beim Schmerzensgeld, VersR 2016, 73.

[14] OLG Düsseldorf 12.10.2011 – 18 U 216/10; *Jaeger/Luckey,* Schmerzensgeld, 10. Aufl. 2020, E2167.

[15] Vgl. dazu *Jaeger,* Schmerzensgeldbemessung bei Todesangst, VersR 2015, 1345.

sollten, weil das Ertrinken nur wenige Minuten gedauert hat und als Sterbevorgang bezeichnet werden könnte. Das Geschehen ist bis auf die letzten Sekunden identisch, gleichgültig, ob der Betreffende stirbt oder gerettet wird.

Es entspricht der allgemeinen Lebenserfahrung, dass einen Menschen in einer Situation, in der ihm der in Kürze eintretende Tod als unausweichlich erscheinen muss, erhebliche Todesangst befällt, die ihn durch ihre psychischen Auswirkungen in seinem gesundheitlichen Befinden stark beeinträchtigt. Das ist einer der Fälle, die einen Schmerzensgeldanspruch auslösen können.

Es gibt allerdings keine Entscheidung, die den Erben eines Ertrunkenen einen Schmerzensgeldanspruch zubilligt. Allerdings haben Versicherer in diesen Fällen ohne Anerkennung einer rechtlichen Verpflichtung Schmerzensgeld an die Hinterbliebenen gezahlt, obwohl nicht ausgeschlossen werden kann, dass der BGH das Ertrinken insgesamt dem Sterbevorgang zurechnen könnte.[16]

c) Tod nach schwerem Todeskampf

Schmerzensgeldbeträge bei Tod *alsbald* nach einer Verletzung sind unterschiedlich hoch. Bei der Bemessung spielt die Dauer des Leidens bis zum Tod nicht immer die entscheidende Rolle. Oft steht das Verschulden des Schädigers im Vordergrund. Die Schmerzensgeldbeträge bei einem Tod nach einer Straftat, nach einem Verkehrsunfall oder nach einem Behandlungsfehler sind unterschiedlich hoch.

Dies zeigen deutlich die Fälle von Vergewaltigung mit Tötung, Totschlag oder Mord, in denen das Leiden extrem hoch anzusiedeln ist, die Zeit des Leidens jedoch oft nur Minuten, meist weniger als 1 Stunde beträgt. Das Schmerzensgeld reicht hier von 1.500 EUR für ein Verkehrsunfallopfer,[17] das bis zum Tod 30 Minuten vor Schmerzen geschrien hat, über 7.500 EUR für einen Autofahrer,[18] der in seinem brennenden Fahrzeug nach 9 Minuten bei vollem Bewusstsein starb, bis zu 50.000 EUR beim Tod einer Frau, die nach Misshandlung und Vergewaltigung nach 30 Minuten verstarb,[19] oder bei Tötung oder Mord, wenn der Tod nach wenigen Minuten, längstens nach 24 Stunden eintrat[20] und das Schmerzensgeld mit 30.000 EUR oder 50.000 EUR bemessen wurde. Trotz der kurzen Zeit bis zum Tod fällt das Schmerzensgeld im Einzelfall recht hoch aus, weil in diesen Fällen, anders als bei Verkehrsunfällen oder ärztlichen Behandlungsfehlern, die Genugtuungsfunktion bei der Bemessung im Vordergrund stand. Die Täter handelten vorsätzlich, rücksichtslos und grausam, so dass auch ein (noch) höheres Schmerzens-

---

[16] Vgl. BGH 12.5.1998 – VI ZR 182/97, VersR 1998, 1034.

[17] LG Augsburg 23.3.1994 – 7 S 3483/93, r+s 1994, 419; *Jaeger/Luckey,* Schmerzensgeld, 2. Aufl. 2006, Rn. 511.

[18] OLG Saarbrücken 30.7.1993 – 3 U 43/93; *Jaeger/Luckey,* Schmerzensgeld, 2. Aufl. 2006, Rn. 511.

[19] OLG Bremen 16.3.2012 – 3 U 6/12, VersR 2012, 1046; *Jaeger/Luckey,* Schmerzensgeld, 10. Aufl. 2020, 2182.

[20] OLG Hamm 7.9.2012 – 9 W 4/12; *Jaeger/Luckey,* Schmerzensgeld, 10. Aufl. 2020, E2179 (30.000 EUR); LG Frankenthal 9.4.2014 – 6 O 488/13; *Jaeger/Luckey,* Schmerzensgeld, 10. Aufl. 2020, E2184 (50.000 EUR); OLG Oldenburg 9.6.2015 – 2 U 105/14, VersR 2016, 741; *Jaeger/Luckey,* Schmerzensgeld, 10. Aufl. 2020, E2164; LG Bochum 29.10.2015 – 2 O 574/12, VersR 2016, 611; BGH 14.1.2016 – 4 StR 72/15, NJW 2016, 395.

geld durchaus vertretbar gewesen wäre. Möglicherweise fiel das Schmerzensgeld nach solchen Verbrechen deshalb nicht höher aus, weil von diesen Beklagten voraussichtlich überhaupt keine Zahlung zu erwarten war.

2. *Tod nach wenigen Tagen*

In anderen Fällen in denen der Tod (erst) nach wenigen Tagen eintrat, betrug das Schmerzensgeld zwischen 4.000 EUR und 20.000 EUR. Dieses relativ geringe Schmerzensgeld erklärt sich dadurch, dass der Verletzte alsbald nach einem Verkehrsunfall oder der Patient nach einem ärztlichen Behandlungsfehler starb.[21] Das Schmerzensgeld wurde danach bemessen, dass keine lange oder qualvolle Leidenszeit vorlag und dass das Verschulden des Schädigers gering war, so dass die Genugtuungsfunktion nicht zum Tragen kam.

3. *Tod nach wenigen Wochen oder wenigen Monaten*

Deutlich höher fällt das Schmerzensgeld aus in Fällen, in denen der Verletzte erst nach mehreren Monaten verstirbt. In allen dazu ergangenen Entscheidungen wird auf das seelische und körperliche Leiden abgestellt, das durch (teils grobe) Behandlungsfehler und in einem Fall[22] durch einen Verkehrsunfall ausgelöst wurde. Die Schmerzensgeldbeträge reichen von 15.000 EUR bis 100.000 EUR.[23] So entschied das OLG Celle[24] auf ein Schmerzensgeld in Höhe von 30.000 EUR zugunsten eines Geschädigten, der durch einen Verkehrsunfall eine schwere Kopfverletzung erlitt, mehrere Tage nach dem Unfall bei Bewusstsein und ansprechbar war, infolge von anschließenden Hirninfarkten aber ein Schwerstpflegefall wurde, sich in keiner Weise mehr verständigen konnte und schließlich nach einem Zeitraum von rund vier Monaten verstarb.

---

[21] BGH 12.5.1998 – VI ZR 182/97, VersR 1998, 1034; *Jaeger/Luckey,* Schmerzensgeld, 10. Aufl. 2020, E2172; LG Potsdam 5.5.2011 – 11 O 187/08; *Jaeger/Luckey,* Schmerzensgeld, 9. Aufl. 2018, E3082, Tod nach 2 Tagen, 15.000 EUR; LG Bochum 27.1.2010 – 6 O 78/08; *Jaeger/Luckey,* Schmerzensgeld, 10. Aufl. 2020, E2185, Tod nach 10 Tagen, 20.000 EUR; OLG Frankfurt 4.2.2017 – 8 W 48/17; *Jaeger/Luckey,* Schmerzensgeld, 10. Aufl. 2020, E2169, Tod nach 3 Tagen, 10.000 EUR.

[22] OLG Naumburg 26.3.2015 – 2 U 62/14, NJW-RR 2015, 1211; *Jaeger/Luckey,* Schmerzensgeld, 10. Aufl. 2020, 2181, Tod nach 6 Monaten, 45.000 EUR; OLG Hamm 16.2.2016 – 26 U 18/15, MedR 2017, 48 mAnm *Jaeger; Jaeger/Luckey,* Schmerzensgeld, 10. Aufl. 2020, E2158, Tod nach 2 Tagen, 5.000 EUR.

[23] OLG Köln 21.9.2011 – 5 U 8/11, reduzierte das Schmerzensgeld mit unzutreffender Begründung auf 40.000 EUR, VersR 2012, 1044 mAnm; *Jaeger/Luckey,* Schmerzensgeld, 10. Aufl. 2020, E2189, Tod nach 5 Monaten, 40.000 EUR, Vorinstanz: LG Köln 14.12.2010 – 1 O 257/08, 100.000 EUR; LG Dortmund 9.2.2011 – 4 O 124/08; *Jaeger/Luckey,* Schmerzensgeld, 9. Aufl. 2018, E2080, Tod nach 16 Monaten, 15.000 EUR; OLG Hamm 12.8.2013 – 3 U 122/12, MedR 2014, 494; *Jaeger/Luckey,* Schmerzensgeld, 10. Aufl. 2020, E2183, Tod nach 9 Monaten, 50.000 EUR; OLG Koblenz 25.9.2017 – 5 U 427/17, GesR 2017, 784; *Jaeger/Luckey,* Schmerzensgeld, 10. Aufl. 2020, E2178, Tod nach 12 Monaten, 20.000 EUR; LG Kiel 29.3.2019 – 8 O 190/16, Tod nach 1 Jahr, 40.000 EUR.

[24] OLG Celle 4.11.2020 – 14 U 81/20, VersR 2021, 1112 mAnm *Jaeger,* VersR 2021, 1114.

4. *Tod nach wenigen Jahren*

In anderen Entscheidungen wurde die Dauer der Überlebenszeit von wenigen (2–4½) Jahren bei der Bemessung des Schmerzensgeldes berücksichtigt. Die Geschädigten erlitten durch einen Verkehrsunfall schwerwiegende Verletzungen oder sie durchlebten nach einem Behandlungsfehler eine lange Leidenszeit, und hatten, jedenfalls in der Endphase auch den sicheren Tod vor Augen, mitverursacht durch den Schädiger. Die Schmerzensgeldbeträge reichen von 70.000 EUR bis 100.000 EUR.[25]

Zu einem viel zu geringen Schmerzensgeld von 50.000 EUR kam das OLG Frankfurt[26] zugunsten der Erben einer 70 Jahre alten Patientin, die nach einem Behandlungsfehler nach rd. 2 Jahren verstarb. Der Senat hielt die erlittene *Lebensbeeinträchtigung einer 70 Jahre alten Frau typischerweise für unterdurchschnittlich,* da man in diesem Alter die zentralen erfüllenden Momente des Lebens wie etwa Jugend, Liebe, Hochzeit, Mutterschaft und beruflichen Erfolg noch erleben konnte.

Daraus folgt, dass der Patientin kaum Lebensfreude genommen worden sein soll, weil sie Ehe und Familie, Kinder, Enkel, deren Entwicklung, andere Verwandte, Freunde, Feste, Familienfeste alles schon erlebt hat. Wer all das erlebt hat, der erwartet keine neuen Höhepunkte und keine erfüllenden zentralen Momente des Lebens, die noch bevorstehen.

Einer solche Aussage hat – soweit ersichtlich – noch kein anderer Spruchkörper getroffen. Das Lebensrecht und die Lebensfreude, die auch einer 70 Jahre alten Frau keinesfalls abzusprechen sind, sind nicht gesehen worden. Die Begründung zielt ab auf die Vergangenheit, auf die durchlebten Jahre der Erblasserin. Ausschlaggebend für die Lebensbeeinträchtigungen der Verletzten ist jedoch die Zukunft, die Zeit nach dem Behandlungsfehler. Die Rückschau gibt über künftige Lebensbeeinträchtigungen nichts her. Die Beeinträchtigungen der Erblasserin ergeben sich vielmehr daraus, welches Leben sie noch vor sich hatte. Eine 70 Jahre alter Patientin kann, anders als der Senat meint, nicht nur „womöglich noch eine ganze Reihe von Jahren leben". Die Lebenserwartung beträgt etwas mehr als 16 Jahre, das ist mehr als 1/3 der Zeit, die ein Richter beruflich tätig ist.

Auffallend ist auch eine Entscheidung, in der das OLG Hamm[27] ein vom LG Bielefeld[28] zuerkanntes Schmerzensgeld von 400.000 EUR auf 100.000 EUR ermäßigte, nachdem der Patient während des Berufungsverfahrens 3½ Jahre nach dem Behandlungsfehler gestorben war. Der BGH[29] hat die Nichtzulassungsbeschwerde zurückgewiesen.

---

[25] OLG Hamm 1.9.2008 – 3 U 245/07; *Jaeger/Luckey,* Schmerzensgeld, 9. Aufl. 2018, E1972, Tod nach 3½ Jahren, 100.000 EUR; OLG Düsseldorf 25.5.2009 – 1 U 130/08; *Jaeger/Luckey,* Schmerzensgeld, 10. Aufl. 2020, E2188, Tod nach 2 Jahren, 75.000 EUR; OLG Hamm 27.10.2015 – 26 U 63/15, GesR 2016, 22, Tod nach 3 Jahren, 100.000 EUR; OLG Braunschweig 28.2.2019 – 9 U 129/15; *Jaeger/Luckey,* Schmerzensgeld, 10. Aufl. 2020, E2187.

[26] OLG Frankfurt 22.12.2020 – 8 U 142/18, VersR 2021, 908 mAnm *Jaeger,* VersR 2021, 913.

[27] OLG Hamm 1.9.2008 – 3 U 245/07, AHRS 6560/322.

[28] LG Bielefeld 25.9.2007 – 4 O 522/05, unveröffentlicht.

[29] BGH 12.5.2009 – VI ZR 280/08, unveröffentlicht.

III. Entwicklung der Bewertung der Schmerzensgeldbemessung bei baldigem Tod

In der vorhergehenden Darstellung sind nicht alle Entscheidungen „bei baldigem Tod“ aufgeführt, insbesondere fehlen (noch) ältere Urteile[30] und Entscheidungen, die – auf Grund welcher Besonderheiten auch immer – relativ geringe Schmerzensgeldbeträge zuerkannt haben.

Die Zahl der veröffentlichten Entscheidungen, die sich mit der Zuerkennung von Schmerzensgeld bei tödlichen Verletzungen in Verkehrsunfall- und in Arzthaftungssachen befassen, ist seit einer grundlegenden Darstellung im Jahr 1996[31] und zur weiteren Entwicklung dieser Rechtsprechung[32] doch recht gering geblieben.[33] Dabei fällt auf, dass es ab 1996 nur wenige Entscheidungen gibt, in denen es um Schmerzensgelder für längere Überlebenszeiten geht. Es hat den Anschein, als ob diese Fälle auf der Basis früherer Entscheidungen außergerichtlich erledigt werden, so dass eine Rechtsprechung mit „der Tendenz zu höherem Schmerzensgeld“[34] fehlt. Demgegenüber bezeichnet Lang[35] diesen Zustand als erfreulich, und meint, die geringe Zahl einschlägiger Entscheidungen (sei) zum Schmerzensgeld bei baldigem Tod auf den „sensiblen Umgang von allen an der Schadenregulierung Beteiligten mit diesen regelmäßig sehr tragischen Fällen“ zurückzuführen. „Angesichts der großen Sensibilität der Thematik und den vergleichsweise geringen im Raume stehenden Beträgen werden dabei zumeist einvernehmliche Lösungen gefunden. Unerlässliche Voraussetzung hierfür ist allerdings, dass die Erben der Getöteten bzw. deren Rechtsanwälte mit der Materie und den nur niedrigen Beträgen vertraut sind.“

Vergleichbar ist der Umgang der Versicherer mit Anspruchstellern, die ein Hinterbliebenengeld verlangen. Mehr als 4 Jahre nach dem Inkrafttreten des § 844 Abs. 3 BGB am 22.7.2017 gibt es, nur wenige veröffentlichte Entscheidungen zum Hinterbliebenengeld, weil es in nahezu allen Fällen zu einem Vergleich kommt, so dass gerichtliche Entscheidungen mit möglicherweise hohen Beträgen vermieden werden. Das vom LG Tübingen[36] 2019 zuerkannte Hinterbliebenengeld nach dem Tod eines Ehemannes, Vaters beziehungsweise Bruders fiel unerwartet hoch aus, für die Ehefrau mit 12.000 EUR, für 4 erwachsene Kinder mit je 7.500 EUR und für einen Bruder des Verkehrsopfers mit 5.000 EUR. In anderen Fällen beträgt es meist 10.000 EUR[37] oder 15.000 EUR.[38] Das Hinterbliebenen-

---

[30] Vgl. dazu *Jaeger* MDR 1998, 450 ff. und *Jaeger* VersR 1996, 1177.

[31] *Jaeger,* Höhe des Schmerzensgeldes bei tödlichen Verletzungen im Lichte der neueren Rechtsprechung des BGH, VersR 1996, 1177.

[32] *Jaeger* MDR 1998, 450 ff.

[33] AA *Lang,* Schmerzensgeldbemessung bei Verkehrsunfall mit Todesfolge, jurisPR-VerkR 3/2021 unter C.

[34] Vgl. nur OLG Köln 3.3.1995 – 19 U 126/94, VersR 1995, 549.

[35] *Lang,* Schmerzensgeldbemessung bei Verkehrsunfall mit Todesfolge, jurisPR-VerkR 3/2021 unter C.

[36] LG Tübingen 17.5.2019 – 3 O 108/18, DAR 2019, 468; *Jaeger/Luckey,* Schmerzensgeld, 10. Aufl. 2020, E2171.

[37] LG Mannheim 15.7.2020 – 1 KLs 400 Js 35919/19, unveröffentlicht; OLG Schleswig 23.2.2021 – 7 U 149/20, NJW-Spezial 2021, 3632.

[38] LG Leipzig 8.11.2019 – 5 O 768/19, DAR 2021, 95; LG Regensburg 16.12.2020 – Ks 103 Js 288/19, unveröffentlicht.

geld fällt oft dann nicht besonders hoch aus, wenn es in Adhäsionsverfahren ergeht, an denen Fachanwälte für Strafrecht, nicht aber Fachanwälte für Verkehrsrecht oder Medizinrecht beteiligt sind, die auf die Bearbeitung von Personenschäden nach Verkehrsunfällen oder ärztlichen Behandlungsfehlern spezialisiert sind.

IV. Bemessung des Schmerzensgeldes bei Verkürzung der Leidenszeit durch Suizid

Das OLG Celle stand vor der Aufgabe, das Schmerzensgeld für den nach etwa einem Jahr aus dem Leben geschiedenen Schwerstverletzten zu bemessen. Der Geschädigte war nicht nach einer kurzen oder längeren Leidenszeit an den Folgen der Verletzungen gestorben. Der zu beurteilende Sachverhalt war ein völlig anderer als in den bisher entschiedenen Fällen. Der Schwerstverletzte war „freiwillig" durch einen ärztlich begleiteten Suizid aus dem Leben geschieden.

Dennoch ist es durch das OLG Celle mit dem LG Lüneburg zu einer Entscheidung mit einem hohen Schmerzensgeld für die Erben des Geschädigten gekommen. Es kann nur spekuliert werden, ob und aus welchem Grund es überhaupt zu einer gerichtlichen Entscheidung gekommen ist. Der Anspruch war dem Grunde nach unstreitig und möglicherweise waren die Kläger nicht bereit, sich mit einem niedrigeren Schmerzensgeldbetrag zu vergleichen. Möglicherweise hat die Beklagte auch nicht damit gerechnet, dass den Erben eines Geschädigten, der bereits nach rd. einem Jahr „freiwillig" aus dem Leben geschieden war, das „volle Schmerzensgeld" für einen Schwerstschaden zuerkannt werden würde und dass die Entscheidung des LG Lüneburg zur Höhe des Schmerzensgeldes in der Berufungsinstanz beim OLG Celle Bestand haben würde.

Daher ist zu fragen, ob die Höhe des Schmerzensgeldes mit 500.000 EUR vorhersehbar war und angemessen ist.

1. Bemessung des Schmerzensgeldes bei Verkürzung der Leidenszeit durch Suizid

Die Fälle, dass ein schwerst Geschädigter alsbald nach dem Schadenseintritt stirbt, sind, wie oben gezeigt, nicht so selten. Besonders schwerst hirngeschädigt geborene Kinder sterben mitunter vor dem Ende eines Gerichtsverfahrens oder vor dem Abschluss eines Gesamtvergleichs, obwohl sie im Grunde genommen statistisch eine „normale" Lebenserwartung haben. Soweit ersichtlich fehlen neuere Entscheidungen zu einem solchen Sachverhalt, bis auf zwei Entscheidungen des OLG Hamm aus den Jahren 2008 und 2015.[39] Der Entscheidung aus dem Jahre 2008 lag der oben bereits erwähnte Sachverhalt zu Grunde, dass ein Verletzter einen schweren hypoxischen Hirnschaden mit schwerem hirnorganischen Psychosyndrom erlitten hatte, wodurch es zu vollständiger Pflegebedürftigkeit gekommen war. Der Senat erkannte auf ein reduziertes Schmerzensgeld von 100.000 EUR, nachdem der Kläger nach relativ kurzer Zeit während des Verfahrens verstarb. Das LG Bielefeld als Vorinstanz

[39] OLG Hamm 1.9.2008 – 3 U 245/07, AHRS 6560/322; OLG Hamm 27.10.2015 – 26 U 63/15, GesR 2016, 22.

hatte noch ein Schmerzensgeld von 400.000 EUR zuerkannt. In der 2. Entscheidung aus dem Jahre 2015 betrug das Schmerzensgeld ebenfalls 100.000 EUR für einen Patienten, der drei Jahre nach einer vorwerfbar nicht erkannten Krebserkrankung starb.

Auf Grund dieser Entscheidungen, konnte die Beklagte hoffen oder vielleicht sogar erwarten, dass das Schmerzensgeld für die Klägerin in der Berufungsinstanz deutlich niedriger ausfallen würde, weil der Verletzte bereits nach einem Jahr gestorben war.

2. *Erkenntnisse zur Bemessung des Schmerzensgeldes*

Das OLG Celle hat dann aber nicht nur die Ermessensentscheidung des Landgerichts mit eingehender und zutreffender Begründung bestätigt, sondern in Ausübung des eigenen Ermessens auf eine durchaus vergleichbare Entscheidung des OLG München[40] verwiesen und dessen Begründung bei der Bemessung des Schmerzensgeldes gesehen und berücksichtigt. In dieser Entscheidung, die nur drei Jahre nach der bahnbrechenden Entscheidung des BGH[41] zum Schmerzensgeld für schwerst hirngeschädigt geborene Kinder ergangen ist, hatte das OLG München auf den durch die Verletzung bewirkten Verlust der Persönlichkeit der Geschädigten abgestellt und das Schmerzensgeld von 30.000 DM bis 40.000 DM für eine junge Frau, die einen Verkehrsunfall nur wenige Wochen überlebt hatte.

> Im Leitsatz dazu heißt es: In Anwendung und Fortführung des Grundsatzes, einen schweren Hirnschaden, der zum weitgehenden Verlust der Wahrnehmungs- und Empfindungsfähigkeit führt, eigenständig zu bewerten und nicht lediglich symbolhaft zu entschädigen, ist auch einer jungen Frau, die bei einem Verkehrsunfall schwerste Hirnschädigungen erlitten und nur noch wenige Wochen nach dem Unfall gelebt hat, ein angemessenes Schmerzensgeld zuzuerkennen, denn anderenfalls würde der Verkürzung der Lebenszeit, somit ein Umstand, der die besondere Schwere der zu entschädigenden Beeinträchtigung für die Betroffene ausmacht, zum Anlass für eine wesentliche Minderung des Schmerzensgeldes genommen. In einem Schmerzensgeld dieser Größenordnung kommt das Gewicht der schweren Beeinträchtigung der Persönlichkeit wenigstens ansatzweise zum Ausdruck.

Daraus ergibt sich, dass das OLG München schon 1995 (wenn auch nur ansatzweise) ein ungekürztes Schmerzensgeld zuerkannt hat. Auch wenn das Schmerzensgeld der Höhe nach bei einer Vernichtung der Persönlichkeit heute sehr gering erscheint, ist zu bedenken, dass die Rechtsprechung zur Höhe des Schmerzensgeldes in diesen Fällen Ende 1995 noch in der „Findungsphase" war. Schmerzensgeldbeträge in Höhe von 500.000 EUR und mehr gab es in diesen Fällen zunächst nicht. Erst 2001 durchbrach das LG München I[42] die „Schallmauer" von 1 Mio. DM (also 500.000 EUR).

---

[40] OLG München 4.10.1995 – 24 U 265/95, ZfS 1996, 370.

[41] BGH 13.10.1992 – VI ZR 201/91, BGHZ 120, 1.

[42] LG München I 29.3.2001 – 19 O 8647/00, VersR 2001, 1124; *Jaeger/Luckey*, Schmerzensgeld, 2. Aufl. 2006, Rn. 584.

3. Bemessungskriterien für ein Schmerzensgeld bei baldigem Tod

Aus den angeführten Entscheidungen ergibt sich, dass das Schmerzensgeld bei baldigem Tod im Grunde genommen nie mit dem Höchstbetrag, sondern stets individuell bemessen wurde. In diesen Fällen wird abgestellt auf

- die Art der Verletzung,
- das Leiden des Verletzten,
- die Wahrnehmung seines Schicksals,
- die Erkenntnis zur Kürze der Lebenserwartung,
- die damit verbundenen Ängste und Qualen und
- das Verschulden des Schädigers.

4. Einfluss der Verletzung des Persönlichkeitsrechts auf die Bemessung des Schmerzensgeldes

Das sind gewichtige Kriterien, um das Schmerzensgeld individuell zu bemessen. Sie passen aber nicht auf alle zu beurteilenden Fälle. Eine andere Sicht kann angebracht sein, wenn der Verletzte schwerste Verletzungen erlitten hat und wenn seine Persönlichkeit (fast) zerstört ist, seine Lebenserwartung durch die Körperverletzung aber eher nicht (deutlich) verkürzt ist. Das ist oft der Fall bei einer Querschnittslähmung, bei schwerst hirngeschädigt geborenen Kindern, bei hirngeschädigten Patienten nach einem Behandlungsfehler, bei beidseitiger Unterschenkelamputation mit erheblichen Entstellungen[43] oder zB bei Amputation des gesamten Beins einschließlich des Gesäßes, verbunden mit Impotenz oder Libidoverlust.[44]

Der BGH hat 1992/1993 hervorgehoben, dass die Verletzung der Persönlichkeit durch den Fortfall oder das Vorenthalten der Empfindungsfähigkeit geradezu im Mittelpunkt steht, bei der Bemessung der Entschädigung nach § 847 BGB aF einer eigenständigen Bewertung zugeführt werden muss, die der zentralen Bedeutung dieser Einbuße für die Person gerecht wird. Angesichts des hohen Werts, den das GG in Art. 1 und 2 der Persönlichkeit und der Würde des Menschen beimisst, würde es als nicht auflösbarer Widerspruch in sich erscheinen, die vom Schädiger zu verantwortende weitgehende Zerstörung der Persönlichkeit als Umstand anzusehen, der das Schmerzensgeld mindern muss.

Dem Grundrechtsschutz, insbesondere dem Schutz des Persönlichkeitsrechts kam in der Folgezeit immer höhere Bedeutung zu. Die Verletzung des allgemeinen Persönlichkeitsrechts wird auf zahlreichen Rechtsgebieten Rechnung getragen, etwa im Presserecht, beginnend mit dem „Herrenreiterfall", im Urheberrecht, im Arbeitsrecht durch Schutz vor Diskriminierung und in der DS-GVO, die die persönlichen Daten schützt. Diese Entwicklung kann in diesem Zusammenhang allerdings nicht vertieft werden.

---

[43] LG Aurich 23.11.2018 – 2 O 165/12, VersR 2019, 887 mAnm *Jaeger.*
[44] OLG Düsseldorf 30.8.2013 – 1 U 68/12, SP 2014, 121; *Jaeger/Luckey,* Schmerzensgeld, 10. Aufl. 2020, E1264.

Als Folge der BGH-Entscheidungen zur Bemessung des Schmerzensgeldes für schwerst hirngeschädigt geborene Kinder, also bei Verletzung und Zerstörung des Persönlichkeitsrechts, möglicherweise aber auch in der immer bedeutsameren Anerkennung des Grundrechtsschutzes im Rechtswesen, haben die Schmerzensgeldbeträge (endlich) den Standardbetrag von 500.000 EUR überschritten. Seit Ende 2018 wurde in drei Entscheidungen ein Betrag von 800.000 EUR und einmal von 1 Mio. zuerkannt. Die Geschädigten waren unterschiedlich alt, nämlich 1 Jahr im Fall des LG Limburg, 5 ½ Jahre im Fall des LG Aurich, 17 Jahre im Fall des LG Gießen und 35 Jahre im Fall des OLG Schleswig.[45]

Alle in diesen Entscheidungen zur Bemessung des Schmerzensgeldes genannten Argumente gelten auch im Fall des OLG Celle. Nicht nur der Körper des geschädigten Patienten war weitgehend funktionslos geworden. Auch seine Persönlichkeit war schwer beeinträchtigt, obwohl sein Intellekt voll erhalten geblieben war. Von seinem Selbstbestimmungsrecht konnte er kaum noch Gebrauch machen. Zwar besaß er noch seine intellektuellen Fähigkeiten, willensgesteuerte körperliche Funktionen waren aber weitgehend, seine Selbständigkeit war vollständig zerstört.

Zur Frage, ob seine Lebenserwartung durch die Verletzungen selbst reduziert war, sind keine Feststellungen getroffen worden, aber durch die Querschnittslähmung und durch das Erfordernis der ständigen künstlichen Beatmung litt der Verletzte ungewöhnlich. Hinzu kamen die psychischen/seelischen Qualen, die er litt, weil er erkannte, dass die Ehefrau und die drei minderjährigen Kinder sein Elend ertragen mussten, ein Umstand, der ihm fast den Verstand raubte und bei ihm den (anerkannten) Wunsch auslöste, aus dem Leben zu scheiden.

Ein ähnlich schweres Leiden wird beschrieben in einer anderen Entscheidung des OLG Celle aus dem Jahre 2011.[46] Eine 24 Jahre alte Frau ist nach einem Verkehrsunfall ab dem Halswirbel 1–2 abwärts komplett gelähmt und muss künstlich ernährt und beatmet werden. Sie kann nicht sprechen. Die Kommunikation erfolgt durch einen Computer, der von ihr mit Hilfe eines Augenlides und des Mundwinkels gesteuert (bedient) wird. Die Beklagten haben den Schmerzensgeldanspruch in Höhe von 500.000 EUR zuzüglich einer Schmerzensgeldrente von 500 EUR monatlich vorprozessual, das sind mehr als 600.000 EUR insgesamt, anerkannt. Allein aus dem Verlangen nach einer Schmerzensgeldrente folgt, dass diese Verletzte leben will.

Das OLG Celle hat nicht nur die körperlichen Verletzungen für die Bemessung des Schmerzensgeldes als ausschlaggebend angesehen, sondern auch die psychische Verfassung, in die der Verletzte durch den Körperschaden geraten war. Auch diesen Zustand hat der Schädiger mit verursacht, auch für diese Folgen muss er einstehen. Dies hat der BGH[47] schon 1993 ausdrücklich festgestellt. Er gab der Feststellungsklage des schwerst hirngeschädigt geborenen Kindes auf Ersatz eines weiteren künftigen immateriellen Schadens statt, weil nicht sicher feststand, dass der Verletzte

[45] OLG Schleswig 28.9.2021 – 7 U 29/16, noch unveröffentlicht.

[46] OLG Celle 30.11.2011 – 14 U 182/10, NZV 2012, 547; *Jaeger/Luckey,* Schmerzensgeld, 10. Aufl. 2020, E2147.

[47] BGH 16.2.1993 – VI ZR 29/92, VersR 1993, 585; BGH 13.10.1992 – VI ZR 201/91, MDR 1993, 123.

künftig seinen Zustand erkennen und darunter (dann) zusätzlich leiden würde. Damit stellte der BGH in einem in Literatur und Rechtsprechung meist übersehenen Teil der Entscheidung schon 1993 klar, dass schwerster Körperschaden und Zerstörung der Persönlichkeit miteinander korrespondieren können. Dann ist es aber klar, dass insbesondere ein psychischer Zustand des Verletzten, der kausal auf die Schädigung zurückzuführen ist, in vollem Umfang zu entschädigen ist.

Hier ist der ärztlich begleitete Freitod des Verletzten eine Folge der Körperverletzung. Bereits mit dem durch den Behandlungsfehler ausgelösten Körperschaden und mit der dadurch bedingten zumindest teilweise Zerstörung der Persönlichkeit ist der volle Schaden eingetreten und nicht erst mit der realisierten Dauer der Leidenszeit. Der Schmerzensgeldanspruch ist mit Eintritt des Schadens in voller Höhe entstanden. Das Schmerzensgeld ist nicht zu kürzen, weil der Verletzte vorzeitig aus dem Leben geschieden ist und damit die Leidenszeit vermeintlich selbst verkürzt hat.

Sein Schaden ist die Zerstörung der Gesundheit und der Persönlichkeit. Diese löst einen Schmerzensgeldanspruch in Höhe von mindestens 500.000 EUR aus, so dass das OLG Celle völlig zu Recht die Vorentscheidung bestätigt hat. Obwohl Schmerzensgeldbeträge in anderen Entscheidungen[48] bei Schwerstschäden den Betrag von 500.000 EUR inzwischen deutlich überschreiten,[49] konnte das OLG Celle sich insoweit bedeckt halten, weil nur der Beklagte Berufung eingelegt hatte.

V. Ergebnis

Die Dauer der Leidenszeit, die ein Geschädigter nach einem Verkehrsunfall oder nach einem Behandlungsfehler durchleiden muss, mag durchaus bei der Bemessung des Schmerzensgeldes berücksichtigt werden, wenn der baldige Tod unmittelbare Folge der Schädigung ist. Dies mag deshalb berechtigt sein, weil der Tod selbst nicht Grundlage eines Schmerzensgeldanspruchs ist.

Ist die Verletzung allerdings so schwerwiegend, dass die Persönlichkeit des Geschädigten derart betroffen ist, dass er „freiwillig" aus dem Leben scheidet, um den weiteren endlosen Qualen zu entgehen, steht nicht mehr der baldige Tod im Zentrum der Überlegungen bei der Bemessung des Schmerzensgeldes, sondern die Verletzung des Persönlichkeitsrechts. Die Bedeutung des Persönlichkeitsrechts des Menschen hat im Laufe der Zeit ein immer größeres Gewicht erhalten. Seine Verletzung wird nicht mehr geduldet, sondern zunehmend sanktioniert. Auch wenn der immaterielle Schaden bei Verletzung des Rechts an den persönlichen Daten

[48] OLG Jena 14.8.2009 – 4 U 459/09, VersR 2009, 1676 – 600.000 EUR für schwerste geistige und körperliche Behinderungen; LG Düsseldorf 12.12.2013 – 3 O 389/08 – 550.000 EUR für Tetraplegie – schwerste psychomotorische Retardierung – Blindheit; KG Berlin 16.2.2012 – 20 U 157/10, MedR 2012,596 mAnm *Jaeger* – 500.000 EUR zuzüglich 650 EUR monatliche Rente – kapitalisiert 153.660 EUR = 653.660 EUR für schweren Hirnschaden nach ärztlichem Behandlungsfehler; LG Aurich 23.11.2018 – 2 O 165/12, VersR 2019, 887 mAnm *Jaeger,* 800.000 EUR.

[49] LG Gießen 6.11.2019 – 5 O 376/18, VersR 2020, 630 mAnm *Jaeger* VersR 2020, 634; LG Aurich 23.11.2018 – 2 O 165/12, VersR 2019, 887 mAnm *Jaeger.*

meist noch als gering angesehen wird, werden die Schadensersatzansprüche aus Art. 82 Abs. 1 DS-GVO schon bald durch den Europäischen Gerichtshof (EuGH) ein der Bedeutung der Rechtsgutverletzung entsprechendes deutliches Gewicht erhalten.[50] Umso mehr muss dem allgemeinen Persönlichkeitsrecht Geltung verschafft und seine Verletzung angemessen sanktioniert werden, wenn mit dem Körperschaden zugleich das Selbstbestimmungsrecht des Geschädigten erheblich beeinträchtigt wird.

Die Entscheidungen des LG Lüneburg und des OLG Celle werden diesem Anspruch gerecht.

[50] BVerfG 14.1.2021 – 1 BvR 2853/19, VersR 2021, 711.

ROBERT KOCH

Rückwirkung der Einbeziehung von (leitenden) Angestellten in den D&O-Versicherungsschutz auf die Grundsätze des innerbetrieblichen Schadensausgleichs

Ich habe *Theo Langheid* im Jahre 1999 im Rahmen eines Deckungsrechtsstreits in der Montageversicherung kennengelernt. Er vertrat den Versicherer, ich die Versicherungsnehmerin. Wir haben gemeinsam, dass wir – wenn auch nicht zur selben Zeit – als angestellte Rechtsanwälte persönliche Mitarbeiter von Friedrich Graf von Westphalen in Köln waren. Auch nach meinem Wechsel an die Universität hatten wir streitbare Diskussionen über deckungsrechtliche Fragen insbesondere in der D&O-Versicherung, die ich immer sehr befruchtend fand und zum Anlass nehme, mich in meinem Festschriftbeitrag mit einer Thematik zur D&O-Versicherung zu befassen, die weder in der versicherungsrechtlichen Rechtsprechung noch bei Versicherungsrechtlern bislang Beachtung gefunden hat.

I. *Einleitung*

In den Schutz der D&O-Versicherung sind nicht nur die Organmitglieder, sondern auch die leitenden Angestellten der Versicherungsnehmerin einbezogen. Der Begriff des leitenden Angestellten wird in der Regel nicht näher im Versicherungsvertrag bestimmt oder durch Bezugnahme auf gesetzliche Regelungen (zB § 5 Abs. 3 S. 2 BetrVG, § 14 Abs. 2 KSchG, § 16 Abs. 4 Nr. 4 SGG) konkretisiert. Es wird vielmehr vereinbart, dass die für die Angestellten im Einzelfall günstigste arbeitsrechtliche Auslegung zugrunde gelegt wird. Der Begriff des leitenden Angestellten ist somit weit gefasst. In der Praxis ist es nicht unüblich den Kreis der versicherten Personen auch auf ausgewählte nicht leitende Angestellte auszudehnen, zB Compliance-, Datenschutz-, Geldwäsche-, Arbeitsschutz-/Sicherheitsbeauftragte.

Diese Vertragspraxis aufgreifend haben einige Arbeitsrechtler einen Festschriftbeitrag von *Otto*[1] zum Anlass genommen, die Anwendung der Grundsätze des innerbetrieblichen Schadensausgleichs auf diesen Personenkreis in Frage zu stellen, wenn ihr Unternehmen eine D&O-Versicherung abgeschlossen hat. Als Hauptargument wird angeführt, dass es kraft des Versicherungsschutzes an der wirtschaftlichen Überforderung der leitenden Angestellten fehle, die wesentlicher Grund für die Haftungs-

[1] *Otto* FS 50 Jahre Bundesarbeitsgericht, 2004, 97 (114ff.).

beschränkung insbesondere bei grober Fahrlässigkeit sei.[2] Ergänzend wird angeführt, dass die Belastung der Versicherungsnehmerin mit den Prämien für die volle Versicherungssumme keinen Sinn mache, wenn die leitenden Angestellten sich uneingeschränkt auf die ohne bestehende Versicherung maßgebliche Haftungsprivilegierung berufen könnten.[3] Zudem diene die D&O-Versicherung als Instrument der unternehmerischen Schadensvorsorge. Dieses Instrument würde in seinem wirtschaftlichen Zweck entwertet und damit weitgehend die Geschäftsgrundlage entzogen, wenn die Versicherung bei der Arbeitnehmerhaftung unberücksichtigt bliebe.[4] Im Anschluss an die jüngere Rechtsprechung des BGH, wonach der Freistellungsanspruch in Innenhaftungsfällen durch die versicherte Person (Arbeitnehmer) an die Versicherungsnehmerin (Arbeitgeber) abgetreten werden kann, ist die Möglichkeit der direkten Inanspruchnahme des Versicherers als weiteres Argument für die Berücksichtigung der D&O-Versicherung angeführt worden.[5]

Hanau hat *Ottos* Argumentation als einen „Angriff auf das Trennungsprinzip" bezeichnet. Gemeint ist damit das materielle Trennungsprinzip, dem zu folge sich die Versicherung nach der Haftung und nicht umgekehrt die Haftung nach der Versicherung richtet.[6] Diese Trennung zwischen Haftung und Deckung findet ihr prozessuales Gegenstück darin, dass die Frage der Haftpflicht des Versicherungsnehmers gegenüber dem Geschädigten und die der versicherungsrechtlichen Deckungspflicht des Versicherers gegenüber dem Versicherungsnehmer grundsätzlich in getrennten Prozessen zu klären sind. Das materielle Trennungsprinzip folgt aus der Struktur der Haftpflichtversicherung. Der Anspruch der Versicherungsnehmerin – in der D&O-Versicherung der versicherten Person – auf Haftpflichtversicherungsschutz entsteht, wenn sie von der Gesellschaft (Innenhaftung) oder einem Dritten (Außenhaftung) für einen (behaupteten) Schaden verantwortlich gemacht wird, der in den Schutzbereich des Versicherungsvertrages fällt. Ist der Haftpflichtanspruch begründet, muss der Versicherer die versicherte Person nach § 100 VVG freistellen. Die Pflicht des Versicherers zur Freistellung knüpft insoweit gleichsam akzessorisch an die ihr vorgelagerte Haftpflicht der versicherten Person an („Deckung folgt Haftung").[7] Die Dichotomie zwischen Haftung und Deckung wird freilich zwangsläufig in den Fällen durchbrochen, in denen das für die Haftpflichtigkeit der versicherten Person maßgebliche Haftungsrecht als Vorfrage daran anknüpft, ob der Schädiger Haftpflichtversicherungsschutz genießt.[8] Hier kann Haft-

[2] *Henssler* in MüKoBGB, 8. Aufl. 2020, § 619a Rn. 13; *Otto* FS 50 Jahre Bundesarbeitsgericht, 2004, 97 (112); *Hauer,* Die Haftungsrelevanz der Haftpflichtversicherung, 2015, S. 176f.; vgl. auch *Richardi/Fischinger* in Staudinger, 2019, BGB § 619a Rn. 80; für eine Berücksichtigung bei der Gesamtabwägung *Hanau* FS E. Lorenz, 2004, 283 (298ff.); *Preis* in ErfK, 21. Aufl. 2021, BGB § 619a Rn. 20; *Waltermann* RdA 2005, 98 (107).

[3] *Otto* FS 50 Jahre Bundesarbeitsgericht, 2004, 97 (112).

[4] *Otto* FS 50 Jahre Bundesarbeitsgericht, 2004, 97 (116); *Krause* in Henssler/Willemsen/Kalb, Arbeitsrecht Kommentar, 9. Aufl. 2020, BGB § 619a Rn. 39; *Erne/Buksch* GWR 2017, 371 (372).

[5] *Erne/Buksch* GWR 2017, 371 (372).

[6] BGH RuS 2010, 33 (34): „Das Bestehen eines Haftpflichtversicherungsschutzes vermag das fehlende Verschulden des Beklagten nicht zu ersetzen."

[7] Vgl. *Seybold/Wendt* VersR 2009, 455 (461); *Schirmer* DAR 2004, 509.

[8] Vgl. *Schlöpke,* Interdependenzen von Haftung und Versicherung, 2005, S. 62f., 70f.; *Makowsky,* Der Einfluss von Versicherungsschutz auf die außervertragliche Haftung, 2013, S. 165ff.

pflichtversicherungsschutz haftungsbegründende Wirkung haben.[9] Bekanntestes Beispiel hierfür ist die Kfz-Haftpflichtversicherung, die einen Anspruch aus Billigkeitshaftung nach § 829 BGB begründet und einen Wegfall der Haftungsfreistellung/-beschränkung des Arbeitnehmers bei Schäden infolge betrieblich veranlasster Tätigkeit zur Folge hat.

Nachstehend soll unter Berücksichtigung der Argumente derjenigen, die einen Wegfall der Beschränkungen der Arbeitnehmerhaftung nach Maßgabe der Grundsätze des innerbetrieblichen Schadensausgleichs befürworten, der Frage nachgegangen werden, ob die Einbeziehung leitender Angestellte in den D&O-Versicherungsschutz für diesen Personenkreis haftungsbegründende Wirkung haben kann. Zunächst gilt es zu klären, ob die richterrechtlichen Grundsätze des innerbetrieblichen Schadensausgleichs bei leitenden Angestellten Anwendung finden.

II. Anwendung der Grundsätze des innerbetrieblichen Schadensausgleichs auf leitende Angestellte ohne Berücksichtigung der D&O-Versicherung

1. Grundsätze des innerbetrieblichen Schadensausgleichs

Grundsätzlich hat ein Arbeitnehmer bei der Schadenszufügung Vorsatz und Fahrlässigkeit zu vertreten, wenn eine strengere oder mildere Haftung weder bestimmt noch aus dem sonstigen Inhalt des Schuldverhältnisses zu entnehmen ist (§ 276 Abs. 1 S. 1 BGB). Die Rechtsprechung des *BAG*[10] und des *BGH*[11] schränkt die Haftung des Arbeitnehmers bei Schäden infolge einer betrieblich veranlassten Tätigkeit jedoch in Abhängigkeit vom Grad seines Verschuldens in entsprechender Anwendung von § 254 BGB ein. Die Grundsätze zur Beschränkung der Arbeitnehmerhaftung lassen sich wie folgt zusammenfassen: Bei Vorsatz trägt der Arbeitnehmer den gesamten Schaden. Bei grober Fahrlässigkeit hat der Arbeitnehmer in aller Regel ebenfalls den gesamten Schaden zu tragen, bei leichtester Fahrlässigkeit haftet er dagegen nicht. Bei mittlerer Fahrlässigkeit ist der Schaden in aller Regel zwischen Arbeitgeber und Arbeitnehmer quotal zu verteilen. Ob und gegebenenfalls in welchem Umfang der Arbeitnehmer an den Schadensfolgen zu beteiligen ist, richtet sich im Rahmen einer Abwägung der Gesamtumstände, insbesondere von Schadensanlass und Schadensfolgen, nach Billigkeits- und Zumutbarkeitsgesichtspunkten.[12]

Nach der Rechtsprechung des *BAG*[13] und des *BGH*[14] kommen Haftungserleichterungen auch bei grober Fahrlässigkeit nach Abwägung aller Umstände des

[9] Einzelheiten bei *R. Koch* in Bruck/Möller, VVG, 10. Aufl. 2022, Vor §§ 110–112 Rn. 75 ff.
[10] BAG NJW 1995, 210 (211 ff.).
[11] BGHZ 148, 167 (172) = NJW 2001, 3123; BGH NJW 1996, 1532.
[12] Grundlegend BAG NJW 1995, 210 (213).
[13] Vgl. nur BAG NJW 2011, 1096 Rn. 17; BAG NJW 2004, 2469 (2470); BAG NJW 2003, 377 (378 f.); BAG NZA 1990, 97 (98 ff.).
[14] BGHZ 148, 167, 172 = NJW 2001, 3123; BGH 11.11.1969 – VI ZR 71/68, BeckRS 1969, 30375561.

Einzelfalls in Betracht. Selbst bei gröbster Fahrlässigkeit ist nach Ansicht des *BAG*[15] eine Haftungserleichterung nicht vollkommen ausgeschlossen, da stets auf den konkret zu entscheidenden Einzelfall abgestellt werden müsse.[16] Damit finden letztlich sowohl bei mittlerer als auch bei grober (gröbster) Fahrlässigkeit dieselben Grundsätze, nämlich eine Abwägung sämtlicher Umstände des Einzelfalls, Anwendung. Die Abwägungsentscheidung unterscheidet sich nur dadurch, welches Gewicht den einzelnen in die Abwägung einzustellenden Umständen zukommt.

Zu den Umständen, die bei Vorliegen mittlerer Fahrlässigkeit in die Abwägung einzustellen sind, gehören neben der Höhe des Schadens, ein vom Arbeitgeber einkalkuliertes oder durch Versicherung deckbares Risiko, die Stellung des Arbeitnehmers im Betrieb und die Höhe des Arbeitsentgelts, in dem möglicherweise eine Risikoprämie enthalten ist.[17] Nach Ansicht des *BAG* ist ein durch das schädigende Ereignis eingetretener Vermögensverlust umso mehr dem Betriebsrisiko des Arbeitgebers zuzurechnen, als dieser einkalkuliert oder durch Versicherungen – ohne Rückgriffsmöglichkeit gegen den Arbeitnehmer – abdeckbar ist.[18] Als einkalkuliert ist ein Schaden insoweit anzusehen, als mit seinem Ersatz durch den Arbeitnehmer mit Rücksicht auf dessen eigenen Verdienst nicht zu rechnen ist.[19] Entsprechend kann nach der Rechtsprechung des *BAG* zu Lasten des Arbeitgebers ins Gewicht fallen, dass dieser keine Versicherung – ohne Rückgriffsmöglichkeit auf den Arbeitnehmer – abgeschlossen hat, was zB bei der Kaskoversicherung dazu führen kann, dass der Arbeitnehmer nur in Höhe einer Selbstbeteiligung haftet, die bei Abschluss der Versicherung zu vereinbaren gewesen wäre.[20]

Bei grober Fahrlässigkeit wirkt sich vor allem die Schwere der Schuld zu Lasten des Arbeitnehmers aus, so dass eine Haftungseinschränkung zu seinen Gunsten nur in Betracht kommt, wenn ein *grobes Missverhältnis zwischen Arbeitsverdienst und dem Schadensrisiko,* das sich verwirklicht hat, besteht. Grob ist das Missverhältnis dann, wenn es zu einer Existenzgefährdung des Arbeitnehmers führt,[21] und dieser den Schadensersatzbetrag auch nicht bei einer einschneidenden Beschränkung seiner Lebensführung aus seinem laufenden Arbeitseinkommen bestreiten kann. Zugrunde zu legen ist hierbei der pfändbare Teil des Arbeitseinkommens (§§ 850ff. ZPO).[22] Ebenso wie bei mittlerer Fahrlässigkeit ist auch bei grober Fahrlässigkeit zugunsten des Arbeitnehmers die Möglichkeit des Arbeitgebers zu berücksichtigen, eine Versicherung ohne Rückgriffsmöglichkeit gegen den Arbeitnehmer abzuschließen. In diesem Fall ist der eingetretene Schaden grundsätzlich dem Arbeitgeber zuzurechnen und die Haftung des Arbeitnehmers ist zu beschränken.[23] Eine

[15] BAG NZA 2011, 345 Rn. 23; BAG NZA 1998, 310 (311).

[16] BAG NZA 2011, 345 Rn. 23.

[17] BAG NZA 1988, 579 (584); BAG NZA 1995, 565.

[18] BAG NZA 2007, 1230 (1235).

[19] LAG Niedersachen VersR 2010, 1599 (1600).

[20] BAG NZA 1988, 579 (584); vgl. auch LAG Rheinland-Pfalz 4.11.2013 – 5 Sa 222/13, BeckRS 2014, 66819; LAG Schleswig-Holstein 14.9.2011 – 3 Sa 241/11, BeckRS 2011, 78465; LAG Bremen NZA-RR 2000, 126.

[21] BAG NZA 1990, 97 (98) mwN auf die Rspr. des BAG und des BGH.

[22] *Hübsch* NZA-RR 1999, 393 (394).

[23] BAG NZA 2007, 1230 (1235).

weitere Haftungsermäßigung, etwa bis auf die Höhe einer eventuellen Selbstbeteiligung für eine (Kasko-)Versicherung, soll bei grober Fahrlässigkeit nicht in Betracht kommen.[24]

Zu beachten ist, dass sich in Fällen der betrieblich veranlassten Arbeitnehmerhaftung das Verschulden abweichend von allgemeinen zivilrechtlichen Grundsätzen nicht nur auf die Pflicht-, Rechtsguts- oder Schutzgesetzverletzung, sondern auch auf den eingetretenen Schaden beziehen muss.[25] Dies bedeutet, dass selbst eine grob fahrlässige oder vorsätzliche Pflichtverletzung nicht zwangsläufig dazu führt, dass die Haftungsprivilegierung versagt.[26] Dieser Punkt ist insoweit von Bedeutung für die erörterte Thematik und wird später aufzugreifen sein, als der Versicherungsschutz in der D&O-Versicherung bereits dann entfällt, wenn die versicherten Personen wissentlich eine Pflichtverletzung begehen.

2. Anwendbarkeit der Grundsätze des innerbetrieblichen Schadensausgleichs auf leitende Angestellte

Die Grundsätze des innerbetrieblichen Schadensausgleichs gelten für alle Tätigkeiten, die durch den Betrieb veranlasst sind, und aufgrund eines Arbeitsverhältnisses geleistet werden. Zum erfassten Personenkreis gehören damit alle auf Grund eines Arbeitsverhältnisses tätigen Arbeitnehmer. Fraglich ist, ob auch leitende Angestellte dazu gehören.

Der *BGH* hat in seiner älteren Rechtsprechung die Grundsätze auf leitende Angestellte zunächst nicht angewandt,[27] diese Rechtsprechung im Folgenden aber nicht aufrechterhalten. Soweit solche Fälle in der ordentlichen Gerichtsbarkeit behandelt werden, werden heute dort die Grundsätze der beschränkten Arbeitnehmerhaftung auch auf leitende Angestellte angewandt.[28]

Das *BAG* hat sich bislang nicht festgelegt. In Entscheidungen, die noch auf der Grundlage der früher für erforderlich gehaltenen Gefahrneigung der Tätigkeit ergangen sind, hat das *BAG* eine Haftungserleichterung für leitende Angestellte

---

[24] LAG Niedersachen VersR 2010, 1599 (1600).

[25] BAG NZA 2003, 37 (40).

[26] Vgl. BAG NZA 2011, 345 Rn. 21 f.: „Hinsichtlich der *Schädigungshandlung* ist das LAG ohne Rechtsfehler davon ausgegangen, dass die Bekl. objektiv die im Verkehr erforderliche Sorgfalt nach den Gesamtumständen in ungewöhnlich hohem Maß verletzt und unbeachtet gelassen hat, was in der konkreten Situation für jedermann erkennbar gewesen ist. […] Hinsichtlich des *Schadenseintritts* hat das LAG vom äußeren Geschehensablauf und vom Ausmaß des objektiven Pflichtverstoßes auf innere Vorgänge und deren gesteigerte Vorwerfbarkeit geschlossen und auch insofern grobe Fahrlässigkeit angenommen." und BAG NZA 2007, 1230 (1233 f.): „Diesen Anforderungen wird das angefochtene Urteil gerecht. Es hat zutreffend festgestellt, dass der Bekl. schuldhaft gem. § 276 I 1 BGB a. F. gehandelt hat und ihm hinsichtlich der *Pflichtverletzung* vorsätzliches Handeln, hinsichtlich des *Schadenseintritts* grobe Fahrlässigkeit vorzuwerfen ist." [Hervorhebungen durch den Verfasser]; LAG Rheinland-Pfalz, 26.1.2011 – 7 Sa 638/10, BeckRS 2011, 72913.

[27] BGH NJW 1970, 34 (Justiziar eines Unternehmens); BGH VersR 1969, 474 (Leiter der Kreditabteilung einer Bank).

[28] BGH NJW 2001, 3123 (3124), vgl. auch BGH NJOZ 2019, 964 Rn. 6: „Die Haftung als Geschäftsführer richtet sich deshalb – anders als die von leitenden Angestellten – auch nicht nach den Grundsätzen der Arbeitnehmerhaftung."

wegen fehlender Gefahrneigung der Arbeit abgelehnt.[29] Später hat das *BAG* dem leitenden Angestellten jedenfalls dann die Möglichkeit gewährt, sich auf die Haftungserleichterung zu berufen, wenn er eine für leitende Angestellte nicht charakteristische Tätigkeit ausübt.[30] Nachdem das *BAG* die Beschränkung auf die gefahrgeneigte Tätigkeit im Hinblick auf das dem Arbeitgeber auch bei nicht gefahrgeneigter Arbeit zuzurechnende Betriebsrisiko und seine Befugnis zur Organisation des Betriebs sowie zur Gestaltung der Arbeitsbedingungen aufgegeben und auf alle betrieblich veranlassten Tätigkeiten ausgedehnt hat,[31] lässt sich aus diesen Urteilen insoweit nichts mehr herleiten.

In der aktuellen arbeitsrechtlichen Literatur gibt es praktisch keine ernstzunehmenden Stimmen mehr, die sich gegen eine Anwendung der Grundsätze auch im Rahmen des eigentlichen Aufgabenbereichs des leitenden Angestellten aussprechen.[32] Die Gründe hierfür hat *Hanau* in seinem Beitrag zur Festschrift von Egon Lorenz treffend wie folgt zusammengefasst:

> „*Der leitende Angestellte kann sich wie jeder Arbeitnehmer auf die verfassungsrechtliche Gewährleistung der Berufs- und Handlungsfreiheit berufen. Die Haftung kann sich auch und gerade für den leitenden Angestellten einschneidend auf seine allgemeine Lebensgestaltung und Berufsausübung auswirken. Das* Haftungsrisiko *für leitende Angestellte ist wegen tätigkeitsspezifischer Risiken* oftmals sogar größer als das von sonstigen Arbeitnehmern. *Dieses Risiko wird nicht zwangsläufig durch das erhöhte Entgelt abgegolten,* da das Entgelt dem erhöhten Risiko nicht entsprechen muss. *Der leitende Angestellte ist zwar an der Steuerung des Arbeitsprozesses und an der Organisation des Betriebes beteiligt. Er ist aber wie andere Arbeitnehmer in die organisatorische Einheit des Betriebes eingegliedert, um allein oder mit den anderen Beschäftigten den arbeitstechnischen Zweck des Betriebs und damit fremde Interessen zu verwirklichen.*“[33] [Hervorhebung durch den Verfasser]

Dass das Haftungsrisiko für leitende Angestellte wegen tätigkeitsspezifischer Risiken besonders hoch sein kann und nicht durch ein im Vergleich zu sonstigen Arbeitnehmern erhöhtes Entgelt abgegolten wird, wird durch einige Urteile der Landesarbeitsgerichte deutlich. So ging es dem vom LAG Sachsen entschiedenen „Fake-President-Fraud“-Fall um einen Schaden in Höhe von 420.000 EUR. Der Jahresverdienst der beklagten Finanzdirektorin belief sich auf brutto 100.000 EUR. Im Schienenkartell-Prozess vor dem ArbG Essen/LAG Düsseldorf wurde der Leiter des Verkaufsbüros mit einem Bruttojahresgehalt in Höhe von etwa 110.000 EUR

---

[29] BAG VersR 1972, 81; BAG NJW 1970, 1861.

[30] BAG NJW 1977, 598.

[31] BAG NZA 1994, 1083 (1084ff.).

[32] Vgl. *Preis* in ErfK, 21. Aufl. 2021, BGB § 619a Rn. 19; *Joussen* in BeckOK ArbR, 61. Ed. 1.9.2021, BGB § 611a Rn. 431; *Richardi/Fischinger* in Staudinger, 2019, BGB § 619a Rn. 66f.; *Krause* in Henssler/Willemsen/Kalb, Arbeitsrecht Kommentar, 9. Aufl. 2020, BGB § 619a Rn. 20; *Reichold* in Münchener Handbuch zum Arbeitsrecht, Bd. 1, Individualarbeitsrecht I, 5. Aufl. 2021, § 57 Rn. 64; *Henssler* in MüKoBGB, 8. Aufl. 2020, § 619a Rn. 17; *Waltermann* NZA 2005, 98 (100); *Hanau* FS E. Lorenz, 2004, 283 (284ff.); *Melot de Beauregard/Baur* DB 2016, 1754ff.; aA *Monjau* DB 1969, 84 (86); *Blomeyer* in Münchener Handbuch zum Arbeitsrecht, Bd. 1, Individualarbeitsrecht I, 2. Aufl. 2000, § 59 Rn. 68.

[33] *Hanau* FS E. Lorenz, 2004, 283 (285f.).

zuzüglich variabler Vergütung auf Schadensersatz in Höhe von 300.000 EUR in Anspruch genommen. Zudem begehrte sein Arbeitgeber die Feststellung, dass er zum Ersatz der weiteren Schäden aufgrund von Kartellabsprachen verpflichtet ist. In einem vom LAG Niedersachsen entschiedenen Fall hatte der Kreditprokurist, mit einem Jahresverdienst zum Schadenszeitpunkt in Höhe von etwa 96.000 DM, einen Schaden von mehr als 600.000 EUR verursacht, weil er Kreditmittel in erheblichem Umfang freigegeben hatte, ohne zuvor Bautenstände geprüft zu haben.[34]

Zwar mag die Weisungsgebundenheit eines leitenden Angestellten im Allgemeinen weniger ausgeprägt sein als die von anderen Arbeitnehmern. Dies steht einer Anwendung der Haftungserleichterung jedoch nicht entgegen, da den Arbeitgeber gegenüber dem leitenden Angestellten eine Fürsorgepflicht wie gegenüber anderen Arbeitnehmern trifft. Der leitende Angestellte übernimmt zudem kein Betriebsrisiko und ist nicht Mitunternehmer.[35] Es verwundert daher nicht, wenn sich das *LAG Düsseldorf* im Schienenkartell-Prozess ausdrücklich der Rechtsprechung des *BGH* zur Geltung der Grundsätze des innerbetrieblichen Schadensausgleichs für leitende Angestellte angeschlossen hat.[36]

Es lässt sich damit festhalten, dass die Grundsätze des innerbetrieblichen Schadensausgleichs auch auf leitende Angestellte Anwendung finden. Der besonderen Verantwortung leitender Angestellter wird bei der Abwägungsentscheidung ausreichend Rechnung getragen. So sind an höher qualifizierte Angestellte höhere Sorgfaltsanforderungen zu stellen und das höhere Gehalt kann sich in einer höheren Haftungsquote niederschlagen.[37]

III. Anwendbarkeit der Grundsätze des innerbetrieblichen Schadensausgleichs auf leitende Angestellte unter Berücksichtigung der D&O-Versicherung?

Fraglich ist, ob das Bestehen einer D&O-Versicherung zugunsten leitender Angestellter dazu führt, dass die Beschränkung der Arbeitnehmerhaftung nicht eingreift. Um diese Frage zu beantworten, ist zunächst zu klären, ob die Grundsätze des innerbetrieblichen Schadensausgleichs auch bei Bestehen einer D&O-Versicherung anwendbar sind (→ 1.). Falls sie anwendbar sind, stellt sich die Frage, inwieweit die D&O-Versicherung bei der Abwägung aller Umstände des Einzelfalls im Rahmen der groben Fahrlässigkeit zugunsten der Versicherungsnehmerin in ihrer Eigenschaft als mögliche geschädigte Dritte einzustellen ist (→ 2.).

---

[34] LAG Niedersachsen NZA-RR 2004, 142 (146f.).

[35] *Hanau* FS E. Lorenz, 2004, 283 (286).

[36] Vgl. LAG Düsseldorf 27.11.2015 – 14 Sa 800/15, BeckRS 2016, 65558: „Die Grundsätze der Arbeitnehmerhaftung gelten grundsätzlich für alle Arbeitnehmer. Nach der zutreffenden Rechtsprechung des Bundesgerichtshofs (BGH 25.6.2001 – III R 38/99, Rn. 10, juris) gelten sie auch für leitende Angestellte.“

[37] *Reichold* in Münchener Handbuch zum Arbeitsrecht, Bd. 1; Individualarbeitsrecht I, 5. Aufl. 2021, § 57 Rn. 64.

1. *Bedeutung des Haftpflichtversicherungsschutzes für die Anwendbarkeit/ Anwendung der Grundsätze des innerbetrieblichen Schadensausgleichs*

Beide Fragestellungen waren – soweit ersichtlich – bislang nicht Gegenstand einer gerichtlichen Entscheidung. Aus dem Tatbestand des bereits erwähnten Urteils des *LAG Sachsen,* in dem es um die Haftung einer Finanzdirektorin ging, die Opfer des „Fake President"-Tricks geworden war, geht hervor, dass die Konzernmutter ihres Arbeitgebers eine D&O-Versicherung abgeschlossen hatte, in deren Schutz die Direktorin einbezogen war. Die D&O-Versicherung trat für den Schaden jedoch aus Gründen, die dem Tatbestand nicht zu entnehmen sind, nicht ein. Das *LAG Sachsen* nahm weder die Einbeziehung der Arbeitnehmerin in den Versicherungsschutz noch den Nichteintritt der Versicherung zum Anlass, in der Urteilsbegründung die Anwendbarkeit der Grundsätze des innerbetrieblichen Schadensausgleichs zu hinterfragen.[38]

Es existiert jedoch eine gefestigte Rechtsprechung zur Rückwirkung der Kfz-, Privat,-Berufs- und Betriebshaftpflichtversicherung zugunsten mitversicherter Arbeitnehmer auf die Grundsätze des innerbetrieblichen Schadensausgleichs. Nach dieser Rechtsprechung greift die zuvor beschriebene Beschränkung der Haftung nicht ein, wenn zu Gunsten des Arbeitnehmers eine *Kfz-Haftpflichtversicherung* eingreift.[39] Bei Bestehen einer Pflichtversicherung, so das *BAG* in seinem Urteil vom 28.10.2010,

> *„liegen Risiken vor, die der Gesetzgeber als so gefahrträchtig erachtet hat, dass er den Handelnden im Hinblick auf mögliche Gefahren für andere ohne Versicherungsschutz nicht tätig sehen wollte. Die Regeln der gesetzlichen Pflichtversicherung* überlagern gleichsam die Grundsätze der beschränkten Arbeitnehmerhaftung". [40] [Hervorhebung durch den Verfasser]

Bei Bestehen einer obligatorischen Haftpflichtversicherung finden die Grundsätze des innerbetrieblichen Schadensausgleichs somit keine Anwendung. Im Hinblick darauf, dass es sich bei den richterrechtlichen Regeln über die beschränkte Arbeitnehmerhaftung um „einseitig zwingendes Arbeitnehmerschutzrecht" handelt,[41] muss es jedoch bei der Geltung dieser Grundsätze bleiben, wenn Ausschlüsse eingreifen (§ 117 Abs. 3 S. 1 Alt. 2 VVG) oder der VR nach § 116 Abs. 1 S. 2 VVG beim Versicherungsnehmer wegen einer vor Eintritt des Versicherungsfalles begangenen Obliegenheitsverletzung Regress nehmen kann.[42]

[38] LAG Sachsen 13.6.2017 – 3 Sa 556/16, BeckRS 2017, 127707.

[39] BAG NZA 2013, 622 Rn. 15; BGH NJW 1992, 900 (902); BGH NJW 1972, 440 (441); vgl. auch BAG NJW 2011, 1096 Rn. 28 (Privathaftpflichtversicherung); BAG NJW 1998, 1810 (1811) (Berufshaftpflichtversicherung); BAG 14.10.1993 – 8 AZR 242/92, BeckRS 1993, 30916228 (Privathaftpflichtversicherung); OLG Hamm RuS 2012, 284 (288) (Betriebshaftpflichtversicherung).

[40] BAG NZA 2013, 622 Rn. 15.

[41] BAG NJW 2004, 2469 (2470f.); BAG NZA 2000, 715 (716); BAG NZA 1999, 141 (144).

[42] *Hesse* in BeckOK ArbR, 61. Ed. 1.9.2021, BGB § 619a Rn. 15.

Eine *freiwillig* abgeschlossene *Privathaftpflichtversicherung,* so das *BAG,* wirkt sich

„*dagegen grundsätzlich auf die interne Betriebsrisikoverteilung nicht aus. Insbesondere darf auch beim Bestehen einer solchen Privathaftpflichtversicherung zu Gunsten des Arbeitnehmers berücksichtigt werden, dass das gezahlte Entgelt im Verhältnis zu dem von ihm zu tragenden Risiko unangemessen gering ist.* Etwas anderes kann dann gelten, *wenn der Arbeitgeber vor Einstellung des Arbeitnehmers wegen der Risiken der gefahrgeneigten Tätigkeit den* Abschluss einer solchen privaten Haftpflichtversicherung verlangt und zur Einstellungsbedingung *gemacht hatte, erst recht, wenn dafür zusätzliche Vergütungsbestandteile vereinbart wurden. Wie bei einer gesetzlichen Pflichtversicherung kann auch zwischen den Parteien eines Arbeitsvertrags wegen bestehender Risiken der Abschluss einer Haftpflichtversicherung zwingend vereinbart werden mit der Folge, dass bei einem Schadenseintritt das Bestehen einer solchen Versicherung für Schäden im Zusammenhang mit dem Arbeitsverhältnis* in die Gesamtbetrachtung einzubeziehen *ist*“. [43] [Hervorhebung durch den Verfasser]

Gemessen an dieser einheitlichen Linie der Rechtsprechung der Arbeits- und Zivilgerichte, der die Mehrheit in der Literatur folgt,[44] lässt sich als Zwischenergebnis festhalten, dass die D&O-Versicherung die Anwendung der Grundsätze des innerbetrieblichen Schadensausgleichs unberührt lässt, weil es sich nicht um eine obligatorische Haftpflichtversicherung handelt.[45]

2. *Berücksichtigung der D&O-Versicherung bei Abwägung der Gesamtumstände?*

a) *Voraussetzungen*

Damit stellt sich die Folgefrage, ob eine D&O-Versicherung bei Anwendung der Grundsätze des innerbetrieblichen Schadensausgleichs im Rahmen der vom *BAG* für erforderlich gehaltenen Gesamtbetrachtung die unbeschränkte Haftung leitender Angestellten zur Folge haben kann. Hierfür wäre nach den zuvor aufgezeigten Maßstäben Voraussetzung, dass der Arbeitgeber vor deren Einstellung den Abschluss einer D&O-Versicherung verlangt und zur Einstellungsbedingung gemacht hat. Da ein leitender Angestellter für sich selbst keine (Eigen-)D&O-Versicherung abschließen kann – ein solches Produkt wird von den D&O-Versicherern bislang nicht angeboten –, wird kein Arbeitgeber deren Abschluss zur Einstellungsbedin-

---

[43] BAG NJW 2011, 1096 Rn. 29 (Privathaftpflichtversicherung); vgl. auch BAG 14.10.1993 – 8 AZR 242/92, BeckRS 1993, 30916228 (Privathaftpflichtversicherung); BAG NJW 1998, 1810 (1811) (Berufshaftpflichtversicherung); OLG Hamm RuS 2012, 284 (288) (Betriebshaftpflichtversicherung).

[44] Vgl. *Reichhold* in Münchener Handbuch zum Arbeitsrecht, Bd. 1: Individualarbeitsrecht I, 4. Aufl. 2018, § 57 Rn. 38; *Hanau* FS E. Lorenz, 2004, 283 (288 ff.); *Preis* in ErfK, 21. Aufl. 2021, BGB § 619 a Rn. 20; *Henssler* in MüKoBGB, 8. Aufl. 2020, § 619 a Rn. 42; *Walker* JuS 2002, 736 (739); *Waltermann* RdA 2005, 98 (107); aA *Otto* FS 50 Jahre Bundesarbeitsgericht, 2004, 97 (117 ff.); ihm folgend *Krause* in Henssler/Willemsen/Kalb, Arbeitsrecht, 9. Aufl. 2020, BGB § 619 a Rn. 39; *Hauer,* Die Haftungsrelevanz der Haftpflichtversicherung, 2015, S. 170 ff.

[45] Treffend: *Hanau* FS E. Lorenz, 2004, 283 (291): „Die D&O-Versicherung besitzt keinen Regelungsgehalt, der eine die Haftungsgrundsätze überdeckende Sonderregel begründet.“ vgl. auch *Mitterlechner/Wax/Witsch,* D&O-Versicherung, 2. Aufl. 2019, § 4 Rn. 27; *Olbrich,* Die D&O-Versicherung, 2. Aufl. 2007, S. 113 ff.

gung machen. Eher unwahrscheinlich ist, dass der Bewerber für eine leitende Angestelltenposition den Abschluss einer D&O-Versicherung oder die Einbeziehung in eine bestehende D&O-Versicherung auf Kosten des Arbeitgebers zur Bedingung für seine Anstellung macht.

Selbst wenn es zukünftig die Möglichkeit geben sollte, dass leitende Angestellte sich selbst versichern können, und man den Fall, dass einzelne Bewerber die Sicherstellung von D&O-Versicherungsschutz zur Bedingung für ihre Anstellung machen, mit dem Fall gleichstellt, dass der Arbeitgeber die Einstellung vom Abschluss einer (Eigen-)D&O-Versicherung abhängig macht, hätte das im Übrigen nicht zwangsläufig die Berücksichtigung der D&O-Versicherung zur Folge. Insoweit ist zu beachten, dass nach der Rechtsprechung nur etwas anderes gelten „kann", wenn die Arbeitgeber und Arbeitnehmer eine Haftpflichtversicherung zum Schutz des Arbeitnehmers zwingend vereinbart haben. Selbst in den Fällen, in denen eine entsprechende Vereinbarung zum Inhalt des Arbeitsvertrages gemacht worden ist, muss die Versicherung somit nicht zwangsläufig im Rahmen der Gesamtbetrachtung berücksichtigt werden und zu einer höheren Beteiligung des Arbeitnehmers an den Schadensfolgen führen.

Im Hinblick darauf, dass es sich bei den richterrechtlichen Regeln über die beschränkte Arbeitnehmerhaftung – wie bereits bemerkt – um „einseitig zwingendes Arbeitnehmerschutzrecht" handelt, darf die Vereinbarung über die Sicherstellung von D&O-Versicherungsschutz im Ergebnis nicht dazu führen, dass der Arbeitnehmer schlechter steht als ohne Versicherungsschutz. Deshalb kann die D&O-Versicherung im Rahmen der Gesamtabwägung bezüglich der Beteiligung des leitenden Angestellten an den Schadensfolgen nicht berücksichtigt werden, wenn und soweit die zur Verfügung stehende Deckungssumme nicht ausreicht, um den Schaden zu ersetzen, und/oder der D&O-Versicherer infolge von Obliegenheitsverletzungen oder Ausschlüssen nicht (vollständig) zur Leistung verpflichtet ist (siehe hierzu die nachfolgenden Beispiele).[46] Positiv formuliert kann die D&O-Versicherung bei der Haftung leitender Angestellter nur Berücksichtigung finden, soweit der Versicherer eintrittspflichtig ist.

b) Beispiele

Beispiel 1:[47] *Die Leiterin der Buchhaltung wird von unbekannten Tätern veranlasst, Überweisungen in Höhe von insgesamt 5 Mio. EUR auf Konten in Ungarn und China zu tätigen. Ihr wurde dabei vorgespiegelt, dass die Anweisung zur Erstellung der Überweisungsaufträge direkt vom Geschäftsführer stamme. Ihr Arbeitgeber, der auf Verlangen der Leiterin der Buchhaltung eine D&O-Versicherung mit einer Jahresversicherungssumme von 5 Mio. EUR abgeschlossen hat, nimmt die Leiterin, deren Jahresgehalt sich auf brutto 120.000 EUR beläuft, auf Schadensersatz in Höhe von 5 Mio. EUR in Anspruch. Der D&O-Versicherer entscheidet sich gegen die Freistellung und gewährt ihr Abwehrschutz, weil er der Ansicht ist, dass den Arbeitgeber ein ganz überwiegendes Organisationsverschulden treffe. Die Kosten der erfolglosen Anspruchsabwehr belaufen sich auf 1 Mio. EUR.*

---

[46] *R. Koch* in Bruck/Möller, VVG, 10. Aufl. 2022, Vor §§ 110–112 Rn. 80.

[47] In Anlehnung an LG Heilbronn BeckRS 2015, 17463.

Hier reicht die Versicherungssumme infolge der Anrechnung der Kosten (vgl. A-6.4 AVB D&O) nicht aus, um die Angestellte vollständig freizustellen. Ließe man allein die Verpflichtung des Arbeitgebers zur Sicherstellung von D&O-Versicherungsschutz ausreichen, um die Haftungsprivilegierung von leitenden Angestellten aufzuheben, würde die Leiterin der Buchhaltung auf Zahlung von 1 Mio. EUR und damit in viel höherem Umfang haften als ohne Abschluss einer D&O-Versicherung. Legt man den Maßstab des *LAG Sachsen* in dem „Fake-President-Fraud"-Fall an, hätte die Leiterin der Buchhaltung ohne Berücksichtigung der D&O-Versicherung Schadensersatz etwa in Höhe des 1,5-fachen des Bruttojahresgehalts (= 180.000 EUR) zu leisten.[48] Die leitende Angestellte würde also erheblich schlechter stehen als ohne D&O-Versicherung. Deshalb darf im Rahmen der Gesamtbetrachtung bei der Bemessung des Schadens nur die noch zur Verfügung stehende Deckungssumme (4 Mio. EUR) und die ohne Versicherung bestehende Haftung der Angestellten (180.000 EUR) in Ansatz gebracht werden, so dass sich der Anspruch gegen die Angestellte auf insgesamt 4.180.000 EUR beläuft.

Beispiel 2: Wie Beispiel 1. Die Versicherungssumme beläuft sich auf 10 Mio. EUR. Ihr Arbeitgeber, der eine D&O-Versicherung mit einer Jahresversicherungssumme von 10 Mio. EUR abgeschlossen hat, nimmt die Leiterin der Buchhaltung gerichtlich in Anspruch. Der D&O-Versicherer gewährt ihr Abwehrschutz unter dem Vorbehalt, dass nicht im Haftpflichtprozess festgestellt wird, dass sie wissentlich ihre Pflichten aus dem Arbeitsvertrag verletzt hat.

Nach der Rechtsprechung des *BAG* finden die Grundsätze des innerbetrieblichen Schadensausgleichs auch bei wissentlich begangenen Pflichtverletzungen Anwendung, weil sich das Verschulden in Fällen privilegierter Haftung – wie zuvor beschrieben – abweichend von allgemeinen zivilrechtlichen Grundsätzen nicht nur auf die Pflicht-, Rechtsguts- oder Schutzgesetzverletzung, sondern auch auf den eingetreten Schaden beziehen muss.[49] Für wissentliche Pflichtverletzungen besteht jedoch keine Deckung in der D&O-Versicherung (vgl. A-7.1 AVB D&O). In diesem Punkt weicht die D&O-Versicherung von der Privat-, Betriebs- und Berufshaftpflichtversicherung ab, die zum Schutz der Versicherungsnehmer und versicherten Personen entsprechend der gesetzlichen Regelung in § 103 VVG auch Vorsatz hinsichtlich der Schadensfolgen verlangen, um den Anspruch auf Versicherungsschutz auszuschließen.[50]

Ließe man allein die Verpflichtung des Arbeitgebers zur Sicherstellung von D&O-Versicherungsschutz ausreichen, um die Haftungsprivilegierung von leitenden Angestellten aufzuheben, stünden die Angestellten wiederum schlechter als ohne Versicherung, wenn sie zwar die haftungsbegründende Pflichtverletzung wissentlich begangen haben, den Schaden jedoch nicht herbeiführen wollten. Sie würden einerseits unbeschränkt gegenüber ihrem Arbeitgeber haften, ohne andererseits wegen des Ausschlusses der wissentlichen Pflichtverletzung durch die D&O-Versicherung geschützt zu sein. Eine Berücksichtigung der D&O-Versicherung(ssumme) kommt

---

[48] LAG Sachsen 13.6.2017 – 3 Sa 556/16, BeckRS 2017, 127707.

[49] BAG NZA 2003, 37 (40).

[50] Zu Einzelheiten *R. Koch* in Bruck/Möller, VVG, 10. Aufl. 2022, § 103 Rn. 33ff.

deshalb im Beispielsfall nicht in Betracht, wenn das Gericht eine wissentliche Pflichtverletzung der Leiterin der Buchhaltung feststellt, den Vorsatz in Bezug auf den Schaden jedoch verneint. Ihre Haftung ist auf den Betrag beschränkt, den sie ohne Bestehen der Versicherung zu zahlen hätte.

IV. Fazit und Bewertung

Auf Basis der Rechtsprechung der ordentlichen Gerichte und der Arbeitsgerichte besteht gegenwärtig keine ausreichende Legitimationsgrundlage für die Berücksichtigung der D&O-Versicherung bei der Bestimmung des Umfangs der Haftung nach den Grundsätzen des innerbetrieblichen Schadensausgleichs.

Die Argumente derjenigen, die sich gleichwohl für eine Berücksichtigung der D&O-Versicherung aussprechen, geben keinen Anlass zu einer Änderung der Rechtsprechung. Abgesehen davon, dass die Vertreter dieser Ansicht nicht auf die in den beiden Beispielen dargelegten Besonderheiten der D&O-Versicherung und die daraus resultierenden Beschränkungen in der Deckung eingehen (Kostenanrechnung, Wissentlichkeitsausschluss), differenzieren sie auch nicht hinreichend zwischen dem „Ob" der Anwendung der Grundsätze des innerbetrieblichen Schadensausgleichs und dem „Wie" der Anwendung auf der Ebene der Schadensfolgen im Rahmen der Gesamtbetrachtung.

Dass die D&O-Versicherung – wie die Betriebshaftpflichtversicherung – das Risiko der Existenzvernichtung des Arbeitnehmers ausschließt, soweit die Deckung reicht, mag zwar zutreffen. Dieser Aspekt reicht jedoch für sich allein genommen nicht aus, um die Haftung des Arbeitnehmers zu begründen.[51] Hinsichtlich des von *Otto* bemühten Prämienarguments ist zunächst der Hinweis geboten, dass es in der Rechtsprechung insbesondere zur Betriebshaftpflichtversicherung, die gemäß § 102 Abs. 1 S. 2 VVG auch für Rechnung der Arbeitnehmer genommen wird, keine Beachtung gefunden hat, obgleich der Arbeitgeber die Prämie für die Versicherung trägt. Das Argument überzeugt aber auch inhaltlich nicht, weil die Risiko-/Prämienkalkulation der D&O-Versicherer – wie in allen anderen Sparten der Haftpflichtversicherung auch – vor dem Hintergrund des geltenden Haftungsrechts erfolgt.[52] Dies ist auch der Grund dafür, warum der Versicherungsnehmerin in den D&O-Versicherungsverträgen Deckung für den Teil des Schadens, für den sie aufgrund der für Arbeitnehmer geltenden Haftungsbeschränkungen keinen Ersatz erhält, nur als (sublimitierte und mit einem Selbstbehalt vorgesehene) Erweiterung angeboten wird. Zudem lässt *Otto* die Rechtsnatur der D&O-Versicherung als reine Fremdversicherung unberücksichtigt, bei der nur das Haftpflichtinteresse der versicherten Personen versichert ist und nicht das der Versicherungsnehmerin. Die Zahlung der Prämien kann somit nicht als Argument dafür herangezogen werden, die Haftung der versicherten Person zu erweitern.

---

[51] BGHZ 76, 279 (283); vgl. auch BGHZ 127, 186 (191).
[52] Vgl. auch *Waltermann* RdA 2005, 98 (108).

Das Argument, die D&O-Versicherung würde als Instrument der unternehmerischen Schadensvorsorge in ihrem wirtschaftlichen Zweck entwertet und weitgehend ihrer Geschäftsgrundlage entzogen, wenn sie bei der Arbeitnehmerhaftung unberücksichtigt bliebe, überzeugt ebenfalls nicht. Bei der D&O-Versicherung handelt es sich zuallererst um eine Haftpflichtversicherung zugunsten der versicherten Personen.[53] Der durch die D&O-Versicherung bewirkte Schutz des Arbeitgebers vor einer Insolvenz der versicherten Personen stellt sich somit – wie auch in der Betriebshaftpflichtversicherung – lediglich als Reflex des Schutzes der versicherten Person und nicht als beabsichtigter Zweck der D&O-Versicherung dar.[54] Die Gerichtspraxis macht im Übrigen deutlich, dass im Fokus der D&O-Versicherung die Haftung der Organe steht, deren Haftung nicht privilegiert ist. Es ist somit völlig übertrieben zu argumentieren, dass die D&O-Versicherung in ihrem wirtschaftlichen Zweck entwertet und ihr weitgehend ihre Geschäftsgrundlage entzogen werde, wenn sie bei der Arbeitnehmerhaftung unberücksichtigt bliebe.

Schließlich schafft auch die Möglichkeit des leitenden Angestellten, den Freistellungsanspruch an den Arbeitgeber abzutreten, damit dieser den Haftungs- und Deckungsanspruch direkt gegenüber dem D&O-Versicherer geltend machen kann, keine ausreichende Legitimationsgrundlage für die Berücksichtigung der D&O-Versicherung bei der Beurteilung der Haftung, weil die Anwendung der Grundsätze des innerbetrieblichen Schadensausgleichs nicht zur Disposition von Arbeitgeber und Arbeitnehmer stehen.[55]

---

[53] *R. Koch* GmbHR 2004, 18 (22f.).

[54] BGH RuS 2021, 27 Rn. 27; *Dreher* ZHR 165 (2001) 293 (315).

[55] Vgl. *Henssler* in MüKoBGB, 8. Aufl. 2020, § 619a Rn. 42.

DIRK LOOSCHELDERS

Gefahrerhöhung im Versicherungsvertragsrecht und Störung der Geschäftsgrundlage im allgemeinen Vertragsrecht – ein Vergleich

I. *Einführung*

Die Vorschriften über die Gefahrerhöhung stellen seit dem Inkrafttreten des VVG 1908 ein zentrales Instrument des Versicherungsvertragsrechts zur Gewährleistung eines angemessenen Verhältnisses zwischen dem vom Versicherer übernommenen Risiko und der vom Versicherungsnehmer zu zahlenden Prämie dar.[1] Dahinter steht der Gedanke, dass die Privatversicherung aus versicherungstechnischen Gründen,[2] aber auch mit Blick auf die Grundsätze der kommutativen Gerechtigkeit auf ein angemessenes Verhältnis von Leistung und Gegenleistung ausgerichtet ist (sog. Äquivalenzprinzip).[3] In Rechtsprechung und Literatur wird zu Recht darauf hingewiesen, dass die der Gefahrerhöhung zugrunde liegende Problemlage derjenigen bei der Änderung der Geschäftsgrundlage im allgemeinen Vertragsrecht (§ 313 Abs. 1 BGB) entspricht.[4] Darüber hinaus werden auch starke inhaltliche Parallelen zwischen den Vorschriften über die Gefahrerhöhung und den allgemeinen Regeln über die Störung der Geschäftsgrundlage konstatiert.[5] Da die Vorschriften über die Gefahrerhöhung den allgemeinen Grundsätzen über die Änderung der Geschäftsgrundlage nach dem Spezialitätsgrundsatz vorgehen, scheidet ein Rückgriff auf § 313 Abs. 1 BGB im Anwendungsbereich der §§ 23ff. VVG aus. Etwas anderes gilt zwar in solchen Versicherungszweigen, in denen die Anwendbarkeit der §§ 23ff. VVG ausgeschlossen ist, wie dies bei der privaten Krankenversicherung der Fall ist.[6] Auch insoweit lassen sich zwischen beiden Bereichen aber keine wertungsmäßigen Divergenzen feststellen. So hat der BGH dem Ausschluss der Anwendbarkeit der §§ 23ff. VVG durch § 194 Abs. 1 S. 2 VVG den Gedanken

[1] BGH VersR 2012, 1300 (1301); BGHZ 79, 156 (158) = VersR 1981, 245 (246); BGHZ 7, 311 (318) = NJW 1952, 1291 (1292), *Looschelders* in Looschelders/Pohlmann, VVG, 3. Aufl. 2016, § 23 Rn. 1.

[2] Dazu *Wandt,* Versicherungsrecht, 6. Aufl. 2016, Rn. 131.

[3] Vgl. *Looschelders* in Langheid/Wandt, VVG, 2. Aufl. 2016, § 1 Rn. 99; *Bruns,* Privatversicherungsrecht, 2016, § 6 Rn. 11.

[4] BGHZ 7, 311 (318) = NJW 1952, 1291 (1292); *Armbrüster* in Prölss/Martin, VVG, 31. Aufl. 2021, § 23 Rn. 1; *Loacker* in Schwintowski/Brömmelmeyer/Ebers, VVG, 4. Aufl. 2022, § 23 Rn. 4.

[5] Vgl. *Reusch* in Langheid/Wandt, VVG, 2. Aufl. 2016, § 23 Rn. 4, 77; zum österreichischen Recht *Fenyves* in Fenyves/Kronsteiner/Schauer, VersVG-Novellen, 1998, § 27 Rn. 4.

[6] *Armbrüster* in Prölss/Martin, VVG, 31. Aufl. 2021, § 23 Rn. 1, 125.

entnommen, dass der Gesetzgeber dem Versicherer das Risiko nachträglicher Gefahrerhöhungen in der Krankenversicherung generell auferlegt hat. Diese gesetzliche Risikoverteilung hat zur Folge, dass der Versicherer bei nachträglichen Gefahrerhöhungen in der Krankenversicherung auch keine Vertragsanpassung nach § 313 Abs. 1 BGB verlangen kann.[7]

Der vorliegende Beitrag zu Ehren von *Theo Langheid* geht vor diesem Hintergrund der Frage nach, inwieweit die §§ 23ff. VVG den allgemeinen Grundsätzen über die Änderung der Geschäftsgrundlage entsprechen bzw. welche Gründe eine unterschiedliche Behandlung der Problematik im Versicherungsvertragsrecht und im allgemeinen Vertragsrecht rechtfertigen. Abschließend wird noch ein kurzer Blick auf die aktuelle Diskussion über die Auswirkungen der Corona-Pandemie auf Versicherungsverträge geworfen.[8] Der Jubilar hat sich nicht nur in seiner Kommentierung zu den §§ 23–27ff. VVG im *Langheid/Rixecker,*[9] sondern auch in verschiedenen weiteren Publikationen[10] eingehend mit Fragen der Gefahrerhöhung beschäftigt. In neuerer Zeit hat er sich auch den Auswirkungen der Corona-Pandemie auf das Versicherungs- und Haftungsrecht gewidmet.[11] Dies lässt darauf hoffen, dass auch die nachfolgenden Überlegungen auf sein Interesse stoßen.

II. Tatbestandliche Voraussetzungen

1. Gefahrerhöhung als Ausprägung der clausula rebus sic stantibus

Das Institut der Gefahrerhöhung beruht auf dem Gedanken, dass die Prämienkalkulation des Versicherers auf die Gefahrumstände fixiert ist, die im Zeitpunkt des Vertragsschlusses bzw. der Abgabe der Vertragserklärung des Versicherungsnehmers vorliegen.[12] Nachträgliche Änderungen dieser Gefahrumstände können daher zu einer „Verschiebung" des Äquivalenzverhältnisses führen. Das Institut der Gefahrerhöhung lässt sich insoweit als besondere Ausprägung der gemeinrechtlichen *clausula rebus sic stantibus* verstehen.[13] In der älteren Rechtsprechung und Literatur wurde die Gefahrerhöhung dementsprechend häufig dadurch charakterisiert, dass die bei Abschluss des Versicherungsvertrags vorhandene Gefahrenlage für die Vertragsdauer als „ruhend" betrachtet wird.[14] Demgegenüber hatte der BGB-Gesetzgeber von 1896 die *clausula rebus sic stantibus* und ähnliche spätere Ansätze in der

---

[7] BGH VersR 2012, 980 Rn. 22 (zur Unzulässigkeit der Einstufung eines ursprünglich männlichen Versicherungsnehmers in den Frauentarif nach Geschlechtsumwandlung).

[8] → IV.

[9] Zuletzt *Langheid* in Langheid/Rixecker, VVG, 6. Aufl. 2019.

[10] Repräsentativ *Langheid* NVersZ 2002, 433; *Langheid* VersR 2021, 1040.

[11] *Langheid* (Hrsg.), Covid-19 – Versicherungs- und haftungsrechtliche Aspekte, 2020.

[12] Treffend *Armbrüster* in Prölss/Martin, VVG, 31. Aufl. 2021, § 23 Rn. 1: „Momentaufnahme".

[13] *Reusch* in Langheid/Wandt, VVG, 2. Aufl. 2016, § 23 Rn. 1; *Loacker* in Schwintowski/Brömmelmeyer/Ebers, VVG, 4. Aufl. 2022, § 23 Rn. 5; zum geschichtlichen Hintergrund der *clausula rebus sic stantibus* vgl. *Martens* in BeckOGK, 1. 10. 2021, BGB § 313 Rn. 13.1; *Martens* ZEuP 2017, 600ff.

[14] BGHZ 7, 311 (318) = NJW 1952, 1291 (1292); *Bruck,* Das Privatversicherungsrecht, 1930, S. 295.

Literatur noch strikt abgelehnt,[15] sodass sich die Lehre von der Geschäftsgrundlage erst ab 1922 aufgrund der Rechtsprechung des RG[16] durchsetzen konnte.

2. *Begriff der Gefahrerhöhung*

Der Gesetzgeber des VVG von 1908 hat auf eine Definition des Begriffs der Gefahrerhöhung bewusst verzichtet. Er hat sich aber von der Vorstellung leiten lassen, dass begrifflich an sich „jede tatsächliche Änderung [genügt], welche die Möglichkeit des Eintritts des Versicherungsfalls in irgend einer Richtung näher rückt".[17] Der historische Gesetzgeber hat allerdings auch schon das Problem erkannt, dass „der Zweck der Versicherung ganz erheblich beeinträchtigt wäre, wenn in dieser Beziehung nicht gewisse Schranken gezogen würden".[18] Konkret heißt das, dass nicht jede Änderung der bei Vertragsschluss bestehenden Gefahrenlage die Rechtsfolgen der Gefahrerhöhung auslösen kann. Die zentrale Herausforderung besteht demnach darin, klare und praktikable Kriterien für die Frage herauszuarbeiten, welche Änderungen der Gefahrenlage als rechtlich beachtliche Gefahrerhöhungen anzusehen und damit nicht dem Risikobereich des Versicherers zuzuordnen sind.

Der historische Gesetzgeber von 1908 hat für diese Frage auf zwei Kriterien verwiesen, die in § 29 VVG aF geregelt waren und seit der VVG-Reform von 2008 in § 27 VVG zu finden sind. Eine Gefahrerhöhung hat danach außer Betracht zu bleiben, wenn sie entweder (quantitativ) unerheblich oder nach den Umständen als mitversichert anzusehen ist.[19] Die zweite Fallgruppe wird in der Literatur oft auch als „qualitative Unerheblichkeit" bezeichnet.[20] Die dogmatische Einordnung dieser Kriterien ist umstritten. Teilweise wird davon ausgegangen, dass bei quantitativer oder qualitativer Unerheblichkeit schon überhaupt keine Gefahrerhöhung im gesetzlichen Sinne vorliegt.[21] Richtig ist hieran, dass sich die in § 27 VVG geregelten Kriterien in den Begriff der Gefahrerhöhung integrieren lassen. Dies zeigt sich auch daran, dass andere Rechtsordnungen auf eine entsprechende Regelung verzichten.[22] Wenn das deutsche und das österreichische Recht (§ 29 VersVG) hierfür eine eigenständige Regelung vorsehen, so ist dies jedoch insofern zu begrüßen, als hierdurch die Komplexität des Begriffs der Gefahrerhöhung deutlich reduziert wird. Im

---

[15] Vgl. *Meyer-Pritzl* in Historisch-kritischer Kommentar zum BGB, Bd. II/2, 2007, §§ 313–314 Rn. 10ff.

[16] Grundlegend RGZ 103, 328 – Vigognespinnerei.

[17] Motive zum VVG 1908, Nachdruck 1963, S. 100.

[18] Motive zum VVG 1908, Nachdruck 1963, S. 100f.

[19] Motive zum VVG 1908, Nachdruck 1963, S. 101.

[20] Vgl. *Langheid* in Langheid/Rixecker, VVG, 6. Aufl. 2019, § 27 Rn. 1ff.; *Martin*, Sachversicherungsrecht, 3. Aufl. 1992, N III Rn. 24.

[21] So *Langheid* in Langheid/Rixecker, VVG, 6. Aufl. 2019, § 17 Rn. 1; *Reusch* in Langheid/Wandt, VVG, 2. Aufl. 2016, § 27 Rn. 3.

[22] Zutreffend *Reusch* in Langheid/Wandt, VVG, 2. Aufl. 2016, § 27 Rn. 3. Nach Art. 4:201 der Principles of European Insurance Contract Law (PEICL) ist die Erheblichkeit ebenfalls ein zentrales Kriterium der Gefahrerhöhung; im Übrigen wird darauf abgestellt, ob die fragliche Risikoerhöhung von der im Versicherungsvertrag näher bestimmten Art ist. Der Versicherer muss danach im Vertrag festlegen, welche Gefahrerhöhungen für ihn relevant sind (vgl. *Basedow/Bird/Clark/Cousy/Heiss/Loacker*, Principles of European Insurance Contract Law [PEICL], 2. Aufl. 2016, Anm. C4 zu Art. 4:201, S. 199).

Ergebnis kommt es allerdings ohnehin nicht darauf an, ob in den Fällen des § 27 VVG „an sich" eine Gefahrerhöhung vorliegt. Entscheidend ist allein, dass die §§ 23–26 VVG insoweit nicht anwendbar sind. Zur Vermeidung von Abgrenzungsproblemen erscheint es dabei auch unabhängig von der dogmatischen Einordnung des § 27 VVG geboten, dem Versicherer einheitlich die Beweislast für das Vorliegen einer erheblichen und nicht mitversicherten Gefahrerhöhung zuzuweisen.[23]

Bei der Definition der Gefahrerhöhung kann man sich im Übrigen an der Rechtsprechung orientieren. Eine Gefahrerhöhung ist danach die nachträgliche Änderung der tatsächlichen gefahrerheblichen Umstände, die auf eine solche Dauer angelegt ist, dass sie die Grundlage eines neuen natürlichen Gefahrenverlaufs bilden kann und damit geeignet ist, die Wahrscheinlichkeit des Eintritts des Versicherungsfalls aus der ex ante-Sicht zu erhöhen.[24] Voraussetzung ist weiter, dass die Gefahrerhöhung weder unerheblich noch nach den Umständen als mitversichert anzusehen ist.

3. *Die einzelnen Elemente der Gefahrerhöhung*

Die vorstehende Definition der Gefahrerhöhung enthält verschiedene Elemente, die auch in den Fällen der Änderung der Geschäftsgrundlage zu beachten sind. Auf der anderen Seite lassen sich aber auch zahlreiche versicherungsrechtliche Besonderheiten feststellen. Diese Gemeinsamkeiten und Unterschiede sollen im Folgenden einander gegenübergestellt werden.

a) Nachträgliche Änderung der tatsächlichen gefahrerheblichen Umstände

aa) Gefahrerheblichkeit der betroffenen Umstände

Erforderlich ist zunächst eine nachträgliche Änderung der gefahrerheblichen Umstände. Parallel dazu setzt § 313 Abs. 1 BGB eine nachträgliche Änderung von Umständen voraus, die zur Grundlage des Vertrags geworden sind. Bei einem Vergleich lässt sich zunächst feststellen, dass die Gefahrerheblichkeit der veränderten Umstände das Gegenstück zur Geschäftsgrundlage des Vertrags darstellt. Welche Umstände als gefahrerheblich anzusehen sind, ist ein spezifisches Problem des Versicherungsvertragsrechts; der allgemeine Begriff der Geschäftsgrundlage hilft insoweit daher nicht weiter.[25] Erforderlich ist, dass die Wahrscheinlichkeit des Eintritts des Versicherungsfalls durch die Änderung der infrage stehenden Umstände erhöht wird. Bezugspunkt ist dabei das konkrete versicherte Risiko.[26] Dass der Versicherer bei der Antragstellung nach einem bestimmten Umstand nicht gefragt hat, schließt die Gefahrerheblichkeit dieses Umstands nicht generell aus.[27] Das Fehlen einer

---

[23] *Looschelders* in Looschelders/Pohlmann, VVG, 3. Aufl. 2016, § 27 Rn. 9; *Langheid* in Langheid/Rixecker, VVG, 6. Aufl. 2019, § 27 Rn. 4.

[24] BGH VersR 2014, 1313 Rn. 17; 2012, 1300 Rn. 8; BGHZ 186, 42 = VersR 2010, 1032 Rn. 16; BGHZ 7, 311 (318); KG VersR 2021, 1031 (1034) mAnm *Langheid*.

[25] So auch *Bruns*, Privatversicherungsrecht, 2015, § 18 Rn. 2.

[26] *Loacker* in Schwintowski/Brömmelmeyer/Ebers, VVG, 4. Aufl. 2022, § 23 Rn. 14.

[27] So auch *Karczewski* in Rüffer/Halbach/Schimikowski, VVG, 4. Aufl. 2020, § 23 Rn. 5.

üblichen Frage kann aber den Schluss rechtfertigen, dass die Änderung aus Sicht des Versicherers nicht gefahrerheblich oder zumindest mitversichert ist.[28] Zumindest kann sich der Versicherungsnehmer darauf berufen, er habe bei Vornahme oder Nichtanzeige der Gefahrerhöhung weder vorsätzlich noch grob fahrlässig gehandelt, weil er die Änderung wegen des Fehlens der Frage für unerheblich halten durfte.[29] Soweit den Versicherungsnehmer im vorvertraglichen Bereich eine spontane Aufklärungspflicht treffen würde, bei deren Verletzung der Versicherer den Vertrag nach § 22 VVG iVm § 123 BGB anfechten könnte, kommt dem Fehlen einer Frage auch bei §§ 23, 27 VVG keine Indizwirkung für das Fehlen der Gefahrerheblichkeit zu.[30] Dies gilt namentlich für Umstände, auf deren Abwesenheit der Versicherer auch ohne ausdrückliche Frage vertrauen durfte.[31]

bb) Vorliegen einer nachträglichen Änderung

Der Begriff der Gefahrerhöhung setzt weiter voraus, dass die Veränderung nach Abgabe der Vertragserklärung des Versicherungsnehmers eingetreten ist. Parallel dazu gilt § 313 Abs. 1 BGB ebenfalls nur für solche Veränderungen, die sich nach dem Vertragsschluss ereignet haben.[32] § 313 Abs. 2 BGB stellt dem aber den Fall gleich, dass wesentliche Vorstellungen, die zur Grundlage des Vertrags geworden sind, sich im Nachhinein als falsch herausstellen. Für die Anwendung der §§ 23ff. VVG reicht die nachträgliche Aufdeckung des tatsächlichen Risikopotentials eines bei Abgabe der Vertragserklärung des Versicherungsnehmers bereits vorhandenen gefahrerheblichen Umstands dagegen nicht aus; insoweit sind vielmehr allein die §§ 19ff. VVG maßgeblich.[33]

cc) Arten der Gefahrerhöhung

Während es bei § 313 Abs. 1 BGB grundsätzlich nicht darauf ankommt, auf welchen Gründen die Änderung der Geschäftsgrundlage beruht, unterscheidet § 23 VVG zwischen drei Arten der Gefahrerhöhung: der subjektiven oder gewillkürten Gefahrerhöhung (Abs. 1), der nachträglich erkannten subjektiven Gefahrerhöhung (Abs. 2) und der objektiven Gefahrerhöhung (Abs. 3). Diese Differenzierung beruht darauf, dass das Institut der Gefahrerhöhung nicht nur einen Ausgleich für Äquivalenzstörungen schaffen soll. § 23 VVG statuiert vielmehr darüber hinaus gesetzliche Obliegenheiten, die den Versicherungsnehmer zur Nichtvornahme oder Anzeige von Gefahrerhöhungen anhalten sollen. Die in §§ 24–26 VVG vorgesehenen Rechtsfolgen der Gefahrerhöhung dienen dementsprechend nicht nur der Auf-

---

[28] Vgl. OLG Oldenburg VersR 2016, 918; *Matusche-Beckmann* in Bruck/Möller, VVG, 9. Aufl. 2008, § 23 Rn. 7; *Langheid* in Langheid/Rixecker, VVG, 6. Aufl. 2019, § 23 Rn. 22ff.

[29] *Looschelders* in Looschelders/Pohlmann, VVG, 3. Aufl. 2016, § 23 Rn. 13.

[30] *Reusch* in Langheid/Wandt, VVG, 2. Aufl. 2016, § 27 Rn. 12; *Loacker* in Schwintowski/Brömmelmeyer/Ebers, VVG, 4. Aufl. 2022, § 27 Rn. 6.

[31] *Armbrüster* in Prölss/Martin, VVG, 31. Aufl. 2021, § 23 Rn. 13.

[32] *Martens* in BeckOGK, 1.10.2021, BGB § 313 Rn. 104.

[33] BGH VersR 1979, 73; *Looschelders* in Looschelders/Pohlmann, VVG, 3. Aufl. 2016, § 23 Rn. 9; *Karczewski* in Rüffer/Halbach/Schimikowski, VVG, 4. Aufl. 2020, § 23 Rn. 17; *Matusche-Beckmann* in Bruck/Möller, VVG, 9. Aufl. 2008, § 23 Rn. 8; *Teschabai-Oglu* ZVersWiss 100 (2011), 769 (775f.).

rechterhaltung der Äquivalenz von Risiko und Prämie, sondern auch der Sanktionierung von Obliegenheitsverletzungen.[34]

dd) Beachtlichkeit allgemeiner (genereller) Gefahrerhöhungen

Änderungen der Geschäftsgrundlage beziehen sich häufig auf Umstände, die nicht nur für die konkreten Parteien, sondern auch für die Allgemeinheit relevant sind. So wurde das Institut des Wegfalls der Geschäftsgrundlage vom RG unter dem Eindruck der Inflation nach dem Ersten Weltkrieg entwickelt.[35] Demgegenüber stehen bei der Gefahrerhöhung im Versicherungsvertragsrecht individuelle, aus der Sphäre des Versicherungsnehmers stammende Umstände im Vordergrund.[36] Dies ergibt sich nicht zuletzt daraus, dass die Anzeigeobliegenheit des Versicherungsnehmers nach § 23 Abs. 2 und 3 VVG bei allgemeinen (generellen) Gefahrerhöhungen weitgehend funktionslos ist. In der älteren deutschen Literatur ist daher teilweise die Auffassung vertreten worden, dass die §§ 23 ff. VVG auf allgemeine Gefahrerhöhungen nicht anwendbar seien.[37] Der österreichische Gesetzgeber hat mit der Novelle des VersVG von 1994 in § 27 Abs. 3 VersVG klargestellt, dass den Versicherungsnehmer keine Anzeigeobliegenheit trifft, wenn die Gefahrerhöhung durch allgemein bekannte Umstände verursacht wurde; gleichzeitig wurde die Frist für die Ausübung des Kündigungsrechts durch den Versicherer auf ein Jahr ab Kenntniserlangung von der Gefahrerhöhung verlängert. Damit wird inzident auch die Beachtlichkeit allgemeiner Gefahrerhöhungen anerkannt.

Im deutschen VVG fehlt auch nach der Reform von 2008 eine entsprechende Klarstellung. Die hM geht aber zu Recht davon aus, dass allgemeine Gefahrerhöhungen beachtlich sind.[38] Für diese Auffassung spricht, dass das Institut der Gefahrerhöhung eben nicht nur den Zweck hat, dem Versicherungsnehmer bestimmte Obliegenheiten aufzugeben und deren etwaige Verletzung zu sanktionieren. Die §§ 23 ff. VVG zielen vielmehr primär darauf ab, den Versicherer vor Störungen des Äquivalenzverhältnisses von Risiko und Prämie zu schützen.[39] Insoweit gilt somit das Gleiche wie bei § 313 Abs. 1 BGB. Die Anzeigeobliegenheit ist dementsprechend keine Voraussetzung, sondern bloße Rechtsfolge der (objektiven) Gefahrerhöhung.[40] Richtig ist allerdings, dass diese Obliegenheit bei allgemein bekannten Umständen nicht sinnvoll ist.[41] Insofern könnte man daher an eine teleologische Reduktion denken. Hat der Versicherungsnehmer eine allgemein bekannte Gefahrerhöhung nicht angezeigt, so kann dies allerdings ohnehin nicht zur Leistungs-

---

[34] *Reusch* in Langheid/Wandt, VVG, 2. Aufl. 2016, § 23 Rn. 77.

[35] Vgl. RGZ 103, 328 (333); *Looschelders,* Schuldrecht Allgemeiner Teil, 19. Aufl. 2021, § 37 Rn. 3.

[36] *Teschabai-Oglu* ZVersWiss 100 (2011), 769 (771).

[37] So etwa *Suppes* VersR 1977, 396; zweifelnd *Möller* in Bruck/Möller, VVG, 8. Aufl. 1961, § 23 Anm. 8.

[38] *Matusche-Beckmann* in Bruck/Möller, VVG, 9. Aufl. 2008, § 23 Rn. 40; *Teschabai-Oglu* ZVersWiss 100 (2011), 769 (771 ff.); *Werber* VersR 1976, 897 ff.

[39] *Teschabai-Oglu* ZVersWiss 100 (2011), 769 (772).

[40] Ähnlich *Werber* VersR 1976, 897 (899).

[41] Krit. *Loacker* in Schwintowski/Brömmelmeyer/Ebers, VVG, 4. Aufl. 2022, § 23 Rn. 115; *Loacker* VersR 2008, 1285 (1286).

freiheit des Versicherers führen, weil diesem die maßgeblichen Umstände ebenfalls bekannt sind (§ 26 Abs. 2 S. 1 letzter Hs. VVG).

Auch allgemeine Gefahrerhöhungen sind freilich nur relevant, wenn sie die Merkmale der Gefahrerhöhung erfüllen und weder unerheblich noch mitversichert sind.[42] So kann eine Gesetzesänderung, die zu einer Haftungsverschärfung führt, in der Haftpflichtversicherung als Gefahrerhöhung angesehen werden.[43] Ziff. 3.2. AHB sieht zwar vor, dass solche Änderungen mitversichert sind; der Versicherer kann den Vertrag aber nach Ziff. 21 AHB kündigen. Dass eine Gesetzesänderung eine Störung der Geschäftsgrundlage herbeiführen kann, ist ebenfalls anerkannt.[44]

ee) Subjektive Gefahrerhöhung durch Unterlassen

Eine spezifische versicherungsrechtliche Diskussion kreist um die Frage, ob eine subjektive Gefahrerhöhung nach § 23 Abs. 1 VVG durch Unterlassen „vorgenommen" werden kann. Die hM verneint diese Möglichkeit.[45] Demgegenüber vertritt *Langheid*[46] im Einklang mit einigen anderen Autoren[47] die Auffassung, dass eine subjektive Gefahrerhöhung auch durch Unterlassen erfolgen kann. Ist die Gefahrerhöhung ohne den Willen des Versicherungsnehmers eingetreten, so soll eine subjektive Gefahrerhöhung durch Unterlassen aber erst dann in Betracht kommen, wenn der Versicherungsnehmer den gefahrerhöhenden Umstand kannte und ausreichend Zeit und Gelegenheit hatte, ihn durch geeignete und wirtschaftlich zumutbare Maßnahmen zu beseitigen.

Für die hM spricht die Überlegung, dass § 23 VVG klar zwischen der subjektiven und der objektiven Gefahrerhöhung unterscheidet. Ist die Gefahrerhöhung ohne den Willen des Versicherungsnehmers eingetreten, so trifft ihn nach § 23 Abs. 3 VVG lediglich eine Anzeigeobliegenheit. Eine Pflicht oder Obliegenheit des Versicherungsnehmers zur Beseitigung des gefahrerhöhenden Umstands ist dagegen nicht vorgesehen.[48] Weitergehende Obliegenheiten können daher nur durch vertragliche Vereinbarung begründet werden.[49] Fehlt eine solche Vereinbarung, so bleibt es bei dem Grundsatz, dass ein Unterlassen nur bei Vorliegen einer Pflicht (oder Obliegenheit) zum Handeln relevant sein kann.

---

[42] Zur parallelen Rechtslage in Österreich trotz § 27 Abs. 3 VersVG *Kath* in Fenyves/Perner/Riedler, VersVG, 5. Lfg. 2020, §§ 27–28 Rn. 9.

[43] *Langheid* in Langheid/Rixecker, VVG, 6. Aufl. 2019, § 23 Rn. 77; *Looschelders* in Looschelders/Pohlmann, VVG, 3. Aufl. 2016, § 23 Rn. 9.

[44] Vgl. *Finkenauer* in MüKoBGB, 8. Aufl. 2019, § 313 Rn. 232ff.

[45] BGH VersR 1987, 653; BGHZ 79, 156, 161 = VersR 1981, 245; KG VersR 2021, 1031 (1037) mAnm *Langheid;* OLG Köln r+s 2000, 207 (208); *Matusche-Beckmann* in Bruck/Möller, VVG, 9. Aufl. 2008, § 23 Rn. 24; *Looschelders* in Looschelders/Pohlmann, VVG, 3. Aufl. 2016, § 23 Rn. 24ff.

[46] *Langheid* in Langheid/Rixecker, VVG, 6. Aufl. 2019, § 23 Rn. 30ff.; *Langheid* NJW 1991, 268 (271); *Langheid* NJW 1992, 656 (659f.); *Langheid* VersR 2021, 1040 (1041).

[47] *Martin,* Sachversicherungsrecht, 3. Aufl. 1992, N III Rn. 4, 8ff.; *Martin* VersR 1988, 209ff.; *Wandt,* Versicherungsrecht, 6. Aufl. 2016, Rn. 872.

[48] BGH VersR 1987, 653; KG VersR 2021, 1031 (1037); *Reusch* in Langheid/Wandt, VVG, 2. Aufl. 2016, § 23 Rn. 64.

[49] *Looschelders* in Looschelders/Pohlmann, VVG, 3. Aufl. 2016, § 23 Rn. 25.

Die hM steht freilich vor dem Problem, dass eine Abgrenzung von positivem Tun und Unterlassen nicht immer stringent möglich ist. Dies macht eine aktuelle Entscheidung des Berliner Kammergerichts zur Gefahrerhöhung bei der Ausstellungsversicherung deutlich.[50] Im konkreten Fall hatte die Versicherungsnehmerin die elektronische Öffnungsüberwachung der Fenster eines Museums für ein Fenster deaktiviert, weil Schließdefekte dieses Fensters Fehlalarme ausgelöst hatten. Anschließend hatte der Versicherungsnehmer es über einen längeren Zeitraum unterlassen, das defekte Fenster reparieren zu lassen. Hierdurch wurden der unbemerkte Einbruch in das Museum und die Entwendung einer 100 kg schweren Goldmünze (Versicherungswert 4,2 Mio. EUR) ermöglicht. Das Kammergericht hat die Ursache der Gefahrerhöhung in dem unabhängig vom Willen der Versicherungsnehmerin eingetretenen Defekt des Fensters gesehen und damit eine objektive Gefahrerhöhung angenommen. Stellt man dagegen mit dem Jubilar (auch) auf die anschließende Deaktivierung der Öffnungssicherung ab, so liegt eine subjektive Gefahrerhöhung durch positives Tun nach § 23 Abs. 1 VVG vor.[51] Solche Grenzfälle sprechen jedoch nicht gegen den Ansatz der hM als solchen, sondern zeigen lediglich die Notwendigkeit einer wertenden Betrachtung im Einzelfall.[52]

b) *Schaffung eines Dauerzustands*

Der Begriff der Gefahrerhöhung setzt weiter voraus, dass die erhöhte Gefahrenlage sich in einem gewissen Dauerzustand verfestigt hat. Eine einmalige kurzzeitige Risikoerhöhung (zB Trunkenheitsfahrt) reicht nicht aus.[53] Das Erfordernis eines Dauerzustands beruht ebenfalls auf spezifisch versicherungsrechtlichen Erwägungen. Dabei geht es zum einen darum, dass die Anzeigeobliegenheit des Versicherungsnehmers und das Recht des Versicherers zur Vertragsanpassung auf kurzzeitige Änderungen der Risikolage nicht passen. Im Hinblick auf die Rechtsfolge der Leistungsfreiheit soll verhindert werden, dass die für den Versicherungsnehmer günstigeren Regelungen über die Herbeiführung des Versicherungsfalls (§§ 81, 103 VVG) durch Anwendung des § 26 VVG unterlaufen werden. Parallelen zu § 313 Abs. 1 BGB lassen sich insoweit nicht feststellen. Allerdings dürften kurzzeitige Änderungen bei Dauerschuldverhältnissen regelmäßig nicht so schwer wiegen, dass der benachteiligten Partei das Festhalten am unveränderten Vertrag nach § 313 Abs. 1 BGB unzumutbar wäre. Im Übrigen wird auch im Versicherungsvertragsrecht nicht immer klar zwischen dem Erfordernis des Dauerzustands als Element der Gefahrerhöhung und der (quantitativen) Unerheblichkeit iSd § 29 S. 1 VVG aF (§ 27 Alt. 1 VVG) differenziert.[54]

---

[50] KG VersR 2021, 1031 mAnm *Langheid*.

[51] So *Langheid* VersR 2021, 1040 (1042).

[52] Allg. dazu *Reusch* in Langheid/Wandt, VVG, 2. Aufl. 2016, § 23 Rn. 71.

[53] Vgl. statt aller BGH VersR 2010, 1032; BGHZ 7, 311 (317 ff.) = NJW 1952, 1291 (1292 ff.); *Langheid* in Langheid/Rixecker, VVG, 6. Aufl 2019, § 23 Rn. 26 ff.

[54] Vgl. BGH VersR 1992, 606 (607); OLG Köln VersR 2001, 580 (581); *Möller* in Bruck/Möller, VVG, 8. Aufl. 1961, § 29 Anm. 6; krit. dazu *Looschelders* in Looschelders/Pohlmann, VVG, 3. Aufl. 2016, § 27 Rn. 5; *Matusche-Beckmann* in Bruck/Möller, VVG, 9. Aufl. 2008, § 27 Rn. 4.

c) Erheblichkeit der Gefahrerhöhung

§ 27 Alt. 1 VVG stellt klar, dass die § 23–26 VVG auf eine nur unerhebliche Gefahrerhöhung nicht anzuwenden sind. Parallel dazu setzt § 313 Abs. 1 BGB eine schwerwiegende Veränderung der Umstände voraus, die zur Grundlage des Vertrags geworden sind. Beide Kriterien beruhen auf der Erwägung, dass nicht jede noch so geringfügige Änderung der bei Vertragsschluss vorausgesetzten Umstände die Rechtsfolgen der Gefahrerhöhung bzw. des Wegfalls der Geschäftsgrundlage auslösen kann. Der Versicherer bzw. die Parteien müssen vielmehr ein gewisses Änderungsrisiko tragen.[55]

Welche Änderung der Gefahrenlage als erheblich anzusehen ist, hängt nicht nur von quantitativen Kriterien hinsichtlich der Wahrscheinlichkeit des Eintritts des Versicherungsfalls ab. Normativer Maßstab ist vielmehr die Frage, ob die Änderung der Gefahrenlage dem Versicherer vernünftigerweise Anlass geben kann, das Versicherungsverhältnis zu kündigen oder den Vertrag nur gegen erhöhte Prämien oder mit sonstigen Vertragsänderungen fortzusetzen.[56] Teilweise wird auch darauf abgestellt, ob der Versicherer den Vertrag nicht oder jedenfalls nicht zu der vereinbarten Prämie geschlossen hätte.[57] Parallel dazu wird eine schwerwiegende Veränderung bei § 313 Abs. 1 BGB bejaht, wenn der betreffende Umstand so bedeutsam ist, dass zumindest eine Partei den Vertrag nicht oder nicht zu den vereinbarten Konditionen abgeschlossen hätte, wenn sie die Veränderung vorausgesehen hätte.[58] Die Erheblichkeit muss dabei in beiden Bereichen speziell für den jeweiligen Vertrag beurteilt werden.[59]

d) Keine mitversicherte Gefahrerhöhung

aa) Dogmatische Einordnung

Besondere Schwierigkeiten bereitet in der Praxis nicht selten die Frage, ob nach den Umständen als vereinbart anzusehen ist, dass die Gefahrerhöhung mitversichert sein soll. In den Kategorien des § 313 Abs. 1 BGB geht es dabei um die Frage der Risikoverteilung. Neben den vertraglichen Vereinbarungen ist auch die geschäftstypische Risikoverteilung zu berücksichtigen.[60] Dieser Ansatz erweist sich auch bei der Ausgrenzung von mitversicherten Gefahrerhöhungen als tragfähig. Im Ausgangspunkt handelt es sich um ein Auslegungsproblem, das auf der Grundlage aller Umstände des Einzelfalls gelöst werden muss.[61] Soweit keine vertragliche Verein-

---

[55] Zur Gefahrerhöhung *Reusch* in Langheid/Wandt, VVG, 2. Aufl. 2016, § 23 Rn. 29; zur Störung der Geschäftsgrundlage *Finkenauer* in MüKoBGB, 8. Aufl. 2019, § 313 Rn. 58.

[56] BGH VersR 1983, 284 (285); *Armbrüster* in Prölss/Martin, VVG, 31. Aufl. 2021, § 23 Rn. 25; *Matusche-Beckmann* in Bruck/Möller, VVG, 9. Aufl. 2008, § 27 Rn. 3.

[57] BGH VersR 2012, 1300 Rn. 11; 2010, 1032 Rn. 16; *Armbrüster* in Prölss/Martin, VVG, 31. Aufl. 2021, § 23 Rn. 25; krit. *Langheid* in Langheid/Rixecker, VVG, 6. Aufl. 2019, § 23 Rn. 16.

[58] *Finkenauer* in MüKoBGB, 8. Aufl. 2019, § 313 Rn. 58.

[59] Zu § 313 BGB *Martens* in BeckOGK, 1.10.2021, BGB § 313 Rn. 108.

[60] Zur Bedeutung der geschäftstypischen Risikoverteilung vgl. *Finkenauer* in MüKoBGB, 8. Aufl. 2019, § 313 Rn. 68ff.

[61] Vgl. *Looschelders* in Looschelders/Pohlmann, VVG, 3. Aufl. 2016, § 23 Rn. 7; *Matusche-Beckmann* in Bruck/Möller, VVG, 9. Aufl. 2008, § 27 Rn. 6; *Loacker* in Schwintowski/Brömmelmeyer/Ebers, VVG, 4. Aufl. 2022, § 27 Rn. 4.

barung vorliegt, entspricht der Rückgriff auf die geschäftstypische Risikoverteilung den Grundsätzen der ergänzenden Auslegung (§ 157 BGB). Wichtige Kriterien sind der Zweck des Vertrags, der Grundsatz von Treu und Glauben, die allgemeinen Geschäftssitten und Gepflogenheiten in der jeweiligen Branche sowie die berechtigten Erwartungen und Interessen der Parteien.[62] Dabei ist insbesondere darauf zu achten, dass der Versicherungsschutz nicht entgegen dem Zweck des Vertrages ausgehöhlt wird.

Die dogmatische Einordnung des § 27 Alt. 2 VVG als Auslegungsproblem ist allerdings umstritten. So wird in der Literatur teilweise die Auffassung vertreten, es handele sich in diesen Fällen nicht um ein Auslegungsproblem, sondern um eine vom konkreten Parteiwillen losgelöste objektive Wertung.[63] Ein vergleichbarer Meinungsstreit lässt sich auch bei § 313 BGB feststellen. Für ein objektives Verständnis spricht, dass die Lehre von der Geschäftsgrundlage historisch bei § 242 BGB angesiedelt wurde.[64] In der neueren Literatur werden dagegen die strukturellen Gemeinsamkeiten zwischen § 313 BGB und der ergänzenden Vertragsauslegung bei der Prüfung einer Grundlagenstörung betont.[65] Die Rechtsfolgen des § 313 BGB – Vertragsanpassung oder Kündigung – gehen dagegen deutlich über die Grundsätze der ergänzenden Vertragsauslegung hinaus.[66] Entsprechendes gilt auch im Hinblick auf die Rechtsfolgen der Gefahrerhöhung. Im Ergebnis ist damit festzustellen, dass die Parallele zu § 313 Abs. 1 BGB keine eindeutige dogmatische Einordnung des § 27 Alt. 2 VVG ermöglicht.

Bei der praktischen Rechtsanwendung wirkt sich der Meinungsstreit allerdings kaum aus, weil über die maßgeblichen Kriterien weitgehend Einigkeit besteht. Dies beruht nicht zuletzt darauf, dass auch die ergänzende Auslegung von einem normativen Maßstab ausgeht, der das Ergebnis einer rechtlichen Interessenabwägung und -würdigung widerspiegelt.[67] Unterschiede ergeben sich allerdings bei Vorliegen einer ausdrücklichen Vereinbarung, dass eine bestimmte Erhöhung nicht mitversichert ist. Bei objektiver Betrachtung ist es auch in diesem Fall nicht ausgeschlossen, eine Mitversicherung anzunehmen.[68] Nach der hier vertretenen Auffassung hat der Parteiwille dagegen Vorrang.

bb) Vorhersehbarkeit der Änderung

Im Zusammenhang mit der Risikozuweisung wird bei § 313 Abs. 1 BGB häufig darauf hingewiesen, dass die Vorhersehbarkeit der Veränderung der Beachtlichkeit einer Grundlagenstörung grundsätzlich entgegensteht.[69] Dahinter steht die Er-

[62] Vgl. *Looschelders/Weckmann* VersR 2010, 1446 (1447).

[63] *Armbrüster* in Prölss/Martin, VVG, 31. Aufl. 2021, § 27 Rn. 2; *Harrer* in Berliner Kommentar zum VVG, 1999, § 29 Rn. 3; zu § 29 S. 2 VersVG *Kath* in Fenyves/Perner/Riedler, VersVG, 5. Lfg. 2020, § 29 Rn. 14.

[64] Vgl. *Finkenauer* in MüKoBGB, 8. Aufl. 2019, § 313 Rn. 41.

[65] So *Finkenauer* in MüKoBGB, 8. Aufl. 2019, § 313 Rn. 46; *Finkenauer* AcP 213 (2013), 619 (644 f.); *Martens* in BeckOGK, 1.10.2021, BGB § 313 Rn. 6 ff., 171 ff.

[66] Vgl. *Looschelders* in NK-BGB, 4. Aufl. 2021, § 157 Rn. 7.

[67] *Looschelders* in NK-BGB, 4. Aufl. 2021, § 157 Rn. 23.

[68] So jedenfalls *Armbrüster* in Prölss/Martin, VVG, 31. Aufl. 2021, § 27 Rn. 2.

[69] Vgl. *Stadler* in Jauernig, BGB, 18. Aufl. 2021, § 313 Rn. 24; *Finkenauer* in MüKoBGB, 8. Aufl. 2019, § 313 Rn. 74; *Martens* in BeckOGK, 1.10.2021, BGB § 313 Rn. 105 ff.

wägung, dass die Parteien in diesem Fall bei Vertragsschluss Vorkehrungen treffen können, um den Auswirkungen der Veränderung Rechnung zu tragen.[70]

In der versicherungsrechtlichen Literatur wird ebenfalls die Auffassung vertreten, dass die Annahme einer relevanten Gefahrerhöhung ausgeschlossen sei, wenn die Änderung der gefahrerheblichen Umstände für den Versicherer vorhersehbar war. In diesem Fall sei es dem Versicherer nämlich möglich gewesen, die infrage stehende Entwicklung bei der Prämienkalkulation zu berücksichtigen.[71] Die Bedeutung dieser Erwägung wird jedoch dadurch relativiert, dass den §§ 23ff. VVG auch eine Prämienoptimierungsfunktion zukommt.[72] Wäre der Versicherer gehalten, sämtliche vorhersehbaren Änderungen von gefahrerheblichen Umständen in die Prämienkalkulation einzubeziehen, so müsste er die Prämien für die Versicherung typischer Risiken deutlich erhöhen. Eine solche Erhöhung widerspräche aber den Interessen des durchschnittlichen Versicherungsnehmers.[73]

Entsprechende Einschränkungen des Vorhersehbarkeitskriteriums kommen freilich auch bei § 313 Abs. 1 BGB in Betracht. Da (fast) alle Gefahren irgendwie vorhersehbar sind, soll es vom jeweiligen Vertragstyp abhängen, welche Gefahren beim Vertragsschluss von den Parteien vernünftigerweise in Betracht gezogen werden müssen.[74] Sowohl bei der Gefahrerhöhung als auch bei der Grundlagenstörung erfordert die Bestimmung der Vorhersehbarkeit also eine wertende Betrachtung.

e) Unzumutbarkeit des Festhaltens am unveränderten Vertrag

Im Rahmen von § 313 Abs. 1 BGB stellt die Unzumutbarkeit des Festhaltens am unveränderten Vertrag nach ganz hM eine eigenständige Tatbestandsvoraussetzung dar.[75] Nach der Rechtsprechung des BGH bringt dieses Erfordernis zum Ausdruck, dass nicht jede einschneidende Veränderung der bei Vertragsschluss bestehenden oder gemeinsam erwarteten Verhältnisse eine Vertragsanpassung rechtfertigt. Erforderlich sei vielmehr, dass das Festhalten an der vereinbarten Regelung für die betroffene Partei zu einem nicht mehr tragbaren Ergebnis führt.[76] Ob diese Voraussetzung vorliegt, wird auf der Grundlage einer umfassenden Abwägung aller Umstände des Einzelfalls unter Berücksichtigung der vertraglichen und gesetzlichen Risikoverteilung beurteilt.[77]

Die Vorschriften über die Gefahrerhöhung im Versicherungsvertragsrecht beruhen ebenfalls auf dem Gedanken, dass „dem Versicherer nicht zugemutet werden [kann], die von ihm übernommene Haftung auch unter den geänderten Verhältnis-

---

[70] *Finkenauer* in MüKoBGB, 8. Aufl. 2019, § 313 Rn. 74.

[71] So *Matusche-Beckmann* in Bruck/Möller, VVG, 9. Aufl. 2008, § 23 Rn. 17.

[72] Eingehend dazu *Reusch* in Langheid/Wandt, VVG, 2. Aufl. 2016, § 23 Rn. 3, 30.

[73] So schon Motive zum VVG 1908, Nachdruck 1963, S. 102.

[74] *Martens* in BeckOGK, 1.10.2021, BGB § 313 Rn. 107.

[75] Vgl. BGH NJW 2015, 1014 Rn. 20; 2012, 1718 Rn. 30; *Grüneberg* in Palandt, BGB, 80. Aufl. 2021, § 313 Rn. 24; *Finkenauer* in MüKoBGB, 8. Aufl. 2019, § 313 Rn. 76ff.; *Stadler* in Jauernig, BGB, 18. Aufl. 2021, § 313 Rn. 23; aA *Martens* in BeckOGK, 1.10.2021, BGB § 313 Rn. 118ff.

[76] BGH NJW 2012, 1718 Rn. 30.

[77] Vgl. BGH NJW-RR 2020, 523 Rn. 23; *Grüneberg* in Palandt, BGB, 80. Aufl. 2021, § 313 Rn. 24; *Looschelders,* Schuldrecht Allgemeiner Teil, 19. Aufl. 2021, § 30 Rn. 14f.

sen einfach weiter zu tragen."[78] Ob dem Versicherer das Festhalten am unveränderten Vertrag im Einzelfall zugemutet werden kann, bildet nach den §§ 23 ff. VVG jedoch keine eigenständige tatbestandliche Voraussetzung für die Kündigung oder die Vertragsanpassung. Es reicht vielmehr das Vorliegen einer rechtlich relevanten Gefahrerhöhung.

Die Notwendigkeit einer eigenständigen Prüfung der Unzumutbarkeit des Festhaltens am unveränderten Vertrag bei § 313 Abs. 1 BGB beruht auf dem Gedanken, dass eine Störung der Geschäftsgrundlage im Hinblick auf den *pacta sunt servanda*-Grundsatz nur in Ausnahmefällen eine Anpassung oder Auflösung des Vertrags rechtfertigen kann.[79] Das Vorliegen einer Grundlagenstörung reicht daher für sich genommen nicht aus. Im Versicherungsvertragsrecht ist dem Versicherer das Festhalten am unveränderten Vertrag bei Vorliegen einer Gefahrerhöhung dagegen per se nicht zumutbar. Eine gesonderte Prüfung der Unzumutbarkeit ist daher nicht erforderlich. Bei genauerer Betrachtung zeigt sich allerdings, dass die erforderliche Interessenabwägung im Versicherungsvertragsrecht schon bei der Feststellung einer relevanten Gefahrerhöhung vorgenommen wird. Anknüpfungspunkte sind die Erheblichkeit der Gefahrerhöhung sowie die Frage, ob die Veränderung nach den Umständen mitversichert ist. Ist die Gefahrerhöhung unerheblich oder mitversichert, so muss der Versicherer sich am unveränderten Vertrag festhalten lassen.

III. *Rechtsfolgen*

Bei der Würdigung der Rechtsfolgen der Gefahrerhöhung ist danach zu unterscheiden, ob die einzelnen Rechte des Versicherers der Wiederherstellung bzw. Wahrung der Äquivalenz von Risiko und Prämie oder der Sanktionierung von Obliegenheitsverletzungen des Versicherungsnehmers dienen. Nur im ersten Fall besteht eine strukturelle Vergleichbarkeit mit Störungen der Geschäftsgrundlage. Einer genaueren Betrachtung bedürfen vor diesem Hintergrund das Kündigungsrecht nach § 24 VVG und das Vertragsanpassungsrecht nach § 25 VVG. Dies zeigt sich schon daran, dass die Störung der Geschäftsgrundlage nach § 313 BGB ebenfalls sowohl eine Vertragsanpassung als auch eine Auflösung des Vertragsverhältnisses durch Rücktritt oder Kündigung rechtfertigen kann. Eine mit der Leistungsfreiheit des Versicherers nach § 26 VVG vergleichbare Rechtsfolge ist in § 313 BGB dagegen nicht vorgesehen. Hierbei handelt es sich somit um eine spezifisch versicherungsrechtliche Regelung zur Sanktionierung von Obliegenheitsverletzungen.[80]

[78] Motive zum VVG 1908, Nachdruck 1963, S. 97.
[79] *Finkenauer* in MüKoBGB, 8. Aufl. 2019, § 313 Rn. 52, 76.
[80] *Marlow* in Marlow/Spuhl, Das Neue VVG kompakt, 4. Aufl. 2010, Rn. 252.

1. *Kündigung des Versicherungsvertrags*

Das Kündigungsrecht des Versicherungsnehmers nach § 24 VVG wird im Allgemeinen als Mittel zur Wahrung des Äquivalenzverhältnisses von Risiko und Prämie verstanden.[81] Bei genauerer Betrachtung erscheint es jedoch geboten, zwischen § 24 Abs. 1 und Abs. 2 VVG zu unterscheiden.

a) Kündigungsrecht nach § 24 Abs. 1 VVG

Das Kündigungsrecht des Versicherers nach § 24 Abs. 1 VVG knüpft an die Verletzung der sog. Gefahrstandspflicht des Versicherungsnehmers aus § 23 Abs. 1 VVG an. Dies spricht dafür, dass die Kündigung hier auch der Sanktionierung einer Obliegenheitsverletzung des Versicherungsnehmers dient. § 24 Abs. 1 S. 1 VVG fügt sich dabei nahtlos in das System der Rechtsfolgen von Obliegenheitsverletzungen ein. Denn eine Obliegenheitsverletzung löst nach allgemeinen Grundsätzen nur bei Vorsatz oder grober Fahrlässigkeit Rechtsnachteile für den Versicherungsnehmer aus. Die Sanktion besteht wie bei § 28 Abs. 1 VVG darin, dass der Versicherer den Vertrag ohne Einhaltung einer Frist kündigen kann. Für den Versicherer hat der Wegfall der Kündigungsfrist den Vorteil, dass er die Gefahrtragung mit sofortiger Wirkung beenden kann. Der Versicherungsnehmer verliert dadurch die Möglichkeit, sich nahtlos anderen Versicherungsschutz zu verschaffen. Dieser Rechtsnachteil wird aber durch das grobe Verschulden des Versicherungsnehmers gerechtfertigt.

Systemwidrig erscheint auf den ersten Blick allerdings, dass der Versicherer den Vertrag nach § 24 Abs. 1 S. 2 VVG auch bei einfacher Fahrlässigkeit des Versicherungsnehmers kündigen kann. Die Gesetzesbegründung zum VVG 2008 weist darauf hin, dass „ein Verzicht auf eine Sanktion bei einfacher Fahrlässigkeit hier nicht gerechtfertigt [sei], da es sich bei der Gefahrerhöhung um einen den Versicherer auch in Zukunft belastenden Dauerverstoß handelt".[82] Das Kündigungsrecht nach § 24 Abs. 1 S. 2 VVG knüpft damit zwar an die schuldhafte Verletzung einer Obliegenheit an; es rechtfertigt sich aber letztlich aus dem Interesse des Versicherers an der Wahrung des Äquivalenzverhältnisses. Dass es letztlich nicht um die Sanktionierung einer Obliegenheitsverletzung geht, zeigt sich auf der Rechtsfolgenseite des § 24 Abs. 1 S. 2 VVG daran, dass der Versicherer den Vertrag nur unter Einhaltung einer Frist von einem Monat kündigen kann.

Hat der Versicherungsnehmer die Gefahrstandspflicht nach § 23 Abs. 1 VVG schuldlos verletzt, so lässt sich das Kündigungsrecht des Versicherers nicht auf § 24 Abs. 1 VVG stützen.[83] Dies ist insofern problematisch, als das Interesse des Versicherers an der Wahrung des Äquivalenzverhältnisses unabhängig von einem Verschulden des Versicherungsnehmers schutzwürdig ist.[84] So kommt es auch für das Kündigungsrecht bei Dauerschuldverhältnissen wegen Störung der Geschäftsgrundlage (§ 313 Abs. 3 S. 2 VVG) naturgemäß nicht auf ein Verschulden der durch die Stö-

---

[81] Vgl. *Marlow* in Marlow/Spuhl, Das Neue VVG kompakt, 4. Aufl. 2010, Rn. 252.
[82] Begr. RegE, BT-Drs. 16/3945, 67.
[83] *Langheid* in Langheid/Rixecker, VVG, 6. Aufl. 2019, § 24 Rn. 4.
[84] *Looschelders* in Looschelders/Pohlmann, VVG, 3. Aufl. 2016, § 24 Rn. 12.

rung begünstigten Partei an. Die insoweit bei der Gefahrerhöhung bestehende Lücke kann jedoch unter Rückgriff auf § 24 Abs. 2 VVG gefüllt werden.[85] Hat der Versicherungsnehmer eine Gefahrerhöhung vorgenommen, ohne dass ihm auch nur leichtes Verschulden zur Last fällt, so entspricht die Interessenlage derjenigen bei nachträglich erkannter subjektiver Gefahrerhöhung nach § 23 Abs. 2 VVG. Dem Versicherer steht daher ein Kündigungsrecht nach § 24 Abs. 2 VVG zu.[86]

b) Kündigungsrecht nach § 24 Abs. 2 VVG

Ob das Kündigungsrecht des Versicherers nach § 24 Abs. 2 VVG bei nachträglich erkannter subjektiver Gefahrerhöhung und objektiver Gefahrerhöhung (auch) der Wahrung des Äquivalenzverhältnisses oder allein der Sanktionierung einer Obliegenheitsverletzung dient, ist umstritten. Ein Teil der Literatur vertritt die Auffassung, dass § 24 Abs. 2 VVG an die Verletzung einer Anzeigeobliegenheit nach § 23 Abs. 2 oder 3 VVG anknüpft.[87] Das Kündigungsrecht wird damit in erster Linie als Sanktion für eine Obliegenheitsverletzung verstanden. Gegen diese Auffassung spricht jedoch, dass § 24 Abs. 2 VVG kein Verschulden voraussetzt. Die Sanktionierung von schuldlosen Obliegenheitsverletzungen würde aber den grundlegenden Wertungen des neuen VVG widersprechen. Davon abgesehen stellt sich die Rechtsfolge – Kündigung mit Frist von einem Monat – nicht als Sanktion für ein obliegenheitswidriges Verhalten dar. Aus teleologischer Sicht ist weiter zu beachten, dass der Versicherer nach der Gegenauffassung bei ordnungsgemäßer Anzeige auf Dauer einseitig mit der erhöhten Gefahrtragung belastet wäre. Dies widerspricht dem Sinn und Zweck der Vorschriften über die Gefahrerhöhung, den Versicherer bei einer Störung des Äquivalenzverhältnisses zu schützen. Davon abgesehen würde die Anzeige der Gefahrerhöhung dem Versicherer nicht nützen, wenn er darauf nicht mit Kündigung oder Vertragsanpassung reagieren könnte.[88] Schließlich zeigt der Vergleich mit § 313 Abs. 1 BGB, dass das Interesse an der Wahrung des Äquivalenzverhältnisses von Leistung und Gegenleistung unabhängig vom Vorliegen einer Pflicht- bzw. Obliegenheitsverletzung besteht. Die hM geht daher zu Recht davon aus, dass das Kündigungsrecht nach § 24 Abs. 2 VVG nur das objektive Vorliegen einer Gefahrerhöhung nach § 23 Abs. 2 oder Abs. 3 VVG voraussetzt.[89]

---

[85] Vgl. Begr. RegE, BT-Drs. 16/3945, 67.

[86] *Armbrüster* in Prölss/Martin, VVG, 31. Aufl. 2021, § 24 Rn. 5ff.; *Matusche-Beckmann* in Bruck/Möller, VVG, 9. Aufl. 2008, § 24 Rn. 5; *Looschelders* in Looschelders/Pohlmann, VVG, 3. Aufl. 2016, § 24 Rn. 12.

[87] So *Karczewski* in Rüffer/Halbach/Schimikowski, VVG, 4. Aufl. 2020, § 24 Rn. 4; *Staudinger/Ruks* in BeckOK VVG, 12. Ed. 9.8.2021, § 24 Rn. 17ff.; *Staudinger/Friesen* DAR 2014, 184ff.

[88] *Armbrüster* in Prölss/Martin, VVG, 31. Aufl. 2021, § 24 Rn. 10.

[89] Vgl. *Langheid* in Langheid/Rixecker, VVG, 6. Aufl. 2019, § 24 Rn. 5; *Looschelders* in Looschelders/Pohlmann, VVG, 3. Aufl. 2016, § 24 Rn. 13; *Reusch* in Langheid/Wandt, VVG, 2. Aufl. 2016, § 24 Rn. 13ff.; *Wandt,* Versicherungsrecht, 6. Aufl. 2016, Rn. 875; *Armbrüster* r+s 2013, 209 (214).

2. *Vertragsanpassung*

a) Allgemeines

Bei der VVG-Reform von 2008 ist die Parallele zwischen den Vorschriften über die Gefahrerhöhung und dem Institut der Störung der Geschäftsgrundlage dadurch verstärkt worden, dass § 25 VVG dem Versicherer anstelle der Kündigung gemäß § 24 VVG das Recht zur Vertragsanpassung einräumt.[90] Die Vertragsanpassung dient wie die Kündigung in erster Linie der Wahrung bzw. Wiederherstellung der Äquivalenz von versichertem Risiko und Prämie. Diese Äquivalenz kann durch eine den Geschäftsgrundsätzen des Versicherers entsprechende Prämienerhöhung oder durch den Ausschluss der Absicherung der höheren Gefahr hergestellt werden. Entscheidet der Versicherer sich für die nachträgliche Einfügung eines Risikoausschlusses, nachdem der Versicherungsfall bereits eingetreten ist, so kann dadurch vollständige Leistungsfreiheit eintreten. Diese Rechtsfolge geht jedoch über das Ziel der Vertragsanpassung hinaus, die Äquivalenz von Risiko und Prämie wiederherzustellen. Vorzugswürdig ist daher die Auffassung, dass die Leistungsfreiheit für bereits eingetretene Versicherungsfälle ausschließlich nach den strengeren, auf die Sanktionierung schuldhafter Obliegenheitsverletzungen zugeschnittenen Voraussetzungen des § 26 VVG zu beurteilen ist.[91]

Ein wesentlicher Unterschied zwischen den §§ 24, 25 VVG und den Regeln über die Störung der Geschäftsgrundlage (§ 313 Abs. 3 BGB) besteht darin, dass die Kündigung nicht als subsidiäres Recht des Versicherers ausgestaltet ist, das nur dann eingreift, wenn eine Vertragsanpassung nicht möglich oder für einen Teil nicht zumutbar ist. Bei einer Störung der Geschäftsgrundlage geht der Gesetzgeber somit davon aus, dass das Vertragsverhältnis möglichst aufrechterhalten bleiben soll.[92] Bei nicht vorsätzlicher Verletzung der vorvertraglichen Anzeigepflicht sieht § 19 Abs. 4 VVG ebenfalls einen Vorrang der Vertragsanpassung gegenüber der Vertragsauflösung vor. Der Gesetzgeber will damit im Interesse des Versicherungsnehmers vermeiden, dass der Vertrag aufgehoben wird, ohne dass dies durch berechtigte Interessen des Versicherungsnehmers geboten ist.[93]

Im Fall der Gefahrerhöhung steht dem Versicherer dagegen ein Wahlrecht zu, statt der Kündigung eine erhöhte Prämie zu verlangen oder die Absicherung der höheren Gefahr auszuschließen.[94] Die damit verbundene Begünstigung des Versicherers ist vor dem Hintergrund zu sehen, dass das Kündigungsrecht im Fall der Gefahrerhöhung bereits nach altem Recht bestand. Der Gesetzgeber wollte dieses Recht offenbar nicht einschränken, sondern dem Versicherer nur die zusätzliche

---

[90] Vgl. *Loacker* in Schwintowski/Brömmelmeyer/Ebers, VVG, 4. Aufl. 2022, § 23 Rn. 4; *Reusch* in Langheid/Wandt, VVG, 2. Aufl. 2016, § 23 Rn. 3.

[91] So auch *Langheid* in Langheid/Rixecker, VVG, 6. Aufl. 2019, § 25 Rn. 6; *Armbrüster* in Prölss/Martin, VVG, 31. Aufl. 2021, § 25 Rn. 8; *Looschelders* in Looschelders/Pohlmann, VVG, 3. Aufl. 2016, § 25 Rn. 6.

[92] *Martens* in BeckOGK, 1.10.2021, BGB § 313 Rn. 144.

[93] *Looschelders* in Looschelders/Pohlmann, VVG, 3. Aufl. 2016, § 19 Rn. 66.

[94] Begr. RegE, BT-Drs. 16/3945, 68; *Langheid* in Langheid/Rixecker, VVG, 6. Aufl. 2019, § 25 Rn. 1; *Looschelders* in Looschelders/Pohlmann, VVG, 3. Aufl. 2016, § 25 Rn. 1.

Möglichkeit geben, sich für eine Fortsetzung des Vertrages zu geänderten Konditionen zu entscheiden, sofern diese Möglichkeit seinen Interessen besser entspricht. Den Interessen des Versicherungsnehmers wird durch das Kündigungsrecht nach § 25 Abs. 2 VVG Rechnung getragen.[95] Vor dem Hintergrund des § 313 BGB erscheint diese Konzeption allerdings nicht zwingend.

b) Besonderheiten bei der laufenden Versicherung

Bei der laufenden Versicherung besteht die Besonderheit, dass eine Kündigung des Vertrags nach § 24 VVG gemäß § 57 Abs. 3 VVG ausgeschlossen ist. Da § 25 Abs. 1 VVG für die Vertragsanpassung an das Kündigungsrecht des Versicherers nach § 24 VVG anknüpft („an Stelle einer Kündigung"), wird in der Literatur die Auffassung vertreten, dass bei der laufenden Versicherung auch die Vertragsanpassung wegen einer Gefahrerhöhung ausgeschlossen sei.[96] Dieser Auffassung ist jedoch entgegenzuhalten, dass § 57 Abs. 3 VVG ausdrücklich nur das Kündigungsrecht nach § 24 VVG ausschließt. Die Bezugnahme auf das Kündigungsrecht in § 25 Abs. 1 VVG soll dagegen nur deutlich machen, dass eine Vertragsanpassung nur dann zulässig ist, wenn die Voraussetzungen für eine Kündigung nach § 24 VVG vorliegen.[97] Der Ausschluss des Kündigungsrechts durch § 57 Abs. 3 VVG beruht auf der Erwägung, dass das Interesse des Versicherungsnehmers am Fortbestand des Versicherungsschutzes bei der laufenden Versicherung besonders schutzwürdig ist.[98] Dies ändert jedoch nichts daran, dass der Äquivalenz von Prämie und versichertem Risiko gerade auch bei der laufenden Versicherung große Bedeutung zukommt.[99] Im Übrigen wäre die Obliegenheit des Versicherungsnehmers zur Anzeige der Gefahrerhöhung nach § 57 Abs. 1 VVG weitgehend funktionslos, wenn der Versicherer bei ordnungsgemäßer Anzeige keine Möglichkeit zur Wiederherstellung des gestörten Äquivalenzverhältnisses hätte. Die Gefahrerhöhung würde damit bei der laufenden Versicherung ihre wichtigste Funktion verlieren. Vorzugswürdig ist daher die Auffassung, dass § 25 VVG auch bei der laufenden Versicherung anwendbar ist.[100]

3. Leistungsfreiheit des Versicherers

Als weitere Rechtsfolge sieht § 26 VVG die Leistungsfreiheit des Versicherers vor. Die Vorschrift dient nicht der Wahrung des Äquivalenzverhältnisses, sondern ausschließlich der Sanktionierung von Obliegenheitsverletzungen. Sie ist dementsprechend nach den allgemeinen Grundsätzen der Leistungsfreiheit bei Obliegenheits-

[95] *Looschelders* in Looschelders/Pohlmann, VVG, 3. Aufl. 2016, § 25 Rn. 1.

[96] So etwa *Reinhardt* in Langheid/Wandt, VVG, 2. Aufl. 2016, § 57 Rn. 19; *Rixecker* in Langheid/Rixecker, VVG, 6. Aufl. 2019, § 57 Rn. 3; *Maul-Odenwald,* Die Neuregelung der laufenden Versicherung im VVG 2008, 2017, S. 306 ff.; *Lüttringhaus/Genz* r+s 2020, 258 (262).

[97] *Armbrüster* in Prölss/Martin, VVG, 31. Aufl. 2021, § 57 Rn. 4; *Gesing/Looschelders* in Looschelders/Pohlmann, VVG, 3. Aufl. 2016, § 57 Rn. 13.

[98] Vgl. *Renger* in Bruck/Möller, VVG, 9. Aufl. 2010, § 57 Rn. 9.

[99] Näher dazu *Reinhard* in Langheid/Wandt, VVG, 2. Aufl. 2016, § 57 Rn. 19.

[100] So auch *Armbrüster* in Prölss/Martin, VVG, 31. Aufl. 2021, § 57 Rn. 4; *Looschelders* in Looschelders/Pohlmann, VVG, 3. Aufl. 2016, § 57 Rn. 13; *Langheid* FS Wälder, 2009, 119 (131 f.).

verletzungen ausgestaltet. Berührungspunkte zum Institut der Störung der Geschäftsgrundlage im allgemeinen Zivilrecht sind demgegenüber nicht ersichtlich.

IV. Gefahrerhöhung durch Pandemien

Im Zusammenhang mit der COVID-19-Pandemie wird in neuerer Zeit darüber diskutiert, ob und inwieweit der Ausbruch einer Pandemie im Versicherungsvertragsrecht als Gefahrerhöhung angesehen werden kann. Nach dem hier verfolgten Ansatz ist zunächst festzustellen, dass der Ausbruch einer Pandemie bei Dauerschuldverhältnissen durchaus zu einer Störung der Geschäftsgrundlage nach § 313 Abs. 1 VVG führen kann.[101] Erforderlich ist jedoch, dass die Folgen der Pandemie sich unmittelbar auf das konkrete Vertragsverhältnis auswirken.[102] Für vermietete oder verpachtete Gewerberäume enthält der mit Wirkung vom 31.12.2020 eingefügte Art. 240 § 7 EGBGB sogar die Vermutung, dass eine Störung der Geschäftsgrundlage vorliegt, wenn diese Räume infolge staatlicher Maßnahmen für den Betrieb des Mieters bzw. Pächters nicht oder nur mit erheblicher Einschränkung verwendbar sind. Auch in diesen Fällen muss aber jeweils sehr genau geprüft werden, ob der benachteiligten Partei das Festhalten am unveränderten Vertrag im Einzelfall unzumutbar ist.[103]

Aus versicherungsrechtlicher Sicht ist zu beachten, dass die Frage der Gefahrerhöhung erst relevant wird, wenn feststeht, dass für die durch den Ausbruch der COVID-19-Pandemie verursachten Schäden nach den jeweiligen AVB überhaupt Versicherungsschutz besteht. Diese Frage steht daher zu Recht im Vordergrund der aktuellen Diskussion – vor allem bei der Betriebsschließungsversicherung und der Veranstaltungsausfallversicherung.[104] Soweit der Versicherungsschutz dem Grundsatz nach zu bejahen ist, kommt ein Rückgriff auf die §§ 23ff. VVG prinzipiell in Betracht. Dass allgemeine (generelle) Gefahrerhöhungen die Rechtsfolgen der §§ 24ff. VVG auslösen können, wurde bereits dargelegt.[105] Bei allgemein bekannten Umständen wie dem Ausbruch einer Pandemie hat die Anzeigeobliegenheit aus § 23 Abs. 3 VVG zwar keinen Sinn; dies steht der Annahme einer rechtlich relevanten Gefahrerhöhung aber nicht entgegen. Unangemessene Ergebnisse werden dadurch vermieden, dass der Versicherer sich im Fall einer Nichtanzeige nach § 26 Abs. 2 S. 1 letzter Hs. VVG nicht auf Leistungsfreiheit berufen kann. Für die Kündigung nach § 24 Abs. 2 VVG und das hieran anknüpfende Recht des Versicherers zur Vertragsanpassung nach § 25 Abs. 1 VVG kommt es ohnehin nicht auf das Vorliegen einer Obliegenheitsverletzung des Versicherungsnehmers an.[106] Die ent-

---

[101] Vgl. *Martens* in BeckOGK, 1.10.2021, BGB § 313 Rn. 222ff.; *Schall* JZ 2020, 388 (390ff.).

[102] *Martens* in BeckOGK, 1.10.2021, § 313 Rn. 230.

[103] Vgl. einerseits (bejahend) OLG Dresden JA 2021, 512 (LS) mAnm *Looschelders;* andererseits (ablehnend) OLG Karlsruhe NZM 2021, 224; OLG München NZM 2021, 226; eingehend dazu jetzt BGH NZM 2022, 99 Rn. 53ff. mAnm *Kappus*.

[104] Zu den einzelnen Versicherungssparten *Günther/Piontek* r+s 2020, 242ff.; speziell zur Betriebsschließungsversicherung BGH BeckRS 2022, 533; *Notthoff* r+s 2020, 551ff.

[105] → II. 3. a) dd).

[106] → III. 1. b).

scheidende Frage ist somit, ob die sonstigen Voraussetzungen der Gefahrerhöhung gegeben sind.

Dass die COVID-19-Pandemie in Versicherungszweigen wie der Betriebsschließungsversicherung und der Veranstaltungsausfallversicherung zu einer erheblichen Erhöhung des versicherten Risikos geführt hat, die dem Versicherer vernünftigerweise Anlass geben kann, das Versicherungsverhältnis zu kündigen oder den Vertrag nur gegen erhöhte Prämien oder mit sonstigen Vertragsänderungen fortzusetzen, steht außer Frage. Entscheidend ist damit, ob die Mitversicherung dieser Gefahrerhöhung nach den Umständen als vereinbart anzusehen ist (§ 27 Alt. 2 VVG). Für die Annahme einer solchen Mitversicherung könnte man anführen, dass der Ausbruch einer Pandemie für sich genommen nicht unvorhersehbar und unkalkulierbar ist.[107] Dem lässt sich freilich entgegengehalten, dass die COVID-19-Pandemie ein einzigartiges Ereignis darstellt, das als solches nicht vorhersehbar war.[108] Ob eine Gefahrerhöhung als mitversichert anzusehen ist, kann letztlich jedoch nicht allein davon abhängen, ob sie für den Versicherer in irgendeiner Weise vorhersehbar war.[109] Erforderlich ist vielmehr eine wertende Betrachtung, bei der es maßgeblich darauf ankommt, ob der Versicherungsnehmer nach Sinn und Zweck der jeweiligen Versicherung von einer Mitversicherung dieses Risikos ausgehen durfte.

Legt man die AVB einer Betriebsschließungsversicherung im Einzelfall dahin aus, dass Schäden durch COVID-19 vom Versicherungsschutz umfasst sind, so verwirklicht sich in der coronabedingten Betriebsschließung gerade das versicherte Risiko. Die Annahme einer Gefahrerhöhung würde damit zu einer Aushöhlung des Versicherungsschutzes führen.[110] Diese Erwägung trifft auf die Veranstaltungsausfallversicherung nicht zu.[111] Man kann sich hier allerdings fragen, ob der Ausbruch der Pandemie mit dem Kausalereignis des Versicherungsfalls nicht derart zusammenfällt, dass für die Annahme einer Gefahrerhöhung kein Raum bleibt.[112] Hiergegen spricht jedoch, dass die Absage von Veranstaltungen nicht die einzige denkbare Reaktion auf den Ausbruch einer Pandemie darstellt.[113] Die Anwendbarkeit der §§ 23 ff. VVG widerspricht somit dem Begriff der Gefahrerhöhung. Soweit es sich bei der Veranstaltungsausfallversicherung um eine laufende Versicherung handelt, schließt § 57 Abs. 3 VVG lediglich die Kündigung nach § 24 VVG, nicht aber die Vertragsanpassung nach § 25 VVG aus.[114] Die praktische Bedeutung der vorstehenden Überlegungen bleibt gleichwohl gering, weil die

---

[107] Vgl. *Lüttringhaus/Genz* r+s 2020, 258 (259 ff.); von *Schreier* VersR 2020, 513 (519) offengelassen.

[108] So *Günther/Piontek* r+s 2020, 242 (246); *Günther* in Langheid, COVID-19, 2020, S. 75 (92 f.); ähnlich *Langheid* NVersZ 2002, 433 (435) zur Gefahrerhöhung durch die Terroranschläge vom 11.9.2001.

[109] → II. 3. d) bb).

[110] So auch *Notthoff* r+s 2020, 551 (553).

[111] Für Annahme einer Gefahrerhöhung daher *Seitz/Thiel* in Langheid, COVID-19, 2020, S. 99 (110 ff.); unter dem Aspekt der „Singularität" auch *Günther/Piontek* r+s 2020, 242 (246).

[112] So *Armbrüster* in Prölss/Martin, VVG, 31. Aufl. 2021, § 23 Rn. 90; zur parallelen Diskussion in Bezug auf die Terroranschläge vom 11.9.2001 *Beckmann* ZIP 2002, 1125 (1133).

[113] Vgl. *Langheid* NVersZ 2002, 433 (436) zu den Terroranschlägen vom 11.9.2001.

[114] *Schreier* VersR 2020, 513 (519); aA *Lüttringhaus/Genz* r+s 2020, 258 (263); → III. 2b).

meisten Ausfallversicherungen einen Risikoausschluss für Epidemien und Pandemien vorsehen.[115]

V. Fazit

Die vorstehenden Überlegungen haben die These bestätigt, dass die Gefahrerhöhung im Versicherungsvertragsrecht weitreichende strukturelle Parallelen zum Wegfall der Geschäftsgrundlage im allgemeinen Vertragsrecht aufweist. Diese Parallelen ergeben sich daraus, dass beide Institute der Wahrung bzw. Wiederherstellung der Äquivalenz von Leistung und Gegenleistung dienen. Während die Störung der Geschäftsgrundlage entsprechend ihrer Entstehungsgeschichte nur in Ausnahmefällen eine Anpassung oder Kündigung des Vertrags rechtfertigen kann, ist die Gefahrerhöhung aber seit langem ein allgemein anerkanntes Institut des Versicherungsvertragsrechts. Dies zeigt sich nicht zuletzt daran, dass die Unzumutbarkeit des Festhaltens am unveränderten Vertrag bei Vorliegen einer rechtlich relevanten Gefahrerhöhung nicht mehr gesondert geprüft werden muss.

Bei der Gefahrerhöhung wird der Gedanke der Äquivalenzstörung außerdem durch spezifisch versicherungsrechtliche Erwägungen geprägt und ergänzt. So dienen die §§ 23ff. VVG nicht nur der Wahrung oder Wiederherstellung des Äquivalenzverhältnisses, sondern auch der Sanktionierung von Obliegenheitsverletzungen. Dem Institut der Grundlagenstörung im allgemeinen Zivilrecht sind Erwägungen zu Pflichtwidrigkeit und Verschulden dagegen fremd. Weitere versicherungsspezifische Aspekte sind der Gedanke der Prämienoptimierung sowie die Notwendigkeit einer Abgrenzung zur Leistungsfreiheit des Versicherers wegen Herbeiführung des Versicherungsfalles (§§ 81, 103 VVG). Für die praktische Rechtsanwendung hat dies zur Folge, dass die zu § 313 Abs. 1 BGB entwickelten Grundsätze nicht ohne Weiteres auf die Gefahrerhöhung übertragen werden können.

---

[115] *Seitz/Thiel* in Langheid, COVID-19, 2020, S. 99 (104).

JAN LÜTTRINGHAUS

Versicherungsvertragsrecht und Künstliche Intelligenz: Kenntnis- und Verhaltenszurechnung zum Versicherungsnehmer

I. Einführung

Die vielseitigen Interessen des Jubilars gelten unter anderem der jüngeren Geschichte.[1] Darum wird es ihn interessieren, dass wir in einer neuen *McCarthy*-Ära leben. Damit ist indes keineswegs die politische Hexenjagd in den USA der 1950er Jahre gemeint: In jener unrühmlichen Ära träumte Senator *McCarthy* bekanntlich davon, mithilfe von Maschinen herauszufinden, was Menschen dachten, und ob sie ihre Intelligenz für „unamerikanische" Ziele einsetzten. Kein Wunder, dass dies die Zeit der Lügendetektoren war. Für unsere Gegenwart ist – Gott sei Dank – ein anderer Herr *McCarthy* weitaus bedeutender, der den Maschinen kurzerhand eine eigene, menschengleiche Intelligenz einhauchen wollte. Seine Ära begann ebenfalls in den 1950er Jahren und erreicht erst heute ihre Blütezeit: Neben der Grundidee des „Cloud-Computing" ersann John *McCarthy* 1956 „Künstliche Intelligenz" (KI) als „the science and engineering of making intelligent machines".[2] *McCarthy* ging es somit bereits um die Nachbildung menschlichen Verhaltens durch komplexe Datenverarbeitungs- und Berechnungsverfahren, die es Computern künftig ermöglichen sollten, wahrzunehmen, zu schlussfolgern und entsprechend zu handeln.

Dieses frühe Verständnis liegt gar nicht so weit entfernt von der – auch für die Zwecke dieses Beitrags zugrunde gelegten – Definition des „Systems der künstlichen Intelligenz" im Entwurf[3] der EU-Kommission für eine KI-Verordnung: Dabei handelt es sich um eine Software, die auf einem oder auf mehreren Verfahren – wie insbesondere auf maschinellem Lernen, logik- und wissensbasierten sowie statistischen Verfahren – aufbaut und die „für durch den Menschen vorgegebene Ziele Ergebnisse erzeugen kann, wie Inhalte, Vorhersagen, Empfehlungen oder Entscheidungen, welche die Umgebung, mit der sie interagieren, beeinflussen".[4] Bei den meisten derzeit verfügbaren Anwendungen handelt es sich freilich noch um eine

[1] Siehe jüngst nur den kenntnisreich von *Winston Churchill* zu *John F. Kennedy* gespannten Bogen *Langheid* VersR BLOG v. 30.9.2020.

[2] Vgl. *Carthy/Minsky/Rochester,* A Proposal for the Dartmouth Summer Research Project on Artificial Intelligence, 1955, abrufbar unter http://www-formal.stanford.edu/jmc/history/dartmouth/dartmouth.html.

[3] Vorschlag für eine Verordnung des Europäischen Parlaments und des Rates zur Festlegung harmonisierter Vorschriften für künstliche Intelligenz (Gesetz über künstliche Intelligenz) und zur Änderung bestimmter Rechtsakte der Union, COM(2021) 206 final.

[4] Art. 3 Nr. 1 iVm Anhang I COM(2021) 206 final.

„schwache" KI, die auf ein eng umgrenztes Anwendungsfeld zugeschnitten ist. Diese Erscheinungsform ist von einer allgemeinen, dem Menschen zumindest ebenbürtigen, „starken" KI noch weit entfernt.[5] Allerdings sind die Entwicklungslinien fließend, und KI-Anwendungen – oder präziser gefasst: lernfähige autonome und damit „intelligente Agenten" – können neue, nicht im Vorhinein determinierte Lösungswege und damit auch unvorhergesehene Ergebnisse produzieren. Die hieran anknüpfenden rechtlichen Fragen sind vielgestaltig: So ist zunächst die Erklärbarkeit der KI-Prozesse und Entscheidungen eine zentrale, nicht zuletzt aufsichtsrechtlich vorgegebene Aufgabe.[6] Hinzu tritt beispielsweise die Herausforderung, stets diskriminierungsfreie und insbesondere AGG-konforme Resultate mithilfe von KI-Anwendungen sicherzustellen.[7] Glaubt man den Prognosen, so werden autonome „intelligente Agenten" im Rechtsverkehr und damit auch in privatrechtlichen Rechtsverhältnissen an Bedeutung gewinnen und zunehmend nicht nur zur Informationsaufnahme, -strukturierung und -verarbeitung, sondern gerade auch zur Entscheidungsfindung sowie zur Abgabe rechtlich relevante Erklärungen eingesetzt.

1. *Breites Einsatzfeld im Versicherungsverhältnis und rechtliche Herausforderungen*

Unter diesen Vorzeichen ist KI längst ein Thema für das Privatversicherungsrecht in seiner ganzen Breite.[8] Die Versicherungsaufsichtsbehörden nehmen den KI-Einsatz durch Versicherer verstärkt in den Blick und entwickeln zudem teilweise schon eigene KI-Anwendungen für spezifische Bereiche der Aufsicht.[9] Auch im Versicherungsverhältnis gewinnen KI-Anwendungen an Bedeutung: Sowohl für Versicherer und Vermittler als auch für Versicherungsnehmer und Versicherte verheißen KI-Anwendungen Fortschritte bei der Analyse, Überwachung und dem Management von Risiken. Mehr noch: KI dürfte bald sogar ein unverzichtbares Werkzeug bei der Risiko(früh)erkennung und beim Risikomanagement sein. Dafür spricht schon die schiere, kaum von Menschen zu beherrschende Datenmenge, die zB durch IoT-, IIoT-, Sensorik- und Telematik-Technologie generiert wird. Zugleich werden IT-Systeme, Lieferketten und Outsourcing-Beziehungen auch unternehmensübergreifend immer enger vernetzt. Die Auswertung der Datenflut und die Erkennung aktueller risikorelevanter Querverbindungen rückt damit in den Mittelpunkt. Denn KI-Systeme können in den Tiefen des „Data-Lakes" schürfen, zahlreiche interne und externe Datensätze auswerten und bislang unerkannte (Risiko-)Zusam-

---

[5] Zu dieser Unterscheidung statt vieler *Niederée/Nejdl* in Ebers/Heinze/Krügel/Steinrötter, Künstliche Intelligenz und Robotik, 2020, § 2 Rn. 1 ff.

[6] *Armbrüster/Prill* ZfV 2020, 110, 112 f.; *Lüttringhaus* in Düsseldorfer Vorträge zum Versicherungsrecht 2020, 23 ff.

[7] *Schäfers* in Linardatos, Rechtshandbuch Robo-Advice, 2020, § 20 Rn. 26; *Lüttringhaus* VW 2020, 88, 90.

[8] Einen Überblick bieten *Ebert* in Ebers/Heinze/Krügel/Steinrötter, Künstliche Intelligenz und Robotik, 2020, § 16 Rn. 1 ff.; *Eichelberger,* Versicherungsrecht, in Buck-Heeb/Oppermann, Automatisierte Systeme, 2022.

[9] Vgl. *BaFin,* Big Data und künstliche Intelligenz: Prinzipien für den Einsatz von Algorithmen in Entscheidungsprozessen, 2021 sowie näher *Lüttringhaus* in Düsseldorfer Vorträge zum Versicherungsrecht 2020, 23, 50 ff.

menhänge aufdecken. Die dabei gewonnenen Informationen sind potentiell in allen Stadien des Versicherungsverhältnisses von Bedeutung: Bei der Vertragsanbahnung mögen KI-gestützte Prozesse auf Seiten des Versicherungsnehmers zB schon bei der Erfüllung vorvertraglicher Anzeigeobliegenheiten zum Einsatz kommen. Auf Seiten des Versicherers können KI-Anwendungen die Risikoeinschätzung und Underwriting-Entscheidung unterstützen oder eines Tages sogar selbständig übernehmen. Im laufenden Vertragsverhältnis erlauben KI-Anwendungen den Parteien sodann potentiell schnellere Reaktionen auf etwaige Gefahränderungen und den Eintritt von Schadensfällen. Insbesondere zeichnet sich ab, dass die KI zu einem tragenden Pfeiler bei der automatisierten Schadensbearbeitung wird.[10]

Die große Bandbreite der Einsatzfelder von KI im operativen Versicherungsgeschäft führt zur Frage, wie KI-Anwendungen durch die allgemeine zivilrechtliche Rechtsgeschäftslehre und das Versicherungsvertragsrecht zu erfassen sind. Dabei ist anhand der Ausgestaltung und des jeweiligen Einsatzfelds zu differenzieren: Wirkt die (schwache oder starke) KI-Anwendung nur unterstützend im Hintergrund mit – etwa bei der Underwriting-Entscheidung des Versicherers – und geben nach wie vor menschliche Mitarbeiter rechtserhebliche Erklärungen ab, so werfen solche „*Human in Command*"- oder auch „*Human in the Loop*"-Lösungen aus Sicht der Rechtsgeschäftslehre und des Versicherungsvertragsrechts nur wenige neue Rechtsfragen auf.[11] Entsprechend lässt sich etwa der Einsatz von derzeit gängigen, nach einem „Wenn-Dann"-Schema programmierten Chat-Bots durch Versicherer mit den etablierten Kategorien erfassen: Denn solche – zB in digitale Antragsstrecken eingebundene – deterministischen Chat-Bots geben nur dann die vorgefasste Willenserklärung ihres Verwenders als „Computererklärungen"[12] ab, wenn bestimmte, zuvor von diesem festgelegte Kriterien erfüllt sind. Der Versicherer als Verwender ist damit das handelnde Rechtssubjekt und betätigt bereits durch die Programmierung und Inbetriebnahme seinen eigenen Handlungs-, Rechtsbindungs- und Geschäftswillen.[13] Insoweit ist die Bezeichnung als „Computererklärung" irreführend, weil dieser Begriff sich nur auf die Modalitäten, keineswegs aber auf den Autor der Erklärung bezieht.

Die Herausforderungen wachsen deutlich, sobald künftig stärker werdende KI-Anwendungen in unterschiedlichen Bereichen des Versicherungsverhältnisses tatsächlich autonom handeln. Zu denken ist etwa an intelligente Softwareagenten, die z. B. durch den Versicherer beim automatisierten Abschluss des Versicherungsvertrags eingesetzt werden und selbstständig über die Annahme eines Antrags entscheiden. Hier wird vorgeschlagen, Erklärungen solcher Agenten in Ermangelung eigener Rechtspersönlichkeit und Geschäftsfähigkeit als Willenserklärungen

---

[10] Eingehend *Rashid/Barnes/Rahman* 51 J. Fin. Trans. (2020), 98ff.

[11] Hier mag sich aber u. a. die Frage nach einer etwaigen Erweiterung der Pflicht zur Informationsorganisation und beim KI-Einsatz durch Versicherer zB nach der Organisation der Informationsweiterleitung und -abfrage stellen, vgl. *Spindler/Seidel* FS Marsch-Barner, 2018, 549, 552; *Lüttringhaus* in Düsseldorfer Vorträge zum Versicherungsrecht 2020, 23, 41ff.

[12] Vgl. nur *Spindler* in Spindler/Schuster, Recht der elektronischen Medien, 4. Aufl. 2019, Vor §§ 116ff. Rn. 6f.

[13] Vgl. nur BGH VersR 2013, 779, 780.

des KI-Verwenders zu behandeln: Ein im Rahmen der Rechtsgeschäftslehre begründbares Resultat ließe sich dabei über die Grundsätze der Blanketterklärung erzielen.[14]

Weniger beleuchtet worden ist dagegen die für das Versicherungsvertragsrecht zentrale Frage der Kenntnis-, Verhaltens- und Verschuldenszurechnung beim Einsatz von KI-Anwendungen. Während erste Stellungnahmen sich auf die Sphäre des Versicherers konzentrieren,[15] widmet sich dieser Beitrag nun vorrangig der Versicherungsnehmerseite.

2. *Kenntnis-, Verhaltens- und Verschuldenszurechnung beim KI-Einsatz durch Versicherungsnehmer*

Beim derzeitigen Stand ist die Frage weitgehend ungeklärt, wie mit der Informationsaufnahme, -verarbeitung, -weitergabe durch KI und dem darauf gestütztem „Verhalten" der KI-Anwendung im Versicherungsverhältnis umzugehen ist. Kann ein KI-System beispielsweise „Kenntnis" von bestimmten, für das Vertragsverhältnis relevanten Informationen erlangen – und bejahendenfalls: Nach welchen Grundsätzen erfolgt eine Zurechnung zum jeweiligen KI-Verwender? Wie wäre sodann die Abgabe von Wissenserklärungen durch KI-Anwendungen zu behandeln? Und wie wären (Fehl)Reaktionen der KI-Applikation zu bewerten, die zB zum Eintritt des Versicherungsfalls führen?

Um sich dieser Problematik zu nähern, muss zunächst ein KI-System für die Zwecke der Kenntnis- und Verhaltenszurechnung klar von bereits etablierten Formen der Informationsverarbeitung und -speicherung abgegrenzt werden, derer sich arbeitsteilige Organisationen ebenso wie Privatpersonen bedienen. Dies betrifft vor allem IT-Systeme, die eine raschere Informationsaufnahme, -zuordnung und -verarbeitung gewährleisten: Neben Datenbanken und Datenmanagementsystemen ist vor allem an rein deterministische Software-Agenten zu denken, die eingehende Informationen nach zuvor festgelegten Regeln vorstrukturieren und weitergeben. Im Unterschied zu solchen deterministischen Anwendungen gewährleisten KI-Systeme – je nach Ausgestaltung und Einsatzfeld – nicht nur den Empfang, die Strukturierung und ggf. Weiterleitung der Information, sondern sie sind selbst der eigenständigen *Erkenntnis* und Bewertung des Informationsinhalts sowie vor allem einer *autonomen Reaktion* darauf fähig.[16] Erst diese kombinierten Fähigkeiten ermöglichen eine der Tätigkeit eines Menschen gleichkommende Aufnahme, Aufbereitung und vor allem die Verwendung der Information für autonome Reaktionen. Hier geht es demnach bald um mehr als nur um die Zurechnung von „akten- oder datenbankmäßig gespeicherten Wissens" des Versicherungsnehmers.[17] Die autonome Fähig-

[14] So allgemein *Grapentin,* Vertragsschluss und vertragliches Verschulden beim Einsatz von Künstlicher Intelligenz und Softwareagenten, 2018, S. 91f. Speziell zum Versicherungsvertragsrecht *Haseloff/Friehoff* VersR 2020, 1363, 1367ff.

[15] Siehe nur *Lüttringhaus* in Düsseldorfer Vorträge zum Versicherungsrecht 2020, 23, 29ff.

[16] Vgl. allgemein nur *Hacker* RW 2018, 243, 277f.; *Linke,* Digitale Wissensorganisation – Wissenszurechnung beim Einsatz autonomer Systeme, 2021, S. 77.

[17] Vgl. zu Letzterem im nicht-versicherungsrechtlichen Kontext OLG Hamm ZIP 2011, 1926, 1928.

keit der Erkenntnis durch Informationsverarbeitung und -kombination schafft nämlich potentiell deutlich umfassenderes „Wissen": Entsprechend wird treffend zwischen dem „expliziten Wissen" der KI einerseits unterschieden, das in dem gefundenen Resultat klar hervortritt, und dem „impliziten Wissen" andererseits, das nur intern codiert ist und das Ergebnis zwar entscheidend mitbegründet, aus ihm aber nicht unmittelbar erkennbar wird.[18] Gerade weil KI-Systeme auf dieser Informationsgrundlage potentiell „menschengleicher" autonomer Wissensgewinnung und selbstständiger Reaktionen fähig sind, ist nach einer Zurechenbarkeit von „Kenntnissen" und „Verhalten" der KI zu fragen.

Die folgenden Überlegungen beschränken sich deshalb auf den Fall, dass der Versicherungsnehmer ein eigenes KI-System mit autonomen Erkenntnis- und Reaktionsfähigkeiten programmiert und trainiert. Dabei muss die KI-Anwendung gerade darauf ausgerichtet sein, die von ihr als für das Versicherungsverhältnis relevant erkannten und bewerteten Informationen entweder dem KI-Verwender zuzuleiten oder auf dieser Informationsgrundlage ohne Zwischenschaltung weiterer menschlicher Hilfspersonen des Versicherungsnehmers unmittelbar gegenüber einem Dritten – etwa dem Versicherer – zu handeln.[19] Zu denken ist beispielsweise an die automatisierte und selbstständige Erfüllung von Obliegenheiten durch die KI, etwa in Form der Anzeige eines Versicherungsfalls gegenüber dem Versicherer, wenn die KI aufgrund von Maschinen-, Fahrzeug- oder Gebäudedaten einen Schaden feststellt. Auch wenn dies gegenwärtig noch Zukunftsmusik sein dürfte, so liegt es schon aufgrund der von Menschen kaum noch beherrschbaren Zunahme von Daten aus „smarten" Geräten, Fahrzeugen, Maschinen und ganzen Produktionslinien nahe, dass sowohl bei der Anbahnung eines Versicherungsvertrags als auch im laufenden Versicherungsverhältnis künftig vertragsrelevante Daten durch KI-Anwendungen des Versicherungsnehmers verarbeitet, bereitgestellt und ggf. direkt an den Versicherer übermittelt werden: Das betrifft zB Informationen über den Zustand und das individuelle Nutzungsverhalten bestimmter versicherter Objekte sowie strukturierte, ausgewertete und interpretierte Prozess- und Maschinendaten. Längst gibt es die Vision, KI-Anwendungen zum Risikomanagement in Unternehmen einzusetzen und den Versicherungsschutz entsprechend an den KI-gestützt ermittelten Risiko-Daten und Bedarfen auszurichten.[20]

KI-Anwendungen könnten damit in immer stärkerem Maße für das Versicherungsverhältnis relevante Funktionen übernehmen, die von der Steuerung und Überwachung von versicherten Sachen bis hin zur selbstständigen Verwaltung ganzer Risikobereiche des Versicherungsnehmers reichen. Bei diesem Ausgangsverständnis dürfte es beim Einsatz einer immer stärker werdenden KI kaum ausreichen, den Versicherungsnehmer mithilfe vertraglicher Obliegenheiten iSd § 28 VVG lediglich dazu anzuhalten, die „ordnungsgemäße Funktionsfähigkeit" seiner KI-Anwendungen sicherzustellen. Denn hierdurch muss ein Versicherungsnehmer längst noch nicht für sämtliche Verhaltensweisen, geschweige denn für die „Kenntnise"

---

[18] *Hacker* RW 2018, 243, 271f.

[19] Zu dieser Problematik wiederum *Linke,* Digitale Wissensorganisation – Wissenszurechnung beim Einsatz autonomer Systeme, 2021, S. 77.

[20] Plastisch etwa *Hintze* VP 7–8/2020, 3ff.

der KI einstehen. Dem wird man auch nicht ohne Weiteres mit AVB-Klauselgestaltungen des Inhalts begegnen können, dass der Versicherungsnehmer sich etwa für die Zwecke der Erfüllung von Obliegenheiten oder auch bei der Herbeiführung des Versicherungsfalls stets pauschal das „Verhalten" und die „Kenntnisse" einer von ihm eingesetzten KI-Anwendung zurechnen lassen muss: Denn die etablierten – in richterlicher Gesetzesergänzung geschaffenen – Zurechnungsinstrumente des Versicherungsrechts nehmen am halbzwingenden Charakter von § 28 VVG teil, und auch Abweichungen von § 81 VVG unterwirft der BGH der Klauselkontrolle: Entsprechend sind solche versicherungsvertraglichen Begründungen – und erst recht alle Verschärfungen – der Einstandspflicht für Dritte immer am Maßstab der existierenden Zurechnungsfiguren, wie etwa des Wissens(erklärungs)vertreters und des Repräsentanten zu messen.[21] Auch insoweit ist also zu fragen, inwieweit diese Zurechnungsfiguren auf KI-Anwendungen anwendbar sind.

Dies lenkt den Blick auf die Zurechnungsinstrumente des Versicherungsvertragsrechts und auf drei Fragenkomplexe, die zugleich den Gang der Darstellung vorgeben: Den Ausgangspunkt bildet die Problematik der Zurechnung der Kenntnis der eingesetzten KI gegenüber dem Versicherungsnehmer (dazu → II.). Sodann ist der Frage nach der Verhaltenszurechnung nachzugehen, wobei hierunter insbesondere Wissenserklärungen gefasst werden sollen, die ein autonomer Agent für den Versicherungsnehmer eigenständig abgibt (hierzu → III.). Während die Kategorien von „Kenntnis" und „Verhalten" womöglich noch auf eine KI-Anwendung bezogen und entsprechend mithilfe der etablierten Zurechnungsfiguren des Versicherungsrechts erfasst werden können, begegnet die Verschuldensfähigkeit der KI und damit notwendig auch die Verschuldenszurechnung Bedenken: Hier wird entsprechend das – bislang wenig konturierte – Verhältnis von Zurechnung und Eigenverschulden beim KI-Einsatz zu beleuchten sein (dazu → IV.). Ein Fazit und ein Ausblick beschließen diese Überlegungen (hierzu → V.).

II. Kenntniszurechnung zum Versicherungsnehmer: KI-Applikationen als Wissensvertreter

Neben der autonomen Reaktionsfähigkeit zählen zu den Fähigkeiten von KI-Anwendungen stets die Aufnahme, Strukturierung und autonome Bewertung von Informationen. Unter dieser Prämisse kann die KI-Applikation womöglich rasch einen Informationsvorsprung gegenüber dem Versicherungsnehmer gewinnen, der sich ihrer zur Organisation und Überwachung seiner Sphäre bedient. Eine Zurechnung der positiven Kenntnis Dritter zum Versicherungsnehmer ermöglicht die – sogleich noch ausführlich zu behandelnden – Repräsentantenstellung.[22] Deren Voraussetzungen sind indes vergleichsweise umfangreicher.[23] Beim gegenwärtigen Ent-

[21] Vgl. zur Herbeiführung des Versicherungsfalls und dem insoweit maßgeblichen Leitbild der Klauselkontrolle nur BGH VersR 1999, 1004, 1006; BGH VersR 1993, 830, 831 sowie zu § 28 VVG zB *Wandt* in MüKoVVG, 2. Aufl. 2016, § 28 Rn. 162.

[22] Dazu → III. 1.

[23] Prägnant jüngst KG VersR 2021, 1031 mAnm *Langheid*.

wicklungsstand dürften KI-Systeme deutlich leichter unter die versicherungsrechtliche Figur des Wissensvertreters zu fassen sein: Als Wissensvertreter ordnet der BGH in seiner ständigen Rechtsprechung alle Akteure ein, die der Versicherungsnehmer als Geschäftsherr dazu berufen hat, im Rechtsverkehr für ihn bestimmte Aufgaben in eigener Verantwortung zu erledigen, die dabei anfallenden Informationen zur Kenntnis zu nehmen und gegebenenfalls an den Geschäftsherrn weiterzugeben.[24] Eine zumindest kurzfristige Betrauung mit der Kenntnisnahme von vertragsrelevanten Informationen vorausgesetzt, muss der Wissensvertreter im Organisationsbereich des Versicherungsnehmers dabei – im Gegensatz zum Repräsentanten und zum Parallelinstrument im allgemeinen Zivilrecht – auch keine besonders exponierte Stellung einnehmen.[25] Hat ein Wissensvertreter Kenntnis von einem gefahrerheblichen Umstand, so muss sich der Versicherungsnehmer diese Kenntnis wie eigene zurechnen lassen.

Doch ist diese Zurechnungsfigur überhaupt auf den Einsatz von KI-Applikationen durch den Versicherungsnehmer übertragbar? Potentiell relevant wird diese Frage zB schon vor Vertragsschluss: Hier mag das KI-System zum einen über Informationen verfügen, die den Eintritt des Versicherungsfalls belegen. Dann ist zu fragen, ob sich der Versicherungsnehmer die „Kenntnis" der KI von diesem Umstand zurechnen lassen muss, mit der Folge, dass im Fall einer Rückwärtsversicherung § 2 Abs. 2 S. 2 VVG greift.[26] Zum anderen könnten der KI Informationen zu gefahrerheblichen Umständen iSd § 19 Abs. 1 VVG vorliegen, so dass auch hier nach einer Kenntniszurechnung zu fragen wäre. Gleiches gilt im laufenden Versicherungsverhältnis, wenn sich der Versicherungsnehmer zB im Fall einer Sachversicherung der KI-Anwendung zur (Zustands)Überwachung der versicherten Sache bedient: Hier mag die KI Informationen erhalten und verarbeitet haben, die eine Gefahrerhöhung nach § 23 Abs. 2 oder Abs. 3 VVG belegen.

1. Herleitung und Übertragbarkeit auf KI: Gleichstellungsargument und Verkehrsschutz

Ob eine KI-Anwendung Wissensvertreter sein kann, hängt im Ausgangspunkt davon ab, wie Kenntnis und deren Zurechnung im Privatrecht konzipiert sind. Je nach Ausgangsverständnis wäre die Zurechnungsfigur womöglich auf natürliche, gemäß § 1 BGB rechtsfähige Personen beschränkt: Denn eine Stellung der KI als Wissensvertreter muss notwendig ablehnen, wer positive Kenntnis als den *menschlichen* „Bewusstseinszustand" versteht, einen objektiv vorhandenen Umstand subjektiv zur Kenntnis genommen zu haben.[27] Eine solche strikt anthropozentrische Lesart kognitiver Fähigkeiten der „Kenntnisnahme" lässt sich aber angesichts der Fortentwicklung von KI und ihrer Einsatzmöglichkeiten bei der Informationsgewinnung, -verarbeitung und sogar -*er*kenntnis wohl nicht mehr aufrechterhal-

[24] BGH NJW-RR 2000, 1471, 1473.

[25] KG VersR 2021, 1031 mAnm *Langheid*. Statt vieler *Armbrüster* in Prölss/Martin, VVG, 31. Aufl. 2021, § 28 Rn. 141; *Wandt* in MüKoVVG, 2. Aufl. 2016, § 28 Rn. 159.

[26] Vgl. auch BGH VersR 2000, 1133, 1134.

[27] Vgl. *Altmeppen* NJW 2020, 2833, 2835.

ten.[28] Die erstmalige Erlangung und weitere Verwaltung von Informationen wird sich in absehbarer Zeit immer mehr auf nicht-menschliche Akteure verlagern: Zu denken ist etwa an die bei „smarten“ Entitäten anfallende und von Menschen gar nicht zu bewältigende Flut von Maschinen-, Fahrzeug- und Gebäudedaten. Wenn hier nun alle Fäden bei einer KI-Anwendung zusammenlaufen, die in der Lage ist, „menschengleich“ Information aufzunehmen, zu klassifizieren und – wie ein Mitarbeiter aus Fleisch und Blut auch – bei Bedarf an zuständige Stellen zu melden, so erscheint hier zum einen funktional eine Gleichbehandlung bei der „Kenntnis“ angezeigt. Dies ist zum anderen gerade auch aus Wertungsgesichtspunkten geboten: Andernfalls würde der KI-Einsatz gegenüber der eigenen Tätigkeit des KI-Verwenders oder derjenigen seiner menschlichen Mitarbeiter privilegiert, weil der KI-Verwender sich auf diese Weise einer Kenntniszurechnung entziehen könnte. Insofern lässt sich auch in Bezug auf KI durchaus das in der Rechtsprechung vorgebrachte „Gleichstellungsargument“ fruchtbar machen, wonach juristische Personen keine Vorteile durch Wissensaufteilung gegenüber natürlichen Personen ziehen sollen.[29] Denn ebenso wie eine Gleichstellung hinsichtlich der Kenntnis ungeachtet der Rechtsform und arbeitsteiligen Organisation angezeigt ist, so bedarf es grundsätzlich einer Gleichstellung beim Technikeinsatz: Soweit der KI-Verwender bestimmtes Wissen durch Delegation von Tätigkeiten auf die KI verlagert, macht dies – zumindest im Ausgangspunkt – eine Kenntniszurechnung erforderlich.[30]

Dies führt zur Frage, ob die Figur des Wissensvertreters dafür geeignet ist. Nach überwiegender Auffassung soll die Zurechnung der Kenntnis des Wissensvertreters nämlich in entsprechender Anwendung des § 166 Abs. 1 BGB erfolgen.[31] Das mag *prima facie* gegen die Übertragbarkeit auf KI-Anwendungen streiten: Denn beim derzeitigen Stand der Rechtsentwicklung ist die zivilrechtliche Stellvertretung kaum auf Entitäten zugeschnitten, die keine eigene Rechtspersönlichkeit haben und weder der Bildung eines eigenen Willens fähig noch – *e contrario* § 165 und § 104 Nr. 2 BGB – zumindest beschränkt geschäftsfähig sind.[32] Abgesehen davon, dass sich diese Sicht in Zukunft durchaus ändern mag, ist die Abgabe einer eigenen Willenserklärung im fremden Namen – und damit die Vertretung im Willen – ohnehin kein Wesensmerkmal des Wissensvertreters: Hier geht es ausschließlich um Kenntniszurechnung, nicht aber um eine an eigenständige Personalität und an die beschränkte Geschäftsfähigkeit gebundene eigene Willensbildung und -erklärung.[33] Zu den Voraussetzungen der Rechtsfigur des Wissensvertreters zählt dann auch weder eine Bevollmächtigung noch überhaupt die Zuweisung eines besonders

[28] In diesem Sinne frühzeitig – und weit unterhalb der Schwelle einer KI – OLG Hamm ZIP 2011, 1926, 1928. Wie hier *Becker/Pordzik* ZfPW 2020, 334, 344. Für das Unternehmensrecht ebenso *Freyler* BB 2021, 2178ff.

[29] ZB BGH NJW 1996, 1339, 1340f. Anders aber für unterschiedliche Abteilungen einer Gemeinde BGH NJW 1992, 1099. Siehe auch *Medicus* in Karlsruher Forum 1994, S. 4ff und 11ff.

[30] So im Ergebnis OLG Hamm ZIP 2011, 1926, 1928.

[31] ZB BGH NJW-RR 2000, 1471, 1473; *Armbrüster,* Privatversicherungsrecht, 2. Aufl. 2019, Rn. 1693.

[32] Vgl. nur *Schubert* in MüKoBGB, 9. Aufl. 2021, § 167 Rn. 4. Im versicherungsrechtlichen Kontext zB *Haseloff/Friehoff* VersR 2020, 1363, 1365ff.

[33] Zur Diskussion um die Schaffung einer „ePerson“ zB *Teubner* AcP 218 (2018), 155ff.

bedeutsamen Geschäftskreises: Erforderlich und zugleich ausreichend ist die „Betrauung“ mit der Kenntnisnahme der betreffenden Informationen in einem eigenen Aufgabengebiet.[34] Abgesehen davon, dass es ohnehin um die entsprechende Anwendung des § 166 Abs. 1 BGB geht, ist die Figur des Wissensvertreters damit nicht in den vollständigen stellvertretungsrechtlichen Rahmen eingebunden. Dies muss erst recht anerkennen, wer § 166 Abs. 1 BGB nicht für den alleinigen Ankerpunkt des Wissensvertreters hält, sondern hierin – ähnlich wie weite Teile des Schrifttums bei der Repräsentantenstellung – eine richterliche Rechtsfortbildung mit dem Ziel der wertenden Risikoverteilung erblickt.[35]

Gleichviel, worauf man die Zurechnungsfigur des Wissensvertreters dogmatisch gründen möchte, ist sie jedenfalls Ausdruck und Gebot des Verkehrsschutzes: Soweit Vorteile aus der Verlagerung und Aufspaltung von Wissen durch Arbeitsteilung und organisatorische Aufgliederung von Tätigkeiten gezogen werden, muss im Interesse des Verkehrsschutzes und einer angemessenen Risikoverteilung die Zurechnung von Kenntnis grundsätzlich möglich sein.[36] Das Argument des Verkehrsschutzes schwingt auch in der ständigen BGH-Rechtsprechung mit, wenn dort die Figur des Wissensvertreters sowohl auf § 166 Abs. 1 BGB analog als auch auf § 242 BGB gestützt wird.[37] Das so verstandene Konzept des Wissensvertreters lässt sich durchaus für den Einsatz von KI-Anwendungen fruchtbar machen: Denn wenn und soweit der Geschäftsherr die KI – wie einen menschlichen Mitarbeiter – mit der Kenntnisnahme bestimmter für Vertragsverhältnisse relevanter Informationen „betraut“ und daraus Vorteile zieht, rechtfertigt dies gerade im Interesse des Verkehrsschutzes eine Zurechnung der Kenntnis zum Geschäftsherrn. Wenn demnach eine Anwendung der Zurechnungsfigur des Wissensvertreters auf KI-Anwendungen möglich ist, lautet die entscheidende Frage, wie weit diese Zurechnung reicht.

2. *Konturierung von Zurechnungsvoraussetzungen und Zurechnungsumfang*

Die Figur des Wissensvertreters soll demnach verhindern, dass der Versicherungsnehmer durch eine (geschäfts)organisatorisch bedingte Wissensaufspaltung ungerechtfertigte Vorteile ziehen und negative Folgen der Kenntnis vermeiden kann. In der Rechtsprechung des BGH und im Schrifttum wird die Kenntniszurechnung teilweise durch Informationsorganisationspflichten näher konturiert: Auch der Versicherungsnehmer als Geschäftsherr muss insbesondere die Speicherung, Weitergabe und Abfrage der jeweiligen relevanten Information in dem Maße sicherstellen, in dem durch Arbeitsteilung zusammengehörige Prozesse und damit auch die dabei anfallenden Kenntnisse aufgespalten werden.[38] Diese Pflicht zur Informationsorganisation definiert damit Umfang und Grenzen der Kenntniszurechnung: Sie orientiert sich einerseits an den mit einer arbeitsteiligen Organisation verbundenen kon-

[34] Statt vieler *Armbrüster,* Privatversicherungsrecht, 2. Aufl. 2019, Rn. 1693.

[35] In diesem Sinne allgemein zB *Buck-Heeb* AG 2015, 801, 803; *Spindler* ZHR 181 (2017), 311, 319.

[36] Vgl. BGH NJW 2016, 3445, 3450. Eingehend *Schubert* in MüKoBGB, 9. Aufl. 2021, § 166 Rn. 63 ff.

[37] So im nicht versicherungsrechtlichen Kontext zB BGH NJW 2016, 3445, 3450.

[38] BGH NJW 1996, 1339, 1340 f. Siehe schon *Taupitz* in Karlsruher Forum 1994, 16, 26 f.

kreten Verlagerungen von Wissen auf andere Entitäten und gibt andererseits das Maß an Wissensorganisation vor.[39] Wird letzteres Maß unterschritten, muss sich der Geschäftsherr so behandeln lassen, als habe er positive Kenntnis der Umstände erlangt.[40] Hierbei geht es wohlgemerkt nicht um eine „Sanktion" von Pflichtverletzungen, sondern um die Bestimmung des Zurechnungs*umfangs*.[41]

Damit ist zu fragen, welche Informationsorganisationspflichten sich aus dem Einsatz von KI-Anwendungen ergeben.[42] Während sich eine pauschale Antwort schon aufgrund der Vielgestaltigkeit der Systeme kaum geben lässt, so können doch erste Orientierungspunkte und Grenzen für die Zurechnung entwickelt werden. Erfasst man die Kenntniszurechnung über die Figur des „Wissensvertreters" im Versicherungsvertragsrecht richtigerweise als im Verkehrsschutzinteresse gebotene Kompensation der aus der Wissensaufspaltung in arbeitsteiligen Organisationen gezogenen Vorteile, so muss hier in erster Linie die Art der Vorteile und damit der Grad an Sophistizierung der KI den Ausschlag geben: Eine Zurechnung positiver Kenntnis der KI sollte nur bei solchen Anwendungen erfolgen, die aufgrund ihrer vom Versicherungsnehmer vorgegebenen Rolle nicht nur ganz untergeordnete Funktionen übernehmen und aufgrund ihrer Einbindung in den Informationsfluss zugleich in der Lage sind, ihr „Wissen" der zuständigen (menschlichen) Stelle zur Kenntnis zu bringen. Die KI muss demnach sowohl informationell als auch mit funktionsspezifischem Einfluss in die relevanten Prozesse des Versicherungsnehmers einbezogen sein. Der KI-Anwender, der sein System gezielt in diesem Sinne einsetzt, „betraut" die KI dann mit der Kenntnisnahme bestimmter Informationen und muss sich deren „Kenntnis" über die Figur des Wissensvertreters grundsätzlich zurechnen lassen.

Dies gilt freilich nicht schrankenlos: Sachlich wird man den Kreis der Informationen, bezüglich derer Organisationspflichten bestehen und eine Zurechnung über die Figur des Wissensvertreters erfolgt, zunächst auf Information beschränken müssen, die für das Versicherungsverhältnis rechtserheblich sind oder es ersichtlich in Zukunft sein könnten. Dabei ist die Frage der Rechtserheblichkeit im Zeitpunkt der Informationsaufnahme zu beurteilen; es ist somit unschädlich, dass sich ein zunächst unverfänglich erscheinender Umstand – etwa aufgrund neuer wissenschaftlicher Erkenntnis oder technischer Möglichkeiten – erst später als relevant herausstellt.[43] Die Zurechnung erfordert ferner, dass dem KI-System eine Information nicht nur abstrakt zum Abruf zur Verfügung steht, sondern dass die KI-Anwendung diese konkrete Information auch verarbeitet bzw. bestimmungsgemäß hätte verarbeiten müssen.[44] Weitere allgemeine Grenzen der Pflicht zur Wissensorganisation und damit auch der Zurechnungsmöglichkeit über den Wissensvertreter ergeben

[39] *Schubert* in MüKoBGB, 9. Aufl. 2021, § 166 Rn. 68.

[40] Vgl. BGH NJW 1996, 1339, 1340f.; BGH VersR 2007, 1267.

[41] Treffend *Schubert* in MüKoBGB, 9. Aufl. 2021, § 166 Rn. 68. Kritisch zu einem „Sanktionsmodell" *Armbrüster* in Prölss/Martin, VVG, 31. Aufl. 2021, § 28 Rn. 135.

[42] Vgl. zu einem ähnlichen Ansatz *Linke,* Digitale Wissensorganisation – Wissenszurechnung beim Einsatz autonomer Systeme, 2021, S. 94ff.

[43] Vgl. BGH NJW 1996, 1339, 1341.

[44] So im Ergebnis *Linke,* Digitale Wissensorganisation – Wissenszurechnung beim Einsatz autonomer Systeme, 2021, S. 94ff.

sich aus dem Gesetz: Zuvörderst sind hier Datenschutzbestimmungen der DSGVO und des BDSG zu nennen, die bereits einer Verarbeitung und folglich auch der „Kenntnisnahme" durch KI-Anwendungen Schranken ziehen. Hinzu tritt der Schutz von IP-Rechten und der Geschäftsgeheimnisschutz, sofern zB Informationen aus der Sphäre von Geschäftskontakten betroffen sind. Schließlich sind die Grundsätze der Verhältnismäßigkeit und Zumutbarkeit stets als Schranken zu beachten.[45]

III. Zurechnung von Wissenserklärungen und Verhalten zum Versicherungsnehmer

Gerade bei der Erfüllung von Anzeige- und Aufklärungsobliegenheiten mag künftig einer KI-Anwendung eine besondere Rolle nicht nur bei der Kenntnis von bestimmten (Gefahr)Umständen zukommen, sondern die KI könnte überdies unmittelbar in die Obliegenheitserfüllung oder in weitere vertragsbezogene Prozesse eingebunden werden. Dies mag so weit gehen, dass die KI-Anwendung automatisiert – dh also ohne jedes Zutun des Versicherungsnehmers im konkreten Einzelfall – Wissenserklärungen in Bezug auf das Versicherungsverhältnis abgibt. Dabei geht es nicht lediglich um die Übermittlung einer Wissenserklärung des Versicherungsnehmers und somit um eine Botenstellung der jeweiligen KI-Anwendung, sondern um eine durch die KI anhand des verfügbaren Datenmaterials autonom – wenn auch aufgrund vorheriger Programmierung – initiierte Mitteilung von Wissen gegenüber dem Versicherer. Denkbare Anwendungsfälle wären zB die Anzeige des Versicherungsfalls und die Erfüllung von Aufklärungsobliegenheiten. Denn es ist absehbar, dass KI-Anwendungen auf Versicherungsnehmerseite beim Risikomanagement im Allgemeinen und so auch bei der Überwachung versicherter Sachen im Besonderen eingesetzt werden: Zu denken ist an Applikationen, die z.B. anhand einer Vielzahl von Prozess- und Maschinendaten besonders frühzeitig einen Schadensfall erkennen können. Hier läge es womöglich im Interesse des Versicherungsnehmers, der KI-Anwendung eine direkte Anzeige des Versicherungsfalls gegenüber dem Versicherer zu gestatten: Denn auch wenn dem Versicherungsnehmer die Kenntnis der KI und die Erkenntnis des Versicherungsfalls mithilfe der Figur des Wissensvertreters zugerechnet wird,[46] ist der Versicherungsnehmer zur unverzüglichen Anzeige gehalten.[47] Setzt der Versicherungsnehmer das KI-System zur Abgabe dieser Wissenserklärung ein, ist dadurch auch im Fall der Kenntniszurechnung eine Anzeige „ohne schuldhaftes Zögern" iSd § 121 BGB gewährleistet. Ähnliche Erwägungen lassen sich für die Erfüllung von Auskunfts- und Aufklärungsobliegenheiten anstellen. Schließlich werden die zur Erkennung und Aufklärung von Schadensfällen benötigten Daten mit fortschreitender Digitalisierung und Vernetzung

[45] Vgl. nur BGH NJW 1996, 1339, 1341. Eingehend *Schubert* in MüKoBGB, 9. Aufl. 2021, § 166 Rn. 69ff.

[46] → II.

[47] Vgl. allgemein OLG Saarbrücken VersR 2019, 1289, 1290.

zwangsläufig immer komplexer. Der Einsatz von KI-Systemen, die Risiken überwachen und im Schadensfall Daten aus einer Vielzahl von Quellen umgehend aufbereiten und zur Verfügung stellen, wäre ein denkbarer Weg, dieser Entwicklung Herr zu werden. Dann könnten Versicherungsnehmer ihrer Obliegenheiten zur Anzeige und Aufklärung des Versicherungsfalls deutlich zeitnäher nachkommen, als dies bei der Zwischenschaltung menschlicher Akteure der Fall wäre. Der gesamte Bearbeitungs- und Regulierungsprozess ließe sich weiter beschleunigen, wenn entsprechende Schnittstellen und korrespondierende Systeme auch auf Seiten des Versicherers und ggf. des Maklers verwendet werden.

Soweit in den vorgenannten Konstellationen der KI aufgrund ihrer funktionalen Einbindung ohnehin alle relevanten Informationen zuerst verfügbar sind, mag der KI-Anwendung gleich die Beherrschung ganzer Risikobereiche oder die Verwaltung bestimmter versicherungsvertraglicher Aspekte in eigener Verantwortung übertragen werden. Dies führt zur Frage, ob die Zurechnungsfigur der Repräsentantenstellung auch eine KI-Anwendung erfassen kann (dazu unter → 1.). Demgegenüber könnte der Versicherungsnehmer die KI in eingeschränkterem, zuvor definierten Rahmen (nur) mit der Informationsweitergabe an den Versicherer „betrauen" und sich ihrer als Wissenserklärungsvertreterin bedienen (dazu unter → 2.).

1. Repräsentantenstellung der KI

Eine weitgehende Zurechnung von Drittverhalten (und -verschulden) erfolgt im Versicherungsvertragsrecht über die Repräsentantenstellung („Repräsentantenhaftung"):[48] Als Repräsentant wird nach ständiger Rechtsprechung des BGH behandelt, „wer in dem Geschäftsbereich, zu dem das versicherte Risiko gehört, aufgrund eines Vertretungs- oder ähnlichen Verhältnisses an die Stelle des Versicherungsnehmers getreten ist und auf Grund dessen befugt ist, selbstständig in einem gewissen, nicht ganz unbedeutenden Umfang für den Versicherungsnehmer zu handeln."[49] Das spezifisch versicherungsrechtliche Institut der Repräsentantenstellung beruht auf einer gesetzesergänzenden richterlichen Rechtsfortbildung.[50] Anstelle dieses Instruments wird im Schrifttum teilweise eine Zurechnung über § 278 BGB befürwortet, was indes eine an der jeweiligen Versicherungsart orientierte teleologische Reduktion dieser Regelung nötig macht, um den Kreis der versicherungsrechtlich konkret relevanten „Erfüllungsgehilfen" anhand ihrer Tätigkeits- und Verantwortungsbereiche zu umgrenzen.[51] Ebenso wie der Versicherungsschutz für etwaiges Fehlverhalten von Hilfspersonen durch die uneingeschränkte Heranziehung des § 278 BGB nicht entwertet werden sollte,[52] darf nämlich auch die in Zukunft wohl

[48] Zu den Begrifflichkeiten *Langheid* in Langheid/Rixecker, VVG, 6. Aufl. 2019, § 81 Rn. 19ff.; *Wandt* in MüKoVVG, 2. Aufl. 2016, § 28 Rn. 110.

[49] BGHZ 122, 250.

[50] *Wandt* in MüKoVVG, 2. Aufl. 2016, § 28 Rn. 118; *Looschelders* in Beckmann/Matusche-Beckmann, Versicherungsrechts-Handbuch, 3. Aufl. 2015, § 17 Rn. 32, dort auch zur Kritik.

[51] Vgl. zur Anwendung von § 278 BGB in begrenztem Umfang nur *Armbrüster* in Prölss/Martin, VVG, 31. Aufl. 2021, § 28 Rn. 95.

[52] *Wandt* in MüKoVVG, 2. Aufl. 2016, § 28 Rn. 110.

immer bedeutsamere Deckung von KI-Risiken nicht durch eine – womöglich analoge – Anwendung des § 278 BGB auf die KI verkürzt werden.[53]

Demgegenüber lässt sich mit dem Institut der Repräsentantenstellung eine sachgerechte und vor allem von vornherein auf den konkreten Versicherungstyp zugeschnittene Begrenzung der Zurechnung zum Versicherungsnehmer erzielen. Für den hier interessierenden Bereich des KI-Einsatzes ist aber nicht nur von Bedeutung, dass diese genuin versicherungsrechtliche Zurechnungsfigur besser für die Zwecke des Versicherungsvertragsrechts geeignet ist als die weit gefasste allgemeine Regelung des § 278 BGB: Vielmehr ermöglicht gerade die richterrechtliche Natur der Repräsentantenstellung eine flexible Handhabung und damit auch eine Anpassung an neue technologische Entwicklungen und Formen der Vertrags- und Risikoverwaltung. Kurzum: Die von der allgemeinen zivilrechtlichen Zurechnungsnorm des § 278 BGB gelöste spezielle Repräsentantenstellung gestattet im Ausgangspunkt eine dem versicherungsrechtlichen Kontext besser angepasste und zudem *entwicklungsoffenere* Zurechnung.

Die Repräsentantenstellung setzt nicht zwingend eine Vollmachtserteilung voraus, sondern kann auch kraft eines ähnlichen Verhältnisses begründet werden.[54] Dies führt im hier interessierenden Kontext zur Frage, ob auch KI-Anwendungen als Repräsentanten des Versicherungsnehmers eingesetzt werden können. Voraussetzung eines „der Vertretung ähnlichen Verhältnisses" ist nur eine bewusste und willentliche Bestellung durch den Versicherungsnehmer.[55] Dies lässt sich durchaus bei einem gezielten und vor allem umfassenden und ausschließlichen Einsatz von KI zur Verwaltung bestimmter (Geschäfts)Bereiche in Bezug auf die dortigen Risiken und/oder versicherungsvertraglichen Belange bejahen. Ohne Relevanz muss es dabei für die Repräsentantenstellung bleiben, ob der vom Versicherungsnehmer als KI-Verwender ausgewählte „intelligente Agent" auch seiner technischen Reife nach tatsächlich in der Lage ist, die mit dieser Stellung verbundenen Aufgaben zu erfüllen: Ebenso wenig wie bei der Bestellung einer – zB angesichts ihres Ausbildungsstandes – ungeeigneten natürlichen Person kann sich der Versicherungsnehmer durch die Auswahl einer unzulänglichen KI nicht der mit der Repräsentantenstellung verbundenen Zurechnung entziehen. Zurechnungsgrund ist schließlich nicht die Eignung, sondern die Auswahl des Repräsentanten und die Übertragung eines Aufgabenbereichs zur selbstständigen Erledigung durch den Versicherungsnehmer.[56]

---

[53] Zur umstrittenen Frage der Anwendbarkeit von § 278 BGB (analog) auf KI-Applikationen sogleich näher → IV. 1.

[54] ZB BGH VersR 2012, 219, 222. Siehe nur *Armbrüster,* Privatversicherungsrecht, 2. Aufl. 2019, Rn. 1669.

[55] Statt vieler *Looschelders* in: Beckmann/Matusche-Beckmann, Versicherungsrechts-Handbuch, 3. Aufl. 2015, § 17 Rn. 50; *Wandt* in MüKoVVG, 2. Aufl. 2016, § 28 Rn. 121.

[56] Vgl. hierzu nur BGHZ 171, 304, 306. Zu den möglichen Konsequenzen für das Eigenverschulden des KI-Verwenders → IV. 2.

a) KI-Einsatz zur Risikoverwaltung

In Betracht kommt dabei insbesondere eine Repräsentantenstellung kraft Risikoverwaltung: Hier müsste die KI-Anwendung dann kraft Bestellung durch den Versicherungsnehmer befugt sein, selbstständig in einem nicht ganz unbedeutenden Umfang Risiken eines (Geschäfts)Bereichs zu verwalten, d. h. beispielsweise vor Eintritt des Versicherungsfalls Obliegenheiten zu erfüllen, die der Verminderung der Gefahr oder der Verhütung einer Gefahrerhöhung iSd § 23 VVG dienen.[57] Nach Eintritt des Versicherungsfalls ist sodann an Obliegenheiten nach § 31 iVm § 28 VVG zu denken, die der Aufklärung des Versicherungsfalls und insbesondere der Leistungspflicht des Versicherers dienen: So mag die KI-Anwendung beispielsweise bestimmte ihr zugängliche, weil digital auslesbare Beweistatsachen sichern, d. h. also auslesen, in einer geeigneten, versicherungsvertraglich ggf. zuvor festgelegten Form aufbereiten und vor allem speichern. In der Schadensversicherung sind nicht zuletzt auch Rettungsobliegenheiten iSd § 82 VVG relevant, deren Erfüllung ausschließlich der KI-Anwendung – etwa in Form der Abschaltung bedrohter vernetzter Geräte oder des Auslösens bestimmter Notfallprozesse – auferlegt werden kann.

Soweit die mit der Risikoverwaltung betraute KI-Anwendung just diese mit der Verwaltung dieser Risiken verbundenen Obliegenheiten nicht, nur unvollständig oder fehlerhaft erfüllt, müsste der Versicherungsnehmer sich dies als KI-Verwender grundsätzlich zurechnen lassen.

Jenseits der Obliegenheiten – nämlich im Kontext des subjektiven Risikoausschlusses bzw. der subjektiven Risikobegrenzung – müsste sich der Versicherungsnehmer womöglich auch die Herbeiführung des Versicherungsfalls durch eine KI-Anwendung zurechnen lassen. Zu denken ist an Fälle, in denen der Versicherungsnehmer der KI künftig beispielsweise die komplette Steuerung von unmittelbar sicherheits- und risikorelevanten Prozessen – etwa von Maschinen im industriellen oder auch zB eines „Smart Home" im privaten Bereich – überträgt: Soweit die KI-Anwendung dann tatsächlich die alleinige Risikoverwaltung innehat, käme bei einem inneren Zusammenhang mit dieser Tätigkeit grundsätzlich auch eine Verhaltenszurechnung kraft Repräsentantenstellung in Betracht.[58] Schließlich trägt auch hier der Gedanke, dass der Versicherungsnehmer durch eine derartige Verlagerung der Risikoverwaltung keine unbillige Erweiterung seines Versicherungsschutzes erlangen darf, wenn an seiner statt nun der Repräsentant die Risikosphäre beherrscht und dabei den Versicherungsfall herbeiführt.[59] Auf die Frage der Zurechnung des iRd § 81 VVG relevanten Verschuldens beim KI-Einsatz wird sogleich noch ausführlich einzugehen sein.[60]

---

57 *Wandt* in MüKoVVG, 2. Aufl. 2016, § 28 Rn. 134; *Looschelders* in Beckmann/Matusche-Beckmann, Versicherungsrechts-Handbuch, 3. Aufl. 2015, § 17 Rn. 51.

58 Vgl. für menschliche Akteure im Bereich der Risikoverwaltung nur *Langheid* in Langheid/Rixecker, VVG, 6. Aufl. 2019, § 81 Rn. 23ff.; *Armbrüster* in Prölss/Martin, VVG, 31. Aufl. 2021, § 81 Rn. 6. Zur gegenteiligen Auffassung im Schrifttum statt vieler *Wandt,* Versicherungsrecht, 6. Aufl. 2016, Rn. 942f.

59 Vgl. nur *Looschelders* in MüKoVVG, 2. Aufl. 2016, § 81 Rn. 119.

60 Zur Verschuldenszurechnung und der Frage des Eigenverschuldens → IV.

b) KI-Einsatz zur Vertragsverwaltung

Eine Repräsentantenstellung der KI-Anwendung mag sich auch ergeben, sofern autonome intelligente Agenten die eigenständige Verwaltung von Aspekten des Versicherungsverhältnisses übernehmen. Dafür genügt es jedoch nicht, dass die KI nur in einem konkreten Einzelfall mit einem kleinen Ausschnitt der Vertragsverwaltung – wie etwa einer individuellen Schadensmeldung – betraut wird. Die Schwelle zu einer relevanten Vertragsverwaltung wäre aber überschritten, wenn die KI grundsätzlich die Geltendmachung bestimmter Rechte und/oder die Erfüllung von Obliegenheiten und Pflichten aus dem Versicherungsvertrag vor oder auch nach dem Eintritt des Versicherungsfalls selbstständig an Stelle des Versicherungsnehmers übernimmt.[61] Hierher gehört beispielsweise die Abgabe aller auf einen bestimmten Bereich bezogenen Schadensmeldungen gegenüber dem Versicherer. Ist eine Schadensmeldung dann unzutreffend, müsste sich der Versicherungsnehmer, der einer KI-Anwendung diese Aufgabe der Vertragsverwaltung zur autonomen Erledigung übertragen hat, dieses tatsächliche „Verhalten" der KI zurechnen lassen, da hier der stets erforderliche innere Zusammenhang mit der übertragenen Vertragsverwaltung besteht.[62] Von der Zurechnung des „Verhaltens" – dh im Fall der Schadensmeldung: der Erklärungshandlung und ihres konkreten Inhalts – zu trennen ist jedoch die Frage der Verschuldenszurechnung, die notwendigerweise die Verschuldensfähigkeit des unmittelbar Handelnden – hier also der KI-Anwendung – voraussetzt.[63]

2. KI als Wissenserklärungsvertreter

Wo die Voraussetzungen der Repräsentantenstellung nicht erfüllt sind, mag ein KI-System zumindest als Wissenserklärungsvertreter durch den Versicherungsnehmer damit betraut werden, an seiner Stelle Obliegenheiten gegenüber dem Versicherer zu erfüllen und/oder Erklärungen in Bezug auf das Versicherungsverhältnis abzugeben.[64] Ebenso wie im Fall des Wissensvertreters und der Repräsentantenstellung bedarf es hierfür keiner den Anforderung des § 167 BGB genügenden Bevollmächtigung durch den Versicherungsnehmer: Erforderlich und zugleich ausreichend ist, dass der Versicherungsnehmer gezielt und willentlich seinem Wissenserklärungsvertreter die Aufgabe überträgt, dem Versicherer Informationen zur Obliegenheitserfüllung zu übermitteln und/oder Erklärungen und sonstige Mitteilungen mit versicherungsvertraglicher Relevanz abzugeben.[65] Nach dieser Zurechnungsfigur muss der Versicherungsnehmer eine unvollständige, falsche oder unterbliebene Wissenserklärung des Wissenserklärungsvertreters gegen sich gelten lassen.[66]

---

[61] Vgl. allgemein BGHZ 171, 304, 306f.

[62] Vgl. *Wandt* in MüKoVVG, 2. Aufl. 2016, § 28 Rn. 133.

[63] Hierzu eingehend → IV.

[64] Zum Wissenserklärungsvertreter statt vieler *Armbrüster* in Prölss/Martin, VVG, 31. Aufl. 2021, § 28 Rn. 153ff.

[65] Siehe nur *Wandt* in MüKoVVG, 2. Aufl. 2016, § 28 Rn. 147.

[66] Vgl. nur BGH VersR 2014, 59, 61.

Dogmatisch wird die Zurechnungsfigur überwiegend auf eine Analogie zu § 166 Abs. 1 BGB gestützt.[67] Andere wiederum wollen (ergänzend) auf § 278 BGB[68] oder eine Analogie zu § 164 Abs. 1 BGB zurückgreifen.[69] Gleichviel, worin man die dogmatischen Wurzeln des Wissenserklärungsvertreters sieht, dürfte es sich hierbei – ebenso wie bei den Zurechnungsfiguren des Wissensvertreters und des Repräsentanten – um ein speziell versicherungsrechtliches, in richterlicher Rechtsfortbildung geschaffenes Institut handeln, das sich vom allgemeinen Zivilrecht durchaus emanzipiert hat.[70] Damit besteht grundsätzlich ausreichende Flexibilität, die Zurechnungsfigur des Wissenserklärungsvertreters auch auf den Einsatz einer KI-Anwendung durch den Versicherungsnehmer anzuwenden. Überträgt der Versicherungsnehmer seinem KI-System die Aufgabe, selbstständig bestimmte Erklärungen in Bezug auf das Versicherungsverhältnis gegenüber dem Versicherer abzugeben, so muss der Versicherungsnehmer dann unzutreffende ebenso wie unvollständige oder unterbliebene Wissenserklärung gegen sich gelten lassen.

3. Alternative Lösung in Anlehnung an die Grundsätze der Blanketterklärung

Folgt man der hier vertretenen Lösung zur Zurechnung von Wissenserklärungen zum Versicherungsnehmer hingegen nicht, wäre nach alternativen Ansätzen zu fragen, um eine unbillige Besserstellung des Versicherungsnehmers zu vermeiden, der sich KI-Anwendungen statt menschlicher Akteure bedient. Diese Verwendung eines KI-Systems zur Abgabe von Wissenserklärungen ließe sich in die Nähe der Ausstellung eines „Blanketts" rücken: Denn bereits durch diese Definition des Einsatzbereichs und die entsprechende Programmierung der KI-Anwendung könnte sich der Versicherungsnehmer jede von der KI künftig abgegebene Wissenserklärung zu eigen machen.[71] Dieser Fall ist vergleichbar mit Situationen, in denen der Versicherungsnehmer vorab blanko eine Wissenserklärung eines Dritten unterzeichnet, die sodann ein Dritter ausfüllt: In dieser Konstellation übernimmt der Versicherungsnehmer anerkanntermaßen die Wissenserklärung des Dritten als eigene.[72] Ebenso wie der ausfüllende Dritte bestimmt auch die zu diesem Zweck eingesetzte KI-Anwendung den Inhalt der Wissenserklärung vollständig selbst und übermittelt damit nicht lediglich als Botin eine fremde, bereits vollständig existente Erklärung des Versicherungsnehmers. Die Wissenserklärung würde zwar einerseits durch die KI-Applikation erst entscheidend geprägt, andererseits bliebe sie aber immer noch eine Wissenserklärung des Versicherungsnehmers, ebenso wie eine

---

[67] ZB BGHZ 122, 388, 389; *Rixecker* in Langheid/Rixecker, VVG, 6. Aufl. 2019, § 28 Rn. 50.

[68] *Armbrüster* in Prölss/Martin, VVG, 31. Aufl. 2021, § 28 Rn. 154. Zur ergänzenden Heranziehung des § 278 BGB *Heiss* in Bruck/Möller, VVG, 9. Aufl. 2008, § 28 Rn. 102ff. und 109; *Pohlmann* in Looschelders/Pohlmann, VVG, 3. Aufl. 2016, § 28 Rn. 94.

[69] *Looschelders* in Beckmann/Matusche-Beckmann, Versicherungsrechts-Handbuch, 3. Aufl. 2015, § 17 Rn. 92ff.; *Bruns,* Privatversicherungsrecht, 2015, § 5 Rn. 25.

[70] Vgl. zum Wissensvertreter → II. 1. und zum Repräsentanten → III. 1.

[71] Vgl. zu diesem Ansatz nur *Grapentin,* Vertragsschluss und vertragliches Verschulden beim Einsatz von Künstlicher Intelligenz und Softwareagenten, 2018, S. 91f.

[72] Vgl. nur OLG Saarbrücken VersR 2007, 532; *Wandt* in MüKoVVG, 2. Aufl. 2016, § 28 Rn. 152.

Blanketterklärung eine solche des Unterzeichners ist.[73] Bei diesem Verständnis wären unrichtige, unvollständige und unterbliebene Wissenserklärungen einer KI-Anwendung, derer sich der Versicherungsnehmer zur Erfüllung seiner Obliegenheiten bedient, stets eigene Wissenserklärungen des Versicherungsnehmers. Soweit es dann auf die Kenntnis des Versicherungsnehmers von bestimmten Umständen ankommt, müsste er sich die Kenntnis der KI-Applikation von relevanten Umständen über die Figur des Wissensvertreters nach den bereits dargestellten Grundsätzen als eigene Kenntnis zurechnen lassen.[74]

IV. Verschuldenszurechnung oder Eigenverschulden beim KI-Einsatz

Die Zurechnung von Verhalten – verstanden als vorgelagerter Obliegenheits- oder Pflichtenverstoß – einerseits lässt sich von der Zurechnung des hieran anknüpfenden Verschuldens(vorwurfs) andererseits grundsätzlich trennen.[75] Nach der hier vertretenen Sichtweise können beim Einsatz von KI-Anwendungen grundsätzlich die versicherungsvertraglichen Zurechnungsfiguren des Wissens(erklärungs)vertreters und der Repräsentation zumindest hinsichtlich der Wissens-, Wissenserklärungs- und Verhaltenszurechnung zum Versicherungsnehmer fruchtbar gemacht werden. Im Fall der Repräsentation und des Wissenserklärungsvertreters ist allerdings zusätzlich eine Verschuldenszurechnung anerkannt.[76] Auf die Frage des eigenen Verschuldens des Versicherungsnehmers kommt es dann – zumindest im Grundsatz – nicht an.[77] Diese etablierten Zurechnungsgrundsätze und insbesondere ihr Verhältnis zum Eigenverschulden des Versicherungsnehmers mögen beim KI-Einsatz jedoch zu überdenken sein: Denn es ist mehr als fraglich, ob „intelligente Agenten" des Versicherungsnehmers verschuldensfähig sind und damit eine Zurechnung über die Figur der Repräsentation, des Wissenserklärungsvertreters oder auch analog § 278 BGB zum Versicherungsnehmer erfolgen kann (dazu unter → 1.). Dies lenkt den Blick auf etwaiges Eigenverschulden des Versicherungsnehmers in seiner Rolle als KI-Verwender (hierzu unter → 2.).

1. Zurechnungsfähiges „Verschulden" der KI?

Während tatsächliche „Kenntnisse", Handlungen und Erklärungen der KI dem Versicherungsnehmer grundsätzlich zugerechnet werden können,[78] tun sich bei der Verschuldenszurechnung grundlegende Schwierigkeiten auf: Denn die Kategorie des „Verschuldens" setzt die Verschuldensfähigkeit des dem Verschuldensvorwurf

[73] So für Willenserklärungen *Grapentin,* Vertragsschluss und vertragliches Verschulden beim Einsatz von Künstlicher Intelligenz und Softwareagenten, 2018, S. 91 f.; *Haseloff/Friehoff* VersR 2020, 1363, 1367 ff.

[74] → II.

[75] Vgl. nur *Grundmann* in MüKoBGB, 8. Aufl. 2019, § 278 Rn. 50 und § 276 Rn. 10.

[76] Statt vieler *Rixecker* in Langheid/Rixecker, VVG, 6. Aufl. 2019, § 28 Rn. 50.

[77] Vgl. nur BGH VersR 1967, 343. Zu Recht differenzierter *Wandt* in MüKoVVG, 2. Aufl. 2016, § 28 Rn. 114 f.

[78] Siehe erneut → II. und → III.

ausgesetzten Akteurs voraus.[79] Eine KI-Anwendung ist der willentlichen Steuerung eigenen Handelns indes gar nicht fähig, und auch soweit sie autonom agiert, geschieht dies nur aufgrund vorheriger Programmierung.[80] Teile des Schrifttums wollen eine Zurechnung von „Verschulden“ der KI-Anwendung zu ihrem Verwender ungeachtet dessen in entsprechender Anwendung des § 278 BGB ermöglichen.[81] Die wohl überwiegende Auffassung tritt dem mit Recht entgegen, weil es hier bereits an einer vergleichbaren Interessenlage fehlt: Wo schon im Ausgangspunkt kein „Verschulden“ der KI existiert, kann auch keine Zurechnung zum Versicherungsnehmer – sei es über die Figur der Repräsentation oder des Wissenserklärungsvertreters, sei es in direkter oder analoger Anwendung des § 278 BGB – erfolgen.[82]

2. *Eigenverschulden des Versicherungsnehmers als KI-Verwender*

Lehnt man eine Verschuldenszurechnung beim Einsatz einer KI-Anwendung demnach ab, kann nur auf das Verschulden des Versicherungsnehmers in seiner Rolle als KI-Verwender abgestellt werden. In den tradierten Fallgestaltungen wird zwar das Eigenverschulden des Versicherungsnehmers im Anwendungsbereich der Zurechnungsfiguren des Repräsentanten und des Wissenserklärungsvertreters grundsätzlich für irrelevant gehalten, weil es hier – anders als bei § 47 Abs. 1 VVG – nicht um eine „Zusammenrechnung“ von Verschulden, Verhalten und/oder Wissen unterschiedlicher, jeweils für sich genommen verschuldensfähiger Akteure gehe.[83] Die Fragestellung lautet beim KI-Einsatz indes etwas anders: Ist das – im Ausgangspunkt zurechenbare – inkriminierte Verhalten bzw. der konkrete Erklärungsakt der nicht verschuldensfähigen KI-Anwendung nun zumindest dem Versicherungsnehmer als KI-Verwender im zivilrechtlichen Sinne vorwerfbar? Hier geht es also um eine Kombination von Wissens- und Verhaltenszurechnung der KI-Anwendung einerseits und – an eigenes objektiv pflichtwidriges Verhalten (Tun oder Unterlassen) gebundenes – Eigenverschulden des Versicherungsnehmers andererseits.[84]

Ein solches Eigenverschulden wird man zunächst bejahen können, wenn der Versicherungsnehmer als KI-Verwender sich einer für die konkreten Aufgaben schon *per se* nicht technisch gerüsteten oder im Einsatzzeitpunkt noch nicht hinreichend „trainierten“ KI-Anwendung bedient: Dies lässt sich als eine besondere

---

[79] Vgl. allgemein zur Verschuldensfähigkeit des Erfüllungsgehilfen nur OLG Düsseldorf NJW-RR 1995, 1165, 1166; *Grüneberg* in Grüneberg, BGB, 81. Aufl. 2022, § 278 Rn. 27; *Lorenz* in BeckOK BGB, 59. Ed. 1.8.2021, § 278 Rn. 48. AA etwa *Grundmann* in MüKoBGB, 8. Aufl. 2019, § 278 Rn. 50 dort mwN.

[80] ZB *Grapentin,* Vertragsschluss und vertragliches Verschulden beim Einsatz von Künstlicher Intelligenz und Softwareagenten, 2018, S. 131 ff.

[81] So etwa *Hacker* RW 2018, 243, 250 ff.; *Wendehorst/Grinzinger* in Ebers/Heinze/Krügel/Steinrötter, Künstliche Intelligenz und Robotik, 2020, § 4 Rn. 84 f. und 91.

[82] Zu § 278 BGB statt vieler *Grundmann* in MüKoBGB, 8. Aufl. 2019, § 278 Rn. 46; *Schaub* in BeckOGK, 1.9.2021, BGB § 278 Rn. 16; *Grapentin,* Vertragsschluss und vertragliches Verschulden beim Einsatz von Künstlicher Intelligenz und Softwareagenten, 2018, S. 128 ff.

[83] *Wandt* in MüKoVVG, 2. Aufl. 2016, § 28 Rn. 114.

[84] Vgl. zum Verhältnis von Zurechnung und Eigenverschulden auch *Langheid* in Langheid/Rixecker, VVG, 6. Aufl. 2019, § 81 Rn. 38; *Wandt* in MüKoVVG, 2. Aufl. 2016, § 28 Rn. 115.

Form des Verschuldens des Versicherungsnehmers in Bezug auf die Auswahl seines Repräsentanten bzw. Wissenserklärungsvertreters erfassen.[85] Gleiches gilt, wenn der Versicherungsnehmer nach Bestellung der KI zu seiner Repräsentantin und/oder Wissenserklärungsvertreterin objektiv notwendige und erkennbare Aktualisierungs- oder auf neuen Daten und Erkenntnissen basierende Trainingsmaßnahmen in Bezug auf sein KI-System unterlässt: Denn die KI-Anwendung wäre dann für die ihr übertragenen Aufgaben nicht (mehr) hinreichend „instruiert".[86] Auch insoweit träfe den Versicherungsnehmer dann ein anhand der jeweiligen Einzelfallumstände zu ermittelndes eigenes Verschulden.

Darüber hinaus wird man den Versicherungsnehmer aufgrund der Besonderheiten des KI-Einsatzes womöglich künftig mit einer eigenen, allgemeinen Pflicht belasten müssen, „intelligente Agenten", die als seine Repräsentanten bzw. Wissenserklärungsvertreter auftreten, in einem bestimmten, näher zu konturierenden Rahmen zu überwachen.[87] Zwar hat sich – soweit ersichtlich – bislang allein das OLG Oldenburg gegen eine solche generelle Überwachungspflicht des Versicherungsnehmers in Bezug auf menschliche Akteure ausgesprochen: Dies geschah aber nur mit der Einschränkung, dass den Versicherungsnehmer „konkret(e) Sonderumstände nicht zu irgendwelchen Überwachungsmaßnahmen" veranlassen mussten.[88] Solche Umstände wird man beim KI-Einsatz durchaus bejahen können, zumal hier der Versicherungsnehmer einerseits unmittelbar die Vorteile der KI-gestützten Erfüllung bestimmter, eigentlich ihm im Versicherungsvertragsverhältnis zufallender Aufgaben genießt und er dadurch andererseits nicht jeglicher Verantwortlichkeit für die Erfüllung dieser Aufgaben und damit für die ordnungsgemäße Funktionsweise der KI verlustig gehen kann.[89] Freilich ist eine vollständige menschliche Kontrolle aller Inputfaktoren, Arbeitsschritte und Resultate der KI-Anwendung kaum je möglich und würde den Mehrwert von KI-Systemen auch zunichtemachen. Zugleich können und müssen KI-Anwendungen aber zB ständig „on the job" weitertrainiert werden, was einzelne Fehlentwicklungen und damit auch Korrekturbedarfe und -prozesse impliziert. Im Interesse des Verkehrsschutzes und einer angemessenen Risikoverteilung wird der Versicherungsnehmer deshalb die Tätigkeiten der KI im Versicherungsverhältnis in gewissem Rahmen stets weiter überwachen müssen.[90] Es erscheint naheliegend – ob-

---

[85] Vgl. zur KI-Anwendung *Grapentin,* Vertragsschluss und vertragliches Verschulden beim Einsatz von Künstlicher Intelligenz und Softwareagenten, 2018, S. 131 ff. Zum Auswahlverschulden in Bezug auf Repräsentanten *Langheid* in Langheid/Rixecker, VVG, 6. Aufl. 2019, § 81 Rn. 38; *Wandt* in MüKoVVG, 2. Aufl. 2016, § 28 Rn. 115.

[86] Vgl. zu dieser Parallele *Wandt* in MüKoVVG, 2. Aufl. 2016, § 28 Rn. 115. Vgl. zur Verpflichtung, aktuelle Daten und Erkenntnis an Wissenserklärungsvertreter weiterzugehen, OLG Hamm r+s 1998, 491, 492 f.

[87] In diese Richtung allgemein zB *Grapentin* Vertragsschluss und vertragliches Verschulden beim Einsatz von Künstlicher Intelligenz und Softwareagenten, 2018, S. 131 ff. Zum „Überwachungsverschulden" allgemein *Langheid* in Langheid/Rixecker, VVG, 6. Aufl. 2019, § 81 Rn. 38.

[88] OLG Oldenburg VersR 1986, 1091.

[89] Vgl. zu dieser Argumentationslinie nur *Langheid* in Langheid/Rixecker, VVG, 6. Aufl. 2019, § 81 Rn. 38.

[90] Allgemein *Langheid* in Langheid/Rixecker, VVG, 6. Aufl. 2019, § 81 Rn. 38. Vgl. auch *Baumann* in Bruck/Möller, VVG, 9. Aufl. 2010, § 81 Rn. 119.

gleich beim derzeitigen Entwicklungsstand noch nicht in den Einzelheiten absehbar –, dass sich für unterschiedliche Einsatzzwecke von KI-Anwendungen nach und nach konkrete Kriterien herausbilden, anhand derer die Erforderlichkeit und Frequenz einer menschlichen Überprüfung von Entscheidungsgrundlagen und Entscheidungsoutput zu beurteilen ist. Bei vorsätzlichen oder fahrlässigen Verstößen gegen solche Überwachungspflichten bietet sich hier entsprechend ein weiterer Anknüpfungspunkt für das Eigenverschulden des Versicherungsnehmers.

Bei zunehmendem KI-Einsatz auf Seiten der Versicherungsnehmer steht ohnehin zu erwarten, dass versicherungsvertraglich künftig detaillierte Obliegenheiten des Versicherungsnehmers nach § 28 VVG vereinbart werden, die bestimmte Maßnahmen – dh insbesondere die geeignete Auswahl und die fortlaufende Aktualisierung, Überwachung und Dokumentation – bei der Nutzung von KI-Systeme vorgeben. Nicht zuletzt mit Blick auf die Klauselkontrolle gilt es hier das richtige Maß zu finden.

V. Fazit und Ausblick

Beim Einsatz von KI-Anwendungen durch den Versicherungsnehmer ist eine Kenntniszurechnung mithilfe der Figur des Wissensvertreters grundsätzlich möglich. Darüber hinaus können (Wissens)Erklärungen und sonstiges „Verhalten" des KI-Systems dem Versicherungsnehmer mithilfe des Instruments der Repräsentantenstellung zugerechnet werden, soweit der Versicherungsnehmer der KI-Anwendung die Risiko- und/oder die Vertragsverwaltung überträgt. Fruchtbar machen lässt sich ferner die Figur der Wissenserklärungsvertretung, soweit KI-Systeme durch den Versicherungsnehmer in Zukunft mit der Abgabe bestimmter Erklärungen gegenüber dem Versicherer betraut werden.

Hingegen scheitert eine Zurechnung von Verschulden zum Versicherungsnehmer – ungeachtet der dogmatischen Begründung – beim gegenwärtigen Stand an der mangelnden Verschuldensfähigkeit einer KI-Anwendung: Auch soweit sie autonom agiert, geschieht dies nur aufgrund vorheriger Programmierung und nicht aufgrund eigenen Willens. Entsprechend kann den Versicherungsnehmer als KI-Verwender nur ein Eigenverschulden treffen. Als Anknüpfungspunkt hierfür bietet sich zunachst die Auswahl einer fur die konkret ubertragenen Aufgaben technisch nicht gerüsteten oder noch nicht hinreichend „trainierten" KI-Anwendung an. Neben einer so verstandenen pflichtwidrigen Auswahl und/oder „Instruktion" des KI-Systems dürfte sich ein Eigenverschulden begründen lassen, soweit der Versicherungsnehmer künftig verpflichtet wird, „intelligente Agenten", die als seine Repräsentanten bzw. Wissenserklärungsvertreter auftreten, in einem bestimmten Rahmen zu überwachen.

Besondere Herausforderungen stellen sich im Streitfall dann auf der Ebene der Darlegungs- und Beweislast: Behauptet der Versicherer beispielsweise die Verletzung von Obliegenheiten nach §§ 30, 31 iVm § 28 VVG und stützt er dies auf die Zurechnung der Kenntnisse einer KI-Anwendung zum Versicherungsnehmer, so ist der Versicherer insoweit darlegungs- und beweisbelastet.[91] Ebenso liegt der Fall beim Vorwurf der Herbeiführung des Versicherungsfalls.[92] Den Versicherungsnehmer als KI-Verwender wird hier freilich eine sekundäre Darlegungslast treffen, soweit das KI-System jeglichem Einblick des Versicherers entzogen ist. Die tatsächlichen Schwierigkeiten liegen dann jeweils in der Erklärbarkeit und forensischen Aufbereitung der Informations- und Entscheidungsgrundlagen der KI. Die Versicherungsnehmer werden zumindest in Grundzügen die KI-Systeme und die von ihnen verwendeten Datengrundlagen im Streitfall nachvollziehbar machen müssen. Dabei sind – neben Datenschutzgesichtspunkten – insbesondere die Geschäftsgeheimnisschutzbelange und Rechte des geistigen Eigentums des Versicherungsnehmers zu wahren.

Um diesen Schwierigkeiten zu begegnen, werden u. a. versicherungsvertragliche Obliegenheiten zu vereinbaren sein, wonach sowohl die von der KI genutzten Daten als auch die durch die KI-generierten Entscheidungen und Verhaltensweisen kontinuierlich in auslesbarer und „erklärbarer" Form zu speichern sind. Die Rechtsprechung erkennt schon gegenwärtig das Bedürfnis an, für das Versicherungsverhältnis relevante (maschinengenerierte) Daten auch bei Personenbezug umfassend auszulesen.[93] Ähnliche Entwicklungen sind auch in Bezug auf KI-Systeme zu erwarten, damit der Zugang zu und die Transparenz von solchen Quellen – etwa für die Zwecke der Aufklärung von Versicherungsfällen – gewährleistet sind.

Die hier skizzierten Punkte sind dabei gewiss nicht die einzigen Herausforderungen, vor die das Versicherungsrecht durch den zunehmenden Einsatz von KI-Systemen gestellt wird. Wie eingangs bereits gesagt: Die Blütezeit der neuen *McCarty*-Ära hat ja gerade erst begonnen.

---

[91] Vgl. nur *Pohlmann* in Looschelders/Pohlmann, VVG, 3. Aufl. 2016, § 28 Rn. 148 f. Vgl. zur Zugehörigkeit der Kenntnis zum objektiven Tatbestand nur BGH VersR 2007, 389 f.

[92] Vgl. nur *Langheid* in Langheid/Rixecker, VVG, 6. Aufl. 2019, § 81 Rn. 103.

[93] Vgl. jüngst etwa LG Köln, DAR 2020, 463; OLG Köln, r+s 2020, 702. Vgl. zum „Smart-Home" auch *Armbrüster/Kosich* r+s 2020, 384.

MARK MAKOWSKY

Das Fehlen der versicherten Gefahr

I. Einleitung

§ 80 VVG (§ 68 VVG aF) regelt das Fehlen des versicherten Interesses in der Schadensversicherung. Besteht das versicherte Interesse bereits bei Beginn der Versicherung nicht oder gelangt es, wenn die Versicherung für ein künftiges Unternehmen oder ein anderes künftiges Interesse genommen ist, nicht zur Entstehung (sog. anfänglicher Interessemangel), schuldet der Versicherungsnehmer gemäß § 80 Abs. 1 VVG nicht die Prämie, sondern nur eine angemessene Geschäftsgebühr. Entfällt das versicherte Interesse erst nach dem Beginn der Versicherung (sog. nachträglicher Interessemangel), steht dem Versicherer gemäß § 80 Abs. 2 VVG bloß die Prämie zu, die er hätte beanspruchen können, wenn die Versicherung von vornherein nur bis zu dem Zeitpunkt beantragt worden wäre, zu dem er vom Wegfall des Interesses Kenntnis erlangt hat. Schließlich ordnet § 80 Abs. 3 VVG die Nichtigkeit des Versicherungsvertrags an, falls der Versicherungsnehmer ein nicht bestehendes Interesse mit Betrugsabsicht versichert hat.

Bis heute ist streitig, ob § 80 VVG zumindest entsprechend anwendbar ist, wenn nicht das versicherte Interesse, sondern die versicherte Gefahr anfänglich fehlt oder nachträglich entfällt. Während vor allem das ältere Schrifttum eine (analoge) Anwendung der Bestimmung auf den Gefahrmangel noch mehrheitlich befürwortete,[1] steht die heute wohl hM[2] – einschließlich des *Jubilars*[3] – einer solchen Erweiterung ablehnend gegenüber. So wird darauf hingewiesen, dass das Interesse bei nicht entstandener oder weggefallener Gefahr zwar ebenfalls fehlen könne, aber keineswegs fehlen müsse.[4] Das nachfolgende Plädoyer für eine analoge Anwendung

---

[1] In neuerer Zeit *Schnepp* in Bruck/Möller, VVG, 9. Aufl. 2010, § 80 Rn. 14; *Beckmann* in Berliner Kommentar zum VVG, 1999, § 68 Rn. 5; *Sieg* in Bruck/Möller, VVG, 8. Aufl. 1980, § 68 Anm. 25; aus dem älteren Schrifttum *Ottow*, Interessen- und Gefahrenwegfall, 1965, S. 78ff.; *Sasse* VersR 1954, 556; *Ehrenzweig*, Deutsches (österreichisches) Versicherungsvertragsrecht, 1952, S. 114, 223; *v. Gierke*, Versicherungsrecht II, 1947, S. 164, 176; *Puhl*, Der Prämienanspruch bei Risikomangel oder -wegfall (§ 68 VVG), 1936, S. 19; *Bruck*, Das Privatversicherungsrecht, 1930, S. 498f.; *Kisch*, Handbuch des Privatversicherungsrechts, 3. Bd., 1922, S. 207; vgl. bereits *Ehrenberg*, Versicherungsrecht, 1893, S. 273; vgl. aus der Rechtsprechung AG Stuttgart VersR 1954, 35; AG Ebingen VersR 1959, 221.

[2] *Armbrüster* in Prölss/Martin, VVG, 31. Aufl. 2021, § 80 Rn. 6; *Halbach* in MüKoVVG, 2. Aufl. 2016, § 80 Rn. 4; *Brambach* in Rüffer/Halbach/Schimikowski, VVG, 4. Aufl. 2020, § 80 Rn. 5; aus der Rechtsprechung LG Bremen VersR 1958, 282.

[3] *Langheid* in Langheid/Rixecker, VVG, 6. Aufl. 2019, § 80 Rn. 3.

[4] *Langheid* in Langheid/Rixecker, VVG, 6. Aufl. 2019, § 80 Rn. 3.

des § 80 VVG auf den Gefahrmangel ist *Theo Langheid* anlässlich seines 70. Geburtstages in hoher Wertschätzung gewidmet.

II. Das „versicherte Interesse" iSd § 80 VVG

Der Begriff des (versicherten) Interesses gehört zu den „ältesten und schillerndsten"[5] des Versicherungsrechts.[6] Das VVG verwendet den Begriff zwar an verschiedenen Stellen (vgl. §§ 48, 53, 74ff. VVG), enthält jedoch keine Legaldefinition desselben. Im Anschluss an die zur Jahrhundertwende entwickelte, wirkmächtige Interessenlehre von *Ehrenberg*[7] wird unter Interesse heute überwiegend die rechtliche (oder rechtlich schützenswerte wirtschaftliche) Beziehung verstanden, aufgrund derer der Versicherungsnehmer oder Versicherte durch den Eintritt des Versicherungsfalls einen Nachteil erleiden kann.[8] Eine ähnliche, aber auf die Aktivenversicherung zugeschnittene Definition bezeichnet das Interesse als die Rechts- oder Wertbeziehung einer Person zu einem Vermögensgut, dessen Beeinträchtigung der Person einen wirtschaftlichen Nachteil bringt.[9] Mit abweichender Nuancierung hat der BGH das versicherte Interesse als einen von den Parteien bei Abschluss des Versicherungsvertrags für möglich gehaltenen Vermögensnachteil beschrieben, der im Falle seines Eintritts durch die Versicherungsleistung ausgeglichen werden soll.[10] Die unterschiedlichen Begriffsdefinitionen zeigen, dass es bis heute nicht vollständig gelungen ist, den sehr abstrakten Interessenbegriff präzise zu konturieren und damit für die Rechtsanwendung unmittelbar operationabel zu machen.[11] Die fortbestehenden Unsicherheiten in Bezug auf den genauen Inhalt und die Reichweite des „versicherten Interesses" treten nicht zuletzt auch bei der Frage des Interessemangels nach § 80 VVG und insbesondere im Zusammenhang mit der hier relevanten Abgrenzung zum Gefahrmangel zu Tage. So ist bis heute nicht abschließend geklärt, ob das „versicherte Interesse" in der vermögenswerten

---

[5] *Schauer* in Berliner Kommentar zum VVG, 1999, Vorbem. §§ 49–68a Rn. 43.

[6] Zu den historischen Ursprüngen des Interessebegriffs *Gärtner* ZVersWiss 1963, 337ff.; *Möller* in Bruck/Möller, VVG, 8. Aufl. 1980, § 49 Anm. 30ff.; *Schweitzer,* Das versicherte Interesse (im Binnenversicherungsrecht), 1990, S. 2ff.; *Krause,* Der Begriff des versicherten Interesses und seine Auswirkungen auf die Versicherung für fremde Rechnung, 1997, S. 3ff.

[7] *Ehrenberg,* Versicherungsrecht, 1893, S. 8ff., 293ff.; *Ehrenberg,* Das „Interesse" im Versicherungsrecht, in: Festgabe der Leipziger Juristenfakultät für Dr. Rudolph Sohm zum 8. Juli 1914, 1915, S. 1ff.; eingehend zur Interessenlehre *Ehrenbergs* auch *Schweitzer,* Das versicherte Interesse (im Binnenversicherungsrecht), 1990, S. 25ff.

[8] *Möller* in Bruck/Möller, VVG, 8. Aufl. 1980, § 49 Anm. 48; *Armbrüster* in Prölss/Martin, VVG, 31. Aufl. 2021, Vorbem. zu §§ 74–99 Rn. 28; *Armbrüster,* Privatversicherungsrecht, 2. Aufl. 2019, § 2 Rn. 86, § 24 Rn. 1364; *Beckmann* in Berliner Kommentar zum VVG, 1999, § 68 Rn. 6.

[9] *E. Lorenz* in Beckmann/Matusche-Beckmann, Versicherungsrechts-Handbuch, 3. Aufl. 2015, § 1 Rn. 121; *Looschelders* in MüKoVVG, 2. Aufl. 2016, § 1 Rn. 17; *Schauer* in Berliner Kommentar zum VVG, 1999, Vorbem. §§ 49–68a Rn. 43; *Wandt,* Versicherungsrecht, 6. Aufl. 2016, Rn. 688.

[10] BGH NJW-RR 1988, 727.

[11] Allgemein zu den Problemfeldern des Interessebegriffs *E. Lorenz* in Beckmann/Matusche-Beckmann, Versicherungsrechts-Handbuch, 3. Aufl. 2015, § 1 Rn. 122ff.; *H. Baumann/Koch* in Bruck/Möller, VVG, 10. Aufl. 2020, § 1 Rn. 67ff.

rechtlichen Beziehung als solcher zu erblicken ist[12] oder ob das „versicherte Interesse" stets nur mit Rücksicht auf den konkreten Versicherungsvertrag und der darin versicherten Gefahr[13] oder dem darin zur Deckung gebrachten Vermögensnachteil[14] bestimmt werden kann. Die unterschiedlichen Ansätze lassen sich anhand von zwei Beispielsfällen aus den Motiven zu § 68 VVG aF veranschaulichen:[15]

Die Motive nennen zum einen den Fall, dass ein Schiff für eine bevorstehende Reise versichert ist, die Reise aber aufgegeben wird, zum anderen den Fall, dass Sachen für die Dauer einer Ausstellung gegen einen Brandschaden im Ausstellungsgebäude versichert werden, die Ausstellung aber nicht zustande kommt oder der Versicherungsnehmer von seiner Beteiligung hieran absieht. Erblickt man das „versicherte Interesse" in diesen Fällen allein in der rechtlichen Beziehung zum Vermögensgut, so besteht dieses Interesse trotz der veränderten Lage fort. Denn die aus dem Eigentum am Schiff oder an den Sachen fließende Wertbeziehung existiert auch dann weiter, wenn die geplante Reise aufgegeben oder die Ausstellung abgesagt wird oder der Versicherungsnehmer hieran nicht teilnimmt. Das versicherte (Sacherhaltungs-) Interesse wird aus dieser Perspektive lediglich nicht der versicherten Gefahr ausgesetzt, die mit der Reise oder Ausstellung verbunden gewesen wäre.[16] Ganz anders fällt die Beurteilung hingegen aus, wenn das „versicherte Interesse" jeweils mit Rücksicht auf die im Versicherungsvertrag gedeckten Gefahren bzw. Vermögensnachteile bestimmt wird. Konkretisiert man das „versicherte Interesse" dahingehend, dass es sich von vornherein nur auf die im Versicherungsvertrag bezeichnete Reise oder Ausstellung bezieht, fehlt jenes Interesse, wenn die Reise oder Ausstellung gar nicht stattfindet. Mit der Schiffs- oder Feuerversicherung wird also nicht etwa das allgemein bestehende, umfassende (Sacherhaltungs-)Interesse des Versicherungsnehmers bezüglich seines Schiffes oder seiner Sachen versichert, sondern nur das künftige (Sacherhaltungs-)Interesse *bei* der geplanten Reise

---

[12] In diesem Sinne etwa *Kisch,* Handbuch des Privatversicherungsrechts, 3. Bd., 1922, S. 205: „Man braucht sich das Interesse nicht als etwas vorzustellen, das begriffsnotwendig im Zusammenhang mit einer es bedrohenden Gefahr zu denken wäre. Der Eigentümer z. B. hat das Inhaberinteresse ganz unabhängig davon, ob dasselbe im Einzelfall von irgendeiner Gefahr bedroht ist. Er hat es nicht etwa bloß im Hinblick auf die Transportgefahr."

[13] In diesem Sinne etwa *Hagen* ZVersWiss 1907, 15 (16): „Es zeigt sich hierin, daß [die rechtliche oder wirtschaftliche Beziehung des Versicherungsnehmers zur Sache (Eigentum, Miete, Pfandrecht, Kommission usw.)] nicht an sich, sondern nur mit Rücksicht auf die Gefahren, gegen die durch die Versicherung Deckung gesucht wird, also m. a. W. nur in Verbindung mit einem Versicherungsvertrage ein versicherungsrechtliches Interesse ausmachen kann."

[14] In diesem Sinne *Blanck* ZVersWiss 1929, 393 (395): „Denn Ehrenberg sagt ja nicht, daß die Beziehung an sich schon das Interesse sei, sondern nur insofern, als ein möglicher Vermögensnachteil sich damit verbinde."

[15] Vgl. Motive und amtliche Begr. zum Gesetz über den Versicherungsvertrag v. 30.05.1908, Neudruck Berlin 1963, S. 141.

[16] In diesem Sinne sowohl zum Schiffsreise- als auch zum Ausstellungsfall *Bruck,* Das Privatversicherungsrecht, 1930, S. 499; *Kisch,* Handbuch des Privatversicherungsrechts, 3. Bd., 1922, S. 205: „Es sind logisch und rechtlich zwei durchaus verschiedene Dinge, ob ein wirtschaftliches Gut, welches von der Gefahr (im Falle ihres Eintritts) betroffen werden könnte, überhaupt nicht besteht (Mangel des Interesses) oder ob dieses Gut existiert, aber einer Gefährdung überhaupt nicht ausgesetzt erscheint (Mangel der Gefahr)." Zum Ausstellungsfall auch *Ehrenzweig,* Deutsches (österreichisches) Versicherungsvertragsrecht, 1952, S. 223.

oder Ausstellung. Die Aufgabe der Schiffsreise und der Ausfall der Ausstellung lassen aus dieser Perspektive nicht bloß die versicherte Gefahr (zB Untergangs- oder Brandgefahr) entfallen, sondern schon das „versicherte Interesse", welches nach dem Inhalt des Versicherungsvertrags an die künftige Unternehmung oder einen bestimmten Ort und eine bestimmte Zeit geknüpft ist. In den Beispielsfällen liegt folglich nicht nur ein Gefahrmangel, sondern bereits ein Interessemangel iSd § 80 VVG (§ 68 VVG aF) vor.[17]

Welche der beiden Sichtweisen auf das „versicherte Interesse" zutreffend ist, soll hier nicht abschließend beurteilt werden. Für die Frage der Abgrenzung zwischen Interesse- und Gefahrmangel ist jedoch von Bedeutung, dass der historische Gesetzgeber bei der Schaffung des § 68 VVG aF offenbar die zweitgenannte Perspektive einnahm. In den Motiven wurden die genannten Fälle nämlich gerade als Beispiele für einen *anfänglichen Interessemangel* angeführt. Der Gesetzgeber ging explizit davon aus, dass es sich um Sachverhalte handelt, in denen die Versicherung für ein künftiges Unternehmen (im Sinne einer „Unternehmung") oder sonst für ein künftiges Interesse genommen ist und dieses Interesse nicht zur Entstehung gelangt.[18] Der Schifffahrts- und Ausstellungsfall sowie gleichgelagerte Fälle sollten demnach unzweifelhaft der Regelung des § 68 VVG aF unterworfen werden. Dieser gesetzgeberische Wille, der sich in den Materialien eindeutig manifestiert hat, ist auch dann zu respektieren, wenn man das „versicherte Interesse" entsprechend der erstgenannten Sichtweise in einem anderen (weiteren) Sinne versteht und in den Beispielsfällen daher ein Fortbestehen des Interesses annimmt. Geht man im Schiffsreise- und Ausstellungsfall also davon aus, dass nicht das versicherte Interesse, sondern allein die Gefahr fehlt, so muss man auf diesen Gefahrmangel dennoch § 80 VVG (analog) anwenden, um dem Willen des Gesetzgebers Geltung zu verschaffen.

Die beiden Beispielsfälle aus den Motiven machen auch deutlich, dass sich die Abgrenzung zwischen Interesse- und Gefahrmangel vielfach als schwierig erweist.[19] Dieser Umstand spricht ebenfalls dafür, die Regelung des § 80 VVG auf den sehr ähnlichen Fall des Gefahrmangels zu erstrecken.

III. Der Wortlaut des § 80 VVG

Für die Frage, ob § 80 VVG auch dann anzuwenden ist, wenn zwar kein Interessemangel, wohl aber ein Gefahrmangel vorliegt, lässt der Wortlaut der Regelung keine sicheren Schlüsse zu. Zwar ist im Gesetz offensichtlich nur vom Nichtbestehen oder Wegfall des „versicherten Interesses" die Rede. Es bestehen aber, wie ge-

---

[17] In diesem Sinne sowohl zum Schiffsreise- als auch zum Ausstellungsfall *Hagen* ZVersWiss 1907, 15 (17); *Blanck* ZVersWiss 1929, 393 (395).

[18] Motive und amtliche Begr. zum Gesetz über den Versicherungsvertrag v. 30.5.1908, Neudruck Berlin 1963, S. 141.

[19] *Kisch,* Handbuch des Privatversicherungsrechts, 3. Bd., 1922, S. 207; *Ehrenzweig,* Deutsches (österreichisches) Versicherungsvertragsrecht, 1952, S. 223; *Sieg* in Bruck/Möller, VVG, 8. Aufl. 1980, § 68 Anm. 25; *Schnepp* in Bruck/Möller, VVG, 9. Aufl. 2010, § 80 Rn. 14.

zeigt, erhebliche Unsicherheiten, wie dieser Begriff genau auszulegen ist. Je nachdem, wie man das „versicherte Interesse" definiert, kann das Interesse bei Fehlen der versicherten Gefahr entweder als bestehend oder ebenfalls als nicht bestehend erachtet werden (→ II.).

Die „recht ungenaue Ausdrucksweise"[20] des Gesetzes ergibt sich zudem daraus, dass in § 80 Abs. 1 VVG „ein künftiges Unternehmen" einem etwaigen „anderen künftigen Interesse" gleichstellt wird. Eine vom Versicherungsnehmer in Aussicht genommene Unternehmung, etwa eine Reise, ein Transport, eine Schifffahrt oder eine Ausstellungsteilnahme, wird damit selbst als ein künftiges Interesse behandelt. Diese Einordnung verträgt sich nicht mit der heute wie damals üblichen Sichtweise, dass eine künftige Unternehmung bloß eine *neue Gefahrenquelle* für das versicherte Interesse begründet und daher das Aufgeben der Unternehmung allein einen Gefahrmangel zur Folge hat. Diese Sicht der Dinge lag insbesondere auch den seeversicherungsrechtlichen Vorschriften des HGB zugrunde, an die der historische Gesetzgeber ausdrücklich anschließen wollte.[21] So regelte § 894 HGB aF den Tatbestand, dass „die Unternehmung, auf welche sich die Versicherung bezieht, (...) von dem Versicherten aufgegeben wird oder (...) ohne sein Zutun die ganze versicherte Sache oder ein Teil dieser Sache der von dem Versicherer übernommenen Gefahr nicht ausgesetzt" wird, während § 895 HGB aF tatbestandlich den „Mangel des versicherten Interesses" erfasste. Die damaligen Bestimmungen differenzierten folglich auf Tatbestandsebene klar zwischen dem Gefahrmangel einerseits (§ 894 HGB aF) und dem Interessemangel andererseits (§ 895 HGB aF), ordneten auf Rechtsfolgenebene aber gleichermaßen den Ristorno an. Die Gesetzesbegründung zu § 68 VVG aF legt die Vermutung nahe, dass der historische Gesetzgeber jene beiden Tatbestände schlichtweg „zusammenlegen" wollte, sie dabei aber terminologisch ungenau unter dem Oberbegriff des Interessemangels zusammenfasste. Auch dieser historische Befund liefert ein gewichtiges Argument für die Anwendung des § 80 VVG auf die Fälle eines Gefahrmangels.

Ob § 80 VVG direkt oder analog auf den Gefahrmangel anzuwenden ist, hängt ebenfalls vom Wortlaut und damit von der (unsicheren) Reichweite des Interessebegriffs ab. Denn der Wortlaut bildet nach allgemeinen methodischen Grundsätzen die Grenze der Auslegung. Im Schrifttum wurde teilweise vertreten, dass die Norm – aufgrund der Gleichsetzung von „Unternehmen" und „Interesse" – von einem weiteren Interessebegriff ausgehe als andere Vorschriften des VVG und daher den Gefahrmangel unmittelbar erfasse.[22] Für diese Auffassung lässt sich anführen, dass der sehr abstrakte Interessebegriff stets mit Blick auf seine konkreten Funktionen und somit nach dem jeweiligen Normzweck konkretisiert werden muss. Auf der anderen Seite ist zu beachten, dass die versicherungsrechtliche Dogmatik klar zwischen den Begriffen des Interesses und der Gefahr differenziert. Eine unmittelbare Anwendung der Norm sollte daher dem Interessemangel vorbehalten sein,

---

[20] So *Kisch,* Handbuch des Privatversicherungsrechts, 3. Bd., 1922, S. 206.

[21] Motive und amtliche Begr. zum Gesetz über den Versicherungsvertrag v. 30. 5. 1908, Neudruck Berlin 1963, S. 141.

[22] *Sieg* in Bruck/Möller, VVG, 8. Aufl. 1980, § 68 Anm. 25; ähnlich bereits *Hagen* ZVersWiss 1907, 15 (16).

während für „reine" Gefahrmängel aus Gründen der methodischen Klarheit eine analoge Anwendung vorzugswürdig ist. Einen Grenzfall bilden jene Gefahrmängel, die sich daraus ergeben, dass ein „künftiges Unternehmen" aufgegeben wird. Da diese Fälle vom Wortlaut des § 80 VVG an sich erfasst werden (auch wenn das Gesetz dabei an das Nichtentstehen des „Interesses" anknüpft), ist die Vorschrift hier unmittelbar anzuwenden.

IV. Der Normzweck des § 80 VVG

Eine analoge Anwendung des § 80 VVG auf Gefahrmängel ist geboten, wenn insoweit eine planwidrige Regelungslücke besteht und zudem eine vergleichbare Wertungslage gegeben ist, d. h. der Zweck der Norm auch auf die Fälle eines Gefahrmangels zutrifft.

Eine planwidrige Regelungslücke folgt hier unzweifelhaft daraus, dass der Gesetzgeber den Tatbestand des Gefahrmangels, der in der seeversicherungsrechtlichen Bestimmung des § 894 HGB aF noch ausdrücklich geregelt war, nicht (umfassend) in die Regelung des § 80 VVG (§ 68 VVG aF) überführt und damit ungeregelt gelassen hat.[23]

Fraglich ist allerdings, ob der Zweck der Norm gleichermaßen auf Gefahrmängel zutrifft, also auf Sachverhalte, in denen die versicherte Gefahr entweder zu Beginn der Versicherung dauerhaft fehlt oder nachträglich dauerhaft wegfällt. Die in § 80 Abs. 1, 2 VVG getroffenen Regelungen sind Ausdruck des versicherungsvertraglichen Austauschverhältnisses von Leistung und Gegenleistung. Trägt der Versicherer die Gefahr wegen Fehlens oder Wegfalls des versicherten Interesses nicht, so soll „er billigerweise die Gegenleistung nicht beanspruchen"[24] können. In diesem Sinne lässt sich § 80 VVG als eine gegenüber dem allgemeinen Unmöglichkeitsrecht (§§ 275 Abs. 1, 326 Abs. 1 S. 1 BGB) vorrangige[25] Regelung des Zweckfortfalls[26] begreifen, bei dem der Schuldner (Versicherer) den Leistungserfolg wegen Fehlens oder Wegfalls des Leistungssubstrats nicht herbeiführen kann und deshalb seinen Anspruch auf die Gegenleistung verliert.[27] Nach anderer Ansicht regelt § 80 VVG als lex specialis zu § 313 BGB eine Zweckstörung,[28] bei der die Leistung nicht wie vom Gläubiger beabsichtigt verwendet werden kann (vgl.

---

[23] Zur insofern bestehenden Lücke des Gesetzes auch *Kisch,* Handbuch des Privatversicherungsrechts, 3. Bd., 1922, S. 206.

[24] Motive und amtliche Begr. zum Gesetz über den Versicherungsvertrag v. 30.5.1908, Neudruck Berlin 1963, S. 141.

[25] Vgl. *Beckmann* in Berliner Kommentar zum VVG, 1999, § 68 Rn. 3; *Schnepp* in Bruck/Möller, VVG, 9. Aufl. 2010, § 80 Rn. 8.

[26] Allg. zum Zweckfortfall *Ernst* in MüKoBGB, 8. Aufl. 2019, § 275 Rn. 158.

[27] Für eine Einordnung als Regelung eines Zweckfortfalls *Sieg* in Bruck/Möller, VVG, 8. Aufl. 1980, § 68 Anm. 6; *Bruns,* Privatversicherungsrecht, 2015, § 20 Rn. 7; *Ottow,* Interessen- und Gefahrenwegfall, 1965, S. 71; vgl. auch *Beckmann* in Berliner Kommentar zum VVG, 1999, § 68 Rn. 3; *Schnepp* in Bruck/Möller, VVG, 9. Aufl. 2010, § 80 Rn. 8.

[28] Allg. zur Zweckstörung *Finkenauer* in MüKoBGB, 8. Aufl. 2019, § 313 Rn. 160, 253 ff.; *Lorenz* in BeckOK BGB, 59. Ed. 1.8.2021, § 313 Rn. 63.

§ 313 BGB).[29] Unabhängig von dieser dogmatischen Einordnung besteht jedenfalls Einigkeit über die gesetzliche Wertung, dass der Versicherer die Prämie nicht verlangen kann, wenn er seinerseits die Gefahr nicht trägt. Ausgehend von dieser Wertung macht es indessen keinen Unterschied, ob der Versicherer die Gefahr deshalb nicht trägt, weil schon das versicherte Interesse fehlt, oder deshalb, weil das an sich bestehende Interesse mangels Gefahr überhaupt nicht beeinträchtigt werden kann.[30] In beiden Fällen kann der Versicherer gleichermaßen seine Leistung in Gestalt der Gefahrtragung nicht (mehr) erbringen, so dass ihm die Prämie als Gegenleistung nicht gebührt. Trifft der Normzweck des § 80 VVG somit ebenso auf die Fälle eines Gefahrmangels zu, muss die Vorschrift insoweit analog angewendet werden. Eine vergleichbare Wertungslage besteht freilich nur dann, wenn die Gefahr vollständig und dauerhaft fehlt bzw. weggefallen ist.[31] Ein bloß partieller oder nur vorübergehender Gefahrmangel löst die Rechtsfolgen des § 80 VVG ebenso wenig aus wie ein teilweiser oder vorübergehender Interessemangel.

V. Die heute diskutierten Fallgruppen

Das Problem der Anwendung des § 80 VVG auf den Gefahrmangel wird heute nicht mehr anhand des Schifffahrts- und Ausstellungsfalls (→ II.), sondern vor allem anhand von zwei anderen Fallkonstellationen diskutiert. Zum einen wird ein weiterer Fall aus den Motiven zu § 68 VVG aF aufgegriffen, in dem ein Warenlager, das erst ab dem Beginn des Folgejahres gegen Feuer versichert wird, noch während des laufenden Jahres zugrunde geht.[32] Während der historische Gesetzgeber diesen Fall als Beispiel für einen anfänglichen Interessemangel iSd § 68 VVG aF aufführte, ist in der Literatur die Auffassung verbreitet, dass bei einer Wiederbeschaffungsabsicht (Erneuerungsabsicht) des Versicherungsnehmers subjektiv nicht das Interesse fehle, sondern lediglich die Gefahr.[33] Es liege damit weder ein direkter Anwendungsfall des § 80 VVG vor, noch sei wegen des allein bestehenden Gefahrmangels eine analoge Anwendung geboten. Zur Begründung dieses Standpunkts wird geltend gemacht, dass der Versicherungsnehmer bei alsbaldiger Neuanschaffung auch nicht

---

[29] *Schwintowski* VuR 1997, 128; *Feyock* VersR 1969, 7; vgl. auch *Beckmann* in Berliner Kommentar zum VVG, 1999, § 68 Rn. 3; *Schnepp* in Bruck/Möller, VVG, 9. Aufl. 2010, § 80 Rn. 8.

[30] Zur vergleichbaren Wertungslage bei Interesse- und Gefahrmangel auch AG Ebingen VersR 1959, 221; *Beckmann* in Berliner Kommentar zum VVG, 1999, § 68 Rn. 5; *Schnepp* in Bruck/Möller, VVG, 9. Aufl. 2010, § 80 Rn. 14; *Kisch,* Handbuch des Privatversicherungsrechts, 3. Bd., 1922, S. 207; *Bruck,* Das Privatversicherungsrecht, 1930, S. 498 f.; *Sieg* in Bruck/Möller, VVG, 8. Aufl. 1980, § 68 Anm. 25; *Ottow,* Interessen- und Gefahrenwegfall, 1965, S. 78 ff.; *Sasse* VersR 1954, 556; für eine analoge Anwendung des § 68 VVG aF auch *v. Gierke,* Versicherungsrecht II, 1947, S. 164, 176; vgl. bereits *Ehrenberg,* Versicherungsrecht, 1893, S. 273.

[31] *Beckmann* in Berliner Kommentar zum VVG, 1999, § 68 Rn. 5; *Schnepp* in Bruck/Möller, VVG, 9. Aufl. 2010, § 80 Rn. 14.

[32] Motive und amtliche Begr. zum Gesetz über den Versicherungsvertrag v. 30. 5. 1908, Neudruck Berlin 1963, S. 141.

[33] *Langheid* in Langheid/Rixecker, VVG, 6. Aufl. 2019, § 80 Rn. 3; *Halbach* in MüKoVVG, 2. Aufl. 2017, § 80 Rn. 4; *Brambach* in Rüffer/Halbach/Schimikowski, VVG, 4. Aufl. 2020, § 80 Rn. 5.

auf den Gedanken kommen würde, einen neuen Versicherungsvertrag abschließen zu müssen. Diskutiert wird zum anderen der auch praktisch bedeutsame Fall, dass die versicherten Sachen dauerhaft von dem im Versicherungsvertrag festgelegten Versicherungsort entfernt werden, insbesondere infolge einer Verlagerung des Betriebs oder Warenlagers. Vereinzelt wird hier bereits von einem Interessemangel ausgegangen,[34] während überwiegend das Fortbestehen des Interesses und lediglich ein Wegfall der Gefahr angenommen wird.[35]

1. *Das zugrunde gegangene Warenlager*

Der historische Gesetzgeber des § 68 VVG aF wählte das vor Versicherungsbeginn zugrunde gegangene Warenlager, wie bereits ausgeführt, als Beispiel für einen anfänglichen Interessemangel.[36] Fraglich ist, ob diese Bewertung auch dann zutrifft, wenn der Versicherungsnehmer die Absicht hat, alsbald den untergegangenen Warenbestand wiederzubeschaffen, oder ob das Interesse dann – wie vielfach vertreten wird – („subjektiv") fortbesteht. Maßgeblicher Zeitpunkt für die Beurteilung der Frage, ob das versicherte Interesse gemäß § 80 Abs. 1 S. 1 Hs. 1 VVG bei Beginn der Versicherung nicht besteht, ist der technische Versicherungsbeginn, von dem an die Prämie berechnet wird.[37] Im Beispielsfall des Warenlagers kommt es mithin darauf an, ob zu Beginn des Folgejahres, in welchem das Warenlager gegen Feuer versichert werden sollte, das versicherte Interesse bestanden hat oder bereits dauerhaft entfallen ist. Zur Beurteilung dieser Frage ist ferner zu berücksichtigen, dass es sich bei der Versicherung eines Warenlagers mit wechselndem Bestand typischerweise um eine Inbegriffsversicherung iSd § 89 Abs. 1 VVG handelt.[38] Als Inbegriff wird eine Mehrheit von Sachen bezeichnet, die sich in einem gewissen räumlichen Zusammenhang befinden und wegen ihrer Zweckverbundenheit im Verkehr als Einheit behandelt werden.[39] Zum Warenlager als Sachinbegriff gehören damit auch solche Sachen, die erst später neu zum bestehenden Inbegriff hinzukommen („Zugang").[40] Bei der Inbegriffsversicherung fehlt das versicherte Interesse nach einhelliger Ansicht (erst) dann, wenn keine Sache des versicherten Inbegriffs mehr vorhanden ist.[41] Dagegen besteht das versicherte Interesse fort, solange noch einzelne Sachen des versicherten Inbegriffs existieren; der Versiche-

[34] In diesem Sinne AG Stuttgart VersR 1954, 35; tendenziell auch AG Ebingen VersR 1959, 221.

[35] LG Bremen VersR 1958, 282; *Schnepp* in Bruck/Möller, VVG, 9. Aufl. 2010, § 80 Rn. 11; *Sasse* VersR 1954, 556.

[36] Motive und amtliche Begr. zum Gesetz über den Versicherungsvertrag v. 30.5.1908, Neudruck Berlin 1963, S. 141.

[37] *Beckmann* in Berliner Kommentar zum VVG, 1999, § 68 Rn. 17; *Schnepp* in Bruck/Möller, VVG, 9. Aufl. 2010, § 80 Rn. 61; *Armbrüster* in Prölss/Martin, VVG, 31. Aufl. 2021, § 80 Rn. 5; *Halbach* in MüKoVVG, 2. Aufl. 2017, § 80 Rn. 4.

[38] Vgl. *Armbrüster* in Prölss/Martin, VVG, 31. Aufl. 2021, § 89 Rn. 1.

[39] OLG Saarbrücken VersR 2018, 1123 (1125); *Armbrüster* in Prölss/Martin, VVG, 31. Aufl. 2021, § 89 Rn. 2; *Schauer* in Berliner Kommentar zum VVG, 1999, Vorbem. § 54 Rn. 4.

[40] *Armbrüster* in Prölss/Martin, VVG, 31. Aufl. 2021, § 89 Rn. 2; *Langheid* in Langheid/Rixecker, VVG, 6. Aufl. 2019, § 89 Rn. 1, 5.

[41] OLG Hamm VersR 1993, 48 (49); VersR 1975, 174 (175); LG Düsseldorf r+s 1982, 216 (217); *Beckmann* in Berliner Kommentar zum VVG, 1999, § 68 Rn. 14; *Schnepp* in Bruck/Möller,

rungsnehmer kann also einen noch bestehenden Inbegriff wieder mit neuen Sachen „auffüllen".[42]

Ausgehend von diesen Grundsätzen liegt ein anfänglicher Interessemangel gemäß § 80 Abs. 1 S. 1 Hs. 1 VVG vor, wenn das komplette Warenlager und damit der gesamte versicherte Inbegriff vor dem Beginn der Versicherung zugrunde gegangen ist. Der restlose Untergang des Sachinbegriffs vor Versicherungsbeginn lässt zugleich das hieran anknüpfende versicherte Interesse dauerhaft entfallen, so dass der Versicherer die Gefahr niemals getragen hat. Es liegt ein unmittelbarer Anwendungsfall des § 80 Abs. 1 VVG vor mit der Folge, dass der Versicherungsnehmer von seiner Prämienzahlungspflicht befreit ist. An dieser rechtlichen Bewertung ändert auch die bloß subjektive Wiederbeschaffungs- bzw. Erneuerungsabsicht des Versicherungsnehmers nichts. Diese Absicht ist nämlich allein darauf gerichtet, einen *neuen* Inbegriff zu schaffen, der vom Versicherungsvertrag nicht erfasst ist. Dass der Versicherungsnehmer sein zugrunde gegangenes Warenlager wiederbeschaffen bzw. erneuern will, lässt folglich nicht das versicherte Interesse fortbestehen, sondern begründet ein neues *künftiges Interesse,* welches nicht Gegenstand der abgeschlossenen Versicherung ist. Der Versicherungsvertrag ist auch nicht etwa dahingehend ergänzend auszulegen, dass es dem Versicherungsnehmer gestattet ist, im Fall des Untergangs einen neuen Inbegriff einzubringen, auf den die Beschreibung des versicherten Risikos zutrifft.[43] Denn das Vorliegen eines anfänglichen Interessemangels iSd § 80 Abs. 1 VVG bedeutet für sich genommen noch keine Regelungslücke des Vertrags.[44] Gegen die Annahme eines anfänglichen Interessemangels spricht auch nicht die Überlegung, dass der Versicherungsnehmer nicht auf den Gedanken komme, einen neuen Versicherungsvertrag abschließen zu müssen. Der Untergang des gesamten versicherten Inbegriffs markiert vielmehr eine auch für den Versicherungsnehmer deutlich erkennbare Zäsur. Allerdings ist der Versicherer gemäß § 6 Abs. 1, 4 VVG verpflichtet, den Versicherungsnehmer über die Notwendigkeit einer Vertragsänderung bzw. eines Neuabschlusses zu beraten, sobald er vom Untergang des versicherten Inbegriffs Kenntnis erlangt.

Im Ergebnis ist damit festzuhalten, dass der im Schrifttum diskutierte Fall des restlos zugrunde gegangenen Warenlagers mit Erneuerungsabsicht des Versicherungsnehmers einen anfänglichen Interessemangel und damit einen unmittelbaren Anwendungsfall des § 80 Abs. 1 VVG betrifft. Für die Frage einer analogen Anwendung der Vorschrift auf den Gefahrmangel gibt der Fall daher nichts her.

2. *Die dauerhafte Entfernung vom Versicherungsort*

Im Fall der dauerhaften Entfernung der gegen Feuer oder Einbruchdiebstahl versicherten Sachen vom Versicherungsort zeigen sich abermals die Unsicherheiten, die mit dem Begriff des versicherten Interesses einhergehen. Geht man davon aus,

VVG, 9. Aufl. 2010, § 80 Rn. 24, 41; *Armbrüster* in Prölss/Martin, VVG, 31. Aufl. 2021, § 80 Rn. 2, § 89 Rn. 3; *Langheid* in Langheid/Rixecker, VVG, 6. Aufl. 2019, § 80 Rn. 9, § 89 Rn. 6.

[42] Vgl. OLG Hamm VersR 1975, 174 (175).

[43] In diesem Sinne *Schnepp* in Bruck/Möller, VVG, 9. Aufl. 2010, § 80 Rn. 14.

[44] BGH VersR 1985, 154 (155).

dass nur das räumlich konkretisierte Interesse für einen bestimmten Versicherungsort versichert ist, so entfällt bereits dieses „ortsgebundene“ Interesse, wenn die versicherten Sachen dauerhaft vom Versicherungsort entfernt werden.[45] Versteht man das versicherte Interesse hingegen in einem weiteren Sinne als die rechtliche Beziehung zu den Sachen, so besteht das Interesse trotz der dauerhaften Entfernung der Sachen vom Versicherungsort fort; es entfällt aus dieser Betrachtung allein die versicherte Gefahr, die darin besteht, dass die Sachen an dem vertraglich festgelegten Versicherungsort durch Feuer oder Einbruchdiebstahl zerstört oder beschädigt werden oder abhandenkommen.[46] Der Fall bestätigt damit erneut den Befund, dass die Anwendung des § 80 VVG nicht von der teils schwierigen Abgrenzung zwischen Interessen- und Gefahrmangel abhängig gemacht werden sollte (→ II.). Ausgehend vom Sinn und Zweck der Norm ist allein entscheidend, dass der Versicherer die Gefahr nicht mehr trägt, wenn die Sachen dauerhaft vom Versicherungsort entfernt werden, und ihm deshalb die Prämie nicht mehr gebührt. § 80 Abs. 2 VVG ist daher jedenfalls entsprechend anzuwenden, falls mit der zweiten Sichtweise ein „bloßer“ Gefahrmangel angenommen wird.

VI. Ergebnis

Die im älteren Schrifttum noch mehrheitlich vertretene Auffassung, dass § 80 VVG auf den dauerhaften und vollständigen Gefahrmangel (analog) anzuwenden ist, verdient Zustimmung. Zwar beschränkt sich der Wortlaut des § 80 VVG auf das Fehlen des „versicherten Interesses“. Bis heute ist allerdings nicht abschließend geklärt, wie der Interessebegriff genau auszulegen ist. Eine trennscharfe Abgrenzung zwischen Interesse- und Gefahrmangel ist daher vielfach kaum möglich. Ausweislich der Motive zu § 68 VVG aF sollte die Regelung jedenfalls solche Fälle erfassen, in denen der Versicherungsnehmer eine künftige Unternehmung aufgibt oder diese aus anderen Gründen ausfällt. Dieser gesetzgeberische Wille ist auch dann zu beachten, wenn man in diesen Konstellationen keinen Interesse-, sondern einen bloßen Gefahrmangel annimmt. Für die Anwendung auf den Gefahrmangel spricht auch die Genese der Vorschrift. Denn der historische Gesetzgeber wollte in § 68 VVG aF offenbar die seeversicherungsrechtlichen Regelungen des HGB aF zum Interesse- und Gefahrmangel tatbestandlich zusammenführen. Insbesondere trifft der Normzweck des § 80 VVG gleichermaßen auf die Fälle des Gefahrmangels zu. Denn dem Versicherer gebührt die Prämie auch dann nicht, wenn er die Gefahr aus dem Grund nicht trägt, dass das an sich bestehende Interesse mangels Gefahr überhaupt nicht beeinträchtigt werden kann. Die heute im Fokus stehenden Fallgruppen gehen teilweise am Problem vorbei. So liegt im Fall des bei Beginn der Ver-

[45] In diesem Sinne AG Stuttgart VersR 1954, 35; tendenziell auch AG Ebingen VersR 1959, 221.

[46] In diesem Sinn *Sieg* in Bruck/Möller, VVG, 8. Aufl. 1980, § 68 Anm. 27; *Schnepp* in Bruck/Möller, VVG, 9. Aufl. 2010, § 80 Rn. 14; *Sasse* VersR 1954, 556; vgl. auch LG Bremen VersR 1958, 282, das einen Interessemangel verneint und daher zur Nichtanwendung des § 68 Abs. 2 VVG aF gelangt.

sicherung zugrunde gegangenen Warenlagers bereits ein anfänglicher Interessemangel vor. Hieran ändert auch eine Wiederbeschaffungs- bzw. Erneuerungsabsicht des Versicherungsnehmers nichts, da diese allein ein neues künftiges Interesse begründet, für das die Versicherung nicht genommen ist. Der Fall der dauernden Entfernung der versicherten Sachen vom Versicherungsort veranschaulicht die erheblichen Abgrenzungsschwierigkeiten zwischen Interesse- und Gefahrmangel. Geht man davon aus, dass das versicherte Interesse bezüglich der dauerhaft entfernten Sachen fortbesteht und lediglich ein Gefahrmangel vorliegt, so ist § 80 Abs. 2 VVG gleichwohl entsprechend anwendbar, weil der Versicherer nach der dauerhaften Entfernung vom Versicherungsort die Gefahr nicht mehr trägt und ihm deshalb fortan die Prämie nicht gebührt.

PETER REIFF

Die Neuregelung der Beratungsdokumentation im Versicherungsvertrieb

I. *Einleitung*

Der Autor dieser Zeilen kennt *Theo Langheid,* dem diese Festschrift zum 70. Geburtstag gewidmet ist, seit fast 20 Jahren. Die Wege kreuzten sich häufig, sei es als Teilnehmer des Karlsruher Forums, als Schriftleiter der führenden Fachzeitschrift VersR und als Mitglieder im Ausschuss des Deutschen Vereins für Versicherungswissenschaft e. V. Über den Jubilar und sein Wirken wäre vieles zu sagen. Ich beschränke mich hier auf einen Umstand. *Theo Langheid* ist Namensgeber zweier bekannter und erfolgreicher Kommentare zum VVG. Gemeint ist einmal der Langheid/Wandt, Münchener Kommentar zum VVG, ein in den ersten beiden Auflagen dreibändiges Werk, dessen 4. Auflage auf vier Bände konzipiert ist und von der Band 1 im Jahr 2022 vorgelegt wurde. Gemeint ist zum anderen der Langheid/Rixecker, vormals Römer/Langheid, der 2019 schon in 6. Auflage erschienen ist. In diesem einbändigen Werk, das den engen Rahmen eines Kurzkommentars längst gesprengt hat, kommentiert der Jubilar unter anderem die erst im Jahre 2018 in Kraft getretene Vorschrift des § 6a VVG. Darin wird bestimmt, auf welche Art und Weise der Versicherer dem Versicherungsnehmer die Dokumentation seiner Beratung übermitteln muss. Es ist daher zu hoffen, dass die folgenden Ausführungen über die Neuregelung der Beratungsdokumentation im Versicherungsvertrieb bei *Theo Langheid* auf Interesse stoßen werden. Denn in deren Fokus steht unter anderem die Auslegung des § 6a VVG und die Frage, inwieweit diese Vorschrift den Anforderungen des digitalen Zeitalters im 21. Jahrhundert genügt.

II. *Die vierphasige Beratungspflicht der Versicherer und Vermittler*

Die Akteure im Versicherungsvertrieb müssen ihre Kunden beraten. Grundsätzlich besteht nämlich in Deutschland seit dem 1.1.2008 eine generelle, wenn auch anlassbezogene Pflicht, den Versicherungsnehmer vor Vertragsschluss zu beraten. Diese Pflicht ergibt sich für Versicherer aus § 6 Abs. 1 VVG und für Vermittler aus dem nahezu wortlautidentischen § 61 Abs. 1 VVG. Darin wird bestimmt, dass Versicherer und Vermittler ihre Kunden nach deren Wünschen und Bedürfnissen befragen müssen, soweit nach der Komplexität des angebotenen Produkts und der Person des Versicherungsnehmers sowie seiner persönlichen Situation hierfür Anlass besteht. Vor dem Hintergrund der erfragten Wünsche und Bedürfnisse müssen sie sodann den Versicherungsnehmer beraten, diesen Rat begründen und das Ganze dokumentieren. Die vorvertragliche Beratungspflicht im weiteren Sinn besteht also aus vier Phasen: einer Fragepflicht, einer Beratungspflicht im engeren Sinn, einer Begründungspflicht und einer Dokumentationspflicht. Um diese letzte Phase soll es im Folgenden gehen.

III. Inhalt und Grenzen der Dokumentationspflicht

Zur Dokumentation schreiben § 6 Abs. 1 S. 2 VVG und § 61 Abs. 1 S. 2 VVG übereinstimmend vor, sie habe „unter Berücksichtigung der Komplexität des angebotenen Versicherungsvertrages zu erfolgen". Die Dokumentation muss also umso ausführlicher ausfallen, je komplizierter und wirtschaftlich bedeutender die empfohlene Versicherung ist. Das Empfehlen eines Altersvorsorgeprodukts ist daher umfänglicher zu dokumentieren als der Abschluss einer Hausratversicherung. Aus der Dokumentation soll man nämlich mindestens in Ansätzen den wesentlichen Inhalt des Gesprächs und der Beratung nachvollziehen können.[1] Dies verlangt keine detaillierte Darstellung des Gesprächsablaufs.[2] Eine kurze, stichwortartige Umschreibung des Absicherungsinteresses, der hierfür wesentlichen Umstände und Verhältnisse sowie der Vorschläge des Vermittlers genügt.[3] Hingegen ist ein schematisches Ankreuzen ohne Erläuterung, ob bestimmte Punkte ausführlich oder kurz besprochen wurden, und ohne Angaben, welche Motive der Beratung zugrunde lagen und welche wesentlichen Gründe die erteilte Empfehlung bestimmten, nicht ausreichend.

Zu übermitteln sind nach § 6a Abs. 1 VVG „der nach § 6 zu erteilende Rat und die Gründe hierfür", nach § 62 Abs. 1 VVG unter anderem „die Informationen nach § 61 Abs. 1". Mitzuteilen sind danach also beispielsweise die erfragten Wünsche und Bedürfnisse des Versicherungsnehmers und die Gründe für den vom Versicherer oder Vermittler erteilten Rat.[4] Nicht hierunter fallen etwa die Tatsache, dass ein Besichtigungstermin stattgefunden hat; dies gilt jedenfalls dann, wenn der Vermittler im konkreten Fall nicht zur Besichtigung verpflichtet war.[5] Dasselbe gilt für die Besprechung von im Antragsformular gestellten Fragen. Sie ist ebenfalls keine „Information" im Sinn des § 62 Abs. 1 VVG und muss daher grundsätzlich nicht dokumentiert werden.[6]

---

[1] OLG München VersR 2012, 1292 (1293).
[2] OLG Hamm VersR 2019, 421 (423).
[3] Ähnlich *Rixecker* in Langheid/Rixecker, VVG, 6. Aufl. 2019, § 6 Rn. 25.
[4] BT-Drs. 16/1935, 24 (zu § 42c Abs. 1 VVG aF).
[5] OLG Hamm VersR 2019, 421 (422).
[6] OLG Hamm VersR 2019, 421 (423); VersR 2019, 1076; VersR 2019, 1295 (1296).

IV. Die Reform der Übermittlung der Dokumentation

Anders als die drei anderen Phasen der Beratungspflicht im weiteren Sinn wurde die Pflicht, die Beratung zu dokumentieren und diese Dokumentation zu übermitteln, durch das am 23.2.2018 in Kraft getretene Gesetz zur Umsetzung der Versicherungsvertriebsrichtlinie (IDD) neu geregelt. Die Dokumentationspflicht der Versicherer findet sich seitdem nicht mehr in § 6 Abs. 2 VVG aF, sondern in § 6a VVG. In § 6 Abs. 2 VVG wird nur noch bestimmt, dass „für die Übermittlung des erteilten Rates und der Gründe" § 6a VVG gilt. Für Vermittler bestimmt § 61 Abs. 1 S. 2 VVG hingegen nach wie vor, sie müssten ihre Beratung nach § 62 VVG dokumentieren, und die Regelung des § 62 VVG selbst blieb unverändert. Andererseits wird aber in § 59 Abs. 1 S. 2 VVG angeordnet, die Vorschrift des § 6a VVG gelte für Versicherungsvermittler entsprechend.

V. Gang der Untersuchung

Die Neuregelung der Dokumentationspflicht ist auch vier Jahre nach ihrem Inkrafttreten noch Gegenstand zahlreicher Kontroversen im Schrifttum. Den hierbei aufgeworfenen Fragen soll im Folgenden nachgegangen werden. Hierzu ist zunächst § 6a VVG zu untersuchen (→ VI.). Diese Vorschrift regelt, welche Medien Versicherer bei der Übermittlung ihrer Beratungsdokumentation verwenden dürfen. Anschließend ist die diesbezügliche Rechtslage bei den Versicherungsvermittlern zu betrachten, die schon auf den ersten Blick für Verwirrung sorgt (→ VII.). Danach geht es um die medienunabhängigen Anforderungen an eine ordnungsgemäße Beratungsdokumentation (→ VIII.) sowie um den Zeitpunkt ihrer Übermittlung (→ IX.). Schließlich sind die Ergebnisse mit Blick auf die Erfordernisse des digitalen Zeitalters und insbesondere auf den Online-Vertrieb zu bewerten (→ X.).

VI. Die Regelung für Versicherer (§ 6a VVG)

Die Vorschrift des § 6a VVG bestimmt, wie die Versicherer den gemäß § 6 VVG erteilten Rat und die Gründe hierfür den Versicherungsnehmern zu übermitteln haben und welche Form sie hierbei einhalten müssen. Dabei übernimmt § 6a VVG weitgehend wörtlich die Regelung des Art. 23 Versicherungsvertriebs-RL (IDD), die ihrerseits gegenüber der Vorgängervorschrift des Art. 13 Abs. 1 lit. a Versicherungsvermittler-RL (IMD) einen *„legislativen Rückschritt"* bedeutet.[7] Denn nach der IMD konnte die Erteilung der Auskünfte ganz pauschal „auf Papier oder auf einem anderen, dem Kunden zur Verfügung stehenden und zugänglichen dau-

---

[7] Zum parallelen Rückschritt in § 16 VersVermV bei den gewerberechtlichen Informationspflichten der Vermittler *Reiff* VersR 2021, 473 (477).

erhaften Datenträger" erfolgen. Demgegenüber müssen die Auskünfte nach Art. 23 Abs. 1 lit. a IDD grundsätzlich auf Papier erfolgen.[8]

Dieser Rückschritt des Unionsrechts wurde durch die Umsetzung in das deutsche Recht nachvollzogen. Während nämlich nach § 6 Abs. 2 VVG aF der Rat des Versicherers „in Textform" gemäß § 126b BGB zu übermitteln war, bestimmt § 6 Abs. 2 VVG nur noch, für die Übermittlung des erteilten Rats und der Gründe gelte § 6a VVG. Die Vorschrift des § 6a VVG ihrerseits regelt die „Einzelheiten der Auskunftserteilung" durch die Versicherer, namentlich die bei der Übermittlung einzuhaltende Form. Nach § 6a Abs. 1 VVG sind die Informationen grundsätzlich *auf Papier* zu übermitteln. Etwas anderes gilt nur, wenn die *Ausnahmen* nach § 6a Abs. 2 Nr. 1 und 2 VVG eingreifen. In diesem Fall können die Informationen auch über einen anderen dauerhaften Datenträger als Papier oder über eine Website erteilt werden.

1. *Dauerhafter Datenträger (§ 6a Abs. 2 Nr. 1 VVG)*

Zunächst zur Erteilung über einen anderen dauerhaften Datenträger als Papier. Ein solcher dauerhafter Datenträger ist nach § 126b S. 2 BGB jedes Medium, das es dem Empfänger ermöglicht, eine darauf befindliche, an ihn persönlich gerichtete Erklärung so aufzubewahren oder zu speichern, dass sie ihm während eines für ihren Zweck angemessenen Zeitraums zugänglich ist, und geeignet ist, die Erklärung unverändert wiederzugeben.[9] Dauerhafte Datenträger können also Disketten, CD-ROMs, DVDs und Computerfestplatten sein, aber etwa auch USB-Sticks, Speicherkarten von Smartphones oder ähnliche Medien, in denen Daten dauerhaft gespeichert werden können.

Voraussetzung für die Nutzung eines solchen dauerhaften Datenträgers ist nach § 6a Abs. 2 Nr. 1 VVG, dass dessen Nutzung im Rahmen des konkreten Geschäfts angemessen ist, der Versicherungsnehmer zwischen Papier und diesem dauerhaften Datenträger wählen konnte und sich für den dauerhaften Datenträger entschieden hat. All diese Voraussetzungen sind namentlich im Online-Vertrieb, etwa eines Direktversicherers, leicht zu erfüllen. Nach § 6a Abs. 3 S. 1 VVG ist die Nutzung nämlich angemessen, wenn der Versicherungsnehmer nachweislich regelmäßig Internetzugang hat. Dieser Nachweis wiederum gilt nach § 6a Abs. 3 S. 2 VVG als geführt, wenn der Versicherungsnehmer bei Abschluss des Vertrages eine E-Mail-Adresse mitgeteilt hat.

Gleichwohl kann in seltenen Fällen die Angemessenheit auch dann zu bejahen sein, wenn der Kunde gar keinen Internetzugang hat. Zu denken ist etwa an einen Versicherungsnehmer, der sich bewusst gegen Onlinegeschäfte und das Internet insgesamt entscheidet, aber einen Rechner besitzt und seine Angelegenheiten grundsätzlich digital verwaltet. Wenn ein solcher Kunde die Wahl hatte und sich für eine Erteilung der Information etwa auf einem USB-Stick entscheidet, muss

[8] Eingehend zu Art. 23 IDD, der unionsrechtlichen Grundlage des § 6a VVG, *Reiff* in MüKoVVG, 3. Aufl. 2022, Vorb. § 59 Rn. 52ff.

[9] Zur Definitionsnorm des Art. 2 Nr. 18 IDD, der unionsrechtlichen Grundlage des § 126b BGB, näher *Reiff* in MüKoVVG, 3. Aufl. 2022, Vorb. § 59 Rn. 53.

dies zulässig sein.[10] Methodisch ist dies mittels einer teleologischen Reduktion zu erreichen.

2. *Website (§ 6a Abs. 2 Nr. 2 VVG)*

a) Regelungsinhalt

Nun zur Erteilung über eine Website. Auch deren Zulässigkeitsvoraussetzungen sind im Online-Vertrieb eines Direktversicherers leicht zu erfüllen. Nach § 6a Abs. 2 Nr. 2 VVG dürfen die Auskünfte nämlich in zwei Fällen auch über eine Website erteilt werden. Zum einen, wenn für den Versicherungsnehmer ein *„personalisierter Zugang"* eingerichtet wurde. Diese Voraussetzung des § 6a Abs. 2 Nr. 2 Var. 1 VVG ist gegeben, wenn die Inhalte der Website nur nach vorheriger Registrierung und nach Eingabe eines Passwortes zugänglich sind. Zum anderen, wenn die *vier Voraussetzungen* des § 6a Abs. 2 Nr. 2 Var. 2 lit. a – d VVG erfüllt sind. Danach muss die Erteilung dieser Auskünfte „angemessen" sein, der Versicherungsnehmer muss der Auskunftserteilung über eine Website zugestimmt haben, dem Versicherungsnehmer muss die Adresse der Website und die dortige Fundstelle elektronisch mitgeteilt worden sein und es muss gewährleistet sein, dass die Auskünfte auf der Website so lange verfügbar bleiben, wie sie für den Versicherungsnehmer „vernünftigerweise" abrufbar sein müssen.

Die *„Angemessenheit"* bestimmt sich – wie bei den dauerhaften Datenträgern gemäß § 6a Abs. 2 Nr. 1 VVG – nach § 6a Abs. 3 VVG, setzt also regelmäßigen Internetzugang voraus. Die *„elektronische Mitteilung"* der Websiteadresse und der dortigen Fundstelle dürfte üblicherweise durch Zusendung einer E-Mail mit Link erfolgen.[11] Bei der gebotenen *Dauer der Verfügbarkeit* ist zu bedenken, dass der Versicherungsnehmer mit Hilfe der Auskünfte und ihrer Dokumentation später beispielsweise in der Lage sein soll, Schadensersatzansprüche wegen einer Pflichtverletzung des Versicherers gegen diesen geltend zu machen.[12] Daher sollten diese Informationen „vernünftigerweise" mindestens die gesamte Vertragsdauer, besser noch deutlich darüber hinaus gespeichert bleiben.[13] Letztlich ist dies auch im wohlverstandenen Interesse des Versicherers, der mithilfe der Dokumentation nachweisen kann, dass er seine Pflichten aus § 6 VVG ordnungsgemäß erfüllt hat.

b) Angemessenheit der Erteilung über eine Website

Problematisch ist bei dieser Regelung des § 6a Abs. 2 Nr. 2 VVG einmal die Frage, ob bei einer Website mit personalisiertem Zugang die Auskunft über dieses Medium „angemessen" sein muss. Der Wortlaut der Regelung („oder") spricht klar dafür, dass nur bei der zweiten Variante die Nutzung der Website „angemessen" sein muss, nicht auch bei der ersten Variante, der Website mit personalisiertem Zu-

---

[10] Hierzu *Reiff* in MüKoVVG, 3. Aufl. 2022, Vorb. § 59 Rn. 54.
[11] *Gruber* ZVers 2019, 239 (243); *Ramharter* VbR 2018, 168 (171).
[12] Zu den Zwecken der Dokumentationspflicht *Reiff* in MüKoVVG, 3. Aufl. 2022, § 61 Rn. 28.
[13] Im Ergebnis – zur Dokumentationspflicht des Vermittlers – ähnlich *Dörner* in Prölss/Martin, VVG, 31. Aufl. 2021, § 59 Rn. 186.

gang. Aus dem Gesamtzusammenhang der Vorschrift ergibt sich aber – ebenso wie bei ihrer unionsrechtlichen Grundlage, Art. 23 IDD –,[14] dass die Angemessenheit auch bei einer Website mit personalisiertem Zugang unverzichtbar ist. So wie bei manchen dauerhaften Datenträgern kein Internetzugang erforderlich ist,[15] so ist bei der Information über eine Website, auch über eine solche mit personalisiertem Zugang, ein regelmäßiger Internetzugang des Kunden schlechthin unerlässlich. Ohne ihn kann eine Information über eine Website ihren Zweck nämlich nicht erfüllen und ist folglich unangemessen.[16] § 6a Abs. 2 Nr. 2 Var. 2 lit. a VVG ist also im Wege der *teleologischen Extension* so auszulegen, dass auch die Erteilung der Auskünfte mittels einer personalisierten Website *„angemessen"* sein muss.

c) *Website als dauerhafter Datenträger*

Die Regelung des § 6a Abs. 2 VVG wirft weiter die Frage auf, ob die Informationserteilung über eine Website immer unter § 6a Abs. 2 Nr. 2 VVG fällt oder ob eine Website auch ein dauerhafter Datenträger im Sinn des § 6a Abs. 2 Nr. 1 VVG sein kann. Über diese Frage herrscht im Schrifttum keine Einigkeit. Teilweise meint man, es sei ausgeschlossen, Websites (weiterhin) als dauerhafte Datenträger anzusehen.[17] Andere sprechen sich hingegen dafür aus, Websites könnten auch nach Umsetzung der IDD dauerhafte Datenträger sein.[18]

Für die erste Ansicht scheinen der Wortlaut („oder") und die Systematik (Regelung des dauerhaften Datenträgers und der Website getrennt in den Nr. 1 und 2 des § 6a Abs. 2 VVG) zu streiten. Der Schein trügt indes. Der in § 6a Abs. 2 VVG verwendete Oberbegriff für dauerhafte Datenträger und für Websites ist nämlich das „Medium" („über eines der folgenden Medien") und ein dauerhafter Datenträger ist nach der Definitionsnorm des § 126b BGB *„jedes* Medium", das die dort genannten Voraussetzungen erfüllt.[19] Soweit also eine Website den Anforderungen der Definition genügt, ist sie denknotwendig ein dauerhafter Datenträger.

Die Diskussion, wann eine Website ein dauerhafter Datenträger ist, hatte vor Umsetzung der Versicherungsvermittler-RL einen weitgehenden Konsens ergeben,[20] der nach wie vor wegweisend ist.[21] Danach erfüllen *„gewöhnliche Websites"* nicht die Anforderungen an einen dauerhaften Datenträger, wohl aber *„fortgeschrittene Web-*

---

[14] Hierzu *Reiff* in MüKoVVG, 3. Aufl. 2022, Vorb. § 59 Rn. 57.

[15] → VI. 1. aE.

[16] *Reiff* VersR 2018, 193 (201); so der Sache nach auch *Münkel* in HK-VVG, 4. Aufl. 2020, § 6a Rn. 10, der aber das Problem im Rahmen der Auslegung des Begriffs „personalisierter Zugang" lösen will; abweichend *Langheid* in Langheid/Rixecker, VVG, 6. Aufl. 2019, § 6a Rn. 15, der den Versicherungsnehmer wegen dessen Wahlrecht nicht schützen möchte.

[17] *Pohlmann* in Looschelders/Pohlmann, VVG, 3. Aufl. 2016, § 7 Rn. 36.

[18] *Langheid* in Langheid/Rixecker, VVG, 6. Aufl. 2019, § 6a Rn. 17; *Armbrüster* VW 2017, Heft 9, 62.

[19] Zu den insoweit nahezu gleichlautenden unionsrechtlichen Grundlagen *Reiff* in MüKoVVG, 3. Aufl. 2022, Vorb. § 59 Rn. 59.

[20] Dieser Konsens wird von *Greis,* Auswirkungen der Digitalisierung auf Abschluss und Gestaltung privater Versicherungsverträge, 2020, S. 31 ff. verkannt und zu Unrecht infrage gestellt.

[21] *Reiff* VersR 2018, 193 (201 f.).

sites“.[22] Sie existieren in zwei Unterkategorien. Die *„Bereitstellungs-Websites“* sind zwar selbst keine dauerhaften Datenträger, sie zwingen aber den Kunden zur Speicherung auf einem dauerhaften Datenträger („Zwangsdownload“).[23] Im Ergebnis erfüllen diese Websites damit die Definition des § 126b S. 2 BGB. Die *„Datenträger-websites“* sind selbst dauerhafte Datenträger, weil sie einen sicheren Speicherbereich für den einzelnen Versicherungsnehmer enthalten, auf den – mittels Benutzername und Passwort – nur dieser selbst zugreifen kann.[24] Damit erfüllen diese Websites unmittelbar die Voraussetzungen des § 126b BGB.

Die Frage, ob die Informationserteilung über eine Website immer unter § 6a Abs. 2 Nr. 2 VVG fällt oder ob eine Website auch ein dauerhafter Datenträger im Sinn des § 6a Abs. 2 Nr. 1 VVG sein kann, ist nach allem wie folgt zu beantworten: Fortgeschrittene Websites der Unterkategorie „Bereitstellungs-Websites“ mit „Zwangsdownload“ fallen als dauerhafte Datenträger unter § 6a Abs. 2 Nr. 1 VVG, weil bei ihnen die Information über einen anderen dauerhaften Datenträger als Papier erfolgt.[25] Fortgeschrittene Websites der Unterkategorie passwortgeschützte „Datenträger-Websites“ fallen als Websites mit personalisiertem Zugang unproblematisch unter § 6a Abs. 2 Nr. 2 Var. 1 VVG.[26] Sie fallen aber zugleich unter § 6a Abs. 2 Nr. 1 VVG, weil sie dauerhafte Datenträger sind.[27]

d) *Anforderungen an „gewöhnliche“ Websites*

Die eigentliche Neuerung durch die IDD-Umsetzung ist damit § 6a Abs. 2 Nr. 2 Var. 2 VVG. Danach können die zu erteilenden Auskünfte auch über eine gewöhnliche Website erteilt werden, wenn die unter Buchst. a – d in dieser Variante genannten vier Voraussetzungen eingehalten sind.[28] Dies stellt gegenüber dem alten Recht eine durchaus bedeutsame Absenkung der Anforderungen dar.[29]

---

[22] Hierzu und zum Folgenden *Reiff* ZJS 2012, 432 (434 ff.); *Baudenbacher/Haas* GRUR Int. 2015, 519 (521 ff.); eingehend *Kammann,* Digitalisierung im Versicherungsvertrieb, 2018, S. 23 ff. und S. 117 f.

[23] So EFTA-Gerichtshof VersR 2010, 793 Rn. 65.

[24] EFTA-Gerichtshof VersR 2010, 793 Rn. 64 und 66; EuGH NJW 2017, 871 Rn. 43 f.

[25] *Reiff* VersR 2018, 193 (202); dem folgend *Münkel* in HK-VVG, 4. Aufl. 2020, § 6a Rn. 7; *Langheid* in Langheid/Rixecker, VVG, 6. Aufl. 2019, § 6a Rn. 17; *Dorner* in Prölss/Martin, VVG, 31. Aufl. 2021, § 62 Rn. 11.

[26] *Goretzky* VersR 2018, 1 (7); *Münkel* in HK-VVG, 4. Aufl. 2020, § 6a Rn. 10.

[27] *Armbrüster* VW 2017, Heft 9, 62; *Langheid* in Langheid/Rixecker, VVG, 6. Aufl. 2019, § 6a Rn. 17; *Kammann,* Digitalisierung im Versicherungsbetrieb, 2018, S. 173 f.

[28] → VI. 2. a).

[29] Wie hier *Rübben,* Die Pflichten von Internetportalen beim Vertrieb von Versicherungsprodukten im Lichte europäischer Gesetzgebung, 2018, S. 80 f.; aA *Lehmann/Rettig* VersR 2020, 1430 (1432), nach denen hier dieselben Anforderungen wie bei einem dauerhaften Datenträger zu erfüllen sind. Vgl. auch *Dörner* in Prölss/Martin, VVG, 31. Aufl. 2021, § 59 Rn. 186, der das Konzept dieser Regel für „unklar“ hält.

VII. Die Regelung für Vermittler – § 6a VVG mit § 59 Abs. 1 S. 2 VVG oder § 62 VVG?

1. Die Problematik

Die IDD macht in Art. 23 zur Form der zu erteilenden Auskünfte und zu den dabei einzusetzenden Medien inhaltlich andere und sehr viel detailliertere Vorgaben als die Vorgängerrichtlinie. Die Regelung des Art. 23 IDD musste also umgesetzt werden. Für Versicherer ist dies in § 6a VVG geschehen. Für Vermittler sollte diese Regelung der IDD (wohl) durch § 59 Abs. 1 S. 2 VVG umgesetzt werden, wonach – unter anderem – die Vorschrift des § 6a VVG entsprechend gilt. Bei der Umsetzung der IDD ließ man aber § 62 VVG unverändert. Dieser bestimmt – anders als § 6a VVG – in seinem Abs. 1, dass die Informationen nach §§ 60 Abs. 2, 61 Abs. 1 VVG in Textform gemäß § 126b BGB zu übermitteln sind. Die Vorschriften der § 6a VVG mit § 59 Abs. 1 S. 2 VVG einerseits und des § 62 VVG andererseits machen also zum Medium, mit welchem die Auskünfte zu übermitteln sind,[30] inhaltlich voneinander abweichende Vorgaben. Dieses *Redaktionsversehen,* das dem Gesetzgeber bei der Umsetzung der IDD unterlaufen ist, macht das Verhältnis der beiden Vorschriften zueinander verwirrend und klärungsbedürftig. Hierauf ist daher näher einzugehen.

2. Grundsatz: Vorrang des § 6a VVG mit § 59 Abs. 1 S. 2 VVG

Die unterschiedlichen Vorgaben von § 6a VVG und § 62 VVG betreffen nur das *Medium,* mit dem die Auskünfte zu übermitteln sind.[31] Die Frage, welcher der beiden Regelungen hier der Vorrang zukommt, ist erstaunlich einfach zu beantworten. Anzuwenden ist ganz klar die Regelung des § 6a VVG mit § 59 Abs. 1 S. 2 VVG.[32] Diese Vorschriften sind jünger als § 62 VVG, so dass der *Lex-Posterior-Grundsatz* für ihre Anwendung streitet. § 59 Abs. 1 S. 2 VVG ist außerdem zur Umsetzung der IDD erlassen worden, während mit § 62 VVG die mittlerweile außer Kraft getretene IMD von 2002 umgesetzt werden sollte. Auch das Unionsrecht verlangt also den Vorrang des § 59 Abs. 1 S. 2 VVG.

3. Reichweite des Vorrangs

Schwieriger zu beantworten ist die Frage, wie weit der Vorrang des § 59 Abs. 1 S. 2 VVG reicht. Da § 6a VVG in unmittelbarer Anwendung für die Pflichten des Versicherers aus § 6 VVG gilt und diese Pflichten mit denen des Vermittlers aus § 61 VVG nahezu identisch sind, spricht alles dafür, dass die entsprechende Anwendung des § 6a VVG über § 59 Abs. 1 S. 2 VVG jedenfalls für diese Pflichten gilt. Be-

[30] Zum Wechsel von einer Formvorschrift zu einer Vorschrift, die das bei der Übermittlung benutzte Medium regelt, zutreffend *Dörner* in Prölss/Martin, VVG, 31. Aufl. 2021, § 62 Rn. 7.

[31] Zum Zeitpunkt der Information → IX.

[32] Ebenso *Dörner* in Prölss/Martin, VVG, 31. Aufl. 2021, § 62 Rn. 2 und 7; *Münkel* in HK-VVG, 4. Aufl. 2020, § 59 Rn. 48 und § 62 Rn. 1.

züglich der „*Informationen nach § 61 Abs. 1*" kommt § 6a VVG mit § 59 Abs. 1 S. 2 VVG also auf jeden Fall der Vorrang vor § 62 VVG zu.[33]

Bezüglich der „*Informationen nach § 60 Abs. 2*" gilt im Ergebnis nichts anderes. Nach § 60 Abs. 2 S. 1 VVG müssen Vertreter und Makler mit eingeschränkter Beratungsgrundlage dem Versicherungsnehmer mitteilen, auf welcher Markt- und Informationsgrundlage sie ihre Vermittlungsleistung erbringen. Hierbei sind die Namen der Versicherer anzugeben, die in die Analyse einbezogen wurden. Vertreter müssen darüber hinaus dem Versicherungsnehmer nach § 60 Abs. 2 S. 2 VVG mitteilen, ob sie agenturvertraglich an einen oder mehrere Versicherer gebunden sind und ob sie deshalb ausschließlich für ein oder mehrere Unternehmen vermitteln. § 60 Abs. 2 VVG transformiert damit die Informationspflichten aus Art. 19 Abs. 1 IDD in das deutsche Recht. Diese unionsrechtlichen Pflichten sind nach Maßgabe des Art. 23 IDD zu übermitteln. Die Regelung des Art. 23 IDD wiederum wird für Versicherer durch § 6a VVG und für Vermittler durch § 6a VVG mit § 59 Abs. 1 S. 2 VVG umgesetzt. Die Vorschriften der § 6a VVG mit § 59 Abs. 1 S. 2 VVG müssen daher nach allem unionsrechtskonform so ausgelegt werden, dass sie auch die Pflichten der Vermittler aus § 60 Abs. 2 VVG erfassen.[34]

4. *Ergebnis*

Zusammenfassend ist nach allem festzuhalten, dass § 62 VVG bezüglich des Mediums, mit dem die Auskünfte zu übermitteln sind, keinen Anwendungsbereich mehr hat. Versicherer und Vermittler haben also für die Form der Übermittlung der Beratungsdokumentation dieselben Vorgaben zu beachten. Jedes andere Ergebnis wäre wegen der einheitlichen, nicht zwischen Versicherern und Vermittlern unterscheidenden unionsrechtlichen Grundlage des Art. 23 IDD Bedenken ausgesetzt.

VIII. Medienunabhängige Anforderungen

1. *Versicherer (§ 6a Abs. 1 Nr. 2–4 VVG)*

Unabhängig davon, über welches Medium ein Versicherer die Auskünfte übermittelt, muss er die Anforderungen des § 6a Abs. 1 Nr. 2–4 VVG erfüllen. Er muss also erstens nach § 6a Abs. 1 Nr. 2 VVG den Kunden *in klarer, genauer und verständlicher Weise* beraten und diesen Rat begründen. Der durchschnittliche Versicherungsnehmer muss also ohne weiteres in der Lage sein, den ihm erteilten Rat und seine Begründung zu verstehen. Dies verlangt einfache, aber präzise Formulierungen und eine klare Struktur.[35]

Die zweite Anforderung betrifft die *Sprache*, in der der Versicherer zu beraten hat. Dies ist nach § 6a Abs. 1 Nr. 3 Fall 1 VVG grundsätzlich eine Amtssprache des Mit-

[33] Ebenso *Dörner* in Prölss/Martin, VVG, 31. Aufl. 2021, § 62 Rn. 2; *Münkel* in HK-VVG, 4. Aufl. 2020, § 59 Rn. 48.

[34] Im Ergebnis ebenso *Dörner* in Prölss/Martin, VVG, 31. Aufl. 2021, § 62 Rn. 2; aA *Münkel* in HK-VVG, 4. Aufl. 2020, § 59 Rn. 48.

[35] Ebenso *Dörner* in Prölss/Martin, VVG, 31. Aufl. 2021, § 62 Rn. 19.

gliedstaates, in dem das Risiko belegen ist. Dieser *Risikobelegenheitsstaat* ist gemäß § 57 Abs. 3 S. 2 Nr. 1–4 VAG bei Gebäuden der Staat, in dem das Gebäude steht (Nr. 1), bei registrierten Fahrzeugen der Registerstaat (Nr. 2), bei Reiseversicherungen der Staat, in dem der Versicherungsnehmer seine Vertragserklärung abgegeben hat (Nr. 3), und in allen anderen Fällen der Staat, in denen der Versicherungsnehmer seinen gewöhnlichen Aufenthalt hat (Nr. 4). Nach § 6a Abs. 1 Nr. 3 Fall 2 VVG ist zudem stets eine Amtssprache des Staates möglich, in dem die Verpflichtung eingegangen wurde, wobei im Fernabsatz auf die Erklärung des Versicherungsnehmers, nicht die des Versicherers abzustellen ist.[36] Schließlich ist nach § 6a Abs. 1 Nr. 3 Fall 3 VVG jede von den Parteien vereinbarte Sprache zulässig. Hierfür muss die Sprache nicht ausdrücklich gewählt werden.[37] Es reicht eine konkludente Vereinbarung aus, die etwa dadurch geschehen kann, dass die Vertragsverhandlungen zwischen Versicherer und Versicherungsnehmer in dieser Sprache geführt werden.[38]

Nach § 6a Abs. 1 Nr. 4 VVG muss die Übermittlung der Auskünfte schließlich drittens noch unentgeltlich sein. Dem Versicherungsnehmer darf hierfür also kein gesondertes Entgelt berechnet werden. So wird verhindert, dass der Versicherer für die Übermittlung auf Papier ein Entgelt verlangt, um den Kunden zu veranlassen, die für den Versicherer kostengünstigere Versendung per E-Mail zu wählen.

2. Vermittler (§ 6a Abs. 1 Nr. 2–4 VVG mit § 59 Abs. 1 S. 2 VVG)

Für Versicherungsvermittler sind nach § 59 Abs. 1 S. 2 VVG die Regelungen des § 6a Abs. 1 Nr. 2 – 4 VVG entsprechend anzuwenden. Die soeben gemachten Ausführungen für Versicherer gelten also auch für Vermittler, unabhängig davon, ob sie die Informationen auf Papier, über einen anderen dauerhaften Datenträger als Papier oder über eine Website übermitteln. Die knappe und lapidare Bestimmung des § 62 Abs. 1 VVG, wonach ein Vermittler die Informationen „klar und verständlich" zu übermitteln hat, ist aus denselben Gründen wie die Bestimmung „in Textform" zum Medium unanwendbar. Die Regelung des § 6a Abs. 1 Nr. 2–4 VVG mit § 59 Abs. 1 S. 2 VVG geht ihr als *lex posterior* vor.[39]

IX. Zeitpunkt der Übermittlung

1. Vermittler (§ 62 VVG)

Anders liegen die Dinge beim Zeitpunkt der Übermittlung. Hier gibt es keinen Vorrang der Regelung des § 6a VVG mit § 59 Abs. 1 S. 2 VVG vor der des § 62 VVG. Zum Zeitpunkt der Übermittlung treffen § 6a VVG mit § 59 Abs. 1 S. 2

---

36 *Rudy* in Prölss/Martin, VVG, 31. Aufl. 2021, § 6a Rn. 4; aA *Langheid* in Langheid/Rixecker, VVG, 6. Aufl. 2019, § 6a Rn. 6, wonach bei einer Annahme durch den Versicherer dessen Sitz entscheiden soll.

37 AA *Dörner* in Prölss/Martin, VVG, 31. Aufl. 2021, § 62 Rn. 9.

38 Ebenso *Rudy* in Prölss/Martin, VVG, 31. Aufl. 2021, § 6a Rn. 4.

39 → VII. 2.

VVG – ebenso wie Art. 23 IDD, ihre unionsrechtliche Grundlage – nämlich keine Aussage. Für die Vermittler bleibt es also insoweit bei der Regelung des § 62 Abs. 1 VVG. Darin ist bestimmt, dass die Dokumentation der Beratung *„vor dem Abschluss des Vertrags"* übermittelt werden müsse.[40] Geht der Antrag zum Abschluss des Versicherungsvertrages vom Versicherungsnehmer aus, bedeutet dies, dass es ausreicht, wenn der Versicherungsnehmer zunächst den Antrag abgibt, etwa das Antragsformular unterschreibt, und möglicherweise erst Wochen später die Dokumentation erhält und dann die Police. Zusammen mit der Police darf die Dokumentation allerdings nicht übermittelt werden, weil der Vertrag mit Zugang der Police beim Versicherungsnehmer zustande kommt und die Dokumentation dann „mit", aber nicht „vor" dem Vertragsschluss übermittelt würde.[41] Der Versicherungsnehmer ist also, vorbehaltlich des Widerrufsrechts aus § 8 VVG, bereits gebunden, wenn er die Dokumentation über die Beratung erhält.

2. *Versicherer*

Für Versicherer ist die Lage auf den ersten Blick weniger klar. Hier hatte § 6 Abs. 2 VVG aF noch eine identische Regelung wie § 62 VVG getroffen, also bestimmt, dass die Dokumentation der Beratung „vor dem Abschluss des Vertrags" zu übermitteln sei. Seit dem Inkrafttreten des Gesetzes zur Umsetzung der IDD im Jahre 2018 schweigen aber sowohl § 6 Abs. 2 VVG als auch der neu eingefügte § 6a VVG zu der Frage, wann der Versicherer seine Dokumentationspflicht erfüllen muss. Das VVG enthält hierfür schlicht keine Bestimmung mehr. Dafür, dass der Gesetzgeber 2018 inhaltlich an der Regelung etwas ändern wollte, gibt es freilich nicht den geringsten Hinweis. Es handelt sich ganz offenbar um ein weiteres *Redaktionsversehen.* Da die unionsrechtliche Grundlage, Art. 20 Abs. 1 UAbs. 1 IDD, für alle Versicherungsvertreiber gilt und darin ebenfalls eine Informationserteilung vor Abschluss des Vertrages verlangt wird, liegt es nahe, entweder die alte Regelung des § 6 Abs. 2 VVG aF weiter anzuwenden oder § 62 VVG analog heranzuziehen.[42] Jedenfalls muss bezüglich des Zeitpunkts der Übermittlung für Versicherer dasselbe gelten wie für Vermittler.

X. *Folgerungen für den Online-Vertrieb*

Wie sind nun die Anforderungen an die Dokumentation und deren Übermittlung unter dem Aspekt der Digitalisierung, insbesondere aus Sicht des Online-Vertriebs, zu bewerten? Insoweit hat die Untersuchung ergeben, dass sich der von der

[40] Zur rechtspolitischen Kritik daran, dass anders als bei der Pflicht aus § 60 Abs. 2 VVG nicht auf den Zeitpunkt der Abgabe der Vertragserklärung abgestellt wird, *Reiff* in MüKoVVG, 3. Aufl. 2022, § 62 Rn. 27f.

[41] Ebenso *Dörner* in Prölss/Martin, VVG, 31. Aufl. 2021, § 62 Rn. 5.

[42] Im praktischen Ergebnis – Fortgeltung der alten Regelung – ebenso *Greis,* Auswirkungen der Digitalisierung auf Abschluss und Gestaltung privater Versicherungsverträge, 2020, S. 145f.; *Rudy* in Prölss/Martin, VVG, 31. Aufl. 2021, § 6 Rn. 28; *Münkel* in HK-VVG, 4. Aufl. 2020, § 6 Rn. 29.

IDD erzwungene „legislative Rückschritt zur Papierform“[43] im Ergebnis nicht negativ auswirkt. Die beiden alternativen Wege „anderer dauerhafter Datenträger“ und „Website“ sind im Online-Vertrieb gut gangbar.[44] Die ordnungsgemäße Erfüllung der Übermittlungspflicht, für die der Versicherer bzw. der Vermittler darlegungs- und beweisbelastet sind,[45] kann im Fall des Online-Vertriebs vergleichsweise gut nachgewiesen werden.[46] Der viel befürchtete „Medienbruch“ droht nicht.[47]

Im Gegenteil, die rechtliche Ausgestaltung der Beratungsdokumentation ist sogar für den „Online-Vertrieb 4.0“ mittels Robo Advisor und Chatbot gerüstet. Robo Advisor sind ohne weiteres in der Lage, die Voraussetzungen des dauerhaften Datenträgers oder der Website automatisiert zu erfüllen.[48] Das kann letztlich nicht verwundern. Es ist zwar davon auszugehen, dass sowohl der Unions- als auch der nationale Gesetzgeber bei der Anordnung der Beratungspflichten und ihrer Dokumentation nur die Beratung durch einen Menschen vor Augen hatten. Die IDD ist aber grundsätzlich technikoffen formuliert, so dass neue Technologien des Versicherungsvertriebs ebenfalls von ihr erfasst werden.[49] Die automatisierte Beratung mit Hilfe von Algorithmen fällt also ohne weiteres darunter. Aus all dem folgt: Im Ergebnis sind die neuen Regelungen zu Dokumentation und Übermittlung auch für den Online-Versicherungsvertrieb durchaus positiv zu bewerten.

---

[43] → VI. am Anfang.

[44] Ebenso *Fischer* in Bruck/Möller, VVG, Bd. 1, 10. Aufl. 2021, Einf. F Digitaler Vertrieb Rn. 155.

[45] *Greis,* Auswirkungen der Digitalisierung auf Abschluss- und Gestaltung privater Versicherungsverträge, 2020, S. 69; *Armbrüster* in MüKoVVG, 3. Aufl. 2022, § 6a Rn. 33.

[46] *Armbrüster* in Möslein/Omlor, FinTech-Handbuch, 2019, § 17 Rn. 110ff. mit Hinweis auf Protokolldateien sowie Übermittlungs-, Eingangs- und Lesebestätigungen.

[47] *Greis,* Auswirkungen der Digitalisierung auf Abschluss- und Gestaltung privater Versicherungsverträge, 2020, S. 143.

[48] *Waldkirch* in Linardatos, Rechtshandbuch Robo Advice, 2020, § 19 Rn. 50.

[49] *Reiff* VersR 2020, 193 (195).

PETER REUSCH

Zur Auslegung von Art. 7 Rom I-VO im Dienstleistungsverkehr eines deutschen Lebensversicherers beim Abschluss eines Lebensversicherungsvertrages mit einem in Österreich ansässigen österreichischen Staatsbürger – zugleich Besprechung von OGH 7 Ob 117/20m vom 16.9.2020

I. Vorbemerkung

Bekanntlich hat der Jubilar eine Honorarprofessur an der Universität Salzburg inne. Darin kommt auch die jahrelange besondere Verbundenheit von Herrn Langheid mit dem österreichischen Recht, insbesondere dem Versicherungsrecht, und den dortigen Kollegen aus Lehre und der Praxis zum Ausdruck. Auch der Unterzeichner ist seit dem Jahr 2013 neben seiner Tätigkeit als Leiter Recht & Compliance der deutschen Helvetia Gesellschaften in ähnlicher Funktion für die österreichische Schwestergesellschaft, die Helvetia Versicherungen AG, Wien, tätig. Insofern lag es nahe, eine Entscheidung des OGH vom 16.9.2020 einer näheren Analyse zu unterziehen.

II. Sachverhalt

Ein in Deutschland ansässiger Versicherer hatte mit dem Kläger, der Verbraucher, österreichischer Staatsbürger war und in Österreich wohnte, einen Vertrag über eine fondsgebundene Rentenversicherung mit Garantieleistungen abgeschlossen. Vertragsbeginn war der 1.10.2011, als Vertragsende war der 1.10.2044 vorgesehen.

Im Versicherungsantrag vom 12.8.2011 waren unter der Überschrift „Erklärungen und wichtige Hinweise für Versicherungsnehmer in Österreich" zunächst unter den Rubriken

- Widerrufsrecht
- Widerrufsfolgen
- Besondere Hinweise

die entsprechenden Abschnitte des Musters für die Widerrufsbelehrung nach der Anlage zu § 8 Abs. 5 S. 1 VVG in der Fassung, die im Jahr 2011 galt, wiedergegeben.[1]

[1] Das Muster für die Widerrufsbelehrung nach der Anlage zu § 8 Abs. 5 S. 1 VVG war mit Wirkung ab 11.6.2010 Bestandteil des VVG. Vgl. Art. 10 und 11 des Gesetzes vom 29.7.2009, BGBl. I 2355.

Nach dem letzten Satz der Belehrung zum Widerrufsrecht sollte der Widerruf an den deutschen Versicherer, dessen Adresse genannt war, gerichtet werden können.

Auch der Abschnitt zu den Widerrufsfolgen entsprach wörtlich der Musterwiderrufsbelehrung, wobei, was die Höhe des Betrages anbelangte, dieser pro Tag einen Betrag in Höhe von 1/360 des für das Jahr zu zahlenden Betrages enthalten sollte. Dieser Zusatz war nach den Gestaltungshinweisen zur Musterwiderrufsbelehrung zulässig und sollte den individuellen Gegebenheiten des jeweiligen Vertrages Rechnung tragen.

Die Besonderheit des Falles lag nun allerdings darin, dass der Versicherer es nicht bei diesen Hinweisen beließ, sondern als letzten Punkt noch eine Belehrung ergänzt hatte, die wie folgt lautete:

> „Rücktrittsrecht"
>
> „Die Darstellung der Regelung nach österreichischem Recht (§ 3b des österreichischen Konsumentenschutzgesetzes und § 5b des österreichischen Versicherungsvertragsgesetzes) entfällt, da durch das eingeräumte Widerrufsrecht alle diesbezüglichen Interessen zu Gunsten des Kunden gewahrt sind. Der Rücktritt ist in Schriftform gegenüber der Gxxxxxx AG, Niederlassung Österreich, xxxxx, ÖSTERREICH, zu erklären."

Im Versicherungsantrag war oberhalb der Unterschriftenleiste folgender Text vom Versicherer eingefügt worden:

> „Für den von Ihnen beantragten Versicherungsvertrag wird in Übereinstimmung mit den Verbraucherinformationen deutsches Recht, insbesondere das deutsche Versicherungsvertragsgesetz, vereinbart. Soweit dieses zwingenden österreichischen Rechtsvorschriften (z. B. Konsumentenschutzgesetz) widerspricht, gilt das entsprechende österreichische Recht."

Die Police wurde dem Kläger am 19.9.2011 übermittelt. Auch hier waren wiederum Belehrungen zum Widerrufsrecht und den Widerrufsfolgen enthalten. Jetzt allerdings kam es zu weiteren Abweichungen von der amtlichen Musterwiderrufsbelehrung. Wesentliche inhaltliche Änderungen waren damit allerdings nicht verbunden. Die in der Belehrung des Antrages noch enthaltenden „Besonderen Hinweise" und eine Belehrung zum „Rücktrittsrecht" fanden sich in der Police allerdings nicht mehr. Stattdessen wurde nun unter der Überschrift „Gültiges Recht" der Hinweis gegeben: „Auf ihren Vertrag findet das Recht der Bundesrepublik Deutschland Anwendung. Die Vertragssprache ist deutsch."

Die AVB enthielten in „§ 12 Mitteilungen – Umzug" folgenden Abs. 2:

> „(2) Auch alle anderen Mitteilungen, die ihren Vertrag betreffen, erbitten wir so früh wie möglich schriftlich, damit wir genügend Zeit haben, uns auf Ihre Wünsche und Bedürfnisse einzustellen. Das betrifft z. B. Anträge auf Änderung ihres Vertrages oder auch eine Kündigungserklärung."

Unter § 13 Anwendbares Recht – Gerichtsstand – Verjährung lautete Abs. 1:

> „(1) Auf Ihren Vertrag findet das Recht der Bundesrepublik Deutschland Anwendung. Allen in diesen Versicherungsbedingungen genannten Gesetze und Verordnungen bezeichnen jeweils die deutschen Gesetzestexte und Verordnungen. Soweit diese zwingenden Bestimmungen des österreichischen Konsumentenschutzrechts widersprechen, gilt das entsprechende österreichische Recht."...

Der österreichische Kläger zahlte insgesamt 20.000 EUR an Prämien, bevor er mit Schreiben vom 24.4.2016 den Vertrag ab dem 1.10.2016 beitragsfrei stellte. Mit Schreiben vom 29.7.2016 erklärte der Kläger den Rücktritt vom Versicherungsvertrag nach § 165a VersVG.

1. *Entscheidungen der Instanzgerichte*

a) Vortrag des Klägers

Mit einer am 9.11.2017 bei einem österreichischen Gericht eingereichten Klage verlangte der Kläger die Rückzahlung der Prämien von 20.000 EUR nebst 4% Zinsen seit dem 29.7.2016. Er trug zur Begründung vor, die Vereinbarung deutschen Rechtes sei nach Art. 7 Abs. 3 Rom I-VO unzulässig. Das ihm zustehende Rücktrittsrecht sei nach österreichischem Recht zu beurteilen. Er könne auch zeitlich unbefristet zurücktreten, weil er über sein Rücktrittsrecht nach § 165a VersVG fehlerhaft belehrt worden sei. Im Übrigen sei er nicht auf die Möglichkeit einer mündlichen Rücktrittserklärung hingewiesen worden.

b) Entgegnung des Versicherers

Der Versicherer entgegnete, die Belehrung über die zulässig und wirksam vereinbarten deutschen Bestimmungen der §§ 8, 152 VVG sei richtig und vollständig gewesen. § 164a VersVG sei unanwendbar. Der nur nach dieser Bestimmung erklärte Rücktritt sei unzulässig und unwirksam. Durch die Bestimmungen über den Widerruf nach deutschem Recht und die diesbezüglich erfolgte zutreffende Belehrung seien die europarechtlich vorgegebenen Rechte des Versicherungsnehmers ausreichend gewahrt. Mit den erteilten Belehrungen sei auch den Erfordernissen der Rücktrittsbelehrung nach § 164a VersVG Genüge getan worden. Der Kläger sei an der Ausübung seines Rechtes, sich vom Vertrag zu lösen, nicht gehindert worden. Er habe auch in Kenntnis des Rücktrittsrechtes von diesem nicht Gebrauch gemacht. Widerrufs- und Rücktrittsfrist seien längst abgelaufen. Der Rücktritt werde wider Treu und Glauben erklärt und sei rechtsmissbräuchlich. Das Verhalten des Klägers sei widersprüchlich. Das Rücktrittsrecht sei erloschen, präkludiert und verjährt. Im Falle des Rücktrittes stünde dem Kläger ohnehin nur der Rückkaufswert nach § 176 VersVG zu. Der Kläger müsse sich jedenfalls die Risikoprämie entgegenhalten lassen. Eine 4%ige Verzinsung der Prämien stehe ihm nicht zu. Mehr als drei Jahre rückwirkend wären Bereicherungszinsen zudem verjährt und zwischenzeitlich angefallene Fondsverluste seien abzuziehen.

c) Entscheidung des erstinstanzlichen Gerichtes

Das österreichische erstinstanzliche Gericht gab der der Klage auf Zahlung der Nettoprämie von 19.200 EUR nebst 4% Zinsen seit dem 29.7.2016 statt und wies lediglich einen Teilbetrag iHv 800 EUR wegen der insoweit anfallenden Versicherungssteuer ab. Das deutsche Recht weiche von § 165a VersVG, der keine Textform vorsehe, nachteilig ab. Weder Unionsrecht noch österreichisches Recht sähen eine solche Vorschrift vor. Da der Kläger nicht ordnungsgemäß über sein Rücktrittsrecht nach § 165a VersVG belehrt worden sei, stehe ihm auch ein unbefristetes Widerrufsrecht zu. Dieses führe zu ex-tunc Auflösung des Vertrages. Die Beklagte habe auch kein Todesfallrisiko zu tragen gehabt, so dass ihr daher auch keine Prämie zustehe.

d) *Entscheidung des Berufungsgerichtes*

Das Berufungsgericht, das zunächst das Verfahren bis zur Entscheidung des europäischen Gerichtshofs in der Sache Rust-Hackner[2] unterbrochen hatte, gab der Berufung des Versicherers statt und wies die gesamte Klage ab. Nach Art. 7 Abs. 3c Rom I-VO auf den die Öffnungsklausel nach § 35a IPRG nicht anzuwenden sei, komme österreichisches Recht zur Anwendung. Offenbar unter dem Eindruck der erwähnten Rust-Hackner Entscheidung des EuGH führte das Berufungsgericht aus, die erteilte Belehrung über das im deutschen Recht vorgesehene Textformerfordernis, welches hinsichtlich der Frist von 30 Tagen und dem Zugang der Police als Fristbeginn dem österreichischen Recht entspreche, hätte den Kläger auch bei Anwendung des österreichischen Rechtes nicht daran gehindert, sein Rücktrittsrecht im Wesentlichen unter denselben Bedingungen wie bei zutreffender Belehrung auszuüben. Das Berufungsgericht ließ die Revision zur Frage zu, ob eine das Erfordernis der „Textform" beinhaltende Belehrung über das Rücktrittsrecht nach § 165a VersVG fehlerhaft im Sinne von unionsrechtlichen Vorgaben sei.

2. *Entscheidung des OGH*

a) *Anwendungsbereich von Art. 7 Abs. 3 Rom-I-VO*

Tragend für die Entscheidung des OGH war die Auseinandersetzung mit kollisionsrechtlichen Fragen. Insbesondere ging es um die Auslegung von Art. 7 Abs. 3 Rom I-VO. Art. 7 Abs. 3c Rom I-VO sieht bekanntlich vor, dass für einen Lebensversicherungsvertrag die Parteien nur das Recht des Mitgliedstaates wählen dürfen, dessen Staatsangehörigkeit der Versicherungsnehmer besitzt. Hier war dies also das österreichische Recht. Zwar erlaubt Art. 7 Abs. 3 Unterabs. 2 Rom I-VO eine erweiterte Rechtswahl. Allerdings nur, wenn der jeweilige nationale Gesetzgeber von der Ermächtigung Gebrauch gemacht hat und damit eine Ausweitung der Rechtswahlfreiheit geregelt hat. Der deutsche Gesetzgeber hat diese Rechtswahlmöglichkeit nicht mehr genutzt, was hier nicht entscheidungsrelevant war. Wie der OGH zutreffend ausführt, ist es in Österreich anders. Die Republik Österreich hat von der insoweit vorgesehenen Möglichkeit der Rechtswahlfreiheit durch § 35a IPRG Gebrauch gemacht – aber in Übereinstimmung mit dem Unionsrecht nur in dem Umfang, der von Art. 7 Abs. 3 Unterabs. 2 Rom I-VO vorgegeben wird. Art. 7 Abs. 3 Unterabs. 1 Rom I-VO sieht insoweit vor, dass die Parteien eines Versicherungsvertrages, für die nach Art. 7 Abs. 3 Unterabs. 2 Rom I-VO Rechtswahlmöglichkeiten eröffnet sind, lediglich in den Fällen des Art. 7 Abs. 3 Buchst. a, b und e jedes andere Recht ausdrücklich oder schlüssig bestimmen können. Da in

[2] EUGH VersR 2020, 341.

§ 35a IPRG unionsrechtskonform der Verweis auf Buchstabe c – für Lebensversicherungsverträge – fehlt, war eine Rechtswahl, des deutschen Rechtes nicht möglich. Rom I-VO und § 35a IPRG tragen damit dem Gedanken Rechnung, dass gerade bei der Lebensversicherung dem Verbraucherschutz besondere Bedeutung zukommt. Schließlich handelt es sich meist um langlaufende Verträge. Sie dienen regelmäßig auch der Altersvorsorge und haben somit eine große wirtschaftliche Bedeutung für den Versicherungsnehmer. Die Anknüpfung an die Staatsangehörigkeit und damit an den Schutz durch das Heimatrecht des Versicherungsnehmers ist daher naheliegend.[3]

Nun sah allerdings das österreichische „Bundesgesetz über internationales Versicherungsvertragsrecht für den europäischen Wirtschaftsraum vom 11.2.1993"[4] in seinem § 5 weitergehende Regelungen vor. Dort war die freie Rechtswahl vorgesehen, sofern das Risiko im Geltungsbereich dieses Bundesgesetzes oder in einem anderen Mitgliedstaat, der die freie Rechtswahl einräumte, belegen war. Ausweislich der der Erläuterungen zur Regierungsvorlage[5] sollte § 5 „sowohl für die Nicht-Lebensversicherung, als auch für die Lebensversicherung" gelten und hatte nur zur Voraussetzung, „dass das Risiko im Geltungsbereich dieses Gesetzes oder in einem Mitgliedstaat belegen" war, der die freie Rechtswahl einräumte. Es wäre also uU zu prüfen gewesen, ob der deutsche Gesetzgeber ebenfalls die freie Rechtswahl für die Lebensversicherung eingeräumt hätte. Hierauf kam es jedoch für den OGH nicht mehr an, weil dieses Gesetz am 7.11.2009 mit Ablauf des 16. Dezember 2009[6] aufgehoben wurde und nur noch auf Versicherungsverträge weiter anzuwenden ist, die vor dem 17. Dezember 2009 geschlossen worden sind. Schon deshalb war es vorliegend nicht entscheidungsrelevant. Hätte es sich um ein Altvertrag gehandelt, wäre es anders gewesen.

Der deutsche Gesetzgeber hatte nämlich in Art. 9 Abs. 4 EGVVG aF eine Sonderregelung für Korrespondenzversicherungen geschaffen und damit von der in Art. 7 Abs. 1 Buchst. a S. 2 und d der Zweiten Richtlinie Schadensversicherung vorgegebenen Möglichkeit Gebrauch gemacht bei einem engen Inlandsbezug Wahlmöglichkeiten zuzulassen. Auch eine Erweiterung der Rechtswahlmöglichkeit durch Art. 10 Abs. 2 EGVVG aF bei beruflich-gewerblichen Risiken das Recht des Drittstaates zu vereinbaren, war vorgesehen. Diese Regelungen wurden allerdings durch das Gesetz zur Anpassung des Internationalen Privatrechtes an die Rom I-VO ersatzlos gestrichen.[7]

Im Gegensatz zu Deutschland hatte der österreichische Gesetzgeber mit dem Gesetz zur Änderung des IPRG[8] hingegen entsprechend der Öffnungsklausel von Art. 7 Abs. 3 Unterabs. 2 Rom-I-VO und im Einklang mit dem Unionsrecht § 35a

[3] *Dörner* in Bruck/Möller, VVG, 9. Aufl. 2012, Rom I-VO Art. 7 Rn. 58.
[4] BGBl. Nr. 89/1993.
[5] Erläuterungen zu der Regierungsvorlage, S. 10.
[6] BGBl. I Nr. 109/2009 Art. 4.
[7] Gesetz zur Anpassung der Vorschriften des Internationalen Privatrechts an die Verordnung (EG) Nummer. 593/2008, BGBl. 2009 I 1574ff.
[8] Bundesgesetz zur Änderung des IPR-Gesetzes, des Versicherungsaufsichtsgesetzes sowie des Verkehrsopferentschädigungsgesetzes und Aufhebung des Bundesgesetzes über internationales Versicherungsvertragsrecht für den europäischen Wirtschaftsraum.

IPRG angepasst.[9] Damit kann festgehalten werden, dass für die geltenden Regelungen des österreichischen Kollisionsrechtes der Anwendungsbereich der Rechtswahlfreiheit enger ist als nach dem vormaligen Bundesgesetz über internationales Vertragsrecht. Der OGH hat also zutreffend judiziert.

Daran ändert sich auch nichts, dass die Wahlmöglichkeit nach Art. 7 Abs. 3 Unterabs. 1 e Rom I-VO auch bei der Lebensversicherung zur Anwendung kommen kann.[10] Das gilt aber wie sich aus dem Wortlaut eindeutig ergibt, nur dann, wenn es sich um einen Lebensversicherungsvertrag handelt, der im Zusammenhang mit einer gewerblichen, industriellen oder freiberuflichen Tätigkeit des Versicherungsnehmers steht. Beim Vorliegen dieser Voraussetzungen könnten unter Umständen damit auch Lebensversicherungsverträge der betrieblichen Altersvorsorge erfasst werden. Handelt es sich hingegen um einen Lebensversicherungsvertrag mit einem Verbraucher, kann Art. 7 Abs. 3 Unterabs. 1 e Rom I-VO nicht zur Anwendung kommen.[11]

Demgemäß musste sich der OGH auch nicht mit dem Anwendungsbereich von § 35 a Abs. 2 IPRG und der Frage auseinandersetzen, ob die hier vorgenommene Rechtswahl des deutschen Rechtes und die damit verbundenen Rechtsfolgen gleichwertig oder günstiger als die entsprechenden Regelungen des österreichischen Rechtes seien. Im Übrigen enthält § 35 a Abs. 2 IPRG eine weitere Begrenzung der Rechtswahlfreiheit. Diese darf nämlich nicht dazu führen, dass dem Versicherungsnehmer der Schutz entzogen wird, der ihm durch die zwingenden Bestimmungen des mangels einer Rechtswahl anwendbaren Rechtes gewährt würde;[12] das ist hier wiederum das österreichische Recht.

Damit waren die AVB des deutschen Versicherers, es komme deutsches Recht zur Anwendung, unwirksam. Zu Recht hat der OGH die Klage nach österreichischem Recht beurteilt.

Hier kam im Übrigen der Grundsatz der beschränkten Rechtswahl zur Anwendung, weil es sich um einen Versicherungsvertrag mit einem Verbraucher handelte, so dass insoweit die Parteien nur die in Art. 7 Abs. 3 Rom I-VO im einzelnen genannten Erlaubnistatbestände wählen konnten. Diese dort unter a bis e genannten Erlaubnistatbestände stehen alternativ nebeneinander. Haben die Parteien keine Rechtswahl getroffen, dann kommt es zur objektiven Anknüpfung nach Art. 7 Abs. 3 Unterabs. 3 Rom I-VO. Das hätte hier dazu geführt, dass für den vorliegenden Vertrag das Recht das Mitgliedstaates zur Anwendung gekommen wäre, in dem das Risiko belegen war. Das bestimmt sich nach Art. 7 Abs. 6 Rom I-VO und führt nach Art. 13 Nr. 14 der Solvency-II-Richtlinie[13] dazu, dass die Rechtsordnung des Staates des gewöhnlichen Aufenthaltes des Versicherungsnehmers zur Anwendung kommt. Das ist der Ort des tatsächlichen Daseinsmittelpunktes des

---

[9] *Perner* in Fenyves/Schauer, VersVG, 4. Akt. 2019, Rom I-VO Rn. 32.

[10] *Armbrüster* in Prölss/Martin, VVG, 31. Aufl. 2021, Rom I-VO Art. 7 Rn. 15.

[11] *Roth* in Beckmann/Matusche-Beckmann, Versicherungsrechts-Handbuch, 3. Aufl. 2015, § 4 Rn. 78; *Looschelders* in MüKoVVG, 2. Aufl. 2017, IntVersR Rn. 87.

[12] Hierzu *Perner* in Fenyves/Schauer, 4. Akt. 2019, Rom I-VO Rn. 32.

[13] Richtlinie 2009/138/EG v. 25.11.2009 betreffend die Aufnahme und Ausübung der Versicherungs-und Rückversicherungstätigkeit ABl. EU Nr. L33 5,1 (Solvency-II-Richtlinie).

Versicherungsnehmers.[14] Hier im zu entscheidenden Fall also das Recht der Republik Österreich. Aber auch bei der Anwendung des zweiten Erlaubnistatbestandes nach Art. 7 Abs. 3b Art. 7 Rom I-VO, nämlich dem Recht des Staates, in dem der Versicherungsnehmer seinen gewöhnlichen Aufenthalt hat, hätte zu keinem anderen Ergebnis geführt. Auch insoweit wäre im vorliegenden Fall nur österreichisches Recht wählbar gewesen.

b) Belehrungen und Hinweise

Der OGH prüft sodann, ob den bei Vertragsschluss geltenden vormaligen Regelungen der §§ 165a, 178 VersVG, § 9a VAG Rechnung getragen wurde.

Auf diese Regelungen wurde in den Belehrungen des deutschen Versicherers nur verwiesen, ohne auf sie detailliert einzugehen. Es hieß lediglich, es kämen zwingende österreichische Rechtsvorschriften, zwingende Bestimmung des österreichischen Konsumentenschutzgesetzes oder das entsprechende österreichische Recht zur Anwendung.

Insoweit kam noch hinzu, dass es für den österreichischen Versicherungsnehmer zweifellos verwirrend sein musste, wenn einerseits angeblich deutsches Recht zwingend vereinbart war, und eine Widerrufsbelehrung entsprechend § 8 VVG erteilt wurde, andererseits am Ende der Hinweise und Belehrungen auch auf ein „Rücktrittsrecht" hingewiesen wurde, ohne die Einzelheiten von dessen Voraussetzungen und die damit verbundenen Rechtsfolgen zu benennen. Für den Versicherungsnehmer war damit nicht eindeutig feststellbar, welche Rechtsordnung nun zur Anwendung kommen sollte und im Übrigen, welche Rechte in concreto ihm denn nun zu stehen sollten. Eine eindeutige und umfassende Belehrung über das zur Anwendung kommende Rücktrittsrecht nach § 165a VersVG wurde jedenfalls nicht erteilt. Damit wurde dem Versicherungsnehmer die Möglichkeit genommen, von dem ihm zustehenden Rücktrittsrecht so Gebrauch zu machen, wie er es denn hätte ausüben können, wenn er ordnungsgemäß belehrt worden wäre. Hinzu kam, dass mit der Belehrung über das deutsche Widerrufsrecht und der damit einhergehenden Verwendung fremder Rechtsbegriffe und Rechtsbehelfe, die einem österreichischen Versicherungsnehmer nicht bekannt sein mussten, war, ihm die Geltendmachung seiner ihm zustehenden Rechte wesentlich erschwert wurde.

Zu Recht hat der OGH judiziert, dass mangels zutreffender Belehrung, die Rücktrittsfrist nach § 165a VersVG nicht ab dem Zeitpunkt, ab dem der Vertrag geschlossen worden war, in Gang gesetzt wurde. Nach deutschem Recht hätte eine solche vergleichbare und mangelhafte Belehrung zu einem „ewigen Widerrufsrecht" geführt. Im österreichischen Recht führt dies zu einem unbefristeten Rücktrittsrecht. Der vom Kläger im Jahr 2016 erklärte Rücktritt war daher nicht verfristet, sondern rechtzeitig.

---

[14] *Dörner* in Bruck/Möller, VVG, 9. Aufl. 2012, Art. 7 Rom I-VO Rn. 45; *Armbrüster* in Prölss/Martin, VVG, 31. Aufl. 2021, Rom I-VO Art. 1ff. Rn. 21; *Martiny* in MüKoBGB, 7. Aufl. 2018, Rom I-VO Art. 7 Rn. 53; *Looschelders* in MüKoVVG, 2. Aufl. 2017, IntVersR Rn. 145.

c) *Verstoß gegen das Transparenzgebot nach § 307 Abs. 1 S. 2 BGB*

In der Rubrik „Besondere Hinweise" hatte der Versicherer einen in der damaligen Musterwiderrufsbelehrung nicht vorgesehenen Satz ergänzt. Er lautete: „Soweit eine vorläufige Deckung erteilt wurde, endet diese mit dem Zugang des Widerrufs bei uns." In der deutschen Praxis der Lebensversicherer war und ist es insoweit noch immer üblich, dem Versicherungsnehmer bereits mit Stellung des Antrages für den Zeitpunkt bis zum Zustandekommen des Vertrages regelmäßig kostenlos vorläufige Deckung zu gewähren. Damit war der Versicherer aber vom amtlichen Widerrufsbelehrungsmuster abgewichen. Nur dann, wenn der Versicherer ohne jegliche Abweichung – bis auf die nach den Gestaltungshinweisen vorgesehenen Ergänzungen und Abweichungen – das seit dem 11.6.2010 als Anlage zum VVG beigefügte Widerrufsbelehrungsmuster nutzt, hat er die als gesetzliche Fiktion damit verbundene Rechtssicherheit, dass er den gesetzlichen Anforderungen genügt. Die Gewährung von vorläufiger Deckung war für den Versicherungsnehmer zwar vorteilhaft. Da diese Abweichung in den Gestaltungshinweisen zur Widerrufsbelehrung jedoch nicht vorgesehen ist, hätte sich der Versicherer im Hinblick auf das deutsche Recht auch nicht auf die Fiktion, dass die hier gegebene Belehrung den gesetzlichen Erfordernissen entspreche und damit rechtsicher sei, mehr berufen können. Weicht der Versicherer vom gesetzlichen Muster ab, muss er das Transparenzgebot nach § 307 Abs. 1 S. 2 BGB beachten. Das war für den OGH kein relevanter Prüfungsgegenstand. Aber bei einer Prüfung des Transparenzgebotes nach § 307 Abs. 1 S. 2 BGB wäre der BGH bei diesem Sachverhalt zum gleichen Ergebnis wie der OGH gekommen. Die widersprüchliche und unklare Darstellung, die sich widersprechenden Ausführungen im Hinblick auf den Adressaten der Widerrufs- bzw. der Rücktrittserklärung, die Unklarheit zur notwendigen Form der Erklärungen und insbesondere die mangelhaften und unklaren Belehrungen zu den gesetzlichen Vorschriften und zur Anwendbarkeit des deutschen und österreichischen Rechtes stellen einen Verstoß gegen das Transparenzgebot des § 307 Abs. 1 S. 2 BGB dar. In ständiger Rechtsprechung hat der BGH entschieden, dass eine Klausel intransparent ist, wenn sie für einen durchschnittlichen Versicherungsnehmer nicht klar und verständlich formuliert ist. Der Versicherungsnehmer muss die mit der Klausel verbundenen wirtschaftlichen Nachteile und Belastungen soweit als möglich erkennen können.[15] Ein Verstoß gegen das Transparenz- und Verständlichkeitsgebot liegt auch vor, wenn eine AVB Regelung für unnötige und vermeidbare Verwirrung sorgt.[16] Das hat der OGH mit ähnlichen Erwägungen und in vergleichbarer Weise in seiner Entscheidung festgestellt.

[15] Ständige Rechtsprechung, BGHZ 136, 394 = VersR 1997, 1517; BGHZ 141, 137 = VersR 1999, 710; BGH VersR 2001, 184; BGHZ 162, 210 = VersR 2005, 639; BGH VersR 2005, 976; BGHZ 164, 297 = VersR 2005, 1565; BGH VersR 2009, 1659; VersR 2012, 1237; VersR 2013, 344; VersR 2016, 1177; VersR 2019, 1284.

[16] *Armbrüster* in Prölss/Martin, VVG, 31. Aufl. 2021, Einleitung Rn. 164.

d) Abwicklung nach Bereicherungsrecht[17]

aa) Österreichisches Recht

Wegen der mangelhaften Belehrung wurde die Rücktrittsfrist nach § 165a VersVG aF nicht in Gang gesetzt. Dies führte zu einem unbefristeten Rücktrittsrecht. Was die Rückerstattung der gezahlten Beiträge anbelangt, so kommt nicht § 176 VersVG zur Anwendung, sondern der Vertrag wird nach bereicherungsrechtlichen Grundsätzen rückabgewickelt. Der Versicherungsnehmer hat dann grundsätzlich Anspruch auf Rückzahlung aller von ihm geleisteten Prämien. Bei Geldleistungen, hier die gezahlten Prämien, wird im österreichischen Recht davon ausgegangen, dass der Empfänger eine nützliche Verwendungsmöglichkeit erlangt hat. Kann die Sache nicht in Natur herausgegeben werden, so ist der Wert zu ersetzen, den die Sache zur Zeit der Verwendung gehabt hat. Abweichend vom deutschen Recht wird bei einer fondsgebundenen Lebensversicherung der Versicherer Eigentümer der erworbenen Anteile an den Investmentfonds. Der Rücktritt beschränkt sich auf den Versicherungsvertrag und hat aber keine Auswirkungen auf die Stellung des Versicherers als Eigentümer für die erworbenen Anteile an den Investmentfonds. Verluste, die während der Laufzeit des Vertrages aus den Fondsanteilen anfallen, treten im Vermögen des Versicherers ein und haben keinen Einfluss auf die Höhe des Bereicherungsanspruchs des Versicherungsnehmers. Das Verlustrisiko trägt also nicht der Versicherungsnehmer, sondern der Versicherer selbst. Maßgeblich für den Bereicherungsanspruch des Versicherungsnehmers ist der Wert der Fondsanteile zum Zeitpunkt des Ankaufes.[18]

bb) Deutsches Recht

Nach deutschem Recht steht dem Versicherungsnehmer aus § 812 Abs. 1 S. 1 Alt. 1 BGB der Anspruch auf Erstattung der gezahlten Prämien zu. Dieser Rückgewähranspruch gilt allerdings nicht uneingeschränkt. Vielmehr muss der faktisch bis zur Lösung vom Vertrag genossene Versicherungsschutz in Abzug gebracht werden.[19] Insoweit stehen dem Versicherer grundsätzlich auch keine Nutzungen aus dem Risikoanteil zu. Erzielt der Versicherer einen Gewinn bei einer kapitalbildenden Lebensversicherung mit der Anlage des Sparanteils, steht dem Versicherungsnehmer dieser als tatsächlich gezogene Nutzung zu. Die Nutzungen aus dem Risikoanteil kann er hingegen nicht beanspruchen, weil dieser Teil dem Versicherer als Wertersatz für den faktisch genossenen Versicherungsschutz verbleibt. Auch der auf die Abschlusskosten entfallende Prämienanteil bleibt für Nutzungsersatzansprüche unberücksichtigt. Regelmäßig ist davon auszugehen, dass der Versicherer diesen Prämienanteil nicht zur Kapitalanlage nutzen konnte. Für den Verwaltungskostenanteil der Prämie kann hingegen grundsätzlich angenommen werden, dass der Versicherer

---

[17] Um den Rahmen dieses Beitrages nicht zu sprengen, kann hier nur ein Überblick gegeben werden.

[18] Eingehend OGH 7Ob 117/20 unter Nr. 5 und 7.

[19] BGH r+s 2020, 433; VersR 2018,1367; VersR 2017, 275; VersR 2016, 33; zum Ganzen auch *Armbrüster* NJW 2015, 3065f.; *Reiff* r+s 2015, 105ff.; *Frohnecke* NJW 2015, 985ff.; *Zegowitz/Haferkorn* VersR 2020, 1005ff.

Nutzungszinsen in bestimmter Höhe erzielt hat. Allerdings könnte ein Anspruch des Versicherungsnehmers auf Herausgabe von Nutzungen aus diesem Verwaltungskostenanteil nicht anhand der Eigenkapitalrendite des Versicherers berechnet werden. Das Verlustrisiko aus der Anlage der Sparanteile und das gilt insbesondere bei der fondsgebundenen Lebensversicherung, trägt der Versicherungsnehmer.[20]

e) Adressat der Rücktritts- oder Widerrufserklärung

Zum einen sah die entsprechend § 8 VVG erteilte Widerrufsbelehrung zur Ausübung des Widerrufsrechtes vor, dass der Widerruf an die Adresse des deutschen Versicherers zu richten sei. Zum anderen war unter dem Bezugspunkt Rücktrittsrecht hingegen vorgesehen, dass der Rücktritt in Schriftform gegenüber der österreichischen Niederlassung des Versicherers in Österreich zu erklären sei. Damit musste für den Versicherungsnehmer unklar bleiben, an welche Adresse er entsprechende Erklärungen hätte richten müssen. Hinzu kam, dass für ihn unklar bleiben musste, ob, wann und mit welchen Rechtsfolgen, er von diesen Gestaltungsrechten hätte Gebrauch machen können. Diese Widersprüchlichkeiten führten zur Intransparenz und Unwirksamkeit der Belehrungen.

f) Form der Rücktritts- oder Widerrufsbelehrung

Ebenfalls überzeugend sind die Ausführungen des OGH zum Formerfordernis der Erklärungen. Der OGH führt aus, durch den Verweis auf das Erfordernis einer Erklärung in Textform nach deutschem Recht werde es dem Verbraucher erschwert, die ihm nach österreichischem Recht zustehenden Rechte und insbesondere die Formfreiheit hinsichtlich der Ausübung des Rücktrittsrechtes zu erkennen. Unabhängig davon, dass der Hinweis auf ein eventuelles Rücktrittsrecht nach § 165a VersVG den Anforderungen an eine korrekte und umfassende Belehrung nicht genügte, so war auch der Hinweis, dass der Rücktritt gegenüber der österreichischen Niederlassung in Österreich in Schriftform zu erklären wäre, unzutreffend. Die Möglichkeit des Versicherers die Schriftform zu vereinbaren, sah der zum Zeitpunkt des Vertragsschlusses in der damaligen Fassung geltende § 178 VersVG nur für Kündigungen, nicht hingegen für einen Rücktritt vor. Sowohl die Textform – die das österreichische Recht in dieser Begrifflichkeit nicht kennt – als auch die Schriftform, waren Erschwernisse, denn nach österreichischem Recht war die Erklärung des Rücktrittsrechtes nach § 165a VersVG aF an keine Form gebunden und hätte also auch mündlich erklärt werden können. Die aktuellen Regelungen des VersVG, die in § 1b VersVG die „geschriebene Form", die weitgehend der deutschen Textform entspricht, und § 5c VersVG, der vorsieht, dass Verbraucher grundsätzlich innerhalb von 14 Tagen in geschriebener Form von einem Versicherungsvertrag zurücktreten können, sind zum 1.7.2012 in Kraft getreten, waren also auf den vorliegenden Sachverhalt noch nicht anwendbar. Nach § 15 Abs. 2 S. 3 des aktuellen VersVG wäre im Übrigen eine Vereinbarung der Schriftform für Rücktrittserklärungen unzulässig.

[20] BGH VersR 2018, 403.

HANS-WERNER RHEIN

Covid-19 als Schadenereignis in der Katastrophen-Schadenexzedenten-Rückversicherung bei Betriebsschließungsversicherungen

– Überlegungen zur deutschen Rückversicherungspraxis mit Blick auf die englische Rechtsprechung –

I. *Einleitung*

Seit Beginn der Corona Pandemie sind in Deutschland, aber auch anderen Ländern in erheblichem Maße Schäden aufgetreten. Die meisten davon stehen im Zusammenhang mit Einnahmeverlusten aufgrund behördlich verfügter Schließungen oder Einschränkungen des Geschäftsbetriebes von Betrieben des Gaststätten- und Hotelgewerbes, des Einzelhandles, von Veranstaltern bzw. weiterer Dienstleister. Es hat insofern eine Reihe von Klagen, insbesondere im Rahmen der Betriebsschließungsversicherung und eine Reihe von Urteilen gegeben.[1]

In England hat die Finanzmarktaufsichtsbehörde FCA einen Musterprozeß gegen verschiedene Versicherer geführt und es liegt inzwischen eine höchstrichterliche Entscheidung des Supreme Courts vor[2], die Erstversicherungsunternehmen zur Leistung gegenüber Versicherungsnehmern verpflichtet, die sich gegen Einnahmeverlusten aufgrund von Betriebsschließungen versichert hatten.

Auch in Irland hat es inzwischen einen abschließend entschiedenen Musterfall gegeben, der die Leistungsverpflichtung von Erstversicherungsunternehmen in ähnlich gelagerten Fällen (Wegfall von Einnahmen aufgrund pandemiebedingten Schließungsverfügungen) bejaht hat.[3]

Traditionell kommt der anglo-amerikanischen Rechtsprechung auch im deutschen Rückersicherungsrecht eine große Bedeutung zu, da es in Deutschland so gut wie keine Judikatur in diesem Bereich gibt und das deutsche Rückversicherungsrecht stark durch gewohnheitsrechtliche Praktiken geprägt ist, die ihrerseits die anglo-amerikanische Rechtsprechung reflektieren.[4]

---

[1] Als Beispiele: LG Stuttgart 30.9.2020 – 16 O 305/20; LG Darmstadt 9.12.20 – 4 O 220/20; LG Köln 2.12.20 – 20 O 139/20; OLG Köln 9 U 14/21 und 9 U 18/21. Die OLG Köln-Entscheidungen verneinten die Leistungspflicht von VUen, wenn bei Betriebsschließungsversicherungen die relevanten Krankheiten als Tatbestandsvoraussetzungen genannt und damit als abschließend zu werten seien.

[2] FCA v. Arch Ins and others, UKSC 2020/0177.

[3] Hyper Trust v. FBD Insurance 2021, IEHC 78.

[4] Praktisch jeder deutsche Rückversicherungsvertrag sieht eine Schiedsklausel vor, die der Anrufung der ordentlichen Gerichtsbarkeit entgegensteht.

Verschiedene Erstversicherer haben inzwischen Covid-19-Pandemie bedingte Schäden beglichen und begehren von ihren Schadenexzedenten-Rückversicherern Entschädigung in Höhe der aggregierten Erstversicherungsschäden nach Abzug der Prioritäten.

Häufig wird dabei argumentiert, das unter dem Rückversicherungsvertrag gedeckte Schadenereignis sei der Eintritt der Pandemie. Die regelmäßig in Schadenexzedenten (XL)-Verträgen vereinbarte Aggregierungsklausel könne keine Anwendung finden, da es sich hier um eine den Spätschäden in der Betriebsunterbrechungsversicherung vergleichbare Schadenlage handele, für die der Zweck der Aggregierungsklausel keine Anwendung finde.

Es wird also im Folgenden zu untersuchen sein, inwieweit dieser Argumentation aus rückversicherungsrechtlicher Sicht gefolgt werden kann. Die von Langheid vorgebrachten Argumente[5] werden dabei um die Rückversicherungssicht ergänzt.

II. Tatbestandsvoraussetzungen der Leistungspflicht des Rückversicherers bei Schadenexzedentenverträgen

In praktisch allen in Deutschland und international verwendeten Katastrophen-Schadenexzedenten-Rückversicherungsverträgen (im Folgenden Cat-XLs) finden sich folgende Leistungsvoraussetzungen: Innerhalb der Laufzeit und des territorialen Deckungsbereiches des gültig geschlossenen Vertrages muss

1. ein oder müssen mehrere originalseitig versicherten Schadenereignisse eingetreten sein, die
2. auf dieselbe Katastrophe
3. kausal zurückzuführen sind
4. und die der durch den RV-Vertrag begünstigte Erstversicherer im Rahmen von regelmäßig vereinbarten Aggregierungsfristen zusammenfassen darf.
5. Dabei steht dem Erstversicherer regelmäßig ein vertraglich vereinbartes Geschäftsführungsrecht zu, dessen Kehrseite die Folgepflicht des Rückversicherers darstellt.
   Allerdings findet nach hM dieses Geschäftsführungsrecht seine Grenzen in den Pflichten eines sorgfältigen Kaufmanns nach § 347 HGB.[6] Auch werden sog. Ex-gratia-Zahlungen, also Leistungen des Erstversicherers, zu denen entweder insgesamt oder in dieser Höhe kein Rechtsgrund besteht, nicht von der Rückversicherungsfolgepflicht gedeckt.[7]

Ergänzt werden diese Vorschriften regelmäßig durch Vereinbarungen zur Schicksalsteilung beider Vertragsparteien und darüber, dass dem Erstversicherer eingeräumt wird, vertraglich bindend festzustellen, was das versicherte Risiko darstelle.

---

5 *Langheid,* Covid-19 – Versicherungs- und haftungsrechtliche Aspekte, 2020.

6 *Liebwein,* Klassische und moderne Formen der Rückversicherung, 3. Aufl. 2018, S. 155; *Gerathewohl,* Rückversicherung, Grundlagen und Praxis, Bd. 1, 2018, S. 515ff.

7 *Witthoff* in Lüer/Schwepcke, Rückversicherungsrecht, 2013, § 15 Rn. 81.

1. *Schadenereignis*

a) *Pandemie als Schadenereignis*

Rückversicherungsverträge sehen regelmäßig Klauseln wie diese vor:

The words "loss occurrence" shall mean all individual losses arising out of and directly occasioned by one catastrophe.

Zur Frage, was ein (erst-)versichertes Schadenereignis sei, gibt es so gut wie keine deutsche höchstrichterliche Rechtsprechung. Lediglich in seinem Urteil zum Ereignisbegriff in den damaligen Muster-AVB für die Haftpflichtversicherung hat der BGH ausgeführt:

Unter einem Ereignis versteht der allgemeine Sprachgebrauch den ursprünglichen Sinn des Wortes wahrend ... einen sinnfälligen objektiven Vorgang, der sich vom gewöhnlichen Tagesgeschehen deutlich abhebt und dessen schwerwiegende Bedeutung sofort ins Auge springt ... Das Ereignis unterscheidet sich als Geschehen, als Vorgang von einem statisch vorhandenen Zustand. Das Schadenereignis darf weder mit der Schadenursache noch mit dem Gefahrenumstand verwechselt werden.[8]

Zu dieser Frage eine gefestigte Rechtsprechung des englischen Obergerichts, so zuletzt durch den Supreme Court in seinem Urteil FCA vs Arch:

The word "occurrence", on the other hand, like its synonym "event", has a widely recognised meaning in insurance law which accords with its ordinary meaning as "something which happens at a particular time, at a particular place, in a particular way": see Axa Reinsurance (UK) plc v Field [1996] 1 WLR 1026, 1035 (Lord Mustill); Kuwait Airways Corpn v Kuwait Insurance Co SAK [1996] 1 Lloyd's Rep 664, 683–686 (and the discussion in that case of the Dawson's Field Award); Mann v Lexington Insurance Co [2001] 1 Lloyd's Rep 1 (CA).[9]

Auch in der deutschen Rückversicherungsliteratur werden zusätzlich konkretisierende Merkmale gefordert, die den zeitlichen, sachlichen und räumlichen Zusammenhang berücksichtigen.

Weil der Kumulschadenexzedent auf *ein* Schadenereignis abstellt, ist eine präzise Schadenereignis-Definition von zentraler Bedeutung. Nicht jedes Schadenereignis beruht auf einer punktuellen Ursache, mehrere zusammenhängende Schäden erfordern daher eine Bezugnahme auf eine gemeinsame Ursache und einen zeitlichen und räumlichen Zusammenhang.[10]

Am 27.1.2020 wurde in Deutschland die erste Infizierung mit dem Coronavirus nachgewiesen und am 12.3.2020 das Auftreten der Krankheit von der WHO als

---

[8] BGH Urt. v. 18.1.1965 – II ZR 135/62, VersR 1965, 326, s. auch die Ausführungen von *Stahl* in dieser Festschrift zum Thema: COVID-19-Pandemie als Schadensereignis in der CAT-XL-Rückversicherung?, S. 501 ff.

[9] FCA v. Arch aaO page 18.

[10] *Cannawurf/Schwepcke* in Lüer/Schwepcke, Rückversicherungsrecht, 2013, § 8 Rn. 3530 ff.; *Liebwein,* Klassische und moderne Formen der Rückversicherung, 3. Aufl. 2018, S. 178.

Pandemie eingestuft.[11] Seitdem hat sich die Pandemie als eine Art Dauerzustand entwickelt. Insofern hat auch der englische Supreme Court in seiner oben aufgeführten Entscheidung ausgeführt:

A disease that spreads is not something that occurs at a particular time and place and in a particular way: it occurs at a multiplicity of different times and places and may occur in different ways involving differing symptoms of greater or less severity. Nor for that matter could an "outbreak" of disease be regarded as one occurrence, unless the individual cases of disease described as an "outbreak" have a sufficient degree of unity in relation to time, locality and cause. If several members of a household were all infected with COVID-19 when a carrier of the disease visited their home on a particular day, that might arguably be described as one occurrence. But the same could not be said of the contraction of the disease by different individuals on different days in different towns and from different sources.[12]

Anders hat das irische Obergericht im Fall Hyper Trust v. FBD entschieden. Es hat den Begriff der versicherten Gefahr in den Mittelpunkt seiner Überlegungen gestellt. Die versicherte Gefahr sei nicht allein der Ausbruch der Krankheit, auch nicht die behördlich verfügte Schließung der – in diesem Falle: Pubs. Es sei vielmehr die Zusammensetzung aus dem Auftreten der Krankheit innerhalb eines Umkreises von 25 Meilen und der damit einhergehenden behördlich verfügten Schließung.[13]

In diesem Zusammenhang wird deutlich, dass der Schadenereignis-Begriff aus dem Erstversicherungsbereich nicht identisch sein muss mit dem Schadenereignis-Begriff im Rückversicherungsrecht.[14,15] Dies gilt insbesondere bei (nicht-proportionalen) Schadenexzedenten-Verträgen.

Als Zwischenergebnis bleibt festzuhalten, dass der Ausbruch der Pandemie als solcher schwerlich als Schadenereignis bewertet werden kann. Insbesondere bei den Fällen der Betriebsschließungsversicherungen ist wohl eher die behördliche Anordnung, nicht aber der Ausbruch der Krankheit das schadenauslösende Ereignis.

b) Pandemie als (rückversicherte) Katastrophe

Selbst wenn man entgegen der konsequenten Anwendung der obigen Überlegungen zu dem Ergebnis käme, dass Covid-19-bedingte Schäden durch Einnahmeverlust unter Erstversicherungsgesichtspunkten ein „Schadenereignis“ darstellen

---

[11] Zur Chronologie der Ereignisse: s. *Grothe/Trietsch* in Langheid, Covid-19 – Versicherungs- und haftungsrechtliche Aspekte, 2020.

[12] FCA v. Arch aaO page 19.

[13] The relevant peril is the imposed closure following outbreaks of infectious or contagious disease (in this case Covid-19) on or within 25 miles of the premises, Rn. 275.

[14] *Witthoff* in Lüer/Schwepcke, Rückversicherungsrecht, 2013, § 15 Rn. 39 „Die rechtliche Prüfung des betreffenden Rückversicherungsfalles vollzieht sich auf 2 Stufen: auf der ersten Stufe muss der Schaden unter dem Rückversicherungsvertrag und auf der zweiten auch unter dem Erstversicherungsvertrag gedeckt sein.“

[15] *Cannawurf/Schwepcke* in Lüer/Schwepcke, Rückversicherungsrecht, 2013, § 8 Rn. 346, die schreiben: „Eine Kongruenz des Vorgehens bei der Ermittlung des versicherten Schadens für das Versicherungsverhältnis und das Rückversicherungsverhältnis ist damit nicht zwingend erforderlich.“

könnten, tangiert dies aber den (Katastrophen)-Schadenereignisbegriff des Rückversicherungsvertrages nicht, denn es fehlt die Tatbestandsvoraussetzung der „Katastrophe“ als gemeinsame Ursache der Schadenereignisse. Wie oben bereits ausgeführt, sehen die meisten Cat-XLs folgend Klausel vor:

The words "loss occurrence" shall mean all individual losses arising out of and directly occasioned by one catastrophe.

Wesentliches einschränkendes Tatbestandsmerkmal ist der Begriff der „catastrophe“. Gängige Wörterbücher verstehen darunter ein „sudden great disaster“ bzw. „sudden event that causes many people to suffer“.[16] Für eine „catastrophe“ ist begriffliche Voraussetzung demnach nicht nur das große Ausmaß des Unglücks („great disaster“), sondern auch dessen plötzlicher Eintritt („sudden“). Das trifft auf typische Katastrophenszenarien wie Überschwemmungen und Erdbeben – zumindest im Regelfall – zu. Im Falle der Corona-Pandemie ist (jedenfalls aus europäischer Sicht) die Plötzlichkeit sowohl des Auftretens des Coronavirus als auch der sodann europaweit ergangenen Schließungsverfügungen zweifelhaft.

Angesichts des zeitlichen Vorlaufs von mindestens einem Monat vom Ausbruch der Epidemie in China bis zu den ersten Krankheitsfällen in Europa sowie der auch dann nur schrittweise über weitere anderthalb Monate ablaufenden Eskalation, die im weitgehenden Lockdown ab Mitte/Ende März 2020 gipfelte, kann nicht von einem plötzlichen Auftreten des Coronavirus ausgegangen werden.

Hinzu kommt, dass es sprachlich schwerfällt, eine hoheitliche Maßnahme – hier in Gestalt einer behördlichen Schließungsverfügung – überhaupt als Unglück und somit als „catastrophe“ einzuordnen.

Somit lässt sich bei wortlautgetreuer Vertragsanwendung mit guten Gründen in Zweifel ziehen, dass die Voraussetzung einer „catastrophe“ hier erfüllt ist. Eher käme dies allerdings – wenn überhaupt – für die Corona-Pandemie als solche als für die Schließungsverfügungen in Betracht.

Allerdings hat Lloyd's of London den Vorgängen um Covid-19 Katastrophen-Charakter zugebilligt und rechnet mit versicherten Corona Schäden in Höhe von GBP 5 Mrd., von denen rund GBP 2 Mrd. an die Rückversicherer weitergeben werden.[17] Dies findet sich auch in Überlegungen der Entscheidung des Irischen Highcourt wieder:

Whilst we consider it would, on the case law, be more difficult to categorize this as an "event", we consider that common-sense and the ordinary use of the word "catastrophe", as well as the reasonable expectations of the catastrophe reinsurance community when dealing with a clause which seeks to aggregate multiple losses under what describes itself as a "catastrophe" Treaty, would lead to the pandemic in Ireland being treated as a catastrophe within the meaning of the Hours Clause. Although this is not decisive, we understand that the Lloyd's insurance market is treating Covid-19 as a catastrophe and has given it a catastrophe code "CORO" and we regard the IUA conclusion (stated above) as supportive of this.[18]

---

[16] Vgl. Oxford Dictionary.

[17] S. Versicherungswirtschaft-heute vom 10.9.2020.

[18] Hyper Trust v. FBD aaO.

Dennoch gilt: Bei den in der deutschen Betriebsschließungsversicherung geltend gemachten Schäden ist der Ausbruch der Covid-19-Pandemie weder ein rückversicherungsrelevantes Schadenereignis noch ein solches, welches auf dieselbe Katastrophe zurück zu führen sei.

2. *Kausalität zwischen Schaden und dem schadenstiftenden Ereignis*

Selbst wenn man das obige Ergebnis nicht teilen würde und Covid-19 doch als ein rückversicherungsrelevantes Schadenereignis ansehen würde, müssten die Kausalitätserfordernisse zwischen schadenstiftendem Ereignis und eingetretenen Schaden erfüllt sein *(„losses arising out of and directly occassioned by")*.

Der „eingetretene Schaden" ist dabei kein abstrakter Rechtsbegriff, sondern der finanzielle Verlust des Versicherungsnehmers, gegen den er sich bei seinem Erstversicherer abgesichert hat. In unserem Covid-Fall also der Einnahmeverlust des Versicherungsnehmers. Was hat also kausal zu diesem Schaden geführt?

a) Englische Rechtsprechung

"Although the question whether loss has been caused by an insured peril is a question of interpretation of the policy, it is not (unlike the questions of interpretation of the disease, hybrid and prevention of access clauses considered above) a question which depends to any great extent on matters of linguistic meaning and how the words used would be understood by an ordinary member of the public. What is at issue is the legal effect of the insurance contract, as applied to a particular factual situation."[19]

"In fact, causation is not one single, static concept 'to be mechanically applied without regard to the context in which the question arises'. As Lord Hoffmann underlines, causal requirements are ‚creatures of the law' and the causal requirement of one rule may differ from that of another."[20]

Im Fall *Kuwait Airways Corp v Kuwait Insurance Co SAK*[21] hat die englische Rechtsprechung den „unity-test" entwickelt. Hier entschied das Gericht, dass bei der Invasion von Kuwait durch den Irak und der Inbesitznahme von 15 Flugzeugen durch das irakische Militär eine „unity of intent" vorgelegen habe.[22]

In *Axa Reinsurance (UK) Ltd v Field* [23] grenzte Lord Mustill im House of Lords das Verbindungsmerkmal der Ursache *(cause)* von jenem des Ereignisses *(event)* ab. Während ein Ereignis etwas sei, das zu einer bestimmten Zeit an einem bestimmten Ort in einer bestimmten Art und Weise geschehe, sei der Ursachenbegriff viel weitläufiger. Beispielsweise können ein Zustand und sogar die Tatsache, dass nichts geschehe, als Ursachen im Sinne einer Aggregationsklausel verstanden werden.[24]

[19] FCA v. Arch aaO, p. 46.

[20] *William,* Reinsurance and the law of aggregation, 2021, S. 54 mit entsprechenden Verweisen auf die engl. Rechtsprechung.

[21] [1996] 1 Lloyd's Rep 664 (commercial court).

[22] *William,* Reinsurance and the law of aggregation, 2021, S. 61 ff.

[23] Axa v. Field (1996) 2. Lloyd's Report 407.

[24] *William,* Reinsurance and the law of aggregation, 2021, S. 59 mit Nachweis auf die engl. Rechtsprechung sowie *Witthoff* in Lüer/Schwepcke, Rückversicherungsrecht, 2013, S. 654.

Besonders weit ist die Auslegung in der nun vorliegenden Entscheidung des Supreme Courts, der seine ursprüngliche Entscheidung zum Orient Express Fall[25] ausdrücklich zurücknahm: Im Orient Express Fall ging es um die Frage, ob sowohl Schäden an einem Hotel (Orient Express Hotel) als Folge des Wirbelsturmes Kathrina als auch Schäden versichert seien, die das Hotel als Folge der Zerstörung seiner Umgebung (Stadt New Orleans) erlitten habe. Das Zweite wurde verneint.

Der Supreme Court rückt nun von dieser Entscheidung ausdrücklich ab und führt aus, dass wenn ein versichertes und ein unversichertes Ereignis zusammenwirken und aus derselben Zufälligkeit (Fortuity) entstanden sind und das unversicherte Ereignis nicht ausdrücklich ausgeschlossen ist, den Kausalitätsanforderungen Genüge getan worden ist.[26]

b) Deutsches Recht

In der deutschen Literatur werden strengere Kriterien an die Kausalität gestellt.[27] Hier wird ein zeitlicher und räumlicher Zusammenhang zwischen dem schadenstiftenden Ereignis und dem eingetretenen Schaden zu fordern sein.[28]

Eine Argumentation, dass den Kausalitätserfordernissen im Rückversicherungsvertrag bereits beim zeitgleichen Zusammenwirken von mehreren Voraussetzungen, von denen einige gar nicht unter den Erst- und damit auch Rückversicherungsschutz fielen, Genüge getan sei, ist dem deutschen Recht fremd.[29]

Im Sinne der im Versicherungsrecht vorherrschenden Adäquanztheorie liegt ein hinreichender Kausalzusammenhang dann vor, wenn ein direkter, ursächlicher und angemessener Zusammenhang zwischen der Handlung eines Schädigers und dem dadurch entstandenen Schaden gegeben ist.[30]

Diese aus dem Schadenersatzrecht entwickelte Theorie muss nicht nur für den Zusammenhang von der Handlung eines Schädigers, sondern genauso für schadenstiftenden Ereignisse gelten.

Folgt man diesen Überlegungen, kommt nicht die Pandemie als solche, sondern nur die behördliche Schließungsverfügung/die Anordnung des Lockdowns als schadenstiftendes Ereignis in Betracht.

Bei den föderalen bzw. kommunalen Entscheidungsträgern, die jeweils für die Schließungsverfügungen verantwortlich sind und waren, stellt sich die Frage, ob diese Schließungsverfügungen vor dem Hintergrund der direkten örtlichen Gegebenheiten als hinreichend kausal gewertet werden können für ein „loss occurence directly occasioned by one catastrophe". Etwas Anderes könnte sich uU bei zentralen Eingriffen wie der „Bundesnotbremse" ergeben.

---

[25] Orient-Express Hotels Ltd. v. Assicurazioni Generali SpA [2010] EWHC 1186 (Comm).

[26] FCA v Arch aaO, S. 91.

[27] *Witthoff* in Lüer/Schwepcke, Rückversicherungsrecht, 2013, § 15 Rn. 92ff.

[28] *Witthoff* in Lüer/Schwepcke, Rückversicherungsrecht, 2013, § 15 Rn. 92ff.

[29] Zur Besprechung der Kausalitätskriterien s. auch *Schäfer/Ott,* Lehrbuch der ökonomischen Analyse des Zivilrechts, 6. Aufl. 2020, S. 216f.

[30] Zum Begriff der Adäquanztheorie s. Juraforum unter www.juraforum.de/lexikon/adaequanz.

Zunächst aber beruhen die – örtlichen – Allgemeinverfügungen nach § 35 S. 2 VwVfG bzw. § 28a IfSG auf dem Gedanken der präventiven Schutzmaßnahme und damit auf Ermessensentscheidungen, die auf dem Verhältnisgrundsatz zu beruhen haben.[31]

Eine Kausalitätsverknüpfung dieser behördlichen Akte mit einen Katastrophen-Schadenereignis-Begriff ist nicht ersichtlich.

3. Claims-Settlement Clause

Regelmäßig beinhalten Cat-XIs sog. Claims-Settlement Clauses mit einen Text wie dem Folgenden:

CLAIMS SETTLEMENT

In the event of a loss arising hereunder, the Reinsurers agree to pay their proportion thereof within fifteen days after the receipt of the necessary papers proving the loss. Provided always that the Reinsurers shall have the right to deduct from any payment due by them to the Reinsured in respect of such claim, any sum or sums due by the Reinsured to the Reinsurers and arising out of this Agreement or out of any Policy or Agreement renewing or replacing this Agreement.
All loss settlements made by the Reinsured, provided same are within the conditions of the original policies and within the terms of this Agreement, shall be unconditionally binding upon the Reinsurers, and amounts falling to the share of the Reinsurers shall be payable by them upon reasonable evidence of the amount paid or immediately payable being given by the Reinsured.

Insbesondere der Hinweis, dass Schadenzahlungen, die der Erstversicherer getätigt hat, „unconditionally binding upon the Reinsurer" sind, könnte den Rückversicherer zur Leistungspflicht bestimmen. Auch könnte hier die ursprünglich aus der proportionalen Rückversicherung kommende Folgepflicht des Rückversicherers sowie das gewohnheitsrechtlich anerkannte Geschäftsführungsrecht des Erstversicherers angeführt werden.[32] Allerdings gelten auch hier die Grenzen der vertraglichen Vereinbarungen der entsprechenden Rückversicherungsverträge *(within the terms of this Agreement)*.

Schäden, die der ErstV seinen VN gegenüber zu erstatten hat, können demnach nur dann zu einer Leistungspflicht des RV führen, wenn sie sich zu einer „loss occurrence" zusammenfassen lassen, *„directly occasioned by one catastrophe"*. Sobald diese Voraussetzungen fehlen, entfällt die Leistungspflicht des Rückversicherers.[33]

---

[31] Anmerkung: s. auch VG München Beschl. v. 20.3.20 – M 26 E 20.1209, BeckRS 2020, 6266.

[32] *Liebwein,* Klassische und moderne Formen der Rückversicherung, 3. Aufl. 2018, S. 155ff.

[33] Zu den Voraussetzungen s. *Gerathewohl,* Rückversicherung, Grundlagen und Praxis, Bd. 1, 2018, S. 804.

4. *Die Stundenklausel und Aggregierung*

Regelmäßig sehen Cat-XLs Stundenklauseln vor, wie beispielsweise die folgende:

The words "loss occurrence" shall mean all individual losses arising out of and directly occasioned by one catastrophe. However the duration and extent of any "loss occurrence" so defined shall be limited to:

(a) 72 Consecutive hours as regards Hurricane, Typhoon, Cyclone, Windstorm, Rainstorm, Hailstorm and/or Tornado,

(b) 72 Consecutive hours as regards Earthquake, Seaquake, Tidal Wave, Tsunami and/or Volcanic Eruption,

(c) 72 Consecutive hours as regards Riots, Strikes, Civil Commotions and Malicious Damage,

(d) 504 consecutive hours as regards flood howsoever caused;

(e) 72 Consecutive hours as regards any "Loss Occurrence" which includes individual loss or losses from any of the perils mentioned in (a), (b) and (c) above,

Losses by fire, however, directly resulting from any of the perils mentioned in (a), (b) or (c) constituting one Loss Occurrence shall be included in full notwithstanding the period of 72 hours being thereby exceeded (subject to the period mentioned in (e) not being exceeded) in calculating both the Deductible and the Limit in respect of that Loss Occurrence, provided that such fire or fires shall have commence during the 72 hours elected by the Reinsured.

(f) 168 Consecutive hours of any "Loss Occurrence" of whatsoever nature which does not include individual loss or losses from any of the perils mentioned in a), b), c), d) and e) above

(g) 504 consecutive hours as regards any "Loss Occurrence" which includes individual loss or losses from a combination of any of the perils mentioned in (a), (b) and (c) above with individual loss or losses from the peril mentioned in (d) above.

Vorausgesetzt man folgt der oben vertretenen Meinung nicht und meint, Pandemie bedingte Schäden stellten ein durch eine Katastrophe bedingtes Schadenereignis dar, könnten die (Erstversicherungs-)Schäden unter die oben dargestellte Aggregierungsregelung der 168 Stunden fallen. Diese Regel hat ihren Entstehungsgrund in der Naturgefahren-Rückversicherung. Ihr Zweck liegt in der Spezifizierung des Ereignisbegriffes in zeitlicher Hinsicht[34] und in teilweise kausal ausgerichteten metereologischen Merkmalen, um überhaupt festlegen zu können, wann von einem Sturm oder einer Überschwemmung auszugehen ist.[35]

Selbst wenn, wie im englischen Rechtskreis bisweilen, die Meinung vertreten wird, diese Klausel fände bei Betriebsunterbrechungsschäden nach Naturereignissen keine Anwendung, denn diese würden sich als Spätschäden immer erst lange nach

[34] *Gerathewohl,* Rückversicherung, Grundlagen und Praxis, Bd. 1, 2018, S.130; *Witthoff* in Lüer/Schwepcke, Rückversicherungsrecht, 2013, § 15 Rn. 100.

[35] *Witthoff* in Lüer/Schwepcke, Rückversicherungsrecht, 2013, Rn. 101.

dem durch die Stundenklausel einzugrenzenden Naturereignis manifestieren, greift dies bei der vorliegenden Fragestellung nicht.

Bei in Deutschland bislang regulierten Fällen handelt es nicht um Betriebsunterbrechungs-Spätschäden, sondern um Einnahmeverluste aufgrund behördlich angeordneten Betriebsschließungen.

Insofern steht einer Anwendung der vertraglich vereinbarten Klausel:

168 Consecutive hours of any "Loss Occurrence" of whatsoever nature which does not include individual loss or losses from any of the perils mentioned in a), b), c), d) and e) above

nichts im Wege. Die von dem Erstversicherer unter BSV zu regulierenden Schäden könnten demnach nur in einer Frist von 168 Stunden nach der jeweiligen Schließungsverfügung aggregiert und dem Rückversicherer im Rahmen der Haftungs- und Wiederauffüllungsbestimmungen geltend gemacht werden.

5. *Zusammenfassung*

Bei kritischer Durchsicht der Covid-19-bedingten Schäden unter deutschen Betriebsschließungsversicherungen muss festgehalten werden, dass, selbst wenn in einzelnen Fällen die Pflicht des Erstversicherers zu bejahen ist, eine Haftung des Rückversicherers davon unberührt bleibt.

Es fehlt an den erforderlichen Tatbestandsvoraussetzungen, nämlich dem als Katastrophe zu wertenden Schadenereignis und an der Kausalität zwischen schadenstiftendem Ereignis und eingetretenen Schaden. Diese mangelnden Tatbestandsvoraussetzungen können auch nicht durch rückversicherungstechnische Sonderregelungen wie Schadensregulierungsrecht (claims settlement clause) oder Schicksalsteilungen behoben werden.

Selbst wenn man zu einem anderen Ergebnis käme, würde die Aggregierungsklausel greifen, die in jedem Rückversicherungsvertrag vereinbart wird. Danach könnten nach jedem schadenstiftenden Ereignis (behördliche Schließungsverfügung) nur jeweils solche Schäden aggregiert und unter der Rückversicherung abgerechnet werden, die sich unter einen Zeitraum von jeweils 168 Stunden ereignet haben.

ROLAND RIXECKER

Die üblichen Verdächtigen

– Methodische Überlegungen zur Kontrolle von verweisenden Subsidiaritätsklauseln –

I. *Vorbemerkung zur Subsidiarität und zu Subsidiaritätsklauseln*

Einem humanistisch gebildeten Menschen wie Theo Langheid, der über Souveränität und Verfassungsstaat bei Martin Kriele promoviert hat, würde es vielleicht gefallen, wäre ein Beitrag zu seiner Ehrung der „Subsidiarität" gewidmet. Denn die Ideengeschichte dieses Prinzips – ganz intensiv mit jenem der Privatautonomie verbunden – verlangt, sich tiefgründig mit Fragen der althusianisch-protestantischen und der thomasisch-katholischen Theologie und dem auf ihnen gründenden Staatsrecht zu befassen.[1] Das muss allerdings als Bildungsbeweis genügen. Subsidiarität ist nämlich auch in kleiner Münze verfügbar und quält dort das Versicherungsvertragsrecht in Form von Klauseln, mit denen Lücken der Absicherung „für alle Fälle" vorsorglich geschlossen werden sollen, gleichzeitig aber finanzielle Verantwortung abzuschieben versucht wird. Versicherungsverträge, die „irgendwie" dem gleichen versicherten Interesse dienen sollen, enthalten häufig Bestimmungen zur jeweiligen Subsidiarität des Schutzes. Man findet sie vor allem in verschiedenen Bereichen der (Betriebs- und Kraftfahrt-)Haftpflichtversicherung, in Fällen transport- oder transportnaher Absicherungen, in D&O- und Rechtsschutzversicherungen und in Krankheitskostenversicherungen. Sie werfen – in Abgrenzung zu den Ausgleichsregeln der „Doppelversicherung (§ 78 VVG) – vor allem Fragen nach ihrer Wirksamkeit auf.[2]

Herkömmlich wird zwischen „einfachen" und „qualifizierten" Subsidiaritätsklauseln unterschieden.[3] Von einer einfachen Subsidiaritätsklausel sprechen wir, wenn ein Versicherer eine Leistung nur für den Fall verspricht, dass und soweit der Versicherungsnehmer nicht von einem anderen Versicherer für die durch den Versicherungsfall erlittenen Nachteile Schutz erhält. Eine „qualifizierte" Subsidiaritätsklausel liegt vor, wenn der Versicherer durch die Bedingung sein Deckungsverspre-

[1] Vgl. *Häberle,* Das Prinzip der Subsidiarität aus Sicht der vergleichenden Verfassungsrechtslehre, AöR 119 (1994), 169ff.; *Isensee,* Subsidiaritätsprinzip und Verfassungsrecht, 2001.

[2] Vgl. die anschaulichen Darstellungen bei *Fajen,* Die Subsidiaritätsklauseln im Versicherungsrecht unter besonderer Berücksichtigung der qualifizierten Subsidiaritätsklausel, VersR 2013, 973; *Mayer,* Kollision von Subsidiaritätsklauseln in Versicherungsverträgen, Versicherungspraxis Juni 2014.

[3] Vgl. *Halbach* in Langheid/Wandt, VVG, 2. Aufl. 2016, § 78 Rn. 17ff.

chen nicht nur für die Fälle zurücknimmt, in denen der Versicherungsnehmer Schutz durch einen anderen Versicherer erfährt, sondern schon dann, wenn „für dieselbe Gefahr bei einem anderen Versicherer Versicherungsschutz besteht". Ob der ihnen unterworfene Versicherungsnehmer aus dem – anderen – Vertrag Leistungen erhält, oder ob der Vertrag ihm – wegen einer Verletzung der vorvertraglichen Anzeigeobliegenheit, wegen Gefahrerhöhung, wegen Schuldigbleiben von Prämien oder wegen individueller Risikoausschlüsse, nicht zuletzt aber wegen der Risikobeschreibungen im Detail – im konkreten Fall gerade keine Absicherung gewährt – ist ihnen gleichgültig. Qualifizierte Subsidiaritätsklauseln nehmen statt auf eine konkrete anderweitige Deckung Bezug auf eine zwar abstrakt vereinbarte, konkret allerdings unsichere. Sie bergen also die Gefahr, dass der Versicherungsnehmer im Versicherungsfall gänzlich leer ausgeht.[4]

II. Erweitert-qualifizierte Subsidiaritätsklauseln

Die juristische Debatte um die Wirksamkeit solcher Klauseln ist heftig und unabgeschlossen. Sie lässt indessen bislang eine besondere Subsidiaritätskonzeption unbeachtet. Zu den noch ungehobenen, gleichwohl fragwürdigen Schätzen der Klauselkonstrukteure gehören nämlich weitere Bedingungen, die es in besonders prägnantem Maße erlauben, die Methodik der Kontrolle von Bedingungen darzustellen. Worum geht es?

Ein erster Versicherer bestimmt, dass „anderweitiger Versicherungsschutz vorgeht". Ein zweiter Versicherer regelt, dass der Versicherungsschutz ausgeschlossen ist für Versicherungsfälle, die *„üblicherweise Gegenstand eines anderen Versicherungsvertrages"* sind, oder die *„aufgrund üblicher Versicherungsbedingungen hätten abgedeckt werden können"*. Sie finden sich gelegentlich in den schwer voneinander abgrenzbaren Welten der Kraftfahrzeughaftpflicht-, der Betriebshaftpflicht- und der besonderen Transport(haftpflicht)versicherungen. Die selten publizierte Bedingungslage ist auch für Fachleute schwer überschaubar, besonders zugeschnittene Maklerbedingungen verdunkeln sie weiter. Dennoch ist gerade sie ein Lehrbeispiel für eine Klauselkontrolle: Was gilt, wenn ein Versicherungsvertrag zur abwehrenden Begrenzung seines Leistungsversprechens auf andere „übliche" Absicherungen oder „übliche Versicherungsbedingungen" verweist?

III. Horizonte und Maßstäbe der Auslegung

Die erste sich bei einer Klauselkontrolle stellende Frage ist jene nach dem maßgeblichen Auslegungshorizont: Was und wen haben Gerichte im Blick, wenn sie sich mit der Frage nach der Wirksamkeit einer den Versicherungsschutz beschrän-

[4] Zu Bedenken gegen ihre Wirksamkeit daher vor allem *Fajen,* Die Subsidiaritätsklauseln im Versicherungsrecht unter besonderer Berücksichtigung der qualifizierten Subsidiaritätsklausel, VersR 2013, 973.

kenden Bedingung eines Vertrages befassen, wessen Sicht bestimmt das Verständnis?

Der Grundsatz lautet: Allgemeine Versicherungsbedingungen (AVB) sind so auszulegen, wie ein durchschnittlicher, um Verständnis bemühter Versicherungsnehmer sie bei verständiger Würdigung, aufmerksamer Durchsicht und unter Berücksichtigung des erkennbaren Sinnzusammenhangs versteht. Dabei kommt es auf die Verständnismöglichkeiten eines Versicherungsnehmers ohne versicherungsrechtliche Spezialkenntnisse und damit auch auf seine Interessen an. In erster Linie ist von dem Wortlaut der Bedingungen auszugehen. Der mit dem Bedingungswerk verfolgte Zweck und Sinnzusammenhang der Klauseln sind zusätzlich zu berücksichtigen, soweit sie für den Versicherungsnehmer erkennbar sind.[5]

Dieser Grundsatz erscheint zunächst von hoher Abstraktion, als geradezu beliebig ausfüllbare Leerformel. Das anzunehmen wäre indessen ein Missverständnis. Der Grundsatz setzt nämlich Wegmarken. Die wichtigste ist: Der maßgebliche Verständnishorizont, der die Auslegung bestimmt, ist jener des Vertragspartners des Versicherers. Das ist aber – in den Fällen konkurrierender Subsidiaritätsklauseln – gerade nicht der Verständnishorizont der konkurrierenden Versicherer,[6] sondern jener des jeweiligen Versicherungsnehmers. Wie einer der beteiligten Versicherer seine oder die gegnerische Subsidiaritätsklausel versteht, ist folglich irrelevant.

Von kaum geringerer Bedeutung ist ein zweiter Gedanke: Subsidiaritätsklauseln finden sich häufiger bei Verträgen von „Unternehmer-Versicherungsnehmern", die Deckung für ein spezifisches unternehmerisches Risiko suchen. Damit wird deren Verständnishorizont, der ein anderer sein kann als jener eines „Verbrauchers", bedeutsam. Sie werden dadurch allerdings nicht zu einem Versicherungsnehmer mit versicherungsrechtlichem Spezialwissen.[7] Von ihnen darf zwar erwartet werden, dass sie ihre unternehmensspezifischen Kenntnisse in die Interpretation des Vertrages einbringen, nicht aber, dass sie versicherungsspezifische Kenntnisse über die Möglichkeiten der Deckung für die in ihren Unternehmen bestehenden Risiken erwerben und nutzen.

Klauseln, die die Deckung für den Fall „üblichen" anderen oder „üblicherweise" anderweitig verfügbaren Schutzes zurücknehmen, sind also nach dem Verständnishorizont des unternehmerisch aber nicht versicherungsrechtlich fachkundigen Versicherungsnehmers auszulegen.

Dann beginnt man, den Wortlaut der Bestimmung zu betrachten: Unternehmerisch Tätige können ihm entnehmen, dass es um die Abgrenzung der Deckung von Risiken geht, die von verschiedenen Versicherern angeboten werden, und dass es darauf ankommt, welche Deckungskonzepte der Markt der Versicherungsprodukte regelmäßig oder typischerweise oder wenigstens häufig offeriert. Unklar, gar dun-

---

[5] BGH r+s 2021, 398; VersR 2019, 542.

[6] *Langheid* in Langheid/Rixecker, VVG, 6. Aufl. 2019, § 78 Rn. 24.

[7] *Beckmann* in Beckmann/Matusche-Beckmann, Versicherungsrechts-Handbuch, 3. Aufl. 2015, § 10 Rn. 232.

kel oder verworren, ist das nicht.[8] Auch kann schwerlich behauptet werden, die Klausel wäre überraschend iSv § 305c Abs. 1 BGB. Ist sie verortet bei Ausschlüssen oder Einschränkungen, dann sind ihr Standort und ihr Zusammenhang nicht ungewöhnlich oder schwer zu entdecken. Auch wohnt solchen Klauseln kein materieller Überrumpelungseffekt inne. Jeder – gerade unternehmerisch tätige – Versicherungsnehmer muss damit rechnen, dass ein Versicherer Doppelversicherungen zu vermeiden betrachtet. Er wird daher prüfen, wie sich der von ihm bei dem einen Versicherer erworbene Schutz zu jenem verhält, den ihm ein anderer bietet. Der Erwartungshorizont von Kunden wird daher typischerweise von einer Regelung der Konkurrenz von Versicherungsverträgen, die er abgeschlossen hat, ausgehen. Der Versicherungsnehmer wird also Anlass haben zu prüfen, in welchem Umfang er auf der Grundlage und in der Zusammenschau aller der von ihm abgeschlossenen Versicherungsverträge Schutz genießt.

IV. Transparenz und Verweisung

1. Allgemeines

Wendet man sich dann der materiellen Wirksamkeitskontrolle zu, gilt: AVB sind unwirksam, wenn sie das Transparenzgebot nicht beachten (§ 307 Abs. 1 S. 2 BGB). Das gilt auch für Verträge zwischen Unternehmen (§ 310 Abs. 1 BGB). Daher ist der Verwender von AVB nach den Grundsätzen von Treu und Glauben gehalten, Rechte und Pflichten seines Vertragspartners klar und durchschaubar darzustellen. Maßgeblich ist dabei nicht nur, dass eine Klausel in ihrer Formulierung für den durchschnittlichen, sorgfältigen, juristisch nicht vorgebildeten Versicherungsnehmer sprachlich verständlich ist. Vielmehr ist es geboten, dass die Klauseln des Vertrages die wirtschaftlichen Nachteile und Belastungen so weit erkennen lassen, wie dies den Umständen nach gefordert werden kann.[9] Aus den die Deckung umreißenden Klauseln muss sich also selbst – für den versicherungsrechtlich nicht Fachkundigen, also auch den unternehmerisch tätigen – entnehmen lassen, ob und in welchem Umfang sowie unter welchen Voraussetzungen ein Schadensereignis abgesichert ist.

2. Verweisungen

Das führt zu besonderen Fragen, wenn AVB auf andere Regelwerke zu ihrer Ausfüllung verweisen. Das ist nicht selten. Für ein ganz anderes Rechtsgebiet – Gaslieferungsverträge – hat der EuGH Verweisungen auf gesetzliche Normen grundsätzlich für bedenklich gehalten.[10] In anderen Fällen – der Verweisung in AKB auf

---

[8] Vgl. zur Grundlage überraschender Klauseln BGH NJW-RR 2002, 485ff.; *Basedow* in MüKoBGB, 8. Aufl. 2019, § 305c Rn. 4; *Beckmann* in Beckmann/Matusche-Beckmann, Versicherungsrechts-Handbuch, 3. Aufl. 2015, § 10 Rn. 102ff.; *Winter,* Subsidiaritätsklauseln und AGBG, VersR 1991, 527.

[9] StRspr, vgl. nur BGH VersR 2019, 1284; r+s 2018, 425 mwN.

[10] EuGH NJW 2013, 2253ff.; vgl. BGHZ 199, 355; BGH NJW-RR 2008, 251.

§ 28 VVG – hat die Rechtsprechung eine Selbstergänzung von Bestimmungen durch die Verweisung auf eine Norm akzeptiert, auch weil die Grundlage des Vertrages – die AKB – selbst die maßgebliche Sanktionsregelung enthielt und lediglich die Einzelheiten der vereinbarten Rechtsfolge den – zwingenden – Vorschriften des Gesetzes zu entnehmen war.[11] Durch die Verweisung erspart sich in solchen Fällen der Versicherer lediglich eine Art „copy-past". Vor allem aber nimmt sie ein Regelwerk in Bezug, dass jedermann und damit auch dem durchschnittlichen Kunden ohne Weiteres zugänglich ist.

In welche Verwirrungen allerdings auch in Fällen der Verweisung von Klauseln eines Versicherungsvertrages auf gesetzliche Vorschriften führen können, zeigt gegenwärtig die juristische Debatte (und kaum noch überschaubare Kasuistik) zur Wirksamkeit von Regelungen in Betriebsschließungsversicherungsverträgen. Dort werden Voraussetzungen des Versicherungsfalls „infektionsschutzrechtlich bedingte Betriebsschließung" definiert durch (sehr unterschiedliche) Bezugnahmen auf Vorschriften des Infektionsschutzgesetzes (IfSG). Insoweit stellen sich – je nach Wortlaut – Fragen des konstitutiven oder deklaratorischen Gehalts der Verweisung, der Rechtsfolgen einer ganzen oder teilweisen Übernahme von Vorschriften des Gesetzes als Vertragsbestandteilen, vor allem aber auch solche nach der zeitlichen Dimension der Inbezugnahme: Wird das IfSG in der Fassung inkorporiert (oder nur zitiert?), die es zum Zeitpunkt des Vertragsschlusses hatte oder in jener, die zum Zeitpunkt des Versicherungsfalls galt?[12]

Aber um eine vergleichbare Problematik geht es bei den fraglichen Subsidiaritätsklauseln erst in zweiter, gleichwohl wichtiger, Linie. Zwischen einer Verweisung auf eine gesetzliche Regelung, von der der Versicherungsnehmer als Bürger aufgrund der verfassungsrechtlich gebotenen Veröffentlichung und der damit normativ unterstellten Annahme ihrer Kenntnis wissen muss (und aufgrund der Internetverfügbarkeit des Normenbestandes wissen kann), unterscheidet sich die Verweisung auf „übliche Versicherungsbedingungen" dadurch, dass sich ihr Gehalt nicht aus amtlichen Veröffentlichungen ergibt. Seine Ermittlung verlangt eine komplizierte Recherche der Bedingungen unterschiedlicher Anbieter und der Einschätzung ihrer Marktrelevanz und Marktverbreitung. Sie ist in der Regel nur spezialisierten Versicherungsmaklern möglich. Solche Klauseln erschweren also erheblich, wenn sie nicht gar verhindern, dass sich ein Versicherungsnehmer zuverlässig Klarheit über den möglichen Umfang seines Versicherungsschutzes verschafft.

Das hat die Rechtsprechung zum Recht der Gewerberaummiete bereits erkannt.[13] Der BGH hatte sich vor einigen Jahren mit der Kontrolle einer zwischen Unternehmen vereinbarten Vertragsklausel zu befassen, die die Umlegung der Kosten der „üblichen Versicherungen" vorsah. Der BGH hat sie für inhaltlich unklar, weil nicht hinreichend bestimmt, und folglich für unwirksam erklärt. Denn welche

---

[11] OLG Saarbrücken VersR 2019, 1289.

[12] Vgl. nur unter anderem OLG Hamm VersR 2021, 1170; OLG Karlsruhe r+s 2021, 438; OLG Dresden VersR 2021, 961; OLG Stuttgart NJW-RR 2021, 701; spezifisch zur Frage der Verweisung *Rixecker* in Schmidt, Covid-19 – Rechtsfragen zur Corona-Krise, 3. Aufl. 2021, Rn. 59.

[13] BGH NJW-RR 2006, 84.

Versicherungen die „üblichen" Versicherungen sein sollten, könne der Vertragspartner des Verwenders gar nicht erkennen. Der Begriff sei „äußerst pauschal" und lasse es nicht zu festzustellen, welche Lasten den Mieter einer Gewerbeimmobilie treffen.

Vergleichbar hat sich das OLG Frankfurt zu einer Klausel in einer Fahrerschutzversicherung geäußert,[14] nach der in einem Schadenfall Ansprüche „unseren Leistungsverpflichtungen vorgehen", wenn ein Dritter dem berechtigten Fahrer gegenüber im Versicherungsfall „aufgrund gesetzlicher oder vertraglicher Bestimmungen zur Leistung" verpflichtet ist, wenn und soweit solche Ansprüche für ihn durchsetzbar seien. Zwar dürfe ein Versicherungsnehmer von einer subsidiären Versicherung grundsätzlich keinen vollständigen Versicherungsschutz erwarten, sondern nur einen solchen, der etwaige Deckungslücken schließe. Indessen müsse er den Bedingungen selbst entnehmen können, unter welchen Voraussetzungen er umfassende Deckung genieße. Daran fehle es, wenn er nicht nur seine eigenen Vertragsunterlagen prüfen, sondern auch andere, gar nicht konkret bezeichnete und ihm nur möglicherweise zugängliche „vertragliche Bestimmungen" heranziehen müsse.

Es kommt ein typisches – auch dem Verfassungsrecht bekanntes und immer wieder missachtetes[15] – Problem hinzu: Welcher Geltungszeitpunkt ist eigentlich gemeint, wenn ein Vertrag auf ein anderes Regelwerk verweist und sich seine Bestimmungen „einverleibt"?

Sogenannte statische Verweisungen inkorporieren Vorschriften so, wie sie zum Zeitpunkt der Verweisung gelten. Der Inhalt des Vertrages ändert sich im Laufe der Zeit nicht. Will eine statische Verweisung als solche erkennbar sein, muss ihr das allerdings entnommen werden können. Am Beispiel der Betriebsschließungsversicherung veranschaulicht gesagt: Verweist der im Jahr 2010 abgeschlossene Vertrag auf Normen des IfSG, so sind und bleiben es – macht er das deutlich (!) – solche des IfSG 2010. Spätere Änderungen des Gesetzes ändern den Vertragsinhalt nicht. Demgegenüber führt eine dynamische Verweisung zur laufenden, unter Umständen von beiden Partnern unbemerkten, Vertragsanpassung. Der Inhalt der Deckung des 2010 abgeschlossenen Betriebsschließungsversicherungsvertrages ist 2020 dann ein anderer; sein Deckungsumfang ergibt sich nunmehr aus dem 2020 geltenden IfSG. Das mag bei der Verweisung auf ein Gesetz – wenn sie denn als dynamische anzusehen ist – noch keine besonderen Feststellungsschwierigkeiten verursachen. Für die Verweisung auf einen Bedingungsstandard ist das jedoch anders.

Vor allem aber wirft eine solche dynamische Verweisung weiter ein verstecktes Problem der Vertragsfreiheit auf: Darf wirklich davon ausgegangen werden, Versicherer und Versicherungsnehmer wollten, was auch immer sich politisch ereignet, den jeweiligen Normenbestand zum Vertragsinhalt machen, ohne daran erneut mitwirken zu dürfen? Darf wirklich davon ausgegangen werden, mit der schlichten Bezugnahme auf ein – gerade die Voraussetzungen eines Versicherungsfalls beschreibendes – Gesetz lieferten sich Versicherer und Versicherungsnehmer den Lau-

[14] OLG Frankfurt zfs 2019, 692.

[15] Vgl. *Huster/Rux* in BeckOK GG, 48. Ed. 15.8.2021, Art. 20 Rn. 183 mwN; zu Bedenken des EuGH gegen eine Verweisung in Gaslieferungsverträgen auf gesetzliche Normen EuGH NJW 2013, 2253.

nen des Gesetzgebers aus? Aktuarisch kalkulierbar wären solche „politischen Risiken“ wohl kaum.

3. Übliche anderweitige Deckung und Deckung aufgrund „üblicher Bedingungen“

Was eigentlich ist eine „übliche“ Deckung, was sind „übliche Versicherungsbedingungen“?[16] Das ist von der jeweiligen Sichtweise abhängig. Üblich können Bedingungen oder Deckungskonzepte sein, die „weit verbreitet“ sind. Das wirft dann die Frage auf, welcher quantitative Maßstab für die Verbreitung anzunehmen ist. Geht es um eine „weit überwiegende“ oder um eine „überwiegende“ Marktpräsenz? Üblich kann allerdings auch heißen bekannt, eingeführt, hergebracht, überliefert, gewöhnlich, vertraut, alltäglich.[17] Allein diese Vielzahl unterschiedlicher Interpretationsmöglichkeiten zeigt, dass es keine verlässliche Interpretationsgrundlage gibt. Davon abgesehen hat die Rechtsprechung immer wieder darauf aufmerksam gemacht – wenn auch zur Auslegung von AVB –, dass eine interpretationsleitende Verweisung auf Bedingungswerke, die ein Versicherungsnehmer weder kennt noch kennen muss, unzulässig ist.[18] Was für die Auslegung gilt, muss erst recht für die Inhaltsbestimmung von Verträgen gelten.

Hinzu kommt: Wann muss das von der Subsidiaritätsklausel in Bezug genommene „übliche“ Angebot vorhanden gewesen sein oder sein – im Falle einer statischen Verweisung zum Zeitpunkt des Vertragsabschlusses, im Falle einer dynamischen zum Zeitpunkt des Versicherungsfalls? Wird damit nicht dem Versicherungsnehmer, der um eine lückenlose Deckung seiner Risiken bemüht ist, zusätzlich auferlegt, während der Dauer des Vertrages den Markt zu beobachten und Veränderungen der Üblichkeit zu recherchieren? Was also verlangen solche Klauseln von dem Vertragspartner des Verwenders, dem Versicherungsnehmer? Nahezu Unmögliches.

V. Unangemessene Benachteiligung

Da die Kontrollhürde der Intransparenz erweiterter Subsidiaritätsklauseln nicht überwunden werden kann, muss an sich gar nicht mehr gefragt werden, ob solche Klauseln eine unangemessene Benachteiligung darstellen und auch deshalb nach § 307 Abs. 1 S. 1, Abs. 2 Nr. 2 BGB unwirksam sind. Das ist indessen auch der Fall. Von einer unangemessenen Benachteiligung ist dann auszugehen, wenn die sich aus dem Vertrag ergebenden wesentlichen Rechte und Pflichten auf eine Weise eingeschränkt werden, dass der Vertragszweck nicht erreicht werden kann oder gefährdet ist.

---

[16] Vgl. zur Problematik im Bereich der Kranversicherungen nur unter anderem Saller Kranmagazin 114/2017, 28 l. Sp.; *Peters/Kläne,* Die Wahl der richtigen Versicherungen beim Einsatz von Autokränen, Dialoge Sonderbeilage 01/2005.

[17] Vgl. https://synonyme.woxikon.de/synonyme/üblich.php.

[18] Vgl. unter anderem BGH NJW 2017, 2831.

Vereinbart ein unternehmerischer Versicherungsnehmer indessen eine auf mögliche Lücken seiner vorhandenen Deckung zielende Absicherung, die jedoch dann nicht eingreift, wenn der Markt auch eine – übliche – anderweitige, mögliche Deckung offeriert, liegt auf der Hand, dass er das Ziel seines Anliegens nicht erreichen kann: Er beschafft sich einen – insoweit – sinnlosen weil im Ergebnis fehlenden Schutz.[19]

VI. Rechtsfolgen konkurrierender Subsidiaritätsklauseln

Geht man von der Unwirksamkeit einer erweitert-qualifizierten Subsidiaritätsklausel aus, stellt sich die Frage nach der Rechtsfolge in der Zusammenschau mit der jeweils konkurrierenden. Die Auflösung des Konflikts kollidierender Subsidiaritätsklausen ist allerdings anspruchsvoll. Konkurrierende einfache Subsidiaritätsklauseln heben sich gegeneinander auf mit der Folge, dass eine den Versicherungsnehmer nicht belastende Doppelversicherung mit Ausgleichsansprüchen der Versicherer untereinander besteht.[20] Die Auflösung der Konkurrenz von einfachen mit qualifizierten Subsidiaritätsklauseln ist streitig und von der Annahme der Wirksamkeit letzterer abhängig. Was aber gilt für einfache und erweitert-qualifizierte, auf die potenzielle Möglichkeit anderweitiger Deckung abstellender Bestimmungen? Kann da – wiederum methodisch – ein „blue-pencil-test" oder eine geltungserhaltende Reduktion[21] helfen?

Rechtsprechung und Rechtslehre stehen einer geltungserhaltenden Reduktion, also der Rückführung einer unwirksamen Klausel auf einen noch – „im Übrigen" (§ 306 Abs. 1 BGB) – wirksam bleibenden restlichen Inhalt zurückhaltend gegenüber. Das führe nämlich methodisch dazu, dass der Verwender von Klauseln austesten könne, bis zu welcher Grenze eine Bedingung wirksam sei, dass er letztlich also nur ein beschränktes Risiko der Verwendung unwirksamer Klauseln trage.[22]

Das ist allerdings dann zu modifizieren, wenn mehrere inhaltlich voneinander trennbare, im Einzelnen aus sich heraus verständliche Regelungen der Wirksamkeitskontrolle unterliegen. In solchen Fällen muss geprüft werden, ob der als wirksam erachtete Teil unschwer und ohne Einbußen an Verständlichkeit gestrichen und der als wirksam anzunehmende Klauselinhalt als solcher aufrechterhalten werden kann. Das ist der berühmte „blue-pencil-test". Er stellt die Frage, ob die die Unwirksamkeit einer Klausel ausmachenden tatbestandlichen Elemente einer Bedingung gestrichen werden können und trotz der Streichung eine nachvollziehbare

[19] Zur unangemessenen Benachteiligung durch qualifizierte Subsidiaritätsklauseln *Staudinger* in Beckmann/Matusche-Beckmann, Versicherungsrechts-Handbuch, 3. Aufl. 2015, § 41 Rn. 315 (zur Reiseversicherung); *Gädtke* in Bruck/Möller, VVG, 9. Aufl. 2013, Abschnitt 6 (Anderweitige Versicherungen) Rn. 7; aA dazu *Armbrüster* in Prölss/Martin, VVG, 31. Aufl. 2021, § 78 Rn. 30f.

[20] Vgl. BGH BeckRS 2021, 23484; OL Saarbrücken NJW-RR 2021, 615ff.; OLG Köln NJW-RR 2021, 759.

[21] Vgl. zur Problematik BGHZ 84, 115ff.; NJW 1982, 178; zum „blue-pencil-test" *Basedow* in MüKoBGB, 8. Aufl. 2019, § 306 Rn. 22.

[22] Vgl. allg. BGH NJW 1982, 178.

und sprachlich verständliche Regelung verbleibt. Der „blue-pencil-test" beruht also allein auf schlichten Streichungen, nicht auf infolge der Streichungen notwendig werdenden Ergänzungen.

Wendet man das auf den Fall erweitert-qualifizierter Subsidiaritätsklausel an, ergibt sich bei zur Veranschaulichung aufgezeigten Streichungen unwirksamer Teile:

Vom Versicherungsschutz ausgeschlossen sind Haftungsansprüche, die ~~üblicherweise~~ Gegenstand ... einer ... (x-) Versicherung sind ~~oder aufgrund üblicher Versicherungsbedingungen hätten gedeckt werden können.~~

Das würde dann eine konkurrierende einfache Subsidiaritätsklausel konstruieren mit der regelmäßigen Folge einer Doppelversicherung. Ungeachtet der rein technischen Möglichkeit einer solchen Streichung fragt sich aber, ob das den „blue-pencil-test" nicht überdehnt. Die Streichungen können ohne jeden Zweifel erfolgen, ohne dass der Sinn des verbleibenden Teils der Klausel darunter leiden würde. Voraussetzung der Aufrechterhaltung der die unwirksamen Teile eliminierenden Teile einer Klausel ist jedoch grundsätzlich, dass zuvor mehrere voneinander inhaltlich trennbare Regelungen bestanden, die der Wirksamkeitskontrolle unterzogen werden mussten, Teile, die aus sich heraus als Regelungen verständlich sind.[23] Wendet man das auf die erweitert-qualifizierten Subsidiaritätsklauseln an, so erkennt man, dass nicht verschiedene, voneinander inhaltlich trennbar Regelungen betrachtet werden, sondern eine einzige Regelung, die die Subsidiarität der Deckung durch den sie verwendenden Versicherer unter bestimmten Voraussetzungen anordnet. Würde man nun allein aufgrund der sprachlich-technischen Möglichkeit, Teile der einheitlichen Regelung der Klausel „wegzuschneiden", zur Wirksamkeit der verbleibenden und als solcher sprachlich verständlichen Klauselruine gelangen, würde man dem Verwender eine Regelung anbieten, die zwar wirksam wäre, so aber gar nicht gewollt war. Das wäre dann nichts anderes als eine unzulässige geltungserhaltende Reduktion. Die Folge der Unwirksamkeit erweitert-qualifizierter Subsidiaritätsklauseln ist also ihre vollständige Unwirksamkeit mit wiederum der Konsequenz, dass die primäre einfache Subsidiaritätsklausel auf keine andere mehr trifft, sich also durchsetzt.

VII. Schlussfolgerung

Subsidiaritätsklauseln, die Versicherungsschutz nicht nur dann versagen, wenn er anderweitig tatsächlich besteht, sind rechtlich fragwürdig. Das wäre als solches kein aufrührendes Problem. Die rechtlichen Gefahren erweiternd qualifizierter Subsidiaritätsklauseln – die Zurücknahme von Versicherungsschutz in Fällen nur abstrakt vorstellbarer, theoretisch möglicher Eindeckung von Risiken – zeigen eine geradezu typische versicherungsvertragliche Problematik der von Versicherern oft so misstrauisch beäugten Bedingungskontrolle auf. Vereinfacht gesagt: Der Kunde (Versicherungsnehmer) muss einem Produkt unschwer „ansehen" können, was es

[23] BGHZ 107, 185 (zum Aufrechnungsverbot); BGHZ 145, 203 (zur Fälligkeitsregelung in Neuwagenverkaufsbedingungen).

bietet. Von ihm kann erwartet werden, dessen Gebrauchsanweisung, soweit sie sprachlich verständlich ist, zu lesen. Muss er, um sie zu verstehen, suchen, ob und welche anderen, seinen Bedarf – vielleicht – ähnlich befriedigenden Produkte es mit ihren Gebrauchsanweisungen gibt, so muss er nicht resignieren, sondern darf sich beruhigt zurücklehnen: die Einschränkungen seines Schutzes sind unwirksam.

WILFRIED RÜFFER/SANDRA MARIA ORLIKOWSKI-WOLF

Der Direktanspruch des Geschädigten gegen den Pflichtversicherer gemäß § 115 Abs. 1 S. 1 VVG

I. Einleitung

Der Geschädigte hat grundsätzlich keinen Direktanspruch gegen den Haftpflichtversicherer des Schädigers. Nach dem im Haftpflichtversicherungsrecht geltenden Trennungsprinzip ist strikt zwischen dem Haftungsanspruch des Geschädigten gegen den Schädiger (Versicherungsnehmer) und dem Deckungsanspruch des Versicherungsnehmers gegen den Versicherer zu trennen.[1]

Der Geschädigte muss sich bei der Verfolgung seiner Ansprüche an den Versicherungsnehmer halten und kann sich, wenn er erfolgreich einen Titel im Haftungsprozess erwirken konnte, den Deckungsanspruch des Versicherungsnehmers pfänden und überweisen lassen. Von diesem Grundsatz abweichend steht dem Geschädigten gemäß § 115 Abs. 1 S. 1 VVG unter bestimmten Voraussetzungen ein Direktanspruch gegen den Haftpflichtversicherer zu.

Darüber hinaus kann der Versicherungsnehmer dem Geschädigten eine zu § 115 Abs. 1 S. 1 VVG vergleichbare Rechtsposition verschaffen, indem er seinen Deckungsanspruch gegen den Versicherer an den Geschädigten abtritt, womit dieser dann aus abgetretenem Recht unmittelbar gegen den Versicherer vorgehen kann.[2]

In dem nachfolgenden Beitrag gehen wir auf das Verhältnis zwischen dem Deckungsanspruch des Versicherungsnehmers gegen den Versicherer und dem Direktanspruch des Geschädigten gegen den Versicherer gemäß § 115 Abs. 1 S. 1 VVG ein. Nicht abschließend geklärt ist insbesondere, wie sich die Verjährung des Deckungsanspruchs des Versicherungsnehmers auf den Direktanspruch des Geschädigten gemäß § 115 Abs. 1 S. 1 VVG auswirkt.

---

[1] Vgl. BGH 20.4.2016 – IV ZR 531/14, r+s 2016, 455 (456); *Langheid* in Langheid/Rixecker, VVG, 6. Aufl. 2019, § 100 Rn. 32ff.; *Lücke* in Prölss/Martin, VVG, 31. Aufl. 2021, § 100 Rn. 45f.; *Littbarski* in MüKoVVG, 2. Aufl. 2017, Vorb. zu §§ 100–112 Rn. 102; *Betz* in Veith/Gräfe/Gebert, Der Versicherungsprozess, 4. Aufl. 2020, § 14 Rn. 46.

[2] Vgl. BGH 20.4.2016 – IV ZR 531/14, r+s 2016, 455 (456); *Schneider* in MüKoVVG, 2. Aufl. 2017, § 115 Rn. 14; *Schimikowski* in Rüffer/Halbach/Schimikowski, VVG, 4. Aufl. 2020, Vorb. §§ 100–124 Rn. 8; vgl. auch *Klimke* in Prölss/Martin, VVG, 31. Aufl. 2021, § 115 Rn. 6.

II. Voraussetzungen des Direktanspruchs

Ein Direktanspruch des Geschädigten gegen den Haftpflichtversicherer besteht gemäß § 115 Abs. 1 S. 1 VVG nur, wenn es sich bei dem jeweiligen Haftpflichtversicherungsvertrag um eine Pflichtversicherung nach dem Pflichtversicherungsgesetz handelt (§ 115 Abs. 1 S. 1 Nr. 1 VVG), wenn über das Vermögen des Versicherungsnehmers das Insolvenzverfahren eröffnet, der Eröffnungsantrag mangels Masse abgewiesen oder ein vorläufiger Insolvenzverwalter bestellt worden ist (§ 115 Abs. 1 S. 1 Nr. 2 VVG) oder wenn der Aufenthalt des Versicherungsnehmers unbekannt ist (§ 115 Abs. 1 S. 1 Nr. 3 VVG). In den Fällen von § 115 Abs. 1 S. 1 Nr. 2 und Nr. 3 VVG ist weitere Voraussetzung, dass es sich bei dem maßgeblichen Versicherungsvertrag um eine Pflichtversicherung im Sinne des § 113 Abs. 1 VVG handelt.[3] Kein Direktanspruch des Geschädigten, auch in der Insolvenz des Versicherungsnehmers oder wenn der Aufenthalt des Versicherungsnehmers unbekannt ist, besteht bei freiwilligen Haftpflichtversicherungen.[4]

Außerhalb der Kfz-Haftpflichtversicherung ist der in der Praxis relevanteste Fall für die Anwendbarkeit des Direktanspruchs gemäß § 115 Abs. 1 S. 1 VVG der der Insolvenz des Versicherungsnehmers. Teilweise wird vertreten, dass § 115 Abs. 1 S. 1 Nr. 2 VVG über die dort aufgelisteten Fallgruppen hinaus analog anwendbar sei, wenn sich der Versicherungsnehmer in Zahlungsschwierigkeiten befindet, die Voraussetzungen einer Insolvenz aber noch nicht vorliegen.[5] Gegen eine solche Analogie spricht bereits der eindeutige Wortlaut von § 115 Abs. 1 S. 1 Nr. 2 VVG.[6] Darüber hinaus ist schwer abzugrenzen, wann der Versicherungsnehmer derart in Zahlungsschwierigkeiten ist – also faktisch ein Insolvenzgrund bereits vorliegt, aber noch kein Insolvenzantrag gestellt wurde –, dass eine analoge Anwendung von § 115 Abs. 1 S. 1 Nr. 2 VVG gerechtfertigt wäre. Gerade die Frage, ab wann Insolvenzantragsreife vorliegt, ist oft schwierig zu beurteilen.[7] Da es sich bei dem Direktanspruch um eine Ausnahmeregelung von dem gesetzlichen Grundsatz des Trennungsprinzips handelt, ist eine analoge Anwendbarkeit von § 115 Abs. 1 S. 1 Nr. 2 VVG – zudem noch mit der ungeklärten Frage, ab wann genau § 115 Abs. 1 S. 1 Nr. 2 dann analog anwendbar sein soll – abzulehnen.[8]

---

[3] *Schneider* in MüKoVVG, 2. Aufl. 2017, § 115 Rn. 7; *Beckmann* in Bruck/Möller, VVG, 9. Aufl. 2013, § 115 Rn. 11; *Langheid* in Langheid/Rixecker, VVG, 6. Aufl. 2019, § 115 Rn. 14f.; *Schneider* in MüKoVVG, 2. Aufl. 2017, § 115 Rn. 7, 16.

[4] OLG Düsseldorf 18.12.2013 – 18 U 126/13, TranspR 2014, 246 (247f.); OLG Bremen 2.8.2011 – 3 AR 6/11, VersR 2012, 171 (172); *Schneider* in MüKoVVG, 2. Aufl. 2017, § 115 Rn. 7; *Beckmann* in Bruck/Möller, VVG, 9. Aufl. 2013, § 115 Rn. 11; *Schwartze* in Looschelders/Pohlmann, VVG, 3. Aufl. 2016, § 115 Rn. 1.

[5] Vgl. *Schneider* in Beckmann/Matusche-Beckmann, Versicherungsrechts-Handbuch, 3. Aufl. 2015, § 24 Rn. 177; *Schneider* in MüKoVVG, 2. Aufl. 2017, § 115 Rn. 16; kritisch dazu *Beckmann* in Bruck/Möller, VVG, 9. Aufl. 2013, § 115 Rn. 30; *Wandt,* Versicherungsrecht, 6. Aufl. 2016, Rn. 1115 Fn. 153; *Knöfel* in Schwintowski/Brömmelmeyer/Ebers, VVG, 4. Aufl. 2022, § 115 Rn. 13; *Armbrüster* r+s 2010, 441 (454).

[6] *Klimke* in Prölss/Martin, VVG, 31. Aufl. 2021, § 115 Rn. 12; *Armbrüster* r+s 2010, 441 (454).

[7] Vgl. *Klimke* in Prölss/Martin, VVG, 31. Aufl. 2021, § 115 Rn. 12.

[8] So auch OLG Köln 11.5.2021 – 9 U 145/20, BeckRS 2021, 19275 (Rn. 20); *Schimikowski* in Rüffer/Halbach/Schimikowski, VVG, 4. Aufl. 2020, § 115 Rn. 6; *Klimke* in Prölss/Martin, VVG, 31. Aufl. 2021, § 115 Rn. 12.

Bei der Auslegung von § 115 Abs. 1 S. 1 Nr. 3 VVG (unbekannter Aufenthalt) orientiert sich die Literatur an der Auslegung zu § 185 Nr. 1 ZPO, wobei noch nicht abschließend geklärt ist, welche Nachforschungspflichten dem Geschädigten aufzuerlegen sind, bevor der Aufenthalt des Versicherungsnehmers als unbekannt gilt.[9]

Außerhalb von § 115 Abs. 1 S. 1 VVG und der in der Einleitung beschriebenen Möglichkeit der Abtretung des Deckungsanspruchs hat der Geschädigte nur unter engen Voraussetzungen einen unmittelbaren Anspruch gegen den Haftpflichtversicherer und dieser ist auch nur auf Feststellung und nicht auf Zahlung von Schadenersatz gerichtet.[10]

III. Rechtsnatur und Sinn und Zweck des Direktanspruchs

1. Rechtsnatur des Direktanspruchs

Schon nach dem Wortlaut von § 115 Abs. 1 S. 1 VVG handelt es sich bei dem Direktanspruch des Geschädigten gegen den Versicherer nicht um einen Anspruch aus dem Versicherungsvertrag,[11] sondern um einen Schadenersatzanspruch *(„seinen Anspruch auf Schadenersatz"),* der neben den bestehenden Schadenersatzanspruch des Geschädigten gegen den Schädiger tritt. Dieser Schadenersatzanspruch ist gemäß § 115 Abs. 1 S. 3 VVG allein auf Zahlung in Geld gerichtet.

Nach der Rechtsprechung des BGH ist der Direktanspruch gemäß § 115 Abs. 1 S. 1 VVG *„überwiegend deliktsrechtlicher Natur"*.[12] In der Literatur wird der Anspruch teilweise als *„deliktsrechtlicher Schadenersatzanspruch eigener Art"* bezeichnet.[13] Auf die genaue Einordnung dieses Schadenersatzanspruchs (deliktischer oder vertraglicher Natur) wird es letztlich nur bei Zweifelsfragen zum anwendbaren Recht oder dem richtigen Gerichtsstand ankommen.

Der Ansicht, dass der Anspruch überwiegend deliktischer Natur ist, ist zu folgen, auch wenn der zugrundeliegende Schadenersatzanspruch des Geschädigten gegen den Schädiger, auf den sich der Wortlaut von § 115 Abs. 1 S. 1 VVG bezieht, nicht nur deliktischer, sondern auch vertraglicher Natur sein kann. Durch § 115 Abs. 1 VVG wird gesetzlich der Schuldbeitritt des Versicherers neben den Schädiger angeordnet.[14] Der Geschädigte erhält durch § 115 Abs. 1 VVG einen weiteren Schuldner.

---

[9] Vgl. *Schimikowski* in Rüffer/Halbach/Schimikowski, VVG, 4. Aufl. 2020, § 115 Rn. 7; *Schneider* in MüKoVVG, 2. Aufl. 2017, § 115 Rn. 17; *Beckmann* in Bruck/Möller, VVG, 9. Aufl. 2013, § 115 Rn. 31.

[10] Vgl. *Schimikowski* in Rüffer/Halbach/Schimikowski, VVG, 4. Aufl. 2020, Vorb. §§ 100 – 124 Rn. 9; *Littbarski* in MüKoVVG, 2. Aufl. 2017, § 110 Rn. 36; *Beckmann* in Bruck/Möller, VVG, 9. Aufl. 2013, § 115 Rn. 19.

[11] BGH 23.11.1971 – VI ZR 97/70, NJW 1972, 387 (388); *Schneider* in MüKoVVG, 2. Aufl. 2017, § 115 Rn. 1; vgl. auch *Langheid* in Langheid/Rixecker, VVG, 6. Aufl. 2019, § 115 Rn. 10.

[12] BGH 23.11.1971 – VI ZR 97/70, NJW 1972, 387 (388).

[13] Vgl. *Schneider* in Beckmann/Matusche-Beckmann, Versicherungsrechts-Handbuch, 3. Aufl. 2015, § 24 Rn. 176.

[14] BGH 4.7.1978 – VI ZR 95/77, NJW 1978, 2030 (2031); BGH 3.5.1977 – VI ZR 50/76, NJW 1977, 2163 (2164); BGH 23.11.1971 – VI ZR 97/70, NJW 1972, 387 (388); *Beckmann* in Bruck/Möller, VVG, 9. Aufl. 2013, § 115 Rn. 8; *Schneider* in MüKoVVG, 2. Aufl. 2017, § 115 Rn. 1; *Schwartze* in Looschelders/Pohlmann, VVG, 3. Aufl. 2016, § 115 Rn. 3.

Gemäß § 115 Abs. 1 S. 4 VVG haften der Versicherer und der ersatzpflichtige Versicherungsnehmer als Gesamtschuldner. Dabei ist der Versicherer gemäß § 116 Abs. 1 S. 1 VVG im Verhältnis der Gesamtschuldner zueinander allein zur Leistung verpflichtet, soweit er dem Versicherungsnehmer aus dem Versicherungsverhältnis zur Leistung verpflichtet ist. Besteht eine solche Verpflichtung des Versicherers gegenüber dem Versicherungsnehmer nicht, ist in dem internen Verhältnis zwischen Versicherer und Versicherungsnehmer der Versicherungsnehmer gemäß § 116 Abs. 1 S. 2 VVG allein zur Leistung verpflichtet.

2. Sinn und Zweck des Direktanspruchs

Während freiwillige Haftpflichtversicherungen grundsätzlich primär abgeschlossen werden, um das eigene Vermögen des Versicherungsnehmers zu schützen, dienen Pflicht-Haftpflichtversicherungen auch dem Schutz des Geschädigten.[15] Durch den Direktanspruch in § 115 Abs. 1 S. 1 VVG soll dem geschädigten Dritten auch außerhalb der Kfz-Haftpflichtversicherung in den Fällen der Insolvenz und des unbekannten Aufenthalts des Schädigers die Realisierung seines Schadenersatzanspruchs erleichtert werden.[16] Der Geschädigte erhält damit einen regelmäßig finanzstarken Schuldner neben dem Schädiger. § 115 Abs. 1 S. 1 VVG gibt dem Geschädigten ein Wahlrecht, gegenüber wem er seinen Schadenersatzanspruch geltend macht.

IV. Umfang des Direktanspruchs

1. Akzessorietät

Wie bereits oben ausgeführt, handelt es sich bei § 115 Abs. 1 S. 1 VVG um einen Fall eines gesetzlich angeordneten Schuldbeitritts. Voraussetzung für das Bestehen des Direktanspruchs ist daher, dass dem Geschädigten gegenüber dem Versicherungsnehmer ein Schadenersatzanspruch zusteht. Haftungsrechtlich ist der Direktanspruch streng akzessorisch mit dem Schadenersatzanspruch des Geschädigten gegen den Versicherungsnehmer verbunden.[17]

---

[15] *Schimikowski* in Rüffer/Halbach/Schimikowski, VVG, 4. Aufl. 2020, § 115 Rn. 1; *Beckmann* in Bruck/Möller, VVG, 9. Aufl. 2013, § 115 Rn. 7; vgl. auch *Klimke* in Prölss/Martin, VVG, 31. Aufl. 2021, § 115 Rn. 1.

[16] BGH 7.11.1978 – VI ZR 86/77, NJW 1979, 271 (272); *Schimikowski* in Rüffer/Halbach/Schimikowski, VVG, 4. Aufl. 2020, § 115 Rn. 1; *Schneider* in MüKoVVG, 2. Aufl. 2017, § 115 Rn. 3; *Schwartze* in Looschelders/Pohlmann, VVG, 3. Aufl. 2016, § 115 Rn. 2; vgl. auch *Klimke* in Prölss/Martin, VVG, 31. Aufl. 2021, § 115 Rn. 1; *Langheid* in Langheid/Rixecker, VVG, 6. Aufl 2019, § 115 Rn. 3.

[17] Vgl. BGH 5.12.1978 – VI ZR 233/77, VersR 1979, 256 (257); OLG Stuttgart 9.6.2005 – 13 U 21/04, NZV 2006, 2013 (2014); OLG Koblenz 21.6.1999 – 12 U 679/98, VersR 2000, 1436; *Klimke* in Prölss/Martin, VVG, 31. Aufl. 2021, § 115 Rn. 7ff.; *Schneider* in MüKoVVG, 2. Aufl. 2017, § 115 Rn. 12, 21; *Beckmann* in Bruck/Möller, VVG, 9. Aufl. 2013, § 115 Rn. 23; *Schimikowski* in Rüffer/Halbach/Schimikowski, VVG, 4. Aufl. 2020, § 115 Rn. 12.

Obwohl § 115 Abs. 1 S. 4 VVG nur vom *„ersatzpflichtige[n] Versicherungsnehmer“* spricht, gilt § 115 VVG auch dann, wenn sich der Anspruch gegen einen Mitversicherten bzw. eine versicherte Person richtet.[18]

Der Umfang des Direktanspruch gegen den Versicherer hängt damit zunächst vom Umfang des Schadenersatzanspruchs gegen den Versicherungsnehmer bzw. den Versicherten ab.[19] Wird der Versicherer von dem Geschädigten gemäß § 115 VVG in Anspruch genommen, stehen diesem alle Einwendungen gegen den Haftungsanspruch zu, die auch der Versicherungsnehmer bzw. der Versicherte gegen den Schadenersatzanspruch geltend machen könnte.[20]

2. *Begrenzung durch den Umfang der Leistungspflicht des Versicherers*

Gemäß § 115 Abs. 1 S. 2 VVG besteht der Direktanspruch gegen den Versicherer nur *„im Rahmen der Leistungspflicht des Versicherers aus dem Versicherungsverhältnis und, soweit eine Leistungspflicht nicht besteht, im Rahmen des § 117 Abs. 1 bis 4 [VVG]“*. Der Direktanspruch aus § 115 VVG kann aufgrund seiner Akzessorietät zu dem Haftungsanspruch des Geschädigten gegenüber dem Versicherungsnehmer nicht über diesen hinausgehen, wohl aber wegen Einschränkungen der Leistungspflicht des Versicherers hinter diesem zurückbleiben.[21] Durch die Beschränkung der Haftung des Versicherers auf seine Leistungspflicht aus dem Versicherungsverhältnis ist der Direktanspruch des Geschädigten aus § 115 Abs. 1 S. 1 VVG mit dem Deckungsanspruch des Versicherungsnehmers verbunden.

Der Umfang der Haftung des Versicherers gegenüber dem Geschädigten gemäß § 115 Abs. 1 S. 1 VVG hängt davon ab, ob es sich in dem jeweiligen Fall um ein sogenanntes gesundes bzw. intaktes Versicherungsverhältnis (§ 115 Abs. 1 S. 2, 1. Alt. VVG) oder ein sogenanntes krankes bzw. gestörtes Versicherungsverhältnis (§ 115 Abs. 1 S. 2, 2. Alt. VVG) handelt.

a) *Haftung des Versicherers gegenüber dem Geschädigten im gesunden Versicherungsverhältnis*

Ist das Versicherungsverhältnis zwischen Versicherungsnehmer und Versicherer gesund bzw. intakt, hat es also keine Störungen wie insbesondere Obliegenheitsverletzungen gegeben, haftet der Versicherer gegenüber dem Geschädigten gemäß § 115 Abs. 1 S. 2, 1. Alt. VVG entsprechend der von ihm gegenüber dem Versicherungsnehmer bzw. dem Versicherten abgegeben Deckungszusage. Der Direktanspruch des Geschädigten ist durch die sich aus dem Versicherungsvertrag ergebende

---

[18] *Beckmann* in Bruck/Möller, VVG, 9. Aufl. 2013, § 115 Rn. 24; *Schneider* in MüKoVVG, 2. Aufl. 2017, § 115 Rn. 12; *Klimke* in Prölss/Martin, VVG, 31. Aufl. 2021, § 115 Rn. 17.

[19] *Beckmann* in Bruck/Möller, VVG, 9. Aufl. 2013, § 115 Rn. 35; *Klimke* in Prölss/Martin, VVG, 31. Aufl. 2021, § 115 Rn. 7.

[20] Vgl. *Klimke* in Prölss/Martin, VVG, 31. Aufl. 2021, § 115 Rn. 9; vgl. auch *Schneider* in MüKoVVG, 2. Aufl. 2017, § 115 Rn. 25.

[21] *Beckmann* in Bruck/Möller, VVG, 9. Aufl. 2013, § 115 Rn. 38; *Schneider* in MüKoVVG, 2. Aufl. 2017, § 115 Rn. 21; *Klimke* in Prölss/Martin, VVG, 31. Aufl. 2021, § 115 Rn. 7; *Jahnke* in Stiefel/Maier, Kraftfahrtversicherung: AKB, 19. Aufl. 2017, VVG, § 115 Rn. 146.

Leistungspflicht begrenzt *(„im Rahmen der Leistungspflicht […] aus dem Versicherungsverhältnis")*.[22]

Der Höhe nach haftet der Versicherer daher auch gegenüber dem Geschädigten maximal bis zu der vertraglich vereinbarten Versicherungssumme.[23] Wurde in dem Haftpflichtversicherungsvertrag eine höhere Versicherungssumme als die gesetzliche Mindestversicherungssumme vereinbart, haftet der Versicherer bis zur Höhe der vereinbarten Versicherungssumme, nicht nur bis zu der gesetzlich vorgeschriebenen Mindestversicherungssumme.[24] Dies ergibt sich sowohl aus dem Wortlaut von § 115 Abs. 1 S. 2 VVG *(„im Rahmen der Leistungspflicht")* als auch aus § 113 Abs. 3 VVG.[25] Ein mit dem Versicherungsnehmer vereinbarter Selbstbehalt gilt gemäß § 114 Abs. 2 S. 2 VVG nicht gegenüber dem Geschädigten.[26]

Darüber hinaus haftet der Versicherer nur dann, wenn er für den konkreten Fall in dem Versicherungsvertrag Deckung zugesagt hat, also ein Versicherungsfall vorliegt.[27] Keine Leistungspflicht besteht, wenn wirksam ein Risikoausschluss vereinbart wurde.[28]

Hat der Versicherungsnehmer bzw. der Versicherte nach dem Versicherungsvertrag zwar keinen Anspruch auf Versicherungsschutz, wäre aber der Versicherer ihm gegenüber wegen Verletzung von Beratungspflichten schadenersatzpflichtig, steht – bei Vorliegen der Voraussetzungen für den Direktanspruch gemäß § 115 Abs. 1 S. 1 VVG – auch dem Geschädigten gegen den Versicherer ein entsprechender Schadenersatzanspruch zu.[29] Dies kann zum Beispiel gelten, wenn der Versicherer den Versicherungsnehmer bei Abschluss des Versicherungsvertrags nicht ordnungsgemäß über den Umfang des Versicherungsschutzes beraten hat.

b) Haftung des Versicherers gegenüber dem Geschädigten im kranken Versicherungsverhältnis

Bei einem kranken Versicherungsverhältnis entfällt nur die Haftung des Versicherers im Innenverhältnis (d. h. gegenüber dem Versicherungsnehmer), im Außenverhältnis haftet der Versicherer gemäß § 115 Abs. 1 S. 2 VVG gegenüber dem Geschädigten in den Grenzen von § 117 Abs. 3 VVG weiter *(„und, soweit eine Leis-*

---

[22] *Beckmann* in Bruck/Möller, VVG, 9. Aufl. 2013, § 115 Rn. 37; *Schimikowski* in Rüffer/Halbach/Schimikowski, VVG, 4. Aufl. 2020, § 115 Rn. 10; *Schneider* in MüKoVVG, 2. Aufl. 2017, § 115 Rn. 21; *Klimke* in Prölss/Martin, VVG, 31. Aufl. 2021, § 115 Rn. 15.

[23] *Beckmann* in Bruck/Möller, VVG, 9. Aufl. 2013, § 115 Rn. 38; *Schneider* in MüKoVVG, 2. Aufl. 2017, § 115 Rn. 21; *Klimke* in Prölss/Martin, VVG, 31. Aufl. 2021, § 115 Rn. 15.

[24] BGH 18.12.1973 – VI ZR 25/72, VersR 1974, 254 (255); *Beckmann* in Bruck/Möller, VVG, 9. Aufl. 2013, § 115 Rn. 38; *Schneider* in MüKoVVG, 2. Aufl. 2017, § 115 Rn. 21; *Schimikowski* in Rüffer/Halbach/Schimikowski, VVG, 4. Aufl. 2020, § 115 Rn. 10.

[25] *Beckmann* in Bruck/Möller, VVG, 9. Aufl. 2013, § 115 Rn. 38; *Schneider* in MüKoVVG, 2. Aufl. 2017, § 115 Rn. 21.

[26] *Schneider* in MüKoVVG, 2. Aufl. 2017, § 115 Rn. 22.

[27] *Beckmann* in Bruck/Möller, VVG, 9. Aufl. 2013, § 115 Rn. 40; *Schneider* in MüKoVVG, 2. Aufl. 2017, § 115 Rn. 22.

[28] *Beckmann* in Bruck/Möller, VVG, 9. Aufl. 2013, § 115 Rn. 40; *Schneider* in MüKoVVG, 2. Aufl. 2017, § 115 Rn. 22; *Schimikowski* in Rüffer/Halbach/Schimikowski, VVG, 4. Aufl. 2020, § 115 Rn. 10.

[29] *Schneider* in MüKoVVG, 2. Aufl. 2017, § 115 Rn. 23.

tungspflicht nicht besteht, im Rahmen des § 117 Abs. 1 bis 4"). § 117 Abs. 1 VVG fingiert das Fortbestehen der Deckungspflicht des Versicherers gegenüber dem Versicherungsnehmer im Verhältnis zu dem Geschädigten.[30] Auch der Freistellunganspruch des Versicherungsnehmers wird im Außenverhältnis zu dem Geschädigten durch § 117 Abs. 1 VVG fingiert. Der Geschädigte kann daher auch im kranken Versicherungsverhältnis auf der Grundlage eines Titels aus dem Haftungsverfahren den Freistellungsanspruch pfänden und sich überweisen lassen.[31]

Ein sogenanntes „gestörtes" bzw. „krankes" Versicherungsverhältnis liegt vor, wenn der Versicherer nach den in dem Versicherungsvertrag getroffenen Vereinbarungen grundsätzlich Versicherungsschutz zu gewähren hätte, dieser aber aufgrund besonderer (nachträglich eintretender) Umstände im Einzelfall ausgeschlossen ist.[32] Leistungsfreiheit *(„von der Verpflichtung zur Leistung [...] frei")* im Sinne von § 117 Abs. 1 VVG bedeutet, dass eine zuvor grundsätzlich bestehende Leistungspflicht des Versicherers (nachträglich) entfallen ist.[33] Hierbei handelt es sich insbesondere um Fälle, in denen der Versicherer gegenüber dem Versicherungsnehmer wegen Obliegenheitsverletzungen,[34] Prämienzahlungsverzugs,[35] Verletzung vorvertraglicher Anzeigepflichten[36] oder in Fällen der Gefahrerhöhung[37] von seiner Leistungspflicht ganz oder teilweise frei ist.

Zusätzlich regelt § 117 Abs. 2 VVG eine Nachhaftung des Versicherers gegenüber dem Geschädigten, wenn der Versicherungsvertrag ersatzlos beendet wird oder sich später herausstellt, dass dieser niemals wirksam bestand.[38] Gemäß § 117

[30] BGH 15.3.1983 – VI ZR 187/81, VersR 1983, 688 (690); *Schneider* in Beckmann/Matusche-Beckmann, Versicherungsrechts-Handbuch, 3. Aufl. 2015, § 24 Rn. 169; *Beckmann* in Bruck/Möller, VVG, 9. Aufl. 2013, § 117 Rn. 3, 7; *Schneider* in MüKoVVG, 2. Aufl. 2017, § 117 Rn. 7; *Klimke* in Prölss/Martin, VVG, 31. Aufl. 2021, § 115 Rn. 18, § 117 Rn. 1; *Schimikowski* in Rüffer/Halbach/Schimikowski, VVG, 4. Aufl. 2020, § 117 Rn. 1.

[31] *Klimke* in Prölss/Martin, VVG, 31. Aufl. 2021, § 117 Rn. 1.

[32] *Schneider* in MüKoVVG, 2. Aufl. 2017, § 117 Rn. 5, 9; *Beckmann* in Bruck/Möller, VVG, 9. Aufl. 2013, § 117 Rn. 8.

[33] *Beckmann* in Bruck/Möller, VVG, 9. Aufl. 2013, § 117 Rn. 12; *Schneider* in MüKoVVG, 2. Aufl. 2017, § 117 Rn. 9; vgl. auch *Langheid* in Langheid/Rixecker, VVG, 6. Aufl. 2019, § 117 Rn. 27.

[34] OLG Saarbrücken 4.4.2013 – 4 U 31/12, NJW-RR 2013, 934; *Langheid* in Langheid/Rixecker, VVG, 6. Aufl. 2019, § 117 Rn. 6; *Schneider* in MüKoVVG, 2. Aufl. 2017, § 117 Rn. 9; *Jahnke* in Stiefel/Maier, Kraftfahrversicherung: AKB, 19. Aufl. 2017, VVG, § 117 Rn. 24; *Beckmann* in Bruck/Möller, VVG, 9. Aufl. 2013, § 117 Rn. 10; *Klimke* in Prölss/Martin, VVG, 31. Aufl. 2021, § 117 Rn. 4.

[35] *Langheid* in Langheid/Rixecker, VVG, 6. Aufl. 2019, § 117 Rn. 6; *Schneider* in MüKoVVG, 2. Aufl. 2017, § 117 Rn. 9; *Jahnke* in Stiefel/Maier, Kraftfahrversicherung: AKB, 19. Aufl. 2017, VVG, § 117 Rn. 24; *Beckmann* in Bruck/Möller, VVG, 9. Aufl. 2013, § 117 Rn. 10.; *Klimke* in Prölss/Martin, VVG, 31. Aufl. 2021, § 117 Rn. 4.

[36] *Langheid* in Langheid/Rixecker, VVG, 6. Aufl. 2019, § 117 Rn. 6; *Schneider* in MüKoVVG, 2. Aufl. 2017, § 117 Rn. 9; *Beckmann* in Bruck/Möller, VVG, 9. Aufl. 2013, § 117 Rn. 10.

[37] *Langheid* in Langheid/Rixecker, VVG, 6. Aufl. 2019, § 117 Rn. 6; *Schneider* in MüKoVVG, 2. Aufl. 2017, § 117 Rn. 9; *Beckmann* in Bruck/Möller, VVG, 9. Aufl. 2013, § 117 Rn. 10; *Klimke* in Prölss/Martin, VVG, 31. Aufl. 2021, § 117 Rn. 4.

[38] *Langheid* in Langheid/Rixecker, VVG, 6. Aufl. 2019, § 117 Rn. 16; *Schneider* in MüKoVVG, 2. Aufl. 2017, § 117 Rn. 13; *Klimke* in Prölss/Martin, VVG, 31. Aufl. 2021, § 117 Rn. 5 ff.; *Beckmann* in Bruck/Möller, VVG, 9. Aufl. 2013, § 117 Rn. 20 ff.

Abs. 2 VVG wirkt ein Umstand, der das Nichtbestehen oder die Beendigung des Versicherungsverhältnisses zur Folge hat, in *„Ansehung des Dritten"* erst mit Ablauf des Monats, nachdem der Versicherer diesen Umstand der hierfür zuständigen Stelle angezeigt hat.

aa) Sinn und Zweck

Hintergrund der Regelung in § 117 Abs. 1 VVG ist der Sinn und Zweck der gesetzlichen Anordnung von Pflicht-Haftpflichtversicherungen.[39] Wie bereits oben ausgeführt, dienen diese zumindest primär dem Schutz des Geschädigten. Darüber hinaus besteht bei kranken Versicherungsverhältnissen in der Regel der Anschein eines intakten Versicherungsvertrags.[40] Der Geschädigte kann von außen nicht erkennen, ob ein krankes oder ein gesundes Versicherungsverhältnis vorliegt.

Durch § 117 Abs. 1 VVG werden daher die Folgen eines das Versicherungsverhältnis störenden Verhaltens des Versicherungsnehmers bzw. des Versicherten, insbesondere Obliegenheitsverletzungen, im Außenverhältnis auf den Versicherer verlagert.[41] Der im Innenverhältnis leistungsfreie Versicherer bleibt in diesen Fällen dem Geschädigten kraft Gesetzes zur Leistung verpflichtet. Er hat dann nur noch die Möglichkeit, bei seinem Versicherungsnehmer Rückgriff zu nehmen.[42] Das Risiko einer Insolvenz des Versicherungsnehmers (§ 115 Abs. 1 S. 1 Nr. 2 VVG) sowie des unbekannten Aufenthaltsorts (§ 115 Abs. 1 S. 1 Nr. 3 VVG) geht auf den Versicherer über.

Die gilt entsprechend für die in § 117 Abs. 2 VVG angeordnete Nachhaftung. Auch in diesen Fällen besteht nach außen der Anschein eines wirksamen Versicherungsvertrags.[43] Der Rechtsverkehr soll sich auf die Einhaltung der gesetzlichen Versicherungspflicht verlassen können. Daher haftet der Versicherer bis zum Ablauf des Monats, in dem er die Beendigung bzw. das Nichtbestehen des Versicherungsvertrags bei der zuständigen Stelle angezeigt hat, gegenüber dem Geschädigten in den Grenzen von § 117 Abs. 3 und 4 VVG nach.[44] Die zuständige Stelle für die Anzeige ergibt sich jeweils aus dem Gesetz, das die Versicherungspflicht anordnet.

bb) Begrenzung auf die gesetzliche Mindestversicherungssumme

Im kranken Versicherungsverhältnis haftet der Versicherer gemäß § 117 Abs. 3 S. 1 VVG allerdings maximal in Höhe der gesetzlich vorgeschriebenen Mindestversicherungssumme. Anders als beim intakten Versicherungsverhältnis besteht keine

---

[39] *Schneider* in MüKoVVG, 2. Aufl. 2017, § 117 Rn. 1; *Beckmann* in Bruck/Möller, VVG, 9. Aufl. 2013, § 117 Rn. 1.

[40] Vgl. *Klimke* in Prölss/Martin, VVG, 31. Aufl. 2021, § 117 Rn. 5.

[41] *Beckmann* in Bruck/Möller, VVG, 9. Aufl. 2013, § 117 Rn. 4; *Schneider* in Beckmann/Matusche-Beckmann, Versicherungsrechts-Handbuch, 3. Aufl. 2015, § 24 Rn. 169; vgl. auch *Schimikowski* in Rüffer/Halbach/Schimikowski, VVG, 4. Aufl. 2020, § 117 Rn. 1.

[42] *Schneider* in MüKoVVG, 2. Aufl. 2017, § 117 Rn. 1; *Schneider* in Beckmann/Matusche-Beckmann, Versicherungsrechts-Handbuch, 3. Aufl. 2015, § 24 Rn. 170.

[43] *Schneider* in MüKoVVG, 2. Aufl. 2017, § 117 Rn. 13; *Beckmann* in Bruck/Möller, VVG, 9. Aufl. 2013, § 117 Rn. 21; *Klimke* in Prölss/Martin, VVG, 31. Aufl. 2021, § 117 Rn. 5.

[44] *Schneider* in MüKoVVG, 2. Aufl. 2017, § 117 Rn. 13.

Haftung in Höhe einer darüber hinaus gehenden vertraglich vereinbarten Versicherungssumme.

cc) Verweis auf andere Versicherer

Kann der Geschädigte Ersatz seines Schadens von einem anderen Schadenversicherer oder einem Sozialversicherungsträger erlangen, ist der Versicherer gemäß § 117 Abs. 3 S. 2 VVG leistungsfrei.

dd) Im Rahmen der „übernommenen Gefahr"

Auch im kranken Versicherungsverhältnis ist die Haftung des Versicherers gemäß § 117 Abs. 3 S. 1 VVG auf das gedeckte Risiko begrenzt *(„im Rahmen [...] der von ihm übernommenen Gefahr").*[45] Schadensfälle, die nicht unter das versicherte Risiko fallen und von denen der Versicherer den Versicherungsnehmer folglich selbst in einem gesunden Versicherungsverhältnis nicht freistellen müsste, können keinen Direktanspruch zugunsten des Geschädigten begründen.[46] Wurde von Seiten des Versicherers für das jeweilige Risiko eine Risikobegrenzung vereinbart oder ist der Versicherungsschutz aufgrund eines im Versicherungsvertrag vereinbarten Risikoausschlusses ausgeschlossen, hat der Geschädigte auch in einem kranken Versicherungsverhältnis gemäß § 117 Abs. 3 S. 1 VVG keinen Direktanspruch gegen den Versicherer.[47] Der Geschädigte soll nicht besser gestellt werden als wenn ein intaktes Versicherungsverhältnis vorläge.[48]

Dies gilt auch dann, wenn ein subjektiver Risikoausschluss, also ein solcher, der von einem Verhalten des Versicherungsnehmers bzw. des Versicherten abhängig ist, eingreift.[49] Ist der Versicherungsschutz z. B. wegen vorsätzlicher Herbeiführung des

---

[45] Vgl. BGH 16.9.1986 – VI ZR 159/85, VersR 1987, 37f.; OLG Düsseldorf 28.2.2009 – 14 U 167/02, VersR 2003, 1248; OLG Köln 24.4.2002 – 2 U 127/01, Schaden-Praxis 2002, 301; OLG Hamm 24.2.1988 – 20 U 255/87, VersR 1988, 1122 (1123) mAnm *Späth; Langheid* in Langheid/Rixecker, VVG, 6. Aufl. 2019, § 117 Rn. 27; *Schneider* in MüKoVVG, 2. Aufl. 2017, § 117 Rn. 30; *Schneider* in Beckmann/Matusche-Beckmann, Versicherungsrechts-Handbuch, 3. Aufl. 2015, § 24 Rn. 170.

[46] OLG Düsseldorf 14.7.2017 – I-4 U 1/16, VersR 2019, 1491 (1494); *Schneider* in MüKoVVG, 2. Aufl. 2017, § 117 Rn. 30; *Beckmann* in Bruck/Möller, VVG, 9. Aufl. 2013, § 117 Rn. 8.

[47] BGH 16.9.1986 – VI ZR 151/85, VersR 1986, 1231 (1233); BGH 16.9.1986 – VI ZR 159/85, VersR 1987, 37 (39), OLG Düsseldorf 14.7.2017 – I-4 U 1/16, VersR 2019, 1491 (1494); *Langheid* in Langheid/Rixecker, VVG, 6. Aufl. 2019, § 117 Rn. 27; *Schneider* in MüKoVVG, 2. Aufl. 2017, § 117 Rn. 32; *Beckmann* in Bruck/Möller, VVG, 9. Aufl. 2013, § 117 Rn. 8; *Schneider* in Beckmann/Matusche Beckmann, Versicherungsrechts-Handbuch, 3. Aufl. 2015, § 24 Rn. 170; *Schirmer* VersR 1986, 825 (828); vgl. auch Gesetzesbegründung zu § 117 Abs. 3 VVG, BT-Drs. 16/3945, 89.

[48] OLG Düsseldorf 14.7.2017 – I-4 U 1/16, VersR 2019, 1491 (1494); *Beckmann* in Bruck/Möller, VVG, 9. Aufl. 2013, § 117 Rn. 12; *Klimke* in Prölss/Martin, VVG, 31. Aufl. 2021, § 117 Rn. 20; vgl. auch *Langheid* in Langheid/Rixecker, VVG, 6. Aufl. 2019, § 117 Rn. 24.

[49] OLG Düsseldorf 14.7.2017 – I-4 U 1/16, VersR 2019, 1491 (1494); *Langheid* in Langheid/Rixecker, VVG, 6. Aufl. 2019, § 117 Rn. 27; *Beckmann* in Bruck/Möller, VVG, 9. Aufl. 2013, § 117 Rn. 13; *Klimke* in Prölss/Martin, VVG, 31. Aufl. 2021, § 117 Rn. 22; *Schneider* in MüKoVVG, 2. Aufl. 2017, § 117 Rn. 32; *Schneider* in Beckmann/Matusche-Beckmann, Versicherungsrechts-Handbuch, 3. Aufl. 2015, § 24 Rn. 170; *Schirmer* VersR 1986, 825 (828).

Versicherungsfalls[50] oder wissentlicher Pflichtverletzung[51] ausgeschlossen, kann dies durch den Versicherer auch gegenüber dem Geschädigten eingewandt werden. Bei solchen subjektiven Risikoausschlüssen war früher umstritten, ob tatsächlich auch im Außenverhältnis gegenüber dem Geschädigten kein Anspruch gegen den Versicherer besteht.[52] Es kann allerdings nicht darauf ankommen, ob es sich um einen subjektiven oder einen objektiven Risikoausschluss handelt, auch wenn die Frage, ob der Versicherer im Rahmen des Direktanspruchs haftet, damit von einem Verhalten des Versicherungsnehmers bzw. des Versicherten abhängen kann. Der Versicherer hat für solche Fälle gerade keinen Versicherungsschutz zugesagt.[53]

Ganz entscheidend ist daher abzugrenzen, ob im Einzelfall eine versicherungsrechtliche Obliegenheit verletzt wurde (dann Haftung des Versicherers über § 117 Abs. 1, 3 VVG) oder ein Risikoausschluss eingreift (dann keine Haftung des Versicherers auch gegenüber dem Geschädigten gemäß § 115 Abs. 1 S. 2 VVG) bzw. ob beides gegeben ist (dann ebenfalls keine Haftung des Versicherers im kranken Versicherungsverhältnis gemäß § 117 Abs. 3 S. 1 VVG). Teilweise wird man durch Auslegung ermitteln müssen, ob es sich bei der jeweiligen Regelung in dem Versicherungsvertrag um einen Risikoausschluss oder eine (eventuell „verhüllte") Obliegenheit handelt.[54]

V. Verjährung

Bei der Prüfung, ob Verjährung eingetreten ist, ist zwischen dem Direktanspruch des Geschädigten und dem dahinterstehenden (eventuell auch nur fingierten) Deckungsanspruch des Versicherungsnehmers bzw. des Versicherten zu differenzieren.

---

[50] BGH 18.12.2012 – VI ZR 55/12, zfs 2013, 267 (268ff.); BGH 30.9.1980 – VI ZR 38/79, VersR 1981, 40; BGH 15.12.1970 – VI ZR 97/69, VersR 1971, 239 (240); OLG Celle 15.5.2004 – 14 U 240/02, zfs 2004, 122; OLG Nürnberg 2.12.2004 – 2 U 2712/04, zfs 2005, 503; OLG Düsseldorf 18.2.2003 – 14 U 167/02, VersR 2003, 1248; OLG Oldenburg 29.4.1998 – 2 U 264/97, VersR 1999, 482; OLG Hamm 24.2.1988 – 20 U 255/87, VersR 1988, 1122 (1123) mAnm *Späth; Langheid* in Langheid/Rixecker, VVG, 6. Aufl. 2019, § 117 Rn. 27; *Schneider* in MüKoVVG, 2. Aufl. 2017, § 117 Rn. 32; *Beckmann* in Bruck/Möller, VVG, 9. Aufl. 2013, § 117 Rn. 13; *Schneider* in Beckmann/Matusche-Beckmann, Versicherungsrechts-Handbuch, 3. Aufl. 2015, § 24 Rn. 170.

[51] OLG Düsseldorf 14.7.2017 – I-4 U 1/16, VersR 2019, 1491 (1494); *Schneider* in MüKoVVG, 2. Aufl. 2017, § 117 Rn. 32; *Schneider* in Beckmann/Matusche-Beckmann, Versicherungsrechts-Handbuch, 3. Aufl. 2015, § 24 Rn. 170.

[52] Vgl. OLG Frankfurt 23.5.1996 – 12 U 125/95, VersR 1997, 224f., wonach der Geschädigte auch bei Vorsatz grds. einen Anspruch gegen den Versicherer haben soll; aA: *Langheid* VersR 1997, 348f.; *Lorenz* VersR 1997, 349f.; *Lemcke* r + s 1996, 483f.

[53] OLG Düsseldorf 14.7.2017 – I-4 U 1/16, VersR 2019, 1491 (1494); vgl. auch *Langheid* VersR 1997, 348f.

[54] *Langheid* in Langheid/Rixecker, VVG, 6. Aufl. 2019, § 117 Rn. 27; *Schneider* in MüKoVVG, 2. Aufl. 2017, § 117 Rn. 32; *Klimke* in Prölss/Martin, VVG, 31. Aufl. 2021, § 117 Rn. 21.

1. *Verjährung des Direktanspruchs*

Gemäß § 115 Abs. 2 S. 1 VVG unterliegt der Direktanspruch des Geschädigten der gleichen Verjährung wie der Schadenersatzanspruch gegen den ersatzpflichtigen Versicherungsnehmer. Damit besteht grundsätzlich ein Gleichlauf der Verjährung zwischen dem Schadenersatzanspruch des Geschädigten gegen den Versicherungsnehmer und dem Direktanspruch des Geschädigten gegen den Versicherer.[55] Die Verjährung des Direktanspruchs ist unabhängig von der Verjährung des Deckungsanspruchs.[56]

Die Verjährung des Direktanspruchs beginnt gemäß § 115 Abs. 2 S. 2 Hs. 1 VVG zu dem Zeitpunkt, zu dem die Verjährung des Schadenersatzanspruchs gegen den Versicherungsnehmer beginnt. Bezüglich des Endzeitpunkts der Verjährungsfrist regelt § 115 Abs. 2 S. 2 Hs. 2 VVG abweichend von der Verjährung des Schadenersatzanspruchs gegen den Versicherungsnehmer, dass der Direktanspruch spätestens nach zehn Jahren von dem Eintritt des Schadens an verjährt. Aufgrund dieser 10-Jahresfrist kann der Direktanspruch gegen den Versicherer früher verjähren als der Schadenersatzanspruch gegen den Versicherungsnehmer.

Verklagt der Geschädigte den Versicherer zu einem Zeitpunkt, zu dem der Direktanspruch gemäß § 115 Abs. 2 S. 2 VVG bereits verjährt ist, der Schadenersatzanspruch gegen den Schädiger aber noch nicht, wirkt ein klageabweisende Urteil gemäß § 124 VVG gleichwohl auch zu Gunsten des Versicherungsnehmers.[57] Dies würde bedeuten, dass der Geschädigte den Direktanspruch nur mit dem Risiko verfolgen kann, dass er auch seinen eventuell deutlich später verjährenden Schadenersatzanspruch gegen den Versicherungsnehmer bzw. den Versicherten verlieren könnte. In solchen Fallkonstellationen sollte § 124 VVG daher teleologisch reduziert werden.[58]

Bezüglich der Hemmung der Verjährung des Direktanspruchs sieht § 115 Abs. 2 S. 3 VVG eine ganz ähnliche Regelung wie § 15 VVG vor. Gemäß § 115 Abs. 2 S. 3 VVG ist der Anspruch des Geschädigten gegen den Versicherer, wenn dieser bei dem Versicherer angemeldet worden ist, bis zu dem Zeitpunkt gehemmt, zu dem die Entscheidung des Versicherers dem Anspruchsteller in Textform zugeht.

2. *Verjährung des Deckungsanspruchs*

Nicht abschließend geklärt ist, wie sich die Verjährung des Deckungsanspruchs auf den Direktanspruch des Geschädigten auswirkt. Bei einem kranken Versiche-

---

[55] *Beckmann* in Bruck/Möller, VVG, 9. Aufl. 2013, § 115 Rn. 53; vgl. auch *Schimikowski* in Rüffer/Halbach/Schimikowski, VVG, 4. Aufl. 2020, § 115 Rn. 14.

[56] *Langheid* in Langheid/Rixecker, VVG, 6. Aufl. 2019, § 115 Rn. 22.

[57] BGH 24.6.2003 – VI ZR 256/02, VersR 2003, 1121 (1122); *Klimke* in Prölss/Martin, VVG, 31. Aufl. 2021, § 115 Rn. 26; *Schimikowski* in Rüffer/Halbach/Schimikowski, VVG, 4. Aufl. 2020, § 115 Rn. 15; *Beckmann* in Bruck/Möller, VVG, 9. Aufl. 2013, § 115 Rn. 57; *Schneider* in MüKoVVG, 2. Aufl. 2017, § 115 Rn. 30; *Schwartze* in Looschelders/Pohlmann, VVG, 3. Aufl. 2016, § 115 Rn. 25.

[58] *Schimikowski* in Rüffer/Halbach/Schimikowski, VVG, 4. Aufl. 2020, § 115 Rn. 15; aA *Schwartze* in Looschelders/Pohlmann, VVG, 3. Aufl. 2016, § 115 Rn. 25.

rungsverhältnis stellt sich zudem die Frage, ob der (nicht bestehende) Deckungsanspruch überhaupt verjähren kann.

Einheitlich gehen Literatur und Rechtsprechung bisher davon aus, dass die Verjährung des Deckungsanspruchs nicht unmittelbar in den Anwendungsbereich von § 117 Abs. 1, 3 VVG fällt.[59] Die Verjährung stelle keinen Fall der Leistungsfreiheit gemäß § 117 Abs. 1 VVG im eigentlichen Sinne dar. Leistungsfreiheit meine vielmehr nur die Verletzung typischer versicherungsrechtlicher Bestimmungen.[60] Dies geht aus dem Wortlaut von § 117 Abs. 1 VVG aber nach hiesiger Ansicht nicht eindeutig hervor. Auch im Falle der Verjährung des Deckungsanspruchs ist der Versicherer gegenüber dem Versicherungsnehmer bzw. dem Versicherten von seiner Verpflichtung zur Leistung frei. Zumindest bei einem gesunden Versicherungsverhältnis bestand zunächst ein Deckungsanspruch, der nur infolge der Einrede der Verjährung nicht mehr durchsetzbar ist.

Geht man davon aus, dass § 117 Abs. 1, 3 VVG im Falle der Verjährung des Deckungsanspruchs nicht unmittelbar anwendbar ist, ist streitig, ob diese Regelungen bei Verjährung des Deckungsanspruchs analog anwendbar sind und ob eine entsprechende Haftung des Versicherers noch im Rahmen der *„von ihm übernommenen Gefahr"* gemäß § 117 Abs. 3 S. 1 VVG liegt.

a) Herrschende Ansicht

Nach der herrschenden Ansicht, die auf die Rechtsprechung des BGH zu § 158c VVG aF zurückgeht, ist § 117 Abs. 1 VVG bei Verjährung des Deckungsanspruchs des Versicherungsnehmers analog anwendbar.[61] Das bedeutet, dass sich der Geschädigte auch bei Verjährung des Deckungsanspruchs in den Grenzen des § 117 Abs. 3 VVG auf den Direktanspruch gegenüber dem Versicherer berufen kann.

Begründet wird diese Ansicht primär mit drei Argumenten.

Zunächst argumentiert der BGH damit, dass bei einem gesunden Versicherungsverhältnis keine ungünstigere Verjährungsregelung zu Lasten des Geschädigten gelten solle als bei einem kranken Versicherungsverhältnis.[62] Es sei teilweise schwierig zu beurteilen, ob ein gesundes oder krankes Versicherungsverhältnis vorliege.[63]

---

[59] BGH 19.3.2003 – IV ZR 233/01, VersR 2003, 635 (637); BGH 20.1.1971 – IV ZR 1134/68, VersR 1971, 333 (334); *Beckmann* in Bruck/Möller, VVG, 9. Aufl. 2013, § 117 Rn. 11; *Klimke* in Prölss/Martin, VVG, 31. Aufl. 2021, § 117 Rn. 4; *Schneider* in MüKoVVG, 2. Aufl. 2017, § 117 Rn. 9; *Schneider* in Beckmann/Matusche-Beckmann, Versicherungsrechts-Handbuch, 3. Aufl. 2015, § 24 Rn. 169.

[60] BGH 20.1.1971 – IV ZR 1134/68, VersR 1971, 333 f.; *Beckmann* in Bruck/Möller, VVG, 9. Aufl. 2013, § 117 Rn. 11.

[61] BGH 19.3.2003 – IV ZR 233/01, VersR 2003, 635 (637); BGH 20.1.1971 – IV ZR 1134/68, VersR 1971, 333 (334); *Beckmann* in Bruck/Möller, VVG, 9. Aufl. 2013, § 117 Rn. 11; *Schneider* in MüKoVVG, 2. Aufl. 2017, § 117 Rn. 9; *Schneider* in Beckmann/Matusche-Beckmann, Versicherungsrechts-Handbuch, 3. Aufl. 2015, § 24 Rn. 169; *Klimke* in Prölss/Martin, VVG, 31. Aufl. 2021, § 117 Rn. 4; *Knöfel* in Schwintowski/Brömmelmeyer/Ebers, VVG, 4. Aufl. 2022, § 117 Rn. 16; *Schwartze* in Looschelders/Pohlmann, VVG, 3. Aufl. 2016, § 117 Rn. 5.

[62] BGH 20.1.1971 – IV ZR 1134/68, VersR 1971, 333 (334); *Beckmann* in Bruck/Möller, VVG, 9. Aufl. 2013, § 117 Rn. 11.

[63] *Beckmann* in Bruck/Möller, VVG, 9. Aufl. 2013, § 117 Rn. 11.

Bei einem kranken Versicherungsverhältnis brauche der Geschädigte die Verjährung des Deckungsanspruchs nicht zu befürchten.[64] Nach der Rechtsprechung des BGH kommt es bei einem kranken Versicherungsverhältnis nicht auf die Verjährung des Deckungsanspruchs des Versicherungsnehmers gegenüber dem Versicherer an, weil der Versicherungsnehmer bzw. der Versicherte selbst keinen Anspruch aus dem Versicherungsvertrag habe.[65] Die Verjährung des Deckungsanspruchs des Versicherungsnehmers könne dem Geschädigten daher nicht entgegengehalten werden. Der Deckungsanspruch des Versicherungsnehmers bzw. des Versicherten könne mangels Bestehens nicht verjähren.[66] Es widerspreche der Schutzfunktion des § 117 VVG, wenn die Verjährung bereits zu einem Zeitpunkt zu laufen beginne, zu dem der Geschädigte den Anspruch noch gar nicht geltend machen könne.[67]

Für den zu Gunsten des Geschädigten fingierten Deckungsanspruch ist nach der Rechtsprechung des BGH daher ein eigener Verjährungsbeginn maßgeblich.[68] Die Verjährung des fingierten Deckungsanspruchs beginne erst mit dem Zeitpunkt, zu dem der Geschädigte den Anspruch geltend machen könne.[69] Bei Pfändung und Überweisung des Deckungsanspruchs komme es auf den Zeitpunkt des rechtskräftigen Urteils gegen den Versicherungsnehmer an.[70] Es wäre *„paradox"*, wenn es bei einem gesunden Versicherungsverhältnis auf eine für den Geschädigten ungünstigere Verjährungsregelung ankomme als bei einem kranken Versicherungsverhältnis.[71] Daher soll § 117 Abs. 1 VVG bei Verjährung des Deckungsanspruchs analog angewandt werden, damit der Geschädigte auch bei einem gesunden Versicherungsverhältnis die Verjährung des Deckungsanspruchs nicht zu befürchten braucht.

Für eine analoge Anwendung spreche auch, dass es bei allen zur Leistungsfreiheit des Versicherers führenden Tatbeständen immer auf ein Verhalten des Versicherungsnehmers ankomme. Auch die Einrede der Verjährung entstehe aus einem unterlassenen Verhalten des Versicherungsnehmers.[72] Durch § 117 Abs. 1 VVG soll der Geschädigte gerade vor Handlungen oder Unterlassungen des Versicherungsnehmers geschützt werden, gegen die er sich selbst nicht schützen kann.[73]

Weiter argumentiert der BGH in seinem Urteil vom 20.1.1971, dass zweifelhaft sei, ob der Geschädigte sich selbst vor einer Verjährung des Deckungsanspruchs schützen könne und durch eine Feststellungsklage die Verjährung des Deckungs-

---

[64] BGH 20.1.1971 – IV ZR 1134/68, VersR 1971, 333 (334).

[65] BGH 15.2.1968 – II ZR 101/65, VersR 1968, 361 (362); BGH 27.11.1968 – IV ZR 501/68, VersR 1969, 127 (128); vgl. auch *Beckmann* in Bruck/Möller, VVG, 9. Aufl. 2013, § 117 Rn. 11.

[66] BGH 15.2.1968 – II ZR 101/65, VersR 1968, 361 (362); BGH 27.11.1968 – IV ZR 501/68, VersR 1969, 127 (128); vgl. auch *Beckmann* in Bruck/Möller, VVG, 9. Aufl. 2013, § 117 Rn. 11.

[67] BGH 27.11.1968 – IV ZR 501/68, VersR 1969, 127 (128).

[68] BGH 19.3.2003 – IV ZR 233/01, VersR 2003, 635 (637).

[69] BGH 20.1.1971 – IV ZR 1134/68, VersR 1971, 333 (334); vgl. auch *Beckmann* in Bruck/Möller, VVG, 9. Aufl. 2013, § 117 Rn. 11.

[70] *Beckmann* in Bruck/Möller, VVG, 9. Aufl. 2013, § 117 Rn. 11.

[71] BGH 20.1.1971 – IV ZR 1134/68, VersR 1971, 333 (334).

[72] BGH 20.1.1971 – IV ZR 1134/68, VersR 1971, 333 (334).

[73] BGH 20.1.1971 – IV ZR 1134/68, VersR 1971, 333 (334).

anspruchs des Versicherungsnehmers bzw. des Versicherten unterbrechen könne.[74] Der Geschädigte sei nicht der Berechtigte des Deckungsanspruchs.[75] Entsprechend argumentiert der BGH in seinem Urteil vom 19.3.2003 zum kranken Versicherungsverhältnis: Der Geschädigte könne die Verjährung des Deckungsanspruchs des Versicherungsnehmers in einem kranken Versicherungsverhältnis nicht durch eine Feststellungsklage hemmen, weil der Versicherer gegenüber dem Versicherungsnehmer zur Verpflichtung von der Leistung frei sei. Daher wäre eine Klage des Geschädigten auf Feststellung der Leistungspflicht gegenüber dem Versicherungsnehmer ohne Aussicht auf Erfolg.[76]

b) Ansicht von Langheid

Abweichend von der herrschenden Ansicht werden zwei Mindermeinungen vertreten.

Langheid ist der Ansicht, dass § 117 Abs. 1 VVG bei Verjährung des Deckungsanspruchs des Versicherungsnehmers nicht analog anwendbar sei.[77]

Langheid argumentiert, eine analoge Anwendung von § 117 Abs. 1 VVG auf die Verjährung des Deckungsanspruchs sei bedenklich. Durch eine solche Analogie könne der Dritte bei einem kranken Versicherungsverhältnis den nicht (mehr) bestehenden Deckungsanspruch zusätzlich verjähren lassen, um dadurch einen Anspruch nach § 117 Abs. 1 VVG zu *„kreieren"*. Dies widerspreche dem Sinn und Zweck der Verjährung.[78] Entsprechendes gelte auch für das gesunde Versicherungsverhältnis. Der Dritte könne den Anspruch verjähren lassen und habe dann die Möglichkeit, drei weitere Jahre gegen den Versicherer vorzugehen.[79] Darüber hinaus ist es nach Ansicht von *Langheid „zweifelhaft"*, ob eine derartige Haftung des Versicherers noch im Rahmen *„der übernommenen Gefahr"* gemäß § 117 Abs. 3 S. 1 VVG liege.[80] Deshalb solle mit der Verjährung des Deckungsanspruchs auch der Direktanspruch des Geschädigten untergehen.[81]

c) Ansicht von Schirmer

Abweichend von den zwei vorgenannten Ansichten vertritt *Schirmer* zu § 3 PflVG aF die Auffassung, dass § 3 Nr. 3 PflVG aF (heute wortgleich § 115 Abs. 2 VVG) *„umfassende Wirkung"* zukomme und damit die Verjährung des Versicherungsanspruchs gegenüber dem Geschädigten nicht geltend gemacht werden könne, wenn der Versicherungsnehmer den Deckungsanspruch verjähren lasse.[82] Daher könne die Verjährung des Versicherungsanspruchs gegenüber dem Geschädigten nur bei Vorliegen

[74] BGH 20.1.1971 – IV ZR 1134/68, VersR 1971, 333 (334).
[75] BGH 20.1.1971 – IV ZR 1134/68, VersR 1971, 333 (334).
[76] BGH 19.3.2003 – IV ZR 233/01, VersR 2003, 635 (637).
[77] *Langheid* in Langheid/Rixecker, VVG, 6. Aufl. 2019, § 117 Rn. 8, 56; ähnlich schon OLG Celle 14.7.1954 – 1 U 34/54, VersR 1954, 427 (428); *Johannsen* VersArch 1956, 279 (283 f.).
[78] *Langheid* in Langheid/Rixecker, VVG, 6. Aufl. 2019, § 117 Rn. 8, 56.
[79] *Langheid* in Langheid/Rixecker, VVG, 6. Aufl. 2019, § 117 Rn. 8.
[80] *Langheid* in Langheid/Rixecker, VVG, 6. Aufl. 2019, § 117 Rn. 8.
[81] *Langheid* in Langheid/Rixecker, VVG, 6. Aufl. 2019, § 117 Rn. 8, 56.
[82] *Schirmer* VersR 1986, 825 (828 Fn. 26).

der Voraussetzungen von § 3 Nr. 3 PflVG aF geltend gemacht werden.[83] Soweit nach § 3 Nr. 3 PflVG aF keine Verjährung des Direktanspruchs eingetreten sei, könne es nicht zu einer Verjährung des Versicherungsanspruchs im Verhältnis zu dem Geschädigten wegen Untätigkeit des Versicherungsnehmers kommen.[84] Die Regelungen zum kranken Versicherungsverhältnis seien nicht anwendbar.[85]

d) Eigene Ansicht

Nicht zu folgen ist der Ansicht von *Schirmer. Schirmer* stellt bei der Verjährung nur auf die Verjährung des Direktanspruchs selbst ab. Schon nach dem Wortlaut von § 115 Abs. 1 S. 1 VVG ist aber zwischen dem Direktanspruch des Geschädigten – also dem Schadenersatzanspruch, den der Geschädigte gegenüber dem Versicherer gemäß § 115 Abs. 1 S. 2 VVG geltend machen kann – und dem zugrundeliegenden Deckungsanspruch des Versicherungsnehmers bzw. des Versicherten zu differenzieren. Gemäß § 115 Abs. 1 S. 2 VVG besteht der Direktanspruch *„im Rahmen der Leistungspflicht des Versicherers aus dem Versicherungsverhältnis"*. Maßgeblich für die Beurteilung des Umfangs der Haftung des Versicherers ist (wie bereits → IV. 2. a) ausgeführt) gerade der Umfang des Deckungsanspruchs. Daher kann man nicht allein auf die Verjährung des Direktanspruchs abstellen.

Unzutreffend ist aus hiesiger Sicht auch der Ansatz des BGH, wonach der Deckungsanspruch mangels Bestehens in einem kranken Versicherungsverhältnis nicht verjähren könne und damit für den zu Gunsten des Geschädigten gemäß § 117 Abs. 1 VVG fingierten Deckungsanspruch ein eigener Verjährungsbeginn maßgeblich sei. § 117 Abs. 1 VVG ordnet zu Gunsten des Geschädigten bei einem kranken Versicherungsverhältnis lediglich das Fortbestehen der Haftung des Versicherers im Außenverhältnis an.[86] Es wird durch § 117 Abs. 1 VVG kein neuer Anspruch geschaffen, der einer eigenständigen Verjährung unterliegen würde.

Wird der Deckungsanspruch durch § 117 Abs. 1 VVG gegenüber dem Geschädigten fingiert, muss dieser fingierte Deckungsanspruch daher auch nach den normalen Verjährungsregelungen, denen der Deckungsanspruch des Versicherungsnehmers unterliegen würde, wenn er bestehen würde, (fiktiv) verjähren. Dies bedeutet wiederum, dass der Deckungsanspruch des Versicherungsnehmers – egal ob tatsächlich bestehend oder fingiert – sowohl bei einem gesunden als auch bei einem kranken Versicherungsverhältnis grundsätzlich verjähren kann. Allein die Gleichbehandlung von einem kranken mit einem gesunden Versicherungsverhältnis kann daher nicht Grundlage dafür sein, die Regelungen in § 117 Abs. 1, 3 VVG auf den Fall der Verjährung des Deckungsanspruchs analog anzuwenden.

Geht man nicht davon aus, dass der fingierte Deckungsanspruch gemäß § 117 Abs. 1 VVG einer eigenen Verjährung unterliegt, stellt sich auch nicht das von *Langheid* dargestellte Problem, wonach der Dritte den Deckungsanspruch verjähren las-

---

[83] *Schirmer* VersR 1986, 825 (828 Fn. 26); ähnlich *Deiters* ZVersWiss 1967, 329 ff.
[84] *Schirmer* VersR 1986, 825 (828 Fn. 26).
[85] *Schirmer* VersR 1986, 825 (828 Fn. 26).
[86] Vgl. *Schneider* in MüKoVVG, 3. Aufl. 2017, § 117 Rn. 7; *Schimikowski* in Rüffer/Halbach/Schimikowski, VVG, 4. Aufl. 2020, § 117 Rn. 1.

sen könne, um drei weitere Jahre gegen den Versicherer vorgehen zu können. Hierbei stellt sich zudem die Frage, warum der Geschädigte dies tun sollte, steht ihm doch in einem kranken Versicherungsverhältnis der Direktanspruch gegen den Versicherer nur in den Grenzen des § 117 Abs. 3 VVG zu.

Die Tatsache, dass der Deckungsanspruch aufgrund eines Unterlassens des Versicherungsnehmers bzw. des Versicherten verjähren kann, ist nach unserem Dafürhalten ebenfalls kein zwingender Grund, § 117 Abs. 1, 3 VVG analog anzuwenden. Auch bei einem subjektiven Risikoausschluss ergibt sich das Nichtbestehen des Versicherungsschutzes aus einem bestimmten Verhalten des Versicherungsnehmers bzw. des Versicherten. Für dieses Risiko hat der Versicherer aber (wie bereits → IV. 2. a) und b) ausgeführt) keinen Versicherungsschutz zugesagt, weshalb auch der Geschädigte im Wege des Direktanspruchs gemäß § 115 Abs. 1 S. 2 VVG bzw. § 117 Abs. 3 S. 1 VVG keinen Anspruch gegen den Versicherer hat.

Bei dem Argument, der Geschädigte könne sich nicht selbst durch eine Feststellungsklage schützen,[87] stellt sich die Frage, ob dieses heute nach dem Urteil des BGH vom 15.11.2000[88] überhaupt noch gilt. Nach dem Urteil des BGH vom 15.11.2000 kann auch der Geschädigte ein rechtliches Interesse an der Feststellung des Deckungsanspruchs haben.[89] Eine solche Feststellungsklage hemmt die Verjährung des Deckungsanspruchs gemäß § 204 BGB.[90] Bei einem kranken Versicherungsverhältnis hätte eine Klage auf Feststellung des Deckungsanspruchs zwar richtigerweise keine Aussicht auf Erfolg.[91] Allerdings stellt sich bei einem kranken Versicherungsverhältnis die Frage, ob es eines zusätzlichen Schutzes über § 117 Abs. 1 VVG analog überhaupt bedarf, weil § 117 Abs. 1 VVG bereits unmittelbar anwendbar ist.

Maßgeblich für die Frage, ob § 117 Abs. 1 VVG bei Verjährung des Deckungsanspruchs analog anwendbar ist, ist aus unserer Sicht der Wortlaut von § 117 Abs. 1 VVG bzw. der Sinn und Zweck dieser Regelung. § 117 Abs. 1 VVG stellt darauf ab, ob der Versicherer von seiner Verpflichtung zur Leistung gegenüber dem Versicherungsnehmer frei ist. In solchen Fällen haftet der Versicherer gegenüber dem Geschädigten gemäß § 117 Abs. 3 S. 1 VVG im Rahmen der gesetzlichen Mindestversicherungssummen und *„der von ihm übernommenen Gefahr"*. Da § 117 Abs. 1 VVG auf Leistungsfreiheit von einer bestehenden Verpflichtung und § 117 Abs. 3 S. 1 VVG auf die übernommene Gefahr abstellt, zielt § 117 Abs. 1 VVG auf solche Fälle ab, in denen ursprünglich bestehender Versicherungsschutz nachträglich entfallen ist.[92] Die Leistungspflicht des Versicherers entfällt auch dann, wenn der Deckungsanspruch infolge Verjährung nicht mehr durchsetzbar ist. Bei der Frage, ob Versicherungsschutz für eine bestimmte Gefahr übernommen wurde, kommt es dagegen darauf an, ob nach den Regelungen des Versicherungsvertrags für den je-

---

87 AA *Johannsen* VersArch 1956, 279 (283f.).

88 BGH 15.11.2000 – IV ZR 223/99, VersR 2001, 90 (91).

89 BGH 15.11.2000 – IV ZR 223/99, VersR 2001, 90 (91).

90 *Wandt* in MüKoVVG, 2. Aufl. 2017, § 108 Rn. 26.

91 BGH 19.3.2003 – IV ZR 233/01, VersR 2003, 635 (637).

92 Vgl. *Langheid* in Langheid/Rixecker, VVG, 6. Aufl. 2019, § 117 Rn. 27; *Beckmann* in Bruck/Möller, VVG, 9. Aufl. 2013, § 117 Rn. 12.

weiligen Fall Versicherungsschutz zugesagt wurde, also ob das Risiko grundsätzlich von Anfang an durch den Versicherer übernommen wurde.[93]

Vom Sinn und Zweck her soll § 117 Abs. 1 VVG den Geschädigten in den Grenzen des § 117 Abs. 3 VVG vor nachträglichen Veränderungen aus der Sphäre des Versicherungsnehmers bzw. des Versicherten schützen. Der Geschädigte soll sich bei Pflichtversicherungen darauf verlassen können, dass innerhalb der gesetzlich vorgeschrieben Minderversicherungssummen tatsächlich Versicherungsschutz besteht. Anders als bei vertraglich vereinbarten Risikobeschränkungen und Ausschlüssen vom Versicherungsschutz besteht bei Eintritt der Verjährung des Deckungsanspruchs des Versicherungsnehmers für einen bestimmten Fall ursprünglich grundsätzlich Versicherungsschutz. Dies spricht dafür, § 117 Abs. 1, 3 VVG auch auf den Fall der Verjährung des Deckungsanspruchs – entweder unmittelbar oder analog – anzuwenden.

Darüber hinaus kann der Fall, dass der Deckungsanspruch des Versicherungsnehmers vor dem Direktanspruch des Geschädigten verjährt, nur dann eintreten, wenn der Versicherungsnehmer bzw. der Versicherte keine verjährungshemmenden Schritte eingeleitet hat. Vergleichbar zu Obliegenheitsverletzungen oder einer Kündigung des Versicherungsvertrags infolge Prämienverzugs hat der Geschädigte aber keinen Einfluss darauf, ob der Versicherungsnehmer bzw. der Versicherte verjährungshemmende Maßnahmen einleitet. Durch die (analoge) Anwendung von § 117 Abs. 1 VVG bei Verjährung des Deckungsanspruchs wird der Geschädigte auch in solchen Fällen geschützt, in denen der Direktanspruch (durch Insolvenz oder unbekannter Aufenthaltsort des Versicherungsnehmers) erst dann entsteht, wenn der Deckungsanspruch bereits verjährt ist.

Wendet man § 117 Abs. 1 VVG (analog) auf den Fall der Verjährung des Deckungsanspruchs des Versicherungsnehmers an, kommt es bezüglich der Verjährung des Anspruchs des Geschädigten gemäß § 117 Abs. 1 VVG, der dann in den Grenzen des § 117 Abs. 3 VVG besteht, nur noch auf die Verjährung des Direktanspruchs selbst gemäß § 115 Abs. 2 VVG an. Die Regelungen in § 117 VVG heben die des § 115 VVG nicht auf, vielmehr ist durch § 115 Abs. 1 S. 2, 2. Alt. VVG nur geregelt, dass der Anspruch des Geschädigten gemäß § 115 Abs. 1 S. 2 VVG bei einem kranken Versicherungsverhältnis in den Grenzen von § 117 Abs. 1 bis 4 VVG *(„im Rahmen des § 117 Abs. 1 bis 4“)* besteht. Damit bleibt es bei der Verjährung gemäß § 115 Abs. 2 VVG.

Dies bedeutet wiederum, dass es auf die Verjährung des Deckungsanspruchs des Versicherungsnehmers bzw. des Versicherten nur bei einem gesunden Versicherungsverhältnis ankommt. Bei einem kranken Versicherungsverhältnis ist der Anwendungsbereich des § 117 Abs. 1 VVG bereits unmittelbar wegen der anderweitig

[93] Vgl. BGH 16.9.1986 – VI ZR 151/85, VersR 1986, 1231 (1233); BGH 16.9.1986 – VI ZR 159/85, VersR 1987, 37 (39); OLG Düsseldorf 14.7.2017 – I-4 U 1/16, VersR 2019, 1491 (1494); *Langheid* in Langheid/Rixecker, VVG, 6. Aufl. 2019, § 117 Rn. 27; *Schneider* in MüKoVVG, 2. Aufl. 2017, § 117 Rn. 32; *Beckmann* in Bruck/Möller, VVG, 9. Aufl. 2013, § 117 Rn. 8; *Schneider* in Beckmann/Matusche-Beckmann, Versicherungsrechts-Handbuch, 3. Aufl. 2015, § 24 Rn. 170; *Schirmer* VersR 1986, 825 (828); vgl. auch Gesetzesbegründung zu § 117 Abs. 3 VVG, BT-Drs. 16/3945, 89.

eingetretenen „Krankheit" bzw. „Störung" eröffnet. Ab diesem Zeitpunkt haftet der Versicherer gegenüber dem Geschädigten in den Grenzen des § 117 Abs. 3 VVG. Für die Verjährung kommt es dann nur noch auf § 115 Abs. 2 VVG an. Insofern gelangen wir bei einem kranken Versicherungsverhältnis de facto zu demselben Ergebnis wie *Schirmer.*

VI. Zusammenfassung

1. § 115 Abs. 1 S. 1 VVG gewährt dem Geschädigten unter bestimmten Voraussetzungen einen Direktanspruch gegen den Haftpflichtversicherer. Hierbei handelt es sich nicht um einen Anspruch aus dem Versicherungsvertrag, sondern um einen gesetzlichen Schadenersatzanspruch zum Schutz des Geschädigten.

2. Im Rahmen des Direktanspruchs gemäß § 115 Abs. 1 S. 1 VVG haftet der Versicherer akzessorisch zu dem bestehenden Schadenersatzanspruch gegen den Schädiger. Dabei ist die Haftung des Versicherers gemäß § 115 Abs. 1 S. 2 VVG entsprechend seiner Leistungspflicht aus dem Versicherungsverhältnis beschränkt. Diesbezüglich ist zwischen einem gesunden und einem kranken Versicherungsverhältnis zu differenzieren.

3. Bei einem gesunden Versicherungsverhältnis haftet der Versicherer maximal bis zur Höhe der vertraglich vereinbarten Versicherungssumme und auch nur dann, wenn ein Versicherungsfall im Sinne des Versicherungsvertrags vorliegt und kein Ausschluss vom Versicherungsschutz greift.

4. Bei einem kranken Versicherungsverhältnis (wenn der Versicherer nach den im Versicherungsvertrag getroffenen Vereinbarungen grundsätzlich Versicherungsschutz zu gewähren hätte, dieser aber aufgrund besonderer, nachträglich eingetretener Umstände entfallen ist) haftet der Versicherer gemäß § 117 Abs. 1 VVG gegenüber dem Geschädigten fort, allerdings gemäß § 117 Abs. 3 S. 1 VVG nur im Rahmen der gesetzlich vorgeschriebenen Mindestversicherungssumme. Kann der Geschädigte Ersatz seines Schadens von einem anderen Schadenversicherer oder einem Sozialversicherungsträger erlangen, ist der Versicherer gemäß § 117 Abs. 3 S. 2 VVG leistungsfrei. Auch im kranken Versicherungsverhältnis gilt, dass der Versicherer nur haftet, wenn ein Versicherungsfall im Sinne des jeweiligen Versicherungsvertrags vorliegt und kein Ausschluss vom Versicherungsschutz greift.

5. Mit der herrschenden Ansicht ist davon auszugehen, dass der Versicherer gemäß § 117 Abs. 1 VVG (entweder unmittelbar oder analog) ebenso im Falle der Verjährung des Deckungsanspruchs des Versicherungsnehmers bzw. des Versicherten weiter haftet. Auch bei der Verjährung des Deckungsanspruchs handelt es sich, vergleichbar zu einem kranken Versicherungsverhältnis, um eine nachträgliche Änderung aus der Sphäre des Versicherungsnehmers bzw. des Versicherten. Dies bedeutet aber nicht, dass beim kranken Versicherungsverhältnis eine neue zusätzliche Verjährungsfrist zu laufen beginnt. Vielmehr kommt es bei einem kranken Versicherungsverhältnis allein auf die Verjährung des Direktanspruchs gemäß § 115 Abs. 2 VVG selbst an.

PETER SCHIMIKOWSKI

Die Tatbestände von Sicherheitsvorschriften in der Sachversicherung und das Bestimmtheitsgebot

I. *Einführung*

Die Wirksamkeit einer vertraglichen Obliegenheit setzt voraus, dass sie klar formuliert ist und den Versicherungsnehmer nicht unangemessen benachteiligt. Die Beachtung des Bestimmtheitsgebots ist insoweit eine formale Voraussetzung. Der Versicherungsnehmer soll erkennen können, was von ihm verlangt wird und unter welchen Voraussetzungen er seinen Versicherungsschutz verlieren kann.[1] Das AGB-rechtliche Bestimmtheitsgebot gilt also für die Tatbestände vertraglicher Obliegenheiten und auch für die Rechtsfolgenregelungen. Dieser Befund ist in Rechtsprechung und Schrifttum unbestritten.[2] Das Klarheits- oder Bestimmtheitsgebot folgt aus dem AGB-rechtlichen Transparenzgebot (§ 307 Abs. 1 S. 2 BGB).[3] Bei „sachgerechter Auslegung" ergibt es sich – so *Wandt* – unmittelbar aus § 28 VVG und gilt daher auch bei der Auferlegung von Obliegenheiten durch Individualvereinbarung.[4]

Im Folgenden werden die Anforderungen, die von Rechtsprechung und Literatur im Hinblick auf das Bestimmtheitsgebot für die objektiven Tatbestände vertraglicher Sicherheitsvorschriften entwickelt worden sind, dargestellt. Im Anschluss daran werden jeweils ausgesuchte Bestimmungen in AVB auf ihre Klarheit hin überprüft. Soweit dazu Rechtsprechung ergangen ist, soll diese kritisch analysiert werden. Auf unterschiedliche Ansätze in der Literatur wird ebenfalls eingegangen.

II. *Grundlagen*

Der BGH sieht es als Wesenselement einer vertraglich vereinbarten, mit der Sanktion der Leistungsfreiheit verbundenen Obliegenheit an, dass ein Verhalten – also eine bestimmte Handlung oder ein Unterlassen – vorgeschrieben wird, das es zu beachten gilt, wenn der Versicherungsschutz erhalten werden soll. Wegen der

---

[1] Vgl. *Rixecker* in Langheid/Rixecker, VVG, 6. Aufl. 2019, § 28 Rn. 20.

[2] Vgl. nur BGH r+s 2009, 497 (zu den Anforderungen an den Tatbestand einer Obliegenheit) und BGH r+s 1991, 5 (zur Bestimmtheit der Vereinbarung von Leistungsfreiheit); *Felsch* in HK-VVG, 4. Aufl. 2020, § 28 Rn. 26; *Wandt* in Martin, Sachversicherung, 4. Aufl. 2022, § 1 Rn. 151.

[3] Das Transparentgebot fordert Verständlichkeit, Vollständigkeit und Bestimmtheit; vgl. *Armbrüster,* Privatversicherungsrecht, 2. Aufl. 2019, Rn. 605.

[4] *Wandt* in MüKoVVG, 3. Aufl. 2022, § 28 Rn. 30.

einschneidenden Wirkung der Leistungsfreiheit müsse das auferlegte Tun oder Unterlassen ausdrücklich vereinbart sein sowie klar und eindeutig erkennen lassen, was im Einzelnen verlangt wird. Diese durch Rechtsprechung und Literatur geprägte Auslegung des Obliegenheitsbegriffs gehöre zum gesetzlichen Leitbild iS des § 307 Abs. 2 Nr. 1 BGB. Dem widerspreche es, wenn in einer vertraglichen Obliegenheit Anforderungen an den Versicherungsnehmer und/oder die versicherte Person gestellt werden, die deshalb nicht erfüllbar sind, weil sie nicht deutlich genug aufgezeigt werden.[5] Bei diesen klaren Aussagen verwundert es, dass vor dem Versicherungsfall zu erfüllende vertragliche Obliegenheiten, wie sie in der Sachversicherung vor allem in Gestalt von Sicherheitsvorschriften verbreitet sind, verhältnismäßig selten im Hinblick auf ihre Transparenz problematisiert und einer gerichtlichen Kontrolle unterzogen werden.[6] Zu den vereinzelt in Rechtsprechung und Literatur diskutierten Konstellationen gehören Obliegenheiten mit wenig aussagekräftigen Verhaltensanforderungen (dazu unter → III.) und Obliegenheitentatbestände, die auf andere Normen verweisen (dazu unter → IV.).[7]

III. Unklare und konturlose Verhaltensnormen

In der Rechtsprechung – insbesondere des BGH – werden keine strengen Anforderungen an die Konkretisierung der Verhaltensanforderungen gestellt. Völlig unbestimmte Gebote genügen allerdings nicht[8] – so viel kann allgemein festgestellt werden. Im Detail ist Vieles umstritten.

1. Sicherheitsvorschriften in der Sachversicherung

In der Sachversicherung finden sich sogenannte Sicherheitsvorschriften. So müssen nach A 21.1.3 VGB 2016, A 21.1 VHB 2016 Gebäude und Gebäudeteile in der kalten Jahreszeit beheizt werden. Dies ist „genügend häufig zu kontrollieren". In welchem Maße der Versicherungsnehmer Kontrollen durchführen muss, war in Rechtsprechung und Literatur umstritten.[9] Das rechtfertigt aber nicht das Verdikt der Intransparenz. Der Versicherer darf in seinen AVB unbestimmte Rechtsbegriffe verwenden, die eine einzelfallabhängige Entscheidung ermöglichen. So hat der BGH mit Recht die Transparenz einer solchen Regelung nicht bezweifelt und entschieden, das erforderliche Kontrollintervall sei im Einzelfall insbesondere anhand des Alters, der Wartung, der Störanfälligkeit der jeweiligen Heizungsanlage zu bemessen.[10] Hier weiß der Versicherungsnehmer, ob die Anlage regelmäßig gewartet

---

[5] BGH r+s 2009, 497 mwN, stRspr.

[6] So *Wandt* in Martin, Sachversicherung, 4. Aufl. 2022, § 1 Rn. 151.

[7] Vgl. dazu *Rixecker* in Langheid/Rixecker, VVG, 6. Aufl. 2019, § 28 Rn. 20, 21 mwN.

[8] Vgl. *Wandt* in MüKoVVG, 3. Aufl. 2022, § 28 Rn. 31 ff. mwN.

[9] Vgl. dazu *Felsch* r+s 2010, 256 (266); *Rixecker* r+s 2009, 397 (400); *Weidner* r+s 2008, 425; *Spielmann* VersR 2006, 317 jeweils mwN.

[10] BGH r+s 2008, 377 (zu § 11 Nr. 1 Buchst. d VGB 88); dazu *Spielmann/Mittendorf* VersR 2008, 1209; *Johannsen* in Bruck/Möller, VVG, Bd. 7, 9. Aufl. 2012, VGB 2008/2010 A § 16

worden ist oder nicht, ob sie sich störanfällig oder zuverlässig gezeigt hat und kann sein Verhalten – hier: die Kontrolldichte – danach ausrichten.

Problematisch ist es dagegen, wenn dem Versicherungsnehmer auferlegt wird, versicherte Sachen in einem ordnungsgemäßen Zustand zu erhalten (vgl. für die Wohngebäudeversicherung A 21.1.1 S. 1 VGB 2016; vgl. auch A § 11 Nr. 1 Buchst. d AStB 2010, A § 11 Nr. 1 Buchst. e AWB). Derartige Instandhaltungsobliegenheiten sind konturlos, sie führen dem Versicherungsnehmer nicht vor Augen, welche Maßnahmen ihm auferlegt werden. Das rechtfertigt den Vorwurf der Intransparenz (§ 307 Abs. 1 S. 2 BGB). Rechtlich angreifbar ist die Instandhaltungsobliegenheit auch unter einem anderen Aspekt: Legt man die im Rahmen der Inhaltskontrolle gebotene kundenfeindlichste Auslegung[11] zugrunde, hat der Versicherungsnehmer alle Sachen stets in jeder Hinsicht ordnungsgemäß zu halten, so dass Schäden nur noch durch mechanische Einwirkung von außen oder aber zB durch falsche Bedienung etwa wasserführender Anlagen eintreten können. Damit wäre der Vertragszweck gefährdet (§ 307 Abs. 2 Nr. 2 BGB). Gleichwohl hat die Rechtsprechung – soweit ersichtlich – bislang die Wirksamkeit allgemeiner Instandhaltungspflichten AGB-rechtlich nicht in Zweifel gezogen.[12]

Für Obliegenheiten gilt das Bestimmtheitsgebot[13] in besonderer Weise: Dem Versicherungsnehmer muss deutlich gemacht werden, welches Verhalten von ihm erwartet wird oder was er zu unterlassen hat. Wird dem Versicherungsnehmer zu wenig Klarheit im Hinblick auf die Verhaltensanforderungen verschafft, erhält gleichzeitig der Versicherer einen unangemessen weiten Beurteilungsspielraum bei der Anwendung der Obliegenheitenregelung. Dass bei der Schadenregulierung berücksichtigt werden kann, wie schwer das Versäumnis des VN zu gewichten ist und der Vorwurf grober Fahrlässigkeit iSd § 28 Abs. 2 S. 2 VVG uU entkräftet werden kann, eliminiert nicht die Gefahr, dass der Versicherungsnehmer seine Rechte und Pflichten nicht klar erkennt.

Es bleibt bei dem Befund, dass eine nicht näher konkretisierte Instandhaltungspflicht oder ein allgemeines Sorgfaltsgebot intransparent (§ 307 Abs. 1 S. 2 BGB) und eine solche Obliegenheitenregelung insoweit unwirksam ist.[14] Es fehlt somit am objektiven Tatbestand einer Obliegenheit. Eine gesetzliche Vorschrift, die gemäß § 306 Abs. 2 BGB an die Stelle der intransparenten Instandhaltungsobliegenheit tritt, existiert im deutschen Recht nicht. Dem Versicherer bleibt die Möglichkeit, sich auf § 81 VVG zu berufen. Ihn trifft dann aber die volle Beweislast für

Rn. 5; *Schnepp* in Halm/Engelbrecht/Krahe, Handbuch des Fachanwalts Versicherungsrecht, 6. Aufl. 2018, Kap. 10 Rn. 207.

[11] *Armbrüster,* Privatversicherungsrecht, 2. Aufl. 2019, Rn. 509.

[12] OLG Saarbrücken r+s 2007, 62; OLG Rostock VersR 2004, 61; OLG Karlsruhe r+s 1996, 279; r+s 1995, 189; OLG Hamm r+s 1993, 27.

[13] Vgl. *Felsch* in HK-VVG, 4. Aufl. 2020, § 28 Rn. 26.

[14] Ebenso *K. Johannsen* in Bruck/Möller, VVG, Bd. 7, 9. Aufl. 2012, VGB 2008/2010 A. § 16 Rn. 1; *Rüffer* in HK-VVG, 4. Aufl. 2020, VGB 2016 A 21 Rn. 2; *Wandt* in MüKoVVG, 3. Aufl. 2022, § 28 Rn. 31. Krit. auch *Marlow* in Beckmann/Matusche-Beckmann, Versicherungsrechts-Handbuch, 3. Aufl. 2015, § 13 Rn. 9; *Schnepp* in Halm/Engelbrecht/Krahe, Handbuch des Fachanwalts Versicherungsrecht, 6. Aufl. 2018, Kap. 10 Rn. 196. Keine AGB-rechtlichen Bedenken äußern *Hoenicke* in Veith/Gräfe/Gebert, Versicherungsprozess, 4. Aufl. 2020, § 4 Rn. 288 und *Sohn* in Staudinger/Halm/Wendt, Versicherungsrecht, 2. Aufl. 2017, VGB 2010 A. § 16 Rn. 1.

vorsätzliche oder grob fahrlässige Herbeiführung des Versicherungsfalls. Lässt der Versicherungsnehmer zB eine Beschädigung des Daches seines Hauses längere Zeit nicht instand setzen, kann eine objektive Gefahrerhöhung iSd § 23 Abs. 3 VVG vorliegen. Versäumt der VN nun seine Anzeigepflicht und tritt ein Sturmschaden ein, kann der Versicherer uU die Leistung nach § 26 Abs. 2 VVG versagen oder kürzen. Hier kommt dem Versicherer auch die Vermutung der groben Fahrlässigkeit und der Kausalität zugute. Der Verlust der Instandhaltungsobliegenheit verschlechtert die Rechtslage für den Versicherer nicht. Es erscheint überlegenswert, ob von Seiten der Versicherer nicht auf Obliegenheiten dieses Inhalts verzichtet werden sollte.[15]

2. Regelungen in Elektronikversicherungen

a) Hinweise auf allgemeine Sorgfalt

Konturlose Obliegenheiten sind nicht nur in „klassischen" Sachversicherungen – und dort in Musterbedingungen des GDV – zu finden, sondern sehr verbreitet auch in den Bedingungen von Elektronikversicherungen (Sachversicherungen für elektronische Haushaltsgeräte, Mobiltelefone, Notebooks usw.). Dort werden häufig Regelungen verwendet, die wie folgt lauten:

„Der Versicherungsnehmer hat das versicherte Gerät (auch während des Transportes und dessen Gebrauch) ordnungsgemäß, sorgfältig und sicher und nach den Herstellerangaben aufzubewahren und zu gebrauchen."

Der Hinweis, bei Aufbewahrung und Gebrauch des versicherten Geräts ordnungsgemäß, sorgfältig und sicher vorzugehen, lässt den Versicherungsnehmer völlig ratlos zurück. Auch insoweit ist das Verdikt der Intransparenz gerechtfertigt.

b) Hinweise auf Herstellerangaben und Gebrauchsanleitungen

Anders verhält es sich mit dem Gebot, das versicherte Gerät entsprechend den Angaben des Herstellers aufzubewahren und zu gebrauchen. Wenn dem Versicherungsnehmer in der Gebrauchsanweisung für einen Kaffeevollautomaten vorgegeben wird, wie viele Tassen Kaffee täglich maximal produziert werden dürfen, wann ein Filterwechsel und wann eine Reinigung durchgeführt werden muss, ist die in den AVB erfolgte Bezugnahme hierauf eindeutig und erfüllt die Transparenzanforderungen. Nach dem blue-pencil-Test[16] kann die auf die Herstellerangaben verweisende AVB-Regelung bestehen bleiben, im Übrigen ist eine Regelung, wie sie unter a) angeführt ist, unwirksam. Die Rechtsprechung hat allerdings Verweise auf Richtlinien privater Verbände nicht als Sicherheitsvorschriften gelten gelassen.[17]

---

[15] Vgl. *Schimikowski* jurisPR-VersR 4/2021 Anm. 4 (unter D aE).

[16] Mit Hilfe des blue-pencil-Tests kann eine Klausel in einen inhaltlich zulässigen und einen inhaltlich unzulässigen Teil zerlegt werden. Inhaltliche Trennbarkeit liegt immer dann vor, wenn der unwirksame Teil der Klausel gestrichen werden kann, ohne dass der verbleibende Teil sinnlos wird; vgl. *Basedow* in MüKoBGB, 8. Aufl. 2019, § 306 Rn. 22, 23.

[17] BGH r+s 1990, 266; OLG Oldenburg r+s 1994, 211.

Zur Begründung wird angeführt, es fehle an der rechtlichen Verbindlichkeit.[18] Es erscheint allerdings zweifelhaft, die zur Explosionsklausel der Betriebshaftpflichtversicherung ergangenen Entscheidungen für die Beurteilung der hier erörterten Regelung einer Elektronikversicherung heranzuziehen. Die Explosionsklausel verlangt – wie die im Folgenden unter → IV. behandelten Regelungen – die Einhaltung von „Vorschriften".[19] Der Versicherungsnehmer wird unter einer Vorschrift eine verbindliche gesetzliche oder behördliche Vorgabe verstehen, nicht aber eine Gebrauchsanweisung des Herstellers. Insoweit ist es völlig richtig, Herstellerhinweise etc. nicht ausreichen zu lassen. Im vorliegenden Fall setzt die Obliegenheitenregelung aber keine Missachtung von Vorschriften voraus, sondern der Versicherungsnehmer wird auf die Pflicht zur Einhaltung der für das versicherte Gerät geltenden Herstellerangaben hingewiesen. Auf diese Weise können Gebrauchsanweisungen und Herstellerangaben etwa zum Umgang mit der versicherten Sache (versicherungs-)rechtliche Verbindlichkeit erlangen.[20] Im Streitfall wird der Versicherer darzulegen und gegebenenfalls zu beweisen haben, dass solche Herstellerangaben existieren und sie dem Versicherungsnehmer vorgelegen haben. In der Haftpflichtversicherung – zB der Umwelthaftpflichtversicherung – ist im Rahmen des Pflichtwidrigkeitsausschlusses (Ziff. 6.10 UHV, A 2–1.6.10 AVB BHV) die Bezugnahme auf Gebrauchsanweisungen des Herstellers nicht beanstandet worden.[21] Auch bei der hier diskutierten Obliegenheitenregelung in den AVB von Elektronikversicherungen besteht kein Anlass dazu.

Das ist auch anzunehmen, wenn es unter der Überschrift „Während der Vertragslaufzeit einzuhaltende Obliegenheiten" heißt: „Nichteinhaltung von Herstelleranweisungen: Sie sind verpflichtet, den Instruktionen und Anweisungen des Herstellers Ihres Gerätes zu folgen." Der Versicherungsnehmer erhält eine klare Handlungsanweisung. Besagt eine Klausel „Sie sind verpflichtet, die notwendigen routinemäßigen Instandhaltungs-, Reinigungs- und Servicearbeiten Ihres Gerätes regelmäßig durchführen zu lassen", fehlt es dagegen an der gebotenen Klarheit. Was „routinemäßig" zu tun ist, kann der Versicherungsnehmer ohne weitere Hinweise nicht erfassen.

IV. Verweis auf andere Normen

1. Gesetzliche und behördliche Sicherheitsvorschriften

Eine in der Sachversicherung gängige Regelung verlangt, dass der Versicherungsnehmer neben vertraglich vereinbarten auch alle gesetzlichen und behörd-

[18] Vgl. auch *Rixecker* in Langheid/Rixecker, VVG, 6. Aufl. 2019, § 28 Rn. 21; *Felsch* in HK-VVG, 4. Aufl. 2020, § 28 Rn. 14.

[19] Zur Explosionsklausel vgl. *v. Rintelen* in Beckmann/Matusche-Beckmann, Versicherungsrechts-Handbuch, 3. Aufl. 2015, § 26 Rn. 108 mwN.

[20] Vgl. *v. Rintelen* in Beckmann/Matusche-Beckmann, Versicherungsrechts-Handbuch, 3. Aufl. 2015, § 26 Rn. 242.

[21] Vgl. *Schneider* in Späte/Schimikowski, Haftpflichtversicherung, 2. Aufl. 2015, Ziff. 6 UmweltHPfl Rn. 26. Dazu näher unter → IV. 3.

lichen Sicherheitsvorschriften einzuhalten hat (B 3.3.1.1 Buchst. a VGB 2016, B 3.3.1.1 Buchst. a VHB 2016, A § 8 Nr. 1 Buchst. a aa AFB 2010, A § 8 Nr. 1 Buchst. a aa AWB 2010, A § 8 Nr. 1 Buchst. a aa AERB 2010). Eine solche Regelung findet sich auch in älteren Bedingungswerken (vgl. etwa § 11 Nr. 1 Buchst. a VGB 88, § 14 Nr. 1 Buchst. a VHB 84). Der Hinweis auf an anderer Stelle des Vertrags vereinbarte Sicherheitsvorschriften (vgl. A 21 VGB 2016) ist rein deklaratorisch. Die Bedeutung der Regelung besteht darin, dass außervertragliche Normierungen als Sicherheitsvorschriften verbindlich gemacht werden sollen.

Gesetzliche Sicherheitsvorschriften finden sich in Gesetzen im formellen und materiellen Sinn, die vom Bund, von den Ländern und sonstigen öffentlich-rechtlichen Körperschaften, etwa von Gemeinden oder Unfallversicherungsträgern als Satzungen, erlassen worden sind.[22] Gesetzliche Sicherheitsvorschriften sind zB die Vorschriften über die Ableitung der Abgase von Feuerstätten durch Schornsteine sowie die Entfernung zwischen Abgasrohren und brennbaren Bauteilen in den einschlägigen Landesgesetzen, die den Brandschutz bezwecken,[23] ebenso wie die Feuerungsverordnungen der Länder.[24] Ist der Einbau von Rauchmeldern in Wohnungen durch eine Landesbauordnung vorgeschrieben, liegt ebenfalls eine gesetzliche Sicherheitsvorschrift vor,[25] denn es geht darum, die Gefahren zu vermindern, die durch Brände drohen.[26]

Während Gesetze als Rechtsnormen Regelungen enthalten, die für eine unbestimmte Vielzahl von Personen allgemein Verbindlichkeit entfalten, sind behördliche Sicherheitsvorschriften insbesondere Verwaltungsakte von Hoheitsträgern, die sich an einen oder mehrere Adressaten richten. Behördliche Sicherheitsvorschrift kann also auch eine Auflage in einer Baugenehmigung sein, die zB dem Brandschutz dient.[27] Als behördliche Sicherheitsvorschriften werden oft auch die Unfallverhütungsvorschriften der Berufsgenossenschaften angesehen.[28] Das ist angreifbar, denn die Unfallverhütungsvorschriften sind autonomes Satzungsrecht, also – wie oben angeführt – Regelungen mit Gesetzescharakter.[29]

---

[22] Vgl. *K. Johannsen* in Bruck/Möller, VVG, Bd. 7, 9. Aufl. 2012, AFB 2008/2010 B 8 Rn. 4.

[23] BGH r+s 1997, 120. – Zur Schleswig Holsteinischen BrandschutzVO und zum Niedersächsischen Brandschutzgesetz vgl. OLG Oldenburg VersR 1986, 1091.

[24] Vgl. die Feuerungsverordnung (FeuVO) NRW. OLG Hamm r+s 2021, 759 Rn. 46; vgl. ferner *Stagl/Brand* in Looschelders/Pohlmann, VVG, 3. Aufl. 2016, Anhang K Rn. 61; *Rüffer* in HK-VVG, 4. Aufl. 2020, AFB 2010 B. § 8 Rn. 1; *Schnepp* in Halm/Engelbrecht/Krahe, Handbuch des Fachanwalts Versicherungsrecht, 6. Aufl. 2018, Kap. 10 Rn. 211.

[25] Vgl. den Hinweis in BGH NJW 2013, 3092 Rn. 13.

[26] *Günther* jurisPR-VersR 1/2018 Anm. 2 (unter C aE); aA *Staudinger* ZMR 2015, 179.

[27] Vgl. auch *Johannsen* in Bruck/Möller, VVG, Bd. 7, 9. Aufl. 2012, AFB 2008/2010 B. § 8 Rn. 5. Anders wohl *Felsch* in HK-VVG, 4. Aufl. 2020, § 28 Rn. 14.

[28] BGH r+s 1997, 120; VersR 1970, 1121; vgl. auch *Spielmann* in MüKoVVG, 2. Aufl. 2017, Sachversicherung Rn. 201.

[29] OLG Celle VersR 2010, 666 Rn. 7 (juris); *Johannsen* in Bruck/Möller, VVG, Bd. 7, 9. Aufl. 2012, AFB 2008/2010 B. § 8 Rn. 4.

2. Begründete oder unbegründete Zweifel an der Transparenz?

Das OLG Schleswig nimmt an, die Klausel sei intransparent im Sinne von § 307 Abs. 1 S. 2 BGB.[30] Das Gericht bestätigte die vorinstanzliche Einschätzung des LG Flensburg, die Regelung besitze keinen eigenständigen Regelungsgehalt, sondern lediglich eine dynamische Verweisung auf andere gesetzliche, behördliche und vertraglich vereinbarte Sicherheitsvorschriften. Der Regelungsgehalt und damit die Anforderung an den Versicherungsnehmer ergebe sich nicht aus der Klausel, sondern einzig und allein aus der in Bezug genommenen Vorschrift.[31] Der BGH hat § 7 Nr. 1 Buchst. a AFB 87, der pauschal auf gesetzliche oder behördliche Sicherheitsvorschriften verweist, in einer allerdings älteren Entscheidung nicht beanstandet, ja die Frage der Transparenz nicht einmal angesprochen.[32] Das trifft auch auf die meisten Entscheidungen der Oberlandesgerichte zu.[33] In der Literatur wird die rechtliche Haltbarkeit teils ausdrücklich bejaht,[34] teils bezweifelt,[35] teils nicht problematisiert.[36]

Vertraglich vereinbarte Sicherheitsvorschriften kann der Versicherungsnehmer aus den Vertragsunterlagen ersehen. Auf den ersten Blick erscheint insbesondere der Verweis auf gesetzliche und behördliche Sicherheitsvorschriften uferlos und für den Versicherungsnehmer kaum einschätzbar. Bei näherer Betrachtung erweist es sich jedoch durchaus möglich und auch zumutbar für den Versicherungsnehmer, sich Klarheit zu verschaffen: An ihn persönlich gerichtete Verwaltungsakte und darin enthaltene „behördliche Vorschriften" kann und sollte er kennen. Plant der Versicherungsnehmer den Einbau eines Heizkamins in sein Haus, vermag er sich beim Heizungsbauer und dem Schornsteinfeger zu informieren, welche Vorschriften er zu beachten hat. Ist er unsicher, ob an seinem Wohnort für sein Haus der Einbau einer Rückstauklappe vorgeschrieben ist, kann er sich bei der zuständigen Stadt- oder Gemeindeverwaltung erkundigen. Für die Wirksamkeit solcher Regelungen, die pauschal und nicht näher spezifiziert auf gesetzliche und behördliche Vorschriften verweisen, spricht, dass auf verbindliche Vorschriften verwiesen wird.[37] Der Versicherungsnehmer hat die Möglichkeit, die Verhaltensanforderungen klar zu ermitteln, die er einhalten muss, um den Versicherungsschutz nicht zu gefährden. Damit wird dem Bestimmtheitsgebot Rechnung getragen, dem Ver-

---

[30] OLG Schleswig VersR 2019, 1557.

[31] LG Flensburg BeckRS 2017, 117678.

[32] Vgl. BGH r+s 1997, 120.

[33] Vgl. OLG Hamm r+s 2021, 759; zu § 7 AFB aF OLG Düsseldorf r+s 1988, 83 (85); OLG Celle VersR 1988, 617.

[34] *Hoenicke* in Veith/Gräfe/Gebert, Der Versicherungsprozess, 4. Aufl. 2020, § 4 Rn. 286; *Rixecker* in Langheid/Rixecker, VVG, 6. Aufl. 2019, § 28 Rn. 21; *Wandt* in MüKoVVG, 3. Aufl. 2022, § 28 Rn. 34.

[35] *Marlow* in Beckmann/Matusche-Beckmann, Versicherungsrechts-Handbuch, 3. Aufl. 2015, § 13 Rn. 9; *Marlow* in BeckOK VVG, 12. Ed. 9. 8. 2021, § 28 Rn. 17.1.

[36] Vgl. etwa *Schnepp* in Halm/Engelbrecht/Krahe, Handbuch des Fachanwalts Versicherungsrecht, 6. Aufl. 2018, Kap. 10 Rn. 211; *Klimke* in Prölss/Martin, VVG, 31. Aufl. 2021, VHB B. § 8 Rn. 2; *Johannsen* in Bruck/Möller, VVG, Bd. 7, 9. Aufl. 2012, AFB 2008/2010 B. § 8 Rn. 3ff.; *Spielmann* in MüKoVVG, 2. Aufl. 2017, Sachversicherung Rn. 198ff.

[37] So *Felsch* in HK-VVG, 4. Aufl. 2020, § 28 Rn. 14 (zur Explosionsklausel in der Haftpflichtversicherung).

sicherer bleiben keine ungerechtfertigten Beurteilungsspielräume.[38] Es kann für den Versicherungsnehmer im Einzelfall mühsam sein, herauszufinden, welche konkreten Pflichten ihn treffen. Der Versicherer dagegen kann die vom Versicherungsnehmer einzuhaltenden gesetzlichen und behördlichen Vorschriften idR nicht kennen und erst recht nicht in einer Obliegenheitenregelung aufführen. Bei behördlichen Auflagen liegt dies besonders klar auf der Hand, weil sie nicht an den Versicherer gerichtet sind.[39] Nur der Versicherungsnehmer kann wissen, welche kommunale Satzung, welche landesrechtliche Verordnung usw. bezüglich des versicherten Risikos welche Vorgaben macht, nicht aber der Versicherer. Das Transparenzgebot verpflichtet den Verwender dazu, den Klauselinhalt klar und verständlich zu formulieren, allerdings nur im Rahmen des Möglichen.[40] Die Konkretisierung der gesetzlichen und behördlichen Vorschriften, die der Versicherungsnehmer einzuhalten hat, ist dem Versicherer nur in ganz seltenen Fällen möglich.

3. *Exkurs: Pflichtwidrigkeitsklauseln in der Haftpflichtversicherung*

a) Die hM zur rechtlichen Beurteilung von Pflichtwidrigkeitsklauseln

In der gewerblichen und beruflichen Haftpflichtversicherung sind Explosions- und Pflichtwidrigkeitsklauseln[41] als Risikoausschlüsse verbreitet. Auch dort wird pauschal auf gesetz- oder vorschrifts- oder sonst pflichtwidriges Verhalten bzw. auf wissentliche (oder bewusste) Pflichtwidrigkeit abgestellt.[42] Die Transparenz dieser Regelungen wird in der Literatur meist nicht einmal angesprochen[43] oder ohne nähere Begründung bejaht: Trotz der „etwas vagen Formulierung" sei der Ausschluss nicht mangels Bestimmtheit als unwirksam anzusehen.[44] Diskutiert wird zuweilen, ob es sich bei der Explosionsklausel um eine (verhüllte) Obliegenheit handelt.[45] Die praktische Bedeutung der Explosionsklausel ist eher gering, während die Pflichtwidrigkeitsklausel in der Praxis der Berufshaftpflichtversicherung eine überragende Bedeutung besitzt.[46] Der BGH hat in einer Leitentscheidung zur Pflichtwidrigkeitsklausel in einer Berufshaftpflichtversicherung für Steuerberater apodiktisch festgestellt, dass die Bestimmung nicht unklar sei.[47] In einer späteren Entscheidung zur Vermögensschadenhaftpflichtversicherung eines Insolvenzverwalters wird die Frage der Transparenz des Terminus „bewusste Pflichtwidrigkeit"

---

[38] Zum Bestimmtheitsgebot *Beckmann* in Beckmann/Matusche-Beckmann, Versicherungsrechts-Handbuch, 3. Aufl. 2015, § 10 Rn. 234.

[39] Vgl. *Günther* jurisPR-VersR 1/2018 Anm. 2.

[40] BGH NJW 1990, 2383 Rn. 18 (juris); OLG Köln r+s 2017, 482 (483); *Wurmnest* in MüKo-BGB, 8. Aufl. 2019, § 307 Rn. 60 mwN.

[41] Dazu *Langheid* FS Lorenz, 2004, 427; *Schimikowski* in HK-VVG, 4. Aufl. 2020, § 103 Rn. 12; *Schimikowski* in Späte/Schimikowski, Haftpflichtversicherung, 2. Aufl. 2015, BBR BHV Rn. 102.

[42] Krit. im Hinblick auf die Transparenz der Pflichtwidrigkeitsklausel in der D&O-Versicherung *Dilling* VersR 2018, 332.

[43] Vgl. etwa *Piontek*, Haftpflichtversicherung, 2016, § 4 Rn. 32.

[44] So *Klimke* in Prölss/Martin, VVG, 31. Aufl. 2021, Ziff. 7.1 AVB D&O Rn. 1.

[45] Vgl. *Lücke* in Prölss/Martin, VVG, 31. Aufl. 2021, Ziff7.4.5 BetrH AT Rn. 4 mwN.

[46] Vgl. *Lehmann* r+s 2016, 1 (7).

[47] BGH VersR 1991, 176 (unter 6. c)).

nicht aufgeworfen.[48] Im Hinblick auf Vereinbarkeit mit AGB-Recht wird lediglich die Abweichung von § 152 VVG aF bzw. § 103 VVG nF erörtert und für statthaft erachtet.[49] Rechtsprechung und Literatur nehmen fast einhellig an, dass die Pflichtwidrigkeitsklausel rechtlich nicht angreifbar sei.[50]

b) Kritische Ansätze

Dagegen erachtet *Dilling* die Pflichtwidrigkeitsklausel in der D&O-Versicherung für intransparent, weil mit Blick auf die *Business-Judgement-Rule* des § 93 AktG der Unternehmensleiter idR nicht einschätzen könne, ob sein Verhalten fehlsam ist, ob eine Organentscheidung als Pflichtverletzung einzuordnen ist.[51] Ob diese Einschätzung zutreffend ist, braucht hier nicht erörtert zu werden, weil dieses Argument – worauf *Dilling* zutreffend hinweist – für in anderen Vermögensschadenhaftpflichtversicherungen verwendete Pflichtwidrigkeitsklauseln nicht zieht. Er hält die Pflichtwidrigkeitsklausel aber auch wegen der Verwendung des Wortes „wissentlich" für intransparent, weil es zahlreiche Publikationen gebe, die sich mit der Bedeutung des Begriffs und der Abgrenzung zum Vorsatz befassen.[52] Das könnte ein auch außerhalb der D&O-Versicherung beachtlicher Aspekt sein. Allerdings rechtfertigt allein die Tatsache, dass in Publikationen Debatten um das richtige Verständnis eines Begriffs geführt wurden, nicht das Verdikt der Intransparenz. Außerdem ergibt die Auslegung des Wortes „wissentlich" ein eindeutiges Ergebnis: Aus dem Wortlaut geht für den Versicherungsnehmer hervor, dass er um die Pflicht wissen muss und er sich trotz dieses Bewusstseins entscheidet, die Pflicht nicht zu erfüllen. Er muss – mit den Worten des Juristen – mit direktem Vorsatz, also mit Wissen und Wollen eine Pflicht verletzen. Der Versicherungsnehmer muss die von ihm verletzte Pflicht positiv gekannt und subjektiv das Bewusstsein gehabt haben, gesetz-, vorschrifts- oder sonst pflichtwidrig zu handeln.[53] Insoweit begründet die Verwendung des Wortes „wissentlich" nicht den Vorwurf der Intransparenz.

In der Literatur bezweifelt auch *v. Rintelen* die Transparenz der Pflichtwidrigkeitsklausel, weil das Unmittelbarkeitserfordernis im Hinblick auf die Kausalität nicht klar zum Ausdruck komme. Außerdem sei die Klausel so zu verstehen, dass die bewusste Pflichtwidrigkeit irgendeines Mitarbeiters zum Verlust des Deckungsschutzes auch für den Versicherungsnehmer führe.[54] Es ist zutreffend, dass das Kausalitätserfordernis ausreichend deutlich zum Ausdruck kommen muss. In den gängigen AVB ist das der Fall. So besagt § 4 Nr. 5 AVB RSW, dass sich der Versiche-

---

[48] BGH r+s 2015, 133.

[49] BGH VersR 1991, 176; BGH r+s 2001, 408 (unter II. 1.); OLG Karlsruhe r+s 2018, 70 Rn. 49. Zur Abweichung von § 103 VVG vgl. auch *Piontek* jurisPR-VersR 9/2019 Anm. 3 (unter C.).

[50] Vgl. die Nachw. bei *Lehmann* r+s 2016, 1 (8).

[51] *Dilling* VersR 2018, 332 (336f.). Zu bestimmten Klauselgestaltungen auch *Schweitzer*, Zulässigkeit der Ausschlussklauseln für Vorsatz und wissentliches Handeln in der D&O Versicherung, 2013.

[52] *Dilling* VersR 2018, 332 (337).

[53] StRspr BGH, vgl. BGH r+s 2001, 408 (unter II. 3.); *Piontek*, Haftpflichtversicherung, 2016, § 4 Rn. 35 mwN.

[54] Vgl. *v. Rintelen* in Beckmann/Matusche-Beckmann, Versicherungsrechts-Handbuch, § 26 Rn. 246.

rungsschutz nicht auf Haftpflichtansprüche wegen Schadenverursachung durch wissentliches Abweichen von Gesetz, Vorschrift, Anweisung oder Bedingung des Auftraggebers oder durch sonstige wissentliche Pflichtverletzung bezieht.[55] In der Architektenhaftpflichtversicherung heißt es „Ausgeschlossen sind Ansprüche wegen Schäden, die der Versicherungsnehmer oder ein Mitversicherter durch ein bewusst gesetz-, vorschrift- oder sonst pflichtwidriges Verhalten (Tun oder Unterlassen) verursacht hat (A1-7.26 AVB Arch./Ing.). Dass der Versicherungsnehmer und der Mitversicherte den Deckungsschutz nur dann verlieren, wenn sie persönlich oder ihre Repräsentanten bewusst pflichtwidrig handelten, ergibt sich aus grundlegenden versicherungsrechtlichen Prinzipien.[56] Diese kennt freilich weder der durchschnittliche Versicherungsnehmer noch der durchschnittliche Mitversicherte. Eine Formulierung, wie sie in A1-7.26 AVB Arch./Ing. verwendet wird, ist geeignet, beide irrezuführen. Ihre Transparenz wird insoweit zu Recht angezweifelt.[57] Das ist aber für die hier behandelte Thematik – die rechtliche Bewertung genereller Verweise auf gesetzliche, behördliche und sonstige Handlungsanweisungen – ohne Belang: In der haftpflichtversicherungsrechtlichen Literatur und Rechtsprechung wird nicht bemängelt, dass die Pflichten nicht näher konkretisiert werden. Das ist auch völlig zutreffend. Die vom Versicherungsnehmer und seinen Mitarbeitern als versicherte Personen einzuhaltenden Vorgaben können von Bundesland zu Bundesland variieren. Da der Haftpflichtversicherungsschutz grundsätzlich weltweit besteht, soweit keine Begrenzungen vorgesehen sind, können sich die von einem Architekten, Statiker, Rechtsanwalt, Wirtschaftsprüfer usw. einzuhaltenden Pflichten auch aus ausländischen Rechtsordnungen ergeben. Diese konkret zu umschreiben, ist für den Versicherer weder zumutbar noch überhaupt möglich.

4. *Schlussfolgerungen*

Dass es für die in der Sachversicherung gebräuchlichen Regelungen, bei denen der Obliegenheitentatbestand auf nicht näher bezeichnete gesetzliche und behördliche Sicherheitsvorschriften verweist, gute praktische Gründe gibt, wurde oben unter → IV. 2.) dargelegt. Diese Gründe greifen auch bei den als Risikoausschlüsse gestalteten Pflichtwidrigkeitsklauseln in der Haftpflichtversicherung. Zwingende rechtliche Gründe, die gegen solche pauschalen Verweise auf vom Versicherungsnehmer zu erfüllende Pflichten sprechen, sind nicht ersichtlich, insbesondere verstoßen solche Klauseln nicht gegen das Transparenzgebot. Es ist in der Rechtsprechung anerkannt, dass die Präzision, mit der die vertraglichen Rechte und Pflichten in AGB umschrieben werden können, gewissen Grenzen unterliegt und der Klauselverwender zur Transparenz daher nur „im Rahmen des Möglichen" verpflichtet ist.[58] Eine präzisere Angabe gesetzlicher und behördlicher Sicherheitsvorschriften

---

[55] Dazu *Diller,* Berufshaftpflichtversicherung für Rechtsanwälte: AVB RSW, 2. Aufl. 2017, § 4 Rn. 41.

[56] Vgl. *Schimikowski* in HK-VVG, 4. Aufl. 2020, § 103 Rn. 10.

[57] Unwirksamkeit wegen Unvereinbarkeit mit § 103 VVG und übermäßiger Schmälerung des Versicherungsschutzes nimmt *Lücke* in Prölss/Martin, VVG, 31. Aufl. 2021, BBR Arch A. Ziff. 4 Rn. 21 an.

[58] Vgl. *Wurmnest* in MüKoBGB, 8. Aufl. 2019, § 307 Rn. 62 mwN.

erscheint unmöglich. Allenfalls könnten beispielhaft Regelungen aufgeführt werden, die im Einzelfall zu beachten sein könnten.

Gleichzeitig haben die Versicherer durchaus ein berechtigtes Interesse daran, derartige Regelungen in den AVB zu etablieren. In der Haftpflichtversicherung ist es gerechtfertigt, den (abdingbaren) Vorsatzausschluss des § 103 VVG zu verschärfen, indem bereits bewusste Pflichtwidrigkeit zum Ausschluss der Deckung führen kann. Besonders für berufliche und gewerbliche Haftpflichtversicherungen ist es angezeigt, den Versicherungsschutz nicht erst bei vorsätzlicher Schädigung, sondern bereits dann versagen zu können, wenn der versicherte Bauhandwerker weiß, dass er „Pfuscharbeit" liefert, wenn der Hersteller von Tierfutter weiß, dass er dieses mit Industriefett gestreckt hat, wenn der Betreiber einer Umweltanlage vorgeschriebene Kontrollen und Wartungen nicht durchführen lässt. Der Sachversicherer hat ein berechtigtes Interesse daran, sich im Schadenfall nicht nur auf § 81 Abs. 2 VVG berufen zu können, wenn der Versicherungsnehmer etwa dem Brandschutz dienende gesetzliche oder behördliche Vorschriften bewusst außer Acht lässt. Weil ein Inkaufnehmen des Versicherungsfalls vom Versicherungsnehmer kaum jemals zugegeben wird und der Versicherer den Eventualvorsatz anhand der Indizien oft nicht führen kann, bleibt es auch in Fällen schwerer Verfehlungen dabei, dass der Versicherungsschutz meist nicht nach § 81 Abs. 1 VVG voll versagt werden kann, sondern lediglich eine Leistungskürzung nach § 81 Abs. 2 VVG in Betracht kommt. Das Gesetz weist dem Versicherer das Recht zu, vertragliche Obliegenheiten festzulegen. Diese sind, soweit es sich um vor dem Versicherungsfall zu erfüllende Obliegenheiten handelt, heute unbestritten neben § 81 VVG anwendbar.[59] Der Versicherer kann durch Begründung einer vertraglichen Obliegenheit die gesetzlich vorgesehenen Vergünstigungen nutzen: die Vermutung der groben Fahrlässigkeit (§ 28 Abs. 2 S. 2 VVG), die Kausalitätsvermutung (§ 28 Abs. 3 S. 1 VVG) sowie die volle Leistungsfreiheit bei vorsätzlicher Obliegenheitsverletzung (und nicht erst bei vorsätzlicher Herbeiführung des Versicherungsfalls). Das Gesetz gestattet dem Versicherer, über § 81 VVG hinaus vertraglich gefahrmindernde Obliegenheiten („Gefahrstandspflichten") zu vereinbaren, die nicht erst bei der Verwirklichung der Gefahr zu Konsequenzen führen können.[60] Soweit das AGB-Recht – wie hier – nicht entgegensteht, bestehen keine Bedenken gegen derartige Regelungen. Die unterschiedliche rechtliche Bewertung der unter → III. 1. im Hinblick auf das Bestimmtheitsgebot kritisierten konturlosen Sicherheitsvorschriften besteht darin, dass der Versicherungsnehmer diese nicht in konkrete Verhaltensanweisungen deuten kann. Die Hinweise auf gesetzliche und behördliche Vorgaben kann dagegen gerade er konkretisieren. Im Ergebnis sind Tatbestandsregelungen vertraglicher Obliegenheiten, die pauschal auf gesetzliche und behördliche Bestimmungen verweisen, rechtlich nicht zu beanstanden.

---

[59] Zur Konkurrenz zwischen §§ 28, 81 VVG vgl. *Armbrüster* in Prölss/Martin, VVG, 31. Aufl. 2021, § 28 Rn. 288 mwN.

[60] Vgl. dazu *Langheid* in Langheid/Rixecker, VVG, 6. Aufl. 2019, § 81 Rn. 12.

V. Resümee

Konturlose Sicherheitsvorschriften, die den Versicherungsnehmer etwa zu ordnungsgemäßer Instandhaltung und/oder sorgfältigem Gebrauch der versicherten Sache auffordern, erfüllen das Bestimmtheitsgebot nicht. Die Rechtsprechung war mit diesem Verdikt bislang zurückhaltend. In älteren Entscheidungen wurden (selbst) Formulierungen wie „ausreichende Verwahrung" nicht beanstandet.[61] Seit das Transparenzgebot in § 307 Abs. 1 S. 2 BGB verankert ist, wendet es die Rechtsprechung intensiv auf AVB an, der verstärkte Zugriff der Gerichte auf die Transparenzkontrolle ist nicht zu verkennen.[62] Es ist daher zu erwarten, dass die Gerichte heute kritischer als früher an Sicherheitsvorschriften herangehen, die konturlos sind und auch vom Versicherungsnehmer im Einzelfall nicht konkretisierbar sind, so dass er nicht erkennen kann, welches Verhalten von ihm erwartet wird, damit der Versicherungsschutz nicht in Gefahr gerät.

Sicherheitsvorschriften, die etwa auf Herstellerangaben zum Gebrauch, zum Transport, zur Verwahrung usw. verweisen, sind dagegen rechtlich haltbar. Der Versicherer macht die Anweisungen des Herstellers zu seinen eigenen Verhaltensanweisungen an den Versicherungsnehmer – ähnlich wie bei der Bezugnahme auf gesetzliche und behördliche Vorschriften. In beiden Fällen – Bezugnahme auf Anweisungen des Herstellers (ggf. auch des Händlers) sowie auf gesetzliche und behördliche Vorschriften ist das Bestimmtheitserfordernis gewahrt, weil der Versicherungsnehmer die konkrete Pflicht ermitteln kann. Der Versicherer ist hierzu idR nicht in der Lage, weil er meist die Herstellerangaben, Gesetze und behördlichen Vorgaben nicht kennt und nicht kennen kann. Ähnliche pauschale Verweisungen auf gesetzliche und behördliche Vorschriften, auf von Auftraggebern gestellte Anforderungen, auf Herstelleranweisungen über Wartungsintervalle, Gebrauch und Aufbewahrung sind in der Haftpflichtversicherung in Form sogenannter Pflichtwidrigkeitsklauseln stark verbreitet, besitzen in der Praxis eine hohe Bedeutung und werden im Hinblick auf ihre Bestimmtheit jedenfalls von einer ganz überwiegenden hM zu Recht nicht angezweifelt.

AGB-rechtlich angreifbar sind (lediglich) Tatbestände von Obliegenheiten, die dem Versicherungsnehmer keine konkreteren Verhaltensvorgaben machen als § 81 VVG.[63] Auf derartige Regelungen sollte verzichtet werden. Im Streitfall wird sich der Versicherer auf sie nicht berufen können.

Der Verfasser dieses Beitrags freut sich auf die Diskussion hier vertretener Thesen mit *Theo Langheid,* der das Institut für Versicherungswesen der TH Köln als junger Lehrbeauftragter von 1986 bis 1994 unterstützt und seither als hoch angesehener Versicherungsrechtler in vielfältiger und dankenswerter Weise gefördert hat.

---

[61] Vgl. BGH r+s 1982, 109; OLG München VersR 1981, 1073.

[62] *Armbrüster,* Privatversicherungsrecht, 2. Aufl. 2019, Rn. 604, 610.

[63] Unter diesem Aspekt hat bereits *Martin,* Sachversicherungsrecht, 3. Aufl. 1992, M I Rn. 11 ff. derartige Regelungen, die „Instandhaltung", „ordnungsgemäßen Zustand" einfordern, kritisiert und AGB-rechtlich für angreifbar erachtet.

HEINRICH R. SCHRADIN

Privatversicherung in Zeiten der Pandemie – Erkenntnisse zur Resilienz der Branche

I. Einleitung – Die Situation 2020

Nach 10 Jahren Wachstum ist Deutschland aufgrund der Corona-Krise im Jahr 2020 in eine tiefe Rezession gestürzt. Insbesondere Wirtschaftszweige mit hohen sozialen Kontakten waren und sind auch 2021 besonders stark betroffen (bspw. Tourismus, Luftverkehr, Gaststätten und Hotels, stationärer Einzelhandel, Messen und Veranstaltungen). Der private Konsum verlagerte sich in Richtung Online-Handel, war aber insgesamt dennoch rückläufig. Im Außenwirtschaftsverkehr kam es zu starken Einbrüchen und zahlreiche Unternehmen hielten sich mit Investitionen deutlich zurück. Die große Unsicherheit der Marktteilnehmer führte zu massiver Volatilität auf den Aktienmärkten und bei Credit Spreads. Das Zinsniveau ist im Vergleich zum Vorjahr weiter gesunken. Der Staat versucht durch finanzpolitische Maßnahmen, wie zB Umsatzsteuersenkung, Kurzarbeitergeld, Sofort- und Überbrückungshilfen für Gewerbebetreibende, Rekapitalisierungen und Kreditgarantien, Haushalte und Wirtschaft zu stützen.[1]

Betrachtet man die Geschäftstätigkeit der privaten Versicherungswirtschaft aus finanzieller Perspektive, so besteht der technische Kern in der entgeltlichen Bereitstellung von Versicherungsschutz, verstanden als die durch den Eintritt des Versicherungsfalls bedingte Kompensationszahlung. Dem zeitraumbezogenen, bedingten Schutzversprechen des Versicherers steht die auf den Vertragsabschlusszeitpunkt bezogene Prämienzahlungspflicht des Versicherungsnehmers gegenüber. Aus betriebswirtschaftlicher Sicht ist es daher durchaus bemerkenswert zu konstatieren, dass die Versicherer nicht selten bereits am zweiten Werktag eines Geschäftsjahres bis zu 50% und mehr ihres gesamten Jahresumsatzes realisieren.

Hiervon ausgehend stellen sich mit Blick auf Bewältigung der Folgen der Corona-Pandemie zwei wesentliche Fragen:

(1) Welchen Beitrag leistet die Branche für Wirtschaft und private Haushalte bei der Bewältigung der Folgen des Katastrophenereignisses? *(Resilienz durch die private Versicherungswirtschaft)*

(2) Wie ist das Geschäftsmodell der privaten Versicherungswirtschaft durch die Corona-Krise betroffen? *(Resilienz der privaten Versicherungswirtschaft)*

[1] Zu Daten und Tabellen, u. a. *Paul,* abstand?, in: Paul (Hrsg.), wissen und handeln 20, Institut für Kredit- und Finanzwirtschaft, Ruhr-Universität Bochum, 2021.

II. Versicherungsdeckungen in Zeiten der Corona-Pandemie

Kerngedanke des Versicherungswesens ist es, die (finanzielle) Stabilität und damit die ökonomische Widerstandsfähigkeit der Versicherungsnehmer im Einzelnen zu sichern. Bei hinreichender Versicherungsdurchdringung folgt hieraus unmittelbar ein gesamtwirtschaftlicher Stabilisierungseffekt, der die Möglichkeit eröffnet, mittel- und längerfristige Anpassungsstrategien zu entwickeln.

Unmittelbare Folgen der Pandemie betreffen den Erhalt oder zumindest die Begrenzung von Einschränkungen der Handlungsfähigkeit im Einzelnen und damit der Funktionsfähigkeit des Systems insgesamt. Sie sind überwiegend medizinisch und ökonomisch-technisch begründet. Dabei geht es zunächst um den Erhalt des bestehenden Versicherungsschutzes, beispielsweise indem Versicherer Kunden und Vertriebspartnern Beitragsfreistellungen, -stundungen gewähren und berechtigte Ansprüche ihrer Kunden schnell und effizient regulieren.

Mittelbar wird die Pandemie dazu führen, dass sich zentrale gesellschaftliche und ökonomische Entwicklungen, insbesondere auf den Gebieten der Nachhaltigkeit, des Klimaschutzes und der Digitalisierung beschleunigen. Auch solchermaßen eher politisch-rechtlich induzierte Folgen werden durch die Geschäftstätigkeit der Versicherer als Risikoträger und Investoren maßgeblich beeinflusst.

Im Folgenden betrachten wir schlaglichtartig pandemiebedingte besondere Versicherungsschutzbedarfe in ausgewählten Zweigen:

1. Medizinische Heilbehandlung/Krankenversicherung

Die Auswirkungen der Pandemie auf die Sterbefallzahlen und Übersterblichkeit in Deutschland hielten sich statistisch betrachtet in Grenzen,[2] sodass vor allem die Leistungsfähigkeit des Gesundheitssystems im Fokus stand. Dieses sicher zu stellen, insbesondere die intensivmedizinische Kapazitätsvorhaltung und Versorgung erfordert eine angemessene personelle und finanzielle Ressourcenausstattung.[3] Die privaten Krankenversicherer haben bei der Etablierung eines belastbaren Finanzierungskonzepts zur Pandemiebekämpfung einen relevanten Beitrag geleistet.

So betont der Verband der privaten Krankenversicherer, dass die Mitgliedsunternehmen selbstverständlich ihren Versicherten Schutz gewähren aber darüber hinaus ihre Mitverantwortung für das Gesundheitssystem als Ganzes wahrnehmen.[4] Die hohe Leistungsfähigkeit des deutschen Gesundheitssystems wird seitens des Verbandes dadurch begründet, dass es aufgrund der Zweigleisigkeit von gesetzlichen Kran-

[2] Statistisches Bundesamt, Sterbefallzahlen und Übersterblichkeit, www.destatis.de/DE/Themen/Querschnitt/Corona/Gesellschaft/bevoelkerung-sterbefaelle.html (zuletzt abgerufen am 17.7.2021), und *Becher,* Risikobewertung von Covid 19 – aus der Sicht der Versicherung(smedizin), ZVersWiss 109, 257f. sowie *Bahnsen/Wild,* Europäische Gesundheitssysteme in der COVID-19-Pandemie. Ein vergleichender Überblick, Wissenschaftliches Institut der PKV, WIP-Analyse Juli 2021, S. 12.

[3] *Bahnsen/Wild,* Europäische Gesundheitssysteme in der COVID-19-Pandemie. Ein vergleichender Überblick, Wissenschaftliches Institut der PKV, WIP-Analyse Juli 2021, insb. S. 19ff.

[4] Die PKV in der Corona-Pandemie, www.pkv.de/positionen/pkv-in-der-corona-pandemie/ (zuletzt abgerufen am 16.7.2021).

kenkassen und privater Krankenversicherungsunternehmen finanziell sehr gut ausgestattet sei und über gut ausgebildete Fachkräfte im Gesundheitswesen verfüge.[5]

Die Corona-bedingten Zusatzausgaben im Zeitraum von 2020 bis 30. Juni 2021 beziffert der Verband mit rund 1,7 Mrd. EUR.[6] Diese Beträge setzen sich zusammen aus den Beteiligungen der PKV an Corona-Zusatzzahlungen für die Krankenhäuser, Ärzte und Zahnärzte sowie an weitere Leistungserbringer.[7] Ganz wesentlich handelt es sich hier um staatlich-private Schutzschirmvereinbarungen für Krankenhäuser und Pflegeeinrichtungen.[8] Die privaten Krankenversicherer haben mit diesen Umlagen staatliche Aufgaben aus politischen Gründen mitfinanziert.

2. *Absicherung von Vermögensschäden*

a) Kreditversicherung

Bereits während der akuten Phase der Pandemie sind zahlreiche Unternehmen im In- und Ausland existenziell unter Druck geraten, ihre Bonität sinkt. In Deutschland sind die finanziellen und nicht-finanziellen Hilfsleistungen des Staates zur Vermeidung möglicher Bonitätsverschlechterungen beachtlich, lediglich genannt seien an dieser Stelle: Kurzarbeitergeld, Soforthilfen für Gewerbetreibende, Herabsetzung des Mehrwertsteuersatzes, COVID-19-Insolvenzaussetzungsgesetz (COVInsAG). Nicht übersehen werden sollte aber auch, dass wenn nach der akuten Phase der Pandemie staatliche Hilfsleistungen wieder zurückgehen und sog. Zombie-Unternehmen vom Markt verschwinden, kann auch dies für andere Unternehmen zur Gefahr werden und eine Kettenreaktion auslösen.[9]

Die Aufgabe der Kreditversicherer ist die Überwachung und Bewertung der Bonitäten von am Wirtschaftsprozess beteiligten Unternehmen. Betrachten wir exemplarisch die (Waren-)Kreditversicherung. Sie schützt bei Forderungsausfall. Mit einer Kreditversicherung sichert der Gläubiger seine Einzahlungen für den Fall, dass Kunden ihre Rechnungen nicht bezahlen. Bei negativer Bonitätsentwicklung wird der Kreditversicherer regelmäßig die bislang eingeräumten Kreditlimite kürzen oder streichen. Wenn, wie im Falle der Pandemie, solche Entwicklungen zahlreiche Unternehmen zur gleichen Zeit betreffen, besteht offensichtlich eine branchenübergreifende Ansteckungsgefahr für die gesamte Wirtschaft.

Um dieser Gefahr wirksam entgegen treten zu können haben sich Bundesregierung und Kreditversicherer eine spezifische Schutzschirmvereinbarung getroffen.

---

[5] Die PKV in der Corona-Pandemie, www.pkv.de/positionen/pkv-in-der-corona-pandemie/ (zuletzt abgerufen am 16.7.2021).

[6] Die PKV in der Corona-Pandemie, www.pkv.de/positionen/pkv-in-der-corona-pandemie/ (zuletzt abgerufen am 16.7.2021).

[7] Der Erweiterte Bewertungsausschuss (EBA) der Gesetzlichen Krankenversicherung beziffert die pandemiebedingten Zusatzkosten für den erhöhten Hygieneaufwand in Krankenhäusern und Arztpraxen auf knapp 100 Millionen EUR, www.aerzteblatt.de/nachrichten/125010/Krankenkassen-sollen-Hygienezuschlag-von-98-Millionen-Euro-zahlen (zuletzt abgerufen am 26.6.2021). Zugleich wurde auf der Grundlage einer gemeinsamen Empfehlung von Bundesärztekammer, Beihilfeträger und PKV-Verband der COVID-19 Zuschlag GOÄ A245 für die Erfüllung aufwändiger Hygienemaßnahmen über den 31.12.2020 bis zum 30.9.2021 verlängert.

[8] COVID-19-Krankenhausentlastungsgesetz, BGBl. 2020 I 580.

[9] Atradius Zahlungsmoralbarometer 2020.

Mit der beihilferechtlichen Genehmigung durch die Europäische Kommission übernimmt der Bund eine Garantie für Entschädigungszahlungen der Kreditversicherer von bis zu 30 Mrd. EUR. Mit dieser Garantie können die Kreditversicherer auch weiterhin Kreditlinien im bestehenden Umfang von über 400 Mrd. EUR absichern. Der Schutzschirm bezieht sich auf Forderungen aus Lieferungen und Leistungen, die zwischen dem 1.1.2020 und 30.6.2021 erbracht wurden. Geleistete Entschädigungszahlungen fallen nur unter die Garantie, sofern der Versicherungsfall ab dem 1.3.2020 eintritt.[10]

Die Schutzschirmvereinbarung kann als eine staatliche Rückversicherungsvereinbarung betrachtet werden. Die Versicherer haben dafür knapp 60% ihrer Prämieneinnahmen für das erste Halbjahr 2021 an den Bund zu entrichten. Dafür haben sich die Kreditversicherer verpflichtet, bestehende Limite weitestgehend zu erhalten. Im Versicherungsfall übernehmen die Kreditversicherer darüber hinaus 10% der Schutzschirmzahlungen, quasi als quotale Selbstbeteiligung. Exzessrisiken jenseits der 30 Mrd. EUR fallen wieder vollständig auf die Kreditversicherer zurück.[11]

Der Schutzschirm ist planmäßig am 30. Juni 2021 ausgelaufen, Gesamtverband der Deutschen Versicherungswirtschaft, Bundeswirtschaftsministerium und Bundesfinanzministerium erachteten eine weitere Verlängerung als nicht erforderlich.[12]

b) Betriebsschließungsversicherung

Die wegen der Pandemie behördlich angeordneten Betriebsschließungen, insb. bei Hotels und Gaststätten, haben mit Blick auf die Frage, ob das Coronavirus im Deckungsumfang enthalten ist, zu öffentlicher Kritik zu streitigen Auseinandersetzungen geführt. Das Regulierungsverhalten der Versicherer war stark unterschiedlich und reichte von vollständiger Deckung über die sog. „bayerische Lösung" bis zur vollständigen Ablehnung.[13]

Grundlage zahlreicher Versicherungsverträge waren die Musterbedingungen des GDV zur Betriebsschließungsversicherung aus dem Jahr 2004 (*BSV* 2004). Diese wurden von den Versicherern mit zum Teil individuellen Formulierungen angepasst und ergänzt, weshalb auch die bislang ergangenen Gerichtsurteile unterschiedlich ausfallen.[14]

---

[10] 411 Milliarden EUR für das Vertrauen in die Lieferketten; www.gdv.de/de/themen/politische-positionen/kolumne-joerg-von-fuerstenwerth/schutzschirm-fuer-die-deutsche-wirtschaft-520:88 (zuletzt abgerufen am 15.3.2021).

[11] www.gdv.de/de/themen/politische-positionen/kolumne-joerg-von-fuerstenwerth/schutzschirm-fuer-die-deutsche-wirtschaft-520:88 (zuletzt abgerufen am 15.3.2021).

[12] *GDV,* Q+A zur Verlängerung der Bundesgarantie für Kreditversicherer bis Mitte 2021.

[13] Im Rahmen der „bayerischen Lösung" wurde zunächst die Leistungspflicht der Versicherer verneint. Das Bayerische Wirtschaftsministerium hat in Absprache mit den Branchenverbänden und den Versicherungsunternehmen eine Empfehlung erarbeitet, wonach die Versicherer zwischen 10 und 15% der vereinbarten Tagessätze an die betroffenen Gaststätten und Hotels auszahlen. Bayerisches Staatsministerium für Wirtschaft, Landesentwicklung und Energie, Pressemitteilung-Nr. 20:/20: Betriebsschließungsversicherungen: Bayerische Lösung für Hotels und Gaststätten, www.stmwi.bayern.de/presse/pressemeldungen/pressemeldung/pm/87-2020/ (zuletzt abgerufen am 15.3.2021).

[14] Für eine umfassende und fortlaufend aktualisierte Darstellung einschlägiger Gerichtsentscheidungen und Veröffentlichungen siehe IVR, Institut für Versicherungsrecht, Heinrich-Heine-Universität Düsseldorf 2021.

Der GDV hat zu Beginn des Jahres 2021 neue Musterbedingungen für die Betriebsschließungsversicherung (*BSV* 2021) veröffentlicht. Die insgesamt 6 Varianten adressieren die erkannten Präzisierungsbedarfe hinsichtlich der in die Deckung einbezogenen Krankheiten und Krankheitserreger: dynamischer Verweis mit Öffnungsklausel (Summen-/Schadenversicherung); dynamischer Verweis ohne Öffnungsklausel (Summen-/Schadenversicherung); abschließend benannte Krankheiten oder Krankheitserreger (Summen-/Schadenversicherung) und regeln so die Fälle behördlich angeordneter Betriebsschließungen in denen Versicherungsschutz besteht. Vom Versicherungsschutz ausgeschlossen sind nun (regionale) Epidemien und Pandemien sowie darüber hinaus Betriebsschließungen aufgrund behördlicher Maßnahmen, die als Allgemeinverfügung oder Rechtsverordnung erlassen sind.

c) *Veranstaltungsausfallversicherung*

Eine Veranstaltungsausfallversicherung (Eventversicherung) sichert den Veranstalter (Versicherungsnehmer) vor finanziellen Nachteilen ab, die dadurch entstehen, dass ein geplantes Event (zB Messe, Konzert, Sportereignis) ausfällt oder verschoben werden muss. Solche Verträge werden typischerweise von spezialisierten Maklern für Großveranstaltungen, wie zB Messen, Konzerte oder Sportereignisse, vermittelt und von ebenfalls spezialisierten Versicherern gezeichnet, die ihrerseits auf den Rückversicherungsmärkten Deckung suchen.[15]

Dementsprechend ist das Geschäft regelmäßig auf die individuellen Absicherungsbedarfe der Veranstalter ausgerichtet und wenig standardisiert. Die Versicherungsbedingungen sind somit auch mit Blick auf die Frage, ob Schäden gedeckt sind, die unmittelbar oder mittelbar durch Seuchen, Epidemien und Pandemie entstanden sind, uneinheitlich.[16]

Um die coronabedingten Belastungen für kleinere Veranstalter, die typischerweise nicht über einen entsprechenden Versicherungsschutz verfügen, zu mildern, hat die Bundesregierung einen Schutzschirm in Höhe von bis zu 2,5 Mrd. EUR aufgespannt. Ziel ist es, Kulturveranstaltungen mit bis zu 2.000 Teilnehmern, die ab dem 1. August 2021 geplant sind, zB Oper, Theater, Kino, Konzerte, vor finanziellen Nachteilen zu schützen, die beispielsweise durch erweiterte Hygienebestimmungen oder durch Beschränkung der Besucherzahlen entstehen. Für Veranstaltungen mit mehr als 2.000 Besuchern, die für die Zeit ab September 2021 geplant sind, werden auch Ausfallabsicherungen gewährt.[17]

---

[15] Talanx Konzerngeschäftsbericht 2020, S. 30; *Ruppenthal,* Veranstaltungsausfallversicherung: Ruhe vor dem Sturm, ZfV 05/2021, 138.

[16] *Tamm,* Corona-Pandemie und Veranstaltungsausfallversicherung – diese Versicherer müssen zahlen, 23.6.2020, www.anwalt.de/rechtstipps/corona-pandemie-und-veranstaltungsausfallversicherung-diese-versicherer-muessen-wohl-zahlen_167540.html (zuletzt abgerufen am 14.5.2021).

[17] *BMF,* Pressemitteilung vom 26.05.2021, www.bundesfinanzministerium.de/Content/DE/Pressemitteilungen/Finanzpolitik/2021/05/2021-05-26-sonderfonds-kulturveranstaltungen.html (zuletzt abgerufen am 17.6.2021).

3. *Zwischenfazit: Erkenntnis aus den genannten Versicherungszweigen*

Jenseits der juristischen Bewertung einzelner Verträge, Klauseln und Formulierungsvarianten stellt sich am Beispiel der Kredit-, der Betriebsschließungs- und der Veranstaltungsausfallversicherung die grundlegende Frage nach den pandemiebedingten Grenzen privatwirtschaftlich organisierter Deckungskonzepte aus versicherungsökonomischer und versicherungstechnischer Sicht.[18]

Der staatliche Schutzschirm für die Kreditversicherung dient der Stabilisierung von Lieferketten, maW dem Vermeiden des *unmittelbar pandemiebedingten Kumulereignisses,* einer durch arbeitsteilige Prozesse begründeten unternehmens- und branchenübergreifender Ansteckung finanzieller Schieflagen.

Mit der Betriebsschließungsversicherung war, zumindest seitens der Versicherungsunternehmen, stets die Vorstellung eines Deckungskonzepts verbunden, das durch behördliche Anordnung ausgelöst und durch einen konkreten Krankheits- oder Infektionsfall im jeweils versicherten Betrieb unmittelbar begründet ist („betriebsinterne Gefahr"). Bei der Schließung ganzer Branchen ohne Krankheits- oder Infektionsereignis im einzelnen Betrieb, handelt es sich jedoch um ein durch behördliche Anordnung ausgelöstes *mittelbar pandemiebedingtes Kumulereignis.*

Die Frage nach der Deckung unmittelbar und mittelbar pandemiebedingter Kumulereignisse berührt die Fähigkeit des Versicherungsunternehmens zur Organisation des kollektiven und ggf. auch zeitlichen Risikoausgleichs und damit den zentralen Mechanismus der privatwirtschaftlichen Versicherbarkeit. Die Arteigenheit eines durch hoheitliche Entscheidungen begründeten mittelbaren Kumulereignisses entzieht sich darüber hinaus den klassischen Methoden der Stochastik zur versicherungstechnischen Risikobewertung. Der reinen Lehre folgend, sollten Versicherer, Risiken, die sie nicht quantifizieren können und die sich einem kollektiven und zeitlichen Risikoausgleich weitgehend entziehen, nicht oder nur sehr eingeschränkt zeichnen. Dies gilt ebenso für den Fall, dass die Versicherer die Risiken zwar bewerten können, aber die dann erforderliche Prämie am Markt nicht zu erwirtschaften ist.

Die Versicherungsnehmer müssten „bei jährlichen Betriebsunterbrechungsversicherungsprämien von (global, Anm. Schradin) rund 30 Milliarden USD 150 Jahre lang Prämien zahlen, um den geschätzten globalen Produktionsausfall von 4,5 Billionen USD für 2020 aufzufangen", so Klaus-Peter *Röhler,* CEO der Allianz Deutschland und Mitglied des Vorstands der Allianz SE am 30. November 2020.[19]

Privatwirtschaftlich organisierte Deckungen für Veranstaltungsausfälle sind auf spezialisierten Märkten verfügbar. Die damit einhergehenden hohen Transaktionskosten führen allerdings dazu, dass für die Mehrzahl kleinerer und mittlerer Veranstaltungen Versicherungsschutz kaum nachgefragt wird. Mit der Etablierung einer

---

[18] *Eszler,* Zur Versicherbarkeit von Pandemie-Risiken, ZfV 2020, 462, und den aktuellen Beitrag von *Gründl et al.,* Insurability of Pandemic Risks, https://papers.ssrn.com/sol3/papers.cfm?abstract_id_3748753 (zuletzt abgerufen am 7.7.2021). Vor- und Nachteile parametrischer Risikodeckungen aus Versicherungsperspektive beschreibt *Schmalbach,* Risikotransfer 2025 von der Versicherung zur Finanzierung – Wie die Pandemie den Weg in die Disruption ebnet, Versicherungspraxis 11/2020, 7.

[19] *Allianz,* Sind Pandemien versicherbar?, www.allianz.com/de/presse/news/ge-schaeftsfelder/versicherung/201130_Allianz-sind-Pandemien-versicherbar.html (zuletzt abgerufen am 10.3.2021).

staatlichen Fondslösung ist die Hoffnung verbunden, ein breites Angebot kultureller Veranstaltung wieder zu beleben.

Die obigen Beispiele zeigen jedoch, dass die Tragung solcher Kumulrisiken besser gelingt, wenn eine Zusammenarbeit von Staat und Wirtschaft so organisiert werden kann, dass die Aufteilung der Risiken, insb. der Transfer von Risikospitzen auf den als Quasi-Retrozessionar fungierenden Staat, möglich wird.[20]

Schließlich könnte die Kooperation von Staat und Versicherungswirtschaft durch den alternativen Transfer von Teilen des Pandemierisikos auf die Finanz- und Kapitalmärkte ergänzt bzw. unterstützt werden.[21] So wäre die Finanzierung eines Kapitalstocks oder Sonderfonds zur Deckung pandemiebedingter Kosten beispielsweise durch Verbriefungstechniken möglich, wie dies auf dem Gebiet der Elementarschadendeckungskonzepte seit längerem wohlbekannt ist.[22] Im Ergebnis bliebe eine nahezu klassische Risikoteilung in Form einer Basisabsicherung bei traditioneller Versicherungstechnik der Erst- und Rückversicherung, Kapitalmarktlösungen und schließlich staatlicher Finanzierungszusagen.[23]

III. Auswirkungen der Pandemie auf das Geschäftsmodell der Versicherer

1. Versicherungszweige

a) Krankenversicherung

Das Beitragswachstum der PKV in 2020 resultierte vor allem durch Beitragsanpassungen im Bestand, durch ein positives Zusatzversicherungsgeschäft sowie aufgrund von Zuwächsen in der Pflegepflichtversicherung, wesentlich begründet durch die Leistungsausweitung im Zuge der gesetzlichen Pflegereform.[24] Die Prämienzahlungen der Versicherungsnehmer in der PKV sind einkommensunabhängig. Dementsprechend führen sinkende Einkommen (Arbeitslosigkeit, Kurzarbeit, Betriebsstillstand) der privaten Haushalte vor allem bei der GKV unmittelbar zu geringeren Einnahmen. Perspektivisch könnte es in der PKV allerdings vermehrt zu Tarifwechseln kommen und auf diese Weise auch zu vergleichsweise geringeren Beitragseinnahmen. Der aktuariellen Logik des PKV-Systems folgend, würde dies dann mittelbar aber auch zu geringeren Leistungsausgaben führen.[25,26]

---

[20] Anreiztheoretische Detailbetrachtungen eines solchen Systems der Public Private Partnership diskutieren *Gründl et al.*, Insurability of Pandemic Risks, https://papers.ssrn.com/sol3/papers.cfm?abstract_id_3748753 (zuletzt abgerufen am 7.7.2021).

[21] Grundsätzlich *Nguyen*, Grenzen der Versicherbarkeit von Katastrophenrisiken, 2007, sowie erneut *Gründl et al.*, Insurability of Pandemic Risks, S. 7, https://papers.ssrn.com/sol3/papers.cfm?abstract_id_3748753 (zuletzt abgerufen am 7.7.2021).

[22] Sog. Insurance Linked Bonds oder synonym Insurance Linked Securities, CAT-Bonds.

[23] *Nguyen*, Grenzen der Versicherbarkeit von Katastrophenrisiken, 2007.

[24] *Surminski*, Welche Krise? und die PKV, ZfV 19/2020, 581.

[25] Einen vergleichbaren Effekt auf der Einnahme- und auf der Leistungsseite sehen wir im Bereich der Auslandsreisekrankenversicherung.

[26] Ein Corona-bedingter Zuwachs im Basistarif konnte bislang nicht festgestellt werden, *Assekurata*, Marktausblick Krankenversicherung 2021/2022, S. 19.

In der Pandemie sind die Ausgaben der PKV für Gesundheitsleistungen zunächst gesunken. Intensivkapazitäten wurden freigehalten, planbare Operationen verschoben und Patienten gingen weniger häufig ins Krankenhaus. Die Nachholeffekte in den Heilbehandlungen nach dem ersten Shutdown haben die Minderausgaben der ersten Monate nur zum Teil kompensiert. Ein Rückgang der Leistungszahlungen war demnach insbesondere in den Bereichen der Krankheitskostenvollversicherung, der Krankheitskostenteilversicherung und beim Krankenhaustagegeld zu verzeichnen. Im Bereich der Krankentagegeldversicherung kam es hingegen zu einem Anstieg der Leistungsausgaben.[27] Minderausgaben in der PKV wurden zum Teil auch durch erhöhte Rückstellungsbildung kompensiert.

„Durch Corona dürfte die Sensibilität in Bezug auf die Gesundheit und die Einkommenssituation gestiegen sein (Stichwort: Long-Covid), so dass Zusatzversicherungen zum gesetzlichen Krankentagegeld bei Kunden und Vermittlern stärker in den Fokus rücken könnten."[28]

b) *Altersvorsorge/Lebensversicherung*

Für heutige Leistungsempfänger in der *gesetzlichen Rentenversicherung* (GRV) halten sich die finanziellen Folgen der aktuellen Krise in Grenzen. In 2020 wurden auf das Referenzjahr 2019 bezogenen sogar erhöhte Leistungszahlungen gewährt. In 2021 ist für die West-Rentner eine Nullrunde angekündigt, im Osten wird eine geringfügige Erhöhung (vermutlich 0,7%) erwartet. Für künftige Rentner in der GRV sinken im Fall der Kurzarbeit die Beitragszahlungen zur GRV. Künftige Leistungszahlung dürften jedoch aufgrund der Bemessungsmechanik in der GRV hiervon ebenfalls nur geringfügig betroffen sein.

Betrachtet man die Entwicklung in der *privaten Lebens-/Rentenversicherung,* lohnt sich zunächst ein kurzer Blick auf die vorausgegangenen Geschäftsjahre. Im Vergleich zu 2018 war das Geschäftsjahr 2019 in der deutschen Lebensversicherung durch außergewöhnlich große Beitragszuwächse, insb. im (volatilen) Versicherungsgeschäft gegen Einmalbeitrag, gekennzeichnet.[29] Auch ohne Corona wurde daher erwartet, dass die Neugeschäftsentwicklung in 2020 das Vorjahresniveau nicht wieder erreichen würde.[30] Tatsächlich erwies sich diese Erwartung aber als nichtzutreffend, denn auch in 2020 verzeichnete die Branche insgesamt ein sehr hohes Neugeschäft (APE: 9,4 Mrd. EUR) und lag nur geringfügig unter Vorjahresniveau (APE: 9,5 Mrd. EUR).[31,32] Der Lebensversicherungsbestand, gemessen in den ge-

[27] *Assekurata,* Marktausblick Krankenversicherung 2021/2022.

[28] *Assekurata,* Marktausblick Krankenversicherung 2021/2022, S. 31.

[29] Die gebuchten Bruttoprämien aus direktem Einmalbeitragsgeschäft betrugen 2019 (2018/2017) rund 36,5 (27/25) Mrd. EUR, was einer Steigerung gegenüber dem Vorjahr von mehr als 37% entspricht. Kölner Institut für Versicherungsinformation und Wirtschaftsdienste, Zahlenband Leben 2019/2018/2017, jeweils Tab. 6.3.17.

[30] *Paltke/Schmidt,* Auswirkungen von COVID-19 auf die Geschäftsentwicklung und den Vermittlermarkt, ZfV 2020, 460.

[31] *Surminski,* Liquiditätprobleme bei Vermittlern durch Corona und die Folgen, ZfV 14/2020, 451, und *Assekurata,* Marktausblick Lebensversicherung 2021/2022, S. 34.

[32] Das Annual Premium Equivalent (APE) bezeichnet die Summe aus eingelöstem Neugeschäft bei laufender Beitragszahlung und 10% der Einmalbeiträge des Geschäftsjahres.

buchten Bruttoprämien, blieb somit nahezu konstant gegenüber dem Vorjahr und erreichte knapp 100 Mrd. EUR.[33]

Jenseits des Einmalbeitragsgeschäfts[34] könnte für die *private Altersvorsorge*[35] bei laufender Beitragszahlung grundsätzlich erwartet werden, dass Versicherungsnehmer bei geringerem Einkommen, Verträge kündigen, ihre Beitragszahlungen reduzieren oder aussetzen. Folge eines solchen Verhaltens wäre dann die versicherungstechnisch äquivalente Senkung künftiger Leistungszahlungen durch die Versicherer. Entgegen dieser Erwartung und wohl nicht zuletzt aufgrund der zunächst noch umfangreichen staatlichen Absicherungsmaßnahmen, ist aber zu konstatieren, dass sich die Pandemie bislang nur wenig auf die Stornoraten ausgewirkt hat.[36] Der deutsche Marktführer, die Allianz Lebensversicherungs-AG gibt im Geschäftsbericht 2020 (2019) bei laufender Beitragszahlung Rückkäufe und Beitragsfreistellung im Umfang von 421.008 TEUR (385.665 TEUR) an. Dies entspricht einer Steigerung um rund 9,2% bei einer rund 1,2-prozentigen Erhöhung des Gesamtvolumens laufender Beiträge von 9.961.410 (2019) auf 10.139.312 TEUR (2020).[37]

Mit Blick auf die Versicherungsbestände und das Neugeschäft kann demnach festgestellt werden, hat sich die Lebensversicherung im Corona-Jahr als widerstandsfähig erwiesen. Es ist jedoch ebenfalls zu konstatieren, dass durch Corona auf den Finanzmärkten Spuren hinterließ und damit den Druck auf die Kapitalanlagen der Versicherer verstärkte. So bleibt es für die Unternehmen unverändert herausfordernd, die Zinsgarantien tatsächlich zu erwirtschaften.[38]

c) Schaden-/Unfallversicherung

Obschon in der Schaden-/Unfallversicherung wesentliche Teile der Prämieneinnahmen bereits zu Jahresbeginn bezahlt werden, erreichte das Prämienwachstum in 2020 insgesamt lediglich 2,1% und lag damit unterhalb des langjährigen Trends von ca. 2,9%.[39] Die Hannover Rück schätzt im Oktober 2020 das Volumen der

---

[33] Ebd., S. 28.

[34] Die Einmalbeiträge in 2020 erreichen mit geschätzten 37,3 Mrd. EUR einen besonders hohen Wert, ebd., S. 30.

[35] Auf die Systematisierung und Erläuterung betrieblicher Altersvorsorgemodelle im Falle vollständiger oder teilweiser Kurzarbeit muss hier verzichtet werden. Eine Übersicht findet sich beispielsweis in *Deloitte,* Betriebliche Altersversorgung in der Pandemie – Aktuelle Fragen und Entwicklungen in der Praxis; www2.deloitte.com/dl/de/pages/legal/articles/betriebliche-alters versorgung-in-pandemie.html (zuletzt abgerufen am 16.3.2021).

[36] *Assekurata,* Marktausblick Lebensversicherung 2021/2022, S. 30.

[37] *Allianz,* Geschäftsbericht 2019. Allianz Versicherungs-AG, S. 22; *Allianz,* Geschäftsbericht 2020. Allianz Versicherungs-AG, S. 24; www.allianzdeutschland.de/geschaeftsberichte-der-allianz-deutschland-ag/ (zuletzt abgerufen am 15.5.2021). Eine belastbare Aussage für die Gesamtbranche in 2020 kann erst nach Veröffentlichung sämtlicher Jahresabschlüsse 2020 der Lebensversicherungsunternehmen erreicht werden.

[38] Ausführlicher zum Einfluss von Corona auf die Finanzmärkte und die Kapitalanlage, → III.2.

[39] *Assekurata,* Marktausblick Schaden-Unfallversicherung 2021/2022, S. 5.

durch die Pandemie in Deutschland verursachten Versicherungsschäden auf 1,25 bis 1,75 Mrd. EUR.[40]

Aus dem von der Pandemie besonders betroffenen Hotel- und Gaststättengewerbe wird berichtet, dass immer mehr Betriebe ihre Verträge kündigen.[41] Dabei handelte es sich vorwiegend um Sachversicherungsverträge sowie um Betriebsunterbrechungs- und Betriebsschließungspolicen. Finanzielle Gründe scheinen die Hauptursache zu sein, aber möglicherweise auch das beobachtete Regulierungsverhalten der Gewerbeversicherer während des Shutdowns. Insbesondere nach dem Auslaufen der Insolvenzantragspflicht ist zu befürchten, dass die Zahl der Kündigungen noch einmal erheblich steigt.[42]

Fokussiert man hingegen die finanzielle Ausstattung und die Liquidität der Versicherungsunternehmen kommen Aufsichtsbehörden und Branchenanalysten übereinstimmend zu dem Schluss, dass sich das Geschäftsmodell der Schaden-/Unfallversicherer in Zeiten der Corona-Pandemie insgesamt als stabil erwiesen habe.[43]

Die Auswirkungen der Corona-Pandemie auf die Schaden-/Unfallversicherung ist je nach Versicherungszweig recht unterschiedlich und zwar sowohl bei der Betrachtung der Prämien als auch bei den Schäden.

aa) Kraftfahrt

Pandemiebedingt sank die Mobilität in Deutschland. Viele Menschen haben verstärkt im Homeoffice gearbeitet, Besuche von Freunden und Familie gingen ebenso zurück, wie Wochenend- und Ferienreisen. Weniger gefahrene Kilometer, die Stilllegung von Fahrzeugflotten und eine Reduktion der Gütertransporte haben die Schadenhäufigkeit in der Autoversicherung drastisch abgesenkt. Eine Auswirkung auf die Schadenhöhen konnte hingegen nicht festgestellt werden. Im Ergebnis wird prognostiziert, dass hieraus branchenweit ein Ausnahmegewinn von etwas

---

[40] Es wird vermutet, dass ein Großteil dieses Mehraufwandes auf die Betriebsschließungsversicherung entfällt. *Weser-Kurier,* Corona-Schäden: Rückversicherer drehen an der Preisschraube, www.weser-kurier.de/deutschland-welt/deutschland-welt-wirtschaft_artikel,-coronaschaeden-rueckversicherer-drehen-an-der-preisschraube-_arid,1939945.html (zuletzt abgerufen am 28.3.2021).

[41] *Gröger,* Gastronomie: Kündigungswelle bei Policen erwartet, in: Herbert Frommes Versicherungsmonitor, https://versicherungsmonitor.de/2021/03/31/gastronomie-kuendigungswelle-bei-policen-erwartet (zuletzt abgerufen am 31.3.2021).

[42] *BaFin,* Corona-Virus, EZB sieht ein abruptes Ende der Corona-Hilfen, die steigende Verschuldung und zunehmende Risikobereitschaft als Gefahren, www.bafin.de/SharedDocs/Veroeffentlichungen/DE/Meldung/2020_Corona_andereBehoerden/meldung_2020_11_25_corona_virus_112_IEZB_Ende_Corona_Hilfen.html (zuletzt abgerufen am 13.4.2021); *Gröger,* Gastronomie: Kündigungswelle bei Policen erwartet, in: Herbert Frommes Versicherungsmonitor, https://versicherungsmonitor.de/2021/03/31/gastronomie-kuendigungswelle-bei-policen-erwartet (zuletzt abgerufen am 31.3.2021).

[43] Siehe u. a. *IAIS,* Global Insurance Market Report 2020 (GIMAR); *BaFin,* Corona-Virus, EZB sieht ein abruptes Ende der Corona-Hilfen, die steigende Verschuldung und zunehmende Risikobereitschaft als Gefahren, www.bafin.de/SharedDocs/Veroeffentlichungen/DE/Meldung/2020_Corona_andereBehoerden/meldung_2020_11_25_corona_virus_112_IEZB_Ende_Corona_Hilfen.html (zuletzt abgerufen am 13.4.2021) sowie erneut *Assekurata,* Marktausblick Schaden-Unfallversicherung 2021/2022.

mehr als 2 bis 2,5 Mrd. EUR resultiert. Gegenläufige Effekte, beispielsweise weil zahlreiche Menschen ihr Auto intensiver nutzen, um möglichen Infektionen in Bussen und Bahnen zu entgehen und weil bei zunehmendem Onlinc-Handel auch der damit einhergehende Lieferverkehr zunimmt, konnten die günstige Ergebnissituation in der K-Versicherung nicht beeinträchtigen.[44]

Ebenso ist der coronabedingte Mehraufwand für Schutz- und Vorsorgemaßnahmen im Vergleich zur Schadenentwicklung unbedeutend. Die von den Werkstätten geltend gemachten Zusatzaufwände (Reinigung, Desinfektion, Schutzmasken, -schilder) wurden durch erhöhte Stundensätze oder pauschale Zeitzuschläge kompensiert.

Wenn dann noch berücksichtigt wird, dass 2020 in Deutschland arm an Starkregen- und Hagelereignissen war, erwirtschaftete die Kraftfahrtversicherung insgesamt und selbst nach Zuführungen zur Schwankungsrückstellung unternehmensübergreifend einen außergewöhnlich hohen positiven Ergebnisbeitrag. Auch in den ersten Monaten 2021 hatte die eingeschränkte Mobilität eine relativ geringe Schadenhäufigkeit zur Folge. Anders als im Vorjahr wirken nun aber relevante Elementarschadenereignisse im Juni und Juli dieser Entwicklung deutlich entgegen.

bb) (Arbeits-)Rechtsschutz: Auseinandersetzung mit dem Arbeitgeber

Die fortdauernde Pandemie führt zu einer erhöhten Zahl von Rechtsstreitigkeiten und entsprechenden Beratungsbedarfen auf den Gebieten des Arbeits- und Vertragsrechtsschutzes. So beschreibt der Bund der Versicherten (Bd V) beispielsweise den Fall, dass sich ein Arbeitnehmer ohne behördliche Anordnung in Selbst-Quarantäne begibt, der Arbeitgeber daraufhin kündigt oder Gehaltskürzungen vornimmt und der Arbeitnehmer in der Folge eine Kündigungsschutzklage anstrengt.[45] Ein anderes Beispiel betrifft Veranstaltungen incl. private Feiern, die aufgrund einer behördlichen Anordnung abgesagt werden müssen und ein Streit über die Höhe der Stornokosten entsteht. Ganz generell kann eine Zunahme von Zahlungsausfällen, zB bei Kauf-, Miet- und Leasingverträgen Anlass zu weiteren Rechtsstreitigkeiten geben.

Die erwartete Zunahme künftiger Entschädigungszahlungen und Beratungskosten aus der Rechtsschutzversicherung zwingt die Unternehmen entsprechende (finanzielle) Vorsorgemaßnahmen zu treffen.[46]

cc) Reiseversicherungen

Der Verbraucherzentrale Bundesverband (VZBV) betont, dass Versicherungsnehmer einen Anspruch auf Rückerstattung bezahlter Reiseversicherungsprämien besitzen, wenn eine geplante Reise pandemiebedingt aufgrund behördlicher Maß-

---

[44] *Weser-Kurier,* Corona-Schäden: Rückversicherer drehen an der Preisschraube, www.weser-kurier.de/deutschland-welt/deutschland-welt-wirtschaft_artikel,-coronaschaeden-rueckversicherer-drehen-an-der-preisschraube-_arid,1939945.html (zuletzt abgerufen am 28.3.2021).

[45] *Bd V,* Rechtsschutz in Zeiten von Corona. Bd V erläutert, was bei Rechtsschutzversicherungen zu beachten ist, Bd V Pressemitteilung, 2020.

[46] Dies gilt sicherlich in vergleichbarer Weise aufgrund der Zunahme häuslicher Unfälle für die private Unfallversicherung und in umgekehrter Weise, bei signifikant sinkender Häufigkeit der Fälle von Wohnungseinbrüchen, in der verbundenen Hausratversicherung.

nahmen nicht angetreten werden kann.[47] Grundsätzlich steht Verbrauchern vor allem die Rückerstattung der Prämien für Reisekranken-, Reisegepäck- oder Reiseabbruchversicherungen zu, da diese erst mit Reiseantritt ins Risiko gehen. Die Reiserücktrittversicherung hingegen gilt sofort ab Vertragsabschluss. Der Versicherer hat bis zur Absage der Reise ein Risiko getragen. Der Beitrag hierfür steht ihm also auch zu.[48]

2. *Corona und Vermögensanlage*

Die ernste Problematik, die sich aus der Unsicherheit auf den Kapitalmärkten bei gleichzeitigem Niedrig- bzw. Negativzinsumfeld für die Geschäftsmodelle der Personenversicherung und hier insb. mit Blick auf die Bestände der Lebens- und Rentenversicherung ergibt, ist offensichtlich. Aber auch in der Schaden-/Unfallversicherung steigt der Druck auf die Versicherungstechnik sowie auf das betriebliche und vertriebliche Kostenmanagement.

Die beiden der Pandemie vorausgegangenen Geschäftsjahre hatten recht unterschiedlichen Charakter. So waren in 2018 die ausgewiesenen Kapitalanlageergebnisse, insb. in der Lebensversicherung, aufgrund der Neuregelung zur Bildung der Zinszusatzreserve und der daraus resultierenden, geringeren Notwendigkeit zur Realisierung von Bewertungsreserven, aber auch aufgrund hoher Abschreibungen im vierten Quartal, deutlich geringer als im Vorjahr. Bereits zu Beginn des Geschäftsjahres 2019 trat eine Erholungsbewegung ein, die Kapitalergebnisse verbesserten sich deutlich. Durch die Wiederaufnahme des Anleihekaufprogramms der EZB gestützt, sanken die Zinsen zur Jahresmitte auf neue Tiefststände, die Credit Spreads reduzierten sich deutlich und die Aktienmärkte entwickelten sich freundlich.

Die Entwicklungen der Finanz- und Kapitalmärkte in 2020 wurde dann aber durch die Corona-Pandemie stark beeinflusst.[49] Am Rentenmarkt sank die Rendite für 10-jährige Bundesanleihen von zu Jahresbeginn −0,19% auf −0,57% zum Jahresende. Die coronabedingt erhöhte Volatilität bewirkte im März ein zwischenzeitliches Absinken auf −0,86%. Ähnliches ist für den 10-jährigen Euro-Swapsatz festzustellen, der von 0,21% am Jahresanfang auf −0,26% am Jahresende fiel und im März einen Wert von −0,31% erreichte.

Betrachtet man die Aufschläge für Kreditrisiken und vergleicht lediglich den Beginn und das Ende 2020 so sind kaum Veränderungen zu erkennen. Bei unterjähriger Betrachtung zeigen sich allerdings bemerkenswerte coronabedingte Effekte. Im März 2020 erreichten die Credit Spreads im Bereich Investment Grade rund 250 Basispunkte, im High Yield Bereich rund 850 Basispunkte. Zur Jahresmitte reduzierte sich die Volatilität, im weiteren Jahresverlauf sanken die Spreads dann wieder auf das Vor-Corona-Niveau.

---

[47] *VZBV,* Pressemitteilung vom 22.3.2021, www.vzbv.de/pressemitteilungen/ungenutzte-reiseversicherungen-muessen-erstattet-werden (zuletzt abgerufen am 14.5.2021).

[48] *Schier,* Bei Reiseabsage Geld zurück, Handelsblatt, 29.3.2021.

[49] *Assekurata,* Marktausblick Lebensversicherung 2021/2022, S. 5.

Ähnliches galt für die Aktienmärkte. Auch hier führte Corona zu erheblichen unterjährigen Schwankungen. In den ersten drei Monaten des Jahres 2020 sank der DAX um rund 30% und hatte sich bis Jahresende wieder zufriedenstellend erholt.[50] In der Ganzjahresbetrachtung konnte der DAX in 2020 einen leichten Kursanstieg (+3,55%) verzeichnen und schloss bei 13.719 Punkten. Der EURO STOXX 50 verzeichnete hingegen ein Minus von 5,14% und schloss mit 3.553 Punkten zum Jahresende. Aktuell in 2021 sehen wir leichte Zinssteigerungen bei unverändert hoher Nervosität der Marktteilnehmer.

Vor diesem Hintergrund zeigt das grundsätzlich Anlageverhalten der Versicherer eine leichte Reduktion von Nominalwertinvestments und im Satellitenbereich eine Erhöhung der Substanzwerte, vornehmlich Aktien und Immobilien.[51] Der Markt für alternative Investments, zB Infrastruktur, bleibt eng und damit nur selektiv attraktiv. Im Kernportfolio sind zahlreiche Versicherer bereit, bzw. aufgrund des niedrigen Zinsniveaus nahezu gezwungen, höhere Risiken einzugehen. So nehmen Ausfallrisiken bei Unternehmensanleihen tendenziell eher zu, denn coronabedingt stehen viele Branchen und Unternehmen unter finanziellem Druck.[52] Die Ausweitung der Duration erfolgt dabei primär im Bemühen, die Solvabilitätskapitalanforderungen zu senken.[53]

Die systematischen Auswirkungen der Pandemie auf die Entwicklung der Substanzwerte in den Kapitalanlagen und vermutlich auch bei den Unternehmensanleihen werden in 2021 deutlicher hervortreten als in 2020, als Kurzarbeitergeld und andere Staatshilfen strukturelle Glättungen bewirkten („Zombie-Unternehmen“). Dabei gilt allerdings auch, dass die Ausrichtung der Kapitalanlagepolitik der Versicherer mittelfristig stärker durch das Bestreben nach ESG-Konformität die reine Pandemieerfahrung überlagern wird.[54]

3. Betriebliche Auswirkungen

a) Betriebsorganisation

Zu coronabedingten Auswirkungen auf die Zahl der Beschäftigten in der deutschen Versicherungswirtschaft liegen bislang keine Erkenntnisse vor. Auch wenn in einigen Versicherungszweigen aufgrund des Shutdowns die Zahl der Geschäftsvorfälle deutlich sank, hat dies weder zu Kurzarbeit noch zu Personalabbau geführt.

---

[50] *Hohenstein et al.*, Versicherungsschutz der Deutschen: Potenzial nicht ausgeschöpft, in: Gesamtverband der Deutschen Versicherungswirtschaft (Hrsg.), Volkswirtschaftliche Themen und Analysen Nr. 10, 2020, S. 37.

[51] Bereits bestehende Entwicklungen im Immobiliensektor werden durch Corona tendenziell verstärkt: Einkaufsstraßen in den Stadtzentren und Einzelhandelsimmobilien verlieren an Attraktivität, ebenso wir Büroimmobilien. Vergleichsweise positive Entwicklungen werden für die Bereiche Lebensmitteleinzelhandel (Supermärkte), Logistik und Wohnen erwartet.

[52] *Assekurata,* Marktausblick Lebensversicherung 2021/2022, S. 8.

[53] Die von der Assekurata gerateten Versicherer haben ihre Modified Duration von 10,56 in 2017 auf 12,20 in 2020 erhöht. Ebd., S. 48.

[54] *GDV,* Beschluss des GDV-Präsidiums zur Nachhaltigkeitspositionierung der deutschen Versicherungswirtschaft vom 22.1.2021, www.gdv.de/de/themen/news/die-nachhaltigkeitspositionierung-der-deutschen-versicherer-im-wortlaut-65404 (zuletzt abgerufen am 16.6.2021).

Vielmehr haben die Versicherer zur Sicherstellung ihrer operativen Handlungsfähigkeit unmittelbar zu Beginn der Pandemie ihre Arbeitsorganisation in vielfältiger Weise umgestellt.[55] Die Maßnahmen mussten sehr schnell umgesetzt werden. Die dabei generierten Lerneffekte werden sehr wahrscheinlich auch für die Zukunft Bedeutung behalten. Hybride Arbeitsmodelle als Kombination von Büroanwesenheit und Telearbeit bzw. Homeoffice wurden eingeführt und haben sich zwischenzeitlich zumeist erfolgreich etabliert.[56] Distanzüberwindende Arbeits- und Lernformen, umfassende digitale Kommunikations- und Kollaborationstools sowie Aus- und Weiterbildungsmaßnahmen in virtuellen Klassenzimmern wurden entwickelt.

In der Frühphase der Pandemie ist die Krankheitsquote in vielen Betrieben gesunken. Dies hatte zunächst positive Auswirkungen auf die Produktivität der Unternehmen.[57] Im weiteren Verlauf des Jahres kam es allerdings zu gewissen Ermüdungserscheinungen und damit einhergehend zur gegenläufigen Entwicklung bei Produktivität und Erreichbarkeit. Perspektivisch werden sich die Versicherer bemühen müssen, die Attraktivität hybrider Arbeitsmodelle zu steigern, denn der durch den Wegfall der Wege- und Rüstzeiten von zu Hause zum Büroarbeitsplatz und der damit gewonnenen Lebensqualität, stehen nicht nur reduzierte persönliche Kontakte der Mitarbeiter untereinander, sondern nicht selten auch unzureichende Arbeitsbedingungen und Infrastruktur im häuslichen Umfeld entgegen.[58]

Zur Steigerung der Resilienz des Geschäftsmodells bedarf es verstärkter Anstrengungen zur Weiterentwicklung der Automatisierung betrieblicher Abläufe, beispielsweise durch den Einsatz skalierungsfähiger Cloud-Infrastrukturen, die Anwendung von KI und weiterer neuen Technologien.[59]

Eine große Herausforderung bei dieser Neugestaltung kommt der Einhaltung zwingender regulatorischer Rahmenbedingungen insb. aus den Bereichen des Arbeitsschutzes, des Datenschutzes und der IT-Sicherheit zu.

b) Vertrieb

Zweifellos sind auch die Vertriebe strukturell und finanziell von der Pandemie betroffen. Insbesondere die freien Vermittler befürchten Courtagerückforderungen für den Fall, dass bei Auslaufen der den Versicherungsnehmern vielfach gewährten Beitragsfreistellungen und -stundungen, diese daraufhin ihre Verträge nicht mehr bedienen.[60] Anders zeigt sich die Situation in den gebundenen Ausschließlichkeitsorganisationen. Zahlreiche Versicherer haben Programme aufgelegt, um Einkommenseinbußen ihrer Agenten kurz- und mittelfristig abzufedern und auf diese

---

[55] *Beenken,* Geglücktes Großexperiment Homeoffice, ZfV 2020, 559.
[56] *Beenken,* Geglücktes Großexperiment Homeoffice, ZfV 2020, 559.
[57] *Beenken,* Geglücktes Großexperiment Homeoffice, ZfV 2020, 559.
[58] *Beenken,* Geglücktes Großexperiment Homeoffice, ZfV 2020, 559.
[59] *Surminski,* Corona und die Folgen, ZfV 07/2020, 193, und *Schmidt-Gallas,* Covid-19 als Katalysator für den digitalen Vertrieb, ZfV 06/2021, 170.
[60] *Surminski,* Liquiditätprobleme bei Vermittlern durch Corona und die Folgen, ZfV 14/2020, 451.

Weise die Vertriebskraft langfristig zu sichern. Die von einigen Marktteilnehmern prognostizierte coronabedingte Konsolidierung des Vermittlermarktes,[61] konnte bislang allerdings nicht beobachtet werden.[62]

Auch im Vertrieb wirkt Corona als Katalysator für bei der Ausweitung und Beschleunigung digitaler Maßnahmen zur Vertriebsunterstützung.[63] In den personenbezogenen Vertrieben verändern sich Art und Weise des Kundenkontaktes. Online Beratungsgespräche werden verstärkt praktiziert und von den Kunden akzeptiert.[64]

IV. Fazit

Wie lauten also die Antworten auf die beiden zu Beginn formulierten Fragen?

Die private Versicherungswirtschaft hat in vielfältiger Weise dazu beigetragen, coronabedingte finanzielle Belastungen von Wirtschaft und Gesellschaft auszugleichen und zu stabilisieren. Zugleich wurde deutlich, dass das auf privatwirtschaftlich organisierte, kollektive und zeitliche Ausgleichseffekte aufbauende Geschäftsmodell im Falle pandemiebedingter Kumulereignisse an seine Grenzen stößt. Nur ein koordiniertes System aus versicherungstechnischer Risikotragung, ggf. ergänzt durch alternative Risikotransfers auf Finanz- und Kapitalmärkte sowie begleitet durch staatlicher Schutzeinrichtungen kann die Resilienz von Wirtschaft und Gesellschaft sichern.

Das Geschäftsmodell der privaten Versicherungswirtschaft ist in vielerlei Hinsicht mittel- bis langfristig ausgerichtet. Dennoch haben kurzfristig beschlossene Maßnahmen zur Pandemiebekämpfung versicherungszweigabhängig durchaus unterschiedliche Auswirkungen gezeigt. Weite Bereiche der Personenversicherung haben sich, insb. mit Blick auf die Bestandsentwicklung, stabil erwiesen. Geldpolitische Maßnahmen zur Pandemiebekämpfung und hohe Unsicherheit auf den Finanz- und Kapitalmärkten zeigen jedoch die Verwundbarkeit des Geschäftsmodells Auch die technisch-finanzielle Leistungsfähigkeit der Schaden-/Unfallversicherung erwies sich in zentralen Bereichen als ungefährdet.[65] Schließlich hat Corona katalytische Wirkungen auf die Digitalisierung im Betrieb und Vertrieb.

---

[61] *Palte/Schmidt,* Auswirkungen von COVID-19 auf die Geschäftsentwicklung und den Vermittlermarkt, ZfV 2020, 457, und *Schmidt-Gallas,* Covid-19 als Katalysator für den digitalen Vertrieb, ZfV 06/2021, 170.

[62] *Bundesverband Deutscher Versicherungskaufleute e. V.,* Vermittlersterben nicht in Sicht, zitiert nach ZfV 18/2020, 554.

[63] *Palte/Schmidt,* Auswirkungen von COVID-19 auf die Geschäftsentwicklung und den Vermittlermarkt, ZfV 2020, 457, und *Schmidt-Gallas,* Covid-19 als Katalysator für den digitalen Vertrieb, ZfV 06/2021, 170.

[64] *Surminski,* Liquiditätprobleme bei Vermittlern durch Corona und die Folgen, ZfV 14/2020, 451.

[65] Zu den Belastungen im Bereich Industrie/Gewerbe →II.2. und *Surminski,* Welche Krise? und die PKV, ZfV 19/2020, 581.

VINCENT SCHREIER

Die Veranstaltungsausfallversicherung in Zeiten der COVID-19-Pandemie

Es sind ausgerechnet die wenig beachteten Erscheinungsformen von Versicherungen, über die in diesen Zeiten viel geschrieben, gestritten und gerichtet wird. Dies betrifft allen voran die Betriebsschließungsversicherung, die zwar Schutz vor einer behördlichen Schließung des versicherten Betriebs auf Grundlage des Infektionsschutzgesetzes bieten soll, aber – folgt man der bislang überwiegenden Ansicht in der Rechtsprechung[1] – regelmäßig nicht vor Maßnahmen im Zusammenhang mit dem Coronavirus. Hinsichtlich des letztgenannten Vorbehalts steht eine Klärung durch den BGH erst noch aus, die noch vor dem 70. Geburtstag unseres Jubilars erwartet wird. Neben der Betriebsschließungsversicherung bestimmt jedoch auch noch eine weitere Sparte die versicherungsrechtliche Diskussion rund um die Corona-Pandemie. Es handelt sich dabei um die Veranstaltungsausfallversicherung, die ebenso wie die Betriebsschließungsversicherung bis vor kurzem eine eher zu vernachlässigende Rolle in der Versicherungswissenschaft spielte. Im Vergleich zur Betriebsschließungsversicherung werden juristische Streitigkeiten zwischen den Vertragsparteien einer Veranstaltungsausfallversicherung allerdings auch nach Ausbruch der Pandemie deutlich seltener vor Gerichten ausgefochten. Entsprechend übersichtlich ist auch die bisherige Rechtsprechungs- und Literaturlage. Von wenigen älteren Abhandlungen abgesehen[2] hat sich auch Herr *Langheid* als einer der wenigen Autoren überhaupt mit der Veranstaltungsausfallversicherung etwas näher befasst. Seine These, wonach die Terroranschläge des 11. Septembers 2001 eine Gefahrerhöhung in der Veranstaltungsausfallversicherung begründen,[3] wird heute, zwei Jahrzehnte später, auch im Zusammenhang mit der Corona-Pandemie erneut aufgegriffen und derzeit lebhaft diskutiert.[4] Aus gleichermaßen aktuellem und feierlichem Anlass widmet sich dieser Beitrag daher einzelnen ausgewählten

[1] Siehe etwa OLG Hamm VersR 2021, 1170; OLG Celle VersR 2021, 1166; OLG Dresden VersR 2021, 961; OLG Schleswig COVuR 2021, 349; aA OLG Karlsruhe VersR 2021, 1085.

[2] *Birchler,* Filmversicherung, 1949; *Caninberg,* Die Sportveranstaltungsausfallversicherung, 1988; *v. Gierke,* Die Filmversicherung, 1939; *Rehbinder,* Die Filmversicherung, 1964.

[3] *Langheid* NVersZ 2002, 433; *ders.* in Langheid/Rixecker, VVG, 6. Aufl. 2019, § 23 Rn. 10.

[4] *Langheid,* „Ein Immergrün des Versicherungsrechts: die Gefahrerhöhung“, VersR-BLOG-Beitrag vom 30.9.2020 (abrufbar unter: www.versr.de/blog-langheid-ein-immergruen-des-versicherungsrechts-die-gefahrerhoehung); siehe hierzu die Erwiderung von *Lüttringhaus/Genz,* „Der Quantensprung bleibt aus – Warum die Gefahrerhöhung nicht zur Einschränkung des Leistungsversprechens bei Pandemierisiken taugt“, VersR-BLOG-Beitrag vom 15.10.2020 (abrufbar unter: www.versr.de/blog-luettringhaus-genz-der-quantensprung-bleibt-aus-warum-die-gefahrerhoehung-nicht-zur-einschraenkung-des-leistungsversprechens-bei-pandemierisiken-taugt).

Rechtsfragen dieses Versicherungszweigs im Zusammenhang mit der COVID-19-Pandemie.

I. Grundsätzliches zu Veranstaltungsausfallversicherungen

Bei der Veranstaltungsausfallversicherung handelt es sich um eine Schadensversicherung, die das Risiko des Ausfalls, Abbruchs oder der Änderung von Veranstaltungen (zB Sport-, Theater-, Konzert- oder TV-Veranstaltungen, Festivals und Konferenzen) absichert.[5] Sie wird verbreitet als Unterform der Transportversicherung angesehen,[6] wofür es jedenfalls aus rechtlicher Sicht keine plausible Erklärung gibt, da sie nicht den Schutz von Transportgefahren zum Gegenstand hat. Die Sondervorschriften der §§ 130ff. VVG zur Transportversicherung finden auf sie daher keine Anwendung. Ebenso wenig stellt die Veranstaltungsausfallversicherung in ihrer klassischen Ausgestaltung eine Sachversicherung im Sinne der §§ 88ff. VVG dar, da sie typischerweise keine Sacherhaltungsinteressen, sondern rein finanzielle Interessen des Versicherungsnehmers abdeckt. Zu den versicherten Vermögensschäden zählen insoweit namentlich vergeblich aufgewendete Kosten für die Durchführung der Veranstaltung sowie – wenn auch oft nur fakultativ – entgangene Gewinne, Sponsoreneinnahmen und die Erstattung von Eintrittsgeldern.

Für die Veranstaltungsausfallversicherung gibt es weder gesetzliche Vorschriften noch standardisierte Musterbedingungen. Stattdessen wird auf dem deutschen Versicherungsmarkt eine bunte Vielfalt an branchenspezifischen Versicherungsprodukten angeboten, darunter etwa die Tourneeausfallversicherung[7] oder die Sportveranstaltungsausfallversicherung.[8] Unter diese Kategorien fällt auch die Filmausfallversicherung,[9] mit der Schäden versichert werden können, die dadurch entstehen, dass Regisseure, Schauspieler oder sonstige an der Herstellung einer Film- oder Fernsehproduktion mitwirkende Personen aufgrund von Krankheit, Unfall oder Tod vorübergehend oder dauernd ausfallen. Vor diesem Hintergrund lassen sich einheitliche Grundsätze zum Inhalt solcher Veranstaltungsausfallversicherungen kaum aufstellen. Dies wird zusätzlich dadurch erschwert, dass den Versicherungsverträgen mit Großveranstaltern wie TV- und Filmproduktionsunternehmen[10] oder Ausrichtern von Festivals[11] häufig Rahmenverträge zugrunde liegen, die ihrerseits individuell vereinbarte Regelungen zum Deckungsumfang enthalten. Nicht selten kommt es vor, dass derartige Verträge als Mitversicherungen konzipiert sind und

[5] *v. Fürstenwerth/Weiß/Consten/Präve,* VersicherungsAlphabet, 11. Aufl. 2019, Stichwort: Veranstaltungs-Ausfallversicherung.

[6] Vgl. LG Ansbach r+s 2021, 497 (Bezeichnung als „sonstige Transportversicherung“).

[7] Vgl. hierzu LG Köln Urt. v. 30.11.2009 – 20 O 189/08, BeckRS 2009, 87610.

[8] Dazu *Beckmann* ZIP 2002, 1125 (1131); eingehend *Caninenberg,* Sportveranstaltungsausfallversicherung, 1988.

[9] Vgl. hierzu BGH NJW 2014, 778.

[10] OLG Köln Urt. v. 6.11.2012 – 9 U 66/12, BeckRS 2013, 18999 (betr. Filmausfallversicherung).

[11] LG Hamburg Urt. v. 30.11.2016 – 314 O 114/15, BeckRS 2016, 131007 (betr. Rock-Festival).

Führungsklauseln vorsehen, die die rechtlichen Beziehungen der beteiligten Versicherungsnehmer und Mitversicherer im Innen- und Außenverhältnis regeln.[12]

Ungeachtet der unterschiedlichen Ausgestaltung von Veranstaltungsausfallversicherungen ist solchen Verträgen immerhin gemein, dass sie sich an eine unternehmerisch tätige Klientel richten. Für die Auslegung der Versicherungsbedingungen einer Veranstaltungsausfallversicherung ist daher zu beachten, dass auf den Verständnishorizont eines geschäftserfahrenen und mit Allgemeinen Geschäftsbedingungen vertrauten Versicherungsnehmers abzustellen ist.[13] Mit Blick auf § 305 Abs. 1 S. 3 BGB ist allerdings für jede getroffene Abrede gesondert zu prüfen, ob es sich bei ihr überhaupt um eine AGB-Klausel handelt, und wenn ja, auf wessen Betreiben sie in den Vertrag eingeführt worden ist. Dies deshalb, weil die vertraglichen Vereinbarungen nicht selten aus der Feder von Versicherungsmaklern stammen, die sich auf die Vermittlung von Veranstaltungsausfallversicherungen spezialisieren. Dies kann es rechtfertigen, nicht den Versicherer, sondern den Versicherungsnehmer als Verwender der fraglichen Klausel anzusehen, mit der Folge, dass sowohl die Anwendung der Unklarheitenregel gem. § 305c Abs. 2 BGB als auch eine Inhaltskontrolle nach §§ 307ff. BGB zu dessen Lasten zu erfolgen hat.[14] Ist eine Klausel zwischen dem Versicherer und dem Makler individuell ausgehandelt worden, findet eine AGB-Kontrolle gar nicht erst statt. In solchen Fällen unterliegen Auslegung und Wirksamkeit der Klausel vielmehr den allgemeinen Regeln des Vertragsrechts. Berücksichtigung kann dann vor allem auch die Entstehungsgeschichte des Vertragswerks finden, während letztere bei der Auslegung Allgemeiner Versicherungsbedingungen grundsätzlich außer Betracht zu bleiben hat.[15]

II. Versicherungsfall

1. Versicherte Ereignisse

Nach den meisten Versicherungsbedingungen ersetzt der Versicherer Vermögensschäden, die dem Versicherungsnehmer durch den Ausfall, Abbruch oder die Änderung in der Durchführung einer angesetzten Veranstaltung unmittelbar entstehen. Zweifelhaft ist insoweit, ob auch die Verlegung der versicherten Veranstaltung versichert ist, sofern dies nicht bereits ausdrücklich vertraglich vereinbart ist. Zwar handelt es sich bei einer Verlegung nicht um eine „Änderung in der Durchführung" der Veranstaltung,[16] welche in erster Linie inhaltliche und konzeptionelle

[12] *Schaloske* VersR 2007, 606. Zur Wirksamkeit einer Prozessführungsklausel in der Tourneeausfallversicherung LG Köln Urt. v. 30.11.2009 – 20 O 189/08, BeckRS 2009, 87610.

[13] BGH NJW 2021, 231 Rn. 11 (betr. D&O-Versicherung); VersR 2010, 809 Rn. 12 (betr. Betriebsunterbrechungsversicherung); OLG Stuttgart VersR 2021, 445 (446) (betr. Betriebsschließungsversicherung).

[14] Hierzu ausführlich *Langheid* in Langheid, COVID-19 – Versicherungs- und haftungsrechtliche Aspekte, 2020, S. 67ff.

[15] BGH NJW 2015, 1306 Rn. 15; 2014, 149 Rn. 12.

[16] Offenlassend LG Hamburg Urt. v. 30.11.2016 – 314 O 114/15, BeckRS 2016, 131007 Rn. 6.

Änderungen hinsichtlich des Ablaufs der Veranstaltung betreffen dürfte (zB Begrenzung der Zuschauerplätze, Durchführung von sog. Geisterspielen, Änderung des Programms). Je nach Art der Veranstaltung kann sich aber fragen, ob die Verlegung einer im Jahr 2020 geplanten Veranstaltung in das Jahr 2021 nicht bereits als bedingungsgemäßer „Ausfall“ anzusehen ist. Dies hat das LG Ansbach in einer aktuellen Entscheidung etwa für die Verschiebung eines jährlich stattfindenden Musikfestivals angenommen und zwar unabhängig davon, ob bestimmte Programmteile der ursprünglich geplanten Veranstaltung beibehalten werden oder bereits erworbene Tickets ihre Gültigkeit behalten. Zutreffend weist das Gericht hierbei darauf hin, dass von einer Verlegung in solchen Fällen nur gesprochen werden könne, wenn es im Jahr 2021 zwei Festivals geben würde.[17]

Aber auch in anderen Fällen wird der Versicherer seine Einstandspflicht regelmäßig nicht mit der Begründung ablehnen können, dass nur der ersatzlose Ausfall der Veranstaltung gedeckt ist. Dies gilt jedenfalls dann, wenn die Verlegung der Veranstaltung aus objektiver Sicht eine vernünftige, insbesondere kostengünstigere Alternative zu einem kompletten Ausfall darstellt. Dieses Ergebnis folgt zwar nicht aus einem Anspruch auf Ersatz von Rettungskosten aus §§ 82, 83 VVG, da die Schadensminderungsobliegenheit des Versicherungsnehmers erst mit Eintritt des Versicherungsfalls, d. h. erst mit dem Ausfall der Veranstaltung, zur Anwendung gelangt[18] und der erweiterte Aufwendungsersatz für unmittelbar bevorstehende Versicherungsfälle gem. § 90 VVG nur für die Sachversicherung gilt.[19] Jedoch wäre eine Deckungsablehnung des Versicherers für Verlegungen gem. § 242 BGB treuwidrig: Zieht der Versicherungsnehmer nämlich eine mögliche und zumutbare Verschiebung der Veranstaltung anstelle einer Absage gar nicht erst in Betracht, kann dies seinen Leistungsanspruch unter dem Gesichtspunkt einer schuldhaften Herbeiführung des Versicherungsfalls gem. § 81 VVG gefährden.[20] Tut er dies doch, um diese Rechtsfolge zu vermeiden und um im Interesse des Versicherers kostendämpfenden Einfluss auf die Höhe der Versicherungsleistungen zu nehmen, muss er auch die dadurch entstandenen Kosten ersetzt verlangen dürfen.

Von der Erstattungsfähigkeit der Kosten für die Verlegung einer Veranstaltung ist hingegen die Frage zu unterscheiden, ob für die verschobene Veranstaltung ihrerseits Versicherungsschutz besteht, etwa für den Fall, dass die verlegte Veranstaltung wegen eines erneuten oder verlängerten Veranstaltungsverbots abermals verlegt oder abgesagt werden muss. Dies ist jedenfalls für solche Versicherungsverträge zu verneinen, bei denen sich der Deckungsschutz ausweislich des Versicherungsscheins auf konkret bezeichnete Veranstaltungen für einen bestimmten Zeitraum beschränkt. Mit Ablauf der vereinbarten Versicherungsdauer endet daher auch die Gefahrtragung des Versicherers. Anders kann dies aber zu beurteilen sein, wenn

---

17 LG Ansbach r+s 2021, 497 (498).

18 Zutreffend auch *Brand* in Fischinger/Orth, COVID-19 und Sport, 2021, Teil 6 Rn. 66; *Rixecker* in Schmidt, COVID-19 – Rechtsfragen zur Corona-Krise, 3. Aufl. 2021, § 12 Rn. 80; aA *Günther/Piontek* r+s 2020, 242 (245 f.).

19 *Armbrüster* in Prölss/Martin, VVG, 31. Aufl. 2021, § 90 Rn. 2; *Langheid* in Langheid/Rixecker, VVG, 6. Aufl. 2019, § 90 Rn. 3.

20 *Brand* in Fischinger/Orth, COVID-19 und Sport, 2021, Teil 6 Rn. 53.

dem Versicherungsvertrag ein Rahmenvertrag als laufende Versicherung zugrunde liegt, nach dem der Versicherungsnehmer – vorbehaltlich anderer Vereinbarungen – beliebig viele Veranstaltungen durch eine Anmeldung innerhalb der Laufzeit des Rahmenvertrags unter die Deckung bringen kann. Die verlegte Veranstaltung ist dann wie eine Neuanmeldung zu behandeln.

Neben der Verschiebung von Konzerten und Festivals hat sich die Rechtsprechung zuletzt auch mit dem Ausfall von Volksfesten beschäftigt, namentlich mit dem Ausfall des Münchener Oktoberfestes 2020. Einige Versicherer verschiedener Festzeltbetriebe haben ihre Deckungsablehnungen unter anderem darauf gestützt, dass es bereits an einer versicherten „Veranstaltung" fehle, da die Ausschreibung und das Auswahlverfahren zum Zeitpunkt der Absage des Oktoberfestes noch nicht abgeschlossen gewesen seien. Dagegen sei die „bloße Hoffnung" des Versicherungsnehmers auf die Zulassung zum Oktoberfest nicht versichert. Freilich geht es hier nicht um das vom Versicherungsnehmer zu tragende Vertragsrisiko, dass sein Antrag auf Zulassung zu der versicherten Veranstaltung abgelehnt wird. Vielmehr hat sich das vom Versicherer übernommene Risiko verwirklicht, dass die geplante Veranstaltung, dh das Oktoberfest 2020, aus Gründen nicht stattfinden kann, die der Versicherungsnehmer nicht zu vertreten hat. Zu Recht hat daher auch das LG München I in zwei jüngeren Entscheidungen darauf hingewiesen, dass eine Zulassung zum Oktoberfest in den Versicherungsbedingungen nicht vorausgesetzt wird.[21]

2. Versicherte Gefahren

Hinsichtlich der versicherten Gefahren unterscheiden die Bedingungswerke einer Veranstaltungsausfallversicherung typischerweise zwischen verschiedenen „Formen". Nach der sogenannten. „Form A" (auch „Non Performance"-Deckung genannt) liegt ein Versicherungsfall vor, wenn die Veranstaltung aufgrund von Ereignissen ausfällt, abgebrochen oder in der Durchführung geändert wird, die „nachweislich außerhalb des Einflussbereichs des Versicherungsnehmers liegen". Mit „Form B" (oder „Non Appearance") können zusätzlich personenbedingte Risiken, namentlich der Nichtauftritt eines Künstlers infolge von Krankheit, Unfall oder Tod mitversichert werden. Schließlich können mit sogenannten. „Adverse Weather"-Klauseln Ausfälle von Veranstaltungen aufgrund von Wetterereignissen abgedeckt werden, die eine Gefahr für Leib und Leben der Zuschauer darstellen.

Besonderer Bedeutung in Bezug auf Veranstaltungsausfälle aufgrund der COVID-19-Pandemie kommt vor allem der Form A zu. Die allgemeine und nicht näher definierte Leistungsbeschreibung *„außerhalb des Einflussbereiches des Versicherungsnehmers liegende Ereignisse"* führt zu der Frage, ob auch auf Epidemien und Pandemien zurückzuführende Veranstaltungsausfälle, -abbrüche usw. solche Ereignisse darstellen. Zweifellos ist dies zu bejahen, wenn das zuständige Gesundheitsamt die Durchführung der Veranstaltung auf Grundlage des IfSG untersagt.

[21] LG München I Urt. v. 31.8.2021 – 23 O 16910/20 (sub II.3.); Urt. v. 11.10.2021 – 14 HK O 8486/21 (sub II.1.a.).

Nicht ohne Weiteres auf der Hand liegt dies hingegen in Fällen, in denen der Versicherungsnehmer die Veranstaltung präventiv und auf eigenen Entschluss hin absagt. In diesem Zusammenhang fragt sich zunächst, worin die der Veranstaltungsabsage vorausgehenden „Ereignisse" zu sehen sind. Stellt man auf den Ausbruch einer Seuche selbst ab, kann nach dem allgemeinen Sprachgebrauch insoweit kaum von einem punktuellen Ereignis, dessen Entstehungszeitpunkt sich ohnehin nicht zweifelsfrei zurückverfolgen lassen dürfte, sondern allenfalls von einem Zustand gesprochen werden. Anders verhält es sich aber, wenn man auf das Vorliegen von tatsächlichen Umständen abhebt, die eine Absage, einen Abbruch oder die Änderung der Durchführung der Veranstaltung aufgrund einer akuten Infektionsgefahr rechtfertigen oder sogar geboten erscheinen lassen. Solche Umstände und damit bedingungsgemäße „Ereignisse" können etwa ausgesprochene Warnungen und Empfehlungen von Bundes- und Landesregierungen oder des Robert-Koch-Instituts darstellen.[22] Dafür spricht, dass der Versicherungsnehmer ein schutzwürdiges Interesse daran hat, Versicherungsschutz zu genießen, wenn im Fall der Durchführung der Veranstaltung nach den Umständen des Einzelfalls mit erheblichen Gefahren für die körperliche Unversehrtheit der Veranstaltungsteilnehmer und Beschäftigten zu rechnen ist. So hat auch das LG Hamburg hervorgehoben, dass der Begriff des „Einflussbereichs" weit auszulegen ist. Demnach soll die Veranstaltungsausfallversicherung nach ihrem Sinn und Zweck keine Allgefahrendeckung gegen jegliche Risiken einer Veranstaltungsbeeinträchtigung bieten, sondern nur das abdecken, was jeglichem Einfluss des Versicherungsnehmers entzogen ist.[23] Gemessen daran sind auch präventive Veranstaltungsabsagen versichert, wenn die bestehende Gefahrensituation dem Veranstalter praktisch keine andere Wahl lässt. Für diese Auslegung streitet auch die Überlegung, dass es andernfalls vom zufälligen Verlauf der Dinge abhinge, ob die zuständige Behörde die Durchführung der Veranstaltung untersagt oder der Versicherungsnehmer einer solchen Untersagung durch eine eigene Absage in vorauseilendem Gehorsam zuvorkommt, obwohl die zugrunde liegenden Umstände in beiden Fällen dieselben sind.[24]

III. Risikoausschlüsse

Veranstaltungsausfallversicherungsverträge sehen meist eine Vielzahl von objektiven Risikoausschlüssen vor, die bestimmte Ursachen von Veranstaltungsausfällen von der Deckung ausnehmen. Schon aus diesem Grund handelt es sich bei Form A der Veranstaltungsausfallversicherung entgegen einer häufig anzutreffenden Bezeichnung[25] nicht um eine „All-Risk"-Deckung, die diesen Namen verdient. Zu

[22] *Schreier* VersR 2020, 513 (517).

[23] LG Hamburg Urt. v. 30.11.2016 – 314 O 114/15, BeckRS 2016, 131007 Rn. 63.

[24] *Schreier* VersR 2020, 513 (517); iE auch *Rixecker* in Schmidt, COVID-19 – Rechtsfragen zur Corona-Krise, 3. Aufl. 2021, § 12 Rn. 75a; aA *Seitz/Thiel* in Langheid, COVID-19 – Versicherungs- und haftungsrechtliche Aspekte, 2020, S. 119.

[25] Vgl. LG Ansbach Grundurteil v. 16.2.2021 – 3 O 925/20 Ver, BeckRS 2021, 19541 Rn. 3; *Görsdorf-Kegel* VW 2004, 618.

den bedeutsamsten Ausschlüssen im Zusammenhang mit COVID-19 zählen insbesondere „Seuchen, Epidemien und Pandemien" (→ III.1.) sowie „Eingriffe von hoher Hand" (→ III.2.).

1. *Seuchen, Epidemien und Pandemien*

Oft, aber keineswegs ausnahmslos, werden in Versicherungsbedingungen Veranstaltungsausfallsausfälle, -abbrüche oder -änderungen ausgeschlossen, die unmittelbar oder mittelbar durch „Seuchen, Epidemien oder Pandemien" verursacht worden sind. Zum Teil wird angenommen, dass es sich hierbei um „fachlich fest umrissene Begriffe" handele, deren Auslegung sich nach dem Verständnis der Verwender der Fachsprache richte.[26] Dies mag zumindest für die Begriffe der „Epidemie" und „Pandemie" überzeugen, die erkennbar aus der Fachwissenschaft übernommen worden sind.[27] Soweit die Versicherungsbedingungen von „Seuchen" sprechen, ist demgegenüber keine feststehende und eindeutige Fachterminologie ersichtlich, die von der Bedeutung in der Alltagssprache abweicht. In solchen Fällen ist für die Begriffsklärung daher auf die Sicht eines verständigen Versicherungsnehmers unter Berücksichtigung des Sinnzusammenhangs der Klausel abzustellen.[28] Ausgehend vom allgemeinen Sprachgebrauch versteht der Versicherungsnehmer unter einer „Seuche" typischerweise eine sich schnell ausbreitende, gefährliche Infektionskrankheit.[29] Welche konkreten Voraussetzungen hierfür vorliegen müssen, ist nicht leicht zu bestimmen. So dürften sich für das Vorliegen einer „Seuche" kaum verbindliche Kriterien aufstellen lassen. Letzteres betrifft insbesondere die Frage, ab welchem Zeitpunkt von dem Beginn und dem Ende einer Seuche, Epidemie oder Pandemie auszugehen ist.[30] Derartige Auslegungszweifel rechtfertigen es allerdings nicht, den Begriff als intransparent und den gesamten Ausschluss somit gem. § 307 Abs. 1 S. 2 BGB als unwirksam anzusehen.[31] Ein Verstoß gegen das Transparenzgebot kommt regelmäßig vielmehr erst dann in Betracht, wenn eine Regelung so ungenau ist, dass der Versicherungsnehmer nicht einmal einen erheblichen Teil der von ihr erfassten Fälle klar zu bestimmen vermag.[32] Davon kann im Hinblick auf den genannten Ausschluss für Seuchen, Epidemien und Pandemien keine Rede sein. Der Versicherungsnehmer kann mit Blick auf den Kontext der Klausel erkennen, dass der Versicherer mit „Seuchen" einen Oberbegriff verwendet, durch den das Risiko einer massenhaften Ausbreitung besonders virulenter In-

[26] *Brand* in Fischinger/Orth, COVID-19 und Sport, 2021, Teil 6 Rn. 39; zumindest für den Begriff der „Pandemie" auch *Rixecker* in Schmidt, COVID-19 – Rechtsfragen zur Corona-Krise, 3. Aufl. 2021, § 12 Rn. 4.

[27] AA *Staudinger/Busse* r+s 2021, 66 (67 f.) für Auslegung des Begriffs „Pandemie" in Reiseversicherungsverträgen nach dem allgemeinen Sprachgebrauch.

[28] OLG Karlsruhe r+s 1993, 158; *Armbrüster* in Prölss/Martin, VVG, 31. Aufl. 2021, Einl. Rn. 271; vgl. auch BGH NJW 2013, 2739 Rn. 21 ff. (betr. Rechtsbegriffe).

[29] Vgl. www.duden.de „Seuche".

[30] Vgl. auch *Dörner* in Prölss/Martin, VVG, 31. Aufl. 2021, Ziff. 5.6 AT-Reise 2008 Rn. 9 ff.; *Staudinger/Busse* r+s 2021, 66 (70), die Ausschlüsse für „Pandemien" in Reiseversicherungsverträgen aus diesem Grund für intransparent erachten.

[31] So aber *Brand* in Fischinger/Orth, COVID-19 und Sport, 2021, Teil 6 Rn. 42.

[32] *Armbrüster* in Prölss/Martin, VVG, 31. Aufl. 2012, Einl. Rn. 161.

fektionskrankheiten ausgeschlossen werden soll. Entscheidend ist daher allein, ähnlich wie dies etwa auch für Ausschlüsse anderer Kumulrisiken wie „Krieg“, „Bürgerkrieg“ oder „innere Unruhen“ vertreten wird,[33] ob die Gefahr einer unkalkulierbaren Schadenshäufung besteht. Dass sich in Einzelfällen insoweit mitunter Abgrenzungsschwierigkeiten ergeben können, liegt in der Natur der Sache.

Für das Eingreifen des Ausschlusses kommt es auch nicht darauf an, ob der Versicherungsfall unmittelbar durch die Seuche, Epidemie oder Pandemie, oder erst infolge einer hoheitlichen Maßnahme zur Eindämmung oder Vermeidung der Verbreitung der Infektionskrankheit eintritt.[34] Wäre eine solche Unterscheidung maßgeblich, würde der Ausschluss praktisch leerlaufen, denn der Ausbruch einer Seuche löst für sich genommen nicht den Versicherungsfall aus. Dem Versicherungsnehmer ist vielmehr klar, dass der Versicherungsschutz gerade für solche Veranstaltungsausfälle ausgeschlossen werden soll, die auf den Ausbruch einer Seuche, Epidemie oder Pandemie ursächlich zurückzuführen sind. Dies trifft ersichtlich auch auf Veranstaltungsausfälle aufgrund der Verbreitung des Coronavirus zu, unabhängig davon, ob der Ausfall auf einer behördlichen Anordnung oder einer präventiven Absage durch den Versicherungsnehmer beruht.

2. *Eingriffe von hoher Hand*

Regelmäßig werden darüber hinaus auch Schäden aufgrund von „Eingriffen von hoher Hand“ ausgeschlossen. Solche Ausschlussklauseln sind nicht speziell auf die Veranstaltungsausfallversicherung zugeschnitten, sondern werden – ähnlich wie andere klassische Ausschlüsse für Krieg, Terror oder Kernenergie – typischerweise auch in anderen Schadensversicherungszweigen verwendet, wie beispielsweise in der Transportversicherung,[35] der Bauleistungsversicherung[36] oder in der Reiseversicherung.[37]

Im Zusammenhang mit Veranstaltungsabsagen infolge der COVID-19-Pandemie stellt sich die Frage, ob auch behördliche Untersagungsverfügungen oder sonstige Eingriffsmaßnahmen aufgrund des Infektionsschutzgesetzes unter diesen Ausschlusstatbestand fallen. Einigkeit besteht insoweit zumindest darin, dass es auf die – hinsichtlich COVID-19-bedingter Untersagungsverfügungen teils umstrittene[38] – Rechtmäßigkeit der staatlichen Maßnahme nicht ankommt.[39] Ebenso we-

---

[33] Vgl. *Knappmann* in Prölss/Martin, VVG, 31. Aufl. 2021, Ziff. 5 AUB 2014 Rn. 10 betr. „Kriegs- und Bürgerkriegsereignisse“; *Armbrüster/Schreier* VersR 2017, 1173 (1178) betr. „innere Unruhen“.

[34] *Seitz/Thiel* in Langheid, COVID-19 – Versicherungs- und haftungsrechtliche Aspekte, 2020, S. 121; aA etwa *Richter* in van Bühren/Richter, Reiseversicherung, 4. Aufl. 2021, Ziff. 5.6 AT-Reise 2008 Rn. 13 in Bezug auf Pandemieklauseln in der Reiseversicherung.

[35] Siehe Ziff. 2.4.1.3 der DTV-Güterversicherungsbedingungen 2000/2011.

[36] Siehe Ziff. A1–2.2 (6) ABBL 2018 (Allgemeine Bedingungen für die Versicherung von Bauleistungen; Fassung 01/2019).

[37] Siehe Ziff. 5.3 des Allgemeinen Teils der Versicherungsbedingungen für die Reiseversicherung 2008 (AT-Reise 08).

[38] Vgl. etwa VG Schleswig Beschl. v. 18.8.2020 – 1 B 107/20, BeckRS 2020, 20253.

[39] *Schreier* VersR 2020, 513 (517f.); *Brand* in Fischinger/Orth, COVID-19 und Sport, 2021, Teil 6 Rn. 46; *Rixecker* in Schmidt, COVID-19 – Rechtsfragen zur Corona-Krise, 3. Aufl. 2021,

nig differenziert der Wortlaut der Klausel danach, ob es sich bei dem Eingriff um einen konkret-individuellen Verwaltungsakt, eine Allgemeinverfügung oder eine Rechtsverordnung handelt.[40] Unstreitig ist schließlich auch, dass nur klassische „Eingriffe“ im Sinne von finalen, unmittelbaren und imperativen Maßnahmen den Ausschlusstatbestand erfüllen, nicht hingegen bloße Empfehlungen oder Warnungen.[41]

Gleichwohl lässt der Ausschluss für „Eingriffe von hoher Hand“ die Leistungspflicht des Versicherers für Veranstaltungsabsagen aufgrund der COVID-19-Pandemie nach hiesiger Auffassung regelmäßig nicht entfallen.[42] Hierfür streitet bereits der – nach ständiger Rechtsprechung des BGH eng auszulegende[43] – Wortlaut des Risikoausschlusses sowie dessen innerer Kontext, den der durchschnittliche Versicherungsnehmer bei der Auslegung der Klausel ebenfalls in den Blick nimmt.[44] Ausgehend vom Wortlaut der Klausel ist zunächst zu beachten, dass dort nicht von „Eingriffen von hoher Hand“ als selbstständigem Ausschluss, sondern von „Beschlagnahme, Entziehung oder sonstigen Eingriffen von hoher Hand“ die Rede ist. Aus Sicht eines durchschnittlichen Versicherungsnehmers wirft dies die Frage nach dem Verhältnis von Beschlagnahme und Entziehung zu „sonstigen“ Eingriffen von hoher Hand auf. Hierbei wird der Versicherungsnehmer allenfalls erkennen können, dass mit „sonstigen“ Eingriffen von hoher Hand offensichtlich ein Auffangtatbestand geschaffen werden soll, unter den auch solche staatlichen Eingriffe fallen, die nicht bereits als „Beschlagnahme“ oder „Entziehung“ qualifiziert werden können. Hingegen kann die Reichweite eines solchen Auffangtatbestands nicht so weit verstanden werden, dass hierunter alle denkbaren Formen der staatlichen Eingriffsverwaltung zu subsumieren sind. Wäre ein derart extensives Verständnis tatsächlich gewollt gewesen, hätte es nahegelegen, auf die Nennung von Beschlagnahmen und Entziehungen schlichtweg zu verzichten und es stattdessen bei einem generellen Ausschluss für „Eingriffe von hoher Hand“ bewenden zu lassen.

Hiergegen lässt sich auch nicht einwenden, dass die Aufzählung von „Beschlagnahme“ und „Entziehung“ neben „Eingriffe von hoher Hand“ eine bloß klarstellende Funktion haben soll. Zum einen bleibt schon nebulös und weitgehend der Phantasie des einzelnen Versicherungsnehmers überlassen, worauf sich die aufgeführten Fälle der Beschlagnahme und Entziehung im Zusammenhang mit Veranstaltungsausfällen überhaupt beziehen und welche praktischen Szenarien hiervon

---

§ 12 Rn. 14; vgl. auch OGH VersR 1988, 198 (betr. Transportversicherung); *Dörner* in Prölss/Martin, VVG, 31. Aufl. 2021, Ziff. 5.3 AT-Reise 2008 Rn. 5 (betr. Reiseversicherung).

[40] *Brand* in Fischinger/Orth, COVID-19 und Sport, 2021, Teil 6 Rn. 45; *Rixecker* in Schmidt, COVID-19 – Rechtsfragen zur Corona-Krise, 3. Aufl. 2021, § 12 Rn. 14.

[41] *Rixecker* in Schmidt, COVID-19 – Rechtsfragen zur Corona-Krise, 3. Aufl. 2021, § 12 Rn. 13.

[42] *Schreier* VersR 2020, 513 (518); tendenziell wohl auch *Lüttringhaus/Eggen* r+s 2020, 250 (254f. Fn. 51); aA *Seitz/Thiel* in Langheid, COVID-19 – Versicherungs- und haftungsrechtliche Aspekte, 2020, S. 122ff.; *Rixecker* in Schmidt, COVID-19 – Rechtsfragen zur Corona-Krise, 3. Aufl. 2021, § 12 Rn. 15; differenzierend *Brand* in Fischinger/Orth, COVID-19 und Sport, 2021, Teil 6 Rn. 46ff., der Ausschlüsse für Eingriffe hoher Hand nur dann für intransparent und somit unwirksam hält, wenn und soweit sie sich auch auf „mittelbare“ Eingriffe erstrecken.

[43] BGH NJW 2019, 2172 Rn. 21; VersR 1999, 748.

[44] St. Rspr., s. nur BGH VersR 2018, 549 Rn. 15; 1993, 957.

erfasst bzw. ausgeschlossen werden sollen.[45] Zum anderen darf der Versicherungsnehmer – nimmt man das Gebot der engen Auslegung ernst – den Begriff der „sonstigen Eingriffe" bei der gewählten Formulierung vielmehr so verstehen, dass lediglich staatliche Maßnahmen ausgeschlossen werden, die einer Beschlagnahme oder Entziehung zumindest nahekommen, es also um staatliche Eingriffe gehen muss, die sich auf versicherte *Sachen* beziehen oder mittelbar auf diese auswirken.[46] Zu demselben Ergebnis gelangt man – jedenfalls dann, wenn es sich bei einem solchen Ausschluss um eine vom Versicherer gestellte AVB-Klausel handelt – auch unter Anwendung der Unklarheitenregel gem. § 305 c Abs. 2 BGB.

Etwas Gegenteiliges lässt sich auch nicht aus dem Hinweisbeschluss des BGH vom 8.11.2017 zur Transportversicherung ableiten. Dort hat der IV. Zivilsenat zur Begriffsbestimmung von „sonstigen Eingriffen von hoher Hand" lediglich klargestellt, dass Schäden an versicherten Transportgütern auf der fraglichen behördlichen Anordnung selbst beruhen müssen und nicht nur „bei Gelegenheit" der Eingriffsmaßnahme (hier: sorgfaltswidriges Zurücklegen kontrollierter Sachen in die Transportkisten durch den Zoll) entstanden sein dürfen.[47] Hieraus lässt sich aber nicht der Umkehrschluss ziehen, dass die Ausschlussklausel sich auf sämtliche hoheitliche Verfügungen jedweder Art erstreckt, ohne dass diese überhaupt im Zusammenhang mit einem entstandenen *Sachschaden* stehen müssen.[48]

Die vorstehenden Ausführungen lassen sich nicht auf andere Klauseln übertragen, die einen allgemeinen Ausschluss für „Eingriffe von hoher Hand" formulieren. Dann bestehen auf hermeneutischer Ebene zunächst keine Zweifel daran, dass hierunter dem Grunde nach auch behördliche Untersagungsverfügungen fallen. Damit ist allerdings noch nicht die Frage beantwortet, ob ein derart weitreichender Ausschluss von Maßnahmen der Staatsgewalt einer Inhaltskontrolle nach §§ 307 ff. BGB standhält. Soweit als Rechtfertigung für einen solchen Ausschluss ins Treffen geführt wird, dass sich das mit solchen Eingriffen verbundene Risiko aufgrund der Vielfalt der möglichen Eingriffe nicht vernünftig kalkulieren lasse,[49] kann dem jedenfalls für die Veranstaltungsausfallversicherung nicht ohne Weiteres gefolgt werden. Als potentielle Schadensursachen muss der Versicherer hier nämlich ohnehin nur solche staatlichen Maßnahmen berücksichtigen, die einen Bezug zu dem von ihm übernommenen Risiko eines Veranstaltungsausfalls aufweisen. Als praktischer Anwendungsfall für Eingriffe hoher Hand kommen insoweit allenfalls behördliche Verfügungen in Betracht, die die Durchführung der versicherten Veranstaltung einschränken oder untersagen. Einen Beleg dafür, dass solche Risiken sehr wohl

[45] Für Sachversicherungen wie die Reisegepäckversicherung oder für die Transportversicherung mögen diese Fälle, etwa im Zusammenhang mit Zollkontrollen, noch einen sinnvollen Anwendungsbereich haben.

[46] *Schreier* VersR 2020, 513 (518).

[47] BGH VersR 2018, 549 Rn. 12.

[48] So aber *Seitz/Thiel* in Langheid, COVID-19 – Versicherungs- und haftungsrechtliche Aspekte, 2020, S. 122; *Rixecker* in Schmidt, COVID-19 – Rechtsfragen zur Corona-Krise, 3. Aufl. 2021, § 12 Rn. 15.

[49] *Brand* in Fischinger/Orth, COVID-19 und Sport, 2021, Teil 6 Rn. 46; in diese Richtung auch *Rixecker* in Schmidt, COVID-19 – Rechtsfragen zur Corona-Krise, 3. Aufl. 2021, § 12 Rn. 14.

kalkulatorisch erfassbar und damit versicherbar sind, bieten bereits zahlreiche Bedingungswerke, in denen behördliche Veranstaltungsverbote ausdrücklich mitversichert sind. Die Grenzen der Versicherbarkeit werden hier vielmehr erst dann erreicht, wenn sich eine staatliche Maßnahme nicht nur auf ein punktuelles und lokal begrenztes Risiko, sondern gleichzeitig und flächendeckend auf eine große Zahl versicherter Risiken auswirkt. Das Problem liegt daher weniger in der Kalkulierbarkeit staatlicher Eingriffe selbst, sondern vielmehr in der Kalkulierbarkeit von Epidemien und Pandemien als deren Ursache.

Auf der anderen Seite hat der Versicherungsnehmer ein erhebliches Interesse an einer Abdeckung von Untersagungsverfügungen. Berücksichtigt man insbesondere, dass für krankheits- sowie witterungsbedingte Veranstaltungsausfälle oder -abbrüche nur bei zusätzlicher Vereinbarung Deckungsschutz besteht, wären bei einem Ausschluss für behördliche Maßnahmen praktisch kaum noch andere „außerhalb des Einflussbereichs des Versicherungsnehmers liegende Ereignisse" vorstellbar, die einen Versicherungsfall in Form A der Veranstaltungsausfallversicherung überhaupt noch auslösen können. Behördliche Veranstaltungsverbote dürften in der Praxis jedoch gerade zu den Hauptanwendungsfällen eines Veranstaltungsausfalls zählen. Da bei einem vollständigen Ausschluss von behördlichen Maßnahmen somit kaum noch ein sinnvoller und bedarfsgerechter Versicherungsschutz für das Deckungsmodell Form A verbleibt, gefährdet der Ausschluss für Eingriff von hoher Hand den Vertragszweck einer Veranstaltungsausfallversicherung und ist somit gem. § 307 Abs. 1 S. 1, Abs. 2 Nr. 2 BGB unwirksam. Soweit dem mit der Begründung widersprochen wird, dass flächendeckende Veranstaltungsverbote, wie Corona sie nach sich gezogen habe, zwar dramatische, aber eben einmalige Ereignisse seien,[50] geht dies am Kern des Problems vorbei, der mit der Corona-Pandemie nichts zu tun hat: Nach dem Wortlaut der Klausel genießt der Versicherungsnehmer nämlich selbst in einfach gelagerten Einzelfällen und bei deutlich weniger drastischen Maßnahmen, etwa auf Grundlage von polizei- und ordnungsrechtlichen Generalklauseln, keinen Deckungsschutz, obwohl hierfür ein praktischer Bedarf besteht.

IV. Gefahrerhöhung

Kontrovers diskutiert wird, ob der Versicherer berechtigt ist, das Risiko eines Veranstaltungsausfalls im Zusammenhang mit der COVID-19-Pandemie unter Berufung auf eine Gefahrerhöhung nach Maßgabe von §§ 23 Abs. 3, 25 Abs. 1 S. 1 Fall 2 VVG in bereits bestehenden Verträgen auszuschließen.

1. Voraussetzungen einer Gefahrerhöhung

Von einer Gefahrerhöhung im Sinne von § 23 Abs. 1 VVG spricht man, wenn sich die bei Vertragsschluss vorhandenen gefahrerheblichen Umstände nachträglich dahingehend ändern, dass der mögliche Schaden sich vergrößert oder der Eintritt des

[50] *Rixecker* in Schmidt, COVID-19 – Rechtsfragen zur Corona-Krise, 3. Aufl. 2021, § 12 Rn. 15.

Versicherungsfalls wahrscheinlicher wird und der Versicherer den in Rede stehenden Versicherungsvertrag nicht oder jedenfalls nicht zu der vereinbarten Prämie abgeschlossen hätte.[51] Dabei unterscheidet das Gesetz in § 23 VVG zwischen einer vom Versicherungsnehmer vorgenommenen Gefahrerhöhung (sog. subjektive Gefahrerhöhung, § 23 Abs. 1 und 2 VVG) und einer unabhängig vom Willen des Versicherungsnehmers eingetretenen Gefahrerhöhung (sog. objektive Gefahrerhöhung, § 23 Abs. 3 VVG). Im Fall der Verbreitung einer Epidemie oder Pandemie kommt lediglich eine objektive Gefahrerhöhung in Betracht. Sie berechtigt den Versicherer grundsätzlich entweder zur Kündigung des Versicherungsvertrags (§ 24 Abs. 2 VVG), zu einer Prämienerhöhung (§ 25 Abs. 1 S. 1 Fall 1 VVG) oder zum Ausschluss der erhöhten Gefahr (§ 25 Abs. 1 S. 1 Fall 2 VVG). Letzteres gilt allerdings mit der Maßgabe, dass ein solcher Ausschluss nur für künftige Versicherungsfälle greift.[52]

Bei Rahmenverträgen, die meist als laufende Versicherungen im Sinne von § 53 VVG ausgestaltet sind, ist das Kündigungsrecht des Versicherers wegen einer Gefahränderung gem. § 57 Abs. 3 VVG ausgeschlossen. Ob dies auch für das Recht des Versicherers zur Prämien- und Bedingungsanpassungen gilt, ist umstritten und bislang nicht höchstrichterlich entschieden. Nach einer verbreiteten Ansicht im Schrifttum sollen bei laufenden Versicherungen durch § 57 Abs. 3 VVG nicht nur das Kündigungsrecht nach § 24 VVG, sondern auch Prämien- und Bedingungsänderungen (und damit auch die Einfügung eines Risikoausschlusses) nach § 25 VVG ausgeschlossen sein, da die Rechte nach § 25 Abs. 1 VVG nur „anstelle einer Kündigung" ausgeübt werden können.[53] Gegen diese Auffassung spricht indessen der Wortlaut des § 57 Abs. 3 VVG. Hätte es dem gesetzgeberischen Willen entsprochen, alle Rechte aufgrund einer Gefahrerhöhung auszuschließen, wäre die naheliegende Gesetzesformulierung ein Ausschluss von §§ 24 und 25 VVG gewesen. Da § 57 Abs. 3 VVG sich jedoch nur auf § 24 und nicht zugleich auf § 25 VVG bezieht, sprechen die besseren Gründe dafür, dass die Möglichkeit einer Prämien- oder Vertragsanpassung dem Versicherer nicht genommen werden sollte.[54]

2. *COVID-19-Pandemie als objektive Gefahrerhöhung in der Veranstaltungsausfallversicherung*

Fraglich ist allerdings, ob die Verbreitung des Coronavirus die Voraussetzungen einer objektiven Gefahrerhöhung in Bezug auf die Veranstaltungsausfallversicherung erfüllt. In der Literatur wird hierfür vereinzelt angeführt, dass die Auswirkungen der COVID-19-Pandemie sowohl in der Geschichte der Bundesrepublik

---

[51] BGH VersR 2010, 1032 Rn. 16; *Armbrüster,* Privatversicherungsrecht, 2. Aufl. 2019, Rn. 1256.

[52] *Armbrüster* in Prölss/Martin, VVG, 31. Aufl. 2021, § 25 Rn. 8; *Langheid* in Langheid/Rixecker, VVG, 6. Aufl. 2019, § 25 Rn. 5; *Reusch* in MüKoVVG, Bd. 1, 2. Aufl. 2016, § 25 Rn. 9.

[53] *Harms* in Rüffer/Halbach/Schimikowski, VVG, 4. Aufl. 2020, § 57 Rn. 4; *Reinhard* in MüKoVVG, Bd. 1, 2. Aufl. 2016, § 57 Rn. 19; *Rixecker* in Langheid/Rixecker, VVG, 6. Aufl. 2019, § 57 Rn. 3; *Lüttringhaus/Genz* r+s 2020, 258 (262).

[54] *Armbrüster* in Prölss/Martin, VVG, 31. Aufl. 2021, § 57 Rn. 4; *Car* in BeckOK VVG, Ed. 9.8.2021, § 57 Rn. 7; *Langheid* FS Wälder, 2009, 23 (35); *Seitz/Thiel* in Langheid, COVID-19 – Versicherungs- und haftungsrechtliche Aspekte, 2020, S. 117 f.; *Schreier* VersR 2020, 513 (519).

Deutschland als auch der Geschichte Kontinentaleuropas für den Zeitraum nach dem Zweiten Weltkrieg einzigartig und aufgrund ihrer Singularität und Unvorhersehbarkeit vom Versicherer nicht oder zumindest nicht ernsthaft in die Risikobewertung mit einbezogen worden seien.[55] Der Versicherungsnehmer habe daher bei Antragstellung nicht darauf vertrauen dürfen, dass auch durch derart unwahrscheinliche und ungewöhnliche Szenarien hervorgerufene Gefahrenzustände mitgedeckt seien.[56]

Die Diskussion erinnert an Kündigungen von Ausfallversicherungsverträgen für Großveranstaltungen wie die Fußball-Weltmeisterschaft 2002, die von Versicherern im Zuge der Terroranschläge des 11. Septembers 2001 ausgesprochen wurden. Die Problemstellung war damals eine ähnliche wie heute: Anders als die meisten aktuellen Versicherungsbedingungen sahen ältere Fassungen von Veranstaltungsversicherungsverträgen keine Risikoausschlüsse für terroristische Gewalthandlungen vor, sondern allenfalls Kriegsausschlüsse, von denen solche Ereignisse anerkanntermaßen nicht erfasst werden.[57] *Langheid* begründete seinerzeit eine Gefahrerhöhung damit, dass die Anschläge des 11. Septembers in ihrer bis dahin unbekannten Ausführungsqualität und ihrem zuvor unvorstellbaren Schadenspotential einen „Quantensprung des Terrorismus" darstellten, der zum Zeitpunkt des Vertragsabschlusses weder vorhersehbar noch kalkulierbar gewesen sei.[58] Die Rechtsprechung[59] und der überwiegende Teil der Literatur[60] sind dem nicht gefolgt. So führte etwa das LG München I aus, dass von einer wesentlich neuen Gefährdungssituation nicht gesprochen werden könne, da islamistische, gegen die westliche urbane Zivilisation gerichtete Feindseligkeit schon lange vor Vertragsschluss propagiert und praktiziert worden seien.[61]

Ob und inwieweit sich diese Erwägungen auch auf die Zusammenhänge der COVID-19-Pandemie übertragen lassen, ist zweifelhaft. Fragt man unseren Jubilar, weist dieser darauf hin, dass die bisher bekannten Epidemien und Pandemien nicht als Vergleichsmaßstab für die COVID-19-Pandemie herhalten könnten. In Analogie zu seiner damaligen „Quantensprung"-These führt er weiter aus, dass die Beispiele der Hongkong-Grippe, des Marburg-Fiebers oder der SARS-Pandemie 2002/2003 vielmehr zeigten, dass das Phänomen einer Pandemie zwar abstrakt bekannt sei, seine konkrete Verwirklichung aber jenseits aller Vorstellungskraft liege.[62]

---

[55] *Günther/Piontek* r+s 2020, 242 (246).

[56] *Seitz/Thiel* in Langheid, COVID-19 – Versicherungs- und haftungsrechtliche Aspekte, 2020, S. 113f.

[57] *Beckmann* ZIP 2002, 1125 (1126f.); *Dahlke* VersR 2003, 25ff.; *Fricke* VersR 2002, 6 (7f.); *Günther* r+s 2019, 188 (189).

[58] *Langheid* NVersZ 2002, 433 (434).

[59] LG München I NVersZ 2002, 454; ebenfalls dazu neigend, aber iE offenlassend LG Köln VersR 2004, 636 (637).

[60] *Armbrüster* in Prölss/Martin, VVG, 31. Aufl. 2021, § 23 Rn. 90; *Beckmann* ZIP 2002, 1125 (1132); *Loacker* in Schwintowski/Brömmelmeyer, Praxiskommentar zum Versicherungsvertragsrecht, 3. Aufl. 2017, VVG § 23 Rn. 26; *Reusch* in MüKoVVG, Bd. 1, 2. Aufl. 2016, § 23 Rn. 257.

[61] LG München I NVersZ 2002, 454.

[62] *Langheid,* „Ein Immergrün des Versicherungsrechts: die Gefahrerhöhung", VersR-BLOG-Beitrag vom 30. 9. 2020 (abrufbar unter: www.versr.de/blog-langheid-ein-immergruen-des-versicherungsrechts-die-gefahrerhoehung).

Daran ist zunächst richtig, dass eine Gefahrerhöhung sich nicht bereits mit der Begründung verneinen lässt, dass es auch schon vor Corona Ausbrüche von Epidemien und Pandemien gab. Dies wäre in der Tat wohl zu kurz gegriffen, da sich die bisher bekannten Fälle gerade hinsichtlich der Reaktionen der öffentlichen Hand und ihrer Auswirkungen auf die Veranstaltungsbranche mit der COVID-19-Pandemie nicht vergleichen lassen. Unerheblich ist zudem der Einwand, dass den Versicherungsnehmer schon keine sanktionsbewehrte Obliegenheit zur Anzeige einer Gefahrerhöhung treffe, da der Versicherer von den gefahrerhöhenden Umständen im Zusammenhang mit der Corona-Pandemie bereits anderweitig Kenntnis erlangt habe.[63] Eine objektive Gefahrerhöhung ermöglicht es dem Versicherer nämlich auch unabhängig von der Verletzung einer Anzeigeobliegenheit, den Versicherungsvertrag zu kündigen oder anzupassen.[64]

Umgekehrt lässt sich das Vorliegen einer Gefahrerhöhung allerdings auch nicht schon damit begründen, dass die Parteien mit dem Eintritt eines solchen Szenarios bei Vertragsschluss nicht gerechnet haben. Ebenso wenig kann das Vorliegen einer Gefahrerhöhung allein davon abhängen, ob der Versicherer das Risiko auch dann gezeichnet hätte, wenn er die Möglichkeit eines flächendeckenden Shutdowns bei Vertragsschluss in Betracht gezogen hätte. Ähnlich wie im Rahmen der allgemeinen Regelung in § 313 BGB kommt es vielmehr auf die normative Frage an, wem das Risiko einer Änderung der gefahrerheblichen Umstände zuzuweisen ist. Sie findet ihren Ausdruck in § 27 Fall 2 VVG, wonach keine Gefahrerhöhung vorliegt, wenn diese nach den Umständen als mitversichert anzusehen ist. Ob Letzteres auch auf Veranstaltungsausfälle im Zusammenhang mit der COVID-19-Pandemie zutrifft, ist unter Berücksichtigung des Schutzzwecks einer Veranstaltungsausfallversicherung zu beurteilen. Entscheidend ist demnach, ob Veranstaltungsausfallversicherungen derartige Risikosteigerungen abdecken. Insoweit stellt der Eintritt unvorhergesehener, außerhalb der Kontrolle des Versicherungsnehmers liegender Umstände, die Grundlage für eine Gefahrerhöhung bilden können, gerade das versicherte Risiko und damit den Versicherungsfall dar. Daher sind Veranstaltungsausfälle infolge von Epidemien oder Pandemien Teil der Gefahrtragung.[65] Macht der Versicherer von der zulässigen Möglichkeit, derartige Risiken vertraglich auszuschließen, keinen Gebrauch, kann er seine Leistungspflicht nicht im Nachhinein unter Hinweis auf eine Gefahrerhöhung ablehnen.[66]

---

[63] Vgl. *Brand* in Fischinger/Orth, COVID-19 und Sport, 2021, Teil 6 Rn. 65.

[64] *Armbrüster* in Prölss/Martin, VVG, 31. Aufl. 2021, § 24 Rn. 10; *Looschelders/Weckmann* VersR 2010, 1446 (1447); *Reusch* in MüKoVVG, Bd. 1, 2. Aufl. 2016, § 24 Rn. 14f.

[65] So auch *Rixecker* in Schmidt, COVID-19 – Rechtsfragen zur Corona-Krise, 3. Aufl. 2021, § 12 Rn. 37ff.

[66] Im Ergebnis auch *Armbrüster* in Prölss/Martin, VVG, 31. Aufl. 2021, § 23 Rn. 90; *Brand* in Fischinger/Orth, COVID-19 und Sport, 2021, Teil 6 Rn. 59ff.; *Lüttringhaus/Genz* r+s 2020, 258 (260f.); *Rixecker* in Schmidt, COVID-19 – Rechtsfragen zur Corona-Krise, 3. Aufl. 2021, § 12 Rn. 37ff.; offenlassend *Staudinger/Ruks* in BeckOK VVG, Ed. 9.8.2021, § 23 Rn. 64a.

V. Zusammenfassung der wesentlichen Ergebnisse

1. Im Hinblick darauf, dass die vertraglichen Vereinbarungen von Veranstaltungsausfallversicherungen häufig von Versicherungsmaklern entworfen werden, ist für deren Beurteilung stets zu prüfen, ob es sich um Allgemeine Versicherungsbedingungen im Sinne von § 305 Abs. 1 S. 1 BGB handelt und wer als deren Verwender anzusehen ist (→ I.).
2. Die Verlegung einer versicherten Veranstaltung ist grundsätzlich auch ohne ausdrückliche Vereinbarung versichert. Versichert sind jedoch nur die bedingungsgemäßen Leistungen aufgrund der Verlegung der ursprünglich geplanten Veranstaltung, nicht hingegen etwaige Schäden aufgrund einer erneuten Verlegung (→ II. 1.).
3. Für die Annahme eines Versicherungsfalls im Rahmen von Form A macht es keinen Unterschied, ob eine Behörde die Durchführung der Veranstaltung untersagt oder der Versicherungsnehmer eine bevorstehende Untersagungsverfügung durch eine eigene, präventive Absage antizipiert (→ II. 2.).
4. Kein Versicherungsschutz besteht, wenn der Versicherungsvertrag einen Risikoausschluss für Pandemien, Epidemien und Seuchen enthält. Stimmen, die solche Ausschlüsse für intransparent und unwirksam halten, kann nicht gefolgt werden (→ II. 1.).
5. Risikoausschlüsse für „Beschlagnahme, Entziehung oder sonstige Eingriffe von hoher Hand" erfassen bei der gebotenen engen Auslegung keine behördlichen Veranstaltungsverbote. Im Übrigen gefährden Ausschlüsse für „Eingriffe von hoher Hand" den Vertragszweck einer Veranstaltungsausfallversicherung und sind somit gem. § 307 Abs. 1 S. 1, Abs. 2 Nr. 2 BGB unwirksam (→ III. 2.).
6. Der Ausbruch der COVID-19-Pandemie und die daraus resultierenden flächendeckenden Veranstaltungsverbote berechtigen den Versicherer nicht nach §§ 24 und 25 VVG zur Kündigung des Vertrags oder Prämien- und Bedingungsanpassung aufgrund einer Gefahrerhöhung (→ IV. 2.).

ANDREAS SCHWEPCKE

Der Begriff des rückversicherten Schadenereignisses im deutschen Rückversicherungsvertragsrecht

Der in dieser juristischen Festschrift Geehrte trägt die Verantwortung dafür, dass der führende Kommentar zum deutschen Versicherungsvertragsrecht eine Abhandlung zum Recht des Rückversicherungsvertrages enthält, auf den das erstere bekanntlich weiter nicht zur Anwendung kommt[1] – und dass dem Rückversicherungspraktiker mit juristischem Hintergrund der Seiteneinstieg in die praktische Wissenschaft erlaubt wurde.

I. Erst- und Rückversicherung

Im (Erst-)Versicherungsgeschäft verspricht der Anbieter – der Versicherer – dem Abnehmer seines Produkts – dem Versicherungsnehmer – den Ersatz seines wirtschaftlichen Schadens für den Fall, dass ihm durch den Eintritt versicherter Gefahren ein solcher entsteht, die sogenannte Schadensersatzleistung. Der „Versicherungsfall" ist regelmäßig zusätzlich zu den Kriterien, die die versicherten Gefahren beschreiben – dem „Deckungsumfang" der Versicherung – dadurch geprägt, dass die Leistungspflicht auf ein Vorkommnis, ein Geschehen, ein Zusammenkommen von Umständen zurückzuführen ist, die dann als „(Schaden-)Ereignis" bezeichnet wird. Dieses Ereignis kann sachlich, zeitlich und örtlich beschrieben sein – und *können* heißt auch hier, wie so oft, nicht *müssen.* Wird bei der Klarstellung, was ein Ereignis ausmachen soll, der „Ereignisdefinition", auf eine Beschreibung eines Merkmals verzichtet oder fehlt eine solche Definition insgesamt, bedeutet das grundsätzlich, dass insoweit allein auf diejenigen Umstände zurückzugreifen ist, für die der Versicherungsvertrag eine Definition oder Beschreibung enthält.

Kritisch wird das insbesondere dann, wenn an die Beschreibung des Versicherungsfalls und damit an die des für den Versicherungsfall maßgeblichen Ereignisses die Leistungspflicht des Versicherers insgesamt oder ihr Umfang, seine Haftung oder Deckungssumme oder die Berücksichtigung von Selbstbehalten oder „Franchisen" des Versicherungsnehmers geknüpft wird. Es scheint daher klar, dass ein Versicherer Wert auf die Durchsetzbarkeit solcher Beschränkungen im Versicherungsfall legen sollte. Der Definition des für einen Versicherungsfall maßgeblichen Ereignisses sollte die gehörige Klarheit und Eindeutigkeit nicht fehlen, weil ja dem

[1] § 209 VVG, vormals § 186 VVG aF.

Versicherungsnehmer im Zweifel der Rückgriff auf die Definition der allgemeinen durch den Deckungsumfang erfassten Parameter im möglich sein wird.

Auch Rückversicherung ist Versicherung[2], allerdings die Versicherung des (Erst-) Versicherers. Und so scheint naheliegend, dass das alles gleichermaßen für den Rückversicherungsvertrag gilt – mit einer Maßgabe: Obgleich versicherter und rückversicherter Schaden voneinander unabhängig zu ermitteln sind, ist ein Rückversicherungsfall ohne einen Versicherungsfall begrifflich nicht denkbar.[3] Der Rückversicherer ist – in den Grenzen des Deckungsumfangs des Rückversicherungsvertrages und möglicher Regelungen für das danach rückversicherte Schadenereignis – zum Ersatz des wirtschaftlichen Schadens verpflichtet, den der Rückversicherungsnehmer, der „Zedent", seinerseits dadurch hat, dass er gegenüber Versicherungsnehmern zur Schadensersatzleistung verpflichtet ist.

Rückversicherung ist ein langerprobtes, durch viele Traditionen und Gebräuche geprägtes und sich doch immer wieder als höchstmodern erweisendes finanzwirtschaftliches Produkt. Für die Assekuranz stellt sie ein effizientes *„tool"* dar, um *„risk-management"* zu betreiben – komplex, flexibel, nicht immer einfach zu bedienen, aber enorm wirkungsvoll.

Rückversicherung versetzt das Management eines Versicherungsunternehmens in die Lage, sich gegen die wirtschaftlichen Folgen des Eintritts versicherter Gefahren in ihrem Bestand zu versichern, die daraus resultieren, dass gegenüber Dritten Leistungspflichten begründet wurden und eben gerade nicht vermieden oder vermindert. Denn natürlich bleibt es auch die Aufgabe des Risikomanagements im Versicherungsgeschäft, den Risikoappetit des eigenen Unternehmens zu definieren, das Risiko im Schadenfall zu limitieren und unerwünschte Risiken zu vermeiden. Aber der Verkauf von Schutz vor den wirtschaftlichen Folgen des Eintritts solcher Gefahren ist nun einmal das Geschäftsmodell der Versicherungswirtschaft. Wer zu sehr vermeidet, ist schnell nicht mehr im Geschäft und wer sich zu sehr beschränkt über kurz oder lang auch nicht.

In Rückversicherungsverträgen versichern (Rück-)Versicherer einen Teil des Bestands von Versicherungsrisiken ihrer Kunden – der sogenannten „Zedenten" – gegen die Folgen des Eintritts von durch sie versicherten Gefahren. Das geschieht entweder in der Weise, dass sie von jedem so rückversicherten Versicherungsschaden einen Teil übernehmen – das ist dann proportionale Rückversicherung – oder indem sie die Belastung des Zedenten in einem oder mehreren Versicherungsfällen als einen rückversicherten Schaden identifizieren, von dem sie dann im Rahmen der durch den Rückversicherungsvertrag definierten Deckung einen Anteil übernehmen – das ist dann nichtproportionale Rückversicherung.

Schon hieraus ergibt sich, dass der versicherte und der rückversicherte Schaden nur bei der proportionalen Rückversicherung und in den Grenzen des Deckungsumfangs der Rückversicherung übereinstimmen können. Ebenso wird das fast zwangsläufig für die nichtproportionale Rückversicherung nicht so gelten und das

---

[2] So schon RG 153, 184; RG 162, 244; hierzu auch *Gerathewohl,* Rückversicherung, Bd. I, 1976, Kap. 7, S. 404, Ziff 1.2.1 mwN.

[3] § 779 Abs. 1 HGB (für den Seehandel), s. auch Art. 1 Punkt 1 a) der Richtlinie 2005/68/EG, Allg. Meinung, *pars pro toto Gerathewohl,* Rückversicherung, Bd. I, 1976, Kap. 7, S. 1 mwN.

im Besonderen im Hinblick auf den Rück-Versicherungsfall. Es kommt daher nicht von ungefähr, dass die Ermittlung dessen, was der rückversicherte Schaden ist, immer wieder in den Fokus des Schadenmanagements bei Rückversicherer und Rückversicherungsnehmer gerückt ist. Und es überrascht auch nicht, dass das eigentlich nur dann vorkommt, wenn eine oder beide Seiten durch den Eintritt eines so nicht erwarteten Rückversicherungsfalls überrascht werden. Und auch in der Rückversicherung steht „Ereignis" für ein Geschehen, für ein Zusammentreffen von Umständen, welches unmittelbar Versicherungsschäden verursacht und geeignet ist, einen Rückversicherungsfall zu markieren.[4] Was demnach ein Ereignis darstellen können soll ist folglich zumindest dann von massiver Relevanz für einen Rückversicherungsvertrag, wenn und insoweit als zwischen dem, was einen Versicherungsfall ausmacht, und dem, was den Rückversicherungsfall bestimmt, zu differenzieren ist.

Erschwerend wirkt dabei, dass der Begriff „Ereignis", wie viele andere Fach- und Sachbegriffe, auch in der Rückversicherungspraxis nicht unbedingt einheitlich konnotiert genutzt wird. Zwar gibt es eine viel beachtete Entscheidung eines zur Rechtsetzung berufenen englischen Gerichts, in der einer der englischen Übersetzungen des Wortes „Ereignis" – dem Nomen *„event"* – für die Rückversicherung eine relativ klare Bedeutung zugewiesen wird.[5] Wird *„event"* oder gar „Ereignis" hierdurch auch für den deutschen Verwender ein ein-eindeutiger Rechtsbegriff?

II. Begriff „Ereignis" im Versicherungsgeschäft

Auch im Erst-Versicherungsgeschäft wird „Ereignis" nämlich nicht nur im oben beschriebenen Sinne für eine Begrenzung der Haftung im einzelnen Versicherungsfall herangezogen – sondern auch für die Unterscheidung zwischen einem individuellen Schaden und Versicherungsfall und dem, was sich daraus für einen haftenden Versicherer als kumulierter Schaden an verschiedenen versicherten Objekten oder aus verschiedenen Policen bei demselben Geschehen, gelegentlich sogar „nur" durch die gleiche Ursache, unmittelbar ergibt.

Von dem gleichen Feuer können zwei oder mehrere Versicherungsnehmer, bei einem Versicherungsnehmer mehrere Policen, bei einem Unfall mehrere versicherte Personen betroffen sein. Mit einem Schiff, welches untergeht, können Container mehrerer Spediteure verloren gehen. Oder die Deckungssumme einer Versicherung wird auf mehrere sukzessiv organisierte Layer aufgeteilt, dann ist aus

---

[4] So scheinen das auch die Verfasser der Principles of Reinsurance Contract Law (PRICL) 2019, *Heiss/Schauer/Wandt,* zu sehen, die durch die Gleichsetzung des Begriffs *„event"* mit *„occurance"*, *„catastrophe"*, *„disaster"*, *„calamity"* und *„accident"* diesem ein möglichst weites Bedeutungsspektrum zukommen lassen mit dem erklärten Ziel, über die Begriffsverwendung sicherzustellen, dass *„... the parties agree on an aggregation ..."* aller Schäden *„... that occur as a direct consequence of the same materialization of a peril reinsured against ..."* (Art. 5.2 und Comment 1. C1.).

[5] AXA Reinsurance (UK) Ltd. v. Field [1996] 2 Lloyd's Rep. 223), wonach *„an event is something which happened at a particular time, at a particular place in a particular way"* („Law of Unities"), hierzu auch *Schwepcke* in MüKoVVG, 2. Aufl. 2017, RückVersR Rn. 207.

Sicht eines an mehreren dieser Layer beteiligten Versicherers ein nicht auf einen dieser Layer beschränkter Schaden Folge ein und desselben Ereignisses.

Deckungen können so „im Ereignis“ nicht nur beschränkt, sondern auch erweitert werden. Es kann sogar beides gleichzeitig vorgesehen sein, wenn etwa in der Haftpflichtversicherung für Schäden einer Serie der Selbstbehalt des Versicherungsnehmers nur einfach zu berücksichtigen ist, dafür aber die Haftung pro Versicherungsjahr auf die einfache Deckungssumme beschränkt, selbst wenn die Police die Deckungssumme insgesamt mehrfach bereitstellt.

1. Gemeinsamkeit des Auslösers als Bindeglied

Allen diesen Bedeutungen ist eines gemeinsam: Ein Ereignis hat einen einheitlichen Auslöser, eine Ursache, eine *causa* – bspw. ein Feuer, ein Sturm, ein Erdbeben, ein Unfall. Diese *causa* (englisch *„trigger“*) kann der Verwirklichung einer versicherten Gefahr auch vorgelagert sein – ein Feuer kann ausbrechen, weil schadhafte Sicherungen in einer elektrischen Anlage verarbeitet wurden, ein Erdbeben führt zu einem Bersten von Gasleitungen und ausströmendes Gas entzündet sich oder eine Epidemie führt zu hoheitlichen Akten, die Betriebsschließungen zur Folge haben. Hierdurch wird deutlich, dass nicht die *causa* selbst die Versicherungsfälle auslösen muss, sehr wohl aber das verschiedene Versicherungsfälle zu einem Ereignis zusammenführende Bindeglied darstellen kann.

Soweit aber ein unmittelbarer (englisch *„direct“*) Zusammenhang zwischen Auslöser und Eintritt einer versicherten Gefahr vorgesehen ist, bedeutet dies im Zweifel, dass Schadenaufwand, der Folge einer überholenden Kausalität ist, dem „ursprünglichen“ Versicherungsfall nicht zuzuordnen ist. Dabei kann die *causa* auch dann den Eintritt einer versicherten Gefahr direkt, unmittelbar, bewirken, wenn vorgelagertes menschliches Versagen ihre Wirkung verstärkt – zB wenn eine schlecht gestaute Ladung verhindert, dass ein Schiff den Gefahren eines Sturmes trotzen kann. Wird allerdings die Kausalkette unterbrochen, „überholt“ – zB wenn ein Eingriff des Menschen dem Eintritt der versicherten Gefahr nachgelagert ist – so *„triggert“* der Auslöser den Eintritt der Gefahr nicht mehr unmittelbar: Ein Unfallopfer wird im Krankenhaus bestohlen oder ein Einbrecher nutzt die Gunst der Stunde, dass ein Gebäude nach einem Feuer leer steht oder ein an einem warmen Abbruch Interessierter öffnet eine Feuerschutztüre, um einem Feuer Gelegenheit zum Übergreifen auf einen sonst davor geschützten Gebäudeteil zu geben.

Allerdings kann die Versicherungshaftung auch für Fälle von vorgelagerten Kausalitäten eingeschränkt oder sogar ausgeschlossen werden. So wird in Regionen, in denen Versicherungsschutz gegen Erdbeben nur eingeschränkt verfügbar ist, oft die an sich versicherte Gefahr „Feuer“ vom Deckungsumfang ausgeschlossen, soweit ein Feuer – wie im obigen Beispiel – aus einem Erdbeben resultiert. Und das gilt auch und nachgerade im Zusammenhang mit politischen Risiken – so ist weltweit nur sehr eingeschränkt Versicherungsschutz gegen die Folgen kriegerischer und/oder terroristischer Akte verfügbar.

2. *„Ereignis" als Zusammentreffen von Umständen*

Um Versicherungsfälle zu einem Ereignis zusammenzuführen, muss dann dazukommen, dass sie durch einen durch einen gemeinsamen Auslöser kausal verursacht wurden, infolge eines einheitlichen Geschehens, einem Zusammenkommen von Umständen. Natürlich kann sich dieses an einem Ort und zu einem Zeitpunkt (oder überschaubaren Zeitraum) „ereignen" – da ist dieses Zusammenkommen leicht nachvollziehbar, um nicht zu sagen fast offensichtlich.

Insbesondere zwischen Auftreten der gemeinsamen Ursache und der Verwirklichung der versicherten Gefahr kann aber einige Zeit vergehen und die letztere kann sich auch über eine geraume Zeit erstrecken. Auch kann eine versicherte Gefahr nicht nur über eine längere Zeit, sondern auch an vielen Orten gleichzeitig oder sukzessive wüten. Ein Feuer wird durch „günstige" Winde von einem Busch zum anderen getragen, ein Sturm beschleunigt über dem Golf von Mexiko zum Hurrikan und zieht, seine Spur der Verwüstung hinter sich lassend, bis in die Biskaya und anschließend nach Süddeutschland. Oder eine Epidemie hat ihren Ursprung in Wuhan (China) und entwickelt sich durch ihr Übergreifen nach Europa und Amerika zur Pandemie, die dann zum Auslöser vielfältiger Entscheidungen staatlicher Exekutivorgane wird, die ihrerseits Maßnahmen auslösen, die in Deutschland nach dem Deckungsumfang eines etablierten Versicherungsprodukts massive Versicherungsschäden auslösen.

3. *Definition von „Ereignis" im Versicherungsvertrag*

Auf die Definition dessen, was ein Ereignis im Sinne eines Versicherungsvertrages sein soll, oder welche Art von Ursachenzusammenhang dafür maßgeblich ist, ob aus einer Abfolge von Versicherungsfällen eine „Serie" wird, wird dann auch erheblicher juristischer Sachverstand verwendet. Die Vertragstexte werden ja praktisch ausschließlich durch die Versicherer konzipiert. Deren Verband setzt alles daran, in zulässigem und dennoch der Wichtigkeit des Regelungsgegenstands angemessenem Umfang Formulierungshilfe zu liefern, um einen Streit im behaupteten Versicherungsfall möglichst zu vermeiden. Und die Versicherer nutzen diese Vorlagen weidlich bei der Abfassung ihrer Versicherungsbedingungen und nehmen dabei sogar die Nachteile des Verwenders allgemeiner Geschäftsbedingungen in Kauf. Außerdem bleiben diese Formulierungen zum Schutz der Verbraucher Gegenstand rechtlich versierter Überprüfung durch auf das Sachgebiet spezialisierte und im Umgang mit ihnen erfahrene Gerichte mit Zugang zu einer Vielzahl von ähnlichen Rechtsstreitigkeiten.

III. *Begriff „Ereignis" in der Rückversicherung*

1. *Dokumentation der Grundlagen des Vertrages in der Rückversicherung*

Werden im Versicherungsgeschäft die Vertragsdokumente ganz regelmäßig durch die Versicherer erstellt, ist das im Rückversicherungsgeschäft eher anders organisiert. Dort gehört es traditionell eher zu den Aufgaben des Zedenten oder „seines"

Vermittlers, des Rückversicherungsmaklers, den Rahmen der Vertragsbeziehung abzustecken. Diese bedienen sich dabei gelegentlich der Formulierungshilfen, die ihnen einer ihrer Rückversicherer zur Verfügung stellt oder gestellt hat. Übernimmt allerdings einer der Rückversicherer die Aufgabe der Erstellung der Vertragsdokumentation, so nutzen die handelnden Personen regelmäßig in eigenem Haus oder durch einen Konkurrenten entwickelte Bausteine. Die wurden regelmäßig dann durch Juristen erstellt, die nicht immer über große Erfahrung mit der Materie verfügen, die im Detail zu regeln ist. Und verwendet werden sie von Personen, bei denen zwangsläufig Know-how und Erfahrung in der Materie im Vordergrund steht, die bestenfalls juristisch vorgebildet und noch seltener Juristen sind und dann aufgefordert, die einer juristischen Logik folgenden Bausteine für einen komplexen Sachverhalt maßzuschneidern.

Verwenden diese Bausteine dann unbestimmte Rechtsbegriffe, so bleiben die mitunter schon deshalb unbestimmt, weil die sie einsetzenden Fachleute nur annehmen, über ein gemeinsames Grundverständnis zu verfügen. Und an dieser Stelle taucht dann die Frage auf, ob und in welchem Umfang die Bestimmung, die ein ausländisches Gericht für die deutsche Übersetzung eines ausländischen Rechtsbegriffs vorgenommen hat, für einen deutschen Nicht-Juristen relevant sein wird.

Vor einigen Jahren scheiterte der Versuch einer Arbeitsgruppe auf Initiative der ARIAS Deutschland, der Vereinigung von auf die Beilegung von Rechtsstreitigkeiten im Versicherungsgeschäft spezialisierten Schiedsrichtern,[6] nach dem Vorbild der ISDA-Bedingungen der International Swaps and Derivatives Association für Rückversicherungsverträge allgemein verwendbare Rahmenbedingungen zu entwickeln, auf deren Geltung für ihren Vertrag sich die Parteien hätten einigen können. Und auch der unlängst abgeschlossene Versuch der Entwicklung allgemeiner Prinzipien für das Rückversicherungsvertragsrecht[7], deren Anwendbarkeit einem internationalen Vertragsrecht ähnlich durch die Parteien im Rückversicherungsvertrag zu vereinbaren ist, versucht hier abzuhelfen.[8]

Gestützt auf die Vertragsfreiheit verlassen sich aber die Parteien der Vereinbarungen traditionell und allen „Ordnungsmaßnahmen" von Praxis und Wissenschaft, Legislative und Judikative zum Trotz bis zum heutigen Tage immer wieder auf eine viel zu unbestimmte Dokumentation ihrer Vereinbarungen. Auch der Judikative wird ganz regelmäßig der Zugriff auf eine Interpretation dieser Vereinbarungen entzogen: Durchweg in den Rückversicherungsverträgen enthaltene Schiedsvereinbarungen verhindern die Offenlegung von auftretenden Meinungsverschiedenheiten ebenso, wie sie gelegentlich die Anwendung lokaler Rechtsgrundsätze auf die diesen unterworfenen Verträge behindern.

[6] Die teilweise unter dem Dach der ARIAS (AIDA Reinsurance and Insurance Arbitration Society) Europe koordinierten und für die lokalen Rechtsräume organisierten Vereine und Vereinigungen sind Arbeitsgruppen der lokalen Mitglieder der AIDA (Association Internationale de Droit des Assurances – in Deutschland ist das der Deutscher Verein für Versicherungswissenschaft e.V.).

[7] *Heiss/Schauer/Wandt* (Hrsg.), Principles of Reinsurance Contract Law (PRICL), 2019.

[8] *Bork/Wandt,* Mehr Rechtssicherheit in der Rückversicherung, VW 02/2020, 78ff.

2. Deutsches und nichtdeutsches Vertragsrecht für die Rückversicherung

Erschwerend kommt hinzu, dass wir Deutsch(sprachig)en im grenzüberschreitenden Geschäft ohnehin (nur zu) gerne bereit sind, die relativ kalkulierbare Grundlage unserer eigenen Rechtssprache der internationalen Verwendbarkeit durch uns ausgefertigter Dokumente zu opfern. Der Wechsel ins Englische scheint gelegentlich nur deshalb angebracht, weil sich möglicherweise irgendwann irgendein der deutschen Sprache nicht Mächtiger mit den Chancen und Risiken eines Engagements im fraglichen Geschäft auseinandersetzen können soll. Und im Englischen findet man immer wieder für Rechtsbegriffe dann auch bestimmte – normierte – Bedeutungen vor, die unabhängig von den Intentionen der handelnden Personen ihre Wirkung entfalten können.

Und dann soll es ein deutsches Rückversicherungsvertragsrecht auch noch gar nicht geben, weil da keine, jedenfalls keine prägenden Entscheidungen dazu berufener Gerichte den rechtlichen Rahmen setzten. Ein Verweis auf die vielzitierten „Väter des Bürgerlichen Gesetzbuches" und damit auf den verfügbaren, klar geregelten, systematischen Rahmen, in dem wir uns im deutschen Rechtsraum bewegen, führt oft zu Überraschung, nicht nur bei nichtdeutschen Juristen. Vermutlich wussten besagte Väter unseres Vertragsrechts wenig über die Existenz des besonderen Schuldverhältnisses „Rückversicherung". Dieses Wissen war aber auch nicht von Nöten, um den Parteien einen kodifizierten Rahmen zur Verfügung zu stellen, in dem sie sich bewegen dürfen und teilweise eben auch müssen.

So wird vielfach kolportiert, dass auch ein dem deutschen Recht unterworfener Rückversicherungsvertrag ein solcher *„uberrima fidei"* ist – obwohl es das besondere Treueverhältnis, welches nach Ansicht des Mitte des 18ten Jahrhunderts das Rückversicherungsvertragsrecht für England prägenden Lord Mansfield für die Phase vor dem Vertragsschluss begründet ist, nach deutschem Verständnis gar nicht gibt. Dabei haben sich die Parteien eines jeden dem deutschem Recht unterliegenden (Rückversicherungs-)Vertrages den Vorgaben, die sich so unmissverständlich und „zwingend" aus Treu und Glauben iSv § 242 BGB ergeben, mit allen ihren Konsequenzen nicht nur für die Zeit vor dem Vertragsschluss, sondern auch während dessen Laufzeit (inklusive Abwicklung) zu unterwerfen.

Zutreffend ist aber, dass dem deutschen Juristen vielfach die übliche Hilfe der Rechtsprechung in Zweifelsfragen fehlt und dass da der „Common Law"-Rechtskreis, in dem englisches Recht zur Anwendung kommt, weit besser bestückt ist. Aber dafür fehlt dort gerade wegen der Gelegenheit zum Rückgriff auf *„legal precedent"* weitgehend die Möglichkeit zum Rückgriff auf Handelsbrauch, der – nicht zuletzt gestützt auf § 346 HGB – das deutsche Rückversicherungsvertragsrecht spätestens seit der Publikation des „Gerathewohl"[9] relativ unbestritten prägt. Denn *„reinsurance-custom"* ist nun einmal systematisch vor dem Hintergrund der Verfügbarkeit von *„legal precedent"* auch nicht erforderlich.

Rückversicherung ist aber auch bei Anwendbarkeit des deutschen Vertragsrechts nach allgemeiner Meinung, die im Grundsatz auch in den Rechtskreisen des

[9] *Gerathewohl,* Rückversicherung – Grundlagen und Praxis, 2 Bände, 1976 und 1979, englische Übersetzungen 1980 und 1982.

Common Law geteilt wird, geradezu das Paradebeispiel für ein Rechtsgebiet, in dem die Vertragsfreiheit den Parteien, die *qua definitione* Kaufleute sind, einen fast unbeschränkten Gestaltungsspielraum einräumt. Deshalb vertraut man sich ja auch nicht der ordentlichen Judikative an, die zwangsläufig mit den darauf gestützten Sitten und Gebräuchen wenig vertraut sein wird, und verlässt sich ganz regelmäßig auf die Schiedsgerichtsbarkeit.

Und so ist nach deutschem Verständnis zunächst der wirkliche Wille der Parteien eines Vertrages bei dessen Abschluss zu ermitteln (§ 133 BGB). Erst wenn dies nicht zweifelsfrei möglich ist, ist auf den objektiven Horizont der Empfänger einer Willenserklärung oder von diesen dokumentierenden Dokumenten abzustellen. Kann es da sein, dass Entscheidungen eines Richters oder eines Richterkollegiums diesen Gestaltungsspielraum im Detail massiv einschränken – und das auch noch Rechtskreis-überschreitend? Einem englischen Juristen fällt es nämlich deutlich schwerer, zu einer subjektiv geprägten Interpretation der Umstände, unter denen ein Vertrag zustande gekommen ist, bis hin zur Feststellung, dass eine *„falsa demonstratio non nocet"* vorliegt, zu gelangen, wenn durch *„legal precedent"* für den Aussagegehalt eines dort verwendeten Rechtsbegriffs eine einheitliche Interpretation vorgeschrieben ist.

3. Dokumentation des Ereignisbegriffs im Rückversicherungsvertrag nach deutsch(sprachig)em Muster

Nach deutschem Verständnis setzt sich die Dokumentation der Vereinbarungen zu einem Rückversicherungsvertrag aus allem zusammen, was zur Kommunikation im Vorfeld des Vertragsabschlusses und während sowie gegebenenfalls nach Ende der Laufzeit des Vertrages zu den – jeweiligen – Akten genommen wird. Einen wie auch immer gestalteten „Formzwang" kennt das deutsche Rückversicherungsvertragsrecht nicht. Ein solcher wird *inter partes* auch nicht durch behördliche, bspw. aufsichtsrechtliche Vorgaben geschaffen. Damit werden grundsätzlich auch alle Vereinbarungen zum Begriff des rückversicherten Ereignisses oder einseitige Hinweise der Parteien zu ihrer Interpretation zu berücksichtigen sein, die mündlich erfolgten, selbst wenn im Nachhinein nichts Weiteres dazu vermerkt wurde. Neben „ordentlichen" Dokumenten gehören zur Vertragsdokumentation auch Gesprächsnotizen, Präsentationen, Statistiken und vieles mehr – unabhängig davon, ob sie nur von einem oder mehreren Beteiligten gefertigt und gesehen oder ausgetauscht wurden. Deshalb sollten die Parteien schon aus Eigeninteresse alles dokumentieren, was aus ihrer jeweiligen Sicht relevant werden könnte, denn die Glaubwürdigkeit eines jeden Dokuments ergibt sich letztlich aus der jeweiligen Entstehungsgeschichte und wird in einer streitigen Auseinandersetzung durch ein überparteiliches Gericht zu würdigen sein.

Traditionell werden aber die einen Vertrag prägenden Parameter, zu denen der Ereignisbegriff als Teil der Beschreibung der Rückversicherungsdeckung gehören sollte, in einem dazu bestimmten, oft als *„Slip"* bezeichneten Dokument zusammengefasst. Und auf den Slip folgt dann eine ausführliche Umsetzung der getroffenen Vereinbarungen im sogenannten *„Wording"*. Grundsätzlich überschreiben dabei – nach deutschem, anders nach (anglo-)amerikanischem Verständnis – weder Slip noch Wording inhaltlich zuvor getroffene Vereinbarungen. Allerdings sollten die Parteien die „Beweiskraft" dieser Dokumente nicht unterschätzen.

Traditionell setzt sich ein *Wording* aus allgemeinen Bestimmungen (im sogenannten „Rahmenvertrag") und separaten besonderen Bedingungen (im sogenannten „Anhang") zusammen. Ein Rahmenvertrag kann dabei für mehrere Rückversicherungsverträge gelten, üblicherweise separat für die proportionalen und die nichtproportionalen Rückversicherungen. Ein Anhang markiert – regelmäßig – einen individuellen Vertrag, manchmal auch die Layer eines zusammenhängenden Programms. Die Anhänge enthalten dann – wie gegebenenfalls zuvor der *Slip* – eine Zusammenfassung aller Parameter, die den individuellen Vertragsinhalt beschreiben und zusätzlich die verbindliche Angabe zum Umfang der Beteiligung – dem „Anteil" – des einzelnen Rückversicherers. Rahmenvertrag und Anhang können durch Klauseln ergänzt und Deckungsgegenstand und -umfang durch Ausschlüsse eingeschränkt oder durch Spezialakzepte erweitert werden. Und um die allgemeine Verwirrung zu perfektionieren arbeitet man auch in Zeiten der digitalen Textverarbeitung gelegentlich noch mit „Nachträgen" oder mit in die Verträge zu „integrierenden" Dokumenten, um so das gegenständliche Dokument nicht ändern, ergänzen oder ersetzen zu müssen.

Aus diesem Aufbau ergibt sich, dass eine Beschreibung dessen, was nach Ansicht der Parteien das rückversicherte Ereignis bestimmen soll, regelmäßig in dem betreffenden Anhang oder in einer Klausel, die einem Anhang zugeordnet wird, zu finden sein wird – oder besser werden sollte, wenn die Parteien dazu eine Vereinbarung getroffen haben. Allerdings können hierzu auch Vereinbarungen im Rahmenvertrag getroffen werden mit der Maßgabe, dass dann Abweichungen zu den allgemeinen Regelungen in den Anhängen zu vereinbaren sind, in denen von den Rahmenbedingungen abgewichen wird.

Um die Dokumentation auf Grundlage eines Wording entbehrlich zu machen, arbeitet man mittlerweile aber auch mit sogenannten *„Slip-Policies"* – einer Kombination von *Slip* und ausformulierten Vertragsbestimmungen sowie Verweisungen auf marktübliche Klauseln. Eine *Slip-Policy* setzt dabei voraus, dass – wie sonst im Anhang – der Anteil des Rückversicherers angegeben ist.

Wordings, die die Elemente Rahmenvertrag, Anhang, Klauseln und Ausschlüsse zusammenfassen, sind in den deutschsprachigen Märkten weniger üblich. Diese Technik prägt allerdings die Vertragsabwicklung in den (anglo-)amerikanischem Märkten und damit in gewissem Umfang im „Broker"-Markt, in dem der Rückversicherungsmakler für die Ausfertigung der Vertragsdokumente verantwortlich gemacht wird.

4. *Identität und Nicht-Identität von Versicherungs- und Rückversicherungsfall*

Im Rückversicherungsgeschäft übernehmen die proportionale Vertragsarten vorrangig die Aufgabe, das vom Zedenten übernommene Risiko zu dimensionieren – und so die Probleme zu lösen, die dadurch entstehen, dass das Unternehmen von irgendeiner Art oder Größe von Risiko zu viel in die Bücher genommen hat.

Deshalb wird die proportionale Rückversicherung primär zur Verbesserung der Planbarkeit des Gesamtaufwands für Versicherungsschäden eingesetzt: ein großer Bestand wird z. B. beim Eintritt bestandswirksamer Gefahren einen größeren Schaden „produzieren“. Ein nach Art und Größe der Risiken unausgeglichener Versicherungsbestand lässt sich durch eine differenzierte, diese „Peaks“ nivellierende, proportionale Abgabe homogenisieren. Und wenn ein Risiko nun einmal mangels Erfahrung nicht einschätzbar ist, wird über proportionale Rückversicherung aus großem Leid geteiltes Leid. Dazu ist eine proportionale Beteiligung im Schadenfall und damit grundsätzlich eine Identität zwischen Versicherungs- und Rückversicherungsfall, zwischen versichertem und rückversicherten Schadenereignis erforderlich.

Durchbrechungen des proportionalen Prinzips setzen damit die Aufhebung genau dieser Identität voraus. So wird in der proportionalen Rückversicherung gelegentlich auch die Haftung des Rückversicherers bei rückversicherten Schäden mit gleicher Ursache oder aus einem Ereignis quasi-nichtproportional, weil „pro Ereignis“ beschränkt.

In der nichtproportionalen Rückversicherung ist das tendenziell anders. Sie schützt davor, dass sich im versicherten Schadenfall eine Leistungspflicht in einem Umfang ergibt, der den dafür geplanten Rahmen sprengt. Im nichtproportionalen Geschäft übernimmt es die eine Partei, die andere vor den Folgen des Vorkommens solcher Schäden zu schützen. Deckung wird regelmäßig nach Abzug einer Rückversicherungsfranchise (der sogenannten „Priorität“, englisch *„excess“*) bis zu einer maximalen Deckungssumme (der sogenannten „Haftung“, englisch *„limit“* oder *„cover“*) gewährt. Allein das von einem versicherten Bestand (oder einem einzelnen versicherten Objekt) ausgehende Großschadenpotential steht im Fokus. Und dieses ist nicht ausschließlich durch die Größe eines individuellen Versicherungs-Engagements geprägt oder durch die Fehleinschätzung des von einem solchen Engagement ausgehenden Schadenpotentials. Denn hier wird auch eine (gemeinsame) Ursache und damit jede Häufung von Schäden im Rahmen eines Schadenereignisses große Wirkung haben.

IV. Rückversicherungsfall als Produkt von Deckungsumfang und rückversichertem Ereignis

1. Rückversicherungs-Schaden

Im Rückversicherungsfall kommt es vorrangig darauf an, wie der „rückversicherte Schaden(aufwand)“ zu ermitteln ist. Ausgangspunkt für den rückversicherten Schaden ist für den Rückversicherungsvertrag immer der Schadenaufwand des Zedenten. Der Schadenaufwand ist „netto“ für den Anteil des Zedenten am gegenständlichen Versicherungsschaden und damit nach Berücksichtigung vorangehender Rückversicherungen und der Gutschrift von Regresserlösen uÄ zu ermitteln.

Im Prinzip ist damit allen Beteiligten klar, dass es, auch wenn versicherter und rückversicherter Schaden nur korrelieren, wichtig sein wird, wie dieser Aufwand im Rückversicherungsfall zu ermitteln ist. Daher sollte hier besondere Sorgfalt darauf verwendet werden zu definieren, welche (Bestandteile) versicherte(r) Schäden im Rahmen der Ermittlung der rückversicherten Schadenlast zu berücksichtigen sind. Aber natürlich werden von beiden Seiten bei einem Vertragsschluss gelegentlich gefährliche Klippen dadurch umschifft, dass sie einfach übersehen werden: An dieser Stelle Böswilligkeit zu unterstellen, geht aber zu weit – indes, es gilt sicher der alte Grundsatz, dass das Antonym von „gut gemacht" nun einmal „gut gemeint" ist.

Was ist demnach primär für die Gestaltung der Korrelation zwischen Versicherungsschaden und Rückversicherungsschaden maßgeblich? Zunächst einmal müssen sich die Parteien über den Gegenstand des Rückversicherungsvertrags und dann auch noch über den Umfang der Deckung, die der Rückversicherer dem Zedenten zur Verfügung stellt, geeinigt haben. Was eigentlich als schlichter Selbstgänger erscheint, ist bereits immer wieder Gegenstand für Diskussionen. Traditionsgemäß wird zwar der Gegenstand noch relativ genau zB durch eine Nennung der gedeckten Sparten und auf diesem Weg des gedeckten Bestandsausschnitts beschrieben. Vorbei die Zeiten, in denen an dieser Stelle gefährliche Formulierungen wie *„business written in the xyz-department"* zu finden waren. Aber bereits beim Deckungsumfang machen sich die Parteien regelmäßig sehr viel weniger Gedanken.

Und wenn beim sachlichen Deckungsumfang keine klaren Angaben gemacht werden, hat das zur Folge, dass sämtliche im geschützten Bestand versicherten Gefahren auch im Rückversicherungsvertrag gedeckt sind. Und wer macht sich schon wirklich Gedanken zum örtlichen Deckungsumfang bei einem vorwiegend regional aktiven Zedenten. Oder wenn die Rückversicherungsdeckung „nur" vor den Folgen von „Naturgefahren" Schutz gewähren soll, dann gehört das am besten hier her.

2. *Rückversicherungsfall als Summe der rückversicherten Schäden eines Ereignisses*

Weil mit der Wahl einer nichtproportionalen Rückversicherung nun einmal „begriffsnotwendig" einhergeht, dass die Parteien von der Proportionalität auch, wenn nicht zuallererst im Schadenfall abweichen wollen, wird bei der Ermittlung des Schadens im Rückversicherungsfall alles davon abhängen ob und – wenn ja – in welchem Umfang eine Vielzahl von versicherten Schäden bei der Ermittlung des rückversicherten Schadens berücksichtigt und dafür aufsummiert oder „aggregiert" werden sollen.

Zu dieser so grundsätzlichen Frage sollte sich der tatsächliche Wille der Beteiligten bei Vertragsschluss ganz regelmäßig ermitteln lassen. Wenn sich denn die Parteien die Mühe machen sich zum Thema nicht nur beiläufig zu verständigen, sondern ihm die Form und den Inhalt geben, der ihr vor dem Hintergrund ihrer Bedeutung für den Vertrag zukommt, ist das Mittel zu diesem Zweck in aller Regel die Vereinbarung einer „Ereignisdefinition". In ihr wird im Grundsatz für den ganzen Vertrag bestimmt, ob und in welchem Umfang im Rückversicherungsfall Versicherungsfälle, die einem Schadenereignis zuzuordnen sind, zusammengenommen, „aggregiert", zu betrachten sind.[10]

[10] *Schwepcke* in MüKoVVG, 2. Aufl. 2017, RückVersR Rn. 207; eingehend auch *Schwepcke/Vetter,* Praxishandbuch: Rückversicherung, 2. Aufl. 2021, Rn. 935ff.

Eine Ereignisdefinition bietet den Parteien die Möglichkeit, ihr gemeinsames Verständnis zur Deckungsstruktur des Vertrages Ausdruck zu verleihen, deren Grenzen aufzuzeigen und sogar Schranken zu errichten, wenn die Haftung des Rückversicherers im Fall eines Ereignisses nur in Teilen seines durch Deckungsgegenstand und -umfang beschriebenen Spektrums eine vollständige oder teilweise Aggregation des Schadenaufwands aus mehreren Versicherungsfällen erlaubt. Und nachdem grundsätzlich der rückversicherte Schadenaufwand aus Deckungsgegenstand und -umfang resultiert, muss im Zweifel auch genau an dieser Stelle – bei der Strukturierung der Deckung – klargestellt werden, wenn die Aggregation von Schäden nur für Teile dieser Deckung vorgesehen ist.

Der *Slip-Policy* eines deutschen Versicherers für einen Feuer-Schadenexzedentenvertrag, ausgefertigt durch dessen Rückversicherungsmakler, ist als Anlage die nachfolgende Ereignisdefinition beigefügt

> Ereignisdefinition
>
> Unter ein Schadenereignis im Sinne dieses Rückversicherungsvertrages fallen alle versicherten Einzelschäden, welche durch ein und dieselbe Katastrophe unmittelbar verursacht wurden.
>
> Dauer und Umfang eines so festgelegten Schadenereignisses sind unter der Voraussetzung, dass die nachstehenden Gefahren gedeckt sind, wie folgt begrenzt:
>
> …
>
> …
>
> …

Unabhängig davon, was die Parteien bei Abfassung einer Ereignisdefinition im Einzelnen vereinbaren, hat jede solche Vereinbarung einen klaren, vergleichsweise simplen Erklärungsgehalt. Es wird nämlich zweifelsfrei deutlich, dass sich die Parteien vorgestellt haben, dass es Geschehensabläufe geben können soll, bei denen im Rückversicherungsfall der für die Haftung des Rückversicherers maßgebliche Schadenaufwand durch die Aggregation von rückversichertem Schadenaufwand aus einer Vielzahl von Versicherungsfällen zu ermitteln ist und zwar unabhängig davon, ob auch die Umstände, die ein Ereignis von einer Abfolge von individuellen Schäden unterscheiden sollen, mit hinreichender Genauigkeit und Verständlichkeit beschrieben sind.

So stellen Rückversicherungsverträge in einigen Sparten und/oder bei Vereinbarung bestimmter Deckungsstrukturen ausschließlich auf eine gemeinsame Ursache als Voraussetzung für eine Aggregation der dazugehörigen Schadenlasten für den Rückversicherungsfall ab. So wird, wenn die Originalpolice eine Aggregation von Schäden mit gleicher Ursache vorsieht (wie z. B. beim „Serienschaden" in der Produkthaftpflichtversicherung)[11], bereits das Auftreten der Serie zum rückversicherten Schadenfall. Und in der Stop-Loss-Rückversicherung genügt eine Einheitlichkeit der versicherten Gefahren oder sogar die Zuordnung der Schadenlast zu einer oder mehreren Versicherungssparten für eine Ermittlung der Haftung des

[11] *Heiss/Schauer/Wandt* (Hrsg.), Principles of Reinsurance Contract Law (PRICL), 2019, Art. 5.2 Abs. (2).

Rückversicherers über das Aggregat der im Deckungszeitraum beobachteten Versicherungsschäden.

Indes wird in der Schadenexzedenten-Rückversicherung in den Eigenschadenversicherungen eine gemeinsame Ursache oft alleine nicht ausreichen. Dann kommt es darauf an, ob sich aus Sicht des Rückversicherungsvertrages ein versicherter Schadenaufwand einem rückversicherten Ereignis (englisch *„occurrence"* oder *„event"*) zuordnen lässt. Das „Ereignis" wird zur Klammer, die verschiedene versicherte Schäden verbindet. Ein solches Geschehen, welches die zuzuordnenden Versicherungsfälle verbindet, wird vorausgesetzt.

3. Die „Ereignisdefinition" als Mittel zur Einschränkung des Ereignisbegriffs für den Rückversicherungsfall (Fallbeispiele)

Sobald in diesen Fällen also festgestellt ist, dass grundsätzlich eine Aggregation des Schadenaufwands von verschiedenen Versicherungsfällen vorgesehen ist, kommt es darauf an, worauf sich die Parteien inhaltlich bei der Definition des Ereignisbegriffs geeinigt haben. Da die Ereignisdefinition in der Rückversicherung nun einmal dazu dient, der Aggregation von rückversicherten Schäden Grenzen zu setzen, wird sich ein Ereignis dadurch auszeichnen, dass ein einheitlicher Auslöser eine das Übliche hinausgehende Frequenz von versicherten Schäden bei einem gewissen zeitlichen und räumlichen Zusammenhang zwischen den Schäden bewirkt.[12]

Verwenden die Parteien im Zuge ihrer Verhandlungen oder bei der Dokumentation ihrer Vereinbarungen einen im Deutschen unbestimmten Rechtsbegriff, der in der englischen Sprache eine bestimmte Bedeutung hat, dann stellt sich natürlich auch hier die Frage, ob diese Bedeutung Vorrang vor derjenigen erlangt, die die Parteien einheitlich zugrunde gelegt hatten und der englischen Interpretation der Vorrang gegenüber dem objektiven Gehalt eines deutschen Begriffs eingeräumt wird. Immer wieder wird an dieser Stelle auf die Bedeutung der Entscheidung zum „Law of Unities"[13] verwiesen, wonach ein Ereignis voraussetzt, dass *„an event is something which happened at a particular time, at a particular place and in a particular way"*. Nach deutschem Verständnis gilt es aber durchweg zunächst einmal den tatsächliche Willen der Parteien zu ermitteln, solange er sich ermitteln lässt. Erst wenn das nicht schlüssig und frei von Dissens möglich ist, ist ausgehend vom Empfängerhorizont unter Berücksichtigung der zwischen den Parteien ausgetauschten Willenserklärungen nachzuvollziehen, was für den Rückversicherungsfall ein Schadenereignis markiert.

Wohl dem, der an dieser Stelle erneut auf eine „Ereignisdefinition" zurückgreifen kann. Denn mag deren Regelungsgehalt auch noch so unbestimmt sein, so werden, wenn sich der tatsächliche Wille der Parteien im erforderlichen Detail nicht mehr zweifelsfrei ermitteln lässt, die allgemeinen Auslegungsregeln schlussendlich eine Objektivierung ermöglichen. Die nachfolgenden Fallbeispiele sind damit nur das, was der Begriff besagt: Beispiele. Sie geben aber den Standard wieder, der in moder-

---

[12] *Gerathewohl,* Rückversicherung, Bd. I, 1976, 2. Kap. Ziff. 2.3.2, S. 129 am Beispiel der Rückversicherung von Sturmereignissen.

[13] AXA Reinsurance (UK) Ltd. v. Field [1996] 2 Lloyd's Rep. 223.

nen Rückversicherungs-Wordings vorzufinden ist. Hierzu gehören auch die Übereinstimmungen in Struktur, Formulierung und verwendeten Begrifflichkeiten.

So enthält der Standard-Rahmenvertrag eines deutschen professionellen Rückversicherers, der für die Einbindung verschiedener Schadenexzedentenverträge über separate Anhänge vorgesehen ist, den nachfolgenden Passus zur Definition des rückversicherten Ereignisses:

> Unter „Schadenereignis" ist – soweit nicht in einem Anhang zu diesem Vertrag abweichend geregelt – jeder Einzelschaden pro Risiko zu verstehen. Als ein Risiko unter dem Rückversicherungsvertrag wird angesehen, was die Zedentin bei der Zeichnung (und damit bei Zession in diesen Vertrag) oder bei der Erneuerung als ein Risiko angesehen hat …
>
> Enthält ein Anhang zu diesem Vertrag eine Schadenereignisdefinition, die eine Aggregation von Einzelschäden erlaubt, die durch ein Katastrophenereignis verursacht werden, so werden zur Ermittlung des diesem zuzurechnenden Schadens die zuvor nach Maßgabe des vorangehenden Absatzes ermittelten Einzelschäden gegebenenfalls nach vorangehender pro Risiko-Rückversicherung aufsummiert.

Der Anhang für den Sach-Kumul-Schadenexzedenten enthält in diesem Fall die nachfolgende ergänzende

> Ereignisdefinition:
>
> Unter „Schadenereignis" sind alle Einzelschäden zu verstehen, die durch ein und dasselbe Katastrophenereignis unmittelbar verursacht werden. Dauer und Umfang eines so festgelegten Schadenereignisses sind unter der Voraussetzung, dass die nachstehenden Gefahren gedeckt sind, wie folgt begrenzt:
>
> auf … aufeinander folgende Stunden bei Sturm, Regen, Hagel, Hurrikan, Tornado, Taifun und/oder Wirbelsturm;
>
> auf … aufeinander folgende Stunden bei Erd- oder Seebeben, Erdsenkung, Erdrutsch, Lawinen, Vulkanausbruch und/oder Flutwelle, die durch eine der obigen Gefahren verursacht werden;
>
> auf … aufeinander folgende Stunden und auf das Gebiet einer Stadt oder eines Ortes bei Streik, Aufruhr, inneren Unruhen oder böswilliger Beschädigung;
>
> auf … aufeinander folgende Stunden bei allen anderen unter diesem Vertrag rückgedeckten Gefahren, sofern auch Schäden, die durch die unter a, b oder c genannten Gefahren verursacht werden, geltend gemacht werden;
>
> auf … aufeinander folgende Stunden bei Schneedruck;
>
> auf … aufeinander folgende Stunden bei Überschwemmung sowie bei allen anderen unter diesem Vertrag rückgedeckten Gefahren, wenn Schäden, die durch die unter a, b oder c genannten Gefahren verursacht werden, nicht geltend gemacht werden.
>
> Der Zedent kann Datum und Uhrzeit des Beginns eines solchen Zeitraums von aufeinander folgenden Stunden mit der Maßgabe frei festlegen, dass keiner der Zeiträume vor dem ersten ersatzpflichtigen Einzelschaden des Zedenten aus diesem Ereignis oder dieser Katastrophe beginnt und keine Überschneidung von zwei Zeiträumen aufeinander folgender Stunden entsteht.

Auch die Principles of Reinsurance Contract Law[14] enthalten in Kapitel 5 eine Art von „Ereignisdefinition", indem Art. 5.1 im Grundsatz bestimmt

[14] *Heiss/Schauer/Wandt* (Hrsg.), Principles of Reinsurance Contract Law (PRICL), 2019, Chapter 5.

(1) With regard to deductibles and limits, the parties may agree in the contract of reinsurance to treat two or more separate losses allocated to the same reinsurance as one single loss.

(2) In particular, they may agree to treat two or more separate losses as one single loss based on an aggregation per event or an aggregation per cause.[15]

und dann wird Art. 5.2 in Abs. (1) „event" – zu Deutsch: „Ereignis" – wie folgt definiert

(1) Where the parties agree on an event-based aggregation in a contract reinsuring first-party insurance policies, all losses that occur as a direct consequence of the same materialization of a peril reinsured against as arising out of one event.[16]

Und das dem Handbuch „Rückversicherungsrecht" als Anhang IX beigefügte Sample-Wording für einen Sach-Kumul-Schadenexzedentenvertrag enthält die nachfolgende Definition für das rückversicherte

Schadenereignis:

Unter „Schadenereignis" sind alle Einzelschäden zu verstehen, die durch ein- und dasselbe Ereignis oder durch ein- und dieselbe Katastrophe unmittelbar verursacht werden. Dauer und Umfang eines so festgelegten Schadenereignisses sind unter der Voraussetzung, dass die nachstehenden Gefahren gedeckt sind, wie folgt begrenzt:

auf 72 aufeinanderfolgende Stunden bei Sturm, Regen, Hagel, Hurrikan, Tornado, Taifun, und/oder Wirbelsturm;

auf 72 aufeinanderfolgende Stunden bei Erd- oder Seebeben, Vulkanausbruch und/oder Flutwelle, die durch eine der obigen Gefahren verursacht werden;

auf 72 aufeinanderfolgende Stunden und auf das Gebiet einer Stadt oder eines Ortes bei Streik, Aufruhr, inneren Unruhen oder böswilliger Beschädigung;

auf 72 aufeinanderfolgende Stunden bei allen anderen unter diesem Vertrag rückgedeckten Gefahren, sofern auch Schäden, die durch die unter a, b oder c genannten Gefahren verursacht werden, geltend gemacht werden;

auf 168 aufeinanderfolgende Stunden bei allen anderen unter diesem Vertrag rückgedeckten Gefahren, wenn Schäden, die durch die unter a, b oder c genannten Gefahren verursacht werden, nicht geltend gemacht werden.

Die Gesellschaft kann Datum und Uhrzeit des Beginns eines solchen Zeitraums von aufeinanderfolgenden Stunden mit der Maßgabe frei festlegen, dass …

Enthält hingegen ein Schadenexzedentenvertrag keine Ereignisdefinition, können und werden Signalwirkungen, wie bspw. die Vergabe von Namen und Bezeichnungen für den Rückversicherungsvertrag, aus denen sich „technisch" eindeutige Schlüsse ziehen lassen, bei der Einschätzung zu würdigen sein. Und hier

---

[15] (1) In Bezug auf Selbstbehalte und Haftungslimits können die Parteien im Rückversicherungsvertrag vereinbaren, dass zwei oder mehrere getrennte Schäden, die derselben Rückversicherung zugeordnet sind, als ein einziger Schaden zu behandeln sind.

(2) Insbesondere können sie vereinbaren, zwei oder mehrere getrennte Schäden auf der Grundlage einer Aggregation pro Ereignis oder einer Aggregation pro Ursache als einen einzigen Schaden zu behandeln.

[16] (1) Vereinbaren die Parteien in einem Vertrag zur Rückversicherung von Eigenschaden-Versicherungsverträgen eine Ereignis-bezogene Aggregation, gelten alle Schäden, die als unmittelbare Folge desselben Eintritts einer rückversicherten Gefahr eintreten, als aus einem Ereignis entstanden.

scheint auch ein Rückgriff auf die „*contra-proferentem*"-Regel naheliegend, die eine Auslegung zu Lasten derjenigen Partei vorsieht, die es bei der Abgabe der den Vertragsinhalt definierenden Erklärungen unterlassen hat, ihren Willen zweifelsfrei zu artikulieren.

Auch der Umstand allein, dass in der nichtproportionalen Rückversicherung der Rückversicherungsfall zwar unabhängig vom Versicherungsfall zu ermitteln ist, aber der rückversicherte Schaden einen versicherten Schaden systemisch voraussetzt, spricht schlussendlich dafür, dass für den Rückversicherungsfall zumindest diejenigen Versicherungsschäden zusammen zu betrachten sind, die aus Sicht der relevanten Einzelschäden (und damit der jeweils gewährten Versicherungsdeckung) dem gleichen Versicherungsfall zuzuordnen sind und so von dem gleichen und demselben Schadenereignis herrühren.

4. Ereignisdefinition und Rückversicherungsfall

a) „Unmittelbarkeit" zwischen Schadenursache und Schadeneintritt

Zunächst einmal enthalten fast alle Ereignisdefinitionen, denen ich in meiner Praxis als Rückversicherer begegnet bin, den Hinweis darauf, dass Schäden nur dann zusammen zu betrachten sind, wenn sie durch einen einheitlichen Auslöser „*unmittelbar verursacht werden*" (Englisch zB … *as a direct consequence of* …). Was läge näher, als auch in diesem Zusammenhang im Zweifel den Maßstab anzulegen, der das Versicherungsgeschäft insgesamt prägt: Wie im Versicherungsfall bedeutet im Zweifel der Umstand, dass ein unmittelbarer Zusammenhang zwischen Auslöser und Eintritt einer versicherten Gefahr vorgesehen ist, dass rückversicherte Schäden in Folge überholender Kausalitäten nicht demselben Ereignis zugeordnet werden können, wie die, die durch den ursprünglichen Auslöser verursacht wurden.

b) „Katastrophe"

Betrachtet man weiter den Wortlaut der vorgenannten „gängigen" Ereignisdefinitionen, stößt man im Übrigen ganz regelmäßig auf Formulierungen, mit denen versucht wird, die Abgrenzung zwischen individuellem Rückversicherungsfall und rückversichertem Schadenereignis über den unbestimmten Rechtsbegriff „Katastrophe" zu steuern, der in allen oben zitierten Definitionen verwendet wird. Wofür steht dieser Begriff im allgemeinen Sprachgebrauch oder hat er eine fachliche Konnotation?

Laut Wikipedia ist Katastrophe gleichzusetzen mit „folgenschweres Unglücksereignis" und der Duden ergänzt „schweres Unglück, Naturereignis, mit verheerenden Folgen" und stellt dazu in zwei erläuternden Beispielen klar, dass auch wirtschaftliche oder politische Katastrophen begrifflich umfasst sind. Oder ist für den allgemeinen Sprachgebrauch der Umstand maßgeblich, dass die Feststellung eines Katastrophenfalls in Deutschland Aufgabe der bundesstaatlichen Exekutive ist?

Vorrangig ist aber unter Fachleuten die fachsprachliche Bedeutung eines Begriffs. Ist „Katastrophe" in einer Ereignisdefinition eines Schadenexzedentenvertrages als Fachbegriff einzustufen? Begrenzt allein die Tatsache, dass Katastrophen in der Schadenexzedenten-Rückversicherung regelmäßig, allerdings eindeutig nicht ausschließlich,[17] durch Naturkatastrophen verursacht wurden, die Verwendung des Begriffs auf die hierzu versicherten Gefahren?

Hierzu liefern Praxis und Literatur für meine Begriffe keinerlei Anhaltspunkte. Insbesondere die Beschreibung des Deckungsumfangs bietet den Parteien eines Vertrages hinreichend Gelegenheit, sich ausdrücklich auf eine derart einschneidende Abweichung zwischen sprachlicher und fachsprachlicher Bedeutung eines Begriffs zu verständigen, wenn sie die für einen Vertrag vereinbaren wollen. Auch Gerathewohl geht offenbar davon aus, dass „Ereignis" und „Katastrophe" mehr oder weniger synonym verwendet werden und dafür stehen, dass in beiden Fällen ein einheitlicher Auslöser eine über das Übliche hinausgehende Frequenz von versicherten Schäden bei einem gewissen zeitlichen und räumlichen Zusammenhang zwischen den Schäden bewirkt.[18]

Fachsprache im Rückversicherungsgeschäft ist traditionell Englisch. Das gilt sogar, wenn auch stark eingeschränkt, für Frankreich und Spanien und ohnehin für einen der wichtigsten Rückversicherungsmärkte der Welt, den deutschsprachigen Raum mit Österreich, der Schweiz und Deutschland. Wird dann nicht auch die Bedeutung eines durch ein englisches Gericht für das Rückversicherungsgeschäft gesetzten Rechtsbegriffs fachsprachlich „normiert" und ist daher auf die Bedeutung zurückzugreifen, die für „event" in England legal-definiert worden ist?

Aber selbst die in englischer Sprache gehaltenen „Principles of Reinsurance Practice", an deren Zusammenstellung nicht zuletzt auch Muttersprachler mitgewirkt haben, setzen an dieser Stelle mit *„catastrophe"* (Katastrophe) so unterschiedliche Begriffe wie *"event"* (Ereignis), *"occurrence"* (Geschehen, Störfall, Schadenfall), *„disaster"* (Desaster), *„calamity"* (Unglück, Unheil) und *„accident"* (Unfall) weitgehend gleich.[19] Denn allen sei gemeinsam, dass ganz allgemein ein Geschehen beschrieben wird, was eine über die übliche Frequenz hinausgehende Häufung individueller Versicherungsfälle auslöst.

Verwenden demnach die Parteien eines in deutscher Sprache ausgefertigten Rückversicherungsvertrages in dessen „Ereignisdefinition" den unbestimmten Rechtsbegriff „Katastrophe", so wird das letztlich nur besagen, dass eine größere als die regelmäßig beobachtete Häufung individueller Versicherungsschäden als Folge des so beschriebenen Geschehens zu beobachten sein muss. Ob sie regional konzentriert auftreten oder in engem oder weitem zeitlichen Zusammenhang zueinander stehen müssen, bleibt zunächst einmal offen, denn die Parteien eines Rückversicherungsvertrages haben ja gerade in einer Ereignisdefinition die Möglichkeit, dies für das gegenständliche Geschäft festzulegen.

---

[17] Auch *Gerathewohl* nennt politische Risiken als einen wesentlichen zweiten Trigger für Katastrophen neben Naturereignissen, hierzu Rückversicherung, Bd. I, 1976, 2. Kap. Ziff. 2.3.2.2, S. 132; in den o. g. „Stundenklauseln" wird dem in Buchst. c) Rechnung getragen.

[18] *Gerathewohl,* Rückversicherung, Bd. I, 1976, 2. Kap. Ziff. 2.3.2, S. 129 am Beispiel der Rückversicherung von Sturmereignissen.

[19] *Heiss/Schauer/Wandt* (Hrsg.), Principles of Reinsurance Contract Law (PRICL), 2019, Art. 5.2 Abs. (1) Comment 1.

Denn bekanntlich dienen Ereignisdefinitionen insbesondere dazu, dem Begriff oder besser seiner Bedeutung im Vertragszusammenhang und der Anwendung auf einzelne versicherte Gefahren Grenzen zu setzen. Und von diesem Recht machen die Beteiligten ja auch durchaus Gebrauch. So enthalten Ereignisdefinitionen regelmäßig – so auch in den obigen Beispielsfällen – sogenannte „Stundenklauseln", durch die den Ereignissen in Abhängigkeit von den sie prägenden versicherten Gefahren zeitliche Grenzen gesetzt werden. Werden die rückversicherten Gefahren dabei enumerativ gelistet, so kann das sogar die Beschränkung der Aggregationsmöglichkeit „im Ereignis" auf Schäden in Folge der so „benannten" Gefahren bedeuten – wenn nicht, wie ebenso regelmäßig, eine „Sammelposition" die „sonstigen" nicht zuvor aufgezählten Gefahren wieder einschließt. Und in gleicher Weise ließe sich hier eine geographische Komponente in Einschränkung der Regelungen im geographischen Deckungsumfang für ein rückversichertes Schadenereignis bestimmen.

V. Zusammenfassung der Ergebnisse

Enthalten Verträge demnach eine Ereignisdefinition, für deren Interpretation im Zweifel maßgeblich sein wird, was in der deutsch(sprachig)en Assekuranz mit den verwendeten Begrifflichkeiten assoziiert wird, dann

- legt die Wahl des Vertragstyps „Schadenexzedent" in der Rückversicherung nahe, dass Versicherungsschäden, die original zu einem Versicherungsfall aggregiert werden, auch für den Rückversicherungsfall zusammengefasst zu betrachten sind.
- ist der Rückversicherungsfall in der nichtproportionalen Rückversicherung vom Versicherungsfall unabhängig zu ermitteln mit der Maßgabe, dass ein Rückversicherungsfall den Eintritt eines Versicherungsfalls voraussetzt.
- bedeutet die Vereinbarung einer „Ereignisdefinition" für einen Rückversicherungsvertrag,
  - dass versicherte Schäden für die Ermittlung des Schadenaufwands im Rückversicherungsfall aufsummiert werden und
  - dass ein bloßer ursächlicher Zusammenhang zwischen Versicherungsfällen nicht ausreicht, sondern dass die Schäden Folge eines Geschehens mit einheitlichem Auslöser sein müssen, welches eine über das Übliche hinausgehende Frequenz von versicherten Schäden bei einem gewissen zeitlichen und räumlichen Zusammenhang zwischen den Schäden bewirkt.
- bestimmen die Regelungen in einer „Ereignisdefinition" grundsätzlich die Grenzen, in denen diese Aufsummierung zu erfolgen hat.
- besagt „Katastrophe", dass eine größere als die regelmäßig beobachtete Häufung individueller Versicherungsschäden als Folge des so benannten Geschehens zu beobachten sein muss; eine Beschränkung auf Naturkatastrophen muss sich an anderer Stelle aus dem Deckungsumfang des Vertrages ergeben.
- bedeutet „unmittelbar", dass Schadenbestandteile, die Folgen überholender Kausalitäten und damit nicht mehr allein Folgen der gemeinsamen Ursache sind,

bei Ermittlung des Schadenaufwands im Rückversicherungsfall grundsätzlich nicht zu berücksichtigen sind

und

- beschränken „Stundenklauseln" den für den Rückversicherungsfall maßgeblichen Schadenaufwand auf das, was während des maßgeblichen Zeitraums angefallen ist.

HANS-PETER SCHWINTOWSKI

Kompensationsmodell der Krankenversicherung – Zukunftskonzept für die Haftpflicht- und Schadenversicherung?

I. Grundfrage

Die Grundfrage, um die es im Folgenden zu Ehren von *Theo Langheid* gehen soll lautet, ob es sinnvoll ist, zwischen Schaden- und Haftpflichtversicherungen zu unterscheiden, oder ob es möglicherweise sehr viel vernünftiger wäre, das Modell der Krankenversicherung aufzugreifen, wo im Zusammenspiel zwischen privaten und sozialen Systemen letztlich dafür gesorgt wird, dass Kosten durch Krankheit und Pflege kompensiert werden. Dieser Gedanke, Schäden, die eintreten, zu kompensieren, hat schon den Nobelpreisträger Pigou[1] zu preisgekrönten Arbeiten angespornt. Er hat die Auffassung vertreten, dass es aus vielen Gründen sinnvoll sein könne, eingetretene Schäden zu kompensieren, es sei denn derjenige, der den Schaden herbeiführt, tut dies vorsätzlich, um denjenigen, der zahlen muss, auszubeuten. Abgesehen von diesen Fällen des *moral hazard,* gilt aber der Grundgedanke, wonach es für eine Volkswirtschaft letztlich zielführender ist, Schäden zu kompensieren, statt Transaktionskosten für die Ermittlung von Schädiger und Geschädigtem zu verursachen und am Ende einen der beiden ohne Kompensation im Regen stehenzulassen. In diesem Fall muss derjenige, der schuldhaft einen anderen schädigt, seinen eigenen Schaden aus eigener Tasche tragen, auch dann, wenn er dies nicht kann und womöglich insolvent wird.

Dies ist möglicherweise kein kluger Weg, weder für das Individuum noch für die Volkswirtschaft. Denkt man dies für die Versicherungswirtschaft zu Ende, so würde es bedeuten, dass wir in der Schaden- und Haftpflichtversicherung, ebenso wie in der Betriebsunterbrechungs-, der Cyber-, der Betriebsschließungs- und der Kreditversicherung in Zukunft nicht mehr fragen würden, wer eigentlich den entstandenen Schaden verursacht oder verschuldet hat. Wir würden stattdessen dafür sorgen, dass Schäden, die jedem einmal bis zur Grenze des Vorsatzes passieren können, kompensiert werden. Es wäre ein Modell, das dem der Krankenversicherung sehr ähnlich wäre. Auch dort wird, von Verkehrsunfällen abgesehen, selten danach gefragt, wer eigentlich die Krankheit verursacht hat – stattdessen wird für die erforderliche ärztliche Versorgung und Medikamentierung gesorgt – kurz: der eingetretene Schaden wird kompensiert.

[1] The Economics of Welfare, 1932, S. 134f., 174f., 183–188; daran anknüpfend *Schwintowski,* Plädoyer für mehr Pflicht-Haftpflicht-Versicherungen, VuR 2013, 52ff.

Die hier zu vertiefende Frage lautet, ob dieses, die Krankenversicherung prägende Kompensationsmodell möglicherweise das Zukunftskonzept für die gesamte Schaden- und Haftpflichtversicherung werden sollte. Der Schadenregulierer würde somit zum Kompensationsmanager werden. Die Prämien würden wahrscheinlich steigen, dafür wären aber diejenigen, die heute ihre Schäden selbst tragen müssen, entlastet. Volkswirtschaftlich gesehen würden die Transaktionskosten für die Schadensregulierung erheblich sinken. Letztlich würde man weniger Geld für das Kompensieren von Schäden aufwenden als heute für Schadensersatz und Haftungsverteilung. Zugleich blieben die geschädigten Individuen leistungsfähiger als dies heute der Fall ist. Die Richtigkeit dieser Argumentation zeigt sich augenfällig in Systemen, die keine Krankenversicherung für alle kennen, wie etwa die USA, mit der Folge, dass Menschen im reichsten Land der Welt, in existenzielle Armut verfallen können, weil sie für den Fall der Krankheit nicht hinreichend vorgesorgt haben. Genauso kann es im europäischen Rechtsraum Schädigern gehen, die Sach- und Haftungsschäden selbst tragen müssen. Wenn sie dies nicht leisten können, kann es geschehen, dass sie der Sozialhilfe anheimfallen, anstatt mit ihren Fähigkeiten zur Wohlstandsmehrung innerhalb der gesamten Volkswirtschaft beizutragen.

Soll also das Kompensationsmodell der Krankenversicherung das Zukunftskonzept für die gesamte Versicherungsbranche auch in der Haftpflicht- und Schadenversicherung werden? Welche Argumente sprechen dafür und welche dagegen? Die Antwort auf diese Frage muss mit der Natur der Krankenversicherung und der ihr innewohnenden Anreizwirkungen zu tun haben. Anreizökonomisch muss es bei der Krankenversicherung produktiver sein, auf die Suche nach dem Schädiger zu verzichten und stattdessen die Krankheitskosten zu kompensieren.

II. Das Konzept der (gesetzlichen) Krankenversicherung

Ende des 19. Jahrhunderts entwickelte sich in Deutschland, beginnend im Jahre 1883 mit der Gesetzlichen Krankenversicherung (GKV), ein staatliches Sozialversicherungssystem, das die Berufsunfallversicherung (1884), die Rentenversicherung (1889), die Arbeitslosenversicherung (1927) und die Pflegeversicherung (1994) umfasst. Vorläufer war die Armenfürsorge der Kirchen seit dem Spätmittelalter und darauf aufbauend die kommunale Armenfürsorge. Erstmals wurde die Armenfürsorge im Allgemeinen Landrecht für die preußischen Staaten von 1794 normiert. Danach kommt es dem Staat zu, für die „Ernährung und Verpflegung derjenigen Bürger zu sorgen, die sich ihren Unterhalt nicht selbst verschaffen und auch von anderen Privatpersonen ... nicht erhalten können". Damit wurde das Prinzip des römischen Rechts *casum sentit dominus,* wonach der Eigentümer einen zufälligen, das heißt nicht verschuldeten, Schaden selbst zu tragen hat, zwar nicht aufgegeben, aber doch, durch die Idee der Versicherung, in seinen Wirkungen erheblich abgeschwächt. Noch vor der heutigen Sozialversicherung entstanden mit der Gewerbeordnung von 1845 gewerbliche Unterstützungskassen für Gesellen und Gehilfen. Die Bismarck'sche Sozialgesetzgebung wurde durch die berühmte kaiserliche Botschaft vom 17. November 1881 eingeleitet. Auf Initiative Bismarcks erklärte der

Deutsche Kaiser (Wilhelm I.) vor dem Deutschen Reichstag, dass der sozialen Notlage der Arbeiterschaft nicht allein durch staatliche Verbote der Arbeiterbewegung begegnet werden könne. Zu Festigung des sozialen Friedens sei vielmchr staatliche Hilfe erforderlich. Gegenstand der Hilfe müssten Gesetze sein, die den Versicherungsschutz der Arbeiter bei Unfällen, Krankheit, im Alter und bei Invalidität vorsähen. Dabei sei die Versicherung nicht als Einrichtung des Staates, sondern als Selbstverwaltungskörperschaft unter Beteiligung der Arbeiter und Unternehmer zu organisieren.

Auf diese Botschaft hin wurde zunächst am 15. Juni 1883 das Gesetz betreffend die Krankenversicherung der Arbeiter erlassen. Heute ist die GKV im Sozialgesetzbuch (SGB IV) geregelt. Die danebenstehenden Regelungen für die ebenfalls verpflichtende Private Krankenversicherung (PKV) finden sich in den §§ 192–208 VVG. Bemerkenswert für beide Rechtsgebiete ist, dass die Aufwendungen für medizinische notwendige Heilbehandlungen wegen Krankheit oder Unfallfolgen ersetzt werden. Wer die Krankheit verursacht oder verschuldet hat, ob die Krankheit durch Einhaltung durch Verhaltensobliegenheiten hätte vermieden werden können, spielt für den Deckungsschutz praktisch keine Rolle. Lediglich im Falle fremdverschuldeter Körperverletzungen sieht § 116 SGB X die Möglichkeit des Rückgriffs, verbunden mit einem Quotenvorrecht des Versicherers, vor.

Konzeptionell wird das deutsche Gesundheitswesen vielfach kritisiert, es sei insgesamt zu teuer und zu stark anbieterorientiert.[2] An der Grundkonzeption des Systems der verpflichtenden Krankenversicherung wird jedoch nicht gezweifelt, ebenso wenig an der Tatsache, dass die Leistungspflicht durch definierte Krankheiten ausgelöst wird, ohne dass es eine Rolle spielt, wer diese Krankheiten verursacht oder verschuldet hat. Dieser Grundkonsens zieht sich durch alle Gesundheitssysteme im internationalen Vergleich.[3] Differenziert wird zwischen Ländern mit nationalem Gesundheitsdienst wie etwa UK oder mit kommunalem Gesundheitsdienst wie etwa Dänemark oder Schweden. Daneben stehen Länder mit Sozialversicherungssystemen, wie etwa Deutschland und Frankreich. Es existieren Versicherungssysteme mit Kopfpauschalen wie etwa in der Schweiz oder den Niederlanden. Daneben besteht die freiwillige Privatversicherung mit staatlicher Fürsorge wie etwa in den USA.

Allen Systemen ist ein Prinzip eigen: ersetzt werden Leistungen in definierten Krankheitsfällen ohne die Frage zu vertiefen, wer die Krankheit verursacht hat. Es spielt also keine Rolle, ob die Krankheit fremd- oder selbstverschuldet ist. Nur dann, wenn Fremdschädigung sicher feststeht werden Ansprüche, meist im Wege der *cessio legis,* auf den Krankenversicherer überführt. Aber, entscheidend für die grundsätzliche Leistungsverpflichtung ist diese Frage nicht. Die Krankenversicherung ist paradigmatisch eine Kombination aus Schaden-, Haftpflicht-, und teilweise auch Summenversicherung (letztere etwa im Bereich der Krankentagegeldversicherung). Sie offeriert ein Leistungsversprechen für den Krankheitsfall. Dieses Verspre-

[2] *Blankart/Fasten/Schwintowski,* Das deutsche Gesundheitswesen zukunftsfähig gestalten, 2009, passim.

[3] Vergleiche die Länderberichte über Gesundheitssysteme im internationalen Vergleich, veröffentlicht unter http://doi.org/10.32745/9783954663354-13, ab S. 13.

chen wird jeder Person mit Wohnsitz im Inland gegeben. Für die Private Krankenversicherung ergibt sich dies aus § 193 Abs. 3 VVG, wonach jede Person mit einem Wohnsitz im Inland verpflichtet ist, bei einem in Deutschland zum Geschäftsbetrieb zugelassenen VU für sich selbst und für die von ihr gesetzlich vertretenen Personen, soweit diese nicht selbst Verträge abschließen können, eine Krankheitskostenversicherung, die mindestens eine Kostenerstattung für ambulante oder stationäre Heilbehandlung umfasst, abzuschließen. Diese Pflicht besteht nicht für diejenigen Personen, die in der GKV versichert oder versicherungspflichtig sind. Auf diese Weise entsteht ein flächendeckender Versicherungsschutz in Krankheitsfällen für alle Menschen im Inland.

III. Die Begründung für die flächendeckende Krankenversicherung

Für die Begründung der flächendenkenden Krankenversicherung wird in der sozialrechtlichen Literatur auf die kaiserliche Botschaft vom 17.11.1881 verwiesen. Der Kaiser erklärte, wie oben erwähnt, vor dem Deutschen Reichstag, dass zur Festigung des sozialen Friedens bei der Arbeiterschaft staatliche Hilfe erforderlich sei. Gegenstand dieser Hilfe müssten Gesetze sein, die den Versicherungsschutz der Arbeiter bei Krankheit und Unfällen, im Alter und bei Invalidität vorsähen.[4]

Erst die Arbeiten von *Hans-Werner Sinn* aus den Jahren 1995 und 1996 haben eine auch ökonomisch nachvollziehbare Begründung für die Sozialversicherung und damit auch die Krankenversicherung, gebracht.[5] Sinn geht davon aus, dass die zentrale Leistung des Wohlfahrtstaates darin besteht, eine umfassende *Sozialversicherung* bereitstellen, die nicht vom Markt angeboten werden kann. Bei dieser Versicherung gehe es um eine umfassende Absicherung gegen das lebenslange Karriererisiko.[6] Dieser Versicherungsschutz sei, so Sinn, derart langfristig, dass er nicht von privaten VU bereitgestellt werden könne. Der Sozialstaat biete den Ausweg. Da er langfristig existiere, könne er Schutz gegen langfristige *Lebensrisiken* gewähren, etwa durch eine Renten-, oder Krankenversicherung. Abgesichert durch dieses umfassende sozialstaatliche Transfersystem falle es nunmehr den Menschen leichter, Risiken im Leben einzugehen. Sie wechselten schneller ihre Firma, ihren Job und/oder Wohnort. Sie seien eher bereit, Geld in zwar profitable, aber möglicherweise auch riskante Investitionen zu stecken. Insgesamt fördere der Sozialstaat damit die Akzeptanz des Strukturwandels der Wirtschaft in der Bevölkerung und verbessere so direkt das Wachstumspotential der Ökonomie.[7]

[4] Zitiert bei *Mückel,* Einführung in das Sozialrecht, 2018, § 1 Rn. 5.

[5] *Sinn,* A Theory of the Welfare State, Scandinavian Journal of Economics, 97, 1995, 495–526; *Sinn,* Social Insurance, Incentives and Risk Taking, International Tax and Public Finance, 3, 1996, 259–280.

[6] Vertiefend: *Buchholz,* Soziale Sicherung durch Markt und Staat, Vorlesungsskript Universität Regensburg, 2001.

[7] Vertiefend *Sinn,* A Theory of the Welfare State, Scandinavian Journal of Economics (97) 1995, 48.

Letztlich zeigen die Überlegungen von *Sinn,* dass die durch den Sozialstaat bewirkte Umverteilung wie eine generationenübergreifende Sozialversicherung gegen das langfristige Karriererisiko wirkt. Aufgrund dieser Sozialversicherung verbessere sich die Risikoallokation in der Gesellschaft. Risiko und Risikobereitschaft wirkten jedoch als ein wichtiger Produktionsfaktor, sodass sich durch eine verbesserte Allokation auch ein höherer Output einstelle. Aus diesem Grunde bestehe auch kein Konflikt zwischen den Umverteilungswirkungen des Sozialstaates und dem Effizienzziel einer rationalen Wirtschaftspolitik. Ganz im Gegenteil, es sei sogar möglich, dass erst durch die Umverteilung eine effiziente Risikoallokation zustande komme. Für die praktische Politik ergebe sich daraus vor allem, dass man vorsichtig sein sollte mit pauschalen Urteilen über den Sozialstaat. Eine Reduktion der sozialstaatlichen Leistungen allein, könne unter Umständen zu negativen Konsequenzen führen.

Dem ist wenig hinzuzufügen außer, dass heute auch die Private Krankenversicherung sehr langfristigen Versicherungsschutz bereitstellt. In § 206 Abs. 1 VVG heißt es: „Jede Kündigung einer Krankheitskostenversicherung ist durch den Versicherer ausgeschlossen." Anders formuliert: Die von *Sinn* gezeigten ökonomischen Wohlfahrtsteigerungen durch Krankenversicherungsschutz setzen nicht zwingend eine staatliche, soziale Versicherungsform voraus, sondern können auch von privaten Versicherern gewährleistet werden, wenn die gesetzlichen Rahmenbedingungen die Kündigung durch den Versicherer, wie in Deutschland, ausschließen.

Letztlich, das ist die Quintessenz dieser Überlegungen, zeigt sich, dass die wohlstandsfördernden Wirkungen von Versicherungen – hier von Krankenversicherungen – auf einer Kollektivierung der versicherten Risiken im Rahmen einer *Versicherungspflicht* beruhen.

IV. Generelle Wohlstandssteigerung durch Versicherungen?

Dies führt notwendigerweise zu der Frage, ob die Aussagen von *Hans-Werner Sinn,* verallgemeinerungsfähig in dem Sinne sind, dass Versicherungsschutz prinzipiell eine wohlstandssteigernde Wirkung hat. Mit dieser Frage hat sich *Hans-Werner Sinn,* erstmals im Jahr 1977 beschäftigt. Unter Idealbedingungen wird der Versicherungsnehmer (VN) durch Abschluss einer Versicherung dazu „angeregt, seine Schadensverhütungsaufwendungen zu verringern oder Produktionsanlagen zu wählen, die bei störungsfreier Arbeit einen höheren Ertrag versprechen, obwohl damit eine Erhöhung des Erwartungsschadens einhergeht".[8] „Dass die Änderung der Schadensverhütungspolitik solche Ausmaße annimmt, dass die Erhöhung des Erwartungsschadens zu einer Verringerung des Erwartungswertes der originären Einkommensverteilung führt, ist ausgeschlossen",[9] so *Sinn.*

[8] *Sinn,* Die Allokationswirkungen der Versicherung, ZVersWiss 66 (1977), 520.
[9] *Sinn,* Die Allokationswirkungen der Versicherung, ZVersWiss 66 (1977), 520–521.

Diese Überlegungen hat *Sinn* in seiner Antrittsvorlesung aus dem Jahr 1986 unter dem Titel „Risiko als Produktionsfaktor“ vertieft. Er zeigt zunächst einmal, dass Risiko mehr und nicht etwa weniger Produktion schafft. Er fragt wie eine Welt wohl aussähe, wenn niemand bereit wäre, Risiken zu tragen. Niemand würde mit dem Auto fahren, keiner das Flugzeug oder das Schiff benutzen. Statt wagemutiger Unternehmer, die bereit seien, riskante, aber ertragsreiche Investitionschancen zu nutzen, hätten wir allerorten Sicherheitsfanatiker mit Beamtenmentalität, die jedem Experiment abhold seien und sich darauf beschränkten, bestehende Strukturen zu verwalten und zu bewahren.[10] Es gäbe keine Dachdecker, keine Ärzte, die Seuchen bekämpften, und keine Feuerwehr. Keiner würde es wagen, nach Öl oder nach anderen Bodenschätzen zu suchen. Amerika wäre nicht entdeckt und der Weltraum nicht betreten worden. Heute würden wir hinzufügen, dass es das Internet ebenso wenig gäbe wie die Digitalisierung und den medizinischen Fortschritt. Kein Arbeitnehmer wäre bereit, das Risiko eines Berufs- oder Ortswechsels zu tragen, um in den Genuss möglicher Einkommenssteigerungen zu kommen. Ein Strukturwandel fände nicht statt. Es wäre eine Welt in Armut und Elend.[11]

Sinn zeigt darüber hinaus, dass der Produktionsfaktor Risiko in der Nationalökonomie durchaus auch vor ihm bereits diskutiert und erkannt worden war. Der berühmte US-amerikanische Ökonom und Nobelpreisträger *Pigou* vertrat die Auffassung, dass Risiko ein „elementary factor of production standing on the same level as standing of the better-known factor“ sei.[12] Allerdings – und das ist der zweite, sehr wichtige Gedanke, den *Sinn* entwickelt – gehen Menschen und Unternehmen Risiken nur dann ein, wenn sie in ihren Wirkungen so abgepuffert sind, dass aus dem *Wagemut* keine Existenzkrise wird. Anders formuliert: Der Satz *„wer wagt, gewinnt“*, beruht auf einer Grundannahme, nämlich der, dass der Wagende in gewisser Weise durch ein Seil oder ein Netz abgesichert ist, also nicht in den Abgrund stürzen kann. Als Folge eines solchen Absicherungskonzeptes werden Risiken eingegangen, die man ungesichert sinnvollerweise nicht eingehen würde. Dies wiederum führt zu gesamtwirtschaftlichen Wohlfahrtssteigerungen.

Ein wichtiges Beispiel für die Abpufferung von Risiken nennt *Sinn,* den Abschluss von Versicherungen. Traditionell verlagern Versicherungen die Risiken auf eine Vielzahl von Schultern. Versicherungen, so heißt es, „produzieren Sicherheit“.[13] Dieser Prozess der Produktion von Sicherheit lässt sich, so *Sinn,* aber auch *umgekehrt interpretieren:* „Gegen das Risiko, das letztlich vom repräsentativen Haushalt getragen werden muss, erlaubt die Risikokonsolidierung eine gewaltige Vergrößerung der Anfangsrisiken, die im Wirtschaftsprozess entstehen dürfen.“ So gesehen, und das ist die entscheidende Schlussfolgerung, die *Sinn* aus seinen Über-

---

[10] *Sinn,* Risiko als Produktionsfaktor, Jahrbücher für Nationalökonomie und Statistik 201, 1986, S. 558.

[11] *Sinn,* Risiko als Produktionsfaktor, Jahrbücher für Nationalökonomie und Statistik 201, 1986, S. 558.

[12] *Sinn,* Risiko als Produktionsfaktor, Jahrbücher für Nationalökonomie und Statistik 201, 1986, S. 560 unter Hinweis auf A. C. Pigou 1920, zitiert nach der 4. Aufl. 1932, Anhang I, S. 772.

[13] *Sinn,* Risiko als Produktionsfaktor, Jahrbücher für Nationalökonomie und Statistik 201, 1986, S. 563.

legungen zieht, ist Versicherung eine Institution, „die den elementaren Produktionsfaktor Risiko vermehrt und eine Volkswirtschaft in die Lage versetzt, aus dem reichen Vorrat an Chancen zu schöpfen, die Technik und Natur ihr bieten".[14]

Niemand wisse, so *Sinn,* welchen Umfang die Produktionszuwächse hätten, die aus der Existenz wohlorganisierter Versicherungskollektive bislang entstanden seien. Es würde ihn aber, so schreibt er, nicht wundern, wenn der ökonomische Vorteil dieser Produktionszuwächse den Vorteil, den der bloße Sicherheitsgewinn für risikoscheue Individuen geboten habe, bei weitem übersteige. Es sei, so *Sinn,* sehr wohl denkbar, dass Versicherungen per Saldo, gar keine größere Sicherheit bewirkten, sondern umgekehrt dafür sorgten, dass Menschen sehr viel höhere Risiken eingingen, als sie es ohne einen Versicherungsschutz tun würden. Als Beispiel verweist *Sinn* auf die Entwicklung der Seeversicherung in Italien im 14. Jahrhundert. Schiffe gingen in jener Zeit häufig samt Ladung verloren, einerseits wetterbedingt, aber auch wegen der verbreiteten Seeräuberei. Nachdem mit der Seeversicherung ein Mechanismus etabliert war, zur Verteilung des Risikos auf eine Vielzahl von Schultern, wagte eine große Zahl von Kaufleuten es nun, sich an lukrativen Seereisen zu beteiligen. Fahrten bis zu den entlegensten Häfen wurden unternommen, und die venezianische Handelsflotte wurde zur bedeutendsten des Mittelmeerraumes. Ungeahnter Wohlstand, so *Sinn,* war durch die Seeversicherung entstanden, aber nicht etwa mehr Sicherheit.[15]

Diese Funktion von Versicherung, höhere Risiken einzugehen als ohne Versicherung, hat auch der Kapitalmarkt, insbesondere das Prinzip der Haftungsbegrenzung auf das eingelegte Kapital. Versicherungscharakter haben auch Frühwarnsysteme, die nach § 91 Abs. 2 AktG und heute nach § 1 Abs. 1 StaRUG zu bilden sind. Der Abschluss von Versicherungen hat, worauf neben *Hans-Werner Sinn* auch *Ulrich Meyer* immer wieder hingewiesen hat, die Wirkung, mehr Risiken eingehen zu wollen und eingehen zu können. Versicherung führt danach zu einer Erhöhung der Wagnisbereitschaft und diese wiederrum zu einer Wohlstandssteigerung. *Ulrich Meyer* hat dies die Transformationsfunktion von Versicherungen genannt.[16] Im Ergebnis lässt sich zeigen, dass nicht nur die Sozialversicherung, sondern jede Art von (auch privater Versicherung) die Risikoallokation in der Gesellschaft verbessert. Unternehmen und Privathaushalte sind bereit, höhere Risiken einzugehen, wenn sie daraus möglicherweise resultierende, existenzielle Krisen durch Versicherung abpuffern können.

Diese Erkenntnis gilt nicht nur für klassische Kaskoversicherungen, die dazu geführt haben, dass Fahrzeuge nicht wie Panzer, sondern in Leichtbauweise mit Airbags konstruiert werden. Die Existenz der Einbruchversicherung hat wahrscheinlich dazu geführt, dass hohe Grundstücksmauern einladenden Hecken gewichen

[14] *Sinn,* Risiko als Produktionsfaktor, Jahrbücher für Nationalökonomie und Statistik 201, 1986, S. 564.

[15] *Sinn,* Risiko als Produktionsfaktor, Jahrbücher für Nationalökonomie und Statistik 201, 1986, S. 564.

[16] *Meyer,* Versicherung als Risikotransformation, VersWissStud, Bd. 6, 1997, 11; darauf aufbauend *Schwintowski,* Rechtsnatur und ökonomische Funktionen des Versicherungsvertrages, VersWissStud, Bd. 6, 1997, 27 ff.

sind. Die Feuerversicherung hat dazu geführt, dass Städte in enger Bauweise errichtet werden konnten und das Unternehmen mit Wertstoffen hantieren, die nicht immer völlig ungefährlich sind.

In Zukunft wird die Digitalisierung das Leben der Menschheit grundlegend verändern. Cyberrisiken werden zunehmen. Die Vernetzung der Welt über digitale Clouds wird immer stärker werden. Niemand wird mehr in der Lage sein zu sagen, wer, an welcher Stelle, wann, welches Signal mit welchem Inhalt ganz genau gesetzt hat. Sich selbst steuernde, intelligente Systeme werden stattdessen Roboter leiten und Menschen das Leben erleichtern. Aber: Es wird immer wieder Missbräuche und Hacking geben mit der Folge, dass Teile von Volkswirtschaften und Unternehmen lahmgelegt und ausgebeutet werden können. Die Antwort hierauf wird nicht die Abschottung vor der digitalen Zukunft, sondern die Cyberversicherung sein. Sie wird die Grundlagen dafür geben, dass die Menschheit bereit ist, immer mehr Lebensbereiche zu digitalisieren und Robotern sowie selbstlernenden KI-Systemen zu überlassen.

Der Grund liegt auf der Hand: Der volkswirtschaftliche Gesamtnutzen der Digitalisierung überwiegt die Risiken. Da die Risiken dennoch eintreten werden, bietet es sich an, diese Risiken auf eine Vielzahl von Schultern zu verteilen und auf diese Weise dafür zu sorgen, dass der volkswirtschaftliche Nutzen optimiert ist. Das Gleiche wird für autonome Fahrzeuge gelten. Aller Wahrscheinlichkeit nach werden autonome Fahrzeuge sehr viel weniger Unfälle verursachen, als es Menschen tun. Aber natürlich werden auch sie Fehler machen und man wird in die Steuerungssysteme durch Cyber- und Hackingangriffe eingreifen können. Nur: niemand wird mehr sagen können, wer den Unfall verursacht oder gar verschuldet hat. Fehler wird man innerhalb einer Cloud nicht mehr nachverfolgen können.

Kürzlich wurden bei VW in Wolfsburg Teile von ThyssenKrupp für die Fertigung von LKW geliefert, die nicht passten. Niemand wusste, wer diese Teile wo und wann bestellt hatte, denn die gesamten Fertigungsprozesse liefen KI-gesteuert über eine softwarebasierte Cloud. Die Software hatte eigenständig das Fertigen dieser Teile entschieden – erst bei VW stellte sich heraus, dass die Teile gar nicht gebraucht wurden. Bis heute weiß niemand, wie dieser Fehler in der Software passieren konnte. Es ist auch müßig über Fragen dieser Art nachzudenken, man muss die Software verbessern, sodass Fehler dieser Art nicht mehr vorkommen.

Die entscheidende Erkenntnis aus Entwicklungen dieser Art ist, dass auch in der digitalisierten Welt Fehler vorkommen werden. Der Nutzen durch die Digitalisierung, der daraus resultierende Wohlstandsgewinn, wird aber weitaus höher sein als die möglichen Fehler, die nicht auszuschließen sind. Die Menschheit wird also nicht auf die Digitalisierung verzichten, sondern stattdessen dafür sorgen, dass Cyberversicherungen Schäden, die eintreten, wie im Krankheitsfall kompensieren.

Das ist die Erkenntnis, die aus den grundlegenden Arbeiten von *Hans-Werner Sinn* und *Ulrich Meyer* resultiert. Diese Erkenntnis führt zu der Frage, die zu Beginn bereits gestellt wurde, ob es nicht sinnvoll ist, das Konzept der Haftpflicht- und Schadenversicherung, in Anlehnung an die Krankenversicherung, in ein Kompensationsmodell zu überführen. Wäre es mit anderen Worten nicht sinnvoll dafür zu sorgen, dass immer dann, wenn Menschen/Unternehmen Schäden aus bestimmten Ursachen erleiden, diese Schäden kompensiert werden, ganz gleichgültig, wer sie verursacht oder verschuldet hat? Ebenso wie bei der Krankenversicherung würde man sich fragen, bei welchen Ereignissen sinnvollerweise Kompensationsleistungen so erfolgen sollten, dass existenzielle Gefährdungen für Menschen oder Unternehmen von vornherein vermieden werden. Wahrscheinlich werden das die klassischen Feuer-/Gebäude-/Haftpflicht-/Transport-/Kasko- und Elementardeckungen sein. Hinzukommen dürften Deckungskonzepte für Cyber- und Betriebsunterbrechungs- oder Betriebsstilllegungsrisiken. Hinzukommen könnten bestimmte Marktrisiken, wie Forderungsausfälle, oder Kautionsversicherungen und natürlich Risiken aus dem Management von Unternehmen, die unter dem Namen D&O Versicherung bekannt sind.

In all diesen Fällen, das zeigen die Überlegungen der Ökonomen, wären Versicherungen wohlfahrtsteigernd, also sinnvoll. Wenn es also richtig ist, dass die Gesamtwohlfahrt durch Versicherung steigt. So ist die Frage erlaubt, wieso der Staat durch entsprechende Rahmenbedingungen nicht dafür sorgt, dass die in der Volkswirtschaft schlummernden, noch nicht gehobenen Wohlfahrtsgewinne durch Risikoabsicherung gehoben werden. Dem wird man nicht entgegen können, dass jeder Einzelne ja heute schon in der Lage ist, Risiken, die eben beschrieben wurden, durch Versicherungsverträge abzusichern. Das ist richtig. Nur: In vielen Fällen sichern sich Menschen und Unternehmen nicht oder viel zu gering ab. Letztlich sind die gesamtwirtschaftlichen Verluste durch unteroptimalen Versicherungsschutz sehr viel größer als sie sein könnten, wenn, so wie in der Krankenversicherung, alle Menschen und Unternehmen über einen angemessenen Risikoschutz verfügten.

Es geht also letztlich um die Frage, ob man für grundlegende Risiken in einer Volkswirtschaft Versicherungslösungen schaffen sollte, um die Innovationskraft einer Gesellschaft und damit ihre Risikobereitschaft zu erhöhen. Eine Frage dieser Art scheint besonders in einer hoch vernetzten, industrialisierten aber zugleich alternden Gesellschaft, wie etwa der deutschen, naheliegend. In Gesellschaften dieser Art genügt es nicht dem Einzelnen das Recht zur privatautonomen Absicherung zuzuweisen. Es erweist sich zumindest in jenen Bereichen, die für Wachstum und Entwicklung einer modernen Gesellschaft wichtig sind, als notwendig, Absicherungskonzepte verpflichtend vorzusehen, damit Innovationsbereitschaft und Risikomut in der Volkswirtschaft hinreichend wahrgenommen und umgesetzt werden.

Über diese Frage sollte in Zukunft vertieft diskutiert werden. Es ist schon heute nur schwer nachvollziehbar, dass nicht alle Privathaushalte über ein private Haftpflichtversicherung verfügen, obwohl diese gerade für Menschen in der unteren Einkommensskala geradezu unverzichtbar ist. Im Bereich der Kfz-Versicherung ist seit langem klar, dass eine Haftpflichtversicherung unabdingbar notwendig ist. Was für den Geschädigten und seine Absicherung gilt, sollte aber umgekehrt auch für den Schädiger und seine Absicherung gelten. Kasko- und Haftpflichtversicherung sollten also zu einer Einheit werden. Mit Blick auf autonomes Fahren gilt dies erst recht, denn das notwendige Vertrauen in die Software der autonomen Computer auf vier Rädern wird es erst dann geben, wenn Schäden ohne Wenn und Aber kompensiert werden. Das Gleiche gilt für Maschinen im industriellen-gewerblichen Bereich, die für Lieferketten und Produktionsprozesse zuständig sind. Auf die Cyberrisiken der Zukunft wurde eben schon hingewiesen – sie sind genau besehen nur beherrschbar, wenn alle Haushalte und Unternehmen einen angemessenen Grundversicherungsschutz für etwaige Cyberfehler oder Hackingangriffe haben.

Der letztlich zu diskutierende Grundgedanke lautet, dass *das Risiko als Produktionsfaktor,* also der Wagemut von Menschen und Unternehmen mit Blick auf innovative Zukunftstechnologien als gesamtwirtschaftlicher Produktionsfaktor, nur dann wirksam optimiert werden kann, wenn die daraus resultierenden bestandsgefährdenden und existenziellen Risiken durch entsprechende Versicherungsdeckungen abgepuffert werden. Dieser Zweiklang ist es, den *Hans-Werner Sinn* und *Ulrich Meyer* im Auge hatten, als sie ihre Theorie der Versicherung als *Transformation* entwickelt haben. Es geht, mit anderen Worten, bei Versicherung nicht nur um eine private Veranstaltung, sondern auch um eine gesamtwirtschaftliche Aufgabe, mit dem Ziel, den Produktionsfaktor Risiko in seiner Wirkweise zu heben und zu optimieren.

Wenn man in dieser Art und Weise denkt, so wird man nicht umhinkommen, die Frage zu stellen, ob ein Konzept dieser Art möglicherweise daran scheitert, dass das zu missbrauchsanfällig ist. Letztlich geht es um die Frage, ob das moralische Risiko (moral hazard) beherrschbar bleibt.

V. Moral hazard – Insurance-Benefit-System

Hinter dem Begriff des moral hazard verbirgt sich ein in der Versicherungswissenschaft viel diskutierter Problemkreis. Gemeint ist eine durch die Versicherung induzierte, zu Lasten der Gesellschaft gehende Verhaltensänderung der VN. Der VN versucht durch Täuschung des Systems, persönliche Vorteile zu erzielen.[17] Es gibt Formen der mutwilligen Schadensverursachung. In der Feuerversicherung ist die „warme Sanierung“ als typisches Beispiel bekannt. Reparaturleistungen werden vorgetäuscht oder zu hoch abgerechnet. Krankheiten werden vorgetäuscht, um arbeitsunfähig geschrieben zu werden oder eine Berufsunfähigkeitsrente zu kassieren.

In der Versicherungstechnik sind eine Vielzahl von Mechanismen bekannt, um diese Formen der *adversen Selektion* zu unterbinden oder zumindest zu minimieren. Dazu zählen Selbstbeteiligungen oder Bonus-Malussysteme. Dazu gehören aber auch Verhaltensobliegenheiten oder Quotelungen bei der Herbeiführung von Schäden durch grobe Fahrlässigkeit. Beweislastregelungen tun ihr übriges. Der Versicherungsschutz kann bei der Verletzung vorvertraglicher Anzeigepflichten versagt werden. Das Gleiche gilt, wenn der VN bestimmte Gefahrerhöhungen nicht oder zu spät anzeigt.

Diese Instrumentarien sind in der Vergangenheit vielfach erprobt und im Detail geschärft worden. Trotz nicht wegzudiskutierender Missbräuche und bestehenbleibender Grauzonen im Bereich des Versicherungsbetruges sind die Versicherungsunternehmen im Großen und Ganzen profitabel geblieben. Das Gleiche gilt für die Vermittler der Versicherungsprodukte. Umgekehrt hat das Instrument Versiche-

[17] Vertiefend *Sinn,* Ökonomische Entscheidungen bei Ungewissheit, 1980, ab 331.

rung seine segensreichen Wirkungen mit Blick auf den Produktionsfaktor Risiko für die modernen Volkswirtschaften entwickeln können.

Für die Zukunft sollte über ein Instrumentarium nachgedacht werden, das im amerikanischen Sprachraum unter dem Stichwort *Nudging* bekannt und vor allem von dem Verhaltensökonomen *Richard H. Thaler* und dem Juristen *Cass R. Sunstein* entwickelt wurde.[18] Der Begriff Nudging steht für eine anreizorientierte Verhaltensänderung, die an die Stelle von Geboten und Verboten tritt. Gebote und Verbote haben den Nachteil, dass sie die Freiheit des Einzelnen beschränken und häufig unangenehm und bevormundend wirken. Anreize haben demgegenüber die angenehme Wirkung, etwas Positives in den Menschen auszulösen, in ihnen den Eindruck zu erwecken, als sei das, was sie tun, in ihrem eigenen Interesse, von ihnen also gewollt und für sie nützlich.

Mit Blick auf das Versicherungssystem der Zukunft hat der Versicherungsmakler *Roland Schnaak* den Begriff „Insurance-Benefit-System" entwickelt.[19] Ihm schwebt dabei ein anreizbasiertes Versicherungssystem vor, das auf Verbote und Gebote im klassischen versicherungsrechtlichen Sinne verzichtet. Er ersetzt Obliegenheiten, Anzeigepflichten, Selbstbeteiligungen und Quotelungen wegen grober Fahrlässigkeit durch ein „atmendes Anreizsystem", das sehr einfach, aber auch sehr effektiv, nämlich digital unterstützt, funktionieren könnte. Grundgedanke: Privathaushalten und Unternehmen werden Basisversicherungsdeckungen angeboten, die ohne Wenn und Aber einen Grundversicherungsschutz bei definierten Risikosituationen (zum Beispiel Feuer, Diebstahl oder Cyberhacking) gewähren. Dieser Basisschutz wird mit einer Risikomatrix verbunden. Es werden Risiken beschrieben, deren Steuerung man verbessern könnte, wenn man denn wollte. Bei Gebäuden könnte man einen verbesserten Brandschutz einbauen, erhöhte Bewachungssysteme installieren. Im Cyberbereich würde man bestimmte Signaturen und Passwortkonstellationen implementieren. Gegen Diebstähle gäbe es moderne Alarmanlagen und Tresore für wertvolle Unterlagen oder Rohstoffe. Es entstünde eine Auflistung von Möglichkeiten, wie man seine Risikosituation verbessern und damit zugleich seinen Deckungsschutz erhöhen könnte.

Ein VN, der beispielsweise zwei oder drei der zusätzlich möglichen Handlungsoptionen ergreift, sorgt auf diese Weise selbst dafür, dass sich die von ihm gewählte Basissumme von beispielsweise 100.000 EUR auf 500.000 EUR erhöht. Ergreift er weitere Verbesserungsmaßnahmen, so erreicht er bei ansonsten gleicher Prämie einen Deckungsschutz von 1 Mio. oder von 10 Mio. EUR. Der VN steuert also auf diese Weise selbst das Risiko, das er eingeht und die Höhe der Versicherungssumme, die an ihn ausgekehrt wird, wenn sich das Risiko verwirklichen sollte.

Das Ganze geschieht digital, unterstützt über eine App. Der Versicherungsschutz beginnt im Basisbereich bei Rot. Verbessernde Maßnahmen kann der VN in der App erkennen, indem aus Rot Gelb wird oder aus bestimmten Maßnahmen sogar Grün. Verschlechtert der VN die Verhaltensstandard, so riskiert er von Grün wieder

---

[18] *Thaler/Sunstein,* Nudge – Wie man kluge Entscheidungen anstößt, 2008; zuvor bereits *Sunstein,* Gesetze der Angst, 2007.

[19] In Gesprächen mit dem Verfasser im Frühsommer 2021.

auf Gelb zurückgesteuert zu werden und im schlechtesten Fall landet er bei Rot. Er, der VN, steuert also in Zukunft selbst das Risiko. Wenn er nicht sicher ist, welche verbessernden Maßnahmen er ergreifen soll, um seine Deckungssumme bei gleicher Prämie zu erhöhen, wird er mit seinem Versicherungsberater Kontakt aufnehmen und es wird ein Zusammenspiel zwischen dem VN und dem Berater geben, um den Umfang der Versicherungsleistung permanent zu optimieren.

Das Besondere an diesem System ist, dass es nicht auf Geboten oder Verboten basiert, sondern auf dem Anreiz, durch Selbststeuerung bei gleichbleibender Prämie seinen Versicherungsschutz zu erhöhen oder zu vermindern. Dem VN wird es unmittelbar einleuchten, sich mit seinem Deckungskonzept zu beschäftigen. Er wird zum ersten Mal ein hohes Interesse daran haben, den Deckungsschutz durch risikovermindernde Maßnahmen zu verbessern. Aber: Er weiß auch, dass er in jedem Falle über Versicherungsschutz verfügen wird, selbst wenn er nichts zur Verbesserung des eingegangenen Basisrisikos beigetragen haben sollte.

Ein solches, anreizbasiertes Konzept, mit dem der VN selbst Benefits im Deckungsschutz durch Risikosteuerung heben kann, könnte die bisher üblichen Konzepte der Selbstbeteiligung, der Versagung von Versicherungsschutz bei Obliegenheitsverletzungen oder grober Fahrlässigkeit intelligent ersetzen und in Zukunft dazu beitragen, dass der Anteil von Missbräuchen und Betrügereien (moral hazard) sehr viel geringer wird. Die Botschaft wird lauten: Jeder Kunde ist sowieso versichert – Betrug zahlt sich nicht aus. Aber umgekehrt zahlt es sich aus, wenn man risikomindernde Maßnahmen ergreift. Umgekehrt führt dies bei den Versicherern dazu, dass sie die Verhaltensanforderungen, die ihnen aktuariell wichtig sind, so klar und verständlich formulieren, dass die VN in der Lage sind, konkrete Maßnahmen zur Verbesserung des Deckungsschutz zu ergreifen. Es wird also kein Interesse auf Seiten der VR mehr daran geben, Klauseln möglichst kompliziert, unverständlich und verhüllt so zu formulieren, dass man am Ende womöglich den Deckungsschutz vermindern, quoteln oder gar versagen kann und das Risiko des Unterliegens im Rechtsstreit dem VN zuweist.

Dieser Negativanreiz, der im heutigen System der Versicherungstechnik und des Versicherungsrechts angelegt ist, wird bei dieser Gelegenheit gleich mit überwunden. Es gibt also eine win-win-Situation durch anreizkompatibles Systemdenken. Für die VN entsteht erstmals ein Anreiz, sich um den eigenen Risiko- und Deckungsschutz selbst zu kümmern, weil man auf diese Weise einen großen Nutzen, nämlich einen höheren Deckungsschutz bei gleichbleibender Prämie erreichen kann. Für die VU entsteht der ebenfalls positive Anreiz, risikoverbessernde Maßnahmen so zu formulieren, dass sie von den Kunden ergriffen werden können. Auf beiden Seiten sinkt das Risiko ausgebeutet zu werden. Das heißt, die Gewinn- und Vertrauensmargen auf Seiten der Versicherer steigen ebenso wie auf Seiten der Versicherten. Gesamtvolkswirtschaftlich könnte dieses Insurance-Benefit-System dazu führen, dass das Risiko als Produktionsfaktor im Sinne von *Hans-Werner Sinn* und *Ulrich Meyer* die Innovations- und Wachstumswirkungen entfaltet, die wir in der modernen Industriegesellschaft der Zukunft benötigen. Voraussetzung dafür wird allerdings sein, dass wir die Haftpflicht- und Schadenversicherung in Zukunft in eine Kompensationsversicherung überführen. Ich würde mir wünschen, dass

Theo Langheid, den ich nicht nur in der VVG-Reformkommission als einen der kreativsten und innovativsten Köpfe des Versicherungsrechts in unserem Lande erlebt habe, mit dazu beitragen würde, dass wir diesen für uns alle höchst nützlichen Paradigmawechsel noch miterleben.

VI. Zusammenfassung

1. Das Zukunftskonzept für die Haftpflicht- und Schadenversicherung sollte das die Krankenversicherung prägende Kompensationsmodell sein.
2. Wir würden nicht mehr danach fragen, wer einen Schaden verursacht oder verschuldet hat, sondern dafür sorgen, dass der Schaden, der jedem einmal passieren kann, kompensiert wird.
3. Grenzen für dieses Konzept wären Vorsatz und Missbrauch (moral hazard).
4. Durch dieses Kompensationsmodell würden die wohlstandssteigernden Wirkungen, die *Hans-Werner Sinn* und *Ulrich Meyer* als Transformationsfunktion von Versicherungen beschrieben haben, eintreten können.
5. Das Problem des moral hazard würde durch ein anreizkompatibles System (Nudging) überwunden werden.
6. An die im Versicherungsrecht heute üblichen Gebote und Verbote träte das Insurance-Benefit-System, das einen Grundversicherungsschutz ohne Wenn und Aber bereitstellt und dem VN die Möglichkeit eröffnet, durch Handlungsoptionen, bei gleichbleibender Prämie, den Deckungsschutz zu erhöhen oder auch zu vermindern. Bei einem solchen System gibt es keinen Anreiz zum Betrug mehr.
7. Über das Insurance-Benefit-System könnte durch Übergang zum Kompensationsmodell in der Schaden- und Haftpflichtversicherung die Gesamtgesellschaft nicht nur risikotragfähiger, sondern auch risikobereiter und damit innovativer und leistungsfähiger werden.
8. Bei kluger Steuerung wird das Kompensationsmodell zu einer Wohlstandssteigerung führen, deren Größenordnung kaum beschreibbar aber ganz erheblich sein wird.

ULRICH H. STAHL

COVID-19-Pandemie als Schadensereignis in der CAT-XL-Rückversicherung?

COVID-19 wird absehbar auch im Recht der Rückversicherung gegen Naturgefahren, insbesondere in der Kumul-Schadenexzedenten-Rückversicherung (kurz CAT-XL-Rückversicherung), seine deutlichen Spuren hinterlassen. Zwar ist in der Erstversicherung das Bild über die zentralen Rechtsfragen zur Deckung von COVID-19-Schäden einstweilen noch in der Entwicklung begriffen, obwohl bereits sehr viel landgerichtliche und oberlandesgerichtlichen Judikatur vorliegt[1] und die Ergebnisse der rechtswissenschaftlichen Verarbeitung des Problemkreises nach bald zwei Jahren Dauer der Pandemie nahezu unübersehbar geworden ist.[2] Eine erste, für das deutsche Recht richtungsweisende Entscheidung des für Versicherungssachen zuständigen Senats des Bundesgerichtshofs ist am 26. Januar 2022 ergangen.[3]

Währenddessen wurden bereits erste Hinweise für die Beantwortung der im Titel gestellten Frage nach der rechtlichen Behandlung der COVID-19-Pandemie in der Rückversicherung aus dem Vereinigten Königreich von Großbritannien empfangen. Dort hat der Supreme Court in einem vielbeachteten Musterverfahren[4] durch sein Urteil vom 15. Januar 2021 der Seite der (Original-)Versicherungsnehmer weitgehend Recht gegeben. Dabei wurde auch die hier interessierende Frage, ob nämlich die COVID-19-Pandemie für sich genommen als ein *„Schadenereignis"* (zB als *„event"* oder *„occurrence"* or *„catastrophe"*) im Sinne der Bedingungen der Erstversicherung angesehen werden kann, angesprochen und im Ergebnis verneint.[5] Das betraf allerdings, wohl gemerkt, den Bereich der Erst- oder Direktversicherung, und zwar dort primär Versicherungen, die gegen Gefahren der Betriebsschließung und -unterbrechung durch behördlicherseits getroffene Maßnahmen gegen die Ausbreitung infektiöser Krankheiten genommen worden waren. Bei einer rechtswissenschaftlichen Untersuchung der gleichen Fragestellung, nunmehr innerhalb des Sonderbereichs der Kumul-Schadenexzedenten-Rückversicherung, zumal nicht unter dem Blickwinkel des englischen Rechts, empfiehlt sich ein anderer Ansatz. Es ist zunächst ein Blick zurück in die Rechtsprechung des Bundesgerichtshofs (nachfolgend BGH) zum „Ereignis-"Begriff im deutschen Versicherungsrecht zu werfen.

---

[1] Vgl. zuletzt *Günther* VersR 2021, 1141 ff.
[2] Vgl. Literaturübersicht in r+s 2021, 494 ff.
[3] BGH Urt. v. 26.1.2022 – IV ZR 144/21, WM 2022, 272.
[4] *FCA v Arch Insurance and others,* UKSC 2020/0177.
[5] *FCA v Arch Insurance and others,* UKSC 2020/0177, Rn. 69, 93, 104, 216 und 321.

I. Rechtsprechung des BGH

Der Ausgangspunkt der juristischen Diskussion zu diesem Thema könnte zweckmäßigerweise in der Grundlagenentscheidung des Bundesgerichtshofs vom 18. Januar 1965 (II ZR 135/62) gesucht werden. Dort hatte sich der BGH schon vor langer Zeit einmal ganz grundsätzlich mit dem Begriff des Schadensereignisses zu befassen. Die Entscheidung betraf zwar keinen Vertrag zur Rückversicherung-, sondern einen solchen zu einer Haftpflichtversicherung. Dort hatte sich der BGH ganz offensichtlich bemüht, den Begriff des Schadensereignisses zugleich vorsichtig und zielführend näher zu beleuchten.

Auf Seite 326 in der Fundstelle BGH VersR 1965, 325 wurde ausgeführt:

„Unter einem ‚Ereignis' versteht der *allgemeine Sprachgebrauch,* den ursprünglichen Sinn des Wortes wahrend (vgl. Duden-Etymologie 1963), einen sinnfälligen objektiven Vorgang, der sich vom gewöhnlichen Tagesgeschehen deutlich abhebt und dessen schwerwiegende Bedeutung sofort ins Auge springt (BGHZ 25, 34 [36] = VersR 57, 499 [500]). Das Ereignis unterscheidet sich als Geschehen, als Vorgang von einem statisch vorhandenen Zustand (Hartung aaO). Das ‚Schadenereignis' darf weder mit der *Schadensursache* noch mit dem *Gefahrenzustand* verwechselt werden. Wie unter dem Ereignis des § 1 Nr. 1 AHB ist darunter der entscheidende äußere Vorgang zu verstehen, der die Schädigung des Dritten und damit die Haftpflicht des VN *unmittelbar* herbeiführt (vgl. BGH aaO).

Dieser Begriff des Schadenereignisses setzt der *Zusammenfassung einzelner Schadensfälle zu einem einheitlichen Schadenereignis* Grenzen und ist unvereinbar mit der Vorstellung des Berufungsgerichts, das Schadenereignis habe hier über 2 Jahre gedauert, obwohl zwischen den einzelnen Deckenabstürzen mehrere Monate, bis zu 10 Monaten, gelegen haben, in denen sich nachweislich nichts ereignet hat. Das Berufungsgericht hat den drohenden Gefahrenzustand, für den eine gewisse, meistens längere Dauer – mag sie auch einmal kürzer gewesen sein – ebenso kennzeichnend wie die Ungewissheit darüber ist, ob und wann sich die Gefahr in einem Schadenereignis verwirklichen wird, als Versicherungsfall angesehen. Das ist auch dann verfehlt, wenn die einzelnen Schadenereignisse dieselbe Ursache haben und zeitlich zusammenhängen, wie § 3 II Nr. 2 AHB beweist. Denn dort wird für den Umfang der Leistung des Versicherers bestimmt, dass die im Versicherungsschein angegebene Versicherungssumme *die Höchstgrenze bei jedem Schadenereignis* bildet und ‚mehrere zeitlich zusammenhängende Schäden aus derselben Ursache *als ein Schadenereignis gelten'*. Diese Regelung wäre unverständlich, wenn die *angeordnete Rechtsfolge* ohnehin anzunehmen wäre und es dafür keiner *Fiktion* bedürfte. Hiernach kann kein einheitlicher, mit dem ersten Deckenabsturz im Januar 1958 oder im Juli 1959 eintretender Versicherungsfall angenommen werden." *(Kursivsetzungen hinzugefügt)*

Der BGH hat hier mindestens sechs Gesichtspunkte angesprochen, die auch für die Lösung des hier thematisierten juristischen Problems fruchtbar gemacht werden können. Die von dem Verfasser im vorstehenden Zitat hinzugefügten Kursivsetzungen sollen dies andeuten. Da ist zum einen der Hinweis darauf, dass der allgemeine Sprachgebrauch dem juristischen Begriff des „Schadenereignis" Grenzen setzt. Zum zweiten verweist der BGH auf den Umstand, dass diesem Sprachgebrauch stets eine zeitliche Begrenzung innewohnt. Drittens verweist der BGH auf die versicherungsrechtlich ausgerichtete Abgrenzung des (versicherten) „Ereignisses" gegenüber der Schadenursache und der Gefahr, jeweils betrachtet unter dem Blickwinkel des Versicherungsrechts. Viertens verweist der BGH auf das Merkmal der Unmittelbarkeit. Fünftens hebt der BGH die funktionale Zweckbestimmung des Begriffes des „Schadensereignisses" innerhalb des konkreten Vertragswerkes insgesamt hervor, rekurriert also auf andere vertragstypische Regelungen, um von dort aus im Wege der Auslegung des Vertrages insgesamt die von den Parteien konkret gewollte Bedeutung des Begriffs Schadenereignis näher zu untersuchen. Auf diese Weise hebt die konkrete Auslegungs- und Subsumtionsleistung des BGH anhand des damals zu entscheidenden Einzelfalles hervor, dass die Begriffsbestimmung für das „Schadenereignis" aus dem gemeinsamen Kontext mit anderen vertraglichen Bestimmungen gewonnen werden muss. Dabei verweist der BGH – schließlich sechstens – auf den Umstand, dass sich die Parteien des ihm damals vorgelegten Vertrages aus dem Bereich der Haftpflichtversicherung darauf verständigt hatten, den Begriff des „Schadensereignis" im Rahmen einer vertraglich festgelegten rechtlichen Fiktion näher zu bestimmen. Der BGH verweist damit auf den Umstand, dass sich die Parteien bei der Verhandlung des Vertrages einvernehmlich von der Ebene der realen, tatsächlichen Ereignisse gleichsam in eine fiktionale Ebene begeben hatten. Der vertragliche Begriff des „Schadenereignisses" wurde so aus dem allgemeinen Sprachgebrauch herausgelöst und in eine andere, von den Parteien erst geschaffenen Bedeutungsebene transferiert. Die vertragschließenden Parteien hatten auf diese Weise für diesen Begriff eine eigene, neue Metaebene geschaffen.

Wie sogleich zu zeigen sein wird, sind alle sechs hier vom BGH angesprochenen Gesichtspunkte auch für die hier angesprochene Problematik in dem vorliegenden Beitrag fruchtbar zu machen.

II. Die in COVID-19-Fällen für die Rückversicherung unter CAT-XL-Rückversicherungsverträgen herangezogene Event-Definition-Klausel

Die in der internationalen Praxis der CAT-XL-Rückversicherung übliche Event-Definition-Klausel (nachfolgend: EDC) geht auf den Londoner Markt zurück.[6] Sie lautet in der ursprünglichen Fassung in ihren wesentlichen Punkten wie nachstehend zitiert. In der Praxis werden zwar regelmäßig Veränderungen, Streichungen oder Zusätze vereinbart, jedoch bleibt die ursprüngliche Fassung der EDC in ihrer Grundstruktur in aller Regel gut erkennbar. Die Klausel wurde im Londoner Markt in den Jahren 2012 und 2018 weiterentwickelt.[7] So kann das nachstehende

---

[6] Lloyd's – LPO 98A, vgl. *R. Kiln/St. Kiln,* Reinsurance in Practice, 4th ed. 2001, Chapter VIII, S. 165 ff.

[7] *William,* Reinsurance and the Law of Aggregation, 2021, Ziff. 4.90., S. 111 ff.

Zitat auch für die vorgelegte Untersuchung als praktisch relevant zugrunde gelegt werden.[8]

The words "loss occurrence" shall mean all individual losses arising out of and directly occasioned by one catastrophe. However, the duration and extent of any "loss occurrence" so defined shall be limited to:

(a) 72 consecutive hours as regards a hurricane, a typhoon, windstorm, rainstorm, hailstorm and/or tornado unless the "loss occurrence" includes arising from flood.

(b) 72 consecutive hours as regards earthquake, seaquake, tidal wave and/or volcanic eruption.

(c) 72 consecutive hours and within the limits of one city, town or village as regards riots, civil commotion and malicious damage.

(d) 168 consecutive hours as regards flood or flood in combination with perils mentioned in (a) above.

(e) 72 consecutive hours as regards any "loss occurrence" which includes individual loss or losses from any of the perils mentioned in (a), (b), (c) and (d) above.

(f) 168 consecutive hours as regards any "loss occurrence" of whatsoever nature which does not include individual loss or losses from any of the perils mentioned in (a), (b), (c) and (d) above.

And no individual loss from whatever insured peril, which occurs outside these periods or areas, shall be included in that „loss occurrence".

The company may choose the date and time when any such period of consecutive hours commences and as respects those „loss occurrences" referred to in (a), (b) and (c) above and if any catastrophe is of greater duration than 72 hours, the company may divide that catastrophe into two or more „loss occurrences", provided no two periods overlap and provided no period commences earlier than the date and time of the happening of the first recorded individual loss to the company in that catastrophe. As respects "loss occurrences" other than those referred to in (a), (b) and (c) above only one such period of 168 consecutive hours shall apply with respect to one catastrophe.

Vor dem Hintergrund der oben zitierten Rechtsprechung des BGH springt sofort ins Auge, dass die EDC nicht nur eine, sondern eine ganze Reihe verschiedener rechtlicher Fiktionen enthält. Als eine Fiktion wird in der Rechtslehre eine im Gesetz (oder im Vertrag) festgelegte Annahme eines Sachverhalts genannt, der in Wirklichkeit nicht besteht. Die Fiktion ermöglicht in besonderen Fällen die Ableitung sonst nicht gegebener Rechtsfolgen. Umgekehrt kann das Gesetz (oder ein Vertrag) einen Sachverhalt entgegen der Wirklichkeit als nicht bestehend fingieren, sodass andernfalls denkbare Rechtsfolgen gerade ausgeschlossen werden.[9] So ist der vorstehend zitierten, ursprünglichen EDC des Londoner (Rückversicherungs)

[8] Zitat EDC, *R. Kiln/St. Kiln,* Reinsurance in Practice, 4th ed. 2001, S. 171 und 180f.; Definition of Loss Occurrence.

[9] Vgl. *Creifelds,* Rechtswörterbuch, 15. Aufl. 1999, S. 461.

Marktes zu entnehmen, dass zB Sturmereignisse und Erdbeben immer nur für die Dauer von maximal 72 Stunden als *„loss occurrence"* gelten und daraus entstehende Schäden in der Erstversicherung aggregiert werden dürfen. Ein Schadenereignis, das in der Realität länger als 72 Stunden oder 168 Stunden andauert, erfüllt somit nicht (mehr) den in der EDC von den Parteien künstlich geschaffenen, also fingierten Begriff des (rückversicherten) Schadensereignisses. Umgekehrt kann ein in der Realität als einheitlich wahrgenommener, länger anhaltender Vorgang wie ein meteorologisch fortdauernder Sturm oder ein sich über einige Wochen erstreckendes Überschwemmungsereignis für die Zwecke der Aggregierung von Originalschäden unter dem CAT-XL-Rückversicherungsvertrag als mehrere Ereignisse zu werten sein, nämlich insbesondere dann, wenn sich der Zedent dazu entschließt, sie bei der Schadenabrechnung unter dem Rückversicherungsvertrag als mehrere „Schadenereignisse" zu fingieren. *Kiln* (a. a. O. S. 179) als einer der (Mit-)Verfasser der Klausel hat das ebenso einleuchtend wie praxisrelevant so ausgedrückt, dass einerseits die Bestimmung der Dauer eines jeweiligen Katstrophenereignisses stets der Natur oder dem Allmächtigen überlassen bleiben sollte und dass aber, andererseits, die von den Verfassern der Klausel gewählte Definition des „Schadenereignisses" für die Zwecke des von den Parteien vereinbarten Rückversicherungsvertrages gelten sollten.[10]

Diese Erkenntnisse sind besonders deutlich bei den sog. (f)-Ereignissen in der EDC. Hier werden die begrifflichen Grenzen zum einen negativ, nämlich durch die in (a) bis (e) als Beispiele namentlich genannten Vorgänge (wie Sturm, Flut, Aufruhr etc.) und zum anderen positiv, nämlich durch die Zeitdauerangabe von 168 Stunden, gezogen. Besonders diese inhaltlich weitgehend „offene" Fiktion eines Schadenereignisses, das in diesem Teil der EDC alleine durch die Zeitdauerangabe Kontur erfährt, ist ein starkes Indiz dafür, dass dort allein die nämliche Angabe zur Zeitdauer das nach dem Willen der vertragschließenden Parteien wesensbestimmende Merkmal des „Schadenereignisses" sein soll (s. näher unter → 4.).

Auch die Bestimmung, wonach der Zedent den Beginn eines solchen 72 Stunden oder 168 Stunden andauernden Schadenereignisses selbst bestimmen darf, weist die von den Parteien des Rückversicherungsvertrages vereinbarte Fiktion aus. Ein in der Realität stattfindender Vorgang wird überhaupt erst durch die einseitige Bestimmung seitens des Zedenten zu einem im Sinne des Rückversicherungsvertrages maßgeblichen „Schadenereignis". Maßgeblich für die Bestimmung der *„loss occurrence"* sollen nach der insoweit eindeutigen Vereinbarung der Parteien des CAT-XL-Rückversicherungsvertrages also nicht der tatsächliche Beginn, zB, eines meteorologisch feststellbaren Sturmereignisses oder der eine Überschwemmung auslösende Dammbruch sein. Das (rückversicherte) „Schadenereignis" wird vielmehr erst dadurch fingiert, dass der Zedent einseitig einen konkreten Tag und eine konkrete Stunde bestimmt, an dem der betreffende äußere, reale Vorgang nunmehr für die Zwecke der Aggregierung von Originalschäden seinen Anfang nimmt und dadurch als ein maßgebliches (rückversichertes) Schadenereignis quasi ausgewählt wird. Mit dieser einseitigen Bestimmung des Zedenten beginnt die Zeitdauer von

[10] *R. Kiln/St. Kiln,* Reinsurance in Practice, 4th ed. 2001, Chapter VIII, S. 179.

168 Stunden zu laufen. Der Zedent bestimmt damit den Anfang und – falls das Ereignis länger als 168 Stunden andauert – auch das zeitliche Ende des Ereignisses. Mit anderen Worten: Der Zedent übt die innerhalb seines einseitigen Bestimmungsrechts liegende Option aus und fingiert damit, innerhalb eines laufenden Geschehens, unter Beachtung der Grenzen des Rückversicherungsvertrages insgesamt und der EDC insbesondere, das rückversicherte Schadenereignisses.

Von zentraler Bedeutung in diesem Zusammenhang ist außerdem die weitere Befugnis des Zedenten, ein in der Lebenswirklichkeit einheitliches Ereignis für die Zwecke des Rückversicherungsvertrages juristisch in eine Mehrzahl, gegebenenfalls sogar in eine Vielzahl, zeitlich aufeinander folgender „Schadenereignisse" im Sinne des CAT-XL-Vertrages zu zerlegen. Der Zedent ist insoweit frei, muss aber die jedem Schadenereignis nach dem Vertrag immanenten Grenzen wie zB Priorität und Haftungstrecke beachten. Der Zedent darf damit ein in der Realität einheitliches Geschehen für die Zwecke der Anwendung des CAT-XL-Vertrages in eine Vielzahl von 72-Stunden- oder 168-Stunden-„Ereignisse" aufteilen, es gleichsam segmentieren. Auch hier wird überdeutlich, dass die Parteien juristisch betrachtet auch insoweit eine bei Vertragsabschluss vereinbarte Fiktion verwenden, eine Fiktion, die für ihre endgültige Ausgestaltung in die Hände einer der Vertragsparteien, hier des Zedenten, gelegt sein soll: Zum rückversicherten „Schadenereignis" wird im Ergebnis genau das, was der Zedent – unter Beachtung der Bestimmungen des Rückversicherungsvertrags insgesamt – dazu bestimmt.

Für die weitere Erörterung werden sich alle diese vertraglichen Einzelbestimmungen für die Beantwortung der hier maßgeblichen Fragestellung als wesentlich erweisen. Es wird dabei letztlich um die Frage gehen, ob in der Gewährung der hier aufgezeigten Befugnisse des Zedenten innerhalb der EDC das Recht des Zedenten *ausgeschlossen* ist, die Aufteilung eines Geschehens, das sich in der Wirklichkeit über Wochen, Monate und gegebenenfalls Jahre erstreckt, zu vermeiden und damit im Ausbruch und der Verbreitung von COVID-19, also der Pandemie als solcher, (nur) ein einziges, fingiertes, einheitliches „Schadenereignis" im Sinne des CAT-XL-Vertrages zu erkennen.

Bei der Anwendung deutschen Rechts ist bei dem letztgenannten Gesichtspunkt zusätzlich der Umstand von erheblicher Bedeutung, dass bei juristischer Betrachtung mit der Zuordnung der genannten Bestimmungsrechte zugunsten des Zedenten diesem hiermit einseitige Bestimmungsrechte im Sinne der §§ 315 ff. BGB eingeräumt werden: Bereits zum Zeitpunkt des Abschlusses des Rückversicherungsvertrages werden dem Zedenten die genannten Befugnisse vorbehalten, über die er sodann nachträglich – nämlich nach Eintritt original versicherter Schäden – ganz wesentliche Modalitäten des CAT-XL-Rückversicherungsvertrages einseitig bestimmen darf. In dieser vertraglich eingeräumten Befugnis liegt eine Regelung im Sinne des § 315 BGB. In der deutschen Rechtsprechung und juristischen Literatur ist seit langem anerkannt, dass sich ein einseitiges, vertraglich eingeräumtes Bestimmungsrecht gemäß § 315 BGB auf einzelne Modalitäten der Leistungspflicht der anderen Partei beziehen kann.[11] Die einseitige Bestimmung seitens des Zedenten, hinsichtlich der

[11] *Grüneberg* in Palandt, BGB, 80. Aufl. 2021, § 315 Rn. 2.

Konkretisierung des „f"-Ereignisses, nebst Festlegung der Anfangs- und Endpunkte und etwaiger Segmentierung in eine Mehrzahl verschiedener, fingierter „Schadenereignisse" im Sinne der CAT-XL-Deckung, kann ohne weiteres als eine Befugnis zur Bestimmung (wesentlicher) Modalitäten der Leistungspflichten des Rückversicherers unter dem betreffenden Vertrag verstanden werden.

III. Die Einbettung der Event-Definition-Klausel in umfassende internationale CAT-XL-Rückversicherungsprogramme

Neben der Betrachtung des Wortlauts der in einem Streitfall für die Aggregierung der Originalschäden maßgeblichen EDC ist auch deren regelmäßige Einbindung in die regelmäßigen, periodischen Rückversicherungsprogramme international agierender Zedenten zu berücksichtigen. Nicht selten sind die großen Erstversicherer mit eigenen oder assoziierten Gesellschaften als Risikoträger in verschiedenen Ländern (wie zB Deutschland, Frankreich, Vereinigtes Königreich) oder Ländergruppen (wie zB osteuropäische Staaten) oder Kontinenten (wie zB Europa, Australien) wirtschaftlich aktiv. Soweit die dort jeweils von diesen Zedenten direkt kontrahierten Risiken sodann unter einem umfassenden CAT-XL-Rückversicherungsprogramm abgedeckt werden, findet sich mitunter eine ganze Reihe verschieden formulierter EDC unter einem einzigen Rückversicherungsvertrag, und zwar jeweils bezogen auf bestimmte geographische Länder, Ländergruppen oder Kontinente. Diese bewusst unterschiedlich gewählte EDC für verschiedene territoriale Anwendungsbereiche des Rückversicherungsvertrages kann mit der in den jeweiligen geographischen Regionen unterschiedlich stark ausgeprägten Marktpräsenz des Zedenten, mit regionalen tradierten Deckungskonzepten oder zB auch mit der Einschaltung lokal verschiedener Makler bei der Platzierung des Rückversicherungsprogramms zusammenhängen. Hier setzen sich die häufig erheblich divergierenden Modalitäten des Erstversicherungsgeschäfts gegenüber dem Gesichtspunkt einer einheitlichen Definition des Begriffs des Schadenereignisses für den Schutz des Zedenten durch Rückversicherung durch. Sofern sich ein CAT-XL-Rückversicherungsvertrag auf unterschiedliche Länder oder geographische Regionen erstreckt, können unterschiedliche Definitionen für das maßgebliche „Ereignis", das rückversichert sein soll, gelten. Ähnliches gilt für das Verhältnis zu der unterliegenden Originalpolice: Auch hier muss ein „Ereignis" in der Erstversicherung begrifflich keineswegs deckungsgleich sein mit einem „Ereignis" in der schützenden Rückversicherung. Die Divergenz wird hier jeweils bei Verhandlung und Platzierung der CAT-XL-Rückversicherung von den vertragschließenden Parteien anerkannt und sodann in der Form verschiedener EDC im Vertrag ausdrücklich abgebildet.

Es liegt auf der Hand, dass jede starr am Wortsinn des Begriffes „Schadenereignis" festhaltende Interpretation dem bei Vertragsschluss klar zwischen den Parteien angesprochenen Willen der Parteien nicht gerecht werden würde. Ein im Rahmen der CAT-XL-Deckung definiertes Schadenereignis in einem Land muss sich rechtlich, also bei Anwendung der vertraglich vereinbarten, definierten Fiktionen, keineswegs decken mit dem Schadenereignis im Nachbarland. Dies gilt sogar dann, wenn es sich, zB bei einem Sturm- oder Flutereignis, um das Ergebnis des identischen, konkreten, meteorologischen Phänomens handelt. Naturkatastrophenereignisse halten sich ohnehin in aller Regel nicht an Staatsgrenzen oder geographische Trennlinien. Gleichwohl sollen Staatsgrenzen oder die Markierung geographischer Regionen – aus der Sicht der vertragschließenden Parteien – regelmäßig ihre Bedeutung bei der Definition des Begriffs „Schadenereignis" behalten. Dieser Wille kommt in den verschiedenen Formulierungen der EDC hinreichend deutlich zum Ausdruck, die der Zedent und seine Rückversicherer für unterschiedliche Länder oder Ländergruppen oder Kontinente im CAT-XL-Programm vereinbaren. Auch dieser letztgenannte Aspekt verdeutlicht den Charakter der EDC als einer rechtlichen Fiktion. Es geht bei der EDC (bzw. der Mehrzahl an EDC-Klauseln) eben überhaupt nicht um eine semantisch-begriffliche Herleitung des Ausdrucks „Schadenereignis" aus dem allgemeinen Sprachgebrauch oder aus einer Anlehnung an naturwissenschaftliche Kategorisierungen wie meteorologische Phänomene. Vielmehr geht es vorrangig um die vertragsgemäß korrekte Aggregierung von Originalschäden. Diese soll anhand zeitlicher (s. Stundenklausel, s. unten) und räumlicher Kriterien (*„area"*, s. unten) vorgenommen werden. Der Begriff des „Schadenereignisses" ist, bei seiner Verwendung im Kontext eines CAT-XL-Rückversicherungsprogramms, mithin kein abstrakter, sondern ein ausschließlich funktional verwendeter Begriff.[12]

IV. Inhalt und Struktur der Event-Definition-Klausel in CAT-XL-Rückversicherungsverträgen im Einzelnen

Das Recht der Rückversicherung ist bekanntlich sehr stark durch die gelebten Gepflogenheiten in der Praxis der Rückversicherungsgeschäfte, die Handelsbräuche dieses Wirtschaftszweiges, bestimmt.[13] Diese Bezugnahme entspricht regelmäßig auch dort dem Willen der vertragschließenden Parteien, wo ihr im Vertragstext kein unmittelbarer Ausdruck verliehen wurde. Vielfach wird der gleiche Gedanke zusätzlich noch in einzelnen Standardklauseln verdeutlicht und bestätigt, zB in der sogenannten *„Termination Clarification Notice* – ABR1325": *„For the purposes of this Contract, where established market referenced clauses are included herein, terminology is maintained as utilised in such issued clauses. However, where necessary, the interpretation of the terminology as stated in the text of the referenced clause shall be considered within the context of this Contract."*

Zu den allgemeinen Usancen, was das Verständnis des Begriffs *„Ereignis"* (oder *„event"* oder *„occurrence"*) in einem nicht-proportionalen CAT-XL-Rückversicherungsvertrag angeht, wird man auch die Auslegung dieses Begriffs in der Entscheidung des englischen House of Lords in der Rechtssache *AXA v Field* zählen dürfen. In dem Bemühen, den Begriff *„event"* im englischen Recht von dem Begriff *„cause"*

[12] Vgl. hierzu allgemein *Larenz/Canaris*, Methodenlehre der Rechtswissenschaft, 3. Aufl. 1995, S. 263 ff.

[13] *Looschelders* VersR 2012, 1 ff.

abzugrenzen, für die Zwecke der Entscheidung eines auf Haftpflichtrisiken bezogenen Rückversicherungsvertrags, hatte Lord Mustill die folgenden, seither viel zitierten Worte gebraucht:

"The contrast is between 'originating' coupled with 'cause' in Cox v Bankside Members Agency Ltd., [1995] 2 Lloyd'sRep. 437, and 'event' in the present case. In my opinion these expressions are not at all the same, for two reasons. In ordinary speech, an event is something which happens at a particular time, at a particular place, in a particular way. I believe that this is how the Court of Appeal understood the word. A course is to my mind something altogether less constricted. It can be a continuing state of affairs; it can be the absence of something happening. Equally, the word 'originating' was in my view consciously chosen to open up the widest possible search for a unifying factor in the history of the losses which it is sought to aggregate. To my mind the one expression has a much wider connotation than the other."[14]

Hiermit hatte der Lordrichter Mustill das in der Praxis des nicht-proportionalen XL-Rückversicherungsvertrages häufig auftretende Spannungsverhältnis zwischen dem sogenannten *„event-based"* Aggregations-Mechanismus einerseits und dem sog. *„cause-based"* Aggregations-Mechanismus andererseits angesprochen. Stark vereinfacht gesagt, bietet der zuletzt genannte Typus mehr Rückversicherungsschutz als der zuerst genannte, weil die Zusammenfassung von Originalschäden über eine (gemeinsame) *„Ursache"* in der Regel häufiger möglich ist als über ein (gemeinsames) auslösendes *„Ereignis"*. Ob aber im Einzelfall der im Rückversicherungsvertrag definierte Versicherungsfall für die Zusammenfassung von Originalschäden auf ein *„Ereignis"* abstellte oder auf eine gemeinsame *„Ursache"* lässt sich nur anhand einer genaueren Betrachtung der jeweiligen Klausel bestimmen. Die hier näher betrachtete (unter der Prämisse der Anwendung englischen Rechts entworfene) EDC verlangt, dass nur solche Originalschäden im Wege der Aggregierung unter dem XL-Rückversicherungsvertrag zu einem einheitlichen *„Schadenereignis"* zusammengefasst werden können, zwischen denen ein Zusammenhang im Sinne der Definition des Lordrichters Mustill besteht. Danach erfährt der Begriff des *„Ereignisses"* im nicht-proportionalen CAT-XL-Rückversicherungsvertrag seine wesenstypische Prägung gerade aus dem Umstand, dass die Originalschäden, die aggregiert werden sollen, nach Zeit, Ort und Art und Weise als zusammenhängend betrachtet und angenommen werden können.

Auch bei der Anwendung deutschen Rechts auf einen derartigen, *„event-basierten"* CAT-XL-Rückversicherungsvertrag würde man nach der Rechtsprechung des Bundesgerichtshofs auf das Verständnis des Begriffs *„event"* oder *„occurrence"* im englischen Rechtskreis, mithin auf die vorstehend zitierten Worte des Lordrichters Mustill in *AXA v Field* zurückgreifen.[15] Man würde sich also auch bei der Anwendung deutschen Rechts auf den betreffenden CAT-XL-Rückversicherungsvertrag die Frage stellen müssen, ob der Ausbruch der COVID-19-Epidemie und ihre weltweite Entwicklung zur Pandemie als ein nach Zeit, Ort und Art und Weise erfassbares *„Schadenereignis"* angesehen werden kann.

---

[14] *AXA v Field,* [1996] Vol. 2 Lloyd's Law Reports 233 (239).
[15] Vgl. BGH Urt. v. 2.12.1991 – II ZR 274/90, TranspR 1992, 103 (105).

Dabei wäre, wie immer bei der Vertragsauslegung, die Sichtweise der vertragschließenden Parteien zum Zeitpunkt des Abschlusses des betreffenden Vertrages, ins Blickfeld zu nehmen (s. hierzu näher → 5.). Bereits hier zeigt sich unmittelbar, dass ein globales Geschehen wie die COVID-19-Pandemie, das sich über Monate, möglicherweise sogar Jahre entfaltet, und auf das in verschiedenen Ländern zu unterschiedlichen Zeitpunkten ganz unterschiedlich reagiert wurde, kaum als *ein einheitliches „Schadenereignis“* in dem hier verstandenen, engeren Sinn aufgefasst werden kann. Manche Länder haben sofort mit drastischen Lockdown-Maßnahmen reagiert (zB Italien, Frankreich, Spanien, Portugal), während andere sich zunächst mehr auf eine abwartende Haltung verlegt hatten (zB Deutschland, Österreich, Schweiz, Dänemark), während wiederum dritte im Verlauf zwischen der einen und der anderen Haltung mehrfach schwankten (zB USA, Großbritannien, Brasilien). Zu unterschiedlich fielen die Reaktionen in den verschiedenen Ländern zu unterschiedlichen Zeitpunkten auf die Verbreitung des Corona-Virus aus. Auch werden die vertragschließenden Parteien wohl kaum die ganze Erde als einen einheitlichen „Ort“ verstanden haben. Vielmehr handelt es sich bei der COVID-19-Pandemie um einen global sich ausweitenden Zustand, eine Entwicklung wie zB die Eiszeit, der Zweite Weltkrieg oder der Hundertjährige Krieg.[16] Heute könnte man der beispielhaften Aufzählung auch das Phänomen des Klimawandels hinzufügen. Auch darin läge gewiss kein *„Ereignis“* im Sinne eines CAT-XL-Rückversicherungsvertrages, es sei denn, das gegenteilige Ergebnis wäre von den Parteien zum Zeitpunkt des Abschlusses dieses Vertrages ausdrücklich so vereinbart worden.

Bei der Bestimmung des rückversicherten „Schadensereignisses“ im Zusammenhang mit dem Ausbruch und weltweiten Verbreitung von COVID-19 darf der Umstand nicht aus dem Blickfeld geraten, dass im nicht-proportionalen XL-Vertrag nicht etwa „Ereignisse“ aggregiert werden, sondern vielmehr Originalschäden. Es sind typischerweise die Betriebsausfallschäden der von Lockdown-Maßnahmen betroffenen Betreiber von Restaurants, Hotels, Kindertagesstätten etc., die im Rahmen der Regulierung unter der Originalpolice finanziell von den Zedenten übernommen werden und absehbar für eine Präsentation gegenüber ihren Rückversicherern aufaddiert, also aggregiert werden sollen. Kaum jemals wird ein solcher Originalschaden indes als *„unmittelbar“* gelten können, im Sinne des eingangs erwähnten Zitats aus der Entscheidung des Bundesgerichtshofs aus dem Jahr 1965. Die allermeisten Originalschäden sind vielmehr direkt und unmittelbar erst aus behördlichen Lockdown-Maßnahmen erwachsen. Die aus der Regulierung derartiger Originalschäden sodann bei den Zedenten und Erstversicherern entstehenden finanziellen Belastungen sind als solche regelmäßig nicht Gegenstand eines CAT-XL-Rückversicherungsvertrages. Das wäre nur dann anders, wenn die Rückversicherung in der Form eines Stopp-Loss-Vertrages genommen worden wäre.[17]

---

[16] Vgl. die Entscheidung des englischen Court of Appeal in *Caudle v Sharp,* [1995] C.L.C. 642, 648.

[17] Vgl. zur Abgrenzung zwischen XL-Vertrag und Stopp-Loss-Vertrag die Entscheidung des englischen Court of Appeal *in Toomey v Eagle Star Insurance Co. Ltd.,* [1994] Vol. 1 Lloyds's Law Reports, 516ff.

Des Weiteren ist für die Anwendung des Aggregierungs-Mechanismus darauf zu achten, dass nur in der Erstversicherung tatsächlich versicherte Schäden betrachtet werden dürfen. Schäden, die bereits unter der Originalpolice nicht gedeckt sind, können selbst verständlich auch nicht unter die Rückversicherungsdeckung fallen. Die EDC bringt diese Voraussetzung mit dem Begriff *„insured losses"* zum Ausdruck. Bei der Betrachtung von COVID-19-Schäden in der CAT-XL-Rückversicherung kommt hier die Behandlung von Originalschäden ins Blickfeld, die von den Zedenten im Rahmen der sogenannten „Bayerischen Lösung" reguliert wurden.[18] Es kann nämlich nicht die Tatsache außer Acht gelassen werden, dass jedenfalls die ganz überwiegende Zahl der Urteile von deutschen Gerichten zugunsten der Erstversicherer und damit der Zedenten entschieden worden sind, auch noch in der Berufungsinstanz.[19] Eine wegweisende Entscheidung des Bundesgerichtshofs zu dieser Frage liegt bislang noch nicht vor.

Auf der Ebene der CAT-XL-Rückversicherungsverträge wird sich die Frage der Eintrittspflicht der Rückversicherer für eine Vielzahl von COVID-19-Originalschäden absehbar auf diejenigen Elemente der vorstehend zitierten EDC konzentrieren, die von den Beteiligten Parteien als *„Stundenklauseln"* oder *„Hours Clauses"* bezeichnet werden. Die Stundenklausel besagt, dass kein im Sinne des CAT-XL-Rückversicherungsvertrages (rück)versichertes „Schadenereignis" länger als 72 Stunden oder 168 Stunden andauern kann.[20] Daher nehmen die Zedenten mit Blick auf die COVID-19-Originalschäden regelmäßig den Rechtsstandpunkt ein, die Stundenklausel sei auf den Ausbruch und seit vielen Monaten andauernde, globale Verbreitung der COVID-19-Erkrankungen von vornherein nicht anwendbar.

Die zum deutschen und englischen Rückversicherungsrecht vorliegenden Literaturmeinungen (Rechtsprechung deutscher Gerichte zu dieser Art CAT-XL-Vertragsbedingung ist, soweit erkennbar, noch nicht ergangen) können auch die hier vorliegende Fragestellung erhellen.

So schreibt *Gerathewohl* unter 2.3.2.1. auf Seite 130:

„Alle diese Stundenklauseln bezwecken, wie noch einmal betont werden muss, primär nicht eine materielle Begrenzung der Haftung des Rückversicherers – wenn sie auch diesen Nebeneffekt haben können –, sondern eine Klarstellung des Ereignisbegriffs."[21]

Witthoff schreibt zur Stundenklausel in Rn. 102 zu den (f)-Ereignissen (→ 2.) Folgendes:

„Meist sind auch Kombinationen von bestimmten Gefahren zugelassen. Darüber hinaus finden sich häufig Auffangtatbestände, mit denen alle im Erstversicherungsvertrag gedeckten, aber in der Klausel nicht explizit genannten Gefahren abgedeckt sind. Dieser Auffangtatbestand ist subsidiär und hat keinen kausalen meteorologischen oder hydrologischen Bezugspunkt, sondern dient der reinen Stundenabgrenzung."[22]

---

[18] Vgl. *Fortmann* r+s 2020, 665, 672; *Griese* VersR 2021, 147 ff.

[19] Überblick bei *Günther* VersR 2021, 1141 ff.

[20] Vgl. → 2.: And no individual loss from whatever insured peril, which occurs outside these periods or areas, shall be included in that „loss occurrence".

[21] *Gerathewohl,* Rückversicherung – Grundlagen und Praxis, 1976, Bd. I/1, S. 130.

[22] *Witthoff* in Lüer/Schwepcke, Rückversicherungsrecht, 2013, § 15 Rn. 102.

Und in Rn. 106:

„Da die meteorologische/hydrologische Beschreibung oftmals nicht zu exakt abgrenzbaren Ereignissen führt, gibt eine maximale Stundenbegrenzung einen weiteren Rahmen vor. Ein Naturereignis kann kürzer sein als die dafür vorgesehenen Stunden. Sollte es aber länger andauern, wird mit Ende der Stundenperiode das Ereignis gekappt, d. h., weitere Einzelschäden aus dem Ereignis können dann nicht mehr aggregiert werden."[23]

Schließlich verweist *Witthoff* in Rn. 108 zutreffend auf die Bedeutung der Intention der Vertragsparteien in diesem Zusammenhang:

„Zu beachten ist die Intention der Vertragsparteien. Viele Klauseln haben eine individuelle und bilaterale Historie. Gerade vor dem Hintergrund, dass Unklarheiten zu großen Problemen im Schadensfall führen, empfiehlt es sich, alle Änderungen und auch deren Anlässe mit zu dokumentieren, damit im Schadensfall klar ist, von welchen Ereignis die Parteien ausgingen, als sie die Klausel verfassten. Vor allem ist im Rückversicherungsfall zu ermitteln, ob eher großräumige Zusammenfassungen gewünscht waren, bei denen möglichst viele Einzelschäden zusammengefasst werden sollten, oder ob kleinere lokale Spitzenereignisse abgedeckt werden sollten. Auch die gemeinsame Besprechung der Portefeuille-Struktur des Erstversicherers kann insoweit Aufschlüsse geben."[24]

Cannawurf/Schwepcke schreiben in § 8 in Rn. 359–360 zu der Bedeutung der Stundenklausel, dem Kontext zu dem rückversicherten Schadenereignis, Folgendes:

„Rückversichertes Schadenereignis und Stundenklausel. Zur Ermittlung des rückversicherten Schadens wird in Schadenexzedenten-Verträgen regelmäßig eine Formel („Ereignis-Definition") vereinbart, nach der sich ein die Haftung auslösendes Schadenereignis bestimmen lässt. Hierzu werden Elemente von Objektzusammenhang und zeitlichem, örtlichem und sachlichem Ursachenzusammenhang miteinander verknüpft. Soweit die Parteien keine ausdrücklich das Gegenteil regelnde Vereinbarung getroffen haben, sind diese Elemente kumulativ zu betrachten. Wird in der Ereignisdefinition der zeitliche Ursachenzusammenhang auf – häufig in Abhängigkeit von den sachlichen Schadenursachen gestaffelte – maximale Zeiträume limitiert, so wird diese Vereinbarung als Stundenklausel („Hours Clause") bezeichnet. Wird eine Ereignisdefinition mit einer Stundenklausel kombiniert, so kommt es letztlich darauf an, nach welcher Formel das Schadenereignis zu erst zum Ende kommt. Die Verknüpfung einer zeitlichen Begrenzung mit der Möglichkeit der Aggregation einer Vielzahl von Schäden, die in einem ursächlichen Zusammenhang stehen, bedenkt, dass es von wesentlicher Bedeutung ist, wann diese Frist zu laufen beginnt. Haben die Parteien hierzu keine abweichende Vereinbarung getroffen, bestimmt im Zweifel der Zedent den Beginn und damit gleichzeitig das Ende des Zeitraums in dem sich die Schäden ereignet haben müssen, damit die Schadenlasten nach den Vorgaben zum ursächlichen Zusammenhang mit der Ermittlung des rückversicherten Schadens aggregiert werden dürfen."[25]

---

[23] *Witthoff* in Lüer/Schwepcke, Rückversicherungsrecht, 2013, § 15 Rn. 106.
[24] *Witthoff* in Lüer/Schwepcke, Rückversicherungsrecht, 2013, § 15 Rn. 108.
[25] *Cannawurf/Schwepcke* in Lüer/Schwepcke, Rückversicherungsrecht, 2013, § 8 Rn. 359–360.

Abschließend soll hier noch einmal auf die Meinung des international anerkannten Praktikers des Londoner Rückversicherungsmarktes, *Kiln,* verwiesen werden, der in seinem Buch („Reinsurance in Practice", 4th ed. 2001, S. 180–182 [182]) schreibt:

"This and the other amendments illustrate the flexibility of the hours clause which can be tailor-made to any Reinsured's requirement. It is such an important clause of a catastrophe contract that I feel it should appear on all cover notes and slips rather than hidden in the wording."[26]

Alle diese Belegstellen zeigen unmissverständlich die überragende Bedeutung der Stundenklausel bei der juristischen Konkretisierung des Begriffs des (rückversicherten) „Schadenereignisses" auf. Mithilfe dieser Stimmen aus der Praxis des CAT-XL-Rückversicherungsgeschäftes kann nun im nächsten Abschnitt das Problem der Auslegung der EDC in CAT-XL-Rückversicherungsverträgen im Kontext der Aggregierung von COVID-19-Originalschäden in Angriff genommen werden.

V. Zur Auslegung der Event-Definition-Klausel in CAT-XL-Rückversicherungsverträgen im Kontext der Aggregierung von COVID-19-Originalschäden

In der gegenwärtigen Diskussion zwischen Zedenten und ihrem Rückversicherer, betreffend die Aggegierung von durch COVID-19 ausgelösten Originalschäden[27] wird vielfach von den Zedenten der Rechtsstandpunkt eingenommen, bei allen finanziellen Belastungen, die die Erstversicherer durch die Auswirkungen der Pandemie erleiden, handele sich um ein *einheitliches Schadenereignis* im Sinne der CAT-XL-Rückversicherungsdeckung. Dieses Ereignis soll sich nach dieser Ansicht ohne zeitliche oder räumliche Begrenzung seit dem Frühjahr 2020 bis heute und über die ganze Welt ausdehnen.

Dass diese Ansicht jedenfalls für den Anwendungsbereich des deutschen Rechts nicht zutreffen kann, erweist sich bereits bei einer kurzen Rückbesinnung auf die hierzulande geltenden Auslegungsregeln, wie sie der BGH zuletzt zB in seinen Urteilen vom 8. April 2020 (XII ZR 120/18 Rn. 15) und vom 11. September 2018 (II ZR 307/16 Rn. 19) ausgesprochen hat.[28] Ausgangspunkt für die Auslegung muss der Wortlaut der vertraglichen Bestimmung sein (§§ 133, 157 BGB). In sich widersprüchliche Bestimmungen gelten im Zweifel als nicht getroffen.[29] Der mit

[26] *Kiln* in R. Kiln/St. Kiln, Reinsurance in Practice", 4th ed. 2001, S. 180–182 [182].
[27] Vgl. ZfV 21/2020, 695: „Wie teuer wird Corona?".
[28] Vgl. *Ellenberger* in Palandt, BGB, 81. Aufl. 2021, § 133 Rn. 14–18 und Rn. 26; *Busche* in MüKoBGB, 9. Aufl. 2021, § 133 Rn. 62–68; *Roth* in Staudinger, BGB, Neubearb. 2020, § 157 Rn. 37–39.
[29] *Ellenberger* in Palandt, BGB, 81. Aufl. 2021, § 133 Rn. 14–18 und Rn. 26; *Busche* in MüKoBGB, 9. Aufl. 2021, § 133 Rn. 62–68; *Roth* in Staudinger, BGB, Neubearb. 2020, § 157 Rn. 37–39.

der vertraglichen Absprache verfolgte Zweck, die Interessenlage der Parteien und die sonstigen Begleitumstände, die den Sinngehalt ihrer Erklärungen erhellen können, sind zu berücksichtigen.[30] Für die betreffenden Verkehrskreise typische Usancen gelten als respektiert.[31] Nach allgemeiner Lebenserfahrung, so der BGH, ist davon auszugehen, dass eine vertragliche Bestimmung nach dem Willen der Parteien einen bestimmten, rechtserheblichen Inhalt haben soll. Deshalb ist einer Auslegung der Vorzug zu geben, bei welcher der Vertragsbestimmung eine tatsächliche Bedeutung zukommt, wenn sich diese Regelung ansonsten als ganz oder teilweise sinnlos erweisen würde.[32]

Angewendet auf die hier untersuchten typischen EDC in CAT-XL-Rückversicherungsverträgen bedeutet diese Rechtsprechung, dass der unmissverständliche Wortlaut der Stunde Klausel respektiert werden muss: *„And no individual loss from whatever insured peril, which occurs outside these periods or areas, shall be included in that ‚loss occurrence'.“*

Sodann kann man der Befugnis des Zedenten, längere tatsächliche Geschehensabläufe in feste 72 Stunden, bzw. 168 Stunden dauernde, segmentierte *„Schadenereignisse“* aufzuteilen, den übereinstimmenden Willen der Vertragsparteien entnehmen, dass damit der Interessenlage der Parteien und dem Sinn und Zweck eines XL-Vertrages Rechnung getragen werden soll: Die Chancen des Zedenten, unter einem konkreten *„Schadenereignis“* möglichst viele Originalschäden erfassen und den Rückversicherern zur Entschädigung andienen zu können, sollen durch die genannte Befugnis eindeutig erhöht werden. Andererseits wird aber ebenso deutlich, dass auch diese Optimierung zugunsten des Zedenten stets dem Grundmuster des XL-Vertrages gerecht werden muss, also nur unter Beachtung von Priorität und Haftungsstrecke jeweils pro Schadenereignis erfolgen kann. Schließlich handelt es sich um eine im Ausgangspunkt ebenso formale wie neutrale Verfahrensregel, anwendbar auf den vertragstypischen Vorgang der Aggregierung von Originalschäden.

Damit aber schließt das *Recht* zur Segmentierung nach der Interessenlage innerhalb eines CAT-XL-Rückversicherungsvertrages die *Pflicht* ein, eine solche Segmentierung bei der Abrechnung des rückversicherten Schadenereignisses im Einzelfall auch tatsächlich zugrunde zu legen. Das Recht, die Stundenklausel einfach zu ignorieren, ist dem Zedenten unter der EDC nicht eröffnet. Das folgt neben dem klaren Wortlaut der Einzelregelung *(„And in no case ... “)* aus der beim XL-Vertrag wesenstypischen Verteilung der Interessen der Parteien und dem Sinn und Zweck des XL-Vertrages. Die Beteiligung der Rückversicherer soll *objektiv* und *„ereignis-bezogen“* erfolgen und damit gerade nicht in dem Sinne, wie ein Stopp-Loss-Rückversicherungsvertrag dem Zedenten Schutz vor einer bei ihm *subjektiv* kumulierten Schadenlast bieten würde.

---

[30] BGH Urt. v. 8.4.2020 – XII ZR 120/18 Rn. 15.

[31] *Ellenberger* in Palandt, BGB, 81. Aufl. 2021, § 133 Rn. 14–18 und Rn. 26; *Busche* in MüKo-BGB, 9. Aufl. 2021, § 133 Rn. 62–68; *Roth* in Staudinger, BGB, Neubearb. 2020, § 157 Rn. 37–39.

[32] BGH Urt. v. 11.9.2018 – II ZR 307/16 Rn. 19.

Nur bei dieser Auslegung kann auch das Leistungsbestimmungsrecht des Zedenten (gemäß § 315 BGB) vertrags- und gesetzeskonform ausgeübt und dabei gleichzeitig dem Wesen des XL-Rückversicherungsvertrages Rechnung getragen werden. Das Gleiche gilt für das Recht des Zedenten, ein in der Realität einheitliches Geschehen unter dem Rückversicherungsvertrag in eine Mehrzahl von „Schadenereignissen" zu zerlegen, dieses also fiktiv – zum Zwecke der Abrechnung von Originalschäden unter dem Rückversicherungsvertrag – zu segmentieren. Das gleiche gilt schließlich für das Recht des Zedenten, innerhalb eines in der Realität länger anhaltenden Vorgangs den Beginn eines konkreten *„Schadenereignisses"* im Sinne des Rückversicherungsvertrages einseitig festzulegen. Denn der XL-Rückversicherungsvertrag ist regelmäßig maßgeblich durch die vereinbarte Priorität des Zedenten und die Haftungstrecke der Rückversicherer charakterisiert. Priorität und Haftungsstrecke bedingen maßgeblich die Nähe zum Risiko und damit auch die Höhe der Prämie. Wenn es in das (vertragliche) Belieben des Zedenten hätte gestellt sein sollen, ein einzelnes *„Schadenereignis"* im Sinne der Rückversicherung über 72 Stunden bzw. über 168 Stunden hinaus auszudehnen und von vorneherein – für die vertragstypischen Zwecke der Aggregierung von Originalschäden – die Fristen überhaupt nicht in Gang zu setzen, so hätte es dieser Bestimmung nicht bedurft. Wenn der Zedent das *„Schadenereignis"* einseitig auf zB 1.680 Stunden oder auf 16.800 Stunden oder auf 168.000 Stunden (usw.) ausdehnen darf, dann hätte es der vorgenannten Fiktionen ebenso wenig bedurft. Die für den XL-Rückversicherungsvertrag prägenden Bestimmungen zur Priorität des Zedenten und zur Haftungsstrecke der Rückverssicherer, jeweils pro Schadenereignis, würden gänzlich leerlaufen.

An die eingangs erwähnte Entscheidung des BGH in dem 1965 entschiedenen Fall darf abschließend nochmals erinnert werden: Die von den Parteien dort im (Haftpflicht-)Versicherungsvertrag gewollte Fiktion und deren vertraglich fixierten Voraussetzungen wären nach den damaligen Feststellungen des BGH allesamt sinnentleert gewesen, wenn es einer der Parteien freigestellt gewesen wäre, mehrere Schäden beliebig, ohne jeden realen zeitlichen oder räumlichen Zusammenhang zwischen ihnen, gleichwohl für die Abrechnung unter dem Versicherungsvertrag zu einem einheitlichen *„Schadenereignis"* zusammen zu fassen. Bei jeder erkennbar über den jeweiligen Willen der Parteien hinausgehenden Interpretation der EDC würden damit die Grenzen der juristisch zulässigen Auslegung zwangsläufig gesprengt. Die von einem Zedenten in diesem Sinne grenzenlos ausufernde (Nicht-) Bestimmung des *„Schadenereignisses"* unter dem CAT-XL-Vertrag wäre im Kontext des CAT-XL-Vertrages widersinnig und mit seinem Wortlaut (*„And in no case ..."*), seinem Sinn und Zweck und mit der Interessenlage der Parteien nicht zu vereinbaren. Soweit sich die Zedenten auf eine derartige (Nicht)Bestimmung versteifen sollten, wäre dadurch die ihnen in der EDC übertragene Rechtsmacht und Bestimmungsbefugnis überschritten. Die Entscheidung der Zedenten wäre aus diesem Grund nach § 315 Abs. 1 BGB gegenüber dem Rückversicherer rechtlich nicht bindend. Die (Nicht)Bestimmung würde einer gerichtlichen Überprüfung gemäß § 315 Abs. 3 BGB nicht standhalten können. Durch die Überprüfung und gegebenenfalls Korrektur in einem staatlichen Gericht käme damit am Ende die in § 315

BGB gesetzlich angelegte Kontrolle gegenüber dem Missbrauch privatautonomer Gestaltungsmacht zum Tragen.[33] Die vielfache Notwendigkeit der Intervention staatlicher Gerichte (oder auch, was in der Rückversicherung den Regelfall darstellt: privater Schiedsgerichte) wäre für das reibungslose Funktionieren der internationalen Rückversicherungsmärkte, die auf einen schnellen, vertrauensvollen Ausgleich finanzieller Lasten angelegt sind, untragbar.

VI. Schlussfolgerungen und Ergebnis

Nach den allgemein anerkannten Regeln für die Auslegung vertraglicher Bestimmungen muss einer Auslegung der EDC in CAT-XL-Rückversicherungsverträgen, die dem Ausbruch und der Verbreitung von COVID-19-Schäden die Qualität eines einzigen, global und zeitlich unbegrenzt wirkenden *„Schadenereignisses"* im Sinne des CAT-XL-Vertrages zuschreiben möchte, eine klare Absage erteilt werden. Ein solche Auslegung würde die in den EDC vorhandenen Einzelregelungen, was insbesondere die Befugnisse des Zedenten zur Bestimmung des Beginns des rückversicherten *„Ereignisses"* und zur Segmentierung länger anhaltender Zustände angeht, widersinnig und gegenstandslos erscheinen lassen. Sie würde außerdem den betreffenden Vertrag seiner entscheidenden Wesensmerkmale als ein XL-Vertrag berauben, als da sind: die beim Zedenten stets *pro Ereignis* verbleibende Priorität und die von dem Rückversicherer vertraglich *pro Ereignis* übernommenen Deckungstrecke. Ein derartiger Wille der vertragschließenden Parteien könnte (schieds-)gerichtlich im Wege der Auslegung nicht festgestellt werden. Das judizierende Gremium, sei es ein staatliches Gericht oder ein privates Schiedsgericht, würden den Rückversicherungsvertrag neu und ganz anders als der Zedent und seine Rückversicherer schreiben. Ein zeitlich und räumlich unbegrenztes Ereignis wie die COVID-19-Pandemie, das Jahre andauert und die ganze Welt umspannt, ist bei juristisch korrekter Auslegung der ebenso detaillierten wie sorgfältig formulierten EDC (oder ihrer Mehrzahl) in einem Rückversicherungsvertrag undenkbar.

[33] *Grüneberg* in Palandt, BGB, 81. Aufl. 2021, § 315 Rn. 2.

MAXIMILIAN TEICHLER

Betriebsschließungsversicherung und Produktgenehmigungsverfahren

– Ein vorläufiger Rückblick auf die Deckungsprobleme der BSV, vor allem auf die Umsetzung des Art. 25 IDD –

I. *Betriebsschließungsversicherung (BSV)*

Die BSV war lange einer der unbeachteten Nischen des Privatversicherungsrechts; die Prämie war verschwindend gering, die Schäden fanden im Dunkel von Salmonellen- und Maul-und-Klauen-Seuche-Erkrankungen statt.[1] Wenige Deckungsstreitigkeiten sind gerichtshängig gemacht worden; soweit ersichtlich gibt es aus neuerer Zeit nur eine obergerichtliche Entscheidung.[2] Dann kam Corona: im März 2019 schlossen untere, mittlere und obere Verwaltungsbehörden, teilweise die Landesbehörden selbst, das ganze Land: hauptsächlich alle die Orte, an denen Menschen gemeinsam etwas unternehmen konnten, wie Cafés, Gaststätten und Hotels. (Große) Veranstaltungen wurden verboten. Einige dieser nun zwangsweise geschlossenen Betriebe hatten zusätzlich zu ihrem normalen Versicherungsschutz auch eine Betriebsschließungsversicherung für einige hundert Euro zusätzlich im Jahr abgeschlossen. Allmählich wurden den Versicherern (Versicherer) Schäden gemeldet. Es begann eine zum Teil erbittert geführte Abwehrschlacht der Versicherer gegen die Vielzahl der Ansprüche.

Hätten die Bedingungen klarer gefasst werden können?[3] Hätte der volkswirtschaftliche Schaden, der durch diese vielen Verfahren[4] entstanden ist, abgewehrt oder gemindert werden können, wenn es zum Zeitpunkt der Einführung der BSV schon ein Produktfreigabeverfahren im Sinne der Absätze 1a–1d des § 23 VAG gegeben hätte? Hätte ein bestehender Produktentwicklungsprozess[5] – PEP – zu einer deutlicheren Beschreibung der gewollten Deckung geführt? Kann ein solches Ver-

---

[1] Wobei die hier zu besprechenden Betriebsschließungsversicherungen ausschließlich auf das IfSG rekurrieren, und nicht auf das Tiergesundheitsgesetz.

[2] OLG Naumburg vom 14.12.1998 – 2 U 35/98, VersR 2001, 454.

[3] Malcom Newann, SCOR, sprach bei einer Veranstaltung von AM Best offenbar davon, dass die Bedingungen in den USA eindeutiger seien, Versicherungsmonitor vom 20. Oktober 2021.

[4] Überblick über die Rechtsprechung *Tremurici,* Rechtsprechungsübersicht zur Betriebsschließungsversicherung, r+s 2021, 559.

[5] Dieser Begriff würde sich eher anbieten, wenn man die Artikel 77d und 77f der Solvency-II-Richtlinie liest, Richtlinie 2009/138 EG vom 25. November 2009.

fahren dazu dienen, die Erwartungen, welche beide Seiten eines Versicherungsvertrages an diesen haben, zu „managen"?

II. Die Streitpunkte der Deckung

Die Deckungsprobleme lassen sich auf grob und im Wesentlichen auf vier Punkte reduzieren:

- Ist lediglich die intrinsische oder sind auch extrinsische Gefahren versichert? Ist die Deckung also an eine betriebsbedingte Gefahr gekoppelt? Und als Unterpunkt dessen: sind nur Einzelverfügungen an namentlich benannte Betriebe versichert oder lösen auch Allgemeinverfügungen, welche ganze Gebiete von einem Weiterbetrieb ausschließen, den Versicherungsfall aus?
- Sind auch unbekannte Gefahren versichert? Gehen die Bedingungen von einer statischen oder von einer dynamischen Verweisung aus?
- Muss die erfolgte Schließung vollständig sein oder werden auch Teilschließungen als Versicherungsfall gewertet?
- Müssen anderweitige Entschädigungszahlungen (Soforthilfen, Kurzarbeitergeld) angerechnet werden? Gibt es ein „Bereicherungsverbot"?

1. Betriebsbedingte oder intrinsische Gefahr

Wenn man extrinsische Gefahren als mitversichert ansieht, kann der Versicherungsfall ausgelöst werden durch Gegebenheiten, die weder im Betrieb des Versicherungsnehmers liegen noch von ihm beeinflusst werden können. Wenn man Allgemeinverfügungen als mitversichert ansieht, können ganze Gebiete oder Landstriche geschlossen und so der Versicherungsfall bei einer Vielzahl möglicherweise versicherter Kunden gleichzeitig ausgelöst werden. In beiden Fällen ist der Versicherungsschutz also ausgeweitet auf nicht rein betriebsbedingte Ereignisse.

Alle diese Deckungsüberlegungen sind nicht ungewöhnlich, sie sind noch nicht einmal selten: die Mietversicherung nicht vom Versicherungsnehmer zu beeinflussenden Faktoren ist die Regel; der versicherungsrechtliche Begriff der Gefahr impliziert geradezu, dass der Versicherungsnehmer sie nicht beeinflussen kann.[6] Die Mitversicherung einer von einem Dritten ausgehenden Gefahr ist im Konzept der übergreifenden Feuerschäden ein fester Bestandteil der deutschen Sachversicherung.[7] Die Übernahme der Kosten für die Schließung ganzer Gebiete, also des vorbeugenden Schutzes jenseits von Rettungsobliegenheiten, ist in der Tierseuchenversicherung üblich: Sperrgebiets-Klauseln gibt es seit Jahrzehnten.[8] Eine

[6] E contrario § 81 VVG.

[7] Allg. Meinung; vgl. statt aller *Armbrüster* in Prölss/Martin, VVG, 31. Aufl. 2021, AFB § 6 Rn. 2.

[8] Beispielsweise: „Der Versicherer gewährt Versicherungsschutz für den Fall, dass von der zuständigen Behörde … die Lage des Betriebs zum Sperrgebiet … infolge Maul- und Klauenseuche erklärt wird." Bedingungswerk diverser deutscher Anbieter von Betriebsschließungsversicherungen. Vgl. zur ursprünglichen Zielgruppe *Armbrüster* in Prölss/Martin, VVG, 31. Aufl. 2021, BSV (Anh. zur FBUB Nr. 180) Rn. 1 mwN.

Sperrgebietsanordnung ist auch lediglich in der Form einer Allgemeinverfügung vorgesehen.[9]

Anders ausgedrückt: die Versicherungswirtschaft kann extrinsische Gefahren genauso wie Allgemeinverfügungen problemlos mitversichern. Aber natürlich nur, solange ein Ausgleich im Kollektiv, über die Zeit oder auch über die Geographie, gegeben ist.[10] Genau das geschieht in einer Pandemie aber eben nicht: das Kollektiv ist umfassend betroffen, alle Versicherungsnehmer weltweit erleiden zur gleichen Zeit den gleichen Schaden aus der gleichen Ursache. Da das Massen-Prinzip der Versicherungswirtschaft ihre Daseinsvoraussetzung ist, wird es auch aufsichtsrechtlich relevant und kann über § 294 VAG für die Auslegung von Versicherungsbedingungen herangezogen werden.

Das aber ist in den gerichtlichen Auseinandersetzungen – soweit ersichtlich – nicht geschehen; stattdessen haben einige Obergerichte die Mitversicherung extrinsischer Gefahren ohne eine solche Begründung verneint:

Leistet der Versicherer einer Betriebsschließungsversicherung nach seinen AVB Entschädigung, wenn die zuständige Behörde aufgrund des IfSG den versicherten Betrieb zur Verhinderung der Verbreitung von Krankheiten oder Krankheitserregern schließt, so ist damit vorausgesetzt, dass eine konkrete, einzelfallbezogene Maßnahme zur Bekämpfung einer gerade aus dem konkreten Betrieb erwachsenden Infektionsgefahr (sog. intrinsische Gefahr) erfolgt. Ein derartiges Leistungsversprechen erfasst daher nicht faktische Betriebsschließungen aufgrund genereller gesellschafts- und gesundheitspolitischer Maßnahmen in einer pandemischen Ausnahmesituation wie im Rahmen des Corona-Lockdown.[11]

Zur Begründung wird unter anderem angeführt, dass allein die zeitliche Begrenzung auf – im konkreten Fall: 30 Tage – darauf hindeute, dass es sich um eine betriebliche Gefahr handeln müsse; die zeitliche Begrenzung ergäbe sonst keinen Sinn.[12] Das mag so sein; allerdings können Summen- oder Zeit-Begrenzungen auch ganz schlichte aktuarielle Gründe haben: die BSV war „billig“. Diese Deckung war – und ist – selten eine stand-alone-Deckung; sie war häufiger ein Zusatz zu einer allgemeinen Betriebsgefahren-Police. Auch sind die meisten Betriebsunterbrechungs- und Krankentagegeld-Versicherungen zeitlich begrenzt, wenn auch in einem nicht nach Tagen, sondern nach Monaten bemessenen Zeitraum.

Das OLG Schleswig schließt auf einen Vertrag, der ausschließlich betriebsbedingte Gefahren absichern wollte, auch dadurch, dass die Unterfälle zum Hauptfall sämtlich „offensichtlich betriebsbezogen“ seien.[13] Auch weise der Begriff der „zuständigen Behörde“ darauf hin, dass die sich verwirklichende, versicherte Gefahr betriebsbezogen sein müsse – dies erscheint seltsam, weil doch ohnehin nur die „zuständige“ Behörde eine Schließungsanordnung verfügen kann und die Frage

[9] Siehe hierzu die MKS-Verordnung, dort bes. § 15.

[10] *Armbrüster* in Prölss/Martin, VVG, 31. Aufl. 2021, Einl. zum VVG, Rn. 233 spricht von der „Gefahrengemeinschaft“ und dem „Risikoausgleichskollektiv“.

[11] LS OLG Schleswig 10.5.2021 – 10 U 25/21, COVuR 2021, 349; ähnlich auch OLG Hamburg VersR 2021, 1228.

[12] *Günther* FD-VersR 2021, 439431.

[13] Vgl. die sehr kritische Anm. von *Frohnecke* COVuR 2021, 352.

der Zuständigkeit nichts darüber aussagt, ob es sich um eine betriebsbezogene Individualverfügung oder um eine extrinsische Gefahren notwendigerweise mit einschließende Allgemeinverfügung handelt.

Für eine so generelle Aussage, wonach sich dem verständigen Versicherungsnehmer die Beschränkung auf intrinsische, betriebsbedingte Gefahren selbstverständlich erschließen müsse, erscheint die Begründung, dass *„die sämtlich einen verständiger Weise nicht zu übersehenden Bezug auf aus dem Betrieb selbst herrührende Risiken aufwiesen“*[14], wenig fundiert.[15] Seit März 2018 existiert das Produktfreigabeverfahren mit der Verpflichtung einer genauen Zielmarktdefinition, welche die Bedürfnisse, Merkmale und Ziele der betroffenen Kundengruppe in den Fokus stellen sollte. Und seit 2009 – über Solvency II – ist ein Produktentwicklungsprozess für die Versicherer Pflicht.[16]

Anders ausgedrückt: die Versicherer hätten das ihrem Deckungsversprechen zugrundeliegende Prinzip des Ausgleichs im Kollektiv erläutern und in anderer Weise als über die zeitliche Begrenzung der Schadenzahlungen dem Versicherungsnehmer deutlich machen und gegebenenfalls in einem Ausschluss formulieren können.[17]

2. *Unbekannte Gefahren*

Dem Versicherer steht es – in Grenzen – frei zu bestimmen, welches Risiko er mit dem Versicherungsvertrag decken will. Er bedient sich hierzu der *primären Risikobeschreibung.*[18] Dem Versicherungsnehmer obliegt es zu beweisen, dass der eingetretene Versicherungsfall unter das so beschriebene, vom Versicherer gedeckte Risiko fällt.[19] Diese Risikobeschreibung nimmt der Versicherer üblicherweise in allgemeinen Versicherungsbedingungen (AVB) vor. Diese AVB müssen, wenn sie unklar sind, ausgelegt werden;[20] es gilt der Maßstab des durchschnittlichen und verständigen Versicherungsnehmers.[21]

Die Versicherer haben bei der Beschreibung des Risikos, welches sie in der BSV decken wollten, unterschiedliche Ansätze gewählt. Alle gerichtsbekannten Klauseln berufen sich darauf, dass die Betriebsschließung aufgrund einer Anordnung nach dem Infektions-Schutz-Gesetz (IfSG) erfolgen solle. Unterschiede bestehen darin, aufgrund welcher Krankheiten beziehungsweise Erreger die Anordnung zur Schließung getroffen werden muss, damit sie den Versicherungsfall auslöst. Es gibt Klauseln, die sich auf eine bestimmte Fassung des IfSG beziehen (zeitliche Einschränkung), solche, welche bestimmte Formulierungen des IfSG in die Bedingungen

---

[14] *Günther* FD-VersR 2021, 439431.

[15] So jetzt auch BGH 21.1.2022 – IV ZR 144/21.

[16] Artikel 77d und 77f der Solvency-II-Richtlinie, Richtlinie 2009/138 EG vom 25. November 2009.

[17] Wie es in den jetzt gültigen GDV-Musterbedingungen ja auch geschehen ist. Vgl. auch *Newman* Versicherungsmonitor vom 20. Oktober 2021.

[18] *Wandt* in MüKoVVG, 2. Aufl. 2016, § 28 Rn. 49; *Armbrüster* in Prölss/Martin, VVG, 31. Aufl. 2021, § 1 Rn. 190ff.

[19] *Armbrüster* in Prölss/Martin, VVG, 31. Aufl. 2021, § 1 Rn. 192.

[20] Grundlegend *Koch,* Die Auslegung von AVB, VersR 2015, 133.

[21] Ständige Rechtsprechung, zuletzt BGH 31.3.2021 – IV ZR 221/19, NJW 2021, 2193.

übernehmen (aufzählende Einschränkung) und schließlich solche Klauseln, welche lediglich das IfSG selbst in Bezug nehmen.[22]

Mit welchen den Versicherungsfall auslösenden Umständen war also zu rechnen? Das IfSG – als die Grundlage aller Deckungsansprüche – ist ersichtlich darauf ausgelegt, die Bevölkerung zu schützen, indem der Verbreitung von (ansteckenden) Krankheiten erschwert werden soll.[23] Dazu dienen Meldepflichten; Konsequenzen können über Verordnungen erfolgen. Die durch das Gesetz bevollmächtigten Stellen müssen ersichtlich schnell handeln können, um den Gesetzeszweck zu erfüllen. Unter anderem deshalb verfügt das IfSG auch über eine Generalklausel,[24] welche bis dahin unbekannte Krankheiten und Erreger erfassen soll. – Dann hätte nahegelegen, entweder eine die Generalklausel einschließende, dynamische Verweisung in die Versicherungsbedingungen aufzunehmen oder eine klare Abgrenzung vorzunehmen.

Wird ohne weitere Zusätze eine Schließungsanordnung nach dem IfSG verlangt, liegt eine dynamische Verweisung vor.[25] Es gilt dann jeweils diejenige Fassung des IfSG, welche zum Schadeneintrittszeitpunkt aktuell war.[26] In der ersten Welle der Betriebsschließungen war das Mitte März 2020; zu diesem Zeitpunkt galt eine Verordnung zum IfSG, wonach COVID-19 eine meldepflichtige Krankheit war. Allerdings wurde erst mit einer Gesetzesänderung Mitte Juni 2020 COVID-19 und sein Erreger namentlich in das IfSG aufgenommen. Es gab Diskussionen, ob bereits die Meldeverordnung eine ausreichende Grundlage für die Auslösung des Versicherungsfalles darstellt oder erst die namentliche Nennung der Krankheit bzw. ihres Erregers im Gesetz.[27]

Dass das IfSG mit Verordnungen arbeitet, ist angesichts seines Normzweckes und seiner vielen Verordnungsermächtigungen vorhersehbar. Selbst bei der – seltenen – und eigentlich klaren dynamischen Verweisung kommt es also noch zu Ungenauigkeiten, die im den Versicherungsfall auslösenden Gesetz recht klar geregelt sind. Die besondere Verantwortung für die Produktgestaltung, die § 23, Absätze 1a–1d dem Versicherer auferlegen,[28] hätte nahegelegt, diese erkennbaren Unstimmigkeiten vorab zu definieren.

Bei den zeitlichen und aufzählenden Einschränkungen sind die Versicherer ersichtlich davon ausgegangen, nur bestimmte Krankheiten decken zu wollen, nämlich solche, die entweder bis zu einem bestimmten Zeitpunkt im Gesetz festgeschrieben waren oder solche, welche ausdrücklich in die Bedingungen auf-

---

[22] Schon „damals" umfassend: *Armbrüster* r+s 2020, 506 (Anm. zu OLG Hamm).

[23] Vgl. die Darstellung des Robert-Koch-Instituts unter www.rki.de/DE/Content/Infekt/IfSG/ifsg_node.html (abgerufen am 20. Oktober 2021).

[24] § 6, Abs. 1 Nr. 5 IfSG.

[25] *Werber,* Versicherungsschutz bei hoheitlich angeordneter Betriebsschließung, VersR 2020, 661.

[26] Vgl. auch die deutliche Fassung der gegenwärtigen GDV-Empfehlung.

[27] Besonders deutlich LG Bochum 4.11.2020 mit Anm. *Armbrüster* COVuR 2021, 34. Vgl. auch die Anmerkungen des GDV zu seinen Alternativen für eine dynamische oder statische Verweisung.

[28] *Armbrüster* in Prölss/Martin, VVG, 31. Aufl. 2021, Einl. Rn. 115.

genommen wurden. Dies wird inzwischen auch mehrheitlich von den Gerichten so gesehen.[29]

Aber die Frage bleibt, ob man angesichts der ersichtlich „dynamischen" Funktion des zugrundeliegenden Gesetzes nicht hätte erwarten[30] dürfen, dass ein Versicherer, der die Auswirkungen des IfSG finanziell abfedern will, Einschränkungen dieser Dynamik deutlich formuliert. Denn so fremd, wie die „Denkfigur"[31] dem OLG Schleswig erscheint, ist sie möglicherweise nicht: Gesetzesänderungen können als Gefahrerhöhungen verstanden werden.[32] Klauseln, wonach eine Gesetzesänderung nicht mitversichert sei, wären dann wegen Verstoßes gegen §§ 24, Abs. 2, 26 und 32 VVG nichtig.

Anders ausgedrückt: eine Gesetzesänderungen erfassende, dynamische Verweisung ist eher die Grundregel des VVG als eine ferne Denkfigur. Will man bis dahin unbekannte Gefahren ausschließen, bedarf es einer sorgfältigen Formulierung, welche die Rechte des Versicherungsnehmers aus § 32 VVG berücksichtigt.

3. *Teilschließungen*

Zur Darstellung der unterschiedlichen Herangehensweisen mögen die Auszüge aus drei Leitsätzen unterschiedlicher Gerichte dienen:

Betriebseinschränkungen oder eine teilweise Einstellung des Leistungsangebotes sind vom Versicherungsschutz nicht erfasst.[33]

Allein der Umstand, dass weiterhin in geringem Umfang eine geschäftliche Tätigkeit möglich war, schließt die Annahme eines Versicherungsfalls nicht aus, wenn sich die behördliche Anordnung ... faktisch wie eine Betriebsschließung ausgewirkt hat.[34]

Bloße Betriebseinschränkungen ... stehen einer echten Schließung nicht gleich.[35]

Jedes dieser Urteile erscheint jeweils für sich klar und eindeutig. Jenseits der intensiv geführten Debatte, ob denn eine Abweichung von vielen anderen Urteilen zulässig sei,[36] fragt es sich, ob man den – offenbar bestehenden – Erwartungen der Versicherungsnehmer nicht deutlicher hätte begegnen können.

Mindestens für die Schließung von Teilbereichen gibt es auch entsprechende Deckungsangebote.[37] Die tatsächlich in der Pandemie möglich gewesenen Teil-

---

[29] Zuletzt OLG Schleswig 10.5.2021, Beck RS 2021, 10559 (ab Rn. 22).
[30] Eine solche Erwartungshaltung spricht ganz explizit das LG Kassel an, wobei einer – ja wohl subjektiven – Erwartungshaltung ein objektiver Wertungshintergrund gegenübergestellt wird. LG Kassel 16.4.2021, BeckRS 2021, 11315. Vgl. auch die ganz ähnliche Auseinandersetzung in der technischen Versicherung: *Langheid,* Sachschaden und Ereignis in der Maschinenversicherung, VersR 2000, 1057.
[31] OLG Schleswig 10.5.2021, BeckRS 2021, 10559 (ab Rn. 22).
[32] *Armbrüster* in Prölss/Martin, VVG, 31. Aufl. 2021, § 23 Rn. 24.
[33] LG München I 12 O 7208/20, FD-VersR 2020, 432601.
[34] OLG Karlsruhe 30.6.2021, VersR 2021, 1069.
[35] OLG München 12.5.2021, VersR 2021, 1174.
[36] *Günther,* Obergerichtliche Rechtsprechung zur BSV, VersR 2021, 1141.
[37] Wohl entgegen OLG Hamburg VersR 2021, 1228.

Öffnungen haben überwiegend[38] zu erheblichen Einbußen geführt;[39] in einigen Fällen hat die Nutzung von Teil-Öffnungsmöglichkeiten sogar zu höheren Verlusten geführt, als eine vollständige Schließung als solche verursacht hätte. Aus dieser wirtschaftlichen Betrachtungsweise[40] für die Auslegung von AVB heraus sind wohl auch die unterschiedlichen Urteile erklärlich. Aber eine Erklärung im Nachhinein ist eben nicht das Gleiche wie eine sorgfältige Formulierung im Vorwege der Anwendung von Bedingungen. – Man hätte vielleicht erwarten dürfen, dass die Versicherer auch insoweit den Erwartungen ihrer Kunden eindeutiger begegnen; einfacher wäre es gewesen zu formulieren: „Teilschließungen sind nicht versichert."

4. Schadenumfang

Wie ist der Schaden zu berechnen, wenn man denn den Eintritt des Versicherungsfalls hat bejahen können? Welche Vorteile, die das Schadenereignis, also die Betriebsschließung mit sich gebracht haben könnte (Übergangshilfen, Kurzarbeitergeld, ersparte Aufwendungen) muss sich der Versicherungsnehmer anrechnen lassen?

Es gibt kein allgemeines Bereicherungsverbot im Versicherungsrecht. In der Schadenversicherung gilt allerdings der Grundsatz der konkreten Bedarfsdeckung.[41] In der Summenversicherung ist das anders; dort wird eine feste Summe vereinbart, die im Versicherungsfall zu zahlen ist, wie zB in der Lebensversicherung oder in der Krankentagegeldversicherung.[42] – Man hätte sich gewünscht, dass bei einer so wichtigen Unterscheidung vorab klargestellt wird, um welchen Versicherungstypus es sich bei einer BSV-Deckung handelt.

Viele Bedingungen haben das – indirekt, und damit für den Versicherungsnehmer nur schwer nachvollziehbar – getan, indem sie statuieren: „Die Entschädigung darf nicht zu einer Bereicherung führen." Diese auch in § 6 Nr. 1b) FBUB zu findende Formulierung stellt ein vertragliches Bereicherungsverbot dar und gebietet zugleich den Ausgleich von Vorteilen, die der Versicherungsfall mit sich gebracht haben mag. – Diese feinsinnigen Unterscheidungen herauszufinden, dürfte allerdings für den Versicherungsnehmer nicht ganz trivial sein; es fragt sich, ob der Klauselverwender ihm das ehrlicher-, redlicher- und professionellerweise zumuten sollte?

Hat man sich mit der wohl überwiegenden Meinung[43] darauf verständigt, dass es sich bei der BSV um eine Schaden- und nicht um eine Summen-Versicherung han-

[38] Etwas anderes – Gegenteiliges! – ergab sich naturgemäß für solche Betriebe, die schon vor der Pandemie im Wesentlichen auf Außer-Haus-Verkauf eingestellt waren wie Fast-Food-Ketten und Lieferservice-Einrichtungen.

[39] *Morales/Laiblin,* Geschlossen oder nicht?, VersR 2021,1069.

[40] *Armbrüster* in Prölss/Martin, VVG, 31. Aufl. 2021, BSV (Anh. zu FBUB – 180) Rn. 3.

[41] *Armbrüster* in Prölss/Martin, VVG, 31. Aufl. 2021, Vorb. § 74 Rn. 23ff. mwN.

[42] OLG Stuttgart 30.11.2017, Beck RS 2017, 158983 ab Rn. 36 zur Unterscheidung zwischen Summen- und Schadenversicherung bei Krankentagegeld-Versicherungen.

[43] *Armbrüster* in Prölss/Martin, VVG, 31. Aufl. 2021, FBUB § 6 (180) Rn. 12, teilweise aA *Orlokowski-Wolf/Gubenko,* Die Berechnung der Entschädigung bei Betriebsschließungsversicherungsfällen, r+s 2020, 676.

delt, und dementsprechend die bedingungsmäßigen Berechnungen der Tagegelder eine Taxe im Sinne des § 76 darstellen,[44] stellt sich die Frage nach der Schadenberechnung: zunächst ist da das vertraglich vereinbarte Bereicherungsverbot, dann aber weiter die Verpflichtung zur Anrechnung dessen, was dem Versicherungsnehmer zugeflossen ist oder was er hätte an Ersatzleistungen empfangen können: das können öffentlich-rechtliche Entschädigungen sein, das können aber auch Ersparnisse in Form von nicht genutztem Strom, nicht genutzter Heizenergie, unterlassener Wareneinkäufe oder erhaltenes Kurzarbeitergeld sein. Ganz komplex wird es, wenn man steuerliche Verlustanrechnungen mit einbezieht, denn diese werden meist deutlich später wirksam.

Die vielfältigen Möglichkeiten zur Berechnung des Schadens sprechen, jedenfalls bei einer Deckungszeit von 30 Tagen, für die Formulierung einer Taxe. Deren Berechnung sollte einfach sein; die Parteien sollten die Berechnung selbst vornehmen und die Einschaltung von Sachverständigen sollte vermieden werden können. Die ebenso vielfältigen Möglichkeiten zur Anrechnung von Ersparnissen hätten, im Interesse einer vor dem Versicherungsfall liegenden Deutlichkeit, ebenso pauschaliert erfolgen sollen.

III. Die Umsetzung der Aufsichts- und Lenkungsanforderungen

Begrifflichkeiten stellen die erste Hürde dar beim Verständnis dessen, was europäischer und nationaler Gesetzgeber gewollt haben: die englische Fassung des Art. 25 der Versicherungsvertriebsrichtlinie[45],die gemeinhin unter ihrem englischen Namen „IDD", (*I*nsurance *D*istribution *D*irective) bekannt ist, spricht von „Product Oversight Governance" (POG), die deutsche Fassung der Richtlinie von „Aufsichts- und Lenkungsanforderungen", und im VAG heißt das Regelungskonvolut dann „Produktfreigabeverfahren".

Der englische Begriff mit dem Kernwort „Governance" meint eine Steuerungs- und Kontrollstruktur für das eigene Produkt, die umfassend und zukunftsgerichtet ist – Schlagwort „Oversight". Aufsicht und Lenkung ist schon eingeschränkter, eher geschäftsprozess-orientiert; Produktfreigabe ist schließlich auf einer eher banalen Ebene eines administrativen Vorgangs angekommen.

Richtig ist, dass es bei dem Produktfreigabeverfahren um eine aufsichtsrechtliche Vorgabe zur Geschäftsorganisation handelt, welches damit keine Bindungswirkung im Verhältnis zum Versicherungsschutz suchenden Kunden entfaltet.[46] Richtig ist aber auch, dass ein fehlerhaft oder gar nicht durchgeführtes Produktfreigabeverfahren fast zwangsläufig Auswirkungen auf den Beratungsprozess gegenüber dem Kunden haben wird und so zu einer Haftung unter dem Gesichtspunkt mangelnder Beratung führen kann.[47] Hier zeigt sich erneut, wie misslich die nur in Deutschland

---

[44] *Armbrüster* in Prölss/Martin, VVG, 31. Aufl. 2021, BSV (Anh. zu 180) Rn. 15.

[45] Richtlinie (EU) 2016/97 über Versicherungsvertrieb.

[46] *Armbrüster* in BeckOK VAG, 14. Ed. 1.9.2021, § 23 Rn. 31–41, jeweils mwN.

[47] *Werber,* Die Adressaten der IDD im Gesetzentwurf zur Umsetzung der Richtlinie und neue Pflichten, VersR 2017, 513 (518).

anzutreffende Vermengung von Frage- und Beratungspflicht ist: die IDD verlangt lediglich, Wünsche und Bedürfnisse des Kunden zu erfragen, die Beratung ist optional. Das deutsche Recht verlangt kumulativ die Beratung des Kunden.[48] Und auch die Aufsichts- und Lenkungsanforderungen sind eher lieblos umgesetzt worden und nehmen keinerlei Notiz davon, dass nicht nur Versicherer, sondern in nicht unerheblichem Ausmaß auch Vermittler, vor allem Makler und Assekuradeure, Bedingungen entwickeln.[49]

1. Hätte ein schon bestehendes Produktfreigabeverfahren klarere Bedingungen hervorgebracht?

Mit Artikel 25 IDD sollte nicht das bis 1994 in Deutschland bekannte Genehmigungsverfahren für Versicherungsbedingungen wieder aufgenommen werden;[50] die Verantwortung für deren Konzeption verbleibt bei denjenigen, die diese Konzeption auf sich nehmen. Aber der geforderte Umfang der Prüfung bezüglich des Zielmarktes, der Anpassung der Produkt-Merkmale an die Bedürfnisse, Merkmale und Ziele der betreffenden Kundengruppe,[51] und der Produkt-Überprüfung[52] sind erheblich. Vor dem Hintergrund der wahrhaft umfangreichen Materialien zu „POG" und der damit gezeigten, offenkundigen Bedeutung welche EIOPA und Kommission dem Produktfreigabeverfahren beimessen, hätte eine vertiefte Recherche darüber nahegelegen, welche Risiken Versicherungsnehmer und Versicherer denn erwarten, wenn sie einen Vertrag zur teilweisen Übernahme der finanziellen Folgen einer Betriebsschließung eingehen.

Den zu dieser Prüfung aufgeforderten Versicherungsvertreibern wären die zahlreichen Hinweise auf eine mögliche Pandemie ins Auge gefallen: die Bundesregierung hat am 3.1.2013 den Deutschen Bundestag über die Risikoanalyse im Bevölkerungsschutz unterrichtet.[53] Die vom Robert-Koch-Institut durchgeführte Analyse beschreibt eine von Asien ausgehende, weltweite Verbreitung eines hypothetischen neuen Virus, welcher sich durch die Einreise mehrerer Infizierter in 3 Wellen in Deutschland ausbreitet (!), zu einer Infektion von mehr als 6 Millionen Menschen in Deutschland führt und das Gesundheitssystem vor immense Herausforderungen stellt. Lockdowns werden in der Anlage 4 dargestellt.

Bereits 2007 fand in Berlin das Pandemie-Forum statt, ausgerichtet von und für die Versicherungswissenschaft.[54] Ausführlich wird über die Versicherbarkeit einer

---

[48] *Teichler,* Erschwert das VVG den on-line Vertrieb?, FS von Fürstenwerth, 2020, 383.

[49] *Beenken/Teichler,* Mängel in der Umsetzung der IDD und praktische Folgen, r+s 2019, 241 (245).

[50] *Reiff,* Die Richtlinie 2016/97 über Versicherungsvertrieb, r+s 2016. 593 (599f).

[51] EW (5) und Art. 4, Abs. 3, a), i) der delegierten Verordnung (EU) 2017/2358 der Kommission.

[52] „Testing" and „Monitoring" in: EIOPA's Approach to the Supervision of POG, 2020 (abrufbar unter: www.eiopa.europa.eu/sites/default/files/publications/reports/eiopa-approach-to-the-supervisions-of-product-overshight-governance_0.pdf.

[53] BT-Drs 17/12051.

[54] www.versicherungswissenschaft-berlin.de/wp-content/uploads/2019/09/Epidemien_und_Pandemien_Funk.pdf.

Pandemie diskutiert; die verfügbaren Folien-Vorträge weisen aus, dass sich die Referenten über versicherungstechnischen Schwierigkeiten sehr bewusst waren: „Im Kernrisiko sind die Auswirkungen von Pandemien jenseits der Versicherbarkeit, …“

2009 schließlich veröffentlichten Allianz und das rwi[55] einen Report mit dem Titel „Leben mit der Pandemie“.

Hinweise auf das Ausmaß möglicher Schäden durch eine Pandemie waren vorhanden. Das Risiko für den Zielmarkt[56] war bekannt.

- Hätte man dann den Zielmarkt über den in einer solchen Situation fehlenden Ausgleich im Kollektiv, über die Zeit oder die Geografie im Unklaren lassen dürfen? Oder hätte man einen Pandemie-Ausschluss einfügen müssen? Damit hätte man dann automatisch Fragen dazu adressiert, ob extrinsische Gefahren mitversichert sein sollen, → II. 1.
- Hätte man den Zielmarkt darüber im Unklaren lassen dürfen, ob die Deckung nur zum Zeitpunkt des Vertragsschlusses bekannte Erreger und Krankheiten erfasst? Oder hätte man unbekannte Erreger in aller Deutlichkeit ausgeschlossen? Damit wäre man auf die Erwartungshaltung eingegangen, dass alle im Schadenzeitpunkt relevanten Krankheiten und Erreger als versichert gelten, sogenannte „dynamische Verweisung“, → II. 2.[57]

Wenn man weiter berücksichtigt, dass § 1a VVG die Versicherungsvertreiber zu Ehrlichkeit, Redlichkeit und Professionalität gegenüber dem Versicherungsnehmer aufruft, dessen Interessen auch noch bestmöglich berücksichtigt werden sollen, so wären die Bedingungen womöglich klarer formuliert worden. Eine solche Klarheit hätte wahrscheinlich nicht zu einer höheren Deckungsquote geführt, wohl aber zu weniger juristischen Auseinandersetzungen und damit zu mehr Vertrauen der Kunden in die volkswirtschaftlich so wichtige Versicherungsbranche. Die nachträgliche Berufung auf aktuarielle Notwendigkeiten, auf mehr oder minder (un-)klare Bestimmungen zum versicherten Risiko und die Vehemenz, mit der Deckungsansprüche abgewehrt wurden führen zu Argwohn, wohingegen eine klare Ansage, dass bestimmte Dinge eben nicht versicherbar sind, zwar ärgerlich sein mögen, üblicherweise aber auf Akzeptanz treffen.

[55] Rheinisch-Westfälisches Institut für Wirtschaftsforschung, www.rwi-essen.de/media/content/pages/publikationen/sonstige/Allianz_Leben-mit-der-Pandemie.pdf.

[56] § 23 Abs. 1a Sätze 1 und 3 VAG. *Armbrüster* zum ursprünglichen Zielmarkt in Prölss/Martin, VVG, 31. Aufl. 2021, BSV Rn. 1 mwN.

[57] Die Diskussion um den Ereignisbegriff in der Maschinenversicherung aus Ende der 90iger Jahre kann hier möglicherweise Hilfestellung bieten: wenn schon die Fortentwicklung des technischen Standes Versicherungsschutz auslösen kann (OLG Hamburg 12.5.1998, VersR 2000, 1015 mit abl. Anm. *Langheid* VersR 2000, 1057), so kann eine mindestens ebenso absehbare Erweiterung im Kanon der im IfSG benannten Krankheiten wohl auch den Deckungsanspruch auslösen.

2. Hat das Produktfreigabeverfahren Auswirkungen auf die laufenden Deckungsprozesse?

Das Produktfreigabeverfahren gilt nur für Neukonzeptionen und bei prägender Änderung.[58] Es kennt keinen anlassbezogenen Auslöser, wie ihn § 6 VVG für die Beratungspflicht statuiert.

Soweit ersichtlich, hat lediglich das OLG Stuttgart den Gedanken thematisiert, dass die Wohlverhaltensklausel des § 1a VVG den Versicherern möglicherweise eine Pflicht zur Anpassung der Versicherungsbedingungen auferlegen könnte. Das Gericht hat diese Gedankenkonstruktion insoweit zurückgewiesen, als der Versicherungsnehmer keinen Anspruch darauf hat, Anpassungen der Bedingungen zu verlangen, die ihm einen gegebenenfalls besseren Schutz gegenüber versicherten Gefahren bieten.[59] Der Versicherungsnehmer hat allerdings einen Anspruch darauf, dass der angebotene Vertrag seinen Wünschen und Bedürfnissen entspricht.[60]

Insofern ist der Ansatz des OLG Stuttgart zwar grundsätzlich richtig, ohne auf Artikel 20 der IDD zu rekurrieren jedoch folgenlos. Die IDD verweist auf die Pflicht des Versicherungsvertreibers, die Wünsche und Bedürfnisse der Kunden zu erfragen und nur solche Versicherungsverträge anzubieten, welche diesen Wünschen und Bedürfnissen entsprechen. Es ist also weniger eine Frage des Wohlverhaltens als der richtigen Erkenntnis über Wunsch und Bedürfnis des Kunden und damit – in Deutschland – der Beratung, ob die Bedingungen hätten geändert oder angepasst werden sollen oder ob eine Deckung mit Bedingungen hätte angeboten werden dürfen, welche diesen Wünschen und Bedürfnissen möglicherweise nicht entspricht.

Unter diesem Gesichtspunkt hätte man thematisieren können, ob §§ 1a, 6 bzw. 61 VVG den Versicherer/den Vermittler dazu hätte veranlassen sollen, die verwandten Bedingungen einer Überprüfung zu unterziehen, bevor sie dem Kunden angeboten werden. Zuvor hätte man sich jedoch über die Wünsche und Bedürfnisse der Kunden Klarheit verschaffen sollen; angesichts des Nischendaseins, welches die BSV bislang führte, ist es unwahrscheinlich, dass insoweit Erkenntnisse vorlagen oder Abfragen erfolgt sind. In diesem Zusammenhang mag von Interesse sein, wie die EIOPA die Prüfverpflichtungen der nationalen Aufsichtsbehörden für das Produktfreigabeverfahren sieht:[61] die Bedingungen sollen einfach zu verstehen und geeignet sein, den Wünschen des Zielmarktes zu entsprechen. Ad hoc Anpassungen sollen erfolgen – das ist mit der Neufassung passiert.

---

[58] *Armbrüster* in BeckOK VAG, 14. Ed. 1.9.2021, § 23 Rn. 31–35.

[59] OLG Stuttgart 15.2.2021, r+s 2021, 139, Rn. 38f. Zu weitgehend *Griese* VersR 2021, 147 (151).

[60] Art. 20 Abs. 1 S. 2 IDD.

[61] EIOPA's Approach to the Supervision of POG, 2020, abrufbar unter: www.eiopa.europa.eu/sites/default/files/publications/reports/eiopa-approach-to-the-supervisions-of-product-overshight-governance_0.pdf.

IV. Schlussbemerkung

Ein wohlwollendes Verständnis der IDD hätte viele Deckungsauseinandersetzungen vermeiden helfen: Das Erkennen der Wünsche und Bedürfnisse der Kunden, ein Abgleich dieser mit den Erkenntnissen zu den versicherten Gefahren sowie mit den im Markt befindlichen Bedingungen, und schließlich etwas Mut bei der Ausgestaltung klarer Ausschlüsse hätte geholfen, die Zahl gerichtlicher und außergerichtlicher Streitigkeiten zu vermindern. Einen die Deckung auslösenden Anspruch auf die Einhaltung solchen Verständnisses haben die Versicherungsnehmer nicht. Lediglich die Aufsicht könnte einen solchen ganzheitlichen Ansatz ins Gespräch bringen.

MANFRED WANDT

Versicherung des Grundstückskäufers nach Gefahrübergang sowie nach anschließendem Erwerb der versicherten Sache

I. Einleitung

Theo Langheid ist ein Freund von komplizierten Dreiecksverhältnissen wie zahlreiche seiner Beiträge insbesondere zur Haftpflichtversicherung zeigen. Er ist auch ein Freund skurriler Rechtsfälle. Dies veranlasst mich, zu seinen Ehren ein Thema zu wählen, das geeignet scheint, beide seiner Neigungen zu treffen. Abstrakt formuliert geht es um die Versicherung eines Fremdinteresses in der Sachversicherung und um die Rechtswirkungen eines anschließenden Erwerbs der versicherten Sache durch den Fremdversicherten. Ein praxisrelevanter Anwendungsfall ist der Versicherungsschutz eines Grundstückskäufers ab Gefahrübergang und sodann nach Erwerb des versicherten Grundstücks.

Dass diese Konstellation zu skurrilen Rechtsstreitigkeiten führen kann, belegt ein Sachverhalt, der in 1. Instanz sowohl das LG Rottweil[1] als auch das LG Tübingen[2] beschäftigt hat und in den Berufungen jeweils zum OLG Stuttgart gelangt ist (Sachverhalt und Prozessgeschichte, in anderer Schrift hervorgehoben, vereinfacht und stark verkürzt):

> Ende 2017 wurde ein notarieller Kaufvertrag über ein bebautes Grundstück geschlossen, für das der Verkäufer eine Gebäudeversicherung abgeschlossen hatte. Der Kaufvertrag sah – wie in der notariellen Praxis üblich – vor, dass mit vollständiger Kaufpreiszahlung das Grundstück zu übergeben ist, dass mit der Übergabe die Gefahr des zufälligen Untergangs und der zufälligen Verschlechterung auf den Käufer übergeht, dass der Verkäufer die bestehende Gebäudeversicherung nicht kündigen wird und die bisherigen Versicherungsprämien bezahlt sind.[3] Zugunsten des Käufers wurde eine Auflassungsvormerkung im Grundbuch eingetragen. Zu Jahresbeginn 2018 zahlte der Verkäufer die Jahresprämie für die Gebäudeversicherung. Nach vollständiger Zahlung des Kaufpreises im Januar 2018 erfolgte die Übergabe an den Käufer. Wenige Tage danach brannte das Gebäude wegen eines technischen Defekts des Elektrik-Sicherungskastens ab. Im März 2018 erfolgte die Auflassung und im April die Eintragung des Käufers als neuer Eigentümer im Grundbuch.

„So weit, so schlecht" für die Beteiligten oder versicherungsrechtlich betrachtet „so weit, so gut", sollte man meinen. Versicherungsrechtlich, so der erste Eindruck,

---

[1] LG Rottweil 30.10.2018 – 3 O 183/18 (nv); Berufungsentscheidung: OLG Stuttgart 1.3.2019 – 7 U 34/19 (nv).

[2] LG Tübingen r+s 2019, 710; Berufungsentscheidung: OLG Stuttgart 30.4.2020 – 7 W 47/19 (nv).

[3] Zur Notwendigkeit einer vertraglichen Vereinbarung hinsichtlich des Abschlusses und der Aufrechterhaltung einer Versicherung durch den Grundstücksverkäufer BGH r+s 2020, 407 (408) = VersR 2020, 853 (854) mit Hinweis auf die notarielle Praxis.

kann das ja wohl kein Problem sein. Wie bereits gesagt, sind aus diesem Sachverhalt aber erstaunlicherweise zwei Prozesse entstanden, die jeweils das OLG Stuttgart als Berufungsgericht beschäftigt haben. Der für diesen Beitrag zur Verfügung stehende Raum lässt es leider nicht zu, die Irrungen und Wirrungen jener Rechtsstreite im Detail zu schildern. Hierzu nur soviel:

> Der Käufer wandte sich unmittelbar nach dem Schadensereignis an den Versicherer, also zu einem Zeitpunkt, zu dem er als Besitzer des Grundstücks zwar die Sachgefahr trug, aber noch nicht Eigentümer war. Der Versicherer machte die Auszahlung der Versicherungssumme an den Käufer vom Verkäufer abhängig. Der Verkäufer sah sich jedoch nicht im Obligo und verweigerte seine Mitwirkung. – Nach Eigentumsumschreibung auf den Käufer im April 2018 forderte dieser den Gebäudeversicherer auf, die Leistungspflicht ihm gegenüber dem Grunde nach anzuerkennen. Der Gebäudeversicherer antwortete zunächst, dass er „ohne eine Abtretung" (sic) durch den Veräußerer die Entschädigungsleistung nur gegenüber dem Verkäufer/Veräußerer schulde, korrigierte dies aber später dahin, dass die Zustimmung des Veräußerers als Versicherungsnehmer gemäß der AVB[4] notwendig sei.[5]

Bevor in diesem Beitrag die dogmatischen Überlegungen zu den sich abstrakt stellenden Rechtsfragen erfolgen, sei kurz über die verschiedenen Klagen berichtet, die aus dem geschilderten Sachverhalt resultierten. Zuerst zur Klage des Käufers gegen den Verkäufer auf Zustimmung zur Geltendmachung des Versicherungsanspruchs:

> Der Käufer verklagte den Verkäufer (Versicherungsnehmer) vor dem LG Rottweil auf Mitwirkung hinsichtlich der Geltendmachung des Anspruchs auf die Versicherungsleistung. Dies geschah in einem – später zurückgenommenen – Hauptantrag auf Anspruchsabtretung, im Hilfsantrag auf Zustimmung zur Geltendmachung des Versicherungsanspruchs durch den Versicherten gemäß § 44 Abs. 2 VVG. Der Gebäudeversicherer trat dem Käufer in diesem Prozess als Streithelfer bei. Mit Urteil vom 30.10.2018, also mehrere Monate nach Eigentumsübergang auf den Kläger, verurteilte das LG Rottweil den Verkäufer auf „Zustimmung zur Geltendmachung der Auszahlung der Versicherungsentschädigung an den Kläger" (Käufer/neuer Eigentümer). Die Berufung des Beklagten (Verkäufers) wies das OLG Stuttgart mit Beschluss vom März 2019 zurück.

Nun zur Klage des Käufers nach Grundstückserwerb gegen den Gebäudeversicherer:

> Im Mai 2018, zwei Monate nach Eigentumserwerb und während der Anhängigkeit der Klage gegen den Verkäufer auf Zustimmung zur Geltendmachung des Versicherungsanspruchs vor dem LG Rottweil, verklagte der Erwerber den Gebäudeversicherer vor dem LG Tübingen auf Feststellung, dass dieser verpflichtet sei, die Versicherungsentschädigung für den Brandschaden in Höhe des Zeitwerts des Gebäudes an den Kläger (Erwerber) zu zahlen.

---

[4] Die herangezogene Regelung des § 34 SVAP 2008 lautet auszugsweise:

„Versicherung für fremde Rechnung

Rechte aus dem Vertrag

Der Versicherungsnehmer kann den Versicherungsvertrag im eigenen Namen für das Interesse eines Dritten (Versicherten) schließen. Die Ausübung der Rechte aus diesem Vertrag steht nur dem Versicherungsnehmer und nicht auch dem Versicherten zu. Das gilt auch, wenn der Versicherte den Versicherungsschein besitzt.

Zahlung der Entschädigung

Der Versicherer kann vor Zahlung der Entschädigung an den Versicherungsnehmer den Nachweis verlangen, dass der Versicherte seine Zustimmung dazu erteilt hat. Der Versicherte kann die Zahlung der Entschädigung nur mit Zustimmung des Versicherungsnehmers verlangen.

3. Kenntnis und Verhalten …".

[5] Dogmatisch geht es ausschließlich um die Verfügungsbefugnis, vgl. zB *Klimke* in Prölss/Martin, VVG, 31. Aufl. 2021, § 45 Rn. 28 und § 46 Rn. 5.

Mit Blick auf das Verfahren vor dem LG Rottweil wurde das Verfahren vor dem LG Tübingen ruhend gestellt. Nach Wiederaufnahme des Verfahrens im Mai 2019 änderte der Kläger (Erwerber) den bisherigen Feststellungsantrag in einen Leistungsantrag auf Zahlung des Zeitwerts. Der Versicherer zahlte daraufhin und beide Parteien erklärten die diesbezügliche Klage übereinstimmend für erledigt. Das LG Tübingen legte die Kosten nach § 91 a ZPO dem beklagten Gebäudeversicherer auf, da dieser unterlegen wäre, weil der Kläger stets nur den Netto-Zeitwertschaden[6] verlangt habe. Die Kostentragung durch den beklagten Gebäudeversicherer entspreche auch der Billigkeit; denn dieser hätte sich der rechtlichen Unsicherheit hinsichtlich der Gläubigerstellung durch Hinterlegung der Zeitwertentschädigung beim Amtsgericht unter Verzicht auf den Widerruf und deshalb mit befreiender Wirkung nach § 372 BGB entziehen können.[7]

Der vorstehende Bericht macht bereits das dogmatisch Gebotene deutlich:

1. Die Rechtsbeziehungen zwischen Versicherungsnehmer und Versicherer, zwischen Versicherungsnehmer und Versichertem und zwischen Versichertem und Versicherer sind streng auseinanderzuhalten.

2. Bei der rechtlichen Beurteilung dieser Rechtsbeziehungen ist zeitlich zu differenzieren, ob es um die Vertragsphase zwischen Gefahrübergang und Eigentumserwerb durch den Käufer oder um die Vertragsphase nach Eigentumserwerb des Käufers geht.

Im Rahmen dieses Beitrags kann und soll nicht auf sämtliche Fallkonstellationen im Zusammenhang mit einer Sachversicherung für fremde Rechnung eingegangen werden. Der Beitrag konzentriert sich vielmehr auf die Gebäudeversicherung im Zusammenhang mit einer Veräußerung des versicherten Grundstücks an den anspruchsberechtigten, vormaligen Fremdversicherten. Diese Konstellation verdient besondere Beachtung, da das Interesse an Rechtssicherheit bei Grundstücksgeschäften aufgrund der betroffenen Sachwerte besonders hoch ist und durch die gängige notarielle Praxis auch möglichst gut geschützt wird.

II. Zur Rechtslage zwischen Gefahrübergang und Eigentumserwerb

1. Versichertes Interesse und Anspruchsinhaberschaft

Die Übergabe des Grundstücks an den Käufer bewirkt gem. § 446 BGB den Übergang der Sachgefahr. Damit liegt das Sacherhaltungsinteresse beim Käufer[8],

---

[6] Dies bestätigt auch OLG Stuttgart 1.3.2019 – 7 U 34/19 (nv).

[7] Das Verhältnis der VVG-Regelungen zur Versicherung für fremde Rechnung und der BGB-Regelungen zur Hinterlegung wird in diesem Beitrag nicht erörtert. Vgl. zur Hinterlegung durch einen Feuerversicherer zB den Sachverhalt von BGH r+s 1988, 274 = VersR 1988, 927.

[8] StRspr und heute allgM: BGH r+s 2020, 407 (408) – VersR 2020, 853 (854); BGH r+s 2009, 376 = VersR 2009, 1534; BGH r+s 2009, 374 = VersR 2009, 1114 (1115) Rn. 11 mwN; BGH r+s 2001, 31 = VersR 2001, 53 (54); *Armbrüster* in Prölss/Martin, VVG, 31. Aufl. 2021, § 95 Rn. 29; *Armbrüster* FS Mock, 2009, 1 (6f.); *Heyers* in Looschelders/Pohlmann, VVG, 3. Aufl. 2016, § 95 Rn. 8; *Brand* in Bruck/Möller, VVG, 9. Aufl. 2010, § 48 Rn. 10; *Staudinger* in Bruck/Möller, VVG, 9. Aufl. 2010, § 95 Rn. 41; *Rixecker* in Langheid/Rixecker, VVG, 6. Aufl. 2019, § 43 Rn. 4; *Reusch* in MüKoVVG, 2. Aufl. 2016, § 95 Rn. 165 (der in Rn. 152 auf die Vorzüge einer eigenständigen Versicherung des Käufers hinweist; vgl. dazu auch *Reusch* VersR 2011, 1478). Zur Zulässigkeit eines eigenen Versicherungsvertrags des Käufers vor Eigentumsübergang vgl. BGH r+s 2009, 374 = VersR 2009, 1114 (1115); *Reusch* in MüKoVVG, 2. Aufl. 2016, § 95 Rn. 139ff.; *Rust* in BeckOK VVG, 12. Ed. 9.8.2021, § 95 Rn. 34.

nach Zahlung des Kaufpreises – so ausdrücklich der BGH – sogar allein bei ihm.[9] Der vom Verkäufer geschlossene Versicherungsvertrag ist nach heute ganz hM auch ohne ausdrückliche vertragliche Regelung grundsätzlich so auszulegen, dass das Sacherhaltungsinteresse des Käufers im Wege der Versicherung für fremde Rechnung (mit-)versichert ist.[10]

Für diese Fremdversicherung gelten die §§ 43ff. VVG. Es gilt insbesondere der zwingende[11] § 44 Abs. 1 S. 1 VVG, wonach die Rechte aus der Versicherung für fremde Rechnung dem Versicherten zustehen, er also materiellrechtlicher Anspruchsinhaber ist. Es gilt außerdem der dispositive § 44 Abs. 2 VVG, wonach die Verfügungsbefugnis über den Anspruch des Versicherten beim Versicherungsnehmer liegt, es sei denn der Versicherte ist im Besitz des Versicherungsscheins. Die Unabdingbarkeit von *Satz 1* des § 44 Abs. 1 VVG ergibt sich daraus, dass diese Regelung „Kernvorschrift des Rechts der Versicherung für fremde Rechnung"[12] und Ausdruck des Grundsatzes ist, dass der Versicherungsnehmer einer Schadensversicherung Fremdinteressen nicht derart versichern kann, dass er – obwohl nicht Interessenträger – materiellrechtlicher Anspruchsinhaber der Versicherungsforderung wird (Grundsatz der Unzulässigkeit einer Versicherung von Fremdinteressen für eigene Rechnung).[13]

Aus der beschriebenen Gesetzeslage folgt: Besteht – wie häufig in der Praxis – eine kombinierte Eigen- und Fremdversicherung und kommt es während des Zeitraums der Fremdversicherung zu einem Versicherungsfall, ist zur Klärung der Rechtslage festzustellen, wessen versichertes Interesse durch den Versicherungsfall betroffen ist, anders ausgedrückt: wer bei Entstehen der Versicherungsforderung deren materiellrechtlicher Inhaber ist. Maßgebend hierfür ist die objektive Rechtslage im Zeitpunkt des Versicherungsfalls.[14]

Die Feststellung, wer im Zeitpunkt des Versicherungsfalls Träger des Sacherhaltungsinteresses ist, ist bei Grundstückskaufverträgen infolge der notariellen Praxis regelmäßig unproblematisch. Wenn der Versicherungsfall vor Gefahrübergang auf den Käufer eintritt, ist ausschließlich der Verkäufer (Eigentümer) anspruchsberech-

---

[9] BGH r+s 2020, 407 = VersR 2020, 853; BGH r+s 2009, 374 = VersR 2009, 1114 (1115); BGH r+s 2009, 376 = VersR 2009, 1534; vgl. auch BGH r+s 2001, 31 (32) = VersR 2001, 53 (54). So auch *Reusch* in MüKoVVG, 2. Aufl. 2016, § 95 Rn. 129, 165, für den Fall der vollständigen Zahlung des Kaufpreises.

[10] BGH r+s 2020, 407 = VersR 2020, 853; BGH r+s 2001, 31 = VersR 2001, 53 (54); siehe auch die Nachweise in → Fn. 8.

[11] BT-Drs. 16/3945, 73; *Brand* in Bruck/Möller, VVG, 9. Aufl. 2010, § 44 Rn. 36; *Dageförde* in MüKoVVG, 2. Aufl. 2016, § 44 Rn. 1; *Hübsch* in Berliner Kommentar zum VVG, 1. Aufl. 1999, § 75 Rn. 18; *Hübsch* in Schwintowski/Brömmelmeyer, VVG, 3. Aufl. 2017, § 44 Rn. 26; *Koch* in Looschelders/Pohlmann, VVG, 3. Aufl. 2016, § 44 Rn. 33; *Muschner* in Rüffer/Halbach/Schimikowski, VVG, 4. Aufl. 2020, § 44 Rn. 19; *Klimke* in Prölss/Martin, VVG, 31. Aufl. 2021, § 44 Rn. 24 (mit widersprüchlicher Einschränkung bei „Auskehrungsanspruch des Begünstigten").

[12] *Brand* in Bruck/Möller, VVG, 9. Aufl. 2010, § 44 Rn. 36; ähnlich *Koch* in Looschelders/Pohlmann, VVG, 3. Aufl. 2016, § 44 Rn. 33 (begriffswesentlicher Grundsatz).

[13] Zur hM vgl. *Dageförde* in MüKoVVG, 2. Aufl. 2016, § 44 Rn. 1 mwN. AA *Prahl* VersR 2019, 854.

[14] BGH r+s 2009, 376 = VersR 2009, 1534; BGH r+s 2009, 374 (375) = VersR 2009, 1114 (1115); BGH r+s 2001, 31 = VersR 2001, 53; BGH r+s = 1997, 119 = VersR 1997, 570 unter 2b).

tigt. Wenn mit Übergabe des Grundstücks die Gefahr beim Käufer liegt, ist allein das Sacherhaltungsinteresse des Käufers versichert.[15] Kommt es nunmehr zu einem Versicherungsfall, so ist ausschließlich der Käufer als Fremdversicherter Inhaber der Versicherungsforderung. Der BGH bezieht dies auf den Regelfall der notariellen Praxis, dass die Übergabe des Grundstücks nach vollständiger Zahlung des Kaufpreises erfolgt. Maßgebend ist aber in jedem Falle die Gefahrtragung, sodass der Käufer aus einem Versicherungsfall nach Übergabe auch dann materiell berechtigt ist, wenn – was in der Grundstückspraxis der seltene Ausnahmefall ist – Übergabe und Gefahrübergang ohne vollständige Zahlung des Kaufpreises erfolgt sind.[16]

Eine besondere Konstellation liegt der Entscheidung des BGH vom 16.9.2016, V ZR 29/16[17] zugrunde (Sachverhalt hier vereinfacht):

> Ein Wasserschaden trat beim Wohnungseigentümer im Jahr 2012 ein. Der von ihm geschlossene Gebäudeversicherungsvertrag deckte auch den Nutzungsausfallschaden während der Reparatur des Substanzschadens ab. Die Reparatur erfolgte jedoch erst, nachdem Besitz, Nutzen, Lasten und Gefahr auf den späteren Erwerber übergegangen waren. Der Erwerber reklamierte deshalb die Versicherungsleistung für den Nutzungsausfall für sich.

Eindeutig ist, dass der Versicherungsanspruch betreffend den Substanzschaden im Zeitpunkt des Versicherungsfalls in der Person des früheren Wohnungseigentümers (Veräußerers) entstanden ist, da dieser zum maßgebenden Zeitpunkt als Eigentümer allein die Sachgefahr getragen hat. Für den Nutzungsausfallschaden stellt der BGH fest, dass ein diesbezüglicher Versicherungsanspruch für jeden Zeitraum neu entstehe, in dem die Gebrauchsfähigkeit beeinträchtigt ist.[18] Danach entstand der Versicherungsanspruch auf Ersatz des Nutzungsausfallschadens nach Gefahrübergang auf den Käufer, aber vor Eigentumsübergang auf ihn. Der BGH meint – allein mit Blick auf § 95 Abs. 1 VVG –, da der Nutzungsausfallschaden vor Eigentumsübergang eingetreten sei, sei der Anspruch in der Person des Veräußerers eingetreten. Nur wenn ein Nutzungsausfall nach dem Eigentumsübergang eingetreten wäre, so der BGH, stünde eine vom Versicherer hierfür erbrachte Versicherungsleistung dem späteren Erwerber zu; auf den zwischen dem Veräußerer und dem Erwerber im Innenverhältnis vereinbarten Übergang der Nutzen und Lasten komme es im Rahmen von § 95 Abs. 1 VVG nicht an.

Letzteres ist für § 95 VVG richtig, da es insoweit auf die formelle Vollendung des Eigentumserwerbs ankommt (→ III. 1.). § 95 VVG beantwortet aber nicht die *vorgelagerte Frage,* in welcher Person und unter welchen Voraussetzungen durch einen Versicherungsfall *vor der Veräußerung* ein Versicherungsanspruch entstanden ist. In der Nutzungsausfall-Entscheidung teilt der BGH die hierfür maßgeblichen Be-

---

[15] BGH r+s 2020, 407 = VersR 2020, 853; BGH r+s 2009, 376 = VersR 2009, 1534; BGH r+s 2009, 374 = VersR 2009, 1114 (1115); BGH r+s 2001, 31 = VersR 2001, 53.

[16] Kommt es wegen Zahlungsverzugs des Käufers zu einem Rücktritt des Verkäufers, ist der Käufer im Rahmen der Rückabwicklung des Kaufvertrages verpflichtet, die in seiner Person entstandene Versicherungsforderung an den Verkäufer zu übertragen. Der Verkäufer ist in jedem Falle geschützt, da die von der materiellrechtlichen Anspruchsinhaberschaft zu trennende Verfügungsbefugnis während des Bestehens der Fremdversicherung ohnehin gemäß § 44 Abs. 2 VVG bei ihm als Versicherungsnehmer liegt.

[17] BGH r+s 2016, 618 = VersR 2016, 1564.

[18] BGH r+s 2016, 618 (620) = VersR 2016, 1564 (1565) Rn. 15.

urteilungsgrundlagen, insbesondere die vereinbarten AVB, leider nicht mit. Es lässt sich daher nicht sicher nachvollziehen, weshalb der Eigentümer im Zeitpunkt des Eintritts des Versicherungsfalls (Veräußerer) – so der BGH – Ersatz für den Nutzungsausfall während der Reparaturzeit beanspruchen kann, obwohl er insoweit keinen Schaden erlitt, weil der Nutzungsausfall erst nach Übergabe der Sache samt Gefahrübergang und Nutzungsberechtigung auf den späteren Erwerber erfolgte. Das Ergebnis des BGH wäre gleichwohl zutreffend, wenn nach dem konkreten Versicherungsvertrag ein Anspruch auf die zur Wiederherstellung erforderlichen Kosten einschließlich des abstrakten Nutzungsausfalls bereits mit Eintritt des Versicherungsfalls „Wasserschaden" entstand (abstrakte Schadensberechnung).[19] Für diese Annahme spricht, dass im Tatbestand der Entscheidung mitgeteilt wird, der Versicherer habe *pauschalierten* Nutzungsausfall ersetzt. Dazu passt aber nicht ohne weiteres, dass der BGH den Ersatzanspruch für Nutzungsausfall erst und zeitabschnittsweise mit dem konkreten Nutzungsausfall entstehen lässt.

Wichtig für die Themenstellung dieses Beitrags ist festzuhalten, dass in der konkreten BGH-Entscheidung der Wasserschaden während der Eigentums- und Besitzzeit des Veräußerers erfolgte und deshalb der Anspruch auf Ersatz der Kosten für den Wasserschaden (und ggf. von Begleitschäden) auch in seiner Person entstanden ist.[20] Wäre der Wasserschaden erst *nach* Übergabe und Gefahrübergang auf den Käufer (und späteren Erwerber) eingetreten, wäre dessen Sacherhaltungsinteresse versichert, sodass nicht der Veräußerer, sondern der Käufer anspruchsberechtigt gewesen wäre.

2. *Verfügungsbefugnis des Versicherungsnehmers über den Anspruch des Versicherten*

Wenn der Versicherungsfall das versicherte Interesse des Fremdversicherten betrifft und deshalb der Versicherungsanspruch in seiner Person entsteht, ist dennoch der Versicherungsnehmer nach § 45 Abs. 1 VVG über diesen Anspruch verfügungsbefugt und allein klageberechtigt. Der Versicherungsnehmer kann mithin – vorbehaltlich § 242 BGB[21] – wirksam auf den Anspruch des Versicherten verzichten oder einen für den Versicherten nachteiligen Schadenfeststellungsvertrag schließen. Auch ein Prämienverzug oder eine Obliegenheitsverletzung des Versicherungsnehmers können dazu führen, dass der Versicherer hinsichtlich des Anspruchs des Versicherten teilweise oder vollständig leistungsfrei ist.[22]

Diese Aufspaltung von Anspruchsinhaberschaft und Verfügungsbefugnis dient einerseits dem Interesse des Versicherungsnehmers und andererseits dem Interesse des Versicherers. Der Versicherungsnehmer kann sich aus der Versicherungsforderung

---

[19] Vgl. *Armbrüster* in Prölss/Martin, VVG, 31. Aufl. 2021, Vor § 74 Rn. 66f.; *Schreier* ZVersWiss 2017, 299ff.

[20] Ebenso bei BGH r+s 2019, 586 = VersR 2019, 1420.

[21] Vgl. BGH r+s 2009, 376 = VersR 2009, 1534; BGHZ 139, 52 = r+s 1989 = VersR 1998, 1016 (von Notarkammer abgeschlossene Vertrauensschadenversicherung); *Rixecker* in Langheid/Rixecker, VVG, 6. Aufl. 2019, § 46 Rn. 4; *Dageförde* in MüKoVVG, 2. Aufl. 2016, § 45 Rn. 2 jeweils mwN.

[22] Vgl. BGH r+s 2020, 407 (408) = VersR 2020, 853 (855) Rn. 16; BGH r+s 2009, 374 = VersR 2009, 1114 (1115); *Reusch* VersR 2011, 1478 (1482).

und nach deren Einziehung aus der Entschädigungssumme hinsichtlich eigener Ansprüche gegen den Versicherten in Bezug auf die „versicherte Sache“[23] befriedigen (§ 46 S. 2 VVG). Der Versicherer wird durch § 45 Abs. 2 VVG geschützt, der häufig durch AVB derart modifiziert wird, dass – unabhängig vom Innehaben des Versicherungsscheins – ausschließlich der Versicherungsnehmer verfügungsbefugt ist. Für den Versicherer ist dadurch sichergestellt, dass er es auch hinsichtlich Ansprüchen von Fremdversicherten nur mit dem Versicherungsnehmer zu tun hat.

Die Interessen des anspruchsberechtigten Fremdversicherten schützt die Rechtsprechung (teilweise), indem sie für das Innenverhältnis von Versicherungsnehmer und Versichertem festgestellt hat, dass dem Versicherungsnehmer das Verfügungsrecht über den Anspruch des Versicherten aus dem Versicherungsvertrag nur zu treuen Händen eingeräumt ist (gesetzliches Treuhandverhältnis).[24] Abgesehen von Fällen des § 242 BGB wirkt dieser Schutz aber nicht im Außenverhältnis zum Versicherer. Verstößt eine Verfügung des Versicherungsnehmers gegen Pflichten aus dem Innenverhältnis zum Versicherten, so ist die Verfügung also gleichwohl grundsätzlich wirksam. Die Pflichtverletzung macht den Versicherungsnehmer aber gegenüber dem Versicherten schadenersatzpflichtig.

III. Zur Rechtslage nach Erwerb der versicherten Sache durch den Versicherten

1. Eintritt des Erwerbers in den status quo des Vertrages

Wenn der Versicherungsnehmer die versicherte Sache veräußert, greifen die §§ 95–99 VVG. Nach § 98 S. 1 VVG kann sich der Versicherer auf eine für den Erwerber nachteilige Abweichung von den §§ 95–97 VVG nicht berufen (halbzwingende Vorschriften). Nach § 95 Abs. 1 VVG tritt an Stelle des Versicherungsnehmers der Erwerber in die während der Dauer seines Eigentums aus dem Versicherungsverhältnis sich ergebenden Rechte und Pflichten des Versicherungsnehmers ein. Nach ständiger Rechtsprechung muss hierfür der Erwerbstatbestand vollständig erfüllt sein (sog. formaler Veräußerungsbegriff[25]); wenn es um einen Grundstückserwerb geht, muss also außer der Auflassung auch die Grundbucheintragung vorliegen.[26]

Auf Einzelheiten der §§ 95–97 VVG kann und soll in diesem Beitrag nicht eingegangen werden. Wichtig für die Thematik dieses Beitrags ist vor allem, dass diese Regelungen allein an die (vollendete) Veräußerung der versicherten Sache anknüp-

---

[23] Gegenstand der Sachversicherung ist – dogmatisch präzise – nicht eine Sache, sondern sind geldwerte Interessen bezogen auf eine Sache oder Sachgesamtheit (vgl. die Formulierung von § 80 VVG). Das VVG bezeichnet mit „versicherte Sache“ die Sache, auf die sich die versicherten geldwerten Interessen beziehen (zB §§ 88, 93, 95, 96 VVG).

[24] BGH r+s 2016, 618 = VersR 2016, 1564; BGHZ 113, 151 = VersR 1991, 299; BGHZ 64, 260 = NJW 1975, 1273.

[25] StRspr BGHZ 100, 60 = r+s 1987, 202 = VersR 1987, 477; BGH r+s 1987, 204 = VersR 1987, 704; vgl. ausführlich *Reusch* in MüKoVVG, 2. Aufl. 2016, § 95 Rn. 135ff.

[26] BGH r+s 2020, 407 = VersR 2020, 853; BGHZ 100, 60 = r+s 1987, 202 = VersR 1987, 477.

fen und für den Regelfall formuliert sind, dass vor der Veräußerung eine Eigenversicherung des Versicherungsnehmers vorlag, der Versicherungsnehmer vor der Veräußerung also alleiniger Träger des versicherten Interesses war.[27] Die Rechtsfolgen von § 95 Abs. 1 VVG sind auf die Zeit nach Veräußerung gerichtet. Der Erwerber wird mit dem Erwerb neuer Versicherungsnehmer und hat ab diesem Zeitpunkt die „während der Dauer seines Eigentums aus dem Versicherungsverhältnis sich ergebenden Rechte und Pflichten des Versicherungsnehmers". Dies bedeutet, dass Ansprüche, die vor der Veräußerung in der Person des Veräußerers *oder eines Versicherten* entstanden sind, nicht auf den Erwerber übergehen.[28] Mit anderen Worten: § 95 Abs. 1 VVG ändert nichts an der materiellrechtlichen Anspruchsinhaberschaft von Ansprüchen, die bereits vor der Veräußerung entstanden sind.

Bei der Heranziehung der Rechtsprechung und des Schrifttums ist zu beachten, dass Stellungnahmen zur Anspruchsinhaberschaft bei Veräußerung der versicherten Sache häufig nur bezogen auf den Regelfall formuliert sind, dass vor der Veräußerung ausschließlich eine Eigenversicherung des Versicherungsnehmers vorlag. Ein Beispiel gibt die Entscheidung des BGH r+s 2004, 238 = VersR 2004, 512 zur Entstehung des Anspruchs auf den Neuwertanteil bei einer strengen Wiederherstellungsklausel. Der Anspruch auf den Neuwertanteil entsteht gemäß einer strengen Wiederherstellungsklausel erst, wenn innerhalb von drei Jahren nach Eintritt des Versicherungsfalls sichergestellt ist, dass die Entschädigung verwendet wird, um versicherte Sachen in gleicher Art und Zweckbestimmung an der bisherigen Stelle wiederherzustellen oder wiederzubeschaffen. Die Sicherstellung ist gegeben, wenn bei vorausschauend wertender Betrachtungsweise eine bestimmungsgemäße Verwendung hinreichend sicher angenommen werden kann;[29] erforderlich sind Vorkehrungen, die – wenn auch keine restlose Sicherheit garantieren – jedenfalls keine vernünftigen Zweifel an der Wiederherstellung aufkommen lassen.[30] In der genannten BGH-Entscheidung trat der Versicherungsfall – wie sich aus dem Tatbestand der Vorinstanz ergibt[31] – noch vor Abschluss des Kaufvertrags und Gefahrübergang auf den späteren Erwerber ein. Berührt war daher ausschließlich das Sacherhaltungsinteresse des Eigentümers (späteren Verkäufers). *Bezogen auf den konkreten Rechtsstreit und den Regelfall,* der § 95 VVG zugrunde liegt, lautet der amtliche Leitsatz dieser Entscheidung deshalb zutreffend: „Der Anspruch auf den Neuwertanteil entsteht bis zum Eigentumsübergang in der Person des Grundstücksveräußerers, wenn bis dahin die Wiederherstellung sichergestellt ist." Vom BGH bislang noch nicht entschieden[32] ist allerdings, in wessen Person der Anspruch auf den Neuwertanteil entsteht, wenn der Versicherungsfall nach Übergabe und Gefahr-

[27] *Armbrüster* in Prölss/Martin, VVG, 31. Aufl. 2021, § 95 Rn. 23.

[28] BGH r+s 2019, 586 = VersR 2019, 1420; BGH VersR 2016, 1564 (1565) Rn. 15; BGH r+s 2004, 238 = VersR 2004, 512.

[29] BGH r+s 2004, 238 = VersR 2004, 512.

[30] OLG Köln Urt. v. 29.6.2010 – 9 U 136/08, juris.

[31] KG r+s 2004, 149.

[32] Im Falle von BGH r+s 2004, 238 = VersR 2004, 512 trat der Versicherungsfall vor Abschluss des Kaufvertrages und Gefahrübergang auf den späteren Erwerber ein (siehe den Tatbestand der Vorinstanz KG r+s 2004, 149).

übergang auf den Käufer, aber vor der Veräußerung eintritt.[33] Auch hierfür muss es darauf ankommen, wessen Sacherhaltungsinteresse durch den Versicherungsfall betroffen ist, also darauf, wer im Zeitpunkt des Versicherungsfalls die Sachgefahr trägt. Wenn nach Übergabe der versicherten Sache der Käufer im Zeitpunkt des Versicherungsfalls die Sachgefahr trägt und deshalb sein Sacherhaltungsinteresse versichert ist, entsteht der Anspruch sowohl auf den Zeitwert als auch auf den Neuwertanteil in seiner Person, nicht in der Person des Verkäufers. Diese Konstellation hat die Rechtsprechung offenbar noch nicht gefordert, weil das Ergebnis völlig eindeutig ist: Interessen des Verkäufers sind nicht berührt, da wegen der bereits erfolgten Übergabe des Grundstücks der Käufer die Sachgefahr trägt und daher den vollen Kaufpreis schuldet.[34]

2. *Auswirkung der Veräußerung der versicherten Sache auf die Verfügungsbefugnis über einen bestehenden Anspruch aus Versicherung für fremde Rechnung*

a) Problematik

Wie dargelegt verändert die Veräußerung der versicherten Sache nicht die materielle Anspruchsinhaberschaft hinsichtlich eines Anspruchs, der vor der Veräußerung der versicherten Sache in Bezug auf diese entstanden ist. Wenn vor der Veräußerung ein Versicherungsanspruch in der Person eines Versicherten entstanden ist, bleibt der Versicherte deshalb – selbstverständlich – auch nach der Veräußerung Anspruchsinhaber. Insoweit stellt sich allerdings bei Eintritt des Erwerbers in den Versicherungsvertrag die Frage, wem die Verfügungsbefugnis über den zuvor entstandenen Anspruch des Versicherten zusteht: dem Alt-Versicherungsnehmer (Veräußerer), zu dessen Zeit als Versicherungsnehmer der Anspruch des Versicherten entstanden ist, oder dem Neu-Versicherungsnehmer (Erwerber), der ab dem Erwerb in die Befugnisse als Versicherungsnehmer eintritt?

Diese Frage kann sich in zwei Konstellationen stellen. Es kann sein, dass die versicherte Sache, für die durch den Versicherungsfall vor der Veräußerung der Anspruch des Versicherten entstanden ist, an den zuvor Fremdversicherten veräußert wird. Der Fremdversicherte und materiellrechtliche Anspruchsinhaber wird dann mit dem (formellen) Erwerb gemäß § 95 VVG auch Versicherungsnehmer des fortbestehenden Versicherungsvertrages. So verhält es sich typischerweise bei Grundstücksgeschäften. Die andere Konstellation ist, dass die versicherte Sache nicht an den Fremdversicherten, in dessen Person vor der Veräußerung der Anspruch auf die Versicherungsleistung entstanden ist, sondern an einen Dritten veräußert wird.

---

[33] In der Entscheidung BGH r+s 2019, 586 = VersR 2019, 1420 Rn. 6 schränkt der BGH zutreffend ein, dass *„grundsätzlich"* der Veräußerer Anspruchsinhaber eine vor der Veräußerung entstandenen Versicherungsforderung ist; Kursivdruck durch Verfasser hinzugefügt.

[34] Nur zur Klarstellung bezogen auf § 95 VVG: Wenn die Wiederherstellung noch vor der Veräußerung (Eigentumsübergang) erfolgt, entsteht der Anspruch auf den Neuwertanteil in der Person des Käufers, ohne dass es auf § 95 VVG ankommt. Wenn die Wiederherstellung dagegen erst nach der Veräußerung erfolgt, entsteht der Anspruch auf den Neuwertanteil auch erst dann und somit zwingend in der Person des Erwerbers.

Diese für Grundstücksgeschäfte untypische Konstellation kann sich beispielsweise bei einer Kfz-Vollkaskoversicherung ergeben.[35]

b) Meinungsstand zur Gebäudeversicherung

Über die Frage, wem in der beschriebenen Konstellation die Verfügungsbefugnis über den bestehenden Anspruch des (vormals) Fremdversicherten zukommt, musste der BGH bisher nicht entscheiden. Die Frage war bislang, soweit ersichtlich, nur Gegenstand der eingangs dieses Beitrags beschriebenen Rechtsstreitigkeiten. Das LG Tübingen hat sich dieser Frage, obgleich in einem Kostenbeschluss nach § 91a ZPO, sehr ausführlich gewidmet. Das Gericht betont, dass der Kläger (Käufer und Erwerber) mit seiner Klage gegen den Gebäudeversicherer auf Versicherungsleistung „stets nur den Netto-Zeitwertschaden verlangt" habe.[36] Die Klage betraf demnach ausschließlich den Anspruch auf den Zeitwert, der infolge des Gebäudebrandes – nach allgemeiner Meinung – in der Person des Klägers (Käufers) als Fremdversicherten entstanden ist. Das LG gelangt bei seiner summarischen Prüfung nach § 91a ZPO zu dem Ergebnis, „dass die Verfügungsbefugnis des (ursprünglichen) Versicherungsnehmers mit Veräußerung der versicherten Sache an den Versicherten endet, weil ab diesem Zeitpunkt der Versicherte gemäß § 95 VVG selbst (neuer) Versicherungsnehmer ist".[37] Die für den Versicherungsvertrag vereinbarten AVB seien entsprechend auszulegen. Eine „Versteinerung der Verfügungsbefugnis in der Person des ehemaligen Versicherungsnehmers noch nach Veräußerung der versicherten Sache an den Versicherten"[38] sei jedenfalls bei Grundstücksgeschäften weder von Sinn und Zweck der §§ 44, 45 VVG noch von Sinn und Zweck des § 95 VVG gefordert. Maßgebend sei, dass mit dem Erwerb der versicherten Sache durch den Versicherten die Versicherung für fremde Rechnung ihr zeitliches Ende gefunden habe und nur noch eine Eigenversicherung des Erwerbers als neuer Versicherungsnehmer bestehe. Das Abstellen auf den Erwerber als neuen Versicherungsnehmer werde auch dem – § 45 VVG zugrundeliegenden – Interesse des Versicherers gerecht, die Auseinandersetzung um Ansprüche aus dem Versicherungsvertrag nur mit dem Versicherungsnehmer als seinem Vertragspartner zu führen. Auch der weitere Zweck, dem Versicherungsnehmer der Fremdversicherung durch die Verfügungsbefugnis über den Fremdanspruch ein Sicherungsmittel an die Hand zu geben, erfordere es nicht, dass der Alt-Versicherungsnehmer auch dann noch verfügungsbefugt bleibt, nachdem er das Eigentum an der versicherten Sache an den Versicherten übertragen hat. Bei Grundstücksgeschäften hat der Veräußerer die – in der Praxis regelmäßig auch genutzte – Möglichkeit, den Eigentumsübergang auf den Erwerber (Versicher-

---

[35] Vgl. die – zutreffend – auf die berechtigten Interessen abstellende Rechtsprechung des VIII. Senats des BGH zur Zuweisung von Versicherungsleistungen im Verhältnis von Leasingnehmer und Leasinggeber, BGH VersR 2021, 122 (Neuwertanteil aus Vollkaskoversicherung) und BGH NJW 2021, 552 = VersR 2021, 51 (Anrechnung des Minderwertausgleichs durch den Haftpflichtversicherer auf den Anspruch des Leasinggebers auf Restwertausgleich).

[36] LG Tübingen r+s 2019, 710 Rn. 31.

[37] LG Tübingen r+s 2019, 710 Rn. 34.

[38] LG Tübingen r+s 2019, 710 Rn. 34.

ten) davon abhängig zu machen, dass dieser zuvor offene Ansprüche aus dem Erwerbsgeschäft erfüllt.[39]

Das OLG Stuttgart ist dem in seinem Beschluss über die Kostenbeschwerde nicht gefolgt und hat dem Kläger (dem materiell anspruchsberechtigten Käufer und nach Grundstückserwerb auch Neu-Versicherungsnehmer) die Kosten auferlegt, nicht wie das LG dem Versicherer.[40] Das OLG vertritt die Ansicht, dass das Erfordernis der Zustimmung des Veräußerers zur Geltendmachung des Versicherungsanspruchs durch den Versicherten auch nach Vollendung des Eigentumserwerbs durch den Anspruchsinhaber bestehen bleibt. Auch nach Vollendung des Eigentumserwerbs bestehe ein Interesse des Versicherers an der Beteiligung des Veräußerers an der Regulierung eines vor Erwerb eingetretenen Versicherungsfalls. Vertragspartner des Versicherers vor Eigentumsübergang sei allein der Veräußerer. Vereinbarungen der Kaufvertragsparteien im Hinblick auf die Gefahrtragung, den Ausgleich für Schäden uÄ seien dem Versicherer nicht bekannt.

Anzumerken ist, dass die Urteilsgründe teilweise widersprüchlich sind. Zutreffend stellt das OLG fest, dass dem Käufer ein eigener Anspruch gegen den Versicherer zusteht, da sein Sacherhaltungsinteresse nach Gefahrübergang versichert ist. Zuvor meint das OLG jedoch, der Anspruch auf eine Versicherungsleistung sei in der Person des Veräußerers als (Alt-)Versicherungsnehmer entstanden, da der Schadensfall bereits eingetreten ist, als der Veräußerer noch als Eigentümer eingetragen war und ehe der Eigentumserwerb durch den Kläger vollendet war, also vor Grundbucheintragung des Klägers (Käufers). Das OLG prüft leider nicht – jedenfalls erläutert es nicht –, welcher Versicherungsanspruch des Verkäufers neben dem Versicherungsanspruch des gefahrtragenden Käufers entstanden sein soll. Es verkennt daher, dass bei der zu beurteilende Konstellation des Gefahrübergangs – nach vollständiger Zahlung des Kaufpreises –, wie vom BGH in mehreren Entscheidungen festgestellt,[41] das versicherte Sacherhaltungsinteresse ausschließlich beim gefahrtragenden Käufer liegt.

Im Schrifttum ist die Problematik bislang nur vereinzelt mit Blick auf die Entscheidungen des LG Tübingen und OLG Stuttgart (Berufungsinstanz) behandelt worden. Es wird darauf hingewiesen, dass die „mit beachtlichen Argumenten begründete Auslegung"[42] des LG Tübingen nicht der Rechtsprechung des BGH entspreche, dass ein in der Person des Versicherungsnehmers einmal entstandener Anspruch nicht mit der Eigentumsübertragung auf den Erwerber übergehe, sondern beim Veräußerer verbleibe.[43] Die herangezogene BGH-Rechtsprechung ist zutreffend. Es wird aber verkannt, dass in der hier betrachteten Konstellation, die auch dem eingangs geschilderten Rechtsstreit zugrunde liegt, der Anspruch auf die Versicherungsleistung vor der Veräußerung in der Person des zu diesem Zeitpunkt versicherten gefahrtragenden Käufers entstanden ist. Während des Bestehens der

[39] LG Tübingen r+s 2019, 710 Rn. 40.
[40] OLG Stuttgart 30.4.2020, 7 W 47/19 (nv).
[41] BGH r+s 2009, 376 = VersR 2009, 1534; BGH r+s 2009, 374 = VersR 2009, 1114 (1115); BGH r+s 2001, 31 = VersR 2001, 53.
[42] *Halbach* VK (Versicherung kompakt) 2020, 011 (Heft 1), 2.
[43] *Halbach* VK (Versicherung kompakt) 2020, 011 (Heft 1), 2.

Fremdversicherung lag lediglich die Verfügungsbefugnis über den Anspruch des Versicherten beim Verkäufer als damaliger Versicherungsnehmer.

c) Stellungnahme

Nach dem Erwerb der versicherten Sache durch den anspruchsberechtigten Versicherten sind neuer Versicherungsnehmer und materieller Inhaber des zuvor entstandenen Anspruchs personenidentisch. Es spricht viel dafür, § 95 Abs. 1 VVG – mit dem LG Tübingen – dahin auszulegen, dass die Verfügungsbefugnis für den vor der Veräußerung in der Person des Erwerbers entstandenen Anspruch mit der Veräußerung auf den anspruchsberechtigten Erwerber und neuen Versicherungsnehmer übergeht, dh eine „Versteinerung der Verfügungsbefugnis"[44] in der Person des Alt-Versicherungsnehmers abzulehnen ist.

Versicherte Interessen des Verkäufers sind – wie dargelegt – bereits während des Bestehens der Fremdversicherung vor der Veräußerung nicht berührt, wenn der Käufer den Kaufpreis vollständig gezahlt hat und die Gefahr des zufälligen Untergangs und der zufälligen Verschlechterung bereits auf ihn übergegangenen ist. Aufgrund der notariellen Praxis zu Grundstücksgeschäften besteht – anders als uU in anderen Fällen der Fremdversicherung – auch typischerweise kein weitergehendes Sicherungsinteresse des Verkäufers (Versicherungsnehmer) hinsichtlich etwaiger Ansprüche gegen den Versicherten in Bezug auf die versicherte Sache (siehe § 46 VVG).[45] Selbst wenn werden die Interessen des Verkäufers durch § 45 Abs. 1 VVG hinreichend so lange geschützt, wie er Versicherungsnehmer ist. Macht der Verkäufer von seiner Verfügungsbefugnis über den für ihn fremden Anspruch während seiner Zeit als Versicherungsnehmer keinen Gebrauch, so kann er diesem Umstand im Falle einer Veräußerung durch vertragliche Regelungen mit dem Erwerber Rechnung tragen. Jedenfalls bei Veräußerung an denjenigen, in dessen Person der Anspruch auf die Versicherungsleistung materiell entstanden ist, ist kein Grund ersichtlich, noch nach Veräußerung von einer fortdauernden Verfügungsbefugnis des Alt-Versicherungsnehmers auszugehen.

Gegen eine fortdauernde Verfügungsbefugnis des Alt-Versicherungsnehmers sprechen vor allem die Interessen des materiellen Anspruchsinhabers, der nach Grundstückserwerb Eigentümer der versicherten Sache und neuer Versicherungsnehmer ist. Er ist bereits während des Bestehens der Fremdversicherung, also bis zur Veräußerung an ihn, dem Risiko ausgesetzt, dass sich der Veräußerer pflichtwidrig verhält und den Anspruch des Versicherten gegen den Versicherer gefährdet. Würde man der Lösung des OLG Stuttgart (in seinem Beschluss über die sofortige Beschwerde gegen eine Kostenentscheidung nach § 91a ZPO) folgen, wäre der Käufer sogar noch nach seiner Grundbucheintragung als neuer Eigentümer hinsichtlich der Durchsetzung des in seiner Person entstandenen Versicherungsanspruchs auf die Mitwirkung des (angenommen weiterhin verfügungsbefugten) Verkäufers angewiesen. Dies würde bedeuten, dass der Verkäufer den bestehenden Anspruch des Käufers gegen den Versicherer noch nach der Eigentumsübertragung zunichtemachen bzw. blockieren

[44] Dagegen explizit LG Tübingen r+s 2019, 710 Rn. 34.
[45] Vgl. auch *Bezzenberger* FS Mock, 2009, 47f.

könnte. Damit würde sich der Verkäufer, dessen Ansprüche aus dem Grundstückskaufvertrag durch die vollständige Kaufpreiszahlung auf das Notaranderkonto gesichert oder sogar bereits durch Auszahlung erfüllt sind, zwar kaufvertragswidrig verhalten und gegebenenfalls schadenersatzpflichtig werden. Der Käufer wäre damit aber noch nach Eigentumserlangung in Höhe seiner Versicherungsforderung dem Risiko der Insolvenz des Verkäufers ausgesetzt. Insoweit ist zu bedenken, dass Insolvenzrisiken bei Grundstücksgeschäften besonders schwer wiegen und durch die notarielle Vertragspraxis vor allem zum Schutze der Interessen des Verkäufers typischerweise ausgeschlossen werden. Es erscheint daher geboten, auch den Interessen des Käufers und Erwerbers jedenfalls Rechnung zu tragen, soweit Interessen des Verkäufers nicht mehr berührt sind. Keine geeignete Lösung wäre es, den Käufer noch nach Erwerb der versicherten Sache hinsichtlich Verfügungen des Alt-Versicherungsnehmers auf § 242 BGB zu verweisen. Diesen Weg geht die Rechtsprechung zutreffend, falls während des Bestehens der Fremdversicherung der verfügungsbefugte Versicherungsnehmer seine Rechtsstellung missbraucht (→ II. 2.). Dabei geht es aber um Missbrauch im Einzelfall. Bei Veräußerung der versicherten Sache an den anspruchsberechtigten Versicherten ist aber eine generelle rechtssichere Lösung gefragt, nämlich die Zuweisung der Verfügungsbefugnis an den Erwerber und neuen Versicherungsnehmer.

Der Grundstückserwerber, der nach vollständiger Zahlung des Kaufpreises bereits ab Gefahrübergang Versicherungsschutz genießt, ist schutzwürdig. Er ist nach Zahlung des Kaufpreises regelmäßig auf die Auszahlung der Versicherungssumme angewiesen, um seine mit dem Grundstücksgeschäft verfolgten wirtschaftlichen Interessen umsetzen zu können. Die wirtschaftliche Bedeutung für den Erwerber zeigt sich deutlich an dem eingangs geschilderten Rechtsstreit: Obwohl sich der Käufer völlig vertragsgemäß verhalten hatte, insbesondere den Kaufpreis vollständig bezahlt hatte, und obwohl der Grundstückserwerb bereits vollzogen war, musste er wegen Uneinsichtigkeit des Veräußerers (in das Bestehen einer Fremdversicherung zum Schutze des Käufers im Zeitraum zwischen Gefahrübergang und Veräußerung) mehr als ein Jahr nach Eigentumsübergang auf die Auszahlung der Versicherungsleistung warten.

Interessen des Versicherers sind bei dieser generellen Lösung nicht tangiert. Denn der Versicherer weiß um die Person des jeweiligen Versicherungsnehmers bzw. ist bis zur Kenntniserlangung vom vollendeten Eigentumserwerb durch § 95 Abs. 3 VVG geschützt.

IV. Ergebnisse

1. Allgemeine Grundsätze

Kommt es während des Zusammentreffens von Eigen- und Fremdversicherung zu einem Versicherungsfall, ist festzustellen, wessen versichertes Interesse durch den Versicherungsfall betroffen ist, anders ausgedrückt: wer bei Entstehen der Versicherungsforderung deren materiellrechtlicher Inhaber ist. Maßgebend hierfür ist die objektive Rechtslage im Zeitpunkt des Versicherungsfalls.

Entsteht aus einer Versicherung für fremde Rechnung in der Person des Fremdversicherten ein Anspruch auf Versicherungsleistung, so ist während des Bestehens der Fremdversicherung gleichwohl der Versicherungsnehmer nach § 45 VVG befugt, über den für ihn fremden Versicherungsanspruch im eigenen Namen zu verfügen.

Mit vollendeter Veräußerung der versicherten Sache tritt der Erwerber kraft Gesetzes gemäß § 95 VVG als neuer Versicherungsnehmer in das Versicherungsverhältnis ein, und zwar so, wie das Versicherungsverhältnis im Zeitpunkt der Veräußerung besteht. Die materiellrechtliche Inhaberschaft von Versicherungsansprüchen, die vor der Veräußerung entstanden sind, wird nicht berührt. Ist vor der Veräußerung ein Anspruch in der Person des Alt-Versicherungsnehmers entstanden, bleibt dieser auch nach der Veräußerung materieller Anspruchsinhaber. Ist vor der Veräußerung ein Anspruch in der Person eines Versicherten entstanden, bleibt der Versicherte auch nach der Veräußerung materieller Anspruchsinhaber.

2. *Gebäudeversicherung*

Ein Gebäudeversicherungsvertrag des Grundstückseigentümers ist mit Blick auf die typische Interessenlage bei Verkauf des versicherten Grundstücks auch ohne ausdrückliche vertragliche Regelung grundsätzlich so auszulegen, dass nach Übergabe des Grundstücks und Übergang der Sachgefahr das Sacherhaltungsinteresse des Käufers im Wege der Versicherung für fremde Rechnung (mit-)versichert ist.

Mit Übergabe des verkauften Grundstücks geht die Gefahr des zufälligen Untergangs und der zufälligen Verschlechterung auf den Käufer über (§ 446 BGB). Jedenfalls nach vollständiger Zahlung des Kaufpreises ist ausschließlich das Sacherhaltungsinteresse des gefahrtragenden Käufers versichert. Die Versicherungsforderung aus einem nach Gefahrübergang eintretenden Versicherungsfall steht damit materiellrechtlich dem Käufer als Versicherten zu.

Bis zur vollendeten Übertragung des Grundstückseigentums durch Auflassung und Grundbucheintragung ist der Verkäufer noch Versicherungsnehmer des Versicherungsvertrages und gemäß § 45 VVG befugt, über den in der Person des Käufers entstandenen Versicherungsanspruch im eigenen Namen zu verfügen.

Mit Übertragung des Grundstückseigentums tritt der Grundstückserwerber gemäß § 95 VVG in den bestehenden Gebäudeversicherungsvertrag als neuer Versicherungsnehmer ein. Wird das Grundstück an den zuvor fremdversicherten Käufer veräußert, bedeutet dies, dass sich die zuvor für ihn bestehende Fremdversicherung in eine Eigenversicherung wandelt.

Dies führt zu der in Rechtsprechung und Literatur bislang nur sehr vereinzelt behandelten Frage, wer nach der Veräußerung des Grundstücks an den Käufer befugt ist, über den zuvor in der Person des Käufers entstandenen Versicherungsanspruch zu verfügen. Interessengerecht erscheint diese Lösung: Wenn bei einem Versicherungsfall nach Gefahrübergang auf den Käufer dieser Inhaber des Anspruchs auf die Versicherungsleistung ist, führt die anschließende Veräußerung der versicherten Sache an den anspruchsberechtigten Käufer dazu, dass nun er als neuer Versicherungsnehmer über seinen Anspruch verfügungsberechtigt ist, nicht der Veräußerer und Alt-Versicherungsnehmer.

V. Schluss

Es ist das Verdienst des LG Tübingen, dass es sich – ungeachtet nur summarischer Prüfung in einer Kostenentscheidung nach § 91a ZPO – intensiv mit der Frage auseinandergesetzt hat, welche Ansprüche aus einer Gebäudeversicherung bestehen, wenn sich der Versicherungsfall nach Gefahrübergang auf den Grundstückskäufer ereignet und der Käufer sodann die versicherte Sache erwirbt, sodass er nach § 95 VVG in den bestehenden Gebäudeversicherungsvertrag eintritt.

Die Auswertung von Rechtsprechung und Literatur zu § 95 VVG zeigt, dass Stellungnahmen bisweilen nur den gesetzlichen Regelfall in den Blick nehmen, dass vor der Veräußerung der versicherten Sache ausschließlich eine Eigenversicherung des Veräußerers bestand. Da § 95 VVG nach zutreffender allgemeiner Meinung nichts an der Inhaberschaft von Ansprüchen ändert, die vor der Veräußerung entstanden sind, ist allerdings auch der Fall zu bedenken, dass vor der Veräußerung (auch oder nur) eine Fremdversicherung bestand und ein Anspruch in der Person des Fremdversicherten entstanden ist. Auch begrifflich sollte stets klar unterschieden werden, ob es um die Rechtsstellung vor der Veräußerung als versicherter *Käufer* oder um die Rechtsstellung nach der Veräußerung als *Erwerber* geht. Dies geschieht bisweilen nicht, sodass die betreffenden Aussagen mitunter missverständlich sind. Auch die Aktivlegitimation (materielle Anspruchsinhaberschaft) und die Prozessführungsbefugnis sollten stets exakt auseinandergehalten werden.[46]

Im eingangs geschilderten Rechtsstreit war der Gebäudeversicherer als Streithelfer auf Seiten des versicherten Grundstückskäufers dessen Klage gegen den Verkäufer auf Zustimmung zur Geltendmachung des Versicherungsanspruchs beigetreten. Der Verkäufer – und offenbar auch sein Rechtsanwalt – hatten schlicht die Fehlvorstellung, dass die Versicherungsleistung dem Verkäufer zustünde, obwohl sich der Versicherungsfall nach vollständiger Zahlung des Kaufpreises sowie nach Übergabe und Gefahrübergang auf den Käufer ereignet hatte. Es ist bedauerlich und sachlich nicht hinnehmbar, dass der Käufer im konkreten Fall noch nach Grundstückserwerb mehr als ein Jahr auf die – auch nach Ansicht des Versicherers – ihm zustehende Versicherungsleistung warten musste und am Ende außerdem – entgegen dem überzeugenden und gut begründeten Beschluss des LG Tübingen – auch noch alle Kosten tragen musste.

---

[46] Vgl. zutreffend auf den Unterschied hinweisend zB BGH r+s 2021, 388 = VersR 2021, 927 bzw die Terminologie richtigstellend zB BGH NJW 2019, 3446 („Dass in den Entscheidungsgründen [der Berufungsinstanz] insoweit teilweise von der – die Begründetheit der Klage betreffenden – „Aktivlegitimation" die Rede ist, ist unschädlich, da sich aus dem Zusammenhang eindeutig ergibt, dass die Prozessführungsbefugnis gemeint ist." Zusatz in eckiger Klammer vom Verfasser hinzugefügt).

SCHRIFTEN- UND VORTRAGSVERZEICHNIS

von Prof. Dr. Theo Langheid

(Stand: Januar 2022)

I. *Kommentare*

Langheid/Wandt, Münchener Kommentar zum VVG, Bd. 1, 3. Aufl. 2022
– Bd. 1, 2. Aufl. 2016; Bd. 2, 2. Aufl. 2017; Bd. 3, 2. Aufl. 2017
– Bd. 1, 1. Aufl. 2010; Bd. 2, 1. Aufl. 2011; Bd. 3, 1. Aufl. 2009

Römer/Langheid, Kommentar zum VVG, 1. Aufl. 1997; 2. Aufl. 2003; 3. Aufl. 2012; 4. Aufl. 2014

Langheid/Rixecker, Kommentar zum VVG, 5. Aufl. 2016; 6. Aufl. 2019; 7. Aufl. 2022

II. *Monographien*

Covid-19 – Versicherungs- und haftungsrechtliche Aspekte, 2020

Graf von Westphalen/Langheid/Streitz, Der Jahr-2000-Fehler – Haftung und Versicherung, 1999

Bach/Langheid, Aktuelle Rechtsfragen der Versicherungsvertragspraxis, RWS-Skript 179, 2. Aufl. 1990

Souveränität und Gewaltenteilung. The Sovereignty of Parliament (Diss.), 1984

III. *Beiträge in Sammelwerken*

IT-Versicherung, in: Moritz/Dreier (Hrsg.), Rechts-Handbuch zum E-Commerce, 2002

IT-Versicherung, in: Moritz/Dreier (Hrsg.), Rechts-Handbuch zum E-Commerce, 2. Aufl. 2005

Das Jahr-2000-Problem aus der Sicht der Sachversicherung, Beiträge zur 22. Kölnischen Runde, Schriftenreihe der Kölnischen Rück, Heft 40, 1998 (dt., engl., span.)

Aktuelle Fragen des Obliegenheitenrechts, in: Bach (Hrsg.), „80 Jahre VVG", Schriftenreihe VersicherungsForum, 1988, 415ff.

IV. Aufsätze

Beweismaßstab der „Wahrscheinlichkeit“, ZVers 2021, 46

Muster ohne Wert – Die Musterfeststellugsklage im Praxistest, VersR 2020, 789

Causa proxima – Theorie und Praxis der Wahrscheinlichkeiten, VersR 2019, 987

Kopf an Kopf – Risiko Kontaktsport, VW 2019, 88

Rechtsprechungsübersicht zum Versicherungsvertragsrecht im 2. Halbjahr 2018, NJW 2019, 341

Rechtsprechungsübersicht zum Versicherungsvertragsrecht im 1. Halbjahr 2018, NJW 2018, 2302

Rechtsprechungsübersicht zum Versicherungsvertragsrecht im 2. Halbjahr 2017, NJW 2018, 352

Rechtsprechungsübersicht zum Versicherungsvertragsrecht im 1. Halbjahr 2017, NJW 2017, 2318

Wissentliche und fahrlässige Pflichtverletzungen in der D&O-Versicherung, VersR 2017, 1365

Rechtsprechungsübersicht zum Versicherungsvertragsrecht im 2. Halbjahr 2016, NJW 2017, 364

Rechtsprechungsübersicht zum Versicherungsvertragsrecht im 1. Halbjahr 2016, NJW 2016, 2304

Der Werkstoff T24 in der Montageversicherung, VersR 2016, 15ff.

Rechtsprechungsübersicht zum Versicherungsvertragsrecht im 2. Halbjahr 2015, NJW 2016, 371ff.

Rechtsprechungsübersicht zum Versicherungsvertragsrecht im 1. Halbjahr 2015, NJW 2015, 2311

Missbrauchskontrolle von Leistungsbeschreibungen nur bei Intransparenz, VersR 2015, 1071

Rechtsprechungsübersicht zum Versicherungsvertragsrecht im 2. Halbjahr 2014, NJW 2015, 383

Rechtsprechungsübersicht zum Versicherungsvertragsrecht im 1. Halbjahr 2014, NJW 2014, 2323

Die Europäische Gegenseitigkeitsgesellschaft – Gewinn oder Gefahr für Versicherungsnehmer und Unternehmen?, VersR 2014, 805 (Co-Autor Joachim Grote)

Rechtsprechungsübersicht zum Versicherungsvertragsrecht im 2. Halbjahr 2013, NJW 2014, 354

Rechtsprechungsübersicht zum Versicherungsvertragsrecht im 1. Halbjahr 2013, NJW 2013, 2329

Rechtsprechungsübersicht zum Versicherungsvertragsrecht im 2. Halbjahr 2012, NJW 2013, 435

Das Wissen der Manager ist ihrem Unternehmen zuzurechnen, VW 2012, 1768

Rechtsprechungsübersicht zum Versicherungsrecht 1. Halbjahr 2012, NJW 2012, 2324ff.

Rechtsprechungsübersicht zum Versicherungsvertragsrecht 2011, NJW 2012, 356ff.

Erste Rechtsprechung zum reformierten Versicherungsvertragsgesetz, NJW 2011, 3265ff.

OLG Hamm ruling on non disclosure changes game, Insurance Day, 11.3.2011

Rechtsprechungsübersicht zum Versicherungsvertragsrecht 2010, NJW 2011, 355ff.

Die Abtretung des Freistellungsanspruchs, Münsteraner Reihe, Bd. 113, 2010

Rechtsprechungsübersicht zum Versicherungsvertragsrecht 2009, NJW 2010, 344ff.

Verfassungsrechtliche Aspekte der Gesundheitsreform, ZVersWiss 2009, 645ff.

Nach der Reform: Neue Entwicklungen in der Haftpflichtversicherung, VersR 2009, 1043ff.

Rechtsprechungsübersicht zum Versicherungsvertragsrecht 2008, NJW 2009, 337ff.

Nach dem Spiel ist vor dem Spiel, VW 2008, 1510ff. (Co-Autor Joachim Grote)

Fresh German insurance contract law implications, Insurance Day 3.5.8, S. 7

Droht die rote Karte? Internationale Versicherungsprogramme und die Versicherung des finanziellen Interesses, VW 2008, 630ff. (Co-Autor Joachim Grote)

D&O and the new German Insurance Contract Act, Directors' and Officers' Liability Review, 2008, Issue 43

Rechtsprechungsübersicht zum Versicherungsvertragsrecht 2007, NJW 2008, 337ff.

Das neue Versicherungsvertragsrecht
- Teil 1: NJW 2007, 3665ff.
- Teil 2: NJW 2007, 3745ff.

VVG-Reform und Verbraucherschutz, Münsteraner Reihe, Bd. 105, 2007

Neues Versicherungsrecht aus vertrieblicher Sicht, ASSKompakt 07, 118f. (Co-Autor Bastian Finkel)

Auswirkungen der VVG-Reform auf die D&O-Versicherung, VP 2007, 161ff. (Co-Autorin Eva-Maria Goergen)

Tücken in den §§ 100ff. VVG-E, VersR 2007, 865ff.

Rechtsprechungsübersicht zum Versicherungsvertragsrecht 2006, NJW 2007, 338ff.

Auf dem Weg zu einem neuen Versicherungsvertragsrecht, NJW 2006, 3317ff.

Rechtsprechungsübersicht zum Versicherungsvertragsrecht 2005, NJW 2006, 339ff.

Versicherung gegen Terrorschäden, NJW 2005, 3233ff.

Deckungsfragen der D&O-Versicherung, VersR 2005, 1165 (Co-Autor Joachim Grote)

Rechtsprechungsübersicht zum Versicherungsvertragsrecht 2004, NJW 2005, 340ff.

Wirtschaftlichkeitsgebot als Geschäftsgrundlage, VersR 2004, 823ff. (Co-Autor Joachim Grote)

Funktionsausgliederung, aufsichtsrechtliche Aspekte einer betriebswirtschaftlichen Entscheidung, VW 2004,300ff. (Co-Autor Bernd Michaels)

Rechtsprechungsübersicht zum Versicherungsvertragsrecht 2003, NJW 2004, 337ff.

Voraussetzungen des § 178g Abs. 3 VVG, VersR 2003, 469ff. (Co-Autor Joachim Grote)

Rechtsprechungsübersicht zum Versicherungsvertragsrecht 2002, NJW 2003, 399ff.

Ausfallversicherung und Gefahrerhöhung, NVersZ 2002, 433ff.

Praktische Probleme der Bedingungstreuhandschaft, NVersZ 2002, 49ff. (Co-Autor Joachim Grote)

Rechtsprechungsübersicht zum Versicherungsvertragsrecht 2001, NJW 2002, 403ff.

Das Gesundheitsstrukturgesetz unter versicherungs- und europarechtlichen Aspekten, NVersZ 2001, 145ff. (Co-Autor Heinrich Wilms)

Rechtsprechungsübersicht zum Versicherungsvertragsrecht 1999/2000, NJW 2001, 111ff.

Sachschaden und Ereignis in der Maschinenversicherung, VersR 2000, 1057ff.

§ 8 AGBG im Lichte der EG-AGB-Richtlinie: Kontrollfähigkeit von Leistungsbeschreibungen durch Intransparenz, NVersZ 2000, 63

Rechtsprechungsübersicht zum Versicherungsvertragsrecht 1998/99, NJW 1999, 3454ff.

Rechtsprechungsübersicht zum Versicherungsvertragsrecht 1997/98, NJW 1998, 3680ff.

Das Jahr 2000-Problem in der Sachversicherung, NVersZ 1998, 1ff.

Rechtsprechungsübersicht zum Versicherungsvertragsrecht 1996/97, NJW 1997, 3134ff.

Rechtsprechungsübersicht zum Versicherungsvertragsrecht 1995/96, NJW 1996, 2690ff.

Für und Wider des Minderjährigenwahlrechts, ZRP 1996, 131ff.

Rechtsprechungsübersicht zum Versicherungsvertragsrecht 1994/95, NJW 1995, 2662ff.

Das qualifizierte Mehrheitswahlrecht, ZRP 1995, 94ff.

Rechtsprechungsübersicht zum Versicherungsvertragsrecht 1993/94, NJW 1994, 2652ff.

Rechtsprechungsübersicht zum Versicherungsvertragsrecht 1993, NJW 1993, 2652ff.

Rechtsprechungsübersicht zum Versicherungsvertragsrecht 1992, NJW 1993, 695ff.

Rechtsprechungsübersicht zum Versicherungsvertragsrecht 1991/92, NJW 1992, 656ff.

Nachweis der Eigenbrandstiftung, VersR 1992, 13ff.

Rechtsprechungsübersicht zum Versicherungsvertragsrecht 1990/91, NJW 1991, 268ff.

Rechtsprechungsübersicht zum Versicherungsvertragsrecht 1989/90, NJW 1990, 221ff.

Der Versicherungsnehmer als Dritter gem. § 3 Nr. 1 PFlVG, VersR 1986, 15ff.

Verbotene Rabattgewährung im Neuwagen-Handel, WRP 1983, 475ff. (Co-Autor Martin Heckelmann)

Das Leasinggut in der Einzelzwangsvollstreckung und im Konkurs
- Teil I: Leasing-Praxis 2/81, S. 11
- Teil II: Leasing-Praxis 3/81, S. 11

Vertragsstrafenvereinbarung in Arbeitsverträgen, DB 1980, 1219

Durchsuchung gem. § 758 ZPO aufgrund richterlichen Durchsuchungsbefehls, MDR 1980, 21

Neue Rechtsprechung des BGH zum Miet- und Pachtrecht über gewerbliche Räume, Eigentum Aktuell, 1980, Heft 6

V. Beiträge in Festschriften

„Wahrscheinlichkeiten" in der Rechtsprechung des BGH, in: Festschrift für Jörg Freiherr Frank von Fürstenwerth, 2020, 163ff.

Ersetzung intransparenter Klauseln in der Lebens- und Krankenversicherung, in: Festschrift für Prof. Dr. Hans-Peter Schwintowski zum 70. Geburtstag, 2017, 113ff.

Staatliche versus Schiedsgerichtsbarkeit – Ein Diskurs am Beispiel TTIP, in: Der Forschung – der Lehre – der Bildung – 100 Jahre Hamburger Seminar für Versicherungswissenschaft und Versicherungswissenschaftlicher Verein in Hamburg e. V., 2016, 663ff.

Obliegenheiten nach Deckungsablehnung, in: Festschrift für Prof. Dr. Egon Lorenz zum 80. Geburtstag, 2014, 241

AVB-Kontrolle im Lichte der neueren Rechtsprechung, in: Weitsicht in Versicherung und Wirtschaft – Gedächtnisschrift für Prof. Dr. Ulrich Hübner, 2012, 137ff.

Die laufende Versicherung, in: Festschrift für Prof. Dr. Johannes Wälder zum 75. Geburtstag, 2009, 23ff.

Helfen und Haften, in: Festschrift für RA Dr. Lüer zum 70. Geburtstag, 2008, 103ff.

Ausweg aus der Anerkenntnis- und Abtretungsfalle, in: Liber amicorum für Prof. Dr. Winter, 2007, 367ff.

Der obliegenheitsbezogene Repräsentantenbegriff: Versuch einer Wiederbelebung, in: Festschrift für Prof. Dr. Schirmer, 2005, 353ff.

Der partielle Vorsatzausschluss in der Haftpflichtversicherung, in: Festschrift für Prof. Dr. Egon Lorenz zum 70. Geburtstag, 2004, 427ff.

Zum Verhältnis von Bedingungs- und Prämienanpassung in der substitutiven Kran kenversicherung, in: Festschrift für Prof. Dr. Kollhosser, 2004, 231ff.

Rule of Law & Law's Delay, in: Festschrift für Prof. Dr. Martin Kriele zum 65. Geburtstag, 1997, 677ff.

VI. Anmerkungen

Beachtung des sog. Randgeschehens beim Nachweis des sog. „äußeren Bildes" OLG Naumburg VersR 2017, 93

Unklarer Ausschluss in der Forderungsausfallversicherung (zu BGH NJW 2017, 3711), NJW 2017, 3713

Claims Made in Germany (zu OLG München VersR 2009, 1066), Euroforum-Newsletter Versicherungen 1/2011, S. 9

Wegfall von Haftungsbeschränkungen bei unterlassener Hinzuziehung der Polizei (zu BGH NJW 2009, 3229), NJW 2009, 3231

Keine Nachfragepflicht bei Obliegenheitsverletzungen (zu BGH VersR 2007, 481), VersR 2007, 629

Treuhänderverfahren in der kapitalbildenden Lebensversicherung (zu BGH, Urt. v. 12.10.2005 – IV ZR 177/03), BGH-Report 2006, 24f.

Treuhänderverfahren in der kapitalbildenden Lebensversicherung (zu BGH, Urt. v. 12.10.2005 – IV ZR 177/03), Interview NJW-Cassette 12/2005

AGB-rechtliche Beurteilung von Fristenregelungen (zu BGH, Urt. v. 23.2.2005 – IV ZR 273/03), BGH-Report 2005, 773

Maklercourtage bei Nettopolicen (zu BGH, Urt. v. 20.1.2005 – III ZR 251/04), BGH-Report 2005, 563

Regress bei Doppelversicherung (zu BGH, Urt. vom 21.4.2004 – IV ZR 113/03), BGH-Report 2004, 1155

Anforderungen an die Belehrung über das Widerrufsrecht (zu BGH, Urt. vom 28.1.2004 – IV ZR 58/03), BGH-Report 2004, 728

Rechtlicher und wirtschaftlicher Zusammenhang in der Serienschadenklausel (zu BGH NJW 2003, 3705), Interview NJW-Cassette 1/2004 Nr. 7

Rotlichtverstoß und grobe Fahrlässigkeit (zu BGH NJW 2003, 1118), Interview NJW-Cassette 4/2003, Nr. 23

Der Umfang des gesetzlichen Rangrücktritts gem. § 104 S. 2 VVG (zu OLG Hamm NVersZ 2002, 467), NVersZ 2002, 529

Repräsentanz in der Kraftfahrthaftpflicht-Versicherung? (zu LG Karlsruhe 2000, 394), NVersZ 2000, 463

Leistungspflicht des Haftpflichtversicherers trotz Vorsatz? (zu OLG Hamm NVersZ 1999, 289), NVersZ 1999, 253

Nachschieben von Gründen zum Rücktritt vom Versicherungsvertrag (zu OLG Nürnberg NVersZ 1999, 68), NVersZ 1999, 155

Leistungsfreiheit des KH-Versicherers bei Vorsatztat des VersN auch gegenüber dem geschädigten Dritten (zu OLG Frankfurt VersR 97, 327), VersR 97, 349

Subjektives Risiko und vorvertragliche Anzeigepflicht (zu OLG Köln r+s 95, 121), r+s 95, 122

Vorübergehende Fahrzeugüberlassung und Repräsentantenstellung (zu OLG Köln r+s 94, 401), r+s 94, 402

Prämienaufrechnung bei Kasko- und Haftpflichtschaden (zu OLG Koblenz r+s 94, 282), r+s 94, 283

Beweislast bei vorvertraglicher Anzeigepflichtverletzung (zu OLG Hamm r+s 94, 42), r+s 94, 43

Anwendungsbereich des § 12 Abs. 3 VVG (zu OLG Saarbrücken r+s 93, 41), r+s 93, 42

Beweismaßstab bei Herbeiführung eines Versicherungsfalls durch einen Mitversicherten (zu OLG Köln r+s 93, 126), r+s 93, 126

Quotenvorrecht des Versicherungsnehmers gem. § 67 Abs. 1 S. 1 VVG (zu OLG Köln r+s 92, 326), r+s 92, 326

Arglistige Täuschung nach Deckungsablehnung (zu OLG Hamm r+s 92, 97), r+s 92, 109

Wiederauflebende Obliegenheiten und Obliegenheitenerfüllung nach Deckungsablehnung (zu BGH r+s 92, 182), r+s 92, 183

Ordnungsgemäße Erfüllung einer Obliegenheit auch nach Deckungsablehnung (zu BGH r+s 92, 1), r+s 92, 3

Belehrung nach § 12 Abs. 3 VVG in der BUZ-Versicherung (zu BGH r+s 92, 3), r+s 92, 4

Zulässigkeit der Rückwärtsversicherung bis zum Zeitpunkt der Antragstellung in der Lebensversicherung, EWiR 1990, 821

VII. Editorials/Blogs

BECK Info-Letter Versicherungs- und haftungsrecht 2003–2004

BLD Newsletter 2007

Fromme Versicherungsnewsletter Legal Eye 2017/18

VersR.de Onlineblog (seit Juli 2020)

VIII. Buchbesprechungen

Kevin Bork, Tensions of Reinsurance, ZEuP 2021, 767

Charlotte Möller, Deckungslücken beim Versichererwechsel, VersR 2021, 1079

Philip Hofmann, Der Schutz von Dritten im Versicherungsrecht, KTS 2019, 105

Jeannette Maul-Odenwald, Die Laufende Versicherung, VersR 2017, 1445

Lemberg/Luksch, Hausratversicherung, VersR 2017, 206

Jonathan Wennekers, Piraterie in der Seeversicherung des Reeders, VersR 2016, 1415

Lorenz Mayr, Der verwerflich handelnde Geschädigte, VersR 2016, 1095

Stiefel/Maier, Kraftfahrtversicherung, NJW 2011, 832

Beckmann/Matusche-Beckmann, Versicherungsrechts-Handbuch, NJW 2009, 1935

Robert Koch, Versicherbarkeit von IT-Risiken in der Sach-, Vertrauensschaden- und Haftpflichtversicherung, CR 2005, R 86

Harbauer, Rechtsschutzversicherung, VersR 2004, 1110 und NJW 2004, 2721

Schiffer/Rödl/Rott, Haftungsgefahren im Unternehmen, NJW 2004, 1093

Maier/Biela, KFZ-Haftpflichtversicherung, NJW 2002, 1406

Lorenz/Wandt, Versicherungstexte, VersR 2002, 168

Werner Pfenningstorf, German Insurance Laws, BILA Journal No. 93, 1997, 43ff.

Thorsten Dietz, Wiederherbeigeschaffte versicherte Sachen. Anzeigepflichten, Rettungskosten und Entschädigung, NJW 1995, 508

Prölss/Martin, Kommentar zum VVG, 25. Aufl., ZVersWiss 1993, 438

Wolfgang Römer, Aktuelle Rechtsprechung in der Sachversicherung, Schriftenreihe Versicherungsforum, VersR 1992, 1200

Karl Sieg, Rechtsgeschäfte mit gekoppeltem Versicherungsschutz, NJW 1991, 412

IX. Vorträge

Berufsperspektiven in der Anwaltskanzlei, Versicherungsrechtstag mit der Uni Saarbrücken, 2018

Berufsperspektiven: die anwaltliche Sicht, Doktorandenseminar der Unis Düsseldorf, Mannheim und Münster; Mühlheim 2018

Aktuelle Fragen der KFZ – Versicherung, Potsdam 2018

Laudatio anl. der Vergabe des „Berliner Preises für Versicherungsrecht", Berlin 2017

Der Versicherungsanwalt, AM Herbstakademie, Bensberg, 2017

Wissentliche Pflichtverletzung in der D&O-Versicherung, Universität Salzburg 5.10.2017

Berufung in Schiedsverfahren?, AIDA Wien 2016

ARIAS EU – Einführung und Vorstellung, Dt. Verein für Versicherungswissenschaften, Wien 2016

Fehlende Sachkunde der KfH in Versicherungsstreitigkeiten, ARIAS Deutschland Jahrestagung 2015 Köln

Rückversicherung, Versicherungsforum 2015

Vorsorge durch Pflegeversicherung, Continentale Versicherung Gesundheitstag 2014

15 Jahre VOV, VOV, 30.8.2012

Korruption: vom weltweiten Phänomen zum weltweiten Haftungsrisiko, Chartis, Werfthausgespräche, 12.6.2012

Klauselkontrolle im Lichte neuester Rechtsprechung, DUAL, 30.5.2012

Kollektiver Rechtsschutz im Versicherungsrecht, Humboldt-Viadrina School of Governance, Tagung 7./8.5.2012

Gegen staatliche Eingriffe in die private Versicherungswirtschaft, FHS Köln, 21.10.2011

Verbraucherschutz bei Banken- und Versicherungsprodukten, Verein zur Wirtschaftsförderung, IHK Köln, 2011

Zentrale Probleme der Haftpflichtversicherung nach der Reform, House of Finance, Goethe- Universität Frankfurt, 2010

Der Selbstbehalt in der D&O-Versicherung, ACE-Tagung für Risikomanager, Freinsheim, 2010

Das Versicherungsmandat, AM-Versicherung, Schloss Bensberg 2009

Verfassungsrechtliche Aspekte der Gesundheitsreform, Dt. Verein für Versicherungswissenschaft, Berlin, 2009 (Vortrag und Diskussion)

VVG-Reform – Podiumsdiskussion (Dr. Schareck; Dr. Beutelmann; Prof. Römer; Dr. Teichler; Prof. Dr. Wagner (Ltg.)), 4. Versicherungstag der Universität Leipzig 2008

Prozessuale und taktische Aspekte des Schiedsverfahrens, Münchner Rück, München, 2008

Besondere Fragestellungen nach der VVG- Reform (Hoenen; Prof. Dr. Wandt; Prof. Dr. Schirmer (Ltg.)), 8. Versicherungstag der FU Berlin 2008

Erste Erfahrungen nach der VVG-Reform (Prof. Dr. Dreher; Prof. Dr. Armbrüster), Deutsche Rückversicherung 2008

Die Versicherung des Finanziellen Interesses – Probleme bei internationalen Versicherungsprogrammen, European Risk Managers Forum, Allianz, Dublin 2008

VVG Reform, Cologne Re Forum Kommunale Versicherungsunternehmen, Köln, 2008

Aktuelle Probleme der Industrieversicherung, Diskussionsrunde der Business Insurance Europe (BIE), 2008

Perspektiven der D&O-Versicherung, DVS Symposion München 2007

Das Versicherungsmandat, AM-Versicherung, Schloss Bensberg 2007

Europäische class actions?, Swiss Re 2007

Direktanspruch in der D&O-Versicherung, AIG Schloss Kronberg 2007

Praktische Umsetzungsprobleme in der VVG-Reform, Münchner Rück 2007

Versicherungsrechtliche Aspekte des AGG, Cologne Re Forum Kommunale Versicherungsunternehmen, Köln 2006

Neue Geschäftsmodelle in der Lebensversicherung, Cologne Re (Fromme, Dr. Heinen, Prof. Römer), Köln 2006

Allgemeines Gleichbehandlungsgesetz, AIG, Schloss Kronberg 2006

Neueste ausgewählte Rechtsprechung des BGH, Betriebswirtevereinigung, FK Recht, Karlsruhe 2005

Employment Practises Liability Insurance (EPLI), 2005

Informationsasymmetrie in der D&O-Versicherung (ACE), Petersberg Königswinter 2005

Das Versicherungsmandat, AM-Versicherung, Schloss Bensberg 2005

D&O-Versicherung, VOV, Petersberg Königswinter 2005

D&O und Employment Practises Liability Insurance, AIG, Schloß Kronberg 2005

VVG-Reform, 7. Gothaer Kamingespräch 2005

VVG-Reform, Versicherungswissenschaftliches Institut Universität Leipzig 2004

VVG-Reform, Vortrag FHS Köln 2004

Das Jahr 2000-Problem in der Sachversicherung, Vereinigung der Versicherungsbetriebswirte e.V. 1999

Einführung in das Jahr 2000-Problem, LION'S CLUB Rhein Sieg 1998

Die Rechtsprechung des OLG Köln zur Kaskoversicherung, FHS Köln (FB Versicherungswesen) 1998

German product liability and litigation procedures, WEMED University, New York 1997

Jura, der Weg zum Traumjob?, Vortrag auf Einladung der European Law Students Association (ELSA) 1996

German product liability, RAe Honig, Buffat & Mettetal, Paris 1996

Rechtsanspruch und Rechtswirklichkeit im Versicherungsrecht, Deutsche Richterakademie Trier 1995

Anspruch und Rechtswirklichkeit im Versicherungsrecht, Deutsche Richterakademie, Trier 1990

X. *Sonstiges*

Powell & Proust, Vortrag anlässlich des Anthony Powells Colloquiums „Lust & Last des Übersetzens" am 4.12.2016

TTIP und die Schiedsgerichte, Rotary Club Köln-Hahnentor 20.10.2016

Neues zu Shakespeare, Anlässlich des 400. Todestages, Rotary Club Köln-Hahnentor 2016

Anthony Powell's „The Dance to the Music of Time", „Literatur in der Häusern der Stadt …" (Casa Speck), 2012

Anthony-Powell-Lesung, Einführung, Literaturhaus Köln, 2012

Wer schrieb Shakespeare?, Rotary Club Köln-Hahnentor 2012

Anthony Powell – Leben und Werk, Rotary Club Köln-Hahnentor, 2011

Martin Kriele zum 80. Geburtstag, NJW 2011, 198

Anthony Powell, ein englischer Autor, Vortrag vor der Marcel Proust Gesellschaft, Köln, 2010

Karin Beiers „King Lear", Interview mit Karin Beier, KUNSTSALON, Köln, 2010

Die Gesundheitsreform verfassungsrechtliche Aspekte, Rotary Club Köln-Hahnentor, 2009

Zwangsgemeinschaft- zur Verfassungswidrigkeit der Gesundheitsreform, Gastkommentar FTD v. 12.3.2008

VVG-Reform, Interview NJW-Cassette 1/2008

VVG Reform, Interview NJW-Cassette 1/2007

Römer 70, NJW 2006, 1717

Das neue Antidiskriminierungsrecht AGG, Rotary Club Köln-Hahnentor, 2006

Das neue Versicherungsvertragsrecht, Rotary Club Köln-Hahnentor, 2006

Shakespeare – ein revolutionärer Dichter?, Rotary Club Köln-Hahnentor, 2005

Rechtskulturen USA/BRD, Vortrag zum 10-jährigen Bestehen der CHUBB-Versicherung, Hamburg 2004

Rechtsmodernisierungsgesetz, NJW-Audiointerview 2004

Treuhandschaft in der Krankenversicherung, CAPITAL 01/2004, S. 80

Misslungener Versuch: das neue Gebührenrecht, NJW-Editorial 45/2003

Gut versichert?, CAPITAL Interview 16/2003, 24.7.2003

Brauchen wir McLaw?, NJW-Editorial 30/2003

„Konsequente Verbraucherpolitik" durch Interessenausgleich, NJW-Editorial 46/2002

Lebensversicherungen, CAPITAL 02/2002, 21.2.2002

Nachgefragt, FAZ, 15.9.2001

Der Autor Ingomar von Kieseritzky, WDR, Interview, 20.6.2001

Interview zur Haftpflichtversicherung, Mittagsmagazin/Quintessenz, WDR, 24.11.1999

Nach Millennium Chaos kommt die Versicherung zum Zug, Handelsblatt vom 12.7.1999

Jahr 2000-Schäden und Versicherungsschutz, Die Welt vom 19.5.1999

Interview zum Wahlrecht, FOCUS, 06/97

Interview zum Wahlrecht, Aktuelle Stunde, WDR, 1995

Kölner Anwalt erfindet neues Wahlrecht, Feature, WDR, 1995

AUTORENVERZEICHNIS

Karen Bartel
Rechtsanwältin und Syndikusrechtsanwältin beim Gesamtverband der Deutschen Versicherungswirtschaft e. V. (GDV)
Leiterin der Abteilung Recht/Compliance/Verbraucherschutz

Professor Dr. Dr. h. c. mult. Jürgen Basedow, LL.M. (Harvard Univ.)
Em. Direktor am Max-Planck-Institut für ausländisches und internationales Privatrecht
Professor an der Universität Hamburg und Mitglied des Institut de Droit international

Dr. Jan Boetius
Vorsitzender des Vorstands der DKV Deutsche Krankenversicherung AG in Köln (i. R.)

Dr. Jendrik Böhmer, LL.M.
Rechtsanwalt in Köln
BLD Bach Langheid Dallmayr Rechtsanwälte Partnerschaftsgesellschaft mbB

Prof. Dr. Oliver Brand, LL.M. (Cambridge)
Professor an der Universität Mannheim
Lehrstuhl für Bürgerliches Recht, Privatversicherungsrecht, Wirtschaftsrecht und Rechtsvergleichung

Prof. Dr. Christoph Brömmelmeyer
Professor an der Europa-Universität Viadrina Frankfurt (Oder)
Lehrstuhl für Bürgerliches Recht, Versicherungsrecht und Europäisches Wirtschaftsrecht
Geschäftsführender Direktor des Frankfurter Instituts für das Recht der Europäischen Union

Karsten Crede
Mitglied des Vorstandes ERGO Digital Ventures
CEO ERGO Mobility Solutions

Dr. Reinhard Dallmayr
Rechtsanwalt und Fachanwalt für Versicherungsrecht
BLD Bach Langheid Dallmayr Rechtsanwälte Partnerschaftsgesellschaft mbB

Prof. Dr. Meinrad Dreher, LL.M.
Professor an der Johannes Gutenberg-Universität Mainz
Lehrstuhl für Europarecht, Bürgerliches Recht, Handels- und Wirtschaftsrecht, Rechtsvergleichung
Richter des VerfGH Rheinland-Pfalz

Prof. Dr. Ina Ebert
Apl. Prof. an der Christian-Albrechts-Universität zu Kiel
Leitende Fachexpertin für Haftung und Versicherungsrecht, Munich Re

Dr. Thomas Fausten
Rechtsanwalt in München und Köln
DLA Piper UK LLP

Bastian Finkel
Rechtsanwalt und Fachanwalt für Versicherungsrecht in Köln
BLD Bach Langheid Dallmayr Rechtsanwälte Partnerschaftsgesellschaft mbB

Dr. Jörg Freiherr Frank von Fürstenwerth
Rechtsanwalt
Ehem. Mitglied des Präsidiums und Vorsitzender der Geschäftsführung des Gesamtverbandes der deutschen Versicherungswirtschaft e. V.

Priv.-Doz. Dr. Jens Gal, Maître en droit
Privatdozent an der Goethe-Universität Frankfurt am Main
Richter am Landgericht Frankfurt am Main

Prof. Dr. Werner Görg
Rechtsanwalt und Steuerberater
Honorarprofessor an der Universität zu Köln

Dr. Joachim Grote
Rechtsanwalt und Fachanwalt für Versicherungsrecht in Köln
BLD Bach Langheid Dallmayr Rechtsanwälte Partnerschaftsgesellschaft mbB

Univ.-Prof. Dr. Michael Gruber
Fachbereich Arbeits- und Wirtschaftsrecht und Leiter des Forschungsinstituts für Privatversicherungsrecht an der Universität Salzburg

Dr. Dirk Halbach
Rechtsanwalt in Bonn
Richter am Oberlandesgericht a. D.

Prof. Dr. Bernd Hirtz
Honorarprofessor an der Universität zu Köln
Rechtsanwalt in Köln
Rechtsanwälte Hirtz & Kölbel

Lothar Jaeger
Vorsitzender Richter am OLG Köln a. D.

Prof. Dr. Robert Koch, LL.M. (McGill)
Professor an der Universität Hamburg
Geschäftsführender Direktor des Seminars für Versicherungswissenschaft

Prof. Dr. Dirk Looschelders
Professor an der Heinrich-Heine-Universität Düsseldorf
Lehrstuhl für Bürgerliches Recht, Internationales Privatrecht und Rechtsvergleichung sowie Privatversicherungsrecht

Prof. Dr. Jan Lüttringhaus, LL.M. (Columbia), Maître en droit
Professor an der Leibniz Universität Hannover
Lehrstuhl für Bürgerliches Recht, Versicherungsrecht und Internationales Privatrecht

Prof. Dr. Mark Makowsky
Professor an der Universität Mannheim
Lehrstuhl für Bürgerliches Recht, Internationales Privatrecht, Medizinrecht sowie Privatversicherungsrecht

Dr. Sandra Maria Orlikowski-Wolf
Rechtsanwältin und Fachanwältin für Versicherungsrecht in Köln
Loschelder Rechtsanwälte Partnerschaftsgesellschaft mbB

Prof. Dr. Peter Reiff
Professor an der Universität Trier
Lehrstuhl für Bürgerliches Recht, Handels- und Gesellschaftsrecht, Privatversicherungsrecht
Direktor des Instituts für Recht und Digitalisierung Trier (IRDT)

Prof. Dr. Peter Reusch
Honorarprofessor an der Goethe-Universität Frankfurt am Main
Leiter Recht & Compliance a. D., Helvetia Versicherungen

Dr. Hans-Werner Rhein, MCL (Miami)
Rechtsanwalt in Hamburg

Prof. Dr. Roland Rixecker
Präsident des Saarländischen Oberlandesgerichts a. D.
Präsident des Verfassungsgerichtshofs des Saarlandes

Dr. Wilfried Rüffer
Rechtsanwalt und Fachanwalt für Versicherungsrecht in Köln
Loschelder Rechtsanwälte Partnerschaftsgesellschaft mbB

Prof. Dr. Peter Schimikowski
Rechtsanwalt in Köln
axis Rechtsanwälte GmbH
Dozent am Institut für Versicherungswesen TH Köln

Prof. Dr. Heinrich R. Schradin
Geschäftsführender Direktor
Institut für Versicherungswissenschaft an der Universität zu Köln

Dr. Vincent Schreier
Wissenschaftlicher Mitarbeiter an der Freien Universität Berlin

Dr. Andreas Schwepcke
Rechtsanwalt in Starnberg
ars/re GmbH

Prof. Dr. Hans-Peter Schwintowski
Professur für Bürgerliches Recht, Handels-, Wirtschafts- und Europarecht
Humboldt-Universität zu Berlin

Björn Seitz
Rechtsanwalt und Fachanwalt für Versicherungsrecht in Köln
BLD Bach Langheid Dallmayr Rechtsanwälte Partnerschaftsgesellschaft mbB

Dr. Ulrich H. Stahl, LL.B. (Cantab.)
Rechtsanwalt in Hamburg
LEBUHN & PUCHTA Partnerschaft von Rechtsanwälten und Solicitor mbB

Dr. Maximilian Teichler
Rechtsanwalt in Hamburg
Kanzlei für Versicherungsmanagement

Prof. Dr. Manfred Wandt
Professor an der Goethe-Universität Frankfurt am Main
Lehrstuhl für Bürgerliches Recht, Handels- und Versicherungsrecht,
Internationales Privatrecht und Rechtsvergleichung
Geschäftsführender Direktor des Instituts für Versicherungsrecht

Sabine Winkens
Rechtsanwältin und Fachanwältin für Versicherungsrecht in Köln
BLD Bach Langheid Dallmayr Rechtsanwälte Partnerschaftsgesellschaft mbB